물 권 법

― 이론 · 사례 · 판례 ―

[제17판]

김 준 호

法 文 社

제17판 머리말

Ⅰ. 제16판을 내고서 1년간 책을 다듬어 17번째 전면 개정판을 낸다.

이번 제17판에서 새롭게 바뀐 것은 다음과 같다. 1) 교과서에 맞게 정리하여 상당한 면수를 줄였다. 2) 2023년도 대법원 민사판례를 반영하고, 그 밖에 내용을 보충하였다. 3) 민법 교과서로서 정확한 내용으로, 쉬운 표현으로, 균형 있게 기술하였다.

Ⅱ. 이번 제17판에서 보정된 내용은 다음과 같다.

물건으로서 동산, 물권적 청구권의 확장(대판 2021. 3. 11, 2020다229239), 물권행위와 공시방법, 중간생략등기에 관한 사례와 해설(2023년 제12회 변호사시험), 등기기록의 구성, 건축물대장, 대장과 등기부의 관계, 가등기의 효력, 점유 제도의 목적(근거), 간접점유의 요건으로서 점유매개관계(대판 2023. 8. 18, 2021다249810), 점유권의 효력으로서 권리의 추정, 점유의 상호침탈(대판 2023. 8. 18, 2022다269675), 집합건물의 대지사용권(대판(전원합의체) 2022. 8. 25, 2017다257067), 등기부취득시효에 관한 사례와 해설(2023년 제1차 변호사시험 모의시험), 집합건물의 대지에 대한 점유취득시효(대판 2017. 1. 25, 2012다72469), 공유물의 관리(대판 1981. 10. 13, 81다653; 대판 2022. 11. 17, 2022다253243), 명의신탁에 관한 사례와 해설(2023년 제12회 변호사시험), 지상권자의 갱신청구권(대판 2023. 4. 27, 2022다306642), 지상권이 붙은 건물을 매수하면서 건물에 대해서만 소유권이전등기를 마친 경우의 법리, 민사집행법 제267조의 적용범위(대판(전원합의체) 2022. 8. 25, 2018다205209), 물상대위에 의해 우선배당을 받을 수 있는 범위(대판 2022. 8. 11, 2017다256668), 물상대위의 소급적 효력(대판 1994. 11. 22, 94다25728; 대판 2008. 12. 24, 2008다65396), 가압류 이후 등기된 저당권이 불법 말소된 경우와 배당관계에 관한 사례와 해설(2023년 제2차 변호사시험 모의시험), 제3취득자의 비용상환청구권(대판 2023. 7. 13, 2022다265093), 저당토지에 건물을 짓는 것이 저당권의 침해에 해당하는가? 전세권저당권에 관한 사례와 해설(2023년 제2차 변호사시험 모의시험), 가등기담보법상 가등기담보의 실행(대판 2022. 11. 30, 2017다232167, 232174).

Ⅲ. 이번 제17판을 출간해 주신 법문사 사장님, 편집을 전담하여 많은 수고를 해 주신 편집부 김제원 이사님, 그리고 영업부 권혁기 차장님께 감사의 말씀을 드린다.

2023년 12월에

김준호 씀

머 리 말

　교과서로 집필한 「민법총칙」을 출간한 지 7년여가 지났다. 이제 그 두번째로 「물권법」을 출간하기로 한다. 본인이 집필한 「민법강의」 제2부(물권법)를 바탕으로 한 것이지만, 여기에 적지 않은 내용을 보충하였고, 특히 쟁점이 되는 사항에 대해서는 학설의 이론과 판례를 충분히 소개하고 이에 대한 본인의 견해를 밝힘으로써, 물권법의 이론을 보다 체계적으로 이해할 수 있도록 하는 데 주력하였다. 그러나 그 분량이나 내용에서 교과서로서의 성격은 견지하였다.

　위와 같은 작업으로서 보충된 원고는 100여 쪽에 달하는데, 이 중 특히 다음과 같은 주제에 대해 설명을 비교적 자세히 하였다. 즉 물권적 청구권과 비용부담, 중복등기, 중간생략등기, 제250조에서 정하는 반환청구기간의 성질, 물권의 포기, 점유보조자, 제188조 내지 제190조와 제196조의 관계, 선의점유자의 과실취득, 소유권관념의 변천, 소유권의 방해, 공동소유의 연혁, 합유지분 및 합유물의 처분, 채권·채무의 준공동소유, 관습법상 법정지상권, 전세금, 건물의 전세권과 법정지상권, 전세권에서 목적물의 멸실, 전세권 및 전세금반환청구권의 양도, 유치권자의 과실수취권, 증권에 의하여 표상되는 동산의 입질, 사채·주식에 대한 질권, 근저당권, 공동저당, 가등기담보, 양도담보, 소유권유보 등이 그러하다.

　물권법 출간에 이어 그 세번째로 「채권총칙」이 같은 성격으로 곧 출간될 것이고, 금년 중에 그 네번째로 「채권각칙」을 펴낼 계획으로 있다. 민법의 재산법 부문을 네 권의 교과서로 엮어 재산법의 이론을 일관되면서도 체계적으로 소개할 것이다.

　본서의 출간을 비롯하여 출판에 지원을 아끼지 않으시는 법문사의 배효선 사장님, 최복현 전무이사님, 전충영 상무이사님께 감사를 드리고, 편집 및 교정 등의 실무작업에 많은 수고를 하신 현근택 차장께 감사를 드린다.

2007년 1월 5일

金 俊 鎬

차   례

제1장 물권법 일반   1~7

제1절 물권법의 의의와 성격 ···2
    Ⅰ. 물권법의 의의 2
        1. 사적 소유와 헌법, 그리고 물권법 / 2   2. 물권법과 채권법의 관계 / 3
    Ⅱ. 물권법의 성격 3
        1. 강행규정 / 3   2. 비보편성 / 3

제2절 물권법의 규정체계와 내용 ··4
  제1관 물권법의 규정체계 ···4
  제2관 물권법의 내용 ···4
    Ⅰ. 물권법 총칙 4
        1. 물권법정주의 / 4   2. 물권의 변동 / 4
        3. 물권의 소멸 / 5
    Ⅱ. 물권법 각칙 5
        1. 점유권 / 5   2. 소유권 / 5
        3. 용익물권 / 6   4. 담보물권 / 6

제3절 물권법의 법원 ···6
    Ⅰ. 법   률 6
    Ⅱ. 관 습 법 7

제2장 물권법 총칙   8~105

제1절 물권 일반 ··10
  제1관 물권의 의의 ···10
  제1항 물권의 객체 ···11
    Ⅰ. 채권의 객체와의 구별 11
    Ⅱ. 물권의 객체 11
        1. 물 건 / 11   2. 물건이 아닌 것 / 13
  제2항 물권의 본질 ···13
    Ⅰ. 직접·배타적 지배성(지배권) 13
        1. 직접 지배 / 13   2. 배타적 지배 / 14

Ⅱ. 절 대 성(절대권) 16
Ⅲ. 강한 양도성 17

제 2 관 물권의 종류 ·· 18

제 1 항 물권법정주의 ·· 18
Ⅰ. 물권법정주의의 의의와 근거 18
Ⅱ. 물권법정주의의 내용 18
1. 물권 성립의 근거 / 18   2. 물권의 종류강제와 내용강제 / 19
3. 민법 제185조에 반하는 법률행위의 효력 / 19

제 2 항 물권의 종류 ··· 20
Ⅰ. 법률에 의해 인정되는 물권 20
1. 민법에서 정하는 물권 / 20   2. 민법 외의 법률에서 정하는 물권 / 21
Ⅱ. 관습법에 의해 인정되는 물권 21
1. 분묘기지권 / 21   2. 관습상 법정지상권 / 21
3. 양도담보 / 22

제 3 관 물권의 효력 ··· 23

제 1 항 우선적 효력 ··· 23
Ⅰ. 물권 상호간의 우선적 효력 23
Ⅱ. 채권에 우선하는 효력 23
1. 원 칙 / 23   2. 예 외 / 24

제 2 항 물권적 청구권 ·· 24
Ⅰ. 서   설 24
1. 물권적 청구권의 의의 / 24
2. 물권적 청구권과 다른 청구권의 관계 / 25
Ⅱ. 물권적 청구권의 종류와 민법의 규정 26
1. 물권적 청구권의 종류 / 26
2. 물권적 청구권에 관한 민법의 규정 / 26
Ⅲ. 물권적 청구권의 성질 27
1. 물권적 청구권의 특질 / 27   2. 소멸시효의 적용 여부 / 29
3. 물권적 청구권의 행사에 따른 비용의 부담 / 29

제 2 절 물권의 변동 ··· 30

제 1 관 서   설 ··· 30
Ⅰ. 물권변동의 의의 30
1. 물권의 취득 / 31   2. 물권의 상실 / 31
3. 물권의 변경 / 31
Ⅱ. 물권변동과 공시 32
1. 의 의 / 32   2. 물권의 공시방법 / 32
Ⅲ. 물권변동에서 공시의 원칙과 공신의 원칙 32

　　　　1. 의 의 / 32　　　　　　　　　2. 공시의 원칙 / 33
　　　　3. 공신의 원칙 / 33
　　Ⅳ. 물권변동에 관한 민법의 규정 34
　　　　1. 민법에서 정하는 물권변동의 종류 / 34　　2. 물권변동에 관한 민법 규정의 개요 / 35

제 2 관 부동산물권의 변동 ···35

제 1 항 법률행위에 의한 부동산물권의 변동 ··35
　　Ⅰ. 서   설 35
　　Ⅱ. 물권행위 36
　　　　1. 물권행위에서 문제가 되는 세 가지 / 36　　2. 물권행위의 내용 / 36
　　　　3. 물권행위의 독자성과 무인성 / 39　　　4. 물권행위와 공시방법 / 41
　　Ⅲ. 민법 제186조의 적용범위 42
　　　　1. 원 칙 / 42　　　　　　　　　2. 문제가 되는 것 / 42
　　Ⅳ. 부동산물권의 변동에서「등기」의 요건 45
　　　　1. 등기의 두 가지 요건 / 47　　　　2. 등기의 형식적 유효요건 / 47
　　　　3. 등기의 실질적 유효요건 / 50

제 2 항 법률의 규정에 의한 부동산물권의 변동 ·······························57
　　Ⅰ. 서   설 57
　　　　1. 의 의 / 57　　　　　　　　　2. 본조의 취지 / 57
　　Ⅱ. 민법 제187조의 적용범위 58
　　　　1. 상 속 / 58　　　　　　　　　2. 국가의 행위에 의한 것 / 58
　　　　3. 기타 법률의 규정 / 59
　　Ⅲ. 등기 없이 취득한 부동산물권의 처분 61

제 3 항 부동산물권의 공시방법 ···61
　　Ⅰ. 부동산등기 61
　　　　1. 부동산등기의 정의 / 61　　　　2. 등기부와 대장 / 62
　　　　3. 등기사항 / 63　　　　　　　　4. 등기소와 등기관 / 64
　　　　5. 등기의 종류 / 64　　　　　　　6. 등기한 권리의 순위 / 71
　　　　7. 등기의 절차 / 71　　　　　　　8. 등기청구권 / 76
　　　　9. 등기의 효력 / 82
　　Ⅱ. 지상물에 관한 물권변동의 공시방법(입목등기 · 명인방법) 86
　　　　1. 입목에 대한 등기 / 86　　　　　2. 명인방법 / 87

제 3 관 동산물권의 변동 ···88
　　Ⅰ. 동산물권 변동의 원인 88
　　Ⅱ. 법률행위에 의한 동산물권의 변동 88
　　　　1. 민법 제188조 내지 제190조의 의의와 적용범위 / 88
　　　　2. 일반요건 / 89
　　Ⅲ. 선의취득 92
　　　　1. 동산 점유의 공신력과 그 인정범위 / 93　　2. 선의취득의 요건 / 94
　　　　3. 선의취득의 효과 / 98　　　　　4. 도품과 유실물에 대한 특례 / 99

제4관 물권의 소멸···102
　　1. 목적물의 멸실 / 102　　　　　　2. 소멸시효 / 103
　　3. 포　기 / 103　　　　　　　　　4. 혼　동 / 104
　　5. 공용징수 / 105

제3장　물권법 각칙　　　　　　　　　　　　　　　106~478

제1절 점 유 권···111
　Ⅰ. 서　　설 111
　　1. 점유 제도 / 111　　　　　　　　2. 점유와 점유권, 점유할 권리 / 112
　Ⅱ. 점　　유 113
　　1. 점유의 성립 / 113　　　　　　　2. 점유보조자와 간접점유 / 114
　　3. 점유의 모습 / 119
　Ⅲ. 점유권의 취득과 소멸 124
　　1. 개　요 / 124　　　　　　　　　2. 점유권의 (원시)취득과 소멸 / 124
　　3. 점유권의 양도와 상속 (승계취득) / 125
　Ⅳ. 점유권의 효력 127
　　1. 권리의 추정 / 127　　　　　　　2. 점유의 보호 / 128
　Ⅴ. 준 점 유 136
　　1. 의　의 / 136　　　　　　　　　2. 준점유의 요건 / 136
　　3. 준점유의 효과 / 136

제2절 소 유 권···137
　Ⅰ. 서　　설 137
　　1. 소유권의 의의와 법적 성질 / 137　2. 소유권에 관한 민법 규정의 개요 / 138
　Ⅱ. 소유권의 내용과 제한 138
　　1. 서　설 / 138　　　　　　　　　2. 소유권의 권능 / 138
　　3. 소유권의 제한 / 140
　Ⅲ. 부동산 소유권의 범위 141
　　1. 토지소유권의 범위 / 141　　　　2. 건물의 구분소유 / 143
　　3. 상린관계 / 150
　Ⅳ. 소유권의 취득 160
　　1. 민법의 규정과 그 성격 / 160　　2. 취득시효 / 160
　　3. 선점 · 습득 · 발견 / 186　　　　4. 첨부 (부합 · 혼화 · 가공) / 189
　Ⅴ. 소유권에 기한 물권적 청구권 195
　　1. 의　의 / 196　　　　　　　　　2. 유　형 / 197
　　3. 소유물 반환에 부수되는 이해조정 (점유자와 회복자의 관계) / 203
　Ⅵ. 공동소유 214
　　1. 총　설 / 214　　　　　　　　　2. 공　유 / 215
　　3. 합　유 / 232　　　　　　　　　4. 총　유 / 235

　　　　　5. 준공동소유 / 236

　　Ⅶ. 소유권에 관한 특수문제 — 명의신탁　238
　　　　1. 명의신탁에 관한 종전의 논의 / 243
　　　　2.「부동산 실권리자명의 등기에 관한 법률」의 개요 / 247

제 3 절　용익물권··262

제 1 관　총　　설··262
　　　　1. 용익물권의 개요 / 262　　　　　　　2. 용익물권의 이용 실태 / 263

제 2 관　지 상 권··263
　　Ⅰ. 서　　설　263
　　　　1. 지상권의 의의와 성질 / 263　　　　2. 지상권과 토지 임차권 / 265
　　Ⅱ. 지상권의 취득　266
　　　　1. 법률행위에 의한 취득 / 266　　　　2. 법률의 규정에 의한 취득 / 266
　　　　3. 관습법에 의한 지상권의 성립 / 267
　　Ⅲ. 지상권의 존속기간　267
　　　　1. 존속기간을 약정하는 경우 / 267　　2. 존속기간을 약정하지 아니한 경우 / 268
　　　　3. 계약의 갱신과 존속기간 / 268
　　Ⅳ. 지상권의 효력　269
　　　　1. 지상권자의 토지사용권 / 269　　　　2. 지상권의 처분 / 270
　　　　3. 지료 지급의무 / 271
　　Ⅴ. 지상권의 소멸　272
　　　　1. 지상권의 소멸사유 / 273　　　　　2. 지상권 소멸의 효과 / 274
　　Ⅵ. 강행규정　275
　　Ⅶ. 특수 지상권　275
　　　　1. 구분지상권 / 275　　　　　　　　2. 분묘기지권 / 277
　　　　3. 관습상 법정지상권 / 279

제 3 관　지 역 권··285
　　Ⅰ. 총　　설　285
　　　　1. 지역권의 의의 / 285　　　　　　　2. 지역권의 법적 성질 / 286
　　　　3. 지역권의 대가와 존속기간 / 287
　　Ⅱ. 지역권의 취득　287
　　　　1. 취득 사유 / 288　　　　　　　　　2. 지역권설정계약과 등기 / 288
　　　　3. 지역권의 취득시효 / 288
　　Ⅲ. 지역권의 효력　289
　　　　1. 지역권자의 권능 / 289　　　　　　2. 승역지 소유자의 의무 / 290
　　　　3. 지역권에 기한 물권적 청구권 / 290
　　Ⅳ. 지역권의 소멸　290
　　　　1. 소멸사유 / 290　　　　　　　　　2. 승역지의 시효취득에 의한 소멸 / 291
　　　　3. 지역권의 시효소멸 / 291

Ⅴ. 특수지역권 291
1. 의의와 법적 성질 / 291　　　　　2. 특수지역권의 취득과 상실 / 292
3. 특수지역권의 규율 / 292

제 4 관 전 세 권···292

Ⅰ. 전세권의 의의와 성질 292
Ⅱ. 전세권의 취득 294
1. 취득 사유 / 294　　　　　　　　2. 설정계약에 의한 취득 / 294
Ⅲ. 전세권의 존속기간 296
1. 설정계약에서 정하는 경우 / 296　　2. 설정계약에서 정하지 않은 경우 / 296
3. 전세권의 갱신 / 296
Ⅳ. 전세권의 효력 297
1. 전세권자의 사용 · 수익권 / 297　　2. 전세권의 처분 / 301
Ⅴ. 전세권의 소멸 303
1. 전세권의 소멸사유 / 304　　　　　2. 전세권 소멸의 효과 / 305

제 4 절 담보물권···310

제 1 관 총   설···310

Ⅰ. 담보물권의 의의 310
1. 채권과 담보제도의 관계 / 310　　2. 채권의 담보제도 / 311
Ⅱ. 담보물권의 종류 312
1. 민법상의 담보물권 / 312　　　　2. 다른 법률에서 정하는 담보물권 / 313
Ⅲ. 담보물권에 공통된 성질 314
1. 부종성 / 314　　　　　　　　　　2. 수반성 / 314
3. 물상대위성 / 315　　　　　　　　4. 불가분성 / 315
Ⅳ. 담보물권의 순위 316
Ⅴ. 담보물권의 실행 (경매) 316
1. 경매절차의 규율 ···「민사집행법」/ 316
2. 경매의 종류 / 317
3. 민사집행법 제3편「담보권실행 등을 위한 경매」의 개요 / 320

제 2 관 유 치 권···323

Ⅰ. 유치권의 의의와 법적 성질 328
1. 의 의 / 328　　　　　　　　　　2. 법적 성질 / 328
Ⅱ. 유치권의 성립 (요건) 330
1. 유치권의 목적 / 330　　　　　　2. 유치권의 피담보채권 / 332
3. 목적물의 적법한 점유 / 338　　　4. (유치권 배제) 특약의 부존재 / 339
5. 경매절차가 개시된 후에 취득한 유치권을 경매절차의 매수인에게 행사할 수
있는가? / 339
Ⅲ. 유치권의 효력 341
1. 유치권자의 권리 / 341　　　　　2. 유치권자의 의무 / 344

Ⅳ. 유치권의 처분 345

Ⅴ. 유치권의 소멸 345
1. 물권 및 담보물권에 공통된 소멸사유 / 345
2. 유치권에 특유한 소멸사유 / 345

제3관 질 권 ··· 350

제1항 총 설 ··· 350
Ⅰ. 질권의 의의 350
Ⅱ. 질권의 종류 350
Ⅲ. 질권의 법적 성질 351

제2항 동산질권 ··· 351
Ⅰ. 동산질권의 성립 351
1. 질권설정계약 / 352   2. 목적물(동산)의 인도 / 354
3. 동산질권의 목적물 / 354   4. 동산질권의 피담보채권 / 355

Ⅱ. 동산질권의 효력 356
1. 목적물의 범위 / 356   2. 피담보채권의 범위 / 357
3. 유치할 권리와 우선변제를 받을 권리 / 357
4. 질권자의 전질 / 360   5. 질권의 침해에 대한 구제 / 363
6. 질권자의 의무 / 363

Ⅲ. 동산질권의 처분 364
Ⅳ. 동산질권의 소멸 364

제3항 권리질권 ··· 365
Ⅰ. 총 설 366
1. 권리질권의 의의 / 366   2. 권리질권의 목적 / 366
3. 권리질권의 설정방법 / 367   4. 동산질권에 관한 규정의 준용 / 367

Ⅱ. 채권질권 367
1. 채권질권의 목적이 되는「채권」/ 367   2. 채권질권의 설정방법 / 368
3. 채권질권의 효력 / 371

Ⅲ. 그 밖의 권리질권 374
1. 사채와 주식에 대한 질권 / 374   2. 지식재산권에 대한 질권 / 374

제4관 저 당 권 ··· 376
Ⅰ. 서 설 376
1. 저당권의 의의 / 376   2. 근대적 저당권과 우리의 저당권 / 376
3. 저당권의 법적 성질 / 377

Ⅱ. 저당권의 성립 377
1. 저당권설정계약 (당사자) / 377   2. 저당권 설정등기 / 379
3. 저당권의 객체 / 379   4. 저당권의 피담보채권 / 380

Ⅲ. 저당권의 효력 381
1. 저당권의 효력이 미치는 범위 / 381
2. 저당권자가 채권의 변제를 받는 방법 / 388

3. 저당권과 용익권의 관계 / 394   4. 저당권의 침해에 대한 구제 / 411

Ⅳ. 저당권의 처분 415
  1. 서   설 / 415   2. 저당권부 채권의 양도 / 415
  3. 저당권부 채권의 입질 / 416

Ⅴ. 저당권의 소멸 417
Ⅵ. 특수한 저당권 417
  1. 근저당권 / 417   2. 공동저당 / 427
  3. 지상권·전세권을 목적으로 하는 저당권 / 443
  4. 민법 외의 다른 법률에 의한 저당권 / 449

제 5 관 비전형 담보물권 ·· 452

제 1 항 서   설 ··· 452
  Ⅰ. 비전형담보의 의의 452
  Ⅱ. 비전형담보의 유형 453
    1. 자금을 매매에 의하여 얻는 것 ··· 매도담보 / 453
    2. 자금을 소비대차에 의하여 얻는 것 ··· 양도담보·가등기담보 / 453
  Ⅲ. 비전형담보에 대한 (법적) 규율 453
  Ⅳ. 비전형담보에 대한 서술 방법 454

제 2 항 양도담보와 가등기담보 ·· 455
  제 1 양도담보 456
    Ⅰ. 서   설 456
      1. 양도담보의 의의 / 456   2. 양도담보의 종류 / 456
      3. 양도담보의 성질 (법적 구성) / 457
    Ⅱ. 양도담보의 성립 458
      1. 양도담보 설정계약 / 458   2. 피담보채권 / 458
      3. 양도담보의 목적 / 459   4. 양도담보의 공시방법 / 460
    Ⅲ. 양도담보의 효력 460
      1. 피담보채권의 범위 / 460   2. 목적물의 범위 / 461
      3. 양도담보의 대내적 효력: 목적물의 이용관계 / 462
      4. 양도담보의 대외적 효력 / 462
    Ⅳ. 양도담보의 실행 463
      1. 처분청산과 귀속청산 / 463   2. 채무자의 변제 / 464
  제 2 가등기담보 464
    Ⅰ. 가등기담보의 성립 464
    Ⅱ. 가등기담보의 효력 465
    Ⅲ. 가등기담보의 소멸 465
  제 3 항 「가등기담보 등에 관한 법률」상의 가등기담보·양도담보 ··················· 466
    1. 서   설 / 466
    2. 「가등기담보 등에 관한 법률」의 적용범위 / 467
    3. 가등기담보법상의 「가등기담보」 / 467

　　　　4. 가등기담보법상의 「양도담보」 / 471

제 4 항　소유권유보 ·· 472

　　Ⅰ. 의　　　의　472

　　Ⅱ. 소유권유보의 법률관계　472

　　　　1. 대내관계 / 472　　　　　　　　2. 대외관계 / 473
　　　　3. 위험부담 / 473

　　Ⅲ. 소유권유보의 실행　474

제 5 항　동산담보권과 채권담보권 ··· 474

　　Ⅰ. 서　　　설　474

　　Ⅱ. 동산담보권　475

　　　　1. 동산담보권의 성립 / 475　　　2. 동산담보권의 효력 / 475
　　　　3. 동산담보권의 실행 / 476　　　4. 동산담보권의 소멸 / 477

　　Ⅲ. 채권담보권　477

　　　　1. 채권담보권의 성립 / 477　　　2. 채권담보권의 효력 / 478
　　　　3. 채권담보권의 실행 / 478

　　Ⅳ. 지식재산권의 담보에 관한 특례　478

부　　록

　　1. 부동산 등기사항전부증명서의 양식과 기재례(집합건물 · 토지 · 건물)　481

　　2. 부동산임의경매신청서　495

　　3. 근저당권설정계약서　497

판례색인 ·· 499

사항색인 ·· 513

참고문헌 가나다순

• **韓國書** ……

高翔龍, 物權法(법문사, 2001)

곽윤직·김재형, 물권법(제8판)(박영사, 2014)

金基善, 韓國物權法(전정증보판)(법문사, 1990)

金相容, 物權法(전정판증보)(법문사, 2003)

金容漢, 物權法論(재전정판)(박영사, 1993)

金曾漢·金學東, 物權法(제9판)(박영사, 1997)

金顯泰, 新物權法(上)(일조각, 1963)

_____, 新物權法(下)(일조각, 1964)

方順元, 新物權法(일한도서, 1960)

李相泰, 物權法(법원사, 1996)

李時潤, 新民事執行法(제3판)(박영사, 2006)

李英俊, 韓國民法論「物權編」(신정2판)(박영사, 2004)

李銀榮, 物權法(박영사, 1998)

張庚鶴, 物權法(법문사, 1987)

諸哲雄, 擔保法(율곡출판사, 2009)

編輯代表 郭潤直, 民法注解(Ⅳ), (Ⅴ), (Ⅵ), (Ⅶ)(박영사, 1992)

黃迪仁, 現代民法論Ⅱ(物權)(전정판)(박영사, 1987)

• **日本書** ……

原島重義(外), 民法講義 2 物權(有斐閣, 1977)

高木多喜男(外), 民法講義 3 擔保物權(개정판)(有斐閣, 1980)

• **獨逸書** ……

Karl Heinz Schwab, Sachenrecht, 22. Aufl., 1989.

Manfred Wolf, Sachenrecht, 9. Aufl., 1990.

• **민법 종합문헌**

권순한, 민법요해 Ⅰ(제7판)(fides, 2012)

_____, 민법요해 Ⅱ(제7판)(fides, 2012)

박동진, 계약법강의(법문사, 2016)

송덕수, 신민법강의(제10판)(박영사, 2017)

양창수·김재형, 계약법(제2판)(박영사, 2015)

양창수·권영준, 권리의 변동과 구제(제2판)(박영사, 2015)

양창수·김형석, 권리의 보전과 담보(제2판)(박영사, 2015)

지원림, 민법강의(제15판)(홍문사, 2017)

제1장 물권법 일반

본 장의 개요　1. 물권은 기본적으로는 「물건」을 객체로 하고, 물건에는 동산과 부동산이 있다. 부동산에는 토지와 건물이 있고, 우리 민법은 건물을 토지와는 독립된 부동산으로 인정하므로 양자의 소유자가 다를 수 있다. 그런데 건물은 토지 위에 건립되는 것이므로, 토지에 대한 이용권을 필요로 한다. 이러한 물건에는 경제적으로 두 가지 효용이 있다. 하나는 물건을 사용하거나 물건에서 생기는 과실(천연과실과 법정과실)을 수취하여(수익) 만족을 얻는 것이고(사용·수익: 사용가치), 다른 하나는 물건을 처분하여 금전으로 현금화하는 것이다(처분: 교환가치).

2. 물건이 갖는 이러한 효용을 어느 개인이 모든 사람에 대해 독점적으로 누리도록 마련된 권리가 「물권」이다. 물권은 물건의 사용가치와 교환가치를 전부 누리는 소유권과, 사용가치나 교환가치만을 누리는 제한물권(용익물권과 담보물권)으로 나뉘지만, 제한물권은 소유권에 있는 사용이나 처분의 권능을 소유자와의 설정계약을 통해 승계 받는 것이어서 그 중심은 소유권에 있고, 소유권의 핵심은 사유에 있다. 여기서 어느 경우에 소유권을 취득하여 물건의 소유자가 되는지, 소유자가 누리는 소유권의 내용이 무엇인지를 정하는 것은 사유와 직결되는 것으로서 물권의 중추를 이룬다. 그리고 소유자와의 설정계약을 통해 소유권의 권능을 승계 받는 제한물권으로서의 용익물권(지상권·지역권·전세권)과 담보물권(질권·저당권)의 성립과 내용을 정하는 것이 민법 제2편에서 정하고 있는 「물권법」이다.

3. 채권과 물권은 겹치거나 밀접하게 관련되어 있다. 용익물권은 채권으로서의 사용대차($\overset{609}{\text{조}}$)나 임대차($\overset{618}{\text{조}}$)를 통해 그 목적을 이룰 수도 있다. 한편 물권의 변동은 보통은 계약에 의해 생긴다. 예컨대 건물에 대해 매매계약이 체결되면 채권과 채무가 발생하고, 채무의 이행을 통해 소유권 이전의 물권변동이 생긴다. 반대로 담보물권은 채권의 우선 만족을 위해 봉사하는 종속적인 관계에 있다. (ㄱ) 물권은 물건에 대한 소유권을 기본으로 하고, 이에 대해 소유권이 없는 자가 타인의 물건에 대해 사용가치나 교환가치를 갖는 제한물권으로 구성되어 있다. 물권은 물건에 직접 지배를 미치는 권리이므로, 예컨대 제한물권의 경우에는 물건의 소유자가 변동되더라도 아무런 영향을 받지 않는 점에 채권과 결정적인 차이가 있다. 이러한 물권은 그 존재를 외부에 알리는 공시방법과 불가분의 관계에 있다. 그리고 이것은 그 물건이 특정의 독립된 물건일 것을 요한다. 이에 따라 부동산은 등기, 동산은 점유를 공시방법으로 삼는다. (ㄴ) 물권은 물건에 대한 이러한 공시방법을 통해 누가 물권을 가지고 있는지를 공시하게 되고, 이를 통해 제3자는 안심하고 물권 거래를 하게 되는 점에서 물권 거래의 안전과도 직결된다. 그러므로 당사자가 자유로이 물권을 창설하거나 공시방법을 창안하는 것은 이에 위배되는 것이어서 허용되지 않는다. 물권의 내용을 임의로 정하는 것도 역시 허용되지 않는다. 즉 물권의 종류와 내용은 물권법에서 정한 대로 따라야 하는 강제적인 것이며(물권법정주의), 여기에 사적자치는 개입될 수 없다.

4. (ㄱ) 민법은 물권으로서 여덟 가지를 인정하고, 그 각각의 물권의 내용을 규정한다. 그리고 그 물권은 객체로 삼는 물건에 차이가 있다. 점유권과 소유권은 동산과 부동산에, 용익물권 중 지상권과 지역권은 토지에, 전세권은 토지와 건물에, 담보물권 중 유치권은 동산과 부동산(그리고 유가증권)에, 질권은 동산과 재산권에, 저당권은 부동산(토지 또는 건물)과 지상권·전세권에 인

정되는 점에서 각각 공시방법을 달리하고 내용을 달리한다. (ㄴ) 물권법을 규율하는 중요한 법원으로는 '민법 제2편 물권'이 있지만, 부동산의 공시방법인 등기와 관련해서는 '부동산등기법'이, 담보물권의 실행을 위한 경매에 관해서는 '민사집행법'이 중요한 법원이 된다.

제1절 물권법의 의의와 성격

Ⅰ. 물권법의 의의

1. 사적 소유와 헌법, 그리고 물권법

(1) 중세 봉건사회에서는 토지는 국가 또는 제후나 영주가 소유하였고 일반 개인은 소유할 수 없었다. 시민혁명을 통해 봉건사회가 무너지고 근대사회로 넘어오면서 토지의 소유에 대한 이념은 크게 둘로 나뉜다. 하나는 개인이 소유할 수 있는 사적 소유를 인정하는 것으로서, 자유민주주의 국가는 이를 수용하였다(근대 민법의 기본 원리 중의 하나인 '소유권절대의 원칙'). 다른 하나는 토지를 개인적 이익을 누리기 위한 재산으로서가 아니라 전 인민의 복리 창출을 위한 자연자원으로 인식하여, 사유를 부정하고 오직 국가 소유와 집체 소유만을 인정하는 것으로서, 사회주의 국가는 이를 취하였다(가령 중국, 북한도 다르지 않다).[1]

우리 헌법은 제23조 1항에서 「모든 국민의 재산권은 보장된다. 그 내용과 한계는 법률로 정한다」고 규정하여, 사유재산제도를 천명하고 있다. 다시 말해 재산권에 대한 사적 소유(私有)를 인정한 것이다.

(2) 물건에는 동산과 부동산이 있고, 부동산에는 토지와 건물이 있다. 우리 법제는 외국과는 달리 건물을 토지의 구성부분으로 보지 않고 토지와는 독립된 별개의 물건으로 취급하고 있다. 이러한 물건에는 일정한 경제적 가치 내지 효용이 있다. 즉 물건을 사용함에 따른 이익을 누리는 것, 물건에서 나오는 과실을 수취하는 것, 물건을 처분하여 돈으로 환가하는 것 등이 그러하다. 물건이 갖는 이러한 효용을 어느 개인이 모든 사람에 대해 (즉 계약에서처럼 상대방에 대해서만 주장할 수 있는 것이 아니라) 독점적으로 누리도록 마련된 권리가 다름 아닌 「물권」이다(물권은 물건의 사용가치와 교환가치를 전부 누리는 소유권과, 사용가치나 교환가치만을 누리는 제한물권으로 나뉘지만, 제한물권은 소유권에 있는 사용이나 처분의 권능을 소유자와의 설정계약을 통해 승계 받는 것이어서 그 중심은 소유권에 있고, 소유권의 핵심은 사적 소유에 있다). 여기서 어느

---

1) 중국 물권법과 북한 물권법에 대해서는, 석희태, "중국 민법 제정의 동향과 논쟁점", 비교사법 제16권 2호(통권 45호), 247면 이하 참조; 박종찬, "북한물권법에 관한 연구", 강원법학 제20권, 99면 이하 참조.

경우에 소유권을 취득하여 물건의 소유자가 되는지, 소유자가 누리는 소유권의 내용이 무엇인지를 정하는 것은 사유와 직결되는 것으로서 물권의 중추를 이룬다. 그리고 소유자와의 설정계약을 통해 소유권의 권능을 승계 받는 제한물권으로서의 용익물권(지상권·지역권·전세권)과 담보물권(질권·저당권)의 성립과 내용을 정하는 것이 민법 제2편에서 정하고 있는 「물권법」이다.

2. 물권법과 채권법의 관계

물권법은 채권관계를 규율하는 채권법($^{민법}_{제3편}$)과 함께 민법 중 재산법을 이룬다(민법은 크게 재산법과 가족법으로 구성되어 있다). 근대 자본주의사회는 재화에 대한 사적 소유와 자유로운 교환을 토대로 하여 형성되었는데, 이를 위한 법적 제도가 '소유권'과 '계약'이며, 전자를 규율하는 것이 물권법이고, 후자를 규율하는 것이 채권법이다. 물권법은 물권의 '내용'(예: 소유권·제한물권의 내용)뿐만 아니라 그 '변동'(예: 소유권·제한물권의 양도 등)을 규율하는데, 그 변동은 보통 채권관계(계약)를 원인으로 하여 이루어진다(예: 주택의 매매). 특히 담보물권은 채권의 담보를 목적으로 하는 권리인 점에서 물권이 채권과 분리되어 존재할 수 없는 성질을 가진다. 요컨대 채권은 물권에 도달하기 위한 수단이 되지만, 반면 물권이 채권에 이바지하는 경우도 있다. 이렇듯 물권과 채권은 밀접한 상호 연관성을 가지며, 이를 규율하는 물권법과 채권법은 재산법의 두 축을 이룬다.

Ⅱ. 물권법의 성격

1. 강행규정

채권법은 사람과 사람 사이의 법률관계를 규율하므로, 사적자치가 인정되는 범위가 대단히 넓고 그 규정은 대체로 「임의규정」으로 되어 있다. 이에 대해 물권법은 사람의 물건에 대한 지배관계를 규율하고, 또한 그 물건에 대한 공시를 통해 일반 제3자와 거래가 이루어지는 것을 예정하고 있다. 따라서 물권의 종류나 내용을 당사자가 임의로 정할 수 있다고 한다면 그에 맞는 공시방법을 마련할 수 없어 물권 거래의 원활과 안전을 기대할 수 없으므로, 그 종류나 내용은 법률(관습법)에 의해서만 정해지고($^{물권법정주}_{의: 185조}$), 그래서 그 규정은 「강행규정」으로 되어 있다.

2. 비보편성

재화의 유통과정에 관한 법률관계를 규율하는 채권법은 재화의 유통이 세계적 규모로 행해짐에 따라 보편화되는 추세에 있다. 이에 비해 물권법은 각국의 역사적·사회적 발전이 상이하였던 탓으로 각국에 따라 그 내용을 달리하며, 여러 법영역 가운데서도 비교적 보편성이 덜한 분야이다. 예컨대 일본 민법에서 정하는 물권인 영소작권·부동산질권·선취특권을 우리 민법은 인정하지 않으며, 반면 우리 민법에서 정하는 전세권은 전세계적으로 그 유례를 찾아볼 수 없는 우리만의 특유한 제도이다.

제1관 물권법의 규정체계

사람의 물건에 대한 지배관계, 즉 물권관계를 규율하는 것이 물권법이다. 형식적으로 물권법이라고 할 때에는 민법 제2편에서 정하는 「물권」($^{185조\sim}_{372조}$)을 가리킨다. 이것은 총칙, 점유권, 소유권, 지상권, 지역권, 전세권, 유치권, 질권, 저당권의 9개 장 188개 조로 되어 있다.

이 여덟 가지 물권은 각각 특유한 내용과 효력을 갖지만, 한편 물권이라는 공통분모를 가지고 있다. 그래서 여덟 가지 물권에 공통되는 내용(주로 물권의 변동)을 「총칙」이라 이름하여 맨 앞에서 정하고, 이어서 여덟 가지 물권 각각의 특유한 내용(소위 「각칙」)을 정하고 있다.

제2관 물권법의 내용

I. 물권법 총칙

1. 물권법정주의

물권의 종류와 내용은 법률이나 관습법에 의해서만 정해지는 물권법정주의를 규정한다($^{185}_{조}$). 물권의 종류와 내용을 당사자가 임의로 창설할 수 있다고 하면 그러한 물권 모두에 적절한 공시방법을 강구할 수 없고, 그것은 결국 물권 거래의 원활과 안전에 지장을 주기 때문이다. 물권법의 강행법규로서의 성질은 물권법정주의에서 연유한다.

2. 물권의 변동

(1) 물권의 변동(발생·변경·소멸)에 관해 정하는데, 이것은 세부적으로 다음과 같이 나누어진다. 먼저 그 대상이 부동산인지 또는 동산인지에 따라 「부동산 물권변동」과 「동산 물권변동」으로 나누어지고, 물권변동을 가져온 원인이 당사자가 그것을 원한 법률행위인지 또는 그 외의 것(법률의 규정)인지에 따라 「법률행위에 의한 물권변동」과 「법률의 규정에 의한 물권변동」으로 나뉘게 된다. 따라서 물권변동의 유형에는 모두 네 가지가 있다.

(2) 위 네 가지 물권변동의 유형 중 '법률의 규정에 의한 동산 물권변동'에 관해서는 물권총칙에서 규정하지 않고, 주로 소유권의 취득 부분에서 따로 정하고 있다($^{246조}_{이하}$). 물권 총칙에

서는 나머지 세 가지 유형, 즉 '법률행위에 의한 부동산 물권변동'($^{186}_조$), '법률의 규정에 의한 부동산 물권변동'($^{187}_조$), '법률행위에 의한 동산 물권변동'($^{188조\sim}_{190조}$)에 관해 규정한다. 이들에 관한 조문 수는 불과 5개 조문이지만, 물권법에서 차지하는 의미와 비중은 매우 크고 판례도 많이 축적되어 있다.

3. 물권의 소멸

물권의 소멸원인에는 여러 가지가 있지만, 물권 총칙에서는 동일한 물건에 대해 소유권과 다른 물권이 동일한 사람에게 귀속하는 경우 다른 물권은 소멸되는 것으로 하는 「혼동」에 대해 규정한다($^{191}_조$).

II. 물권법 각칙

1. 점유권

(ㄱ) 물건을 사실상 지배하고 있는 경우, 그 지배를 정당화하는 법률상의 권리(본권)가 있는지를 묻지 않고, 그 사실상의 지배, 즉 「점유」에 대해 민법은 이를 권리로 파악하여 물권의 하나로서 「점유권」을 인정하고 있다(점유의 권리성)($^{192조}_{1항}$). (ㄴ) 민법은 점유 = 점유권에 대해 여러 법률효과를 주고 있다. 즉 ① 점유자가 점유물에 대해 행사하는 권리는 적법하게 가지고 있는 것으로 추정하고($^{200}_조$), ② 점유의 침탈을 당하거나, 점유의 방해를 받거나 받을 염려가 있는 경우에는 점유자에게 점유보호청구권을 인정하며($^{204조 \cdot 205}_{조 \cdot 206조}$), ③ 일정한 경우에는 점유의 침해에 대해 자기 스스로 방위나 탈환을 할 수 있는 것으로 한다(자력구제)($^{209}_조$). ④ 그리고 점유의 소와 본권의 소는 별개의 것으로 한다($^{208}_조$). (ㄷ) 그러면 물건을 사실상 지배하고 있는 '사실'에 대해 권리를 주면서까지 인정하려는 점유 제도의 목적 내지 근거는 무엇인가? 물건은 어느 것이나 누군가의 지배 아래에 있다. 그런데 그 지배가 정당한 원인에 기초한 것인지는 드러나지 않으며 단순히 지배라는 외형적 사실만으로는 정확하게 인식할 수 없다(예: 소유자가 물건을 점유하는 것이 대부분이지만, 그 밖에도 임대차·사용대차·임치 등에 의해 점유할 수도 있고, 취득시효로서 점유할 수도 있으며, 심지어는 물건을 훔쳐 점유하고 있는 경우도 있다). 사회도 어떤 사람이 물건을 점유하게 된 원인을 일일이 따지지 않고, 또 그 원인관계의 증명을 요구하고 있지도 않다. 그렇다면 점유자는 이처럼 점유의 사실상태가 유지되는 데 따른 일정한 이익을 가진다고 할 수 있고, 그러한 이익을 권리로 평가한 것이 민법이 정하고 있는 점유권이다.

2. 소유권

물권은 물건을 지배하는 권리인데, 그 '지배'는 두 가지 모습으로 나타난다. 하나는 물건의 사용가치(사용·수익)를 얻는 것이고, 다른 하나는 교환가치(처분)를 얻는 것이다. 가장 완전한 물권인 소유권은 물건의 사용가치와 교환가치 전부를 가진다($^{211}_조$). 소유권에 대해, 민법은 그 한계를 규정하고($^{211조\sim}_{244조}$), 법률의 규정에 의한 취득원인을 정하며($^{245조\sim}_{261조}$), 하나의 물건을 여러 사람이 소유하는 공동소유에 관해 규정한다$\left(\substack{262조\sim\\277조}\right)$.

3. 용익물권

물건의 '사용가치'의 전부나 일부를 지배하는 물권으로서, 「지상권」$\left(\substack{279조\sim\\290조}\right)$ · 「지역권」$\left(\substack{291조\sim\\302조}\right)$ · 「전세권」$\left(\substack{303조\sim\\319조}\right)$이 이에 속한다. 지상권은 건물 기타 공작물이나 수목을 소유하기 위해 타인의 토지를 사용하는 권리이고, 지역권은 일정한 목적을 위해 타인의 토지를 자기 토지의 편익에 이용하는 권리인데, 실제로는 이들 목적을 위해 채권으로서의 임대차$\left(\substack{618조\ 이\\하\ 참조}\right)$를 이용하는 것이 보통이고 위 제도의 활용은 많지 않다. 한편 전세권은 전세금을 지급하고 타인의 부동산을 점유하여 사용 · 수익하는 권리로서, 외국의 입법례에서는 찾아볼 수 없는 우리의 특유한 제도이며 구민법에는 없었던 것을 전부 신설한 것이다. 특히 1984년에 민법을 개정하면서 전세권에 우선변제권을 부여하여$\left(\substack{303조\\1항}\right)$, 담보물권으로서의 성질도 아울러 가지게 되었다.

4. 담보물권

채권의 담보를 위해 물건의 '교환가치'의 전부나 일부를 지배하는 물권으로서, 일정한 요건이 충족되면 민법상 당연히 성립하는 「유치권」$\left(\substack{320조\sim\\328조}\right)$과, 당사자의 약정에 의해 성립하는 「질권」$\left(\substack{329조\sim\\355조}\right)$과 「저당권」$\left(\substack{356조\sim\\372조}\right)$이 있다. 유치권은 목적물의 인도 거절, 즉 유치를 통해 채권의 변제를 담보하는 것인 데 비해, 질권과 저당권은 경매를 통해 우선변제권을 가지는 점에서 차이가 있다. 한편 질권은 동산과 권리를 그 대상으로 하고, 저당권은 부동산과 지상권 · 전세권을 대상으로 하는 점에서 그 공시방법과 내용에서 차이가 있다.

제3절 물권법의 법원法源

물권의 종류와 내용에 관해 민법은 물권법정주의를 채택하여 「법률」 또는 「관습법」에 의해서만 정해지는 것으로 규정한다$\left(\substack{185\\조}\right)$. 즉 물권법의 법원으로는 법률과 관습법의 둘이 있다.

Ⅰ. 법 률

1. 물권관계를 규율하는 법률로서 대표적인 것은 '민법 제2편 물권'의 규정이다$\left(\substack{185조\sim\\372조}\right)$.

2. 물권법의 규정을 구체적으로 실현하기 위한 법률과 물권관계를 규율하는 여러 특별법이 있는데, 이를 개관해 보면 다음과 같다.

a) 물권법의 규정을 구체적으로 실현하기 위한 법률　　(ㄱ) 부동산에 관한 물권변동에서는 등

기가 직·간접으로 관련된다($^{186조 \cdot}_{187조}$). 「부동산등기법」은 그 등기절차를 규율하며, 「부동산등기특별조치법」은 그 등기가 실체관계와 부합하도록 특례를 정한다. (ㄴ) 민법은 소유권의 취득원인으로서 유실물습득과 매장물발견을 규정하는데($^{253조}_{254조}$), 「유실물법」은 그 절차를 규율한다. (ㄷ) 담보물권은 경매를 통해 우선변제를 받게 되는데($^{318조 \cdot 338}_{조 \cdot 363조}$), 「민사집행법」은 그 절차를 규율한다.

  b) **물권관계를 규율하는 특별법**　　건물의 구분소유에 관해서는 「집합건물의 소유 및 관리에 관한 법률」, 입목의 소유 및 저당권설정에 관해서는 「입목에 관한 법률」, 부동산의 명의신탁에 관해서는 「부동산 실권리자명의 등기에 관한 법률」, 공장저당에 관해서는 「공장 및 광업재단 저당법」, 동산저당에 관해서는 「자동차 등 특정동산 저당법」, 가등기담보와 양도담보에 관해서는 「가등기담보 등에 관한 법률」, 동산·채권·지식재산권의 담보에 관해서는 「동산·채권 등의 담보에 관한 법률」이 물권법에 우선하여 적용되는 주요 특별법이며, 이외에도 무수히 많은 공법적 성격의 법률이 있다(예: 공익사업을 위한 토지 등의 취득 및 보상에 관한 법률, 국토의 계획 및 이용에 관한 법률, 하천법, 도로법, 산림법, 외국인토지법, 건축법 등).

Ⅱ. 관 습 법

  1. 관습법에 의해 물권관계를 규율하는 것으로 「분묘기지권」이 있는데, 이에 관해서는 지상권 부분에서 따로 설명한다.

  2. 토지와 건물이 동일인의 소유에 속하였는데, 그 건물 또는 토지가 법률행위나 그 외의 원인(강제경매나 공매처분)에 의해 소유자가 달라지고, 당사자 간에 그 건물을 철거하기로 하는 특약이 없는 때에는, 건물 소유자는 토지 소유자에 대하여 「관습상 법정지상권」을 취득하는데, 이에 관해서도 지상권 부분에서 따로 설명한다.

제2장 물권법 총칙

본장의 개요   1. 물권은 물건을 객체로 하는 권리다. 이것은 어느 누구에게 물권을 귀속시켜 그로 하여금 물건이 가지는 가치, 즉 사용가치나 교환가치를 직접 가질 수 있게 하는 것을 내용으로 한다. 채권은 채무자의 이행에 의해, 그래서 채무자가 이행을 하지 않으면 채권자가 그 이행을 청구하여 급부를 받음으로써 만족을 얻는 점에서 물권과 다르다. 그래서 물권이나 채권의 침해가 있을 때 양자는 구제방법을 달리한다(예컨대 물권의 침해시 구제로서 인정되는 물권적 청구권은 채권 침해의 경우에는 인정되지 않는다).

(1) 물권의 객체가 되는 「물건」에는 동산과 부동산이 있고, 부동산에는 대표적으로 토지와 건물이 있다. 건물은 토지의 구성부분이 아니라 토지와는 독립된 부동산으로 취급된다. 지배권으로서의 물권의 객체가 되는 물건은 다른 물건과 구별되고 또 거래의 대상이 될 수 있는, 특정되고 독립된 것이어야 한다.

(2) 물권은 그 객체인 물건을 권리자가 직접 지배해서 만족을 얻는, 그리고 이것을 모두에게 주장할 수 있는, 지배권이며 절대권이다. (ㄱ) 물권의 이러한 지배권으로서의 성질은 「공시방법」을 통해 실현된다. 즉 양자는 불가분의 관계에 있다. 예컨대 A가 어느 토지에 대해 소유권을 주장하려면 그 토지가 A의 소유라는 것이 공적으로 외부에 표시되어야 하는데, 공시방법이 그것이다. 부동산은 '등기', 동산은 '점유'를 공시방법으로 삼는다. 이러한 공시를 통해 대외적으로 위 토지의 소유자가 A라는 것이 공표되고, 한편 위 토지를 사고자 하는 사람은 A를 소유자로 믿고 A로부터 토지를 사게 되는 점에서 물권 거래의 안전과 원활에도 직결된다. (ㄴ) 물권이 갖는 지배권의 성질에서 다음과 같은 효력이 나온다. ① 동일한 내용의 물권 상호간에는 먼저 성립한 물권이 우선한다. 그리고 물권은 채권에 우선한다. ② 물권이 방해받는 경우에는, 그 방해의 제거를 구할 수 있는 청구권이 물권에서 나오는데, 「물권적 청구권」이 그것이다. 이를 통해 물권 본래의 실효성을 유지할 수 있게 된다. 물권적 청구권이 발생하는 데에는 물권의 실현이 방해받고 있는 것으로 족하고, 방해자의 귀책사유는 묻지 않는다.

(3) 물권은 상술한 대로 공시방법과 결부되어 지배권으로서 또 물권 거래의 안전과도 직결되는 점에서, 물권의 종류와 내용을 당사자의 합의에 의해 임의로 정하는 것은 곤란하고, 이것은 법률(민법 제2편 물권법과 특별법)이나 관습법에 의해서만 인정될 뿐이다($^{185}_{조}$). 이를 「물권법정주의」라 하고, 물권법의 규정이 강행규정인 것은 이에 기초한다. 특별법과 관습법에 의해 인정되는 물권도 적지 않지만, 민법 제2편(물권)에서는 '점유권 · 소유권 · 지상권 · 지역권 · 전세권 · 유치권 · 질권 · 저당권' 여덟 개의 물권을 인정하고 그 각각의 내용을 정하고 있다.

2. 물권의 발생 · 변경 · 소멸을 통틀어 「물권의 변동」이라고 한다. 이러한 물권의 변동을 가져오는 원인에는 두 가지가 있다. 하나는 당사자가 그것을 원한 '법률행위'이고, 다른 하나는 그 외의 모든 것으로서 '법률의 규정'이다. 물권변동이 생기는 데 있어 전자는 공시방법을 요건으로 삼지만, 후자는 그것을 요건으로 하지 않는 점에서 차이가 있다. 그리고 이것은 부동산물권이나 동산물권이나 같다.

3. 부동산물권의 변동에 대해 민법은 다음과 같은 내용을 규정한다.

(1) 예컨대 A가 그 소유 토지에 대해 B와 매매계약을 맺었다고 하자. B가 소유자가 되려면 소유권의 변동에 관한 합의(법률행위로서 이를 물권행위라고 한다)와 소유권이전등기, 두 가지를 다 갖추어야 한다($^{186}_{조}$). 따라서 B 앞으로 등기가 되었어도 그러한 합의가 없는 경우(이를테면 매

매대금이 전부 지급되지 않아 일반적으로 소유권이전의 합의가 없는 경우), 또는 그러한 합의가 있더라도 B 앞으로 등기가 되지 않은 경우에는, B는 A를 포함하여 누구에게도 위 토지의 소유자가 되지 못한다.

민법 제186조는 "법률행위로 인한 부동산에 관한 물권의 득실변경은 등기하여야 효력이 생긴다"고 규정한다. 즉 물권행위와 등기를 부동산물권 변동의 요건으로 정하고 있는데, 동조는 법률행위(단독행위나 계약)에 의한 부동산물권(소유권·지상권·지역권·전세권·저당권)의 변동(발생·변경·소멸)에 관해 일반규정으로서 적용된다.

a) 이처럼 물권의 변동을 목적으로 하는 법률행위를 강학상 '물권행위'라 하고, 채권·채무의 발생을 목적으로 하는 '채권행위'와 구별한다. 예컨대 (동산에서 일반적으로 활용되는 것이기는 하지만) 동산을 할부로 판매하는 경우, 동산은 먼저 인도를 하고 소유권은 대금이 완급될 때까지 매도인에게 있는 것으로 하는, 소유권유보의 약정을 맺는 것이 보통이다. 이 경우 매수인은 동산을 인도받아 점유하고 있지만, 당사자 간에 소유권을 매수인에게 이전한다는 합의는 없었으므로, 매수인은 소유자가 되지 못한다.

b) (ㄱ) 물권은 공시방법과 불가분의 관계에 있고, 이것은 물권변동의 경우에도 다를 것이 없는데, 우리 민법은 부동산의 경우 등기까지 하여야만 비로소 모든 사람에 대해 물권이 변동되는 것으로 하였다(성립요건주의 또는 형식주의). (ㄴ) 이처럼 물권변동을 가져오는 등기이기 위해서는 두 가지를 갖추어야 한다. 하나는 부동산등기법에서 정하는 바에 따라 이루어진 등기여야 한다(형식적 요건). 다른 하나는 물권행위의 내용과 일치하는 등기여야 한다(실질적 요건). 특히 후자에서, 물권행위와 등기가 일치하지 않는 경우 그 효력이 문제가 되는데(대표적으로 중간생략등기), 판례는 이에 관해 일정한 법리를 형성하여 그것이 궁극적으로 실체관계와 부합되는 경우에는 등기로서 유효한 것으로 인정하고 있다.

(2) 부동산물권의 변동이 오직 법률행위(물권행위)에 의해서만 생기는 것은 아니다. 예컨대 상속·공용징수·판결·경매 등의 경우에는 법률행위와는 무관하게 그 변동이 이루어진다. 이것이 소위 「법률의 규정」에 의한 물권변동에 속하는 것인데, 민법은 이 경우에는 물권변동에 등기를 요하지 않는 것으로 한다($\frac{187}{조}$). 예컨대 A가 사망하면 그가 소유한 부동산은 등기 없이도 상속인이 소유자가 된다. 다만 이를 처분할 때에는 등기를 하도록 하고 있는데, 이에 대해서도 상술한 실체관계와 부합되는 등기의 법리가 통용되고 있다.

(3) (ㄱ) 등기는 직권으로 하는 것이 아니고, 당사자가 신청을 하여야만 이루어진다(신청주의($\frac{부동}{산등기법}$ 22조 1항)). 위 예에서 B가 소유권이전등기를 하려면 A를 등기의무자, B를 등기권리자로 하여 공동으로 등기소에 등기를 신청하여야 한다. 즉 단독으로 신청하는 경우도 있지만(건물의 신축, 판결, 상속에 의한 등기신청의 경우 등), 대개의 경우는 등기권리자와 등기의무자가 공동으로 신청하여야 하고(공동신청주의), 이를 통해 등기의 진실성이 보장될 수 있다. 만일 A가 등기신청에 응하지 않는다면, B는 A에게 등기신청에 협력할 것을 구할 수 있는데, 이것이 「등기청구권」이다. 위 매매의 예에서 그 성질은 채권적 청구권으로 보고 있다. 이러한 등기절차를 관장하는 법률이 '부동산등기법'이다. (ㄴ) 우리 법제는 토지와 건물을 독립된 부동산으로 취급하므로, 등기부에는 토지등기부와 건물등기부가 따로 있고, 토지를 대상으로 하는 물권이나 건물을 대상으로 하는 물권의 변동은 각각 토지등기부나 건물등기부에 등기가 이루어지게 된다. (ㄷ) 등기에는 부동산물권의 변동을 생기게 하는 효력이 있다. 한편 등기신청에는 일정한 서면을 제출하여야 하

고 심사를 통해 등기가 이루어지는 점에서, 등기가 마쳐지면 그 등기가 실체관계와 부합되는 것으로 추정을 받는다. 이를 '등기의 추정력'이라고 하는데, 따라서 그 등기의 무효를 주장하는 자가 그것을 증명하여야 할 입증책임을 부담하게 된다.

4. 동산물권의 변동에 대해 민법은 다음과 같은 내용을 규정한다.

(1) 부동산물권의 변동에서와 마찬가지로, 법률행위에 의한 동산물권의 변동도 법률행위(물권행위)와 공시방법을 갖추어야 효력이 생긴다. 동산물권으로는 점유권·소유권·유치권·질권이 있는데, 이들에 공통되는 것이다. 그 공시방법으로는 네 가지가 있는데, '현실의 인도·간이인도·점유개정·목적물반환청구권의 양도'가 그것이다$\binom{188조\sim}{190조}$.

(2) 법률의 규정에 의한 동산물권의 변동에 관해서는 주로 소유권 취득의 부분에서 따로 정하고 있지만, 공시방법과 관련하여 동산의 점유에 공신력을 인정하여 소유권 취득의 효력을 부여하는 것으로 「선의취득」의 제도가 있다. 즉 승계취득의 법리에 대한 예외로서 동산의 점유에 공신력을 인정하여, 양도인이 무권리자라 하더라도 양수인이 그를 권리자로 믿고 동산을 양수한 경우에는 그 동산의 소유권을 (원시)취득하는 것으로 한다. 다만, 그 동산이 도품이나 유실물인 경우에는 그 요건 외에 2년의 기간이 지나야만 소유권을 취득할 수 있는 것으로 제한한다$\binom{249조\cdot}{250조}$.

5. 물권의 소멸 원인에는 여러 가지가 있지만, 민법은 모든 물권에 공통되는 (법률의 규정에 의한) 소멸 원인으로서 「혼동」에 대해 규정한다$\binom{191}{조}$. 예컨대 전세권자가 목적물을 매수하여 소유자가 되었을 경우 전세권은 혼동에 의해 당연히 소멸되는 것이 그러하다. 전세권은 제한물권으로서 타물권인데, 그가 소유권을 취득한 마당에 이를 존속시키는 것은 무의미하기 때문이다.

제 1 절 물권 일반

제 1 관 물권의 의의

물권은 어떤 권리인가? 민법은 제2편을 '물권'이라 하고 제3편을 '채권'이라 이름하여, 양자 간의 구별을 전제로 각종의 재산적 권리들을 이 둘 중 어느 하나에 속하는 것으로 하고 있다. 물권은 채권과 더불어 재산권에 속하는 것이며, 물건에 대한 지배를 통해 이익을 얻는 권리인 점에서, 인격적 이익이나 일정한 신분관계에 따르는 이익을 내용으로 하는 권리(인격권·가족권)와는 다르다. 민법은 물권에 대해 정의하고 있지는 않으나, 일반적으로 물권은 '특정의 물건을 직접 지배해서 이익을 얻는 배타적인 권리'라고 말한다. 그 내용은 다음과 같다.

제1항 물권의 객체

I. 채권의 객체와의 구별

예컨대 A가 B에게 금전채권 또는 출연채권이 있는 경우에 그 채권의 객체는 「채무자의 행위」이지만(금전을 지급하거나 출연하는 것으로서 이를 '급부'라고 부른다), 이에 대해 물권의 객체는 원칙적으로 「물건」이다($\substack{192조\cdot211조\cdot279조\cdot291조\cdot\\303조\cdot329조\cdot356조 참조}$). 예컨대 A가 그 소유 주택에 대해 B와 매매계약을 맺은 경우, B는 매매계약에 기해 소유권이전채권을 가지며, 이것은 A가 그 소유권이전에 필요한 행위(등기이전에 협력하는 것)를 함으로써 B는 비로소 만족을 얻게 되고, A가 그러한 행위를 하지 않을 때에는 그 행위를 요구하는 청구권이 B에게 주어진다. 한편 매매계약에 따라 원만히 이행이 이루어지면 B는 위 주택에 대해 소유권을 취득하며, 이때부터는 주택이라는 물건에 대해 누구의 도움을 필요로 하지 않고 스스로 만족을 얻는 것, 즉 지배를 하게 된다. 여기서 채권을 대인권$_{對人權}$이라고 부르는 데 대하여, 물권은 대물권$_{對物權}$이라고 일컫는다. 이처럼 물건을 객체로 하는 점에서 '지배권'으로서의 성질이 나온다. 채권에서는 채권자가 채무자에게 그 의무의 이행을 청구할 수 있을 뿐이고, 채무자를 지배한다는 것은 있을 수 없다.

II. 물권의 객체

1. 물 건

(1) 민법 제2편의 「물권」에서 정하고 있는 물권의 객체는 원칙적으로 '물건'이다($\substack{192조\cdot211조\cdot\\279조\cdot291조\cdot\\303조\cdot320조\cdot\\329조\cdot356조}$). 무엇을 물건으로 하고, 물건은 어떻게 나뉘는지에 대해 민법은 (물권편이 아닌) 총칙편에서 정하고 있는데($\substack{98조\sim\\102조}$), 자세한 내용은 그곳을 참조하도록 하고 여기서는 그 개요를 적기로 한다.

a) 물건은 유체물과 전기 그 밖에 관리할 수 있는 자연력을 말한다($^{98}_{조}$). 유체물 외에 무체물도 관리 가능한 자연력이면 물건이 된다. 따라서 권리는 무체물이지만 자연력은 아니므로 물건이 아니다. 물건은 특히 소유권의 객체가 되는 점에서 주된 의미를 갖고, 권리에 대해서는 소유권에 관한 규정(특히 소유권에 기한 물권적 청구권)이 적용되지 않는다.

b) (ㄱ) 물건은 '부동산'과 '동산'으로 나뉜다($^{99조}_{1항}$). ① 토지와 그 정착물이 부동산이고($^{99조}_{1항}$), 토지의 정착물의 대표적인 것으로 건물이 있다. 우리 법제는 건물을 토지와는 독립된 부동산으로 취급한다. 우리 민법이 이 점을 명시적으로 정하고 있지는 않으나, 이를 전제로 하는 규정들은 있다($\substack{279조\cdot304조\cdot366\\조\cdot622조 등}$). 부동산등기법($^{14}_{조}$)에서 토지등기부 외에 건물등기부를 따로 두고 있는 것도 그러하다. 그래서 토지의 소유자와 건물의 소유자가 다른 경우에는, 건물의 소유를 위해 토지에 대한 이용권을 가져야만 한다(그렇지 않으면 건물은 토지소유권을 방해하는 것이 되어 철거될 수밖에 없다). 한편 민법은 일정한 경우에는 그러한 이용권을 의제하기도 한다. 법정지상권의 제도가 그러하다($^{366}_{조}$). ② 부동산이 아닌 물건은 전부 동산이다($^{99조}_{2항}$). 토지에 정착되지 않은

물건도 동산이다. 선박·자동차·항공기·건설기계 등도 동산이지만, 법률(상법, 자동차 등 특정동산 저당법)에 의해 부동산에 준하는 취급을 받을 뿐이다(등기·등록의 공시방법이 마련되어 있다). 금전도 동산이지만 물건으로서의 개성을 갖고 있지 않고 가치 그 자체이기 때문에, 동산에 적용되는 규정 중에서 금전에는 적용되지 않는 것이 적지 않다(무엇보다 해당 금전에 대한 물권적 청구권이 인정되지 않는다). (ㄴ) 물건이 동산과 부동산으로 나뉨에 따라, 물권도 동산을 목적으로 하는 물권과 부동산을 목적으로 하는 물권으로 나뉜다. 양자는 공시방법을 달리하고(동산은 점유, 부동산은 등기), 공신력의 유무를 달리하는 등 차이가 있다.

c) 민법은 그 밖에 물건을 다음과 같이 나눈다. (ㄱ) 물건의 소유자가 그 물건의 사용에 이바지하기 위해 자기 소유인 다른 물건을 이에 부속시킨 경우에는 그 부속물은 '종물'로 하고, 종물은 '주물'의 처분에 따르는 것으로 한다($\frac{100}{조}$). 배와 노, 자물쇠와 열쇠, 주택과 창고, 주유소와 주유기 등이 그러한 예이다. 민법은 저당권의 효력은 저당부동산의 종물에 미친다고 하여, 이 점을 재차 정하고 있다($\frac{358}{조}$). 한편 주물과 종물의 관계는 주된 권리와 종된 권리 사이에도 유추적용된다(예: 건물이 양도되면 그 건물을 위한 대지의 임차권이나 지상권도 함께 양도한 것으로 된다). (ㄴ) 물건의 효용에는 물건에서 생기는 과실을 얻는 것, 즉 수익의 권능이 있는데, 여기에는 물건의 용법에 따라 수취하는 산출물인 '천연과실'과 물건의 사용대가로 받는 금전 기타의 물건인 '법정과실'이 있는데($\frac{101}{조}$), 이것은 수취할 권리자에게 속한다($\frac{102}{조}$). 소유자가 대표적으로 수익의 권능을 갖지만, 다른 사람도 수익의 권능을 갖는 경우가 있다(예: 선의의 점유자($\frac{201}{조}$), 소유자로부터 용익의 권능을 승계한 지상권자($\frac{279}{조}$)와 전세권자($\frac{303}{조}$), 매도인($\frac{587}{조}$), 양도담보설정자, 소유권유보부 매수인 등).

(2) 이러한 물건이 물권의 객체가 되기 위해서는, 물권이 물건에 대한 배타적 지배권인 점에서, 다른 물건과 구별할 수 있는 「특정성」과 그 자체가 하나의 물건으로 다루어지는 「독립성」을 갖추어야 한다.

a) 특정성　(ㄱ) 물권의 객체는 특정되어야 한다. 그렇지 않으면 다른 물건과 구별하여 어느 물건에 대해 어떤 지배를 하고 있다고 볼 수 없기 때문이다. 목적물이 특정되지 않은 종류물 내지 불특정물에는 채권은 성립할 수 있어도(종류채권($\frac{375}{조}$)), 어느 물건으로 특정된 것이 아니므로 물권은 성립할 수 없다. 같은 이유로 현존하지 않는 물건에 대하여도 물권은 성립하지 않는다. 즉 물권의 객체인 물건은 현존하고 특정된 것이어야 한다. (ㄴ) 특정성과 관련하여 문제되는 것으로 「집합물」이 있다. 가령 집합물에 대해 (담보물권인) 양도담보를 설정하는 경우, 그 유형에는 두 가지가 있다. ① 하나는, 공장에 설치된 기계·기구들에 대해 일괄해서 양도담보를 설정하면서 그 기계들을 특정 짓는 경우인데(이는 공장저당권을 설정하는 경우에도 같은데, 공장 및 광업재단 저당법 6조·13조·53조 참조). 이러한 것을 '고정 집합물'이라고 한다. 이때는 각각의 기계와 기구별로 양도담보가 설정된 것으로 보아야 한다. 따라서 후에 반입되는 기계들에 대해서도 양도담보의 효력이 미치려면 그것이 특정되는 것을 전제로 한다($\frac{대판}{2016. 4.}$ 28, 2015 다221286). ② 다른 하나는, 재고상품·제품·원자재·양식장 내의 어류·농장에서 사육하는 동물 등에 대해 양도담보를 설정하는 경우인데, 이때는 그 물건들이 증감 변동하고 개별적으로

특정 짓기가 곤란한 것들이어서 이를 특히 '유동 집합물'이라고 한다. 이 경우 그것이 종류·장소 또는 수량 지정 등의 방법에 의해 특정할 수 있으면 그 전체를 하나의 물건으로 보아 양도담보를 설정할 수 있다. 이 경우 집합물을 구성하는 개개의 물건이 변동되거나 변형되더라도 양도담보의 효력은 항상 현재의 집합물 위에 미친다는 것이 판례의 태도이다($\genfrac{}{}{0pt}{}{대판\ 1990.}{12.\ 26,\ 88}$ $\genfrac{}{}{0pt}{}{다카}{20224}$). 그 밖의 내용은 양도담보의 목적(p.459)에 관한 기술을 참조할 것.

b) **독립성** 물권의 객체는 하나의 물건으로 다루어지는, 독립된 것이어야 한다. 물건의 독립성 여부는 사회통념과 거래 현실을 감안하여 결정한다(예: 건물의 구분소유·수목·미분리의 과실 등). 따라서 물건의 일부나 구성부분은 물권의 객체가 되지 못한다. 무엇보다 그러한 것에 물권을 인정할 필요나 실익이 없기 때문이다. 유의할 것은, 우리 법제는 건물을 토지의 구성부분으로 보지 않으며 토지와는 별개의 물건(부동산)으로 취급한다.

2. 물건이 아닌 것

물건이 아닌 것에도 예외적으로 물권이 성립하는 경우가 있다. 즉, ① 준점유는 채권 등 재산권을 객체로 한다($\genfrac{}{}{0pt}{}{210}{조}$). ② 채권·주식·지식재산권 등에 질권을 설정할 수 있다($\genfrac{}{}{0pt}{}{345}{조}$). ③ 지상권이나 전세권을 저당권의 객체로 할 수 있다($\genfrac{}{}{0pt}{}{371}{조}$). ④ (법정담보물권인) 유치권은 유가증권에도 성립한다($\genfrac{}{}{0pt}{}{320}{조}$).

제 2 항 물권의 본질

I. 직접·배타적 지배성(지배권)

물권은 특정의 물건에 대한 직접·배타적 지배를 내용으로 하는, 전형적인 지배권이다.

1. 직접 지배

(1) 「직접」지배한다는 것은, 타인의 행위를 기다리지 않고 직접 물건으로부터 일정한 이익을 얻는 것을 말한다. 예컨대 A가 B에게 100만원의 금전채권이 있더라도, B가 변제를 하지 않으면 A 스스로 채권의 만족을 얻을 수는 없다. 그러나 소유자는 누구의 도움 없이도 물건을 사용·수익·처분할 수 있고, 또 전세권자는 전세기간 동안 직접 그 물건을 사용·수익할 수 있다.

(2) 물건을 「지배」한다는 것은 두 가지 모습으로 나타난다. 하나는 물건의 사용가치를 얻는 것이고, 다른 하나는 물건의 교환가치를 얻는 것이다. 가장 완전한 물권인 소유권은 양자를 다 갖지만($\genfrac{}{}{0pt}{}{211}{조}$), 지상권·지역권·전세권 등의 용익물권은 물건의 사용가치의 전부나 일부를, 질권·저당권 등의 담보물권은 물건의 교환가치의 전부나 일부를 가진다. 이런 점에서 물권을 소유권과 제한물권(용익물권과 담보물권)으로 준별하는 것이 물권법의 기본체계이다. 즉 한 개의 물건 위에는 오직 하나의 소유권만이 성립하며 이것이 그 토대를 이루고, 타인이 또 그

물건 위에 어떤 물권을 가지는 경우에는 그 물권은 이미 다른 사람의 소유에 속하는 물건 위에 성립하는 것이므로 타물권이며, 소유권의 권능(사용가치와 교환가치)의 일부를 일시적으로 제한하는 점에서 제한물권으로 편성한 것이다(다만, 전세권은 사용가치 외에 교환가치도 갖는 점에서 제한물권으로서는 특별하다. 그런데 그 존속기간이 제한되어 있는 점에서 영구성을 갖는 소유권과는 다르다). 한편, 물건을 지배한다는 것은 반드시 물건을 현실적으로 지배하는 것을 의미하지는 않는다. 예컨대 A가 그 소유 주택에 대해 B에게 전세권을 설정해 주었는데 B가 현재 그 주택에 거주하고 있지 않는 경우에도, 즉 누구도 그 주택을 현실적으로 점유·사용하고 있지 않는 경우에도, A는 위 주택에 대해 소유권을, B는 전세권을 가짐에는 의문이 없다. 즉 소유권등기나 전세권등기를 통해 그 권리가 보호되는 이상 지배할 수 있는 권리가 주어진 셈이고, 여기서 물권은 공시방법과 결부되어 관념적 지배권으로 발전한 것이다. 이 점에서 물권으로 인정하는 점유권은 특별한 것이다. 소유권과 대비되는 제한물권에 속하지 않는 점에서, 또 물건에 대한 가치 파악과는 상관없이 물건을 사실상 지배하는 사실 상태에 대해 이를 물권으로 인정하는 점($\frac{192조}{1항}$)에서 그러하다.

(3) 주택의 소유자(A)가 제3자(B)에게 주택을 임대하여 B가 이를 사용하는 경우, A의 주택에 대한 소유자로서의 지배상태는 그대로 유지된다. A는 B에게 주택을 사용케 하는 대가로 차임을 받는 방식으로 지배를 하고 있다고 할 수 있고, 또 임대차계약이 종료되면 주택을 반환받게 되는 점에서도 그러하다. 한편 제3자가 소유자의 물건을 **빼앗아** 간 경우에도, 지배권의 효력으로서 (소유권에 기한) 물권적 청구권을 행사하여 그 반환을 받을 수 있는 점에서 직접 지배에 어떤 영향이 있는 것은 아니다. 특히 물권의 객체인 물건이 전전하여 누구의 수중에 들어가든지 그에게 물권을 주장할 수 있는데, 이를 '물권의 추급효追及效'라고 부른다.

2. 배타적 지배

(1) (ㄱ) 하나의 물건에 대해 어떤 사람의 지배가 있게 되면, 같은 물적 이익에 대하여는 다른 사람의 지배를 인정할 수 없다. 이를 물권의 '배타성' 또는 '독점성'이라고 한다. 이에 대해 (상대권인) 채권은 배타성이 없으며, 같은 내용의 채권이 동시에 두 개 이상 병존할 수 있다.[1] (ㄴ) 한편 물권의 배타성에서 제3자는 물권자의 지배를 침해해서는 안 된다는 배타적 효력이 나온다. 따라서 물권에 대한 제3자의 침해는 불법행위를 구성하고($\frac{750}{조}$), 본래의 지배 상태를 유지하기 위한 물권적 청구권이 물권자에게 주어진다.

(2) 물권의 배타성과 관련되는 것으로 「공시방법」과 「일물일권주의」가 있다.

a) **공시방법**公示方法   물권의 배타성은 공시방법을 통해 실현된다. 즉 어떤 물건에 대해 물권이 있다는 것을 이유로 타인의 개입을 배제하려면, 먼저 그 물건에 대해 누가 물권을 가지고 있다는 것을 외부에 인식시킬 필요가 있다. 이것이 공시방법인데, 부동산에서는 「등기」,

---

1) 예컨대, A가 그 소유 부동산에 대해 B와 매매계약을 체결한 후에도 이중으로 C와 매매계약을 체결할 수 있으며, 이때 B와 C 사이에는 우열이 없다. 계약은 당사자 사이에서만 효력이 있는 상대적 효력이 있을 뿐이기 때문이다. 따라서 둘 중 소유권등기를 먼저 한 자가 소유권을 취득하며, A는 다른 상대방에 대해 채무불이행책임을 질 뿐이다.

동산에서는 「점유」(점유의 이전을 「인도」라고 한다)가 이에 해당한다. 현행 민법은 구민법과는 달리 공시방법을 물권변동의 성립요건으로 규정한다($^{186조 \cdot 188}_{조\ 참조}$)(예컨대 A가 그 소유 토지를 B에게 매도하고 매매대금을 전부 수령한 경우에도 B 앞으로 소유권이전등기가 되기까지는 A가 소유자이며, 따라서 A가 C에게 이중으로 매도하여 C가 먼저 소유권이전등기를 하면 C가 소유권을 취득한다). 이처럼 등기와 점유는 그 공시기능에 터잡아 물권변동의 내용을 외부에서 알 수 있게 하는 작용을 하며(물권 거래의 안전과도 직결된다), 그에 따른 논리적 귀결로서 등기와 점유에는 그에 상응하는 권리가 있는 것으로 추정되는 효력이 있다($^{200조}_{참조}$).

b) 일물일권주의─物一權主義 이것은 다음의 두 가지 의미가 있다.

aa) 하나의 물건에는 앞의 물권과 동일한 내용을 갖는 물권은 다시 성립할 수 없다(따라서 소유권과 제한물권처럼 서로 내용이 다른 물권의 경우는 하나의 물건에 같이 성립할 수 있다). 설사 인정된다고 하더라도(예: 저당권에서 1순위 저당권과 2순위 저당권의 설정), 앞의 물권의 효력을 해치지 않는 범위에서만 뒤의 물권이 성립할 수 있을 뿐이다(즉 1순위 저당권자가 우선변제를 받고 나머지가 있는 때에 2순위 저당권자가 후순위로 변제를 받게 된다).

bb) 물권은 하나의 독립된 물건에만 성립할 수 있다. 물건의 일부나 구성부분 또는 (특정되지 않은) 집합물에 대해서는 물권이 성립할 수 없는 것이 원칙이다. 물권을 인정할 사회적 필요나 실익이 없다는 점과, 물건의 특정성과 독립성이 충족되지 않아서 공시가 곤란하거나 공시의 혼란을 초래하여 물권 거래의 안전과 원활을 저해한다는 이유에서이다.[1]

따라서 위와 같은 문제가 없는 경우에는 물건의 일부나 구성부분 또는 집합물에 대해서도 예외적으로 하나의 물권이 성립할 수 있는데, 다음의 것이 그러하다. (ㄱ) 1필의 토지의 일부를 분필의 절차를 밟기 전에 처분하지는 못한다. 등기를 하여야만 물권변동이 생기는데($^{186조 \cdot}_{187조}$), 토지의 일부에 대한 등기는 인정되지 않기 때문이다. 마찬가지로 1개의 건물의 일부에 대해서도 구분 또는 분할의 등기절차를 밟기 전에는 처분하지 못한다($^{대판\ 1962.\ 1.\ 31,}_{4293민상859}$). 그러나 여기에는 예외가 있다. 즉 ① 1필의 토지의 일부라도 그것이 다른 부분과 구분되는, 시효취득자의 점유로 볼 수 있는 징표가 있으면 시효취득이 인정된다($^{대판\ 1993.\ 12.}_{14,\ 93다5581}$). ② 토지의 상하의 범위를 정하여 구분지상권을, 토지(승역지)의 일부에 대해 지역권을, 토지나 건물의 일부에 대해 전세권을 설정할 수 있는데, 이들 경우에는 그 범위가 등기 또는 도면을 통해 공시된다($^{부동산등}_{기법\ 69}$ $^{조\cdot70}_{조\cdot72조}$). (ㄴ) 수목은 토지의 정착물로서 토지의 일부로 다루어지는 것이 원칙이지만, 명인방법을 갖춘 때에는 독립된 부동산으로 다루어진다. 수목의 미분리과실도 명인방법을 갖춘 때에는 독립된 물건으로 취급한다. 농작물은 토지에 부합하지 않고 경작자의 소유가 된다는 것이 확고한 판례의 입장이므로, 토지의 일부가 아니라 독립된 물건이 된다. (ㄷ) 물건의 집단 내지

---

1) 판례:「일물일권주의의 원칙상, 물건의 일부분, 구성부분에는 물권이 성립할 수 없는 것이어서 구분 또는 분할의 절차를 거치지 아니한 채 하나의 부동산 중 일부분에 관하여만 따로 소유권보존등기를 경료하거나, 하나의 부동산에 관하여 경료된 소유권보존등기 중 일부분에 관한 등기만을 따로 말소하는 것은 허용되지 아니한다. 따라서 구분소유의 목적이 되는 하나의 부동산에 대한 등기부상 표시 중 전유부분의 면적 표시가 잘못된 경우, 이는 경정등기의 방법으로 바로잡아야 하는 것이고, 그 잘못 표시된 면적만큼의 소유권보존등기의 말소를 구하는 소는 법률상 허용되지 않는다」(대판 2000. 10. 27, 2000다39582).

집합물에 대하여도 특별법에서 공시(등기)를 전제로 이를 하나의 물건으로 인정하는 것이 있다. 「입목에 관한 법률」에 의해 소유권보존등기를 받은 수목의 집단(입목)은 하나의 부동산으로 보고($\frac{\text{동법 3}}{\text{조 1항}}$), 「공장 및 광업재단 저당법」에서는 공장재단이나 광업재단을 하나의 부동산으로 보아 여기에 저당권을 설정할 수 있는 것으로 한다($\frac{\text{동법 12조}\cdot}{\text{13조}\cdot\text{53조}}$). 집합물을 구성하는 개개의 물건이 증감 변동하는 유동 집합물에 대해서도, 이를 특정할 수 있는 때에는, 그 전부를 하나의 물건으로 보아 여기에 물권(특히 양도담보)이 성립할 수 있다($\frac{\text{대판 1990. 12. 26,}}{\text{88다카20224}}$).

II. 절 대 성(절대권)

1. 물권은 물건을 직접 지배하는 권리이고, 이러한 물건의 귀속 질서는 누구에게나 승인되어야 하기 때문에, 즉 그 물권을 특정의 상대방에 대해서만 주장할 수 있는 것이 아니라 모든 사람에게 주장할 수 있는 점에서 필연적으로 절대성을 가진다. 이것은 바꾸어 말해 물권은 모든 사람에 의해 침해될 수 있다는 것을 말한다. 이에 대해 채권은 특정의 상대방(채무자)에 대해서만 청구할 수 있고, 또 그에 의해서만 침해(이것이 '채무불이행'이다)될 수 있는 상대성을 가진다. 다만 채권의 경우에도 예외적으로 제3자에 의해 침해될 수 있는 경우가 있지만(소위 '제3자에 의한 채권침해'), 일반적인 것은 아니며, 물권을 절대권, 채권을 상대권으로 정의하는 것은 그대로 유용하다($\frac{\text{통}}{\text{설}}$).

2. 물권의 절대성은 물권을 가진 자의 법적 지위가 사람에 따라 나누어질 수 없음을 또한 의미한다. 즉 일정한 사람에 대하여는 甲이 소유자이나 다른 사람에 대해서는 乙이 소유자라고 하는 상대적 권리, 즉 '소유권의 상대성'은 인정되지 않는다. 구민법은 물권변동에서 의사주의를 채택하여 소유권의 상대성을 인정하였다. 예컨대 A가 그 소유 건물을 B에게 매도하고 매매대금을 전부 수령한 경우, A와 B 사이에서는 B가 소유자가 되지만, B 앞으로 등기가 되기 전에 A가 이를 C에게 매도하고 C 앞으로 등기가 된 때에는 C가 소유자가 되는 것으로, 즉 B를 제외한 제3자에 대해서는 그 등기명의를 가지고 있던 A를 소유자로 취급하였다. 그러나 현행 민법은 이러한 구성이 법률관계를 복잡하게 한다는 이유로 형식주의로 전환하였고($\frac{\text{186조}\cdot}{\text{188조}}$), 그 결과 B 앞으로 소유권등기가 되기까지는 A는 B를 포함하여 모든 제3자에 대해 소유자가 되는 것으로 하여, 소유권의 절대성을 관철하였다.

그러나 위와 같은 절대성에 대해서는 예외가 없지 않다. ① 민사집행법에서 정하는 가처분의 경우가 그러하다($\frac{\text{동법}}{\text{300조}}$). 즉, 소유자에게 처분금지 가처분이 내려졌는데, 소유자가 이를 위반하여 처분한 경우에 제3자는 다른 모든 사람에 대해 그 소유권을 취득하지만, 가처분 채권자에 대해서는 소유권을 주장할 수 없다. ② 명의신탁에 대해 종전의 판례는, 소유권은 대외적으로는 수탁자에게, 대내적으로는 신탁자에게 있는 것으로 구성하였다.[1] 그 밖에 재단법

---

1) 현재는 「부동산 실권리자명의 등기에 관한 법률」이 제정되어 종전의 신탁행위에 기초한 이론과는 달리 규율한다. 다만 조세 포탈 등을 목적으로 하지 않는 종중재산의 명의신탁, 부부간의 명의신탁, 종교단체의 명의신탁에 대해서

인의 설립을 위해 부동산을 출연한 경우($^{48조}_{참조}$)에, 출연자와 재단법인 사이에는 재단법인의 소유가 되지만 그 등기 전에는 제3자에 대해서는 출연자를 소유자로 본 판례는 소유권의 상대성을 인정한 셈이 되는데($^{대판(전원합의체)\ 1979.}_{12.\ 11,\ 78다481,\ 482}$), 이에 대해서는 비판이 적지 않다.

Ⅲ. 강한 양도성

물권과 채권은 재산권으로서 모두 양도성을 갖지만, 그 정도 면에서는 차이가 있다. 즉 보통의 (지명)채권에서는 채권의 성질상 또는 당사자의 의사표시에 의해 양도가 금지될 수 있고($^{449}_{조}$), 또 법률의 규정에 의해 양도가 금지되는 채권도 상당수 있다. 이에 반해 물권에서는 전세권의 양도에 대한 제한($^{306조}_{단서}$)을 제외하고는 법률상 양도를 금지하는 것은 없으며, 물권의 종류와 내용을 법률(및 관습법)로 정하는 물권법정주의를 채택하고 있기 때문에 당사자의 의사에 의해 그 양도를 제한할 수도 없다. 당사자 간에 물권의 양도를 금지하는 약정을 한 경우, 그러한 특약을 위반하여 물권을 양도한 때에도 양수인은 그 물권을 유효하게 취득한다. 같은 재산권이지만 물권은 채권에 비해 강한 양도성을 가지며, 이 점에 물권의 특질이 있다.

❋ 물권과 채권의 비교 ☙☙☙☙☙☙☙☙☙☙☙☙☙☙☙☙☙☙☙☙☙☙☙☙☙☙☙☙☙☙☙☙

물권의 본질에 관해 위에서 기술한 것을 채권과 비교하여 정리하면 다음과 같다. (ㄱ) 사유재산제도에 기초를 두고 있는 물권은 '지배권'과 '절대권'으로서 후에 물건의 소유자가 바뀌더라도 영향을 받지 않고 그 물건에 직접 효력을 갖지만(추급효), 채권은 '청구권'과 '상대권'으로서 특정의 상대방에 대해서만 주장할 수 있는 점에서, 양자는 그 성질을 달리한다. (ㄴ) '배타성의 유무'에서 다르다. 지배권인 물권은 배타성을 갖는다. 따라서 먼저 성립한 물권은 뒤에 성립한 물권에 우선하고, 물권은 채권에 우선한다. 이에 대해 채권에는 배타성이 없다. 이를테면 A가 그 소유 부동산에 대해 B와 매매계약을 맺고서도 다시 C와 이중으로 매매계약을 맺을 수 있고, 이 두 개의 매매계약(그에 따른 채권과 채무)은 각각 유효하다. (ㄷ) '공시방법의 유무'에서 다르다. 지배권으로서 물권은 부동산은 등기, 동산은 점유라는 공시방법을 통해 실현되고(나아가 이를 통해 물권 거래의 안전도 실현된다), 물권과 공시방법은 불가분의 관계에 있다. 이에 대해 채권에는 기본적으로 공시방법이 없다. (ㄹ) 물권적 청구권의 모습, 즉 '반환·방해제거·방해예방청구'는 물권 침해의 경우에 인정되고, 채권 침해의 경우에는 이러한 구제방법이 인정되지 않는다. (ㅁ) 물권과 채권은 이처럼 준별되지만, 서로 관련되기도 한다. 예컨대 '담보물권'은 채권의 담보를 위한 것이며, 채권에 종속한다. (ㅂ) 어느 법률관계를 민법은 물권과 채권으로 '병존'시키기도 한다. 예를 들면 타인의 토지를 이용하기 위해 물권으로서 지상권 또는 전세권을 설정하거나, 아니면 토지임대차계약을 통해 채권으로서 토지 임차권을 따로 인정하고 있는 것이 그러하다.

는 동법을 적용하지 않아(동법 8조), 이 한도에서는 종래의 판례이론이 통용될 수 있다.

제2관 물권의 종류

제1항 물권법정주의物權法定主義

> * 제185조〔물권의 종류〕물권은 법률 또는 관습법에 의하는 외에는 임의로 창설하지 못한다.

I. 물권법정주의의 의의와 근거

1. 본조는, 물권은 법률이나 관습법에 의해서만 인정되며 당사자가 임의로 물권을 창설할 수 없는 것으로 정하는데, 이처럼 물권의 종류와 내용을 법률(또는 관습법)로 정하는 것에 한정하는 것을 '물권법정주의' 또는 '물권한정주의'라고 한다. 채권의 성립에 관해서는 이와 같은 법정주의를 채택하지 않고 사적자치를 인정하며, 그 규정은 대부분 임의규정으로 되어 있다. 즉 채권의 발생원인으로서 채권법에서 정하는 계약의 종류와 내용은 예시적인 것에 지나지 않는다. 이에 대해 물권의 종류와 내용은 본조에 의해 법률이나 관습법에 의해서만 획일적·제한적으로 정해지며, 사적자치가 개입될 여지가 없다. 물권법의 규정은 본조에 의해 강행법규로서의 성질을 가진다.

2. 채권의 경우와는 달리 물권에서 법정주의를 취한 이유는 무엇인가? 채권은 채권자와 채무자 두 사람 간의 법률관계를 규율하는 것이므로 그들 간의 합의에 효력을 인정하더라도 무방하고 또 사적자치의 원칙에 충실한 것이 된다. 그러나 물권은 특정의 물건에 대해 인정되는 권리인 점에서 다음 두 가지 이유에서 법정주의를 취할 수밖에 없다. 첫째, 물권은 배타성과 절대성을 가지는데, 이것은 물권의 종류와 내용이 모든 사람에게 인식 가능한 것을 전제로 하며, 공시방법과 결부된다. 그런데 당사자가 물권을 임의로 정할 수 있다고 한다면 그에 따른 공시방법을 강구하는 것이 쉽지 않다. 그러므로 법률(또는 관습법)로써 물권의 종류와 내용을 미리 한정하고 그 공시방법을 마련하는 것이 필요하다. 둘째, 당사자가 물권을 임의로 정할 수 있다고 한다면 거래시마다 그 내용을 확인하여야 하는 어려움과 불측의 피해를 볼 소지가 있으므로, 물권에 관한 거래의 원활과 안전을 위해서는 물권의 종류와 내용 그리고 공시방법을 법률(또는 관습법)로 공개할 필요가 있는 것이다.

II. 물권법정주의의 내용

1. 물권 성립의 근거

(1) 법률과 관습법

물권은 「법률이나 관습법」에 의해서만 성립한다. 따라서 물권관계의 법원은 법률과 관습법

---

* 본서에서 법 이름 없이 '제 몇 조'라고 적은 경우, 그 법은 '민법'이다.

에 한정된다. 본조 소정의 '법률'에는 명령이나 규칙은 포함되지 않는다. 물권과 같이 사유재산제도와 직결되는 재산권을 행정기관의 명령 등에 의해 정할 수는 없기 때문이다.

(2) 관습법의 효력

a) 민법 제1조는 "민사에 관하여 법률에 규정이 없으면 관습법에 의하고 관습법이 없으면 조리에 의한다"고 정한다. 한편 위 「법률」에 해당하는 민법 제185조는, 물권은 법률이나 관습법에 의해서만 인정되는 것으로 정한다. 즉 물권의 성립에 한해서는 제1조를 토대로 제185조에서 따로 그 근거를 정한 것으로 볼 수 있다.

그런데 제185조는 「법률이나 관습법」을 물권 성립의 근거로 들고 있어 양자의 관계가 문제된다. 법률에 규정이 없는 경우에 관습법에 의해 물권이 성립할 수 있음은 의문이 없다. 문제는 어느 물권에 대해 법률로 정하고 있는 경우에 그와 다른 내용의 물권이 관습법에 의해 성립할 수 있는가이다. 이 점에 대해, 물권의 경우에는 전통의 힘이 강하기 때문에 법률과 관습법에 대등한 지위를 부여한 것이고, 따라서 "신법은 구법에 우선한다"는 원리에 의해 관습법만이 적용된다는 것, 즉 관습법의 변경적 효력을 인정하는 학설이 있다(김증한·김학동, 18면; 김용한, 36면; 이영준, 17면). 그러나 이렇게 되면 그 법률이 폐기되거나 개정되지 않는 한 서로 다른 내용의 물권이 병존하게 되는데, 이것은 물권법정주의의 취지에 반한다는 문제가 있다. 그래서 법률에 규정이 없을 때에만 관습법에 의해 물권이 성립할 수 있다는 보충적 효력만을 인정하는 견해가 있는데(곽윤직, 16면; 김상용, 34면), 이 견해가 타당하다고 본다.

b) 법률(민법) 자체에서 관습법에 의해 성문법의 규정을 배제하거나 변경하는 효력을 인정하는 경우가 있는데(예: 224조·229조·234조· 237조·290조·302조 등), 이것은 법률의 규정에 근거한 것이므로 위 a)의 경우와는 다른 것이다.

2. 물권의 종류강제와 내용강제

(1) 민법 제185조에서 정한 "물권을 임의로 창설하지 못한다"는 것에는 두 가지 의미가 있다. 하나는 법률이나 관습법에서 정하지 않는 새로운 종류의 물권을 당사자의 약정에 의해 만들지 못한다는 것이고(종류강제), 다른 하나는 법률이나 관습법에서 정하는 물권에서도 그 물권의 내용과는 다른 내용으로 약정하지 못한다는 것이다(내용강제).

(2) 계약에는 계약자유의 원칙이 적용되므로, 민법은 전형계약에 관해 기본적인 내용만을 정하고 나머지는 당사자 간의 계약의 자유에 맡기고 있다. 그래서 전형계약에 관한 민법의 조문은 그 수가 많지 않다. 이에 반해 물권의 종류와 내용은 물권법정주의에 따라 (사적자치가 허용되지 않고) 법률(관습법)에서 정한 바대로 따라야 하는 강제적인 것이다. 그러므로 법률에서 물권의 종류와 내용에 관한 모든 것을 담아야만 하는데, 민법 제2편 물권법이 188개 조문(185조~372조)에 달하고 또 적지 않은 특별법이 마련되어 있는 것도 그러한 요청 때문이다.

3. 민법 제185조에 반하는 법률행위의 효력

민법 제185조는 강행규정이며, 이를 위반한 법률행위는 무효이다. (ㄱ) 예컨대, 지상권의 양도를 금지하는 특약을 하였더라도 그것은 무효이며($^{282조 \cdot 289}_{조\ 참조}$), 지상권자는 지상권을 제3자에게 양도할 수 있다. 이 경우 당사자 사이에서는 채권적 효력을 가져 계약 위반의 책임을 물을 수 있다고 보는 견해가 있다($^{곽윤직 \cdot 김}_{재형,\ 20면}$). 그러나 강행법규에 반하는 법률행위는 절대적 · 확정적으로 무효이고, 따라서 채권과 채무가 발생할 수 없는 것이므로 계약 위반의 책임도 생길 수 없다고 본다. 다만 동조 위반의 법률행위에 대해 민법 자체에서 특별히 정하고 있는 때에는 그에 따른다($^{예:\ 280조\ 2항 \cdot}_{312조\ 2항}$). (ㄴ) 종전의 재판례 중에는 타인의 토지를 도로 등으로 무단 점용하는 자에 대하여 소유자가 그 사용 이득의 반환을 사후적으로 청구한 사안에서, 부당이득법상의 구제와 관련하여 그 청구를 부인하면서 소유자의 '사용수익권 포기'를 이유로 든 예가 없지 않다(이에 관한 내용은 p.139 참조). 그런데 소유권은 사용 · 수익 · 처분의 권능을 가지는데($^{211}_{조}$), 위 포기가 소유권의 핵심적 권능에 속하는 사용 · 수익 권능의 대세적 · 영구적 포기를 의미한다면, 이는 결국 처분 권능만이 남는 새로운 유형의 소유권을 창출하는 것이어서 물권법정주의에 반하므로 허용될 수 없다($^{대판\ 2009.\ 3.\ 26,\ 2009다228,\ 235;\ 대판\ 2009.\ 7.}_{9,\ 2007다83649;\ 대판\ 2012.\ 6.\ 28,\ 2010다81049}$).

제2항 물권의 종류

법률과 관습법에 의해 인정되는 물권은 다음과 같다.

Ⅰ. 법률에 의해 인정되는 물권

1. 민법에서 정하는 물권

(1) 민법은 점유권 · 소유권 · 지상권 · 지역권 · 전세권 · 유치권 · 질권 · 저당권, 여덟 가지의 물권을 인정한다. 이것은 보통 다음과 같이 나뉜다.

a) **점유권과 본권** 물건이 갖는 가치(사용가치와 교환가치)의 지배와는 상관없이 물건을 사실상 지배하고 있는 현재의 점유상태만을 놓고 그리고 본권의 유무를 묻지 않고 이를 물권으로 인정하는 것이 점유권이다. 이에 대해 본권은 물건이 갖는 가치의 지배를 목적으로 하는 권리로서, 소유권과 제한물권이 이에 속한다. 점유권과 본권은 동일물에 병존할 수 있다. 양자를 구별하는 실익은 그 보호의 목적과 수단이 다르다는 데 있다.

b) **소유권과 제한물권** 사적 소유를 본체로 하는 소유권은 물권의 기본에 속하는 것이다. 이것은 물건이 갖는 사용가치와 교환가치 전부를 지배하는 완전한 물권으로 되어 있다($^{211}_{조}$). 이에 대해 소유권이 없는 자가 물건의 사용가치나 교환가치를 얻고자 할 때에는 소유자와의 계약을 통해 사용가치나 교환가치를 갖게 되는데, 제한물권이 그것이다. 제한물권은 소유자와의 (설정)계약을 통해 소유권에 있는 권능 중 일부를 취득하는 것인 점에서(승계취득에서 설정적 승계에 해당), 소유권에 기초하는 것이다. 따라서 소유권이 없는 경우에는 제한물권도 발생할 수 없고, (원칙적으로) 소유자의 의사에 의하지 않고 제한물권이 발생할 수 없으며, 그 설정계약에는 계약 일반의 법리가 통용된다. 그리고 제한물권이 존속기간의 만료 등으로 소멸되면

소유권은 그 권능을 완전히 회복한다.

c) 용익물권과 담보물권   제한물권은 다시 용익물권과 담보물권으로 나뉜다. 용익물권은 물건이 가지는 사용가치의 지배를 목적으로 하는 것으로서, 지상권·지역권·전세권이 이에 속한다. 이에 대해 담보물권은 채권의 담보를 위해 물건이 가지는 교환가치의 지배를 목적으로 하는 것으로서, 질권·저당권이 이에 속한다. 법정담보물권인 유치권은 목적물의 유치(점유에 의한 인도 거절)를 통해 채권을 담보하는 점에서 다른 특색이 있다. 그리고 용익물권으로서 전세권은 전세금에 관해서는 담보물권의 성질도 함께 가진다.

(2) 물건은 부동산과 동산으로 나누어지고, 민법에서 정하는 여덟 가지 물권도 부동산에 인정되는 물권과 동산에 인정되는 물권으로 나뉘어 그 공시방법을 달리한다(용익물권·저당권은 부동산을, 질권은 동산을, 점유권·소유권·유치권은 부동산과 동산을 대상으로 한다).

2. 민법 외의 법률에서 정하는 물권

a) 상법에서 정하는 물권   상사유치권($^{58조·91조·111조·}_{120조·147조·800조}$), 주식질권($^{338조·339}_{조·340조}$), 선박저당권($^{871조}_{이하}$), 선박채권자의 우선특권($^{468조·858조·}_{861조·872조}$) 등이 있다.

b) 특별법에서 정하는 물권   입목저당권(입목에 관한 법률), 공장저당권·공장재단저당권·광업재단저당권(공장 및 광업재단 저당법), 자동차저당권·항공기저당권·건설기계저당권(자동차 등 특정동산 저당법), 가등기담보권·양도담보권(가등기담보 등에 관한 법률), 동산담보권·채권담보권(동산·채권 등의 담보에 관한 법률), 광업권(광업법), 조광권(광업법), 어업권(수산업법) 등이 있다.

II. 관습법에 의해 인정되는 물권

1. 분묘기지권墳墓基地權

분묘기지권은 타인의 토지에 분묘를 설치한 자가 그 분묘를 소유하기 위해 토지를 사용할 수 있는 지상권 유사의 물권으로서, 일정한 요건하에 취득하는 관습법상의 물권이다. 일찍이 조선고등법원판례에서 이를 인정한 이래 대법원도 그 법리를 그대로 따르고 있다. 자세한 내용은 '지상권' 부분(p.277)에서 따로 설명한다.

2. 관습상 법정지상권

토지와 건물이 동일인의 소유에 속하였는데, 그 건물 또는 토지가 법률행위나 그 외의 원인에 의해 소유자가 달라지고, 당사자 간에 그 건물을 철거한다는 특약이 없는 때에는, 당연히 건물 소유자는 토지 소유자에 대하여 관습에 의한 법정지상권을 취득한다($^{대판(전원합의}_{체) 2022. 7. 21,}$ $^{2017다}_{236749}$). 자세한 내용은 '지상권' 부분(p.279)에서 따로 설명한다.

3. 양도담보

채권담보의 목적으로 소유권을 이전하는 양도담보에 관해 종전의 판례는 신탁행위에 기초하여 대내적으로는 설정자가, 대외적으로는 양도담보권자가 소유권을 가지는 신탁적 양도설로 이론 구성을 하여 왔고, 이것은 판례법 내지는 관습법으로 인정되는 물권으로 평가되어 왔다. 그런데 대물변제의 예약과 결부된 부동산 양도담보에 관해서는 1983년에 제정된 「가등기담보 등에 관한 법률」의 규율을 받게 되면서($^{동법}_{1조}$), 이 한도에서는 동법에 의해 인정되는 물권으로 보는 것이 일반적인 경향이다. 그러나 동법이 적용되지 않는 동산 양도담보나 보통의 (정산형) 양도담보에 대해서는 종래의 법리에 의해 규율되므로, 이 한도에서는 관습법상의 물권으로 볼 여지가 없지 않다.

❋ **물권의 인정 여부가 문제되는 것** ∞∞∞∞∞∞∞∞∞∞∞∞∞∞∞∞∞∞∞∞∞∞∞

판례는 관습상의 물권을 인정하는 데 신중한 편이다. 위에서 든 것 외에 다음의 것에 대해서는 관습법상 물권의 성립을 부정하고 있다. (ㄱ) 온천권: 물권은 물건을 객체로 하여 인정되는 권리이므로, 온천에 관한 권리가 물권으로 인정되기 위해서는 그 온천수가 독립된 물건이어야 한다. 그런데 온천수는 그것이 용출하는 토지의 구성부분으로서 독립된 물건은 아니며 토지소유권의 범위에 속하는 것으로 볼 것이다. 판례도 온천에 관한 권리(광천권·온천권·온천수이용권)를 관습법상의 물권으로 볼 수 없다고 한다($^{대판 1970. 5.}_{26, 69다1239}$). 한편 온천수도 지하수의 일종이지만 공용수 또는 생활용수는 아니므로, 이에 대해서는 지하수의 사용에 관한 민법 제235조와 제236조는 적용되지 않는다. 온천수를 보호하고 효과적인 이용과 개발을 위해 「온천법」($^{1981년 법}_{3377호}$)이 제정되어 있어, 동법에 의해 규제와 보호를 받는 것으로 보면 족하다. (ㄴ) 공유하천 용수권과 공용수 용수권: 민법은 공유하천 용수권公有河川 用水權($^{231}_{조}$)과 공용수共用水 용수권($^{235}_{조}$)을 인접 토지 소유자 간의 이용의 조절을 목적으로 하는 상린관계의 규정 속에 두어 규율하고 있다. 그래서 위 권리는 토지소유권의 권능에 포함되는 일종의 상린권으로 보면 족하고, 따로 독립된 물권으로 인정할 필요는 없다는 것이 통설이다. (ㄷ) 사실상 소유권, 사도통행권私道通行權: ① 사실상 소유 또는 실질적 소유라는 개념은 일반적으로 매매 등에 의해 소유권 취득의 실질적 요건을 모두 갖추고 있으나 그 형식적 요건인 자기 명의의 등기를 갖추고 있지 않은 경우를 말한다($^{대판 2000. 10.}_{13, 98다55659}$). 그런데 판례는, 미등기 무허가건물의 양수인이라도 그 소유권이전등기를 마치지 않으면 그 건물의 소유권을 취득할 수 없고, 소유권에 준하는 관습상의 물권이 있다고도 할 수 없으며, 현행법상 사실상의 소유권이라고 하는 포괄적인 권리 또는 법률상의 지위를 인정할 수도 없다고 한다($^{대판}_{2006. 10. 27,}$ $_{2006다49000}$). 따라서 건물을 신축하여 그 소유권을 원시취득한 자로부터 그 건물을 매수하였으나 아직 소유권이전등기를 하지 못한 자는 그 건물의 불법점유자에 대해 직접 위 사실상 소유권에 기해 명도를 청구할 수도 없다고 한다($^{대판 2007. 6. 15,}_{2007다11347}$). ② 판례는, 개인 소유의 도로를 오랜 기간 통행한 경우 사도통행권이 관습상 인정된다는 것은 관습법 어디에도 그 근거가 없다고 한다($^{대판 2002. 2. 26,}_{2001다64165}$).

제3관 물권의 효력

민법은 여덟 가지 (개별) 물권에 대해 각각 그 특유한 효력을 정하지만, 한편 '물권'이라는 점에서 공통된 점이 있는데, 물권은 지배권과 절대권으로서 배타성과 절대성을 가지므로, 이에 기초하여 물권에 공통된 효력으로서 「우선적 효력」과 「물권적 청구권」을 들 수 있다.

제1항 우선적 효력

Ⅰ. 물권 상호간의 우선적 효력

(1) 시간적으로 먼저 성립한 물권은 뒤에 성립한 물권에 우선한다. 구체적인 내용은 다음과 같다. (ㄱ) 물권은 물건을 배타적으로 지배하는 것을 내용으로 하기 때문에 동일물에 같은 종류의 물권이 같이 성립할 수는 없다. 예컨대, A가 소유권이나 지상권을 취득한 물건에 대해 B가 다시 소유권이나 지상권을 취득할 수는 없다. (ㄴ) 목적물의 교환가치를 지배하는 저당권은 동일물에 두 개 이상 성립할 수 있지만, 그들 상호간에는 먼저 성립한 저당권이 우선한다. 예컨대 1순위 저당권자가 우선변제를 받고, 나머지가 있는 때에 2순위 저당권자가 변제를 받을 수 있을 뿐이다. (ㄷ) 같은 종류의 물권이 아닌 경우에는 동일물에 같이 성립할 수 있지만 그들 간에도 먼저 성립한 물권이 우선한다. 예컨대 어느 토지에 저당권이 설정된 후에 지상권이 설정될 수는 있지만, 저당권의 실행이 있게 되면 지상권은 저당권에 대항할 수 없고 소멸된다. 따라서 경락인은 지상권의 부담이 없는 토지소유권을 취득한다. 반대로 지상권이 설정된 토지에 대해 저당권을 설정한 경우에는 지상권은 저당권에 우선하며, 따라서 저당권의 실행이 있더라도 경락인은 지상권의 부담을 안은 채로 토지소유권을 취득한다(민사집행법 91조 3항·4항 참조).

(2) 물권 상호간의 우선적 효력은 물권의 배타성에서 나오는 효력이다. 그것은 물건의 사용가치나 교환가치를 지배하는 물권의 실효성을 위한 것이다. 이에 대해 점유권은 물건에 대한 사실상의 지배 그 자체만을 보호할 뿐, 물건의 사용가치나 교환가치를 지배하는 권리가 아니므로, 점유권에는 본권에서와 같은 우선적 효력이 인정되지 않는다. 점유권은 본권과 병존할 수 있고, 또 동일한 물건에 수개의 점유권이 우선관계 없이 병존할 수 있다(예: 직접점유·간접점유).

Ⅱ. 채권에 우선하는 효력

1. 원 칙

어느 물건을 목적으로 물권과 채권이 성립하는 경우에는 그 성립시기를 불문하고 항상 물권이 우선한다. 채무자에 대해 일정한 급부를 청구할 수 있을 뿐인 (상대권인) 채권과 달리,

(절대권인) 물권은 모든 사람에 대해 물건에 대한 직접 지배를 통해 배타성과 절대성을 갖기 때문이다. 예컨대 토지 소유자가 A와 토지임대차계약을 맺은 뒤 B에게 지상권을 설정해 준 경우, B는 A를 배제하고 지상권자로서 토지를 배타적으로 사용할 권리를 갖는다.

채권에 대한 물권의 우선적 효력은 채무자가 파산하거나 다른 채권자가 강제집행을 하는 경우에 현저하게 나타난다. 예컨대 채무자의 재산에 대해 소유권을 가지는 자는 환취권(채무자 회생 및 파산에 관한 법률 407조) 또는 제3자 이의의 소(민사집행법 48조)를 제기할 수 있으며, 담보물권을 가지는 자는 별제권(채무자 회생 및 파산에 관한 법률 411조 이하)을 행사하여 다른 채권자에 앞서 우선변제를 받을 수 있다.

2. 예 외

채권에 대한 물권의 우선적 효력에는 다음의 예외가 있다. 즉, ① 부동산물권의 변동에 관한 청구권을 가등기한 때에는 그 시점을 기준으로 물권과의 우열이 정해진다(후에 본등기를 하는 것을 전제로)(부동산등기법 88조·91조). ② 부동산 임차권은 채권이지만 그 등기를 한 때에는 그 후에 성립하는 물권에 우선(대항)하는 효력이 있다(621조). 주택임차권의 경우에는 주택의 인도와 주민등록을 마치면 그러한 효력이 인정된다(주택임대차보호법 3조). ③ 법률이 특별한 이유로 일정한 채권에 대해 저당권 등의 물권에 우선하는 효력을 인정하는 것이 있다. 근로기준법상의 임금 우선특권(38조), 주택임대차보호법상의 소액보증금(8조), 상법상의 우선특권(468조·866조) 등이 그러하다.

제2항 물권적 청구권物權的 請求權

사례 (1) A의 정원에 있던 나무가 태풍으로 이웃인 B의 정원으로 쓰러져 들어왔다. A는 B에게 그 나무의 반환을 청구하고, B는 A에게 나무를 그의 정원에서 치워 줄 것을 청구하였다. 누구의 청구가 인용될 수 있는가?

(2) A 소유 건물의 임차인 B는 C 소유의 인쇄기를 임차하여 A의 건물에 설치, 영업행위를 하였다. 그 후 임차기간이 만료되어 B는 퇴거하였으나 인쇄기를 수거하지는 않았다. A는 인쇄기 소유자인 C에게 그 철거를 요구하였으나, C는 그 수거에 비용이 든다는 이유로 불응하였다. 이에 A는 자신의 비용으로 인쇄기를 철거하여 C에게 인도한 후에 그 철거비용의 상환을 C에게 청구하였다. A의 청구는 인용될 수 있는가?

(3) A 소유의 토지에 B가 불법으로 건물을 지어, A가 B를 상대로 소유권에 기해 건물의 철거와 그 대지의 명도를 청구하는 소를 제기하였다. 소송의 진행 중 A가 위 토지를 C에게 매도하여 C 명의로 소유권이전등기가 마쳐졌다. A가 B를 상대로 제기한 위 소는 인용될 수 있는가?

해설 p. 29

I. 서 설

1. 물권적 청구권의 의의

(1) 물권의 내용의 실현이 어떤 사정으로 방해를 받거나 받을 염려가 있는 경우에 물권자

가 방해자에 대해 그 방해의 제거나 예방을 청구할 수 있는 권리가 '물권적 청구권'이다. 예컨대 물건을 도난당한 자가 그 반환을 청구하거나, 토지에 무단으로 건물을 지은 자에게 그 철거를 구하거나, 토지를 깊게 파 건물 붕괴의 위험을 초래하는 자에게 그 공사의 중지를 청구하는 것 등이 그러하다. 물권은 물건을 직접 지배(사용 및 교환가치의 파악)하는 것을 내용으로 하는 권리이므로, 그러한 지배가 타인에 의해 방해된 때에는 타인에 대해 방해의 배제를 구할 수 있어야 물권 본래의 실효성을 유지할 수 있다. 나아가 물권의 방해가 있다고 하여 물권자 스스로의 사력구제는 허용하지 않고 방해자에 대해 방해의 배제를 청구하는 형태의 구제방식을 취한 것이다.

(2) 물권이 방해당하는 것과 같이 보여도 그것이 정당한 권원에 의한 것인 때에는, 즉 물권의 방해 등에 위법성이 없는 때에는 물권적 청구권은 발생하지 않는다$\binom{\text{예: } 216\text{조}\cdot}{219\text{조}\cdot}$.

2. 물권적 청구권과 다른 청구권의 관계

(1) 사안에 따라서는 물권적 청구권과 계약상 청구권이 경합하는 수가 있다. 예컨대 임대차가 종료되었음에도 임차인이 건물을 명도明渡하지 않는 경우, 건물 소유자는 소유권에 기한 물권적 청구권으로서 그 명도를 청구할 수 있고, 임대차계약에 기해 그 반환을 청구할 수도 있다.

(2) 물권적 청구권이 발생하는 사안은 많은 경우 불법행위$\binom{750}{\text{조}}$가 성립하기도 한다. (ㄱ) 그런데 양자는 다음의 점에서 차이가 있다. ① 성립요건에서, 물권적 청구권은 방해의 가능성이 있는 때 또 방해자에게 고의나 과실이 없는 때에도 물권 방해의 사실이 있기만 하면 발생하는 데 비해(예: 태풍으로 이웃의 나무가 옆집으로 쓰러져 들어온 경우에 그 제거를 청구하는 것), 불법행위로 인한 손해배상청구권은 손해가 현실로 발생하고 또 가해자의 고의나 과실에 의한 것인 때에만 성립하는 점에서 차이가 있다. 불법행위에서는 피해자에게 생긴 손해에 대해 가해자가 책임을 져야 하는지가 문제되지만, 물권에서는 물권자가 누려야 할 지배의 상태가 문제가 될 뿐이다. 따라서 물권적 청구권을 행사하는 데에 상대방에게 귀책사유가 있는지, 상대방이 이익을 얻고 물권자에게 손해가 발생하였는지는 문제되지 않는다. ② 효과에서, 물권적 청구권은 방해의 배제를 위한 작위나 부작위(반환·방해제거·방해예방)를 청구하여 물권 본래의 내용을 실현하는 것인 데 비해$\binom{213\text{조}\cdot}{214\text{조}}$, 불법행위의 경우에는 금전으로 손해배상$\binom{763\text{조}\cdot}{394\text{조}}$을 받아 피해를 전보하는 것인 점에서 차이가 있다. (ㄴ) 한편 양자는 별개의 제도이므로, 물권에 대한 방해가 불법행위도 되는 때에는 물권적 청구권과 불법행위에 의한 손해배상청구권이 경합한다(예: 타인의 건물을 불법으로 점유하고 있는 자에 대해 소유자는 소유권에 기해 건물의 반환을 청구하고, 그 밖에 입은 손해에 대해서는 불법행위를 이유로 그 배상을 청구할 수 있다).

(3) 물권적 청구권은 부당이득 반환청구권$\binom{741}{\text{조}}$과 경합하는 수도 있다. 앞의 예에서, 타인의 건물을 제3자가 불법으로 점유·사용하여 이익을 얻은 경우, 소유자는 제3자를 상대로 소유권에 기해 건물의 명도를 청구하고 아울러 부당이득의 반환을 청구할 수 있다.

Ⅱ. 물권적 청구권의 종류와 민법의 규정

1. 물권적 청구권의 종류

물권에 대한 방해의 모습에 따라 그에 대응하는 물권적 청구권의 내용도 달라지게 되는데, 그 종류는 다음 세 가지이다($^{213조}_{214조}$). (ㄱ) 반환청구권: 타인이 점유할 권리 없이 물권의 목적물을 점유함으로써 물권자가 목적물의 점유를 전부 **빼앗긴** 경우에 그 반환을 청구해서 **빼앗긴** 점유를 회복하는 권리이다(예: A 소유의 시계를 B가 절취한 경우에 그 반환을 청구하거나, A 소유의 토지에 B가 무단으로 건물을 건축한 경우에 A는 건물의 철거와 대지의 명도를 청구할 수 있는데 여기에서 대지의 명도청구 부분이 이에 해당한다). (ㄴ) 방해제거청구권: 물권자가 목적물의 점유를 전부 **빼앗기는** 것을 제외한 그 밖의 형태로 방해를 받는 경우에 그 방해의 제거를 청구하는 권리이다(예: A 소유의 토지에 B가 무단으로 물건 등을 쌓아놓아 A의 토지소유권의 행사를 방해하고 있는 경우에 그 물건의 철거를 청구하거나, 앞의 예에서 건물의 철거를 청구하는 것. 그 밖에 무효의 등기에 대해 그 말소를 청구하는 것). (ㄷ) 방해예방청구권: 물권을 현재 방해하고 있지는 않지만 장차 방해할 염려가 있는 경우에 그 예방을 청구하는 권리이다(예: 옆집의 공사로 이웃집이 붕괴될 염려가 있는 경우에 그 예방, 즉 충분한 방어공사나 공사의 중지를 청구하는 것, 기존 교육시설에 방해를 줄 정도로 고층건물을 짓는 경우에 공사의 중단을 청구하는 것).

2. 물권적 청구권에 관한 민법의 규정

(1) (ㄱ) 민법은 물권적 청구권에 대해 일반규정을 두고 있지 않고, 점유권($^{204조∼}_{206조}$), 소유권($^{213조∼}_{214조}$), 지상권($^{290}_{조}$), 지역권($^{301}_{조}$), 전세권($^{319}_{조}$), 저당권($^{370}_{조}$)에서 개별적으로 이를 정하고 있다. 특히 구민법($^{198조∼}_{200조}$)은 점유권에 대해서만 물권적 청구권을 규정하였지만, 현행 민법은 소유권에 대해서도 이를 정하면서, 그 규정을 (소유권의 권능을 승계취득하는) 제한물권에도 준용하고 있다. 점유권에 기한 물권적 청구권은 일정한 행사기간(제척기간)을 정하고 있지만($^{204조 3항·205조}_{3항·206조 2항}$), 본권에 기한 물권적 청구권에는 그러한 제척기간을 두고 있지 않다. 그리고 위 세 가지 물권적 청구권도 물권에 따라 그 인정범위를 달리한다. 즉 점유를 요소로 하지 않는 지역권과 저당권에서는 '반환청구권'은 인정되지 않는다($^{301조·}_{370조}$). (ㄴ) 그러므로 구체적인 사안에서는 물권적 청구권이 점유권에 기한 것인지 아니면 본권에 기한 것인지, 또 본권 중에서도 어느 물권에 기한 것인지를 토대로 민법의 개별 규정에 의해 그 내용이 결정되는 것임을 유의하여야 한다.

(2) (ㄱ) 민법은 '유치권'에 대해서는 물권적 청구권을 인정하는 규정을 두고 있지 않다. 그런데 유치권은 점유를 본체로 하는 점에서 점유권에 관한 규정에 맡기면 되므로 문제될 것이 없다($^{320조}_{참조}$). (ㄴ) 한편 민법은 '질권'에 대해서도 물권적 청구권을 인정하는 규정을 두고 있지 않다. 물론 질권은 목적물의 점유를 요소로 하는 것이어서 점유권에 기한 물권적 청구권이 인정되지만, 질권자가 질물을 유실하거나 제3자의 사기에 의해 질물을 인도해 준 경우에는, 그것이 점유의 '침탈'에는 해당되지 않아 점유권에 기한 반환청구($^{204조}_{1항}$)를 할 수 없게 되는 문제가 있다. 여기서 질권 자체에 기해 물권적 청구권을 인정할 필요가 있겠는데, 통설은 해석상

이를 인정한다.

✽ 물권적 청구권의 확장 ᷒᷒᷒᷒᷒᷒᷒᷒᷒᷒᷒᷒᷒᷒᷒᷒᷒᷒᷒᷒᷒᷒᷒᷒᷒᷒

　　물권적 청구권은 '물권'에 인정되는 것이지만, 물권이 아닌 다음의 것에도 인정되는 수가 있다. (ㄱ) 부동산 임차권의 경우 일정한 공시방법(등기 또는 (주택의) 인도 및 주민등록)을 갖추는 것을 전제로 물권적 청구권에 준하는 효력을 인정할 수 있다는 것이 통설이다(부동산 임차인이 목적물을 점유하고 있지 않은 경우에 그 실익이 있다). (ㄴ) 특허권, 실용신안권, 디자인권, 상표권, 저작권과 같은 지식재산권에서는 법률로 물권적 방해제거·예방청구권과 유사한 권리를 정하고 있다. 즉 그 권리를 침해하거나 침해할 우려가 있는 자에 대해 그 침해의 금지 또는 예방을 청구할 수 있는 것으로 규정하고 있다(특허법 126조, 실용신안법 30조, 디자인보). (ㄷ) 판례는, (물권과 같이 지배권에 속하는) 인격권(사안에서는 명예권)의 침해가 있는 경우에 물권적 청구권의 법리를 유추적용하여 침해행위의 제거나 정지 등을 구할 수 있는 '금지청구권'을 인정한다(대판 1996. 4. 12, 93다40614; 대결 2005. 1. 17, 2003마1477). 그리고 일반 공중의 통행에 공용된 도로에 대해 토지 소유자가 특정인의 통행의 자유를 침해하는 경우, 불법행위가 성립하고, 이때 피해자는 통행방해 행위의 금지를 청구할 수 있다고 한다(대판 2021. 3. 11, 2020다229239).

Ⅲ. 물권적 청구권의 성질

1. 물권적 청구권의 특질

　　물권적 청구권은 물권의 효력으로서 인정되는 권리이면서, 그 방해가 있을 때에는 구체적으로 방해자를 상대로 방해의 배제를 청구하는 것을 내용으로 하는 점에서 다음과 같은 특질이 있다. 즉, (ㄱ) 특정인에 대해 청구를 하는 점에서 채권과 비슷하고, 그래서 채권에 관한 일반규정이 준용된다.[1] 반면, 다음의 점에서 채권의 요소를 이루는 채권적 청구권과 다르다. ① 채권적 청구권에서는 의무자가 처음부터 특정되어 있는 데 비해, 물권적 청구권은 의무자가 특정되지 않고 방해하는 자나 방해할 염려가 있는 자이면 누구나 의무자가 된다. ② 채권적 청구권에서는 의무자의 이행이 있으면 채권은 만족을 얻어 소멸되지만, 물권적 청구권에서는 의무자의 이행이 있으면 물권 본래의 상태로 복귀하는 것이지 물권이 소멸되는 것은 아니다. (ㄴ) 물권적 청구권은 물권의 효력으로서 생기는 것이고 순수한 채권은 아니므로 물권과 분리하여 따로 양도할 수 없고, 물권이 양도되면 그에 수반하여 같이 양도된다. (ㄷ) 물권의 효력으

---

1) 채권에 관한 규정 중 어느 것이 물권적 청구권에 준용되는지를 살펴보면 다음과 같다. ① 이행지체에 관한 규정은 준용된다. 따라서 소유자가 불법점유자에게 물건의 반환을 청구한 경우 점유자는 반환의무의 이행에 관하여 이행지체에 놓이게 된다. 그러므로 가령 그 후에 그 물건이 멸실된 경우에는 점유자는 그 멸실에 대해 과실이 없는 경우에도 민법 제392조에 따라 책임을 져야 한다. 그러나 이행지체로 인한 손해배상의무까지 준용된다고 보기는 어렵고, 이것은 소유권의 침해로 인한 불법행위로 해결하면 족하다(민법주해 물권(2), 188면(양창수)). ② 변제에 관한 규정(460조 이하), 채권자지체에 관한 규정(400조 이하)도 준용된다. ③ 이행불능에 관한 규정은 준용될 여지가 없다. 이 경우는 반환청구를 할 수도 없고, 방해제거청구에서 방해를 하고 있다고 보기도 어렵기 때문이다. 그 책임문제는 물건의 멸실·훼손으로 인한 책임에 관한 민법 제202조를 유추적용할 것이다(민법주해 물권(2), 189면(양창수)).

로서 생기는 물권적 청구권은 채권적 청구권에 우선한다. 예컨대 파산의 경우에는 환취권·별제권에 의하여 우선적으로 보호된다(채무자 회생 및 파산에 관한 법률 407조·411조). (ㄹ) 물권적 청구권은 물권의 내용의 실현을 위해 인정되는 수단적인 권리이다. 따라서 물권을 상실한 경우, 물권을 가지고 있는 것을 전제로 하여 행사된 물권적 청구권은 더 이상 존속할 수 없고 당연히 소멸된다. 그러므로 그 존속을 전제로 하는 채무불이행으로 인한 손해배상의 문제도 생길 여지가 없다(아래 판례 참조).

판 례 소유권에 기해 물권적 청구권을 행사한 후 소유자가 소유권을 상실한 경우, 그 청구권의 이행불능을 이유로 손해배상을 청구할 수 있는지 여부

(α) 사 실: 이 사건 임야에 관하여 1974. 6. 26. B(대한민국) 앞으로 소유권보존등기가 경료되었고, 1997. 12. 2.자 매매를 원인으로 하여 1998. 1. 22. C 앞으로 소유권이전등기가 경료되었다. 그런데 위 임야는 甲이 토지 사정査定을 받은 것이어서 그 상속인 A는 B를 상대로 소유권보존등기의 말소를, C를 상대로 소유권이전등기의 말소를 구하는 소를 제기하였는데, B에 대한 청구는 인용되었지만, C에 대한 청구는 이미 그 전에 (C 앞으로 소유권이전등기가 경료된 1998. 1. 22.부터 10년이 경과한 2008. 1. 22.) C의 등기부취득시효가 완성되었다는 이유로 기각되었고, 이 판결은 2009. 4. 30. 확정되었다. 여기서 쟁점은 B가 A에 대해 소유권보존등기 말소의무의 이행불능을 이유로 손해배상책임을 부담하는지 여부였다.

(β) 판결요지: 「소유자가 자신의 소유권에 기하여 실체관계에 부합하지 아니하는 등기의 명의인을 상대로 그 등기말소나 진정명의회복 등을 청구하는 경우에, 그 권리는 물권적 청구권으로서의 방해배제청구권(민법 214조)의 성질을 가진다. 그러므로 소유자가 그 후에 소유권을 상실함으로써 이제 등기말소 등을 청구할 수 없게 되었다면, 이를 위와 같은 청구권의 실현이 객관적으로 불능이 되었다고 파악하여 등기말소 등 의무자에 대하여 그 권리의 이행불능을 이유로 민법 제390조상의 손해배상청구권을 가진다고 말할 수 없다. 위 법규정에서 정하는 채무불이행을 이유로 하는 손해배상청구권은 계약 또는 법률에 기하여 이미 성립하여 있는 채권관계에서 본래의 채권이 동일성을 유지하면서 그 내용이 확장되거나 변경된 것으로서 발생한다. 그러나 위와 같은 등기말소청구권 등의 물권적 청구권은 그 권리자인 소유자가 소유권을 상실하면 이제 그 발생의 기반이 아예 없게 되어 더 이상 그 존재 자체가 인정되지 아니한다. 이러한 법리는 선행 소송에서 소유권보존등기의 말소등기청구가 확정되었다고 하더라도 그 청구권의 법적 성질이 채권적 청구권으로 바뀌지 아니하므로 마찬가지이다.(대판(전원합의체) 2012.). 1)
5. 17, 2010다28604

(γ) (ㄱ) 본 사안에서 원심은, C의 등기부취득시효로 인해 B가 A에 대해 부담하는 소유권보존등기 말소의무는 A의 패소 판결이 확정된 2009. 4. 30.에 이행불능이 되었고, B는 이 당시의 임야 시가 상당액을 A에게 지급할 의무가 있다고 판결하였다(서울고법 2010. 3. 18. 선고 2009나85122 판결). 종전의 판례도 같은 취지였다(대판 2008. 8. 21, 2007다17161; 대판 2009. 6. 11, 2008다53638). 그런데 이 판결들은 위 전원합의체 판결에 의해 다음과 같은 이유로써 변경된다. (ㄴ) ① (소유권에 기한) 물권적 청구권(사안에서는 방해배제청구권)은 소유권에 기초한 것이므로, 후에 소유권을 상실하는 경우, 즉 물건의 멸실과 같이 소유권이 절대적으로 소멸되는 경우뿐만 아니라 소유권이 제3자에게 이전되어 종전의 소유자가 그 소유권을 상실하는 상대적 소멸의 경우에도, 소유권을 가지고 있는 것을 전제로 하여 행사된 물권적 청구권은 더 이상 존속할 수 없고 당연히 소멸된다. 그러므로 그 존속을 전제로 하는 채무불이행

---

1) 2019년 제2차 변호사시험 모의시험 민사법(사례형) 제2문1 문제3은 이 판례를 출제한 것이다.

으로 인한 손해배상의 문제도 생길 여지가 없다. ② 물권적 청구권에 손해배상은 포함되지 않으며, 이것은 책임법의 법리에 따라 따로 규율된다. 물권적 청구권은 물권의 방해가 있으면 발생하고 그 방해에 방해자의 귀책사유를 필요로 하지 않는 데 반해 손해배상은 배상자의 귀책사유를 필요로 하는 점에서, 만일 물권적 청구에 따른 의무의 실현불능을 이유로 손해배상을 청구할 수 있는 것으로 하면 결국 귀책사유를 묻지 않고 손해배상책임을 묻는 것으로 되어 부당하기 때문이다. (ㄷ) 결국 C의 등기부취득시효로 소유권을 상실한 A는 B를 상대로 소유권에 기한 물권적 청구권(소유권보존등기 말소)의 실현 불능을 이유로 손해배상을 구할 수 없다. 다만 A가 청구원인을 달리 잡은 경우, 가령 소유권의 상실을 이유로 부당이득의 반환을 청구하거나 불법행위를 이유로 손해배상을 청구하였다면, 인용될 여지가 없지 않다.

2. 소멸시효의 적용 여부

물권의 방해가 있을 때에는 물권에 기해 물권적 청구권이 발생하므로, 물권이 존재하는 한 그에 수반하는 물권적 청구권만이 독립하여 소멸시효에 걸리지는 않는다. 그런데 학설은, 소유권은 소멸시효에 걸리지 않으므로 소유권에 기한 물권적 청구권($^{213조 \cdot}_{214조}$)도 소멸시효에 걸리지 않는 것으로 해석하지만, 지상권·지역권과 같은 제한물권에 기한 물권적 청구권($^{290조 \ 1항 \cdot}_{301조}$)에 관해서는, 민법 제162조 2항을 근거로 소멸시효에 걸린다는 견해($^{곽윤직,}_{23면}$)와, 이를 부정하는 견해($^{김증한 \cdot 김}_{학동, 28면}$)로 나뉘어 있다. 사견은, 물권의 침해가 계속되는 동안에는 이론상 계속하여 물권적 청구권이 발생하는 것이므로(즉 처음의 침해시에만 발생하는 것이 아니다) 소멸시효에 걸릴 여지가 없다고 본다. 다만 물권적 청구권을 행사하지 않는 것이 제한물권 자체를 행사하지 않는 것으로 되는 수가 있고(예: 목적 토지의 방치), 이 경우에는 그 제한물권 자체가 소멸시효에 걸린다고 할 것이다($^{162조 \ 2}_{항 \ 참조}$)(유의할 것은, 점유권에 기한 물권적 청구권의 경우에는 행사기간을 정하고 있는데, 이는 제척기간으로서 소멸시효와는 다르다($^{204조 \sim}_{206조}$)).

3. 물권적 청구권의 행사에 따른 비용의 부담

(ㄱ) 물권적 청구권은 물권 방해의 모습에 따라 '반환·방해제거·방해예방'을 청구하는 방식으로 행사된다. 그런데 물권적 청구권의 본질을 어떻게 볼 것인지에 따라 그 청구의 실현 방식을 달리하게 된다. 하나는 상대방에게 그러한 방해의 제거를 청구하는 「행위청구권」으로 보는 것이고, 다른 하나는 물권의 본질은 물건에 대한 직접 지배에 있는 점에서 물권자 스스로 물권 본래의 상태로 회복하고 상대방은 이를 소극적으로 인용할 것을 청구하는 것으로 파악하는 「인용청구권忍容請求權」이 그것이다. 그리고 이것은 물권적 청구권의 행사에 따른 비용을 누가 부담하는지와도 연결된다. (ㄴ) 학설은 나뉘는데, 사견은, 물권적 청구권은 행위청구권으로 보는 것이 타당하며, 이것이 "… 청구할 수 있다"고 정한 민법의 조문($^{204조 \sim 206조,}_{213조 \sim 214조}$)에도 부합한다. 따라서 비용은 상대방이 부담하여야 한다.

사례의 해설 (1) (ㄱ) 먼저, A가 B에게 '나무의 반환'을 청구할 수 있는지 살펴본다. 그 청구원인으로는 '점유권에 기한 반환청구'와 '소유권에 기한 반환청구' 둘을 들 수 있다. 점유권에 기해 나무의 반환을 청구하려면 B가 나무의 점유를 「침탈」한 것이어야 하는데($\overset{204조}{1항}$), 태풍으로 B의 정원에 쓰러져 들어온 것에 불과하므로 이에 해당하지 않는다. 한편 소유권에 기해 나무의 반환을 청구하려면 B가 나무를 「불법」으로 점유한 것이어야 하는데($\overset{213}{조}$), B가 나무를 불법으로 점유하고 있다고는 볼 수 없다. 나아가 점유로 볼 점유설정의사가 B에게 있지도 않다. 결국 A는 B를 상대로 나무의 반환을 청구할 수는 없다. (ㄴ) 다음, B가 A에게 '나무의 철거'를 청구할 수 있는지 살펴본다. 그 청구원인으로는 '점유권에 기한 방해제거청구'($\overset{205}{조}$)와 '소유권에 기한 방해제거청구'($\overset{214}{조}$) 둘을 들 수 있는데, 어느 것이나 객관적으로 방해 상태를 유지하고 있는 자에게 그 제거를 청구할 수 있는 것으로 정해져 있다. 따라서 설사 태풍으로 나무가 쓰러져 들어왔다 하더라도 그로 인해 토지 점유권 내지는 소유권의 행사를 방해하고 있는 것이므로, B는 A를 상대로 나무의 철거를 청구할 수 있고, 그에 따른 비용은 A가 부담하여야 한다. (ㄷ) 한편 A는 나무를 수거할 수 있고 B가 이를 인용하는 것도 생각할 수 있다. 독일 민법($\overset{867}{조}$)은 이러한 취지의 규정을 두고 있지만, 우리 민법에는 이러한 규정이 없다. 그러나 학설은 대체로 신의칙에 근거하여 이를 긍정하는 것이 타당한 것으로 해석한다($\overset{\text{김용한, 221면; 민법주해(V),}}{\text{194면(양창수); 이영준, 380면}}$). 이러한 견해에 따르더라도 나무를 수거하는 데 드는 비용은 A가 부담하여야 한다.

(2) A는 인쇄기 소유자인 C에게 인쇄기의 철거를 청구할 수 있다. 인쇄기로 인해 건물의 점유권 내지 소유권의 행사에 방해를 받고 있기 때문이다. 즉 물권적 청구권의 행사에는 방해자의 고의나 과실을 묻지 않는다. 반면 C는 A에게 인쇄기의 반환을 청구할 수는 없다. 위 (1)에서 설명한 바와 같이, A가 인쇄기를 침탈하거나 불법점유하고 있다고는 볼 수 없기 때문이다. 따라서 A만이 C에게 인쇄기의 철거를 청구할 수 있고, 그 비용은 C가 부담하여야 한다.

(3) 물권적 청구권은 물권의 효력으로서 인정되는 권리로서 물권에 수반하는 것이고, 물권 없이 물권적 청구권만을 가질 수는 없다. 문제는 사례에서와 같이 특별한 경우이다. 즉 원고는 토지의 매도인으로서 그 토지상에 건축된 건축물을 제거하여 인도할 의무를 지고, 이러한 의무를 이행하여야 매수인으로부터 매매대금을 받을 수 있으며, 이를 위해 소를 제기하여 소송이 진행 중인 경우였다. 그러나 판례의 일관된 입장은, 물권적 청구권은 물권에 수반하는 것으로서 물권과 물권적 청구권의 분리는 어느 경우에도 허용되지 않는다는 것이다($\overset{\text{대판(전원합의체) 1969. 5. 27, 68}}{\text{다725; 대판 1980. 9. 9, 80다7}}$). 결국 C는 원고의 소송을 인수하거나($\overset{\text{민사소송}}{\text{법 82조}}$), 따로 소를 제기하는 수밖에 없다. **사례** p. 24

제2절 물권의 변동

제1관 서 설

Ⅰ. 물권변동의 의의

물권의 변동은 물권의 발생·소멸·변경을 말한다. 물권의 주체의 관점에서는 물권의 취득·상실·변경이 되고, 민법 제186조 소정의 '물권의 득실변경'은 그러한 표현이다.

1. 물권의 취득

a) **원시취득**   타인의 물권에 기초하여 취득하는 것이 아니라 원시적으로 취득하는 것이다. 다시 말해 전에 없었던 물권이 새로 발생하는 것이다. 건물의 신축, 취득시효($\frac{245조}{이하}$), 선의취득($\frac{249}{조}$), 선점($\frac{252}{조}$), 유실물습득($\frac{253}{조}$), 매장물발견($\frac{254}{조}$), 첨부($\frac{256조}{이하}$) 등이 이에 속한다.

b) **승계취득**   타인의 물권에 기초하여 취득하는 것으로서, 타인이 가지고 있었던 물권 이상의 것을 취득하지 못한다. 즉 타인이 무권리자이면 권리를 취득할 수 없고, 그 권리에 제한이나 하자가 있으면 이를 그대로 승계한다. 승계취득은 다시 다음과 같이 나뉜다. (ㄱ) 이전적 승계와 설정적 승계: '이전적 승계'는 종전 권리자에게 속해 있던 물권이 그 동일성을 유지하면서 신 권리자에게 이전하는 것으로서, 매매·상속에 의한 취득이 이에 속한다. 이에 대해 '설정적 승계'는 어느 누구의 소유권에 기초해 용익물권(지상권·지역권·전세권)이나 담보물권(질권·저당권)과 같은 제한물권을 설정하는 경우에 생긴다. 이것은 소유권이 없는 자가 소유자와의 (설정)계약을 통해 소유권에 있는 권능(사용·수익·처분)의 일부를 승계하여 취득하는 것이어서 소유권에 기초하는 것이다. 따라서 소유권이 없는 경우에는 제한물권도 생길 수가 없으며, (원칙적으로) 소유자의 의사에 의하지 않고 제한물권이 발생할 수도 없다. 제한물권이 존속하는 동안에는 소유권의 권능은 그에 따른 제한을 받지만, 제한물권이 존속기간의 만료 등으로 소멸되면 소유권은 본래의 권능을 회복한다.[1] (ㄴ) 특정승계와 포괄승계: '특정승계'는 매매의 경우처럼 개개의 권리가 각각의 취득원인에 의해 취득되는 것을 말한다. 이에 대해 '포괄승계'란 하나의 취득원인에 의해 다수의 권리(의무)를 일괄해서 취득하는 것으로서, 상속·포괄유증·회사의 합병 등에 의한 취득이 그 예이다.

2. 물권의 상실

물권의 상실에는 목적물이 멸실되는 경우처럼 물권이 절대적으로 소멸되는 것과, 물권의 이전적 승계의 경우처럼 상대적으로 소멸되는 것이 있다. 상대적 소멸에서는 물권은 존속하고, 종전의 물권자가 물권을 잃을 뿐이다.

3. 물권의 변경

물권이 그 동일성을 잃지 않으면서 그 객체나 효력에 변경이 생기는 것을 말한다. 주체의 변경은 물권의 이전으로 보기 때문에 제외된다. 물권의 객체가 첨부($\frac{256조}{이하}$)에 의해 증가하거나, 선순위 저당권이 변제로 소멸됨으로써 후순위 저당권의 순위가 승진하는 것이 이에 속한다.

---

1) 이전적 승계 중에서 법률행위에 의한 권리의 이전을 민법은 '양도'라고 한다(188조~190조·449조). 이에 대해 설정적 승계의 경우에는 '설정'이라고 한다(281조·304조·330조·358조 등 참조).

Ⅱ. 물권변동과 공시公示

1. 의 의

물권은 특정의 물건에 대한 배타적 지배를 내용으로 하는 권리인데, 이것은 누가 어느 물건에 대해 어떤 물권을 가지고 있다는 것을 외부에 공적으로 표시하는 '공시방법'을 통해 비로소 실현된다. 그리고 제3자는 그러한 공시방법을 토대로 안정적으로 그 물건에 대해 물권 거래를 맺을 수 있게 된다. 즉 공시방법은 물권의 배타성을 실현하는 수단으로서 나아가 물권 거래의 안전에 기여하는 제도로서 기능하는데, 이것은 물권이 변동되는 경우라 하여 달라질 것이 없다.

2. 물권의 공시방법公示方法

a) **부동산물권** 부동산물권의 공시방법은 '등기'이다. 토지는 토지등기부에, 건물은 건물등기부에 각각 부동산물권의 귀속과 변동과정이 기록된다. 이러한 등기절차를 규율하는 법규가 「부동산등기법」($^{1960년\ 법}_{536호}$)이다.

b) **동산물권** (ㄱ) 동산물권의 공시방법은 '점유'이다. 점유를 이전하는 것을 '인도'라고 하는데, 여기에는 네 가지 유형이 있다. 현실인도($^{188조}_{1항}$), 간이인도($^{188조}_{2항}$), 점유개정($^{189}_{조}$), 목적물반환청구권의 양도($^{190}_{조}$)가 그것이다. 이 중 현실인도를 제외한 나머지 세 가지는 의사표시만으로 인도가 이루어진 것으로 보는 점에서, 특히 점유개정과 목적물반환청구권의 양도에 의한 인도 방식은 종전의 점유에 하등의 변화가 없는 점에서 동산물권의 공시 수단으로는 완전치 않다는 문제가 있다. (ㄴ) 동산 중에서 자동차·항공기·건설기계 등은 「자동차 등 특정동산 저당법」($^{2009년\ 법}_{9525호}$)에 의해 '등록'이라는 공시방법이 있으며, 부동산등기에 준하는 효력이 있다.

c) **입목·수목의 집단 등** (ㄱ) 수목의 집단인 입목에 대하여는 「입목에 관한 법률」($^{1973년\ 법}_{2484호}$)에 의해 소유권보존등기를 할 수 있어($^{동법\ 2}_{조·3조}$), '등기'의 공시방법이 있다. (ㄴ) 수목의 집단·미분리 과실 등에 대하여는 관습법상 인정된 '명인방법明認方法'이라는 공시방법이 있다.

Ⅲ. 물권변동에서 공시의 원칙과 공신의 원칙

1. 의 의

공시방법은 상술한 대로 물권의 배타성을 실현하는 수단이기도 하지만, 물권의 현재의 상태를 공시해서 제3자의 물권 거래의 안전을 확보하려는 데에도 그 목적을 두고 있다. 이러한 목적이 실현되기 위해서는 「공시公示의 원칙」과 「공신公信의 원칙」, 두 가지를 모두 인정하거나 어느 하나를 인정하여야만 한다.

위 원칙에 관한 각국의 입법례는 동일하지 않다. 독일 민법은 부동산물권과 동산물권에 두 가지 원칙을 다 인정한다(공시의 원칙 — 부동산물권($^{873}_{조}$)과 동산물권($^{929}_{조}$); 공신의 원칙 — 부동산물권($^{892}_{조}$)과 동산물권($^{932}_{조}$)). 이에 대해 우리 민법은, 공시의 원칙은 부동산물권과 동산물권 모두에 인정하지만$\binom{186조 \cdot 188}{조 \sim 190조}$, 공신의 원칙은 동산물권에만 인정한다$\binom{249}{조}$.

2. 공시의 원칙

a) 정 의　　물권의 변동이 있으려면 공시가 수반되어야 한다는 것이 공시의 원칙이다.[1] 물권의 배타성을 실현하기 위해, 나아가 거래의 안전을 위해 당연히 요청되는 원칙이다. 예컨대 A가 B에게 매매를 원인으로 부동산소유권을 이전하더라도 그 공시를 필요로 하지 않는다면, 현재 그 등기가 A 명의로 있다는 사실에 기초하여 제3자는 A가 소유자인 줄 알 것이고, 이렇게 되면 물권 거래의 안전은 이룰 수가 없다.

b) 공시의 원칙을 실현하는 두 가지 입법례와 우리 민법　　(ㄱ) 공시의 원칙을 실현하는 데 있어서는 입법례가 다음과 같이 두 가지로 나뉘어 있다. ① <u>대항요건주의</u>: 당사자 간에는 물권행위만으로 물권변동이 생기지만, 이를 제3자에게 대항하기 위해서는 공시방법을 요건으로 하는 주의이다. 예컨대 A가 그 소유 건물을 B에게 매도한 경우, B는 A에 대해서는 소유자가 되지만, B가 그 등기를 하기 전에는 다른 제3자에 대해서는 소유자임을 대항(주장)하지 못한다. 따라서 등기명의를 갖고 있는 A가 제3자에게 건물을 매도하고 제3자가 등기를 하면 그가 소유권을 취득한다. 프랑스와 일본이 이 주의를 취하는데, 이를 '의사주의'라고도 부른다. ② <u>성립요건주의</u>: 위 예에서 B가 등기를 하여야만 A를 비롯한 모든 사람에 대해서 소유자가 되는 것으로 하는 주의이다. 독일과 스위스가 이 주의를 취하는데, 이를 '형식주의'라고도 부른다. (ㄴ) 대항요건주의나 성립요건주의나 대외적으로는 공시방법을 갖춘 사람만을 물권자로 취급하여 물권 거래의 안전을 꾀하는 점에서는 같다. 그런데 대항요건주의는 개인의 의사에 부합하는 면이 있기는 하지만, 물권변동의 시기를 명확히 정하기가 어려운 점이 있고 또 물권관계가 상대적으로 나누어져 법률관계가 복잡해지는 단점이 있다. 또 대항요건주의를 취한다고 하더라도 어차피 공시방법은 갖추게 된다. 현행 민법은 이러한 점들을 고려하여 구민법의 의사주의를 버리고 성립요건주의를 채택하였다$\binom{민법안심의록}{(상), 118면}$. 민법 제186조와 제188조는 이를 표명하고 있는 것이다.[2]

3. 공신의 원칙

a) 정 의　　물권변동에서 공시의 원칙은 그 공시방법이 진실한 권리관계와 일치하는 것을 전제로 한다. 그런데 경우에 따라서는 그것이 일치하지 않는 때가 있다. 예컨대 서류를 위조하여 부동산에 소유권 등기를 하고 이를 토대로 타인에게 부동산을 매각하거나, 저당권등기를 불법으로 말소하는 것, 혹은 동산을 타인에게 빌려주었는데 타인이 소유자처럼 행세하

---

1) 물권 이외의 다른 권리에 관해서도 공시의 원칙과 같은 취지의 것이 있다. 채권양도에서 대항요건(통지 또는 승낙)이나(450조), 혼인에서 신고(812조)가 그러하다.

2) 유의할 것은, 대항요건주의와 성립요건주의는 물권변동이 '법률행위'에 의해 이루어진 경우에 관한 것이다. 「법률의 규정」에 의해 물권변동이 발생하는 경우에는 법률에서 개별적으로 정하면 되는 것이므로 위 양 주의의 대립은 여기에는 미치지 않는다. 다만 우리 민법은 그 경우에도 성립요건주의의 취지를 될 수 있는 대로 실현하려고 한다. 예컨대 상속에 의해 피상속인의 부동산은 등기 없이도 상속인에게 이전되지만, 상속인은 그 (상속)등기를 하여야만 이를 처분할 수 있는 것으로 정한 것이 그러하다(187조).

여 동산을 제3자에게 매각하는 경우가 그러하다. 이 경우 그 공시방법이 진실한 권리관계와 맞는지를 확인하여야 한다고 하면 물권 거래의 안전과 신속은 실현될 수 없다. 여기서 그 공시방법을 신뢰한 제3자를 보호하기 위해 공시된 대로 권리가 존재하는 것으로 다루려는 것이 공신의 원칙이다. 물권 거래의 안전을 보다 강하게 보호하려는 요청인 것이다.[1]

　　b) 우리 민법의 규율　　(ㄱ) 공신의 원칙을 인정하면 거래의 안전은 보호되지만, 그 반면에 진정한 권리자의 권리는 침해된다는 심각한 문제를 수반한다. 따라서 그 인정 여부는 양자의 법익을 비교하여 상대적으로 우위에 있는 것을 보호하는 수밖에 없다. 이 점에서 동산물권의 경우에는, 그것이 빈번히 거래되고 또 인도라는 공시방법이 완전치 못하다는 점에서, 진정한 권리자를 희생시키더라도 거래의 안전을 보호할 요청이 상대적으로 더 크다고 할 수 있다. 이에 반해 부동산물권의 경우에는, 그것이 동산처럼 거래가 대량으로 또 빈번히 이루어지는 것은 아닌 점에서, 또 공시방법으로서 비교적 안정적인 등기의 수단을 가지는 점에서, 진정한 권리자의 법익을 상대적으로 더 보호하더라도 물권 거래의 안전이 침해되는 정도가 크지는 않다. (ㄴ) 우리 민법은 위와 같은 이유에서 부동산물권에는 공신의 원칙을 인정하지 않고 동산물권에만 이를 인정한다. 「선의취득」의 제도가 바로 그것이다($^{249조\sim}_{251조}$). '어느 누구도 자기가 가지는 것 이상의 권리를 타인에게 줄 수 없다'는 로마법상의 원칙은 근대 민법의 기본원칙으로 유지되고 있다. 선의취득 제도는 이러한 (승계취득의) 원칙에 대한 예외가 되는 것이다.

Ⅳ. 물권변동에 관한 민법의 규정

1. 민법에서 정하는 물권변동의 종류

　물권의 변동은 다음과 같이 나뉜다. (ㄱ) 그 대상이 되는 물건이 부동산이냐 동산이냐에 따라 「부동산물권의 변동」과 「동산물권의 변동」 둘로 나뉜다. (ㄴ) 물권의 변동을 가져온 원인이 당사자가 그것을 원한 법률행위인지 여부에 따라 「법률행위에 의한 물권의 변동」과 「법률의 규정에 의한 물권의 변동」 둘로 나뉜다. 민법도 물권변동의 종류로서 다음의 표에서 보듯이 모두 네 가지를 정하고 있다.

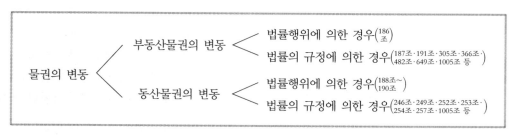

---

1) 공신의 원칙은 비단 물권에서만 인정되는 것은 아니다. 이러한 취지는 표현대리(125조 · 126조 · 129조), 채권의 준점유자에 대한 변제(470조), 영수증 소지자에 대한 변제(471조), 지시채권의 소지인에 대한 변제(518조) 등에서도 나타난다.

2. 물권변동에 관한 민법 규정의 개요

(1) 위 (ㄱ)에서는 공시방법에 차이를 둔다. 즉 부동산물권의 경우에는 '등기'로써, 동산물권의 경우에는 '점유'를 가지고 공시방법으로 삼는다. 그리고 (ㄴ)에서는, 법률행위에 의한 경우에는 공시방법을 물권변동의 요건으로 삼는 데 반해, 그 밖의 모든 것, 즉 법률의 규정에 의한 경우에는 공시방법을 그 요건으로 하지 않는 점에서 차이를 두고 있다.

예컨대 A의 부동산을 매수한 B가 소유권을 취득하기 위해서는 (소유권이전)등기를 하여야만 한다($\frac{186}{조}$). 그러나 A가 사망하고 B가 그의 상속인인 때에는 그 등기 없이도 A의 사망과 동시에 B는 부동산 소유권을 취득한다($\frac{187}{조}$). 이러한 것은 동산의 경우에도 마찬가지이다. 다만 이때에는 그 공시방법이 점유라는 점에서 차이가 있을 뿐이다.

(2) 민법은 위와 같은 물권변동의 종류를 예정하고, 물권편 '제1장 총칙'에서 물권 모두에 공통되는 것으로 그 변동의 요건과 효력을 규정한다. 즉 제186조에서는 법률행위로 인한 부동산물권의 변동을, 제187조에서는 법률행위에 의하지 아니한 것, 즉 법률의 규정에 의한 부동산물권의 변동에 관해 정한다. 그리고 제188조 내지 제190조에서는 법률행위에 의한 동산물권 변동의 공시방법으로서 네 가지 인도방식을 규정한다. 법률의 규정에 의한 동산물권의 변동에 관해서는 물권 총칙에서 일반적으로 정하고 있지는 않으며, 이것은 민법 도처에서, 주로 소유권 취득의 부분에서 따로 정하고 있다($\frac{246조·249조·252조·253}{조·254조·257조 등}$).

제 2 관 부동산물권의 변동

제 1 항 법률행위에 의한 부동산물권의 변동

> **제186조 〔부동산물권 변동의 효력 발생〕** 법률행위로 인한 부동산에 관한 물권의 득실변경은 등기하여야 효력이 생긴다.

Ⅰ. 서   설

1. 본조는 법률행위로 인한 부동산물권의 변동(취득·상실·변경)은 등기해야 효력이 생긴다고 정하여, 이른바 성립요건주의(형식주의)를 채택하고 있다. 예컨대 A가 그 소유 토지에 대해 B와 매매계약을 체결하였다고 하자. B가 소유자가 되려면 소유권의 이전에 관한 합의(법률행위로서 이를 '물권행위'라고 한다)와 소유권이전등기, 두 가지를 다 갖추어야 한다. 따라서 B 앞으로 등기가 되었어도 그러한 합의가 없는 경우(이를테면 매매대금이 전부 지급되지 않아 일반적으로 소유권이전의 합의가 없는 경우), 또는 그러한 합의가 있더라도 B 앞으로 등기가 되지 않은 경우에는, B는 A를 포함하여 누구에 대해서도 토지의 소유자가 되지 못한다.

2. 본조와 관련하여 다음 세 가지가 해석상 문제된다. 즉 (ㄱ) 부동산물권의 변동을 가져오는 법률행위의 실체는 무엇인가. 민법은 법률행위 외에 따로 채권행위나 물권행위로 표현하고 있지 않지만, 종래의 학설은 채권·채무의 발생을 목적으로 하는 법률행위인 채권행위와 물권의 변동을 목적으로 하는 법률행위인 물권행위의 개념을 구별하면서, 본조 소정의 '법률행위'는 물권행위를 의미한다고 한다. 그러면 물권행위란 무엇인지, 채권행위와는 어떤 관계에 있는 것인가. (ㄴ) 본조에 대응하여 민법 제187조는 법률행위가 아닌 그 밖의 사유로 인한 부동산물권의 변동에 관하여는 등기가 필요하지 않는 것으로 규정한다. 그런데 사안에 따라서는 그것이 본조가 적용되는 것인지, 아니면 제187조가 적용되는 것인지 명확하지 않은 것이 적지 않다. 이들 경우에 제186조와 제187조 중 어느 규정이 적용되는 것인지 가릴 필요가 있다. (ㄷ) 본조는 부동산물권 변동의 요건으로서 법률행위(물권행위)와 등기, 두 가지를 정한다 (목적 부동산의 '인도'는 그 요건이 아니다). 여기서 물권의 변동을 가져오기 위해 필요한 등기는 어떤 요건을 갖추어야 하는지 문제된다.

Ⅱ. 물권행위物權行爲

> **사 례** (1) A 소유 토지를 B가 매수하면서 중도금만 지급한 상태에서 무단으로 소유권이전등기를 마친 경우, B는 토지소유권을 취득하는가? 그리고 B로부터 토지를 매수하여 소유권이전등기를 마친 C는 그 소유권을 취득하는가?
>
> (2) 성년에 가까운 A가 그의 토지에 대해 부모의 동의 없이 B와 매매계약을 체결하였는데, 잔금과 상환으로 등기서류의 교부는 A가 성년자가 된 후에 이루어졌다. 그 후 B는 위 토지를 C에게 매도하여 C 앞으로 소유권이전등기가 마쳐졌다. A는 B와의 매매계약을 취소하고 C에게 토지의 반환을 청구할 수 있는가? 해설 p. 42

1. 물권행위에서 문제가 되는 세 가지

제186조에서 정하는 법률행위(물권행위)와 관련하여 다음 세 가지가 해석상 문제된다. 즉 (ㄱ) 채권행위와 구별되는 물권행위란 무엇인가, (ㄴ) 물권행위는 원칙적으로 채권행위와는 독립하여 독자적으로 존재하는 것인가, 그리고 이를 토대로 물권행위가 유효한 이상 채권행위로부터 영향을 받지 않는가, (ㄷ) 물권행위는 공시방법과 어떤 관계에 있는가이다.

2. 물권행위의 내용

(1) 채권행위와 물권행위의 구별

a) 제186조를 비롯하여 민법에는 법률행위라는 용어는 있지만, 이를 채권행위와 물권행위로 나누어 표현하고 있지는 않다. 그러나 민법상의 재산권이 채권과 물권으로 구별되듯이, 채권의 발생을 목적으로 하는 법률행위와 물권의 발생(변동)을 목적으로 하는 법률행위가 따로 있을 수 있고, 채권법 특히 계약법 부분에서는 이를 전제로 하는 규정이 적지 않다. 예컨대

타인의 권리도 매매의 대상이 될 수 있고, 따라서 매매계약으로서 유효하게 성립한다($\frac{569}{조}$). 그러나 이 경우 그 매매계약 체결시에 물권변동의 합의가 있었다고 보는 것은 무리이며, 매도인이 타인의 권리를 취득하여 매수인에게 이전할 때에 이루어진다고 보는 것이 당사자의 의사에 부합한다. 다음의 예를 가지고 양자가 어떻게 구별되는지 설명한다.

〈예〉 A가 그 소유 건물에 대해 B와 다음과 같은 일정으로 매매계약을 맺었다. ① 2020. 1. 1. 매매계약을 맺고 B가 A에게 계약금 지급. ② 2020. 1. 15. B가 A에게 중도금 지급. ③ 2020. 2. 1. B의 잔금 지급과 상환으로 A가 B에게 등기서류 교부. ④ 2020. 2. 15. B 앞으로 소유권이전등기가 마쳐짐.

aa) **채권행위**: A와 B 사이에 매매계약이 성립함에 따라 A는 건물 소유권이전채무를, B는 대금 지급채무를 부담하고, 이를 서로 이행하여야 하는 경우로서, 위 ①의 상태가 이에 해당한다. 즉 당사자 간의 합의(법률행위로서의 매매)에 의해 채권·채무의 발생을 의욕하고 그에 따라 이행할 것이 남아 있는 경우로서, 이를 강학상 **채권행위**라고 한다. 한편 ②는 매매계약에 따라 채무를 (일부)이행한 상태이다.

bb) **물권행위**: 직접 물권의 변동을 가져오는 법률행위로서, ③이 이에 해당한다. 물론 ③의 경우도 매매계약에 의한 채무의 이행에 따른 것이지만, 이때 A와 B 사이에는 건물에 대한 소유권이 A에서 B로 이전한다는 의사를 갖게 되는 점에서 위 ①·②의 상태와는 차이가 있고, 이를 강학상 **물권행위**라고 한다(물권행위의 단계에서는 더 이상 이행할 것은 남아있지 않다).[1]

b) 물권행위가 개념상 채권행위와 구별되는 데서 다음과 같은 점에서도 차이를 보인다. (ㄱ) 물권행위의 단계에서는 이행이 완료된 상태이므로 채무의 불이행을 이유로 하는 해제권은 발생할 여지가 없고, 이것은 채권행위(채권계약)에서만 있을 수 있다($\frac{543조}{이하}$). (ㄴ) 물권행위는 물권의 변동을 직접 가져오는 처분행위이므로, 양도인은 물건에 대한 처분권한이 있어야 하고, 그렇지 못한 경우에는 그 물권행위는 무효이다.[2] 이에 반해 채권행위의 경우에는, 예컨대 타인의 권리에 대한 매매도 유효하게 성립할 수 있다($\frac{569}{조}$).

(2) 물권행위의 실태와 종류

a) 실 태 (ㄱ) 채권행위와 관련하여 물권행위가 행하여지는 모습에는 세 가지 유형이 있다. 하나는 현실매매처럼 채권행위와 물권행위가 일체로써 이루어지는 것이고, 둘은 위의 부

---

1) 위 예에서 B가 A에게 계약금과 중도금만 준 상태에서 무단으로 소유권이전등기를 한 경우, 양자간에 물권행위가 있었다고 보는 것은 어려우므로 B는 소유권을 취득하지 못한다. 그러나 특별히 그러한 합의가 있는 것으로 볼 수 있는 경우도 있다. 가령 B가 중도금만 준 상태에서 A에게 미리 소유권이전등기를 넘겨 주면 부동산을 담보로 대출을 받아 잔대금을 지급하겠다고 요청하고, A가 이를 받아들여 먼저 B 앞으로 소유권이전등기에 필요한 서류를 교부하였다면, 이 당시에 A와 B 사이에는 B에게 부동산 소유권이 이전되는 것에 관한 합의, 즉 물권행위가 있었다고 볼 수 있다(다만 B는 A에게 잔대금을 주어야 할 채무가 있고, 이것은 물권행위와는 별개이다. B가 그 채무를 이행하지 않는 경우 A는 계약을 해제할 수 있고, 이것이 물권행위에 영향을 미치는가는 후술하는 물권행위의 무인성 문제로 연결된다).
2) 물권행위는 처분행위로서, 처분권한이 없는 자가 타인의 물건을 처분한 것은 무효가 된다. 다만 권리자는 이를 추인할 수 있고, 추인하면 그 처분은 소급하여 효력이 있다는 것이 통설 및 판례이다. 이 점에서 위 '무효'는 확정적 무효가 아닌 유동적 무효에 속한다.

동산 매매의 예에서처럼 채권행위와 시간적 간격을 두고 따로 행하여지는 것이다. 그리고 셋은 소유권의 포기처럼 채권행위 없이 물권행위만이 이루어지는 경우이다. 법률의 규정에 의해 채권이 발생하는 경우(사무관리·부당이득·불법행위)도 (법률행위로서의) 채권행위 없이 장래 물권행위만이 있게 된다. (ㄴ) 한편 채권행위의 당사자와 물권행위의 당사자가 다를 수도 있다. 채무자의 채무를 담보하기 위해 자기 소유의 재산에 대해 담보를 설정한 물상보증인의 경우가 그러하다($^{341조·}_{370조}$).

b) 종 류　　　물권행위도 법률행위이므로, 법률행위에 계약과 단독행위가 있듯이, 물권행위에도 물권계약과 물권적 단독행위가 있다. 그런데 전자에 대해서는 채권계약과 구별하여 보통 '물권적 합의'라고 표현하며, 위 예에서 ③의 경우가 이에 해당한다. 한편 후자는 상대방이 있는 경우(예: 제한물권의 포기)와 상대방이 없는 경우(예: 소유권의 포기)로 나뉜다.

(3) 적용법규

a) 물권행위도 법률행위이므로, 법률행위에 관한 민법 총칙편의 규정, 즉 당사자의 권리능력과 행위능력·의사표시와 그 해석·대리·무효와 취소·조건과 기한 등에 관한 규정은 물권행위에도 통용된다. 또 물권행위에 특별한 방식이 필요한 것도 아니다.

〈참 고〉 (ㄱ) 물권행위의 효력요건으로 허가를 요하는 경우에는, 그 허가 없이 한 물권행위는 무효가 된다(예: 국토의 계획 및 이용에 관한 법률($^{118}_{조}$)에 따라 허가구역 안에 있는 토지에 대한 거래 시 허가를 받아야 하는 것). 한편, 농지법 소정의 농지취득자격증명은 농지를 취득하는 자가 그 소유권에 관한 등기를 신청할 때에 첨부하여야 할 서류에 지나지 않고 이것이 농지취득의 원인이 되는 법률행위(매매 등)의 효력요건은 아니다($^{대판 1998. 2. 27, 97다49251; 대판 2006. 1. 27,}_{2005다59871; 대판 2008. 2. 1, 2006다27451}$). (ㄴ) 매수인이 상품을 미리 인도받고 대금은 일정 기간 동안 분할하여 지급하는 동산 할부매매의 경우, 매도인은 그 대금채권의 확보를 위해 대금이 완제될 때까지 인도된 동산의 소유권이 매도인에게 남아 있는 것으로 하는, 소유권유보의 약정을 하는 것이 보통이다. 물권행위는 성립하지만 그 효력의 발생에 대금의 완제를 정지조건으로 한 '정지조건부 물권행위'이다($^{대판 1996. 6.}_{28, 96다14807}$). 유의할 것은, 부동산의 경우에는 등기를 하여야 물권변동이 생기는데($^{186}_{조}$), 정지조건·시기부 물권행위는 조건이 성취되기까지는 또 기한이 도래하기까지는 그 효력이 생기지 않은 것이어서($^{147조 1항·}_{152조 1항}$) 등기를 할 수는 없다(다만 가등기는 할 수 있다($^{부동산등기}_{법 88조}$)). 이에 대해 해제조건·종기부 물권행위는 이미 효력은 생긴 것이므로($^{147조 2항·}_{152조 2항}$) 등기할 수 있고, 나아가 해제조건 또는 종기를 등기한 때에는 이를 제3자에게 대항할 수 있다($^{부동산등기}_{법 54조}$).

b) 물권행위는 직접 물권의 변동을 가져오고 따로 이행의 문제를 남기지 않는 점에서 원칙적으로 민법 채권편의 규정이 적용되지는 않는다. 다만 물권행위 중 물권적 합의는 일종의 계약이므로, 채권편의 '계약의 성립'에 관한 규정($^{527조 이}_{하 참조}$)은 준용될 수 있다.

c) 민법은 당사자 간의 계약으로 제3자에게 계약상의 급부청구권을 주는 제도(제3자를 위한 계약)를 마련하고 있다($^{539}_{조}$). 여기서 A가 B의 부동산을 매수하면서 A와 B 사이의 물권행위로 C로 하여금 채권이 아닌 부동산물권을 취득케 하는 것이 가능한지 문제될 수 있다. 통설적

견해는 이를 긍정하면서, 다만 C가 소유권을 취득하기 위해서는 제186조에 의해 등기를 하여야 하는 것으로 해석한다(다시 말해 C와 B 사이에 따로 물권행위를 할 필요는 없다고 한다). 그러나 이에 대해서는 비판적 견해도 없지 않다.

3. 물권행위의 독자성과 무인성無因性

(1) 물권행위의 독자성獨自性

a) 정 의   물권행위의 독자성에 관하여는 몇 가지 전제가 있다. 그것은 채권행위와 구별되는 물권행위의 개념을 수용하고, 또 현실매매처럼 채권행위와 물권행위가 일체로 행하여지거나 소유권의 포기처럼 물권행위만이 있는 경우를 인정한다는 점이다. 즉 물권행위의 독자성이 문제가 되는 것은, 앞의 부동산 매매의 예에서처럼, 채권행위와 물권행위가 시간적 간격을 두고 행하여지는 경우에 발생하는 것임을 유의할 필요가 있다. 여기서 물권행위의 독자성을 인정하는 것은, 물권행위가 원칙적으로 채권행위와는 따로 행하여지는 것, 앞의 예에서 ③의 경우에 물권행위가 채권행위와는 따로 행하여진 것으로 본다. 이에 반해 독자성을 부정하는 견해는 ①의 경우에, 즉 매매계약 체결시에 소유권이전의 합의도 같이하였다고 보는 데 차이가 있다.[1]

b) 학설과 판례   (ㄱ) 통설적 견해는 물권행위의 독자성을 인정한다. 이에 대해 거래의 실정과 당사자의 의사를 이유로 물권행위의 독자성을 부정하는 소수설이 있다($^{곽윤직,}_{46면}$). (ㄴ) 판례는 우리의 법제가 물권행위의 독자성을 인정하고 있지 않다고 한다($^{대판\ 1977.\ 5.}_{24,\ 75다1394}$). (ㄷ) 사견은 전술(물권행위의 내용)한 이유대로 물권행위의 독자성을 인정하는 것이 타당한 것으로 생각한다. 독자성을 부정하여 법률행위가 성립한 때 내지는 채권행위가 있는 때에 물권행위도 같이 있는 것으로 보는 것은 다음의 점에서 문제가 있다고 본다($^{이상태,\ 52}_{면\ 이하}$). 첫째, 채권이 발생함과 동시에 이행을 마친 것으로 되므로 이는 채권행위의 성질에 반하고, 둘째 종류물의 매매($^{375}_{조}$) 또는 타인의 권리의 매매($^{569}_{조}$)가 현행법상 허용되는데 이 경우 계약 당시에 물권행위까지 있었다고 보는 것은 무리한 해석이며, 셋째 매매에서 계약금만 교부한 상태에서는 계약금을 포기하거나 그 두 배의 금액을 주고 계약을 해제할 수 있는데($^{565}_{조}$), 계약 당시에 물권행위까지 마친 것으로 보면 계약을 해제할 여지가 없어 동조를 설명할 수 없다는 점이다. 그리고 무엇보다 동조는 계약 당시에는 물권행위까지 의욕하지는 않는 것이 당사자의 의사라는 점을 그 기초로 삼고 있다고도 볼 수 있다. 넷째, 할부매매에서 매도인이 대금채권의 담보를 위해 대금이 완제될 때까지 소유권이 매도인에게 있는 것으로 하는 '소유권유보부 매매'에서, 동산을 먼저 매수인에게 인도하지만 매수인은 즉시 소유권을 취득하지 못하는데, 이것은 당사자 간에 물권행위가 없었기 때문이다($^{제철웅,}_{399면}$). 부동산 매수인이 계약금이나 중도금만 준 상태에서 무단으로 소유권이전등기를 한 경우에 그 소유권을 취득하지 못하는 것도 같은 것이다.

---

1) 일본 민법에서는 물권행위시에 물권변동이 일어나므로 물권행위의 독자성의 인정 여부가 물권변동의 시기와 관련하여 중요한 의미를 갖지만, 등기나 인도시에 물권변동이 생기는 것으로 정한 현행 민법의 형식주의하에서는 그 정도가 같지는 않다.

(2) 물권행위의 무인성과 유인성有因性

a) 정 의   물권행위의 무인성이란, 물권행위의 원인행위인 채권행위가 부존재·무효·취소·해제 등으로 실효되더라도 물권행위 자체가 유효한 때에는 물권행위는 그 영향을 받지 않고 유효한 것을 말한다. 이에 대해 그러한 경우에는 물권행위도 영향을 받아 실효된다는 것이 물권행위의 유인성이다.

b) 전 제   (ㄱ) 물권행위의 무인성을 논하는 데에는 다음과 같이 단계별로 몇 가지 중요한 전제를 거쳐야 하는 것임을 유의하여야 한다. 즉 ① 물권행위의 독자성을 인정하는 것을 전제로 한다. 독자성을 부정할 때에는 그 실효 원인이 채권행위와 물권행위 모두에 있을 것이기 때문이다. 현실매매는 채권행위와 물권행위가 일체로 행하여지는 점에서, 소유권의 포기의 경우에는 물권행위만이 있는 점에서, 마찬가지로 물권행위의 무인성을 문제삼을 여지가 없다. ② 채권행위에는 실효 원인이 있으나 물권행위는 유효한 것이어야 한다. 물권행위 자체에도 실효 원인이 있는 때에는 물권행위 자체가 효력을 상실하게 되므로 물권행위의 무인성이 문제될 여지가 없다. 무효·취소의 원인이 채권행위뿐만 아니라 물권행위에도 있거나, 당사자가 채권행위의 유효를 물권행위의 조건으로 한 경우(소위 상대적 무인론)가 그러하다(민법주해(Ⅳ), 46면~47면 참조(김황식)). ③ 채권행위에만 실효 원인이 있는 경우에, 그 실효 원인이 취소라면 이를 취소할 수 있는 것이어야 한다. 그런데 물권행위가 유효한 경우에는 법정추인(145조)에 해당하여 채권행위를 취소할 수 없다. (ㄴ) 결국 물권행위의 무인성이 문제되는 경우는 채권행위에는 실효 원인(무효나 해제)이 있지만 물권행위는 유효한 것이어야 한다. 채권행위는 무효이지만 물권행위는 유효하거나, 부동산 매도인이 중도금만 받은 상태에서 매수인 앞으로 먼저 소유권이전등기를 해 주었는데(이 경우는 중도금만 받았을 뿐이지만 소유권이전의 합의를 하였다는 점에서 물권행위가 있은 것으로 된다) 매수인이 잔금을 지급하지 않아 매도인이 매매계약을 해제하는 경우가 이에 해당한다고 볼 수 있다(해제를 하면 계약은 소급해서 효력을 잃는데, 이에 관해서는 채권법 p.465 '해제의 효과' 부분 참조).

〈예〉 A가 의사무능력 상태에서 그 소유 부동산에 대해 B와 매매계약을 체결하였는데, 그 후 잔금을 수령하고 등기서류를 교부할 당시에는 의사능력을 회복하였다고 하자. 이 경우 물권행위의 무인성을 인정할 것인지 아니면 유인성을 인정할 것인지에 따라 다음과 같이 차이를 보인다. (ㄱ) 물권행위의 무인론: ① 위 부동산의 소유명의가 B로 되어 있는 경우, B는 소유권을 취득한다(부동산물권 변동은 물권행위와 등기에 의해 이루어지므로). 그러나 그 소유권 취득은 법률상 원인 없이(원인행위의 실효) 타인의 재산으로 이익을 얻은 것이 되어 부당이득이 되고(741조), 따라서 A는 부당이득 반환청구권에 기해 그 부동산의 반환을 청구할 수 있다. ② 위 부동산이 C 앞으로 소유권이전등기가 된 경우, B는 소유권을 취득하였으므로, C 앞으로의 소유권이전은 C의 선의·악의를 불문하고 유효하다. A는 B에게 부동산의 반환에 갈음하는 가액의 반환을 청구할 수 있을 뿐이다(747조1항). (ㄴ) 물권행위의 유인론: 위 부동산의 소유명의가 B로 되어 있든 C 앞으로 이전되었든, 채권행위의 무효는 물권행위도 무효로 하므로 B는 소유권을 취득하지 못하고, 승계취득의 법리상 C도 소유권을 취득하지 못한다. 어느 경우든 A는 소유권에 기해 부동산의 반환과 등기말소를 청구할 수 있다.

c) **학설과 판례**   (ㄱ) 물권행위의 독자성을 인정하는 통설적 견해는 대체로 물권행위의 무인성을 인정한다. 그 논거로는, 물권행위와 채권행위를 구별하는 이상 그 유효·무효도 따로 결정하여야 하고, 물권적 법률관계는 모든 사람에 대하여 명료함을 이상으로 하는데 이것을 당사자 간에만 효력을 가지는 채권행위로부터 영향을 받게 하는 것은 부당하며, 등기의 공신력을 인정하지 않는 우리 법제에서 무인성을 통해 거래의 안전을 보호할 수 있다는 점을 든다. 이에 대해 물권행위의 독자성을 부정하는 소수설은 물권행위의 유인성을 주장한다(곽윤직, 52면 이하). (ㄴ) 판례는 우리 법제가 물권행위의 독자성과 무인성을 인정하고 있지 않다고 한다(대판 1977. 5. 24, 75다1394). (ㄷ) 사견은 다음과 같은 이유에서 물권행위의 유인성을 인정하는 것이 타당하다고 본다. 첫째, 전술한 대로 물권행위의 무인성이 이론상 적용될 수 있기 위해서는 여러 전제를 거쳐야 하고, 그 결과 채권행위에만 실효 원인(무효나 해제)이 있고 물권행위는 유효한 경우로 한정되는데, 이러한 경우는 극히 예외적인 것이라는 점, 즉 물권행위의 무인론이 가지는 실용적 가치는 극히 적다는 점, 둘째 무인론이 유인론에 비해 거래의 안전을 보호한다고 하지만, 민법에서도 거래의 안전을 보호하기 위한 개별 규정을 마련하고 있어 소기의 목적을 달성할 수 있다는 점(예: 109조 2항·110조 3항·548조 1항 단서), 특히 무인론에 의하면 악의의 제3자까지도 보호하게 되는데 이것은 법률정책상 바람직하지 못할 뿐 아니라 민법 제109조 2항과 제110조 3항의 존재를 무의미하게 하는 점, 셋째 무엇보다 물권행위의 무인성을 인정하여야 할 민법상의 근거가 없을 뿐더러,[1] 물권행위는 원인행위인 채권행위의 이행의 결과이기도 하기 때문에 채권행위로부터 그 영향을 받는 것으로 봄이 당사자의 의사에도 부합한다는 점이다.

4. 물권행위와 공시방법

(1) 물권의 변동이 생기는 데에 물권행위만으로 족한 것인지, 그 밖에 공시방법(부동산은 등기, 동산은 인도)까지 갖추어야 하는지는, (전술한 대로) 대항요건주의와 성립요건주의로 나뉘어 있지만, 우리 민법은 후자를 취하고 있다(186조·188조).

(2) 학설 중에는, 물권행위와 공시방법을 합쳐 물권행위로 보는 견해, 공시방법을 물권행위의 효력발생요건으로 보는 견해도 있지만, 물권적 의사표시만을 물권행위로 보고, 공시방법은 물권행위 외에 법률에 의해 요구되는 물권변동의 또 하나의 요건으로 보는 것이 타당하다. 이것이 민법 제186조와 제188조의 법문에도 부합한다(곽윤직·김재형, 51면).

---

1) 물권행위의 무인성은 독자성을 전제로 하여 전개된 것으로서, 그 이론적 기초는 독일 민법학에서 유래된 것으로 평가되고 있다. 그런데 독일 민법(925조)은 부동산 소유권의 양도에 필요한 양도인과 양수인 간의 합의(이를 Auflassung이라 한다)는 두 당사자가 동시에 출석하여 관할 기관 앞에서 표시하여야 하며, 등기공무원도 이 부분만을 심사하여 등기를 하게 하고, 그래서 이를 토대로 물권행위의 독자성과 무인성 이론이 형성된 것이며, 나아가 등기의 공신력도 이를 바탕으로 인정하고 있다(독민 892조). 이에 비해 우리의 경우에는 물권행위에 특별한 방식을 요구하는 명문의 규정이 없는 점에서 독일의 경우와는 기초가 다르다. 요컨대 물권행위의 무인성을 인정하여야 할 법적 근거가 없을 뿐만 아니라, 거래의 안전을 보호한다는 것도 독일 민법이 본래 접근하는 방식과는 다르다는 점도 유의할 필요가 있다.

사례의 해설 (1) B가 토지소유권을 취득하려면 물권행위와 소유권이전등기 두 가지를 모두 갖추어야 한다($^{186}_{조}$). 그런데 B 앞으로 소유권이전등기는 마쳐졌다고 하더라도 물권행위도 이루어졌다고 보기는 어렵다. 잔금을 받기 전에 중도금만 준 상태에서는 특별한 사정이 없는 한 토지에 대해 소유권이전의 합의가 있었던 것으로 보기는 어렵기 때문이다. 그러므로 토지소유권은 A에게 있다. 우리 민법은 부동산등기의 공신력을 인정하지 않으므로, B의 등기가 무효인 이상 C는 그 소유권을 취득할 수 없다.

(2) A가 취소할 수 있는 행위에 관해 추인할 수 있은 후(성년자가 된 후)에 그 이행(등기서류의 교부)을 하였으므로, A의 행위는 법정추인으로 되어 A는 B와의 매매계약을 취소할 수 없다($^{145조}_{참조}$). 따라서 물권행위는 유효하고 채권행위도 취소할 수 없는 이상 물권행위의 무인론·유인론은 적용될 여지가 없다. 다만, A가 이의를 달고 그 이행을 한 경우에는 채권행위를 취소할 수 있는데 ($^{145조}_{단서}$), 이 경우 유인론에 의하면 A는 소유권에 기해 C에게 토지의 반환을 청구할 수 있으나, 무인론에 의하면 C는 유효하게 소유권을 취득한다.

사례 p. 36

Ⅲ. 민법 제186조의 적용범위

1. 원 칙

민법 제186조가 적용되는 것은 법률행위로 인한 부동산물권의 변동으로서 등기를 하여야 하는 경우이다. 따라서 점유권과 유치권은 부동산에도 성립하지만 등기가 필요없는 물권이므로, 본조는 그 밖의 부동산물권인 소유권·지상권·지역권·전세권·저당권과, 권리질권($^{저당채}_{권에}$ $^{대한 질권설}_{정: 348조}$)의 취득·상실·변경에 관해 일반규정으로서 적용된다.

구체적으로 말하면, 증여·매매·교환계약 등에 의한 부동산(토지 또는 건물) 소유권의 이전, 토지에 대한 지상권 또는 지역권 설정계약, 토지 또는 건물에 대한 전세권 설정계약이나 저당권 설정계약, 이러한 설정계약의 내용을 변경하는 변경계약, 단독행위로서 부동산 소유권 또는 제한물권의 포기, 유언에 의한 부동산 소유권의 유증 등에 제186조가 일반규정으로 적용되는 것이며, 따라서 그 등기를 하여야만 효력이 생긴다.

2. 문제가 되는 것

민법은 부동산물권 변동을 그 원인에 따라 법률행위에 의한 것과 그 밖의 모든 것으로 양분하면서, 전자의 경우에는 제186조에서 등기를 하여야 효력이 생기는 것으로 정하는 데 반해, 후자의 경우에는 제187조에서 등기가 필요하지 않는 것으로 규정하고 있다. 그런데 사안에 따라서는 그것이 제186조가 적용되는 것인지 아니면 제187조가 적용되는 것인지 문제되는 것들이 있다.

a) **채권행위 또는 물권행위의 실효** (ㄱ) 채권행위에는 실효 원인(무효·해제)이 있으나 물권행위는 유효한 경우, 채권행위가 실효되면 이전되었던 물권은 등기(말소등기) 없이도 당연히 복귀하는지 여부는 전술한 물권행위의 무인론과 유인론에 따라 그 결론을 달리한다. 유인론

에 따르면 물권행위도 그 영향을 받아 실효된다. (ㄴ) 물권행위 자체에도 실효 원인(무효·취소)이 있어 물권행위가 실효된 경우에는 물권행위의 무인·유인의 문제는 생기지 않으며, 이때는 이전되었던 물권은 등기 없이도 당연히 복귀한다. 물권변동이 있기 위해서는 물권행위와 등기, 두 가지가 필요하기 때문이다. (ㄷ) 위 경우에도 민법이 정하는 개별 규정을 통해 제3자가 보호받을 수 있다. 민법 제107조 2항, 제108조 2항, 제109조 2항, 제110조 3항, 제548조 1항의 규정이 그러하다. 특히 판례는, 제110조 3항의 '선의의 제3자'의 범위에 관해 사기에 의한 의사표시와 그 취소 사실을 몰랐던 제3자를 포함시키며($\frac{대판\ 1975.\ 12.}{23,\ 75다533}$), 제548조 1항 단서 소정의 '제3자'의 범위에 관해서도 계약을 해제하고 그 말소등기를 하지 않은 상태에서 목적물을 매수한 제3자를 포함시키는 등($\frac{대판\ 1985.\ 4.\ 9.}{84다카130,\ 131}$), 그 범위를 확대하고 있다.

b) 조건부·기한부 물권행위　　이것에 민법 제186조가 적용되는지는 다음과 같이 나뉜다. (ㄱ) 해제조건·종기부 물권행위는 이미 효력은 생긴 것이므로($\frac{147조\ 2항·}{152조\ 2항}$), 제186조에 따라 등기를 하여야 물권변동이 생긴다. 한편 해제조건과 종기에 대해서는 권리의 소멸에 관한 약정으로서 이를 등기할 수 있으며($\frac{부동산등기}{법\ 54조}$), 등기한 때에는 조건의 성취와 기한의 도래만으로 물권이 원래의 물권자에게 당연히 복귀하는 것을 제3자에게 대항할 수 있다($\frac{대판\ 1992.\ 5.}{22,\ 92다5584}$). (ㄴ) 정지조건·시기부 물권행위는 아직 효력이 생긴 것이 아니므로($\frac{147조\ 1항·}{152조\ 1항}$), 제186조에 따라 등기를 할 수는 없다. 다만 가등기를 할 수는 있다($\frac{부동산등기}{법\ 88조}$).

c) 재단법인 출연재산의 귀속시기　　(ㄱ) 재단법인을 설립하려면 설립자가 일정한 재산을 출연하고 정관을 작성하여야 하는데($\frac{43}{조}$), 이러한 재산 출연행위의 성질은 재단법인의 설립을 목적으로 하는 '상대방 없는 단독행위'로서 법률행위이다. 따라서 부동산을 출연한 경우에는 제186조의 원칙에 따라 재단법인의 성립 후 재단법인 앞으로 소유권이전등기를 한 때에 재단법인의 소유가 된다고 할 것이다. 그런데 민법 제48조는, 생전처분으로 한 때에는 법인이 성립한 때($\frac{1}{항}$), 유언으로 한 경우에는 유언의 효력이 발생한 때($\frac{2}{항}$), 각각 그 등기 없이도 재단법인에 귀속하는 것으로 규정하여, 제186조와 충돌하고 있다. (ㄴ) 통설적 견해는 제48조를 재단법인의 재산적 기초를 충실히 하기 위한 특별규정으로 이해하여, 재단법인 앞으로의 공시가 없어도 제48조에서 정하는 시기에 재단법인에 그 권리가 귀속하는 것으로 해석한다. 이에 대해 소수설은, 독일 민법 제82조와 같이 법인의 설립 또는 설립자의 사망시에 법인에 출연재산의 이전청구권이 생길 뿐이고, 그것이 현실로 재단법인에 이전되는 것은 그 공시를 한 때이며, 이 경우 위 시점에 재단법인 앞으로 이전된 것으로 소급한다고 한다(다만 그 이전에 아무런 형식을 필요로 하지 않는 '지명채권'에 한해서는 제48조에서 정한 시기에 재단법인에 귀속하는 것으로 본다)($\frac{김증한·김학동,\ 72}{면;\ 이영준,\ 96면}$). 판례는 처음에는 통설적 견해와 같은 입장을 취하였으나($\frac{대판\ 1973.\ 2.\ 28,\ 72다}{2344,\ 2345;\ 대판\ 1976.}{5.\ 11,\ 75}$다1656), 후에 이 판례를 변경하면서, 「출연자와 법인 간에는 등기 없이도 제48조에서 규정한 때에 법인에 귀속되지만, 법인이 그것을 가지고 제3자에게 대항하기 위해서는 제186조의 원칙에 돌아가 그 등기를 필요로 한다」고 하여($\frac{대판(전원합의체)\ 1979.}{12.\ 11,\ 78다481,\ 482}$), 소유권의 상대적 귀속을 인정하는 독특한 법리를 전개하고 있다. (ㄷ) 사견은 통설적 견해가 타당하다고 본다. 판례는 재단법인의 요소인 재산의 유지와 거래의 안전을 모두 고려한 것으로 이해되지만, 그 법리는 소

유권의 상대적 귀속을 인정하는 것으로서, 현행 민법이 구민법의 의사주의를 버리고 형식주의를 취한 입장에서는 수용하기 어렵다. 한편 소수설은 제186조의 원칙에 충실한 것이기는 하지만, 이에 따르면 재산 없는 재단법인이 생길 수 있어 재단법인의 본질에 반하고, 또 제48조를 전적으로 무시하는 것이 되어 역시 수용하기 어렵다. 결론적으로 제48조는 재단법인의 재산의 유지를 위한 특별규정으로서 제186조에 대한 예외를 정한 것으로 봄이 타당할 것으로 생각한다.

d) **소멸시효와 취득시효**　(ㄱ) 소유권을 제외한 그 밖의 물권은 20년간 행사하지 않으면 소멸시효에 걸린다($\binom{162조}{2항}$). 따라서 부동산물권, 즉 지상권과 지역권은 소멸시효에 걸리게 되는데 (전세권의 존속기간은 10년을 넘지 못하는 점에서 20년의 소멸시효에 걸릴 여지가 없다($\binom{312조}{참조}$)), 통설적 견해와 판례가 취하는 절대적 소멸설에 의하면, 소멸시효가 완성되면 그 등기 없이도 위 부동산물권은 당연히 소멸되는 것으로 된다(상대적 소멸설에 의하면, 소멸시효의 이익을 주장하여 등기말소를 청구해서 그 등기가 말소된 때에 비로소 소멸된다). (ㄴ) 시효로 인한 부동산물권의 취득은 법률행위에 의한 것이 아니지만, 민법은 제187조에 대한 예외로서, 부동산 소유권과 그 밖의 부동산물권의 점유로 인한 시효취득에는 등기를 하여야만 그 권리를 취득하는 것으로 정한다($\binom{245조\ 1항\cdot}{248조}$).

e) **소멸청구와 소멸통고**　(ㄱ) 지상권자가 2년 이상의 지료를 지급하지 않은 때에는 지상권설정자는 '지상권의 소멸을 청구'할 수 있다($\binom{287}{조}$). 또 전세권자가 전세권설정계약 또는 그 목적물의 성질에 의해 정해진 용법으로 이를 사용·수익하지 않은 때에는 전세권설정자는 '전세권의 소멸을 청구'할 수 있다($\binom{311조}{1항}$). 이와 관련하여 학설은, 소멸청구는 형성권으로서 의사표시만으로 효력이 생긴다고 보거나($\binom{김상용,\ 168면\cdot}{이영준,\ 95면}$), 제287조와 제311조의 문언상 각각 그 소멸을 청구하면 그 등기를 말소하지 않더라도 지상권 또는 전세권이 소멸된다고 보는 견해($\binom{곽윤직\cdot김재}{형,\ 105면}$)와, 소멸청구를 채권적 청구권으로 보거나($\binom{송덕수,}{466면}$), 소멸청구가 물권적 단독행위로서 법률행위라는 이유($\binom{김용한,}{125면}$)로 각각 제186조에 의해 말소등기를 하여야 그 물권이 소멸된다고 보는 견해로 나뉜다. 판례는, 민법 제287조와 관련하여 '지상권 소멸청구의 의사표시에 의하여 소멸된다'고 하여($\binom{대판\ 1993.\ 6.}{29,\ 93다10781}$) 그 말소등기를 요하지 않는 것으로 판시하고 있다. (ㄴ) 전세권의 존속기간을 약정하지 않은 때에는 각 당사자는 언제든지 상대방에게 '전세권의 소멸을 통고'할 수 있고, 상대방이 이 통고를 받은 날부터 6개월이 지나면「전세권은 소멸된다」($\binom{313}{조}$). 이와 관련하여 학설은, 형성권으로서 6개월이 지남으로써 전세권은 말소등기 없이도 당연히 소멸된다고 보는 견해($\binom{이영준,}{96면}$)와, 거래 안전의 보호를 위해 6개월 후 말소등기를 하여야만 소멸된다고 보는 견해($\binom{곽윤직,\ 83면;}{김용한,\ 126면}$)로 나뉜다. 사견은, 민법 제313조에서 소멸통고를 한 때에는 "전세권이 소멸된다"고 효과를 정하고 있으므로, 동조에 근거하여 말소등기는 필요하지 않다고 본다.[1]

f) **물권의 포기**　부동산물권의 포기는 물권의 소멸을 목적으로 하는 법률행위(단독행위)로

---

1) 통설은 '취소'의 경우에는 말소등기를 요하지 않는 것으로 본다. 취소권은 형성권이지만 취소는 법률행위(단독행위)이므로 제186조가 적용된다고 할 것이지만, 민법 제141조에서 "취소한 법률행위는 처음부터 무효인 것으로 본다"고 그 효과를 정한 것에 근거한 것으로 이해된다. 이 점은 제313조의 경우에도 다를 것이 없다고 할 것이다.

서 제186조에 의해 그 등기를 하여야 효력이 생긴다는 것이 통설적 견해이다. 그러나 포기는 형성권이라는 점에서 등기가 필요 없다고 보는 소수설도 있다(이영준, 97면; 이은영, 167면).

g) 기 타   그 밖에 판례에서 문제가 되어 온 것으로 귀속재산의 매각이 있다. 즉 귀속 재산처리법에는 귀속재산인 부동산을 매각한 경우에 어느 때에 매수인에게 소유권이 귀속하는지에 대해 정함이 없는데, 판례는 그 통일을 보지 못하다가, 현재는 매수인이 그 대금을 완납하면 등기 없이도 소유권을 취득하는 것으로 보고 있다(대판(전원합의체) 1984. 12. 11, 84다카557).

Ⅳ. 부동산물권의 변동에서 「등기」의 요건

사 례   (1) X 토지는 甲 명의로 소유권보존등기가 되어 있었는데, 이를 A가 매수하고 소유권이전등기를 하였다. B는 위 토지를 A로부터 매수하고 그 등기를 하였는데, 착오로 별개의 토지등기부에 소유권보존등기가 마쳐졌다. 그 후 A는 위 토지를 다시 C에게 매도하여, C 명의로 소유권이전등기가 경료되었다. B는 자신이 소유자임을 이유로 C 명의 소유권이전등기의 말소를 청구할 수 있는가?

(2) A는 X부동산을 戊에게 매도하고 인도하였으며, 戊는 X부동산을 다시 己에게 매도하고 인도하였다. A, 戊, 己 전원은 X부동산의 소유권이전등기를 A의 명의에서 바로 己의 명의로 하기로 합의하였다. 그 후 A와 戊는 둘 사이의 매매대금을 인상하기로 약정하였다.

(㉮) 己가 戊의 A에 대한 소유권이전등기청구권을 대위행사하였다. 이 경우에 戊의 A에 대한 소유권이전등기청구권은 A, 戊, 己 3인의 합의에 의하여 이미 소멸되었다는 이유로 A가 己의 청구를 거절할 수 있는가? (15점)

(㉯) 己가 A에게 소유권이전등기의 이행을 청구할 당시 戊가 A에게 인상된 매매대금을 지급하지 않았다면 A는 이를 이유로 己의 청구를 거절할 수 있는가? (15점)(2013년 제2회 변호사시험)

(3) 甲은 2010. 10. 10. 乙과 토지거래허가구역으로 지정되어 있는 X토지에 관하여 매매대금을 1억원으로 한 부동산 매매계약을 체결하고 계약 당일 계약금으로 1,000만원을 받았으며, 2011. 3. 15. 잔금 9,000만원을 받았다. 한편, 乙은 위 토지에 대한 매매대금을 모두 지급하였으나, 토지거래 허가를 받지 않은 상태에서 2012. 4. 8. 丙과 위 토지에 관하여 매매대금을 1억 2천만원으로 하는 매매계약을 체결하고, 당일 계약금으로 2,000만원을, 같은 해 6. 20. 잔금 1억원을 각 지급받았다. 甲, 乙, 丙은 위와 같이 X토지에 관하여 순차로 매매계약을 체결하면서, 최초 매도인 甲이 최종 매수인 丙에게 직접 토지거래 허가신청 절차를 이행하고, 소유권이전등기를 마쳐주기로 3자 간 합의를 하였다. 甲은 위와 같은 3자 간 합의에 따라 관할관청으로부터 X토지의 매도인을 甲으로, 매수인을 丙으로 하는 토지거래 허가를 받은 다음, X토지에 관하여 丙 명의의 소유권이전등기를 마쳐주었다. X토지에 대하여 최초 매도인 甲으로부터 최종 매수인 丙 명의로 경료된 소유권이전등기는 유효한가? (15점)(2017년 제6회 변호사시험)

(4) 甲은 乙에게 2014. 3. 1. 이자 월 2%, 변제기 2015. 2. 28.로 하여 1억원을 빌려주었다. 乙은 甲으로부터 위 금전을 차용하면서 자신 소유의 X 토지 위에 甲을 채권자로 하는 저당권을 설정해 주었다. 그런데 얼마 후 乙은 관련 서류를 위조하여 위 저당권등기를 말소시킨 후 이러한 사정을 알지 못한 丙에게 위 토지를 매도하여 소유권이전등기를 마쳐주었다. 甲의 저당권등기의

회복 여부와 그 방법에 대하여 그 논거를 들어 기술하시오. (15점) (2017년 제2차 변호사시험 모의시험) (유사한 문제로 2023년 제2차 변호사시험 모의시험)

(5) 1) 甲은 乙에게서 1억원을 차용하고 그 일부를 담보하기 위해 甲 소유인 X토지에 관하여 乙에게 채권최고액 5,000만원인 근저당권설정등기를 마쳐주었다. 2) 甲은 乙에게 위 차용금채무 1억원을 모두 변제하였으나 근저당권설정등기를 말소하지 않고 있던 중 甲의 채권자 丁이 X토지를 가압류하였다. 그 후 甲은 戊에게서 다시 5,000만원을 차용하고 甲, 乙, 戊의 합의에 따라, 乙 명의의 근저당권설정등기가 말소되지 않은 데에 착안하여, 근저당권을 戊에게 이전하는 형식의 부기등기를 마침으로써 戊에게 담보를 제공하였다. 3) 丁은 戊를 피고로 삼아 근저당권설정등기의 말소를 구하는 소를 제기하였다. 그 소에서 丁은, '① 戊는 근저당권이전의 부기등기가 마쳐지기 전에 이해관계를 가진 丁에게는 대항할 수 없으므로 丁에게는 戊 명의 근저당권설정등기에 대한 말소청구권이 있고, ② 만약 丁에게 근저당권설정등기의 말소청구권이 없다면 丁은 X토지의 소유자인 甲을 대위하여 말소를 구한다'고 주장한다. 甲은 채무초과 상태이다. 丁은 승소할 수 있는가? (20점) (2021년 제10회 변호사시험)

(6) 1) 甲종중은 그 명의로 등기된 X부동산에 대하여 乙과 명의신탁약정을 맺고 乙 명의로 소유권이전등기를 마쳐주었다. 甲종중은 그 후 乙을 상대로 '소장 부본 송달로써 위 명의신탁약정을 해지한다.'고 주장하며, 명의신탁 해지를 원인으로 한 소유권이전등기절차 이행을 구하는 소를 제기하였다. 법원은 甲종중의 청구를 인용하는 판결을 선고하였고, 위 판결은 그 무렵 확정되었다. 甲종중은 위 판결에 따른 소유권이전등기를 마치지 아니한 채 X부동산에 대해 丙과 매매계약을 체결하고, 甲종중이 乙에게 가지고 있는 'X부동산에 관한 명의신탁 해지를 원인으로 한 소유권이전등기청구권'을 丙에게 양도한 후 乙에게 이 채권양도의 통지를 하였다. 2) 丙이 乙에게 X부동산에 관하여 丙 명의로의 소유권이전등기절차 이행을 청구하는 소를 제기하자, 乙은 甲종중이 아닌 丙에게는 소유권이전등기를 해줄 수 없다고 다투었다. 丙의 청구에 대해 법원은 어떻게 판단하여야 하는가? (10점) (2022년 제2차 변호사시험 모의시험)

(7) 1) 甲(남편)과 乙(부인)은 2020. 1. 경 혼인신고를 마친 부부이다. 乙은 2022. 4. 1. 甲을 대리하여 丙으로부터 丙 소유의 X토지를 매매대금 3억원에 매수하면서, 잔금 지급과 토지인도 및 소유권이전등기 소요 서류의 교부는 2022. 6. 30. 동시에 이행하기로 약정하였다(이하 '제1 매매계약'이라 한다). 이후 乙은 2022. 8. 1. 甲을 대리하여 丁에게 X토지를 매매대금 3억 5천만원에 매도하면서, 잔금 지급과 토지인도 및 소유권이전등기 소요 서류의 교부는 2022. 10. 31. 동시에 이행하기로 약정하였다(이하 '제2 매매계약'이라 한다). 2) 제1, 2 매매계약은 적법하게 체결되었고 그 이행기도 모두 경과하였으나, 위 각 매매계약에 따른 잔금 지급과 소유권이전등기는 이루어지지 않고 있었다. 그러던 중 甲, 丙, 丁 3인은 "丙은 甲을 거치지 않고 곧바로 丁에게 X토지에 관한 소유권이전등기를 마쳐 주기로 한다"는 내용의 합의서를 작성하였다. 그러나 위 합의에도 불구하고 丙이 소유권이전등기를 계속 미루자, 丁은 丙을 상대로 X토지에 관하여 직접 소유권이전등기를 구하는 소를 제기하였다. 이 소송에서 丙은 "위 합의서 작성 이후 甲과 사이에 제1 매매계약에 따른 미지급 잔대금 2억원을 2억 3천만원으로 증액하기로 약정하였으므로, 이 2억 3천만원을 받을 때까지 丁의 청구에 응할 수 없다"고 항변하였다. 법원은 어떠한 판단을 하여야 하는지, 결론과 논거를 서술하시오. (10점) (2023년 제12회 변호사시험)

해설 p. 56

1. 등기의 두 가지 요건

등기는 물권행위 외에 민법($^{186}_{조}$)이 요구하는 부동산물권 변동의 또 하나의 요건이다. 그러면 그러한 등기는 어떤 요건을 갖추어야 하는가? 두 가지가 필요하다. 하나는 부동산등기법에서 정하는 바에 따라야 하는데, 이를 '형식적 유효요건'이라고 한다. 다른 하나는 물권행위의 내용과 합치하여야 하는데, 이를 '실질적 유효요건'이라고 한다.

2. 등기의 형식적 유효요건

부동산등기의 절차와 내용은 부동산등기법에서 규율하므로, 그 등기가 부동산물권의 변동을 가져올 수 있기 위해서는 부동산등기법이 정하는 바에 따라 적법하게 행하여져야 한다. 문제되는 점을 설명하면 다음과 같다.

(1) 등기의 기록

등기는 등기부에 등기관이 일정한 사항을 기록함으로써 성립한다($^{부동산등기법\ 34}_{조·40조·48조}$). 등기신청을 하였어도 어떤 이유로든 등기가 되지 않으면 등기가 된 것으로 되지 않는다.

(2) 등기의 존속

등기는 그 기록이 존속하여야 함이 원칙이다. 그러면 등기가 불법으로 말소되거나, 다른 등기부에 옮기는 과정에서 빠진 경우, 등기의 효력은 어떠한가? (ㄱ) 판례는, "등기는 물권의 효력 발생요건이고 효력 존속요건이 아니므로, 물권에 관한 등기가 원인 없이 말소된 경우에 그 물권의 효력에는 아무런 영향을 미치지 않는다"고 한다($^{대판\ 1982.\ 9.}_{14,\ 81다카923}$). (ㄴ) 학설은 나뉜다. 제1설은 등기는 물권변동의 효력 발생요건인 동시에 존속요건이라는 이유로 등기의 실체법상 효력이 소멸된다고 한다($^{곽윤직,\ 84면～85면;}_{장경학,\ 222면～223면}$). 제2설은 등기를 효력 존속요건으로 보는 제1설은 결과적으로 (우리 민법이 채택하고 있지 않은) 등기의 공신력을 인정하는 것이 되고, 헌법이 보장하고 있는 사유재산권을 부당하게 박탈한다는 점에서, 또 등기는 물권의 공시방법에 불과하고 물권이 등기에 화체化體된 것이 아니라는 점에서, 어느 경우든 실체법상 효력은 소멸되지 않는다고 한다. 요컨대 등기는 물권변동의 효력 발생요건일 뿐 존속요건은 아니라고 한다($^{김증한·김}_{학동,\ 77}$ 면; 이영준, 100면～104 면; 이상태, 86면～87면). (판례와 마찬가지로) 제2설이 타당하다고 본다.

(3) 관할권의 존재

등기는 관할 등기소에서 하여야 하고, 또 등기할 수 있는 사항이어야 한다($^{부동산등기법}_{29조\ 1호·2호}$). 이를 위반한 등기는 무효이며, 일정한 절차를 밟아 등기관이 직권으로 말소한다($^{동법}_{58조}$).

(4) 중복등기의 경우

a) 정 의   (ㄱ) 부동산등기법은 1필의 토지 또는 1개의 건물에 대하여 1개의 등기기록을 두는, 1부동산 1등기기록의 원칙을 취한다($^{동법}_{15조}$). 따라서 이미 보존등기가 된 부동산에 대해 중복하여 보존등기의 신청이 있으면, 그것은 '사건이 등기할 것이 아닌 경우'에 해당하여 등기관은 그 신청을 각하하여야 한다($^{동법\ 29}_{조\ 2호}$). 그런데 이미 보존등기가 되어 있음에도 착오로 새로

보존등기를 하면서 중복등기가 발생한 경우에 그 등기의 유효 여부가 문제된다. 근래에는 중복등기가 많이 줄었지만, 과거 한국전쟁 이후 등기부 멸실에 따른 다수의 회복등기가 행해지면서 중복등기가 발생하게 되었다. 그리고 이것은 오늘에도 문제가 되면서, 이를 해결할 방법이 필요하게 되었다. (ㄴ) 유의할 것은, ① 중복등기의 개념은 동일한 부동산에 대해 등기용지가 따로 개설되면서 각각 보존등기가 된 것을 말하는 것이고, 하나의 등기용지에 보존등기가 중복해서 되어 있는 경우에는 이에 해당하지 않는다. 판례는, 이 경우 앞서의 등기를 '선순위 등기', 뒤의 등기를 '후순위 등기'라 부르면서, 후자의 등기는 실체적 권리관계에 부합하는지에 관계없이 무효가 된다고 한다($\binom{\text{대판 1998. 9.}}{\text{22, 98다23393}}$). ② 그 밖에 중복등기는 두 개의 보존등기가 각각 동일한 부동산을 공시하는 것을 전제로 한다. 어느 부동산에 대해 중복등기가 되었더라도 그 중 하나가 부동산의 표시에서 실제와 현격한 차이가 있는 경우에는 이를 그 부동산의 등기로 볼 수 없기 때문에, 이때에는 중복등기의 문제는 생기지 않고 부동산의 실제와 합치하는 보존등기만이 효력이 있다. 따라서 이 경우에는 실제와 부합하지 않는 등기의 표시를 경정하는 등기도 효력이 없다($\binom{\text{대판(전원합의체) 1975.}}{\text{4. 22, 74다2188 참조}}$).

b) 효 력

aa) **동일인 명의의 중복등기**: 동일인 명의로 중복등기가 된 경우, 판례는 일관되게 실체관계를 묻지 않고 후의 등기를 무효로 본다($\binom{\text{대판 1981. 11. 18, 81다1340;}}{\text{대판 1983. 12. 13, 83다카743}}$). 이 무효인 등기에 기초하여 이루어진 타인 명의의 소유권이전등기 역시 무효가 된다($\binom{\text{대판 1983.12.}}{\text{13, 83다카743}}$).

bb) **등기명의인을 달리하는 중복등기**: 예컨대, 어느 토지에 대해 A가 소유권보존등기를 마친 후 B가 소유권이전등기를 하였는데, C가 B로부터 그 토지를 매수하면서 착오로 소유권보존등기가 된 경우에 소유권을 취득하는지가 문제된다. 특히 B가 甲에게 위 토지를 이중으로 매도하여 제3자 앞으로 소유권이전등기가 된 경우에 C와 甲 중 누가 그 소유권을 취득하는지가 쟁점이 된다. (α) 학 설: 학설은 다음의 세 가지로 나뉜다. 「절차법설」은 1부동산 1등기기록의 원칙상 선등기의 유효·무효를 불문하고 후등기가 언제나 무효라고 한다($\binom{\text{김기선,}}{\text{106면}}$). 다수설인 「실체법설」은 등기신청 단계에서는 중복등기신청은 각하하여야 하겠지만 그 등기가 된 이상에는 실체관계에 부합하는 등기를 유효한 것으로 인정한다. 「절충설」은 원칙적으로 절차법설을 취하면서 예외를 인정하는데, 즉 후등기가 실체관계에 부합하고 선등기가 원인무효인 때에는 선등기가 무효라고 한다($\binom{\text{이상태,}}{\text{92면}}$). (β) 판 례: 판례는 다음과 같은 변화를 거쳐왔다. ① 처음에는 절차법설을 취하여 후에 된 보존등기를 무효로 보았다($\binom{\text{대판 1975. 10.}}{\text{7, 75다1602}}$). ② 처음의 판례를 폐기하면서 실체법설을 취하였다($\binom{\text{대판(전원합의체) 1978.}}{\text{12. 26, 77다2427}}$). ③ '선등기가 원인무효가 되지 않는 한' 후등기는 비록 그 부동산의 매수인에 의해 이루어진 경우에도 1부동산 1등기기록의 원칙상 무효라고 하여 절충설을 취하였고($\binom{\text{대판(전원합의체) 1990. 11.}}{\text{27, 87다카2961, 87다453}}$), 현재까지 이 견해를 견지하고 있다. (γ) 검 토: 절차법설에 의하면 후등기는 일단 무효로 취급되므로, 후등기권리자가 선등기의 원인무효를 주장·입증하여 말소시킨 다음에 다시 자기 명의로 보존등기를 해야 한다는 절차의 복잡성이 있다. 이러한 절차의 반복을 피하려는 것이 실체법설이다. 그러나 실체법설은 1부동산 1등기기록의 원칙을 관철하지 못하고, 특히 부동산등기법 제58조

(사건이 등기할 것이 아닌 경우 직권에 의한 등기의 말소)에 반한다는 문제점이 있다. 또 실체관계가 확인되기까지 선등기와 후등기의 전득자가 각각 무수히 많아지게 되어 부동산 거래의 안전에 지장을 준다는 문제도 있다. 이 양자의 입장을 고려한 것이 현재의 판례가 유지하고 있는 절충설을 취하게 된 배경으로 생각된다. 절충설을 취하면, 중복등기는 무효이지만, 예외적으로 먼저 이루어진 보존등기가 원인무효인 경우에는, 실체관계에 부합하는 중복등기가 유효한 것이 된다. 그런데 이 경우에도 먼저 이루어진 보존등기의 추정력은 인정되므로, 그것이 원인무효라는 점은 이를 주장하는 자가 입증하여야 한다.

　　절충설의 요지는 다음과 같다. (ㄱ) 선등기가 원인무효가 아닌 경우, 후등기가 무효로 된다. 위 예에서 A의 소유권보존등기가 원인무효가 아닌 한 C의 소유권보존등기는 무효이다. 따라서 C와 (A로부터 소유권을 취득한 B로부터 소유권이전등기를 한) 甲 간에는 甲이 소유권을 취득한다. 유의할 것은, 만일 선등기가 원인무효이고 후등기는 선등기에 기초하여 이루어진 것인 때에는, 승계취득의 법리상 후등기도 무효가 된다. (ㄴ) 선등기가 원인무효인 경우에는 후등기가 실체관계에 부합하는 것을 전제로 후등기가 유효한 것이 된다. 예컨대, A가 소유(원시취득)하는 미등기 건물을 甲이 매수하면서 대금 완급 전에 임의로 자신 명의로 소유권보존등기를 한 후, 甲이 이를 乙에게 매도하면서 A · 甲 · 乙 사이의 합의에 의해 乙 명의로 소유권보존등기를 한 경우, 甲의 선등기는 원인무효이지만 乙의 후등기는 실체관계에 부합하는 등기라고 한다. 따라서 甲이 보존등기에 기초하여 丙에게 이전등기를, 乙이 보존등기에 기초하여 丁에게 이전등기를 하였다면, 丁이 소유권을 취득한다(권순한,916면). 그 밖에, 선등기가 원인무효인데 후등기는 취득시효에 의해 (소유권이전등기의 방식이 아닌) 중복된 소유권보존등기가 경료된 경우, 절충설에 따르면 후등기는 유효한 것으로 된다.[1]

> **판례** 동일 부동산에 대하여 등기명의인을 달리하여 멸실회복에 의한 각 소유권이전등기가 중복 등재된 경우, 각 회복등기 간의 우열 기준

　　판례는 다음의 세 가지 유형으로 나누어 달리 판단한다(대판(전원합의체) 2001. 2. 15, 99다66915).[2] (ㄱ) **중복보존등기가 모두 멸실된 후 양자의 회복등기가 된 경우**: 예컨대 동일 부동산에 甲 명의의 보존등기 후 乙 명의로 중복된 보존등기가 된 후, 甲은 A에게, 乙은 B에게 각 소유권이전등기를 한 후 등기부가 멸실되어 B가 A보다 먼저 회복등기를 한 경우, 그 우열은 회복등기의 선후가 아니라 본래의 등기의 선후에 의해 정한다. 그런데 乙 명의의 중복보존등기는 무효이므로, A가 소유자가 된다. (ㄴ) **동일 등기에 대해 멸실회복등기가 중복으로 된 경우**: 예컨대 甲 소유의 부동산이

---

1) 판례는, 중복등기에 관한 판례이론은 뒤에 된 소유권보존등기의 명의인이 당해 부동산의 소유권을 원시취득한 경우에도 통용된다고 한다(대판 1990. 12. 11, 89다카34688). 그래서 동일 부동산에 대해 이미 소유권이전등기가 마쳐졌는데도 그 후 중복하여 소유권보존등기를 마친 자가 그 부동산을 20년간 소유의 의사로 평온 · 공연하게 점유하여 점유취득시효가 완성되었더라도, 선등기인 소유권이전등기의 토대가 된 소유권보존등기가 원인무효라고 볼 아무런 주장이나 입증이 없는 이상, 뒤에 마쳐진 소유권보존등기는 실체적 권리관계에 부합하는지와 관계없이 무효라고 한다(대판 1996. 9. 20, 93다20177, 20184). 그러므로 이 경우 뒤에 된 소유권보존등기의 말소를 구하는 것이 신의칙 위반이나 권리남용에 해당한다고 볼 수 없다고 한다(대판 2008. 2. 14, 2007다63690). 물론 이 경우 점유취득시효를 이유로 따로 등기를 청구할 수 있음은 별개의 것이다(245조 1항).

2) 이 판결을 평석한 것으로, 박흥래, "중복된 멸실회복등기의 효력", 법조 제556호, 219면 이하. 한편 세 유형으로 나누어 고찰한 것에 대한 설명으로는, 권순한, 917면.

乙, 丙으로 순차 이전등기된 후 등기부가 멸실되어 乙과 丙 앞으로 각각 따로 소유권이전의 회복등기가 중복하여 이루어진 경우, 중복등기의 문제는 생기지 않고 멸실 전 먼저 된 (乙의) 소유권이전등기가 잘못 회복 등재된 것이므로, 丙의 회복등기가 늦게 되어도 무효가 아니며, 丙이 소유권을 취득한다. (ㄷ) <u>본래의 등기가 중복등기인지 불명인 경우</u>: 이 사건 토지는 한국전쟁으로 대장과 등기부가 멸실되었다가 1954. 3. 10. A 명의로 (1942. 2. 5.) 매매를 원인으로 한 소유권이전등기가 회복 등재되었다. 한편 1954. 7. 1. 멸실전 등기필증이 첨부된 회복등기신청에 의하여 등기용지를 달리하여 (1938. 2. 8.) 매매를 원인으로 한 B 명의의 소유권이전등기가 중복하여 회복 등재된 사안이다. 이처럼 멸실회복등기가 중복으로 되었는데 그 바탕이 된 소유권보존등기가 어떻게 이루어졌는지 불명인 경우에는 위 법리로는 중복등기의 해소가 불가능하므로, 이러한 경우에는 등기의 추정력에 의해 해결할 수밖에 없다. 즉 적법하게 경료된 것으로 추정되는 각 회복등기 상호간에는 회복등기를 먼저 한쪽이 소유권을 취득한다. 따라서 A가 소유권을 취득한다.

(5) 등기신청상의 흠

등기는 부동산등기법이 정하는 절차에 따라 행해져야 하고, 그에 흠이 있는 때에는 등기관은 그 신청을 각하하여야 한다($^{부동산등기}_{법\ 29조}$). 문제는 흠이 있는 등기신청이 수리되어 등기가 마쳐진 경우이다. 판례는 이 경우 당사자에게 등기신청의 의사가 있고 또 실체관계에 부합하는 한 등기로서 유효한 것으로 다룬다. 즉 사망자를 매도인으로 하는 등 등기신청 서류가 위조된 경우($^{대판\ 1965.\ 5.\ 25,\ 65다365;\ 대판\ 1967.\ 4.}_{4,\ 67다133;\ 대판\ 1982.\ 12.\ 14,\ 80다459}$), 등기의무자의 신청에 의하지 아니한 경우($^{대판\ 1978.\ 8.}_{22,\ 76다343}$), 공동상속인들의 의사에 의해 사망자인 피상속인 명의로 근저당권설정등기를 한 경우($^{대판\ 1964.}_{11.\ 24,\ 64}$$_{685}^{다}$), 등기신청의 대리권이 없는 자가 등기신청을 한 경우($^{대판\ 1971.\ 8.}_{31,\ 71다1163}$) 등에서, 그 등기를 유효한 것으로 보았다. 요컨대 부동산등기법 제29조 3호 이하에 위반되는 경우에도 등기가 된 때에는 그것이 실체관계에 부합하면 유효한 것으로 보는 것이 판례의 태도이다($^{대결\ 1968.\ 8.\ 23,}_{68마823\ 참조}$).

3. 등기의 실질적 유효요건

등기는 물권행위의 내용을 공시하는 것이므로, 물권행위의 내용과 합치하여야만 등기로서 유효한 것이 된다. 그러나 그렇지 못한 경우가 있는데(내용적 불합치), 이때 그 등기의 효력 유무가 문제된다. 한편 물권행위와 등기는 별개의 행위로서 양자간에 시간적 간격이 있고, 그래서 물권행위 후 등기 전에 물권행위 당시와는 다른 사정이 생길 수 있어(시간적 불합치), 그에 따라 등기의 효력 유무가 역시 문제될 수 있다.

(1) 내용적 불합치

가) 질적 불합치

등기가 물권행위의 내용과 합치하지 않는 경우 그 등기는 무효이다. 예컨대 A가 B 소유의 甲토지에 대해 매매계약을 맺었는데 소유권이전등기는 乙토지에 경료된 경우, 그 등기는 무효이다. 또 지상권설정의 합의를 하였는데 전세권등기가 된 경우 그 등기는 무효이다.

나) 양적 불합치

물권행위와 등기가 권리의 종류에 관해서는 합치하지만 그 내용에서 양적 차이가 있는 경우이다. 이때에는 다음과 같이 처리된다. (ㄱ) 등기된 권리내용의 양이 물권행위의 그것보다 큰 경우(예: 저당권의 피담보채권을 2천만원으로 약정하였는데 3천만원으로 등기된 경우)에는 물권행위의 한도에서 효력이 있다.[1] (ㄴ) 그 반대의 경우에는, 민법 제137조의 일부무효의 법리에 의하여야 한다는 것이 통설적 견해이다.

다) 물권변동의 과정과의 불합치

a) 불합치의 세 가지 유형 (그리고 판례의 실체관계와의 부합의 법리)　(ㄱ) 민법은 물권변동에 관하여 성립요건주의를 취하고, 또 등기신청시 등기원인을 증명하는 서면을 제출하여 이것이 등기원인으로 기록되므로($\substack{\text{부동산등기} \\ \text{법 24조}}$), 등기부에는 물권변동의 과정과 원인이 사실대로 기록되어야 하는 것이 원칙이다. 그런데 실제로는 그렇지 못한 경우가 있는데, '중간생략등기, 실제와 다른 등기원인에 의한 등기, 무효등기의 유용'이 그러하다. (ㄴ) 위 유형에 관해 판례는 일정한 법리를 형성하고 있다. 그것은 현재의 등기가 실체적 권리관계와 부합되는 한에서는 유효하다는 것이다.[2] 이러한 법리의 배경에는 두 가지가 있다. 하나는 현재의 등기가 실체적 권리관계와 부합되는 이상, 종국에는 이 상태로 될 것이어서 달라질 것이 없다는 점이다. 그리고 다른 하나는 등기의 효력을 가능한 한 유지하여 그에 기한 거래의 안전을 보장하려는 것이다.

aa) 중간생략등기 :　예컨대 부동산이 A에서 B에게, B에서 C에게 매도된 경우에 B의 등기를 생략한 채 A에서 바로 C 앞으로 소유권이전등기를 하는 것이나, 미등기 부동산이 전전양도된 경우에 최후의 양수인이 소유권보존등기를 하는 것처럼, 물권변동 과정의 일부를 생략하고 한 등기를 '중간생략등기'라고 한다. 이에 관해서는 세 가지가 문제된다. 하나는 중간생략등기가 이미 마쳐진 경우에 그 효력 유무이고, 둘은 위 예에서 C가 A에게 직접 소유권이전등기를 청구할 수 있는가 하는 요건의 문제이며, 셋은 중간생략등기가 되기 전의 당사자 간의 채권관계이다.

(α) 이미 마쳐진 중간생략등기의 효력 :　(ㄱ) A에서 B, B에서 C로 순차 부동산이 매도되었는데, B의 등기를 생략한 채 A에서 직접 C 앞으로 소유권이전등기가 된 경우, 이 등기가 유효하기 위해서는 다음의 두 가지를 갖추어야 한다. 하나는, 복수의 권리변동 원인이 있는 경우에는 실체관계에의 부합은 그 전부에 대해 인정되어야 한다. 중간생략등기가 되었다고 하여 A와 C가 매매계약을 맺은 것으로 되는 것은 아니므로, A와 B의 매매, 그리고 B와 C의 매매는 각각 유효한 것이어야 한다. 예컨대 매매의 대상이 토지거래허가구역 내의 토지여서

---

1) 이와 관련되는 것으로 다음의 판례가 있다. ① 공동상속한 부동산에 대하여 공동상속인의 한 사람이 불법으로 그 단독 명의로 소유권이전등기를 마친 경우, 이 등기를 마친 상속인 자신의 상속분에 관한 등기는 유효하다(대판 1967. 9. 5, 67다1347). ② 채권담보의 목적으로 소유권이전등기를 한 경우, 그 채권의 일부가 무효라 하더라도 나머지 채권이 유효한 이상, 채무자는 그 채무를 변제함이 없이 말소등기절차를 구할 수 없다(대판 1970. 9. 17, 70다1250).

2) 판례의 이러한 법리는 부동산등기에 적용되는 것이고 '동산의 인도'에 관해서는 적용되지 않는다. 동산 인도에 대해서도 이를 허용하게 되면 위법한 사력행사를 용인하는 셈이 되기 때문이다(양창수·권영준, 권리의 변동과 구제, 109면).

관할관청의 허가를 받아야 효력이 생기는 경우에는, 위 각 매매계약에 대해 허가가 있어야 한다. 따라서 C가 A를 매매 당사자로 하여 허가를 받고 등기를 하였다고 하더라도 그것은 무효이다(^{대판 1996. 6. 28, 96다3982;}
^{대판 1997. 3. 14, 96다22464}). 다른 하나는, 예컨대 B가 C로부터 대금을 다 받지 못하여 등기이전을 거절할 동시이행의 항변권 등을 갖는 경우에는, B의 동의 없이 이루어진 중간생략등기는 무효이다. (ㄴ) 중간생략등기가 앞의 두 요건을 모두 갖춘 때에는, 중간생략등기의 합의가 있거나 없거나 불문하고, 그 등기는 유효하다는 것이 확립된 판례이다(^{대판 1969. 7. 8, 69다648; 대판}
^{1976. 4. 13, 75다1816; 대판 1979.}
^{7. 10, 79}
^{다847}). (ㄷ) C 명의로 중간생략등기가 된 상태에서 A와 B, 또는 B와 C 사이의 매매가 실효된 경우에는 다음과 같이 처리된다. ① A와 B 사이의 매매가 실효된 경우에는, C가 민법상 제3자로서 보호되는 경우를 제외하고는, 소유권은 A에게 복귀한다. 따라서 A는 소유권에 기한 방해제거청구로서 C 명의의 등기의 말소를 청구할 수 있다. 한편 A가 C에게 직접 중간생략등기를 해 준 것은 A가 B에게 그리고 B가 C에게 급부를 한 것과 같은 것이므로, A는 B에게 B로부터 받은 매매대금을 부당이득으로서 반환하여야 하고, B는 C에게 (민법 제570조에 따라 C의 해제를 전제로) C로부터 받은 매매대금을 부당이득으로서 반환하여야 한다. ② B와 C 사이의 매매가 실효된 경우에는 당사자 간에 서로 부당이득을 반환하여야 한다. 즉 C는 B에게 소유권을, B는 C에게 매매대금을 반환하여야 한다.

　　(β) 중간생략등기청구권의 요건 :　　(ㄱ) A와 C의 합의에 의한 경우 :　위 예에서 C가 직접 A를 상대로 소유권이전등기를 청구할 수 있는가의 문제이다. 그러기 위해서는 A와 C 사이에 중간생략등기의 합의가 있어야 한다. 그런데 A는 B와의 매매계약에 따라 B에게 등기이전의무를 지고 있으므로, A가 C에게 등기를 해 줌으로써 B에 대한 등기이전의무도 이행한 것으로 되려면 B의 동의가 있어야만 한다(^{양창수·권영준, 권리의}
^{변동과 구제, 120면 이하}). 또한 C가 A로부터 등기를 이전받는 것은 B로부터 이전받는 것과 같은 것이어야 하므로 역시 B의 동의가 있어야만 한다. 결국 B의 동의는 중간생략등기의 유효요건이고, 그에 따라 A · B · C 전원의 합의가 있어야 한다는 것이 확립된 판례이다(^{대판 1994. 5.}
^{24, 93다47738}). (ㄴ) 등기청구권의 양도에 의한 경우 :　매매에서 매수인이 갖는 등기청구권은 (등기청구권 부분에서 후술하는 대로) 채권적 청구권이다. 따라서 채권은 양도할 수 있으므로, 위 예에서 B는 A에 대한 등기청구권을 C에게 양도할 수 있지 않은가(그리고 이 사실을 A에게 통지하여 대항요건을 갖추고) 하는 의문이 있다. 학설 중에는 이를 긍정하는 견해도 있다(^{이호정, 법률신문, 1982.}
^{1. 11, 1982. 1. 18}). 그러나 이렇게 되면 (중간생략등기에는 전원의 합의가 필요하다는) 위 (ㄱ)에서 기술한 요건이 무의미해지고 쉽게 중간생략등기의 목적을 이루게 되는 점에서 문제가 있다. 또 법률행위의 당사자와 등기의 당사자가 일치하지 않게 되는 점에서도 문제가 있다. 그래서 판례는 등기청구권은 그 성질상 양도가 제한되고, 그 양도에는 A의 동의가 필요한 것으로 본다(^{대판 2001. 10.}
^{9, 2000다51216}).¹⁾

---

1) 이러한 법리는 종중이 명의신탁을 한 경우에서처럼 명의신탁이 유효한 경우에도 통용된다. 즉 명의신탁자가 유효한 명의신탁약정을 해지한 다음 제3자에게 '명의신탁 해지를 원인으로 한 소유권이전등기청구권'을 양도하였다고 하더라도, 명의수탁자가 그 양도에 대해 동의하지 않으면, 양수인은 명의수탁자에 대해 직접 소유권이전등기를 청구할 수 없다(대판 2021. 6. 3, 2018다280316).

(γ) 중간생략등기 전의 당사자 간의 채권관계 :   중간생략등기의 합의가 있어도 이것은 중간등기를 생략하여도 당사자 사이에 이의가 없겠고 또 그 등기의 효력에 영향을 미치지 않겠다는 의미가 있을 뿐이고, 실제로 그 합의에 기해 중간생략등기가 이루어지기 전에는 A와 B 사이, 그리고 B와 C 사이의 의무가 이행된 것이 아니므로 이들 의무는 소멸되지 않은 채 존재한다(대판 1991. 12. 13, 91다18316). ① 즉 A는 B에게 매매계약에 따라, C에게는 중간생략등기 합의에 따라 각각 소유권이전등기의무를 부담한다(또한 B 역시 C에게 매매계약에 따라 소유권이전등기의무를 부담한다). 이 의무들은 서로 부진정연대채무 관계에 있어 A는 둘 중 하나를 이행함으로써 자신의 채무를 면할 수 있다(양창수 · 권영준, 권리의 변동과 구제, 127면 이하). ② 또한 위 합의가 있다고 하더라도, A가 B와의 매매계약에 기해 가지는 매매대금 청구권의 행사가 제한되는 것은 아니다. 따라서 위 합의가 있은 후에 A와 B 사이에 매매대금을 인상하기로 약정한 경우, A가 C 명의로 소유권이전등기를 해 줄 의무와 B에게 인상된 매매대금의 지급을 구할 권리는 동시이행의 관계에 있어, C의 A에 대한 (중간생략등기의 합의에 기한) 등기청구에 대해 A는 인상된 매매대금이 지급되지 않았음을 이유로 C 명의로의 소유권이전등기의무의 이행을 거절할 수 있다(대판 2005. 4. 29, 2003다66431).

bb) **실제와 다른 등기원인에 의한 등기** :   예컨대 증여에 의한 소유권이전등기를 매매에 의한 것으로 한다든지, 원인무효에 의한 말소등기를 진정한 등기명의의 회복을 원인으로 소유권이전등기를 한다든지(대판(전원합의체) 1990. 11. 27, 89다카12398), 법률행위의 취소 · 해제에 의한 말소등기를 다른 원인으로 하여 이전등기를 하는 것 등이 그러하다. 판례는, 이러한 등기가 현재의 권리상태를 반영하고 실체관계에 부합하는 점을 근거로 유효한 것으로 본다(대판 1980. 7. 22, 80다791).

cc) **무효등기의 유용**流用 :   (ㄱ) 등기원인의 부존재 · 무효 · 취소 · 해제에 따라 말소되어야 할 무효인 등기가 말소되지 않은 상태에서, 후에 무효등기에 부합하는 실체관계가 발생한 경우에, 그 무효인 등기를 이용하는 것이 '무효등기의 유용'이다. 예컨대 근저당권설정등기가 변제가 있어 무효로 된 것을 후에 발생한 금전채권의 담보로 유용하는 것, 매매를 원인으로 한 소유권이전등기가 허위표시로서 무효인 것을 그 후에 추인이나 다른 매매계약에 의한 소유권이전등기로 유용하는 것 등이 그러하다. (ㄴ) 무효등기 유용의 합의는 묵시적으로도 이루어질 수 있으나, 적어도 무효등기를 유용하려는 의사를 인정할 수 있어야 하고, 단지 무효등기 사실을 알면서 장기간 이의를 제기하지 않고 방치한 것만으로는 부족하다(대판 2007. 1. 11, 2006다50055). (ㄷ) 무효등기의 유용은 그 등기를 유용하기로 하는 합의가 이루어지기 전에 등기상 이해관계가 있는 제3자가 없는 경우에만 허용된다(대판 1989. 10. 27, 87다카425). 무효등기가 유효한 것으로 되는 것은 그것이 실체관계에 부합하는 것을 전제로 하여 유용의 합의를 한 때부터이지만, 등기부상으로는 처음부터 유효한 것으로 공시되어서 무효인 상태에서 이미 이해관계를 갖게 된 제3자와의 사이에 순위가 뒤바뀌게 되는 문제가 생기기 때문이다. 가령 원인무효인 근저당권등기가 남아 있는 상태에서 해당 부동산에 대해 이미 처분금지 가처분이나 가등기를 마쳐둔 제3자가 있는 경우에는, 위 무효인 근저당권등기는 유용할 수 없다(아래 판례 참조). (ㄹ) 무효등기의 유용에 의한 물권변동은 (실체관계에 부합하는 것을 전제로) 유용의 합의를 한 때에 생긴다. 무효인 등기가 있은 때로 소급하는 것이 아니다.

판례 무효등기의 유용에 관한 사례들

(ㄱ) 가등기의 경우: 부동산의 매매예약에 기해 소유권이전등기청구권의 보전을 위한 가등기가 마쳐진 경우에 그 매매예약완결권이 소멸되었다면 그 가등기 또한 효력을 상실하여 말소되어야 할 것이나, 그 부동산의 소유자가 제3자와 사이에 새로운 매매예약을 체결하고 그에 기한 소유권이전등기청구권의 보전을 위해 이미 효력이 상실된 가등기를 유용하기로 합의하고 실제로 그 가등기 이전의 부기등기를 마쳤다면, 그 가등기 이전의 부기등기를 마친 제3자로서는 언제든지 부동산 소유자에 대해 위 가등기 유용의 합의를 주장하여 가등기의 말소청구에 대항할 수 있고, 다만 그 가등기 이전의 부기등기 전에 등기부상 이해관계를 가지게 된 자에게는 위 가등기 유용의 합의 사실을 들어 그 가등기의 유효를 주장할 수는 없다(대판 2009. 5. 28, 2009다4787). (ㄴ) 근저당권설정등기의 경우: ① 甲과 乙 사이에 乙의 甲에 대한 채무담보 조로 乙 소유의 부동산에 이미 경료되어 있던 丙 명의의 원인무효인 근저당권설정등기에 터잡아 이전등기를 경료하는 방법을 취하기로 합의하여 甲 앞으로 근저당권이전의 부기등기를 한 경우, 이러한 등기유용에 관한 합의는 그 유용하기로 한 甲 명의의 근저당권이전등기가 경료되기 전에 이미 위 부동산에 대해 처분금지 가처분을 하여 둠으로써 등기상 이해관계를 가지게 된 丁에게는 그 효력이 없다(대판 1994. 1. 28, 93다31702). ② 채무자 甲과 채권자 乙 사이에 근저당권설정계약을 체결하였으나 근저당권등기는 채권자가 아닌 제3자 丙 명의로 경료되고, 그 후 乙이 이 근저당권등기에 대한 부기등기의 방법으로 근저당권을 이전받았다면 그때부터 그 근저당권등기는 실체관계에 부합하는 유효한 등기가 된다(대판 2007. 1. 11, 2006다50055). ③ 앞의 사례에서, 丙의 근저당권등기가 경료된 부동산에 丁 명의의 소유권이전청구권 가등기가 경료되고, 그 후 乙 명의로 근저당권이전의 부기등기가 경료된 경우, 乙은 이 부기등기가 경료된 시점에 근저당권을 취득하는데, 부동산등기법상 부기등기의 순위는 주등기의 순위에 따르므로 결국 乙은 丙 명의로 근저당권등기가 경료된 시점에 근저당권을 취득하는 것이 되고, 이것은 丁의 가등기보다 그 순위가 앞서는 것이 되어 결국 무효등기의 유용에 의해 제3자 丁의 권리를 침해하는 것에 해당하므로, 이러한 경우 乙 명의의 근저당권이전의 부기등기는 실체관계에 부합하는 유효한 등기로 볼 수 없다(대판 2007. 1. 11, 2006다50055). ④ 甲의 채권자 乙은 채권의 담보로 甲 소유 부동산에 저당권설정등기를 하였는데, 그 후 甲은 채무를 변제하였다. 한편 丙은 甲에게 돈을 빌려주면서 그 담보로 말소되지 않은 乙 명의의 저당권을 丙 앞으로 이전하기로 甲, 乙, 丙 3인이 합의하였다. 그런데 이 당시 이미 甲은 위 부동산을 丁에게 팔기로 계약을 해 놓은 상태였다. 여기서 甲이 乙에게 乙 명의의 저당권설정등기의 말소를 청구하는 경우, 乙은 위 삼자간의 저당권등기 유용의 합의 사실을 들어 대항할 수 있다. 나아가 丁이 채권자대위권에 기해 甲의 권리를 대위행사하는 경우에도 (甲이 乙에 대해 저당권설정등기 말소청구권을 갖고 있지 않은 이상) 마찬가지로 대항할 수 있다(대판 1998. 3. 24, 97다56242). (ㄷ) 소유권보존등기의 경우: 멸실된 건물의 보존등기를 멸실 후에 신축한 건물의 보존등기로 유용하는 경우, 그 등기는 무효이다(대판 1976. 10. 6, 75다2211). 건물이 신축된 때에는 다시 보존등기가 될 가능성이 많고 그에 따라 중복등기가 생길 위험이 클 뿐 아니라, 멸실된 건물과 신축된 건물이 위치나 기타 여러 가지 면에서 서로 같다고 하더라도 그 두 건물이 동일한 건물이라고는 할 수 없기 때문이다. 그러므로 신축 건물의 물권변동에 관한 등기를 멸실 건물의 등기부에 등재하여도 그 등기는 무효이다(대판 1980. 11. 11, 80다441).

b) 부동산등기 특별조치법에 의한 규제   부동산 거래에 대한 실체적 권리관계에 부합하는 등기를 신청하도록 하기 위해 부동산등기에 관해 특례를 정한 「부동산등기 특별조치법」($\frac{1990}{년\,법\,4244호}$)이 제정되었는데, 동법은 중간생략등기를 하거나 등기원인을 허위로 기재한 자를 3년 이하의 징역이나 1억원 이하의 벌금에 처하는 벌칙규정을 두고 있다($\frac{동법\,8조}{1호\cdot2호}$). 이 벌칙규정의 '성격'에 관해 판례는, 당사자의 합의를 기초로 중간생략등기를 청구한 사안에서, 효력규정이 아닌 단속규정으로 보면서, 당사자 사이의 중간생략등기의 합의에 관한 사법상의 효력에는 영향이 없다고 한다($\frac{대판\,1993.\,1.}{26,\,92다39112}$).

(2) 시간적 불합치

물권행위와 등기 사이에는 시간적 간격이 있으므로, 물권행위 후 등기 전에 새로운 사정, 즉 '당사자가 제한능력자로 되거나, 사망하거나, 교체되거나, 혹은 처분권이 제한되는 경우' 등이 발생하는 수가 있다. 이 경우 그 등기는 다음과 같이 처리된다. (ㄱ) 당사자가 피성년후견인 등 제한능력자가 된 경우, 등기신청은 공법상의 행위이지만 그 목적은 사법상 권리의 변동에 있으므로, 사법상의 행위에 준하여 법정대리인을 통해 등기신청을 하여야 한다. (ㄴ) A가 그의 부동산에 대해 B와 매매계약을 맺은 후 등기신청 전에 사망한 경우, A의 상속인 C가 자신 앞으로 상속등기를 한 후에 B 앞으로 이전등기를 하는 것이 아니라, C가 A의 상속인 자격에서 직접 등기의무자가 되어 B와 공동신청을 할 수 있는데, 이를 '상속등기'와 구별하여 '상속인(포괄승계인)에 의한 등기'라고 한다. 이 경우 그 등기를 신청하는 상속인은 그의 상속을 증명하는 서면을 신청서에 첨부하여야 한다($\frac{부동산등기}{법\,27조}$). (ㄷ) 당사자가 교체된 경우에는 물권행위를 새로 하여야 한다(예: A가 그 소유 토지에 대해 B와 지상권설정계약을 맺었는데, B가 그 등기를 하기 전에 A가 그 토지를 C에게 양도한 경우). (ㄹ) 권리자가 파산하거나 압류를 당하는 등 처분권이 제한된 경우에는 등기를 신청할 수 없다.

✸ 등기를 하지 않은 부동산 매수인의 법적 지위 ~~~~~~~~~~~~~~~~~~~~~~~

매수인이 대금을 완급하고 목적 부동산을 인도받아 사용하면서도 (소유권이전)등기를 하지 않은 경우, 매수인의 법적 지위는 다음과 같다. (ㄱ) 소유자는 매도인이다. 따라서 매도인의 채권자가 강제집행을 하거나 매도인이 파산하더라도 매수인은 그에 대해 권리를 주장하지 못한다. (ㄴ) 매수인은 부동산의 점유자로서의 지위를 가진다. (ㄷ) 매도인이 소유자임을 이유로 매수인에게 부동산에 대해 소유권에 기한 반환청구권을 행사하는 경우, 매수인은 매매계약에 따라 채권자로서 채무자가 이행한 것(부동산의 인도)을 정당하게 수령할 권한이 있으므로, 즉 매도인에 대해서는 점유할 권리가 있으므로, 이를 거절할 수 있다($\frac{213조}{단서}$). 따라서 그 점유·사용이 부당이득이 되지도 않는다($\frac{대판\,2016.\,7.\,7.}{2014다2662}$). (ㄹ) 부동산을 점유하고 있는 매수인이 매도인에게 갖는 등기청구권은 소멸시효에 걸리지 않는다($\frac{대판(전원합의부)\,1976.}{11.\,6,\,76다148}$). (ㅁ) 매수인으로부터 목적물을 다시 매수하여 이를 점유하고 있는 제3자는 종전 매수인의 점유·사용권을 취득하므로, 매도인은 제3자에게 소유권에 기한 반환청구를 할 수 없고($\frac{대판\,2001.\,12.\,11.}{2001다45355}$), 이 경우 종전 매수인의 매도인에 대한 등기청구권은 소멸시효에 걸리지 않는다($\frac{대판(전원합의체)\,1999.}{3.\,18,\,98다32175}$).

사례의 해설   (1) 이중으로 보존등기가 된 경우, 후에 된 등기가 실체관계에 부합하는 때에도 먼저 경료된 소유권보존등기가 원인무효가 되지 않는 한 1부동산 1등기기록의 원칙상 무효이다(대판(전원합의체) 1990. 11. 27, 87다카2961, 87다453). 사례에서 甲의 소유권보존등기가 원인무효임이 주장·입증되지 않는 이상, 뒤에 이중으로 된 B의 소유권보존등기는 실체관계에 부합하는지를 묻지 않고 무효가 되고, 따라서 소유자는 A가 된다. C는 A로부터 토지를 매수하여 소유권이전등기를 마침으로써 유효하게 소유권을 취득하였으므로, B의 C에 대한 등기말소 청구는 인용될 수 없다.

(2) (가)와 (나)의 물음에 대한 해설은 p.53 (γ)에서 기술한 내용과 같다.

(3) 甲과 乙, 乙과 丙 사이에 각 매매계약이 있는데, 삼자간 합의에 따라 甲에서 丙 앞으로 직접 소유권이전등기가 마쳐진 경우, 丙 명의의 등기가 유효하려면 각각의 실체관계가 유효하여야 한다. 따라서 甲과 乙 사이의 매매계약이 유효하여야 하고, 乙과 丙 사이의 매매계약이 유효한 것이어야 한다. 그런데 위 각 매매가 유효하려면 법률에 따라 각 허가를 받아야만 하는데, 그러한 허가가 없었으므로 위 각 매매는 무효이다. 설사 甲과 丙을 매매 당사자로 하여 허가를 받고 丙 명의로 소유권이전등기를 하였다고 하더라도 무효이다(대판 1996. 6. 28, 96다3982; 대판 1997. 3. 14, 96다22464). 그러므로 X토지의 소유권은 甲에게 있고, 丙 명의의 소유권이전등기는 무효이다(甲은 소유권에 기해 丙 명의 소유권이전등기의 말소를 구할 수 있다).

(4) 부동산 등기는 물권의 효력발생요건이고 존속요건은 아니어서 등기가 원인 없이 말소된 경우에도 그 물권의 효력에는 영향이 없다. 甲은 등기말소 당시의 소유자인 乙을 상대로 말소된 저당권등기의 회복등기를 청구할 수 있고(대판 1969. 3. 18, 68다1617), 이 경우 등기상 이해관계인인 丙의 승낙이 있어야 한다(丙은 승낙할 의무가 있다)(부동산등기 법 59조).

(5) 무효등기의 유용은 인정될 수 있지만, 그 전에 X토지에 대해 가압류를 함으로써 등기상 이해관계를 갖게 된 가압류채권자 丁에게는 그 효력이 없다. 그런데 丁은 물권자가 아니므로 직접 戊를 상대로 근저당권등기의 말소를 구할 수는 없다. 그리고 甲·乙·戊 삼자간에 무효등기의 유용에 관해 합의를 하여 甲이 戊에 대해 근저당권등기의 말소를 청구할 권리도 없으므로 丁이 甲을 대위하여 그 말소를 구할 수도 없다. 丁의 청구는 모두 기각된다.

(6) 매매에서 매수인이 갖는 등기청구권은 채권적 청구권이지만, 이것은 성질상 양도가 제한되고, 그 양도에는 매도인의 동의가 필요하다는 것이 판례의 입장이다(대판 2001. 10. 9, 2000다51216). 이러한 법리는 종중이 명의신탁을 한 경우처럼 명의신탁이 유효한 경우에도 통용된다(대판 2021. 6. 3, 2018다280316). 설문에서 甲종중은 명의신탁 해지를 원인으로 乙에 대해 소유권이전등기청구권을 갖는다. 甲종중이 이 등기청구권을 丙에게 양도하는 경우에는 乙의 동의가 필요하다. 법원은 乙의 동의가 없었음을 이유로 丙의 청구를 기각할 것이다.

(7) 丁은 丙·甲·丁 모두의 중간생략등기 합의에 따라 丙에게 직접 소유권이전등기를 청구할 수 있다. 한편 이것과는 별개로 丙과 甲 사이의 매매계약, 甲과 丁 사이의 매매계약은 유효하고 그에 따른 의무를 부담한다. 여기서 丙이 丁에게 소유권을 이전해 주는 것은 甲에게 매매계약에 따라 소유권을 이전해 주는 것과 같은 것이 된다. 따라서 丁이 丙에게 소유권이전등기를 청구한 것에 대해 丙은 甲에게 주장할 수 있는 항변, 즉 (증액된 금액을 포함한) 미지급 잔대금 2억 3천만원과의 동시이행을 항변할 수 있다(대판 2005. 4. 29, 2003다66431). 법원은 '丙은 甲으로부터 잔대금 2억 3천만원을 받음과 동시에 丁에게 소유권이전등기절차를 이행하라.'고 일부 인용판결을 하여야 한다.

사례 p. 45

제 2 항 법률의 규정에 의한 부동산물권의 변동

제187조〔등기를 요하지 아니하는 부동산물권 취득〕 상속, 공용징수, 판결, 경매 기타 법률의 규정
에 의한 부동산에 관한 물권의 취득은 등기를 요하지 아니한다. 그러나 등기를 하지 아니하면
그 물권을 처분하지 못한다.

Ⅰ. 서 설

1. 의 의

(ㄱ) 본조는 '상속, 공용징수, 판결, 경매 기타 법률의 규정'에 의한 부동산에 관한 물권의 취
득은 등기를 요하지 않는다고 하여, 법률행위에 의한 경우에는 등기를 하여야 효력이 생기는
것으로 정한 민법 제186조와 상반되는 내용을 규정한다. 본조를 그 문언에 따라 보통 「법률의
규정에 의한 물권변동」으로 부르지만, 법률로 등기가 필요 없는 것으로 정한 경우만을 지칭
하는 것이 아니고, 법률행위가 아닌 그 밖의 모든 것을 총칭하는 것이다(예컨대 건물을 신축한
경우 그 등기 없이도 새로운 물건이 생긴 것에 맞추어 소유권을 취득하게 되지만, 이러한 내용을 정한
법률의 규정은 없다). (ㄴ) 본조는 부동산에 관한 「물권의 취득」이라고 정하고 있으나, 취득에 한
하지 않고 물권의 소멸과 변경에도 적용된다.

2. 본조의 취지

(1) 법률행위에 의하지 않는 부동산물권의 변동에 등기를 요구하지 않는 이유는 무엇인가?
학설은 대체로 다음 세 가지를 든다. (ㄱ) 등기를 요구하는 것이 성질상 불가능해서이다. 상속
이 이에 속하는 것인데, 피상속인의 사망과 동시에 등기하는 것은 물리적으로 불가능할 뿐만
아니라, 포괄승계의 취지를 실현하기 위해서는 그 사망과 동시에 상속인에게 부동산 소유권
을 귀속시킬 필요가 있다. 그렇지 않으면 피상속인은 사망하여 권리능력이 없으므로 무주의
부동산이 되어 국유로 되는 부당한 결과를 초래하기 때문이다. (ㄴ) 국가기관의 행위라는 이유
에서이다. 물권변동의 유무·시기·내용 등에 다툼의 여지가 없기 때문인데, 공용징수·판
결·경매가 이에 속하는 것이다. (ㄷ) 법률이 정책적 이유에서 개별적으로 정하는 것이다.

(2) 위와 같은 학설의 견해는 각각 타당한 일면이 있다. 그런데 유의할 것은, 민법 제186조
와 제187조가 법률행위의 존부를 중심으로 항상 확연하게 양분되는 것은 아니라는 점이다.
부동산 점유취득시효는 법률행위가 아니므로 제187조에 의해 등기 없이도 소유권을 취득한다
고 할 것이지만, 민법은 등기해야 소유권을 취득하는 것으로 정한다($\frac{245조}{1항}$). 또 경매는 매매의
일종으로 보는 것이 일반적인 견해이므로(특히 민법 제578조는 경매를 매매로 보는 전제에서 담보
책임을 정한다), 제186조에 의해 경락인(매수인) 앞으로 등기를 한 때 소유권을 취득한다고 볼
것이지만, 제187조는 등기가 필요 없는 것으로 정하고, 민사집행법($\frac{135}{조}$)은 경락인(매수인)이 매

각대금을 다 낸 때에 매각의 목적인 권리를 취득하는 것으로 특별히 따로 정하고 있다. 다시 말해 예외가 있으며, 그것은 결국 정책적인 이유에서 결정된다는 점이다.

Ⅱ. 민법 제187조의 적용범위

1. 상 속

상속은 피상속인의 사망으로 인하여 개시된다($^{997}_{조}$). 상속인은 상속이 개시된 때부터 피상속인의 재산에 관한 권리와 의무를 포괄적으로 승계한다($^{1005}_{조}$). 따라서 피상속인의 사망과 동시에 부동산은 그 등기 없이도 상속인의 소유로 된다. 상속과 같이 포괄승계의 효과를 가져오는 포괄적 유증($^{1078}_{조}$)$^{1)}$과 회사의 합병($^{상법\ 235조 \cdot 269}_{조 \cdot 530조 \cdot 603조}$)의 경우에도 같다.

2. 국가의 행위에 의한 것

a) **공용징수**   공용징수는 국가나 지방자치단체 등(사업시행자)이 특정의 공익사업을 위하여 개인의 재산권을 강제로 취득하는 것인데, 그것이 토지를 목적으로 하는 경우에는 원칙적으로 「공익사업을 위한 토지 등의 취득 및 보상에 관한 법률」이 적용된다. 이 법에 의하면, 토지수용위원회가 재결로써 결정한 수용 개시일에 사업시행자가 보상금을 지급하거나 공탁하면 등기 없이도 토지소유권을 원시적으로 취득한다($^{동법\ 40조 \cdot}_{45조\ 1항}$). 등기 없이도 토지소유권을 취득하는 것으로 한 이유는, 우선 사업시행을 신속하게 할 필요가 있고, 공용수용된 토지 등은 거래의 목적이 되는 경우가 드물어 공시의 필요가 적으며, 그 절차상 적법성이 보장되기 때문이다. 그리고 부동산등기법($^{99조}_{3항}$)에 의해 국가 또는 지방자치단체는 지체 없이 수용으로 인한 등기를 등기소에 촉탁하여야 하므로 이를 통해 곧 등기가 이루어진다는 사정 등도 고려된 것이다($^{양창수 \cdot 권영준,\ 권리}_{의\ 변동과\ 구제,\ 65면}$).

b) **판 결**   (ㄱ) 판결은 그 내용에 따라 이행판결 · 확인판결 · 형성판결로 나뉘는데, 제187조 소정의 '판결'은 판결 그 자체만으로 형성적 효력을 가져오는 형성판결에 국한된다($^{대판\ 1970.}_{6.\ 30,\ 70}$ $^{다}_{568}$). 따라서 매매를 원인으로 소유권이전등기절차를 이행하라는 이행판결이 확정된 경우에도, 이때에는 승소한 당사자가 단독으로 등기를 신청할 수 있을 뿐이고($^{부동산등기}_{법\ 23조\ 4항}$), 그 등기가 된 때에 비로소 소유권이전의 효력이 생긴다($^{186}_{조}$). 형성판결에 속하는 것으로는, 공유물 또는 합유물의 분할청구에 기한 분할판결($^{269조\ 1항 \cdot}_{274조}$), 사해행위 취소판결($^{406}_{조}$), 상속재산 분할판결($^{1013}_{조}$) 등이 있다. 이 판결에 의해 물권변동이 일어나는 시기는 그 판결이 확정된 때이다($^{민사소송}_{법\ 498조}$). (ㄴ)

---

1) 민법은, "포괄적 유증을 받은 자는 상속인과 동일한 권리의무가 있다"고 규정한다(1078조). 「포괄적 유증」은 유언자가 전 재산 또는 전 재산의 2분의 1 또는 3분의 1이라는 식으로 일정한 비율을 나타낸 유증을 하는 것을 말한다. 이 특색은 적극재산만의 승계뿐 아니라 피상속인의 의무까지도 그 비율에 따라 승계한다는 점에 있다. 이에 대해 「특정유증」은 포괄적 유증에 대비되는 것으로서, 목적인 재산의 개수 내지 종류가 구체적으로 지정된 것을 말한다. 특정유증의 경우, 그 목적물은 상속재산으로서 일단 상속인에게 귀속되며, 수증자는 목적물의 인도청구권을 취득하게 된다. 따라서 부동산의 경우에는 수증자 앞으로 이전등기가 된 때에 소유권을 취득하게 된다. 유증한 재산이 개별적으로 표시되었다는 사실만으로 특정유증으로 단정할 수는 없고, 그것이 상속재산 전부인 경우에는 포괄적 유증에 해당한다(대판 2003. 5. 27, 2000다73445).

재판상 화해나 조정은 확정판결과 같은 효력을 가진다(민사소송법 220조,/민사조정법 29조). 그런데 민법 제187조 소정의 '판결'은 판결 자체에 의하여 부동산물권 취득의 형성적 효력이 생기는 것을 말하는 것이어서, 화해조서의 내용이 이것과는 다른 것, 가령 소유권이전등기절차 이행의 의사표시를 하는 것, 매매를 원인으로 하여 부동산 소유권의 확인을 구하는 것은 이에 포함되지 않는다(대판 1964. 9. 8, 64다165; 대결 1969. 10. 8, 69그15; 대/판 1970. 6. 30, 70다568; 대판 1998. 7. 28, 96다50025). 그리고 공유자 사이에 공유 토지에 관한 현물분할의 협의가 성립하여 그 합의사항을 조서에 기재함으로써 조정이 성립한 경우, 이러한 조정은 본질적으로 당사자들 사이에 협의에 의한 공유물분할이 있는 것과 다를 바 없으므로, 그 협의한 바에 따라 토지의 분필절차를 마친 후 각 단독소유로 하기로 한 부분에 관하여 다른 공유자의 지분을 이전받아 등기를 마친 때에 비로소 소유권을 취득하게 된다(대판(전원합의체) 2013./11. 21, 2011두1917).

c) **경 매**　집행권원에 기한 강제경매나 담보권에 기한 임의경매는 '민사집행법'에서 규율하는데, 양자 모두 매수인이 매각대금을 다 낸 때에 소유권을 취득하는 것으로 정한다(동법 135/조·268조). 등기 없이도 소유권을 취득하는 것으로 한 이유는, 대금의 납입에 상응하는 대가로서 소유권 취득의 효과가 동시에 주어져야 할 뿐만 아니라, 공용징수의 경우와 마찬가지로 그 절차상 적법성이 보장되기 때문이다. 또한 민사집행법(144/조)에 의해 법원사무관 등은 매각허가 결정의 등본을 붙여 매수인 앞으로 소유권을 이전하는 등기를 등기소에 촉탁하여야 하므로, 이를 통해 등기가 곧 이루어진다는 사정도 고려된 것이다(양창수·권영준, 권리/의 변동과 구제, 66면).

3. 기타 법률의 규정

a) **일정한 사실의 발생**　없던 물건이 새로 생기는 것과 동시에 소유권을 취득하고(신축 건물의 소유권 취득), 또는 물건이 멸실됨으로써 물권을 잃게 된다.

✿ **신축 건물의 소유권 귀속** ～～～～～～～～～～～～～～～～～～～～～～～～～～～

(ㄱ) 일반적인 경우:　① 자기의 노력과 재료를 들여 건물을 건축한 사람은 소유권보존등기와 관계없이 그 건물의 소유권을 원시취득한다. 건축주의 사정으로 건축공사가 중단된 미완성 건물을 인도받아 나머지 공사를 하게 된 경우에는, 그 공사의 중단 시점에 이미 사회통념상 독립된 건물로 볼 수 있는 정도의 형태와 구조를 갖춘 것이 아니면, 이를 인도받아 자기의 비용과 노력으로 완공한 자가 그 건물의 원시취득자가 된다(대판 2006. 5. 12,/2005다68783). 그러나 공사가 중단된 시점에 사회통념상 독립된 건물로 볼 수 있는 형태와 구조를 갖추고 있었다면 원래의 건축주가 그 건물의 소유권을 원시취득한다(대판 1998. 9./22, 98다26194). 그리고 주택조합은 그 소유 자금으로 조합원의 건물을 신축 분양하는 것이 아니라 조합원으로부터 각자 부담할 건축자금을 제공받아 조합원의 자금으로 건축하는 것이므로, 건축절차의 편의상 조합 명의로 그 건축허가와 준공검사를 받았다고 하더라도 이때부터 그 건물의 소유권은 건축자금의 제공자인 조합원들이 원시취득한다(대판 1995. 1./24, 94다47797). ② 1동의 건물 중 구분된 각 부분이 구조상·이용상 독립성을 가지고 있는 경우, 그 각 부분을 1개의 구분건물로 하는 것도, 그 1동 전체를 1개의 건물로 하는 것도 가능하기 때문에, 이를 구분건물로 할 것인지 여부는 소유자의 의사표시, 즉 구분행위에 의해 결정된다. 아파트나 공동주택에 있어서 구분행위는 건축 허가신청이나 분양계약 등을 통해 이루어질 수 있고, 건축물대장에

등록을 하여야만 하는 것은 아니다(대판(전원합의체) 2013.
1. 17, 2010다71578). ③ 신축 건물의 보존등기를 건물 완성 전에 하였더라도 그 후 건물이 완성된 이상 등기를 무효라고 할 수 없다. 이러한 법리는 1동의 건물의 일부분이 구분소유권의 객체로서 구조상 독립성을 갖추지 못한 상태에서 구분소유권의 목적으로 등기된 후에 구분소유권의 객체가 된 경우에도 마찬가지이다(대판 2016. 1. 28,
2013다59876). (ㄴ) 도급의 경우: 수급인이 자기의 노력과 재료를 들여 건물을 완성하더라도, 도급인과 수급인 사이에 도급인 명의로 건축 허가를 받아 소유권보존등기를 하기로 하는 등 완성된 건물의 소유권을 도급인에게 귀속시키기로 합의한 때에는, 그 건물의 소유권은 도급인에게 원시적으로 귀속한다(대판
1992. 8.
18, 91다25505를 비롯하여
판례의 일관된 입장이다). (ㄷ) 담보목적의 경우: 1) 대지 소유자가 건축업자에게 대지를 매도하고 건축업자는 대지 소유자 명의로 건축 허가를 받았다면, 이는 완성될 건물을 대지 매매대금의 담보로 제공키로 하는 합의로서 법률행위에 의한 담보물권의 설정에 해당한다. 따라서 완성된 건물의 소유권은 일단 이를 건축한 채무자가 원시적으로 취득하고, 그 후 대지 소유자 명의로 소유권보존등기를 마침으로써 담보목적의 범위에서 대지 소유자에게 그 소유권이 이전된다(대판 1992. 8. 18,
91다25505; 대판
1997. 5. 30,
97다8601). 2) 이를 토대로 하여 다음과 같이 된다. ① 원시취득자인 건축주로부터 건물을 적법하게 분양받아 입주하고 있는 자 또는 임차하여 입주하고 있는 임차인에 대해, (그 후 건물에 소유권보존등기를 마친) 대지 소유자는 건물의 소유자임을 내세워 그 건물의 명도를 구할 수는 없다(대판 1991. 8. 13, 91다13830;
대판 1996. 6. 28, 96다9218). ② 건축업자가 건물을 타에 분양한 후 대지 소유자 명의로 건물에 대해 소유권보존등기가 경료된 경우, (건축업자가 담보물인 건물을 타에 분양하고 그 분양대금 중 일부로 매매대금을 대지 소유자에게 지급하기로 약정하는 등, 건축업자가 건물을 타에 분양하는 것을 대지 소유자가 허용한 경우가 아닌 한) 건축업자의 분양 등 처분행위는 대지 소유자의 담보권에 반하는 것이므로, 수분양자는 그보다 앞서 건물에 관해 담보 목적으로 소유권보존등기를 마친 대지 소유자에 대해 분양을 이유로 한 소유권이전등기를 구할 수 없다(대판 2002. 7. 12,
2002다19254).

b) 특별한 정책적 이유 법정지상권(305조·
366조), 관습상 법정지상권, 법정저당권(649
조), 대위로 인한 저당권 등의 이전(368조·399조·
482조·484조) 등이 그러하다.

c) 물권의 귀속 확정 물권관계의 불분명을 피하기 위해 그 귀속을 확정하는 것으로서, 용익물권의 존속기간 만료에 의한 소멸, 피담보채권의 소멸로 인한 담보물권의 소멸, 혼동에 의한 물권의 소멸(191
조) 등이 있다. 그 밖에 해제조건부 부동산 매매계약에서는 조건이 성취되면 등기 없이도 매도인에게 소유권이 복귀한다. 법률행위(물권행위)가 조건의 성취로 효력을 잃게 되었기 때문이다(147조
2항).

d) 예외 … 부동산 점유취득시효의 경우 시효로 인한 부동산 소유권의 취득은 법률행위에 의한 것이 아니므로 민법 제187조가 적용될 것이지만, 민법 제245조 1항은 이에 대해 예외를 규정한다. 즉 20년간 소유의 의사로 평온·공연하게 부동산을 점유하는 자는 「등기」를 하여야 그 소유권을 취득하는 것으로 정한다. 그리고 이 규정을 소유권 외의 재산권의 취득시효에 준용한다(248
조).

Ⅲ. 등기 없이 취득한 부동산물권의 처분

1. 민법 제187조에 의해 등기 없이 부동산물권을 취득하였더라도, 등기를 하지 않으면 그 물권을 처분하지 못한다($^{187조}_{단서}$). 예컨대 상속인이 상속받은 부동산을 매도할 경우에는, 먼저 상속등기를 하여야 그 부동산을 타인에게 양도할 수 있다. 또 관습상 법정지상권을 취득한 자가 이를 처분하려면 먼저 지상권 취득의 등기를 하여야 한다($^{대판\ 1966.\ 9.}_{20,\ 66다1434}$). 따라서 부동산물권을 등기 없이 취득한 자가 자기 명의로 등기하지 않고 이를 처분한 경우, 그 처분의 상대방은 부동산물권을 취득하지 못한다(판례는 이 경우에도 그 처분행위의 채권적 효력은 인정된다고 한다($^{대}_{판}$ $^{1994.\ 10.\ 21,}_{93다12176}$)).

2. 위와 같은 원칙에 대해 판례는 많은 예외를 인정하고 있다. 예컨대 미등기 부동산의 양수인이 양도인과의 합의에 의해 양수인 명의로 소유권보존등기를 하는 것이라든가($^{대판\ 1995.}_{12.\ 26,\ 94}$ $^{다}_{44675}$), 상속인이 상속등기를 하지 않은 상태에서 상속 부동산을 타인에게 매도한 후 피상속인으로부터 직접 매수인 앞으로 소유권이전등기를 하는 것에 대해($^{대판\ 1967.\ 5.}_{2,\ 66다2642}$), 이러한 등기가 실체적 권리관계에 부합한다는 이유로 적법한 등기로서 효력을 가진다고 본다.

제 3 항 부동산물권의 공시방법

Ⅰ. 부동산등기

법률행위로 인한 부동산물권의 변동은 등기해야 효력이 생긴다($^{186}_{조}$). 한편 법률의 규정에 의한 부동산물권의 변동은 등기를 요하지 않지만, 그 처분을 하려면 먼저 등기를 하여야만 한다($^{187}_{조}$). 이 양 규정에서의 '등기'는 「부동산등기법」($^{2011.\ 4.\ 12.\ 전부)^{1)}}_{개정법률\ 10580호}$에서 정한 요건과 절차에 따라 이루어져야 한다.

1. 부동산등기의 정의

'등기부'란 전산정보처리조직에 의하여 입력·처리된 등기정보자료를 대법원규칙으로 정하는 바에 따라 편성한 것을 말하고($^{부동산등기}_{법\ 2조\ 1호}$), 등기관은 등기사무를 전산정보처리조직을 이용하여 등기부에 등기사항을 기록하는 방식으로 처리한다($^{부동산등기법}_{11조\ 2항}$). 이에 따라 등기관이 등기부에 부동산의 표시와 권리관계를 기록하는 행위 또는 기록 그 자체를 (부동산)등기라고 말한다.

---

1) 우리 부동산등기법은 2011년에 전부 개정되었다. 그 배경에는 첫째, 1994년부터 시작된 등기부 전산화 작업이 모두 완료되어 모든 등기사무가 전산정보처리조직으로 처리되므로 이를 등기사무 처리 방식의 원칙으로 규정할 필요가 있게 되었고(즉 종전의 종이등기부에서 전산등기부로의 전환), 둘째 신청서 기재사항과 신청서 첨부서면으로 구성되어 있는 종전의 체계를 등기사항 위주로 개편하고, 구체적인 등기신청 절차나 등기실행 방법은 대법원규칙에 위임한 데 있다.

2. 등기부와 대장

(1) 등기부登記簿

a) 종 류　　부동산으로서 토지와 건물은 별개의 부동산으로 취급되므로, 등기부도 토지등기부와 건물등기부가 따로 있다($^{부동산등기법}_{14조\ 1항}$).

b) 물적 편성주의　　(ㄱ) 등기부를 편성할 때에는 1필筆의 토지 또는 1개의 건물에 대해 1개의 등기기록을 둔다($^{부동산등기법}_{15조\ 1항}$). 즉 등기부는 물권의 객체인 1개의 부동산을 단위로 편성되는데, 이를 '1부동산 1등기기록 원칙' 또는 '물적 편성주의'라 하고, 소유자를 기준으로 편성되는 인적 편성주의와 구별된다. (ㄴ) 이러한 물적 편성주의에는 예외가 있다. 즉 1동의 건물을 구분한 건물에 있어서는 1동의 건물에 속하는 전부에 대하여 1개의 등기기록을 사용한다($^{부동산등기법}_{15조\ 1항\ 단서}$).

c) 등기기록의 구성　　(ㄱ) 등기기록에는 부동산의 표시에 관한 사항을 기록하는「표제부」, 소유권에 관한 사항(소유권의 변동, 압류·가압류·가처분, 경매개시결정, 환매, 가등기 등)을 기록하는「갑구甲區」, 소유권 외의 권리에 관한 사항(지상권, 지역권, 전세권, 저당권, 임차권 등)을 기록하는「을구乙區」를 둔다($^{부동산등기법}_{15조\ 2항}$). (ㄴ) 종전에는 '등기번호란'이 별도의 구성부분으로 되어 있었지만, 개정 부동산등기법은 위와 같이 세 부분으로 나누어 정하고 있다. 등기기록을 개설할 때에는 1필의 토지 또는 1개의 건물마다 '부동산고유번호'를 부여하고 이를 등기기록에 기록하도록 하고 있다($^{부동산등기규}_{칙\ 12조\ 1항}$).

(2) 대　장臺帳

a) 종류와 법적 근거　　(ㄱ) 등기부 외의 공부公簿로서 '토지대장·임야대장·건축물대장' 세 가지가 있는데, 다음의 점에서 등기부와 다르다. 첫째, 등기부는 부동산물권의 변동을 관장하는 데 반해, 대장은 과세를 관장하고 등기소가 아닌 지적소관청에 둔다($^{공간정보의\ 구축\ 및\ 관}_{리\ 등에\ 관한\ 법률\ 69조}$). 둘째, 등기부의 경우는 당사자의 신청에 의해 등기가 이루어지는 것이 원칙이지만, 대장의 경우는 국토교통부장관이 직권으로 등록한다($^{공간정보의\ 구축\ 및\ 관리}_{등에\ 관한\ 법률\ 64조}$). (ㄴ) 토지대장과 임야대장의 법적 근거로는「공간정보의 구축 및 관리 등에 관한 법률」($^{2013년\ 법}_{11943호}$)이 있다. 건축물대장은「건축법」($^{29}_{조}$)에서 정하고 있는데, '일반건축물대장'과 (집합건물법이 적용되는 건축물로서) '집합건축물대장'의 두 가지가 있다($^{건축물대장의\ 기재\ 및\ 관}_{리\ 등에\ 관한\ 규칙\ 4조}$).

b) 대장과 등기부의 관계　　대장과 등기부는 그 사무를 담당하는 기관은 다르지만, 부동산의 표시나 명의인은 양자에 공통된 기재사항인 점에서 그 내용이 일치할 필요가 있다. 그래서 부동산의 표시에 관한 사항은 대장의 기재를 기초로 등기가 이를 따르게 하고(즉 신청정보 또는 등기기록의 부동산의 표시가 토지대장·임야대장 또는 건축물대장과 일치하지 않는 경우, 등기관은 등기신청을 각하한다($^{부동산등기법}_{29조\ 11호}$), 권리의 변동에 관하여는 등기부의 기록을 기초로 대장이 이를 따르게 한다($^{공간정보의\ 구축\ 및\ 관리}_{등에\ 관한\ 법률\ 84조\ 4항}$). 다만 이에 대한 예외로서, 소유권보존등기를 신청할 경우에는 대장의 기재를 등기의 기초로 삼는다($^{부동산등기법}_{65조\ 1호}$). 그 등기에 앞서서 행해진 등기가 없기 때문이다.

3. 등기사항

(1) 실체법상의 등기사항과 절차법상의 등기사항

등기사항에는 실체법상의 것과 절차법상의 것이 있다. 전자는 그것을 등기하지 않으면 사법상의 효력(예: 권리변동의 효력, 추정적 효력 등)이 생기지 않는 것을 말한다. 이에 대해 후자는 부동산등기법상 등기할 수 있는 것으로 정해진 사항으로서, '등기능력'이라고도 한다. 실체법상의 등기사항은 원칙적으로 절차법상의 등기사항이 된다. 반면 후자는 전자를 포함하면서 넓은 범위에 미친다. 예컨대 건물을 신축한 경우에는 등기 없이도 소유권을 취득하므로 실체법상의 등기사항은 아니지만($\binom{187조}{본문}$), 소유권보존등기의 신청이 있는 때에는 등기관은 부동산등기법($\binom{65}{조}$)에 따라 그 보존등기를 하여야 하는 것이 그러하다.

(2) 등기의 목적물

등기부는 토지등기부와 건물등기부의 2종으로 하므로($\binom{부동산등기법}{14조 1항}$), 등기의 목적물이 되는 것은 토지와 건물뿐이다. 입목도 토지와는 독립된 부동산으로 취급되고 따로 입목등기부가 있지만, 이것은 부동산등기법이 아닌 「입목에 관한 법률」에서 규율한다.

(3) 등기할 사항

부동산등기법은 등기할 수 있는 권리로서 '소유권·지상권·지역권·전세권·저당권·권리질권·채권담보권·임차권' 8개를 들고, 등기는 이 권리의 '보존·이전·설정·변경·처분의 제한·소멸'에 대하여 한다고 정한다($\binom{부동산}{등기법 3조}$). 한편 동법 제53조는 환매특약의 등기에 대해 정하고 있어, '부동산 환매권'도 등기할 수 있는 권리에 해당한다.

〈참 고〉 (ㄱ) 법률행위(물권행위)에는 조건이나 기한을 붙일 수 있다. 그러나 이를 등기할 수 있는지에 관해서는 종류에 따라 차이가 있다. ① 해제조건·종기부 물권행위는 권리의 소멸에 관한 약정으로서 이를 등기할 수 있다($\binom{부동산등기}{법 54조}$). 조건이 성취되기까지는 또 기한이 도래하기까지는 효력이 있는 것이므로 등기할 수 있다. ② 정지조건·시기부 물권행위는 조건이 성취되기까지는 또 기한이 도래하기까지는 효력이 생기지 않아 (본)등기할 수는 없으나 가등기를 할 수는 있다($\binom{부동산등}{기법88조}$). 다만, 전세권에는 용익물권과 담보물권의 성격이 모두 있으므로($\binom{303조}{1항}$), 전세권 존속기간이 시작되기 전에도 전세권설정등기를 할 수 있다($\binom{대결 2018. 1. 25,}{2017마1093}$). (ㄴ) 한편, 가등기상의 권리 자체의 처분을 금지하는 가처분은 부동산등기법 제2조에서 말하는 '처분의 제한'에 해당하여 등기사항에 해당되지만, 가등기에 기해 본등기를 하는 것은 그 가등기에 기해 순위 보전된 권리의 취득(권리의 증대 내지 부가)이지 가등기상의 권리 자체의 처분(권리의 감소 내지 소멸)이라고는 볼 수 없으므로, 가등기에 기한 본등기절차의 이행을 금지하는 취지의 가처분은 등기사항이 아니어서 허용되지 않는다($\binom{대판 2007. 2. 22,}{2004다59546}$).

4. 등기소와 등기관登記官

(1) 관할 등기소

등기사무는 부동산의 소재지를 관할하는 지방법원, 그 지원 또는 등기소에서 담당한다(부동산등기법 7조 1항).

(2) 등기사무의 처리

(ㄱ) 등기사무는 지방법원, 그 지원 또는 등기소에 근무하는 법원서기관·등기사무관·등기주사 또는 등기주사보 중에서 지방법원장이 지정하는 자(이를 '등기관'이라 함)가 처리한다(부동산등기법 11조 1항). (ㄴ) 등기관은 접수번호의 순서에 따라 등기사무를 처리하여야 한다(부동산등기법 11조 3항). 이 경우 대법원규칙으로 정하는 등기신청정보가 전산정보처리조직에 저장된 때 접수된 것으로 본다(부동산등기법 6조 1항). (ㄷ) 등기관은 등기사무를 전산정보처리조직을 이용하여 등기부에 등기사항을 기록하는 방식으로 처리하여야 한다(부동산등기법 11조 2항). (ㄹ) <u>등기관이 등기를 마친 경우, 그 등기는 접수한 때부터 효력을 발생한다</u>(부동산등기법 6조 2항). 등기의 효력 발생시기에 관해서는 '접수일자'와 '등기가 완료된 날'을 각각 생각해 볼 수 있는데, 등기부에 접수일자를 기록하는 것은 등기제도가 우리나라에 도입된 이후부터 지금까지 거의 100여 년 동안 지속되어 왔으며, 등기가 완료된 날을 등기의 효력 발생시기로 보게 되면 등기신청인은 자신이 할 수 있는 일을 다 하고서도 등기관이 등기를 마칠 때까지 그 지위가 매우 불안정한 상태에 있게 되는 점에서, 접수일자에 등기의 효력이 생기는 것으로 신설한 것이다.[1]

5. 등기의 종류

등기는 일정한 표준에 따라 다음과 같이 나눌 수 있다.

(1) 등기의 기능 ··· 사실의 등기와 권리의 등기

a) 사실의 등기   「사실의 등기」는 등기용지가 어느 부동산에 관한 것인지를 특정하기 위해 부동산의 위치·사용목적·면적 등을 표시하는 등기로서, 등기부의 표제부에 하고, '표제부의 등기'라고도 한다.

b) 권리의 등기   (ㄱ) 「권리의 등기」는 등기부의 甲구란과 乙구란에 부동산의 권리관계를 기록하는 등기로서, 부동산에 관한 물권의 변동은 권리의 등기에 관해서만 인정된다. 민법 제186조 소정의 '등기'는 권리의 등기를 말한다. (ㄴ) 권리의 등기는 다음 두 가지, 즉 미등기 부동산에 대해 처음으로 등기하는 「소유권보존등기」와, 그 보존등기를 토대로 이후 그 부동산의 권리변동을 등기하는 「권리변동의 등기」(소유권의 이전·제한물권의 설정 등)로 나뉜다. 특히 전자의 경우, 우리나라는 모든 부동산에 관하여 당연히 등기부를 편성하는 등기 강제의 원칙을

---

1) 판례: 「등기신청의 접수순위는 등기공무원이 등기신청서를 받았을 때를 기준으로 하고, 동일한 부동산에 관하여 동시에 수개의 등기신청이 있는 때에는 동일 접수번호를 기재하여 동일 순위로 기재하여야 하므로, 등기공무원이 법원으로부터 동일한 부동산에 관한 가압류등기 촉탁서와 처분금지 가처분등기 촉탁서를 동시에 받았다면 양 등기에 대하여 동일 접수번호와 순위번호를 기재하여 처리하여야 하고 그 등기의 순위는 동일하므로, 그 당해 채권자 상호간에 한해서는 처분금지적 효력을 서로 주장할 수 없다」(대결 1998. 10. 30, 98마475).

채용하고 있지 않기 때문에, 토지의 매립이나 건물의 신축 등을 통해 새로 생긴 부동산에 대해 등기부를 편성하려면 그 소유자가 보존등기를 신청해야 한다.[1][2]

(2) 등기의 효력 ··· 종국등기와 예비등기

가) 종국등기

물권변동의 효력이 생기는 등기로서 '본등기'라고도 한다(부동산등기법 91조). 이것은 그 내용에 따라 다음과 같이 나뉜다.

　a) 기입등기　　새로운 등기원인에 의해 등기기록에 새로운 사항을 기입하는 등기를 말한다 (예: 소유권보존등기·소유권이전등기·저당권설정등기 등).

　b) 변경등기　　(ㄱ) 등기가 된 후 그 기재 내용에 (후발적) 불일치가 생긴 경우(예: 주소가 변경되거나, 저당권의 피담보채권액을 증액하는 때), 이를 시정하기 위해 하는 등기이다. (ㄴ) 권리변경의 등기에 관하여 등기상 이해관계 있는 제3자가 있는 경우에는 신청서에 그 승낙서가 첨부된 때에만 (부기에 의해) 그 등기를 한다(부동산등기법 52조 5호).

　c) 경정등기更正登記　　(ㄱ) 등기절차에 착오나 빠진 부분이 있어 등기의 기록과 실체 사이에 처음부터 불일치가 있는 경우(예: 등기를 하는 과정에서 소유자의 주소를 잘못 기록한 경우)(후발적으로 불일치가 발생한 것은 변경등기나 말소등기에 의하여야 한다), 이를 바로잡는 등기를 말한다.[3]
(ㄴ) 등기의 절차는 다음과 같다. ① 부동산 표시 경정의 등기는 소유권의 등기명의인이, 등기명의인 표시 경정의 등기[4]는 해당 권리의 등기명의인이 단독으로 신청한다(부동산등기법 23조 5항·6항). ② (명

---

1) 미등기의 토지 또는 건물에 관한 소유권보존등기는 부동산등기법 제65조에서 정한 자에 한해 신청할 수 있다. 그 중 제1호는 토지대장, 임야대장 또는 건축물대장에 최초의 소유자로 등록되어 있는 자 또는 그 상속인, 그 밖의 포괄승계인을 정하고 있는데, 이 '포괄승계인'에는 포괄적 유증을 받은 자도 포함된다(대결 2013. 1. 25, 2012마1206).

2) 판례(소유권보존등기를 신청할 수 없는 경우들): (ㄱ) 「구 부동산등기법 제131조 제2호에서 판결 등에 의하여 자기의 소유권을 증명하는 자가 소유권보존등기를 신청할 수 있다고 한 것은, 건축물대장이 생성되어 있으나 다른 사람의 소유로 등록되어 있는 경우 등에 관한 것이고, 아예 건축물대장이 생성되어 있지 않은 건물에 대하여는 판결 등에 의해서도 소유권보존등기를 신청할 수 없다. 그렇지 않으면 건축법상 사용승인을 받지 못한 건물에 대해서도 등기부의 표제부에 그러한 사실을 적을 수 없어 등기부상으로는 적법한 건물과 동일한 외관을 가지게 되어 건축법상 규제에 대한 탈법행위를 방조하는 결과가 되기 때문이다」(대판 2011. 11. 10, 2009다93428). (ㄴ) 「소유권보존등기는 토지대장등본 또는 임야대장등본에 의하여 자기 또는 피상속인이 토지대장 또는 임야대장에 소유자로서 등록되어 있는 것을 증명하는 자, 판결에 의하여 자기의 소유권을 증명하는 자, 수용으로 소유권을 취득한 자가 신청할 수 있는데, 대장(토지대장, 임야대장)등본에 의하여 자기 또는 피상속인이 대장에 소유자로서 등록되어 있는 것을 증명하는 자는 대장에 최초의 소유자로 등록되어 있는 자 및 그 자를 포괄승계한 자이며, 대장상 소유권이전등록을 받았다 하더라도 물권변동에 관한 형식주의를 취하고 있는 현행 민법상 소유권을 취득했다고 할 수 없고, 따라서 대장상 소유권이전등록을 받은 자는 자기 앞으로 바로 보존등기를 신청할 수는 없으며, 대장상 최초의 소유명의인 앞으로 보존등기를 한 다음 이전등기를 하여야 한다. 다만 미등기 토지에 관한 토지대장에 소유권을 이전받은 자는 등재되어 있으나 최초의 소유자는 등재되어 있지 않은 경우, 토지대장상 소유권이전등록을 받은 자는 국가를 상대로 토지소유권 확인청구를 할 확인의 이익이 있다」(* 다시 말해 그는 그 확인판결에 기해 소유권등기를 할 수 있다)(대판 2009. 10. 15, 2009다48633).

3) 건물이 실지의 소유 지번이 62번지의 4인데 46번지의 1로 한 소유권보존등기나 이전등기처럼, 부동산에 관한 등기의 지번 표시에 실질관계와 동일성 혹은 유사성조차 인정할 수 없는 착오 또는 오류가 있는 경우에는 그 등기는 무효로서 공시의 기능도 발휘할 수 없고 경정등기도 허용할 수 없는 것이나, 이 경우에도 같은 부동산에 대해 보존등기가 존재하지 아니하거나 이해관계인이 없는 경우에는 그 경정된 등기는 유효하다(종전에는 그러한 경정등기를 무효의 등기로 보았는데(대판 1968. 4. 2, 67다443; 대판 1968. 11. 19, 66다1473), 이를 폐기하고 유효한 등기라고 입장을 바꾸었다(대판(전원합의체) 1975. 4. 22, 74다2188)).

4) 등기명의인의 동일성을 해치는 경정등기의 효력에 대해 대법원은 다음과 같이 판시하고 있다: 「등기명의인의 경정

문의 규정은 없지만) 등기원인을 경정하는 등기도 허용되는데, 단독신청에 의한 등기의 경우에는 단독신청으로, 공동신청에 의한 등기의 경우에는 공동신청으로 할 수 있다(대판 2013. 6. 27,). 1)

③ 등기관이 등기의 착오나 빠진 부분이 등기관의 잘못으로 생긴 것임을 발견한 경우에는 지체 없이 그 등기를 직권으로 경정하여야 한다. 다만, 등기상 이해관계 있는 제3자가 있는 경우에는 제3자의 승낙이 있어야 한다(부동산등기법 32조 2항).

d) 말소등기   (ㄱ) 등기된 권리나 객체가 원시적으로 존재하지 않거나(예: 매매 등의 등기원인이 무효이거나 목적부동산이 원래부터 없는 경우), 후발적으로 존재하지 않게 된 경우(예: 변제로 저당권이 소멸되거나 목적부동산이 소멸된 경우), 이미 행하여진 등기를 말소하고 그 취지를 적는 등기이다. 기존 등기의 일부만을 보정하는 변경등기와 구별된다. (ㄴ) 등기의 말소를 신청하는 경우에 그 말소에 대해 등기상 이해관계 있는 제3자가 있을 때에는 제3자의 승낙이 있어야 한다(부동산등기 법 57조). 2) 동조에서 말하는 '등기상 이해관계 있는 제3자'란, 말소등기를 함으로써 손해를 입을 우려가 있는 등기상의 권리자로서 그 손해를 입을 우려가 있다는 것이 등기부 기재에 의해 형식적으로 인정되는 자이고, 제3자가 승낙의무를 부담하는지 여부는 말소등기 권리자에 대해 승낙을 하여야 할 실체법상 의무가 있는지 여부에 의해 결정된다(대판 2007. 4. 27,).

e) 멸실등기   등기된 부동산이 '전부 멸실'된 경우에 행하여지는 등기로서, 표제부의 기재를 지우고 그 등기용지를 폐쇄하는 방법으로 한다(부동산등기법 39조·43조). 부동산의 '일부가 멸실'된 때에는 멸실등기를 하는 것이 아니라 부동산의 표시에 관한 변경등기를 하여야 한다.

f) 회복등기   이미 존재하는 등기가 부당하게 소멸된 경우에 이를 회복하는 등기를 말하는데, 이것은 구등기의 소멸원인이 무엇이냐에 따라 다음의 두 가지로 나뉜다. (ㄱ) 말소회복등기: 이것은 어떤 등기의 전부나 일부가 부적법하게 말소된 경우에 그 말소된 등기를 회복하여 말소 당시로 소급하여 말소가 없었던 것과 같은 효과가 생기게 하는 등기를 말한다. 따라서 등기가 부적법하게 말소된 것이 아니라 어떤 이유이건 당사자가 자발적으로 말소등기를 한 경우에는 말소회복등기를 할 수 없다(대판 2001. 2. 23,). 말소된 등기의 회복을 신청하는 경우

등기는 그 명의인의 동일성이 인정되는 범위를 벗어나면 허용되지 않는다. 그렇지만 등기명의인의 동일성 유무가 명백하지 아니하여 경정등기 신청이 받아들여진 결과 명의인의 동일성이 인정되지 않는 위법한 경정등기가 마쳐졌다 하더라도, 그 등기가 경정 후의 명의인의 실체관계에 부합하는 것이라면 그 등기는 유효하다(대판 1996. 4. 12, 95다2135 참조). 이 경우 경정등기의 효력은 소급하지 않고 경정 후 명의인의 권리취득을 공시한다. 한편 경정 전의 등기 역시 원인무효의 등기가 아닌 이상 경정 전 당시의 등기명의인의 권리관계를 표상하는 등기로서 유효하고, 이것이 소급적으로 소멸되거나 존재하지 않았던 것으로 되는 것은 아니다(대판(전원합의체) 2015. 5. 21, 2012다952).

1) 다만 이 판결에서는, 이 사건 소유권이전등기를 위하여 '2010. 6. 24. 증여'를 등기원인으로 하여 동일자 증여계약서가 첨부되어 제출되었는데, 원고가 경정을 원하는 등기원인은 위 증여계약서와는 전혀 다른 '2010. 1. 20. 매매'이므로, 이것은 경정등기의 요건인 등기원인에 등기 당시부터 착오 또는 빠진 부분을 정정하는 것에 해당하지 않아 그 신청을 불허하였다.

2) 예컨대 A와 B 사이의 소유권이전이 허위표시에 의해 이루어진 뒤 C가 선의로 B 명의의 부동산에 저당권설정등기를 한 경우, A가 B를 상대로 허위표시를 이유로 소유권이전등기의 말소를 청구하여 승소하여도 등기상 이해관계를 갖는 C의 승낙이 없으면 B 명의의 소유권이전등기는 말소할 수 없다(이 경우 A는 B를 상대로 진정명의회복을 등기원인으로 하여 소유권이전등기를 구함으로써 C의 저당권의 부담을 안은 채로 소유권을 회복할 수 있는 방법이 있는데, 이에 관해서는 p.80 이하 참조).

에 등기상 이해관계 있는 제3자가 있을 때에는 그의 승낙이 있어야 한다($^{부동산등기}_{법\ 59조}$).[1] (ㄴ) <u>멸실</u> <u>회복등기</u>: 종이 형태로 작성된 등기부의 전부나 일부가 멸실된 경우에 행하여지는 회복등기이다($^{부동산등기규}_{칙\ 부칙\ 3조}$). 현재의 전산등기부는 멸실되더라도 그 부본으로 복구할 수 있으므로($^{부동산}_{등기규}$ $^{}_{칙\ 17조}$), 종전과 같은 멸실회복등기절차에 따를 필요가 없다. 다만 종이 형태로 작성된 등기부의 전부나 일부가 폐쇄되지 아니한 상태에서 멸실된 경우에는 종전 규정에 따라 멸실회복등기를 하여야 한다($^{부동산등기규}_{칙\ 부칙\ 3조}$).

나) 예비등기

등기 본래의 효력과는 직접 관계가 없고 장차 행하여질 등기에 대비하여 하는 등기로서, 가등기가 이에 속한다.

a) 가등기

aa) 정의와 종류: (ㄱ) 가등기는 본등기를 할 수 있는 요건을 갖추지 못한 때에 미리 그 순위를 보전하기 위해 하는 등기이다($^{부동산등기}_{법\ 88조}$). 채권과 물권 간에는 물권이 우선하는데, 그 채권을 보전하기 위해 마련된 제도가 가등기이다. (ㄴ) 가등기에는 위와 같이 부동산등기법에서 정하는 '청구권 보전의 가등기'와, 차용물의 반환에 관해 대물반환의 예약을 하고 그 권리를 확보하기 위해, 즉 담보의 수단으로서 가등기를 하는 '담보가등기'가 있는데,[2] 후자는 「가등기 담보 등에 관한 법률」($^{1983년\ 법}_{3681호}$)의 규율을 받는다.

bb) 요건과 절차: (ㄱ) 가등기는 '소유권·지상권·지역권·전세권·저당권·권리질권· 채권담보권·임차권'에 대해, 다음의 세 가지, 즉 ① 이러한 권리의 설정·이전·변경·소멸의 청구권을 보전하려 할 때(예: 부동산 매매에서 매수인의 소유권이전청구권),[3] ② 그 청구권이 시기부 또는 정지조건부인 때(예: 혼인을 하면 주택을 양도하기로 한 때), ③ 그 청구권이 장래에 확정될 것인 때(예: 매매예약에 따른 권리)에 할 수 있다($^{부동산등기}_{법\ 88조}$). (ㄴ) 가등기도 가등기권리자와 가등기의무자의 공동신청에 의해 이루어지는 것이 원칙이지만, 가등기의무자의 승낙이 있거나 가등기를 명하는 법원의 가처분명령[4]이 있을 때에는 단독으로 가등기를 신청할 수 있다

---

1) 여기서 말하는 '등기상 이해관계 있는 제3자'란 말소회복등기를 함으로써 손해를 입을 우려가 있는 사람으로서, 그 손해를 입을 우려가 있다는 것이 등기부 기재에 의하여 형식적으로 인정되는 사람이다. 가등기가 가등기권리자의 의사에 의하지 않고 말소되어 그 말소등기가 원인무효인 경우에는 등기상 이해관계 있는 제3자는 그의 선의, 악의를 묻지 않고 가등기권리자의 회복등기절차에 필요한 승낙을 할 의무가 있으므로, 가등기가 부적법하게 말소된 후 가처분등기, 근저당권설정등기, 소유권이전등기를 마친 제3자는 가등기의 회복등기절차에서 등기상 이해관계 있는 제3자로서 승낙의무가 있다(대판 1997. 9. 30, 95다39526).
2) 판례는, 선순위 담보권이나 가압류가 없고 가등기만 마쳐져 있는 부동산에 대해 강제경매 절차가 개시되었는데, 권리신고가 되지 않아 그 가등기가 청구권 보전의 가등기인지 아니면 담보가등기인지 알 수 없는 경우, 집행법원으로서는 일단 이를 전자로 보아 낙찰인에게 그 부담이 인수될 수 있다는 취지를 입찰 물건명세서에 기재한 후 경매절차를 진행하면 족하고, 반드시 그 가등기가 어떤 가등기인지 밝혀질 때까지 경매절차를 중지하여야 하는 것은 아니라고 한다(대결 2003. 10. 6, 2003마1438).
3) 가등기는 물권 또는 부동산 임차권의 변동을 목적으로 하는 청구권을 보전하기 위해서만 할 수 있는 것이므로, 청구권이라고 하더라도 권리의 변동을 목적으로 하는 것이 아닌 '물권적 청구권'에 대해서는 가등기를 할 수 없다(대판 1982. 11. 23, 81다카1110).
4) 이것은 가등기의 일시적·예비적 성격에 따라 인정된 특칙인데, 그 내용은 다음과 같다. (ㄱ) 가등기의무자가 가등기 신청에 협력하지 않는 경우에 가등기가처분을 신청하는 경우가 많겠지만, 이것은 당사자 사이에 다툼이 있을 것을 요건으로 하지 않는다(예: 가등기의무자의 행방불명, 장기여행에 의한 부재 등). 그리고 그것도 본등기의 순위보전

(^{부동산등기} 법 89조). 한편, 가등기의 말소는 가등기명의인이 단독으로 신청할 수 있다(^{부동산등기법} 93조 1항).

cc) **효 력**: (α) **청구권의 보전**: (ㄱ) '본등기를 하기 전의 가등기 자체의 효력'에 대해서는 학설이 나뉜다. 제1설(통설적 견해)은 본등기 전의 가등기만으로는 실체법상 아무런 효력이 없다고 하고, 판례도 같은 입장이다(^{대판 2001. 3. 23,} 2000다51285)(이 판례는, 중복된 소유권보존등기가 무효이더라도 가등기권리자는 그 말소를 청구할 권리가 없다고 한다). 제2설은, 가등기 그 자체만으로는 아무런 효력이 없다고 하면서 한편으로 가등기권리자는 제3자의 등기 후에도 본등기를 할 수 있고 또 그 본등기에 저촉되는 제3자의 등기가 말소된다는 것은 모순이라고 하면서, 따라서 가등기는 가등기인 채로 어떤 실체법적 효력이 있다고 하지 않으면 안 되고(그 효력은 「가등기 후에 그 부동산이나 권리에 관하여 한 처분은 가등기된 청구권을 침해하는 한도에서 효력이 없다」는 것이다), 그 효력이 바로 「청구권 보전의 효력」이라고 주장하는 견해가 있다(^{곽윤직,} 115면). (ㄴ) 가등기 후에 제3자 앞으로 소유권이전등기가 된 경우, 가등기권리자가 원소유자를 상대로 본등기를 하고 그에 따라 제3자의 등기가 말소된다는 것은, 가등기를 한 것 자체만으로 그 이후에 이루어진 제3자의 등기에 대해 그 효력이 앞선다는 실체법적 효력이 뒷받침될 때 비로소 가능한 것이다('청구권 보전을 위한 가등기 이후에 이루어진 처분행위는 가등기권리자에 대해 효력이 없다'는 것을 민법에 규정할 필요가 있다). 제2설이 타당하다고 본다. (β) **본등기 순위보전**: (ㄱ) 가등기를 하였더라도 그것이 가등기의무자의 처분권을 제한하는 것은 아니다. 그러나 후에 가등기에 기해 본등기를 하면 본등기의 순위는 가등기의 순위에 따르게 되어(^{부동산등기} 법 91조), 그 사이의 처분행위에 따른 권리 중 본등기된 권리와 저촉되는 것은 효력을 잃거나 후순위로 된다(^{대판} 1982. 6. 22,81다 1298, 1299). 예컨대 A 소유의 부동산에 B 앞으로 소유권이전청구권 보전의 가등기가 되어 있다고 하자. 이 경우 A는 그 부동산을 C에게 매도할 수도 있고, 또 저당권을 설정해 줄 수도 있다. 그러나 후에 B가 가등기에 기해 본등기를 하게 되면, (C의 그러한 등기는 B의 가등기에 의해 보전되는 권리를 침해하는 것이 되므로) C의 소유권 또는 저당권은 실효되고 후술하는 바와 같이 직권말소된다. (ㄴ) 본래 같은 부동산에 관하여 등기한 권리의 순위는 등기한 순서에 따른다(^{부동산등기} 법 4조 1항). 그런데 가등기에 기해 본등기를 한 때에는 그 본등기의 순위는 가등기의 순위에 따르는 것으로 하는데, 이것은 권리의 순위가 문제되는 경우에 가등기를 한 때를 기준으로 그 권리들 사이의 우열을 정한다는 의미일 뿐, 물권변동의 효력까지 가등기한 때로 소급한다는 의미는 아니다(^{대판 1992. 9.} 25, 92다21258). (γ) **가등기된 권리의 이전**: (ㄱ) A 소유 부동산에 대해 B가 매매예약을 원인으로 소유권이전청구권의 보전을 위해 가등기를 한 후 그 권리를 C에게 양도한 경우, C는 그 가등기에 부기등기를 하는 방식으로 그 권리를 이전받을 수 있는가? 종전의 판례는, 가등기는 순위를 확보하는 데에 목적이 있을 뿐 가등기에 어떤 특별한 권리가 있는

의 효력밖에 없는 것이므로 민사소송법상의 가처분과는 성질이 다르고, 따라서 가처분의 용어에 불구하고 민사소송법상의 가처분에 관한 규정은 준용될 여지가 없다(대결 1973. 8. 29, 73마657). 분쟁의 존재를 요건으로 하지 않으므로, 본안소송의 제기도 예정되어 있지 않다. 그리고 소멸시효 중단사유로서의 가처분에 해당하지도 않는다(대판 1993. 9. 14, 93다16758). (ㄴ) 가등기권리자는 목적 부동산의 소재지를 관할하는 지방법원에 가처분명령을 신청할 수 있고, 가등기권리자가 가등기원인을 소명한 때에는 반드시 가처분명령을 하여야 한다(동법 90조 1항). 종전에는 가처분명령을 한 지방법원이 등기소에 촉탁을 하는 것으로 하였으나, 1983년 개정에서 가등기권리자가 가등기가처분명령의 정본을 첨부하여 단독으로 신청할 수 있는 것으로 바꾸었다(동법 89조).

것이 아니라는 이유로 부정하였었는데(대결 1972. 6. 2, 72마399), 그 후 이 판례를 변경하면서, 가등기에 의해 보전된 청구권은 재산권으로서 양도성이 있고 또 가등기라는 공시방법까지 마련된 것이어서 양도인과 양수인의 공동신청으로 그 가등기상의 권리의 이전을 가등기에 대한 부기등기의 형식으로 할 수 있는 것으로 입장을 바꾸었다(대판(전원합의체) 1998. 11. 19, 98다24105). (ㄴ) 유의할 것은, 위 매매예약상의 권리의 양도는 결국 매매 당사자의 변경을 가져오는 것이어서, 여기에 A의 동의가 필요한 것은 별개의 것이라는 점이다. 다시 말해 A의 동의가 없음에도 C가 A를 상대로 당연히 본등기를 청구할 수 있다고 보기는 어렵다.

dd) 가등기에 기한 본등기절차 : 예컨대 A가 그 소유 부동산에 대해 B와 매매계약을 체결하고, B가 소유권이전청구권을 보전하기 위해 가등기를 한 후, A가 그 부동산을 C에게 양도한 경우, B가 가등기에 기해 본등기를 신청할 때, 그 등기의무자는 누가 되고 또 C의 등기는 어떻게 처리되는가? 가등기 이후 제3자 앞으로 소유권이전등기가 된 경우 그것은 가등기권리자에 대해서는 무효이므로, 가등기권리자는 본래의 부동산 소유자(가등기의무자)를 상대로 본등기를 청구하여야 한다. 따라서 B는 A와 공동으로 본등기를 신청하여야 한다. 그 신청이 있을 때에는 가등기의 순위번호를 사용하여 본등기를 하여야 한다(부동산등기규칙 146조). 본등기가 되면 등기관은 가등기 이후에 된 등기로서 가등기에 의해 보전되는 권리를 침해하는 등기(위 예에서 C의 소유권이전등기)를 직권으로 말소해야 하고, 말소했을 때에는 그 사실을 말소된 권리의 등기명의인(위 예에서 C)에게 통지해야 한다(부동산등기법 92조). 종전의 판례(대결(전원합의체) 1962. 12. 24, 4294민재항675)를 반영하여 신설한 규정이다.[1][2]

> **판 례** 가등기권자가 가등기에 기한 본등기절차에 의하지 않고 가등기설정자로부터 별도의 소유권 이전등기를 받은 경우의 법리
>
> 1) 어느 특정의 물건에 관한 채권을 가지는 자가 그 물건의 소유자가 되었다는 사정만으로는 채권과 채무가 동일한 주체에 귀속한 경우에 해당한다고 할 수 없어, 그 물건에 관한 채권이 민법 제507조에 의한 혼동으로 소멸되는 것은 아니다. 매매계약에 따른 소유권이전등기청구권 보전을 위하여 가등기가 경료된 경우, 가등기권자가 가등기설정자를 상속하거나 그 채무를 인수하지 아니한 이상, 가등기권자가 가등기에 기한 본등기절차에 의하지 않고 가등기설정자로부터 별도의 소유권이전등기를 경료받았다 하여 가등기에 기한 본등기청구권(채권)이 혼동으로

---

1) 부동산등기규칙은 가등기에 기해 본등기가 된 경우 직권말소가 되는 것과 되지 않는 것을 구체적으로 정하고 있다. 즉, (ㄱ) 등기관이 소유권이전등기청구권 보전 가등기에 의하여 소유권이전의 본등기를 한 경우, 다음의 등기를 제외하고는 모두 직권으로 말소한다. ① 해당 가등기상 권리를 목적으로 하는 가압류등기나 가처분등기, ② 가등기 전에 마쳐진 가압류에 의한 강제경매 개시결정등기, ③ 가등기 전에 마쳐진 담보가등기 · 전세권 및 저당권에 의한 임의경매 개시결정등기, ④ 가등기권자에게 대항할 수 있는 주택임차권등기 등(부동산등기규칙 147조). (ㄴ) 등기관이 지상권, 전세권 또는 임차권의 설정등기청구권 보전의 가등기에 의하여 그 본등기를 한 경우, 가등기 후 본등기 전에 마쳐진 지상권설정등기 · 지역권설정등기 · 전세권설정등기 · 임차권설정등기 · 주택임차권등기는 직권으로 말소한다. 그러나 가등기 후 본등기 전에 마쳐진 소유권이전등기 및 소유권이전등기청구권 보전 가등기 · 가압류 및 가처분 등 처분제한의 등기 · 체납처분으로 인한 압류등기 · 저당권설정등기 · 가등기가 되어 있지 않은 부분에 대한 용익물권 설정등기 등은 직권말소의 대상이 되지 않는다. (ㄷ) 저당권설정등기청구권 보전 가등기에 의하여 저당권설정의 본등기를 한 경우, 가등기 후 본등기 전에 마쳐진 등기는 직권말소의 대상이 되지 않는다(부동산등기규칙 148조).

2) 가등기에 기한 본등기가 원인무효 등의 사유로 말소되면, 등기관은 직권으로 말소된 중간처분등기의 회복등기를 해야 한다(대판 1995. 5. 26, 95다6878).

소멸되지는 않는다(대판 2007. 2. 22,/2004다59546). 2) 가등기권자가 가등기된 목적물에 관하여 별도의 소유권이전등기를 경료받았다 하더라도 가등기 후 그 소유권이전등기 전에 중간처분의 등기(예: 제3자의 가압류등기)가 있는 경우에는, 가등기권자는 그 순위보전을 위하여 가등기에 기한 본등기절차의 이행을 구할 수 있다(대판 1988. 9. 27, 87다카1637;/대판 1995. 12. 26,95다29888). 그러나 가등기 후 중간처분의 등기가 되어 있지 않고 가등기와 소유권이전등기의 등기원인도 실질상 동일하다면, 가등기의무자의 소유권이전등기의무는 그 이행이 완료된 것이어서 가등기에 의해 보전될 소유권이전등기청구권은 소멸되었다고 보아야 하므로, 가등기권자는 가등기의무자에게 더 이상 그 가등기에 기한 본등기절차의 이행을 구할 수 없다(대판 2007. 2. 22,/2004다59546).

b) 예고등기豫告登記 종전에는 예비등기의 하나로 예고등기 제도가 있었다. 즉 등기원인의 무효나 취소로 인한 등기의 말소 또는 회복의 소가 제기된 경우로서, 그 무효나 취소로써 선의의 제3자에게도 대항할 수 있는 것에 한해 예고등기가 허용되었다(구 부동산등/기법 4조). 등기서류의 위조 등을 이유로 등기의 무효나, 등기원인이 반사회질서의 법률행위에 해당한다는 이유로 무효를 주장하거나, 제한능력을 이유로 등기원인의 취소를 주장하는 경우에 예고등기가 행하여질 수 있다. 이것은 그 등기에 의해 위 소의 제기가 있었음을 제3자에게 경고하여 계쟁 부동산에 관하여 법률행위를 하고자 하는 선의의 제3자로 하여금 소송의 결과 발생할 수도 있는 불측의 손해를 방지케 하려는 목적에서 마련된 제도이다. 그런데 처분금지 가처분의 대용으로 그 비용 절약을 위해서 예고등기를 악용하는 경우가 많고, 예고등기의 요건에 해당하는 주장만 하면 예고등기를 촉탁하게 되므로 등기명의인의 재산권 행사를 방해할 목적으로 남용되며, 저당권설정등기를 경료한 후 아는 사람에게 소유권을 허위로 넘기고 그 사람을 상대로 등기말소의 소를 제기하여 예고등기를 붙이게 하는 방법으로 저당권 실행의 방해 목적으로 악용되는 등의 문제점이 있어, 2011년에 부동산등기법을 전부 개정하면서 종전의 예고등기 제도를 폐지하였다.

(3) 등기의 형식 … 주등기와 부기등기

a) 주등기主登記 독립된 번호를 붙여서 하는 등기로서, 표시란에 등기할 때에는 표시번호란에 번호를 적고, 사항란에 등기할 때에는 순위번호란에 각각 독립된 번호를 붙여서 하는 보통의 등기이다.

b) 부기등기附記登記 (ㄱ) 주등기(또는 부기등기)의 순위번호에 가지번호를 붙여서 하는 등기로서(부동산등기/규칙 2조), 어떤 등기로 하여금 기존 등기(주등기)의 순위와 효력을 그대로 갖게 할 필요가 있는 경우에 한다. 즉 어떤 등기가 기존의 등기와 동일한 것인 경우, 기존 등기의 순위와 효력을 그대로 인정할 필요가 있는 경우에 부기등기를 한다. 즉, ① 등기명의인 표시의 변경이나 경정의 등기, ② 소유권 외의 권리의 이전등기, ③ 소유권 외의 권리를 목적으로 하는 권리에 관한 등기, ④ 소유권 외의 권리에 대한 처분제한등기, ⑤ 권리의 변경이나 경정의 등기, ⑥ 환매특약등기, ⑦ 권리소멸약정등기, ⑧ 공유물 분할금지의 약정등기, ⑨ 그 밖에 대법원규칙으로 정하는 등기를 할 때에는 부기로 하여야 한다(부동산등기/법 52조). 한편, 매매예약을 원인으로 소유권이전청구권의 보전을 위해 가등기를 한 후 이 가등기상의 권리를 양도한 경우, 그 권리의 이전등기는 가등기에 대한 부기등기의 형식으로 할 수 있다(대판(전원합의체) 1998./11. 19, 98다24105). 소유

권 외의 권리의 이전등기는 부기로써 하는데($_{52조 2호}^{부동산등기법}$), 가등기된 권리는 소유권 외의 권리에 해당하기 때문이다(그러나 소유권에 대한 가등기 자체는 독립된 순위번호를 붙이는, 주등기의 방식으로 한다). (ㄴ) 채무자의 변경을 내용으로 하는 근저당권 변경의 부기등기는 기존의 주등기인 근저당권설정등기에 종속되어 주등기와 일체를 이루는 것이고 주등기와 별개의 새로운 등기는 아니므로, 그 피담보채무가 변제로 소멸된 경우 위 주등기의 말소만을 구하면 되고, 주등기가 말소되는 경우에는 그에 기한 부기등기는 직권으로 말소될 것이므로, 부기등기의 말소를 청구하는 것은 권리 보호의 이익이 없는 부적법한 청구가 된다(이것은 담보목적의 가등기에 대해 그 권리이전의 부기등기를 마친 후 피담보채무가 소멸된 경우에도 같다)($_{대판 1994. 10. 21, 94다17109}^{대판 2000. 10. 10, 2000다19526;}$). 그러나 근저당권의 주등기 자체는 유효하고 단지 부기등기를 하게 된 원인만이 무효로 되거나 취소 또는 해제된 경우에는, 그 부기등기만의 말소를 따로 구할 수 있다($_{2002다15412, 15429}^{대판 2005. 6. 10,}$).

6. 등기한 권리의 순위

a) **부동산물권 등의 순위에 관한 원칙** (ㄱ) 동일한 부동산에 관하여 등기한 권리의 순위는 법률에 다른 규정이 없으면 등기한 순서에 따른다($_{법 4조 1항}^{부동산등기}$). (ㄴ) 등기의 순서를 정하는 기준으로 부동산등기법은 다음과 같이 규정한다. ① 등기기록 중 같은 구에서 한 등기는 '순위번호'에 의한다($_{조 2항}^{동법 4}$). ② 등기기록 중 다른 구에서 한 등기는 '접수번호'에 의한다($_{조 2항}^{동법 4}$). 예컨대, 甲구에 한 가등기의 순위번호가 2번이고 乙구에 한 저당권등기의 순위번호가 1번이라고 하더라도, 전자의 접수번호가 후자보다 앞설 경우에는 가등기가 저당권등기보다 앞선 것이 된다.

b) **가등기에 기해 본등기가 된 권리의 순위** 가등기에 기해 본등기를 한 경우 본등기의 순위는 가등기의 순위에 따른다($_{법 91조}^{부동산등기}$).

c) **부기된 권리의 순위** 부기등기의 순위는 주등기의 순위에 따른다($_{5조 본문}^{부동산등기법}$). 그러나 같은 주등기에 관한 부기등기 상호간의 순위는 그 등기 순서에 따른다($_{5조 단서}^{부동산등기법}$). 예컨대, A에서 B에게 저당권이전의 가등기가 부기 방식으로 이루어지고, 이어서 A에서 C에게 저당권의 이전등기가 부기 방식으로 되었다가, 후에 A에서 B에게 저당권이전의 본등기가 부기 방식으로 되면, 본등기의 순위는 가등기의 순위에 의하므로, B와 C 상호간의 부기등기에서는 B가 우선하고, C 명의의 저당권등기는 직권말소된다.

7. 등기의 절차

(1) 등기의 신청

가) 신청주의申請主義

등기는 법률에 다른 규정이 있는 경우를 제외하고는 당사자의 신청 또는 관공서의 촉탁에 따라 한다($_{22조 1항}^{부동산등기법}$). 다시 말해 신청이 없으면 등기가 되지 않고, 직권으로 등기할 수 없는 것이 원칙이다. 이를 '신청주의'라고 한다. 등기의 원인을 국가가 알아서 등기한다는 것은 실제로 불가능하므로 당사자의 신청에 맡긴 것이다. 부동산등기법은 '등기신청인'에 관해 다음과 같이 정한다.

a) 공동신청 (ㄱ) 등기는 등기권리자와 등기의무자가 공동으로 신청해야 하는, 공동신청이 원칙이다(부동산등기법 23조 1항). 공동신청을 통해 등기의 진실성을 확보할 수 있다고 본 것이다. 여기서 '공동'이란 등기신청이 하나의 행위로서 등기관에 대해 행하여지는 것을 말한다. 즉 등기신청서가 두 사람의 공동명의로 작성, 제출되어야 한다. 등기의무자 또는 등기권리자가 각각 별개로 등기신청을 한 경우에는 비록 양자의 내용이 일치하더라도 공동신청이라고 할 수 없다(양창수·권영준, 권리의 변동과 구제, 81면). (ㄴ) 동조 소정의 '등기권리자'와 '등기의무자'는 부동산등기법상의 개념이다. 실체법상의 경우는 등기청구권을 가지는 자와 그 상대방을 의미한다. 이에 대해 부동산등기법상 등기권리자는 신청된 등기가 행하여짐으로써 권리의 취득 기타 이익을 얻는 자라는 것이 등기부상 형식적으로 표시되는 자이고, 등기의무자는 등기가 행하여짐으로써 권리의 상실 기타 불이익을 입는 자라는 것이 등기부상 형식적으로 표시되는 자를 말한다. 예컨대 A가 그 소유 토지를 B에게 매도하고, B는 등기를 하지 않은 상태에서 C에게 매도한 경우, B는 C에 대해 민법상으로는 등기의무자이지만 부동산등기법상으로는 A에서 B 앞으로 이전등기가 되기까지는 등기의무자가 아니다. 따라서 C는 채권자대위권(404조)에 기해 B가 A에 대해 가지는 등기청구권을 대위행사하여 A에게 B 앞으로 이전등기를 해 줄 것을 청구하고, 그에 따라 B 명의로 이전등기가 되면, C를 등기권리자, B를 등기의무자로 하여 C 앞으로의 이전등기에 관한 공동신청의 절차를 밟아야 한다.[1] (ㄷ) 이처럼 등기의무자는 등기신청 당시 등기부에 어떤 권리를 가진 것으로 기록되어 있어야 한다. 그리고 새로운 등기는 그 기록에 기초하여 이루어지는데, 이를 '등기 연속의 원칙'이라고 한다(양창수·권영준, 권리의 변동과 구제, 83면).

b) 단독신청 (ㄱ) 공동신청에 의하지 않더라도 등기의 진실성을 보장할 수 있거나 등기의 성질상 등기의무자가 없어 공동신청을 할 수 없는 경우에는 단독신청이 인정된다. 즉 ① 소유권보존등기 또는 소유권보존등기의 말소등기는 등기명의인으로 될 자 또는 등기명의인, ② 상속, 법인의 합병 등 포괄승계에 따른 등기는 등기권리자, ③ (등기절차의 이행·인수를 명하거나 공유물 분할을 명하는) 판결에 의한 등기는 (승소한) 등기권리자 또는 등기의무자, ④ 부동산 표시의 변경이나 경정의 등기는 소유권의 등기명의인, ⑤ 등기명의인 표시의 변경이나 경정의 등기는 해당 권리의 등기명의인, ⑥ 신탁재산에 속하는 부동산의 신탁등기는 수탁자가 각

---

1) 저당권설정 후 소유권이 이전되었는데 그 저당권에 의해 담보된 채무를 저당권설정자가 변제한 경우, 누가 저당권등기의 말소를 청구할 수 있는 등기권리자가 되는지 문제된다. (ㄱ) 부동산의 현재 소유자는, 그 변제를 자신이 하지 않았더라도, 말소되어야 할 저당권등기가 부동산에 기록되어 있음으로 해서 소유권의 행사에 방해를 받고 있다고 할 것이므로, 소유권에 기한 방해제거청구권으로서 저당권등기의 말소를 청구할 수 있다(214조). 이 경우 현재의 소유자가 등기권리자가 되고 저당권 등기명의인이 등기의무자가 되어 공동으로 저당권등기의 말소를 신청할 수 있다. (ㄴ) 저당권설정자인 종전 소유자도 저당권설정계약의 당사자로서 계약상의 권리로서 저당권소멸에 따른 원상회복으로 저당권설정등기의 말소를 구할 수 있다(대판(전원합의체) 1994. 1. 25, 93다16338). 이것은 매수인에 대한 매도인의 의무를 이행하기 위해서도 매매의 목적인 부동산에 남아 있는 저당권등기를 말소해 주어야 할 실제상의 필요가 있기도 하다. 또한 종전 소유자이기는 하지만 저당권설정자로서 남아 있는 이상 이러한 부담의 상태에서 벗어나는 이익을 갖는 점에서도 부동산등기법상 등기권리자에 해당한다. 따라서 종전 소유자도 저당권 등기명의인과 공동으로 저당권등기의 말소를 청구할 수 있다(윤진수, "소유권을 상실한 저당권설정자의 저당권설정등기 말소청구의 가부", 대법원판례해설 제21호, 72면 이하).

각 단독으로 신청한다(부동산등기법 23조 2항에서 7항). (ㄴ) 부동산물권(소유권이나 제한물권)을 포기하는 경우의 등기절차에 관해 부동산등기법은 규정하고 있지 않다. (p.103에서 기술한 대로) 그 말소등기는 (그 물권이 다른 권리의 기초나 목적이 되지 않는 한) 부동산물권의 등기명의인이 단독으로 신청할 수 있다고 본다.

c) **상속인에 의한 신청**　피상속인의 사망 전에 등기원인행위가 있었으나 등기신청을 하지 않고 있는 사이에 등기권리자 또는 등기의무자에게 상속이 개시된 경우, 상속인은 그 신분을 증명하는 서면을 첨부하여, 즉 등기권리자 또는 등기의무자의 상속인 자격에서 직접 등기를 신청할 수 있다(부동산등기법 27조).

d) **채권자에 의한 대위신청**代位申請　채권자는 채권자대위권(404조)에 기해 채무자를 대위하여 등기를 신청할 수 있고(예: 미등기 부동산의 매수인이 매도인을 대위하여 소유권보존등기를 신청하는 것), 이때에는 대위원인을 증명하는 서면을 첨부하여야 한다(부동산등기법 28조).

e) **대리인에 의한 신청**　등기신청은 대리인에 의해서도 할 수 있다(부동산등기법 24조 1항). 한편 자기계약과 쌍방대리의 금지는 등기신청에는 그 적용이 없으므로(124조 단서), 대리인이 쌍방을 대리하여 단독으로 등기신청을 하여도 무방하다.

✽ 등기신청의무 / 타인 명의 등기신청의 금지

(α) 등기신청의무:　실체적 권리관계에 부합하는 등기를 신청하도록 하기 위해 부동산등기에 대한 특례를 정한 「부동산등기 특별조치법」(1990년 법 4244호)에서는 다음과 같은 내용으로 '등기신청의무'를 정하고 있다. (ㄱ) 부동산의 소유권이전을 내용으로 하는 계약을 체결한 자는, 그 계약이 쌍무계약(예: 매매)인 때에는 반대급부의 이행이 완료된 날부터, 그 계약이 편무계약(예: 증여)인 때에는 그 계약의 효력이 발생한 날부터, 각각 60일 이내에 소유권이전등기를 신청하여야 한다(동법 2조 1항). 다만, 그 계약이 취소 · 해제되거나 무효인 경우에는 그렇지 않다(동법 2조 1항 단서). (ㄴ) 부동산의 소유권이전을 내용으로 하는 계약을 체결한 자(예: 매수인 · 수증자)가 위 반대급부의 이행이 완료된 날 또는 계약의 효력이 발생한 날 이후에 그 부동산에 대하여 다시 제3자와 소유권이전을 내용으로 하는 계약이나 제3자에게 계약 당사자의 지위를 이전하는 계약을 체결하고자 할 때에는, 그 전에 먼저 체결된 계약에 따라 소유권이전등기를 신청하여야 한다(동법 2조 2항). (ㄷ) 부동산의 소유권이전을 내용으로 하는 계약을 체결한 자가 위 반대급부의 이행이 완료된 날 또는 계약의 효력이 발생한 날 전에 그 부동산에 대하여 다시 제3자와 소유권이전을 내용으로 하는 계약을 체결한 때에는, 먼저 체결된 계약의 반대급부의 이행이 완료되거나 계약의 효력이 발생한 날부터 60일 이내에 먼저 체결된 계약에 따라 소유권이전등기를 신청하여야 한다(동법 2조 3항). (ㄹ) 소유권보존등기가 되어 있지 아니한 부동산에 대하여 소유권이전을 내용으로 하는 계약을 체결한 자는, 소유권보존등기를 신청할 수 있음에도 이를 하지 아니한 채 계약을 체결한 경우에는 그 계약을 체결한 날부터, 계약을 체결한 후에 소유권보존등기를 신청할 수 있게 된 경우에는 그 등기를 신청할 수 있게 된 날부터, 각각 60일 이내에 소유권보존등기를 신청하여야 한다(동법 2조 5항). (ㅁ) 등기권리자가 위 신청의무를 위반한 때에는 과태료의 처분을 받는다(동법 11조). 한편 탈세 · 탈법 · 부당이득의 목적으로 위 (ㄴ)과 (ㄷ)을 위반한 때에는 따로 3년 이하의 징역이나 1억원 이하의 벌금에 처한다(동법 8조 1호). (ㅂ) 등기신청의무를 정하는 동법 제2조의 규정은 효력규정이 아니라 단속규정으로서,

그 기간 경과 후에 등기신청을 하였더라도 등기소는 그 신청을 거절하지 못한다($^{곽윤직,}_{67면}$).

(β) 타인 명의 등기신청의 금지: 부동산에 관한 소유권과 그 밖의 물권을 실체적 권리관계와 일치하도록 실권리자 명의로 등기하도록 하기 위해 「부동산 실권리자명의 등기에 관한 법률」($^{1995년\ 법}_{4944호}$)이 제정되었는데, 동법에 의하면, 누구든지 부동산에 관한 물권을 명의신탁약정에 따라 타인(명의수탁자)의 명의로 등기하여서는 안 되고($^{동법\ 3}_{조\ 1항}$), 명의신탁약정은 무효이며 그에 기해 행하여진 등기도 무효이고($^{동법}_{4조}$), 이를 위반한 때에는 과징금 외에 5년 이하의 징역이나 2억원 이하의 벌금에 처한다($^{동법}_{7조}$).

나) 등기신청의 방법

등기는 다음 두 가지 중 어느 하나의 방법으로 신청한다($^{부동산등기법}_{24조\ 1항}$). 하나는 '방문신청'으로, 신청인 또는 그 대리인이 등기소에 출석하여 신청정보 및 첨부정보를 적은 서면을 제출하는 것이고, 다른 하나는 '전자신청'으로, 대법원규칙으로 정하는 바에 따라 전산정보처리조직을 이용하여 신청정보 및 첨부정보를 보내는 것이다.

다) 등기신청에 필요한 서면

a) 신청인은 방문신청이든 전자신청이든 동일하게 대법원규칙으로 정하는 바에 따라 신청정보 및 첨부정보를 제공하여야 한다($^{부동산등기법}_{24조\ 2항}$). (ㄱ) 그러한 정보에 관한 서면으로는 신청서, 등기원인을 증명하는 서면(예: 매매에 의한 소유권이전등기신청의 경우에는 매매계약서), 등기원인에 대한 제3자의 허가가 필요한 경우 이를 증명하는 서면, 대리인에 의해 신청할 경우 대리권한을 증명하는 서면 등이 있다. (ㄴ) 그리고 특히 중요한 서면으로 '등기필정보'가 있다. ① 등기관이 새로운 권리에 관한 등기를 마쳤을 때에는 등기필정보를 작성하여 등기권리자에게 통지해야 한다($^{부동산등기법}_{50조\ 1항}$). ② 등기권리자와 등기의무자가 공동으로 권리에 관한 등기를 신청하는 경우에 신청인은 신청정보와 함께 등기의무자의 등기필정보를 등기소에 제공해야 한다. 승소한 등기의무자가 단독으로 권리에 관한 등기를 신청하는 경우에도 또한 같다($^{부동산등기법}_{50조\ 2항}$). 이것은 신청인이 진정한 등기의무자인지를 등기관이 확인할 수 있도록 하기 위해서이다. ③ 등기의무자의 등기필정보가 없을 때에는 등기의무자 또는 그의 법정대리인이 등기소에 출석하여 등기관으로부터 등기의무자임을 확인받아야 한다. 다만, 등기신청인의 대리인(변호사나 법무사만을 말한다)이 등기의무자로부터 위임받았음을 확인한 경우 또는 신청서 중 등기의무자의 작성 부분에 관하여 공증을 받은 경우에는 위와 같은 확인절차를 밟을 필요가 없다($^{부동산등기}_{법\ 51조}$).

b) 부동산등기 특별조치법은 다음의 경우에 특례를 정한다. (ㄱ) 계약을 원인으로 소유권이전등기를 신청할 때에는 일정한 사항이 기재된 계약서에 검인신청인을 표시하여 부동산의 소재지를 관할하는 시장 등의 검인을 받아 관할 등기소에 제출해야 한다($^{동법\ 3}_{조\ 1항}$). 등기원인을 증명하는 서면이 집행력 있는 판결서 또는 판결과 같은 효력을 갖는 조서인 때에는 판결서 등에 검인을 받아 제출해야 한다($^{동법\ 3}_{조\ 2항}$). 세원 포착과 중간생략등기 등 투기를 막기 위해 마련한 규정이다. (ㄴ) 등기원인에 대해 행정관청의 허가 등을 받아야 할 것인 때에는 부동산등기법의 규정에 불구하고 그 허가 등을 증명하는 서면을 제출해야 한다($^{동법\ 5}_{조\ 1항}$). 행정관청의 허가가 없

는데도 소유권이전등기를 명하는 판결이 있을 수 있음을 고려한 규정이다.

(2) 등기신청에 대한 심사

등기신청에 대한 심사에는 실체법상의 권리관계와 일치하는지 여부까지 심사하는 실질적 심사주의와, 신청서류에 의해 형식상의 등기요건에 합치하는지 여부만을 심사하는 형식적 심사주의가 있다. 전자는 진실한 등기가 확보되는 반면에 등기절차가 지연된다는 단점이 있고, 후자는 그와 반대이다. 그런데 부동산등기법 제29조는 등기관이 등기신청을 부적법한 것으로서 각하해야 할 경우를 한정적으로 정하고 있을 뿐만 아니라, 그 방법은 서면심사를 원칙으로 하고 있는 점에서, 등기관에게 실질적 심사권을 인정한 것으로는 볼 수 없다.[1] 판례도 같은 취지이다. 즉 등기공무원은 등기신청에 대해 실체법상의 권리관계와 일치하는지 여부를 심사할 실질적 심사권한은 없고, 오직 신청서와 그 첨부서류 및 등기부에 의해 등기요건에 합당하는지 여부를 심사할 형식적 심사권한만 있으며, 그 밖에 다른 서면을 받거나 그 외의 방법에 의해 사실관계의 진부를 조사할 수는 없다고 한다(대판 1995. 5. 12, 95다9471; 대결 2008. 12. 15, 2007마1154).[2]

(3) 등기의 실행

등기를 마치면 등기관은 대법원규칙으로 정하는 바에 따라 신청인 등에게 그 사실을 알려야 한다(부동산등기법 30조). 그리고 등기부 부본자료를 작성하여야 한다(부동산등기법 16조). 한편, 등기관이 새로운 권리에 관한 등기를 마쳤을 때에는 등기필정보를 작성하여 등기권리자에게 통지해야 한다(부동산등기법 50조 1항).

(4) 등기관의 처분에 대한 이의

등기관의 결정 또는 처분에 이의가 있는 자는 관할 지방법원에 이의신청을 할 수 있다(부동산등기법 100조). 이의신청은 등기소에 이의신청서를 제출해야 하고, 등기관이 이의가 이유 없다고 인정한 때에는 3일 내에 의견서를 첨부하여 관할 지방법원에 보내야 한다(부동산등기법 101조·103조). 관할 지방법원은 이의에 대해 이유를 붙여 결정을 하여야 하고, 이의가 이유 있다고 인정하면 등기관에게 그에 해당하는 처분을 명하고, 그 뜻을 이의신청인과 등기상의 이해관계인에게 알려야 한

---

1) 종전 부동산등기법(56조의2)은 1동의 건물을 구분한 건물에 관한 등기신청이 있는 경우 등기관은 필요한 때에는 그 건물의 표시에 관한 사항을 조사할 수 있는 것으로 하여, 구분건물의 표시에 관해서는 예외적으로 실질적 심사권을 인정하였었는데, 이 규정은 2011년에 부동산등기법을 전부 개정하면서 삭제되었다.

2) 판례: 「(ㄱ) 소유권이전청구권 보전의 가등기 이후에 국세체납으로 인한 압류등기가 마쳐지고 위 가등기에 기한 본등기가 이루어지는 경우, 등기관은 체납처분권자에게 부동산등기법 제175조에 따른 직권말소 통지를 하고, 체납처분권자가 당해 가등기가 담보가등기라는 점 및 그 국세가 당해 재산에 관하여 부과된 조세라거나 그 국세의 법정기일이 가등기일보다 앞선다는 점에 관하여 소명자료를 제출하여 이해관계인 사이에 실질적인 다툼이 있으면, 국세 압류등기를 직권말소할 수 없고, 한편 이와 같은 소명자료가 제출되지 아니한 경우에는 국세 압류등기를 직권말소하여야 한다. (ㄴ) 그리고 등기관이 국세 압류등기의 말소를 위하여 위와 같은 심사를 한다고 하더라도, 그 본등기가 가등기담보법의 적용을 받는 가등기에 기한 것으로서 동법 소정의 청산절차를 거친 유효한 것인지 여부까지 심사하여야 하는 것은 아니다. 체납처분권자가 제출할 수 있는 소명자료의 적정성을 확보하기 어려운 현실에서, 대량의 등기신청 사건을 신속하고 적정하게 처리할 것을 요구받는 등기관에게 그러한 소명자료만으로 본등기의 유효성 여부까지 심사하게 하는 것은 부동산등기법이 형식적 심사주의를 취한 취지에 반하기 때문이다.」(대결(전원합의체) 2010. 3. 18, 2006마571). 대법원은 종전에 가등기에 기한 본등기가 가등기담보법 소정의 청산절차를 거쳐서 이루어진 것이 아닌 이상 등기관은 국세 압류등기를 직권말소할 수 없다고 하였는데(대결 1989. 11. 2, 89마640), 위 전원합의체 결정으로 이를 변경한 것이다.

다$\left(\substack{\text{부동산등기법}\\105조\ 1항}\right)$.

8. 등기청구권登記請求權

사례 아파트 소유자 A는 임차인으로서 우선분양권을 가지고 있던 B와 분양대금을 39,759,100 원으로 하여 분양계약을 체결하였는데, B는 계약금 8,871,600원만을 납부한 후 곧바로 같은 날 C 에게 위 아파트에 대한 소유권이전청구권을 양도하고 A에게 그 사실을 통지하였다. C는 A에게 잔대금 30,887,500원을 지급하면서 위 매매를 원인으로 하여 소유권이전등기절차의 이행을 청구 하였다. C의 청구는 인용될 수 있는가?
해설 p. 81

(1) 의 의

a) (ㄱ) 등기는 등기권리자와 등기의무자가 공동으로 신청하여야 하는, 공동신청이 원칙이다 $\left(\substack{\text{부동산등기법}\\23조\ 1항}\right)$. 이 「등기신청권」은 국민이 국가기관인 등기관에 대해 가지는 권리로서, 일종의 공 법상의 권리에 속한다. 이처럼 공동신청이 요구됨에 따라 등기의무자가 그에 협력하지 않는 경우에는, 등기권리자는 그에게 그 협력을 청구할 수 있다. 즉 등기신청에 필요한 서류를 마 련해서 공동으로 신청할 것을 구하거나, 또는 등기권리자가 단독으로 신청할 수 있도록 필요 한 모든 서류를 교부할 것을 청구하는 것이다(즉 등기절차의 이행청구)(유의할 것은, 부동산 매매 와 같은 쌍무계약에서 대금의 지급과 등기서류의 교부는 동시이행의 관계에 있다$\left(\substack{536\\조}\right)$. 그러므로 등기서 류의 교부청구, 즉 등기절차의 이행을 청구하려면 대금의 제공이 같이 있어야 한다). 이것이 바로 「등 기청구권」이고, 사법상의 권리에 속한다. 애초부터 등기권리자 또는 등기명의인이 단독으로 신청할 수 있는 경우에는 등기청구권은 발생하지 않는다. (ㄴ) 민법은 부동산 임대차에서 임차 인의 등기청구권에 대하여 개별 규정을 두고 있을 뿐$\left(\substack{621조\\1항}\right)$, 등기청구권에 관한 일반규정을 두고 있지 않다. 따라서 이 문제는 학설과 판례에 의해 해결할 수밖에 없다.

b) 대체로 다음과 같은 경우에 등기청구권이 발생한다(세부적으로는 후술하는 대로 네 가지가 있지만). 하나는 가령 A 토지를 B가 매수하는 경우, B가 소유권을 취득하려면 B 앞으로 소유 권이전등기가 되어야 하고 그러기 위해서는 A와 B가 공동신청을 하여야 하기 때문에, A가 그러한 공동신청절차에 협력하지 않는 때에는 B가 A에게 그 절차의 이행을 구하는 점에서 등기청구권이 발생한다. 다른 하나는 가령 A 소유의 부동산을 B가 원인 없이 등기서류를 위 조하여 B 명의로 소유권이전등기를 한 경우이다. (후술하는 대로) 등기가 마쳐지면 등기된 대 로의 권리관계가 있는 것으로 추정받는 등기의 추정력이 인정되어, A는 자신이 진정한 소유 자라 하더라도 일방적으로 B 명의의 등기를 말소할 수는 없다. 한편 B 명의로 소유권이전등 기가 되어 있는 동안에는 A는 자신이 소유자라고 하더라도 소유권의 권능(사용·수익·처분)을 행사하는 데 지장을 받는다. 여기서 A는 소유권에 기한 물권적 청구권으로서 방해제거청구권 $\left(\substack{214\\조}\right)$을 행사하여 B를 상대로 B 명의의 등기의 말소(정확히는 등기의 말소에 관한 공동신청절차의 이행을 청구하는 것)를 구하는 점에서 등기청구권이 발생한다.

(2) 발생원인과 성질

등기청구권이 발생하는 경우로는 다음 네 가지가 있고, 그 성질이 다름에 따라 그 내용을 달리한다.

가) 법률행위에 의한 경우

a) **성 질**   (ㄱ) 부동산 매매계약에 따라 매수인이 매도인에 대해 갖는 소유권이전등기청구권의 성질은 채권적 청구권이라는 것이 통설적 견해이고 판례의 일관된 입장이다. 매매계약이 있으면 그 효력으로서 매도인은 매매의 목적이 된 권리를 이전할 의무를 지고($^{568조}_{1항}$), 그것이 부동산물권인 경우에는 등기이전의무도 포함되는 것이기 때문에($^{186}_{조}$), 또 등기는 등기권리자와 등기의무자가 공동으로 신청하는 것이 원칙이기 때문에($^{부동산등기법}_{23조\ 1항}$), 매수인은 매도인이 부담하는 이러한 의무의 내용으로서 등기절차에 협력할 것을 구할 수 있는 등기청구권을 갖고, 결국 이것은 매매계약이라는 채권행위에서 생기는 것인 점에서, 그 성질은 채권적 청구권으로 보는 것이 타당하다. (ㄴ) 그런데 위 소유권이전등기청구권을 채권적 청구권으로 보면서도, (후술하는 바와 같이) 판례는 일정한 경우에는 소멸시효에 걸리지 않는다고 하고, 또 그 양도가 제한되는 것으로 본다.

b) **소유권이전등기청구권의 소멸시효**   판례는 위 소유권이전등기청구권을 채권적 청구권으로 파악하여 10년의 소멸시효에 걸리는 것으로 본다($^{162조}_{1항}$). 그 등기청구권이 시효로 소멸되면 매수인은 소유권이전등기를 받을 수 없어 부동산 소유권을 취득할 수 없게 된다. 다만 목적물의 인도를 중심으로 하여 특수한 법리를 전개하여 왔는데, 다음의 두 가지가 그것이다. (ㄱ) 매수인이 목적물을 인도받아 사용하고 있는 때에는, 시효제도의 존재이유에 비추어 매수인을 권리 위에 잠자는 것으로 볼 수 없고, 매도인과 매수인의 이익형량상 매수인의 사용·수익의 상태를 더 보호할 가치가 있다는 것을 이유로, 그 등기청구권은 소멸시효에 걸리지 않는 것으로 본다(대판(전원합의부) 1976. 11. 6, 76다148). (ㄴ) 매수인이 목적물을 (등기하지 않고) 점유하다가 타인에게 전매(또는 임대)하여 타인이 점유하고 있는 경우, 매수인이 매도인에 대해 갖는 소유권이전등기청구권이 소멸시효에 걸리는지에 관해, 판례는 변화가 있어 왔다. 즉 ① 매수인이 점유를 상실한 시점부터 소멸시효가 진행된다고 한 것이 있는가 하면(대판 1996. 9. 20, 96다68; 대판 1997. 7. 8, 96다53826), ② 매수인이 점유를 한 이상 등기청구권은 소멸시효의 대상이 되지 않는다고 한 것이 있다(대판 1976. 11. 23, 76다546; 대판 1977. 3. 8, 76다1736; 대판 1988.). ③ 그런데 그 후의 판례에서, 즉 A가 그 소유 임야를 B에게 매도·인도하고, B는 이를 C에게 매도·인도하였는데, 그로부터 10년이 지난 상태에서, 다시 말해 B가 위 임야의 점유를 상실한 지 10년이 지난 상태에서, C가 채권자대위권에 기해 A를 상대로 B 앞으로 소유권이전등기를 해 줄 것을 청구하였고, 이에 대해 A가 B의 A에 대한 소유권이전등기청구권이 시효로 소멸되었다고 항변한 사안에서, 다음과 같은 법리로써 (B의 A에 대한 소유권이전등기청구권은) 소멸시효에 걸리지 않는 것으로 보았다. 즉「부동산의 매수인이 그 부동산을 인도받은 이상, 이를 사용·수익하다가 그 부동산에 대한 보다 적극적인 권리행사의 일환으로 다른 사람에게 그 부동산을 처분하고 그 점유를 승계하여 준 경우에도, 그 이전등기청구

권의 행사 여부에 관하여 그가 그 부동산을 스스로 계속 사용·수익만 하고 있는 경우와 특별히 다를 바 없으므로, 위 두 어느 경우에나 이전등기청구권의 소멸시효는 진행되지 않는다」(대판(전원합의체) 1999. 3. 18, 98다32175). 이 판례는 종전 ①의 판례를 변경하고 ②의 판례를 유지한 데 그 의미가 있다.[1]

c) **소유권이전등기청구권의 양도성** (ㄱ) 학설 중에는, 부동산 매수인이 매도인에 대해 갖는 소유권이전등기청구권은 채권적 청구권이므로 채권양도의 방식에 의해 양도할 수 있고, 양수인은 직접 매도인에게 소유권이전등기를 청구할 수 있다고 보는 견해가 있다.[2] (ㄴ) 판례는 소유권이전등기청구권을 채권적 청구권으로 보면서도 그 양도가 제한된다는 입장을 취하고 있는데, 판례에 따라 그 논거는 차이가 있다. 즉, ① 중간생략등기를 청구하려면 관계 당사자 모두의 합의가 필요하다는 것이 대법원의 확립된 견해이므로(대판 1983. 12. 13, 83다카881; 대판 1991. 4. 23, 91다5761; 대판 1994. 5. 24, 93다47738), 같은 차원에서 부동산이 A에서 B, B에서 C로 양도된 경우, B가 A에 대한 등기청구권을 C에게 양도하였다고 하더라도 A가 동의하지 않으면 C는 A에게 등기청구를 할 수 없다고 한 것이 있는가 하면(대판 1995. 8. 22, 95다15575; 대판 1997. 5. 16, 97다485), ② 부동산의 매매로 인한 재산권이전에는 신뢰관계가 따르므로, 따라서 매매로 인한 소유권이전등기청구권은 그 권리의 성질상 양도가 제한되고 그 양도에 채무자의 승낙이나 동의가 필요하다고 한 것도 있다(대판 2001. 10. 9, 2000다51216). (ㄷ) 사견은, 소유권이전등기청구권의 양도성 여부에 관해서는 위 판례와 결론을 같이하지만, 그 이유는 달리한다. 즉, 법률행위를 원인으로 하여 부동산물권의 변동이 생기기 위해서는 「법률행위」와 그 내용에서 합치하는 「등기」두 가지가 필요하다(186조). 따라서 법률행위의 당사자와 등기의 당사자는 서로 일치하여야만 한다. 그러므로 등기청구권을 채권의 관점에서만 양도성을 인정하는 것은, 법률행위의 당사자가 아닌 자 사이에 등기가 이루어지는 결과를 초래하는 점에서 부동산물권의 변동을 가져올 유효한 등기가 될 수 없는 것이고, 결국 소유권이전등기청구권은 권리의 성질상 양도가 제한되는 것으로 해석할 수밖에 없다(449조 1항 단서 참조). 다만 최초 양도인이 그에 동의한 때에는 등기의 한도에서는 양수인이 직접 등기청구를 할 수 있는 것으로 보아도 무방할 것이다.

〈참 고〉 A의 B에 대한 소유권이전등기청구권에 대해 A의 채권자 C가 압류(또는 가압류)를 한 경우, 이 압류는 채권(등기청구권)에 대한 것이지 등기청구권의 목적물인 부동산에 대한 것이 아니다(즉 부동산 자체에 대한 압류 또는 가압류와는 다르다. 이에 관한 법적 근거로는 민사집행법 83조·94조·293조·301조). 따라서 압류가 있으면 그 변제 금지의 효력에 의해 제3채무자 B는

---

1) 한편, 이 전원합의체 판결에 의한 폐기대상에 다음 두 개의 판례가 제외된 점을 들면서 이에 관해 다음과 같이 해석하는 견해가 있다(민사판례연구회 편, 90년대 주요민사판례평석, 64면~65면(박병대)). ① 대판 1992. 7. 24, 91다40924인데, 그 사안은 타인이 원고의 '점유를 침탈'한 경우로서, 동 판례는 그 점유 상실 시점부터 소멸시효가 진행되는 것으로 보았다. 그래서 위 ③의 판결에 대해서는, 매수인이 그 부동산을 제3자에게 처분하고 점유를 승계하여 준 때, 즉 점유의 상실이 그 부동산에 대한 권리행사의 일환으로 이해될 수 있는 경우로 제한적으로 해석되어야 한다고 한다. ② 대판 1996. 3. 8, 95다34866인데, 동 판결은 취득시효가 완성된 점유자가 점유를 상실한 경우에는 그 때부터 10년간 등기청구권을 행사하지 아니하면 소멸시효가 완성된다고 보았고, 이것이 그대로 유지되고 있는 점에서, 취득시효로 인한 등기청구권의 경우에는 종전 판례의 입장이 유지되는 것으로 해석된다고 한다.

2) 이호정, "부동산의 최종매수인의 최초매도인에 대한 등기청구권", 법률신문 1982. 1. 11., 1982. 1. 18.

A에게 임의로 이전등기를 하여서는 안 된다. 그런데 등기청구권에 대한 압류는 채무자와 제3채무자에게 결정을 송달하는 외에 등기부에 이를 공시하는 방법이 없어 당해 채권자와 채무자 및 제3채무자 사이에서만 효력을 가지며, 압류와 관계없는 제3자에 대하여는 압류의 처분금지적 효력을 주장할 수 없으므로, 등기청구권의 압류는 청구권의 목적물인 부동산 자체의 처분을 금지하는 대물적 효력은 없다. 따라서 B가 A에게 임의로 이전등기를 한 후 A가 제3자 D에게 이전등기한 경우, C는 D에게 그 등기가 원인무효라고 주장하여 말소를 청구할 수 없다. B의 행위는 C에 대해 불법행위가 되고, 그에 따른 배상책임을 진다(대판(전원합의체) 1992. 11. 10, 92다4680; 대판 2007. 9. 21, 2005다44886).

나) 그 밖의 경우

a) 실체관계와 등기의 불일치　　A 소유의 부동산을 B가 문서를 위조하여 B 명의로 이전등기를 한 경우처럼 등기가 실체적 권리관계와 일치하지 않는 때에는, (B의 등기가 있는 상태에서는 A는 부동산을 처분하는 데 사실상 방해를 받으므로) A는 소유권에 기한 방해제거청구권을 행사하여 B 명의의 등기의 말소를 청구할 수 있다(214조). 즉 이 경우의 등기의 말소도 공동으로 신청하여야 하고, 등기의무자가 이에 응하지 않는 때에는 등기청구권이 발생한다. 이 등기청구권은 소유권에 기한 물권적 청구권(방해제거청구권)에 해당하는 것으로서, 소멸시효에 걸리지 않는다.

b) 부동산 점유취득시효　　20년간 소유의 의사로 평온·공연하게 부동산을 점유하는 자는 등기함으로써 소유권을 취득한다(245조 1항). 통설과 판례는, 취득시효가 완성되면 동 조항에 근거하여 점유자는 소유자를 상대로 취득시효를 원인으로 소유권이전등기를 청구할 수 있는 등기청구권을 가지는 것으로 보고, 등기가 된 때에 소유권을 취득하는 점에서 그 성질을 채권적 청구권으로 파악한다.

c) 부동산 임차권과 부동산 환매권　　(ㄱ) 민법은, 부동산 임차인은 당사자 간에 반대 약정이 없으면 임대인에게 그 임대차 등기절차에 협력할 것을 청구할 수 있다고 정한다(621조 1항). 따라서 동 조항에 의해 등기청구권이 발생하고, 그 성질은 채권적 청구권이다. (ㄴ) 매매의 목적물이 부동산인 경우에 매매등기와 동시에 환매권의 유보를 등기한 때에는 제3자에 대하여 효력이 생긴다(592조). 따라서 환매권의 유보에 관한 당사자 간의 약정에 의해 등기청구권이 발생하고, 그 성질은 채권적 청구권이다.[1]

---

1) 위 세 경우에 발생하는 등기청구권을 양도할 수 있는지에 관해서는, 다음과 같이 나누어 볼 수 있다. (ㄱ) 실체관계와 등기가 일치하지 않아 생기는 등기말소청구권은 그 성질이 물권에 기한 방해제거청구권으로서, 이것은 채권이 아닐 뿐만 아니라, 물권과 분리하여 따로 양도할 수도 없다. (ㄴ) 부동산 점유취득시효가 완성된 경우, 점유의 시초부터 기산하여 20년이 되는 때에 그 당시의 점유자가 소유자에 대해 채권으로서의 등기청구권을 가진다고 보는 것이 판례의 기본태도이다. 점유취득시효의 경우 등기를 요건으로 정한 것을 실현하고 또 등기하기 전의 소유자로부터 부동산을 취득한 제3자의 거래의 안전을 보호하려는 취지에서이다. 여기서 점유취득시효가 완성된 점유자가 소유자에 대해 갖는 소유권이전등기청구권을 양도할 수 있는지에 대해서는, 판례는, 취득시효 완성의 경우에는 채권자와 채무자 사이에 아무런 계약관계나 신뢰관계가 없는 점에서 (매매로 인한 소유권이전등기청구권의 양도의 경우와는 달리) 통상의 채권양도의 법리에 따라 양도할 수 있다고 한다(대판 2018. 7. 12, 2015다36167). (ㄷ) 임대차계약 또는 부동산 환매에 따른 등기청구권을 양도하는 것은 결국 계약 당사자를 바꾸는 것이 되므로, 따로 계약인수의 절차를 밟아야 한다. 다시 말해 그 성질상 양도할 수 없다고 봄이 타당하다(449조 1항 단서).

(3) 등기청구권의 특수 문제

가) 「진정명의회복」을 원인으로 한 소유권이전등기청구

a) 쟁 점   예컨대 토지의 소유자는 甲인데, 원인 없이 A · B · C 앞으로 각각 소유권이전등기가 된 경우, 甲은 소유권에 기해 A · B · C 모두를 상대로 각 이전등기의 '말소'를 청구하는 것이 등기의 형식과 원인에 부합하는 것이 된다. 그런데 그 말소의 방식 대신에, 甲이 소유권에 기해 진정한 등기명의의 회복, 즉 진정명의회복을 등기원인으로 하여 현재의 등기명의인 C를 상대로 '소유권등기의 이전'을 청구할 수 있는지가 문제된다. 여기에는 상반된 입장이 있을 수 있다. 하나는 甲과 C 사이에는 등기의 이전에 관한 실체관계가 없으므로 이전등기의 방식은 허용될 수 없다는 것이고, 다른 하나는 등기는 현재의 권리상태를 공시하면 족하다는 점에서 이전등기의 방식을 취하더라도 그 실질에 부합하는 이상 허용된다고 보는 것이다(실제와 다른 등기원인에 의한 등기로서, 실체관계에 부합하는 등기의 효력의 법리를 이 경우에도 인정하자는 것이다).

b) 판례의 변화   위 문제에 관해 판례는 변화가 있었다. 그것은 다음 세 가지로 정리된다. (ㄱ) 처음의 판례는, 등기말소를 청구하여야 하고, 소유권 회복을 원인으로 한 이전등기청구는 할 수 없다고 하였다(대판 1972. 12. 26, 72다1846, 1847; 대판 1981. 1. 13, 78다1916). (ㄴ) 그 후의 판례는 다음과 같은 이유로 이를 긍정하는 것으로 입장을 바꾸면서, 위 (ㄱ)의 판례를 변경하였다(대판(전원합의체) 1990. 11. 27, 89다카12398). 즉 「① 부동산등기 제도는 궁극적으로 현재의 권리 상태를 정당한 것으로 공시하여 부동산 거래의 안전을 도모하려는 데 있는 것이고, ② 현재의 부진정한 등기명의인에게는 말소의 방식이든 이전의 방식이든 그 이해를 달리하지 않으며, ③ 부진정한 등기명의인 모두를 상대로 차례로 그 등기의 말소를 구하는 것보다는 최종 등기명의인을 상대로 직접 이전등기를 구하는 것이 소송절차나 소송경제상 훨씬 도움이 되고, ④ 진정한 소유자가 말소등기청구의 소를 제기하여 패소한 경우에 기판력 때문에 다시 말소등기를 청구할 수는 없는데, 이렇게 되면 부진정한 등기명의인의 등기가 계속 남게 되어 그에 따라 다수의 선의의 피해자가 생기게 되는 문제가 있다.」 (ㄷ) 그리고 그 후의 판례는 위 (ㄴ)의 판례에서 ④의 부분을 변경하였다. 즉, 진정명의회복을 원인으로 한 소유권이전등기청구권과 무효등기 말소청구권은 어느 것이나 진정한 소유자의 등기명의를 회복하기 위한 것으로서 실질적으로 그 목적이 동일하고, 두 청구권 모두 '소유권에 기한 방해배제청구권'으로서 그 법적 근거와 성질이 동일하므로, 비록 전자는 이전등기, 후자는 말소등기의 형식을 취하고 있다고 하더라도 그 소송물은 동일한 것으로 보아야 하고, 따라서 소유권이전등기 말소청구소송에서 패소 확정판결을 받았다면 그 기판력既判力은 진정명의회복을 원인으로 한 소유권이전등기 청구소송에도 미친다고 보았다(대판(전원합의체) 2001. 9. 20, 99다37894).

〈참 고〉 (ㄱ) 현재의 판결도 위 최종 판례와 그 취지를 같이하고 있다. 특히 위 청구는 다음과 같은 점에서 실용성이 있는 것으로 평가받고 있다.[1] 1) A 소유의 부동산에 대해 수인의 명의로 각각 소유권이전등기가 마쳐진 경우, 각 말소등기마다 별도의 서면과 절차를 요하므로 많은 노

---

1) 김명수, 대법원판례해설 제38호, 301면.

력과 비용이 들고, 중간자 중에 상속이 생겨 여러 사람이 공동상속을 하는 경우에는 그 불편이 더욱 커지는 점에서, A가 최종 등기명의인을 상대로 진정명의회복을 원인으로 하여 이전등기를 구하는 것이 간편한 이점이 있다. 2) A와 B 사이의 소유권이전이 허위표시에 의해 이루어진 뒤 C가 선의로 B 명의의 부동산에 저당권설정등기를 한 경우, A는 B 명의의 등기가 무효라는 것을 C에게 주장하지 못한다(^{108조}_{2항}). 그러므로 A가 B를 상대로 소유권이전등기의 말소를 청구하여 승소하여도 등기상 이해관계를 갖는 C의 승낙을 받아야 말소가 이루어질 수 있는 것이어서(^{부동}_{산등} _{기법 57}_{조 1항}), C가 그 승낙을 하지 않는 경우에는 B 명의의 소유권이전등기는 말소할 수 없게 된다. 이 경우 A가 B와의 법률행위가 허위표시로서 무효임을 이유로 B를 상대로 진정명의회복을 원인으로 하여 소유권이전등기를 청구함으로써 C의 저당권의 부담을 안은 채로 그 목적물을 회복할 수 있는 이점이 있다(그러나 가령 C가 소유권이전등기를 마친 경우라면, A는 소유자가 아니므로 이러한 청구는 할 수 없다). (ㄴ) 유의할 것은, <u>판례에 의해 형성된 '진정한 등기명의의 회복을 위한 소유권이전등기청구'는 자기 명의로 소유권 등기가 되어 있었거나 법률에 의하여 소유권을 취득한 진정한 소유자가 현재의 등기명의인을 상대로 그 등기의 말소를 구하는 것에 갈음하여 소유권에 기해 진정한 등기명의의 회복을 구하는 것이다.</u> 그러므로 자기 앞으로 소유권 등기가 되어 있지 않았거나 법률에 의해 소유권을 취득하지도 않은 사람은 진정한 등기명의의 회복을 위한 소유권이전등기청구를 할 수 없다(^{대판 2003. 5. 13,}_{2002다64148}). 특정유증을 받은 자는 유증의무자에게 유증을 이행할 것을 청구할 수 있는 채권을 취득할 뿐이고 유증받은 부동산의 소유자가 아니어서, 직접 진정명의회복을 원인으로 한 소유권이전등기를 구할 수 없다(^{대판 2003. 5. 27,}_{2000다73445}). 그리고 현재의 등기명의인을 상대로 하여야 하고 현재의 등기명의인이 아닌 자는 피고적격이 없다(^{대판}_{2017.} _{12. 5, 2015}_{다240645}).

나) 등기인수청구권_{登記引受請求權}

본래 등기청구권은 등기권리자가 등기의무자에게 등기신청에 협력할 것을 청구하는 것인데, 거꾸로 등기의무자가 등기권리자에게 등기이전을 해 갈 것을 청구할 수 있는지 문제된다. 매수인이 등기이전을 해 가지 않음에 따라 매도인인 현재의 등기명의인이 소유자로서의 민사책임과 각종 세금 등의 부담을 안게 되는 점에서 문제가 되는 것이다. 부동산등기법에는 이를 인정하는 규정이 있다. 즉 "(등기절차의 이행 또는 인수를 명하는) 판결에 의한 등기는 승소한 등기권리자 또는 등기의무자가 단독으로 신청한다"는 규정이 그것이다(^{동법 23}_{조 4항}).[1]

사례의 해설 사례에서 C가 직접 A를 상대로 소유권이전등기를 청구할 수 있는 사유로는 다음 세 가지를 들 수 있다. (ㄱ) '중간생략등기의 합의'를 기초로 하는 것인데, B와 C 사이에서는 몰라도 A와 C 사이에는 그러한 합의가 없으므로 인용될 수 없다. (ㄴ) '계약 당사자의 지위승계'를 이유로 하는 것인데(이 경우 채무의 인수도 포함된다), 계약인수 역시 A의 동의가 있어야 하므로 인용될 수 없다. (ㄷ) '채권양도'에 기초하는 것이다. B가 A에게 가지는 소유권이전등기청구권은 채

---

[1] 판례: 「통상의 채권채무관계에서는 채권자가 수령을 지체하는 경우 채무자는 공탁 등에 의한 방법으로 채무 부담에서 벗어날 수 있으나, 등기에 관한 채권채무관계에서는 이러한 방법을 사용할 수 없으므로, 등기의무자가 자기 명의로 있어서는 안 될 등기가 자기 명의로 있음으로 인하여 사회생활상 또는 법상 불이익을 입을 우려가 있는 경우에는 <u>소의 방법으로 등기권리자를 상대로 등기를 인수받아 갈 것을 구하고,</u> 그 판결을 받아 등기를 강제로 실현할 수 있도록 한 것이다」(대판 2001. 2. 9, 2000다60708).

권적 청구권이므로(물론 A는 매매대금을 다 받을 때까지 등기신청을 거부할 수 있다), 채권양도의 방식에 따라 양도할 수 있지 않은가 하는 점이고, 학설 중에는 이를 긍정하는 견해도 있다. 그러나 판례는 등기청구권의 양도성을 제한하고, A의 동의가 없으면 채권양도의 방식으로 C가 A에게 직접 소유권이전등기를 청구할 수는 없는 것으로 본다(대판 1995. 8. 22, 95다15575; 대판 2001. 10. 9, 2000다51216). 결국 어느 경우든 A의 동의가 없으면 C의 청구는 인용될 수 없다. 사례 p. 76

9. 등기의 효력

사례 1) 甲과 乙은 각각 1/4, 3/4 지분으로 X토지를 공유하고 있다. A는 2003. 2. 1. 甲과 乙을 대리하여 X토지에 대해 丙과 매매계약을 체결하고, 丙으로부터 매매대금을 수령한 다음, 2003. 4. 1. 丙 명의로 소유권(공유지분)이전등기를 마쳐주었다. 丙은 2004. 3. 1. X토지에 대해 丁과 매매계약을 체결하였고, 2004. 4. 1. 丁에게 X토지의 인도 및 소유권이전등기를 마쳐주었다. 2) 乙은 2015. 4. 1. 丙과 丁을 상대로 X토지에 관한 각 이전등기 전부의 말소를 구하는 소를 제기하였다. 변론 절차에서 乙은 甲·乙이 A에게 대리권을 수여한 적이 없으므로 甲·乙과 丙 사이에 체결된 매매계약은 무효이며, A가 등기 관련 서류를 위조하여 마쳐진 丙과 丁 명의의 등기도 무효라고 주장하였다. 3) 심리 결과 A에게 甲과 乙을 대리할 수 있는 대리권이 있는지 여부가 증명되지 않았다. 법원은 乙의 丙과 丁에 대한 청구에 대해 어떤 결론을 내려야 하는지와 그 논거를 설명하시오. (10점)(2019년 제2차 변호사시험 모의시험) 해설 p. 86

등기의 효력은, 유효한 등기를 전제로 인정되는 효력(창설적 효력)과, 등기의 유효·무효와는 관계없이 어떤 등기가 존재한다는 사실 자체만으로 인정되는 효력(일반적 효력)으로 나눌 수 있다.

(1) 창설적 효력

(ㄱ) 권리변동적 효력: 물권행위와 부합하는 등기가 있으면 부동산물권 변동의 효력이 생긴다(186조). (ㄴ) 순위확정적 효력: 같은 부동산에 관하여 등기한 권리의 순위는 법률에 다른 규정이 없으면 등기한 순서에 따른다(부동산등기법 4조 1항). (ㄷ) 대항적 효력: 부동산 제한물권(지상권·전세권·저당권 등)과 부동산을 목적으로 하는 채권(환매권·임차권)에 대하여는 일정한 사항(환매대금과 환매기간, 지상권의 존속기간과 지료 등, 지역권의 부종성 배제의 특약, 전세권의 전세금과 존속기간 및 양도금지특약, 저당권의 피담보채권에 관한 내용 등, 임차권의 존속기간과 차임 등)을 등기할 수 있다(부동산등기법 69조·72조·74조·75조). 이들 사항을 등기하지 않으면 당사자 간에 채권적 효력이 있을 뿐이지만, 이를 등기한 때에는 제3자에게도 그 내용을 주장할 수 있다.

(2) 일반적 효력

가) 추정적 효력(추정력推定力)

a) 의 의 (ㄱ) 민법은 명문으로 정하고 있지 않지만, 어떤 등기가 있으면 등기된 바와 같은 실체적 권리가 존재하는 것으로 추정하는데, 이를 '등기의 추정력'이라고 한다. 등기의 절차상 그것이 실체적 권리관계와 부합될 개연성이 크다는 점과, 민법 제200조는 동산의 점

유에 권리추정력을 부여하므로 같은 공시방법인 부동산의 등기에도 이를 유추적용할 필요가 있다는 것이 그 논거이다. 그래서 등기의 추정을 사실상의 추정이 아닌 (법률에 근거한) 법률상의 추정으로 본다. (ㄴ) 등기의 추정력에 의해 등기부상의 권리는 실체법상으로도 존재하는 것으로 추정된다. 따라서 등기명의인은 적극적으로 그 사실을 증명하지 않아도 되고 그 등기를 부인하려는 사람이 그 사실을 증명하여야 하므로, 입증책임에서 중요한 의미를 갖는다.

b) 추정력의 범위

aa) 물적 범위 : (α) 부동산의 표시에 관한 「사실의 등기」는 대장에 기초하는 것이고, 대장은 당사자의 공동신청이 아닌 직권으로 작성되는 것인 점에서, 등기의 추정은 권리의 등기에 관한 것이고, 사실의 등기, 즉 부동산의 표시에 관한 사항에는 추정력이 인정되지 않는다.

(β) 권리의 등기에 관해 추정력이 미치는 범위는 다음과 같다. (ㄱ) 등기된 '권리'가 등기명의자에게 귀속하는 것으로 추정된다. 또 그 등기에 의하여 물권변동이 유효하게 성립한 것으로 추정된다. (ㄴ) 등기는 등기원인을 증명하는 서면을 첨부하여 일정한 절차에 따라 이루어지므로, 등기의 '원인'과 '절차'에서 적법하게 마쳐진 것으로 추정된다(대판 1995. 4. 28, 94다23524). 즉 매매를 원인으로 소유권이전등기가 된 경우에 그 등기말소를 구하려면 그 등기원인의 무효를 주장하여야 하고(대판 1977. 6. 7, 76다3010), 환매기간을 제한하는 환매특약이 등기부에 기재되어 있는 때에는 반증이 없는 한 등기부 기재와 같은 환매특약이 진정하게 성립된 것으로 추정된다(대판 1991. 10. 11, 91다13700). 전 등기의 접수일자, 접수번호 및 원인일자 등이 '불명'으로 기재된 멸실회복등기라도 적법한 절차에 따라 처리된 것으로 추정된다(대판(전원합의체) 1981. 11. 24, 80다3286; 대판(전원합의체) 1996. 10. 17, 96다12511). 전 등기명의인이 미성년자이고 당해 부동산을 친권자에게 증여하는 행위가 이해상반행위라 하더라도 일단 친권자에게 이전등기가 마쳐진 이상, 그 이전등기에 관하여 필요한 절차를 적법하게 거친 것으로 추정된다(대판 2002. 2. 5, 2001다72029). (ㄷ) 등기절차의 '전제요건'도 구비한 것으로 추정된다. 예컨대 토지거래 허가지역에 대해 등기가 이루어진 때에는 적법한 허가가 있는 것으로 추정된다. 부재자 재산관리인에 대한 선임결정이 취소되기 전에 그 재산관리의 처분행위에 기해 마쳐진 등기는 법원의 처분허가 등 모든 절차를 거쳐 적법하게 마쳐진 것으로 추정된다(대판 1991. 11. 26, 91다11810). 또 부동산을 매수하여 등기한 자가 전 소유자의 대리인으로부터 매수하였다고 주장하는 경우에는 그 대리권의 존재도 추정된다(대판 1979. 7. 10, 79다645). 따라서 그 등기의 무효를 주장하는 전 등기명의인이 제3자에게 대리권이 없었거나, 또는 제3자가 등기서류를 위조하였다는 사실에 대한 입증책임을 진다(대판 1993. 10. 12, 93다18914). (ㄹ) 그 밖에 문제가 되는 것들을 정리하면 다음과 같다. ① 근저당권에서는 등기원인이 근저당권설정계약이라는 뜻과 채권최고액 및 채무자만이 등기가 된다(부동산등기법 75조 2항). 즉 근저당권의 피담보채권을 성립시키는 기본계약은 있어야 하지만 이것은 등기사항이 아니다. 따라서 이것은 추정되지 않고, 근저당권의 성립 당시 그러한 기본계약이 있었는지에 대한 입증책임은 그 존재를 주장하는 측에 있다(대판 2009. 12. 24, 2009다72070). ② 등기는 물권의 효력 발생요건이고 존속요건은 아니어서 등기가 원인 없이 말소된 사실이 증명된 경우에는, 그 회복등기가 마쳐지기 전이라도 말소된 등기의 등기명의인은 적법한 권리자로 추정되므로, 이제는 그 등기의 효력을 다투는 쪽에서 그 무효 사유를 주장·입증하여야 한다(대판 1997. 9. 30, 95다39526). ③ 가등기도 등기의

하나이므로 등기의 추정력이 인정된다고 할 것이다. 즉 가등기는 유효한 등기원인에 따라 적법하게 행하여진 것으로 추정되므로, 가등기의 무효를 주장하는 자가 그 무효 원인 사실을 입증하여야 한다(양창수·권영준, 권리 의 변동과 구제, 78면). 판례도 같은 취지이다(대판 1997. 9. 30, 95다39526). [1]

bb) **인적 범위**: 부동산에 소유권이전등기가 마쳐져 있는 경우 그 등기명의자는 제3자뿐만 아니라 그 전 소유자에 대해서도 적법한 등기원인에 의하여 소유권을 취득한 것으로 추정된다(대판 1977. 6. 7, 76다3010; 대 판 1997. 12. 12, 97다40100). 한편 부동산등기는 현재의 진실한 권리상태를 공시하면 그에 이른 과정이나 태양을 그대로 반영하지 않았어도 유효한 것으로서, 등기명의자가 전 소유자로부터 부동산을 취득함에 있어 등기부상 기재된 등기원인에 의하지 않고 다른 원인으로 적법하게 취득하였다고 하면서 등기원인 행위의 태양이나 과정을 다소 다르게 주장한다고 하여, 이러한 주장만 가지고 그 등기의 추정력이 깨진다고 할 수 없으므로, 이러한 경우에도 이를 다투는 측에서 등기명의자의 소유권이전등기가 전 등기명의인의 의사에 반하여 이루어진 것으로서 무효라는 것을 주장·입증하여야 한다(대판 2000. 3. 10, 99다65462).

c) **추정력의 부수적 효과** 등기부상 명의인과 매도인이 동일인인 경우, 그를 소유자로 믿고 그 부동산을 매수한 자는 원칙적으로 과실 없는 점유자로 된다(대판 1982. 5. 11, 80다2881; 대판 1983. 3. 8, 80다3198). 즉 (부동산) 매수인의 점유의 무과실도 추정된다.

d) **추정력의 번복** 추정력을 인정할 수 없는 경우로서, 다음 두 가지로 나뉜다.

(α) 소유권이전등기의 경우: (ㄱ) ① 전 소유명의자가 허무인虛無人인 경우(대판 1985. 11. 12, 84다카2494), ② 등기의 기재 자체에 의해 부실등기임이 명백한 경우(예컨대 등기상의 공유지분의 합계 결과 분자가 분모를 초과하는 때에는 등기부상 기재된 공유지분의 비율로 공유한다고 추정할 수 없다)(대판 1982. 9. 14, 82 다카134), ③ 전 소유자가 사망한 이후에 그 명의로 신청되어 경료된 소유권이전등기(다만, 그 등기원인이 이미 존재하고 있으나 아직 등기신청을 하지 않고 있는 동안에 등기의무자에 대하여 상속이 개시된 경우에 피상속인이 살아 있다면 그가 신청하였을 등기를 상속인이 신청한 경우, 또는 등기신청을 등기관이 접수한 후 등기를 완료하기 전에 본인이나 그 대리인이 사망한 경우, 등기의 추정력은 유지된다)(대판 1997. 11. 28, 95다51991; 대판 2004. 9. 3, 2003다3157), ④ 소유권이전등기의 원인으로 주장된 계약서가 진정하지 않은 것으로 증명된 이상 그 등기의 적법 추정은 깨지는 것이고, 계속 다른 적법한 등기원인이 있을 것으로 추정할 수는 없다(대판 1998. 9. 22, 98다29568). (ㄴ) '부동산소유권 이전등기 등에 관한 특별조치법'에 의한 소유권이전등기는 실체적 권리관계에 부합하는 등기로 추정되지만, 그 소유권이전등기도 전 등기명의인으로부터 소유권을 승계취득하였음을 원인으로 하는 것이고 보증서 및 확인서 역시 그 승계취득 사실을 보증 내지 확인하는 것이므로, 그 전 등기명의인이 무권리자인 경우, 가령 원인무효인 소유권보존등기에 기초한 경우에는, 그 소유권이전등기의 추정력은 번복된다(대판 2018. 1. 25, 2017다260117).

---

1) 그런데 (부동산을 타에 매각하지 못하도록 가등기를 하였다고 주장한 사안에서) 소유권이전청구권의 보전을 위한 가등기가 있다 하여 반드시 금전채무에 관한 담보계약이나 대물변제의 예약이 있었던 것이라고 단정할 수 없어 소유권이전등기를 청구할 어떤 법률관계가 있는 것으로 추정되는 것은 아니다(대판 1963. 4. 18, 63다114; 대판 1979. 5. 22, 79다239).

(β) 소유권보존등기의 경우 :　(ㄱ) 보존등기는 이전등기의 경우와는 달리 단독신청에 의해 이루어지므로 진실성이 충분히 보장되지 않는다. 이러한 이유로 보존등기의 추정력은 이전등기의 추정력보다는 약하다. 즉 보존등기의 명의자에 대하여는 소유권이 보존되어 있다는 사실만 추정될 뿐, 그에 이르게 된 권리변동이 진실하다는 점까지 추정되지는 않는다(양창수·권영준, 권리의 변동과 구제, 114면). 따라서 보존등기의 명의인이 당해 부동산을 처음으로 취득한 것이 아니라는 것이 입증되면 그가 그 부동산의 소유자라는 추정은 깨진다는 것이 판례의 입장이다. 즉, ① 건물 소유권보존등기의 명의자가 건물을 신축한 것이 아닌 경우(대판 1996. 7. 30, 95다30734), ② 토지의 보존등기명의인이 아닌 자가 그 토지를 사정받은 경우(대판 1996. 6. 28, 96다16247),[1] ③ 보존등기명의자가 보존등기하기 이전의 소유자로부터 부동산을 양수한 것이라고 주장하는데 전 소유자는 양도 사실을 부인하는 경우(대판 1982. 9. 14, 82다카707), 각각 보존등기의 추정력은 깨진다고 한다. (ㄴ) 그런데 단독신청에 의해 행하여지는 경우에도, 그것이 특별조치법에 의해 이루어진 경우에는 강한 추정력을 인정하고 있다. 즉, 등기신청에 첨부되는 보증서나 확인서가 허위 또는 위조된 것이라는 점까지 증명하여야 하는 것을 기본입장으로 하면서, 등기명의인이 아닌 제3자로부터 양수할 수도 있는 것이므로 전 소유자가 사망한 이후에 이전등기가 된 경우에도(대판 1983. 12. 13, 83다카1083), 소유권보존등기 이전에 다른 소유자가 있었던 것이 밝혀진 경우에도(대판(전원합의체) 1987. 10. 13, 86다카2928), 동법에 따라 등기를 마친 자가 보증서나 확인서에 기재된 취득원인이 사실과 다름을 인정한 경우에도(대판(전원합의체) 2001. 11. 22, 2000다71388, 71395), 각각 그 등기의 추정력은 깨지지 않는다고 한다.

e) 점유의 추정력과의 관계　민법 제200조는 "점유자가 점유물에 대하여 행사하는 권리는 적법하게 보유한 것으로 추정한다"고 규정한다. 그러나 동조는 동산물권에 적용되는 것이고, 부동산물권에 대하여는 점유가 아닌 등기에 권리추정력이 인정된다(대판 1982. 4. 13, 81다780). 따라서 부동산의 점유자와 등기명의인이 다른 때에는 후자에 권리추정력이 부여된다. 한편 미등기 토지에 대해 점유자가 있는 경우, 판례는, 토지대장등본에 소유자로 등록된 자가 보존등기를 신청할 수 있는 점에서(부동산등기법 65조 1호), 토지대장등본에 토지의 소유자로 등재되어 있는 자는 그의 소유로 추정받는다고 한다(대판 1976. 9. 28, 76다1431).

나) 그 밖의 효력

a) **형식적 확정력**　어떤 등기가 있으면 일단 형식적으로 유효한 것으로 다루어진다. 예컨대, 무효의 등기인 경우에도 이를 말소하려면 부동산등기법에서 정한 절차를 밟아야 하며, 또 다른 등기신청이 있는 때(예: 이중의 보존등기신청)에는 이미 행하여진 (보존)등기를 일단 유효한 것으로 전제하여 그 신청은 각하된다.

b) **공신력의 유무**　등기가 진실한 권리관계와 부합되지 않더라도 그 등기를 진실한 것으로 믿은 경우에 이를 보호하는 것이 등기의 공신력이다. 독일 민법(892조 1항)은 일정한 경우에 등

---

1) 토지조사령에 의거 토지조사부에 토지 소유자로 등재되어 있는 경우, 종전 판례는 이것만으로는 토지 사정을 거쳐 그 소유권이 확정된 것으로 단정할 수 없다고 하였으나(대판 1981. 6. 23, 81다92; 대판 1982. 5. 11, 81다188), 그 후 이 판례들을 폐기하고 토지 소유자로 사정받은 것으로 추정된다고 입장을 바꾸었다(대판(전원합의체) 1986. 6. 10, 84다카1773).

기의 공신력을 인정하고 있지만, 우리 민법은 이를 인정하지 않는다.[1] 즉 부동산 거래에서는 동산의 경우와는 달리 그 거래의 양이 많지 않고 또 진실된 등기가 이루어진다는 확실한 보장이 없다는 점에서, 거래의 안전보다는 진정한 권리자의 권리 보호에 가치를 부여한 것이다. 그 결과 실체관계와 부합되지 않는 등기는 무효이며, 이를 토대로 한 그 이후의 등기도 모두 무효가 된다. 물론 민법상 선의의 제3자 보호 규정($^{107조 2항·108조 2항·109조 2}_{항·110조 3항·548조 1항 단서}$)을 통해 제3자가 보호받는 경우가 있지만, 이것은 등기의 공신력과는 다른 것이다.

> **사례의 해설** 등기는 등기원인을 증명하는 서면을 첨부하여 일정한 절차에 따라 이루어지므로, 등기의 원인과 절차에서 적법하게 마쳐진 것으로 추정된다. 丙과 丁 명의로 소유권이전등기가 마쳐진 경우에는, 그 원인인 매매계약이 유효하고, 한편 대리인을 통해 매수한 경우에는 그 대리권이 있는 것으로 추정된다. 따라서 乙은 (265조 단서의 공유물의 보존행위에 근거하여 丙과 丁 명의의 등기의 말소를 구할 수 있다고 하더라도) 그 반대 사실을 증명하여야 할 입증책임을 지는데 이를 증명하지 못했으므로, 乙의 청구는 모두 기각된다. **사례** p. 82

Ⅱ. 지상물에 관한 물권변동의 공시방법(입목등기 · 명인방법)

토지와 그 지상물인 건물을 대상으로 하는 물권변동의 공시방법은 등기이고, 부동산등기법이 이를 규율한다. 그런데 건물 외에도 독립된 물권을 설정할 수 있는 지상물이 있다(수목 등이 그 대표적인 것이다). 이에 관해서는 다음과 같은 공시방법이 마련되어 있다.

1. 입목에 대한 등기

(1) 정 의

토지에 부착된 수목의 집단으로서 그 소유자가 「입목에 관한 법률」($^{1973년 법}_{2484호}$)에 의해 소유권보존등기를 한 것을 '입목立木'이라고 한다($^{동법 2}_{조 1항}$). 수목의 집단의 범위는 1필의 토지 또는 1필의 토지의 일부분에 생립하고 있는 모든 수종의 수목으로 한다($^{동법 2조 2항, 동}_{법시행령 1조}$). 입목에 관하여는 먼저 '입목등록원부'에 등록을 하고($^{동법}_{8조}$), 이를 토대로 '입목등기부'가 편성되며, 각 등기소에 이를 둔다($^{동법}_{12조}$).

(2) 입목의 법률관계

(ㄱ) 입목등기부에 소유권보존등기를 한 입목은 부동산으로 보고, 입목의 소유자는 토지와 분리하여 입목을 양도하거나 저당권의 목적으로 할 수 있으며, 토지소유권 또는 지상권 처분의 효력은 입목에 미치지 않는다($^{동법}_{3조}$). (ㄴ) 입목을 대상으로 하는 저당권의 효력은 입목을 벌채한 경우에 그 토지에서 분리된 수목에 대하여도 미친다($^{동법 4}_{조 1항}$). (ㄷ) 입목의 경매 기타 사유로

---

[1] 민법은 이에 관해 아무런 규정을 두고 있지 않다. 그러나 무권리자로부터 권리를 취득한다는 것은 이례적인 것이어서, 이를 인정하기 위해서는 특별히 명문의 규정을 두어야 하는 것이므로(예: 동산의 선의취득(249조) 참조), 따라서 부동산등기에 관해서는 공신력을 인정하지 않는 것으로 보아야 한다. 판례도 현행 등기 제도하에서는 등기의 공신력이 인정되지 않는다고 한다(대판 1969. 6. 10. 68다199).

토지와 입목의 소유자가 달라진 경우에는 토지 소유자는 입목 소유자에 대하여 지상권을 설정한 것으로 보며, 지료는 당사자의 약정에 따른다($\substack{동법 \\ 6조}$).

2. 명인방법

(1) 정 의

입목이 아닌 일반 수목이나 인삼 · 미분리과실 · 농작물 등은 토지의 구성부분을 이루기도 하지만, 토지와는 독립된 물건으로 될 수도 있는 양면성이 있다. 여기서 후자의 경우에 관습법상 인정된 공시방법으로 '명인방법明認方法'이 있다.

(2) 구체적 방법

지상물의 소유권이 현재 누구에게 있다는 것을 명시하는 방법이면 된다. 입목에 새끼줄을 치고, 또는 철인으로 ○표를 하였고, 요소에 소유자를 게시하거나($\substack{대판 1976. 4. \\ 27, 76다72}$), 임야의 여러 곳에 '입산금지 소유자 아무개'라는 푯말을 써서 붙인 경우($\substack{대판 1967. 12. \\ 18, 66다2382}$), 입목 소유권 취득의 명인방법으로 부족하지 않다. 다만 명인방법도 물권의 공시방법으로서 그 객체를 특정할 수 있는 것을 전제로 한다. 따라서 '입목 일정 수량'이라고만 하여 소유자 표시의 게시판을 세웠어도 명인방법으로서는 효력이 없다($\substack{대판 1973. 9. \\ 25, 73다1229}$). 그리고 명인방법은 현재의 소유자가 누구라는 것이 명시되어야 하므로, 포플러의 표피에 흰 페인트칠을 하고 그 위에 일련번호를 붙인 것만으로는 명인방법을 갖춘 것으로 볼 수 없다($\substack{대판 1990. 2. 13, \\ 89다카23022}$).

(3) 명인방법의 효과

a) 물권의 변동　　민법은 형식주의를 취하기 때문에, 명인방법이 필요한 경우에는 이를 갖추어야만 물권변동이 생긴다($\substack{186 \\ 조}$). 즉 지상물을 이중으로 양도한 경우에는 명인방법을 먼저 갖춘 자가 그 소유권을 취득한다. 한편 명인방법은 계속 존속하고 있어야만 한다. 명인방법이 바래거나 훼손된 경우에는 다시 명인방법을 하여야 한다.

b) 물권의 종류　　명인방법에 의해 공시되는 물권은 소유권에 한한다. 그리고 그것도 현재의 소유자만을 명시하면 족하고, 과거의 소유자나 권리취득의 원인까지 표시할 필요는 없다. 양도담보는 소유권이전의 형식을 취하므로 명인방법을 이용할 수 있다.

c) 다른 공시방법과의 우열　　예컨대 토지와 그 지상의 입목이 A의 소유인데, A가 입목만을 B에게 매도하여 B가 명인방법을 갖추었다. ① 그 후 그 토지에 대해 C가 입목의 소유를 목적으로 지상권등기 또는 임차권등기를 한 경우, ② 입목은 토지와는 독립하여 처분할 수도 있지만 토지의 구성부분으로서 토지와 함께 처분할 수도 있으므로(건물과는 다르며 양면성이 있다), A가 입목의 소유권을 유보함이 없이 토지와 그 지상의 입목을 함께 C에게 매도하고 C 앞으로 토지에 대한 소유권이전등기가 마쳐진 경우, 입목에 대한 B와 C 사이의 우열이 각각 문제된다. 두 경우 모두 일반원칙에 따라 명인방법과 등기의 선후에 의해 그 우열이 정해진다.

제 3 관 동산물권의 변동

Ⅰ. 동산물권 변동의 원인

(1) 동산물권의 변동을 가져오는 원인은 부동산물권에서와 마찬가지로 「법률행위」와 「법률의 규정」 두 가지가 있다. 그런데 후자에 관해서는 부동산물권에서처럼 물권편 총칙에서 정하지 않고 개별적으로 규정하고 있다. 이를테면 소유권 취득의 절에서 동산의 취득시효($\frac{246}{\text{조}}$), 선의취득($\frac{249\text{조}\sim}{251\text{조}}$), 선점($\frac{252}{\text{조}}$), 유실물습득($\frac{253}{\text{조}}$), 매장물발견($\frac{254}{\text{조}}$), 동산 간의 부합($\frac{257}{\text{조}}$), 혼화($\frac{258}{\text{조}}$), 가공($\frac{259}{\text{조}}$)을 정하고 있는 것이 그러하다. 이 중 취득시효는 시효를 토대로, 선의취득은 동산의 점유에 공신력을 인정하는 것에서, 나머지는 불분명한 소유권의 귀속을 확정하는 점에서 각각 그 이유를 달리한다. 그러나 이들 사유에 의한 소유권의 취득은 전 소유자의 소유권에 기초하여 취득하는 것이 아니라 소유권을 처음 취득하는 것, 즉 '법률의 규정에 의한 소유권의 원시취득'이라는 점에서 공통된다.

(2) 법률의 규정에 의한 부동산물권 변동의 경우에는 민법 제187조에서 등기를 요하지 않는 것으로 정하고 있다. 이에 대해 법률의 규정에 의한 동산물권 변동의 경우에는 제187조에 대응하여 인도가 필요하지 않다고 일반적으로 정한 규정은 없고, 개별적으로 정할 뿐이다. 예컨대 동산 취득시효($\frac{246}{\text{조}}$) · 무주물선점($\frac{252}{\text{조}}$) · 유실물습득($\frac{253}{\text{조}}$)에서는 점유가 그 요건이 된다. 반면 상속 · 판결 · 공용징수 · 경매 등의 경우에는 인도 없이도 동산물권 변동의 효력이 생긴다.

Ⅱ. 법률행위에 의한 동산물권의 변동

> **사례** A는 고가의 공장기계를 연말까지 B에게 임대하였다. 그런데 A는 10월에 위 기계를 C에게 양도하고 목적물반환청구권의 양도 방식으로 인도를 마쳤다. ㈎ A가 양도 사실을 B에게 통지하지 않은 경우, C는 B에게 소유권에 기해 위 기계의 반환을 청구할 수 있는가? ㈏ A가 양도 사실을 B에게 통지한 경우, C의 소유물반환청구에 대해 B는 연말까지 임차권이 있음을 이유로 이를 거부할 수 있는가?
> 해설 p. 92

1. 민법 제188조 내지 제190조의 의의와 적용범위

(1) 민법은 동산물권의 변동 특히 양도에 관해 총칙 규정을 두고 있다. 즉 민법 제188조 내지 제190조는, 동산에 관한 물권의 '양도'(이전적 승계 중에서 법률행위에 의한 권리의 이전을 「양도」라고 한다)는 공시방법인 '인도'로써 효력이 생기는 것으로 정한다. 이는 민법이 부동산물권 변동에서와 마찬가지로 동산물권 변동에 관해서도 성립요건주의(형식주의)를 채용하고 있음을 의미한다.

(2) (ㄱ) 동산물권에는 점유권 · 소유권 · 유치권 · 질권이 있는데, 동산물권의 양도에 필요한 공시방법으로서 민법 제188조 내지 제190조에서 정하는 '인도'는 이들 동산물권을 양도하는

경우에도 통용된다. 주로 동산 소유권의 양도에 그 적용이 있겠지만, 동산 유치권과 동산질권을 양도하는 경우에도 적용된다. 다만 후자의 경우에는 담보물권의 성질상 피담보채권과 함께 양도하여야 한다는 제한이 붙을 뿐이다(따라서 지명채권양도의 대항요건($^{450}_{조}$)도 갖추어야 한다). (ㄴ) 그런데 민법은 소유권을 제외한 나머지 동산물권에 대해 따로 특별규정을 두고 있다. 즉 점유권은 점유를 요건으로 하고($^{192조}_{1항}$), 점유권의 양도에는 위 규정을 준용하는 것으로 정한다($^{196}_{조}$). 유치권은 점유를 요건으로 하며($^{320조}_{1항}$), 질권도 점유를 요건으로 하지만 점유개정 방식에 의한 점유는 허용하지 않는다($^{329조 ·}_{332조}$).

(3) 동산물권의 양도에 인도를 요건으로 하는 원칙에 대하여는 예외가 있다. (ㄱ) 선박 · 자동차 · 항공기는 동산이지만, 그 소유권의 변동은 「등기」 또는 「등록」을 통해 이루어진다($^{상법}_{743조,}$ $^{자동차관리법 6}_{조, 항공법 5조}$). 다만 선박의 등기는 제3자에 대한 대항요건으로 되어 있다. 한편 20톤 미만의 선박에 대하여는 등기가 그 요건이 아니므로($^{상법}_{745조}$), 이에 대하여는 민법의 규정에 따라 인도가 있을 때에 권리이전의 효력이 생긴다. (ㄴ) 종물은 주물의 처분에 따른다($^{100조}_{2항}$). 그렇다면 (주물인) 부동산이나 동산의 매매에 의해 매수인이 이전등기를 하거나 인도를 받으면 그 종물인 동산은 인도 없이도 매수인이 소유권을 취득하는지 문제될 수 있다. 이를 긍정하는 학설이 있다($^{김증한 · 김학동, 111}_{면; 송덕수, 500면}$). 그런데 '종물은 주물의 처분에 따른다'는 민법 제100조 2항이 강행규정은 아니므로 당사자 간의 특약으로 그 처분에 따르지 않는 것으로 달리 정할 수 있다. 동 조항은 당사자 간에 다른 약정이 없으면 주물을 처분하면 종물도 함께 처분할 것이라는 당사자의 (묵시적) 의사표시에 바탕을 둔 것으로 보는 것이 타당하다. 즉 위 규정을 법률의 규정에 의한 물권변동으로 이해할 것은 아니다. 따라서 종물이라도 (묵시적 의사표시에 기한) 동산물권의 양도에 해당하므로 역시 따로 인도라는 공시방법을 갖추어야 효력이 생긴다고 본다. 판례는 종물에 준하는 종된 권리에 관하여 같은 취지로 판시하고 있다. 즉 지상권이 있는 건물을 매도한 경우, 매수인이 지상권을 취득하기 위해서는 건물에 대한 소유권이전등기 외에 지상권이전의 등기가 필요하다고 한다($^{대판(전원합의체) 1985.}_{4. 9, 84다카1131, 1132}$). 다만, 민법 제358조는 저당권의 효력은 저당부동산의 종물에 미치는 것으로 규정하는데, (점유를 요건으로 하지 않는) 저당권의 성질상 종물에 대한 인도는 문제되지 않으며, 부동산에 대한 저당권의 등기로써 종물인 동산에 대해서도 저당권의 효력이 미치는 것으로 보아야 한다.

2. 일반요건

동산물권을 양도, 즉 법률행위에 의해 이전하려면 물권행위와 공시방법으로서 인도가 모두 갖추어져야 한다(그러므로 물권행위는 있어도 인도가 없거나, 인도는 있어도 물권행위가 없는 경우에는 동산물권의 변동은 일어나지 않는다). 부동산물권 변동의 경우와 마찬가지로 형식주의를 취한다.

(1) 물권행위

(ㄱ) 물권행위의 내용은 부동산물권 변동에서 설명한 바와 같다. 다만 부동산에 관한 정지조

건·시기부 물권행위는 부동산등기법상 등기할 수 없지만, 동산물권 변동의 경우에는 그러한 조건이나 기한을 붙인 채로 인도를 하는 데 특별한 제한이 없다. 예컨대 매도인이 매매대금을 전부 받을 때까지 소유권을 유보한 채로 상품을 먼저 매수인에게 인도하는 경우가 그러하다(이 경우 매수인은 인도를 받았지만 대금을 다 지급하기까지는 물권행위는 있지 않아 소유권을 취득하지 못한다). (ㄴ) 한편, 물권행위의 독자성과 무인성은 동산물권 변동에서도 문제되지만, 동산의 점유에는 공신력을 인정하는 점에서 무인성을 논의할 실익은 많지 않다.

(2) 인 도

동산은 부동산과 달리 그 소재가 고정된 것이 아니므로, 동산물권의 변동은 점유의 이전, 즉 인도引渡를 공시방법으로 삼는다. 인도는 「현실의 인도」를 원칙으로 한다($^{188조}_{1항}$). 그런데 민법은 현실의 인도 외에도, 「간이인도($^{188조}_{2항}$)·점유개정($^{189}_{조}$)·목적물반환청구권의 양도($^{190}_{조}$)」도 인도로 인정하는데, 이 세 가지는 당사자의 의사표시만으로 효력이 생기는 점에서 현실의 인도와 구별된다.

가) 현실의 인도

「동산에 관한 물권의 양도는 그 동산을 인도하여야 효력이 생긴다」($^{188조}_{1항}$). (ㄱ) 의사표시에 의한 인도 방식으로 간이인도·점유개정·목적물반환청구권의 양도를 따로 정하고 있는 점에서($^{188조\ 2항·189}_{조·190조}$), 본 조항에서의 '인도'는 현실의 인도를 뜻하고, 인도는 이것을 원칙으로 한다. (ㄴ) 현실의 인도가 있었다고 하려면, 양도인의 물건에 대한 사실상의 지배가 동일성을 유지한 채 양수인에게 완전히 이전되어 양수인은 목적물에 대한 지배를 계속적으로 확고하게 취득하여야 하고, 양도인은 물건에 대한 점유를 완전히 종결하여야 한다($^{대판\ 2003.\ 2.\ 11,}_{2000다66454}$).

나) 의사표시에 의한 인도

물건의 사실상 지배의 이전 없이 당사자의 의사표시만으로 인도가 있는 것으로 다루어지고, 이 점에서 아래의 세 가지는 공통되지만, 간이인도는 양수인이, 점유개정은 양도인이, 목적물반환청구권의 양도는 제3자가 점유하는 점에서 서로 다르다.

a) 간이인도　「양수인이 이미 동산을 점유하고 있는 경우에는 당사자의 의사표시만으로 그 효력이 생긴다」($^{188조}_{2항}$). 예컨대 A 소유의 동산을 임차하고 있는 B가 그 동산을 매수하는 경우이다. 이때에는 따로 현실의 인도를 할 필요 없이 당사자의 의사표시만으로 인도한 것과 같은 효력이 생긴다. 본 조항의 '의사표시'는 인도에 관한 합의를 말하는데, 소유권이전의 합의에 이것도 포함된다고 할 것이다.

b) 점유개정占有改定　「동산에 관한 물권을 양도하는 경우에 당사자의 계약으로 양도인이 그 동산을 계속 점유할 때에는 양수인이 동산을 인도받은 것으로 본다」($^{189}_{조}$). (ㄱ) ① 예컨대 A가 B에게 동산을 매도하면서 동시에 B로부터 임차하는 경우이다. 이 인도 방식은 종전의 점유에 아무런 변화가 없으므로 이를 공시방법으로 인정할 수 있는지 문제되는데, A가 B에게 현실의 인도를 한 후에 다시 임차하는 것을 막을 수는 없고, 이때는 결과에서 같으므로, 이를 인도의 독립된 유형으로 인정한 것이다. 이것은 특히 채권담보의 목적으로 동산의 소유권을 채권자

에게 양도하되 그 동산은 채무자가 점유하여 사용·수익하는 양도담보와 관련하여 발달한 인도방법이다. ② 의사표시만으로 인도가 이루어지는 점에서 점유개정은 간이인도와 같지만, 점유에서 양자는 다르다. 즉 간이인도는 양수인이 점유를 계속하면서 양수한 때부터 타주점유에서 자주점유로 바뀌지만, 점유개정은 양도인이 점유를 계속하면서 양도한 때부터 자주점유에서 타주점유로 바뀐다는 점이다. (ㄴ) 점유개정에 의해 양도인은 직접점유, 양수인은 간접점유를 하게 되므로, 점유개정에는 이러한 점유관계를 발생시키는 합의가 있어야만 한다. 본조소정의 '계약'은 바로 이를 가리킨다. 다시 말하면 양도인과 양수인 사이에 민법 제194조 소정의 '질권·사용대차·임대차·임치 등'의 계약을 맺어야 하고, 이 계약을 맺은 때에는 인도받은 것으로 보겠다는 것이다. 한편 본조는 계약에 의한 점유매개관계를 정하고 있지만, 그러한 관계는 친권자와 미성년자의 관계처럼 법률의 규정에 의해 성립하는 경우라도 무방하다($\frac{916조}{참조}$). 즉 미성년자가 친권자로부터 동산을 증여받게 되면 친권자가 이를 계속 점유하더라도 미성년자는 점유개정에 의해 그 소유권을 취득한다.

c) 목적물반환청구권의 양도 「제3자가 점유하고 있는 동산에 관한 물권을 양도하는 경우에는 양도인이 그 제3자에 대한 반환청구권을 양수인에게 양도함으로써 동산을 인도한 것으로 본다」($\frac{190}{조}$). (ㄱ) 예컨대 A가 창고업자 B에게 임치한 동산을 임치한 상태로 C에게 양도하는 방식이다. 이 경우 A는 간접점유자이고 B는 직접점유자인데, A가 임치계약에 따라 B에게 갖는 반환청구권을 C에게 양도함으로써, C가 간접점유자가 되면서 그 소유권을 취득하는 방식이다. (ㄴ) '목적물반환청구권'은 채권적 청구권을 말하고, 민법 제213조 소정의 소유물반환청구권은 이에 포함되지 않는다($\frac{통}{설}$). 그 반환청구권이 양도인이 제3자에게 갖는 물권적 청구권이라고 한다면, 물권적 청구권의 양도로 물권이 양도되는 것으로 된다. 그러나 이것은 물권에 기해 그 효력으로서 생기는 물권적 청구권과 선후가 뒤바뀐 것이고, 또 물권적 청구권은 물권과 분리하여 따로 양도할 수 없는 것과도 맞지 않는 문제가 있다. 그러므로 이것은 양도인이 제3자에게 계약관계 등에 따라 갖는 채권적 청구권으로 새길 수밖에 없다. 이 양도의 효과로 양수인이 물권을 취득하며, 그 취득한 물권에 기해 민법 제213조 소정의 소유물반환청구권이 발생하게 된다($\frac{민법주해 물권(1),}{227면 이하(이인재)}$). 판례도 같은 취지이다($\frac{대판 2000. 9.}{8, 99다58471}$). (ㄷ) 목적물반환청구권은 채권적 청구권이므로, 그 양도에 관하여는 지명채권양도의 대항요건을 갖추어야 한다($\frac{450}{조}$). 따라서 양도인이 제3자에게 통지하거나 제3자가 승낙하여야 제3자에게 대항할 수 있고($\frac{450조}{1항}$), 이 통지나 승낙은 확정일자가 있는 증서에 의하지 않으면 다른 제3자에게 대항하지 못한다($\frac{450조}{2항}$). 그러면 직접점유자인 제3자는 양도인에 대한 항변으로써 양수인에게 대항할 수 있는가? 이는 제3자가 가지는 항변권이 소유자인 양수인에게도 대항할 수 있는지에 따라 달라진다($\frac{213조}{단서}$). 예컨대 제3자가 질권자인 경우에는 점유할 권리가 있어 그 반환을 거절할 수 있지만, 제3자가 (대항력 없는) 임차인으로서 채권자에 지나지 않는 때에는 양수인의 소유물반환청구를 거부할 수 없다($\frac{김중한·김학}{동, 120면}$). (ㄹ) 본조는 양도인이 간접점유를 하고 있는 것을 전제로 한다. 따라서 동산의 소유자가 동산을 도난당하거나 분실한 때에는 이에 해당하지 않으므로, 본조가 정한 방식으로는 인도할 수 없다. 통설적 견해는 이 경우 형식주의의 원칙에 대한 예외로

서 소유권이전의 합의만으로 소유권이 이전되는 것으로 해석한다.

사례의 해설 A가 B에게 임대한 기계의 소유권을 C에게 이전하려면, A와 C 사이에 물권행위와 공시방법으로서 A가 B에게 갖는 반환청구권을 C에게 양도하는 방식으로 인도하여야 한다($\frac{190}{\text{조}}$). (가) 위 목적물반환청구권의 성질은 채권적 청구권이기 때문에, 그 양도에 관하여는 채권양도의 대항요건을 갖추어야 한다($\frac{450}{\text{조}}$). 따라서 A가 기계의 소유권을 C에게 양도한 사실을 A가 B에게 통지해야 C는 기계의 소유권을 B에게 주장하여 그 반환을 청구할 수 있다. (나) 위 대항요건을 갖추어 C가 B에게 소유권에 기해 기계의 반환을 청구한 경우, B가 점유할 권리가 있는 때에는 이를 거부할 수 있지만($\frac{213조}{\text{단서}}$), B는 채권에 기해 A에 대해서만 점유할 권리가 있을 뿐이고 이를 소유자인 C에게도 주장할 수 있는 것은 아니므로, 즉 대항력이 없으므로, 그 반환을 거부할 수는 없다. 이 경우 B는 임대차계약의 종료를 이유로 이후의 차임의 지급을 거절하고 A에게 채무불이행을 이유로 손해배상을 청구할 수 있다($\frac{551}{\text{조}}$).   **사례** p. 88

Ⅲ. 선의취득善意取得

사 례 (1) A 소유 공장의 종업원 B는 그 공장의 기계(시가 1억원 상당의 플레너)를 몰래 반출하여 이를 C에게 매도하였는데, 그 당시 C는 그러한 사정을 알았다. 한편 C는 위 기계의 도매상을 하는 D에게 위 기계를 5천만원에 팔고 이를 인도하였는데, 이 당시 D는 그러한 사정을 몰랐지만 의심을 할 수 있는 상황이었다. 이 경우 A와 D 사이의 법률관계는?

(2) 다음 중 선의취득이 인정될 수 있는 것은? (ㄱ) B가 미성년자 A로부터 그의 노트북을 매수한 후 이를 C에게 매도하였는데, 그 후 A가 B와의 계약을 취소한 경우. (ㄴ) A는 甲에게 기계를 매도하면서 잔대금이 모두 지급될 때까지 그 소유권이 A에게 유보된 것으로 약정하였고, 甲은 이 기계를 공장에 설치한 후 乙 앞으로 공장저당권을 설정하였는데, 그 후 乙의 경매신청으로 위 기계를 B가 경락받은 경우. (ㄷ) 동산 소유자인 A가 점유개정의 방법으로 B에게 이를 양도한 후, 다시 A가 C에게 점유개정의 방법으로 이중으로 양도한 경우.

(3) 甲은 2016. 5. 1. 자신의 X기계를 乙에게 소유권유보부 매매로 하여 乙이 경영하는 공장에 X기계를 설치해 주었다. 그런데 乙이 위 X기계에 대한 대금을 지급하기로 한 약속을 지키지 못하자, 甲은 2016. 9. 10. 乙과의 위 매매계약을 해제하였다. 그런데 위 X기계가 설치된 乙 소유의 공장 대지 및 건물에 대하여 丙이 저당권을 취득하고, 丙의 저당권 실행을 위한 경매 절차에서 위 공장 대지 및 건물과 더불어 저당 목적물로 경매 목록에 기재되어 있었던 위 X기계를 丁이 매수하였다. 이에 대하여 甲이 丁을 상대로 위 X기계에 대한 소유권 확인의 소를 제기하였고, 丙을 상대로 자신의 기계가 경매되었다고 주장하며 별소로 X기계의 매각대금 상당액인 1억원의 부당이득 반환청구의 소를 제기하였다. 甲의 丙, 丁에 대한 청구에 관하여 그 이유를 들어 당부를 판단하시오(부합은 고려하지 말 것). (20점)(2017년 제2차 변호사시험 모의시험)

(4) 1) 甲과 乙은 2018. 3. 1. 甲 소유의 고려청자 1점을 乙이 보관하기로 하는 계약을 체결하였고, 甲은 乙에게 위 고려청자를 인도하였다. 2) 乙은 2018. 5. 1. 보관 중이던 위 고려청자를 甲의 허락 없이 丙에게 평온 · 공연하게 매각하여 인도하였는데, 丙은 당시 아무런 과실 없이

乙이 정당한 소유자라고 믿었다. 3) 甲은 2019. 5. 3. 丙을 상대로 위 고려청자가 도품 또는 유실물에 해당한다는 이유로 소유권에 기해 위 고려청자에 관한 인도 청구의 소를 제기하였다. 위 소에서 법원은 어떠한 판결을 하여야 하는가? (10점)(제9회 변호사시험, 2020)

(5) 1) 甲은 고서화 소매업을 운영하는 사람이다. 甲이 마침 단원 김홍도 선생의 산수화 1점을 보유하고 있음을 알게 된 乙법인(전통 문화예술품의 수집, 보존, 전시 등을 목적으로 하는 비영리법인이다)의 대표이사 A는 위 산수화를 전시하기 위해 2014. 3. 1. 甲의 화랑을 방문하여 乙 명의로 위 산수화를 대금 1억원에 매수하는 내용의 매매계약을 체결하였다. 甲은 다음 날 A로부터 대금 전액을 받고 산수화를 인도하였다. 2) 乙법인은 甲으로부터 단원 산수화를 구입한 후 금전을 차용할 필요가 있어서 2014. 5. 1. 丙으로부터 3개월 후 상환하기로 하면서 5천만원을 차용하였다. 그러면서 乙법인은 丙에게 차용금채무의 담보로 단원 산수화를 양도하기로 하되, 乙법인이 전시를 위해 계속 소장하기로 하였다. 그 후 乙법인은 2014. 7. 15. 이러한 사정을 알 수 없었던 丁에게 단원 산수화를 1억 2천만원에 팔기로 하면서 매매대금을 받고 그림을 즉시 인도해 주었다. 3) 2014. 8. 15. 乙법인으로부터 차용금을 상환 받지 못하고 있던 丙은 丁이 단원 산수화를 보관하고 있는 것을 알게 되었고, 이에 丁을 상대로 그림의 인도를 구하고 있다. 丙의 인도 청구에 대한 법원의 판단과 그 근거를 서술하시오. (15점)(2020년 제3차 변호사시험 모의시험)

해설 p. 101

> **제249조** 〔선의취득〕 평온하고 공연하게 동산을 양수한 자가 선의로 과실 없이 그 동산을 점유한 경우에는 양도인이 정당한 소유자가 아니더라도 즉시 그 동산의 소유권을 취득한다.

1. 동산 점유의 공신력과 그 인정범위

(1) 민법은 부동산의 등기에는 공신력公信力을 인정하지 않지만, 동산의 점유에는 공신력을 인정한다. 즉 동산의 점유자가 정당한 소유자가 아닌 경우에도 상대방이 그가 소유자인 줄 알고 양수한 때에는 그 동산의 소유권을 취득하는 것으로 하는데, 이를 「선의취득」이라고 한다(그에 따라 소유자는 사유재산인 소유권을 잃게 된다). 타인의 권리를 취득하는 승계취득의 법리상, 취득자는 타인이 가지고 있던 권리 이상의 것을 취득하지 못한다. 선의취득은 동산 거래의 안전을 위한 요청에서 이에 대해 예외를 인정한 것이다.

(2) 동산의 선의취득을 인정하는 데에는 '진정한 소유자의 보호'와 '거래 안전의 보호'라는 두 법익이 충돌하게 되므로, 그 인정범위는 양자의 이익을 비교 · 형량하여 정하여야 하는데, 민법도 이러한 차원에서 다음의 둘로 나누어 달리 규율한다. (ㄱ) 점유위탁물의 경우: 임대차나 임치와 같이 소유자의 의사에 의해 타인에게 점유가 맡겨진 경우(점유위탁물), 그 동산을 양수한 제3자로 하여금 (점유만으로는 소유권은 드러나지 않는) 양도인이 그 동산의 소유자인지 여부를 확인케 하여 거래의 안전을 마비시키는 것보다는, 배신행위를 할 양도인에게 점유를 맡긴 소유자의 잘못(권리 외관을 창출한 책임)을 묻는 것이 비례의 원칙상 타당하며, 그래서 제3자는 즉시 그 동산의 소유권을 취득하는 것으로 한다($\frac{249}{조}$). (ㄴ) 점유이탈물의 경우: 도품이나

유실물처럼 소유자의 의사에 의하지 않고 점유가 이탈된 동산의 경우(점유이탈물), 거래 안전의 보호도 중요하지만 소유자에게 잘못을 물을 수 있는 것이 아니므로, 이 경우 피해자나 유실자는 도난 당하거나 잃어버린 날부터 2년 내에는 그 동산의 반환을 청구할 수 있는 것으로 한다(250조). 다만, 양수인이 도품이나 유실물을 경매나 공개시장에서 또는 같은 종류의 물건을 판매하는 상인에게서 선의로 매수한 때, 즉 공신력이 더욱 보호되어야 하는 경우에는 대가를 변상하고 그 동산의 반환을 청구할 수 있는 것으로 하고 있다(251조). 결국 양수인이 도품이나 유실물의 소유권을 취득하려면 선의취득의 요건 외에 추가로 위 2년의 기간이 지나야 하는 점에서, 선의취득에 대한 제한이 된다.

2. 선의취득의 요건

<u>그 개요는 다음과 같다.</u> ① 양도인의 동산의 점유에 공신력을 인정하는 것이므로, 양도인은 소유자가 아닌 무권리자이지만 점유를 하고 있어야 한다. 그리고 양수인은 평온하고 공연하게 선의로 과실 없이 동산을 양수하여야 한다. ② 양수인은 양도·양수(물권행위)를 통해 동산의 소유권을 취득하는 것이므로, 성립요건주의에 따라 인도가 있어야 효력이 생긴다(다만 후술하는 대로 점유개정은 제외된다). 그리고 양도행위 자체가 무효나 취소 등으로 효력이 없게 되면 양수인은 소유권을 취득할 여지가 없게 되므로, 양도인과 양수인 간의 양도·양수행위 자체는 유효한 것이어야 한다. 요컨대 양도인이 소유자가 아닌 것을 제외하고는 동산물권 변동의 요건을 갖추어야 한다.

(1) 대 상

「동산」이 대상이 되는데, 문제되는 것을 설명하면 다음과 같다. (ㄱ) 동산이라도 법률에 의해 점유가 아닌 등기·등록으로써 공시되는 것(자동차·선박·건설기계·항공기 등)에는 선의취득이 인정되지 않는다(대판 1966. 1. 25, 65다2137). 또 양도가 금지되는 것도 선의취득의 대상이 되지 못한다. 문화재나 법률상 양도가 금지된 것 등이 그러하다(형법 198조·207조·243조·244조). (ㄴ) 부동산등기에 의하여 간접적으로 공시되는 물건(동산)은 선의취득의 대상이 된다. 즉 입목을 목적으로 하는 저당권의 효력은 입목을 벌채한 경우에 그 토지에서 분리된 수목에 대하여도 미치지만(입목에 관한 법률 4조 1항), 그 분리된 수목은 선의취득의 대상이 된다. 또 공장저당권의 효력은 공장의 기계가 제3자에게 인도된 경우에도 미치지만, 그 분리된 기계는 선의취득의 대상이 된다(공장 및 광업재단 저당법 7조). (ㄷ) 「금전」도 선의취득의 대상이 되는 동산에 포함되는가? 이 점에 대해 학설은 분분하다. ① 민법은 '동산이 도품이나 유실물일 때에는 피해자나 유실자는 2년 내에 그 물건의 반환을 청구할 수 있다'고 하여 선의취득을 제한하는 특례를 두면서, 다만 '도품이나 유실물이 금전인 경우에는 그렇지 않다'고 예외를 두고 있다(250조). 금전을 예외로 둔 것은, 구민법(193조)에는 없었지만 해석상 인정되어 온 것과 외국의 입법례(독일 민법 935조 2항, 스위스 민법 935조, 만주 민법 231조)를 반영하여 신설한 것이다. 한편, '증권적 채권'(지시채권·무기명채권)에 대해서는, 민법 제514조와 제524조에서 그 선의취득에 대해 제250조보다 더 강력한 공신의 원칙을 정하고 있어(도품·유실물의 특례 규정이 없을 뿐만 아니라,

양수인이 악의나 중과실인 경우에 선의취득이 부정될 뿐 경과실의 경우에도 선의취득을 인정하는 점에서) 예외에 포함시키지 않은 것이다(민법안심의록(상), 156면). ② 이러한 입법 취지에 비추어 보면, 금전이 가지는 고도의 유통성에 기초하여 예외를 둔 것으로서 위 '금전'은 화폐로서 통용되는 통화를 의미한다고 할 것이다. 그러므로 통용되지 않는 옛날 화폐(또는 특정 기념주화 등)는 하나의 물건(동산)으로서 선의취득 및 도품·유실물의 특례가 적용될 뿐, 제250조 단서가 적용되는 금전에는 포함되지 않는다. 아무튼 점유의 공신력의 강도 면에서 보면, 보통의 동산→통화로서의 금전→증권적 채권의 순으로 높아가는 것이 우리 민법에서 정한 내용이다. ③ 금전은 동산의 일종이긴 하지만 물건이 가지는 개성을 갖고 있지 않으며 가치 그 자체이고, 따라서 점유가 있는 곳에 소유권도 있다고 보아 선의취득이 문제될 여지가 없다고 보는 통설적 견해는 그대로 수용하기는 어렵다. 입법 취지와 규정 내용에 비추어 보면, 화폐로서 통용되는 금전은 그것이 도품인지 유실물인지 묻지 않고 전부 다 선의취득의 대상이 된다고 해석하는 것이 타당할 것이다[1](같은 취지로 민법주해(Ⅴ), 435면 이하(이인재)). 금전의 특성상 선의취득이 부정되는 경우가 드물 것이라는 점은 결과일 뿐, 그렇다고 해서 대상에서 제외할 것은 아니다. (ㄹ) 화물상환증에 의하여 운송물을 받을 수 있는 자에게 화물상환증을 교부한 때에는 운송물 위에 행사하는 권리의 취득에 관하여 운송물을 인도한 것과 동일한 효력이 있다(상법133조)(이를 '화물상환증의 물권적 효력'이라고 한다). 그런데 화물상환증 없이 물건을 처분하여 물건에 대한 선의취득과 화물상환증에 대한 선의취득이 충돌하는 경우에, 상법학에서의 통설은 운송물의 선의취득자가 우선한다고 본다. 그런데 이에 대해서는, 화물상환증이 발행되면 운송물 인도청구권은 증권과 불가분적으로 결합되므로, 증권과 분리하여 운송물만을 양도하더라도 선의취득은 발생하지 않는다고 보는 반대견해가 있다(정동윤, 상법(상)(제5판), 264면).

(2) 양도인에 관한 요건

a) 점유를 하고 있을 것 　선의취득은 양도인의 점유에 공신력을 주는 제도이므로, 양도인은 점유를 하고 있어야 한다. 그 점유는 직접점유이든 간접점유이든, 자주점유이든 타주점유이든 불문한다. 한편 양도인의 점유는 객관적으로 권리자로 오신할 만한 사실상의 지배가 있는 것으로 족하므로, 그리고 그러한 점유에 권리자의 의사가 관여한 이상, (점유자가 아닌) 점유보조자가 점유주의 물건을 처분한 경우에도 선의취득이 인정될 수 있다(대판 1991. 3. 22, 91다70).

b) 무권리자일 것 　양도인은 무권리자여야 한다. 다시 말해 정당한 소유자가 아니어야 한다. (ㄱ) 소유권이 없는 것뿐만 아니라(임차인·수치인 등이 그러하다. 양도인의 소유권 취득이 무효·취소·해제되어 소급하여 무권리자로 되는 경우에도 같다), 처분권이 없는 경우도 포함된다. 예컨대 가압류된 동산을 소유자가 타인에게 매도한 경우 선의취득이 가능하다(대판 1966. 11. 22, 66다1545). 파산한 소유자가 그 소유 동산을 양도하거나(파산관재인이 처분권한을 갖는다), 공유자가 다른 공유자의 동의 없이 공유물을 매도하거나, 양도담보 설정자가 양도담보권자의 동의 없이 동산을

---

1) 타인이 맡겨 놓은 금전으로 대여하거나 채무를 변제한 사안에서, 일본 판례는 금전이 선의취득의 대상이 되는 것으로 보았다(日大判 1934. 4. 6.(民集 13권 492면)).

양도한 경우도 마찬가지이다(양창수·권영준, 권리의 변동과 구제, 157면). (ㄴ) 대리인의 경우에는 두 가지로 나눌 수 있다. ① 대리권은 있지만 그 물건이 본인의 소유에 속하지 않는 경우에는 선의취득이 가능하다. ② 본인 소유의 물건을 대리권 없는 자가 대리행위를 한 때에는 선의취득은 부정된다(통설). 이 경우는 계약의 당사자가 권리자인 본인일 뿐만 아니라(대리에서 계약의 당사자는 본인과 상대방이다), 선의취득을 인정하면 무권대리행위를 무효로 정한 민법의 규정(130조) 자체까지 부인하는 것이 되기 때문이다. 선의취득은 거래행위 자체는 유효한 것을 전제로 한다.

(3) 양수인에 관한 요건

a) 동산을 양수할 것

(ㄱ) '양수讓受'란 법률행위에 의한 권리(소유권)의 이전을 말한다(이전적 승계취득). 선의취득은 거래의 안전을 보호하기 위한 제도이므로, '거래행위'에 의한 것을 요건으로 한다. 매매·증여·질권설정·대물변제·양도담보계약·경매[1] 등이 이에 해당하며, 유상·무상을 묻지 않는다. 다만, 그 거래행위는 소유권의 이전(질권설정 포함)을 목적으로 하는 것이므로, 물품보관소에서 자신의 물건인 것으로 오인하고 타인의 물건을 반환받는 경우는 이에 해당하지 않는다. (ㄴ) 양수에 해당하지 않는 것, 예컨대 상속이나 회사의 합병과 같은 포괄승계나, 타인의 산림을 자신의 것으로 오신하여 벌채하거나 타인의 유실물을 자신의 것으로 오신하여 습득하는 경우처럼 사실행위에는 선의취득이 적용되지 않는다. (ㄷ) 양도인이 무권리자라는 점을 제외하고는 (선의취득이 문제가 되는) 양수인과의 거래행위는 유효하게 성립한 것이어야 한다(대판 1995. 6. 29, 94다22071). 거래행위가 제한능력, 대리권의 결여, 의사의 흠결, 그 밖에 무효나 취소의 원인이 있어 실효된 때에는 양도·양수행위 자체가 효력이 없게 되어 양수인은 소유권을 취득할 수 없게 되므로, 선의취득은 성립할 여지가 없다. 선의취득은 양도인의 무권한만을 치유할 뿐이고(무권리자가 한 양도행위, 즉 물권행위는 무효이지만, 선의취득의 제도에 의해 유효한 것으로 치유된다), 양도행위에 무효나 취소의 원인이 있는 것까지 치유하는 것은 아니기 때문이다. (ㄹ) 위 거래(양수)는 '평온하고 공연하게' 이루어져야 한다(249조). 이 평온·공연은 점유가 아닌 '거래'에 필요한 것이다(통설). 즉 강포한 행위에 의하지 않고 은폐되지 않은 거래여야 한다.

b) 점유를 할 것

aa) (ㄱ) 양수인은 법률행위에 의해 동산 소유권을 취득하는 것이므로 형식주의의 원칙에 따라 점유의 이전(인도)이 있어야 한다. 양수인이 점유를 취득하는 방법으로 현실의 인도(188조 1항), 간이인도(188조 2항), 목적물반환청구권의 양도(190조)가 인정되는 데에는 문제가 없다.[2] 그러나 점유개정(189조)에 의한 인도는 위 점유에 포함되지 않는다는 것이 통설이고 확고한 판례이다(대판 1964. 5. 5, 63다775; 대판 1978. 1. 17, 77다1872). 예컨대, A 소유의 동산을 임차하고 있는 B가 이를 C에게 매도하고 C는 점유개

---

1) 판례: 채무자 이외의 자의 소유에 속하는 동산을 경매절차에서 경락받은 경락인은 동산의 소유권을 선의취득한다(대판 1998. 6. 12, 98다6800).

2) 판례: 간이인도에 의한 점유취득으로 선의취득의 요건은 충족된다(대판 1981. 8. 20, 80다2530). 또, 양도인이 소유자로부터 보관을 위탁받은 동산을 제3자에게 보관시킨 경우에, 양도인이 그 제3자에 대한 반환청구권을 양수인에게 양도하고 지명채권양도의 대항요건을 갖추었을 때에는, 동산의 선의취득에 필요한 점유의 요건을 충족한다(대판 1999. 1. 26, 97다48906).

정의 방법으로 인도받은 경우, B가 종전대로 점유를 하는 것에 아무런 변화가 없다. 이처럼 소유자와 양수인이 양도인에 대해 동등한 신뢰를 부여한 경우에는 기존의 소유권이 더 존중되어야 하고, 양수인은 양도인을 신뢰하여 점유개정의 방법으로 물건을 맡긴 것이므로 그로 인한 위험은 양수인이 부담하는 것으로 하여도 불공평하지 않다고 본 것이다.[1] (ㄴ) 특히 점유개정은 타인 소유 동산의 양도담보와 관련하여 빈번히 문제된다. 예컨대 A가 소유권을 유보한 상태에서 동산을 B에게 매도, 인도하고, B는 C에 대한 채무의 담보로 이 동산을 점유개정의 방법으로 C에게 양도하는 경우(양도담보), 소유권유보 매도인 A와 양도담보권자 C 사이의 우열이 문제된다. 점유개정에 의한 인도로는 선의취득을 하지 못하므로 위 예에서 C는 양도담보권을 취득하지 못한다. 한편 양도담보가 이중의 점유개정에 의해 이루어지는 경우에도 같은 문제가 생기는데, 후에 이루어진 점유개정의 방법으로는 동산 양도담보권을 선의취득하지 못한다(양창수·권영준, 권리의 변).[2]

bb) 선의로 과실 없이 점유한 것이어야 한다($^{249}_{조}$). (ㄱ) 선의는 양수인이 목적물을 취득할 당시에 양도인이 무권리자임을 알지 못한 것이고, 무과실은 그 사실을 알지 못한 데에 과실이 없는 것을 말한다. 점유자는 선의로 추정되므로($^{197조}_{1항}$), 이를 부인하는 측에서 입증책임을 진다. (ㄴ) 문제는 무과실도 추정되는가이다. ① 학설은 나뉜다. 긍정설은, 점유 중인 양도인은 제200조에 의해 권리자로 추정되므로, 그를 권리자로 믿더라도 과실이 없는 것으로 추정받는다고 한다(곽윤직, 124면; 김용한, 287면; 장경학, 456면). 부정설은, 민법에 무과실의 추정규정이 없고, 제200조는 점유자의 점유상태에 대한 권리의 적법의 추정일 뿐이므로 양수인이 그 점유를 신뢰한 데 과실이 있는 것과는 별개의 것이고(즉 여러 사정상 양도인이 무권리자라는 것을 양수인이 알 수 있었던 경우), 또 권리자는 양수인에 비해 양도의 과정을 알 수 없는 점에서 양수인에게 무과실의 입증책임을 지우더라도 그에게 크게 불리하지 않다는 이유에서 무과실은 추정되지 않고, 양수인이 자신에게 과실이 없음을 입증하여야 한다고 한다(김상용, 225면; 이영준, 260면; 이상태, 122면). ② 판례는 무과실은 추정하지 않고 양수인이 이를 입증하여야 한다고 하여, 부정설과 견해를 같이한다(대판 1968. 9. 3, 68다169). 사견은 부정설의 논거가 타당한 것으로 생각된다. (ㄷ) 양수인의 선의·무과실의 기준시점에 관해 판

---

1) 독일 민법은 제933조에서 점유개정에 의한 선의취득을 부정하는 것으로, 즉 물건이 양도인으로부터 양수인에게 인도된 때에 소유자가 되는 것으로 정하면서, 제934조에서는 반환청구권의 양도에 의한 인도 방식에 의해서는 선의취득을 할 수 있는 것으로 정하고 있다. 우리의 통설적 견해는 이와 결론을 같이하는 것이다. 그런데 이에 대해서는 선의취득이 승계취득의 법리가 적용되지 않는 예외적인 것이므로 엄격하게 적용되어야 하고, 반환청구권의 양도에 의한 인도 방식에서도 점유개정에서와 같은 문제가 있다는 이유로, 선의취득을 부정하여야 한다는 비판적 견해가 있다(김진우, "목적물반환청구권의 양도에 의한 선의취득", 민사법학 제39-1호(2007), 28면 이하). 그러나 반환청구권의 양도 방식의 경우에는 지명채권양도의 대항요건에 따라 양수인에게 이전된 것이 공시된다는 점에서 점유개정의 경우와 동일하게 볼 것은 아니다.

2) 반환청구권의 양도 방식에 의해 선의취득이 인정되더라도 그것이 동시에 점유개정에 의한 인도의 모습도 갖춘 때에는 선의취득이 제한된다고 할 것이다(지원림, 525면 참조). 다음과 같이 나누어 볼 수 있다. ① B가 A로부터 임차한 물건을 C에게 전대, 인도한 후 그 물건을 D에게 양도하면서 반환청구권의 양도 방식으로 인도를 한 경우, 양수인 D는 선의취득의 요건으로서의 점유를 취득한다. ② 그러나, B가 A로부터 임차한 물건을 C에게 양도하면서 점유개정 방식으로 B가 점유를 계속하고, 이 상태에서 C가 그 물건을 D에게 양도하면서 반환청구권의 양도 방식으로 인도를 한 경우, 양수인 D는 선의취득의 요건으로서의 점유를 취득하지 못한다. 결과적으로 A가 B를 통해 점유하고 있는 데에는 아무런 변화가 없기 때문이다.

례는, 물권적 합의가 동산의 인도보다 먼저 행하여지면 인도된 때를, 인도가 먼저 행하여지면 물권적 합의가 있은 때를 기준으로 한다(대판 1991. 3. 22, 91다70). 따라서 그 후에는 악의·과실이 있다고 하더라도 선의취득의 성립에 영향을 주지 않는다. (ㄹ) 점유의 취득으로 족하고, 점유의 계속은 선의취득의 요건이 아니다(대판 1964. 9. 22, 64다406).

3. 선의취득의 효과

a) **취득하는 물권**　　선의취득의 요건을 갖추면 양수인은 즉시 그 동산의 소유권을 취득한다(249조). 한편, 선의취득에 관한 규정은 질권에도 준용된다(343조). 따라서 선의취득에 의해 취득할 수 있는 동산물권으로는 소유권과 질권, 두 가지가 있다. 동산물권이라도 인도가 아닌 등기나 등록을 물권변동의 요건으로 삼는 동산 저당권은 선의취득할 수 없다(대판 1985. 12. 24, 84다카2428).

b) **원시취득**　　선의취득에 의한 소유권 또는 질권의 취득은 양도인이 무권리자임에도 불구하고 법률의 규정에 의해 인정되는 것이므로 원시취득으로 보는 것이 통설이다. 따라서 종전 소유자의 권리에 존재하였던 제한은 원칙적으로 소멸된다. 다만 제한물권의 부담을 안고 취득하는 경우가 없지 않다.[1)]

c) **효과의 확정성**　　(ㄱ) 선의취득의 효과는 확정적이다. 선의취득자가 다시 악의의 제3자에게 양도하더라도 제3자는 소유권을 취득하며, 또 무권리자인 양도인에게 다시 양도하더라도 양도인은 소유권을 취득한다. (ㄴ) 선의취득은 거래의 안전을 확보하기 위해 법이 마련한 제도로서, 그 요건을 갖추면 선의취득자는 동산 소유권을 취득하는 반면 종전 소유자는 소유권을 상실하게 되는 법률효과가 법률의 규정에 의해 발생되므로, 선의취득자가 임의로 이러한 효과를 부인하고 종전 소유자에게 동산을 반환받아 갈 것을 요구할 수 없다(대판 1998. 6. 12, 98다6800). 따라서 선의취득자가 종전 소유자에게 동산을 반환하고 양도인에게 담보책임을 물을 수는 없다.

d) **진정한 권리자에 대한 관계**　　(ㄱ) 양도인이 양수인과의 거래행위로 얻은 이익은 진정한 권리자에 대해서는 부당이득이 되고, 따라서 이를 반환하여야 한다. 그 밖에 채무불이행 또는 불법행위가 성립할 수도 있다(그에 따라 손해배상책임을 질 수 있다). (ㄴ) 선의취득자는 진정한 권리자에 대해 부당이득 반환의무를 부담하지 않는다. 다만, 양수인이 동산을 무상으로 취득한 경우에 진정한 소유자에게 그 이득을 반환하여야 하는지에 관해서는 학설이 나뉜다. 독일 민법 제816조 1항 2문은 이를 인정하지만, 우리 민법은 이에 관해 아무런 정함이 없다. 통설적 견해는 부정하지만, 진정한 권리자와 선의취득자 사이의 비례의 원칙(공평의 원칙)에 따라 이를 인정하여야 한다는 소수설(김용한, 290면; 이영준, 263면)이 있다. 민법에 명문의 규정이 없는 이상 무상취득의 경우에만 예외를 두기는 어렵다는 점에서 통설적 견해가 타당하다고 본다.

---

1) 예컨대, A로부터 동산을 임차한 B가 그 동산을 C에게 질권을 설정하여 C가 그 동산을 점유하고 있는 상태에서 B가 목적물반환청구권의 양도에 의해 D에게 위 동산을 양도한 경우, D는 위 동산에 제한물권이 존재하고 있다는 사정을 인식할 수 있었으므로, D는 질권의 부담을 안고 위 동산의 소유권을 취득한다.

4. 도품과 유실물에 대한 특례

> **제250조 〔도품과 유실물에 대한 특례〕** 전조의 경우에 그 동산이 도품이나 유실물일 때에는 피해자나 유실자는 도난당하거나 유실한 날부터 2년 내에 그 물건의 반환을 청구할 수 있다. 그러나 도품이나 유실물이 금전인 경우에는 그러하지 아니하다.
>
> **제251조 〔도품과 유실물에 대한 특례〕** 양수인이 도품이나 유실물을 경매나 공개시장에서 또는 같은 종류의 물건을 판매하는 상인에게서 선의로 매수한 경우에는 피해자나 유실자는 양수인이 지급한 대가를 변상하고 그 물건의 반환을 청구할 수 있다.

(1) 총 설

a) **의 의** 도품盜品이나 유실물처럼 권리자의 의사에 의하지 않고 점유가 이탈된 동산(점유이탈물)의 경우에는, 거래의 안전도 중요하지만 권리자에게 잘못을 물을 수 있는 것이 아니므로, 이때에는 선의취득이 제한된다. 즉 피해자나 유실자는 도난당하거나 잃어버린 날부터 2년 내에는 그 물건의 반환을 청구할 수 있다($^{250}_{조}$). 다만, 양수인이 도품이나 유실물을 경매나 공개시장에서 또는 같은 종류의 물건을 판매하는 상인에게서 선의로 매수한 경우에는 양수인의 보다 강한 신뢰가 존재하므로, 피해자나 유실자는 양수인이 지급한 대가를 변상하여야만 그 물건의 반환을 청구할 수 있는 것으로 한다($^{251}_{조}$).

b) **제249조와의 관계** 민법은 제249조에서 선의취득에 대해 정하고, 제250조와 제251조에서는 도품과 유실물에 대한 특례를 규정한다. 이러한 규정체계에서 유의할 것은, 제250조(및 제251조)는 제249조에 대한 특례로서 정해졌기 때문에, 이것은 제249조의 요건이 충족되는 것을 전제로 하여 그 동산이 도품이나 유실물인 때에 일정한 제한, 즉 제250조(및 제251조)를 적용한다는 점이다. 따라서 도품이나 유실물에 대해 양수인에게 제249조 소정의 선의취득의 요건이 구비되지 않은 경우에는, 소유자는 2년의 기간 제한을 받지 않고 소유권에 기해 그 물건의 반환을 청구할 수 있고, 양수인이 경매나 공개시장 등에서 매수한 경우에도 대가를 변상할 필요없이 그 물건의 반환을 청구할 수 있다. 특히 제251조는 양수인의 '선의'만을 정하고 '무과실'을 규정하고 있지 않지만, 위와 같은 규정체계상 양수인이 그 대가의 변상을 청구할 수 있기 위해서는 무과실도 당연히 필요하다($^{대판\ 1991.\ 3.}_{22,\ 91다70}$).

c) **적용범위** (ㄱ) 특칙이 적용되는 것은 도품과 유실물에 한한다($^{250조}_{본문}$). '도품'은 절도나 강도에 의해 점유를 침탈당한 물건이고, '유실물'은 점유자의 의사에 의하지 않고 점유가 이탈된 물건을 말한다. 어느 것이나 점유자의 의사에 의하지 않고 점유가 이탈된 것으로서, 점유자의 의사가 관여된 사기·공갈·횡령의 경우는 이에 포함되지 않는다. 유의할 것은, 점원과 같은 점유보조차가 가게의 물건을 임의로 처분하면 형법상 절도죄에 해당하지만($^{형법}_{329조}$), 형사법과 민사법의 경우를 동일시해야 하는 것은 아닐 뿐만 아니라, 진정한 권리자와 선의의 거래상대방 간의 이익형량의 관점에서 점유자(소유자)의 의사가 관여된 점에서는 위탁물 횡령의 경우와 다를 바 없으므로, 이때는 도품에 해당하지 않고 제249조에 의한 선의취득이 적용된다($^{대}_{판}$

1991. 3. 22,). 즉 양수인은 즉시 그 동산의 소유권을 취득한다. (ㄴ) 도품이나 유실물이 금전인 때
91다70
에는 특례는 적용되지 않는다($\frac{250조}{단서}$). 이 내용에 대해서는 선의취득의 요건(대상) 부분에서 설명하였다.

(2) 효 과

가) 반환청구권

a) 당사자 　반환청구권자는 피해자 또는 유실자이다($\frac{250조}{본문}$). 소유자가 간접점유자인 때에는 직접점유자도 반환청구권을 가진다는 것이 통설이다. 한편 반환청구의 상대방은 도품이나 유실물을 현재 점유하고 있는 자이다. 도둑이나 습득자에 한정하는 것이 아니라 그로부터 승계취득한 자를 포함한다. 따라서 도품·유실물에 대해서는 도난당하거나 잃어버린 날부터 2년 내에는 민법 제249조에 의한 선의취득은 발생하지 않는다.

b) 반환청구의 기간 　(ㄱ) 도난당하거나 잃어버린 날부터 2년 내에 반환청구를 하여야 한다 ($\frac{250조}{본문}$). 이 기간의 성질에 관해서는 학설이 나뉜다. 제1설은, 반환청구권의 성질이 형성권이 아니라 청구권이라는 이유로 시효기간으로 본다(곽윤직, 127면; 김증한·김학동, 129면; 김상용, 232면; 김용한, 293면). 제2설은, 이 경우에는 시효의 중단을 인정하는 것이 타당하지 않고, 권리소멸을 법원이 직권으로 판단하는 것이 요청되는 점, 그리고 비교적 빠른 기간 내에 반환 여부를 확정함으로써 권리관계의 안정을 기하려는 입법 취지상 제척기간으로 보아야 한다고 한다(이영준, 268면; 이상태, 128면; 장경학, 466면). (ㄴ) 사견은 제척기간으로 보는 것이 타당하다고 본다. 우선 제척기간이 형성권에만 인정되는 것은 아니고, 청구권에도 그것이 법률관계를 조속히 확정지을 필요가 있는 때에는 제척기간을 붙일 수 있다.[1] 그리고 제250조의 취지는, 소유권 보호의 요청과 거래 안전의 요청과의 조화를 꾀하여 아무리 소유자라 하더라도 2년의 기간이 경과하면 이제는 반환청구를 하지 못하게 하자는 것이며, 그 기간의 장단은(그 기간이 길면 길수록 거래의 안전이 위협을 받는 정도가 높아지므로) 소유자의 사정에 의해서가 아니라 거래 안전의 요청에 의해서 그어지는 것이다. 다시 말해 소유자의 사정 여하로 말미암아 기간이 연장되는 것은 허용될 수 없는 것이다. 이러한 점에 비추어 제척기간으로 보는 것이 타당하다.

나) 소유권의 귀속

a) 피해자나 유실자는 도난당하거나 잃어버린 날부터 2년 내에 그 물건의 반환을 청구할 수 있다. 따라서 그 2년이 지나면 도품 또는 유실물이라도 양수인은 확정적으로 소유권을 취득한다. 문제는 위 2년의 기간 동안 소유권이 누구에게 있는가이다. 학설은 나뉜다. 통설은 선의취득자에게 있다고 하고, 그래서 제250조에 의한 반환청구권은 법정의 특별한 원상회복 청구권으로 파악한다. 이에 대해 소수설은, 일단 소유권을 주었다가 빼앗기보다는 2년의 경과로 비로소 소유권을 취득한다고 보는 것이 간명하고, 따라서 그때까지는 소유권은 본래의 소유자에게 있는 것이므로, 제250조 소정의 청구권은 소유권에 기한 반환청구권으로 파악한다

---

1) 그러한 예로, 점유보호청구권(204조~206조), 담보책임에 기한 매수인이나 수급인의 손해배상청구권(573조·575조·582조·670조), 사용대차나 임대차에서 손해배상청구권과 비용상환청구권(617조·654조) 등이 있다.

(양창수·권영준, 권리의
변동과 구제, 163면). 사견은, 제250조는 제249조에 대한 특례를 정한 것인데, 그것은 도품 또는 유실물의 경우에는 2년의 기간이 지나야 선의취득이 인정된다는 취지이므로, 결국 도품 등의 경우에는 제249조 소정의 요건 외에 2년의 기간 경과를 요건으로 추가한 것으로 이해하는 것이 규정체계에 부합하는 것으로 생각한다. 이런 점에서 보면 소수설이 타당하다고 본다.

b) 도품 또는 유실물에 대해 선의취득이 부정되는 경우에도 소유자는 (무권리자의 처분행위에 대한 추인의 법리에 따라) 무권리자의 처분행위를 추인하여 그것을 유효한 것으로 할 수 있고, 무권리자가 양도의 대가로 받은 것에 대해 부당이득의 반환을 구할 수 있다(양창수·권영준, 권리의 변동과 구제, 168면).

다) 대가의 변상

(ㄱ) 도품·유실물의 반환청구는 무상으로 할 수 있으나, 제251조의 경우, 즉 양수인이 도품이나 유실물을 경매나 공개시장에서 또는 같은 종류의 물건을 판매하는 상인에게서 선의·무과실로 '매수'한 경우에는, 피해자나 유실자는 양수인이 지급한 대가(시가를 의미하는 것이 아니다)를 변상하고 그 물건의 반환을 청구할 수 있다(251조). 따라서 취득자가 도품·유실물을 증여받은 때에는 무상으로 반환을 청구할 수 있다. 한편 양수인은 대가변상청구권에 기해 소유자 등의 물건 반환청구에 대해 동시이행의 항변을 할 수 있다(양창수·권영준, 권리의 변동과 구제, 169면). (ㄴ) 제251조는 취득자에게 대가변상의 청구권을 준 것이냐, 아니면 대가의 변상이 있기까지 반환청구를 거절할 수 있는 항변권을 준 것이냐가 문제될 수 있는데, 통설과 판례는 전자로 해석한다(대판 1972. 5. 23, 72다115). 따라서 수사과정에서 그 물건이 압수되어 소유자에게 교부된 경우에도 양수인은 대가의 변상을 청구할 수 있다.

사례의 해설 (1) 종업원은 점유보조자인데(195조), 점유보조자 B가 보관하고 있던 기계를 횡령한 경우에는, 형법상으로는 절도죄가 되더라도, 민사상으로는 진정한 권리자와 선의의 거래상대방 간의 이익형량의 관점에서 위탁물 횡령과 다를 바 없다(대판 1991. 3. 22, 91다70). 따라서 점유보조자가 횡령한 경우에는 도품·유실물에 대한 특례가 적용되지 않고 제249조가 적용된다. 사례에서 기계를 B로부터 매수한 C는 악의의 양수인으로서 선의취득이 안 되고, 따라서 무권리자가 된다. 무권리자 C로부터 기계를 양수한 D는 선의일지는 모르나 과실이 인정되므로, 결국 D는 선의취득을 할 수 없다. 따라서 A가 D에게 그 기계의 반환을 청구할 경우, D는 대가변상청구권 등 아무런 권리를 주장할 수 없고 A에게 그 기계를 반환하여야 한다. D는 C와의 매매계약을 해제하고 C에게 매매대금(5천만원)의 반환과 그 밖에 손해배상을 청구할 수 있을 뿐이다(570조).

(2) (ㄱ) A가 B와의 계약을 취소한 경우, 소급하여 그 계약은 무효가 되므로, B는 소급하여 무권리자가 된다. 따라서 무권리자 B가 C에게 노트북을 매도한 것이 되는데, B와 C 사이의 매매 자체는 유효하므로, C는 선의취득을 할 수 있다. (ㄴ) 경매는 일종의 매매에 속하는 것이므로, 결국 A 소유의 기계를 무권리자 甲이 B에게 매도한 것과 다를 바 없어, B는 선의취득을 할 수 있다. (ㄷ) A가 그의 동산을 점유개정의 방법으로 B에게 양도함으로써 B가 소유자가 되었는데, 그 후 무권리자 A가 C에게 위 동산을 양도하면서 점유개정의 방법으로 양도한 이상, B의 (간접)점유에는 아무런 변화가 없으므로, C는 선의취득을 할 수 없다.

(3) X기계는 甲의 소유인데, 이것을 경매절차에서 매수한 丁은 민법 제249조(선의취득)에 따라

그 소유권을 취득한다. 한편, 丙은 채무자(乙)의 소유가 아닌 X기계의 매각대금에서 채권의 배당을 받은 것인데, 그 매각대금은 채무자의 것이 아니어서 채권자(丙)가 이를 배당받았다고 하더라도 그 채권은 소멸되지 않고 존속하므로, 결국 丙은 법률상 원인 없는 이익을 얻고 소유자(甲)는 경매에 의해 소유권을 잃게 되는 손해를 입게 되었으므로, 甲은 민법 제741조(부당이득)에 따라 丙을 상대로 X기계에 대해 배당받은 돈의 반환을 청구할 수 있다(대판 1998. 3. 27, 97다32680).

(4) 선의취득의 대상이 된 동산이 도품이나 유실물인 때에는 피해자나 유실자는 도난당하거나 유실한 날부터 2년 내에는 그 동산의 반환을 청구할 수 있다(250 조). 도품이나 유실물 어느 것이나 점유자의 의사에 의하지 않고 점유가 이탈된 경우를 말하는 것인데, 점유하고 있던 동산(청자)을 점유자(乙)가 타인(丙)에게 매각하는 것(횡령)은 이에 해당하지 않는다(대판 1991. 3. 22, 91다70). 丙은 민법 제249조에 따라 선의취득에 의해 청자의 소유권을 취득하므로, 甲의 丙에 대한 청구는 기각된다.

(5) 丙은 양도담보에 의해 산수화의 소유권을 취득하였으므로, 乙이 丁에게 산수화를 매도한 것은 무권리자가 한 처분행위에 해당하여 원칙적으로 무효이다. 다만 동산이므로 선의취득(249 조)이 적용될 수 있는데, 丁에게 선의취득의 요건이 충족되므로, 丁이 산수화의 소유자가 된다. 그러므로 丙이 자신에게 소유권이 있음을 전제로 丁에게 한 그림의 인도 청구는 기각된다. 사례 p. 92

제4관 물권의 소멸

물권의 소멸 원인에는 모든 물권에 공통되는 것과 각종 물권에 특유한 것이 있다. 후자에 관해서는 '물권법 각칙'에서 따로 설명하기로 하고, 여기서는 전자, 즉 '목적물의 멸실, 소멸시효, 포기, 혼동, 공용징수'에 관해 설명하기로 한다. 이 중에서 포기는 법률행위로 인한 물권의 소멸이고, 나머지는 모두 법률의 규정에 의한 것이다. 그러나 물권이 절대적으로 소멸된다는 점에서는 공통된다. 그런데 민법 물권편에서 물권의 소멸 원인으로 규정하는 것은 「혼동」뿐이다(191 조).

1. 목적물의 멸실

물권은 물건을 목적으로 하는 것이므로, 목적물이 멸실되면 그에 관한 물권은 당연히 소멸된다. 물건의 멸실 여부는 사회통념에 의해 결정된다. (ㄱ) 물건의 멸실에 따라 그 변형물이 생기는 경우에 물권의 존속 여부가 문제될 수 있다. ① 건물이 붕괴된 경우의 그 잔해처럼 「물질적 변형물」로 남는 경우가 있다. 물권은 목적물의 물질적 변형물에 미치므로, 건물 소유권은 그 잔해, 즉 동산 소유권으로 존속한다(민법주해(IV), 247면(이인재)). ② 저당권의 목적이 된 토지가 수용된 경우, 그 「가치적 변형물」인 보상금에 대해 저당권의 효력이 미치고, 이를 '물상대위物上代位'라고 한다(342조·370조). (ㄴ) 토지의 멸실로서 특별한 것으로 '포락浦落'이 있다. 즉 바다나 하천에 인접한 토지가 태풍 등에 의한 지표의 유실이나 지반의 침하 등으로 침수되어 바다의 일부가 되거나 하천의 바닥이 되는 경우로서, 포락된 토지가 원상으로 돌아오지 않으면 그 토지에 대한 소유권은 영구적으로 소멸된다(그 밖의 내용은 '소유권' 부분에서 설명한다).

2. 소멸시효

(1) 소유권은 소멸시효의 대상이 되지 않고($^{162조}_{2항}$), 점유권과 유치권은 다 같이 점유를 그 성립 및 존속요건으로 하는 점에서 따로 소멸시효가 적용될 여지가 없다. 또 담보물권(질권·저당권)은 피담보채권이 존속하는 한 담보물권만이 독립하여 소멸시효에 걸리지는 않는다. 그리고 전세권은 존속기간이 10년을 넘지 못하므로($^{312조}_{1항}$) 20년의 소멸시효($^{162조}_{2항}$)에 걸리는 일은 생기지 않는다. 결국 물권 중 20년의 소멸시효에 걸리는 것은 '지상권과 지역권'뿐이다.

(2) (ㄱ) 소멸시효의 완성으로 물권이 소멸되는 데 (말소)등기가 필요한지에 관해서는 견해가 나뉜다. ① 상대적 소멸설을 취하는 견해는 시효이익을 얻을 자가 상대방에게 권리소멸을 주장한 때, 즉 말소등기를 한 때에 비로소 물권이 소멸된다고 한다(김중한·김학동, 175면; 김용한, 99면). ② 절대적 소멸설을 취하는 견해는 소멸시효의 완성만으로 말소등기 없이도 당연히 물권이 소멸된다고 한다(곽윤직, 132면; 장경학, 271면). ③ 상대적·절대적 소멸설과는 관계없이, 소멸시효에 의한 소멸은 법률의 규정에 의한 물권변동이므로 제187조에 의해 등기를 요하지 않고 당연히 소멸된다고 보는 견해도 있다(이영준, 275면). (ㄴ) 사견은 다음과 같은 이유에서 위 ①의 견해가 타당하다고 본다. 민법($^{184조}_{1항}$)은 소멸시효가 완성된 후에도 '시효이익의 포기'를 인정하는 점에서, 소멸시효의 완성에 의한 권리의 소멸을 최종적으로 의무자의 의사에 의존하는 것으로 하고 있다. 따라서 의무자의 '시효소멸의 주장'도 이에 대응하는 것으로 보는 것이 타당하다. 그런데 시효이익의 포기가 상대방 있는 단독행위로서 법률행위이듯이 시효소멸의 주장도 같은 성질을 가진다고 볼 것이기 때문에, 민법 제186조에 의해 그 등기를 하여야 효력이 생긴다고 할 것이다.

3. 포 기

(ㄱ) 물권은 이를 소멸시킬 것을 목적으로 하는 물권자의 의사표시(단독행위)인 포기에 의해 소멸된다. 포기에는 소유권·점유권의 포기와 같은 '상대방 없는 단독행위'와, 제한물권의 포기처럼 '상대방 있는 단독행위'가 있다. (ㄴ) 포기는 법률행위이므로 민법 제186조에 의해 말소등기를 한 때에 물권이 소멸된다(통설). 한편 동산물권의 경우에는 점유의 포기를 필요로 한다. (ㄷ) 물권의 포기는 물권자가 자유로이 할 수 있지만, 그 포기로 타인의 이익을 해치는 경우에는 타인의 동의가 필요하다. 민법은 특히 지상권 또는 전세권이 저당권의 목적이 된 경우에 지상권이나 전세권의 포기에는 저당권자의 동의가 있어야 하는 것으로 정한다($^{371조}_{2항}$). (ㄹ) 소유권을 포기하면, 동산인 경우에는 무주물이 되어 선점자가 소유권을 취득하게 되고, 부동산인 경우에는 국유가 된다($^{252}_{조}$). 제한물권을 포기하면 그 제한을 받고 있던 물권은 완전한 상태로 복귀한다.

4. 혼 동混同

> 제191조 〔혼동으로 인한 물권의 소멸〕 ① 동일한 물건에 대한 소유권과 다른 물권이 동일한 사람에게 귀속된 경우에는 다른 물권은 소멸된다. 그러나 그 물권이 제3자의 권리의 목적인 경우에는 소멸되지 아니한다. ② 전항의 규정은 소유권 이외의 물권과 그 물권을 목적으로 하는 다른 권리가 동일한 사람에게 귀속된 경우에 준용한다. ③ 점유권에 관하여는 전 2항의 규정을 적용하지 아니한다.

(1) 의 의

서로 대립하는 두 개의 법률상의 지위나 자격이 동일인에게 귀속하는 것을 '혼동'이라고 한다. 이 경우 그 두 개의 지위를 존속시키는 것은 무의미하므로, 그 한쪽은 다른 쪽에 흡수되어서 소멸되는 것이 원칙이다. 혼동으로 인한 권리의 소멸은 물권과 채권에 공통되는 것인데, 채권에 관해서는 따로 민법 제507조에서 혼동을 정하며, 본조는 물권에 관해 규정한다. 즉 동산물권과 부동산물권의 구별 없이 물권은 혼동으로 소멸되는 것으로 하고, 일정한 경우에만 예외적으로 소멸되지 않는 것으로 한다.

(2) 요 건

a) 혼동으로 물권이 소멸되기 위해서는, 동일한 물건에 대해 양립할 수 없는 두 개의 물권이 한 사람에게 귀속하는 것을 요건으로 한다. 따라서 점유권은 본권과 양립하여 한 사람에게 귀속할 수 있는 것이어서 혼동이 생기지 않는다($^{191조}_{3항}$). 광업권과 토지소유권의 관계도 같다.

b) 위 요건을 전제로 혼동이 발생하는 경우는 다음 두 가지이다. 즉 (ㄱ) 소유권과 소유권 외의 물권이 동일한 사람에게 귀속된 경우에는 소유권 외의 물권은 소멸된다($^{191조 1}_{항 본문}$). 동일인에게 귀속하게 된 원인은 불문한다. 예컨대 저당권자가 저당물의 소유권을 취득하거나, 소유자가 지상권자 또는 전세권자를 상속하는 경우에는 소유권 외의 물권인 저당권·지상권·전세권은 소멸된다. (ㄴ) 소유권 외의 물권과 그 물권을 목적으로 하는 다른 권리가 동일한 사람에게 귀속된 경우에는 다른 권리는 소멸된다($^{191조}_{2항}$). 예컨대 지상권 또는 전세권을 목적으로 하여 저당권을 설정하였는데($^{371}_{조}$), 저당권자가 지상권이나 전세권을 취득한 경우에는 다른 권리인 저당권은 소멸된다.

(3) 혼동의 예외

a) 소멸될 권리가 제3자의 권리의 목적인 경우   혼동으로 소멸되는 물권이 제3자의 권리의 목적이 된 경우에는, 그 물권은 혼동으로 소멸되지 않는다($^{191조 1항}_{단서·2항}$). 예컨대, A가 B 소유의 토지에 지상권을 가지고 있고, 그 지상권이 C의 저당권의 목적인 때에는, A가 토지소유권을 취득하더라도 A의 지상권은 소멸되지 않는다. 또, B의 지상권에 A가 저당권을 가지고 있고, 다시 그 저당권에 제3자 C가 질권을 설정한 때에는, A가 지상권을 취득하더라도 A의 저당권은 소멸되지 않는다. 그렇지 않으면 제3자(C)의 권리가 소멸하게 되어 부당하게 불이익을 받게 되기 때문이다.

b) **본인의 이익을 위해 필요한 경우**   이에 관해 본조는 명문으로 정하고 있지 않지만, 통설·판례[1]는 제191조 1항 단서를 준용하여, 본인의 이익을 위해 필요한 경우에도 혼동의 예외를 인정한다. 이것은 혼동에 해당하는 때에도 그 물건이 제3자의 권리의 목적이 되어 있고 또 제3자의 권리가 혼동이 생기는 제한물권보다 아래 순위에 있을 경우이다($\binom{\text{민법주해(IV),}}{\text{242면(이인재)}}$). 예컨대, A가 B 소유의 토지에 저당권을 가지고 있고, 제3자 C가 같은 토지에 후순위 저당권을 가지고 있는 경우, A가 위 토지소유권을 취득하더라도 A의 저당권은 소멸되지 않는다. 그렇지 않으면 후순위 저당권자 C가 선순위로 되면서 부당하게 유리한 지위를 가지게 되어 본인(A)의 이익을 해치기 때문이다. 그러나 제3자의 권리가 본인의 권리보다 우선하는 경우, 위 예에서 C가 A보다 선순위 저당권자인 경우에는, A의 저당권은 혼동으로 소멸된다(본인(A)의 이익을 해치는 것이 아닐 뿐더러 제3자(C)에게 부당한 이익을 주는 것도 아니기 때문이다).

(4) 효 과

혼동에 의한 물권소멸의 효과는 절대적이다. 어떤 이유로 혼동 이전의 상태로 복귀하더라도 일단 소멸된 권리는 부활하지 않는다. 그러나 혼동을 가져온 원인에 무효 등의 사유가 있는 때에는 혼동은 생기지 않았던 것으로 된다.[2]

5. 공용징수

공익을 위하여 필요한 처분으로서 공용징수가 행해진 경우에는 수용자는 원시적으로 권리를 취득하고, 그에 따라 피수용자의 권리와 그 목적물에 존재하였던 제3자의 권리는 모두 소멸된다($\binom{\text{공익사업을 위한 토지 등의 취득 및 보상에 관한 법률 19조 이하, 국토의 계획}}{\text{및 이용에 관한 법률 95조 이하, 광업법 8조 이하, 산림법 5조 이하 등 참조}}$).

---

1) 판례: ① 「어느 부동산에 관하여 A가 선순위 근저당권을 취득한 후 B가 후순위 근저당권을 취득하였고, 이어서 C와 D가 순차로 가압류를 한 후 B가 위 부동산을 매수하여 소유권을 취득한 경우, B의 근저당권이 혼동으로 소멸하게 된다면 C와 D는 부당한 이득을 보는 반면 B는 손해를 보게 되므로, 이 경우 B의 근저당권은 혼동으로 소멸되지 않는다」(대판 1998. 7. 10, 98다18643). ② 「부동산 임차권의 대항요건을 갖춘 후 저당권이 설정된 때에는 부동산에 대한 소유권과 임차권이 동일인에게 귀속하게 되는 경우에도 민법 제191조 1항 단서를 준용하여 임차권은 소멸되지 않는다」(대판 2001. 5. 15, 2000다12693).

2) 판례: 「근저당권자가 소유권을 취득하면 그 근저당권은 소멸되지만, 그 뒤 그 소유권 취득이 무효인 것이 밝혀지면 소멸되었던 근저당권은 당연히 부활하고, 이 부활 과정에서 등기부상 이해관계가 있는 자는 위 근저당권 말소등기의 회복등기절차를 이행함에 있어서 이를 승낙할 의무가 있다」(대판 1971. 8. 31, 71다1386).

제3장 물권법 각칙

본장의 개요   1. 민법은 「점유권」에 대해 다음과 같은 내용을 규정한다.

(1) 소유권은 물건에 있는 사용가치와 처분가치 모두를 갖는 물권이다. 한편 용익물권이나 담보물권과 같은 제한물권은 소유권에 있는 사용의 권능이나 처분의 권능을 소유자와의 설정계약을 통해 승계취득하는 것인 점에서 그 기초는 소유권에 있다. 이처럼 물권의 중심은 사적 소유, 즉 소유권에 놓여 있다. 그런데 소유권(그리고 그 권능을 승계취득하는 제한물권)으로서 물건의 사용가치와 교환가치를 갖는 것과는 무관하게 따로 물권으로 인정하는 것이 있는데, '점유권'이 그것이다. 점유권을 물권으로 인정하는 이유는 다음과 같은 점에 있다. 물건은 어느 것이나 누군가의 지배 아래에 있다. 그런데 그 지배가 정당한 원인에 기초한 것인지는 드러나지 않으며 인식할 수 없다. 사회도 어떤 사람이 물건을 점유하게 된 원인을 일일이 따지지 않고, 또 그 원인관계의 증명을 요구하고 있지도 않다. 그렇다면 점유자는 이처럼 점유의 사실상태가 유지되는 데 따른 일정한 이익을 가진다고 할 수 있고, 민법이 여기에 권리로서의 점유권을 부여한 이유가 있다고 할 것이다.

(2) 누가 점유권을 갖는지는 점유권을 주어 보호할 가치가 있는가 하는 관점에서 정해진다. 그래서 사실상 지배를 하더라도 점유권을 갖지 못하는 자가 있는가 하면($\substack{점유보조\\자: 195조}$), 사실상 지배를 하지 않더라도 점유권을 갖는 경우가 있다($\substack{간접점유\\자: 194조}$).

(3) 점유권이 인정되는 경우에 타인이 그 점유를 침탈하거나 방해를 하는 때에는 점유자는 점유권에 기해 그 배제를 구하여 본래의 점유상태를 회복할 수 있다. '점유보호청구권', 즉 점유권에 기한 반환청구권·방해제거청구권·방해예방청구권이 그것이다($\substack{204조~\\206조}$). 이러한 청구에 대해서는 본권에 관한 이유로 재판하지 못한다($\substack{208조\\2항}$). 다만 상술한 대로 본권이 없는 점유자가 한 점유권에 기한 물권적 청구는 종국에는 본권에 기한 물권적 청구에 복종하게 된다. 아무튼 A가 소유자로서 점유하고 있는 물건을 B가 절취한 경우라면, A는 점유권에 기해 그 반환을 청구할 수 있고 또 소유권에 기해 그 반환을 청구할 수도 있으며, 양자는 독립된 청구로 취급된다($\substack{208조\\1항}$).

2. 민법은 「소유권」에 대해 다음과 같은 내용을 규정한다.

(1) 소유권은 물건에 있는 사용가치와 교환가치 모두를 갖는 물권이다. 즉 물건을 사용하고, 물건에서 과실을 얻으며, 물건을 처분할 수 있는 것을 내용으로 하는 물권으로서($\substack{211\\조}$), 사유재산제는 이를 중심으로 한다. 다만, 소유권의 이러한 권능은 법률에 의해 제한될 수 있다($\substack{211\\조}$).

(2) 부동산 소유권에서는 소유권의 효력이 미치는 범위가 문제될 수 있다. 민법은 이에 관해 다음 세 가지를 규정한다. 우선, 토지의 소유권은 정당한 이익이 있는 범위에서 토지의 상하에 미치는 것으로 한다($\substack{212\\조}$). 둘째, 1동의 건물이라도 각 구분된 부분이 구조상 및 이용상 독립성이 있는 경우에는(예: 아파트·오피스텔 등), 각 건물부분은 독립된 소유권의 객체가 되는데, 이를 '건물의 구분소유'라고 한다. 이에 대해서는 민법에 대한 특별법으로서 「집합건물의 소유 및 관리에 관한 법률」이 적용된다. 셋째, 이웃하는 토지 소유자 간에는 각자의 소유권의 충돌이 생길 수 있어 그 제한을 둘 필요가 있는데, 상린관계로 정하는 내용들이 그것이다($\substack{216조~\\244조}$).

(3) 당사자의 의사와는 상관없이 법률(민법)이 일정한 이유에서 소유권을 취득할 수 있는 것으로 정하는 것이 있다. 여러 가지가 있지만, 대표적으로 '취득시효'와 '부합'이 있다. (ㄱ) 타인의 물건을 일정 기간 소유의 의사로 점유한 경우에 소유권을 취득하는 제도로서 취득시효가 있다.

이것은 오랜 기간 점유자가 점유를 하였는데도 소유자가 아무런 이의를 주장하지 않았다는 것은 점유자에게 소유권을 인정할 만한 실체관계(예: 매매)가 있다고 볼 개연성이 높다고 하는 것에 기초하는 것이다. 부동산 취득시효는 점유취득시효와 등기부취득시효로 나뉘고, 그 요건을 달리하는데($\frac{245}{조}$), 특히 점유취득시효에서는 취득시효 완성 외에 등기를 해야 비로소 소유권을 취득한다($\frac{245조}{1항}$). (ㄴ) 부동산에 어느 동산이 결합하여 하나의 부동산이 되거나, 동산과 동산이 결합하여 하나의 동산이 되는 경우를 부합이라고 한다. 즉 두 개의 물건이 하나의 물건으로 되는 점에서, 새로 생긴 하나의 물건의 소유자가 정해지게 되고, 그래서 소유권 취득의 원인이 되는 것이다. 부합으로 하나의 물건이 되기 위해서는 그것이 그 하나의 물건의 구성부분으로 되는 것을 요건으로 한다. 결합이 이루어지더라도 독립된 물건으로 다루어지는 경우에는 부합은 생기지 않는다. 예컨대 타인의 토지에 건물을 무단으로 지은 경우라도 그 건물은 토지에 부합하지 않는다. 다만, 토지 위에 건물이 있어 토지의 소유권을 방해하고 있으므로, 토지 소유자가 토지소유권에 기해 건물의 철거를 구할 수 있는 것은 별개의 것이다.

(4) 소유권은 물건을 사용·수익·처분하는 것을 내용으로 하는 권리이므로, 이것을 방해하는 사유가 있으면 그 방해를 제거할 수 있는 권리가 소유권에 주어지는데, '소유권에 기한 물권적 청구권'이 그것이다. 이것은 방해의 모습에 따라 점유를 통해 방해하는 경우에는 그 반환을 청구하고($\frac{213}{조}$), 그 밖의 방해의 경우에는 방해제거청구권이나 방해예방청구권이 인정된다($\frac{214}{조}$). 이러한 청구권을 통해 소유권의 실효성이 유지될 수 있다. 이 청구권은 소유권의 방해라는 요건만 충족되면 되고, 상대방의 귀책사유나 상대방이 이익을 얻었는지를 묻지 않는다. 소유권의 항구성에서 소유권에 기한 물권적 청구권은 제척기간도 소멸시효도 그 적용이 없다.

한편, 소유자가 점유할 권리가 없는 점유자를 상대로 소유물의 반환을 청구하는 경우, 점유자가 그 물건에서 과실을 수취하거나, 그 물건을 멸실·훼손시키거나, 그 물건에 비용(필요비나 유익비)을 지출하는 경우가 생길 수 있다. 여기서 점유자와 회복자(소유자) 간의 법률관계에 대해 민법은 점유권 부분에서 이를 규정하고 있지만($\frac{201조\sim}{203조}$), 이것은 소유물반환청구에 부수하여 생기는 것인 점에서, 이 부분과 연결지어 이해하는 것이 유용하다.

(5) 하나의 물건을 여럿이 소유하는 것을 '공동소유'라고 한다. 이것은 여럿의 결합 정도에 따라 셋으로 나뉜다, 단순히 여럿이 소유하는 것이 「공유」이고, 조합체로서 조합원 모두가 소유하는 것이 「합유」이며, 권리능력 없는 사단의 구성원으로서 소유하는 것이 「총유」이다. 이에 따라 소유권의 내용인 사용·수익·처분에서 일정한 제약이 따르게 된다. (ㄱ) 민법은 공유에 대해 다음과 같은 내용을 규정한다. ① 공유에서 공유자 각자에게는 '공유지분'이 있다. 이것은 추상적인 소유권의 비율을 뜻하는 것이고, 물건의 어느 부분으로 특정된 것이 아니다. 그러므로 지분은 관념상 공유물 전체에 효력이 미친다. 그리고 공유지분은 실질적으로 단독소유권과 다를 바 없다. 그래서 그 지분을 자유롭게 처분할 수 있고($\frac{263}{조}$), 또 공유물의 분할을 청구하여 언제든지 단독소유자가 될 수 있다($\frac{268조\sim}{270조}$). ② 다만 공유가 존속하는 동안에는 공유자 간에 공유관계에 따른 제약을 받고, 민법은 이에 대해 규정한다($\frac{263조\sim}{266조}$). (ㄴ) 2명 이상이 서로 출자하여 공동사업을 경영할 목적으로 결합한 것이 조합이다($\frac{703}{조}$). 여기서 (조합의 목적을 위해 출자된) 조합재산을 이루는 개개의 물건은 (조합은 법인격이 없으므로) 조합원 모두가 소유할 수밖에 없는데, 민법은 이를 합유로 규정한다. 합유에서도 조합원 각자의 지분은 있지만, 조합이 추구하는 공동사업의 달성을 위해 그 지분의 처분은 제한을 받고 또 조합재산을 이루는 물건 전부에 대해 그

분할을 청구할 수도 없다($\frac{273}{조}$). 공유와는 다른 점이다. (ㄷ) 종중이나 문중, 교회 등 법인이 아닌 사단에 속하는 물건은 그 구성원 모두가 소유하게 되는데, 민법은 이를 총유로 규정한다($\frac{275}{조}$). 총유에서는 (정관 기타 규약에 정함이 없으면) 총유물의 관리 및 처분은 사원총회의 결의에 따르고, 각 구성원은 정관 기타 규약의 정함에 따라 사용 등을 하게 되어($\frac{276}{조}$), 소유권의 권능이 이원화되어 있는 점에 특색이 있다. 특히 처분의 권능이 사원총회에 있는 점에서 구성원인 사원에게는 공유나 합유에서와 같은 지분이 없다. (ㄹ) 한편 물건이 아닌 재산권에 대해서도 준공동소유가 인정되고, 그 인적 결합의 정도에 따라 준공유·준합유·준총유가 인정된다($\frac{278}{조}$). 이에 대해서는 공동소유에 관한 규정이 준용된다.

　(6) 소유권에 관한 특수한 문제로서 '명의신탁'이 있다. 종전에는 종중재산의 명의신탁을 중심으로 대법원이 신탁행위에 기초하여 판례이론을 형성한 바 있다. 그 요지는 대내관계에서는 신탁자가 소유자가 되고 대외관계에서는 수탁자를 소유자로 취급하는 것이었다. 그런데 그 후 「부동산 실권리자명의 등기에 관한 법률」을 제정하면서, 기본적으로 명의신탁은 무효이고 그에 따른 물권변동도 무효로 하는 것을 원칙으로 삼았다($\frac{동법}{4조}$). 다만, 구분소유적 공유(상호명의신탁)나 종중재산 또는 부부간의 명의신탁에 대해서는 동법을 적용하지 않거나 특례가 적용되어, 이에 대해서는 종래의 판례이론이 통용될 수 있다.

3. 민법은 물건의 사용가치를 갖는 「용익물권」(지상권·지역권·전세권)에 대해 다음과 같은 내용을 규정한다.

　(1) 지상권은 건물이나 그 밖의 공작물 또는 수목을 소유하기 위해 타인의 토지를 사용할 수 있는 물권이다($\frac{279}{조}$). 건물 등은 토지 위에 건립되는 것이므로 토지를 사용할 수 있는 권원이 있어야 하고, 그러한 권원으로는 채권으로서의 임대차와 물권으로서의 지상권 두 가지가 있는데, 지상권에 관한 규정이 강행규정이고 대체로 그 내용이 토지 소유자에게 부담으로 작용하는 점에서, 실제로는 토지 임대차가 주로 이용된다. 다만 토지와 건물을 독립된 부동산으로 다루는 우리 법제에서, 토지에 대한 이용권을 확보할 수 없는 상태에서 토지와 건물의 소유자가 다르게 되는 수가 있는데, 이 경우 법률로써 토지 소유자가 건물 소유자에게 지상권을 설정한 것으로 간주하는 '법정지상권'의 제도가 중요한 기능을 맡고 있다($\frac{366조}{참조}$). 그 밖에 지하나 지상의 공간을 나누어 지상권을 설정할 수 있는 구분지상권의 제도가 있다($\frac{289조}{의2}$). 그리고 관습법에 의해 인정되는 지상권 유사의 물권으로서 분묘기지권과 관습상 법정지상권이 있다.

　(2) 일정한 목적을 위해 타인의 토지를 자기 토지의 편익에 이용할 수 있는 권리가 지역권이다($\frac{291}{조}$). 즉 1차로 자기 토지가 편익을 받고 이를 통해 2차로 그 토지 소유자가 이를 이용할 수 있는 권리로 되어 있어, 그 법적 구성이 단순하지 않다. 이런 이유에서 지역권은 거의 이용되고 있지 않고, 토지 임대차가 주로 활용되고 있다. 임대차에서는 타인의 물건을 사용하고 그 대가를 지급한다는 점에서 그 법적 구성이 단순하기 때문이다.

　(3) 전세권은 전세금을 지급하고 목적물을 사용·수익할 수 있는 점에서 '용익물권'이다. 한편 전세권의 요소인 전세금에는 다음과 같은 성질이 있다. 즉, 전세권자는 목적물 사용의 대가를 따로 지급하지 않는다. 전세권설정자가 받은 전세금의 이자로 갈음하기 때문이다. 그리고 전세권이 소멸되면 설정자는 전세금을 전세권자에게 반환하여야 한다. 이를 달리 보면 설정자가 전세금에 해당하는 돈을 전세권자로부터 빌리고 후에 이를 갚는 것과 실질적으로 다르지 않다. 그래서 민법은 전세권자가 전세금을 반환받는 것을 보장하기 위해 전세권에 '담보물권'의 성질

도 부여하였다($^{303}_{조}$). 즉 설정자가 전세금의 반환을 지체한 때에는 전세권자는 목적물의 경매를 청구할 수 있고($^{318}_{조}$), 권리 순위에 따라 우선변제를 받을 수 있도록 한 것이다. 그러므로 전세권의 존속기간이 만료되었다고 하더라도 전세금을 반환받기까지 그 전세권은 담보물권으로서 존속한다.

4. 민법은 채권의 담보로서 물권편에서 유치권·질권·저당권, 세 가지를 규정한다.

(1) (ㄱ) 질권과 저당권은 당사자 간의 합의에 의해 성립하지만, 유치권은 법률의 규정에 의해 성립하는 점에서 다르다. 민법상 유치권은 채권이 어느 물건에 관해 생긴 경우에, 다시 말해 그 채권으로 인해 물건의 가치가 보존되거나 증대한 경우, 그 물건을 누구에 대해서도 인도를 거절하고 점유를 하게 함으로써, 즉 유치를 통해 간접적으로 그 채권의 변제를 담보할 수 있도록 정한 법정 담보물권이다($^{320}_{조}$). 물권은 물건에 있는 사용가치나 교환가치를 갖는 것인데, 유치권은 물건을 점유함으로써 간접적으로 이에 영향을 미치는 권리로 구성되어 있다(가령 그 물건을 사용하고자 하는 사람은 유치권자에게 변제를 하여야만 물건을 인도받아 사용할 수 있게 된다). 한편 물권에서는 그 성립의 선후에 따라 우열이 정해지는데, 유치권에서는 다른 물권이 먼저 성립한 경우에도 유치권을 주장할 수 있는 점에서 물권으로서는 특별한 것이고, 따라서 그 성립을 확대하는 것은 피해야 한다. (ㄴ) 한편 담보물권은 경매를 통해 물건의 매각대금에서 우선변제를 받는 방식을 취하고, 질권과 저당권에 이것이 그대로 통용됨은 물론이다. 그러나 유치권에서 인정되는 경매는 이것과는 성질이 다르다. 그것은 물건을 유치하는 것이 적절하지 않은 경우에 금전으로 바꾸어 유치할 목적으로 경매하는 것이고(이를 형식적 경매라고 한다), 따라서 이 경매절차에는 일반채권자의 배당요구는 허용되지 않는 점에서 질권과 저당권에서의 경매와는 다르다.

(2) 질권은 당사자 간에 질권을 설정하려는 합의(질권설정계약)와 공시방법에 의해 성립한다. 채권자가 질권자가 되고, 설정자는 목적물에 대해 처분권한을 가진 자여야 한다. 채무자가 채무를 이행하지 않으면 질권의 실행에 따라 목적물이 강제매각되는, 처분의 결과에 이르기 때문이다. 여기서 채무자를 위해 자기 소유의 물건을 질권설정의 목적으로 제공하는 사람을 '물상보증인'이라고 하고, 그가 채무를 변제하거나 질권의 실행으로 소유권을 잃은 때에는 채무자에게 구상권을 가진다($^{341}_{조}$). 질권에는 목적물을 유치하여 변제를 담보하는 '유치적 효력'과 목적물을 경매하여 그 매각대금에서 우선변제를 받는 '우선변제적 효력'의 두 가지가 있다. 이 점에서 유치적 효력만을 갖는 유치권과 우선변제적 효력만을 갖는 저당권과 다르다. 민법상 질권에는 동산을 목적으로 하는「동산질권」과 권리를 목적으로 하는「권리질권」, 두 가지가 있다. (ㄱ) 동산질권은 설정계약과 인도에 의해 성립하는데, 질권의 유치적 효력을 위해 점유개정 방식에 의한 인도는 허용하지 않는다($^{332}_{조}$). 한편 담보물권은 물건 그 자체보다는 물건에 있는 교환가치를 갖는 데 목적이 있으므로, 물건이 멸실 등이 되어 그에 추급할 수 없더라도 그로 인해 설정자가 금전이나 물건의 인도청구권을 취득하게 된 때에는, 그것은 원래의 교환가치의 변형에 지나지 않는 것이므로, 담보물권은 그러한 청구권에도 미치게 되는데, 이를 '물상대위'라고 한다. 우선변제적 효력이 없는 유치권에는 이것이 인정되지 않지만, 질권에는 이것이 인정되고($^{342}_{조}$), 저당권에 준용된다($^{370}_{조}$). 동산질권의 실행은 경매를 청구하여 그 매각대금에서 권리 순위에 따라 우선변제를 받는 방식으로 이루어진다. 그 채권 전부를 받지 못한 경우에는 일반채권자로서 채무자의 다른 일반재산에 대해 권리를 행사할 수 있다. (ㄴ) 권리질권, 주로 채권질권은 설정계약과

그 대상이 채권인 점에서 '채권 양도'의 방식을 통해 성립한다($\frac{346}{조}$). 채권질권의 실행은 질권자가 질권의 목적이 된 채권을 직접 청구하여 자기 채권의 변제에 우선 충당하는 방식으로 이루어진다($\frac{353}{조}$). 그 밖에 민사집행법에서 정한 방법에 의해서도 실행할 수 있는데($\frac{354}{조}$), 이 경우는 담보물권에 있는 환가권에 기초하여 하는 것이므로 따로 집행권원은 필요하지 않다.

   (3) 저당권은 부동산, 즉 토지나 건물을 객체로 하여 점유를 하지 않고 목적물로부터 우선변제를 받을 수 있는 담보물권이다($\frac{356}{조}$). 이것은 당사자 간의 설정계약과 목적물이 부동산인 점에서 등기를 함으로써 성립한다. 저당권에서 목적물은 설정자가 점유하여 종전대로 사용·수익을 하고 저당권자는 저당권등기를 통해 우선변제권만을 확보하는 점에서 특색이 있다. (ㄱ) 저당권의 실행은 (질권과 마찬가지로) 경매를 청구하여 그 매각대금에서 권리 순위에 따라 우선변제를 받는 방식으로 이루어진다. 특히 후순위 저당권자가 경매를 청구하는 경우에도 선순위 저당권은 매수인이 인수하는 것이 아니라 우선배당을 받고 소멸된다. 저당권은 목적물을 사용·수익하는 것이 아니라 목적물로부터 채권의 우선변제를 받는 데 목적을 두기 때문이다. (ㄴ) 저당권에서 목적물은 설정자가 점유하여 사용·수익하는 데서 용익권과 저당권은 양립할 수 있는데, 양자의 관계는 다음과 같다. ① 목적물에 용익권을 설정한 후 저당권이 설정된 경우에는, 저당권의 실행이 있더라도 매수인(경락인)은 용익권을 안고 소유권을 취득하게 된다. 물권 성립의 선후에 따른 우열의 원칙이 적용되는 결과이다. ② 목적물에 저당권을 설정한 후 용익권이 설정된 경우에는, 후에 저당권의 실행이 있게 되면 그 용익권은 소멸된다. 그러나 저당채권을 변제하면 용익권은 아무런 영향을 받지 않게 된다. 여기서 저당부동산에 대해 소유권, 지상권 또는 전세권을 취득한 사람을 '제3취득자'라고 하는데, 이들은 저당권의 실행 여부에 따라 그 지위가 달라지는 점에서, 민법은 이들에게 일정한 권리를 인정하고 있다($\frac{363조\ 2항}{364조·367조}$). (ㄷ) 우리 법제는 토지와 건물을 독립된 부동산으로 취급하고 있다. 따라서 토지와 건물의 소유자가 다를 수 있는데, 이런 경우 건물 소유자는 토지에 대한 이용권을 가져야만 하고 그렇지 못하면 건물은 토지소유권을 방해하는 것이 되어 철거될 수밖에 없다. 그런데 토지나 건물에 대해서만 저당권을 설정할 수 있고, 또 양자에 저당권을 설정한 경우에도, 각각 경매를 통해 토지와 건물의 소유자가 달라질 수 있다. 이런 경우 민법은 토지 소유자가 건물 소유자에게 지상권을 설정한 것으로 보는데, 이것이 '법정지상권'의 제도이다($\frac{366}{조}$). (ㄹ) 특별한 내용을 갖는 저당권으로 근저당권과 공동저당이 있다. ① 당사자 사이의 계속적인 거래관계에서 발생하는 장래의 불특정채권에 대해 채권최고액을 정하여 일정 시기에 확정된 채무를 그 채권최고액 범위에서 담보하는 저당권을 '근저당권'이라고 한다($\frac{357}{조}$). 채무의 성립과 소멸에서 부종성이 완화되어 있고, 피담보채권은 채권최고액에 의해 제한된다는 점에서 일반 저당권과는 다르다. ② 동일한 채권의 담보로 수개의 부동산에 저당권을 설정한 경우를 '공동저당'이라고 한다. 이 경우 저당권자는 각 부동산에서 채권 전부를 우선변제 받을 수 있는데, 다만 그 부동산에 후순위 저당권자가 있는 경우에는 그도 보호할 필요가 있으므로 민법은 이에 대해 규정한다($\frac{368}{조}$).

5. 민법 외의 다른 법률에서 정하는, 또 판례이론에 의해 형성된 담보제도가 있다.

   (1) (ㄱ) 대물변제의 예약과 결부되어 부동산에 가등기나 소유권이전등기를 한 경우, 이를 '가등기담보' 또는 '양도담보'라고 하는데, 이에 대해서는 「가등기담보 등에 관한 법률」에서 규율한다. 그 담보의 실행은 경매가 아닌 사적 실행, 특히 귀속청산의 방식을 통해 이루어지는데, 그 특징은 변제기 후 2개월의 청산기간이 지나야 실행에 들어갈 수 있고, 청산금의 지급과 본등기

청구를 동시이행의 관계에 있는 것으로 하거나(가등기담보의 경우), 청산금을 지급하여야 소유권을 취득하는 것으로 한다(양도담보의 경우). (ㄴ) 그런데 대물변제의 예약이 결부되지 않은 부동산 양도담보, 그리고 동산 양도담보에 대해서는 위 법률이 적용되지 않으며, 이에 대해서는 신탁적 양도설로 구성하고 있는 종래의 판례이론이 통용된다.

(2) 그 밖에 중소기업과 자영업자의 자금조달의 편의를 위해 제정된 「동산·채권 등의 담보에 관한 법률」은 '동산담보권'과 '채권담보권'을 정하고 있다.

제1절 점 유 권占有權

I. 서 설

1. 점유 제도

(1) 물건을 사실상 지배하고 있는 경우, 그 지배를 정당화하는 법률상의 권리(본권)가 있는지를 묻지 않고, 그 사실상의 지배, 즉 「점유」에 대해 민법은 이를 권리로 파악하여 물권의 하나로서 「점유권」을 인정하고 있다(점유의 권리성)($\frac{192조}{1항}$). 그래서 점유권의 상속을 인정하고($\frac{193}{조}$), 점유권의 양도도 인정한다($\frac{196}{조}$).

민법은 점유 = 점유권에 대해 여러 법률효과를 주고 있다. 즉 1) 점유자가 점유물에 대해 행사하는 권리는 적법하게 가지고 있는 것으로 추정하고($\frac{200}{조}$), 2) 점유의 침탈을 당하거나, 점유의 방해를 받거나 받을 염려가 있는 경우에는 점유자에게 점유보호청구권을 인정하며($\frac{204조·205}{조·206조}$), 3) 일정한 경우에는 점유의 침해에 대해 자기 스스로 방위나 탈환을 할 수 있는 것으로 한다(자력구제)($\frac{209}{조}$). 4) 그리고 점유의 소와 본권의 소는 별개의 것으로 한다($\frac{208}{조}$).

(2) 그러면 물건을 사실상 지배하고 있는 '사실'에 대해 권리를 주면서까지 인정하려는 점유 제도의 목적 내지 근거는 무엇인가? 학설은 여러 입장을 내세우고 있지만 다음과 같이 정리할 수 있겠다. 물건은 어느 것이나 누군가의 지배 아래에 있다. 그런데 그 지배가 정당한 원인에 기초한 것인지는 드러나지 않으며 단순히 지배라는 외형적 사실만으로는 정확하게 인식할 수 없다(예: 소유자가 물건을 점유하는 것이 대부분이지만, 그 밖에도 임대차·사용대차·임치 등에 의해 점유할 수도 있고, 취득시효로서 점유할 수도 있으며, 심지어는 물건을 훔쳐 점유하고 있는 경우도 있다). 사회도 어떤 사람이 물건을 점유하게 된 원인을 일일이 따지지 않고, 또 그 원인관계의 증명을 요구하고 있지도 않다. 그렇다면 점유자는 이처럼 점유의 사실상태가 유지되는 데 따른 일정한 이익을 가진다고 할 수 있고, 민법이 여기에 권리로서의 점유권을 부여

한 이유가 있다고 할 것이다. 점유 제도의 근거로서 일반적으로 사회의 평화와 질서를 유지하는 데에 있다는 점을 드는데, 그 기초는 점유자가 물건에 대해 누리는 점유 상태의 유지라는 개인적 이익에서 시작된다고 봄이 타당하다(곽윤직·김재형, 184면).

〈참 고〉 물건의 「점유」와 「사용」은 엄연히 구별되어야 하는 법개념이다. 목적물의 점유를 요건으로 하여 성립하는 유치권($\frac{320}{조}$)에서 유치권자는 원칙적으로 유치물을 사용할 수 없다고 하는 민법 제324조 2항이 이 점을 단적으로 보여준다. (ㄱ) 많은 경우 물건의 점유와 사용이 동시에 일어나지만, 항상 그런 것은 아니다. 용익물권에서 지상권은 타인의 토지를 사용할 수 있는 권리이고(이를 토대로 토지를 점유할 수 있는 권리가 있다)($\frac{279}{조}$), 전세권은 타인의 부동산을 점유하여 사용할 수 있는 권리이지만($\frac{303조}{1항}$), 지역권은 타인의 토지를 사용할 수 있지만 점유하지는 않는다($\frac{291}{조}$). 한편, 타인의 토지를 통행하는 경우처럼 사용 없는 점유도 있을 수 있다. (ㄴ) 권원 없이 타인 소유의 물건을 사용한 것에 대해 소유자가 부당이득반환을 청구하거나 불법행위를 이유로 손해배상을 청구하는 경우에도, 그 이익이나 손해의 유무는 상대방이 당해 물건을 점유하는지에 의해 좌우되지 않는다(대판 2009. 11. 26, 2009다35903; 대판 2012. 1. 27, 2011다74949).

2. 점유와 점유권, 점유할 권리

a) **점유와 점유권**　　물건에 대한 사실상 지배(점유)를 요건으로 하여 법률효과가 발생하는데, 그 구성에는 두 가지 방법이 있다. 하나는 사실로서의 '점유'를 중심으로 법률효과를 부여하는 것이고, 다른 하나는 점유와 점유권은 같은 것의 양면이지만 권리로서의 '점유권'을 중심으로 법률효과를 부여하는 방법이다. 독일 민법은 전자의 방법을 취하는 데 비해, 우리 민법은 후자의 방법을 취하고 있다. 사실로서의 점유로 구성하는 경우에는 점유자가 사망한 경우에 상속이 인정되지 않고 또 점유의 양도도 인정되지 않지만, 우리 민법은 권리로서의 점유권으로 구성하여 점유권의 「상속과 양도」를 인정하는 점에서($\frac{193조·}{196조}$)(점유권의 양도에 따른 「점유의 승계」도 인정한다($\frac{199}{조}$)), 법률효과에서 차이가 있다.

b) **물권으로서의 특성**　　물권은 지배권이지만, 그 '지배'의 내용에서 점유권은 다른 물권(본권)과는 다른 특성이 있다. 즉 소유권과 제한물권은 물건의 사용가치나 교환가치로부터 적극적으로 일정한 이익을 얻는 것을 내용으로 하는 데 반해, 점유권에는 그러한 것이 없고 단지 물건에 대한 사실적 지배의 상태를 그대로 누리는 데 있을 뿐이다. 또 다른 물권은 물건을 지배할 수 있다는 법적 허용 내지 가능성에 목적을 두고 현실적으로 지배하고 있을 것을 요소로 하지 않는 데 반해, 점유권은 물건을 사실상 지배함으로써 취득하고 또 이를 잃음으로써 상실하는 점에서 다른 물권처럼 지배를 '할 수 있는 권리'가 아니다. 한편 다른 물권에 일반적으로 인정되는 '우선적 효력'도 점유권에는 인정되지 않는다.

c) **점유할 권리**　　'점유권'과 '점유할 권리'는 다르다. 후자는 점유하는 것이 정당한 것으로 인정되는 경우로서, 소유권·지상권·전세권·유치권·질권·임차권 등에 기해 물건을 점유하는 것이 이에 속한다(그러나 지역권이나 저당권처럼 점유를 요건으로 하지 않는 것은 점유할 권리가 없다). 도둑은 점유권은 있지만 점유할 권리는 없고, 도난 당한 소유자는 점유권은 없지만

점유할 권리는 있다. 따라서 소유자가 점유할 권리(소유권)에 기해 도둑에게 그 반환을 청구하면 도둑은 그 물건을 반환하여야만 한다(한편 소유자는 점유의 침탈을 이유로 점유물의 반환을 청구할 수도 있다($^{204}_{조}$)). 점유권을 '일시적인 권리'로 부르는 까닭도 여기에 있다. 그러나 점유자가 그 물건을 점유할 권리가 있는 경우에는 반환을 거부할 수 있다($^{213조}_{단서}$).

Ⅱ. 점　　유占有

1. 점유의 성립

민법 제192조 1항은 "물건을 사실상 지배하는 자는 점유권이 있다"고 규정한다.[1] 즉 물건에 대한 사실상 지배가 있으면 점유가 성립하고 동시에 점유권이 생기는데, 여기서 점유의 요건으로서 '사실상 지배'의 의미가 문제된다.

(1) 사실상 지배

a) 의　미　　물건에 대한 점유란 사회관념상 어떤 사람의 사실적 지배에 있다고 보여지는 객관적 관계를 말하는 것으로서, 사실상의 지배가 있다고 하기 위해서는 반드시 물건을 물리적 · 현실적으로 지배하는 것만을 의미하는 것이 아니고, 물건과 사람과의 시간적 · 공간적 관계와 본권관계, 타인 지배의 배제가능성 등을 고려하여 사회통념에 따라 합목적적으로 판단하여야 한다($^{대판 1992. 6. 23, 91다}_{38266 외 다수의 판례}$).

이를 분설하면 다음과 같다. (ㄱ) 시간적 관계: 사실상 지배는 어느 정도 시간적 계속성을 요한다. 옆 사람의 필기구를 잠시 빌려서 쓰는 경우에 점유를 인정할 수는 없다. (ㄴ) 공간적 관계: 물건에 대해 직접적인 지배를 하고 있거나 지배할 가능성이 있는 때에는 점유가 인정된다(예: 집에 있는 가재도구, 주차장에 있는 자동차 등). 특히 건물과 대지는 공간적 관계가 밀접하므로 점유에서 그 운명을 같이한다. 즉 건물을 점유하는 자는 그 대지도 점유하는 것이 된다($^{대판 1993. 10.}_{26, 93다2483}$). (ㄷ) 본권 관계: 사실상 지배는 본권의 유무를 불문하는 것이지만, 사실상 지배를 판단하는 데에는 본권 관계가 고려될 수 있다. 건물의 소유자는 그가 건물을 현실적으로 점유하고 있지 않더라도 건물과 그 대지를 점유하는 것으로 본다. 그리고 임야나 대지 등이 매매 등을 원인으로 양도되고 이에 따라 소유권이전등기가 마쳐진 경우에는 그 등기를 할 때에 그 토지도 인도받아 점유를 이전받는다고 보는 것이 일반적이다(다만 소유권보존등기의 경우에는 이전등기와 달리 해당 토지의 양도를 전제로 하는 것이 아니어서, 보존등기를 마쳤다고 하여 일반적으로 그 등기명의자가 그 무렵 다른 사람으로부터 점유를 이전받는다고 볼 수는 없다)($^{대판 1992. 6. 23,}_{91다38266; 대판}$

---

1) 구민법 제180조는 "점유권은 자기를 위하여 하는 의사를 가지고 물건을 소지함에 의하여 취득한다"고 규정하여, 자기를 위한 의사와 소지로써 점유가 성립하는 것으로 하는 일종의 주관설을 취하였다. 그러나 이러한 주관설은 점유관계가 복잡해지고, 또 이를 외부에서 인식할 수 없어 종국에는 거래의 안전(특히 선의취득)을 위협한다는 문제가 지적되어, 그 당시의 학설은 이를 최대한 넓게 해석하여 (사실상 지배라는 객관적 관계만 있으면 족하다는) 객관설에 근접하는 결과를 거두려고 하였다. 현행 민법은 그 당시의 학설을 반영하고 또 객관설을 취한 독일 민법(854조 1항)에 따라 종래의 주관설을 버리고 객관설의 입장을 취한 것이다(민법안심의록(상), 123면; 민법안의견서, 77면 이하). 유의할 것은, 객관설을 취한 우리 민법에서도 사실상 지배에는 적어도 어느 물건을 소지하거나 사실상 지배하려는 자연적 의사인 '점유설정의사'는 필요하다는 것이 통설이다. 다만 이것은 법률행위로서의 의사표시는 아니다.

2001. 1. 16, 98다20110; 대판 2013. 7. 11, 2012다201410). (ㄹ) 인식 · 배제가능성: 누군가의 사실상 지배에 속하고 있음을 타인이 인식할 수 있는 정도는 되어야 하고(예: 타인의 토지상에 분묘를 암장 · 평장하여 분묘인지 여부를 인식할 수 없는 경우에는 그 분묘 주위의 토지를 점유한다고 볼 수 없다), 또 제3자의 간섭을 배척할 수 있는 정도는 되어야 한다(예: 공로를 통행하는 경우에 도로에 대해 점유를 인정할 수는 없다).

b) 판단 기준   (ㄱ) 상술한 대로 물건에 대한 사실상 지배 여부는 물건을 물리적 · 현실적으로 소지하는 것에 의해 결정되는 것이 아니라, 사회관념상 점유자에게 점유권을 주어 보호할 가치가 있는지를 중심으로 정할 가치판단의 문제이다. 민법도 이러한 관점에서, ① 타인의 지시를 받아 물건을 사실상 지배하는 점유보조자에 대해서는, 그가 사실상 지배를 하는데도 점유자로 보지 않고 오히려 그 지시를 내린 타인만을 점유자로 보며($\frac{195}{조}$), ② 예컨대 임대차의 경우에는 사실상 지배를 하는 임차인도 (직접)점유자로 보면서 임대인도 임차인을 통해 간접적으로 점유한다고 하여 (간접)점유자로 인정하고($\frac{194}{조}$), ③ 점유권은 사실상 지배 여부를 묻지 않고 상속인에게 이전되는 것으로 정하고 있다($\frac{193}{화}$). (ㄴ) 위 세 가지를 보통 「점유의 관념화」라고 부르기도 하는데, ①과 ②에 대해서는 (p.114) '점유보조자와 간접점유'의 항목에서, ③에 대해서는 (p.124) '점유권의 취득과 소멸'의 항목에서 따로 설명하기로 한다.

(2) 점유설정의사
(ㄱ) 점유의 요건으로 사실상 지배 외에 따로 어떤 의사가 필요한 것은 아니다. 다만 사실상 지배에는 적어도 어느 물건을 소지하거나 사실상 지배하려는 자연적 의사(이를 '점유설정의사'라고 부른다)는 필요하다는 것이 통설이다. 예컨대 잠자고 있는 사람의 호주머니에 물건을 집어넣거나, 모르는 사이에 이웃의 물건이 넘어온 경우에는, 그 물건에 대한 지배관계를 인정할 수 없고 따라서 점유는 성립하지 않는 것으로 보아야 한다. (ㄴ) 점유설정의사는 법률행위에서의 의사가 아니라 단순히 사실상 지배를 하려는 자연적 의사에 지나지 않기 때문에, 제한능력자나 의사무능력자라도 사실상 지배를 하려는 의사가 있으면 그들에게 점유가 인정될 수 있다. 한편 이 의사는 각각의 물건에 대해 개별적으로 표시되어야 하는 것은 아니며, 사전에 포괄적으로 표시될 수도 있다(예: 우편함의 설치).

2. 점유보조자와 간접점유
전술한 대로 점유의 요건으로서 물건에 대한 '사실상 지배' 여부는 사회통념에 의해, 다시 말해 그에게 점유권을 주어 보호할 가치가 있는지를 가지고 판단하여야 한다. 이러한 관점에서 민법은 두 가지를 정한다. 즉 (ㄱ) 타인의 지시를 받아 물건을 사실상 지배하는 경우에는, 그가 현실적으로 물건을 소지하고 있어도 점유자가 되지 못하고(그를 '점유보조자'라고 한다), 오히려 그 지시를 내린 타인만을 점유자로 인정한다($\frac{195}{조}$). (ㄴ) 지상권 · 전세권 · 임치, 그 밖의 관계로 타인에게 물건을 점유하게 한 때에는, 현재 그 물건을 사실상 지배하고 있는 타인에게 점유를 인정하면서, 또 그러한 점유를 하게 한 자에게도 점유를 인정한다($\frac{194}{조}$). 전자의 점유를 '직접점유', 후자를 '간접점유'라고 한다.

(1) 점유보조자

> 제195조〔점유보조자〕 가사, 영업 기타 이와 유사한 관계로 타인의 지시를 받아 물건을 사실상 지배
> 하는 경우에는 그 타인만을 점유자로 한다.

가) 의 의

본조는, 타인의 지시를 받아 물건을 사실상 지배하는 자를 '점유보조자'라고 하면서, 이때
에는 그 타인(점유보조자에 대한 관계에서 '점유주'라고 한다)만을 점유자로 인정한다. 점유보조자
를 점유자로 인정하지 않는 이유는, 그에게 점유권을 주어 보호할 만한 이익이 적을 뿐만 아
니라, 이를 보호할 경우 점유 질서의 혼란을 가져온다는 데 있다. 예컨대 공장의 종업원은 공
장주의 지시에 따라 공장의 기계를 다루는 것이어서 그를 중심으로 한 독자적인 점유를 인정
할 실익이 없고, 만일 그를 점유자로 보면 공장주에게까지 점유권을 주장하고 또 이를 타인
에게 양도할 수도 있다는 점에서 부당한 결과를 가져오기 때문이다.

나) 요 건

a) 사실상 지배　　점유보조자가 물건을 사실상 지배하여야 한다. 점유보조자에게 점유주를
위하여 사실상 지배를 한다는 의사는 필요하지 않다. 점유보조자는 점유보조관계에 의해 객
관적으로 정해지는 것이기 때문이다. 따라서 사실상 지배를 하는 자가 그것이 타인을 위한
것임을 표시하였더라도 점유보조관계가 없으면 점유보조자가 되지 않는다.

b) 점유보조관계　　(ㄱ) 점유보조자가 되기 위해서는 '타인의 지시'를 받아 물건을 사실상 지
배하는 것이어야 한다. 이를 「점유보조관계」라 하는데, 민법 제194조(간접점유)의 「점유매개관
계」와 구별된다. 전자는 양자간에 명령·복종의 관계에 있어 점유보조자에게 점유가 인정되
지 않는 데 반해, 후자는 대등한 관계에 있어 양자 모두에게 점유가 인정되는 점에서 차이가
있다. (ㄴ) 점유보조자는 점유주의 지시에 따라야 할 사회적 종속관계가 있어야 한다. 본조는
점유보조관계가 가사·영업 그 밖에 이와 유사한 관계로 성립하는 경우를 예시하는데, 가정
부·점원·공무원·간호사 등을 들 수 있다. 이러한 관계는 계약 등 법률행위에 기인할 수도
있고, 법률의 규정[1]에 의할 수도 있다. 또 반드시 유효한 것이어야 하는 것은 아니며 계속적
인 것일 필요도 없다. (ㄷ) 점유보조관계를 제3자가 외부에서 인식할 수 있어야 하는지는 필요
하지 않다는 것이 통설적 견해이다.

c) 문제되는 경우　　(ㄱ) 아내는 남편의 점유보조자인가? 부부는 평등한 지위에 있어, 부부
의 공유에 속하는 재산($\binom{830조}{2항}$)은 부부가 공동점유하고,[2] 어느 일방의 특유재산($\binom{830조}{1항}$)에 대해서는

---

1) 판례: 「고속국도법의 각 규정에 의하면 고속국도의 관리청인 건설부장관은 고속국도에 관한 그의 권한의 일부를 한
국도로공사로 하여금 대행하게 할 수 있고, 이 경우 한국도로공사를 당해 고속국도의 관리청으로 본다고 규정하고
있는 점에 비추어 보면, 한국도로공사는 위 법규에 따라 건설부장관이 정하는 범위 내에서 건설부장관을 대행하는
것에 불과하여 독립한 점유 주체로 될 수 없고, 건설부장관을 기관으로 하는 대한민국의 점유보조자에 불과하다」(대
판 1995. 2. 14, 94다28994, 29003).
2) 판례: 처가 아무런 권원 없이 토지와 건물을 주택 및 축사 등으로 계속 점유·사용하여 오고 있으면서 소유자의 명
도 요구를 거부하고 있다면, 비록 그 시부모 및 남편과 함께 이를 점유하고 있다고 하더라도, 처는 소유자에 대한

그가 점유한다. (ㄴ) 법인의 대표기관이 직무수행과 관련하여 물건을 점유한 때에는 법인의 점유로 되며, 대표기관이 법인의 점유보조자가 되는 것은 아니다. (ㄷ) 점유보조관계는 물건에 대한 권리관계와는 관계없이 객관적으로 인정되기 때문에, 자신의 물건에 대해서도 점유보조자가 될 수 있다. 예컨대 부모가 사 준 물건에 대해 어린아이가 부모의 지시를 받는 한도에서는, 어린아이는 소유자이지만 동시에 점유보조자에 불과하고 점유자는 그의 부모가 될 수 있다.

다) 효 과

(ㄱ) 점유보조자는 점유자가 아니고, 그 지시를 내린 타인만이 점유자가 된다($^{195}_{조}$). 점유보조자는 점유주뿐만 아니라 제3자에 대해 점유자로 취급되지 않는다. 따라서 점유보호청구권의 주체가 될 수 없을 뿐만 아니라 그 상대방도 될 수 없다($^{대판\ 1960.\ 3.\ 10,}_{4292민상257}$). 다만 점유보조자도 점유주를 위하여 자력구제권($^{209}_{조}$)은 행사할 수 있다고 보는 것이 통설이다. 그 밖에 점유보조자는 불법행위 분야에서도 점유자로 인정되지 않는다($^{758조 \cdot}_{759조}$). 이러한 점유보조자의 지위는 점유보조관계가 종료됨으로써 끝난다. (ㄴ) 본조는 점유보조자가 기존의 물건에 대해 사실상 지배를 하는 경우뿐만 아니라, 점유보조자가 점유보조의 과정에서 새로운 물건을 취득하거나 기존의 물건을 잃어버린 때에도 적용된다. 이 경우 점유주는 새로운 물건에 대한 점유를 취득하거나, 기존의 물건에 대한 점유를 상실하게 된다.

(2) 간접점유

> **제194조 〔간접점유〕** 지상권, 전세권, 질권, 사용대차, 임대차, 임치 기타의 관계로 타인에게 물건을 점유하게 한 자는 간접으로 점유권이 있다.

a) 의 의 　(ㄱ) 본조는, '지상권·전세권·질권·사용대차·임대차·임치'를 예시하면서, 그 밖의 관계로 타인에게 물건을 점유하게 한 때에는, 그 타인도 점유권을 가지면서, 동시에 그 타인에게 물건을 점유하게 한 자도 간접으로 점유권이 있는 것으로 정한다. 예컨대 A가 그 소유 주택에 대해 2년 기간으로 B와 임대차계약을 맺고 B가 이를 점유·사용하고 있다고 하자. 우선 B는 임대차계약에 의해 주택을 점유할 권리가 있으며, 그래서 점유보조자의 경우와는 달리 B를 위한 독립된 점유를 인정할 필요가 있다. 한편 B의 이러한 점유는 A와의 임대차계약을 매개로 하여 A의 소유권에 기한 점유할 권리에서 생긴 것이며, 또 임대차기간이 만료되면 A가 주택을 반환받아 현실적으로 사용할 수 있는 지위에 있는 점에서, A가 현재는 사용하고 있지 않지만 그에게도 점유를 인정할 필요가 있다. 그래서 B를 '직접점유자', B를 매개로 하여 간접으로 점유한다는 점에서 A를 '간접점유자'라고 부른다. 한편 간접점유를 발생시키는 법률관계를 '점유매개관계'라 하여, B를 '점유매개자'라고도 부른다. (ㄴ) 간접점유에서는 하나의 물건에 복수의 점유자가 있다. 전술하였듯이 점유의 성립은 종국적으로는 점유권

관계에서 단순한 점유보조자에 불과한 것이 아니라 공동점유자로서 이를 불법점유하고 있다고 봄이 상당하다(소유자가 처도 공동피고로 하여 토지 인도와 건물 명도 및 부당이득금의 반환을 구한 것에 대해, 처가 점유보조자가 아니라 공동점유자라는 이유로 이를 긍정한 사안이다)(대판 1998. 6. 26, 98다16456, 16463).

을 주어 보호할 가치가 있는가 하는 관점에서 사회통념에 의해 정해진다는 점에서, 간접점유는 직접점유자를 매개로 하여 점유하는 구성을 취하고는 있지만, 그 자체 사실상 지배를 하는 것으로, 그래서 민법상 점유로서 평가받는 것으로 이해하면 족하다. 유의할 것은, 간접으로 점유한다고 해서 이것이 직접점유와 차이가 있는 것은 아니며, 민법에서 정하는 점유는 통상 직접점유와 간접점유를 모두 포함한다.

b) **요건 (점유매개관계)**   간접점유의 성립요건으로서 가장 핵심적인 것은 점유매개관계의 내용이다. 그 인정 여부에 따라 간접점유의 성부를 달리하기 때문이다. (ㄱ) 본조는 점유매개관계의 예시로서 '지상권·전세권·질권·사용대차·임대차·임치'를 들고 있다. 그리고 본조는 이러한 관계에 기초하여 '타인에게 물건을 점유하게 한 것'을 그 요건으로 정한다. 이를 토대로 점유매개관계의 정의 내지 특색을 보면, ① 간접점유자가 점유할 권리, 즉 본권(주로 소유권)이 있고, ② 직접점유자는 간접점유자인 본권자와의 점유매개관계에 의해 물건을 점유할 권리를 가지며, ③ 점유매개관계가 종료되면 간접점유자가 물건의 반환을 청구할 수 있는 것 (이 점에서 직접점유자의 점유는 권원의 성질상 타주점유에 해당한다)으로 정리된다. 따라서 매매계약 후 인도 전의 매도인의 점유나, 도둑이 훔친 물건을 점유하거나 또는 분실한 물건을 발견하여 점유하더라도, 이때는 위 요건(특히 ②)을 결여하여 간접점유가 성립하지 않는다. (ㄴ) 점유매개관계의 핵심은 간접점유자가 직접점유자에 대해 '반환청구권'을 갖는 데에 있다. 이러한 점유매개관계는 본조가 열거하는 것 외에도 계약(소유권유보부 매매[1]·도급·물건의 운송·위탁매매), 법률의 규정(유치권·사무관리·친권·후견) 또는 국가행위[2](파산재단의 관리) 등에 의해서도 발생한다. (ㄷ) 점유매개관계는 통상 법률행위에 의해 발생한다. 이 법률행위는, 예컨대 부당이득·사무관리·소유물반환청구권 등에 기한 (대체적) 반환청구권과 타주점유가 존재하는 한, 반드시 법적으로 유효한 것일 필요는 없다(민법주해(Ⅳ), 313면(최병조)). 예컨대 임대차계약을 맺었는데 그것이 무효이거나 취소된 경우, 또 해지 등의 사유로 종료되더라도 임차인이 점유를 하는 한에서는 임대인은 간접점유를 한다(대판 2023. 8. 18, 2021다249810). (ㄹ) 점유매개관계는 중첩적으로 있을 수 있다. 예컨대 A가 B에게 소유물을 임대한 후 B가 C에게 이를 전대하면, C는 직접점유, A는 B의 간접점유를 매개로 하여 간접점유를 하는 것이 된다.

---

1) 매수인이 대금을 지급하지 않으면 매도인은 계약을 해제하고 원상회복으로서 목적물의 반환을 청구할 수 있는 점에서, 매도인은 간접점유를 한다.
2) 판례: (ㄱ) 「취득시효의 요건인 점유는 직접점유뿐만 아니라 간접점유도 포함하는 것이고, 점유매개관계는 법률의 규정, 국가행위 등에 의해서도 발생하는 것인데, 자연공원법의 개정으로 국립공원관리공단이 설립되어 1987. 7. 1.부터 북한산 국립공원의 관리업무가 지방자치단체에서 위 공단에 인계되어 그 후부터 공단이 당해 임야를 포함한 북한산 국립공원의 관리업무를 수행하였다고 하더라도, 동법에서 지방자치단체는 당해 행정구역 안에 있는 국립공원의 관리에 사용된 토지 등의 부동산을 위 공단으로 하여금 무상으로 사용하게 할 수 있다고 규정하고 있음에 비추어, 지방자치단체는 그 임야에 관하여 국립공원관리공단에게 반환을 청구할 수 있는 지위에 있고, 따라서 1987. 7. 1. 이후에는 그 임야에 대하여 간접점유를 취득하였다고 할 것이다.(대판 1998. 2. 24, 96다8888). (ㄴ) 「토지 점유자가 토지를 자주점유하던 중 군 당국이 그 토지에 민간인의 출입을 통제한 경우, 그 기간 동안의 국가의 점유는 군사상 필요에 의한 일시적인 것으로서 원점유자의 토지에 대한 지배를 전적으로 배제하려는 것이 아니라 군사상 필요가 없어지면 원점유자에게 점유를 반환할 것을 승인하고 있었던 것이므로 성질상 소유의 의사가 없는 타주점유이고, 원점유자는 국가를 통하여 간접적으로 그 토지를 계속 점유하였다고 할 것이다.(대판 1996. 1. 26, 95다49097).

c) **효 과** 간접점유가 성립하는 경우에는 직접점유자뿐만 아니라 간접점유자도 점유권이 있다($^{194}_{조}$). 따라서 점유권에 관한 규정은 원칙적으로 간접점유자에게도 적용된다(그 밖에 동산물권 변동의 요건으로서의 점유($^{188조}_{이하}$), 취득시효의 요건으로서의 점유($^{245조}_{이하}$)에는 간접점유도 포함한다). 특별히 문제되는 점은 다음과 같다. (ㄱ) 점유보호청구권은 간접점유자도 행사할 수 있다 ($^{207조}_{1항}$). 그런데 점유물반환청구에 한해서는, 간접점유의 성질상 직접점유자에게 반환할 것을 청구하는 것이 원칙이고, 다만 직접점유자가 그 물건을 반환받을 수 없거나 반환받기를 원하지 않는 때에만 자기에게 반환할 것을 청구할 수 있다는 특칙이 있다($^{207조}_{2항}$). (ㄴ) 간접점유자도 점유물반환청구나 소유물반환청구의 상대방이 될 수 있는지에 대해서는 견해가 나뉜다. 통설적 견해는 간접점유자가 직접점유자에 대해 갖는 반환청구권의 이전을 구하는 방식으로 할수 있다고 본다. 이에 대해 판례는, 불법점유를 이유로 건물 명도를 청구하려면 현실적으로 불법점유하고 있는 사람을 상대로 하여야 하고, 불법점유자라 하여도 그 물건을 다른 사람에게 인도하여 현실적으로 점유하고 있지 않은 이상 그 자를 상대로 한 청구는 부당하다고 한다($^{대판 1970. 9. 29, 70다1508;}_{대판 1999. 7. 9, 98다9045}$). 다만 (처음부터 점유가 요건사실이 되지 않는) 계약관계를 이유로 (가령 임대인이 간접점유를 하고 있는 임차인을 상대로) 그 반환을 청구할 때에는 간접점유자도 상대방이 될 수 있다고 한다($^{대판 1983. 5. 10, 81다187; 대}_{판 1991. 4. 23, 90다19695}$). (ㄷ) 간접점유자에게 자력구제권($^{209}_{조}$)이 있는지에 관해서는 학설이 나뉘지만, 사견은 (후술하는 바와 같이) 부정하는 것이 타당하다고 본다. (ㄹ) 직접점유자와 간접점유자 사이에 생기는 문제가 있는데, 통설은 다음과 같이 해석한다. ① (직접)점유자가 점유의 침탈을 당한 경우에 간접점유자는 점유물의 반환을 청구할 수 있다 ($^{207조}_{2항}$). 따라서 직접점유자에 의해 간접점유가 침해된 경우, 가령 직접점유자가 임의로 그 점유를 다른 사람에게 양도한 경우에는, (그것은 직접점유자가 침탈을 당한 것이 아니므로) 그 점유이전이 간접점유자의 의사에 반한다고 하더라도 동 조항은 적용되지 않는다($^{대판 1993. 3.}_{9, 92다5300}$). ② 간접점유자는 직접점유자에 대해 점유보호청구권이나 자력구제권을 행사할 수 없고, 간접점유의 기초가 되는 법률관계(점유매개관계) 또는 본권에 기한 청구권을 행사할 수 있을 뿐이다. ③ 직접점유자는 간접점유자에 대해 점유매개관계에 기초한 청구권뿐만 아니라, 점유보호청구권과 자력구제권도 행사할 수 있다. (ㅁ) 어떤 물건에 대해 직접점유자와 간접점유자가 있는 경우, 그에 대한 점유·사용으로 인한 부당이득 반환의무는 동일한 경제적 목적을 가진 채무로서 서로 중첩되는 부분에 관하여는 일방의 채무가 변제 등으로 소멸되면 타방의 채무도 소멸되는 부진정연대채무의 관계에 있다(甲이 소유하는 토지 상공에 국가가 설치한 송전선이 지나가고 있고, 한국수자원공사가 국가로부터 출자를 받아 이를 관리하고 있는데, 甲이 국가와 한국수자원공사를 상대로 토지 상공의 점유로 인한 부당이득의 반환을 구한 사안)($^{대판 2012. 9. 27,}_{2011다76747}$). 또한 채권자가 직접점유자와 간접점유자에 대해 모두 부동산 인도 확정판결을 받아 직접점유자에 대해 부동산 인도집행을 마치면 간접점유자에 대해서도 집행을 마친 것이 된다($^{대결 2000. 2.}_{11, 99그92}$).

3. 점유의 모습

> 제197조〔점유의 태양〕 ① 점유자는 소유의 의사로 선의, 평온 및 공연하게 점유한 것으로 추정한다.
> ② 선의의 점유자라도 본권에 관한 소송에서 패소한 경우에는 그 소가 제기된 때부터 악의의
> 점유자로 본다.

(1) 자주점유와 타주점유

가) 의 미

(ㄱ)「자주점유自主占有」는 '소유의 의사'를 가지고서 하는 점유이다. 이것은 물건을 마치 소유자인 것처럼 지배하려는 자연적 의사를 가지고 하는 점유를 의미하는 것이지, 법률상 그러한 지배를 할 수 있는 권원, 즉 소유권을 가지고 있거나 소유권이 있다고 믿고서 하는 점유를 말하는 것이 아니다($\binom{대판\ 1996.\ 10.}{11,\ 96다23719}$). 이에 대해「타주점유他主占有」는 자주점유가 아닌 점유를 말하며, 타인이 소유권을 가지고 있는 것을 전제로 하는 점유이다. (ㄴ) 취득시효와 선점의 경우에는 자주점유가 필요하며($\binom{245조}{252조}$), 점유자의 회복자에 대한 책임에서 양자는 그 책임의 범위를 달리한다($\binom{202}{조}$).

나)「소유의 의사」의 판단 기준

소유의 의사는 다음의 세 가지 기준과 순서에 따라 결정한다.

a) **점유권원의 성질 등**   점유취득의 원인이 된 점유권원權原의 성질이나 점유와 관계있는 모든 사정에 의하여 외형적·객관적으로 결정한다. 즉 점유의 원인에 매매·증여 등이 있는 때에는 매수인과 수증자의 점유는 자주점유이고, 지상권자·전세권자·질권자·임차인·수치인·소유권유보부 매매에서 매수인·명의수탁자의 점유는 타주점유가 된다. 따라서 임차인이 임대차계약 당시에 내심으로 소유의 의사를 가졌다고 하더라도 자주점유가 되지 못한다.

〈판 례〉 (ㄱ) 다음의 경우에는 자주점유로 본다. ① 부동산 매수인이 부동산을 매수하여 점유를 개시하였다면 매매계약이 무효라는 사실만으로 그 점유가 자주점유가 아니라고 할 수는 없다 ($\binom{대판\ 1980.\ 5.\ 27,\ 80다671;}{대판\ 1992.\ 10.\ 27,\ 92다30375}$). ② 매수인이 지상건물과 그 대지를 매수하여 점유를 개시하면서 착오로 인접 토지의 일부를 그가 매수한 토지의 일부로 알고 점유를 하여 온 경우($\binom{대판\ 1992.\ 5.\ 26,\ 92}{다2844,\ 2851,\ 2868}$). ③ 건물 공유자 중 일부만이 건물을 점유하고 있는 경우라도 그 건물의 부지는 건물 공유자 전원이 공동으로 점유하고, 취득시효로 인한 대지에 대한 소유권이전등기청구권은 건물의 공유지분 비율로 건물 공유자들에게 귀속된다($\binom{대판\ 2003.\ 11.\ 13,}{2002다57935}$). ④ 구분소유적 공유관계에서 어느 공유자가 다른 공유자가 소유·점유하는 특정 부분을 취득하여 점유하는 경우($\binom{대판\ 2013.\ 3.\ 28,}{2012다68750}$). ⑤ 어느 토지를 소유자(A)로부터 매수한 자(B)가 그 소유권이전등기를 하지 않은 채 그 토지를 제3자(C)에게 매도하여 C가 그 토지를 점유하고 있는 경우, 소유권등기는 A 명의로 되어 있다고 하더라도 B에게 사실상 처분권한이 있는 점에서, C의 점유는 권원의 성질상 자주점유에 해당한다($\binom{대판(전원}{합의체)}$ 2000. 3. 16, 97다37661).
(ㄴ) 다음의 경우에는 타주점유로 본다. ① 행정관청의 허가를 요하는 물건에 대해 매매를 통

해 점유를 개시하였는데 그 허가가 없어 매매가 무효임을 안 때, 또는 국가 소유의 토지처럼 매수인이 처음부터 무효임을 알고 점유한 경우(대판 1976. 11. 9, 76다486; 대판 1980. 7. 8, 80다544; 대판 1993. 7. 16, 92다37871; 대판 1998. 3. 13, 97다50169; 대판 2000. 6. 9, 99다36778). ② 명의수탁자의 점유(대판 1991. 12. 10, 91다27655), ③ 공유자의 1인이 공유 토지 전부를 점유하고 있는 경우에 다른 공유자의 지분비율 내의 점유(대판 1996. 7. 26, 95다51861; 대판 2008. 9. 25, 2008다31485), ④ 타인의 토지에 분묘를 설치한 자가 점유하고 있는 분묘기지 부분(대판 1994. 11. 8, 94다31549; 대판 1998. 2. 13, 97다42625), ⑤ 매매 대상 건물 부지의 면적이 등기부상의 면적을 상당히 초과하는 경우에 (매수인은 그러한 사정을 알 수 있었고, 그 초과부분은 토지의 매매가 아니어서) 그 초과부분의 점유(초과부분이 등기부상의 면적 정도인 사안에서는 이를 인정하였는데, 등기부상 면적의 20%나 30% 정도인 사안에서는 매수인이 그 사정을 알았다고 보기 어렵다고 하여 부정함)(대판 1997. 1. 24, 96다41335; 대판 1998. 11. 10, 98다32878; 대판 1999. 6. 25, 99다5866, 5873; 대판 2001. 5. 29, 2001다5913), ⑥ 자신 소유의 대지상에 건물을 건축하면서 인접 토지를 침범한 건물면적이 시공상의 착오 정도를 넘어 상당한 정도에 이르는 경우에 그 침범으로 인한 인접 토지의 점유(대판 2009. 5. 14, 2009다1078).

b) 자주점유의 추정 (ㄱ) 점유권원의 성질이 분명하지 않은 경우에는, 민법 제197조 1항에 의해 점유자는 소유의 의사로 점유한 것으로 추정된다. 따라서 타주점유라는 사실은 상대방이 입증책임을 진다. 점유자가 일정 기간 아무런 다툼이 없이 목적물을 점유하는 상태가 계속된 경우에는, 점유의 시초에 증여나 매매 등을 원인으로 한 소유권 취득의 법률관계가 있었다고 볼 개연성이 크고, 민법은 여기에 가치를 두어 점유자의 자주점유를 추정한 것이다. 이 점은 (점유의 승계가 있는 경우) 전 점유자의 점유가 타주점유라 하여도 점유자의 승계인이 자기의 점유만을 주장하는 경우에도 통용된다(현 점유자의 점유는 자주점유로 추정되므로)(대판 2002. 2. 26, 99다72743). (ㄴ) 점유권원의 성질이 분명하지 않은 경우에는 민법 제197조 1항에 따라 자주점유로 추정되어 점유자는 스스로 점유권원의 성질에 의해 자주점유임을 입증할 책임이 없으므로, 점유자가 스스로 매매나 증여 등의 권원이 있음을 적극적으로 입증하려다가 그것이 인정되지 않은 경우에도, (본래 그것을 입증할 책임이 없는 경우와의 형평상) 자주점유의 추정은 유지된다(대판(전원합의체) 1983. 7. 12, 82다708·709, 82다카1792·1793; 대판 1997. 4. 11, 96다50520).[1]

c) 자주점유의 추정이 깨지는 경우 다음의 두 경우에는 자주점유의 추정이 깨진다. (ㄱ) 권원의 성질상 타주점유임이 증명된 경우이다. (ㄴ) 외형적·객관적으로 보아 자주점유가 아닌 것으로 볼 만한 사정이 증명된 경우이다. 점유자가 소유권등기의 기회가 있었음에도 오랜 기간 그 등기를 하지 않았고, 소유자가 등기를 한 것에 대해 이의를 제기하지도 않았으며, 자신은 소유자가 아니라고 주장한 사안에서, 판례는 이에 해당하는 것으로 보았다(대판 1991. 2. 22, 90다15808; 대판 2000. 3. 24, 99다56765). 그리고 판례는, 점유자가 점유 개시 당시에 소유권 취득의 원인이 될 수 있는 법률행위 기타 법률요건이 없이, 그와 같은 법률요건이 없다는 사실을 잘 알면서 점유를 한 「악의의 무단점유」도 이에 해당하는 것으로 본다. 종전의 판례는, 건물의 일부가 타인 소유의 토지 위에 무단으로 지어진 것임을 알면서도 이를 매수한 후 건물의 부지로 점유·사용한 사안에서,

---

1) 종전 판례는, 점유권원의 성질이 분명하지 않은 경우에 점유자에게 입증책임이 있다고 하고(대판 1967. 10. 25, 66다2049), 점유자가 매수 또는 증여받은 사실이 인정되지 않는 경우에 자주점유로 추정되지 않는다고 하였는데(대판 1962. 2. 8, 4294민상941; 대판 1974. 8. 30, 74다945; 대판 1981. 12. 8, 81다99), 이들 판결은 위 판례에 의해 폐기되었다.

이를 권원의 성질상 자주점유에 해당한다고 보았었다(대판 1994. 4. 29, 93다18327, 18334; 대판 1994. 10. 21, 94다17475; 대판 1996. 1. 26, 95다863, 870). 그 런데 그 후의 판례에서, 즉 甲이 대지를 매수하여 새로 주택을 지으면서 인접한 국가 소유의 대지 사이에 경계로 설치되어 있던 철조망을 임의로 제거하고 그 일정 부분을 주택의 부지로 점유·사용한 사안에서, '타인의 소유권을 배척하고 점유할 의사를 갖고 있지 않다고 보아야 하므로 자주점유의 추정은 깨진 것'이라고 하면서, 위 종전의 판례들을 모두 변경하였다(대판(전 원합의 체) 1997. 8. 21, 95다28625). 이러한 법리의 일환으로, 시효취득을 주장하는 점유자가 사인에게는 처분권한이 없는 귀속재산이라는 사실을 알면서 이를 매수하여 점유를 한 경우(대판 2000. 4. 11, 98다28442; 대판 2012. 4. 26, 2012다2187), 처 분권이 없는 자로부터 그 사실을 알면서 부동산을 취득하거나 어떤 법률행위가 무효임을 알 면서 그 법률행위에 의해 부동산을 취득하여 점유하게 된 경우(대판 2000. 9. 29, 99다50705), 지방자치단체나 국가가 토지를 점유할 수 있는 권원 없이 사유 토지를 도로부지로 편입시킨 경우(대판 1998. 5. 29, 97다30349; 대판 2001. 3. 27, 2000다64472; 대판 2012. 5. 10, 2011다52017), 계약명의신탁에서 (부동산 소유자가 명의신탁약정이 있다는 사실을 모른 선의 인 경우에는 명의수탁자가 소유권을 취득하고, 부동산 소유자가 악의인 경우에는 그가 소유권을 보유하 며(부동산실명법 4조 2항 단서), 한편 부동산 소유자와 계약관계가 없어 그를 상대로 소유권이전등기를 청구할 수도 없 는) 명의신탁자가 목적물을 점유하는 경우(대판 2022. 5. 12, 2019다249428), 자주점유의 추정은 깨지는 것으로 보 았다.[1)]

다) 자주점유 또는 타주점유로의 전환

a) 타주점유의 자주점유로의 전환   그 요건은, 새로운 권원에 의해 다시 소유의 의사로 점 유하거나, 자기로 하여금 점유를 하게 한 자에게 소유의 의사가 있음을 표시해야만 한다(대판 1993. 7. 16, 92 다37871). 타주점유자가 그 명의로 또는 아들 명의로 점유 부동산에 대해 소유권이전등기를 마 쳤다 하여 그것만으로 소유의 의사를 표시하여 자주점유로 전환되었다고 볼 수는 없다(대판 1993. 4. 27, 92다51723, 51730; 대 판 1994. 2. 8, 92다47526). 상속에 의해 점유권을 취득한 경우에는 피상속인의 점유를 그대로 승계하 므로(193 조), 피상속인의 점유가 타주점유인 때에는 상속인이 위 요건을 갖추어야 자주점유로 전 환된다(대판 1996. 9. 20, 96다25319).

b) 자주점유의 타주점유로의 전환   피상속인의 부동산에 대해 경락허가결정이 있거나, 매 매계약이 해제되거나, 부동산을 타인에게 매도하여 인도의무를 지는 매도인의 점유(대판 1997. 4. 11, 97다5824) 가 이에 해당한다. 유의할 것은, 점유자가 등기명의인을 상대로 매매나 시효취득을 원인으로 소유권이전등기를 청구하였다가 패소 확정되더라도, 점유자가 소유자에 대해 어떤 의무가 있 음이 확정된 것은 아니므로, 악의의 점유자가 되는 데 불과하고 타주점유로 전환되는 것은 아니다(대판 1981. 3. 24, 80다2226; 대판 1999. 9. 17, 98다63018). 그러나 반대로 소유자가 점유자를 상대로 적극적으로 소유권을 주장하여 승소한 경우에는, 점유자가 소유자에 대해 등기말소 또는 명도 등의 의무를 부담하 는 것으로 확정된 것이므로, 단순한 악의점유의 상태와는 달리 객관적으로 그와 같은 의무를 부담하는 점유자로 변한 것이어서, 점유자의 토지에 대한 점유는 패소 판결 확정 후부터는

---

1) 점유취득시효에서는 '선의점유'가 요건이 아니어서(245조 1항), 판례가 종전에 비해 엄격해진 것을 엿볼 수 있는데, 취득시효 제도가 실체관계에 부합할 것이라는 개연성에 기초를 두고 있는 점을 감안하면, 판례의 이러한 변화된 태 도는 수긍할 수 있는 면이 있다.

타주점유로 전환된다($^{대판\ 1996.\ 10.\ 11,\ 96다19857;\ 대판}_{2000.\ 12.\ 8,\ 2000다14934,\ 14941}$). 한편, 점유의 시초에 자신의 토지에 인접한 타인 소유의 토지를 자신 소유 토지의 일부로 알고서 점유하게 된 자는, 나중에 그 토지가 자신 소유의 토지가 아니라는 점을 알게 되었다거나 지적측량 결과 경계 침범 사실이 밝혀지고 그로 인해 상호분쟁이 있었다고 하더라도, 그러한 사정만으로 그 점유가 타주점유로 전환되는 것은 아니다($^{대판\ 2001.\ 5.\ 29,\ 2001다5913;\ 대판}_{2013.\ 9.\ 13,\ 2013다43666,\ 43673}$).

(2) 선의점유와 악의점유

a) **의 미**   이것은 본권 없이 점유하는 경우에만 발생한다. 본권에 기한 점유, 즉 소유자·전세권자·임차인의 점유의 경우에는 선의와 악의의 구별은 없다. 「선의점유」는 본권이 없음에도 있는 것으로 믿고 하는 점유이고, 「악의점유」는 본권이 없음을 알면서 또는 본권의 유무에 대해 의심을 가지면서 하는 점유이다. 일반적으로 선의는 어떤 사실을 알지 못하는 것이며 의심을 품는 때에도 선의가 되지만, 이 경우에도 선의의 점유자로서의 효과(예: 과실취득($^{201조}_{1항}$)·부동산 취득시효($^{245조}_{2항}$))를 부여하는 것은 타당하지 않다는 점에서, 점유에 관해서는 본권이 있다고 확신한 경우에만 선의점유를 인정하는 것이 통설과 판례이다($^{대판\ 1977.\ 9.}_{28,\ 77다1278}$).

b) **구별 실익**   등기부취득시효와 선의취득에서는 선의점유가 필요하며($^{245조\ 2항\cdot}_{249조}$), 선의의 점유자만이 과실을 취득할 수 있다($^{201조}_{1항}$). 그 밖에 선의점유와 악의점유에 따라 점유자의 회복자에 대한 책임의 범위를 달리한다($^{202}_{조}$).

c) **민법의 규정**   (ㄱ) 점유자의 선의는 민법상 추정된다($^{197조}_{1항}$). 권원 없는 점유였음이 밝혀졌다고 하여 곧 그동안의 점유에 대한 선의의 추정이 깨어졌다고 볼 것은 아니다($^{대판\ 2000.\ 3.}_{10,\ 99다63350}$). (ㄴ) 그러나 선의의 점유자라도 본권에 관한 소송에서 패소한 경우에는 그 소가 제기된 때부터 악의의 점유자로 본다($^{197조}_{2항}$). 그러므로 점유자의 선의점유의 추정($^{197조}_{1항}$)과 선의점유자의 과실취득($^{201}_{조}$)이 적용되지 않는다. ① '본권에 관한 소'의 의미에 대해 학설은, 소유권의 행사에 해당하는 일체의 소송으로서 점유자에게 점유할 권리가 없음을 인식케 하는 모든 것을 포함한다고 한다. 구체적으로는 소유물반환청구소송은 물론이고, 등기의 말소청구소송도 이에 해당하며, 또한 소유권을 침해하여 이익을 얻은 것을 이유로 하여 제기된 부당이득 반환청구소송도 포함된다고 한다($^{민법주해(IV),\ 388면\sim}_{389면(양창수)}$). 판례도 그 취지를 같이한다. 즉 위 소에는 소유권에 기해 점유물의 인도나 명도를 구하는 소송은 물론, 소유권 침해를 이유로 한 부당이득 반환청구소송도 포함되는 것으로 본다.[1] ② '패소'란 종국판결에 의해 패소로 확정된 경우를 말하고,

---

1) A는 이 사건 부동산을 취득하여 냉장 창고업을 시작하면서 그 아들 B에게 실무를 담당하게 하였는데, B는 A의 동의 없이 단독으로 위 부동산의 일부를 C에게 임대하여, C가 1997. 10. 9.부터 이를 점유·사용하고 있다. 1998. 12. 3. A(원고)는 C(피고)를 상대로, C의 위 점유는 B의 무권대리에 의한 임대차계약에 기인한 것이라는 이유로, 그 해당 점유부분의 명도와 그 점유에 상응하는 부당이득의 반환을 청구하는 소를 제기하였다. 이 소송 진행 중, 2000. 3. 16. 위 부동산은 임의경매 절차에서 D에게 낙찰되어 D 명의로 소유권이전등기가 마쳐졌다. 이 사안에서 대법원은 다음과 같이 판결하였다: 「① 민법 제197조 2항의 취지와 부당이득반환에 관한 민법 제749조 2항의 취지에 비추어 볼 때, 민법 제197조 2항 소정의 "본권에 관한 소"에는 소유권에 기하여 점유물의 인도나 명도를 구하는 소송은 물론 부당 점유자를 상대로 점유로 인한 부당이득의 반환을 구하는 소송도 포함된다. ② 이 사건 부당이득 반환청구에 민법 제201조 1항, 제197조 1항을 적용함에 있어서는, 비록 소유권에 기한 명도 및 인도청구가 변론종결 전에 소유권 상실되었음을 이유로 배척된다고 하더라도, 법원으로서는 소유권 상실 이전 기간의 부당이득 반환

소송 지연의 폐해를 방지하기 위해 소를 제기한 때로 소급하여 악의의 점유자로 간주한 데 그 의미가 있다. ③ '소가 제기된 때'란 소송이 계속된 때, 즉 소장 부본이 피고에게 송달된 때를 말한다(대판 2016. 12. 29., 2016다242273).

(3) 과실 있는 점유와 과실 없는 점유

이것은 선의점유를 전제로 한 구별이다. 즉 본권이 있다고 믿는 데에 과실이 있는지 여부에 따라 「과실 있는 점유」와 「과실 없는 점유」로 구별된다. 등기부취득시효와 선의취득에서는 과실 없는 점유가 필요하다(245조 2항·249조).

(4) 평온한 점유와 공연한 점유

폭력에 의하지 않은 점유가 「평온한 점유」이고, 남몰래(은비) 하지 않은 점유가 「공연公然한 점유」이다. 그 점유가 불법이라고 주장하는 자로부터 이의를 받은 사실이 있거나 점유물의 소유권을 둘러싸고 당사자 사이에 법률상 분쟁이 있었다고 하더라도, 그러한 사실만으로는 점유의 평온·공연성이 상실된다고 할 수 없다(대판 1992. 4. 24, 92다6983). '평온·공연한 점유'는 취득시효와 선의취득의 요건을 이룬다(245조·249조).

(5) 하자 있는 점유

민법 제199조 2항은 점유의 '하자'라는 말을 쓰는데, 이것은 악의·과실·폭력·은비隱庇에 의한 점유와 점유가 계속되지 않은 경우를 포함하는 것으로서, 점유로서의 효과의 발생을 방해하는 모든 사정을 지칭하는 것이다.

(6) 단독점유와 공동점유

하나의 물건을 1인이 점유하는 것이 단독점유이고, 수인이 점유하는 것이 공동점유이다.[1] 한 개의 물건의 일부분을 수인이 각자 점유하거나, 직접점유자와 간접점유자가 중첩하여 점유하는 것은 공동점유는 아니다. 공동점유에서 점유자 각자는 점유보호청구권(204조·206조)과 자력구제권(209조)을 가진다.

(7) 점유의 모습에 관한 민법의 추정

a) 민법 제197조 1항은 「점유자는 소유의 의사로 선의, 평온 및 공연하게 점유한 것으로 추정한다」고 규정한다. 그러므로 타주, 악의, 폭력, 은비 점유는 이를 주장하는 자가 증명하여야 한다. 점유의 무과실은 민법상 추정되지 않으며, 이를 주장하는 자에게 입증책임이 있다(대판 1983. 10. 11, 83다카531).

b) 민법 제198조는 점유의 계속을 추정한다. 즉 「전후 양 시에 점유한 사실이 있는 경우에는 그 점유는 계속된 것으로 추정한다.」 (ㄱ) 예컨대 10년 전에 점유를 한 사실과 현재 점유하

청구와 관련하여 원고의 소유권의 존부와 피고의 점유 권원의 유무 등을 가려서 그 청구의 당부를 판단하고, 원고의 주장이 이유 있는 것으로 판단된다면 민법 제201조 1항, 제197조 1항에도 불구하고 적어도 그 소 제기일부터는 피고의 점유를 악의로 의제하여 피고에 대하여 부당이득의 반환을 명하여야 할 것이다(대판 2002. 11. 22, 2001다6213).

1) 판례: 1동의 건물의 구분소유자들은 전유부분을 구분소유하면서 공용부분을 공유하므로 특별한 사정이 없는 한 건물의 대지 전체를 공동으로 점유한다(대판 2017. 1. 25, 2012다72469).

고 있는 사실을 증명하면 10년간 계속하여 점유해 온 것으로 추정된다. 본조는 전후 두 시점에 점유한 사실이 있으면 그동안 점유가 계속되었을 개연성이 높다는 경험칙에 근거하여 추정규정을 둔 것이다. (ㄴ) 어느 토지를 A가 10년, B가 7년, C가 5년 점유하여 C의 점유취득시효($^{245조}_{1항}$)가 문제되는 경우, 점유의 승계($^{199}_{조}$)가 인정되므로 C는 22년의 점유기간을 주장할 수 있겠는데, 이때에도 A의 처음의 점유와 C의 현재의 점유만을 증명하면 22년간 계속해서 점유해 온 것으로 추정되는지 문제된다. 판례는, "본조 소정의 점유 계속의 추정은, 동일인이 전후 양 시점에 점유한 것이 증명된 때에만 적용되는 것이 아니고, 전후 양 시점의 점유자가 다른 경우에도 점유의 승계가 입증되는 한 점유 계속은 추정된다"고 하여, 이를 긍정한다($^{대판}_{1996.\ 9.\ 20,}_{96다24279}$).

Ⅲ. 점유권의 취득과 소멸

1. 개 요

물건을 사실상 지배하면 점유가 성립하고, 점유자는 점유권을 취득한다($^{192조}_{1항}$). 다시 말해 점유와 점유권은 같은 것의 양면에 지나지 않는다. 이 점에서 점유(권)에는 다음의 두 가지 구성이 병존할 수 있다. (ㄱ) 하나는 사실로서의 점유에 의미를 부여하는 것이다. 즉 물건을 사실상 지배하는 경우에 점유를 인정하면서 점유권을 부여하는 것이다($^{192}_{조}$)(점유권의 원시취득). (ㄴ) 다른 하나는 권리로서의 점유권에 의미를 부여하는 것이다. 그래서 점유권을 물권의 하나로 정하는 이상 그 이전도 인정하는 것이다. 민법이 점유권의 양도($^{196}_{조}$)와 상속($^{193}_{조}$)을 인정하는 것은 이에 따른 것이다(점유권의 승계취득). 특히 이 경우 전 점유자의 점유(권)를 그 동일성을 유지한 채 승계취득할 수 있는 점유의 승계($^{199}_{조}$)가 적용되는 점에서 위 (ㄱ)의 경우와 구별할 실익이 있다.

2. 점유권의 (원시)취득과 소멸

(1) (직접)점유의 경우

a) 취 득 물건(동산 또는 부동산)을 사실상 지배하는 자는 점유권을 취득한다($^{192조}_{1항}$). 어느 경우가 사실상 지배에 해당하는지, 즉 점유에 해당하는지는 전술하였다.

b) 소 멸 (ㄱ) 점유권의 취득에 대응하여, 점유자가 물건에 대한 사실상의 지배를 상실한 때에는 점유권이 소멸된다($^{192조\ 2}_{항\ 본문}$). 사실상 지배의 상실 여부는 사회통념에 의해 정해진다 (예: 가축이 일시적으로 도망친 경우처럼 일시적 단절에 불과한 때에는 그 상실이 있다고 보기는 어렵다). 점유권은 본조에 의해서만 소멸된다. 즉 다른 물권과는 달리 혼동($^{191조}_{3항}$)·소멸시효 등에 의해 점유권이 소멸되는 일은 없다. (ㄴ) 점유의 상실로 소멸된다는 위 원칙에는 예외가 있다. 즉 점유자가 점유의 침탈을 당해 점유를 상실한 때에도, 그가 <u>1년 내에 그 반환을 청구하여 점유를 회수한 때에는</u> 그동안에도 점유를 상실하지 않은 것으로 본다($^{192조\ 2항\ 단}_{서·204조}$). 따라서 그동

안의 점유는 계속된 것으로 된다. 일본 민법($^{203}_{조}$)은 '점유회수의 소를 제기한 때'로 정하였지만, 우리 민법은 「제204조의 규정에 의해 점유를 회수한 때」로 정함으로써 점유 회수의 소에서 승소하였을 뿐 아니라 현실로 점유를 회복한 것을 요건으로 한다. 학설 중에는, 점유 계속의 의제에 관한 본조의 취지상, 침탈자가 '임의로 반환'한 경우에도 그 침탈이 점유 회수의 요건에 해당하고, 그 반환이 침탈 후 1년 내인 때에는 점유 계속의 효과를 인정하여야 한다는 견해가 있다($^{민법주해(IV),}_{303면(최병조)}$).

(2) 간접점유의 경우

a) 취 득   본권자와 점유매개관계를 설정하고 직접점유자가 점유하는 것에 의해 성립한다. 여기에는 두 가지 방법이 있다. 하나는 직접점유자가 점유매개관계를 설정함으로써 간접점유를 취득하는 것이고(^{194}), 다른 하나는 물건을 점유개정의 방식으로 양도하여 양도인이 계속해서 점유하는 경우에 양수인이 간접점유를 취득하는 것이다($^{196조\ 2항 \cdot}_{189조}$).

b) 소 멸   간접점유는 점유매개관계를 토대로 직접점유자의 점유에 의해 성립하는 것이므로, 직접점유자가 점유를 상실하거나 직접점유자가 점유물을 횡령하는 경우처럼 점유매개관계를 부인하는 때에 소멸된다.

3. 점유권의 양도와 상속 (승계취득)

(1) 점유권의 양도

a) 점유권의 양도는 소유권 기타 본권의 이전에 동반하는 것이 보통이지만, 반드시 그러한 것은 아니며 점유자가 소유자에게 점유물을 반환하는 경우에는 본권의 이전 없이 점유권만 이전하게 된다($^{민법주해(IV),}_{321면(이인재)}$).

b) 권리로서의 점유권으로 구성하는 한에서는, 점유권의 양도에는 당사자 간의 「점유권 이전의 물권적 합의」와 「점유물의 인도」가 있어야 한다. (ㄱ) 점유권 이전의 합의는 법률행위이므로, 의사표시의 흠결을 이유로 취소될 수도 있고, 대리에 의해서도 가능하다.[1] (ㄴ) 인도는 현실의 인도($^{196조}_{1항}$) 외에, 간이인도 · 점유개정 · 목적물반환청구권의 양도에 의해 할 수 있다($^{196}_{조\ 2}$ $^{항 \cdot\ 188조}_{2항 \sim 190조}$)(후 2자는 양수인이 '간접점유'를 취득하거나 승계취득하는 경우에 해당하기도 한다).

(2) 점유권의 상속

a) 의 의   점유를 물건에 대한 사실상 지배, 즉 사실의 측면에서 파악하면, 점유자의 사망으로 점유(권)도 소멸되어 상속되지 않는 것으로 볼 수 있다. 그러나 점유를 권리로서 점유권의 면에서 보면 점유자의 사망으로 상속인에게 당연히 상속되는 것으로도 파악될 수 있다. 민법 제193조는 후자의 관점에서 점유권은 상속인에게 이전되는 것으로 정하였다.

b) 효 과   (ㄱ) 점유자가 사망하면 그의 점유권은 상속인에게 이전된다($^{193}_{조}$). 이전되는 점

---

1) 예컨대, 어린아이가 자신이 점유하는 물건을 타인에게 인도한 경우에, 인도 자체는 사실행위이므로 어린아이도 할 수 있으나, 점유권을 양도하는 것은 법률행위로서 이를 할 수 없거나 또는 취소의 대상이 된다. 따라서 이 경우 타인은 점유권을 승계취득할 수는 없고 원시취득할 수 있을 뿐이다(이상태, 158면).

유권은 피상속인이 가졌던 점유이다. 즉 피상속인의 직접점유·간접점유·타주점유·자주점유·하자 있는 점유 등의 성질을 상속인은 그대로 승계한다. 상속인이 그 물건을 현실적으로 소지하거나 상속의 개시를 알고 있어야 하는 것은 아니며, 점유자의 사망으로 그의 점유권은 당연히 상속인에게 이전된다(아버지가 토지를 자주점유하고 있다가 사망한 경우, 상속인이 10세밖에 되지 않더라도 상속 토지에 대한 그의 점유는 당연히 자주점유가 된다($\substack{\text{대판 1990. 12.}\\\text{26, 90다5733}}$)). 따라서 상속인이 현실적으로 물건을 소지하지 않더라도 점유는 계속되는 것으로 된다. 한편 상속인이 수인 있는 때에는 그 상속인들이 점유권을 공동으로 승계하고(공동점유), 이 경우 제1009조 이하의 상속분에 관한 규정이 적용되는 것은 아니다($\substack{\text{대판 1962. 10.}\\\text{11, 62다460}}$). (ㄴ) 제193조는 포괄승계가 일어나는 다른 경우에도 준용된다(포괄적 유증($\substack{1078\\\text{조}}$), 회사의 합병 등).

(3) 점유의 승계

> **제199조 〔점유의 승계의 주장과 그 효과〕** ① 점유자의 승계인은 자기의 점유만을 주장하거나 자기의 점유와 종전 점유자의 점유를 아울러 주장할 수 있다. ② 종전 점유자의 점유를 아울러 주장하는 경우에는 그 하자도 승계한다.

a) **의 의**　　본조는 다음 두 가지를 규정한다. (ㄱ) 점유와 점유권은 같은 것의 양면에 지나지 않는데, 민법이 점유권의 양도를 인정하는 이상($\substack{196\\\text{조}}$), 그 기초인 점유도 이전·승계되는 것으로 보는 것이 타당하고, 본조는 이를 정한 것이다. (ㄴ) 점유상태가 수인 사이에 승계되는 경우에는 계속된 하나의 사실상태로 보는 것도, 또 점유자만의 독립된 점유로 보는 것도 가능하다는 점에서, 점유자의 승계인은 자기의 점유만을 주장하거나 자기의 점유와 종전 점유자의 점유를 아울러 주장할 수 있도록, 선택을 허용하고 있다($\substack{199조\\1항}$). 다만 점유의 병합의 경우에는 종전 점유자의 점유의 하자도 승계하는 것으로 한다($\substack{199조\\2항}$).

b) **적용범위**　　점유권의 상속($\substack{193\\\text{조}}$)의 경우에도 본조가 적용되는가? 다시 말해 상속인이 상속재산을 현실적으로 점유하게 된 경우에 그는 피상속인의 점유와 자신의 점유의 병합과 분리를 주장할 수 있는가? (ㄱ) 학설은 상속인에게 고유한 점유가 성립하는 한 이를 긍정하여야 한다는 견해($\substack{\text{곽윤직, 152면; 김증한·김학}\\\text{동, 207면; 장경학, 320면}}$)와, 상속인이 현실적으로 점유하는 것은 상속인의 관념화된 점유가 구체화되는 것에 불과하다는 이유로 이를 부정하는 견해($\substack{\text{김상용, 286면;}\\\text{이영준, 332면}}$)로 나뉘어 있다. (ㄴ) 판례는 기본적으로 부정설을 취한다. 그래서 피상속인의 점유가 타주점유인 경우에는 상속인의 점유도 타주점유일 수밖에 없고, 상속인의 점유가 자주점유로 되기 위해서는 소유자에게 소유의 의사가 있는 것을 표시하거나 새로운 권원에 의해 소유의 의사로써 점유를 시작하여야 한다고 본다($\substack{\text{대판 1996. 9. 20, 96다}\\\text{25319 외 다수의 판례}}$).

c) **효 과**　　(ㄱ) 점유자의 승계인은 자기의 점유만을 주장할 수 있다. 이 경우 종전 점유자의 점유가 타주점유라 하여도 현 점유자의 점유는 민법 제197조 1항에 의해 자주점유로 추정된다($\substack{\text{대판 2002. 2.}\\\text{26, 99다72743}}$). (ㄴ) 한편 점유자의 승계인은 자기의 점유와 종전 점유자의 점유를 아울러 주장할 수도 있다. 점유의 병합에 관한 구체적인 내용은 다음과 같다. ① 병합되는 '종전 점

유자의 점유'에는 승계인의 직전의 점유자뿐만 아니라 승계에 의해 연결되는 앞서의 모든 점유자가 포함된다. 예컨대 물건에 대한 점유가 A·B·C·D·E로 순차로 이전된 경우, E는 자기의 점유만을 주장하거나, 또는 B·C·D의 점유를 병합하거나, A부터의 점유를 모두 병합할 수 있다. 또 C·D의 점유만을 병합할 수도 있다. ② 다만 그 경우에도 그 점유 시초를 종전 점유자의 점유기간 중의 임의 시점을 선택하여 주장할 수는 없다($\frac{대판\ 1980.\ 3.}{11,\ 79다2110}$)(이것은 특히 취득시효에서 점유자와 제3자 간의 우열을 정하기 위한 기준 때문인데, 이 점에 관해서는 p.168 '나) 점유취득시효'에서 따로 설명한다). ③ 종전 점유자의 점유를 아울러 주장하는 경우에는 그 하자도 승계한다($\frac{199조}{2항}$). 예컨대 A가 악의로 10년간 점유를 한 후에 B가 그 점유를 승계해서 선의로 5년간 점유한 경우, B는 자기의 5년의 선의점유만을 주장하거나, A의 점유를 합한 악의의 15년의 점유를 주장할 수 있다. ④ 점유의 성립에서 모습(예: 직접점유·간접점유), 점유의 성질(예: 자주점유와 타주점유, 타주점유 간의 권원상의 차이 등)을 달리하는 점유 사이에는 병합이 허용되지 않는다($\frac{통}{설}$).

Ⅳ. 점유권의 효력

1. 권리의 추정推定

(1) 의 의

보통은 물건에 대해 권리를 가지는 자가 그 물건을 점유해서 그 권리를 행사한다. 이러한 개연성에 기초해서 민법 제200조는 「점유자가 점유물에 대해 행사하는 권리는 적법하게 보유한 것으로 추정한다」고 규정한다. 따라서 소유자로서 점유하는 자는 소유자로, 질권자로서 점유하는 자는 질권자로 추정된다. 특히 점유자는 소유의 의사를 가지고 점유하는 것으로 추정되므로($\frac{197조}{1항}$), 점유자는 원칙적으로 소유자로 추정된다.

동조에 의해 예컨대 물건을 점유하는 자가 소유권을 주장하는 경우에 그는 일단 소유자로 취급되므로, 점유자에게 소유권이 없다는 점은 이를 주장하는 자가 입증책임을 지게 된다.

(2) 적용범위

a) 권리의 추정을 받게 되는 점유자의 점유에 관하여는 아무런 제한이 없으므로, 점유의 종류 또는 하자 유무를 불문한다.

b) 제200조는 동산에 대해 적용된다($\frac{대판\ 1982.\ 4.}{13,\ 81다780}$). 부동산의 경우에는 등기에 권리추정력이 인정되므로 동조는 그 적용이 없다. 다만 부동산 유치권과 같이 등기가 아닌 점유를 요소로 하는 경우에는 동조가 예외적으로 적용될 수 있다. 미등기 부동산의 경우에는 동조를 적용할 것이 아니고, (토지대장이나 건축물대장 등을 통한) 통상의 입증에 따라 권리자를 가려야 할 것으로 본다($\frac{대판\ 1976.\ 9.\ 28,}{76다1431\ 참조}$).

c) 점유를 승계한 당사자들 사이에서는 제200조는 적용되지 않는다($\frac{통}{설}$). 예컨대 임차인과 임대인인 소유자 사이에 임차권의 존부에 관해 다툼이 있는 경우, 동조를 적용하여 임대인에

게 (임차권 부존재에 관한) 입증책임을 지울 것이 아니라, 일반원칙에 따라 권리의 존재를 주장하는 임차인에게 입증책임을 지울 것이다.

(3) 효 과

a) (ㄱ) 점유자가 점유물에 대해 행사하는 권리는 적법하게 보유하는 것으로 추정된다($^{200}_{조}$). 이에 의해 권리가 추정되려면, 점유취득의 원인 사실과 본권의 존재는 입증할 필요가 없으나, 점유의 사실과 권리의 내용은 주장하여야 한다($^{민법주해(Ⅳ),}_{346면(최병조)}$). (ㄴ) '점유물에 대해 행사하는 권리'는 물권을 비롯하여 점유를 수반하는 권리 모두를 포함한다(예: 소유권·질권·임차권·수치권 등). (ㄷ) 이러한 권리추정은 과거의 점유에도 미친다. 과거의 점유와 현재의 점유를 증명하면 그동안 계속해서 점유한 것으로 추정되므로($^{198}_{조}$), 그 기간 동안 적법하게 권리를 보유한 것으로 추정된다($^{양창수·권영준, 권리}_{의 변동과 구제, 250면}$).

b) (ㄱ) 권리추정에 의해 점유자는 일단 정당한 권리를 가진 것으로 취급되므로 스스로 권리의 존재를 입증할 책임이 없으며, 그 권리를 부인하려는 상대방이 이를 주장·입증하여야 한다. 또 점유자를 권리자로 믿은 경우에, 그의 선의는 과실 없는 것으로 된다. (ㄴ) 상대방이 점유자가 점유하고 있지 않거나 점유자에게 권리가 없음을 증명하면 점유자의 권리추정은 깨진다.

c) 권리의 추정은 점유자뿐만 아니라 제3자도 주장할 수 있다. 예컨대 채무자가 점유하고 있는 물건을 채권자가 압류하는 경우, 채권자는 그 물건이 채무자의 소유라는 것을 주장할 수 있다. 이때의 추정은 점유자의 이익뿐만 아니라 불이익 측면에서도 작용한다.

2. 점유의 보호

> **사례** (1) A 소유의 오토바이를 B가 절취한 후 그 사실을 모르는 C에게 매각하였다. A는 도난당한 지 6개월 후에 C가 그 오토바이를 가지고 있음을 알고서 자력으로 탈환하였다. C는 A의 점유 침탈을 이유로 A에게 오토바이의 반환을 청구할 수 있는가?
>
> (2) 甲 소유 대지를 B가 임차하여 점유하고 있던 중, C가 무단으로 철책을 설치하고 나무를 심은 경우, 甲과 B는 각각 C에게 어떤 내용의 물권적 청구권을 행사할 수 있는가? 해설 p. 136

(1) 점유보호청구권

가) 서 설

a) 의 의 점유의 침해가 있는 경우에 민법은 (종전)점유자에게 그 침해를 배척할 수 있는 청구권을 부여하여 본래의 점유상태로 돌아갈 수 있게 하는데, 그 유형으로는 점유 침해의 모습에 따라 「점유물 반환청구권($^{204}_{조}$), 점유물 방해제거청구권($^{205}_{조}$), 점유물 방해예방청구권($^{206}_{조}$)」 세 가지가 있다. 이들을 보통 '점유보호청구권'이라 부르는데, 점유자가 점유를 하였거나 하고 있는 사실과 점유의 침해를 받은 사실을 입증하기만 하면 되고, 그 점유자가 점유할 권리가 있는지 여부를 묻지 않는다. 특히 점유물 반환청구권의 경우, 점유 제도는 본래 현재의 점유상태를 보호하는 것이지만, 타인의 점유를 부당하게 침탈한 자의 점유까지 보호하자

는 것은 아니므로, 민법은 점유를 **빼앗겨** 현재 점유하고 있지 않은 종전의 점유자에게도 이 청구권을 인정한다.

　　b) 성질과 특색　　(ㄱ) 점유보호청구권도 소유권 기타 본권에 기한 청구권과 마찬가지로 물권적 청구권이며, 그에 관한 일반적인 내용은 점유보호청구권에도 통용된다. 다만 점유 제도의 특성상 전자는 다음의 네 가지에서 후자와는 다르다. ① 그 청구권에는 침탈을 당하거나 방해행위가 종료된 날부터 1년 내에 행사하여야 하는 제척기간을 두고 있다($^{204조\ 3항·205조\ 2항}_{및\ 3항·206조\ 2항}$). ② 그리고 이 제척기간 내에 소를 제기하는 방식으로 청구권을 행사하여야 한다($^{후술\ 판}_{례\ 참조}$).[1] ③ 반환청구권의 경우, 점유자가 점유를 **빼앗긴** '침탈'에 한해 인정되고, 그 점유가 '선의의 특별 승계인'에게 넘어간 경우에는 행사하지 못하는 제한이 있다($^{204조\ 1}_{항·2항}$). ④ 공사를 이유로 방해제거나 방해예방을 청구하는 경우, 그 공사가 '완성'된 때에는 그 청구를 하지 못한다($^{205조\ 3}_{조·206}$$^{}_{2항}$). (ㄴ) 한편 민법은 점유보호청구권의 내용에 '손해배상청구'를 포함시키고 있는데($^{204조\ 1항·205}_{조\ 1항·206조}$$^{}_{1항}$), 점유의 침해가 있는 때에는 통상 그 물건을 사용하지 못한 데 따른 손해가 발생한다는 점에서 점유 보호를 청구하면서 이를 같이 청구할 수 있게 한 순전히 편의적인 것이고, 그 성질은 불법행위에 속하는 것이다. 따라서 점유의 침해 외에 불법행위의 요건($^{750}_{조}$)을 갖추는 것을 전제로 그 배상을 청구할 수 있으며, 또 위 제척기간이 지났더라도 불법행위를 이유로 따로 손해배상을 청구할 수 있다($^{통}_{설}$). (ㄷ) 점유권과 소유권은 양립할 수 있는 것이므로, 각각 물권적 청구권의 요건을 갖추면, 점유권에 기한 물권적 청구권과 소유권 기타 본권에 기한 물권적 청구권은 병존할 수 있다. (ㄹ) 점유권에 기한 물권적 청구권은 점유의 침탈이 있었는지, 점유를 방해하거나 방해할 염려가 있는지만이 그 요건이 되는 것이고, 상대방에게 귀책사유가 있는지, 점유자가 손해를 입고 상대방이 이익을 얻었는지는 요건이 아니다.

　　c) 당사자　　점유보호청구권의 '상대방'은 점유의 침해자인데, 누가 이에 해당하는지는 물권적 청구권과 손해배상청구권에서 각각 다를 수 있다. (ㄱ) 전자에서는 현재 방해를 하고 있거나 방해할 염려가 있는 자이다. 다만 점유물 반환청구에서는 침탈자의 특별승계인이 선의인 경우에는 이를 행사하지 못한다($^{204조}_{2항}$). (ㄴ) 후자에서는 귀책사유로 인해 손해를 발생시킨 자이다. 따라서 A의 점유물을 B가 탈취하여 이를 악의의 C에게 양도한 때에는, A는 B를 상대로 손해배상을 청구하고, C를 상대로 점유물의 반환을 청구하게 되어, 양 청구의 당사자가 다르게 된다.

　　d) 간접점유의 보호　　(ㄱ) 간접점유자도 점유자이므로($^{194}_{조}$), 위 세 가지 점유보호청구권은 간접점유자에게도 인정된다($^{207조}_{1항}$). (ㄴ) 다만 점유물의 '반환'을 청구하는 경우에 한해서는 그 행사방법에 특칙이 있다($^{207조}_{2항}$). 즉 (직접)점유자가 점유의 침탈을 당한 경우에는, 점유물의 반환

---

1) 구민법(197조)은 점유를 침탈당하거나, 방해를 받거나 받을 염려가 있는 경우 점유자가 점유의 소를 제기할 수 있는 것으로 정하였다. 그래서 이를 '점유의 소' 혹은 '점유소권(占有訴權)'이라고 불렀다. 그러나 그 본질은 물권적 청구권으로서 사권(私權)이고, 이 사권에 기해 소권이 성립할 따름이다. 그래서 현행 민법은 '점유의 소에 의해 … 청구할 수 있다'고 한 것에서 '점유의 소에 의해'라고 한 표현을 삭제한 것이다(민사법연구회, 민법안의견서, 82면(이종흡)). 이러한 입법 취지에 비추어보면 재판 외에서 점유보호청구권을 행사해도 무방할 것으로 보이는데, 그러나 대법원은 (후술하는 바와 같이) 청구권에 대해 단기의 제척기간을 두고 있고 그리고 점유 제도의 취지를 고려하여 재판상으로만 점유보호청구권을 행사하여야 한다고 본다.

은 원래의 점유상태로 회복하는 것을 내용으로 하므로, 간접점유자는 침탈자에 대해 그 물건을 (직접)점유자에게 반환할 것을 청구할 수 있는 것에 그친다($^{207조 2}_{항 전문}$). 그러나 점유자가 그 물건을 반환받을 수 없거나 반환받기를 원하지 않는 때에는 예외적으로 자기에게 반환할 것을 청구할 수 있다($^{207조 2}_{항 후문}$).

나) 점유물 반환청구권

> 제204조 〔점유의 회수〕 ① 점유자가 점유의 침탈을 당한 경우에는 그 물건의 반환과 손해의 배상을 청구할 수 있다. ② 전항의 청구권은 침탈자의 특별승계인에게는 행사하지 못한다. 그러나 승계인이 악의인 경우에는 그러하지 아니하다. ③ 제1항의 청구권은 침탈을 당한 날부터 1년 내에 행사하여야 한다.

a) **요 건**   점유를 침탈당하였어야 한다($^{204조}_{1항}$). '침탈侵奪'이란 점유자가 그의 의사에 의하지 않고서 점유를 빼앗긴 것을 말한다. 점유 제도의 취지에서 타인의 점유를 빼앗은 경우에만 점유물의 반환을 청구할 수 있도록 한 것이다. 위법한 강제집행에 의하여 물건의 인도를 받은 것은 공권력을 빌려서 상대방의 점유를 침탈한 것이 된다($^{대판 1963. 2.}_{21, 62다919}$). 따라서 사기에 의해 물건을 인도하거나($^{대판 1992. 2.}_{28, 91다17443}$), 테니스공이 옆집 마당에 들어가거나, 빨랫줄에 넌 빨래가 바람에 날려 이웃집에 들어가거나, 유실물을 습득한 경우에는 각각 점유물 반환청구를 할 수 없다.[1] 한편 간접점유자의 경우에는 직접점유자가 점유를 침탈당한 것이 그 요건이다($^{207조}_{2항}$). 즉 직접점유자가 임의로 점유를 타인에게 양도한 경우, 점유 이전이 간접점유자의 의사에 반한다고 하더라도 간접점유자의 점유가 침탈된 경우에 해당하지 않는다($^{대판 1993. 3.}_{9, 92다5300}$).

b) **당사자**   (ㄱ) 청구권자: 점유를 빼앗긴 자이며(점유를 침탈당하였다고 주장하는 당시에 점유하고 있었는지만을 살피면 된다), 직접점유자뿐만 아니라 간접점유자도 포함된다(간접점유자의 경우에는 그 행사방법에 관해 제207조의 특칙이 있음)($^{대판 2012. 2. 23, 2011}_{다61424, 61431}$). 점유보조자는 점유자가 아니므로 이 청구권을 갖지 못한다. (ㄴ) 상대방: ① 침탈자가 현재 점유하고 있는 때에는 그가 상대방이 된다($^{204조}_{1항}$). 포괄승계인도 포함된다. 유의할 것은, 침탈자는 종전 점유자에 대해서만 그 상대방이 되는 것이고, 그 외의 제3자에 대해서는 그는 점유자로서 보호를 받는다. ② 침탈자의 '선의의 특별승계인'에게는 위 청구권을 행사하지 못한다($^{204조 2}_{항 본문}$). 침탈과는 무관한 선의의 특별승계인에게까지 점유물 반환의무를 지우는 것은 부당하기 때문이다. 그러나 그가 '악의'인 경우에는 위 청구권을 행사할 수 있다($^{204조 2}_{항 단서}$). 다만 침탈된 목적물의 점유가 일단 선의의 특별승계인에게 넘어간 후에는 다시 악의의 특별승계인에게 점유가 이전하여도 그에게 반환을 청구하지는 못한다($^{통}_{설}$). 한편, 침탈자가 목적물을 제3자에게 임대한 경우에 제3자가 선

---

1) 예컨대 A의 테니스공이 옆집 B의 마당에 들어갔는데 B는 이를 점유하고 있지 않은 경우, B는 A의 점유를 침탈한 것도 아니고 또 점유하고 있지도 않으므로, A는 B를 상대로 점유물 반환청구(204조 1항)를 할 수 없다. 또 소유권에 기해 반환청구를 하는 경우에도 그것은 B가 점유하는 것을 전제로 하므로 마찬가지이다(213조). 이 경우 독일 민법(867조)은 A(점유자)가 점유물을 수색하고 수거할 수 있고, B는 이를 인용하여야 하는 것으로 정하고 있다. 우리 민법에는 이러한 규정이 없지만 해석상으로는 긍정하고 있다(김용한, 221면; 민법주해(Ⅴ), 194면(양창수); 이영준, 380면).

의이면 그에게 반환을 청구할 수는 없으나, 간접점유를 하고 있는 침탈자에 대해서는 반환을 청구할 수 있다(침탈자가 제3자에게 가지는 목적물의 반환청구권을 종전 점유자에게 양도할 것을 청구하는 방식으로)($\binom{송덕수,}{537면}$).

　〈참 고〉　예컨대 A가 그 소유 자전거를 도난당한 지 몇 개월 후에 도둑으로부터 그 사정을 알고서 양수한 B에게 그 물건이 있음을 알고서 A가 자력으로 탈환한 경우, B는 점유의 침탈을 이유로 (당초 점유의 침탈을 이유로 B에게 점유물 반환청구를 할 수 있는) A에게 점유물 반환청구를 할 수 있는가? 이것이 소위 「점유의 상호침탈」인데, 학설은 B에게 점유물 반환청구를 인정하더라도 A가 다시 점유물 반환청구를 하게 되므로 소송상 비경제라는 점과, 위와 같은 경우 B의 청구를 인정하지 않는 독일 민법의 규정($\binom{861조}{2항}$)[1]에 따라 B의 점유물 반환청구를 부정한다($\binom{곽윤직,}{161면; 김}$ $_{기선, 160면; 김용한, 210면; 김증}$ $_{한·김학동,217면; 장경학, 339면}$). 일본의 경우도 대체로 같은 입장이다.[2] 최근의 판례도 B에게 점유물 반환청구를 인정하는 것이 무용하다는 이유로 부정한다($\binom{대판 2023. 8. 18,}{2022다269675}$).

　c) 내 용　「물건의 반환과 손해의 배상」을 청구하는 것이다($\binom{204조}{1항}$). (ㄱ) 목적물이 소송에서 법원의 환가명령에 의해 금전으로 변한 경우, 그 금전의 반환을 청구할 수 있는지에 관해서는, 학설은 긍정설($\binom{김상용, 303면;}{장경학, 340면}$)과 부정설($\binom{곽윤직, 162면;}{이영준, 369면}$)로 나뉜다. 긍정설은, 제204조 1항에서 그 물건의 반환을 청구할 수 있다고 한 점과 담보물권에서 압류를 요건으로 하여 제한적으로 인정하는 물상대위의 법리($\binom{342조}{370조}$)에도 반하는 점에서 수용하기 어렵고, 부정설이 타당한 것으로 해석된다($\binom{민법주해(Ⅳ),}{442면(최병조)}$). (ㄴ) 손해배상청구권의 성질이 불법행위라는 점은 (p.129에서) 전술하였다. 이때의 손해배상은 점유를 빼앗긴 데 대한 손해의 배상이므로, 물건의 가격이 아닌 물건의 점유를 계속함으로써 얻을 이익(보통은 물건의 사용가격)을 기준으로 하여야 한다.

　d) 제척기간　이 청구권은 침탈을 당한 날부터 1년 내에 (소를 제기하는 방법으로) 행사하여야 한다($\binom{204조}{3항}$).[3]

다) 점유물 방해제거청구권

> 제205조 〔점유의 보유〕 ① 점유자가 점유를 방해받은 경우에는 그 방해의 제거와 손해의 배상을 청구할 수 있다. ② 전항의 청구권은 방해가 종료된 날부터 1년 내에 행사하여야 한다. ③ 공사로 인하여 점유를 방해받은 경우에 공사 착수 후 1년을 경과하거나 공사가 완성된 때에는 방해의 제거를 청구하지 못한다.

---

1) Vgl. Münchener Komm. (2. Aufl.)/Joost, Rdnr. 7 zu §861.

2) 原島重義 외 6인, 민법강의 2 물권, 200면.

3) 판례: 「민법 제204조 3항과 제205조 2항에 의하면 점유를 침탈당하거나 방해를 받은 자의 침탈자 또는 방해자에 대한 청구권은 그 점유를 침탈당한 날 또는 점유의 방해행위가 종료된 날부터 1년 내에 행사하여야 하는 것으로 규정하고 있는데, 여기에서 제척기간의 대상이 되는 권리는 형성권이 아니라 통상의 청구권인 점과, 점유의 침탈 또는 방해의 상태가 일정한 기간을 지나게 되면 그대로 사회의 평온한 상태가 되고 이를 복구하는 것이 오히려 평화질서의 교란으로 볼 수 있게 되므로, 일정한 기간을 지난 후에는 원상회복을 허용하지 않는 것이 점유 제도의 이상에 맞고, 여기에 점유의 회수 또는 방해제거 등 청구권에 단기의 제척기간을 두는 이유가 있는 점 등에 비추어 볼 때, 위의 제척기간은 재판 외에서 권리행사하는 것으로 족한 기간이 아니라 반드시 그 기간 내에 소를 제기하여야 하는 이른바 출소기간으로 해석함이 상당하다」(대판 2002. 4. 26, 2001다8097, 8103).

a) 요 건   점유의 '방해'는 침탈 외의 방법으로 점유를 방해하는 것을 말한다$\binom{\text{대판 1987. 6.}}{\text{9, 86다카2942}}$ (예: 폭풍으로 이웃의 나무가 쓰러져 넘어온 경우 등).

b) 내 용   「방해의 제거와 손해의 배상」을 청구하는 것이다$\binom{205조}{1항}$. 그러나 방해는 있어도 손해는 없거나, 손해는 있지만 방해상태가 종료된 경우에는 한쪽만을 청구할 수 있을 뿐이다. 한편 방해에는 방해자의 귀책사유를 필요로 하지 않지만, 손해배상청구는 그 성질이 불법행위이므로 방해자의 귀책사유(고의나 과실)가 있어야 한다.

c) 제척기간   (ㄱ) 본조 소정의 「점유의 방해제거와 손해배상의 청구」는 「방해가 종료된 날부터 1년 내」에 행사하여야 하는데$\binom{205조}{2항}$, 이때의 '방해'의 의미를 통설은 '방해상태'로 이해하여, 방해가 종료된 때에는 더 이상 방해제거의 문제는 생기지 않으므로 위 제척기간은 손해배상청구에만 적용되는 것으로 해석한다. 이에 대해, 방해의 의미는 '방해행위'로 파악하여야 하고, 또 그것이 제204조 소정의 침탈의 경우와 균형이 맞으며, 한편 위 손해배상청구는 불법행위를 원인으로 한 것이므로 단기의 제척기간에 걸리게 할 이유가 없어 제766조가 적용되는 것으로 보아야 하고, 따라서 위 1년은 점유의 방해행위가 종료된 때부터 기산하여야 한다고 보는 반대견해가 있다$\binom{\text{민법주해(IV),}}{\text{452면(최병조)}}$. 판례는 위 방해를 반대의견과 같이 방해상태가 아닌 방해행위로 보고 있다$\binom{\text{대판 2002. 4. 26,}}{\text{2001다8097, 8103}}$. 반대견해가 타당하다고 본다. (ㄴ) 다만, '공사'로 인하여 점유를 방해받은 경우에는 특칙을 두어, 공사 착수 후 1년이 지났거나 공사가 완성된 때에는 방해의 제거를 청구할 수 없는 것으로 하였다$\binom{205조}{3항}$.

라) 점유물 방해예방청구권

> 제206조 〔점유의 보전〕 ① 점유자가 점유를 방해받을 염려가 있는 경우에는 그 방해의 예방이나 손해배상의 담보를 청구할 수 있다. ② 공사로 인하여 점유를 방해받을 염려가 있는 경우에는 전조 제3항의 규정을 준용한다.

a) 요 건   점유자가 점유를 방해받을 염려가 있어야 한다(예: 나무가 넘어질 염려가 있거나, 축대가 무너질 염려가 있을 때).

b) 내 용   「방해의 예방 또는 손해배상의 담보」 중 어느 하나를 청구하는 것이다$\binom{206조}{1항}$. (ㄱ) '방해의 예방'은 방해의 염려가 있는 원인을 미리 방지하는 조치를 강구할 것을 청구하는 것이다. (ㄴ) '손해배상의 담보'는 장래 손해가 발생할 경우에 대비하여 미리 담보를 제공케 하는 것인데, 적어도 방해가 생길 염려가 있는 이상 상대방의 고의나 과실을 필요로 하지 않지만, 장래 손해가 발생한 때에 그 담보에서 배상을 받기 위해서는 상대방의 귀책사유를 요건으로 한다.

c) 제척기간   청구권은 방해의 염려가 있는 동안은 언제든지 행사할 수 있으나, 다만 공사로 인하여 점유를 방해받을 염려가 있는 경우에는 공사 착수 후 1년이 지났거나 그 공사가 완성된 때에는 방해의 예방을 청구할 수 없다$\binom{\text{206조 2항·}}{\text{205조 3항}}$.

(2) 점유의 소와 본권의 소訴

> 제208조 〔점유의 소와 본권의 소의 관계〕 ① 점유권에 기인한 소와 본권에 기인한 소는 서로 영향을 미치지 아니한다. ② 점유권에 기인한 소는 본권에 관한 이유로 재판하지 못한다.

가) 의 의

(ㄱ) 점유권을 원인으로 하여 소로써 점유보호청구권을 행사하는 것을 「점유의 소」라 하고, 소유권·전세권·임차권 등 점유할 수 있는 권리인 본권을 원인으로 한 소를 「본권의 소」라고 한다. 예컨대 A가 점유하고 있던 소유물을 B가 침탈한 경우, A는 B를 상대로 종전 점유권에 기해 점유물 반환청구의 소를 제기할 수 있고, 본권인 소유권에 기해 소유물 반환청구의 소를 제기할 수도 있다. (ㄴ) 민법은 본권과는 따로 점유권 제도를 인정하고 있다. 그래서 본조도 소송에서 점유의 소와 본권의 소가 별개·독립의 것임을 정하고 있다. 즉 제1항에서는 양 소의 독립성을, 제2항에서는 점유의 소에 대해 본권에 기한 항변을 허용하지 않는 것으로 규정한다.

나) 양 소의 관계

a) 독립성   (ㄱ) 점유의 소와 본권의 소는 서로 영향을 미치지 않는다($^{208조}_{1항}$). 즉 양 소는 전혀 그 기초를 달리하므로 서로 관계없는 것으로 다루어지며, 일방이 타방에 영향을 주는 일이 없다. 따라서 양 소를 동시에 제기할 수도 있고, 따로 제기할 수도 있으며, 한쪽의 소에서 패소하더라도 다른 쪽의 소에 영향을 주지 않는다. (ㄴ) 다만 점유침탈자가 소유자이고 그의 권리가 확정판결에 의해 확정된 경우, 이때에도 점유의 소의 독립성을 인정하면 무의미한 점유상태의 변경이 반복될 뿐이라는 점에서, 점유보호청구권은 소멸된다는 견해가 있다($^{김증한·김}_{학동, 222}$면; 민법주해(Ⅳ), 458면(최병조)). 참고로 독일 민법($^{864조}_{2항}$)은 이러한 취지의 규정을 두고 있다.

b) 본권에 기한 항변 금지   (ㄱ) 점유의 소에 대해서는 본권에 관한 이유로 재판하지 못한다($^{208조}_{2항}$). 양 소는 독립된 것이므로, 점유의 소에 대해서는 점유에 관한 항변만이 가능할 뿐이다. 예컨대 A가 B를 상대로 점유물 반환청구의 소를 제기하였을 경우, 이를 인용하거나 배척하기 위해서는 민법 제204조의 요건, 즉 A가 점유자였는가, B가 A의 점유를 침탈한 것인가, 제척기간은 지나지 않았는가 등이 문제되는 것이고, A가 소유자라는 이유로 또는 B가 소유자라는 이유로 판단을 해서는 안 된다.[1] (ㄴ) 그 밖에 해석상 유의하여야 할 것으로 다음 두 가지가 있다. ① 위 예에서 B가 소유자인데 그가 자력구제의 범위를 넘어 실력으로 탈환하여 A가 점유권의 침탈을 이유로 점유물 반환청구의 소를 제기한 경우, 전술한 대로 B가 소유자라는 이유로 A의 점유의 소를 기각해서는 안 된다. 그렇다면 B는 일단 A에게 물건을 반환한 후에

---

1) 판례: 「원고는 피고로부터 본건 농지를 양수하고 그 인도를 받아서 경작을 하고 있다는 이유로써 원고의 경작을 방해하지 말라는 점유방해배제의 청구를 하고 있음이 명백함에도 불구하고, 원심이 원고가 본건 농지를 매수한 사실이 있다고 가정하더라도 관서의 증명이 없는 이상 소유권이 원고에게 있음을 전제로 하는 청구는 이유가 없다고 판단한 것은, 본권에 관한 이유를 가지고 점유권에 의한 청구를 기각한 것으로서 부당하다」(대판 1962. 8. 2, 62다259).

소유권에 기해 반환청구의 소를 제기하여 종국적으로는 물건을 반환받을 수 있게 되는데, B가 이처럼 소유물 반환청구의 소를 따로 제기하지 않고 A의 점유의 소에 대해 방어수단으로서 소유권에 기한 본권의 소를 '반소'($\binom{\text{민사소송}}{\text{법 269조}}$)로써 제기하는 것은 허용되는가? 반소反訴를 허용하면 본권자에 의한 점유의 침해가 조장될 우려가 있지만, 통설과 판례는 이를 긍정한다($\binom{\text{대판}}{\text{1957.}}$ $\binom{\text{11. 14, 4290}}{\text{민상454, 455}}$). 유의할 것은, 반소가 절차상 인정된다고 하더라도 양 소는 어디까지나 독립된 것이고, 점유의 소를 본권에 관한 이유로써 재판하지는 못한다는 점이다. 그러나 반소가 인정되는 이상, 설사 양 소가 별개로 심리되어 판단이 내려진다고 하더라도 최종적으로는 본권의 소가 우선하는 만큼,[1] 민법 제208조가 실제에서 갖는 기능과 효력은 상당히 약하며 그 의미는 크지 않다. ② 본권에 기한 항변 금지는 점유보호청구권에 한해서만 적용된다. 위 예에서 A가 B를 상대로 점유의 소를 제기하면서 손해배상청구를 한 경우, B에게 소유권이 있음이 증명된 때에는 이를 이유로 A의 손해배상청구는 배척될 수 있다($\binom{\text{김증한·김학동, 222면; 민}}{\text{법주해(IV), 459면(최병조)}}$).

(3) 자력구제권

> **제209조 〔자력구제〕**　① 점유자는 그의 점유를 부정히 침탈 또는 방해하는 행위에 대하여 자력으로써 이를 방위할 수 있다. ② 점유물이 침탈되었을 경우에 부동산일 때에는 점유자는 침탈 후 즉시 가해자를 배제하여 이를 탈환할 수 있고, 동산일 때에는 점유자는 현장에서 또는 추적하여 가해자에게서 이를 탈환할 수 있다.

가) 의　의

점유의 침해가 있는 때에는 점유보호청구권($\binom{\text{204조~}}{\text{206조}}$)을 행사하여 종국적으로는 법원의 재판을 통해 그 내용을 실현하는 것이 원칙이다(국가구제). 그러나 일정한 경우에는 예외적으로 개인의 실력으로써 자신의 권리를 스스로 보호하는 사력구제가 허용되는 때가 있다. 불법행위 분야에서 규정하는 '정당방위와 긴급피난'이 그러하고($\binom{761}{\text{조}}$), 본조가 정하는 점유자의 '자력구제'도 같은 범주에 속하는 것이다.

본조는 구민법에는 없던 신설 조문으로서, 점유 침해에 한해 점유자에게 실력으로써 이를 회복할 수 있는 자력구제권을 인정한 것인데, 이것은 점유의 침해가 완료되지 않고 진행 중인 경우, 즉 점유가 교란상태에 있는 때에 인정되는 것인 점에서 점유보호청구권을 행사하여야 하는 경우와는 시간적 차이가 있다. 다시 말해 본조 소정의 자력구제의 요건에 해당하지

---

1) 판례: 「1) 점유회수의 본소에 대해 본권자가 소유권에 기한 인도를 구하는 반소를 제기하여 본소청구와 예비적 반소청구가 모두 인용되어 확정되면, 점유자가 본소 확정판결에 의해 집행문을 부여받아 강제집행으로 물건의 점유를 회복할 수 있다. 본권자의 소유권에 기한 반소청구는 본소의 의무 실현을 정지조건으로 하므로, 본권자는 위 본소 집행 후 집행문을 부여받아 반소 확정판결에 따른 강제집행으로 물건의 점유를 회복할 수 있다. 2) 다만, 점유자의 점유회수의 집행이 무의미한 점유상태의 변경을 반복하는 것에 불과할 뿐 아무런 실익이 없거나 본권자로 하여금 점유회수의 집행을 수인토록 하는 것이 정의에 반해 용인할 수 없는 경우, 또는 점유자가 장기간 강제집행하지 않음으로써 본권자가 강제집행에 나아갈 수 없게 되는 등 특별한 사정이 있는 경우, 본권자는 본소 확정판결에 대한 청구이의의 소를 통해 점유권에 기한 강제집행을 저지할 수 있다. 3) 이러한 법리는 본권자가 본권에 기초한 장래이행의 소로서 별소를 제기한 경우에도 같다」(대판 2021. 2. 4, 2019다202795, 202801; 대판 2021. 3. 25, 2019다208441).

않는 경우에는 점유보호청구권을 행사하여야 하고, 그때에도 자력구제권을 행사하면 그것은 위법한 것이 된다. 그런데 점유 제도는 물건에 대한 사실적 지배상태를 보호하자는 데 그 목적이 있는 것이므로, 점유자로 하여금 점유 침해의 교란상태를 스스로 제거할 수 있도록 하여 본래의 점유상태를 유지토록 하는 자력구제도 결국은 그 목적을 같이하는 것이다. 따라서 자력구제권의 요건으로서 국가기관에 의한 점유의 보호가 불가능하거나 극히 곤란하게 될 사정은 필요가 없다(민법안심의록(상), 132면). 유의할 것은, 자력구제권의 행사는 필요한 정도에 그쳐야 한다. 그 정도를 넘은 때에는 불법행위가 될 수 있다.

나) 내 용

a) 자력방위권   점유자는 그의 점유를 부당하게 침탈하거나 방해하는 행위에 대해 자력으로써 점유를 방위할 수 있다(209조1항). '침탈하거나 방해하는 행위'는 제2항의 '침탈되었을 경우'와 비교해 볼 때 그 행위가 현재 진행 중인 경우를 의미한다.

b) 자력탈환권   점유물이 침탈된 경우에는 자력으로 이를 탈환할 수 있다(209조2항). (ㄱ) 이 권리는 점유물이 '침탈'된 경우에만 인정되고, 다른 점유 침해의 경우(점유의 방해)에는 허용되지 않는다. (ㄴ) 이 권리는 일정 시간 내에 탈환할 때 정당한 것으로 인정되는 시간적 제한이 있다. 즉 부동산일 때에는 점유자는 침탈 후 '즉시' 가해자를 배제하여 탈환할 수 있고,[1] 동산일 때에는 '현장에서 또는 추적'하여 가해자에게서 탈환할 수 있다.

다) 자력구제권이 있는 자

점유자가 자력구제권이 있음은 당연하다. 점유보조자도 점유주를 위해 자력구제권을 행사할 수 있다(통설). 문제는 간접점유자이다. 학설은 나뉜다. 제1설은, 조문의 위치상, 즉 제209조에 앞선 제207조에서 간접점유자에게 점유보호청구권을 인정하는 규정을 둔 점에서 자력구제를 간접점유자에게는 인정하지 않겠다는 것이 입법 취지이고, 또 자력구제의 요건상 현실적으로 점유하고 있지 않은 간접점유자에게 이를 인정하여야 할 경우가 극히 적어 실제상 필요도 없다는 이유에서, 부정한다(곽윤직, 164면; 김증한·김학동, 225면; 이영준, 377면; 민법주해(Ⅳ), 456면(최병조)). 제2설은, 실제로 자력구제를 행사할 사태가 벌어진 경우에 이를 막을 이유가 없다는 이유에서 긍정한다(김용한, 220면; 김상용, 308면). 사견은, 점유보호청구권이 성립하는 경우에 간접점유자의 점유의 보호를 규정하는 제207조의 취지와, 물건을 직접 점유하고 있지 않은 간접점유자에게 자력구제를 인정하게 되면 간접점유의 식별

---

1) 판례: (ㄱ) 「민법 제209조 1항에 규정된 점유자의 자력방위권은 점유의 침탈 또는 방해의 위험이 있는 때에 인정되는 것인 한편, 제2항에 규정된 점유자의 자력탈환권은 점유가 침탈되었을 때 시간적으로 좁게 제한된 범위 내에서 자력으로 점유를 회복할 수 있다는 것으로서, 위 규정에서 말하는 "즉시"란 '객관적으로 가능한 한 신속히' 또는 '사회관념상 가해자를 배제하여 점유를 회복하는 데 필요하다고 인정되는 범위 안에서 되도록 속히'라는 뜻으로 해석할 것이므로, 점유자가 침탈 사실을 알고 모르고와는 관계없이 침탈을 당한 후 상당한 시간이 흘렀다면 자력탈환권을 행사할 수 없다」(대판 1993. 3. 26, 91다14116). (ㄴ) A가 위법한 강제집행에 의하여 건물의 점유자(B)를 퇴거시킨 다음 덧문에 자물쇠를 걸었는데, B가 두 시간 후에 그 자물쇠를 풀고 그 건물에 들어가 종전대로 약국을 경영하자, A가 B를 상대로 자신의 점유권이 침해되었음을 이유로, 즉 자신에게 점유권이 있음을 전제로 그 건물의 명도를 청구한 사안에서, A가 보호받을 만한 확립된 점유를 취득하였다고 볼 수 없고, 한편 위법 집행이 종료된 후 불과 두 시간 내에 자력으로 그 점유를 탈환한 것은 점유자의 자력구제권의 행사에 해당한다고 보았다(대판 1987. 6. 9, 86다카1683).

이 어려운 점을 감안할 때 점유 제도가 지향하는 사회질서의 유지가 깨뜨려질 수 있는 위험이 있는 점에서, 제1설이 타당하다고 본다.

> **사례의 해설** (1) A는 오토바이를 도난당한 지 6개월이 되었으므로, 자신의 점유를 회복하려면 점유보호청구권을 행사하여야 하고 자력구제권을 행사할 수는 없다. 사례에서는 C를 중심으로 점유가 확립 상태를 이루고 있으므로, A가 자력으로 탈환해 간 것은 C의 점유를 침해하였다고 볼 수 있다. C는 A에게 점유의 침탈을 이유로 점유물인 오토바이의 반환을 청구할 수 있다($^{204}_{조}$).
>
> (2) (ㄱ) C는 B가 점유하고 있던 대지를 침탈한 것이므로, B는 점유권에 기해 1년 내에 대지의 인도를 청구할 수 있다($^{204}_{조}$). 한편 철책은 그 제거를 청구할 수 없고($^{205조}_{3항}$), 나무는 그 제거를 청구할 수 있다. 그리고 이것은 재판상 청구하여야 한다. (ㄴ) 甲은 간접점유자(임대인)로서, B가 점유권에 기해 갖는 물권적 청구권과 같은 내용의 권리를 갖는다($^{207}_{조}$). 한편 甲은 소유권에 기해 대지의 인도를 청구하고, 철책과 나무의 제거를 청구할 수 있다($^{213조·}_{214조}$). **사례** p. 128

V. 준 점 유準占有

1. 의 의

민법이 정하는 점유권은 물건(동산·부동산)을 사실상 지배하는 경우에 성립한다($^{192조}_{1항}$). 그런데 민법은 물건이 아닌 권리 특히 재산권을 사실상 행사하는 경우에도 점유에 준하는 효과를 인정한다($^{210}_{조}$). 물건에 대한 점유 제도의 취지는 권리의 경우에도 통용되는 것으로 한 것이다.

2. 준점유의 요건

a) 대 상 준점유의 객체가 되는 것은 재산권에 한한다. 신분권에는 준점유가 인정되지 않는다. 한편 재산권 중에서도 점유를 수반하는 재산권, 즉 소유권·지상권·전세권·질권·임차권의 경우에는 따로 준점유를 인정할 여지가 없다. 따라서 '채권·지역권·저당권·광업권·어업권·지식재산권' 등이 준점유의 대상이 된다($^{민법주해(IV),}_{471면(최병조)}$). 형성권(취소권·해제권)은 그것 자체가 독립하여 준점유의 대상이 되지는 못하고, 그러한 권리를 포함하는 법률상의 지위(그 권리의 매도인·매수인 등)를 가지는 것으로 사실상 인정되는 경우에 그 권리의 준점유가 성립할 수 있다($^{통}_{설}$).

b) 사실상 행사 물건에 대한 사실상 지배인 점유에 대응하여, 준점유는 재산권을 사실상 행사하는 것이어야 한다.[1] '사실상 행사'한다는 것은, 재산권이 누구의 사실적 지배하에 있는 것으로 객관적으로 인정되는 경우를 말한다.

3. 준점유의 효과

(ㄱ) 준점유에는 점유권에 관한 민법의 규정을 준용한다($^{210}_{조}$). 따라서 일반적으로 권리의 추

---

1) 채권의 준점유자라고 하려면 채권의 사실상 귀속자와 같은 외형을 갖추어야 하므로, 예금채권의 준점유자는 예금통장과 그에 찍힌 인영과 같은 인장을 소지하여야 한다(대판 1985. 12. 24, 85다카880).

정, 과실의 취득, 비용 상환, 점유보호청구권 등의 효과가 인정되지만, 그 준용의 범위는 각종 권리의 성질에 따라 결정하여야 한다. (ㄴ) 채권의 준점유자에 대한 변제에 관해서는 민법 제470조에서 따로 특별규정을 두고 있다. 즉 변제자가 선의이며 과실이 없는 경우에만 변제로서 효력이 있는 것으로 한다.

제2절　소유권所有權

I. 서　설

1. 소유권의 의의와 법적 성질

(1) 의　의

근대 자본주의사회는 재화에 대한 사적 소유(사유재산)와 그의 자유로운 교환을 토대로 하여 형성되었는데, 이를 위한 법적 제도가 '소유권'과 '계약'이며, 전자를 규율하는 것이 물권법이고, 후자를 규율하는 것이 채권법이다.

물권은 물건을 지배하는 권리인데, 그 '지배'는 두 가지 모습으로 나타난다. 하나는 물건의 사용가치(사용·수익)를 갖는 것이고, 다른 하나는 교환가치(처분)를 갖는 것인데, 소유권은 양자 모두를 가진다($^{211}_{조}$). 물건의 사용가치나 교환가치를 갖는 제한물권은 소유자와의 설정계약을 통해 소유권에 있는 권능을 승계취득하는 것이어서, 그 모체는 소유권이다. 이러한 소유권은 개인의 사적 소유를 인정하는 사유재산제도를 바탕으로 하는 것이다. 국가의 기본법인 헌법 제23조에서 '모든 국민의 재산권은 보장된다'고 하여 사유재산제도를 천명하면서 '그 내용과 한계는 법률로 정한다'고 규정하고 있는데, 민법 제2편의 물권법은 그러한 법률의 대표적인 것이며, 소유권은 그 중심에 있다.

(2) 법적 성질

(ㄱ) 권리의 성격에서, 점유권은 물건을 사실상 지배하여야 성립하는 권리인 데 비해, 소유권은 물건을 지배할 수 있는 관념적인 권리로 되어 있다. (ㄴ) 권리의 내용에서, ① 소유권이 가지는 물적 지배는 물건의 사용가치와 교환가치 전부에 전면적으로 미친다(전면성). 이 점에서 용익물권이나 담보물권처럼 사용가치나 교환가치의 권능만을 가지는 제한물권과 다르다. ② 소유권의 내용으로서, 소유자는 소유물을 사용·수익·처분할 권리가 있다($^{211}_{조}$). 근대 민법을 비롯한 우리 민법은 소유권이라는 하나의 권리에서 위와 같은 대표적인 권능이 나오는 방식을 택하였다(혼일성). 또 소유권에는 위 세 가지 권능만 있는 것도 아니다. 소유권과 제한물권이 동일인에게 귀속하면 제한물권은 혼동으로 소멸되는데($^{191조}_{1항}$), 그것은 소유권이 하나의 권리라고 하는 혼일성에 기인하는 것이다. ③ 소유권 위에 제한물권이 설정되면 소유권의 권

능은 중지되지만 영원한 것이 아니며, 그것이 해소되면(예: 전세권의 존속기간의 만료 등) 본래의 상태로 회복된다(탄력성). ④ 소유권에는 존속기간이 없으며, 제3자의 취득시효로 인해 소유권을 잃는 수는 있어도($^{245조}_{이하}$), 소멸시효에 걸리지는 않는다($^{162조}_{2항}$)(항구성). (ㄷ) 권리의 객체에서, 소유권의 객체는 물건에 한한다. 채권에 대해서는 소유권을 인정하지 않는다. 이것은 채권의 침해에 대한 구제로서 (물권의 침해에 대한 구제로서의) 물권적 청구권이 인정되지 않는 데에 실제적인 의미가 있다.

2. 소유권에 관한 민법 규정의 개요

소유권에 관해, 민법은 '소유권의 한계, 소유권의 취득, 공동소유' 세 부분으로 나누어 정한다. (ㄱ) 「소유권의 한계」에서는 소유권의 내용, 토지소유권의 범위, 소유권에 기한 물권적 청구권, 건물의 구분소유, 상린관계를 규정한다($^{211조～}_{244조}$). (ㄴ) 「소유권의 취득」에서는, 법률의 규정에 의한 소유권의 (원시)취득 원인, 즉 취득시효, 선의취득, 무주물선점, 유실물습득, 매장물발견, 첨부를 정한다($^{245조～}_{261조}$). (ㄷ) 「공동소유」에서는, 하나의 물건을 2인 이상이 소유하는 경우에 그들의 인적 결합의 정도에 따라 공유, 합유, 총유의 셋으로 나누어 규정한다($^{262조～}_{278조}$).

Ⅱ. 소유권의 내용과 제한

> 제211조 〔소유권의 내용〕 소유자는 법률의 범위에서 소유물을 사용·수익·처분할 권리가 있다.

1. 서 설

헌법 제23조는, 재산권은 보장되지만 한계가 있으며, 그것은 법률로 정한다는 점을 규정한다. 본조는 이를 이어받아 소유자의 소유물에 대한 권능을 정하면서, 그것은 법률의 범위 내에서만 허용된다는 점을 밝히고 있다.

모든 권리는 법률에 의해 정해지는 것이고 소유권이라 하여 다를 바 없다. 그럼에도 본조에서 소유권에 관하여 이 점을 특별히 명언하고 있는 것은, 소유권은 사유재산제도와 직결되어 있고 절대성을 갖지만, 공공복리에 의한 내재적 한계가 있음을 특별히 선언하고자 한 것으로 이해된다($^{김증한·김학동,}_{253면 참조}$).

2. 소유권의 권능

(1) 소유자는 소유물을 「사용·수익·처분」할 권리가 있으므로($^{211}_{조}$), 소유권에는 대표적으로 위 세 가지 권능이 있다. (ㄱ) '사용'은 물건을 그 용도에 따라 이용하는 것이고, '수익'은 물건의 과실(천연과실·법정과실)을 수취하는 것을 말한다. 이러한 사용과 수익은 물건의 사용가치를 실현하는 것인데, 이것은 소유자 자신이 직접 할 수도 있고 또는 (소유자와의 설정계약을 통해) 타인에게 그러한 권리를 부여하여(용익물권의 설정) 사용·수익하게 할 수도 있다. (ㄴ) '처

분'은 물건의 교환가치를 실현하는 것으로서, 이것은 소유자 자신이 직접 할 수도 있고(양도), 또는 (소유자와의 설정계약을 통해) 타인에게 처분의 권능을 갖게 할 수도 있다(담보물권의 설정). 그 밖에 물건의 변형·개조·파괴와 같은 사실적 처분도 포함된다. 예컨대 건물의 철거를 구하는 경우에는 건물의 소유자가 그 상대방이 된다.[1]

✻ 토지 소유자는 그 토지에 대한 독점적이고 배타적인 사용수익권을 포기할 수 있는가? ◇◇◇

(ㄱ) 대법원은 이에 관해 다음과 같은 일련의 판례이론을 형성하고 있다. ① 토지 소유자의 배타적 사용·수익권 행사 제한의 법리는 토지가 도로, 수도시설의 매설 부지 등 일반 공중을 위한 용도로 제공된 경우에 적용되고, 토지가 건물의 부지 등 지상 건물의 소유자들만을 위한 용도로 제공된 경우에는 적용되지 않는다(대판 2021. 2. 25, 2018다278320). ② 토지 소유자가 일단의 택지를 조성, 분양하면서 개설한 도로는 다른 특단의 사정이 없는 한 그 토지의 매수인을 비롯하여 그 택지를 내왕하는 모든 사람에 대하여 그 도로를 통행할 수 있는 권한을 부여한 것이라고 할 것이어서, 이처럼 통행로로서 무상 제공할 당시에 이에 대한 독점적·배타적인 사용수익권을 포기한 것으로 의사해석을 하는 것이 상당하다. ③ 따라서 그 후 행정청이 도시계획사업의 일환으로 위 도로를 확장하고 포장하여 도로로 이용하였다고 하더라도 토지 소유자에게 어떤 손실이 생긴 것이 아니므로 부당이득 반환청구를 할 수는 없다(그리고 토지의 인도를 구할 수도 없다)(대판 1985. 8. 13, 85다카421; 대판 1991. 7. 9, 91다11889[2]; 대판 2009. 6. 11, 2009다8802). ④ 토지 소유자가 그 독점적이고 배타적인 사용수익권을 포기한 것으로 볼 경우에도, 일반 공중의 통행을 방해하지 않는 범위 내에서는 토지 소유자로서 그 토지를 처분하거나 사용 수익할 권능을 상실하지 않는다고 할 것이므로, 그 토지를 불법점유하고 있는 자에 대하여는 토지의 반환 내지 방해의 제거, 예방을 청구할 수 있지만, 그 점유로 인한 부당이득의 반환을 청구할 수는 없다(대판 2001. 4. 13, 2001다8493). ⑤ 한편, 위와 같은 토지소유권을 경매, 매매, 대물변제 등에 의해 특정승계한 자는 그와 같은 사용·수익의 제한이라는 부담이 있다는 사정을 용인하거나 적어도 그러한 사정이 있음을 알고서 그 토지소유권을 취득하였다고 봄이 상당하므로, 위와 같은 법리는 특정승계인에게도 통용된다(한편 상속인은 피상속인의 권리와 의무를 승계하므로, 위 법리는 상속인에게도 미친다)(대판 1998. 5. 8, 97다52844).

(ㄴ) '배타적 사용수익권 포기'의 의미가 무엇인지는 판결에서도 분명히 밝히고 있지는 않다. 그러나 이것이 소유권의 권능으로서의 사용·수익을 의미한다고 한다면, 그것은 처분의 권능만을 가지는 소유권을 인정하는 셈이 되어 물권법정주의에 반하는 것이 된다.[3] 그러므로 그 결론은 차치하고서라도 그에 이르는 법리로는 수용하기 어렵다. 한편, 토지 소유자는 도로예정지 부분을 도로로 제공하지 않고서는 나머지 토지에 적당한 통로가 없어 이를 택지로 조성, 분양하기가 어려웠을 것이고, 또 사실상 도로의 개설을 통해 나머지 토지를 택지로 조성하여 이를 전부 분

---

1) 그런데 판례는,「건물을 전 소유자로부터 매수하여 점유하고 있는 등 그 권리의 범위 내에서 점유 중인 건물에 대하여 법률상 또는 사실상 처분을 할 수 있는 지위에 있는 자도 그 철거 처분권이 있어 그 상대방이 될 수 있다」고 한다(대판 2003. 1. 24, 2002다61521).

2) 이 판결의 사실관계를 도면으로 보면 우측과 같다. 'V' 부분은 택지 분양자의 소유로 남은 것인데, 택지를 분양받은 사람들은 이 부분을 거쳐야만 대로로 통행할 수 있었고, 그래서 이 부분이 도로로 제공되어 왔던 것이다.

3) 권영준, "배타적 사용수익권 포기 법리에 관한 비판적 검토", 비교사법 14권 1호, 303면 이하.

양하여 상당한 개발이익을 얻은 점에서, 도로예정지 부분에 대해서는 완전한 사용수익권을 갖는 다고 보기 어려운 측면도 있다. 결국 '배타적 사용수익권의 포기'를 소유권의 권능으로서의 사용 수익권의 포기가 아닌 다른 이론으로 해결할 수밖에 없는데, 이후 판례는 그 포기를 '채권적 포기'로 보고, 이것은 '사용대차'와 다름 아니라고 하거나(부당이득의 반환을 청구할 수 없음은 종전 판례와 결론을 같이한다)$\binom{\text{대판 2009. 3. 26, 2009다228, 235; 대판 2009. 7.}}{\text{9, 2007다83649; 대판 2012. 6. 28, 2010다81049}}$, 또는 금반언이나 신뢰보호 등 신의성 실의 원칙상 기존의 이용상태가 유지되는 한 토지 소유자는 이를 수인하여야 하므로 배타적 점 유·사용을 하지 못하는 것으로 인한 손해를 주장할 수 없기 때문에 부당이득반환을 청구할 수 없을 뿐이고, 그로써 소유권의 본질적 내용인 사용수익권을 대세적·확정적으로 상실하는 것을 의미하는 것은 아니라고 한다(그래서 그 후 토지이용상태에 중대한 변화가 생기는 등으로 배타적 사용수익권을 배제하는 기초가 된 사정이 현저히 변경된 경우에는, 토지 소유자는 그때부터는 다시 사용수익권을 포함한 완전한 소유권에 기한 권리를 주장할 수 있다고 한다)$\binom{\text{대판 2013. 8. 22,}}{\text{2012다54133}}$.

그런데 최근 대법원은 독점적·배타적인 사용·수익권 포기에 관한 종래 대법원 판례의 법리 는 현재에도 유지되어야 한다고 하면서, 물권법정주의에 반한다는 비판에 대해서는 다음과 같이 판시하였다. 즉, "<u>일반 공중의 무상 이용이라는 부분에서만 토지 소유자의 사용·수익이 제한될 뿐이고, 그 이용을 방해하지 않는 범위 내에서는 그 토지를 처분하거나 사용·수익할 권능을 상 실하지 않는다</u>"라고 하였다$\binom{\text{대판(전원합의체) 2019.}}{\text{1. 24, 2016다264556}}$. 그러나 이러한 법리는 결국 소유권의 권능인 사 용·수익권의 일부 포기로 귀결되는데, 이 역시 공시의 원칙과 물권법정주의에 부합하지 않는다 는 문제가 여전히 남는다. 나아가 그러한 포기를 공시할 수 없음에도 그 포기의 효력이 특정승 계인에게 (그의 주관적 사정만을 이유로 해서) 미친다고 보는 것도 근거가 없다는 비판에 직면할 수 있다.

(2) 소유권은 물건의 사용가치와 교환가치 전부를 갖는 점에서 그중 어느 하나만을 갖는 제한물권에 비해 전면성을 갖지만, 소유권의 권능은 비단 위 세 가지에만 국한되는 것은 아 니다. 소유자는 소유권의 방해에 대해 물권적 청구권이 있고$\binom{\text{213조~}}{\text{214조}}$, 그 방해에 대해 손해배 상을 청구할 수도 있으며$\binom{750}{조}$, 또 상린관계에 기한 여러 권리$\binom{\text{216조}}{\text{이하}}$를 갖기도 한다.

3. 소유권의 제한

(1) 의 의

소유자는 소유물을 사용·수익·처분할 권리가 있지만, 그것은 법률의 범위 내에서만 허용 된다$\binom{211}{조}$. 이것은 법률로써 소유권의 권능을 제한할 수 있다는 것을 의미하기도 한다. 그러나 명령에 의해서는 제한할 수 없다(행정기관의 자의에 의해 개인의 소유권이 침해될 소지가 크기 때문 이다). 한편 소유권을 법률로써 제한하더라도 사유재산제도를 부정하거나 소유권의 본질적인 내용을 침해하는 것은 허용되지 않으며$\binom{\text{헌법 37}}{\text{조 2항}}$, 공공필요에 의해 소유권을 수용·사용·제한 하는 때에는 정당한 보상을 지급하여야 한다$\binom{\text{헌법 23}}{\text{조 3항}}$.

(2) 소유권을 제한하는 주요 법률들

a) **민법상 제한**　　소유권에 대한 타인의 침해를 인용하거나 소유권의 권능을 자유로이 행

사하지 않을 의무를 지우는 것으로서, (p.150에서 기술하는) 상린관계에 관한 규정 속에 이러한 내용이 적지 않다($\begin{smallmatrix}216조\sim219조\cdot226조\cdot227조\cdot\\230조\cdot241조\sim244조\ 등\end{smallmatrix}$).

　b) **공법상 제한**　　헌법에 근거하여 소유권을 제한하는 법률은 매우 많으며, 그 대부분은 토지소유권의 제한에 관한 것이다. (ㄱ) 농지법($\begin{smallmatrix}1994년\ 법\\4817호\end{smallmatrix}$)은 자기의 농업경영에 이용하거나 이용할 자가 아니면 농지를 소유하지 못하는 것으로 하며($\begin{smallmatrix}동법\\6조\end{smallmatrix}$), 또 소유할 수 있더라도 그 상한을 정하고 있다($\begin{smallmatrix}동법\\7조\end{smallmatrix}$). (ㄴ) 당사자 간의 계약에 대해 국가가 관여하는 경우로서, 농지를 취득하고자 하는 자는 농지의 소재지를 관할하는 시장 등으로부터 '농지취득자격증명'을 발급받아야 하고($\begin{smallmatrix}농지법\\8조\end{smallmatrix}$), 투기가 우려되는 토지에 대해 거래를 할 때에는 관할 도지사 등의 허가를 받아야 한다($\begin{smallmatrix}국토의\ 계획\ 및\ 이용\\에\ 관한\ 법률\ 118조\end{smallmatrix}$). (ㄷ) 소유권에 대한 타인의 침해를 인용忍容하거나 소유권의 권능을 자유롭게 행사하지 않을 의무를 지우는 경우로서, 공익사업을 위한 토지 등의 취득 및 보상에 관한 법률·소방법·도로법·수도법·하천법·산림법·광업법·수산업법·건축법 등에서 이를 정한다.

Ⅲ. 부동산 소유권의 범위

1. 토지소유권의 범위

> 제212조 〔토지소유권의 범위〕 토지의 소유권은 정당한 이익이 있는 범위에서 토지의 상하에 미친다.

(1) 상하의 범위

　a) 본조는 다음 두 가지를 정한다. (ㄱ) 토지의 효용을 완전하게 누리기 위해서는 지표뿐만 아니라 지상의 공간이나 지하에도 토지소유권의 효력을 미치게 할 필요가 있고, 그래서 토지의 소유권은 토지의 상하에 (수직선으로) 미치는 것으로 하였다(대표적으로 지하 및 지상에 건물을 건축하는 경우를 생각해 보라. 만일 평면적으로 지표에만 미친다고 하면 토지의 효용은 현저히 떨어지게 된다). (ㄴ) 다만 그것은 정당한 이익이 있는 범위에서만 미치는 것으로 한다. 따라서 토지소유자의 이익을 침해하지 않는 한도에서는 타인도 그 토지의 상공과 지하를 이용할 수 있고 (예: 상공을 날아가는 비행기), 토지 소유자라고 하여 이를 금지할 수는 없다. 그러나 예컨대 타인 소유의 토지 위에 무단으로 송전선을 설치하거나, 임야 지하에 터널을 뚫는 것 등은 토지소유권을 침해하는 것이 된다.

　b) 토지소유권의 범위에 속하는지 여부가 문제되는 것들이 있다. (ㄱ) 지표면상의 자연석은 토지소유권의 범위에 속한다. 그런데 임야 내의 자연석을 조각하여 석불로 만든 사안에서, 그 석불은 임야와는 독립된 소유권의 대상이 된다고 한다($\begin{smallmatrix}대판\ 1970.\ 9.\\22,\ 70다1494\end{smallmatrix}$). (ㄴ) 지중의 광물 가운데에는 광업권의 객체인 것이 있다. 그러한 광물을 채굴하고 취득할 권리는 국가가 부여할 권능을 가지며, 이에 대하여는 토지소유권의 효력이 미치지 않는다($\begin{smallmatrix}광업법\ 2\\조\cdot3조\end{smallmatrix}$). 그러나 광물에 속하지 않는 지하의 토사·암석 등은 모두 토지소유권의 범위에 속한다. (ㄷ) 지하수도 토지의 구성부분

을 이룬다. 따라서 '자연히 용출하는' 지하수는 토지의 소유자가 자유롭게 사용할 수 있으며, 아무런 제약을 받지 않는다. 그러나 '인공적인 시설'을 하여 지하수를 뽑아 쓰는 경우에는, 그 지하수는 지하에서 서로 줄기를 이루어 다른 토지 소유자의 소유권의 범위에도 속하기 때문에, 그것은 타인의 지하수 이용권을 침해하지 않는 한도에서만 허용된다($^{235조 \cdot 236조 \cdot}_{214조 \text{ 참조}}$). (ㄹ) 온천수도 지하수의 일종이지만 공용수나 생활용수는 아니므로, 이에 관해서는 지하수의 사용에 관한 민법 제235조와 제236조는 적용되지 않는다. 한편 온천을 적절히 보호하고 효과적인 이용·개발을 위하여 온천법($^{1981년 \text{ 법}}_{3377호}$)이 제정되어 있지만, 근본적으로 온천수는 토지의 구성부분으로서 독립된 물권의 객체는 아니며 토지소유권의 범위에 속한다($^{대판 1970. 5.}_{26, 69다1239}$). (ㅁ) 지하에 형성되어 있는 동굴도 그 수직선 내에 속하는 부분은 토지소유권의 범위에 속한다.

〈참 고〉 (ㄱ) 바다 또는 하천에 인접한 토지가 태풍·해일·홍수 등에 의한 제방의 유실, 하천의 범람, 지표의 유실 또는 지반의 침하 등으로 침수되어 바다의 일부가 되거나 또는 하천의 바닥이 되는 일이 있는데, 이를 「토지의 포락」이라고 한다. 포락된 토지가 원상으로 되돌아오지 않으면 그 토지에 대한 소유권은 영구적으로 소멸된다. 그러나 때로는 그것이 다시 성토화 내지 토지화되는 경우도 있는데, 이때 그 토지가 원소유자에게 귀속하는지가 문제된다. 판례는 포락을 두 경우로 나누어, 과다한 비용을 들이지 않고서 원상복구가 가능하고 또 그러한 원상복구를 할 경제적 가치가 있는 때에는 원소유자에게 귀속하지만, 그렇지 않은 경우 즉 토지로서의 효용을 상실한 때에는 종전 소유권은 소멸된다고 한다($^{대판 1972. 9.}_{26, 71다2488}$). (ㄴ) 해변에 있는 토지가 1972년 이전부터 바닷물에 잠겨 있었고, 그러한 상태로 계속 방치되어 오다가 1988년경 하구둑 건설을 위해 방파제를 축조하면서 성토된 사안에서, 그 토지는 1972년 이전에 포락으로 그 토지에 관한 소유권은 소멸된 것으로 보았다($^{대판 1995. 8.}_{25, 95다18659}$). (ㄷ) 토지소유권의 상실 원인이 되는 포락은 토지가 '바닷물이나 하천법상 적용하천'의 물에 무너져 바다나 적용하천에 떨어져 그 원상복구가 불가능한 경우를 말하는 것이고, 바다나 적용하천이 아닌 보통 하천이나 준용하천의 물에 무너져 내려 사실상 하상이 된 경우까지 포함하는 것은 아니다($^{대판 1989. 2.}_{28, 88다1295}$).

(2) 토지소유권의 경계

a) '공간정보의 구축 및 관리 등에 관한 법률'($^{2009년 \text{ 법}}_{9774호}$)은 소유권 기타 물권의 목적이 되는 1필지의 토지를 다른 토지와 구분, 특정 짓기 위해 필지별로 소재·지번·지목·면적·경계 또는 좌표 등을 조사·측량하여 지적공부에 등록토록 하고 있다($^{동법}_{64조}$). 지적공부에는 토지대장과 임야대장, 그리고 지적도와 임야도가 있는데, 토지와 임야의 경계는 지적도와 임야도에 등록되고($^{동법}_{72조}$), 이 경계를 기초로 토지대장과 임야대장의 면적이 등록되며($^{동법}_{71조}$), 이 면적은 토지등기부의 표제부에 기록된다.

b) 위 법률의 규정 취지에 비추어, 토지소유권의 범위는 기본적으로 지적도(임야도)상의 경계에 의해 확정된다고 보는 것이 대법원의 확립된 입장이다. 구체적인 내용은 다음과 같다. (ㄱ) 토지소유권의 범위는 (공부상의 경계가 현실의 경계와 정확히 일치하는 것은 아니므로) 현실의 경계와 상관없이 공부상의 경계에 의해 확정되는 것이 원칙이다. 토지를 매매하는 경우에도 공부상의 경계를 대상으로 한다고 봄이 상당하다($^{대판 1993. 11.}_{9, 93다22845}$). 다만, 지적도를 작성함에 있어

그 기점을 잘못 선택하는 등 기술적인 착오로 말미암아 애초부터 진실한 경계선과 다르게 작성되었거나, 당사자들이 현실의 경계대로 토지를 매매할 의사를 가지고 거래를 한 경우 등과 같은 특별한 사정이 있는 경우에는, 예외적으로 그 토지의 경계는 실제의 경계에 따른다(대판 1991. 2. 22, 90다12977; 대판 2010. 10. 14, 2010다37059). (ㄴ) 물권의 객체인 토지 1필지의 공간적 범위는 지적도나 임야도의 경계에 기초하여 정해지는 것이고 등기부의 표제부(또는 토지대장 · 임야대장)상 면적에 의하는 것이 아니므로, (측량을 한 결과) 등기부 표제부상 토지의 면적이 실제와 다르더라도, 이러한 등기는 해당 토지를 표상하는 등기로서 유효하다(대판 2005. 12. 23, 2004다1691). 그 일환으로, 부동산등기부의 표시에 따라 지번과 지적을 표시하고 1필지의 토지를 양도하였는데, 그 양도된 토지의 실측상 지적이 등기부에 표시된 것보다 넓은 경우, 등기부상 지적을 넘는 토지 부분은 양도된 지번과 일체를 이루는 것으로서 양수인의 소유에 속한다(대판 1991. 3. 22, 91다3185; 대판 2016. 6. 28, 2016다1793). 이러한 법리는 토지가 경매된 경우에도 마찬가지이다(대판 2005. 12. 23, 2004다1691).

2. 건물의 구분소유區分所有

(1) 서 설

민법 제215조는 '건물의 구분소유'를 규정하지만, 공용부분을 구분소유자의 공유로 추정하고 그에 따른 부담을 정하는 정도에 그치는 등, 그 규율의 내용이 매우 단순하다(그 밖에 민법 제268조 3항에서 제215조 소정의 공유물은 분할청구를 할 수 없는 것으로 정하고 있다). 그런데 1970년대부터 아파트 · 연립주택과 같은 공동주택이 일반화되면서 구분소유에 관련되는 여러 새로운 문제점들을 규율할 필요가 생기게 되어, 본문 66개 조문으로 된 「집합건물의 소유 및 관리에 관한 법률」(1984년 법 3725호)이 제정되었다. 동법의 제정으로 민법 제215조는 그 존재 의의가 없게 되었다.

(2) 「집합건물의 소유 및 관리에 관한 법률」의 개요

a) 건물의 구분소유의 요건   (ㄱ) 1동의 건물 중 구조상 구분된 여러 개의 부분이 독립된 건물로서 사용될 수 있을 때(구조상 및 이용상 독립성), 그 각 부분은 동법이 정하는 바에 따라 각각 소유권의 목적으로 할 수 있다(동법 1조).[1] 아파트 · 연립주택과 같은 공동주택만이 그 목적이 되는 것은 아니며, 점포 · 사무소 · 창고 · 강당 · 극장 등의 용도로 사용하는 경우에도 위 요건을 갖춘 건물이면 구분소유권의 목적으로 할 수 있다. (ㄴ) 한편 건물 중 '상가건물의 구분소유'의 요건에 관해서는 따로 규정한다. 즉 구분점포의 용도가 판매시설 및 운수시설이어야 하고, 경계를 명확하게 알아볼 수 있는 표지를 바닥에 견고하게 설치하여야 하며, 구분점포별로 부여된 건물번호 표지를 견고하게 붙일 것을 요건으로 하여,[2] 그 구분점포를 구분소유권의 목

---

1) 판례: 「구분소유권의 객체로서 적합한 물리적 요건을 갖추지 못한 건물의 일부는 그에 관한 구분소유권이 성립될 수 없는 것이어서, 건축물관리대장상 독립된 별개의 구분건물로 등재되고 등기부상에도 구분소유권의 목적으로 등기되어 있어 이러한 등기에 기초하여 경매절차가 진행되어 이를 낙찰 받았다고 하더라도, 그 등기는 그 자체로 무효이므로 낙찰자는 그 소유권을 취득할 수 없다」(대판 1999. 11. 9, 99다46096).
2) 종전에는 구분점포의 용도에 해당하는 바닥면적의 합계가 1,000m² 이상일 것도 요건으로 하였으나, 이 부분은 2020년 개정을 통해 삭제되었다.

적으로 할 수 있다($^{동법}_{조의2}$^{1}). 구분점포를 매매하는 경우에는, 점포로서 실제 이용 현황과 관계없이, 건축물대장의 등록 및 그에 근거한 등기에 의해 그 대상이 특정된다는 것이 판례의 태도이다($^{대판\ 2012.\ 5.}_{24,\ 2012다105}$).

　b) **구분소유의 성립시기**　　(ㄱ) 1동의 건물 중 구분된 각 부분이 구조상·이용상 독립성을 가지고 있는 경우에 그 각 부분을 1개의 구분건물로 하는 것도 가능하고, 그 1동 전체를 1개의 건물로 하는 것도 가능하기 때문에, 이를 구분건물로 할 것인지 여부는 소유자의 의사에 의해 결정된다. 따라서 구분건물이 되기 위해서는 구분건물로서 독립성을 갖추는 것을 전제로 하여, 그 건물을 구분소유권의 객체로 삼으려는 소유자의 의사표시, 즉 법률행위로서의 「구분행위」가 있어야 한다($^{대판\ 1999.\ 7.}_{27,\ 98다35020}$). 아파트나 공동주택에서 구분의사의 표시(구분행위)는 건축 허가신청이나 분양계약 등을 통해서도 이루어질 수 있고, 건축물대장에 등록하는 것이 그 요건이 되는 것은 아니다($^{대판(전원합의체)\ 2013.}_{1.\ 17,\ 2010다71578}$).$^{1)}$ 정리하면, 처분권자의 구분행위가 선행되고(건축 허가신청이나 분양계약 등) 그 후 구분건물로서 독립성을 가지게 되면 아직 건물이 집합건축물대장에 등록되거나 구분건물로서 등기부에 등기되지 않았더라도 그 시점에서 구분소유가 성립하고($^{대판\ 2016.\ 5.\ 27,}_{2015다77212}$), 이때부터는 '집합건물의 소유 및 관리에 관한 법률'의 규율을 받게 된다 (따라서 그 이후 집합건물의 대지만을 따로 처분한 경우에는 동법 제20조에 따라 그것은 무효가 된다). (ㄴ) 그런데 다세대주택의 지하층은 구분소유자들이 공동으로 사용하는 경우가 적지 않으므로, 구분의사가 명확하게 표시되지 않은 이상, 공용부분으로 추정하는 것이 사회관념이나 거래관행에 부합한다($^{대판\ 2018.\ 2.\ 13,}_{2016다245289}$). 그리고 (건물의 증축부분이) 구분건물로서 독립성을 갖추었음에도 소유자가 1동의 건물로서 건물표시 변경등기를 한 때에는, 구분건물로 삼으려는 구분행위는 있지 않다고 할 것이다.$^{2)}$ 또한 소유자가 분양계약을 전부 해지하고 1동 건물 전체를 1개의 건

---

1) (ㄱ) 이 판례의 사안은 다음과 같다: 甲이 아파트를 신축하면서 내부 구분건물 각각에 대하여 분양계약을 체결하고, 이후 아파트 각 층의 기둥, 주벽 및 천장 슬래브 공사가 이루어져 건물 내부의 각 전유부분이 구조상·이용상 독립성을 갖춘 상태에서, 아파트 대지에 대해 乙회사와 부동산 담보신탁계약을 맺어 乙 앞으로 신탁을 원인으로 소유권이전등기가 마쳐졌다. <u>위 아파트의 어느 전유부분을 경매를 통해 낙찰 받은 丙이 乙을 상대로 아파트 대지에 대한 소유권이전등기의 말소를, 甲을 상대로 아파트 대지에 대한 지분 소유권이전등기를 각 청구하였다.</u> (ㄴ) 이에 대해 위 판례는, 甲이 구분건물 각각에 대해 분양계약을 체결함으로써 구분의사를 외부에 표시하였으므로 구분행위의 존재가 인정되고, 이후 구분건물로서 각 전유부분이 구조상·이용상 독립성을 갖춤으로써 구분소유권이 성립하는 것으로 보았다(종전의 판례는 구분행위 외에 건축물대장에의 등록을 요건으로 삼았는데(대판 1999. 9. 17, 99다1345; 대판 2006. 11. 9, 2004다67691), 그 등록은 요건이 아니라고 하여 이를 변경하였다). 그러므로 그 이후 아파트 대지에 대해 乙 앞으로 신탁을 원인으로 소유권이전등기가 된 것은 집합건물법 제20조에 위배되어 무효이므로 그 등기는 말소되어야 한다. 다만, 이러한 분리 처분금지는 등기를 하지 않으면 선의로 물권을 취득한 제3자에게는 대항하지 못하는데(집합건물법 20조 3항), 신탁계약을 체결할 당시 아파트가 집합건물로서 모습을 갖춘 점 등에 비추어 乙이 위 토지가 집합건물의 대지로 되어 있는 사정을 알고 있었다고 보여 선의의 제3자에 해당하지 않는다는 이유로, 원고의 청구를 인용하였다.

2) A는 2층 건물을 소유하고 있는데 이를 B에 대한 채무의 담보로 저당권을 설정해 주었다. 그 후 A는 위 건물에 3개 층을 더 증축하여 모두 5층 건물을 소유하게 되었는데, 증축된 부분은 구분소유권의 목적이 되는데도 A는 구분등기를 하지 않고 1동의 건물로 하여 기존 등기에 건물 표시변경등기를 하였다. <u>B는 그 후 저당권에 기해 위 건물 5층 전체에 대해 경매를 신청한 것이다.</u> 이 경우 증축된 3개층에 대해 당연히 구분소유권이 성립한다면 B는 2층부분까지만 경매를 신청할 수 있을 것이나, 그렇지 않다면 증축된 부분은 기존 건물에 부합하여 저당권의 효력이 미치는 것으로 되어 B의 경매신청이 인용된다는 점(358조)에서 차이가 있다. 이에 대해 판례는, 소유자가 1동의 건물로서 증축으로 인한 건물 표시변경등기를 한 때에는 이를 구분건물로 하지 않고 그 전체를 1동의 건물로 하려는 의사였다고 봄이 상당하다고 하여, 후자로 보았다(대판 1999. 7. 27, 98다35020).

물로 소유권보존등기를 마쳤다면 이는 구분폐지행위를 한 것으로서 구분소유권은 소멸된다(이러한 법리는 구분폐지가 있기 전에 개개의 구분건물에 대하여 유치권이 성립한 경우라 하여 다르지 않다)($^{대판\ 2016.\ 1.\ 14,}_{2013다219142}$). 구분건물 중 일부가 구분폐지된 경우에는, 기존의 구분소유권은 소멸되고, 소멸 당시 구분소유권의 비율에 따라 공유지분권을 취득한다($^{대판\ 2020.\ 9.\ 7,}_{2017다204810}$).

c) **전유부분과 공용부분**　　(ㄱ) '전유부분專有部分'은 구분소유권의 목적인 건물부분을 말한다($^{동법\ 2}_{조\ 3호}$). 아파트 지하실은 구분소유자 전원의 공용에 제공되는 건물부분으로서 구분소유권의 목적이 될 수 없다($^{대판\ 1995.\ 3.}_{3,\ 94다4691}$). (ㄴ) '공용부분'은 전유부분 외의 건물부분, 전유부분에 속하지 않는 건물의 부속물(예: 전기·가스·수도·엘리베이터 등의 설비와 같은 구조상 공용부분), 전유부분이 규약에 의해 공용부분으로 된 부속의 건물(예: 관리사무실 등 규약상 공용부분)을 말한다($^{동법\ 2}_{조\ 4호}$). 특히 규약상 공용부분의 경우에는 그 취지를 등기해야 한다($^{동법\ 3}_{조\ 4항}$). 한편, 전유부분이 속하는 1동의 건물의 설치 또는 보존의 흠으로 다른 사람에게 손해를 입힌 경우에는, 달리 입증이 없으면 그 흠은 공용부분에 존재하는 것으로 추정한다($^{동법}_{6조}$). 공용부분은 구분소유자 전원의 공유에 속하므로($^{동법\ 10}_{조\ 1항}$), 공용부분의 점유자나 구분소유자 전원이 민법 제758조 1항에 따른 공작물 배상책임을 지게 된다.

〈참 고〉 공용부분은 구분소유자 전원의 공유에 속하는데($^{동법}_{10조}$), 다음의 점에서 민법상의 공유와는 내용을 달리한다. 즉 ① 각 공유자는 공용부분을 지분비율이 아닌 그 용도에 따라 사용할 수 있고($^{263조/동}_{법\ 11조}$), ② 각 공유자의 지분은 균등한 것으로 추정되는 것이 아니라 그가 가지는 전유부분의 면적 비율에 의하며(이에 따라 관리비용 등을 부담)($^{262조\ 2항/동법}_{12조·17조}$), ③ 공용부분에 대한 지분은 자유로이 처분할 수 있는 것이 아니라 전유부분의 처분에 따르며 독립하여 처분할 수 없고($^{263조/동}_{법\ 13조}$),$^{1)}$ ④ 공용부분의 변경·관리에 관한 사항은 다른 공유자의 동의나 그 지분의 과반수가 아닌 집회결의로써 결정한다는 점이다($^{264조·265조/동}_{법\ 15조·16조}$).

d) **건물의 대지와 대지사용권**　　(ㄱ) '건물의 대지'는 전유부분이 속하는 1동의 건물이 있는 토지(법정대지)와 규약에 의해 건물의 대지로 된 토지(예: 주차장·정원·어린이 놀이터 등과 같은 규약상 대지)를 말한다($^{동법\ 2}_{조\ 5호}$). (ㄴ) '대지사용권'은 구분소유자가 전유부분을 소유하기 위해 건물의 대지에 대해 갖는 권리를 말한다(예: 소유권·지상권·전세권·임차권 등)($^{동법\ 2}_{조\ 6호}$).$^{2)}$ 1) 1동의

---

1) 판례:「집합건물법 제13조는 공용부분에 대한 공유자의 지분은 그가 가지는 전유부분의 처분에 따르고 분리하여 처분할 수 없도록 규정하고 있는데, 공용부분에 대해 취득시효를 인정하여 그 부분에 대한 소유권 취득을 인정한다면 전유부분과 분리하여 공용부분이 처분되는 결과가 되어 집합건물법의 취지에 어긋나게 된다. 따라서 <u>집합건물의 공용부분은 취득시효에 의한 소유권 취득의 대상이 될 수 없다</u>」(대판 2013. 12. 12, 2011다78200, 78217).

2) 아파트와 같은 대규모 집합건물의 경우, 대지의 분·합필 및 환지절차의 지연, 각 세대 당 지분비율 결정의 지연 등으로 전유부분에 대한 소유권이전등기만 수분양자 앞으로 마쳐지고, 대지지분에 대한 소유권이전등기는 상당기간 지체되는 경우가 있다. 이 경우 수분양자가 동법에서 정한 '대지사용권'을 취득하는지가 문제된다. 종전의 판례는, 매도인에게 매매를 원인으로 하여 그 대지지분에 관하여 가지는 소유권이전등기청구권과 같은 것은 대지사용권에 해당하지 않는다고 보았다(대판 1996. 12. 20, 96다14661). 그런데 그 후 대법원은 <u>전원합의체 판결로써 이 판결을 폐기하고 위 경우 대지사용권을 취득하는 것으로 견해를 바꾸었다</u>. 즉 위와 같은 사정으로 대지지분에 대해 소유권이전등기를 하지 못한 자는 매매계약의 효력으로써 전유부분의 소유를 위해 건물의 대지를 점유·사용할 권리가 있고, 이러한 점유·사용권은 단순한 점유권과는 차원을 달리하는 본권으로서 동법 소정의 대지사용권에 해당하고, 수분양자로부터 전유부분과 대지지분을 다시 매수한 자 역시 당초 수분양자가 가졌던 이러한 대지사용권을 취득한

건물의 구분소유자들이 그 건물의 대지를 공유하고 있는 경우, 각 구분소유자는 별도의 규약이 존재하는 등의 특별한 사정이 없는 한 그 대지에 대해 갖는 공유지분의 비율에 관계없이 그 건물의 대지 전부를 용도에 따라 사용할 수 있는 적법한 권원을 가진다(대판 2012. 12. 13, 2011다89910, 89927)[1](동지: 대판 1995. 3. 14, 93다60144). 2) 집합건물에 적정 대지지분을 가진 구분소유자는 (구분소유자이거나 구분소유자가 아닌) 대지 공유자에 대해 그 대지 전부를 용도에 따라 사용·수익할 수 있는 적법한 권원을 가지므로, (구분소유자들 사이에서 대지 공유지분 비율 차이를 이유로 부당이득반환을 구할 수 없을 뿐만 아니라) 구분소유자가 아닌 대지 공유자도 구분소유자를 상대로 대지의 사용·수익에 따른 부당이득반환을 구할 수 없다(대판(전원합의체) 2022. 8. 25, 2017다257067)[2]

e) 전유부분과 대지사용권의 일체성 대지사용권은 원칙적으로 전유부분과 일체성을 이룬다(다만 규약이나 공정증서로 달리 정할 수는 있다(동법 20조 2항·4항)). 즉 구분소유자의 대지사용권은 그가 가지는 전유부분의 처분에 따르고, 구분소유자는 전유부분과 분리하여 대지사용권을 처분할 수 없다(동법 20조)[3] 대지사용권은 전유부분에 대한 종속성이 강해 이를 일체로써 처분하는 것이 거래의 실정이고, 또 양자가 분리 처분되면 복잡한 법적 분쟁이 생길 소지가 많다는 점에서, 위와 같은 일체성을 채택한 것이다. 전유부분의 처분에 따르는 대지사용권은 (가령 그것이 공유지분인 경우에는) 전유부분의 면적 비율에 따른다(동법 21조 1항·12조).

〈판 례〉 ① 구분건물의 전유부분에 대한 소유권보존등기만 마치고 대지지분에 대한 등기가 경

다고 하였다(대판(전원합의체) 2000. 11. 16, 98다45652, 45669). 같은 취지로서, 대지에 대한 소유권이전등기가 되지 아니한 상태에서 전유부분에 대한 경매절차가 진행되어 제3자가 전유부분을 경락받은 경우, 그 경락인은 본권으로서 동법 소정의 대지사용권을 취득한다고 한다(대판 2004. 7. 8, 2002다40210).

1) 상가구분소유자 甲의 대지사용권에 기한 주차장 사용에 있어 승용 및 승합차를 기준으로 지정된 2대까지는 주차스티커를 발급받고 나머지 차량은 방문차량으로서 제한을 받는다고 정한 주차장 운영내규에 관한 사안에서, 이는 위법하다고 보았다.

2) (ㄱ) A는 아버지로부터 토지 공유지분을 증여받고 상속받았다. 위 토지상에 집합건물이 건축되었는데, A는 그 전유부분을 소유하지 않았다. A가 (대지지분을 갖고 있는) 집합건물의 구분소유자 B를 상대로 A의 대지 공유지분에 해당하는 차임 상당액 중 B의 전유부분 면적이 차지하는 비율에 따른 금액에 대해 부당이득반환을 구한 것이다. (ㄴ) 집합건물의 대지에 관해 구분소유자가 아닌 다른 공유자가 있는 경우, 종전의 판례는, 민법상 공유물에 관한 일반 법리에 따라 다른 공유자는 구분소유자를 상대로 대지 공유 지분권에 기해 부당이득의 반환을 구할 수 있다고 보았다(대판 2001. 12. 11, 2000다13948; 대판 2011. 7. 14, 2009다76522, 76539; 대판 2013. 3. 14, 2011다58701). (ㄷ) 그런데 이 종전 판례들은 위의 전원합의체 판결에 의해 변경된다. 즉, 일반 건물에서 대지를 사용·수익할 권원이 건물 소유권과 별개로 존재하는 것과는 달리, 집합건물의 경우에는 대지 사용권인 대지지분이 구분소유권의 목적인 전유부분에 종속되어 일체화되는 관계에 있으므로, 집합건물 대지의 공유관계에서는 민법상 공유물의 법리가 그대로 적용될 수 없고, 이는 대지 공유자들 중 구분소유자 아닌 사람이 있더라도 마찬가지라고 하면서, 위와 같이 달리 판단하였다.

3) 부동산등기법은 이에 관해 다음과 같은 내용을 정한다. 대지사용권으로서 특히 등기가 되어 있는 것을 '대지권'이라고 한다(부동산등기법 40조 3항). 대지권이 소유권인 때에는, 1동의 건물의 표제부에 대지권의 목적인 토지의 표시를 하고, 전유부분의 표제부에 그 전유부분에 속하는 대지권의 표시를 한다. 그리고 그 권리의 목적인 토지의 등기용지 중 해당 구 사항란에 대지권이 있다는 뜻을 등기한다(대지권이 소유권인 때에는 甲구에, 지상권인 때에는 乙구에)(부동산등기법 40조 3항·4항). 한편 토지소유권이 대지권으로 등기된 경우에는 토지등기기록에 소유권이전등기를 하지 못하며, 대지권이 등기된 건물등기기록에는 그 건물만에 대한 소유권이전등기를 하지 못한다(부동산등기법 61조 3항~5항). 대지권을 등기한 후에 한 건물의 권리에 관한 등기는 대지권에 대하여 동일한 등기로서 효력이 있다(부동산등기법 61조 1항). 결국 토지등기부는 사실상 폐쇄되고 또 건물등기부에 대지에 관한 등기도 하는 점에서, 건물등기부와 토지등기부의 개별설치주의와 1부동산 1등기기록 원칙에 대한 예외를 인정한 것이다(그 등기양식과 기재례에 대해서는 '부록 1' 참조).

료되기 전에 전유부분에 대해서만 설정된 저당권의 효력 또는 가압류결정의 효력은 종물 내지 종된 권리인 대지사용권에까지 미치고(대판 2001. 9. 4, 2001다22604; 대판 2006. 10. 26, 2006다29020),[1] ② 대지소유권을 가진 집합건물의 건축자로부터 전유부분을 매수하여 그에 관한 소유권이전등기를 마친 매수인은 전유부분의 대지사용권에 해당하는 토지 공유지분에 관한 이전등기를 마치지 않은 때에도 대지지분에 대한 소유권을 취득하며(대판 2013. 11. 28, 2012다103325), ③ 토지 소유자로부터 토지를 매수하여 집합건물을 신축하고 건축주 명의의 소유권보존등기와 수분양자들 명의의 이전등기를 마친 상태에서, 건축주가 토지 소유자에게 갖는 소유권이전등기청구권에 대해 타인이 한 압류 및 가압류는 필연적으로 전유부분과 토지의 분리 처분이라는 결과를 가져오게 되어 효력이 없고(대판 2006. 3. 10, 2004다742), ④ 건축자의 대지 소유권은 기존 전유부분을 소유하기 위한 대지사용권으로 이미 성립하여 기존 전유부분과 일체 불가분성을 가지게 되었으므로, 그 후 집합건물이 증축되어 새로운 전유부분이 생긴 경우 증축된 구분건물에 대해 대지사용권을 부여하기 위해서는 기존 구분건물의 대지 지분 중 각 일부에 대한 분리 처분이 필수적이므로, 규약이나 공정증서로 그러한 분리 처분을 허용하는 것으로 정하지 않은 이상 새로운 전유부분을 위한 대지사용권이 될 수 없다고 한다(대판 2017. 5. 31, 2014다236809).[2] 그리고 ⑤ 「1) 집합건물법 제20조에 따라 분리 처분이 금지되는 '대지사용권'이란 구분소유자가 전유부분을 소유하기 위해 건물의 대지에 대해 가지는 권리이므로(동법 2조 6호), 구분소유자 아닌 자가 집합건물 건축 전부터 집합건물의 대지로 된 토지에 대해 가지고 있던 권리는 위 규정에 따른 분리 처분금지의 제한을 받지 않는다. 2) 구분소유가 성립하기 전에 대지에 대해 근저당권이 설정되었고, 이후 구분소유가 성립하여 대지사용권이 성립되었더라도, 위 근저당권 실행으로 대지가 매각됨으로써 전유부분으로부터 분리 처분된 경우에는 그 전유부분을 위한 대지사용권은 소멸된다」고 한다(대판 2022. 3. 31, 2017다9121, 9138).

f) 관리단 (ㄱ) 건물에 대해 구분소유가 성립하면, 구분소유자 전원으로 건물과 그 대지 및 부속시설의 관리에 관한 사업의 시행을 목적으로 하는 관리단을 구성한다(동법 23조 1항). 관리단은 어떤 조직행위를 거쳐야 비로소 성립하는 단체가 아니라, 구분소유가 성립하는 건물이 있는 경우에는 당연히 그 구분소유자 전원을 구성원으로 하여 성립하는 단체이다(대판 1995. 3. 10, 94다49687, 49694). 그 법적 성격은 권리능력 없는 사단이다(대판 1991. 4. 23, 91다4478). (ㄴ) 관리단에는 대표기구로서 '관리인'[3]이 있고(특히 구분소유자가 10인 이상일 때에는 반드시 관리인을 선임하여야 함(동법 24조·25조)), 사단법인의 정

---

1) 그에 따라 진행된 경매절차에서 전유부분을 매수한 자는 대지사용권도 함께 취득한다. 한편, 매각 부동산 위의 모든 저당권은 매각으로 소멸되므로(민사집행법 91조 2항), 설사 대지권 성립 전부터 토지에만 설정되어 있던 근저당권이라 할지라도 위 매각으로 소멸된다(대판 2021. 1. 14, 2017다291319).
2) 4층 건물의 집합건물을 신축하면서 각 전유부분과 대지에 대한 등기가 마쳐졌고, 9개월 후 5층부터 10층까지를 증축하였는데 이 증축부분에 대한 대지권등기는 마쳐지지 않았다. 기존 전유부분의 구분소유자가 증축된 전유부분의 구분소유자를 상대로 대지 사용에 대한 차임 상당의 부당이득반환을 청구한 사안에서, 위 판례는 위와 같은 이유를 들어 이를 인용하였다.
3) 판례: 「집합건물에 있어서 공용부분이나 구분소유자의 공유에 속하는 건물의 대지 또는 부속시설을 제3자가 불법으로 점유하는 경우에, 그 제3자에 대하여 방해배제와 부당이득의 반환 또는 손해배상을 청구하는 법률관계는 구분소유자에게 단체적으로 귀속되는 법률관계가 아니고 공용부분 등의 공유지분권에 기초한 것이어서, 그와 같은 소송은 1차적으로 구분소유자 각자 또는 전원의 이름으로 할 수 있고, 나아가 집합건물에 관하여 구분소유관계가 성립하면 동시에 법률상 당연하게 구분소유자의 전원으로 건물 및 그 대지와 부속시설의 관리에 관한 사항의 시행을 목적으로 하는 단체인 관리단이 구성되고, 관리단 집회의 결의에서 관리인이 선임되면 관리인이 사업집행에 관련하여 관리단을 대표하여 그와 같은 재판상 또는 재판 외의 행위를 할 수 있다」(대판 2003. 6. 24, 2003다17774).

관과 사원총회에 해당하는 '규약'과 '집회'가 있다($^{동법\ 28}_{조\ 이하}$).

g) **구분소유자의 권리와 의무**　구분소유자 상호간에는 일종의 상린관계라고 할 수 있는 일정한 권리와 의무가 있다. 즉 구분소유자는 건물의 보존에 해로운 행위나 그 밖에 건물의 관리 및 사용에 관하여 구분소유자 공동의 이익에 어긋나는 행위를 하여서는 안 되며($^{동법\ 5}_{조\ 1항}$), 이를 위반하면 그 행위의 정지청구, 전유부분의 사용금지청구, 구분소유권의 경매청구 등을 할 수 있고, 점유자가 위 의무를 위반한 때에는 계약의 해제와 인도를 청구할 수 있다($^{동법\ 43조\sim}_{46조}$).

〈판 례〉 (ㄱ) 아파트 종전 소유자가 체납한 관리비와 연체료를 그 아파트를 경락받은 매수인이 승계하는지가 문제된 사안에서, 아파트 관리규약에 그러한 승계를 인정하는 규정이 있다고 하더라도 그것은 새로 입주하는 자에게도 기존의 규약이 적용된다는 취지에 지나지 않고, 그가 규약을 승인하지 않는 이상 입주 전에 생긴 사실에 대한 위의 승계규정은 그 효력이 없다($^{집합건}_{물법\ 28}$ $^{조\ 3항\cdot42조}_{1항\ 참조}$). 다만 집합건물의 공용부분은 전체 공유자의 이익에 공여하는 것이어서 그 관리를 위해 소요되는 경비는 이를 특히 보장할 필요가 있기 때문에, 집합건물법 제18조에 의해, 체납한 관리비 중 '공용부분에 해당하는 부분'에 한해 특별승계인의 승계의사 유무에 관계없이 이를 승계한다고 봄이 타당하다($^{대판(전원합의체)\ 2001.}_{9.\ 20,\ 2001다8677}$). (ㄴ) 공용부분 관리비를 승계한다고 하여 종전 구분소유자가 체납한 그 연체료까지 승계하는 것은 아니다($^{대판\ 2006.\ 6.\ 29,}_{2004다3598,\ 3604}$). (ㄷ) 집합건물법상의 특별승계인은 관리규약에 따라 집합건물의 공용부분에 대한 유지·관리에 소요되는 비용의 부담의무를 승계한다는 점에서 채무인수인으로서의 지위를 갖는데, 집합건물법의 입법 취지와 채무인수의 법리에 비추어 보면, 구분소유권이 순차로 양도된 경우 각 특별승계인은 이전 구분소유자들의 채무를 중첩적으로 인수한다고 봄이 상당하므로, 현재 구분소유권을 보유하고 있는 최종 특별승계인뿐만 아니라 그 이전의 구분소유자들도 구분소유권의 보유 여부와 상관없이 공용부분에 관한 종전 구분소유자들의 체납관리비채무를 부담한다($^{대판\ 2008.\ 12.\ 11,}_{2006다50420}$).

h) **분양자와 시공자의 담보책임**　(ㄱ) 집합건물의 분양자와 시공자는 구분소유자에게 담보책임을 지는데, 그 담보책임에 관하여는 민법 제667조(수급인의 담보책임)와 제668조(도급인의 해제권)를 준용한다($^{동법\ 9}_{조\ 1항}$). 분양은 매매에 해당하는 것임에도 도급에서 수급인의 담보책임을 준용하는 것으로, 그리고 시공자에게도 담보책임을 물을 수 있는 것으로 특칙을 정한 것인데, 분양자로 하여금 견고한 건물을 짓도록 유도하고 부실하게 건축된 집합건물의 구분소유자를 두텁게 보호하기 위한 것이 그 취지이다. (ㄴ) 그런데 시공자가 분양자에게 부담하는 담보책임에 관하여 다른 법률에 특별규정이 있으면 시공자는 그 법률에서 정하는 담보책임의 범위에서 구분소유자에게 담보책임을 진다($^{동법\ 9}_{조\ 2항}$). 그리고 시공자의 담보책임 중 민법 제667조 2항에 따른 손해배상책임은 분양자에게 회생절차개시 신청 등 무자력의 사유가 있는 경우에만 지며, 시공자가 이미 분양자에게 손해배상을 한 경우에는 그 범위에서 구분소유자에 대한 책임을 면한다($^{동법\ 9}_{조\ 3항}$). (ㄷ) 분양자와 시공자의 담보책임에 관하여 집합건물법과 민법에 규정된 것보다 매수인에게 불리한 특약은 효력이 없다($^{동법\ 9}_{조\ 4항}$). (ㄹ) 담보책임의 존속기간에 대해서는 민법($^{670조\cdot}_{671조}$)을 준용하지 않고 따로 자세한 규정을 두고 있다($^{동법\ 9}_{조의2}$).

〈판 례〉 ① 집합건물이 완공된 후 개별 분양계약이 해제되더라도 분양자가 집합건물의 부지사용권을 보유하고 있으므로 계약해제에 의하여 건물을 철거하여야 하는 문제가 발생하지 않을 뿐 아니라, 분양자는 제3자와 새로 분양계약을 체결함으로써 집합건물 건축의 목적을 충분히 달성할 수 있는 점에서, 집합건물의 분양계약에서는 민법 제668조 단서가 준용되지 않고, 수분양자는 집합건물의 완공 후에도 분양 목적물의 하자로 인해 계약의 목적을 달성할 수 없는 때에는 분양계약을 해제할 수 있다(대판 2003. 11. 14, 2002다2485). ② 집합건물의 하자 보수에 관한 행위는 집합건물의 보존행위에 해당하고 이것은 구분소유자가 당연히 보존행위의 일환으로 하자 보수 청구를 할 수 있어야 하고, 또 수분양권이 양도된 경우 양수인이 일반적으로 하자담보추급권을 가진다는 것이 거래 관행 및 거래 현실에도 부합하는 점에서, 집합건물법 제9조 소정의 하자담보추급권이 반드시 분양계약을 직접 체결한 수분양자에게만 속하는 것은 아니고, 집합건물의 수분양자가 집합건물을 양도한 경우 양도 당시 양도인이 이를 행사하기 위하여 유보하였다는 등의 특별한 사정이 없는 한 현재의 집합건물의 구분소유자에게 귀속한다(대판 2003. 2. 11, 2001다47733; 대판 2004. 1. 27, 2001다24891). ③ 집합건물법 제9조에 따른 담보책임은 분양계약에 기한 책임이 아니라 분양자가 현재의 구분소유자에 대해 부담하는 법정책임이므로, 이에 따른 손해배상청구권은 민법 제162조 1항에 따라 10년의 소멸시효기간이 적용된다(대판 2008. 12. 11, 2008다12439).

i) **구분소유의 소멸** 구분소유는 구분건물의 합병등기에 의해, 구분건물이 구분소유의 요건을 잃음에 따라,[1] 그리고 건물의 전부 또는 일부의 멸실에 의해 소멸된다. 다만 건물 가격의 2분의 1 이하에 상당하는 건물 부분이 멸실된 경우, 각 구분소유자는 멸실된 공용부분과 자기의 전유부분을 복구할 수 있다(동법 50조).

j) **집합건물의 재건축** (ㄱ) 공동주택을 포함한 집합건물의 경우에는 단독주택을 허물고 재건축하는 것과는 성질이 다르므로, 집합건물법은 재건축에 대해 다음과 같은 내용을 정하고 있다. ① 건물 건축 후 상당한 기간이 지나 건물이 노후화된 경우, 관리단집회는 그 건물을 철거하여 그 대지를 구분소유권의 목적이 될 새 건물의 대지로 이용할 것을 결의할 수 있다(동법 47조 1항). 이 결의는 구분소유자의 5분의 4 이상 및 의결권의 5분의 4 이상의 결의에 따른다(동법 47조 2항).[2] ② 재건축을 결의할 때에는 새 건물의 설계 개요, 건물의 철거 및 새 건물의 건축에 드는 비용과 그 분담, 새 건물의 구분소유권의 귀속에 관한 사항을 정하여야 한다(동법 47조 3항). ③ 재건축사업의 원활한 진행을 위해 재건축결의에 찬성한 구분소유자 등은 그 결의에 찬성하지 않은 구분소유자에게 구분소유권과 대지사용권을 시가로 매도할 것을 청구할 수 있다(동법 48조). 이 매도청구권은 형성권으로서, 그 청구만으로 매매계약이 성립한 것으로 된다. (ㄴ) 한편 공동주택의 재건축에 관해서는 집합건물법 외에 「도시 및 주거환경정비법」(2002년 법 6852호)도 적용된다.

---

1) 판례:「리모델링 공사로 구분소유권의 목적이 되었던 그 구분건물들 사이의 격벽이 제거되는 등으로 각 구분건물이 건물로서의 독립성을 상실하여 일체화되고, 이러한 일체화 후의 구획을 전유부분으로 하는 1개의 건물이 된 경우, 기존 구분건물에 대한 등기는 그 자체로 무효이고, 리모델링으로 생겨난 새로운 건물 중에서 위 구분건물이 차지하는 비율에 상응하는 공유지분 등기로서의 효력만 인정된다」(대판 2020. 2. 27, 2018다232898).

2) 판례:「재건축 결의에 따라 설립된 재건축조합은 민법상의 비법인사단에 해당하므로 그 구성원의 의사의 합의는 총회의 결의에 의할 수밖에 없다고 할 것이나, 재건축 결의의 내용을 변경하는 것은 그것이 구성원인 조합원의 이해관계에 미치는 영향에 비추어 동법 제47조 2항을 유추적용하여 조합원 5분의 4 이상의 결의가 필요하고, 이것은 동법 제41조 1항을 유추적용하여 서면합의에 의할 수 있다」(대판(전원합의체) 2005. 4. 21, 2003다4969).

전자는 집합건물을, 후자는 주택을 대상으로 하므로, (주택이 아닌 집합건물로서의) 상가건물의 재건축에 대해서는 집합건물법이, (주택이면서 집합건물이 아닌) 단독주택단지의 재건축에 대해서는 도시정비법이 적용되지만, <u>재건축의 대부분을 차지하는 집합건물로서의 공동주택의 재건축에 대해서는 위 두 개의 법률이 같이 적용된다</u>($\binom{양창수·권영준, 권리의}{변동과 구제, 326면 이하}$). 도시정비법은 공동주택의 재건축에 대해 다음과 같은 내용을 정하고 있다. ① 공동주택을 재건축하기 위해서는 먼저 안전진단과 정비구역으로 지정받아야 하고, 이후 「조합설립을 위한 추진위원회」를 구성하여 시장 등의 승인을 받아야 한다($\binom{동법 12}{조·31조}$). ② 주택재건축 추진위원회가 「조합을 설립」하려면 (집합건물법 제47조에도 불구하고) 공동주택의 각 동별 구분소유자의 과반수 동의와 주택단지 안의 전체 구분소유자의 4분의 3 이상 및 토지면적의 4분의 3 이상의 토지 소유자의 동의를 받아 정관 등의 서류를 첨부하여 시장 등의 인가를 받아야 한다($\binom{동법 35}{조 3항}$). 조합은 법인으로 하고, 등기함으로써 성립한다($\binom{동법}{38조}$). 조합원은 토지 등 소유자로 한다($\binom{동법 39}{조 1항}$). ③ 설립된 조합은 「사업계획서」를 작성하여 시장 등의 인가를 받아야 한다($\binom{동법}{50조}$). 사업계획서에는 토지이용계획(건축물 배치), 공동이용시설의 설치계획, 주민이주대책, 건축물의 높이 및 용적률에 관한 건축계획 등이 포함되어야 한다($\binom{동법}{52조}$). ④ 그 밖에 도시정비법은, 재건축에 관한 단체적 의사결정 방법으로서 집합건물법에서 정하는 '결의'의 방식이 아닌, 일정 정족수 이상의 '서면동의'의 방식을 채택하고 있다($\binom{동법}{36조}$). 따라서 재건축을 위한 단체적 의사결정은 집회에서 동시에 이루어지는 것이 아니라, 일정한 기간 동안 개별적인 동의의 축적을 통해 이루어진다($\binom{양창수·권영준, 권리의}{변동과 구제, 327면}$).

3. 상린관계

(1) 서 설

a) 의 의　　(ㄱ) 소유자는 법률의 범위에서 소유물을 사용·수익·처분할 권리가 있는데($\binom{211}{조}$), 민법 제216조 내지 제244조에서 규정하는 바도 다름 아닌 법률(민법)에 의해 소유권의 내용을 정한 것이다. 동조는 '서로 인접하거나 이웃하는 부동산 소유권'을 대상으로 하여 그 상호간의 이용을 조절하는 내용을 규정하는데(이 경우에는 소유권의 충돌이 발생할 가능성이 보다 크기 때문이다), 이를 「상린관계相隣關係」라 하고, 여기서 발생하는 권리를 「상린권相隣權」이라고 한다(상린권은 독립된 물권은 아니고, 상린관계가 적용되는 범주에서 민법의 규정에 의해 정해진 소유권의 내용을 이루는 것에 지나지 않는다). 이것은 한편에서는 소유권의 '제한'이라고 할 수 있지만, 다른 한편에서는 각 소유자가 각자의 소유권의 행사를 그 범위 밖에까지 미칠 수 있는 점(이웃 토지 소유자에게 일정한 협력을 요구하는 것)에서 소유권의 '확장'을 이루는 양면성이 있고, 결국 부동산 소유권의 범위를 간접적으로 정하는 것이다. (ㄴ) 현행 민법은 상린관계로서 구민법에 비해 10개 조문을 신설하였으나($\binom{217조·218조·228조·}{231조~236조·241조}$), 도시화·산업화된 현대 생활에는 적합하지 않은 내용이 있는 것으로 지적되고 있다($\binom{주석민법[물권(1)],}{533면(이상태)}$). 그 밖에 공법 중에도 상린관계의 측면에서 이를 규율하는 것이 있다(건축법·국토의 계획 및 이용에 관한 법률 등).

b) 적용범위　　상린관계는 인접하거나 이웃하는(서로 직접 연결되어 있는 경우에만 한정하는

것은 아니다) 부동산 소유권에 적용된다. 따라서 부동산 소유권이라도 그것이 너무 멀리 떨어져 있거나, 동산 소유권의 경우에는 적용되지 않는다.

c) 상린관계의 성격   (ㄱ) 학설은 나뉜다. 제1설은, 상린관계는 토지의 이용을 조절하기 위해 토지소유권의 내용인 물권적 청구권을 축소하거나 확장하는 것에 불과하다는 이유로, 또는 평면적·수평적 이용관계의 조절을 고려하고 있기 때문에 오늘날 도시화의 진전에 따라 요구되는 입체적·수직적 이용조절에는 적합하지 않다는 이유로 임의규정으로 본다(이영준, 411면; 이상태, 198면). 제2설은, 부동산의 이용을 조절하는 것으로서 사회질서와 관계가 있다는 이유로 강행규정으로 본다(곽윤직, 175면; 송덕수, 547면). 제3설은, 소유권의 내용 자체를 규율하는 것이므로 원칙적으로 강행규정이지만, 구체적으로는 당사자 간의 특약으로 달리 정하는 것이 허용되는 것도 있다고 하면서 그러한 예로 민법 제242조(경계선 부근의 건축)와 제244조(지하시설 등에 대한 제한)를 든다(김증한·김학동, 266면; 고상룡, 256면). (ㄴ) 판례는, 상린관계에 관한 규정은 인접지 소유자에게 소유권에 대한 제한을 수인할 의무를 부담하게 하는 것이므로 적용요건을 함부로 완화하거나 유추하여 적용할 수는 없고, 상린관계 규정에 의한 수인의무의 범위를 넘는 토지이용 관계의 조정은 사적자치의 원칙에 맡겨야 한다고 한다.[1] 그 밖에 민법 제242조와 제244조에 대해서는 이를 임의규정으로 파악하고 있다.[2]

d) 다른 물권에의 준용   상린관계는 부동산의 '이용'의 조절을 목적으로 하는 것이어서, 이것은 지상권과 전세권에도 준용된다(290조 1항 · 319조). 따라서 지상권자 사이 또는 지상권자와 인지소유자 사이에(290조 1항), 전세권자 사이 또는 전세권자와 인지소유자 및 지상권자 사이에 이를 준용한다(319조). 한편 부동산의 임대차에는 준용규정이 없으나, 같은 취지에서 이를 유추적용할 수 있다고 보는 것이 통설이다.

(2) 생활방해의 금지

> **제217조 〔매연 등에 의한 인지隣地에 대한 방해금지〕** ① 토지 소유자는 매연, 열기체, 액체, 음향, 진동 기타 이와 유사한 것으로써 이웃 토지의 사용을 방해하거나 이웃 거주자의 생활에 고통을 주지 않도록 적당한 조치를 할 의무가 있다. ② 이웃 거주자는 전항의 사태가 이웃 토지의 통상의 용도에 적당한 것일 경우에는 이를 인용할 의무가 있다.

a) 의의 및 제214조와의 관계   (ㄱ) 본조는 토지의 이용으로 발생할 수 있는 매연 등으로 이

---

1) 민법 제218조와 관련하여, 인접한 타인의 토지를 통과하지 않고도 시설을 할 수 있는 경우에는, 스스로 그와 같은 시설을 하는 것이 타인의 토지 등을 이용하는 것보다 비용이 더 든다는 등의 사정이 있다는 이유만으로 이웃 토지 소유자에게 그 토지의 사용을 수인하라고 요구할 권리는 없으며, 이 경우 주위토지통행권에 관한 민법 제219조나 타인의 토지의 사용에 관하여 규정한 하수도법 제29조 등 상린관계에 관한 규정을 유추적용하여서는 안 된다고 한다(대판 2012. 12. 27, 2010다103086).

2) 판례: (ㄱ) 「민법 제242조의 규정은 서로 인접하여 있는 소유자의 합의에 의하여 법정거리를 두지 않게 하는 것을 금지한다고는 해석할 수 없고, 당사자 간의 합의가 있었다면 인접지에 건물을 축조하는 자에 대하여 법정거리를 두지 않았다고 하여 그 건축을 폐지시키거나 변경시킬 수 없다」(대판 1962. 11. 1, 62다567). (ㄴ) 「지하시설을 하는 경우에 있어서 경계로부터 두어야 할 거리에 관한 사항 등을 규정한 민법 제244조는 강행규정이라고는 볼 수 없으므로, 이와 다른 내용의 당사자 간의 특약을 무효라고 할 수 없다」(대판 1982. 10. 26, 80다1634).

웃 토지의 사용을 방해하거나 이웃 거주자의 생활에 고통을 주는 '생활방해'를 상린관계의 차원에서 규율한다. 즉 생활방해는 원칙적으로 금지되지만, 그것이 가해 토지의 통상적인 용도에서 생기는 불가피한 경우에는 이웃 거주자가 참고 받아들여야 하는 점에 그 특색이 있다. (ㄴ) 그런데 본조 소정의 '생활방해'는 '소유권의 방해'에도 해당하고(판례는 소유권의 '방해' 여부를 사회통념을 기준으로 하여 정한다(대판 1995. 9. 15, 95다23378)), 따라서 소유권에 기한 방해배제청구권($\frac{214}{조}$)의 행사를 통해 그 목적을 달성할 수도 있다. 판례도 그 방해가 수인한도를 넘는 한 그것이 제217조에 해당하는지 여부를 떠나 제214조를 근거로 그 방해의 제거나 예방을 청구할 수 있다는 태도를 취하고 있다. 이 점에서 제214조와는 별도로 제217조를 둔 의의는 크지 않다고 할 수 있다.

　b) **본조의 규율 범위**　　(ㄱ) 소유물 방해제거청구권: 본조 소정의 생활방해는 소유권에 대한 방해이기도 하므로, 이웃 토지 소유자는 소유권에 기해 방해의 제거를 청구할 수도 있고 ($\frac{214}{조}$), 본조는 이 점에서 독자적인 의미가 크지 않다. (ㄴ) 환경오염책임: 환경정책기본법 ($\frac{2011년 법}{10893호}$)에서는 환경오염을 "사업활동 및 그 밖의 사람의 활동에 의하여 발생하는 대기오염·수질오염·토양오염·해양오염·방사능오염·소음 및 진동·악취·일조 방해·인공조명에 의한 빛공해 등으로서 사람의 건강이나 환경에 피해를 주는 상태"로 정의한다($\frac{동법 3}{조 4호}$). 그리고 환경오염으로 피해가 발생한 경우에는 환경오염의 원인자가 그 피해를 배상할 (무과실)책임을 지는 것으로 정한다($\frac{동법}{44조}$). 이에 대해 본조는 상린관계의 차원에서 이웃 토지 간에 발생하는 생활방해를 대상으로 하고, 그 방해의 내용에도 차이가 있으며, 그 효과로서 적당한 조치를 취하거나 인용을 하여야 할 뿐이고 따로 손해배상책임은 정하고 있지 않는 점에서 환경오염책임과는 규율 범위를 달리한다. (ㄷ) 손해배상책임: 본조는 그 효과로서 손해배상을 정하고 있지 않다. 이에 관해서는 불법행위를 전제로 손해배상을 청구할 수 있다($\frac{750}{조}$).

　c) **요 건**　　(ㄱ) 매연·열기체·액체·음향·진동 기타 이와 유사한 것에 의한 방해여야 한다($\frac{217조}{1항}$). 본조의 모범이 된 독일 민법($\frac{906}{조}$)은 '불가량물의 유입'이라는 제목으로 이를 규율한다. 따라서 본조 소정의 '방해'도 독일 민법과 같이 그 양을 잴 수 없는 것, 바꾸어 말하면 공중에 방산되는 것으로 해석할 것이다. 따라서 본조 소정의 '액체'는 증기와 같은 의미로, '이와 유사한 것'에는 가스·악취·먼지 등을 들 수 있겠다. (ㄴ) 매연 등으로 이웃 토지의 사용을 방해하거나 이웃 거주자의 생활에 고통을 주고($\frac{217조}{1항}$), 그러한 사태가 가해 토지의 통상적인 용도에 적당한 것이 아니어야 한다($\frac{217조}{2항}$).

　d) **효 과**　　토지 소유자는 생활방해를 하지 않도록 적당한 조치를 할 의무를 진다($\frac{217조}{1항}$).

〈참 고〉 (ㄱ) A는 인천시 소재 연립주택을 1990. 4. 분양받아 거주하고 있는데, 이 연립주택에 인접한 부지에 B가 종합병원 건물을 건축하여 1993. 6. 26. 준공하였다. 그런데 이 병원 3층 산부인과 입원실과 연립주택 쪽 창문과의 직선거리는 차면 시설 의무가 있는 법정거리 2미터에 미치지 못하는데 입원실에 차면 시설이 없어 그곳의 환자들이 A의 주거 내부를 볼 수 있고, 또 연립주택 전면에 이 병원의 영안실 및 응급실이 있어 A가 여러 광경을 바로 볼 수 있을 뿐 아니라 곡성과 소음 등이 A에게 그대로 들려 왔다. A는 B를 상대로 생활방해로 인한 정신적 고

통에 대해 손해배상을 청구하였다. (ㄴ) ① 본 사안에서 원고는 생활방해를 이유로 정신상의 고통에 대한 손해배상을 청구한 것이다. 그런데 민법 제214조(또는 제217조) 소정의 소유권의 방해에 해당할 때에는, 동조는 그 방해의 제거를 청구할 수 있는 물권적 청구권이 있음을 규정할 뿐이다. 즉 손해배상은 그 효과로서 정하고 있지 않다. 이 손해배상은 불법행위를 이유로 하는 것으로서, 소유권의 침해(방해) 내지는 인격권의 침해로 인한 정신상의 고통을 그 내용으로 하는 것이다.[1] 위 사안에서 판례는 생활방해에 관해 사회통념에 따른 수인한도를 기준으로 불법행위의 성립을 긍정하고, 정신적 고통에 대한 배상을 인정하였다($\frac{대판 1997. 10.}{28, 95다15599}$). ② 본 사안에서 원고는 불법행위를 이유로 손해배상(위자료)을 청구한 것이지만, 민법 제214조를 근거로 소유권의 방해의 제거, 즉 영안실이나 응급실의 위치 때문에 입는 생활방해에 대한 방지조치를 따로 청구할 수도 있다.

(3) 타인 토지의 이용에 관한 상린관계

a) **인지사용청구권**隣地使用請求權　　　민법 제216조는 '경계나 그 부근에서 담이나 건물을 짓거나 수리하는 경우'에 필요한 범위에서 이웃 토지의 사용을 청구할 수 있는 것($\frac{216조 1}{항 본문}$), 다만 그의 주거에 들어가기 위해서는 이웃의 승낙이 있어야 하는 것($\frac{216조 1}{항 단서}$), 그리고 이웃 토지 또는 주거의 사용으로 이웃이 손해를 입은 때에는 보상을 청구할 수 있는 것을 정한다($\frac{216조}{2항}$).

b) **수도 등 시설권**　　(ㄱ) 민법 제218조는 타인의 토지를 통과하여 수도 등을 설치할 수 있는 권리를 정한 것인데, 수도·전기·가스와 같은 공공사업은 관계 법률에 의해 사업자가 타인의 토지를 수용하거나 사용할 수 있는 것으로 특별히 정하고 있어(공익사업을 위한 토지 등의 취득 및 보상에 관한 법률, 수도사업법, 전기사업법, 도시가스사업법 등 참조), 본조가 적용되는 것은 개인적인 이익을 위해 설치를 하는 사설 수도 또는 자가용 전기시설 등의 경우이다($\frac{주석민법[물}{권(1)], 557면}$$\binom{이상}{태}$). (ㄴ) 그 요건은, 타인의 토지를 통과하지 않으면 필요한 수도 등을 설치할 수 없거나 과다한 비용이 드는 경우여야 한다($\frac{218조 1}{항 본문}$). 이 요건을 갖추면 시설권은 당연히 인정되고, 따로 수도 등이 통과하는 토지 소유자의 동의나 승낙을 받아야 하는 것이 아니다(토지 소유자가 시설을 반대하는 경우, 의사표시(동의)에 갈음한 판결로써 집행하는 것이 아니라, 수도 등 시설권이 있다는 확인판결로써 집행할 수 있다)($\frac{대판 2016. 12. 15,}{2015다247325}$). (ㄷ) 설치를 하는 경우, 그 손해가 가장 적은 장소와 방법을 선택해서 하여야 하며, 그 설치로 인해 시설이 통과하는 토지 소유자에게 손해를 준 때에는 이를 보상하여야 한다($\frac{218조 1}{항 단서}$). (ㄹ) 시설을 설치한 후 사정이 변경된 경우(예: 나대지에 시설한 후 그 대지상에 건물을 건축하는 경우)에는 그 시설이 통과하는 토지의 소유자는 그 시설의 변경을 청구할 수 있고($\frac{218조 2}{항 1문}$), 이 경우 시설 변경에 드는 비용은 토지 소유자가 부담한다($\frac{218조 2}{항 2문}$). 시설 변경 청구를 할 만한 사정변경의 유무는, 시설이 통과하는 토지 소유자의 주관적 의사에 따라 정할 것이 아니라 객관적으로 시설을 변경하는 것이 타당한지 여부에 의해 결정해야 한다($\frac{대판 1982. 5.}{25, 81다1, 2, 3}$).

c) **주위토지통행권**　　통행을 목적으로 타인의 토지를 이용할 수 있는 경우는 크게 '당사자 간의 약정'(약정 통행권)과 '법률의 규정'(법정 통행권)에 의해 생길 수 있다. 전자는 채권계약에

---

1) 김규완, "상린자 사이의 생활방해와 피해자를 위한 법적 구제수단", Jurist 제410호, 280면.

그치는 것이 있는가 하면, (통행)지역권을 설정하여 물권적 효력을 가지는 것으로 나뉘는데, 이 경우는 당사자 간의 약정의 내용에 따라 통행의 장소·방법 등 통행권의 범위가 정해진다. 이에 대해 법정 통행권은 일정한 요건에 해당하면 당연히 타인의 토지를 통행할 수 있는 권리가 생기는 것인데, 민법 제219조와 제220조에서 정하는 내용이 바로 이것이다. 이것은 보통의 통행권을 정한 제219조와 무상통행권을 정한 제220조로 나뉘는데, 이러한 구별은 토지가 포위된 원인에 따른 것이다(대판 1992. 12. 22, 92다30528).

　　aa) **일반 원칙**：　(ㄱ) 의　의：　토지 소유자는 공로公路로 자유롭게 출입할 수 있어야 하므로, 어느 토지(A토지)가 주위 토지(B토지)에 포위되어 A토지의 소유자가 공로로 출입할 수 없는 경우에는 B토지를 공로로 통하는 토지로 이용할 수 있는데, 이것이 민법 제219조에서 정하는 「주위토지통행권」이다. 주위토지통행권은 법정의 요건을 충족하면 당연히 성립하고, 그 요건이 없어지면 당연히 소멸된다(예: 포위된 토지가 사정변경으로 공로에 접하게 되거나 포위된 토지의 소유자가 공로로 통하는 주위의 토지를 취득한 경우)(대판 1998. 3. 10, 97다47118; 대판 2014. 12. 24, 2013다11669). (ㄴ) 요　건： A토지와 공로 사이에 A토지의 용도에 필요한 통로가 없어야 하고, B토지를 통로로 사용하지 않으면 공로로 출입할 수 없거나 다른 방법으로는 과다한 비용이 드는 경우여야 한다(219조 1항 본문). ① 이미 기존의 통로가 있는 경우에는 다른 장소로 통행할 권리는 인정될 수 없다(대판 1995. 6. 13, 95다1088, 1095). 다만 그것이 통로로서 기능하지 못하는 경우에는 인정될 수 있지만, 토지 소유자가 통로에 건축을 함으로써 초래된 경우에는 그렇지 않다(대판 1994. 6. 24, 94다14193; 대판 1972. 1. 31, 71다2113). ② 공로에 통할 수 있는 자기의 공유 토지를 두고 공로에의 통로라 하여 남의 토지를 통행한다는 것은 허용되지 않는다. 설령 위 공유 토지가 구분소유적 공유관계에 있고 공로에 접하는 공유 부분을 다른 공유자가 배타적으로 사용·수익하고 있다고 하더라도 (이는 어디까지나 공유자 간의 내부적 사정에 불과하므로) 마찬가지이다(대판 2021. 9. 30, 2021다245443, 245450). ③ 인접 토지의 일부를 통행로로 이용하던 중 그 토지 위에 연립주택이 건축되었고, 다른 인접 토지를 통해 공로로 출입하려면 별도로 통로 개설비용이 소요되는 사안에서, 연립주택 단지 내의 주거의 평온과 안전을 침해해서는 안 된다는 이유로, 기존 통행로에 대한 주위토지통행권을 부정하였다(별도의 통로 개설비용이 들더라도 다른 인접 토지를 통해 공로로 출입하여야 한다)(대판 2009. 6. 11, 2008다75300, 75317, 75324). (ㄷ) **주위토지의 이용방법**： A토지의 소유자는 공로로 출입하기 위해 B토지를 통행할 수 있고 필요한 경우에는 통로를 개설할 수 있다(219조 1항 본문). 그러나 이로 인한 손해가 가장 적은 장소와 방법을 선택하여야 한다(219조 1항 단서). ① 주위토지통행권의 범위는 현재의 토지의 용법에 따른 이용의 범위에서 인정되는 것이지 장래의 이용 상황까지 미리 대비하여 통행로를 정할 것은 아니다(대판 1996. 11. 29, 96다33433). 한편 당초에 적법하게 담장이 설치된 경우에도 그것이 통행에 방해가 되는 때에는 이를 철거할 수 있다(대판 1990. 11. 13, 90다5238 등). ② 토지의 이용방법에 따라서는 자동차 등이 통과할 수 있는 통로의 개설도 허용되지만, 단지 토지이용의 편의를 위해 다소 필요한 상태에 그치는 경우까지 자동차의 통행을 허용할 것은 아니다(대판 2006. 6. 2, 2005다70144). (ㄹ) **손해의 보상**： A토지 소유자(통행권자)의 통행으로 B토지(통행지) 소유자가 입은 손해에 대해서는 이를 보상하여야 한다(219조 2항). 손해보상의무는 통행권자에게 있는 것이므로, 통행권자의 허락을 얻어 사실상 통행하고 있는 자는 이의무가 없다$\left(\begin{smallmatrix}\text{대판 1991. 9.}\\\text{10, 91다19623}\end{smallmatrix}\right)$.

bb) **분할·일부 양도에서의 특칙** : 민법 제220조는 공로로 통하던 토지가 공유물의 분할 또는 일부 양도로 인해 어느 토지가 주위 토지에 포위된 경우를 규율한다.[1] 이때에는 공유물분할 또는 일부 양도시에 그러한 사정을 당사자가 예상할 수 있었다는 점에서 제219조와는 다른 내용을 정한다. 즉 (ㄱ) 포위된 토지의 소유자는 다른 분할자 또는 양도인 소유의 종전의 토지를 통행할 수 있을 뿐$\left(\begin{smallmatrix}\text{220조 1항 1문·}\\\text{220조 2항}\end{smallmatrix}\right)$, 그에 인접한 타인의 토지를 통행할 권리는 없다$\left(\begin{smallmatrix}\text{대판}\\\text{1970. 5.}\end{smallmatrix}\right.$ 12, 70다337; 대판 1995. 2. 10, 94다45869, 45876$\left.\right)$. (ㄴ) 위 경우 포위된 토지의 소유자는 보상 의무가 없다$\left(\begin{smallmatrix}\text{220조 1항 2문·}\\\text{220조 2항}\end{smallmatrix}\right)$.

(4) 물에 관한 상린관계

a) 자연 유수自然 流水

aa) **승수의무**承水義務 : 「① 토지 소유자는 이웃 토지에서 자연히 흘러오는 물을 막지 못한다. ② 고지 소유자는 이웃 저지에 자연히 흘러내리는 이웃 저지에서 필요한 물을 자기의 정당한 사용범위를 넘어서 이를 막지 못한다」$\left(\begin{smallmatrix}\text{221}\\\text{조}\end{smallmatrix}\right)$. (ㄱ) 물은 높은 곳에서 낮은 곳으로 흐르는 것이 자연의 법칙이므로, 민법 제221조는 저지의 소유자가 고지에서 자연히 흘러오는 물을 막을 수 없다는 승수의무를 정한다$\left(\begin{smallmatrix}\text{221조}\\\text{1항}\end{smallmatrix}\right)$. 따라서 이 한도에서는 저지 소유자는 방해배제청구권을 행사할 수 없다. 또 저지 소유자가 제방을 쌓아 물의 흐름을 막는 것도 승수의무를 위반한 것이 된다$\left(\begin{smallmatrix}\text{대판 1995. 10.}\\\text{13, 94다31488}\end{smallmatrix}\right)$. (ㄴ) 자연히 흘러내리는 물이 저지 소유자에게 필요한 때에는, 고지 소유자는 자기의 정당한 사용범위를 넘어서 물이 흘러내리는 것을 막지 못한다$\left(\begin{smallmatrix}\text{221조}\\\text{2항}\end{smallmatrix}\right)$.

bb) **소통공사권** : 민법 제222조는 제221조와 관계되는 것으로서, 흐르는 물이 저지에서 막힌 때에 고지 소유자에게 자기 비용으로 물길을 트는 데 필요한 공사를 할 수 있는 권리를 부여한 것이다. 즉 저지 소유자는 소통 공사 의무를 부담하지는 않으며, 또 고지 소유자도 반드시 그 공사를 하여야 할 의무를 지는 것은 아니다. 한편 비용 부담에 관하여 다른 관습이 있는 때에는 그 관습에 따른다$\left(\begin{smallmatrix}\text{224}\\\text{조}\end{smallmatrix}\right)$.

b) 인공적 배수

aa) **원 칙** : 인공적 배수를 위하여 타인의 토지를 사용하는 것은 원칙적으로 금지된다. 이와 관련하여 민법은 다음 두 가지를 정한다. (ㄱ) 「토지 소유자가 저수·배수 또는 인수하기 위하여 공작물을 설치한 경우에 공작물의 파손 또는 폐색으로 타인의 토지에 손해를 입혔거나 입힐 염려가 있을 때에는, 그 타인은 공작물의 보수, 폐색(막음)의 소통 또는 예방에 필요한 청구를 할 수 있다」$\left(\begin{smallmatrix}\text{223}\\\text{조}\end{smallmatrix}\right)$. 이에 필요한 비용은 공작물을 설치한 토지 소유자가 부담하는 것이 원칙이지만, 비용 부담에 관해 다른 관습이 있으면 그 관습에 따른다$\left(\begin{smallmatrix}\text{224}\\\text{조}\end{smallmatrix}\right)$. (ㄴ) 「토지 소유자는 처마 물이 이웃에 직접 떨어지지 않도록 적당한 시설을 하여야 한다」$\left(\begin{smallmatrix}\text{225}\\\text{조}\end{smallmatrix}\right)$. 지붕 또

---

1) 판례: (ㄱ) 「무상의 주위토지통행권이 발생하는 토지의 '일부 양도'라 함은 1필의 토지의 일부가 양도된 경우뿐만 아니라, 일단으로 되어 있던 동일인 소유의 수필지의 토지 중의 일부가 양도된 경우도 포함된다」(대판 1995. 2. 10, 94다45869, 45876). (ㄴ) 「민법 제220조의 규정은 직접 분할자, 일부 양도의 당사자 사이에만 적용되고, 포위된 토지 또는 피통행지의 특정승계인의 경우에는 주위토지통행권에 관한 민법 제219조의 일반원칙으로 돌아가 통행권의 유무를 가려야 한다」(대판 1991. 7. 23, 90다12670, 90다12678; 대판 2002. 5. 31, 2002다9202).

는 처마는 경계로부터 50센티미터 이상 거리를 두어야 하지만($^{242조}_{1항}$), 그렇더라도 그 위를 흐르는 물이 직접 이웃 토지에 떨어지게 하는 것은 본조에 의해 금지된다.

bb) **예 외**: 민법은 인공적 배수가 예외적으로 허용되는 것과 관련하여 다음 두 가지를 정한다. (ㄱ)「① 고지 소유자는 침수지를 건조하기 위하여 또는 가용이나 농공업용의 여수를 소통하기 위하여 공로, 공류 또는 하수도에 달하기까지 저지에 물을 통과하게 할 수 있다. ② 전항의 경우에는 저지의 손해가 가장 적은 장소와 방법을 선택하여야 하며 손해를 보상하여야 한다」($^{226}_{조}$). 본조는 침수지를 마르게 하거나 남은 물을 흘려보내기 위해 이웃 토지를 사용할 수 있는 경우를 정한 것으로서, 주위토지통행권($^{219}_{조}$)과 그 취지를 같이한다. (ㄴ)「① 토지 소유자는 그 소유지의 물을 소통하기 위하여 이웃 토지 소유자가 시설한 공작물을 사용할 수 있다. ② 전항의 공작물을 사용하는 자는 그 이익을 받는 비율로 공작물의 설치와 보존의 비용을 분담하여야 한다」($^{227}_{조}$). 본조는, 제226조를 비롯하여 토지 소유자가 물을 흐르게 하기 위해 이웃의 토지를 사용할 수 있는 것을 전제로 하여, 그가 이웃 토지의 소유자가 설치한 공작물을 사용할 수 있고, 또 그에 따른 비용의 분담에 관해 정한다.

c) **여수급여청구권**餘水給與請求權 토지 소유자는 과다한 비용이나 노력을 들이지 않고는 가정용이나 토지 이용에 필요한 물을 얻기 어려운 경우에는 이웃 토지의 소유자에게 보상하고 남는 물을 공급해 줄 것을 청구할 수 있다($^{228}_{조}$).

d) **유수이용권**流水利用權 우리나라는 수전 농업을 주로 하고 있기 때문에, 유수 이용을 둘러싼 법률문제는 대단히 중요하다. 민법의 유수 이용에 관한 규정은 다음의 두 군으로 나눌 수 있다. 다만 다른 관습이 있는 경우에는 그 관습에 따른다($^{229조\ 3항 \cdot}_{234조}$).

aa) **수류지**(물이 흐르는 토지)**의 소유권이 사인에 속하고, 유수를 흐르는 채로 사용하는 경우**: 민법은 이에 관해 두 개의 규정을 마련하고 있다. (ㄱ) 민법 제229조는 수류의 변경에 관해 정하는데, 도랑이나 개천에 접한 토지가 타인의 소유인 경우에는 그 수로나 수류의 '폭'을 변경하지 못하는 것으로 한다($^{229조}_{1항}$). 이를 허용하면 수심에 변동을 가져와서 그 타인의 유수이용권을 해치거나 그 토지의 이용에 영향을 미칠 우려가 있기 때문이다. 그래서 수류지에 접한 양쪽의 토지가 수류지 소유자의 소유인 때에는 그러한 염려가 없으므로 수류의 변경이 허용된다($^{229조\ 2}_{항\ 본문}$). 다만 하류는 자연의 수로와 일치하도록 해야 한다($^{229조\ 2}_{항\ 단서}$). 하류의 용수권자의 유수 이용과 하류지 자체의 안전을 위해서이다. 한편 수류의 변경이 허용되는 경우에도, 그것은 그 폭을 변경하여 물을 가정용 또는 농·공업용 등에 이용할 권리가 있다는 것을 의미하는 데 그치고, 더 나아가 수로와 수류의 폭을 임의로 변경하여 범람을 일으킴으로써 이웃 토지 소유자에게 손해를 발생시킨 경우에도 면책된다는 취지는 아니다($^{대판\ 2012.\ 4.\ 13,}_{2010다9320}$). (ㄴ) 민법 제230조는 수류지의 소유자가 둑을 설치할 필요가 있는 때에 이를 그에 접한 '타인'의 토지에 접촉케 할 수 있는 권리를 부여한 것이다(양안의 토지가 수류지 소유자의 소유인 때에는 본조와 같은 규정이 없더라도 당연히 둑을 설치할 수 있다). 그러나 이로 인해 타인에게 생긴 손해에 대해서는 이를 보상하여야 한다($^{230조}_{1항}$). 한편 수류지의 일부가 타인의 소유인 때에는 그 타인도 둑을 사용할 수 있고, 자신이 얻는 이익의 비율에 따라 둑의 설치와 보존에 드는 비용을 분담하여야 한다($^{230조}_{2항}$).

bb) **수류**水流**가 공유하천**公有河川**이고, 그 물을 다른 토지로 끌어 사용하는 경우:** 민법은 이에 관해 다음 세 개의 신설규정을 두고 있다. (ㄱ)「공유하천의 연안에서 농·공업을 경영하는 자는 이에 이용하기 위하여 타인의 용수를 방해하지 않는 범위에서 필요한 인수를 할 수 있다. ② 전항의 인수를 하기 위하여 필요한 공작물을 설치할 수 있다」($^{231}_{조}$). 본조는 상린관계의 규정 속에 두어 그 내용을 정하는데, 이 '공유하천용수권'은 토지소유권의 권능에 포함되는 일종의 상린권으로 보는 것이 일반적 견해이다. (ㄴ)「전조의 인수나 공작물로 인하여 하류 연안의 용수권을 방해하는 때에는 그 용수권자는 방해의 제거 및 손해의 배상을 청구할 수 있다」($^{232}_{조}$). 공유하천의 용수는 타인의 용수를 방해하지 않는 범위에서 인정되므로($^{231}_{조}$), 상류의 용수권자가 그 정도를 넘은 용수로 인해 하류 연안의 용수권을 침해한 때에는 하류 연안의 용수권자가 그 방해의 제거와 손해의 배상을 청구할 수 있음을 본조는 정한다. 판례는, "공유하천의 상류에서 인수하는 자가 농지의 관개에 필요한 한도 내에서 용수권이 있다면 그 인수로 인하여 하류에 위치한 보를 사용하는 농토의 관개용수에 부족이 생겼다 하여도 하류에서 인수하는 용수권을 침해하였다고 할 수 없다"고 한다($^{대판 1977. 11.}_{8, 77다1064}$). (ㄷ)「농·공업의 경영에 이용되는 수로 기타 공작물의 소유자 또는 이용자의 특별승계인은 그 용수에 관한 종전 소유자나 이용자의 권리와 의무를 승계한다」($^{233}_{조}$). 공유하천용수권의 내용에 비추어 공작물 등의 소유자나 그 이익을 얻는 자의 권리와 의무가 특별승계인에게 당연히 승계된다는 내용을 정한 것이다.[1]

e) **지하수 용수권** 지표를 흐르는 물이 아닌 '지하수'에 관해 민법은 제235조와 제236조 두 개의 신설 규정을 두고 있다. (ㄱ) 민법 제235조는 상린자가 그 '공용'에 속하는 원천(예: 공동으로 사용하는 우물 등)이나 수도에서 용수할 수 있는 '공용수 용수권'을 정한다. 이 용수권은 장기간의 관행에 의해 성립하기도 하고, 원천지 소유자와의 계약에 의해 성립하기도 한다. 민법은 본조를 상린관계의 범주 속에 규율하고 학설도 대체로 일종의 상린권으로 파악한다. (ㄴ) 민법 제236조는 원천·수도의 용도 여하에 따라 그 효과를 달리 정한다. 즉 타인의 공사로 '음료수 기타 생활용수'에 장해가 생긴 경우에는 원상회복을 청구할 수 있으나($^{236조}_{2항}$), 그 밖의 장해가 있을 때에는 손해배상만을 청구할 수 있다($^{236조}_{1항}$).[2]

---

1) 판례(해수 용수권):「기존의 염전에 인접하여 그보다 낮은 지대에 새 염전을 개설하려는 자는, 기존 염전의 소유자 또는 경영자와의 사이에 약정 등 특별한 사정이 없는 한, 기존 염전의 염 제조를 위한 기득의 해수 용수권을 침해하지 않는 방법으로 새 염전을 설치, 경영하여야 하고, 기존 염전의 소유자 또는 경영자가 종전의 방법으로 해수를 인수 또는 배수함으로써 새 염전에 침해를 주었다 하더라도, 그것이 기존 염전의 염 제조에 필요한 통상적인 용수권의 행사로서 다년간 관행되어 온 종전의 방법과 범위를 초과하지 않는 것이라면, 새 염전의 개설 경영자는 이를 수인할 의무가 있다」(대판 1983. 3. 8, 80다2658).

2) 판례:「토지의 소유권은 정당한 이익이 있는 범위 내에서 토지의 상하에 미치므로 토지 소유자는 법률의 제한 범위 내에서 그 소유 토지의 지표면 아래에 있는 지하수를 개발하여 이용할 수 있다 할 것이나, 민법 제214조의 규정과 제236조의 규정을 종합하여 보면, 어느 토지 소유자가 새로이 지하수 개발공사를 시행하여 설치한 취수공 등을 통해 지하수를 취수함으로 말미암아 그 이전부터 인근 토지 내의 원천에서 나오는 지하수를 이용하고 있는 인근 토지 소유자의 음료수 기타 생활상 필요한 용수에 장해가 생기거나 그 장해의 염려가 있는 때에는, 생활용수 방해를 정당화하는 사유가 없는 한(토지 소유자가 지하수 개발에 대하여 관할 행정청으로부터 '먹는 물 관리법'에 의한 허가를 받았다고 하여 생활방해가 정당화되는 것은 아니다) 인근 토지 소유자는 그 생활용수 방해의 제거(원상회복)나

(5) 경계에 관한 상린관계

a) 경계표 · 담

민법은 이에 관해 세 개의 규정을 마련하고 있다. (ㄱ) 인접하여 토지를 소유하는 자는 공동 비용으로 통상의 경계표나 담을 설치할 수 있고($^{237조}_{1항}$), 따라서 토지 소유자가 인접한 다른 토지 소유자에게 경계표 등의 설치에 협력할 것을 청구한 때에는 이에 응할 의무가 있다. 설치비용은 양쪽이 절반씩 부담하고($^{237조\,2}_{항\;본문}$), 측량비용은 토지의 면적에 비례하여 부담하지만($^{237조\,2}_{항\;단서}$), 다른 관습이 있으면 그에 따른다($^{237조}_{3항}$). (ㄴ) 인지 소유자는 자기의 비용으로 담의 재료를 통상보다 양호한 것으로 할 수 있으며 그 높이를 통상보다 높게 할 수 있고 또는 방화벽 기타 특수시설을 할 수 있다($^{238}_{조}$). 본조는 제237조에 대한 특별규정으로서, 경계표 등을 통상과는 달리 시설하기를 원하는 토지 소유자가 그의 비용으로 설치할 수 있음을 정한 것이다. (ㄷ) 경계에 설치된 경계표 등은 상린자의 공유로 추정한다($^{239조}_{본문}$). 따라서 공유의 법리가 적용될 것이지만, 그 성질상 공유물분할청구는 허용되지 않는 제한이 있다($^{268조}_{3항}$). 한편 공유 추정의 원칙에 대해서는 예외가 있다. 즉 제238조를 비롯하여 경계표 등을 상린자 일방의 단독 비용으로 설치한 때에는 그의 소유로 되고, 담이 건물의 일부인 때에는 건물 소유자의 소유에 속한다($^{239조}_{단서}$).

b) 가지 · 뿌리의 제거

민법은 수목의 '가지'와 '뿌리'가 경계를 넘은 경우에 그 효과를 달리 정한다. 가지의 경우에는 그 소유자에게 가지의 제거를 청구하여야 하고, 이를 거절한 때에 비로소 그 가지를 제거할 수 있는 데 반해($^{240조\,1}_{항\cdot2항}$), 뿌리의 경우에는 임의로 제거할 수 있는 것으로 정한다($^{240조}_{3항}$). 수목의 뿌리가 가지에 비해 덜 중요한 것으로 평가한 것이다. 제거된 가지나 뿌리의 소유권은 제거한 자에게 속한다는 것이 통설적 견해이다.[1]

c) 경계선 부근의 공작물 설치

aa) 토지의 심굴 금지深堀 禁止 :

「토지 소유자는 인접지의 지반이 붕괴할 정도로 자기의 토지를 심굴하지 못한다. 그러나 충분한 방어공사를 한 경우에는 그러하지 아니하다」($^{241}_{조}$). 토지를 깊이 파서 인접지의 지반이 붕괴된 때에는 인접지 소유자는 그 방해의 제거를, 붕괴될 우려가 있는 때에는 방해의 예방을 청구할 수 있기 때문에, 즉 본조가 없더라도 민법 제214조에 의해 동일한 효과를 얻을 수 있는 점에서, 본조는 주의적 규정에 불과하다.

bb) 경계선 부근의 건축 :

(ㄱ) 건물을 지을 경우에는 경계로부터 50센티미터 이상 거리를 두어야 하지만(그 결과 이웃 간의 건물은 적어도 1미터 이상 사이가 있다), 이 거리에 관해 특별한 관습이 있으면 그에 따른다($^{242조}_{1항}$). 이것은 서로 인접한 대지에 건물을 짓는 경우에 각 건물의 통풍이나 채광 또는 재해방지 등을 꾀하려는 취지이므로, '경계로부터 50센티미터'는 경계

예방(공사의 중지)을 청구할 수 있다」(대판 1998. 4. 28, 97다48913).

1) 경계선을 넘은 가지의 '과실'이 이웃 토지에 자연히 떨어진 경우에 그 과실은 누구에게 속하는지에 관해, 독일 민법(911조)은 이웃 토지의 소유자에게 속하는 것으로 정한다. 우리 민법 초안(230조)에서도 같은 취지로 정한 바 있으나(민법안심의록(상), 149면), 이것은 채택되지 않았고 그래서 현재 명문의 규정이 없는 셈이다. 학설 중에는, 수목의 가지가 경계를 넘은 때에 인지 소유자가 그 제거를 청구하지 않는 것에 대응하여 그 과실은 그에게 귀속시키는 것이 공평하다는 이유로 인지 소유자에게 귀속하는 것으로 보는 견해가 있다(김증한 · 김학동, 283면; 주석민법[물권(1)], 631면(이상태)). 그런데 위 민법초안에 대해서는, 수목의 소유자에게 귀속하는 것으로 해석하는 것이 타당하고 또 그것이 우리의 사회관념에도 합치된다는 이유로 그 삭제를 제안한 견해도 있었다(민법안의견서, 89면(최식)).

로부터 건물의 가장 돌출된 부분까지의 거리를 말한다(대판 2011. 7. 28,/2010다108883). (ㄴ) 이를 위반한 때에는 건물의 변경이나 철거를 청구할 수 있지만(242조 2항 본문), 건축에 착수한 후 1년이 지났거나 그 전이라도 건물이 완성된 후에는 손해배상만을 청구할 수 있다(242조 2항 단서). 여기에서 '건축의 착수'는 인접지의 소유자가 객관적으로 건축공사가 개시되었음을 인식할 수 있는 상태에 이른 것을 말하고, '건물의 완성'은 사회통념상 독립된 건물로 인정될 수 있는 정도로 건축된 것을 말하며, 그것이 건축 관계 법령에 따른 건축허가나 착공신고 또는 사용승인 등 적법한 절차를 거친 것인지는 문제되지 않는다(대판 2011. 7. 28,/2010다108883). (ㄷ) 민법 제242조는 임의규정으로서 당사자 간의 합의로 달리 정할 수 있다(대판 1962. 11./1, 62다567).

❋ 경계로부터 법정거리 내에 축조된 건물 / 경계를 넘어 축조된 건물〰〰〰〰〰〰〰〰〰〰〰〰

(α) A 대지와 B 대지가 서로 인접해 있는데, B가 경계로부터 30cm의 거리에 건물을 축조하면서 각층 1.2평씩 모두 4.8평이 법정거리 내에 들어오게 되었고, 그래서 A가 위 건물의 건축 도중부터 건축 허가 처분에 대해 이의를 제기하였는데, 건물이 건축되어 수년이 지난 상태에서, A가 B를 상대로 경계로부터 50cm 거리 내에 축조된 위 4.8평 부분의 철거와, 일조권의 침해를 이유로 손해배상을 청구한 사안에서, 대법원은 다음과 같이 판결하였다(대판 1982. 9./14, 80다2859). ① A는 B의 건축 도중부터 이의를 제기하였으므로, 설사 건물이 완성된 후라도 제242조 2항 단서는 적용되지 않고 따라서 그 변경이나 철거를 청구할 수 있겠으나, 사회·경제적으로 또 상린관계의 취지에서 그러한 철거청구는 권리남용에 해당한다. ② 햇볕은 사람이 건강하고 쾌적한 생활을 누릴 수 있는 환경조건일 뿐 아니라, 에너지로서 그리고 동식물의 재배조건으로서 재산적 가치를 갖는다. 이러한 햇볕을 누릴 권리를 '일조권'이라 한다. 건축법(53조)에서는 일조권을 위해 건축물의 높이를 제한하고 있지만, 사법적 측면에서도 일조권 침해에 대한 손해배상청구 및 방해제거청구가 논의된다. 그런데 어느 것이나 일조권의 침해 여부는 수인한도를 기준으로 하는데(대판/2004./9. 13, 2003다/64602 참조), 사안의 경우 이를 넘는 것은 아니라고 보았다.

(β) (ㄱ) 민법은 경계선 '부근의' 건축에 대해서는 정하고 있지만(242조), 경계를 '넘은' 건축에 대해서는 아무런 규정을 두지 않았다. 그러한 경계 침범은 지적도면의 노후화와 지적측량이 잘못된 데에 기인하는 것이 많다. 그런데 그 건물의 소유자가 그러한 사실을 알지 못하는 경우에도 경계를 넘은 부분의 건물의 철거를 구하는 것은, 사회경제적 측면을 고려할 때 부당한 결과가 될 뿐만 아니라 현실의 분쟁에서 토지 소유자가 고액의 보상금을 요구하는 등 악용되는 문제가 있다.[1] 이에 대해 독일 민법(912조)은 경계 침범 즉시 이의를 제기하지 않은 한 그 철거를 구하지 못하는 것으로 규정하고 있다. (ㄴ) 이 문제에 대해 학설은 나뉜다. 제1설은, 상대방(건물 소유자)에게 과실이 없는 때에는 그 철거를 부인함이 타당하다고 한다(김증한·김학/동, 286면). 제2설은, 상대방에게 고의 또는 중대한 과실이 없는 경우에는 민법 제242조 2항을 유추적용하여야 한다고 한다(김용한, 265/면; 장경학,/422면; 민법주해(V),/354면(김상용)). 제3설은, 민법초안대로 해석하는 것이 타당하다고 한다(곽윤직,/188면). 민법초안은 「① 토지 소유자가 고의나 중대한 과실 없이 경계를 넘어 공작물을 축조한 경우에 인지 소유자가 이를 알고 지체 없이 이의하지 아니한 때에는 공작물의 제거나 변경을 청구하지 못한다. ② 전항의 경우에 인지 소유자는 공작물 소유자에 대하여 경계를 넘은 부분의 토지 매수를 청구할 수

---

1) 백태승, "민법(물권법)개정안의 주요내용(Ⅱ)", 고시계(2004. 7.), 7면.

있고 손해배상을 청구할 수 있다」고 하였는데, 남용될 염려가 있고 상린관계를 악화시킬 염려가 있다고 하여 삭제되었다($\substack{민법안심의록 \\ (상),\ 137면}$). 제3설은 그 삭제가 타당한지 의문이며 동 초안과 같이 해석하는 것이 적당하다고 한다.

　　cc) 차면 시설의 설치의무 :　경계로부터 2미터 이내의 거리에서 이웃 주택의 내부를 볼 수 있는 창이나 마루를 설치하는 경우에는 적당한 차면 시설을 설치해야 한다($\substack{243 \\ 조}$).

　　dd) 지하시설 등에 대한 제한 :　(ㄱ) 우물을 파거나 오물 등을 모아 둘 지하시설을 설치하는 경우에는 경계로부터 2미터 이상 거리를 두어야 하고($\substack{244조\ 1 \\ 항\ 전문}$), 저수지 · 도랑 · 지하실 공사를 하는 경우에는 경계로부터 그 깊이의 반 이상 거리를 각각 두어야 한다($\substack{244조\ 1 \\ 항\ 후문}$). 이러한 공사에 일정한 거리를 두게 한 것은 그 공사로 인해 토사가 무너지거나 하수 또는 더러운 액체가 이웃에 흘러들어갈 염려 때문이므로, 그 거리를 둔 경우에도 그 방지 조치를 해야 한다($\substack{244조 \\ 2항}$). (ㄴ) 민법 제244조는 임의규정으로서, 이와 다른 내용의 당사자 간의 특약은 유효하다($\substack{대판\ 1982.\ 10. \\ 26,\ 80다1634}$).

Ⅳ. 소유권의 취득

1. 민법의 규정과 그 성격

　소유권의 취득 원인에는 법률행위와 법률의 규정 두 가지가 있는데, 전자에 관해서는 민법 제186조(부동산의 경우), 제188조 내지 제190조(동산의 경우)에서 규율한다. 이에 대해 법률의 규정에 의해 소유권을 취득하는 것으로 정하는 이유는 다양하고, 이것은 민법의 관계되는 곳(예: 상속)에서 또는 민법 외의 다른 법률(예:「공익사업을 위한 토지 등의 취득 및 보상에 관한 법률」에 의한 공용징수)에서 정하고 있기도 하다.

　그런데 특히 민법 물권편에서는 법률의 규정에 의한 소유권 취득 원인으로서 취득시효($\substack{245조\sim \\ 248조}$), 선의취득($\substack{249조\sim \\ 251조}$), 무주물선점($\substack{252 \\ 조}$), 유실물습득($\substack{253 \\ 조}$), 매장물발견($\substack{254 \\ 조}$), 첨부(부합 · 혼화 · 가공($\substack{256조\sim \\ 261조}$))에 관해 따로 규정한다. 물론 이들이 소유권의 취득에 관한 것 전부를 망라하는 것은 아니지만 그 대표적인 것이라고 할 수 있다. 이 중 취득시효는 시효를 토대로 소유권 취득의 효과를 인정한 것이고, 선의취득은 동산의 점유에 공신력을 부여하여 거래의 안전을 도모한 것이며, 나머지는 불분명한 소유권의 귀속을 확정하는 것인 점에서 각각 그 이유를 달리한다. 그러나 이들 원인에 의한 소유권의 취득은 종전 소유자의 소유권에 기초하여 취득하는 것이 아니라 소유권을 새로 취득하는 것인 점에서, 즉 '법률의 규정에 의한 소유권의 원시취득'이라는 점에서 공통된다. 선의취득에 관해서는 이미 설명하였으므로(p.92 'Ⅲ. 선의취득' 참조), 이하에서는 소유권의 나머지 취득 원인에 대해 설명한다.

2. 취득시효 取得時效

　사례　(1) 대지 소유자 A는 1971. 8. 12. 대지상의 건물을 철거하고 새로 주택을 신축하면서 인접한 B 소유 토지 사이에 경계로 설치되어 있던 철조망을 임의로 제거하고 B 소유 토지의 일정 부분을 침범하여, 이를 A의 차고와 주택의 마당으로 사용하였다. C는 1991. 3. 18. A로부터 위 대지와 그 지상의 주택을 매수하여 사용하고 있다. 1993년에 B가 C에게 위 침범된 자기 소유 대지 부분의 인도를 청구하자, C는 B에게 취득시효 완성을 이유로 소유권이전등기를 청구하였다. C의 청구가 인용될 수 있는지 여부를 이유를 들어 설명하시오.

(2) A 소유의 토지를 B가 20년간 소유의 의사로 평온·공연하게 점유하여 1966. 12. 5.에 취득시효기간이 만료되었으나, B는 취득시효를 원인으로 하여 그 등기를 하지는 않았다. 그 후 이러한 사정을 알게 된 A는 1970년에 위 토지를 C에게 3천만원에 매도하여, C 명의로 소유권이전등기가 마쳐졌다. 이 경우 A·B·C 간의 법률관계는?

(3) X토지에 대해 1965. 9. 1. A 앞으로, 1988. 9. 1. B 앞으로 각 소유권이전등기가 마쳐졌다. 이후 2007. 9. 1. 그 1/4 지분에 대해, 2009. 9. 1. 나머지 3/4 지분에 대해 각각 甲 앞으로 소유권이전등기가 마쳐졌다. 한편 乙은 1967. 11. 1. X토지상에 Y건물을 신축하고 소유권보존등기를 마친 후 2010년 현재까지 이러한 상태가 유지되고 있다. 乙이 취득시효를 주장할 경우, 甲과 乙 사이의 법률관계는? (2011년 변호사시험 모의시험)

(4) 甲은 1991. 1. 15. A로부터 그 소유의 X토지(300㎡)를 매수하였다. 그런데 甲은 X토지에 연접한 乙 소유의 Y토지(20㎡)가 X토지에 포함되었다고 착각하고 1991. 1. 15.부터 X, Y토지 모두를 텃밭으로 계속하여 점유·사용해 오고 있다. 乙은 2012. 1. 3. Y토지를 丙에게 매도하였고, 매매대금은 2천만원으로 정하였다. 이후 丙은 2012. 1. 10. Y토지에 대하여 소유권이전등기를 경료하였다.

(가) 丙은 2013. 1. 29. 甲을 상대로 하여 Y토지를 인도하라는 내용의 소를 제기하였다. 이에 대해 甲은 취득시효로 Y토지의 소유권을 취득하였다고 주장하였다. 丙의 청구에 대해 법원은 어떻게 판단할 것인가? (30점)

(나) 만약 甲과 丙의 소송에서 甲이 패소하였다면, 甲은 乙에게 어떠한 주장을 할 수 있는가? (20점)

(다) 위 사안과 달리, 乙이 2011. 1. 3. Y토지를 丙에게 매도하였고, 丙은 그 소유권이전등기청구권을 보전하기 위하여 Y토지에 2011. 1. 10. 자신 명의로 가등기를 경료하였으며, 2012. 1. 10. 가등기에 기한 본등기를 경료하였다고 가정한다. 이러한 상황에서 丙이 甲을 상대로 Y토지를 인도하라는 내용의 소를 제기한 경우, 이에 대한 결론과 그러한 결론에 이르게 된 논거를 서술하시오. (20점)(2013년 제1차 변호사시험 모의시험)

(5) A는 1937. 7.부터 X토지를 소유하고 경작하여 오다가 1961. 5. 2. 이 토지를 甲에게 매도하고 그 무렵 甲 명의로 소유권이전등기를 마쳐주었다. 그런데 A는 그 이후에도 계속 X토지를 경작하였고, A가 사망한 이후에는 A의 단독상속인인 B가 이를 계속 경작하였다. B는 2002년 甲을 상대로 X토지에 대해 취득시효 완성을 원인으로 한 소유권이전등기절차의 이행을 구하는 소를 제기하였다. B의 청구의 타당성을 검토하라. (20점)(2014년 제2차 변호사시험 모의시험)

(6) 甲은 乙 명의로 소유권이전등기가 되어 있는 X토지를 1993. 3. 1.경부터 소유의 의사로 평온, 공연하게 점유하여 왔다. 위 X토지에 대한 점유취득시효는 2013. 3. 1.경 완성되었으나, 甲이 乙에게 취득시효 완성을 원인으로 한 소유권이전등기를 청구하지는 않았다. 한편, 점유취득시효가 완성되었다는 사실을 모르는 乙은 2013. 5. 1. A은행으로부터 8,000만원을 대출받으면서

X토지에 채권최고액을 1억원으로 하는 근저당권을 설정하였다.

(a) 甲이 위 토지상에 설정되어 있는 근저당권을 말소하기 위하여 乙이 대출받은 8,000만원을 A은행에 변제하였다. 이 경우 甲은 乙에게 8,000만원 상당의 부당이득 반환을 청구할 수 있는지 여부를 판단하시오. (15점)

(b) 甲이 2013. 10. 1. 乙에게 소유권이전등기청구소송을 제기하여 그 소장 부본이 같은 해 10. 7. 乙에게 송달되었는데, 그 후 乙이 위 토지를 丙에게 매도하고 소유권이전등기를 경료하였다. 이 경우 甲은 乙에게 불법행위로 인한 손해배상을 청구할 수 있는지 여부를 판단하시오. (20점)(제4회 변호사시험, 2015)

(7) X토지, Y토지, Z토지는 서로 인접한 토지인데, 甲과 그 형제들인 乙, 丙은 1975. 2. 1. 甲이 X토지, 乙이 Y토지, 丙이 Z토지에 관하여 각 소유권이전등기를 마치고 이를 소유하고 있다. A는 1985. 3. 1. 위 토지들에 대한 처분권한이 없음에도 그 권한이 있다고 주장하는 W의 말을 믿고, 그로부터 위 토지들을 매수하여 같은 날부터 점유·사용하기 시작하였다. A는 1995. 4. 1. 다시 위 토지들을 B에게 매도하였으며, B는 같은 날부터 위 토지들을 점유하였다. 그 후 B는 2005. 7. 1. C에게 위 토지들을 매도하여 C가 같은 날부터 현재까지 위 토지들을 점유하고 있다. 한편, 甲은 2004. 4. 1. X토지를 丁에게 매도하고 그 소유권이전등기를 마쳐주었다. 乙은 2004. 5. 1. 戊로부터 1,000만원을 차용하면서 Y토지에 관하여 戊 앞으로 채권최고액 1,500만원으로 된 근저당권설정등기를 마쳐주었다. 丙은 2005. 5. 1. Z토지를 己에게 증여하고 같은 날 己 명의로 소유권이전등기를 마쳐주었다.

(a) C는 점유취득시효의 완성을 이유로 X토지, Y토지, Z토지에 관한 소유권이전등기를 마치고자 한다. 또한 Y토지에 관한 戊 명의의 근저당권설정등기도 말소하고자 한다. C가 2015. 2. 15. 소를 제기할 경우, ① X토지, ② Y토지, ③ Z토지에 관하여 (ㄱ) C의 위 각 청구가 가능한지, (ㄴ) 만일 가능하다면 누구를 상대로 어떠한 소를 제기하여야 하는지와 각 근거를 설명하시오. (35점)

(b) 丙이 취득시효 완성 사실을 알고 Z토지를 己에게 증여하였다면 C는 丙에게 어떠한 청구를 할 수 있는지와 그 근거를 설명하시오. (5점)(2016년 제5회 변호사시험)

(8) 나대지인 X토지에 관하여 1990. 4. 1. A 명의로 소유권이전등기가 마쳐졌다. 甲은 1991. 2. 1. A의 무권대리인 C로부터 X토지를 매수하고 같은 날 위 토지를 인도받아 현재까지 주차장 등으로 점유·사용하고 있다. 甲은 매수 당시에는 C가 A의 무권대리인이라는 사실을 몰랐으나 2000. 2. 1. 비로소 C가 무권대리인이었음을 알게 되었고, 위와 같은 사유로 소유권이전등기를 마치지 못하였다(위 매매계약은 표현대리에 해당하지 않았다). 한편, A는 외국에 거주하고 있던 관계로 甲의 점유 사실을 모른 채 2012. 3. 10. 乙에게 X토지 중 1/3 지분을 매도하였다. 그런데 乙은 위와 같이 1/3 지분만을 매수하였음에도 2012. 3. 20. 관계서류를 위조하여 위 토지 중 2/3 지분에 관하여 소유권이전등기를 마쳤다. 2017. 1. 10. 기준으로 甲이 A와 乙에게 각각 청구할 수 있는 권리는 무엇인지 그 논거와 함께 서술하시오. (20점)(2017년 제6회 변호사시험)

(9) 캐나다에 거주하는 甲은 자신의 부동산 관리를 위하여 직원 乙을 고용하였고, 자신이 소유하는 경기도 소재 X토지를 적절한 가격에 팔아줄 것을 요청하면서 그에 관한 대리권을 수여하였다. 이후 위 토지에 대해 점유취득시효의 요건을 모두 갖춘 丁이 취득시효의 완성을 이유로 甲에게 위 토지의 소유권이전을 청구하려고 하였으나, 甲과 연락이 용이하지 않았다. 이에 乙이 甲을 대리하여 위 토지를 매도하려는 사정을 알고 있었던 丁은 乙에게 위 토지에 대한 소유권이전을

청구하였다. 乙은 甲에게 丁의 청구 사실을 알린 후 甲의 지시에 따라 X토지를 丙에게 10억원에 매도하여 소유권이전등기를 마쳐주는 한편, 丙으로부터 매매대금 10억원을 수령하였다. 丁은 甲 또는 丙을 상대로 어떠한 권리를 주장할 수 있는지 서술하시오. (20점)(2017년 제1차 변호사시험 모의시험)

(10) (가) 甲은 자신이 소유한 X토지를 1995. 4. 1. 乙에게 매도하였다. X토지에 대해서 매매계약을 등기원인으로 하여 1995. 5. 1. 乙 명의로 소유권이전등기가 마쳐졌다. 乙 명의로 이전등기가 경료된 이후에도 甲은 여전히 X토지를 점유·사용하였으며, 甲의 사망 이후 그 상속인인 丙이 2017. 6. 현재까지 계속 점유·사용하여 왔다. 丙은 乙을 상대로 취득시효의 완성을 이유로 법원에 소유권이전등기청구의 소를 제기하였다. 乙은 적법한 매매계약을 통해서 토지의 소유권을 취득하였다고 주장하지만, 매매계약의 체결 여부는 증명되지 않았다. 丙의 乙에 대한 소유권이전등기청구는 인용될 수 있는가? (15점)

(나) 甲은 자신이 소유한 X토지를 1995. 4. 1. 乙에게 매도하였다. 乙은 1995. 5. 1. X토지를 인도받았지만 아직 소유권이전등기를 마치지 않은 상태로 이를 사용하여 왔다. 丁은 2016. 5. 1. 乙로부터 X토지를 매수하여 이를 인도받아 사용하고 있다. 이러한 경우 丁은 취득시효가 완성되었음을 근거로 甲에게 소유권이전등기청구권을 행사할 수 있는가? (15점)(2017년 제59회 사법시험)

(11) 甲종중은 1995. 5. 15. 자신 소유의 X토지를 종중의 대표자 丙에게 명의신탁하였다. 乙은 1995. 5. 25. X토지를 점유하면서 위 토지를 야적장으로 이용하고 있었다. 乙의 점유 개시 당시의 상황은 명확하게 밝혀지지 않았다. 甲종중은 2017. 1. 15. 명의신탁계약을 해지하고 丙으로부터 X토지에 대한 소유권이전등기를 마쳤다. 甲종중은 乙이 X토지를 점유·사용하고 있는 사실을 확인하고, 2019. 8. 3. 乙을 상대로 X토지의 인도를 구하는 소를 제기하였다. 이에 대해 乙은 시효취득을 주장하며 甲의 청구에 대항하고 있다. 甲의 청구에 대한 법원의 결론을 근거와 함께 설명하시오. (15점)(2019년 제3차 변호사시험 모의시험)

(12) 1) X토지는 1970. 5. 1. A 명의로 소유권이전등기가 마쳐지고, 1993. 5. 1. B 명의로 소유권이전등기가 마쳐졌다가, 그중 1/2 지분에 관하여는 2012. 5. 1. 나머지 1/2 지분에 관하여는 2014. 5. 1. 각각 甲 명의로 소유권이전등기가 마쳐졌다. B에 대한 금전채권자 丁은 자기 채권을 보전하기 위해 X토지에 대해 2010. 3. 10. 가압류등기를 마쳤고, 이 가압류등기는 현재까지 존속하고 있다. 2) 乙은 1972. 7. 1. X토지상에 Y건물을 신축하여 그 명의로 소유권보존등기를 마쳤고, 乙이 1980. 8. 9. 사망한 이후에는 乙의 단독상속인인 丙이 소유명의를 갖고 있다. 3) 甲은 2015. 9. 5. 丙을 상대로, "丙은 甲에게 Y건물을 철거하고, X토지를 인도하며, X토지에 대한 차임 상당 부당이득금으로 2014. 5. 1.부터 인도완료일까지 월 500만원의 비율에 의한 돈을 지급하라"는 내용의 소를 제기하여, 그 소장 부본이 같은 해 9. 12. 丙에게 송달되었다. 4) 이에 대해 丙은, ① 乙이 1972.경 A로부터 X토지를 증여받았으나 X토지에 대한 소유권이전등기를 마치지 아니한 채 그 지상에 Y건물을 신축한 것이어서 X토지에 대한 점유는 적법하고, ② 설령 증여사실이 인정되지 않더라도 乙이 1972. 7. 1.부터 X토지를 점유하여 그로부터 20년이 경과한 1992. 7. 1. X토지에 대한 점유취득시효가 완성되었으며, ③ 그렇지 않다 하더라도 B가 X토지의 소유권을 취득한 1993. 5. 1.부터 20년 동안 X토지를 점유하여 2013. 5. 1. X토지에 대한 점유취득시효가 완성되었다고 주장하였다. 5) 그러자 甲은, ① A가 乙에게 X토지를 증여한 사실이 없어 乙의 점유는 타주점유에 해당하고, ② 1992. 7. 1. X토지에 관한 점유취득시효가 완성되었다 하더라도 그 이후에

X토지에 관하여 소유권을 취득한 B와 甲에 대해서는 대항할 수 없고, ③ 취득시효 진행 중에 소유자가 변경된 경우에는 점유기간의 기산점을 임의로 선택할 수 없으므로 1993. 5. 1.을 점유취득시효의 기산점으로 삼을 수 없으며, 설령 1993. 5. 1.을 기산점으로 삼을 수 있다고 하더라도 그로부터 20년이 경과하기 이전에 X토지에 관한 등기부상 소유명의자가 다시 변경되고 丁의 가압류등기가 경료되어 있어 시효가 중단되었고, ④ 적어도 1/2 지분에 관하여는 丙이 주장하는 시효완성일인 2013. 5. 1. 후에 甲이 그 소유권을 취득하였으므로 丙은 시효 완성으로 甲에게 대항할 수 없다고 주장하였다. 6) 심리 결과, 乙이 A로부터 X토지를 증여받았다는 점을 증명할 뚜렷한 증거가 제출되지 않았고, X토지 전체가 Y건물의 사용·수익에 필요하고, X토지의 차임은 2014. 5. 1.부터 현재까지 월 3백만원임이 인정되었다.

　(개) 甲의 丙에 대한 청구 중, Y건물의 철거 및 X토지의 인도 청구에 대한 결론을 그 논거와 함께 서술하시오. (35점)

　(내) 甲의 丙에 대한 청구 중, 부당이득금 반환청구에 대한 결론을 그 논거와 함께 서술하시오. (15점)(2020년 제2차 변호사시험 모의시험)

　(13) 1) 甲은 X토지의 소유자이며 현재 그 등기명의를 유지하고 있다. 2) 乙은 1998. 5. 5. 丙에게 위 토지를 5,000만원에 매도하고 같은 날 그 점유를 이전해 주었다. 이 매매계약을 맺으면서 乙은 丙에게 'X토지를 1978. 3. 3. 甲으로부터 매수하였는데 편의상 소유권이전등기를 하지 않았다'고 말하였다. 3) 2018. 3. 4. 丙은 甲과 乙을 상대로 소를 제기하였다. ① 乙을 상대로, 丙에게 1998. 5. 5.자 매매계약을 원인으로 한 소유권이전등기절차를 이행하라는 청구, ② 甲을 상대로, 주위적 청구로서 乙을 대위하여 乙에게 1978. 3. 3.자 매매계약을 원인으로 한 소유권이전등기절차를 이행하라는 청구, 그리고 예비적 청구로서 丙에게 20년간의 점유에 따른 점유취득시효 완성을 원인으로 한 소유권이전등기절차를 이행하라는 청구. 4) 2018. 3. 20. 甲은 답변서를 제출하였는데, 그 답변서에는 '甲이 乙에게 X토지를 매도한 사실이 없고, 위 토지가 甲의 소유라면서 丙의 청구를 모두 기각해 달라'는 취지의 내용이 기재되어 있다. 5) 2018. 5. 7. 丙은 청구취지 및 청구원인 변경신청서를 제출하였는데, 점유 개시일을 1998. 5. 5.로 하여 20년이 경과한 날 점유취득시효가 완성되었다고 그 내용을 구체화하였다. 6) 법원은 甲과 乙 사이에 X토지에 관해 매매계약이 체결된 사실이 없다는 심증을 형성하였다. 7) 원고 丙이 피고 甲, 乙을 상대로 한 청구의 인용 여부를 기술하시오. (45점)(2021년 제10회 변호사시험)

　(14) 1) 甲과 乙은 1997. 11. 1. X토지에 대해 각 1/2 지분으로 하는 공유등기를 마쳤다. X토지의 관리는 乙이 하였다. 한편 甲은 사업자금을 마련하기 위해 A은행으로부터 5억원을 차용하면서 2010. 1. 5. X토지에 대한 자신의 1/2 지분에 근저당권을 설정해 주었다. 2) 乙은 甲 소유 지분에 대해 처분권이 없음에도 불구하고 甲의 동의를 얻은 것처럼 하여 1999. 3. 5. X토지 전체를 丙에게 매도하였다. 丙은 소유권이전등기는 마치지 않은 채 같은 날부터 현재까지 X토지를 점유해 왔다. 한편 甲이 채무를 변제하지 않자 A은행은 저당권 실행의 경매를 신청하여 2018. 10. 1. 경매개시결정을 받아 당일 기입등기를 마쳤다. 2019. 5. 15. 丙은 甲으로부터 취득시효 완성을 원인으로 하여 그 지분에 관한 소유권이전등기를 받은 후 A은행을 상대로 근저당권등기의 말소를 구하는 소를 제기하였다. 이에 대해 A은행은 X토지 중 甲의 지분에 대한 압류에 의해 시효가 중단되었다고 항변하였다. 3) 丙의 A은행에 대한 청구가 타당한지 A은행의 항변을 고려하여 판단하시오. (20점)(2021년 제1차 변호사시험 모의시험)

(15) 1) A는 1970. 1.경 경기도 가평군 소재 X부동산을 취득하여 소유해 왔고, 이 X부동산은 A 가 가진 유일한 재산이다. 2) 1985. 11. 25. A는 B에게 X부동산에 관하여 매매예약을 원인으로 한 소유권이전청구권 가등기를 해주었지만, 10년이 넘도록 본등기는 해주지 않았다. 이후 A에 대해 이행기가 도래한 금전채권을 가진 甲은 2005. 8. 29. X부동산에 대해 가압류등기를 하였다. 그러 자 A와 B는 위 가등기를 활용하여 B에게 다시 매도하기로 합의하였다. 2005. 9. 15. B는 위 가등 기에 기해 본등기를 하였고, 2005. 10. 24. 甲의 가압류등기는 직권으로 말소되었다. B는 위 본등 기 무렵 A로부터 X부동산을 인도받아 점유를 개시하였다. 2013. 7. 3. C는 B로부터 X부동산을 매수하고 X부동산에 대해 매매를 원인으로 하는 소유권이전등기를 마쳤고, 그 무렵부터 현재까 지 이를 점유하고 있다. 3) 甲은 C를 상대로 말소된 가압류등기의 회복등기절차에 대한 승낙의 의사표시를 구하는 소를 제기하였다. 이에 대해 C는 X부동산에 대한 등기부취득시효 완성을 주 장하였다. C의 주장이 타당한지에 대해 그 법리와 함께 구체적으로 서술하시오. (15점)(2023년 제 1차 변호사시험 모의시험)

해설 p. 181

(1) 서설 – 취득시효의 의의

시효에는 소멸시효와 취득시효 둘이 있다. 어느 것이나 일정한 사실 상태가 계속된 경우에 일정한 효과를 부여하는 점에서 공통되는데, 다만 그 효과로서 전자는 '권리의 소멸'이, 후자 는 '권리의 취득'이 발생하는 점에서 상반된다.

종래의 통설은 시효제도의 존재 이유로서 '사회질서의 안정, 입증 곤란의 구제, 권리행사의 태만에 대한 제재' 세 가지를 들고, 이것은 취득시효에도 공통되는 것으로 설명한다. 그러나 권리행사의 태만에 대한 제재는 주로 소멸시효에 관련되는 것이고 취득시효와는 거리가 멀 다. 그리고 부동산 취득시효에서도 「점유취득시효」$\binom{245조}{1항}$와 「등기부취득시효」$\binom{245조}{2항}$는 그 존재 이유가 같지는 않다. 다음과 같이 나누어 볼 수 있다. (ㄱ) 전자의 경우에는 입증 곤란의 구제 에, 그리고 이를 통해 진정한 권리자를 보호하려는 데에 그 이유가 있다고 할 것이다. 즉 어 느 부동산을 누가 20년 이상 점유하여 사용·수익하는 때에는, 바꾸어 말해 소유자로 되어 있 는 자가 20년 이상 아무런 이의를 제기하지 않고 이를 방치한 때에는, 20년 이상 점유한 자 에게 소유권을 인정할 만한 실체관계가 있다고 볼 개연성이 높다.[1] 이 점에서 취득시효는 타 인의 물건을 일정 기간 점유하기만 하면 무조건 소유권 취득의 효과를 부여하려는 제도로 이 해되어서는 안 될 것이다(판례가 취득시효의 요건인 자주점유로서 선의 및 정권원正權原의 점유를 요 구하고 '악의의 무단점유'를 배제하는 것도 그 일환으로 볼 수 있다). 판례도 그 취지를 같이 한다. 즉 「부동산에 대한 취득시효 제도의 존재 이유는 부동산을 점유하는 상태가 오랫동안 계속된 경우 권리자로서의 외형을 지닌 사실 상태를 존중하여 이를 진실한 권리관계로 높여 보호함 으로써 법질서의 안정을 기하고, 장기간 지속된 사실 상태는 진실한 권리관계와 일치될 개연 성이 높다는 점을 고려하여 권리관계에 관한 분쟁이 생긴 경우 점유자의 증명 곤란을 구제하

---

1) 예컨대 A 소유 토지를 B가 매수하여 20년 이상 이를 사용·수익하였는데 그 등기는 하지 않았고 또 오랜 시간이 지나 그 등기 관계서류도 찾을 수 없는 경우를 생각해 보라. 이때는 소유권이전등기청구권에 관해 소멸시효가 적용 되면서 반면 취득시효가 성립할 수 있는 상반된 효과를 가져올 수 있다.

려는 데에 있다」고 한다(대판 2016. 10. 27., 2016다224596). (ㄴ) 이에 대해 등기부취득시효에서는 입증 곤란의 구제는 문제되지 않고, 여기서는 점유취득시효와는 달리 선의·무과실의 점유와 이미 등기가 되어 있는 것을 요건으로 하는 점에서, 그 점유자의 신뢰를 보호하는데, 나아가 등기의 공신력을 인정하지 않는 우리 법제에서 이를 통해 부동산 거래의 안전을 도모할 수 있다는 점에서 그 이유를 찾아야 할 것이다. 판례도 그 취지를 같이 한다. 즉 「등기부취득시효는 등기에 공신력을 주고 있지 않은 현행법 하에서 등기를 믿고 부동산을 취득한 자를 보호하려는 제도」라고 한다(대판(전원합의체) 1989. 12. 26, 87다카2176).

(2) 부동산 소유권의 취득시효

> 제245조〔부동산 소유권의 취득시효〕 ① 20년간 소유의 의사로 평온, 공연하게 부동산을 점유한 자는 등기함으로써 그 소유권을 취득한다. ② 부동산의 소유자로 등기한 자가 10년간 소유의 의사로 평온, 공연하게 선의이며 과실없이 그 부동산을 점유한 경우에는 그 소유권을 취득한다.

가) 공통요건

본조는 부동산 취득시효를 「점유취득시효」(245조 1항)와 「등기부취득시효」(245조 2항) 둘로 나누어 정하는데, 그 요건에는 양자에 공통된 것과 특유한 것이 있다. 후자에 관해서는 따로 설명하기로 하고, 여기서는 공통요건으로서 '소유의 의사로 평온하고 공연하게 부동산을 점유하는 것'에 관해 설명한다.

a) 대 상 (ㄱ) '자기 소유물'에 대하여도 취득시효가 인정될 수 있는가? 구민법(162조)은 취득시효의 대상을 "타인의 물건"으로 한정하였으나, 우리 민법 제245조는 이러한 제한을 두고 있지 않다. 다음과 같이 해석할 것이다. 취득시효는 원시취득이고 타인의 소유권을 승계취득하는 것이 아니어서 시효취득의 대상이 반드시 타인의 소유물이거나 그 타인이 특정되어 있어야만 하는 것은 아니지만(성명불상자의 소유물도 시효취득할 수 있다)(대판 2001. 7. 13, 2001다17572; 대판 1992. 2. 25, 91다9312), 자기 소유 부동산을 점유하는 것은 취득시효의 기초로서의 점유라고 할 수 없고 그 소유권의 변동이 있는 경우에 비로소 그러한 점유가 개시되는 점에서(대판 1989. 9. 26, 88다카26574; 대판 1997. 3. 14, 96다55860; 대판 2001. 4. 13, 99다62036, 62043)[1][2],

---

1) (ㄱ) ① A는 1993. 10. 28. 甲 소유의 부동산에 대해 가압류결정을 받았고, 1993. 11. 2. 그에 따른 가압류등기가 마쳐졌다. ② B는 甲으로부터 위 부동산을 매수한 다음 1993. 11. 22. 소유권이전등기를 마쳤다. ③ A는 2014. 5. 27. 집행력 있는 정본에 기초하여 위 부동산에 대해 강제경매를 신청하였고, 2014. 5. 28. 강제경매 개시결정의 등기가 마쳐졌다. ④ B는 1993. 11. 22.부터 20년간 위 부동산을 소유의 의사로 점유하여 그에 대한 점유취득시효가 완성되어 위 부동산을 원시취득하였고, 그에 따라 A의 가압류는 소멸되어야 하므로 그에 기한 강제집행은 허용될 수 없다고 주장하였다. (ㄴ) 대법원은 (취득시효제도에 기초한) 다음의 이유를 들어 B의 주장을 배척하였다: 「부동산에 관하여 적법·유효한 등기를 마치고 소유권을 취득한 사람이 자기 소유의 부동산을 점유하는 경우에는 특별한 사정이 없는 한 사실 상태를 권리관계로 높여 보호할 필요가 없고, 부동산의 소유명의자는 부동산에 대한 소유권을 적법하게 보유하는 것으로 추정되어 소유권에 대한 증명의 곤란을 구제할 필요 역시 없으므로, 그러한 점유는 취득시효의 기초가 되는 점유라고 할 수 없다. 다만 그 상태에서 다른 사람 명의로 소유권이전등기가 되는 등으로 소유권의 변동이 있는 때에 비로소 취득시효의 요건인 점유가 개시된다고 볼 수 있을 뿐이다」(대판 2016. 10. 27, 2016다224596).

2) (ㄱ) A는 甲으로부터 부동산을 매수하여 1997. 7. 28. 소유권이전등기를 마치고 부동산을 점유하고 있다. B는 甲에 대한 조세채권을 피보전권리로 하여 A를 상대로 사해행위 취소의 소를 제기, 승소 판결이 확정되어, B는 이 판결에 따라 A 명의의 소유권이전등기의 말소등기를 마친 다음, 2010. 3. 18. 위 부동산에 압류등기를 마쳤다. 이에 대해 A는 자신이 위 부동산의 점유를 개시한 1997. 7. 28.부터 10년이 경과한 2007. 7. 28. 등기부취득시효가 완성되었

자기 소유의 부동산인데도 소유권을 증명할 수 없는 경우에만 시효취득의 대상이 된다고 할 것이다(통설도 같은 취지임). (ㄴ) 분필되지 않은 1필의 '토지의 일부'에 대하여도 취득시효가 인정된다. 다만 그 부분이 다른 부분과 구분되어 시효취득자의 점유에 속한다는 것을 인식하기에 족한 객관적인 징표가 계속하여 존재할 것을 요건으로 한다(대판 1993. 12. 14, 93다5581). 이 점과 관련하여 유의할 것이 있다. ① 그 등기는, 점유취득시효가 완성된 토지의 일부에 대해 분필절차를 밟은 후에 시효취득의 등기를 하여야 한다. 이러한 절차를 거치지 않은 채 단순히 그 부분의 비율에 상응하는 지분의 이전을 청구할 수는 없다. ② 등기부취득시효에서는 견해가 나뉜다. 즉 이 경우에는 등기에 부합하는 점유가 있어야 하므로 부동산 일부에 대한 등기부취득시효는 부정된다는 것이 통설이지만, 점유의 양적 범위가 전적으로 등기에 부합하여야 할 이유는 없다는 이유로 그 일부에 대한 등기부취득시효를 긍정하여야 한다는 반대견해(양창수·권영준, 권리의 변동과 구제, 238면)도 있다. 반대견해가 타당하다고 본다. (ㄷ) '국유재산'은 그 용도에 따라 행정재산(공용재산·공공용재산·기업용재산·보존용재산)과 일반재산으로 구분되는데(국유재산 법6조), 행정재산은 민법 제245조에도 불구하고 시효취득의 대상이 되지 않는다(동법 7 조 2항). 반면 일반재산은 시효취득의 대상이 되지만, 이에 대한 취득시효가 완성된 후 그 재산이 행정재산으로 된 경우에는 취득시효 완성을 원인으로 한 소유권이전등기는 청구할 수 없다(대판 1997. 11. 14, 96다10782). 한편, 농지법에서 농민이 아닌 사람의 농지의 취득을 전면적으로 금지하고 있지 않을 뿐 아니라 농민이 아닌 사람의 점유로 인한 농지소유권의 시효취득을 금지하고 있지 않으므로, 농민이 아닌 사람도 '농지'를 시효취득할 수 있다(대판 1993. 10. 12, 93다1886). (ㄹ) 1동의 건물의 전유부분에 소유권이전등기를 마친 구분소유자는 건물의 대지에 대해서도 점유를 하는 것이므로, 20년간 소유의 의사로 평온·공연하게 집합건물을 구분소유한 사람은 (대지에 대해) 등기를 함으로써 대지의 소유권을 취득할 수 있다(아파트를 분양하면서 대지의 소유명의가 분양자 앞으로 남아 있어 수분양자가 전유부분에 대해서만 소유권이전등기를 마친 후, 분양자를 상대로 대지에 대해 점유취득시효를 원인으로 소유권이전등기를 청구한 사안)(대판 2017. 1. 25, 2012다72469).

　b) **평온 및 공연한 점유**　　점유는 평온하고 공연한 것이어야 하는데, 이것은 점유자에게 추정된다(197조 1항).

　c) **자주점유**　　소유의 의사로 점유하는 자주점유가 필요하다. 이 점유에는 간접점유도 포함된다.[1] 자주점유는 권원의 성질에 의해 결정하고, 그것이 분명하지 않은 경우에는 민법상 자주점유로 추정되는데(197조 1항), 일정한 경우에는 그 추정이 깨지는 경우가 있다. 이에 대한 자

　　으므로, B의 위 압류등기는 제3자의 재산을 대상으로 한 것이어서 무효라고 주장, B 명의의 압류등기의 말소를 청구하였다. (ㄴ) 대법원은 다음의 이유를 들어 A에게 등기부취득시효가 인정되지 않는 것으로 보았다: 「부동산에 관한 소유권이전의 원인행위가 사해행위로 인정되어 취소되더라도, 그 사해행위 취소의 효과는 채권자와 수익자 사이에서 상대적으로 생길 뿐이다. 따라서 사해행위가 취소되더라도 그 부동산은 여전히 수익자의 소유이고, 다만 채권자에 대한 관계에서 채무자의 책임재산으로 환원되어 강제집행을 당할 수 있는 부담을 지고 있는 데 지나지 않는다. 그런데 자기 소유의 부동산에 대한 점유는 취득시효의 기초가 되는 점유라고 할 수 없어, A에게 등기부취득시효가 인정될 수 없다」(대판 2016. 11. 25, 2013다206313).

1)　甲으로부터 농지를 매수한 乙이 丙에게 무상으로 경작하게 한 경우, 乙은 그가 농민이 아니더라도 丙의 점유를 매개로 하여 농지를 시효취득할 수 있다. 다만, 丙의 점유는 타주점유이므로, 丙은 시효취득을 할 수 없다(대판 1998. 2. 24, 97다49053).

세한 내용은 (p.119 이하) '점유의 모습으로서 자주점유' 부분에서 이미 기술하였다(그 내용은 취득시효에도 그대로 통용된다).

나) 점유취득시효 (특별요건)

a) 20년의 점유   평온하고 공연한 자주점유가 20년간 계속되어야 한다. 20년의 점유기간과 관련하여 해석상 문제되는 점은 다음과 같다.

aa) 20년간 점유의 계속 :   점유가 20년간 계속되어야 하므로, 중간에 점유하지 않은 기간이 있으면 합산된 점유기간이 20년 이상이더라도 이 요건은 충족되지 않는다. 20년의 점유에 관해서는 점유의 승계가 인정되고($^{199}_{조}$), 또 전후 두 시점에 점유한 사실이 있는 경우에는 그 점유는 계속된 것으로 추정한다($^{198}_{조}$).

bb) 기산점 :   (ㄱ) 판례는 후술하는 바와 같이, 20년의 취득시효기간이 완성되기 전에 부동산이 제3자에게 양도된 경우에는 (그것만으로는 취득시효의 중단사유로 볼 수 없어) 취득시효 완성 후 점유자는 제3자에게 취득시효를 주장할 수 있지만, 취득시효기간 완성 후에 제3자에게 양도된 경우에는 이중양도의 법리에 따라 (또한 취득시효에 기한 등기청구권은 시효완성 당시의 소유자에 대한 채권적 청구권으로 보는 점에서) 점유자가 제3자에게 취득시효를 주장할 수 없는 것으로 본다. 그래서 20년의 점유기간의 기산점에 관해서도 위 법리를 기초로 한다. 예컨대 甲 소유 토지를 A가 25년간 점유하였는데 그 전인 21년째에 위 토지가 乙에게 양도되었다고 하자. 이 경우 A가 현재 점유하고 있는 시점부터 소급하여 20년을 계산한다면, A가 乙에게 취득시효를 주장할 수 있게 된다. 그러나 점유의 시초부터 계산한다면, 乙은 취득시효 완성 후 부동산을 양도받은 것으로서 A는 乙에게 취득시효를 주장할 수 없게 된다. 여기서 점유의 시초부터 기산하는 후자의 방식을 취하는 것이 확립된 판례이다($^{대판 1965. 7. 6, 65다914; 대판}_{1966. 2. 28, 66다108; 대판 1969.}$ $^{9. 30, 69}_{다764}$). 전자의 방식을 취하면, 점유취득시효의 요건으로서 등기를 요구하는 것이 무의미해지고 또 거래의 안전(위 예에서 乙)이 침해를 받기 때문이다. 한편 점유의 승계가 인정되므로($^{199}_{조}$), 점유자가 자기만의 점유를 주장할지 아니면 전 점유자의 점유까지 합산하여 주장할지는 그가 선택할 수 있으나, 그 합산을 하는 경우에도 원칙적으로 전 점유자의 임의의 시점을 선택할 수는 없다($^{대판 1981. 3. 24, 80다2226;}_{대판 1981. 4. 14, 80다2614}$). 1) (ㄴ) 다만, '취득시효기간 중 계속해서 등기명의자가 동일한 경우'에는, 점유의 기산점을 앞의 경우처럼 고정하지 않고 임의의 시점을 잡을 수 있다고 하고 역산도 할 수 있는 것으로 본다. 즉 위 경우에는, ① 그 기산점을 어디에 두든지 간에 취득시효의 완성을 주장할 수 있는 시점에서 보아 기간이 경과한 사실만 확정되면 충분하고

---

1) 판례는, 「구분소유적 공유관계에 있는 토지 중 공유자 1인의 특정 구분소유 부분에 관한 점유취득시효가 완성되었는데, 다른 공유자의 특정 구분소유 부분이 다른 사람에게 양도되고 그에 따라 토지 전체의 공유지분에 관한 지분이전등기가 경료된 경우, 대외적인 관계에서는 점유취득시효가 완성된 특정 구분소유 부분 중 다른 공유자 명의의 지분에 관하여는 소유 명의자가 변동된 경우에 해당하므로, 점유자는 취득시효의 기산점을 임의로 선택하여 주장할 수 없다」고 한다(대판 2006. 10. 12, 2006다44753). 구분소유적 공유에서는 내부적으로는 공유자 각자가 특정 구분소유 부분을 단독소유하고 대외적으로는 지분별로 공유하는 구성을 취하므로, 어느 공유자의 특정 구분소유 부분이 다른 사람에게 양도된 경우에는 점유취득시효가 완성된 문제의 특정 구분소유 부분에 대해서도 지분별로 양도된 것과 같은 결과를 가져오기 때문에, 그 문제의 부분에 대한 점유취득시효의 기산점을 임의로 선택할 수 없다는 것으로서, 상술한 판례의 기본태도와 같은 취지의 것이다.

(대판 1993. 1. 15, 92다12377;
대판 1990. 1. 25, 88다카22763), ② 전 점유자의 점유를 승계, 통산하여 20년이 경과한 경우에도 전 점유자의 임의의 시점을 기산점으로 삼을 수 있으며(대판 1998. 5. 12,
97다8496, 8502), ③ 이러한 법리는 소유권의 변동이 있더라도 그 이후 계속해서 취득시효기간이 경과하도록 등기명의자가 동일한 경우에도 통용된다(대판 1998. 5.
12, 97다34037). (ㄷ) 취득시효의 기산점은 법률효과의 판단에 관하여 직접 필요한 주요사실이 아니고 간접사실에 불과하므로 법원으로서는 이에 관한 당사자의 주장에 구속되지 않고 소송자료에 의하여 점유의 시기를 인정할 수 있다(대판 1998. 5.
12, 97다34037).

b) 등 기   점유취득시효는 법률행위가 아니므로 등기가 필요 없다고 할 것이지만(187조
참조), 민법 제245조 1항은 등기를 하여야 소유권을 취득하는 것으로 정하고, 이 점에서 민법 제187조에 대한 예외가 된다. 따라서 등기 없이 그 취득기간이 경과하였다는 사유만으로 소유권의 확인을 구할 수는 없다(대판 1991. 5.
28, 91다5716).

aa) 등기의 방식 :   위 등기의 절차와 방식에 대해서는 민법이나 부동산등기법에 아무런 정함이 없다. 실무상으로는 등기명의자인 소유자와 점유자의 공동신청에 의해 취득시효 완성을 원인으로 소유권이전등기를 하는 방식을 취하고 있다. 통설도 같은 입장이다.[1] 문제는 미등기 부동산을 시효취득하는 경우인데, 같은 취지에서 점유자가 소유자를 대위하여 보존등기를 한 다음에 점유자의 명의로 이전등기를 하여야 한다(미등기 부동산이라고 하여 취득시효기간의 경과만으로 등기 없이도 점유자가 소유권을 취득하는 것은 아니다(대판 2006. 9. 28,
2006다22074, 22081)). 시효완성 당시의 소유권보존등기 또는 이전등기가 무효인 경우에는, 점유자는 소유자를 대위하여 위 무효등기의 말소를 구하고 다시 소유자를 상대로 취득시효 완성을 원인으로 소유권이전등기절차의 이행을 구하여야 한다(대판 2005. 5. 26,
2002다43417). 즉 등기부상의 소유자로 등기되어 있는 사람이라고 하더라도 그가 진정한 소유자가 아닌 이상 그를 상대로 취득시효의 완성을 원인으로 소유권이전등기를 청구할 수는 없다(대판 2009. 12. 24,
2008다71858). 다만 예외가 없지 않다.[2]

bb) 등기청구권의 성질과 양도성 :   (ㄱ) 민법 제245조 1항 소정의 '등기'의 성질에 관해, 판례는, 점유자가 소유자에게 소유권이전등기를 청구해야 하고, 이 소유권이전등기청구권은 '채권적 청구권'으로서 원칙적으로 10년의 소멸시효에 걸린다고 하여(다만 목적물을 점유하고 있는 경우에는 시효에 걸리지 않음), 위 등기청구권을 '실체법상의 권리'로 파악한다(대판(전원합의체)
1995. 3. 28, 93다47745; 대판 1995. 12. 5, 95다24241. 같은 취지로, 대판 1986. 8. 19, 85다카2306; 대판 1993. 9. 14, 93다10989; 대판 1999. 7. 9, 98다29575). (ㄴ) 부동산 점유취득시효가 완성된 경우, 점유의 시초부터 기산하여 20년이 되는 때에 그 당시의 점유자가 소유자에게 채권으로서의 등기청구권을 가진다고 보는 것이 판례의 기본태도이다. 점유취득시효의 경우 등기를 요건으로 정

---

1) 취득시효가 원시취득임을 이유로 점유자의 단독신청에 의해 보존등기를 하여야 한다고 보는 견해도 있다(김용한, 277면). 그러나 원시취득의 경우에 반드시 보존등기를 하여야 한다는 근거는 없고(토지수용은 원시취득이지만 소유권이전등기의 방식을 취한다(부동산등기법 99조)), 부동산등기법상 보존등기를 할 수 있는 경우가 제한되어 있으며(동법 65조), 보존등기의 경우에는 그동안의 권리변동 과정이 공시되지 않는 점에서 문제가 있기 때문에, 이전등기의 방식을 취하는 것이 타당할 것으로 생각된다.

2) 판례: 「등기부상 소유명의자의 등기가 원인무효라 하더라도 그가 진정한 소유자를 상대로 제기한 소유권이전등기청구소송의 확정판결에 기해 그 등기가 경료된 것이라면, 그 판결의 기판력 때문에 시효취득자가 진정한 소유자를 대위하여 위 등기의 말소를 대위행사할 수는 없는 것이어서, 이와 같은 특별한 사정이 있는 경우에는 그 등기부상 소유명의자를 상대로 취득시효를 원인으로 한 소유권이전등기를 청구할 수 있다」(대판 1999. 7. 9, 98다29575).

한 것을 실현하고 또 등기하기 전의 소유자로부터 부동산을 취득한 제3자의 거래의 안전을 보호하려는 취지에서이다. 여기서 점유취득시효가 완성된 점유자가 소유자에게 갖는 소유권이전등기청구권을 양도할 수 있는지에 대해, 판례는, 취득시효 완성의 경우에는 채권자와 채무자 사이에 아무런 계약관계나 신뢰관계가 없는 점에서 (매매로 인한 소유권이전등기청구권의 양도의 경우와는 달리) 통상의 채권양도의 법리에 따라 양도할 수 있다고 한다(대판 2018. 7. 12.,/2015다36167).

cc) **취득시효 완성자로부터 점유를 승계한 양수인의 소유권이전등기 청구의 방법 :** (ㄱ) 이 사건 임야는 甲의 소유였는데, 이를 대산감리교회가 1956. 11. 8. 매수하여 그 지상 가옥을 교회로 사용하여 왔다. 그 후 위 임야는 1964년 乙에게, 1967년 丙에게 각각 소유권이전등기가 마쳐졌다. A는 1986년에 위 교회로부터 위 임야 및 그 지상건물을 매수하여 위 임야 부분을 인도받아 점유하여 왔다. 1992년에 A는 丙의 지위를 포괄승계한 B를 상대로 위 교회를 대위하여 위 교회 앞으로 위 임야 부분에 대해 1976. 11. 8. 점유취득시효 완성을 원인으로 소유권이전등기절차를 이행할 것을 청구하였다. 이 사안에서 판례는 다음의 두 가지 이유를 들어 A의 (대위)청구를 인용하였다. ① 취득시효 제도는 일정한 기간 점유를 계속한 자를 보호하여 그에게 실체법상의 권리를 부여하는 제도이므로, 점유자가 취득시효기간의 만료로 일단 소유권이전등기청구권을 취득한 이상, 그 후 점유를 상실하였다 하더라도 이를 시효이익의 포기로 볼 수 있는 경우가 아닌 한, 이미 취득한 소유권이전등기청구권은 소멸되지 않는다. ② 종전 점유자의 점유를 승계한 자는 그 점유 자체와 하자만을 승계하는 것이지 그 점유로 인한 법률효과까지 승계하는 것은 아니므로, 부동산을 취득시효기간 만료 당시의 점유자로부터 양수하여 점유를 승계한 현 점유자는 종전 점유자에 대한 소유권이전등기청구권을 보전하기 위해, 종전 점유자의 소유자에 대한 소유권이전등기청구권을 대위행사할 수 있을 뿐, 종전 점유자의 취득시효 완성의 효과를 주장하여 직접 자기에게 소유권이전등기를 청구할 권원은 없다(대판(전원합의체) 1995./3. 28, 93다47745).[1] (ㄴ) 이 사안에서 유의할 점이 있다. 먼저 A는 채권자대위권에 기해 대

---

1) 이 판결은 다수의견과 반대의견으로 나뉘었는데, 그 핵심은 부동산 점유취득시효가 처음으로 완성된 경우에 그 완성 당시의 점유자에게 (취득시효 완성을 원인으로 한) 소유권이전등기청구권을 귀속시킬 것인지에 있다. 다수의견은 이를 긍정하고, 따라서 현 점유자는 채권자대위권의 행사를 통해 자신 앞으로 소유권이전등기를 할 수 있는 것으로 구성한다(종전의 판례 중에는, 점유를 상실한 직전 점유자는 취득시효의 완성을 이유로 소유권이전등기를 청구할 수 없다고 한 것이 있는데(대판 1991. 12. 10, 91다32428), 위 판결로써 이를 폐기하였다). 이에 대해 반대의견은 이를 부정하고, 소유권이전등기청구권은 현재 점유하고 있는 현 점유자가 점유의 승계를 통해 직접 등기명의인을 상대로 소유권이전등기를 청구할 수 있는 것으로 구성한다. 학설 중에도 이러한 반대의견에 찬동하는 견해가 있다 (고상룡, "시효취득 부동산을 점유승계한 자의 소유권이전등기청구방법", 법률신문 2405호, 14면).
부동산 점유취득시효의 경우, 점유자는 취득시효 완성 후 등기를 하여야 비로소 소유권을 취득한다. 그래서 판례는, 취득시효 완성을 기점으로 하여 점유자가 그 등기를 하기 전에 소유권등기 명의인이 부동산을 제3자에게 처분하여 제3자 앞으로 소유권이전등기가 마쳐진 때에는 이중양도의 법리에 따라 제3자가 소유권을 취득하고, 점유자는 제3자에게 취득시효의 완성을 주장할 수 없다고 한다. 그렇지 않으면 부동산 점유취득시효에서 등기를 요구한 취지가 무의미해지고 또 거래의 안전을 기할 수 없기 때문이다. 따라서 처음으로 부동산 점유취득시효가 완성된 때와 그 당시의 점유자(따라서 그가 갖는 소유권이전등기청구권)를 확정하여야 할 필요가 있다. 한편 그 일환으로 현 점유자가 점유의 승계를 주장하더라도 전 점유자의 임의의 시점을 선택할 수는 없으므로, 결국 전 점유자의 모든 점유의 승계 과정에서 전 점유자에게 취득시효가 완성된 경우에는 그에게 소유권이전등기청구권이 귀속된 것으로 구성할 수밖에 없다. 이런 점에서 보면 대상판결의 다수의견이 타당하다고 본다(대상판결을 간단히 평석하면서 이를 적시한 견해로, 김홍엽, "취득시효 완성 후 점유를 이전받은 자의 지위", 국민과 사법(윤관 대법원장 퇴임기념), 532 면 이하).

위청구를 한 것이고, 법원은 이를 바탕으로 그 인용 여부를 판단한 것이다. 그런데 丙이 소유권을 취득한 1967년부터 계속해서 등기명의자의 변동이 없는 경우이므로(상속도 마찬가지이다), 1987년 이후부터는 점유취득시효가 성립할 수 있고, 따라서 1992년에 A가 丙의 지위를 포괄승계한 B를 상대로 직접 A 앞으로 소유권이전등기절차를 이행할 것을 청구하였다면, 이것도 인용될 수 있다는 점이다.

dd) 등기하기 전의 점유자의 지위

(α) 소유자와 점유자의 관계 :　(ㄱ) 점유취득시효가 완성되면 점유자는 소유자에게 소유권이전등기를 청구할 수 있고, 소유자는 이에 응할 의무가 있으므로, 그리고 그에 따라 점유자는 점유를 개시한 때로 소급하여 소유권을 취득하게 되므로($^{247조}_{1항}$), 소유자는 점유자에 대해서는 소유권을 행사할 지위에 있지 않다고 보는 것이 판례의 태도이다. 그리고 점유자는 등기 전이라도 민법 제213조 단서에 의해 '점유할 권리'를 갖는다. 그래서 소유자는 점유자에 대해서는 그 대지에 대한 불법점유임을 이유로 그 지상건물의 철거와 대지의 인도를 청구할 수 없고($^{대판 1988. 5. 10,}_{87다카1979}$), 점유로 인한 손해배상청구나 부당이득 반환청구를 할 수 없으며($^{대판 1966. 2.}_{15, 65다2189;}$ $^{대판 1993. 5.}_{25, 92다51280}$), 소유권의 확인을 받을 이익도 없다고 한다($^{대판 1995. 6.}_{9, 94다13480}$). (ㄴ) 그러나 점유취득시효가 완성되더라도 점유자 명의로 소유권이전등기가 되기 전에는 그는 소유자가 아니므로, 원소유자는 소유자로서 적법하게 권리를 행사할 수 있다. 예컨대 취득시효가 완성된 토지라 하더라도 그 사실을 모르고 소유자가 그 토지상에 건축을 한 때에는, 후에 취득시효 완성을 원인으로 소유권이전등기를 하더라도 소유권에 기해 그 건물의 철거를 구할 수는 없다(민법 제247조 1항에 따른 취득시효에 의한 소유권 취득의 소급효는 이러한 경우에까지 적용되는 것은 아니다). 다만 그 등기 전이라도 점유자는 점유권에 기한 방해배제청구로서 건물의 철거를 구할 수는 있겠는데, 이에 대해서는 (민법 제205조 3항 소정의) 제척기간의 제한을 받는다(그 밖에 이에 대한 판례의 내용 등은 p.179 '취득시효의 효과' 부분을 참조할 것). 또한, 취득시효가 완성된 토지를 국가가 수용한 경우, 토지 소유자는 국가에 보상금을 청구할 수 있다($^{대판 2016. 6.}_{9, 2014두1369}$).

(β) 취득시효 완성 전에 소유자가 제3자에게 목적물을 처분한 경우 :　(ㄱ) 취득시효가 완성되기 전에 소유자가 제3자에게 목적물을 처분하여 등기부상의 소유명의자가 변경된다고 하더라도, 그 사유만으로는 점유자의 종래의 사실 상태의 계속을 파괴한 것이라고 볼 수 없어, 취득시효를 중단할 사유가 되지 못한다($^{대판 1976. 3. 9, 75다2220, 2221;}_{대판 1997. 4. 25, 97다6186}$). 따라서 새로운 소유명의자는 취득시효 완성 당시 권리의무 변동의 당사자로서 취득시효 완성으로 인한 불이익을 받게 된다고 할 것이어서, 시효완성자는 그 소유명의자에게 시효취득을 주장할 수 있다($^{대판 1973.}_{11. 27, 73}$ $^{다1093, 1094; 대판 1992.}_{3. 10, 91다43329}$). (ㄴ) 이러한 내용은 소유자가 목적물을 담보로 제공하는 경우에도 통용된다고 할 것이다. 가령 취득시효 완성 전에 소유자가 목적물을 제3자 앞으로 저당권을 설정해 준 경우, 점유자가 후에 취득시효에 기해 소유권을 취득하게 되면, (취득시효는 원시취득인 점에서) 그 저당권은 소멸된다고 볼 것이다.

(γ) 취득시효 완성 후에 소유자가 제3자에게 목적물을 처분한 경우

(ㄱ) 제3자에 대한 관계 :　1) 부동산 점유취득시효는 등기를 함으로써 그 소유권을 취

득하며, 그 전에는 취득시효 완성 당시의 소유자에게 채권적 청구권으로서의 소유권이전등기 청구권을 가질 뿐이므로, 그 등기를 하기 전에 먼저 그 소유권을 취득한 제3자에게는 이중양도의 법리에 따라 취득시효를 주장할 수 없다(대판 1965. 7. 6, 65다914; 대판 1986. 8. 19, 85다카2306). 이 경우 제3자에의 이전등기 원인이 점유자의 취득시효 완성 전의 것이라도 마찬가지이다(대판 1998. 7. 10, 97다45402). 다만 다음과 같은 점을 유의해야 한다. ① 점유자가 취득시효 완성을 주장할 수 없는 「제3자」는 취득시효기간 만료 후에 새로운 이해관계를 갖게 된 제3자로서, 부동산에 관한 거래의 안전과 등기 제도의 기능을 위하여 보호할 가치가 있는 자에 국한되어야 한다. 다음과 같이 나누어 볼 수 있다. ⓐ 취득시효 완성 후 소유자의 공동상속인 중의 한 사람이 다른 상속인의 상속분을 양수한 경우(대판 1993. 9. 28, 93다22883), 취득시효 완성 후 상속인 중의 한 사람이 소유자인 피상속인으로부터 증여를 받아 소유권이전등기를 마친 경우(대판 1998. 4. 10, 97다56495), 취득시효 완성 후 소유자의 위탁에 의하여 소유권이전등기를 마친 신탁법상의 수탁자(그 수탁자가 해당 부동산의 공유자들을 조합원으로 한 비법인사단인 재건축조합인 경우에도 같다)(대판 2003. 8. 19, 2001다47467), 유효한 명의신탁 약정에 기해 수탁자 명의로 소유권이전등기가 되었는데 취득시효 완성 후 신탁자가 명의신탁을 해지하고 신탁자 명의로 소유권이전등기를 마친 경우(대판 1995. 5. 9, 94다22484), 취득시효 완성 후 그 부동산의 소유자에 대한 파산선고와 동시에 파산재단에 속하는 그 부동산에 관하여 파산관재인이 선임된 경우(대판 2008. 2. 1, 2006다32187), 각각 제3자에 해당한다. 그리고 취득시효 완성 전에 소유권이전청구권 보전의 가등기가 되어 있고 취득시효 완성 후에 가등기에 기해 소유권이전의 본등기를 마친 사람도, 물권변동은 본등기를 한 때에 생기는 것이므로, 제3자에 포함된다(대판 1992. 9. 25, 92다21258). 그 밖에 부동산에 대한 점유취득시효가 완성될 당시 부동산이 신탁법상의 신탁계약에 따라 수탁자 명의로 소유권이전등기와 신탁등기가 되어 있더라도 수탁자가 신탁재산에 대하여 대내외적인 소유권을 가지는 이상 점유자가 수탁자에 대하여 취득시효 완성을 주장하여 소유권이전등기청구권을 행사할 수 있지만, 이를 등기하지 않고 있는 사이에 부동산이 제3자에게 처분되어 그 명의로 소유권이전등기가 마쳐짐으로써 점유자가 제3자에 대하여 취득시효 완성을 주장할 수 없게 되었다면, 제3자가 다시 별개의 신탁계약에 의하여 동일한 수탁자 명의로 소유권이전등기와 신탁등기를 마침으로써 부동산의 소유권이 취득시효 완성 당시의 소유자인 수탁자에게 회복되는 결과가 되었더라도, 수탁자는 취득시효 완성 후의 새로운 이해관계인에 해당하므로 점유자는 그에 대하여도 취득시효 완성을 주장할 수 없다(대판 2016. 2. 18, 2014다61814). ⓑ 그러나, 상속인이 될 사람이 소유자로부터 부동산을 증여받았으나 소유권이전등기를 하지 않고 있던 중에 소유자가 사망하여 상속이 개시되고 그 후 취득시효가 완성된 경우, 상속인이 가지고 있던 피상속인에 대한 증여를 원인으로 한 소유권이전등기청구권은 상속에 의해 혼동으로 소멸되는 반면, 점유자에 대하여는 취득시효가 완성된 때에 소유권이전등기의무를 부담하게 되므로, 그 상속인은 제3자에 해당하지 않는다(대판 2012. 3. 15, 2011다59445). 취득시효 완성 당시 미등기로 남아 있던 토지에 관하여 소유권을 가지고 있던 사람이 취득시효 완성 후에 그 명의로 또는 상속인 명의로 소유권보존등기를 마치더라도, 이는 시효취득에 영향을 미치는 소유권의 변경에 관한 등기가 아니거나 소유자의 변경에 해당하지 않는 것이므로, 제3자에 해당하지 않는다(대판 2007. 6. 14, 2006다84423)

(동지: 대판 1995. 2. 10, 94다28468; 대판 1998. 4. 14,) 또한, 어느 부동산에 대하여 취득시효가 완성된 이후에
(97다44089; 대판 2002. 3. 15, 2001다77352, 77369)
지방자치단체의 구역 변경이나 폐치·분합으로 새로운 지방자치단체가 종전 지방자치단체의
사무와 재산을 승계하여 당해 부동산을 취득하게 된 경우에도 위 제3자에 해당하지 않는다(대판 2002. 3. 15, 2000다23341). ② 제3자에게 취득시효를 주장할 수 없는 경우에도 그것은 제3자 명의의 등기가
적법 유효함을 전제로 하는 것이어서, 제3자 명의의 등기가 원인무효인 경우에는 점유자는
취득시효 완성 당시의 소유자를 대위하여 제3자 명의의 등기의 말소를 구함과 아울러 소유자
에게 취득시효 완성을 원인으로 한 소유권이전등기를 구할 수 있다(대판 2002. 3. 15, 2001다77352, 77369). ③ 제3자
앞으로 소유권이전등기가 되었어도 당초의 점유자가 계속 점유하고 있고, 소유자가 변동된 시
점을 새로운 기산점으로 삼아도 다시 취득시효기간이 완성되는 경우에는, 점유자는 소유권 변
동시를 새로운 취득시효의 기산점으로 삼아 소유권등기를 청구할 수 있다(대판(전원합의체) 1994. 3. 22, 93다46360). [1]

2) 위의 내용은 소유자가 목적물을 담보로 제공하는 경우에도 통용된다고 할 것이다. 가
령 취득시효 완성 후 그 등기 전에 소유자가 목적물을 제3자 앞으로 저당권을 설정해 준 경
우, 점유자가 후에 취득시효에 기해 소유권을 취득하더라도 제3자 명의의 저당권은 소멸되지
않고 존속한다. 취득시효에 기해 등기하기 전의 상태에서 거래의 안전을 보호하여야 할 요청
은 목적물에 대한 소유권이전뿐만 아니라 저당권설정의 경우에도 다를 것이 없기 때문이다.

(ㄴ) 종전의 소유자에 대한 관계 :　① 취득시효가 완성된 후 이를 주장하거나 이로 인
한 소유권이전등기청구를 하기 전에는, 부동산 소유자는 특별한 사정이 없는 한 시효취득 사
실을 알 수 없고 또 알아야 할 의무가 있는 것도 아니므로, 부동산을 제3자에게 처분하였다
하더라도 귀책사유가 없어 불법행위는 성립하지 않는다. 또 점유자에게 취득시효로 인한 소

---

1) 이 전원합의체 판결의 내용을 설명하면 다음과 같다. (ㄱ) 부동산 점유취득시효에서 20년의 점유기간의 「기산점」에 관
해, 판례는 취득시효 완성을 주장하는 자가 임의로 그 기산점을 선택하지 못하는 것을 '원칙'으로 삼는다. 시효취득
을 주장하는 자가 임의로 그 기산점을 선택하게 된다면, 이를테면 현재로부터 20년의 기간으로 역산하는 것을 허용
하게 되면, 시효 완성을 주장하는 당사자는 취득시효에 의한 등기를 하지 않고도 점유의 승계를 통해 언제나 제3취
득자에 대하여 시효 완성으로 인한 등기청구를 할 수 있게 되어, 민법이 점유취득시효에서 등기를 요구한 취지가
실현될 수 없을 뿐만 아니라 부동산에 관한 거래의 안전을 해칠 우려가 있어 이를 방지하자는 데 그 이유가 있다.
따라서 그 기산점은 점유의 시초부터 기산하는 것이 원칙이다. (ㄴ) 이러한 원칙에는 '예외'가 있는데, 위 판결이 이에
관한 것이다. 즉 취득시효 완성 후 토지 소유자에 변동이 있는 경우, 소유자가 변동된 시점을 기준으로 하여 새로
취득시효가 완성할 때에는, 그 소유권 변동시를 새로운 취득시효의 기산점으로 삼을 수 있다는 것이다. 만약 이러
한 경우 시효취득할 수 없다고 한다면, 일단 취득시효기간이 경과한 후 제3자 명의로 이전등기된 부동산은 새로운
권원에 의한 점유 없는 한 영원히 시효취득의 대상이 아닌 것으로 되고, 시효기간 경과 후의 제3취득자는 시효취
득의 대상이 되지 않는 부동산을 소유하게 됨으로써 보통의 소유자보다 더 강력한 보호를 받게 되며, 나아가 취
시효 제도가 사실상 부인되는 결과가 초래되어 부당하기 때문이다. 종전의 판례 중에는 '시효기간 경과 후에 제3취
득자 앞으로의 소유권이전등기시를 그 시효취득의 기산점으로 삼을 수 없다'고 한 것이 있는데(대판 1982. 11. 9,
82다565), 이 판례는 위 판결에 의해 폐기되었다. (ㄷ) 이후의 판례도 그 취지를 같이하고 있는데, 그 요건을 보다 분
명히 하고 있다. 즉 ① 취득시효 완성 후 소유권의 변동시점을 기준으로 하는 한, 그 이후의 점유에 있어서는 점유
의 승계도 허용된다(대판 1995. 2. 28, 94다18577). ② 취득시효기간이 경과하기 전에 소유명의가 변경된다고 하더
라도 그 사유만으로는 취득시효의 중단을 인정할 수 없고, 시효완성자는 그 소유명의자에게 시효취득을 주장할 수
있는데, 이러한 법리는 위와 같이 새로 2차의 취득시효가 개시되어 그 취득시효기간이 경과하기 전에 등기부상의
소유자가 다시 변경된 경우에도 마찬가지로 적용된다(대판(전원합의체) 2009. 7. 16, 2007다15172, 15189). 종전의
판례는, 새로 2차의 취득시효 완성을 주장하려면, 그 새로운 취득시효기간 중에는 등기명의자가 동일하고 소유자의
변동이 없어야 한다고 판시하였는데(대판(전원합의체) 1994. 3. 22, 93다46360; 대판 1994. 4. 12, 92다41054; 대판
1995. 2. 28, 94다18577; 대판 1999. 2. 12, 98다40688; 대판 2001. 12. 27, 2000다43963), 이것은 위 판결에 의해
변경되었다.

유권이전등기청구권이 있다고 하더라도, 그 부동산을 처분한 소유자에게 귀책사유는 없으므로 채무불이행책임을 물을 수는 없다(대판 1995. 7. 11, 94다4509). ② 다만, 점유자가 취득시효를 주장하면서 소유권이전등기청구의 소를 제기하여 그에 관한 입증까지 마쳤다면 부동산 소유자로서는 시효취득 사실을 알 수 있다 할 것이고, 그 후 소유자가 그 부동산을 제3자에게 매도하거나 근저당권을 설정하는 등 처분하여 취득시효 완성을 원인으로 한 소유권이전등기의무가 이행불능에 빠졌다면, 소유자의 그러한 처분행위는 시효취득자에 대한 소유권이전등기의무를 면탈하기 위하여 한 것으로서 위법하고, 소유자는 이로 인하여 시효취득자가 입은 손해를 배상할 책임이 있다(대판 1999. 9. 3, 99다20926). 한편, 제3자가 취득시효 완성의 사실을 안 경우에도 이 사유만으로는 제3자를 상대로 취득시효를 주장할 수 없다(대판 1994. 4. 12, 93다50666, 50673). 그러나 제3자가 소유자의 그러한 불법행위에 적극 가담하였다면 이는 사회질서에 반하는 행위로서 무효이다(대판 1993. 2. 9, 92다 47892; 대판 1994. 4. 12, 93다60779; 대판 2002. 3. 15, 2001다77352, 77369). ③ 취득시효가 완성된 토지가 수용되어 토지 소유자에게 보상금이 지급된 경우, 따라서 취득시효 완성을 원인으로 한 소유권이전등기의무가 이행불능이 되면서도 그에 갈음하여 보상금을 받은 경우, 점유자는 토지 소유자에게 대상청구권代償請求權의 행사로서 그가 받은 보상금의 반환을 청구할 수 있다는 것이 판례의 견해이다(이에 관한 자세한 내용은 채권법 p.151 '(4) 대상청구권' 참조). ④ 부동산에 대한 점유취득시효 완성 후 등기하지 않고 있는 사이에 제3자에게 소유권이전등기가 마쳐지면 제3자에게는 취득시효로 대항할 수 없으나, 그로 인하여 점유자가 취득시효 완성 당시의 소유자에게 취득시효로 인한 소유권이전등기청구권을 상실하게 되는 것은 아니고 위 소유자의 점유자에 대한 소유권이전등기의무가 이행불능으로 된 것인데, 그 후 어떠한 사유로 취득시효 완성 당시의 소유자에게 소유권이 회복되면 그 소유자에게 취득시효를 주장할 수 있다(대판 1991. 6. 25, 90다14225).

다) 등기부취득시효 (특별요건)

등기부취득시효에서는 부동산의 소유자로 등기한 자가 10년간 선의·무과실로 부동산을 점유하는 것이 필요하다(245조 2항). 점유자가 이미 소유자로 등기가 되어 있어야 하고, 선의·무과실의 점유여야 하며, 그 기간이 10년인 점에서 점유취득시효와는 다르다.

a) 10년의 소유권 등기와 점유

aa) 소유권의 등기 : (ㄱ) 하나의 토지를 2인이 공유등기를 하고 이를 인도받아 같이 점유를 한 후에 분할등기를 한 경우, 이는 그 소유권을 명확히 한 데 불과하므로, 이 공유등기 내지 분할등기는 부동산의 소유자로 계속하여 등기한 것에 해당한다(대판 1976. 5. 25, 75다1105). (ㄴ) 이 등기는 적법·유효한 등기일 필요는 없고 원인무효의 등기라 하더라도 무방하다. 다만 중복등기에 한해서는 판례는 예외를 둔다. 즉 「위 규정에서 '등기'는 부동산등기법 제15조가 규정한 1부동산 1용지주의에 위배되지 않는 등기를 말하므로, 어느 부동산에 관하여 등기명의인을 달리하여 소유권보존등기가 이중으로 경료된 경우, 먼저 이루어진 소유권보존등기가 원인무효가 아니어서 뒤에 된 소유권보존등기가 무효로 되는 때에는, 뒤에 된 소유권보존등기나 이에 터잡은 소유권이전등기를 근거로 해서는 등기부취득시효의 완성을 주장할 수 없다」고 한다(대판(전원 합의체))

1996. 10. 17,). (ㄷ) 상속인은 등기를 하지 않고도 상속에 의해 당연히 부동산 소유권을 취득하므로
($^{187}_{조}$), 피상속인 명의로 소유권등기가 10년 이상 계속된 이상, 상속인은 동조 소정의 "부동산
의 소유자로 등기한 자"에 해당한다($^{대판\ 1989.\ 12.}_{26,\ 89다카6140}$).

판례는 다음의 경우에는 등기부취득시효의 요건을 갖추지 않은 것으로 본다. ① 부동산 명의
신탁에서 수탁자 명의로 등기된 기간이 10년이 지났다고 하더라도 그 등기를 신탁자의 등기로
볼 수 없어 신탁자에게 등기부취득시효가 인정될 수 없다. 또 수탁자는 점유를 하고 있어도 그
점유권원의 성질상 타주점유에 불과하여, 수탁자의 상속인은 따로 소유의 의사로 점유를 개시
하였다고 볼 수 있는 사유가 있지 않는 한 시효의 효과로 인하여 신탁물인 부동산의 소유권을
취득할 수 없다($^{대판\ 1987.\ 11.}_{10,\ 85다카1644}$). ② 공유자의 1인이 공유 부동산 중 특정 부분만을 점유하여 왔다
면, 그 특정 부분에 대한 공유지분의 범위에서만 민법 제245조 2항에서 말하는 '부동산의 소유
자로 등기한 자'와 '부동산을 점유한 때'에 해당하여 등기부취득시효의 요건을 구비할 뿐이고,
부동산 전체에 대한 공유지분을 시효취득하지는 못한다($^{대판\ 1986.\ 5.\ 27,\ 86다카280;}_{대판\ 1993.\ 8.\ 27,\ 93다4250}$). ③ 1필지의 토지
를 수필의 토지로 분할하여 등기하려면 '공간정보의 구축 및 관리 등에 관한 법률'에 따라 분할
의 절차를 밟아야 하고, 가사 등기부에만 분필의 등기가 이루어졌다고 하여도 이로써 분필의
효과는 생기지 않는다. 따라서 이러한 절차를 거친 바가 없다면 그 등기가 표상하는 목적물은
특정되었다고 할 수 없으니, 그 등기는 그가 점유하는 토지부분을 표상하는 등기로 볼 수 없어,
등기부취득시효의 요건인 '부동산의 소유자로 등기한 자'에 해당하지 않는다($^{대판\ 1995.\ 6.}_{16,\ 94다4615}$).

bb) 등기 기간 :　점유기간은 10년이어야 하는데, 소유권등기가 등기부에 기록된 기간도
10년이어야 한다는 것이 통설과 판례이다. 여기서 '점유의 승계'($^{199}_{조}$)가 인정되듯이 등기의 승
계도 인정되는지 문제된다. 종전 판례는 부동산의 소유자로 등기된 기간과 점유기간이 때를
같이하여 다같이 10년임을 요한다고 하여 이를 부정하였는데($^{대판(전원합의체)\ 1985.}_{1.\ 29,\ 83다카1730}$), 그 후의 판례
에서 종전 판례를 폐기하고 등기의 승계를 인정하는 것으로 그 견해를 바꾸었다($^{대판(전원합의체)}_{1989.\ 12.\ 26,\ 87}$
$^{다카}_{2176}$). 그 논거로 첫째, 등기와 점유는 권리의 외관을 표상하는 방법에서 동등한 가치가 있으
므로 등기에 대해서도 점유의 승계에 관한 민법 제199조를 유추적용함이 타당하고, 둘째, 구
민법과는 달리 등기부취득시효 제도를 두면서 그 요건을 엄격히 한 점에서 등기의 승계를 인
정하는 것이 입법 취지에 부합하며, 셋째, 그렇게 보는 것이 등기에 공신력을 주고 있지 않은
현행법체계에서 등기를 믿고 부동산을 취득한 자를 보호하려는 등기부취득시효 제도에도 합
치된다는 점을 든다.

b) 선의 및 무과실의 점유　(ㄱ) 선의는 점유자가 자기의 소유로 믿는 것이고, 무과실은 그
렇게 믿는 데 과실이 없는 것을 말한다(따라서 위조등기를 한 경우에는 그 등기명의자에게는 등기
부취득시효가 인정될 수 없다).[1] (ㄴ) 선의와 무과실은 시효기간 동안 계속되어야 하는지 문제된
다. 민법은 동산 소유권의 취득시효에서는 「점유가 선의이며 과실 없이 개시된 경우」라고 함

---

1) 그러나 위조등기를 한 등기명의자로부터 선의로 부동산을 매수한 제3자에게는 등기부 시효취득이 인정될 수 있다.
　이 경우 소유권을 상실하게 된 소유자는 위조등기를 한 자에게 불법행위를 이유로 손해배상을 청구할 수 있다(대판
　2008. 6. 12, 2007다36445).

으로써, 선의와 무과실은 점유를 개시한 때에만 필요한 것임을 정하고 있으나($\frac{246조}{2항}$), 등기부취득시효에서는 「선의이며 과실 없이 그 부동산을 점유한 때」라고 정할 뿐이어서 문제되는 것이다($\frac{245조}{2항}$). 통설은 선의와 무과실은 점유 개시 당시에 있으면 족한 것으로 해석한다. 점유한 기간 모두에 이를 요구하는 것은 외국의 입법례에 비추어 시효취득자에게 너무 가혹하고, 또 동산 취득시효에 관한 제246조 2항을 유추적용할 수 있다는 것을 논거로 든다. 판례도 같은 취지이다($\frac{대판\ 1983.\ 10.\ 11,\ 83다카531;}{대판\ 1987.\ 8.\ 18,\ 87다카191}$). (ㄷ) 점유자의 선의는 추정되므로($\frac{197조}{1항}$), 점유자는 무과실만을 입증하면 된다($\frac{대판\ 2017.\ 12.}{13,\ 2016다248424}$). 그런데, 부동산의 매수인은 매도인에게 그 부동산을 처분할 권한이 있는지 여부를 조사하여야 할 것이므로, 그 조사를 하지 않고 매수하였다면 부동산의 점유에 과실이 있다고 할 수 있다($\frac{대판\ 1985.\ 7.}{9,\ 84다카1866}$).[1] (ㄹ) 종전 점유자의 점유를 승계하는 경우에는 종전 점유자의 점유 개시 당시에 선의·무과실이어야 한다. 따라서 甲 소유 토지를 A가 등기서류를 위조하여 소유권이전등기를 하고 10년이 지나 B가 A로부터 토지를 매수하여 인도받고 소유권이전등기를 한 경우, B가 A의 점유를 승계한다고 하더라도 그것은 악의의 점유로서 등기부취득시효의 요건을 충족하지 못하므로, B가 등기부취득시효를 이유로 소유권을 취득하기 위해서는 자기만의 등기와 점유가 10년이 넘으면서 선의·무과실로 시작된 것이어야 한다.

(3) 동산 소유권의 취득시효

> 제246조 〔동산 소유권의 취득시효〕 ① 10년간 소유의 의사로 평온, 공연하게 동산을 점유한 자는 그 소유권을 취득한다. ② 전항의 점유가 선의로 과실 없이 개시된 경우에는 5년을 경과함으로써 그 소유권을 취득한다.

본조는 동산 소유권의 취득시효를 규정하는데, 그 점유가 선의·무과실인지 여부에 따라 10년과 5년의 취득시효기간을 달리 정한다. 특히 선의·무과실은 점유 개시 당시에 있으면 되는 것으로 규정한다($\frac{246조}{2항}$). 그런데 동산에는 선의취득의 제도가 있어($\frac{249조}{이하}$) 본조가 적용될 실익은 많지 않다(선의취득이 인정되지 않는 경우에 적용될 실익은 있다).

---

1) 구체적으로는 다음과 같다. ① 매도인이 등기부상의 소유명의자와 동일인인 경우에는 특별한 사정이 없는 한 이를 믿고 매수한 사람에게 과실이 있다고 할 수 없다(대판 1994. 6. 28, 94다7829). 이러한 법리는 매수인이 지적공부 등의 관리주체인 국가나 지방자치단체라고 하여 다르지 않다(대판 2019. 12. 13, 2019다267464). 그러나 등기부의 기재나 다른 사정에 의해 매도인의 처분권한에 대해 의심할 만한 사정이 있거나, 매도인과 매수인의 관계 등에 비추어 매수인이 매도인에게 처분권한이 있는지 여부를 조사하였더라면 그 처분권한이 없음을 쉽게 알 수 있었을 경우에는, 매수인에게 과실이 있다(대판 2017. 12. 13, 2016다248424). ② 본인의 대리인이라고 칭하는 자로부터 부동산을 매수하는 자가 직접 본인에게 대리권의 유무를 확인하지 않았다면 그 부동산을 인도받아 선의로 점유하였다고 하여도 과실이 있다(대판 1990. 6. 12, 90다카544). ③ 甲이 乙을 상대로 소유권이전등기의 말소소송을 제기하여 승소 판결이 확정되었으나, 丙이 乙로부터 부동산을 매수할 때는 위 판결에 따른 말소등기가 되어 있지 않고 예고등기까지 말소되어 있어, 중개인과 사법서사 등으로부터 아무런 하자가 없다는 설명을 듣고 이를 매수하여 그때부터 이를 점유한 사안에서, 丙이 乙을 진정한 소유자로 믿은 데에 과실이 없다고 보아, 丙의 등기부 시효취득을 인정하였다(대판 1992. 1. 21, 91다36918). ④ 소유자가 따로 있음을 알 수 있는 부동산에 대하여 국가가 국유재산법에 의한 무주부동산 공고절차를 거쳐 등기를 마치고 점유를 개시한 경우, 그 점유의 개시에 있어 자기의 소유라고 믿은 데 과실이 있다(대판 2008. 10. 23, 2008다45057).

(4) 소유권 외의 재산권의 취득시효

　a) 의　의　　취득시효에 의해 취득할 수 있는 권리는 소유권이 보통이지만, 민법은 그 외의 재산권도 취득시효에 의해 취득할 수 있음을 정하면서, 이 경우 부동산 취득시효($\frac{245}{조}$) 및 동산 취득시효($\frac{246}{조}$)의 요건과, 취득시효의 효과와 중단의 규정($\frac{247}{조}$)을 준용하는 것으로 한다($\frac{248}{조}$).

　b) 요　건

　　aa) 일반적 요건：　물건이 아닌 재산권을 대상으로 하는 점에서 점유뿐만 아니라 준점유($\frac{210}{조}$)도 포함하고, 또 점유 또는 권리행사는 '소유의 의사'가 아니라 그 권리자로서의 의사로 할 것을 요한다.

　　bb) 대　상：　(ㄱ) 재산권이어야 하고, 재산권이 아닌 부양청구권 등은 취득시효의 대상이 되지 않는다. (ㄴ) 재산권이라도 점유나 준점유가 수반되지 않는 권리는 그 대상이 되지 않는다. 저당권은 점유를 수반하지 않고, 또 저당권의 실행이 있기 전에는 저당권의 준점유도 성립하기 어려우므로 그 전에 저당권을 시효취득할 수는 없다고 할 것이다. 한편 전세권에 관해서는, 전세권의 존속기간은 10년을 넘지 못하는데($\frac{312조}{1항}$), 취득시효에 의한 소유권 취득의 효력은 점유를 개시한 때로 소급하여($\frac{247조}{1항}$), 이를테면 20년간 점유하여 전세권의 취득시효를 주장하더라도 나머지 10년의 범위에서는 그 실익이 없게 되고, 또 담보물권의 측면에서도 전세금반환채권의 시효취득을 생각할 수 없어 부정적으로 해석할 것이다. 채권에 관해서는 문제가 없지 않으나, 일본에서는 부동산 임차권에 관해 이를 긍정하는 것이 판례의 견해라고 한다($\frac{민법주해(V),}{425면(윤진수)}$). 그리고 취득시효는 일정한 상태의 계속을 기초로 하는 것이어서 청구권이나 형성권은 그 대상에서 제외되며, 또 법률의 규정에 의해 성립하는 점유권과 유치권도 취득시효의 대상이 되지 않는다. (ㄷ) 결국 본조에 의해 취득시효의 대상이 되는 권리로는 ① 지상권,[1] ② 지역권,[2] ③ 질권,[3] ④ 어업권과 광업권,[4] ⑤ 상표권이나 특허권 등의 지식재산권이 있다.

　c) 효　과　　재산권의 취득시효에 관해서는 민법 제245조 내지 제247조를 준용한다($\frac{248}{조}$). 통설은, 그 대상이 되는 권리가 예컨대 지상권처럼 부동산에 관한 권리인 때에는 제245조를, 질권처럼 동산에 관한 권리인 때에는 제246조를 준용하여야 하는 것으로 해석한다. 그 밖의

---

　1) 판례: (ㄱ) 「타인의 토지에 관해 공작물의 소유를 위한 지상권의 점유취득시효가 인정되려면, 그 토지의 점유 사실 외에도 그것이 임대차나 사용대차관계에 기한 것이 아니라 지상권자로서의 점유에 해당함이 객관적으로 표시되어 계속되어야 하고, 그 입증책임은 시효취득을 주장하는 자에게 있으며, 그와 같은 요건이 존재하는가의 여부는 개별 사건에서 문제된 점유 개시와 공작물의 설치 경위, 대가관계, 공작물의 종류와 구조, 그 후의 당사자 간의 관계, 토지의 이용상태 등을 종합하여 그 점유가 지상권자로서의 점유에 해당한다고 볼 만한 실질이 있는지의 여부에 의해 판단하여야 한다」(대판 1996. 12. 23, 96다7984). 건물을 소유하기 위해 그 건물 부지를 평온·공연하게 20년간 점유한 사안에서, 건물 부지에 대한 지상권의 취득시효를 긍정한 것이 있다(대판 1994. 10. 14, 94다9849). (ㄴ) 「재산상속인은 상속 개시된 때부터 피상속인의 재산에 관한 포괄적 권리의무를 승계하는 것이므로, 부동산의 지상권자로 등기된 자가 그 부동산을 지상권자로서 평온·공연하게 선의이며 과실 없이 점유하다가 지상권 취득시효 완성 전에 사망하여 그 지상권설정등기와 점유권이 재산상속인에게 이전된 경우에는, 피상속인과 상속인의 등기 및 점유기간을 합산하여 10년이 넘을 때 지상권의 등기부 취득시효기간이 완성된다」(대판 1989. 3. 28, 87다카2587).
　2) 특히 이에 관해서는 계속되고 표현된 지역권에 한해 제245조의 규정을 준용한다고 따로 규정하고 있다(제294조).
　3) 어떤 사정으로 점유하게 된 타인의 동산을 그 타인에 대한 채권을 담보하기 위하여 계속 점유하는 경우를 생각할 수 있다(김중한·김학동, 147면).
　4) 이에 관하여는 특별법에 의해 시효취득이 인정된다(수산업법 제16조 2항·광업법 제10조 1항).

권리도 이러한 법리에 준해 처리할 것이다. 유의할 것은, 분묘기지권도 취득시효에 의해 성립할 수 있지만(이에 관해서는 '지상권' 부분에서 다룬다), 이것은 관습법에 의해 인정되는 물권으로서 따로 규율된다.

(5) 취득시효의 중단 · 정지와 시효이익의 포기

a) 취득시효의 중단   (ㄱ) '소멸시효의 중단'에 관한 규정($^{168조}_{이하}$)은 취득시효에도 준용된다($^{247조}_{2항}$). 따라서 취득시효 중단의 사유와 그 효력은 소멸시효에서와 같다(그러므로 가령 소유자가 제3자에게 지상권이나 저당권 등을 설정하여 소유권을 행사하는 것만으로는 취득시효는 중단되지 않는다).[1] 물론 이것은 취득시효가 완성되기 전에만 문제되는 것이고, 완성 후에는 시효중단의 효력이 발생할 여지가 없다. 판례는, ① 취득시효기간의 만료 전에 등기부상의 소유명의가 변경되었다고 하더라도 이로써 종래의 점유상태의 계속이 파괴되었다고 할 수 없으므로, 이것만으로는 취득시효의 중단사유가 될 수 없다고 한다($^{대판 1997. 4.}_{25, 97다6186}$). ② 응소도 재판상 청구에 해당하지만, 점유자가 소유자를 상대로 소유권이전등기 청구소송을 제기하면서 그 청구원인으로 '취득시효 완성'이 아닌 '매매'를 주장한 사안에서, 소유자가 이에 응소하여 원고 청구기각의 판결을 구하면서 원고의 주장 사실을 부인하는 경우에는, 이는 원고 주장의 매매 사실을 부인하여 원고에게 그 매매로 인한 소유권이전등기청구권이 없음을 주장한 것에 불과하고 소유자가 자신의 소유권을 적극적으로 주장한 것으로 볼 수 없으므로, 위 응소는 취득시효의 중단사유로서의 재판상 청구에 해당하지 않는다고 한다($^{대판 1997. 12.}_{12, 97다30288}$). (ㄴ) 취득시효가 중단되면 중단사유가 종료된 때부터 시효가 새로 진행된다($^{178조}_{1항}$). 그런데 소유자가 점유자를 상대로 적극적으로 소유권을 주장하여 승소한 경우에는, 점유자가 소유자에게 등기말소 또는 명도 등의 의무를 부담하는 것으로 확정된 것이어서 점유자의 점유는 단순한 악의점유에 그치는 것이 아니라 패소 판결 확정 후부터는 타주점유로 전환되므로($^{대판 1996. 10. 11, 96다19857; 대판}_{2000. 12. 8, 2000다14934, 14941}$), 그 점유자는 이제부터는 시효취득을 할 수 없게 된다. 따라서 이 경우에는 (재판상의 청구로 중단한 시효는 재판이 확정된 때부터 새로 진행된다는) 민법 제178조 2항은 준용될 여지가 없다.

b) 취득시효의 정지   '소멸시효의 정지'에 관한 규정($^{179조~}_{182조}$)이 취득시효에도 준용되는지에 관해서는 민법은 정하고 있지 않다. 통설은, 시효정지 제도의 취지에 비추어 취득시효에 이를 제외할 이유가 없다는 이유로 그 규정을 유추적용하여야 한다고 한다.[2]

c) 취득시효 이익의 포기   (ㄱ) 민법은 이에 대해 정하고 있지 않으나, '소멸시효 이익의 포기'에 관한 규정($^{184조}_{1항}$)을 유추적용하여 취득시효기간 만료 후 그 시효이익을 포기할 수 있다는

---

1) 점유취득시효 목적 부동산에 대한 압류 또는 가압류가 취득시효의 중단사유가 되는지에 관해, 판례는 다음과 같은 이유를 들어 부정한다. 「소멸시효의 중단에 관한 규정은 부동산 점유취득시효에 준용된다(247조 2항). 그런데 점유로 인한 부동산 소유권의 시효취득에 있어 취득시효의 중단사유는 종래의 점유상태의 계속을 파괴하는 것으로 인정될 수 있는 사유여야 한다. 민법 제168조 2호에서 정하는 '압류 또는 가압류'는 금전채권의 강제집행을 위한 수단이거나 그 보전수단에 불과하여, 취득시효기간 완성 전에 부동산에 압류 또는 가압류 조치가 이루어졌다고 하더라도 이로써 종래의 점유상태의 계속이 파괴되었다고는 할 수 없으므로, 이는 취득시효의 중단사유가 될 수 없다」(대판 2019. 4. 3, 2018다296878).

2) 그러나 우리 민법 제정과정에서는 명백히 "소멸시효의 정지에 관한 규정을 취득시효에 준용하지 않는다"고 밝히고 있어, 통설은 입법자의 의사와는 거리가 있는 것으로 보인다(민법안심의록(상), 180면).

것이 통설과 판례이다$\binom{대판 1995. 2.}{24, 94다18195}$. 취득시효가 완성되기 전에 시효이익을 미리 포기하는 것은 제184조 1항의 유추적용상 허용되지 않는다. (ㄴ) 취득시효 이익의 포기로 인정되려면, 포기자 즉 점유자가 취득시효 완성의 사실을 알고 포기할 것이 필요하다.[1] 그리고 그 포기는 상대방 있는 단독행위로서 그 의사표시로 인하여 직접적인 영향을 받는 취득시효 완성 당시의 진정한 소유자에게 하여야 효력이 있고, 원인무효인 등기의 등기부상 소유명의자에게 한 경우에는 효력이 없다$\binom{대판 2011. 7. 14,}{2011다23200}$. 판례의 이러한 입장은, 소멸시효 이익의 포기에서는 채무자가 시효완성의 사실을 알고 포기한 것으로 추정하는 태도$\binom{대판 1967. 2.}{7, 66다2173}$와는 차이가 있지만, 소멸시효나 취득시효나 이를 엄격하게 적용하려는 점에서는 그 방향을 같이하는 것이다.

〈판 례〉 (ㄱ) 다음의 경우에는 취득시효 이익의 포기를 긍정한다. 즉, 타인의 토지를 침범한 것에 대해 토지를 실측하여 경계선을 확정하고 쌍방의 공동 부담으로 담을 축조하기로 합의한 경우$\binom{대판 1961. 12.}{21, 4293민상297}$, 취득시효 완성을 원인으로 소유권이전등기를 청구하였으나 상대방의 소유를 인정하고 소를 취하한 경우이다$\binom{대판 1973. 9.}{29, 73다762}$. (ㄴ) 다음의 경우에는 이를 부정한다. 즉, 일단 취득시효기간의 만료로 점유자가 소유권이전등기청구권을 취득한 이상 그 후 부동산에 대한 점유가 중단되더라도 이를 시효이익의 포기로 볼 수는 없고$\binom{대판 1989. 4. 25,}{88다카3618}$, 취득시효기간이 경과한 후에 부동산의 점유자가 그 소유자에게 점유 부동산의 매수를 제의한 일이 있다고 하더라도, 일반적으로 점유자는 취득시효가 완성된 후에도 소유자와의 분쟁을 간편히 해결하기 위해 매수를 시도하는 사례가 허다함에 비추어, 그 매수 제의의 사실을 가지고 타주점유로 볼 수는 없다(즉 시효이익의 포기로 보지 않음)$\binom{대판(전원합의체) 1983. 7. 12, 82다708·709, 82}{다카1792·1793; 대판 1991. 2. 22, 90다12977}$.

(6) 취득시효의 효과

a) 확정적 권리취득 취득시효의 요건을 갖춘 때에는 확정적으로 해당 권리를 취득한다$\binom{245조·246}{조·248조}$.[2]

b) 원시취득 (ㄱ) 취득시효로 인한 소유권의 취득은 원시취득으로 보는 것이 통설과 판례이다. 따라서 특별한 사정이 없는 한 원소유자의 소유권에 있던 각종 제한의 영향을 받지 않는 완전한 내용의 소유권을 취득하게 된다. 그러므로 그 반사적 효과로서 그 부동산에 대하여 취득시효 기간 중에 체결되어 소유권이전등기청구권 가등기에 의하여 보전된 매매예약상의 매수인의 지위는 소멸된다$\binom{대판 2004. 9. 24,}{2004다31463}$. (ㄴ) 다만, 취득시효의 기초가 된 점유가 타인의 권리를 용인하고 있던 경우에는 시효취득으로 타인의 권리는 소멸되지 않는다. 여기에 해당하

---

1) 판례: 「취득시효 완성 후에 점유자가 그 사실을 모르고 당해 토지에 관하여 어떠한 권리도 주장하지 않기로 하고서, 그 후 그에 상반되는 취득시효를 주장하는 것은 신의칙상 허용되지 않는다」(대판 1998. 5. 22, 96다24101).

2) 판례(등기부취득시효가 완성된 후 그 등기가 말소된 경우의 처리): 「부동산의 소유자로 등기한 자가 10년간 소유의 의사로 평온·공연하게 선의이며 과실 없이 그 부동산을 점유한 때에는 민법 제245조 2항의 규정에 의하여 바로 그 부동산에 대한 소유권을 취득하는 것이므로, 등기부취득시효가 완성된 경우에는 별도로 이를 원인으로 한 소유권이전등기청구권이 발생할 여지가 없으므로, 등기부취득시효의 완성 후에 그 부동산에 관한 점유자 명의의 등기가 말소되거나 적법한 원인 없이 다른 사람 앞으로 소유권이전등기가 경료되었다 하더라도, 그 점유자는 등기부취득시효의 완성에 의해 취득한 소유권에 기해 현재의 등기명의자를 상대로 방해배제를 청구할 수 있을 뿐이고, 등기부취득시효의 완성을 원인으로 현재의 등기명의자를 상대로 소유권이전등기를 구할 수는 없다」(대판 1999. 12. 10, 99다25785).

는지는 다음 몇 가지로 나누어 볼 수 있다. ① 토지 위에 건물이 있는 상태에서 토지를 점유하여 시효취득을 하는 경우이다. 이때는 점유자의 토지에 대한 점유 자체가 토지상의 건물의 부담을 인용한 상태에서 시작된 것으로 볼 수 있기 때문에 건물은 존속하고 그 철거를 구할 수 없다. 목적물에 지역권이 설정되어 있는 경우에도 마찬가지라고 할 것이다. ② 취득시효 완성 전에 소유자가 목적물을 제3자 앞으로 저당권을 설정해 준 경우이다. 이때는 점유자의 점유 자체가 저당권의 부담을 인용한 상태에서 시작되었다고 보기는 어려워, 그 저당권은 시효취득에 따라 소멸된다고 볼 것이다. ③ 다만, 진정한 권리자가 아니었던 채무자 또는 물상보증인이 제3자 앞으로 저당권을 설정해 준 경우에는, 이들은 저당권의 존재를 용인하고 점유를 시작해 온 것으로 볼 수 있어, 이들이 후에 시효취득을 하는 경우에는 제3자 명의의 저당권은 소멸되지 않고 존속한다는 것이 판례의 견해이다(대판 2015. 2. 26,).[1]$\binom{2014다21649}{}$

c) **소유권 취득의 소급효**   「전 2조의 규정에 의한 소유권 취득의 효력은 점유를 개시한 때로 소급한다」$\binom{247조}{1항}$.

aa) **취 지:** 부동산 점유취득시효나 등기부취득시효, 그리고 동산 취득시효 모두 소유권 취득의 효력은 점유를 개시한 때로 소급한다. 이것은 영속된 사실관계를 그대로 권리관계로 높임으로써 법률관계의 안정을 꾀하려는 취득시효 제도의 취지에서 연유하는 것이다. 따라서 점유자가 취득시효기간 동안에 얻은 과실 그 밖의 이익은 정당한 권원에 의하여 얻은 것이 되어 소유자에게 반환할 필요가 없다. 그러므로 소유자는 점유자에게 부당이득 반환청구나 불법행위를 이유로 한 손해배상청구 또는 계약상의 청구권에 기해 그 반환을 청구할 수도 없다.

bb) **원소유자의 권리행사의 효과:**   (α) 예컨대 어느 토지에 대한 점유취득시효가 완성된 후 그 등기 전에 토지 소유자가 그 토지상에 건축을 한 경우, 점유자가 취득시효를 원인으로 소유권이전등기를 하면 그 건물의 철거를 구할 수 있는가? 또 그 등기 전에는 어떤 권리도 행사할 수 없는가? (ㄱ) 민법 제247조 1항에 따라 시효취득자의 소유권 취득 이전의 점유는 원소유자에 대해 소급하여 적법한 점유가 된다. 따라서 원소유자는 점유자에게 그동안의 점유에 대해 손해배상청구나 부당이득 반환청구를 할 수 없다. 위 규정상 소급효의 의미는 이러한 한도에서 효력을 가질 뿐이다. 다시 말해 점유자 명의로 등기를 하기 전에는 점유자는 소유자가 아니므로 원소유자가 소유권에 기해 한 정당한 권리의 행사까지 그 효력을 부정할 수 있는 것은 아니다. 판례도 취지를 같이한다. 즉, 「점유취득시효에서는 점유자가 등기를 하여야 비로소 그 소유권을 취득하는 것이므로, 점유자가 원소유자에 대하여 취득시효를 원인으로 한 소유권이전등기청구를 하는 등 그 권리행사를 하거나 원소유자가 취득시효 완성 사실을

---

1) 판례: 「진정한 권리자가 아니었던 채무자 또는 물상보증인이 채무 담보의 목적으로 채권자에게 부동산에 관하여 저당권설정등기를 경료해 준 후 그 부동산을 시효취득하는 경우에는, 채무자 또는 물상보증인은 피담보채권의 변제의무 내지 책임이 있는 사람으로서 이미 저당권의 존재를 용인하고 점유하여 온 것이므로, 저당목적물의 시효취득으로 저당권자의 권리는 소멸되지 않는다. 이러한 법리는 부동산 양도담보의 경우에도 마찬가지이다. 즉 양도담보권 설정자가 양도담보 부동산을 시효취득한 경우, 양도담보권자를 상대로 피담보채권의 시효소멸을 이유로 담보 목적으로 경료된 소유권이전등기의 말소를 구할 수는 있다고 하더라도, 취득시효를 이유로 담보 목적으로 경료된 소유권이전등기의 말소나 그 이전등기를 구할 수는 없다」(대판 2015. 2. 26, 2014다21649).

알고 점유자의 권리취득을 방해하려고 하는 등의 특별한 사정이 없으면, 원소유자는 점유자 명의로 소유권이전등기가 되기 전에는 소유자로서 그 토지에 관한 적법한 권리를 행사할 수 있고, 따라서 그 권리행사로 인하여 점유자의 토지에 대한 점유의 상태가 변경되었다면, 그 뒤 소유권이전등기를 경료한 점유자는 변경된 점유의 상태를 용인하여야 한다」고 한다. 위 예에서 점유자가 취득시효를 주장하였는데도 또는 소유자가 취득시효를 알면서도 건축을 한 것이 아니라면, 점유자는 건물의 철거를 구할 수 없다$\binom{\text{대판 1999. 7.}}{\text{9, 97다53632}}$. (ㄴ) 위 예에서 점유자는 그 등기 전에는 소유자가 아니므로 소유권에 기해 그 건물의 철거를 구할 수는 없다. 그러나 (점유취득시효가 완성된) 점유자는 점유권에 기해 점유방해의 배제, 즉 그 건물의 철거를 구할 수는 있다$\binom{\text{대판 2005. 3. 25,}}{\text{2004다23899, 23905}}$. 다만 이 경우는 민법 제205조 소정의 제척기간 내에 권리를 행사하여야 하므로, 그 건축에 착수한 지 1년이 지나거나 건축이 완성된 때에는 그 철거를 구할 수 없다.

(β) 가령 어느 토지에 대해 점유취득시효가 완성된 후 점유자가 그 소유권이전등기를 하기 전에 토지 소유자가 채무의 담보로서 토지를 채권자 앞으로 저당권을 설정해 준 경우, 점유자가 나중에 취득시효를 이유로 소유권이전등기를 마치더라도 위 저당권은 소멸되지 않고 존속한다. 다시 말해 점유자는 저당권의 부담을 안은 상태에서 토지의 소유권을 취득하게 된다. 여기서 점유자가 채권자에게 그 저당권으로 담보된 채권을 대신 변제한 경우에 채무자에게 구상할 수 있는지에 관해, 판례$\binom{\text{대판 2006. 5.}}{\text{12, 2005다75910}}$는 이를 부정한다.[1]

사례의 해설 (1) A는 악의의 무단점유자로서, 판례에 의하면 자주점유가 부정된다. 따라서 점유의 승계가 인정된다고 하더라도 점유취득시효에서 A의 (자주점유로서의) 점유기간$\binom{\text{1971. 8. 12.~}}{\text{1991. 3. 18.}}$은 C에게 승계되지 않으므로, 1993년에 소유권에 기해 대지의 인도를 청구한 B에 대해 C는 20년의 점유기간을 충족하지 못하므로 취득시효를 주장할 여지가 없다.

(2) (ㄱ) B와 C 사이: B는 취득시효 완성을 원인으로 A에게 채권적 청구권으로서의 소유권이전등기청구권을 가질 뿐이고, 그에 기초하여 그 등기가 되기까지는 토지의 소유권은 A에게 있으므로, A가 그 토지를 C에게 처분하여 C 명의로 등기가 마쳐진 때에는 이중양도의 법리에 따라 먼저 등기가 마쳐진 C가 소유권을 취득한다. 다시 말해, B는 C를 상대로 취득시효 완성을 원인으로 소유권이전등기를 청구할 수는 없다. (ㄴ) A와 B 사이: A가 B의 취득시효 완성의 사실을 알

---

1) 판례: (ㄱ) A는 B의 토지를 점유하여 1995. 2. 25. 취득시효기간이 지났다. B는 그 후 C로부터 4천만원을 차용하고 그 담보로 위 토지를 C 앞으로 근저당권을 설정해 주었다. 그런데 B의 채무불이행으로 C가 위 토지에 대해 경매를 신청하려고 하자, A가 C에게 위 차용금을 지급한 후 B에게 대위변제에 의한 구상금 또는 부당이득금의 지급을 청구하였다. (ㄴ) 대법원은, A는 근저당권의 부담을 안고 시효취득을 하는 것이어서 그 변제는 자신의 이익을 위한 것이고 타인의 채무를 대신 변제한 것이 아니라는 이유로, A의 청구를 배척하였다. 즉「원소유자가 취득시효의 완성 이후 그 등기가 있기 전에 그 토지를 제3자에게 처분하거나 제한물권의 설정, 토지의 현상 변경 등 소유자로서의 권리를 행사하였다 하여 시효취득자에 대한 관계에서 불법행위가 성립하는 것이 아님은 물론, 위 처분행위를 통하여 그 토지의 소유권이나 제한물권 등을 취득한 제3자에 대하여 취득시효의 완성 및 그 권리취득의 소급효를 들어 대항할 수도 없다 할 것이니, 이 경우 시효취득자로서는 원소유자의 적법한 권리행사로 인한 현상의 변경이나 제한물권의 설정 등이 이루어진 그 토지의 사실상 혹은 법률상 현상 그대로의 상태에서 등기에 의하여 소유권을 취득하게 된다. 따라서 시효취득자가 원소유자에 의하여 그 토지에 설정된 근저당권의 피담보채무를 변제하는 것은, 시효취득자가 용인하여야 할 그 토지상의 부담을 제거하여 완전한 소유권을 확보하기 위한 것으로서 그 자신의 이익을 위한 행위라 할 것이니, 위 변제액 상당에 대하여 원소유자에게 대위변제를 이유로 구상권을 행사하거나 부당이득을 이유로 그 반환청구권을 행사할 수 없다」(대판 2006. 5. 12, 2005다75910).

고도 그 소유 토지를 C에게 처분하여 B가 소유권을 취득하지 못하게 한 점에서 A에게 불법행위가 성립할 수 있고($^{750}_{조}$), 한편 법률의 규정에 의해 B에게 부담하는 소유권이전등기의무의 불능을 가져온 점에서 A에게 채무불이행이 성립할 수도 있다($^{390}_{조}$). 따라서 B는 A를 상대로 불법행위 또는 채무불이행을 이유로 손해배상을 청구할 수 있다. 그 밖에 이행불능에 따른 대상청구권의 행사로서 B는 A에게 A가 C로부터 받은 매매대금 3천만원을 B에게 양도할 것을 청구할 수도 있다(대상청구권에 관해서는 채권법 p.146 '이행불능' 부분을 볼 것). (ㄷ) A와 C 사이: C가 A의 배임행위(B에 대한 소유권이전등기의무)에 적극 가담하는 등 A와 C 사이의 매매가 반사회질서에 해당하지 않는 한, C는 유효하게 토지소유권을 취득한다.

(3) (ㄱ) 乙에게 민법 제245조 1항 소정의 부동산 점유취득시효가 완성되었는지 문제된다. 먼저 1987. 11. 1. (1차) 취득시효 완성 후 乙은 소유권을 취득한 B 또는 甲에게는 취득시효를 주장할 수 없다. 그러나 1차 취득시효 완성 후 (등기부상의 명의인이 바뀐) B가 X토지에 대해 소유권을 취득한 1988. 9. 1.을 취득시효의 새로운 기산점으로 삼아 20년이 되는 2008. 9. 1.부터는 취득시효를 주장할 수 있다($^{대판(전원합의체)\ 2009.\ 7.}_{16,\ 2007다15172,\ 15189}$). 그러나 2차 취득시효 완성 후 甲이 소유권이전등기를 마친 3/4 지분에 대해서는 乙은 甲에게 취득시효를 주장할 수 없다. (ㄴ) 장차 X토지는 (乙이 甲을 상대로 1/4 지분에 대해 소유권이전등기를 하는 것을 전제로) 甲과 乙이 3 : 1의 지분 비율로 공유하게 된다. 이 경우 공유 토지의 과반수 지분권자는 관리 방법으로써 공유 토지를 '배타적으로 사용·수익' 할 수 있으므로($^{265}_{조}$)($^{대판\ 2001.\ 11.\ 27,}_{2000다33638,\ 33645}$), 그 일환으로 甲은 乙이 X토지상에 신축한 건물의 철거와 토지의 인도를 청구할 수 있다. (ㄷ) 2008. 9. 1. 2차 취득시효가 완성된 경우, 1/4 지분 범위에서는 乙에게 사용수익권이 있으므로($^{대판\ 1993.\ 5.}_{25,\ 92다51280}$), 甲은 乙에게 3/4 지분 범위에서 토지의 사용에 따른 부당이득의 반환을 청구할 수 있다.

(4) (가) 甲의 점유취득시효가 2011. 1. 15. 완성되었으나 이를 원인으로 그 소유권이전등기를 하기 전에 제3자 丙이 소유권이전등기를 하였으므로, 甲은 丙에게 취득시효를 주장할 수 없고, 따라서 법원은 丙의 청구를 인용하여야 한다.

(나) 취득시효가 완성된 후 이를 주장하거나 이로 인한 소유권이전등기청구를 하기 전에는 부동산 소유자는 시효취득 사실을 알 수 없고 또 알아야 할 의무가 있는 것도 아니므로, 이를 제3자에게 처분하더라도 귀책사유가 없어 채무불이행이나 불법행위로 인한 손해배상책임을 부담하지 않는다. 즉 甲이 乙에게 취득시효를 주장하지 않았다면 위와 같은 손해배상청구는 인용될 수 없다. 한편 乙이 丙으로부터 받은 매매대금 2천만원에 대해 甲이 대상청구권을 행사하여 그 반환을 청구하는 경우에도 甲이 乙에게 취득시효를 주장한 것을 전제로 한다는 것이 판례의 태도이다($^{대판\ 1996.\ 12.}_{10,\ 94다43825}$).

(다) 취득시효 완성 후 점유자가 소유권이전등기를 하기 전에 소유자가 제3자에게 처분하여 제3자가 먼저 소유권이전등기를 한 경우에는 제3자가 소유권을 취득하고 점유자는 제3자에게 취득시효를 주장하지 못하는데, 여기의 '제3자'에는 취득시효 완성 후 가등기에 기해 본등기를 마친 사람도 포함된다($^{대판\ 1992.\ 9.}_{25,\ 92다21258}$). 즉 가등기에 기해 본등기를 하더라도 본등기의 순위가 가등기한 때로 소급하는 것일 뿐 물권변동은 본등기를 한 때에 생긴다. 따라서 丙의 가등기는 취득시효 완성 전에 경료되었다고 하더라도 그 본등기는 취득시효 완성 후에 이루어진 것이어서, 결국 丙이 소유자가 되고, 丙의 청구는 인용될 것이다.

(5) 부동산을 다른 사람에게 매도하여 그 인도의무를 지고 있는 매도인의 점유는 특별한 사정

이 없는 한 타주점유로 변경된다. 그리고 상속에 의해 점유권을 취득한 경우에는 상속인이 새로운 권원에 의하여 자기 고유의 점유를 시작하지 않는 한 피상속인의 점유를 떠나 자기만의 점유를 주장할 수 없다. 다시 말해 선대의 점유가 타주점유인 경우에는 상속인의 점유도 타주점유가 되고, 그 점유가 자주점유가 되려면 점유자가 소유자에게 소유의 의사가 있는 것을 표시하거나 새로운 권원에 의해 소유의 의사로써 점유를 시작하여야 한다(대판 2004. 9. 24,/2004다27273.) 그런데 B에게 자주점유를 인정할 만한 것이 없으므로, B의 취득시효 주장은 인용될 수 없다.

(6) (a) 취득시효가 완성되었더라도 그 등기를 하기 전에는 원소유자는 소유자로서 그 토지에 적법한 권리를 행사할 수 있고, 그 일환으로 저당권을 설정할 수도 있으며, 그 뒤 소유권이전등기를 마친 점유자는 저당권의 부담을 안고 소유권을 취득하게 된다. 문제는 물적 부담을 넘어서 채무도 인수하는가 여부인데, 판례는 이를 긍정하고 있다(대판 2006. 5. 12,/2005다75910.). 판례에 의하면 甲은 乙에게 부당이득 반환을 청구할 수 없다.

(b) 취득시효가 완성된 이후 이를 주장하거나 이로 인한 소유권이전등기청구를 하기 전에는, 부동산 소유자는 시효취득 사실을 알 수 없고 또 알아야 할 의무가 있는 것도 아니므로, 부동산을 제3자에게 처분하더라도 불법행위가 되지 않으나, 점유자가 소를 제기하는 방법 등으로 취득시효를 주장한 이후에 소유자가 그 부동산을 제3자에게 처분한 경우에는, 그것은 시효취득자에 대한 소유권이전등기의무를 면탈하기 위해 한 것으로서 위법하고, 소유자는 그로 인해 시효취득자가 입은 손해를 배상할 책임을 진다(대판 1999. 9. 3,/99다20926.). 한편, 제3자가 소유자의 그러한 불법행위에 적극 가담하였다면 이는 사회질서에 반하는 행위로서 무효가 된다(대판 1993. 2. 9,/92다47892 등.). 이 경우에는 소유자의 시효취득자에 대한 소유권이전등기의무가 존속하고 이행불능에 놓인 것이 아니므로, 다시 말해 시효취득자에게 손해가 발생한 것이 아니므로, 소유자를 상대로 불법행위로 인한 손해배상은 청구할 수 없다.

(7) (a) 타인의 권리를 매수한 경우에도 자주점유로 인정되므로(대판(전원합의체) 2000./3. 16, 97다37661 참조), 자주점유가 시작된 1985. 3. 1.부터 20년이 되는 2005. 3. 1.에 점유취득시효가 완성되고(245조/1항), 따라서 그것을 원인으로 한 등기청구권은 (점유의 승계를 통해) 그 당시의 점유자 B에게 귀속된다. C는 (채권자대위권에 기해) B와의 매매계약에 따라 B에게 갖는 소유권이전등기청구권을 보전하기 위해 B가 점유취득시효 완성에 따라 토지 소유자에게 갖는 등기청구권을 대위하여 행사하여야 하고, C가 직접 점유취득시효 완성을 이유로 토지 소유자에게 등기청구권을 행사할 수는 없다(대판(전원합의체) 1995. 3. 28,/93다47745.). 그러면 B가 토지 소유자들에게 등기청구권을 갖는지 보기로 하자. (ㄱ) X토지는 2004. 4. 1. 丁에게 소유권이 이전되었는데, 이 당시는 취득시효 완성 전이므로, B는 丁을 상대로 점유취득시효를 원인으로 하여 소유권이전등기를 청구할 수 있다. (ㄴ) Y토지에 대해 2004. 5. 1. 戊 앞으로 근저당권이 설정되었는데, 이 당시도 취득시효 완성 전이므로, B는 乙을 상대로 소유권이전등기를 청구할 수 있고, 아울러 戊를 상대로 (취득시효는 원시취득이므로) 근저당권등기의 말소를 청구할 수 있다(247조 1/항 참조). (ㄷ) Z토지에 대해서는 2005. 5. 1. 己 앞으로 소유권이 이전되었는데, 이것은 취득시효가 완성된 후에(점유자가 그 등기를 하기 전에) 이루어진 것이므로, 己가 소유권을 취득하고, B는 (취득시효 완성 당시의 소유자였던 丙에 대해서만 등기청구를 할 수 있는데 그 소유권이 이전된) 己에 대해서는 점유취득시효를 주장할 수 없다.

(b) C는 B에 대한 소유권이전등기청구권을 보전하기 위해 B를 대위하여 B가 丙에게 갖는 점유취득시효를 원인으로 한 소유권이전등기청구권을 행사할 수 있는데, 丙이 취득시효 완성 사실

을 알면서 Z토지를 丙에게 증여하여 결국 C의 등기청구권을 침해한 것은 불법행위가 되고($^{750}_{조}$), C는 丙을 상대로 손해배상을 청구할 수 있다($^{대판 1999. 9. 3.}_{99다20926 참조}$).

(8) 甲은 1991. 2. 1.부터 소유의 의사로 A 소유의 X토지를 20년간 점유해 온 것이므로 2011. 2. 1. 이후에는 A에게 부동산 점유취득시효를 원인으로 하여 채권적 등기청구권을 갖는다($^{245조}_{1항}$). 그런데 이후 甲이 그 등기청구권을 행사하여 소유권이전등기를 마치기 전에 A가 X토지의 1/3 지분을 乙에게 매도하여 2012. 3. 20.자로 乙 앞으로 소유권이전등기를 마쳤으므로, 甲은 이 1/3 지분에 대해서는 乙에게 취득시효를 주장할 수 없다. 다만, 乙은 관계서류를 위조하여 2/3 지분에 대해 소유권이전등기를 하였으므로 1/3 지분 범위에서는 원인무효의 등기가 되고, 이에 대해서는 A가 X토지의 소유권에 기해 그 등기의 말소를 청구할 수 있다($^{214}_{조}$). 따라서 甲은 A에 대한 등기청구권을 보전하기 위해 채권자대위권($^{404}_{조}$)에 기해 A를 대위하여 乙을 상대로 1/3 지분 범위에서 乙 명의의 지분등기의 말소를 구한 후, A를 상대로 부동산 점유취득시효를 원인으로 하여 X토지에 대해 2/3 지분 범위에서 소유권이전등기를 청구할 수 있다.

(9) (ㄱ) 丙에 대한 관계: 점유취득시효가 완성되었다고 하더라도 소유권이전등기를 하여야 소유권을 취득하게 되므로($^{245조}_{1항}$), 丁 앞으로 취득시효를 원인으로 하여 소유권이전등기가 마쳐지기 전에 甲이 X토지를 丙에게 매도하여 丙 앞으로 소유권이전등기가 마쳐진 것은, 甲과 丙 사이의 매매계약에 사회질서에 반하는 등의 무효 사유가 없는 한, 유효하고 丙은 X토지의 소유권을 취득한다. 丁은 丙에게 점유취득시효를 주장할 수 없다. (ㄴ) 甲에 대한 관계: 丁이 甲의 대리인 乙에게 취득시효를 주장하고 乙은 이 사실을 甲에게 알렸으므로, 甲은 丁의 취득시효 사실을 알게 되었다. 그런데도 甲이 X토지를 丙에게 매도하여 丁이 그 토지의 소유권을 취득하지 못하게 되는 손해를 입힌 것에 대해서는 채무불이행 또는 불법행위를 이유로 손해배상을 청구할 수 있다. 한편, 甲이 丙에게 X토지를 매도하여 丁에 대해 취득시효 완성을 원인으로 하는 소유권이전등기의무가 이행불능이 되면서도 丙으로부터 받은 매매대금 10억원에 대해서는, 丁은 甲을 상대로 대상청구권을 행사하여 그 반환을 청구할 수도 있다.

(10) (가) 매매계약을 등기원인으로 하여 소유권이전등기가 마쳐진 경우에는, 그 매매계약은 적법한 것으로 추정되고, 이는 제3자뿐만 아니라 전 소유자에 대해서도 추정된다($^{대판 1995. 4. 28. 94다}_{23524; 대판 1997. 12. 12,}$ $^{97다}_{40100}$). 따라서 乙은 甲(그 상속인 丙)에 대해서도 소유자로 추정된다. 한편 부동산을 타인에게 매도하여 인도의무를 지는 매도인의 점유는 타주점유로 되는데($^{대판 1997. 4.}_{11, 97다5824}$), 그리고 상속인은 피상속인의 점유를 그대로 승계하므로($^{193}_{조}$), 결국 丙은 민법 제245조 1항 소정의 점유취득시효의 요건으로서의 자주점유를 충족하고 있지 않아 乙을 상대로 점유취득시효를 주장할 수 없다.

(나) (ㄱ) 乙의 점유취득시효는 점유를 개시한 1995. 5. 1.부터 20년이 되는 2015. 5. 1.에 완성된다. 丁은 乙의 점유를 승계할 수 있지만, 그것은 그 점유 자체와 하자만을 승계하는 것이지 그 점유로 인한 법률효과까지 승계하는 것은 아니다. 점유취득시효에 기한 등기청구권은 乙이 甲에게 갖는다. 丁은 乙과의 매매계약에 따라 X토지에 대해 갖는 소유권이전등기청구권을 보전하기 위해 채권자대위권에 기해 乙이 甲에게 갖는 점유취득시효에 기한 소유권이전등기청구권을 대위 행사할 수 있다. 즉 丁은 甲을 상대로 乙 앞으로 점유취득시효를 원인으로 하여 소유권이전등기를 해 줄 것을 청구할 수 있다($^{대판(전원합의체) 1995.}_{3. 28, 93다47745}$). (ㄴ) 한편 설문의 경우는 취득시효기간 중 계속해서 소유자가 甲이고 그 변동이 없었으므로, 이때는 丁의 점유를 기산점으로 하여 20년을 역산하더라도 그것이 20년의 점유기간을 충족하는 이상, 丁은 甲을 상대로 취득시효를 원인으로 하여

직접 丁 앞으로 소유권이전등기를 해 줄 것을 청구할 수도 있다(대판 1993. 1. 15, 92다12377; 대판 1990. 1. 25, 88 다카22763; 대판 1998. 5. 12, 97다8496, 8502; 대판 1998. 5. 12, 97다34037).

(11) (ㄱ) X토지의 점유자 乙에게 민법 제197조 1항과 제198조에 따라 2015. 5. 25. 점유취득시효가 완성된다. (ㄴ) 점유취득시효 완성 후 점유자가 그 등기를 마치기 전에 제3자가 소유권을 취득한 경우에는 이중양도의 법리에 따라 점유자는 제3자에게 취득시효를 주장할 수 없다. 그런데 종중 명의신탁의 경우 이는 유효하고(부동산실명법 8조), 이 경우 대외적으로는 수탁자에게 소유권이 있는데, 甲이 (취득시효 완성 후인) 2017. 1. 15. 丙과의 명의신탁약정을 해지하고 X토지의 소유권이전등기를 甲 명의로 마친 것은 대외적으로는 완전한 새로운 권리변동으로 볼 것이고, 甲은 乙이 점유취득시효로 대항할 수 없는 위 제3자의 범위에 포함된다(대판 1995. 5. 9, 94다22484). 甲의 청구는 인용된다.

(12) (가) ① 丙은 X토지에 대해 1차 취득시효(1972. 7. 1. ~ 1992. 7. 1.)와 2차 취득시효(1993. 5. 1. ~ 2013. 5. 1.)를 주장하고 있는데, 이 중 후자가 인정될 수 있다. 점유취득시효가 완성되더라도 그 등기 전에 제3자 앞으로 소유권등기가 된 경우에는 제3자에게 취득시효를 주장할 수 없는데, 1차 취득시효 이후 그 등기 전에 B 앞으로 소유권이전등기가 되고, 다시 甲 앞으로 첫 번째 1/2 지분등기가 된 것이어서, 丙은 1차 취득시효를 甲에게 주장할 수는 없다. 한편, 소유자가 변동되었어도 당초의 점유자가 계속 점유하고 있고, 소유자가 변동된 시점을 새로운 기산점으로 삼아도 다시 취득시효가 완성되는 경우에는, 점유자는 소유권 변동시를 새로운 취득시효의 기산점으로 삼을 수 있다(대판(전원합의체) 1994. 3. 22, 93다46360). 그러므로 丙은 2차 취득시효를 첫 번째 1/2 지분을 취득한 甲에게 주장할 수 있다(그 전에 있은 丁의 가압류나 甲의 첫 번째 지분등기는 丙의 점유상태를 깨뜨리는 것이 아니어서 취득시효를 중단시키지 못한다). 그러나 2차 취득시효 이후 두 번째 1/2 지분을 취득한 甲에 대해서는 丙은 취득시효를 주장하지 못한다. 정리하면, 丙은 (2차) 점유취득시효를 (첫 번째) 1/2 지분을 취득한 甲에게 주장할 수 있다. ② X토지에 대해 丙은 점유취득시효에 기해 1/2 지분을 취득할 지위에 있고, 甲은 나머지 1/2 지분을 가지고 있다. 점유취득시효가 완성된 경우, 소유자는 점유자에 대해 소유권을 행사할 지위에 있지 않다. 丙은 1/2 지분 범위에서는 X토지를 점유할 권리가 있다. 그런데 X토지 위에 Y건물을 신축하여 X토지를 배타적으로 점유하는 것은 甲의 (나머지) 1/2 지분권을 침해하는 것이 된다. 甲은 자신의 1/2 지분권에 기해 丙을 상대로 Y건물의 철거를 구할 수 있다. 그리고 X토지에 대해서는 공동점유를 방해하는 행위의 금지를 청구할 수 있다(직접 甲에게 X토지를 인도할 것을 구할 수는 없다)(丙은 1/2 지분 범위에서는 X토지를 점유·사용할 권리가 있으므로, 甲이 265조 단서에 의한 보존행위에 근거하여 건물의 철거와 토지의 인도를 구하는 것은, 보존행위에 해당하지 않아 허용되지 않는다)(대판(전원합의체) 2020. 5. 21, 2018다287522).

(나) 점유취득시효가 완성된 경우 소유자는 점유자에 대해 소유권을 행사할 지위에 있지 않으므로, 소유자는 점유자가 점유하고 있는 토지에 대해 부당이득 반환청구를 할 수 없다(대판 1993. 5. 25, 92다51280). 그러나 甲이 갖고 있는 (나머지) 1/2 지분 범위에서는, 甲은 丙에게 차임 상당의 부당이득 반환청구를 할 수 있다. 점유자는 선의로 점유한 것으로 추정되고, 선의의 점유자는 점유물의 과실을 취득할 수 있다(197조 1항·201조 1항). 그런데 선의의 점유자라도 본권에 관한 소송에서 패소한 경우에는 그 소가 제기된 때(소장 부본이 피고에게 송달된 때)부터 악의의 점유자가 되어 과실을 반환할 책임을 진다(197조 2항·201조 2항)(대판 2016. 12. 29, 2016다242273). 丙은 2015. 9. 12.부터 X토지를 인도할 때까지 월 차임 300만원에서 甲의 1/2 지분 범위인 월 150만원 비율로 부당이득금을 甲에게 반환하여야 한다.

(13) (ㄱ) 乙을 상대로 한 청구: 매매를 원인으로 한 소유권이전등기청구는 매매계약 체결 사실만 있으면 되므로, 이는 인용된다. (ㄴ) 甲을 상대로 한 청구: ① 주위적 청구: 甲은 乙에게 X토지를 매도한 사실이 없으므로 乙은 甲에게 매매를 원인으로 소유권이전등기청구를 할 수 없고, 따라서 丙이 乙을 대위하여 위 권리를 행사할 수도 없으므로, 이 부분 丙의 청구는 기각된다. ② 예비적 청구: 丙의 X토지에 대한 점유취득시효는 자주점유를 한 때인 1998. 5. 5.부터 20년이 되는 2018. 5. 5.에 완성되는데, X토지의 소유자 甲이 그 전인 2018. 3. 20. 丙을 상대로 자신이 X토지의 소유자이므로 丙의 청구를 기각해 달라고 응소를 하였으므로, 취득시효는 이 날짜에 중단되었다($^{247조}_{2항}$). 따라서 취득시효 완성을 전제로 한 丙의 청구는 기각된다.

(14) (ㄱ) 丙은 2019. 5. 15. 甲으로부터 취득시효 완성을 원인으로 하여 甲의 1/2 지분에 대해 소유권이전등기를 마쳤다. 취득시효에 의한 소유권 취득은 원시취득이고, 그 효력은 점유를 개시한 때로 소급한다($^{247조}_{2항}$). 따라서 丙은 甲의 1/2 지분에 대해 점유를 개시한 1999. 3. 5.로 소급하여 소유권을 취득하게 되므로, 그 이후인 2010. 1. 5. 甲이 자신의 1/2 지분을 A은행 앞으로 근저당권을 설정해 준 것은 무효가 된다. 따라서 丙은 소유권에 기해 A은행 명의의 근저당권등기의 말소를 청구할 수 있다. (ㄴ) A은행의 경매신청에 따라 2018. 10. 1. 이루어진 경매개시결정등기가 압류의 효력이 있다고 하더라도($^{민사집행법}_{268조·83조}$), 이 압류로써 종래의 점유상태의 계속을 저지할 수 있는 것은 아니어서 취득시효 중단사유가 될 수 없다($^{대판\ 2019.\ 4.\ 3,}_{2018다296878}$). 丙의 청구는 전부 인용될 수 있다.

(15) (ㄱ) 매매예약을 맺으면서 그 행사기간을 정하지 않은 경우, 10년이 지나면 완결권은 소멸된다($^{대판\ 1997.\ 7.\ 25,}_{96다47494,\ 47500}$). 그러므로 매매예약을 원인으로 하여 마쳐진 가등기도 그 효력이 없다. 그런데 A와 B는 그 이후 무효인 가등기를 유용하여 본등기를 마치기로 합의하였다. 그런데 A와 B 사이의 무효인 가등기의 유용의 합의는 그 전에 등기부상 이해관계를 가지게 된 甲에게는 그 효력이 없다. 甲은 말소된 가압류등기의 회복등기를 청구할 수 있다. 이 경우 등기상 이해관계가 있는 C의 승낙이 필요하지만($^{부동산등기}_{법\ 59조}$), 그 승낙을 거부할 사정이 C에게 있지는 않다. (ㄴ) 정리하면, X부동산에 甲의 가압류등기가 있는 상태에서 B가 소유권이전등기를 하고, 이후 C가 매매를 원인으로 하여 소유권이전등기를 한 것이 된다. C는 X부동산에 대한 甲의 가압류등기가 붙어 있는 상태에서 적법 유효하게 소유권이전등기를 함으로써 현재 X부동산의 소유자이다. 이러한 경우에는 취득시효 제도의 취지상 취득시효를 인정할 필요가 없고, 소유자로서의 점유 역시 취득시효의 기초가 되는 점유라고 할 수 없다($^{대판\ 2016.\ 10.\ 27,\ 2016다224596;}_{대판\ 2022.\ 7.\ 28,\ 2017다204629}$). C의 등기부취득시효의 주장은 타당하지 않다.

사례 p. 160

3. 선점 · 습득 · 발견

(1) 무주물선점無主物先占

> 제252조 〔무주물의 귀속〕 ① 무주의 동산을 소유의 의사로 점유한 자는 그 소유권을 취득한다. ② 무주의 부동산은 국유로 한다. ③ 야생하는 동물은 무주물로 하고, 기르던 야생동물도 다시 야생 상태로 돌아가면 무주물로 한다.

a) 요 건 선점에 의한 소유권 취득은 '무주의 동산을 자주점유'한 때에 인정된다. (ㄱ) 무주물이란 현재 소유자가 없는 물건을 말한다. 과거에는 어느 누구의 소유였더라도 현재 그

소유를 인정할 수 없는 물건은 무주물이다(예: 고대 인류의 유물). 이에 반해, 물건의 성질이나 상태 등에 비추어 과거에 어느 누구의 소유에 속하였고 또 현재도 그 소유가 상속인을 통해 계속되는 것으로 사회관념상 인정되는 물건은 무주물이 아니다. 본조는 특히 야생하는 동물은 무주물로 하고, 기르던 야생동물도 다시 야생 상태로 돌아가면 무주물로 정한다($^{252조}_{3항}$). 한편 미채굴의 광물은 광업권에 의하지 않고서는 채굴하지 못하므로 선점의 목적이 되지 않는다($^{광업법 2}_{조·7조}$). (ㄴ) 선점의 대상은 동산에 한하며, 무주의 부동산[1]은 국유로 한다($^{252조}_{2항}$). (ㄷ) 소유의 의사로 점유하여야 한다. 점유보조자나 직접점유자를 통해 점유할 수도 있다.

b) 효 과   (ㄱ) 위 요건을 갖추면 당연히 그 소유권을 취득한다($^{252조}_{1항}$). (ㄴ) 위 원칙에는 예외가 있다. 즉 무주의 동산이 학술·기예·고고학 분야의 중요한 자료가 되는 물건, 즉 문화재인 때에는 국유로 한다($^{255조}_{1항}$). 한편 민법은 문화재를 습득하거나 발견한 자에게 국가에 대한 보상청구권을 인정하면서도($^{255조}_{2항}$) 선점한 자에게는 명문으로 정하고 있지 않은데, 통설은 동 조항을 유추적용하여 이를 인정한다.

(2) 유실물습득

> 제253조〔유실물의 소유권 취득〕 유실물은 법률에 정한 바에 의하여 공고한 후 6개월 내에 그 소유자가 권리를 주장하지 아니하면 습득자가 소유권을 취득한다.

a) 요 건   본조에 의한 소유권의 취득에는 다음의 세 가지가 필요하다. (ㄱ) '유실물'이어야 하는데, 이것은 점유자의 의사에 의하지 않고서 그의 점유를 떠난 물건으로서 도품이 아닌 것을 말한다. 표류물과 침몰품도 성질상 유실물이지만, 그 습득에 따른 물건의 인계절차에 관하여는 따로 「수상구조법」이 적용된다($^{동법}_{37조}$). (ㄴ) 유실물을 '습득'하여야 하는데, 이것은 유실물을 점유하는 것으로서 소유의 의사는 필요하지 않으며 또 습득자가 유실물임을 알고 있을 필요도 없다. 단순한 발견은 습득이 아니다. (ㄷ) '법률'의 규정에 따라 공고한 후 6개월 내에 그 소유자가 권리를 주장하지 않아야 하는데,[2] 위 법률이란 「유실물법」($^{1961년 법}_{717호}$)을 말한다. 동법($\frac{1}{조}$)은, 타인이 유실한 물건을 습득한 자는 이를 신속하게 유실자나 소유자, 그 밖에 물건회복의 청구권을 가진 자에게 반환하거나 경찰서에 제출해야 하고, 물건을 경찰서에 제출한 경우에는 경찰서장이 물건을 반환받을 자에게 반환해야 하지만, 반환받을 자의 성명이나 주소를 알 수 없을 때에는 대통령령으로 정하는 바에 따라 공고해야 하는 것으로 정한다. 이러한

---

1) 판례: 「특정인 명의로 사정된 토지는 특별한 사정이 없는 한 사정명의자나 그 상속인의 소유로 추정되고, 토지의 소유자가 행방불명되어 생사 여부를 알 수 없다 하더라도 그가 사망하고 상속인도 없다는 점이 입증되거나, 그 토지에 대하여 민법 제1053조 내지 제1058조에 의한 국가귀속절차가 이루어지지 아니한 이상, 그 토지가 바로 무주부동산이 되어 국가 소유로 귀속되는 것이 아니며, 무주부동산이 아닌 한 국유재산법 제8조에 의한 무주부동산의 처리절차를 밟아 국유재산으로 등록되었다 하여 국가 소유로 되는 것도 아니다」(대판 1999. 2. 23, 98다59132).

2) 종전에는 유실물에 대하여 공고 후 1년 내에 소유자가 권리를 주장하지 않으면 습득자가 소유권을 취득하는 것으로 규정하였는데, 유실물 규정이 제정된 과거와는 달리 현재는 교통·통신망의 발달로 유실물이 소유자에게 반환되는 기간이 짧아지고 있고, 유실물 중 고가의 전자기기 등은 시간이 지날수록 가치가 하락하므로 습득자의 권리를 보다 빨리 인정할 필요가 있는 점을 고려하여, 2013년 4월 5일 민법 일부개정(제21차 개정)을 통해 <u>종전의 위 1년의 기간을 6개월로 단축하였다.</u>

공고가 있음에도 6개월 내에 그 소유자가 권리를 주장하지 않으면 습득자가 민법 제253조에 따라 소유권을 취득한다.

b) **효 과** (ㄱ) 위 요건을 갖추면 습득자가 유실물의 소유권을 취득한다($^{253}_{조}$). 다만 그 취득한 날부터 3개월 내에 물건을 경찰서에서 받아가지 않을 때에는 소유권을 상실하며, 이 경우 그 소유권은 국고에 귀속한다($^{유실물법}_{14조·15조}$). (ㄴ) 습득자가 유실물을 신고하고 유실자 또는 소유자가 그 회복청구권을 갖는 때에는 유실물은 그에게 반환되어야 한다. 이 경우 유실자와 습득자 간의 관계는 사무관리가 되는데($^{734조}_{이하}$), 그 보상금은 유실물법에서 따로 규정한다. 즉 물건을 반환받는 자는 물건 가액의 100분의 5 이상 100분의 20 이하의 범위에서 보상금을 습득자에게 지급하여야 한다($^{동법}_{4조}$). (ㄷ) '선박·차량·건축물 등에서의 습득'에 대해서는 따로 정하고 있다($^{동법}_{10조}$). 즉, 여기에서 물건을 습득한 자는 그 물건을 관리자에게 인계해야 하고, 선박 등의 점유자를 습득자로 한다. 이 경우 보상금은 위 점유자와 사실상의 습득자가 반씩 나눈다. 한편 민법 제253조에 따라 소유권을 취득하는 경우에는 위 점유자와 사실상의 습득자가 반씩 나누어 그 소유권을 취득한다(습득물은 위 점유자에게 인도한다). (ㄹ) 습득물의 보관비 등은 물건을 반환받는 자나 물건의 소유권을 취득하여 이를 인도받는 자가 부담하고, 습득자는 그 비용을 상환받기까지 습득물에 유치권을 행사할 수 있다($^{동법}_{3조}$). (ㅁ) 습득한 유실물이 문화재인 때에는 습득자가 소유권을 취득하지 못하며 국유가 된다($^{255조}_{1항}$). 이 경우 습득자는 국가에 적당한 보상을 청구할 수 있다($^{255조}_{2항}$).

(3) 매장물발견

> **제254조 〔매장물의 소유권 취득〕** 매장물은 법률에 정한 바에 의하여 공고한 후 1년 내에 그 소유자가 권리를 주장하지 아니하면 발견자가 소유권을 취득한다. 그러나 타인의 토지 기타 물건에서 발견한 매장물은 그 타인과 발견자가 절반씩 소유권을 취득한다.

a) **요 건** 본조에 의한 소유권의 취득에는 다음의 세 가지가 필요하다. (ㄱ) '매장물'이어야 하는데, 이것은 토지 기타의 물건(포장물) 중에 매장되어 그 소유자가 누구인지 쉽게 알 수 없는 물건을 말한다. 유의할 것은, 토지 속에 매장된 고대 인류의 화석은 무주물이지 매장물이 아니다. 매장물은 매장의 상태 외에 그 물건이 과거 어느 누구의 소유에 속하고 있었고 또 현재도 그 소유가 상속인을 통해 계속되는 것으로 사회관념상 인정되는 물건을 뜻한다(예: 토지에 매장된 일제시대의 화폐나 물건 등). 매장물은 동산이 보통이지만, 동산에 한정하지 않는다(예: 건물의 발굴). (ㄴ) '발견'으로 족하며, 점유할 것을 필요로 하지 않는다. 매장물의 발굴을 위해 인부를 고용한 경우에는 인부가 매장물을 발견하더라도 그 사용자가 발견자가 되지만, 다른 일로 고용된 인부가 작업 중에 우연히 매장물을 발견한 때에는 그 인부가 발견자가 된다. (ㄷ) '법률'의 규정에 따라 공고한 후 1년 내에 그 소유자가 권리를 주장하지 않아야 하는데, 위 법률은 유실물법을 말한다. 동법 제13조는 매장물에 대해 유실물법을 준용하는 것으로 정한다.

b) **효 과** (ㄱ) 위 요건을 갖추면 발견자가 매장물의 소유권을 취득한다($^{254조}_{본문}$). (ㄴ) 타인의

토지나 그 밖의 물건에서 발견한 매장물은 그 타인과 발견자가 절반씩 소유권을 취득한다($^{254조}_{단서}$). 즉 각 1/2의 지분으로 공유한다. (ㄷ) 매장물이 문화재인 경우에는 그 물건은 국유로 한다($^{255조}_{1항}$). 이 경우 발견자와 매장물이 발견된 토지나 그 밖의 물건의 소유자는 국가에 적당한 보상을 청구할 수 있다($^{255조}_{2항}$).

4. 첨부添附 (부합 · 혼화 · 가공)

사 례 (1) A는 그의 대지와 지상 2층 건물을 B 앞으로 근저당권을 설정해 주었다. 그 후 A는 위 건물에 3층 부분을 증축하였는데, 2층은 연건평 134제곱미터로서 점포로 이용하고 증축한 3층 부분은 연건평 259제곱미터로서 주택으로 이용하였다. B는 위 대지와 3층 건물 전체에 대해 경매를 청구하였다. 인용될 수 있는가?

(2) A는 2층 건물에 대해 자신의 채권자 B 앞으로 저당권을 설정해 주었다. 그 후 A와 임대차계약을 맺은 C가 A의 허락하에 건물 옥상에 간이창고를 지었다. 그 후 A의 채무불이행으로 B가 저당권을 실행하여 甲이 이를 경락받았다. C는 누구에게 무엇을 근거로 어떤 권리를 행사할 수 있는가?

(3) 1) 丙은 2017. 2. 5. 乙과 원만히 협의하여 Y건물의 소유권을 취득하였다. 丙은 Y건물을 식당으로 개축하기 위하여 건축업자 丁과 공사비 1억원으로 하는 공사 도급계약을 체결하였다. 丁은 戊와 공사자재 공급계약을 체결하면서 "공사자재 대금이 완납되기 전까지 공사자재에 대한 소유권은 戊에게 유보된다"는 약정을 하였으나, 丙은 이러한 사실을 알지 못하였다. 丁은 戊로부터 2천만원의 공사자재(철근 및 에이치빔)를 외상으로 공급받아 개축공사를 완료하였다. 丁이 2017. 5. 경 丙으로부터 공사비 1억원 전액을 받고도 戊에게 자재대금을 지급하지 않고 잠적하였다. 2) 戊는 丙을 상대로 공사자재대금 상당의 부당이득금 반환청구의 소를 제기하였다. 이 소송에서 戊는 "丁이 戊에게 소유권이 유보된 공사자재를 부합시켜 개축공사를 완료하였으므로 丙은 공사자재대금 상당의 부당이득을 얻었기에 민법 제261조에 따라 보상할 의무가 있다"라는 주장을 하였다. 戊의 청구에 대한 판단과 그 논거를 戊의 주장을 중심으로 서술하시오. (25점)(2017년 제1차 변호사시험 모의시험)

(4) 1) 甲은 2018. 2. 5. 자기 소유 X토지 위에 단독주택인 Y건물을 신축하기 위해 공사대금 10억원, 준공일을 2019. 2. 5.로 정하여 乙과 도급계약을 체결하였다. 그리고 乙이 공사비용을 마련하기 위해 K은행으로부터 5억원을 대출받는 과정에서, 乙의 부탁을 받은 甲은 乙의 K은행에 대한 채무를 담보하기 위해 X토지에 대한 근저당권을 K은행 명의로 마쳤다. 乙은 도급계약서를 제시하면서 甲을 대리하여 丙과 자재공급계약을 체결하였고(대금 3억원), 丙으로부터 2018. 3. 5.부터 2018. 9. 5.까지 공사에 필요한 골재(철근, 시멘트 등)를 공급받았다. 한편 丙은 자재대금의 완납 시까지 자재의 소유권을 자신에게 유보하였다(甲은 乙과 丙 사이에 있었던 위와 같은 사실을 전혀 알지 못하였고 모르는데 과실이 없다). 乙은 2018. 12. 31. 자금사정이 곤란하여 건물의 외관은 갖추지 못한 상태에서 외부 골조공사 60%의 공정만을 이행한 채 중단하였다. 이에 甲은 2019. 5. 29. 도급계약의 해제를 통보하고 나머지 공사를 완료하여 Y건물을 완공하였다. 2) 3억원의 자재대금채권을 가진 丙이 2020. 3. 5. 甲을 상대로 ① 자재공급계약에 따라 대금 3억원을 지급할 것을, ② 민법 제261조에 따라 3억원 상당을 보상해 줄 것을 청구하였다. 丙의 甲에 대한 청구가

타당한지 판단하시오. (15점) (2021년 제2차 변호사시험 모의시험) 해설 p. 194

(1) 서 설

a) 의 의 '첨부'는 「부합」($^{256조·}_{257조}$), 「혼화」($^{258}_{조}$), 「가공」($^{259}_{조}$) 세 가지를 총칭한다($^{260조·261}_{조 \ 참조}$). 이 세 가지는 어느 물건이 일정한 사유에 의해 다른 물건(합성물·혼화물·가공물)으로 바뀐 점에서 공통점이 있기 때문에, 첨부로서 같이 규율하는 것이다. 즉 부합과 혼화는 수개의 물건이 결합하여 한 개의 물건으로 된 것이고, 가공은 어떤 물건을 타인이 가공하여 새로운 물건으로 된 경우이다. 여기서 그 물건을 한 개의 물건으로 보아 복구를 못하게 하고(이에 관한 첨부의 규정은 강행규정이다($^통_설$). 따라서 소유권에 기한 방해제거청구도 할 수 없다), 그 물건의 소유자를 정하려는 데에 첨부 제도의 취지가 있고, 이 점에서 첨부는 법률의 규정에 의한 소유권 취득의 원인이 된다.

b) 세 가지 규율사항과 그 성격 (ㄱ) 첨부에서는 다음 세 가지가 문제되고, 민법은 이에 관해 정한다. 즉 ① 첨부로 생긴 새로운 물건을 누구의 소유로 할 것인가, ② 소유권을 잃게 되는 구 물건의 소유자는 어떤 지위를 갖는가, ③ 소멸하게 되는 구 물건 위에 존재하였던 제3자의 권리는 어떻게 되는가. (ㄴ) 위 세 가지 문제에 관해, 민법 제256조 내지 제259조는 ①을 규율한다. 여기서는 첨부의 요건과 새로운 물건에 대해 누가 소유자가 되는지를 정한다. 그런데 누가 소유자가 되는지는 소유권을 잃는 자와 취득하는 자만의 이해에 관한 것이므로, 이들 간의 특약으로 민법에서 정한 바와는 달리 소유자를 정할 수 있다(즉 임의규정이다). 그리고 ②는 민법 제261조에서, ③은 민법 제260조에서 정하는데, 전자는 임의규정으로, 후자는 강행규정으로 해석된다.

(2) 부 합附合

민법은 부합으로서 「부동산에의 부합」($^{256}_조$)과 「동산 간의 부합」($^{257}_조$) 두 가지를 규정한다.

가) 부동산에의 부합

> 제256조 〔부동산에의 부합〕 부동산의 소유자는 그 부동산에 부합된 물건의 소유권을 취득한다. 그러나 타인의 권원에 의하여 부속된 것은 그러하지 아니하다.

a) 요 건 (ㄱ) 부합물: 부동산, 즉 토지 또는 건물에 어느 물건이 부합하는 것이다. 이때의 '물건'이 동산인지 부동산인지는 학설이 나뉜다. 통설적 견해는 동산에 한하는 것으로 본다. 이에 대해 본조가 물건이라고 정한 점에서 부동산도 포함한다는 소수설이 있다($^{이상태,}_{228면}$). 판례는 「본조의 입법 취지상 동산에만 한정되는 것은 아니고 부동산도 포함된다」고 한다($^{대판}_{1962. \ 1.}$ $^{31, \ 4294}_{민상445}$). 참고로 독일 민법($^{946}_조$)은 동산이 부동산에 부착하는 것을 부동산에의 부합으로 규정한다. 이것은 주로 건물을 증축한 경우에 증축 부분이 기존 건물에 부합하는지와 관련하여 문제될 수 있다. 그런데 부동산이 다른 부동산에 이동, 부착한다는 것은 논리적으로 수용하기 어렵고, 따라서 동산만이 부착되는 것으로 볼 수밖에 없다. 부합물이 부동산의 일부가 되는

것은 그 부착의 결과에 지나지 않는 것이다. 특히 민법 제260조는 "첨부에 의하여 동산의 소유권이 소멸된 때에는 …"이라고 하여, 부합물이 동산인 것을 전제로 하여 규정하고 있는 점에서도 통설적 견해가 타당한 것으로 해석된다. (ㄴ) **부합의 의미:** 부동산에 부합한다는 것은, 부동산에 부착·결합하여 사회통념상 하나의 부동산으로 인정되는 것을 말한다. 어떤 동산이 부동산에 부합된 것으로 인정되기 위해서는, 그 동산을 훼손하거나 과다한 비용을 지출하지 않고서는 분리할 수 없을 정도로 부착·합체되었는지 여부 및 그 물리적 구조상 용도와 기능 면에서 기존 부동산과는 독립된 경제적 효용을 가지고 거래상 별개의 소유권의 객체가 될 수 있는지 여부 등을 종합하여 판단하여야 한다($\frac{대판\ 2003.\ 5.\ 16,}{2003다14959,\ 14966}$). 따라서 훼손하지 않으면 분리할 수 없거나 그 분리에 과다한 비용을 요하는 경우, 예컨대 가스공급업자가 아파트에 설치한 가스공급시설은 그 대지와 일체를 이루는 구성부분이 되어 토지에 부합하고($\frac{대판\ 2007.\ 7.\ 27,}{2006다39270,\ 39278}$), 주유소의 지하에 매설된 유류저장탱크는 토지에 부합한다($\frac{대판\ 1995.\ 6.}{29,\ 94다6345}$). 그런데 훼손하지 않으면 분리할 수 없거나 분리에 과다한 비용을 요하는 경우에 항상 부합이 이루어지는 것은 아니다. 그러한 경우에도 부합된 것이 기존 부동산과는 달리 독립된 물건으로 취급되는 경우에는 부합은 생기지 않는다(아래에서 따로 설명할 '토지 또는 건물에 부합하지 않는 경우'가 그러하다). (ㄷ) 권원에 의한 부속에 해당하지 않을 것: 어느 부동산에 타인이 권원權原에 의해 어느 물건을 부속시킨 때에는 그 부속물은 부동산에 부합하지 않고 타인의 소유로 된다($\frac{256조}{단서}$). ① '권원'이란 지상권·전세권·임차권 등과 같이 타인의 부동산에 자기의 동산을 부속시켜서 그 부동산을 이용할 수 있는 권리를 말한다. ② '부속'은 부동산에 부착된 것이 사회관념상 독립된 물건으로 인정되는 것을 전제로 한다. 그렇지 않으면 그 부속물을 타인의 독립된 소유권의 객체로 인정할 수 없기 때문이다. 따라서 권원에 의한 것이라도 그것이 부동산과 일체를 이루는 구성부분이 된 때에는, 부합이 성립하여 그 물건의 소유권은 부동산의 소유자에게 귀속된다($\frac{대판\ 1985.\ 12.\ 24,\ 84다카2428;\ 대}{판\ 2008.\ 5.\ 8,\ 2007다36933,\ 36940}$). 판례는, 甲이 乙 소유 토지를 임차한 후 주유소 영업을 위해 지하에 유류저장조를 설치한 사안에서, 그것이 토지와 일체를 이루는 구성부분이 되었다고 보기는 어렵고, 또 甲이 임차권에 기초하여 유류저장조를 매설한 것이라는 이유로, 그 유류저장조는 임차인 甲의 소유에 속한다고 보았다($\frac{대판\ 2012.\ 1.\ 26,}{2009다76546}$).[1]

❋ **토지 또는 건물에 부합하지 않는 경우** ⚬⚬⚬⚬⚬⚬⚬⚬⚬⚬⚬⚬⚬⚬⚬⚬⚬⚬⚬⚬⚬⚬⚬

　　부합은 수개의 물건을 1개의 물건으로 취급하는 것이 핵심이므로, 그 부합물이 사회통념상 독립된 물건으로 인정되지 못하는 것을 전제로 한다. 즉 부합물이 부동산의 일부를 이루는 구성부분이 되는 경우에만 부합이 생길 수 있다. 부합물이 독립된 물건으로 인정되는 경우, 그것이 타인의 권원에 의한 것인 때에는 정당하게 이를 소유할 수 있고($\frac{256조}{단서}$), 권원이 없는 경우에는 부동산 소유자는 소유권에 기해 그 제거를 청구할 수 있다. 요컨대 <u>권원의 유무를 불문하고 부합물이 독립된 물건으로 인정되는 경우에는 부합은 생기지 않고</u>, 부합에 관한 민법의 규정도 적용되지 않는다. 구체적인 내용은 다음과 같다.

---

1) 종전의 판례는 유류저장탱크는 토지에 부합하는 것으로 보았는데(대판 1995. 6. 29, 94다6345), 이것과는 상반되는 판결이다.

(ㄱ) 토지에의 부합 : ① '건물'은 토지에서 분리되면 그 경제적 가치가 심히 훼손되는데도 토지에의 부합은 생기지 않는다. 부합은 수개의 물건이 하나의 물건으로 인정되는 것을 전제로 하는데, 우리 법제상 건물은 토지와는 독립된 부동산으로 다루어지기 때문이다. 따라서 A 소유의 토지에 B가 권원 없이 건물을 신축한 경우에도 그 건물은 B의 소유로 된다. A가 토지소유권에 기해 건물의 철거를 구하는 것은 별개의 것이다. ② 입목에 관한 법률에 의해 등기된 입목, 명인방법을 갖춘 수목 등도 같은 이유에서 부합은 성립하지 않는다. 그 밖의 수목의 경우에는, 판례는 수목을 심은 자에게 토지를 이용할 수 있는 권리(권원)가 있는지를 중심으로 해서, 그 권원이 있는 경우에는 심은 자의 소유로 보고 부합은 성립하지 않는다고 보지만, 그 권원이 없는 경우에는 그 수목은 토지에 부합하고 심은 자는 그 소유권을 주장할 수 없다는 태도를 보이고 있다.[1] ③ 판례는 농작물에 한해서는 특별한 취급을 한다. 즉 농작물 재배의 경우에는 파종시부터 수확까지 불과 수개월밖에 안 걸리고, 경작자의 부단한 관리가 필요하며, 그 점유의 귀속이 명백하다는 점을 이유로, 권한 없이 타인의 토지에 농작물을 심은 경우에도 그 농작물은 (명인방법을 갖출 필요도 없이) 토지에 부합하지 않고 경작자에게 그 소유권이 있다고 한다(대판 1970. 11. 30, 68다1995). 농작물은 토지와는 독립된 물건으로 볼 수 있을 뿐 아니라, 농작물의 특성상 부합의 제도와도 어울리지 않는다는 점에서, 판례의 결론은 타당하다고 할 것이다. 토지 소유자가 경작자를 상대로 부당이득반환 또는 불법행위로 인한 손해배상을 청구할 수 있는 것은 별개의 문제이다.

(ㄴ) 건물에의 부합 :　건물을 증축한 경우에 그 증축 부분이 기존 건물에 부합하는지 여부는 기존 건물에 이미 저당권이 설정된 경우에 특히 문제된다. 저당권의 효력은 저당부동산에 부합된 물건에도 미치기 때문에(358조), 그 부합 여부에 따라 경매신청의 대상과 경락인의 소유권 취득의 범위가 달라지기 때문이다. 다음 두 가지로 나누어 볼 수 있다. ① 건물의 소유자가 동일한 때에는, 그 증축 부분이 독립된 건물로 인정되는 것을 전제로, 그 증축 부분은 기존 건물에 부합하지 않는다. ② 기존 건물과 증축 부분의 소유자가 다른 때에는, 증축 부분이 사회관념상 독립된 건물로 인정되는 것을 전제로, 그 증축 부분은 기존 건물에 부합하지 않는다.[2]

b) 효 과　부동산 소유자는 그 부동산에 부합된 물건의 소유권을 취득한다(256조 본문). (ㄱ) 부합에 의한 소유권 취득은 법률의 규정에 의한 원시취득이다. 따라서 부동산 소유자는 자신이 그 부합물을 원하지 않는다는 이유로 소유권에 의한 방해배제청구권에 기해 부합물의 철거를 구할 수 없다(부합이 성립하지 않는 경우에는 그 철거를 구할 수 있다)(대판 2020. 4. 9, 2018다264307).[3] (ㄴ) 부동산에

---

1) 타인의 임야에 권한 없이 나무를 심거나, 토지 소유자의 승낙 없이 토지임차인의 승낙만을 받아 나무를 심은 사안에서, 그 나무는 토지에 부합하고 심은 자는 그 나무의 소유권을 주장할 수 없다고 한다(대판 1970. 11. 30, 68다1995; 대판 1989. 7. 11, 88다카9067). 이에 대해 수목의 소유를 목적으로 토지 소유자와 사용대차계약을 맺고 수목을 심은 사안에서는, 그 수목은 토지에 부합하지 않고 심은 자의 소유가 된다고 한다(대판 1990. 1. 23, 89다카21095; 대판 2018. 3. 15, 2015다69907).

2) 판례 : 「임차인이 임차한 건물에 그 권원에 의하여 증축을 한 경우에, 증축된 부분이 기존 건물의 구성부분이 된 때에는 부합으로 인하여 증축된 부분에 별개의 소유권이 성립할 수 없으나, 증축된 부분이 구조상으로나 이용상으로 기존 건물과 구분되는 독립성이 있는 때에는 구분소유권이 성립하여 증축된 부분은 독립된 소유권의 객체가 된다」(대판 1999. 7. 27, 99다14518).

3) 甲이 공장 건물을 신축하면서 인접 토지의 소유자 乙로부터 토지 일부를 공장의 진출입로로 사용하는 데 대한 승낙을 받은 후 토지 위에 아스콘 포장을 하였는데, 乙 소유 토지의 소유권을 취득한 丙이 甲을 상대로 아스콘 포장의 철거를 구한 사안이다. 이에 대해 대법원은, 여러 사정에 비추어 아스콘 포장은 乙 소유 토지에 부합된 것으로 보

부합된 부합물의 가액이 부동산보다 고액이라도 부동산에의 부합에는 영향이 없다. 예컨대 건물을 증축한 경우, 증축 부분이 기존 건물보다 면적도 두 배 이상이 되고 가격이 훨씬 높은 때에도 기존 건물에 부합한다($^{대판\ 1981.\ 12.}_{8,\ 80다2821}$).

나) 동산 간의 부합

(ㄱ) 동산과 동산이 부합되어 훼손하지 않으면 분리할 수 없거나 분리하는 데 과다한 비용이 들 경우에 동산 간 부합이 성립한다($^{257조}_{1문}$). (ㄴ) 부합된 합성물의 소유권은 주된 동산의 소유자에게 속한다($^{257조}_{1문}$). 그러나 주종을 구별할 수 없는 경우에는 각 동산의 소유자는 부합 당시의 동산 가액의 비율에 따라 합성물을 공유한다($^{257조}_{2문}$).

(3) 혼 화混和

혼화에는 곡물·금전과 같은 '혼합'과 술·기름과 같은 '융합' 두 종류가 있다. 어느 것이나 동산과 동산이 서로 쉽게 섞여져서 원물을 식별할 수 없는 점에 특성이 있다. 그러나 이것은 합체가 쉽게 일어나는 것에 불과하고 그 성질은 일종의 동산 간의 부합이라고 할 수 있기 때문에, 이에 대해서는 동산 간의 부합에 관한 규정($^{257}_조$)을 준용한다($^{258}_조$).

(4) 가 공加工

(ㄱ) '타인의 동산'에 가공하는 경우에 한한다. 이것은 타인의 재료를 써서 또는 타인의 물건에 변경을 가하여 새로운 물건을 만드는 것을 말한다. 가공자의 행위, 즉 공작은 사실행위이므로, 행위능력 여부나 선의·악의를 불문한다. 장물인 귀금속의 원형을 변형하여 금괴로 하거나, 소를 도살하여 우피를 떼 낸 경우에 이를 가공으로 보지 않은 판례가 있다($^{朝高判\ 1915.}_{10.\ 19.\ 등}$). (ㄴ) 소유권은 원칙적으로 원재료의 소유자에게 속한다($^{259조\ 1}_{항\ 본문}$). 그러나 가공으로 증가한 가액이 원재료의 가액보다 현저히 큰 경우에는 가공자의 소유로 한다($^{259조\ 1}_{항\ 단서}$). 가공자가 재료의 일부를 제공한 경우에는 그 재료의 가액을 위 증가액에 더한다($^{259조}_{2항}$).

(5) 구 물건의 소유자 및 제3자의 지위

가) 구 물건의 소유자의 지위

a) **구 물건의 소유권의 소멸**　　첨부가 성립하면 구舊 물건에 대한 소유자의 권리는 소멸된다($^{260조\ 1}_{항\ 참조}$).

b) **구 물건의 소유자의 보상청구권**　　(ㄱ) 첨부로 인해 소멸하게 되는 구 물건의 소유자는 부당이득에 관한 규정($^{741조}_{이하}$)에 따라 보상을 청구할 수 있다($^{261}_조$). 첨부에 의한 소유권 취득은 법률의 규정에 근거한 것이지만, 당사자 간의 공평을 위해 부당이득에 관한 규정에 따라 구 물건의 소유자에게 보상청구권을 부여한 것이다. 다만 첨부의 취지상 그 보상청구는 금전으로만 할 수 있으며 원상회복에 의한 보상은 허용되지 않는다. 그리고 첨부로 인해 손해를 입은 자가 누구에게 보상청구를 할 것인지는 부당이득의 법리에 따라 정해진다. 따라서 첨부로 인

기 어렵고, 따라서 丙은 소유권에 기한 방해배제청구권의 행사로써 甲을 상대로 아스콘 포장의 철거를 구할 수 있다고 보았다.

해 법률상 원인 없이 이익을 얻은 자가 그 상대방이 된다.[1] (ㄴ) 제261조에 의한 보상청구권은 원칙적으로 다른 청구권을 배제하지 않는다. 예컨대 불법행위로 인한 손해배상청구권, 임차인의 유익비 상환청구권 등은 동조에 의한 청구권과 경합하여 발생할 수 있다. 따라서 임차인의 유익비 상환청구권이 6개월의 제척기간에 걸린 경우에도$\binom{654조·}{617조}$ 동조 소정의 청구권은 별도로 행사할 수 있다.

나) 구 물건 위에 존재하였던 제3자의 권리(지위)

(ㄱ) 첨부에 의해 동산의 소유권이 소멸된 경우에는 그 동산을 목적으로 한 다른 권리도 소멸된다$\binom{260조}{1항}$. 다만 다른 권리가 담보물권인 경우에는, 물상대위의 규정$\binom{342}{조}$에 의해 구 물건의 소유자가 받게 될 보상청구권에 대해 그 권리를 행사할 수는 있다. (ㄴ) 구 물건에 대한 제3자의 권리는 구 물건의 소유자가 첨부에 의해 단독소유자가 된 경우에는 합성물, 혼화물 또는 가공물에 존속하고, 공유자가 된 경우에는 그의 공유지분에 존속한다$\binom{260조}{2항}$.

> **사례의 해설** (1) 저당권의 효력은 저당부동산에 부합된 물건에 미친다$\binom{358}{조}$. 사례에서 증축된 건물의 3층 부분이 기존 건물에 부합하는 것이라면 B는 저당권의 효력이 미치는 3층 건물 전체에 대해 경매를 청구할 수 있다. 그런데 그 부합이 인정되기 위해서는 증축한 3층 부분이 기존 건물과는 독립된 별개의 건물이 아니어야 하고, 만일 독립된 건물이라고 할 때에는 부합은 성립하지 않는다. 사례의 경우에 판례는 여러 사정을 종합하여 3층 부분이 기존 건물과는 독립된 건물로 보았다$\binom{대판 1985. 11.}{12, 85다카246}$. 즉 저당부동산에 부합하지 않는 것으로 보아, B는 그 증축 부분에 대해서는 민법 제358조를 근거로 경매를 청구할 수는 없고, 다만 제365조를 근거로 일괄경매를 청구할 수는 있는 것으로 보았다(이 경우 그 증축 부분의 경매대가에 대해서는 B는 우선변제권이 없다).
>
> (2) C가 A 소유 건물 옥상에 간이창고를 지음으로써, 그리고 그러한 간이창고가 독립된 건물로서 인정되지 않는 한, 간이창고는 건물에 부합하였다고 볼 수 있다. 이로 인해 C는 손해를, A는 이익을 보았다고 할 것이므로, C는 A에게 그 보상을 청구할 수 있다$\binom{261}{조}$.
>
> (3) 부합이 생긴 경우 손해를 입은 자는 부당이득에 관한 규정에 의해 보상을 청구할 수 있다$\binom{261}{조}$. 戊에게 소유권이 유보된 공사자재가 Y건물의 개축공사에 쓰임으로써 부합이 생겼으나, 丙은 그러한 사정을 알지 못했고, 이 경우 선의취득에 관한 규정이 유추적용되어, 丙이 부합된 물건의 소유권을 취득하는 데에 법률상 원인이 있어 부당이득이 성립하지 않으므로, 戊는 丙을 상대로 민법 제261조에 근거하여 보상을 청구할 수 없다$\binom{대판 2009. 9. 24,}{2009다15602}$.
>
> (4) (ㄱ) 甲이 乙과 도급계약을 맺은 것이 乙이 丙으로부터 공사자재를 구입하는 것에 대해 대리

---

1) 판례: (ㄱ) A는 대금을 다 받을 때까지 소유권을 유보하고 B에게 철강을 공급하였는데, B는 C로부터 건축공사 도급을 맡으면서 이 철강을 건물의 골조공사에 투입하였다. A가 B로부터 철강대금을 받지 못하자, A가 C를 상대로 그 철강이 건물에 부합된 것을 이유로 부당이득의 반환을 청구한 사안이다. 대법원은, A는 민법 제261조에 따라 C에게 부합으로 인한 보상을 청구할 수 있지만, C가 (그 철강이 A의 소유라는 것을 모른) 선의인 경우에는 선의취득의 법리를 유추적용, 그 이익 보유에 법률상 원인이 있다고 보아, C의 부당이득이 성립하지 않는다고 보았다(대판 2009. 9. 24, 2009다15602). (ㄴ) 「건물 신축공사가 진행되다가 독립된 부동산인 건물로서의 요건을 아직 갖추지 못한 단계에서 중지된 것을 제3자가 이어받아 공사를 계속 진행함으로써 별개의 부동산인 건물로 성립되어 그 소유권을 원시취득한 경우에, 그로써 애초의 신축 중 건물에 대한 소유권을 상실한 사람은 민법 제261조, 제257조, 제259조를 준용하여 건물의 원시취득자에게 부당이득 관련 규정에 기해 그 소유권의 상실에 관한 보상을 청구할 수 있다」(대판 2010. 2. 25, 2009다83933).

권을 준 것으로 되는 것은 아니므로, 乙이 甲을 대리하여 丙과 맺은 계약은 무권대리로서 甲에게 효력이 없다. 따라서 丙은 甲에게 자재공급계약에 따른 대금 3억원을 청구할 수 없다. (ㄴ) 丙은 소유권을 유보한 공사자재에 대해 소유권을 갖지만, 그것이 Y건물 신축에 들어가 합체됨으로써 부합이 생겨 공사자재의 소유권은 Y건물을 신축한 甲에게 귀속한다($\frac{256}{조}$). 이 경우 丙은 甲을 상대로 부당이득에 관한 규정에 따라 그 보상을 청구할 수 있다($\frac{261}{조}$). 그런데 甲은 공사자재가 Y건물에 부합된 시점까지 그것이 丙의 소유라는 것을 몰랐고 또 모르는 데 과실이 없었는데, 이러한 경우에는 선의취득의 법리($\frac{249}{조}$)를 유추적용하여 그 이익 보유에 법률상 원인이 있다고 볼 수 있어 부당이득은 성립하지 않는다(대판 2009. 9. 24., 2009다15602). 따라서 丙은 甲에게 3억원 상당의 보상을 청구할 수 없다.

사례 p. 189

V. 소유권에 기한 물권적 청구권

사례 (1) A의 토지(밭) 상공에는 B전력공사가 1969년에 설치한 고압송전선이 있는데, B는 그 설치를 하면서 적법하게 그 상공의 공간 사용권을 취득하거나 그에 따른 손실을 보상한 바 없다. 1981년에 C는 위 토지를 A로부터 매수하여 소유하게 되었다. 그 후 이 토지가 도시계획상 일반 주거지역에 속하게 되면서 그 주변 토지상에 아파트 등의 건축물이 들어서게 되었다. 1994년에 C는 B를 상대로 권리를 행사하려고 한다.

  (개) C는 B에게 무엇을 근거로 고압송전선의 철거를 청구할 수 있는가?

  (내) C는 B에게 부당이득의 반환을 청구할 수 있는가? 그 경우 청구할 수 있는 항목은 무엇인가?

  (대) C는 B에게 불법행위를 이유로 손해배상을 청구할 수 있는가?

  (2) 甲, 乙, 丙은 2011. 10. 10. 의류 수입·판매를 목적으로 하는 X조합을 만들기로 하였다. 이를 위하여 乙과 丙은 3억원씩을 현금으로 출자하고, 甲은 시가 3억원 상당의 A토지 220㎡와 그 지상의 창고건물(이하 'A토지'와 '창고건물'이라 한다)을 출자하면서 甲, 乙, 丙 명의로 합유등기를 마친 후, 의류회사 근무 경험이 있는 甲을 업무집행조합원으로 선임하였다. 한편 甲이 현물 출자한 A토지와 창고건물은 甲이 父 丁으로부터 2004. 6. 1. 상속을 받은 것인데, 丁이 1985. 8. 1. 창고건물을 신축할 당시 A토지와 인접한 戊 소유의 C토지의 경계를 70㎡ 가량 침범하여(이하 경계를 침범한 위 70㎡ 부분을 'ⓒ부분 토지'라 한다) A토지와 ⓒ부분 토지상에 창고건물을 지어 사용해 왔고, 이를 모르는 甲은 丁의 사망 후 이를 상속받아 같은 형태로 계속 점유해 온 것이었다.

  (개) 戊가 ⓒ부분 토지의 인도를 청구하는 소를 제기하려고 한다. 戊는 누구를 당사자로 하여 소를 제기할 수 있는지 논하시오. (30점)

  (내) 戊가 제기한 ⓒ부분 토지 인도청구소송에서 상대방인 甲 측이 자신들에게 소유권이전등기 청구권이 있음을 주장하면서 내세울 수 있는 항변 사항으로 주장할 수 있는 요건사실에 대하여 논하고, 甲의 주장에 대하여 당신이 戊의 변호사라면 어떠한 반론을 제기하여 甲의 청구를 저지할 수 있는지 논하시오. (20점)(2012년 제2회 변호사시험 모의시험)

  (3) 甲은 X토지의 소유자로서 2013. 1. 5. 乙로부터 2억원을 차용하면서 乙에게 저당권을 설정해 주었다. 그 후 甲은 乙의 동의를 얻어 X토지 위에 자신의 노력과 비용으로 주거용인 Y건물을 신축하였다. 2013. 3. 2. 丙은 甲과 미등기 상태의 Y건물에 대하여 임차보증금 5천만원, 기간 2년으로 정하여 임대차계약을 체결한 다음, 위 계약 직후 甲으로부터 Y건물을 인도받고 주민등록을

마쳤다. 한편, 丁은 2013. 5. 3. 甲으로부터 X토지와 Y건물을 매수하여 대금을 모두 지급한 다음, X토지에 대해서만 소유권이전등기를 넘겨받고 Y건물에 대해서는 미등기인 관계로 그 등기를 이전받지 못하였다. 2013. 6. 4. 戊는 丁에게 1억원을 대여하였으나, 丁이 이를 변제하지 않자 丁을 상대로 대여금청구소송을 제기, 승소하고 X토지에 대해 강제경매를 신청하였다. 이 경매절차에서 X토지를 매수하여 대금을 지급한 己가 X토지의 소유자임을 주장하면서 丁을 상대로 Y건물의 철거와 X토지의 인도를 구하고, 丙을 상대로 Y건물로부터의 퇴거를 구한다.

　　(개) 己의 丁에 대한 청구의 당부를 논거를 들어 서술하라. (25점)

　　(내) 己의 丙에 대한 청구의 당부를 논거를 들어 서술하라. (25점) (2016년 제1차 변호사시험 모의시험)

해설 p. 201

1. 의　의

(1) 물권의 내용의 실현이 방해받는 경우에는 물권의 일반적 효력으로서 물권적 청구권이 발생한다. 그 일환으로 소유권의 내용의 실현이 방해받는 경우에는 소유권에 기한 물권적 청구권이 인정된다. 민법은 물권적 청구권을 점유권에 기초한 것과 소유권에 기초한 것으로 크게 둘로 나누고, 제한물권에 기한 물권적 청구권에 대해서는 소유권에 기한 물권적 청구권에 관한 규정을 준용하고 있다($\binom{290조 \cdot 301조 \cdot 319}{조 \cdot 370조\ 참조}$).

(2) 물권 특히 소유권은 사유재산제와 직결되는 것으로서, 그 방해가 있을 때에 그에 대한 구제로서 물권적 청구권이 발동되는 것은 사유재산을 지키기 위한 중요한 수단이 된다. 그래서 소유자는 소유권 방해의 사실이 있으면 물권적 청구권을 주장할 수 있고, 이에 대해 상대방은 그 방해가 정당한 권원에 기한 것임을 밝혀야 한다. 물권적 청구권을 행사하는 데에 상대방에게 귀책사유가 있는지, 상대방이 이익을 얻고 소유자에게 손해가 발생하였는지는 문제되지 않는다(가령 태풍으로 이웃의 나무가 쓰러져 들어온 경우에 그 제거를 청구하는 경우를 생각해 보라). 이것이 불법행위를 이유로 손해배상을 청구하거나 부당이득을 이유로 반환을 청구하는 경우와 다른 점인데($\binom{양창수 \cdot 권영준,\ 권리의}{변동과\ 구제,\ 377면}$), 소유권에 기한 물권적 청구권의 성립요건을 단순화하여 사유재산을 지키기 위함이다. 그 성립요건을 너무 엄격히 하게 되면, 침해는 쉽고 구제는 어렵게 되어, 종국에는 사유재산제가 무너질 수 있기 때문이다.

(3) 같은 물권적 청구권이지만 소유권에 기한 물권적 청구권은 점유권에 기한 것($\binom{204조\sim}{206조}$)과 다음의 점에서 다르다. 즉, 그 행사에 있어 제척기간의 제한을 받지 않으며(소유권은 항구성이 있고, 소멸시효에 걸리지도 않는다), 재판상으로만 행사하여야 하는 제한도 받지 않고, 반환청구에 있어서는 점유자가 점유할 권리가 없는 이상 소유자는 그 반환을 청구할 수 있으며, 그 외에 소유자가 침탈을 당한 경우이거나 또 선의의 특별승계인에게는 행사할 수 없다고 하는 제한 등을 받지 않는다. 그리고 공사가 완성된 경우에도 그 제한을 받지 않고 방해제거나 방해예방을 청구할 수 있다.

2. 유 형

민법은 소유권에 기초한 물권적 청구권으로서 「소유물 반환청구권, 소유물 방해제거청구권, 소유물 방해예방청구권」 세 가지를 인정하고, 각각 그 요건을 정한다.

(1) 소유물 반환청구권

> 제213조 〔소유물 반환청구권〕 소유자는 그 소유에 속한 물건을 점유하는 자에게 반환을 청구할 수 있다. 그러나 그 물건을 점유할 권리가 있는 점유자는 반환을 거부할 수 있다.

가) 개 요

소유물 반환청구권은 소유자가 소유하는 물건을 타인이 점유하고 있는 경우에 그 소유물의 반환을 청구함으로써 점유를 회복하는 것을 내용으로 한다. 소유권에는 물건에 대한 사용·수익·처분의 권능이 있으므로($\frac{211}{조}$), 이를 제대로 실현하기 위해서는 소유물에 대한 점유가 필요하기 때문이다. 소유자는 어느 물건이 자기의 소유라는 점과 상대방이 현재 그 물건을 점유하고 있음을 입증하면 소유물의 반환을 청구할 수 있고, 상대방은 자신이 그 물건을 점유할 권리가 있음을 입증하여야 이를 거부할 수 있다. 소유자의 입장에서는 그 입증이 쉽다는 점에서 다른 권리 구제수단이 있는 경우에도 소유물 반환청구권을 활용하는 경우가 많다. 예컨대 임대차 종료를 이유로 소유자인 임대인이 소유권에 기해 목적물의 반환을 청구하는 경우가 그러하다. 임차인이 그 반환을 거부하려면 자신이 목적물을 점유할 권리가 있음을, 이를테면 임대차관계가 존속하고 있거나 목적물의 인도를 거부할 동시이행의 항변권 등이 있음을 주장하여야 한다($\frac{양창수·권영준, 권리의}{변동과 구제, 382면}$).

나) 요 건

a) 청구권자   (ㄱ) 소유물 반환청구권을 행사할 수 있는 사람은 「소유자」이다. 소유자는 법적인 의미에서의 소유자를 말한다. 그리고 '점유물 반환청구권'($\frac{204}{조}$)의 경우와는 달리 소유자가 일단 점유를 취득하였을 것을 요건으로 하지 않는다. 즉 양도인으로부터 부동산의 소유명의를 넘겨받고 아직 점유를 이전받지 못한 경우에도 불법점유자에게 이 청구권을 행사할 수 있다. (ㄴ) 소유물 반환청구권을 행사할 수 있는 '소유자'에 해당하는지 문제되는 것들이 있다. ① 미등기 매수인은 소유자에 해당하지 않는다. ② 명의신탁의 경우에는 원칙적으로 신탁자가 소유자가 된다($\frac{부동산 실권리자명의}{등기에 관한 법률 4조}$). ③ 양도담보의 경우, 동산에 관하여는 판례가 신탁적 소유권 이전설을 취하므로 수탁자인 양도담보권자가 소유자가 되지만, 부동산에 관하여는 가등기담보법 제4조 2항과 관련하여 학설이 나뉜다(이에 관해서는 '양도담보' 부분에서 따로 설명한다). ④ 공유자는 공유물을 점유하고 있는 제3자에 대해 보존행위($\frac{265조}{단서}$)에 근거하여 자기에게 그 전부를 반환할 것을 청구할 수 있다. 합유자도 보존행위는 단독으로 할 수 있으므로 마찬가지로 볼 수 있지만($\frac{272조 단}{서 참조}$), 합유관계의 성질상 합유자 전원에게 반환할 것을 청구할 수 있을 뿐이라고 보는 견해도 있다($\frac{민법주해(V),}{214면(양창수)}$).

b) **상대방**　(ㄱ) 청구권의 상대방은 소유자가 소유하는 물건을 현재 '점유'하고 있는 사람이다.[1] 자주점유자이든 타주점유자이든 상관없다. 그러나 '점유보조자'는 상대방이 되지 못한다. '간접점유자'에 대하여는, 그가 점유매개자에게 가지는 반환청구권을 양도할 것을 청구하는 방식으로 소유물 반환청구권을 행사할 수 있다고 보는 것이 통설이다. 반면 판례는 통설과 같은 견해를 취하지 않는다(판례의 내용에 대해서는 p.118 '간접점유의 효과' 부분을 볼 것). (ㄴ) 점유자가 소유자에 대해 그 물건을 '점유할 권리'가 있는 경우에는 반환을 거부할 수 있다$\binom{213조}{단서}$. 지상권·전세권·유치권·질권 등에 의한 점유가 그러하다. 유치권자로부터 유치물을 유치하기 위한 방법으로 유치물의 점유 내지 보관을 위탁받은 자도 점유할 권리를 가진다$\binom{대판}{2014. 12. 24,}_{2011다62618}$. 그 밖에 임대차·임치·도급 등 점유를 수반하는 채권과 그에 기한 동시이행의 항변권도 점유할 권리에 포함된다. 미등기 매수인도 목적물을 점유할 권리가 있으며$\binom{568조}{참조}$, 따라서 매도인은 소유권에 기해 반환청구를 할 수 없다. 취득시효 완성자도 그 소유자에 대해 점유할 권리를 가진다. 불법건축이 아닌 건물의 불법점유자에 대하여는 건물 소유자가 그 명도를 청구할 수 있을 뿐, 대지 소유자가 그 명도를 구하여 불법점유자에게 건물에서의 퇴거를 청구할 수는 없다$\binom{대판 1976. 3.}{9, 75다1950}$. (ㄷ) 권리 중에는 적법하게 양도할 수 있는 것이 있다. 즉 ① 지상권자나 전세권자는 지상권 또는 전세권을 양도할 수 있는데$\binom{282조·}{306조}$, 이것은 그 권리의 목적인 토지나 건물의 점유를 타인에게 적법하게 인도할 수 있음을 뜻한다. 그러므로 그 양수인은 소유자에 대해서도 목적물을 점유할 권리가 있게 된다. 예컨대 법정지상권이 있는 건물을 매수한 자는 지상권의 등기 없이도 그 건물의 부지를 점유할 권리가 있으므로, 토지 소유자의 토지인도 청구에 대항할 수 있다.[2] 지상권자나 전세권자로부터 목적물을 임차한 자도 다를 바 없다. 다만 임차인은 소유자의 동의 없이는 전대할 수 없으므로$\binom{629조}{1항}$, 전차인은 소유자에 대해 점유할 권리는 없다$\binom{양창수·권영준, 권리의}{변동과 구제, 385면}$. ② 매수인은 매도인에 대해 목적물을 점유할 권리가 있고, 여기에는 목적물을 타인에게 인도할 수 있는 권리도 포함된다고 할 것이다. 매도인의 입장에서는 그 지위가 달라질 것이 없는 점에서도 그러하다. 따라서 토지 매수인으로부터 다시 그 토지를 매수한 자, 건물 양수인으로부터 그 건물을 임차한 자는 토지나 건물을 점유할 권리가 있다$\binom{대판 2001. 12. 11,}{2001다45355}$. 그리고 토지에 대한 미등기 매수인이 그 지상에 건물을 건축하여 그 건물을 제3자에게 매도·이전한 경우에 제3자는 매수인으로부터 토지에 대한 점유사용권까지 아울러 취득한다$\binom{대판 1988. 4. 25, 87다카1682; 대판 1992. 7. 28, 92}{다10197, 10203; 대판 1996. 6. 25, 95다12682, 12699}$(부동산 소유명의를 갖고 있는 매도인은 이들 제3자를 상대로 소유권에 기한 물권적 청구권을 행사하거나 그 점유·사용을 법률상 원인 없는 이익이라고 하여 부당이득반환을 청구할 수 없다).

c) **입증책임**　소유물 반환청구의 경우, 원고는 물건이 자신의 소유이고 상대방이 이를 점유하고 있는 사실만을 주장·입증하면 된다. 상대방이 이를 배척하려면 점유할 권리가 있음을 주장·입증하여야 한다$\binom{대판 1962. 5.}{17, 62다76}$.

---

1) 따라서 상대방이 물건을 점유하고 있지 않은 경우, 예컨대 빨래가 바람에 날려 옆집으로 들어간 경우에는 이 청구권은 인정되지 않는다. 이때에는 그 물건의 점유자 내지 소유자가 이를 수거하는 것을 옆집의 점유자가 인용하는 방법으로 해결할 것이다.
2) 판례(대판(전원합의체) 1985. 4. 9, 84다카1131, 1132)도 결론을 같이하지만, 신의칙을 근거로 삼고 있다.

다) 내 용

a) 위 요건이 충족되면 소유자는 점유자에게 그 물건의 반환을 청구할 수 있다. 점유물 반환청구권의 경우($^{204조}_{3항}$)와는 달리 그 행사기간에 제한은 없다. 소유권은 항구성이 있고, 소멸시효에도 걸리지 않기 때문이다. 여기서 '반환'은 단순히 소유자의 수거를 인용하는 데 그치는 것이 아니라, 적극적으로 물건의 점유를 소유자에게 이전하는 것을 말한다. 따라서 그 반환에 들어간 비용은 점유자가 부담한다.

b) 소유물 반환에 부수되는 이해조정, 즉 '점유자와 회복자(소유자)의 관계'로서 점유기간 동안의 과실의 귀속, 점유물의 멸실·훼손 등에 대한 책임, 점유자가 지출한 비용의 상환 등에 관하여는 민법 제201조 내지 제203조가 적용된다. 그 내용에 대해서는 (p.203 이하에서) 따로 후술한다.

(2) 소유물 방해제거청구권

> 제214조 〔소유물 방해제거청구권과 소유물 방해예방청구권〕 소유자는 소유권을 방해하는 자에게 방해의 제거를 청구할 수 있고, 소유권을 방해할 염려 있는 행위를 하는 자에게 방해의 예방이나 손해배상의 담보를 청구할 수 있다.

a) 요 건

aa) 소유권에 대한 방해 :　(ㄱ) 「방해」란 소유권의 내용인 사용·수익·처분의 권능이 타인의 개입에 의해 실현되지 않고 있는 상태로서, 타인이 점유하는 것 외의 모든 것을 말한다(타인이 점유함으로써 방해하는 경우에는 전술한 소유물 반환청구권이 인정된다). 예컨대, 타인의 토지 위에 송전선을 설치하거나 건물을 건축하는 것, 취수공을 설치하여 지하수를 과도하게 취수하는 것, 건물 소유자가 일상생활을 누릴 수 없을 정도로 인근 고속도로에서 유입되는 소음($^{대판\ 2007.\ 6.\ 15,}_{2004다37904,\ 37911}$) 등이 그러하다. 자신이 소유자임에도 타인이 원인무효의 소유권등기를 하였을 때에는 그것은 무효이지만 그 등기가 있음으로 해서 소유자는 그 처분에 방해를 받는 점에서 그 등기의 말소를 청구할 수 있고, 이것은 소유권에 기한 방해제거청구권에 근거하는 것이다. 타인의 건축으로 일조나 조망 이익이 침해된 경우도 소유권의 방해가 될 수 있다. 또한 불법쟁의행위로 사용자의 생산시설이 가동되지 않는 경우, 생산시설에 대한 소유권의 방해로써 사용자는 업무방해의 금지를 청구할 수도 있다($^{양창수·권영준,\ 권리의}_{변동과\ 구제,\ 391면}$). (ㄴ) 방해는 상대방의 귀책사유로 생긴 것에 한하지 않으며, 자연력 또는 제3자의 행위에 의한 경우에도 인정된다. (ㄷ) 방해는 위법한 것이어야 한다. 따라서 방해를 정당화하는 사유가 있거나(예: 토지 임차권에 기해 타인의 토지상에 건물을 신축한 경우), 소유자가 방해를 수인하여야 하는 경우에는 방해에 해당하지 않는다. (ㄹ) 그리고 방해는 이미 과거에 종결된 것이어서는 안 되며, 현재도 계속되고 있어야 한다. 방해제거청구권은 방해로 일어난 결과를 제거하는 것이 아니라 현재 진행되고 있는 방해의 원인을 제거하는 것을 내용으로 한다. 전자는 손해배상법의 영역으로서 귀책사유가 필요하다. 이에 대해 후자는 소유권의 내용의 실현을 위해 발동되는 것으로서 귀책사유가 필요 없다. 양자는 방해가 계속되고 있는지 여부를 중심으로 구별하여야 한다. 방해의 개념을 과도하게 확대하여 손해의 영역까지 잠식하게 되면 손해배상법이 지향하는 유책성의 원리가 깨지게 되는 점을 유의하여야 한다(양창수·권영준, 권리의 변동과 구제, 392면). 물론 이미 생긴 방해의 결과가 현재도 방해를 일으키고 있는 수가 있고(가령 타인의 토지에 무단으로 지은 건물), 이 경우에는 방해제거청구권을 행사할 수 있다.[1]

bb) **청구권자와 상대방 :** (ㄱ) 「소유자」가 「소유권을 방해하는 자」에게 소유물 방해제거 청구권을 행사할 수 있다. (ㄴ) 소유물 방해제거청구의 상대방이 되는 경우로서 특별한 것은 다음과 같다. ① 건물 철거는 그 소유권의 종국적인 처분에 해당하는 사실행위이므로 원칙으로는 그 소유자(등기명의인)에게만 철거 처분권이 있다고 할 것이나, 그 건물을 매수하여 점유하고 있는 자는 등기부상 아직 소유자로서의 등기명의가 없다 하더라도 그 권리의 범위에서 그 점유 중인 건물에 대해 법률상 또는 사실상 처분을 할 수 있는 지위에 있으므로, 그 건물의 건립으로 불법점유를 당하고 있는 토지 소유자는 위와 같은 지위에 있는 건물 점유자에게 그 철거를 구할 수 있다(대판 1986. 12. 23, 86다카1751). ② 등기부상 진실한 소유자의 소유권에 방해가 되는 부실등기가 존재하는 경우에 그 등기명의인이 허무인 또는 실체가 없는 단체인 때에는, 소유자는 그와 같은 허무인 또는 실체가 없는 단체 명의로 실제 등기행위를 한 사람에게 소유권에 기한 방해배제로서 등기행위자를 표상하는 허무인 또는 실체가 없는 단체 명의의 등기의 말소를 구할 수 있다(대결 2008. 7. 11, 2008마615). ③ 타인의 토지 위에 무단으로 건물을 신축하여 그 소유자가 점유하고 있는 경우, 토지 소유자는 건물 소유자에게 토지의 인도와 건물의 철거를 구하면 되고, (자기 소유의 건물을 점유하고 있는 건물 소유자를 상대로) 그 건물에서 퇴거할 것을 구할 수는 없다(대판 1999. 7. 9, 98다57457, 57464). ④ 타인의 토지 위에 무단으로 건물을 신축한 후 이 건물을 임대하여 임차인이 점유하고 있는 경우, 토지 소유자는 건물 소유자에게 건물의 철거와 토지의 인도를 구하고, 임차인에게는 건물의 점유를 통해 토지소유권의 실현을 방해하고 있음을 이유로 (소유권에 기한 방해배제로서) 그 건물에서 퇴거할 것을 구할 수 있다. 이것은 임차인이 대항력을 갖춘 경우에도 같다(건물 임차권의 대항력은 건물에 관한 것이어서 이로써 토지 소유자에게 대항할 수 있는 토지사용권을 갖게 되는 것은 아니기 때문이다)(대판 2010. 8. 19, 2010다43801).

b) **내 용** 소유자는 소유권을 방해하는 자에게 '방해의 제거'를 청구할 수 있다. 실무에서는 주로 원고의 토지 위에 건립된 공작물의 철거를 청구하거나, 부실등기에 대한 말소청구의 모습으로 나타나고 있다. 원고 명의로 소유권등기가 되어 있는 것을 허위로 동일인 증명을 얻어 표시경정등기를 한 경우에 원고가 그 등기명의인에게 그 등기의 말소를 구하는 것도

---

1) 그런데 지방자치단체가 약정과는 달리 개인 소유 토지에 '쓰레기'를 매립한 사안에서는, 방해가 현재에도 계속되는 것은 아니라고 보아, 손해배상은 청구할 수 있을지언정 쓰레기의 수거와 같은 방해배제를 구할 수는 없다고 보았다 (대판 2003. 3. 28, 2003다5917). 대법원은 그 후 유사한 사안에서 그 이유를 다음과 같이 밝히고 있다. 즉, 甲 지방자치단체가 30여년 전 쓰레기 매립지에 쓰레기를 매립하는 과정에서 인접 토지에 상당한 양의 쓰레기가 매립되었고, 이에 그 토지 소유자가 쓰레기의 제거를 구한 사안에서, 오랜 시간이 지나 쓰레기가 토양과 뒤섞여 토양을 오염시키고 토양과 사실상 분리하기 어려울 정도로 혼재되어 있어, 이러한 상태는 토지 소유자가 입은 손해에 불과할 뿐, 그 쓰레기가 현재에도 토지 소유자의 소유권에 대해 침해를 계속하고 있는 것으로 보기 어렵다고 하였다(대판 2019. 7. 10, 2016다205540).

그 일환이다(대판 1985. 11. 12, 85다81, 85다카325; 대판 1993. 10. 8, 93다28867; 대판 2008. 12. 11, 2008다1859). 한편 물권의 행사가 제한되어 있는 경우에는 그 제한의 범위에서는 이 청구권은 인정되지 않는다(예: 상린관계의 규정).

(3) 소유물 방해예방청구권

a) 요 건   현재 소유권을 방해하고 있지는 않지만, 장차 「방해할 우려」가 있는 행위를 하는 것이다. 방해할 우려가 있다고 하기 위해서는, 방해예방청구에 의해 미리 보호받을 만한 가치가 있는 것으로서 객관적으로 근거 있는 상당한 개연성을 가져야 할 것이고 관념적인 가능성만으로는 이를 인정할 수 없다(대판 1995. 7. 14, 94다50533).

b) 내 용   (ㄱ) 「방해의 예방」이란 장차 방해를 일으킬 우려가 있는 원인을 제거하여 방해의 발생을 미리 막는 데 적절한 조치를 하는 것을 말한다(예: 건축공사를 하면서 이웃 건물의 붕괴를 막기 위해 축대를 쌓거나, 몇 층 이상의 건축을 금지하는 것).[1][2][3] (ㄴ) 「손해배상의 담보」는 장차 방해가 현실적으로 발생할 경우에 상대방이 부담할 손해배상의무를 미리 담보하는 것이다. 방해의 우려가 있으면 족하고 귀책사유를 필요로 하지 않는다. 그러나 그 담보로부터 손해의 전보를 받기 위해서는, 소유자에게 손해가 발생하고 그에 관해 상대방에게 귀책사유가 있어야 하는 것, 즉 불법행위의 성립을 전제로 한다(750조). (ㄷ) 소유자는 소유권을 방해할 우려가 있는 행위를 하는 자에게 '방해의 예방'이나 '손해배상의 담보' 중 어느 하나를 선택하여 행사하여야 한다.

사례의 해설   (1) (가) 토지의 소유권은 정당한 이익 있는 범위에서 토지의 상하에 미친다(212조). 한편 소유자는 그 소유에 속한 물건을 권원 없이 점유하고 있는 자에 대해 그 반환을 청구할 수 있고(213조), 소유권을 방해하는 자에 대하여는 그 방해의 제거를 청구할 수 있다(214조). 문제에서, 토지 소유자는 장래 그 지상에 건물 등을 건축할 수 있는데, 고압송전선이 있어 그 지상에 건물을 건축하는 것에 제약을 받게 된다. 그런데 B가 그 토지 위에 무단으로 송전선을 설치한 것에 대해서는, B가 C의 토지의 일부를 권원 없이 점유하고 있는 것으로 볼 수 있고, 따라서 C는 (토지)소유

---

1) 판례: 「토지의 소유자가 충분한 예방공사를 하지 아니한 채 건물의 건축을 위한 심굴 굴착공사를 함으로써 인접대지의 일부 침하와 건물 균열 등의 위험이 발생하였다고 하더라도, 나머지 공사의 대부분이 지상건물의 축조이어서 더 이상의 심굴 굴착공사의 필요성이 없다고 보여지고 침하와 균열이 더 이상 확대된다고 볼 사정이 없다면, 토지 심굴 굴착금지청구권과 소유물 방해예방 또는 방해제거청구권에 기한 공사중지 가처분을 허용하여서는 안 된다」(대판 1981. 3. 10, 80다2832).

2) 판례: (ㄱ) A국립대학교가 있는 부지에서 30미터 정도 떨어진 곳에 B가 관할 구청으로부터 24층 아파트 건축 사업승인을 받아 19층까지 골조공사를 마쳤다. A가 B를 상대로, 아파트가 완공되면 교육 및 연구에 지장을 초래하고 대학교로서의 교육환경이 저해된다는 이유로 16층 이상의 높이로 건축하는 것을 금지하는 공사금지 가처분을 신청한 사안에서, 대법원은 18층 이상의 공사를 금지시켰다(대판 1995. 9. 15, 95다23378). (ㄴ) 대한불교 조계종 봉은사에서 6미터 떨어진 곳에 19층 높이의 고층건물을 관련법에 따라 건축을 하게 된 사안에서, 그것은 사찰이 가지는 종교적 환경을 침해한다고 하여, 16층 이상의 공사를 금지시켰다(대판 1997. 7. 22, 96다56153).

3) 판례: 甲토지와 乙토지는 서로 접해 있는데, 乙토지에는 충남지방경찰청 항공대에서 운영하는 헬기장이 있어 헬기 이·착륙 용도로 사용되고 있다. 이러한 상태에서 23년이 지난 후 A는 甲토지를 매수하여 그 지상에 장례식장을 지으려고 하였는데, 헬기의 이·착륙시 문상객의 피해가 우려된다는 이유로 건축불허가 처분이 내려졌다. 이에 A는 대한민국을 상대로 甲토지 상공을 헬기의 이·착륙 항로로 사용하는 행위의 금지를 구하고 아울러 손해배상을 청구하였다. 대법원은 다음의 이유를 들어, 전자에 대해서는 토지소유권에 기한 방해제거 및 예방청구에서 방해의 요건을 충족하지 않은 것으로 보았고(다른 항로를 이용하는 경우 헬기의 운행에 문제가 있는 점 등을 고려하여), 후자의 손해배상청구 부분에 대해서는 긍정하는 취지로 판결하였다(대판 2016. 11. 10, 2013다71098).

권에 기한 반환청구의 방식으로 송전선의 철거를 구할 수 있다. 또 송전선의 설치를 토지소유권의 방해로도 볼 수 있으므로 방해제거의 방식으로 송전선의 철거를 구할 수도 있다. 어느 경우든 C는 토지소유권에 기한 물권적 청구로서 송전선의 철거를 청구할 수 있다($\substack{대판 1996. 5. 14, \\ 94다54283 참조}$).

(나) B는 악의점유자로서 그가 얻은 수익(부당이득의 유형에서 '침해부당이득'에 해당하는 경우임)은 부당이득이 된다. 문제에서, C가 B를 상대로 부당이득의 반환을 청구할 수 있는 항목은, ① 1985년부터 송전선 철거 완료일까지 토지 중 송전선 상공 부분에 대한 구분지상권에 상응하는 '임료' 상당액(C가 매수한 1981년부터 1984년까지의 임료 상당의 부당이득 반환청구권에 대해서는 1994년을 기준으로 10년의 소멸시효가 완성되었다고 볼 수 있다), ② 부당이득일 이후 그 청구를 한 때(소를 제기한 때에는 소장 부본 송달일)까지의 법정이자(예컨대 1년 단위로 받을 임료에 대한 그 이후의 법정이자), ③ 부당이득 반환채무는 법정채권(채무)으로서 기한의 정함이 없는 채무이고, 이 경우 채무자는 이행청구를 받은 때부터 지체책임이 있으므로($\substack{387조\\2항}$), 그 청구를 한 때(소를 제기한 때에는 소장 부본 송달일)가 이행기가 되고, 따라서 C가 청구를 한 때부터 B의 완제일까지 위 ① 및 ②에 대한 '지연손해금'이 된다($\substack{201조 2항·748\\조 2항 참조}$)($\substack{대판 2003. 11.\\14, 2001다61869}$).

(다) B가 무단으로 송전선을 설치하고 이를 C가 매수한 이후에도 적절한 사후조치를 취하지 않은 점, C는 그 토지상에 송전선이 있어 시가의 하락으로 인한 손해를 입는 점에서, C는 B에게 불법행위를 이유로 손해배상을 청구할 수 있다($\substack{750\\조}$). 이 손해배상청구권은 상술한 부당이득 반환청구권과 청구권 경합의 관계에 있다.

(2) (가) 戊는 제척기간의 경과로 ⓒ부분 토지에 대해 점유권에 기해 그 인도를 청구할 수는 없고($\substack{204\\조}$), 이것은 소유권에 기해 인도를 청구해야 한다($\substack{213\\조}$). 이 경우 그 상대방은 ⓒ부분 토지를 점유하고 있는 사람이다. 그런데 건물의 소유자가 그 부지도 점유하게 되는데, 그 건물의 소유자는 甲, 乙, 丙이므로, 戊는 이들을 공동피고로 삼아야 한다.

(나) 甲 측은 민법 제245조 1항 소정의 부동산 점유취득시효가 완성되었음을 이유로 소유권이전등기청구권을 갖는다고 항변할 수 있겠지만, 丁은 문제의 ⓒ부분 토지를 악의로 무단 점유하였기에 그 요건으로서의 자주점유가 부정되어 취득시효 또한 부정되고, 甲은 丁의 이러한 점유를 상속에 의해 포괄승계한 것에 지나지 않는 점에서 역시 취득시효가 부정됨을 戊는 주장할 수 있다.

(3) (가) 己는 토지소유권에 기해 미등기 건물을 매수한 丁을 상대로 토지의 인도와 건물의 철거를 구하고 있는데, 이는 소유물 반환청구권과 소유물 방해제거청구권을 행사한 것인바($\substack{213조·\\214조}$), 그 요건을 갖추었는지가 문제된다. (ㄱ) 먼저 당사자에 대해 본다. 己는 강제경매 절차에서 매각대금을 전부 내면 그 등기 없이도 목적물의 소유권을 취득하므로($\substack{187\\조}$), 토지의 소유자가 된다. 한편 丁은 미등기 건물을 매수하여 소유권이전등기를 마치지는 못했지만, 그 건물에 대해서는 사실상 처분권한을 가진 자이므로 건물 철거 청구의 상대방이 될 수 있다($\substack{대판 1986. 12.\\23, 86다카1751}$). 그리고 건물을 통해 토지를 점유하고 있으므로 토지인도 청구의 상대방이 될 수 있다. (ㄴ) 문제는 丁이 토지를 점유할 권원이 있는가 여부이다. 그 권원이 있다면 토지를 인도할 의무가 없고, 그 권원에 기초하여 건물을 사실상 소유하고 있다면 건물을 철거할 의무 역시 없게 되기 때문이다. 다음 두 가지가 거론될 수 있겠다. ① 우선, 甲에게 관습상 법정지상권이 인정되는지 여부이다. 인정된다면, 丁은 관습상 법정지상권이 있는 건물을 매수하여 법정지상권을 이전받을 지위에 있는 자로서, 이 경우 己는 丁을 상대로 토지소유권에 기한 물권적 청구권을 행사할 수 없다($\substack{대판(전원합의체) 1985.\\4. 9, 84다카1131, 1132}$).

그런데 丁은 대지와 그 지상의 미등기 건물을 일괄하여 매수하고 대지에 대해서만 소유권이전등기를 마쳐 형식상으로는 미등기 건물의 소유자(甲)와 대지의 소유자(丁)가 달라졌지만, 甲에게 건물의 소유를 위한 관습상 법정지상권은 인정되지 않는다(대판(전원합의체) 2002. 6. 20, 2002다9660). 관습상 법정지상권은 건물의 소유자로 하여금 대지의 사용을 계속할 수 있게 하는 것을 그 취지로 하는데, 위 경우에는 甲에게 대지의 사용권을 인정하거나 용인하려는 것을 인정할 수 없기 때문이다. 그러므로 丁은 관습상 법정지상권을 이전받을 지위에 있지 않아 토지를 사용할 권원이 없다. ② 다음, 丁 자신에게 관습상 법정지상권이 인정되는지 여부를 본다. 강제경매로 토지의 소유권이 이전되기 전에 토지와 건물이 동일인의 소유가 아니었으므로(토지는 丁이, 건물은 甲이 소유하고 있다), 丁은 관습상 법정지상권을 취득하지 못한다(대판 1987. 12. 8, 87다카869). (ㄷ) 결국 乙의 丁에 대한 청구는 전부 인용될 수 있다.

(ㄴ) 丙은 丁이 매수한 미등기 건물(주택)의 대항력을 갖춘 임차인으로서 丁과는 별개로 건물의 점유를 통해 乙의 토지소유권의 실현을 방해하고 있으므로, 乙는 토지소유권에 기한 방해제거청구권을 행사하여 (丁을 상대로 건물의 철거를 구하고 아울러) 丙이 위 건물에서 퇴거할 것을 구할 수 있다. 이것은 임차인이 대항력을 갖춘 경우에도 같다(건물 임차권의 대항력은 건물에 관한 것이어서 이로써 토지 소유자에게 대항할 수 있는 토지사용권을 갖게 되는 것은 아니기 때문이다)(대판 2010. 8. 19, 2010다43801). 사례 p. 195

3. 소유물 반환에 부수되는 이해조정(점유자와 회복자의 관계)

사례 (1) (ㄱ) A는 그 소유 토지를 B에게 매도하면서 B와의 합의에 따라 중도금만 받은 상태에서 먼저 소유권이전등기를 해 주고 B는 토지를 인도받아 점유하고 있다. A는 그 후 B의 잔금 지급채무의 불이행을 이유로 계약을 해제하였다. B는 민법 제201조 1항을 근거로 점유기간 동안의 사용이익의 반환책임을 면하는가? (ㄴ) 甲은 乙 앞으로 근저당권이 설정되어 있는 건물을 A에게 임대하고, 임차인 A는 유익비를 지출하였는데, 그 후 乙이 근저당권을 실행하여 B가 낙찰받았다. A는 민법 제203조를 근거로 B에게 유익비의 상환을 청구할 수 있는가? (ㄷ) A 소유의 부동산에 대해 B가 원인무효의 등기를 마친 후에 이를 C에게 매도하여 C 명의로 소유권이전등기가 되고, C가 위 부동산을 점유하고 있다. A가 C에게 점유기간 동안의 사용이익의 반환을 청구한 경우, C는 민법 제201조 1항을 근거로 이를 거부할 수 있는가? (ㄹ) A 소유의 자전거를 B가 절취하고 이를 C가 선의로 매수하여 점유한 지 1년이 되었다. A가 소유권에 기해 C에게 자전거의 반환을 청구하면서 1년간의 자전거 사용료를 청구한 경우, C는 민법 제201조 1항을 근거로 이를 거부할 수 있는가? (ㅁ) A전력공사가 권원 없이 B 소유 토지의 상공에 송전선을 설치하였다. B는 A에게 민법 제201조 2항을 근거로 점유기간 동안의 임료 상당액과 그 법정이자를 청구할 수 있는가?

(2) 건축업자 甲은 자기 소유의 X토지 위에 Y건물(단독주택)을 신축하던 중, Y건물의 기초 및 골조공사가 완성된 직후인 2011. 2. 4. A로부터 1억원을 차용하면서 X토지에 채권최고액 1억 5,000만원인 근저당권을 설정해 주었다. 한편 甲은 Y건물의 내장공사만 남겨둔 2011. 2. 15. 교통사고로 다리를 다쳐 입원하게 되었다. 甲의 가족으로는 妻 乙, 甲과 乙 사이의 子 丙(21세)이 있다. 그런데 甲이 장기간 입원하게 되자 乙은 병원비를 마련하기 위하여 Y건물을 B에게 매도하기로 하고, 乙은 Y건물에 관하여 처분권을 받은 바 없이 甲을 대리하여 B와 매매계약을 체결하였다. 그

후 B는 2,000만원을 들여 Y건물의 내장공사를 완료하였고, 공사 완료로 인하여 Y건물의 가치가 3,000만원 상승하였다. 퇴원 후 Y건물을 매도한 사실을 알게 된 甲은, 乙이 B와 체결한 매매계약은 무효라고 하면서 B에 대하여 Y건물에 대한 인도청구의 소를 제기하였다. 이 경우 B는 甲에게 어떠한 권리를 주장할 수 있는가? (20점)(2015년 제57회 사법시험)

(3) 1) 甲과 乙은 각각 1/4, 3/4 지분으로 X토지를 공유하고 있다. A는 2003. 2. 1. 甲과 乙을 대리하여 X토지에 대해 丙과 매매계약을 체결하고, 丙으로부터 매매대금을 수령한 다음, 2003. 4. 1. 丙 명의로 소유권(공유지분)이전등기를 마쳐주었다. 丙은 2004. 3. 1. X토지에 대해 丁과 매매계약을 체결하였고, 2004. 4. 1. 丁에게 X토지의 인도 및 소유권이전등기를 마쳐주었다. 2) 乙은 2015. 4. 1. 丙과 丁을 상대로 X토지에 관한 각 이전등기 전부의 말소를 구하는 소를 제기하였다. 변론 절차에서 乙은 甲·乙이 A에게 대리권을 수여한 적이 없으므로 甲·乙과 丙 사이에 체결된 매매계약은 무효이며, A가 등기 관련 서류를 위조하여 마쳐진 丙과 丁 명의의 등기도 무효라고 주장하였다. 3) 乙이 丙과 丁을 상대로 제기한 소송의 1심에서 A가 대리권이 없음에도 불구하고 甲과 乙을 대리하여 丙과 매매계약을 체결하였고, 등기 관련 서류를 위조하여 丙 명의로 소유권이전등기를 마쳐주었다는 점이 인정되었다. 따라서 丙 명의의 공유지분 이전등기와 丁 명의의 소유권이전등기의 말소청구는 인용되었다. 4) 乙이 제기한 소송의 판결이 2016. 2. 1. 확정되었다. 乙은 丁이 X토지를 인도받아 점유 사용한 2014. 4. 1.부터 丁이 X토지를 반환하는 시점까지 월 임료 상당의 부당이득 반환을 청구하였다. 심리 결과 丁은 丙 명의의 등기가 무효라는 점을 알지 못하였고, 그 오인에 정당한 이유가 있었으며, X토지의 월 차임은 100만원이었다. 乙의 청구에 대한 결론과 그 논거를 설명하시오(이자 및 지연손해금은 고려하지 않음). (20점)(2019년 제2차 변호사시험 모의시험)

해설 p. 212

(1) 총 설

가) 민법의 규정

(ㄱ) 민법은 물권편 점유권의 장에서 제201조(점유자와 과실)·제202조(점유자의 회복자에 대한 책임)·제203조(점유자의 상환청구권)를 규정하고 있는데, 이것은 점유자가 점유물을 회복자에게 반환하는 경우에 그에 부수하여 생길 수 있는 내용들을 정한 것이다. 즉 ① 점유물에서 생긴 과실에 대해 선의의 점유자는 이를 취득하고(부당이득에서 선의의 수익자는 현존이익의 한도에서 반환하여야 하는데($^{748조}_{1항}$), 이에 대한 특칙이 된다), 악의의 점유자는 이를 반환토록 한다($^{201}_{조}$). ② 점유물이 멸실·훼손된 경우, 선의의 자주점유자는 현존이익의 범위에서 배상하면 되는 것으로 그 책임을 경감한다($^{202}_{조}$). ③ 점유자가 점유물에 지출한 필요비와 유익비에 대해 회복자에게 그 상환을 청구할 수 있는 것으로 한다($^{203}_{조}$). (ㄴ) 그런데 점유의 반환 내지 회복을 구할 수 있는 경우는 다양하고, 민법은 그에 따라 개별적인 규정들을 두고 있다. 여기서 그 규정들과 위 규정은 어떤 관계에 있는지, 다시 말해 위 규정은 어느 경우에 적용되는지를 밝힐 필요가 있다.

〈참 고〉 점유자와 회복자의 관계를 독일 민법은 소유권 부분에서 소유물 반환청구권($^{독민}_{985조}$)에 이어 규정함으로써($^{독민\ 986조\sim}_{1003조}$), 그것이 소유물 반환청구를 전제로 하여 문제되는 것임을 체계상 분명히 하고 있다. 이에 대해 일본 민법은 소유권에 기한 물권적 청구권(가령 반환청구권)에 관해서는 아무런 규정을 두고 있지 않고, 점유자와 회복자의 관계를 점유권의 효력의 절에서 정하고 있다(일민 189조~/191조·196조). 우리 민법은 일본의 규정체계 및 그 내용과 거의 같다. 이러한 규정체계에서는 점유자와 회복자에 관한 규정이 소유물 반환청구를 전제로 하여 문제된다는 점을 분명히 보여주지 못하고 있다. 이는 우리 입법자들이 점유자와 회복자의 관계를 소유권과의 연관보다는 점유의 효력(점유자가 점유물을 반환하는 과정에서 갖게 되는 권리이므로)의 한 내용으로 파악했음을 보여준다. 나아가 점유자의 비용 상환과 관련하여 우리 민법처럼 점유자의 선의·악의를 구별하지 않고 같이 취급하는 것은 매우 이례적이다.[1]

나) 민법 제201조 내지 제203조의 적용범위

통설은 독일 민법의 규정체계대로 이해하여 민법 제201조 내지 제203조는 소유자가 점유할 권리가 없는 점유자를 상대로 (동산 또는 부동산에 대한) 소유물 반환청구를 하는 것을 전제로 하여 적용되는 것으로 해석한다. 이것을 기본으로 하여 구체적으로 다음과 같이 적용범위가 정해진다.

a) (ㄱ) 소유자와 점유자 사이에 계약이나 법률관계가 존재하는 경우에는 그에 관한 법리가 적용될 뿐 위 규정은 적용되지 않는다. 가령 지상권·전세권·유치권·질권이 소멸되는 경우, 사용대차·임대차·위임·임치·사무관리의 경우에도 점유자와 회복자의 관계가 생기지만, 민법은 그에 맞는 규정을 달리 정하고 있기 때문이다(지상권(285조)·전세권(316조·315조·/309조·310조)·유치권(320조·323/조·325조)·질권(343조)·사용대차(615조·611/조·610조)·임대차(654조·/626조)·위임(684조·/688조)·임치(701조)·사무관리(738조·734/조·739조) 등 참조). 그리고 그 계약이 무효·취소·해제·종료 등으로 실효되어 소유물 반환청구권과 (점유의 부당이득으로서) 부당이득 반환청구권이 경합하는 경우에도, 부수적 이해의 조정은 계약 또는 그에 준하는 법리에 따라야 하고 위 규정은 적용되지 않는다.[2] 계약법은 계약 당사자 사이의 이해관계를 보다 세밀하고 구체적인 사정에 맞게 정한 것이어서 다른 규정에 앞서 우선적·배타적으로 적용되어야 하기 때문이다.[3] 특히 해제의 경우 민법은 원상회복의무를 따로 정하고, 금전을 반환하여야 할 경우에는 그 받은 날부터 이자를 붙여야 하는 것으로 규정하고 있다(548조). (ㄴ) 반면, 소유자와 점유자 간에 계약이나 법률관계가 존재하지 않는 경우에는, 소유물 반환청구권과 (점유의 부당이득으로서) 부당이득 반환청구권이 경합한다고 하더라도, 부수적 이해의 조정은 부당이득법에 대한 특칙으로서 제201조 내지 제203조가 적용된다.[4]

---

1) 이준현, "점유자-회복자 관계에 관한 민법개정 제안", 민사법학 제53호(2011. 3.), 173면.
2) 종전의 판례 중에는, 「쌍무계약(매매)이 취소된 경우, 선의의 매수인에게 민법 제201조가 적용되어 과실취득권이 인정되는 이상, 선의의 매도인에게도 민법 제587조의 유추적용에 의하여 대금의 운용이익 내지 법정이자의 반환을 부정함이 형평에 맞다」고 판시한 것이 있다(대판 1993. 5. 14, 92다45025). 그러나 이 경우에는 매도인과 매수인 모두에게 민법 제587조를 유추적용하여, 매수인은 과실을 반환할 필요가 없고 매도인은 대금의 이자를 반환할 필요가 없다고 보면 충분하다.
3) 민법주해 물권(1), 361면 이하(양창수).
4) 판례: (ㄱ) A전력공사가 아무런 권원 없이 B 소유 토지의 상공에 송전선을 설치하였다. 여기서 B가 A를 상대로 민법 제201조 2항을 근거로 점유기간 동안의 과실에 준하는 사용이익(임료 상당액)의 반환을 청구할 수 있다는 데에는 의문이 없다. 문제는 부당이익 이후 완제일까지 법정이자도 청구할 수 있는지가 다투어진 사안에서, 판례는, 민법 제201조 2항이 민법 제748조 2항의 적용을 배제하는 것은 아니라는 이유로, 민법 제748조 2항을 근거로 이를 긍정

b) 소유자와 점유자 사이는 직접 2자관계일 수도 있고 중간에 제3자가 개입하게 되는 3자관계일 수도 있다. 전자의 경우에는 상술한 내용(a) (ㄴ)과 같게 된다. 문제가 되는 것은 후자의 경우이다. 이것은 다음과 같이 세분된다.

(α) 점유자가 비용을 지출할 당시 제3자와의 계약관계에 기초하여 적법한 점유의 권원을 갖는 경우이다. 이때 그 지출비용의 상환에 관하여는 그 계약관계를 규율하는 법 조항이나 법리 등이 적용될 뿐, 민법 제203조 2항에 의해 지출비용의 상환을 구할 수는 없다.[1]

(β) 가령 A 소유의 부동산에 대해 B가 원인무효의 등기를 마친 후 이를 C에게 매도하여, C 명의로 소유권이전등기가 되고 C가 위 부동산을 점유하고 있다고 하자. 또 A 소유의 자전거를 B가 절취하고 이를 C가 선의로 매수하여 점유하고 있다고 하자(그리고 도난당한 때부터 2년이 지나지는 않았다고 하자). (ㄱ) A와 C 사이에는 아무런 계약관계가 없으므로, A가 C를 상대로 소유물 반환청구를 하는 경우, 민법 제201조 내지 제203조가 적용된다. 독일 민법에서 점유자와 회복자의 관계에 관한 부수규정은 주로 이러한 경우를 상정하여 입안된 것이다. 즉, A가 직접 C를 상대로 소유물 반환청구를 하여 C가 이를 반환하게 되면, C는 B와의 매매계약을 해제하여 B에게 준 대금의 반환을 청구하게 될 것인데, C는 자신의 의무를 먼저 이행한 상태여서 전적으로 B의 이행 여부 내지 그의 자력에 의존하게 되는 위험에 놓이게 된다. 여기서 C가 소유권을 취득한 것으로 믿은 신뢰를 어느 정도 보상해 주기 위해, 다시 말해 소유자로부터의 직접청구에 따라 생기게 되는 위험을 줄이기 위해, C가 선의의 점유자라고 하면 과실(사용이익 포함)을 취득할 수 있도록 한 것이고, 궁극적으로는 거래의 안전을 배려한 것에 그 취지가 있다.[2] (ㄴ) C는 B와의 계약을 민법 제570조에 따라 해제할 수 있고, 해제하면 B는 C에게 대금을 반환하여야 하고, C는 B에게 목적물과 과실을 반환하여야 한다. 그런데 이러한 상태에서 A가 C를 상대로 소유물 반환청구를 하는 경우, C의 지위가 문제된다. ① 이 경우 C는 A에 대해서는 소유물 반환청구에 복종해야 하고, B에 대해서는 부당이득 반환(원상회복) 청구에 복종해야 하는 상태에 놓이게 된다. B의 청구에 따라 C가 이미 반환을 한 상태라면 A는 C를 상대로 소유물 반환청구를 할 수 없겠지만, C가 아직 점유를 계속하고 있는 동안에는 어느 청구권에 우선 복종해야 할 것인지 문제된다. 이때는 소유자의 소유물 반환청구권이 우선해야 한다고 본다. 왜냐하면 물건의 반환에 있어서 부당이득 반환청구권을 가지고 있는 B도 소유자 A의 소유물 반환청구권에 복종해야 하는 지위에 있으므로, B가 C로부터 목적물

하였다(대판 2003. 11. 14, 2001다61869). (ㄴ) 위 판례의 결론은 타당하다고 하겠지만, 그 근거는 민법 제748조 2항이 아니라 민법 제201조 2항의 해석에서 도출할 수 있는 것이 아닌가 한다. 즉 민법 제201조는 선의의 점유자에게 과실취득권을 주어 그를 보호하려는 데에 그 취지가 있는 것이고, 악의의 점유자는 보호할 필요가 없어 제201조 2항에서 악의의 점유자는 과실을 반환하여야 한다고 정한 것일 뿐, 이것이 수취한 과실에 이자를 붙일 수 없다는 의미까지 포함하는 것은 아니기 때문이다. 악의의 점유자는 사용이익을 소유자에게 돌려주었어야 했고 그런데도 계속 보유함으로써 적어도 이자 상당의 이익을 추가로 얻고 있는 점에서도 그러하다.

1) 판례: 甲은 乙 앞으로 근저당권이 설정되어 있는 건물을 A에게 임대하고, 임차인 A는 유익비를 지출하였는데, 그 후 乙이 근저당권을 실행하여 B가 낙찰받은 사안에서, 판례는, A는 민법 제626조에 따라 임대인 甲에게 유익비의 상환을 구할 수 있을 뿐, 민법 제203조를 근거로 B에게 그 상환을 구할 수는 없다고 하였다(다만 A가 건물에 유치권을 주장할 수 있는 것은 별개임)(대판 2003. 7. 25, 2001다64752).

2) 김형석, "점유자와 회복자의 법률관계와 부당이득의 경합", 서울대학교 법학 제49권 제1호(2008. 3), 262면.

을 반환받아서 다시 소유자 A에게 반환하는 절차를 거칠 것이 아니라, 직접 A가 C에게 소유물 반환청구권을 행사하고 C가 거기에 복종하도록 하는 것이 정당하기 때문이다. 그러므로 C가 직접 A에게 목적물을 반환한 것은 B에 대해서도 자신의 반환의무를 이행한 것으로 볼 수 있다. 따라서 C는 B에게 계약의 해제에 따른 원상회복을 구할 수 있다(매매대금의 반환청구). ② A의 소유물 반환청구와 관련하여 C가 선의의 점유자로서 민법 제201조 1항에 따라 과실 내지 사용이익을 반환할 의무가 없다고 할 경우, 이것이 B에 대해서도 그 효력이 있는 것인지 문제된다. 그런데 민법 제201조 내지 제203조는 소유자와 점유자 사이에서만 적용되는 상대적 효력이 있을 뿐이고 모든 경우에 적용되는 절대적 효력이 있는 것이 아니다. 따라서 B와 C 사이에서는 양자간의 계약의 법리에 따라 그 해제에 따른 원상회복의무로서 C는 B에게 과실을 반환하여야 한다.[1]

　(γ) 소유권유보부 매매에서 매수인(B)과의 유효한 도급계약에 의해 목적물을 수리한 수급인(C)은, 소유자인 매도인(A)이 소유권유보부 매매계약을 해제한 후 목적물의 반환을 청구한 경우에, 민법 제203조에 따라 소유자인 매도인에게 비용의 상환을 청구할 수 있는지 문제된다.

다음과 같은 이유로 A에 대한 관계에서 비용 지출자는 B가 되고, C는 비용 지출자가 되지 못한다. ① C는 B와의 도급계약상의 의무를 이행하고 그 보수를 받기 위해 급부를 한 것이지, 물건의 점유자로서 이것을 방해받지 않고 자기의 의사대로 이용하기 위해 수리한 것이 아니다. ② B와 C의 도급계약의 효력은 A에게는 미치지 않으므로(이를테면 보수를 시가보다 싸게 약정하는 경우 등), C가 A에게 비용 상환을 청구하는 경우에는 도급계약의 내용보다 유리한 것이 될 수도 있다. 그러나 C는 B와의 합의에 따른 보수만을 기대하고 급부를 한 것이므로, 이에 따른 보수청구권을 인정하는 것으로 족하고, 여기에 다른 어떤 채권적 조정을 더할 필요는 없다. ③ B가 지급불능에 빠졌다 하더라도 그것은 스스로 처음부터 각오한 위험이며, 제3자인 소유자 A에게 전가시켜서는 안 된다. 계약법이 지배하는 영역하에 있었던 당사자의 관계는 계약법질서에 의해 규율되어야 하고, 체계를 무시하면서까지 도급계약과는 아무런 상관이 없는 소유자에 대한 비용상환청구권을 인정해야 할 만큼 수급인 C를 보호해야 할 필요성은 많지 않다(다만 C가 보수를 받을 때까지 목적물에 유치권을 주장하는 것은 별개의 것이다).[2] 결국 위 사안의 경우는 B가 비용을 지출한 것이 되고, 따라서 A와의 매매계약 해제에 따른 원상회복의 법리에 의해 처리되어야 한다. 즉 B는 A에게 민법 제203조를 근거로 비용 상환을 청구할 수는 없고, 민법 제548조 소정의 원상회복의 법리, 즉 B가 A에게 반환하여야 할 것에서 비용을 공제하는 방식으로 처리할 것이다.[3]

---

1) 최상호, "점유자와 회복자의 관계에 관한 연구", 고려대학교 박사학위논문(1992), 33면~35면; 제철웅, "소유물반환청구권에 부수하는 채권관계를 독자적으로 규율할 필요가 있는가?", 김재형·제철웅 편, 채무불이행과 부당이득의 최근동향(박영사, 2013), 292면.
2) 최상호, 위의 글, 143면~152면.
3) 판례: (ㄱ) A는 2/4 지분, B와 C는 각 1/4 지분으로 건물을 공유하고 있는데, B가 A의 동의 없이 甲에게 위 건물의 공사를 2억 5천만원에 도급을 주는 계약을 체결하였다. 甲은 이 공사를 마쳤고, 공사로 건물의 가치는 1억 5천만원 정도 증가하였다. B가 공사금을 주지 않자, 甲이 A에게 위 유익비 중 A의 지분에 상응하는 그 반액에 대해 부당이득 반환청구 내지는 민법 제203조에 의한 유익비 상환청구를 한 사안에서, 판례는 다음과 같은 이유로 甲의 청구를

다) 불법행위와의 관계

선의의 점유자는 점유물의 과실을 취득하고($^{201조}_{1항}$), 선의의 자주점유자는 점유물을 멸실·훼손한 때에도 현존이익의 범위에서 손해배상책임을 지는데($^{202}_{조}$), 이 한도에서는 불법행위 규정에 대한 특칙으로 보는 것이 타당하다($^{민법주해\ 물권(1),\ 395면,}_{이하·407면(양창수)}$).[1] 그 밖의 경우는 불법행위의 요건을 갖추는 한 그 경합이 인정된다.

(2) 과실의 취득 또는 반환

> 제201조 〔점유자와 과실〕 ① 선의의 점유자는 점유물의 과실을 취득한다. ② 악의의 점유자는 수취한 과실을 반환하여야 하며, 과실을 소비하였거나 과실로 훼손하였거나 수취하지 못한 경우에는 그 과실의 대가를 보상하여야 한다. ③ 제2항의 규정은 폭력 또는 은비에 의한 점유자에 준용한다.

가) 선의 점유자의 과실취득권

a) 의 의 물건에 대해 수익의 권리를 갖는 자가 과실을 수취할 권리가 있다($^{102}_{조}$)(예: 소유자·지상권자·전세권자·양도담보설정자 등). 따라서 점유할 권리가 없이 타인의 물건을 점유하는 자는 그 물건에서 생기는 과실을 취득할 수 없음이 원칙이다. 그런데 과실수취권을 가지는 본권이 있는 것으로 믿은 선의 점유자는 점유물에서 생기는 과실을 수취하여 소비하는 것이 보통이고, 또 과실을 얻기 위하여 적지 않은 노력과 비용을 들였을 것이므로, 후에 본권자에게 원물을 반환할 경우에 과실까지 반환케 하는 것은 가혹하다는 점에서, 본조는 선의의 점유자에게 예외적으로 점유물의 과실을 취득할 수 있는 수익권을 인정한 것이다($^{201조}_{1항}$).

b) 요 건 (ㄱ) 본조는 (점유할 권리가 없는데도) 선의 점유자에게 과실취득권을 주는 예외적인 규정인 점에서, 판례는 그 요건을 제한한다. 즉 '선의점유'는 통상 본권이 없음에도 있는 것으로 믿은 점유를 말하지만, 본조와 관련해서는 「선의의 점유자란 과실취득권을 포함하는 권원(소유권·지상권·임차권 등)이 있다고 오신한 점유자를 말하고, 그와 같은 오신을 함에는 오신할 만한 근거가 있어야 한다」고 한다($^{대판\ 1992.\ 12.}_{24,\ 92다22114}$). (ㄴ) 세부적인 내용은 다음과 같다. ① 위 점유는 자주점유든 타주점유든 묻지 않는다. 과실수취권을 가지는 권원이 있는 것으로 믿은 점유이면 족하다. ② 점유자의 선의 외에 「무과실」도 필요한지에 관해서는 견해가 나뉜다.

배척하였다. ① 먼저 부당이득 반환청구 부분에 대해, 그것은 자기 책임하에 체결된 계약에 따른 위험부담을 제3자에게 전가시키는 것이 되어 계약법의 기본원리에 반하고, 甲이 B의 일반채권자에 비해 우대받는 것이 되어 그 일반채권자의 이익을 해치게 되며, B가 甲에게 갖는 계약상의 항변권이 일방적으로 무시되는 결과를 초래하여 부당하다는 점에서, 이를 배척하였다. ② 그리고 민법 제203조에 의한 유익비 상환청구 부분에 대해서는, 도급인 B가 건물을 간접점유하면서 궁극적으로 자신의 계산으로 비용 지출 과정을 관리한 것이어서 B만이 소유자에게 민법 제203조에 의한 비용상환청구권을 행사할 수 있는 것으로 보았다(대판 2002. 8. 23, 99다66564, 66571). (ㄴ) 위 사안은, A와 B 사이에는 계약관계가 없을 뿐만 아니라, B의 관리행위가 부적법하여 B가 甲과 맺은 도급계약상의 효력을 A에게 주장할 수 있는 것도 아니어서, 결국 B는 소유자 A에 대해 부적법한 (간접)점유를 하고 있어 A는 B에게 소유물반환청구를 할 수 있고, 그에 부수하여 민법 제201조 내지 제203조가 적용되는 경우라고 할 수 있다.

1) 대판 1966. 7. 19, 66다994는 과실 있는 선의 점유자에 대해 불법행위를 긍정하고 있는데, 이 경우는 제201조 1항 소정의 선의 점유자의 요건을 충족한다고 보기 어렵다.

제1설은, 명문의 규정 없이 무과실을 요구하는 것은 무리라고 한다(곽윤직, 155면; 고상룡, 218면; 김용한, 202면; 송덕수, 533면; 이영준, 347면; 이상태, 167면). 제2설은, 소유자의 이익을 희생시키는 점에서 점유자가 선의인 것만으로는 부족하고 무과실도 요구되며, 또 폭력이나 은비에 의한 점유자의 경우 그가 선의 점유자라고 하더라도 과실수취권을 인정하지 않는 것(201조 3항)과 비교하더라도 선의인데 과실이 있는 점유자에게까지 과실수취권을 인정할 필요는 없다고 한다(김상용, 292면; 민법주해(IV), 384면(양창수)). 제2설이 타당하다고 본다. 위의 판례도 같은 취지이다. ③ 선의 여부를 정하는 기준시기는, 천연과실에서는 원물로부터 분리할 때이지만(102조 1항), 법정과실에서는 선의가 존속한 일수에 비례하여 과실을 취득한다(102조 2항).

c) **효 과**   선의의 점유자는 점유물의 과실을 취득한다(201조 1항). (ㄱ) 과실은 천연과실과 법정과실을 포함한다. 물건을 현실적으로 사용하여 얻는 이익인 사용이익도 과실에 준하는 것으로 취급된다(대판 1996. 1. 26, 95다44290). (ㄴ) 「과실 취득」의 의미에 관하여는 견해가 나뉜다. 제1설은, 과실을 취득할 권리를 적극적으로 부여한 것으로 보아, 소비한 과실뿐만 아니라 수취한 과실에 대하여도 소유권을 취득하는 것으로 본다(김증한·김학동, 230면; 송덕수, 534면; 민법주해(IV), 396면(양창수)). 제2설은, 소비한 과실에 한해 반환의무를 면제할 뿐이고 현존하는 과실은 반환하여야 하는 것으로 본다(곽윤직, 155면; 김용한, 201면; 이은영, 359면). 사견은, 제203조 1항 단서에서 점유자가 과실을 취득한 경우에 통상의 필요비는 청구하지 못하는 것으로 정하는데, 선의 점유자가 현존하는 과실을 반환해야 한다면 이 규정의 존재 의의는 없게 되므로, 결국 민법의 취지는 선의 점유자가 과실수취권을 가진다는 입장에 있고, 그것이 제201조 1항 법문에도 맞는다고 할 것이다(즉 제1설이 타당하다). (ㄷ) 독일 민법(988조)은 선의이더라도 무상으로 점유한 자에게는 과실수취권을 부인하고, 이에 동조하는 견해가 있지만(이영준, 349면), 명문의 규정이 없는 우리 민법하에서는 이를 수용하기 어렵다(통설). (ㄹ) 과실 취득이 인정되는 범위에서는, 이로 말미암아 타인에게 손해를 입혔다 할지라도 선의의 점유자는 그 과실 취득으로 인한 이득을 그 타인에게 반환할 의무가 없다(대판 1967. 11. 28, 67다2272; 대판 1981. 9. 22, 81다233; 대판 1996. 1. 26, 95다44290).[1]

나) 악의 점유자의 과실 반환의무

본권이 없음을 안 악의의 점유자는 수취한 과실을 반환해야 하며, 과실을 소비했거나 과실로 훼손했거나 수취하지 못한 경우에는 그 과실의 대가를 보상해야 한다(201조 2항).[2] 이것은 폭력으로 점유하거나 은밀히 점유한 자에게 준용한다(201조 3항). 한편 선의의 점유자라도 본권에 관한 소송에서 패소한 경우에는 그 소가 제기된 때부터 악의의 점유자로 본다(197조 2항).

---

1) 판례는 다음의 경우에 선의 점유자의 과실 취득을 긍정한다. ① 농지의 매매가 농지개혁법에 위반되어 무효인 경우에도 그 매매가 유효인 것으로 안 선의의 점유자에게는 그 적용이 있다(대판 1966. 9. 20, 66다939). ② 당사자 상호간의 소유 토지를 착오로 서로 자기의 소유로 알고 점유, 경작한 것은 선의의 점유라 할 것이므로, 그 점유물에서 생긴 과실의 이득을 정당히 취득할 권리가 있다(대판 1977. 11. 22, 77다981; 대판 1981. 9. 22, 81다233).

2) 유의할 것은, 권한 없이 타인의 토지에 농작물을 심은 경우 판례는 경작자에게 그 소유권이 있다고 보므로, 이 한도에서는 민법 제201조 2항은 적용되지 않는다.

(3) 점유물의 멸실·훼손에 대한 책임

> 제202조 〔점유자의 회복자에 대한 책임〕 점유물이 점유자에게 책임 있는 사유로 멸실되거나 훼손된 경우에는 악의의 점유자는 그 손해의 전부를 배상하여야 하며, 선의의 점유자는 이익이 현존하는 한도에서 손해를 배상하여야 한다. 소유의 의사가 없는 점유자는 선의인 경우에도 손해의 전부를 배상하여야 한다.

a) **본조의 취지**   소유권이 없는데도 있는 것으로 믿은 '선의의 자주점유자'는 점유물을 자신의 것으로 취급하여 사용할 뿐만 아니라, 경우에 따라서는 임의로 멸실·훼손시키는 수도 있다. 따라서 후에 점유물을 반환하는 경우에 그 멸실 등에 대해 전적인 책임을 지게 하는 것은 그에게 가혹한 점에서, 본조는 그 책임을 경감하는 것으로 정한다.

b) **책임의 구별**   (ㄱ) 선의의 자주점유자는 점유물이 그에게 책임이 있는 사유로 멸실되거나 훼손된 경우 '이익이 현존'하는 한도에서 배상책임을 진다($\frac{202조\ 1}{문\ 후단}$). 따라서 책임이 없는 사유로 멸실 등이 된 때에는 아무런 책임도 부담하지 않는다. 한편 '책임 있는 사유'란, 선의의 자주점유임에 비추어 일반적인 고의나 과실을 의미하는 것이 아니라 자기 재산에 대한 주의를 게을리하는 정도(구체적 경과실)로 파악하는 것이 타당하다($\frac{김증한·김학동,\ 233면;\ 민}{법주해(IV),\ 406면(양창수)}$). (ㄴ) 선의의 점유자라도 타주점유이거나, 악의의 점유자인 경우, 점유물이 그에게 책임이 있는 사유로 멸실 등이 된 때에는 손해 전부에 대해 배상책임을 진다($\frac{202조\ 1문}{전단·2문}$).

(4) 비용상환청구권

> 제203조 〔점유자의 상환청구권〕 ① 점유자가 점유물을 반환하는 경우에는 회복자에게 점유물을 보존하기 위하여 지출한 금액 기타 필요비의 상환을 청구할 수 있다. 그러나 점유자가 과실을 취득한 경우에는 통상의 필요비는 청구하지 못한다. ② 점유자가 점유물을 개량하기 위하여 지출한 금액 기타 유익비에 관하여는 그 가액의 증가가 현존하는 경우에 한하여 회복자의 선택에 좇아 그 지출금액이나 증가액의 상환을 청구할 수 있다. ③ 전항의 경우에 법원은 회복자의 청구에 의하여 상당한 상환기간을 정해 줄 수 있다.

a) **의의와 요건**   (ㄱ) 점유자가 점유물을 보존하거나 개량하기 위해 지출한 비용은 회복자(점유를 회복하는 자)에게 부당이득이 되는 점에서, 본조는 점유자의 선의·악의 및 자주점유·타주점유를 불문하고 그 상환을 청구할 수 있는 것으로 하면서, 그 비용이 필요비인지 유익비인지에 따라 그 내용을 달리 정한다. 다만 다음의 점에서는 공통된다. ① 그 비용은 어느 것이나 물건에 관하여 생긴 채권으로서 유치권이 성립한다($\frac{320조}{1항}$). 그러나 그 점유가 불법행위로 인한 경우에는 유치권이 인정되지 않는다($\frac{320조}{2항}$). 그런데 물건의 점유자는 소유의 의사로 평온하고 공연하게 선의로 점유한 것으로 추정되고, 점유자가 점유물에 대하여 행사하는 권리는 적법하게 보유한 것으로 추정되므로($\frac{197조\ 1항·}{200조}$), 점유물에 대한 필요비·유익비 상환청구권을 기초로 하는 유치권의 주장을 배척하려면, 적어도 그 점유가 불법행위로 인하여 개시되었거나 점유자가 필요비와 유익비를 지출할 당시 이를 점유할 권원이 없음을 알았거나 중대한 과실로

알지 못하였다고 인정할 만한 사유에 대한 상대방의 주장·입증이 있어야 한다$\left(\substack{\text{대판 1966. 6. 7, 66다} \\ \text{600, 601; 대판 2011.}}\right.$ $\left.\substack{\text{12. 13, 2009}}\right)$. ② 점유자의 필요비·유익비 상환청구권은 점유자가 회복자로부터 점유물의 반환을 청구받거나 회복자에게 점유물을 반환하는 때에 발생하고, 또 그때 변제기에 이르러 회복자에게 이를 행사할 수 있다$\left(\substack{\text{대판 1994. 9.} \\ \text{9, 94다4592}}\right)$. (ㄴ) 본조 소정의 '비용'은 점유물을 보존하거나 개량하기 위해 지출된 것이어야 한다. 타인의 임야에서 토석을 채취하기 위해 시설을 한 경우의 그 시설비는 임야 소유자의 임야의 가치를 보존하거나 증대하는 것과는 무관한 것이므로, 소유자가 임야의 인도를 구함에 있어서 점유자는 본조에 의해 그 시설비의 상환을 청구할 수 없고 유치권도 행사할 수 없다$\left(\substack{\text{대판 1957. 10. 21,} \\ \text{4290민상153, 154}}\right)$. (ㄷ) 가등기가 되어 있는 부동산 소유권을 이전받은 자(甲)가 그 부동산에 필요비나 유익비를 지출하였는데 후에 가등기에 기한 본등기로 인해 소유권을 잃은 경우, 甲은 결과적으로 타인의 물건에 비용을 지출한 셈이 되어 본조 소정의 비용상환청구권을 갖는다$\left(\substack{\text{대판 1976. 10.} \\ \text{26, 76다2079}}\right)$. (ㄹ) 가령 A 소유의 건물을 무단점유하고 있는 B가 C에게 보수공사를 도급주어 C가 물건의 점유를 이전받아 이를 수리한 경우, B가 건물을 간접점유하면서 궁극적으로 자신의 계산으로 비용 지출 과정을 관리하였으므로, 도급인 B가 본조 소정의 비용 지출자가 되고 수급인 C는 비용 지출자에 해당하지 않는다는 것이 판례의 입장이다$\left(\substack{\text{대판 2002. 8. 23,} \\ \text{99다66564, 66571}}\right)$. 한편, 점유자인 A가 소유자 B의 건물에 비용을 지출하였는데, 그 이후 C가 건물의 소유자가 된 경우, 건물의 가치를 궁극적으로 보유하게 된 C가 비용 상환의무자가 된다$\left(\substack{\text{양창수·권영준, 권리의} \\ \text{변동과 구제, 421면}}\right)$.

b) 비용상환청구권의 내용　　(ㄱ) 필요비: ① 점유자는 필요비의 상환을 청구할 수 있다$\left(\substack{\text{203조} \\ \text{1항}}\right)$. 필요비는 통상 필요비(예: 보존·수선·사육·공조공과 등)와 특별 필요비(예: 태풍으로 인한 가옥의 대수선)로 구분된다. ② 점유자가 과실을 취득한 경우에는 통상의 필요비는 청구하지 못한다$\left(\substack{\text{203조 1} \\ \text{항 단서}}\right)$. 점유자가 점유물을 이용한 경우에도 과실에 준해 통상의 필요비는 청구하지 못한다$\left(\substack{\text{대판 1964. 7.} \\ \text{14, 63다1119}}\right)$. 그런데 선의의 점유자는 점유물의 과실을 취득하므로$\left(\substack{\text{201조} \\ \text{1항}}\right)$, 그는 통상의 필요비는 청구하지 못한다. 반면 악의의 점유자는 과실수취권이 없으므로, 그가 필요비를 지출한 경우에는 그 상환을 청구할 수 있다$\left(\substack{\text{대판 2021. 4. 29,} \\ \text{2018다261889}}\right)$. (ㄴ) 유익비: ① 점유자가 점유물을 개량하기 위해 지출한 금액 기타 유익비는, 그 가액의 증가가 현존하는 경우에만, 회복자의 선택에 따라 그 지출금액이나 증가액 중 어느 하나의 상환을 청구할 수 있다$\left(\substack{\text{203조} \\ \text{2항}}\right)$. 이 경우 유익비 상환의무자인 회복자의 선택권을 위해 실제 지출금액 및 현존 증가액을 모두 산정하여야 하고, 이에 관한 증명책임은 유익비의 상환을 구하는 점유자에게 있다$\left(\substack{\text{대판 2002. 11. 22, 2001다} \\ \text{40381; 대판 2018. 6. 15,}}\right.$ $\left.\substack{\text{2018다} \\ \text{206707}}\right)$. ② 가액 증가의 현존 여부와 범위의 판단 기준시기에 관해, 제1설은 소유자가 다시 점유를 취득한 때를 기준으로 한다$\left(\substack{\text{이영준,} \\ \text{358면}}\right)$. 제2설은 유익비 상환청구권이 소유자의 반환청구에 대항할 수 있는 권리라는 점에서 소유자가 반환청구한 때를 기준으로 한다$\left(\substack{\text{민법주해(IV), 429면(양} \\ \text{창수); 이상태, 171면}}\right)$. 제203조 1항에 의하면 점유자가 「점유물을 반환할 때」에 필요비의 상환을 청구할 수 있는 것으로 규정하고, 판례는 이를 유익비의 경우에도 공통되는 것으로 보면서$\left(\substack{\text{대판 1969. 7.} \\ \text{22, 69다726}}\right)$, 점유자가 회복자로부터 '점유물의 반환을 청구받은 때'에도 마찬가지로 보고 있다$\left(\substack{\text{대판 1994. 9.} \\ \text{9, 94다4592}}\right)$. 결국 양설은 그 시기에서 큰 차이가 있는 것은 아니지만, 그 시기를 객관적으로 정할 수 있다는 점과

점유자의 비용 상환청구의 실효성의 면을 종합해 보면 제2설이 타당한 것으로 생각된다. ③ 점유자가 유익비의 상환을 청구한 경우, 법원은 회복자의 청구에 의해 상당한 상환기간을 정해 줄 수 있고($\frac{203조}{3항}$), 이 경우 유치권은 성립하지 않는다($\frac{320조}{1항}$).

〈참 고〉 (ㄱ) 민법 제203조는 점유자가 점유물을 반환할 때에는 필요비 또는 유익비의 상환을 청구할 수 있는 것으로 규정한다. 그런데 그러한 비용의 지출을 소유자가 원하지 않았다고 한다면, 그러한 경우에도 소유자의 의사를 무시하고 점유자의 입장에서 그 상환청구를 인정할 것인지가 문제된다. 소위 '강요된 이득'에 대한 상환청구의 문제이다. 이에 대해 학설은, 본조는 점유자를 우대하는 것으로 평가되어야 하기 때문에 이를 긍정하여야 한다는 견해($\frac{민법주해(IV)}{358면(양창수)}$)와, 점유자가 악의인 경우에 한해서는 그 상환청구를 부정하여야 한다는 견해($\frac{김증한·김학}{동, 237면}$)가 있다. (ㄴ) 이 점에 관해 독일 민법은, 필요비에 관해서는 사무관리에 관한 일반규정($\frac{994조}{2항}$)에 의하도록 함으로써 소유자의 의사에 부합하는 비용 지출에 대해서만 상환청구를 인정하고($\frac{독민}{683조}$), 소유자의 의사에 반하는 비용 지출에 대해서는 그 비용의 결과가 남아 있는 경우에만 이를 인정한다($\frac{독민}{684조}$). 그리고 유익비에 관해서는 악의 점유자에게는 그 상환청구를 부정한다($\frac{독민}{996조}$). (ㄷ) 사견은 다음과 같이 해석한다. 제203조 소정의 점유자의 비용상환청구권은 소유자에 대해서는 부당이득 내지 사무관리와 유사한 성질이 있다. 따라서 그러한 비용 지출이 소유자의 의사에 반한다는 것을 점유자가 안 때에는, 그를 민법 제203조에 의해 보호할 필요는 없고, 민법 제739조 3항을 유추적용하여 소유자의 '현존이익'의 한도에서 비용 상환을 인정하는 것이 타당하다고 본다(소유자가 원하지 않는 경우에는 현존이익은 없는 것이 된다).

c) **점유자의 수거권** 민법은 전세권($\frac{316조}{1항}$)·사용대차($\frac{615}{조}$)·임대차($\frac{654}{조}$) 등에서 원물의 반환의무자에게 수거권을 인정하고 있지만, 같은 범주에 속하는 점유자에 대해서는 아무런 규정을 두고 있지 않다. 이에 비해 독일 민법($\frac{997}{조}$)에서는 점유자의 수거권을 인정하고 있다. 그러나 점유자 자신이 스스로 부속한 물건을 수거한 후 원물을 반환하더라도 소유자에게 특별히 불리할 것은 없으므로 이를 긍정하여야 한다는 것이 통설이다. 다만 이것은 그 수거가 가능한 경우를 전제로 한다(즉 부속물이 원물의 구성부분을 이루는 경우에는 수거는 허용되지 않는다). 한편 점유자가 수거한 때에는 그 한도에서는 비용의 지출은 생기지 않아서 비용 상환을 청구할 수 없다.

사례의 해설 (1) 민법 제201조 내지 제203조는 소유자가 점유할 권리가 없는 점유자를 상대로 (동산 또는 부동산에 대한) 소유물 반환청구를 하는 것을 전제로 하여 적용된다. 구체적으로 보면, 소유자와 점유자 사이에 계약이나 법률관계가 존재하는 경우에는 그에 관한 법리가 적용될 뿐 위 규정은 적용되지 않는다. 그리고 그 계약이 무효·취소·해제·종료 등으로 실효되어 소유물 반환청구권과 (점유의 부당이득으로서) 부당이득 반환청구권이 경합하는 경우에도, 부수적 이해의 조정은 계약 또는 그에 준하는 법리에 따라야 하고 위 규정은 적용되지 않는다. 그러므로 소유자와 점유자 간에 계약이나 법률관계가 존재하지 않는 경우에는, 소유물 반환청구권과 (점유의 부당이득으로서) 부당이득 반환청구권이 경합한다고 하더라도, 부수적 이해의 조정은 부당이득법에 대한 특칙으로서 위 규정이 적용된다. (ㄱ) A가 B와의 계약을 해제한 경우, B는 민법 제548

조 1항에 의한 해제의 효과에 따라 원상회복의무를 부담하므로 점유기간 동안의 사용이익도 반환하여야 한다. (ㄴ) A는 민법 제626조에 따라 임대인 甲에게 유익비의 상환을 구할 수 있을 뿐, 민법 제203조를 근거로 B에게 그 상환을 구할 수는 없다(다만 A가 건물에 유치권을 주장할 수 있는 것은 별개임)($^{대판\ 2003.\ 7.\ 25,}_{2001다64752}$). (ㄷ) C는 민법 제201조 1항을 근거로 과실에 준하는 점유기간 동안의 사용이익을 보유할 수 있음을 주장할 수 있다. 이는 (ㄹ)의 경우에도 같다. (ㅁ) A는 악의의 점유자로서 민법 제201조 2항에 따라 점유기간 동안의 임료 상당액을 반환하여야 한다. 그런데 민법 제201조는 선의의 점유자에게 과실 취득권을 주어 그를 보호하려는 데에 그 취지가 있는 것이고, 악의의 점유자는 보호할 필요가 없어 제201조 2항에서 악의의 점유자는 과실을 반환하여야 한다고 정한 것일 뿐, 이것이 수취한 과실에 이자를 붙일 수 없다는 의미까지 포함하고 있는 것은 아니다. 악의의 점유자는 사용이익을 소유자에게 돌려주었어야 했고 그런데도 계속 보유함으로써 적어도 이자 상당의 이익을 추가로 얻고 있는 점에서, A는 그 임료 상당액에 법정이자를 붙여서 반환하여야 한다.

(2) (ㄱ) 甲 소유의 Y건물을 妻 乙이 B에게 매도한 행위가 유효한지, 그래서 B는 매수인으로서 점유할 권리가 있는 것인지 우선 문제될 수 있다. 부부간에는 일상가사대리권을 갖지만($^{827조}_{1항}$), 남편 소유의 부동산을 처가 매각하는 행위는 일상가사에는 속하지 않는다. 이 경우 민법 제126조 소정의 권한을 넘은 표현대리가 성립하지는 않는지 문제될 수 있는데, 판례나 학설 어느 입장에 의하든 상대방인 B에게 처 乙에게 대리권이 있다고 믿은 데에 정당한 이유가 있다고 보기는 어렵다. 그러므로 乙의 위 대리행위는 무권대리로서 甲의 추인이 있기까지 (유동적) 무효인데($^{130}_{조}$), 甲은 乙과 B 사이의 계약의 무효를 주장하고 있는 점에서, 그 계약은 본인의 추인 거절로 무효가 되었다고 할 것이다. (ㄴ) 결국 甲 소유의 건물을 B가 甲과 아무런 계약관계 없이 점유하고 있는 것이 되고, 여기서 甲이 소유권에 기해 B에게 Y건물의 인도를 청구하는 경우, 甲과 B 사이에는 점유자와 회복자의 관계로서 민법 제201조 내지 제203조가 적용된다. 그런데 B는 Y건물에 2,000만원의 비용을 들여 내장공사를 완료하였고, 그 공사로 인해 건물의 가치가 3,000만원 올랐으므로, B는 민법 제203조 2항에 의해 甲의 선택에 따라 지출액인 2,000만원이나 증가액인 3,000만원의 상환을 청구할 수 있다. 한편, 이러한 비용상환청구권은 Y건물에 관하여 생긴 채권으로서, B는 그 점유가 불법행위로 인한 것이 아닌 한 그 건물에 유치권을 취득한다($^{320}_{조}$). 그러므로 甲의 소유권에 기한 Y건물 인도청구에 대해 B는 유치권을 갖고 있어 그 건물을 점유할 권리가 있음을 이유로 그 인도를 거부할 수 있다($^{213}_{조}$).

(3) 선의의 점유자는 점유물의 과실(사용이익 포함)을 취득한다($^{201조}_{1항}$). 악의의 점유자는 수취한 과실을 반환하여야 하는데($^{201조}_{2항}$), 선의의 점유자라도 본권에 관한 소송에서 패소한 경우에는 그 소가 제기된 때부터 악의의 점유자로 본다($^{197조}_{2항}$). 설문에서 乙이 소송을 제기한 2015. 4. 1.부터 丁은 악의의 점유자가 된다. 따라서 丁이 X토지를 인도받아 사용하기 시작한 2014. 4. 1.부터 2015. 4. 1. 전까지는 丁은 임료 상당의 부당이득 반환의무를 부담하지 않는다. 한편, 2015. 4. 1.부터 丁이 X토지를 인도할 때까지 丁이 임료 상당의 부당이득 반환책임을 지더라도, 공유자는 자기의 지분 범위에서 사용 수익권을 가지므로($^{263}_{조}$), 乙은 丁에게 자신의 지분인 3/4 범위, 따라서 월 차임 75만원을 기준으로 위 악의의 점유자에 해당하는 기간에 따른 부당이득 반환을 청구할 수 있을 뿐이다. 乙이 丁을 상대로 한 청구는 이 범위에서만 일부 인용될 수 있다. [사례] p. 203

Ⅵ. 공동소유共同所有

1. 총   설

(1) 공동소유의 의의와 유형

(ㄱ) 한 개의 물건을 2인 이상이 소유하는 것을 「공동소유」라고 하는데, 민법은 그 유형으로 「공유·합유·총유」 세 가지를 인정한다. 현행 민법이 공동소유의 유형으로 이 세 가지를 인정하고, 또 이를 공동소유의 절 속에서 함께 정한 것은 외국의 입법례에서는 볼 수 없는 우리만의 특색이다.[1] (ㄴ) 소유자는 소유물을 '사용·수익·처분'할 권리가 있다($\frac{211}{조}$). 그런데 이것은 어느 물건을 1인이 소유하는 것을 주로 예정한 것이어서, 2인 이상이 소유하는 경우에는 일정한 제한이 따를 수밖에 없다. 그래서 민법은 우선 한 개의 물건을 2인 이상이 소유하는 경우에 그들 간의 인적 결합관계의 정도에 따라 세 가지로 나누는 데서 출발한다. 하나는 물건의 소유에 관해서만 공동관계가 있을 뿐 그들 간에 아무런 공동의 목적이 없는 경우이고(단체가 아닌 수인이 소유하는 경우임), 둘은 공동사업을 경영할 목적으로 조직된 조합이며(단체로서의 성질도 갖지만 단체 자체가 구성원과는 독립된 지위를 갖지 못하는 경우임), 셋은 권리능력 없는 사단이다(단체 자체가 구성원과는 독립성을 갖지만 그 설립등기를 갖추지 못한 점에서 사단법인 자신이 단독으로 소유하는 경우와 다름). 그리고 이를 토대로 그들 간의 공동소유관계를 각각 공유·합유·총유로 부르면서, 위 소유권의 권능의 내용을 달리 규정한다. (ㄷ) 위와 같은 공동소유는 한 개의 물건을 단위로 하는 것이다. 이를테면 여러 개의 부동산과 동산을 가지고 있는 A가 사망한 경우, A의 상속인들은 그 전체의 재산에 대해 공유를 하는 것이 아니라 각각의 부동산과 동산에 대해 각각 공유를 하는 것이 된다. 상속재산 전부가 한 개의 물건으로 다루어지지는 않기 때문이다. 이것은 합유가 인정되는 조합재산이나, 총유가 인정되는 권리능력 없는 사단에 속하는 재산의 경우에도 마찬가지이다.

(2) 공유·합유·총유의 특색

(ㄱ) 공   유: 공유자 각자가 가지는 '지분'은 단독소유권과 같은 성질을 가지며, 그래서 지분 처분의 자유와 공유물분할 청구의 자유가 인정된다($\frac{263조·268}{조\ 이하}$). 다만 목적물을 공동으로 소유하는 점에서 사용·수익에 일정한 제약을 받을 뿐이다($\frac{263조\sim}{266조}$). (ㄴ) 합   유: 합유에서도 합유자 개인의 지분은 있지만, 공동의 사업을 위해 합유자 간에 결합된 점에서, 이를 유지하기 위해 합유자 전원의 동의 없이는 지분을 처분할 수 없고, 또 조합관계가 종료될 때까지는 분할을 청구하지 못하는 제한이 따른다($\frac{273}{조}$). (ㄷ) 총   유: 목적물의 관리·처분권능은 사단 자체에 귀속하지만, 사단의 사원에게도 일정한 범위에서 사용·수익의 권능이 인정된다($\frac{276}{조}$). 소유권의 권능이 단체와 그 구성원에게 나누어지는 점에서 소유권의 전면적·포괄적 지배라는 성

---

1) 개인주의적 법원리에 입각하고 있는 근대법은 합유나 총유를 민법에서 통일적으로 규율하는 것에 대해 부정적이다. 독일은 공유만을 통일적으로 규정할 뿐이고(독민 1008조~1011조), 합유에 관하여는 조합재산·부부공동재산·공동 상속재산에 관한 규정에서 개별적으로 정하며(독민 718조 이하·1437조 이하·2032조 이하), 총유에 관하여는 아무런 정함이 없다. 일본은 공유에 대해서만 통일적인 규정을 두고 있을 뿐이다(일민 250조~264조).

격과는 크게 다르다. 한편 단체의 구성원이 가지는 사용·수익권은 그 자격을 가지고 있는 때에 인정되는 것이며, 이를 타인에게 양도하거나 상속의 목적으로 하지 못하고($\frac{277}{z}$), 이 점에서 공유에서의 지분에 해당하는 것이 총유에는 없다.

2. 공 유共有

사례 (1) 1) 甲은 乙에게서 P시에 소재하는 1필의 X토지 중 일부를 위치와 면적을 특정하여 매수했으나 필요가 생기면 추후 분할하기로 하고 분할등기를 하지 않은 채 X토지 전체 면적에 대한 甲의 매수 부분의 면적 비율에 상응하는 지분 소유권이전등기를 甲 명의로 경료하고 甲과 乙은 각자 소유하게 될 토지의 경계선을 확정하였다. 2) X토지 옆에서 공장을 운영하던 丙은 X토지가 상당 기간 방치되어 있는 것을 보고 甲과 乙의 동의를 받지 아니한 채 甲이 소유하는 토지 부분에는 천막시설을, 乙이 소유하는 토지 부분에는 컨테이너로 만든 임시사무실을 丙의 비용으로 신축, 설치하여 사용하고 있었다. 이를 알게 된 甲은 천막시설과 컨테이너를 철거하여 X토지를 인도하라고 요구하였고, 丙이 이에 불응하자 甲은 甲 자신만이 원고가 되어 丙을 상대로 X토지 전체의 인도를 구하는 소송을 제기하였다(천막 및 컨테이너의 각 철거를 구하는 청구는 위 소송의 청구취지에 포함되어 있지 않다). 위 소송에서 丙은 'X토지 전체가 甲과 乙의 공유인데 乙은 현재 X토지의 인도를 요구하지 않고 있다'는 취지의 주장을 하고 있다. 甲의 丙에 대한 청구가 인용될 수 있는지와 그 근거를 서술하시오. (20점)(제3회 변호사시험, 2014)

(2) 甲, 乙, 丙은 X토지를 각 3분의 1의 지분으로 공유하고 있다. 乙과 丙은 甲에게 X토지의 관리를 위탁하였고, 이에 따라 2013. 5. 13. 甲은 주차장을 운영하려는 丁과 X토지에 관하여 임대기간 3년, 그리고 매 월말을 차임 지급시기로 하는 계약을 공유자 전원의 명의로 체결하였다.

(가) 丁은 매 월말에 甲에게 차임을 지급하였으나, 차임을 수령한 甲은 이를 乙에게만 분배하고 丙에게는 지급하지 않고 있다. 이에 丙은 丁을 상대로 자기 몫의 차임과 지연이자의 지급을 청구하는 소를 제기하였다. 丙의 청구의 당부를 논증하시오. (10점)

(나) 丁은 2014. 10.부터 차임을 지급하지 않고 있다. 이에 丙은 2015. 2. 23. 丁을 상대로 차임 미지급을 이유로 하여 임대차계약을 해지한다고 통보하고, 나아가 자신에게 X토지를 반환하라고 청구하는 소를 제기하였다. 丙의 청구의 당부를 논증하시오. (10점)

(다) 甲이 차임을 분배해 주지 않자, 丙은 甲과 乙에 대하여 X토지의 분할을 청구하는 소를 제기하였다. 한편 X토지는 약 3분의 1 가량이 자연적인 경계에 따라 구분되어 있었는데, 丙은 소장에서 X토지 중 자연적으로 구분된 부분을 그의 단독소유로 분할해 줄 것을 청구하였다. 丙의 청구의 당부를 논증하시오. (10점)

(라) 乙은 A은행으로부터 대출을 받으면서 그 담보로 X토지에 대한 그의 지분 위에 근저당권을 설정하였다. 그 후 甲, 乙, 丙은 X토지를 현물분할하였다. 그런데 丙이 아직까지 차임이 분배되지 않았다는 이유로 甲의 단독소유가 된 토지부분에 대한 경매를 신청하였고, A은행이 그 매각대금에서 丙에 우선하여 배당을 받는 것으로 배당표가 작성되었다. 이에 丙은 배당이의의 소를 제기하였다. 丙의 청구의 당부를 논증하시오. (15점)

(마) 2013. 2. 20. 甲, 乙, 丙이 B로부터 X토지를 구입할 당시, 甲과 乙 사이에 "乙은 공동매수인의 1인이 되고 甲은 乙이 지급할 대금을 부담하며, 乙의 지분권은 甲의 소유로 한다"는 약정이 있

었으나, B는 그 사실을 알지 못했다. 한편 甲은 2013. 8. 20. 乙과 재혼하였고, 그 후 丙이 제기한 공유물분할 청구소송에서 X토지가 분할되어 2014. 11. 15. 등기를 마쳤다. 그러자 甲은 2014. 11. 25. 乙에 대하여 주위적으로 명의신탁 해지를 원인으로 하여 乙이 공유물로 취득한 부분의 반환을 청구하고, 예비적으로 甲이 지급한 매매대금의 반환을 청구하는 소를 제기하였다. 위 소송이 계속되던 중 2015. 3. 29. 甲이 지병으로 사망하였다. 甲의 혈육으로 前婚의 子 丁이 있으며, 丁이 위 소송을 수계하였다. 甲(또는 소송을 수계한 丁)의 청구의 당부를 논증하시오. (15점)(2015년 제2차 변호사시험 모의시험)

(3) 1) X토지에 관하여 2012. 2. 1. 甲 1/4 지분, 乙 1/2 지분, 丙 1/4 지분의 소유권이전등기가 마쳐졌다. 丙은 2013. 4. 1. 사망하였는데 丙의 상속인은 없다. 乙은 甲과 상의하지 않고 단독으로 2015. 9. 1. B에게 X토지 전체를 보증금 없이 월 차임 1,200만원, 기간은 2015. 9. 1.부터 2018. 8. 31.까지 3년간으로 정하여 임대하였다. B는 2015. 9. 1. 乙로부터 X토지를 인도받아 이를 사용·수익하고 있고, 乙에게 차임을 모두 지급하였다. X토지에 관한 적정 차임은 2015. 9. 1.부터 현재까지 월 1,200만원이다. 2) 甲은 위와 같은 사실관계를 알게 되어 2016. 7. 1. 법원에 乙과 B를 상대로 '피고 乙, B는 공동으로 원고(甲)에게 ① X토지를 인도하고, ② 2015. 9. 1.부터 2016. 6. 30.까지 월 1,200만원의 비율로 계산한 부당이득금 합계 1억 2천만원을 지급하라'는 소를 제기하였다. 법원은 어떤 판단을 하여야 하는지, 결론과 논거를 기재하시오. (15점)(2017년 제6회 변호사시험)

(4) 1) 甲은 2015. 8. 31. 甲 명의로 X토지에 관한 소유권이전등기를 적법하게 마치고, 2018. 12. 22. 사망하였다. 甲의 상속인으로는 배우자 乙과 자녀 丙, 丁이 있다. 2) 丙은 2019. 1. 21. 乙과 丁의 동의 없이 丙 단독명의로 X토지에 관한 소유권이전등기를 마친 후, 자신이 대표이사로 재직하고 있는 A주식회사의 B은행에 대한 차용금 반환채무를 담보하기 위하여 B은행 앞으로 X토지에 관한 근저당권설정등기를 마쳐 주었다.

(가) 乙과 丁이 2019. 5. 20. B은행에 대해 근저당권설정등기의 말소를 청구하는 것은 타당한가? (10점)

(나) 2019. 8. 15. 丙과 乙, 丁은 X토지를 丙이 단독으로 상속하기로 하는 내용의 상속재산 분할협의를 하였다. 이 경우 B은행의 근저당권은 유효한가? (5점)

(다) 丙과 乙, 丁은 2019. 10. 1. 위 상속재산 분할협의의 내용에 "丙이 2019. 11. 15.까지 상속세를 비롯한 상속 관련 채무를 모두 변제하고, 이를 지키지 않을 경우 이 상속재산 분할협의는 그 효력을 상실한다."라는 조건을 추가하여 새로운 상속재산 분할협의를 하였다. 그러나 丙은 이 조건을 약정한 기한 내에 지키지 못하였다. 위 경우 2020. 1. 10. 乙과 丁이 B은행에 근저당권설정등기의 말소를 청구하는 것은 타당한가? (15점)(제9회 변호사시험, 2020)

(5) 1) 甲과 乙은 1997. 11. 1. X토지에 대해 각 1/2 지분으로 하는 공유등기를 마쳤다. X토지의 관리는 乙이 하였다. 한편 甲은 사업자금을 마련하기 위해 A은행으로부터 5억원을 차용하면서 2010. 1. 5. X토지에 대한 자신의 1/2 지분에 근저당권을 설정해 주었다. 2) 甲이 A은행에 대한 대여금채무를 변제하지 못한 채 X토지가 2015. 5. 10. 공유물분할 절차에 따라 X1, X2로 분할되었다. 乙은 2018. 5. 10. 丙으로부터 1억원을 차용하면서 자기의 단독소유가 된 X2 토지에 대해 저당권을 설정해 주었다. 甲이 A은행에 대한 채무를 변제하지 않자, 2020. 10. 20. X2 토지에 대한 임의경매 절차가 개시되어 2021. 1. 5. 배당기일에서 A은행이 X2 토지의 매각대금 2억원 전부

를 우선변제 받는 것으로 배당표가 작성되었다. 이에 대해 丙은 A은행에 X2 토지의 매각대금에 대해 우선변제권이 없다고 이의를 제기하였다. 3) 丙의 주장이 타당한지 판단하시오. (15점)(2021년 제1차 변호사시험 모의시험)

해설 p. 230

(1) 공유의 의의와 성립

> 제262조 〔물건의 공유〕 ① 물건이 지분에 의하여 수인의 소유로 된 때에는 공유로 한다. ② 공유자의 지분은 균등한 것으로 추정한다.

가) 공유의 의의

(ㄱ) 조합이나 권리능력 없는 사단에 속하지 않는 수인이 어느 물건을 공동으로 소유하는 것이 공유이다. 본조는 공유를 「물건이 지분에 의하여 수인의 소유로 된 때」로 정의한다($\frac{262조}{1항}$). (ㄴ) 공유에서는 수인이 물건을 공동으로 소유하는 것일 뿐, 조합에서처럼 공동사업을 경영할 목적으로 소유한다거나, 권리능력 없는 사단으로서 소유하는 것이 아니다. 공유자는 각자 지분을 갖고, 공유지분은 (단독)소유권과 그 실질을 같이한다. 그래서 공유자도 여느 소유자와 마찬가지로 그 지분 범위에서는 공유물을 사용·수익할 수 있다($\frac{263}{조}$). 또한 자유롭게 공유지분을 처분할 수 있으며, 공유물의 분할을 청구하여 단독소유자가 될 수 있다($\frac{269}{조}$). 특별한 것은, 하나의 물건에 수인의 공유자가 존재하여 이해가 다름에 따라 공유물의 변경·관리·보존 등에 관해 규정하고 있는 점이다($\frac{264조·}{265조}$).

나) 공유의 성립

공유는 법률행위 또는 법률의 규정에 의해 성립한다.

a) **법률행위**   수인이 한 개의 물건을 공유하기로 합의한 때에 공유가 성립한다. 가령 어느 물건을 수인이 매수인이 되어 매수하는 경우가 그러하다.[1] 이때 부동산 소유권이 이전되려면 (민법 제186조에 따라) 소유권이전등기를 하여야 하고, 또 매수인들이 공유자가 되는 것은 그들 사이의 합의에 의한 것이므로 (민법 제186조의 일반원칙에 따라) 공유등기를 하여야 한다. 공유등기가 없으면 공유자가 되지 못한다(동산의 경우에는 공동점유가 필요하다).[2]

---

[1] 수인이 부동산을 공동으로 매수한 경우, 매수인들 사이의 법률관계는 공유관계로서 단순한 공동매수인에 불과할 수도 있고, 수인을 조합원으로 하는 동업체에서 매수한 것일 수도 있는데, 후자에 해당하려면 단순한 '공동의 목적 달성'을 넘어 '공동사업을 경영할 목적'이 있어야만 한다. 그것은 매수한 토지를 공유가 아닌 동업체의 재산으로 귀속시키고 공동매수인 전원의 의사에 기해 전원의 계산으로 처분한 후 이익을 분배하기로 하는 의사의 합치가 있는 경우여야만 한다(대판 2012. 8. 30, 2010다39918). 공유관계에서는 매도인은 매수인 수인에게 그 지분에 대한 소유권이전등기의무를 부담하지만, 조합에서는 매도인은 그 조합체에 대해 소유권 전부의 이전의무를 지게 되는 점에서도 차이가 있다(대판 2006. 4. 13, 2003다25256).

[2] 부동산의 경우 「공유등기」 외에 「지분등기」도 하여야 하는지에 관해, '민법'에 의하면 강제되는 것이 아니고, 지분등기를 하지 않은 때에는 그 지분은 균등한 것으로 추정된다(262조 2항). 그러나 '부동산등기법'에 의하면 지분등기가 사실상 강제된다. 즉 등기권리자가 2인 이상인 경우에는 신청서에 권리자별 지분을 기록하여야 하고(동법 48조 4항), 지분등기를 하지 않고서 공유등기만을 신청하는 것은 신청서가 방식에 적합하지 않은 것에 해당하여 신청 자체가 각하되기 때문이다(동법 29조 5호).

✽ 공유(지분)등기 예 〰〰〰〰〰〰〰〰〰〰〰〰〰〰〰〰〰〰〰〰〰〰〰〰〰

【갑 구】(소유권에 관한 사항)				
순위번호	등기목적	접수	등기원인	권리자 및 기타사항

1
(전 2)
	소유권 이전	2000년 8월 1일
		제15631호
			1998년 4월 14일
			협의분할에 의한
			상속
				공유자
				지분 2분의 1
				김기동 590201−1******
				  서울 양천구 신정동 313 목동신
				  시가지(아) 9−4−801
				지분 2분의 1
				김홍기 650303−1******
				  서울 강남구 개포동 649 경남(아)
				  2−706

b) 법률의 규정   민법에서 공유로 정하는 것으로는, ① 타인의 물건 속에서의 매장물 발견($^{254조}_{단서}$), ② 주종을 구별할 수 없는 동산의 부합·혼화($^{257조}_{258조}$), ③ 공유물의 과실($^{102}_{조}$), ④ 건물의 구분소유에서 공용부분($^{215조, 집합}_{건물법 10조}$), ⑤ 경계에 설치된 경계표·담·도랑($^{239}_{조}$), ⑥ 귀속 불명의 부부 재산($^{830조}_{2항}$), ⑦ 공동상속재산[1]과 공동 포괄적 수증재산($^{1006조·}_{1078조}$) 등이 있다.

(2) 공유의 지분持分

a) 의미와 성질   지분은 공유를 주체별로 파악한 것으로서, 각 공유자가 공유물에 대해 가지는 소유의 비율이 지분이다(개념상으로는 이 지분에 기해 각 공유자가 공유물에 대해 가지는 권리를 지분권이라 하지만, 민법은 양자를 엄격하게 구별해서 사용하고 있지는 않다). 유의할 것은, 지분은 목적물에 대해 공유자가 가지는 추상적인 소유의 비율이며(부동산의 공유등기에서는 예컨대 '공유자 지분 2분의 1 甲'으로 기록된다), 공유물의 특정부분을 지칭하는 개념이 아니다. 따라서 지분은 성질상 공유물 전부에 미치게 된다. 한편 지분의 내용은 공유의 내용을 이루는데, 그것은 전술한 대로 지분 처분의 자유를 토대로 하면서, 목적물을 공동으로 소유하는 점에서 사용·수익에 일정한 제약이 따르는 것으로 정리할 수 있다.[2]

b) 지분의 비율   (ㄱ) 지분의 비율은 법률의 규정($^{254조\ 단서·257조·258조·1009}_{조\ 이하,\ 집합건물법\ 12조}$) 또는 공유자의 의

---

1) 민법은 '상속인이 수인인 때에는 상속재산은 그 공유로 한다'고 하는데(1006조), 그 의미는 다음과 같다. (ㄱ) 상속이 시작되면 공동상속인에게 승계되는 상속재산은 일단 각자의 상속분에 따라 귀속하지만(1007조), 실제적으로 이를 분할하여 각 공동상속인의 단독소유가 되기까지는 상당한 시간이 걸리므로, 상속재산이 분할될 때까지 (잠정적으로) 공유로 한다고 정한 것이다(1006조). 이 기간 동안 공유의 법리가 적용됨은 물론이다(대판 1996. 2. 9, 94다61649). (ㄴ) 공동상속인은 협의에 의해 상속재산을 분할할 수 있는데(1013조 1항), 여기에는 공동상속인 간에 공유하는 것으로 하는 것도 포함된다. 이 경우 그 후의 분할절차에 대해서는 물권법상의 공유물의 분할에 관한 규정(268조 이하)이 적용된다. (ㄷ) 공동상속인 간에 분할협의가 성립하지 않은 때에는 각 공동상속인은 가정법원에 분할을 청구하여야 하고(1013조 2항·269조, 가사소송법 2조 1항 2호 (나)목), 곧바로 민법 제268조에 따라 공유물분할청구의 소를 제기하는 것은 허용되지 않는다(대판 2015. 8. 13, 2015다18367).

2) 예컨대 A·B·C 3인이 1필의 토지를 공유하는 경우, 각자가 단독으로 한 개의 소유권을 가져 세 개의 소유권이 인정되는 것이 아니라, 소유권은 한 개이고 각자가 이 중 3분의 1의 비율씩 자기 몫을 가지는 것이 지분이요, 이것이 모아져 공유의 내용을 이룬다. 각자가 한 개씩의 단독소유권을 가지려면 공유관계를 해소하는 것, 즉 공유물을 분할하여야 한다.

사표시에 의해 정해진다. (ㄴ) 지분비율에 관해 특별한 정함이 없는 경우, 공유자의 지분은 균등한 것으로 추정한다($\frac{262조}{2항}$).[1] 그런데 부동산의 공유등기에서는 그 지분등기가 사실상 강제되기 때문에($\frac{부동산등기법}{48조\,4항}$), 동 조항은 주로 동산에 대해 그 적용이 있다고 할 것이다.

c) 지분의 처분

> **제263조 〔공유지분의 처분과 공유물의 사용·수익〕** 공유자는 그의 지분을 처분할 수 있고, 공유물 전부를 지분의 비율로 사용·수익할 수 있다.

aa) (ㄱ) 지분은 보통의 소유권과 실질적으로 같은 것이어서, 공유자는 그의 지분을 자유로이 처분(양도·담보제공·포기 등)할 수 있다($\frac{263}{조}$). 공유자끼리 그 지분을 교환하는 것도 지분의 처분에 해당하므로 다른 공유자의 동의가 필요 없다($\frac{대판\,1972.\,5.}{23,\,71다2760}$). 또한 지분은 그 처분을 가져오는 강제집행의 대상이 될 수 있다. 그런데 부동산 지분이 경매되는 경우, 다른 공유자에게 우선매수권을 인정하는 특칙이 있다. 즉 다른 공유자는 매각기일까지 최고 매수신고가격과 같은 가격으로 그 지분을 우선 매수하겠다는 신고를 할 수 있고($\frac{민사집행법}{140조\,1항}$), 이러한 권리행사를 위해 공유지분을 경매하는 경우에는 다른 공유자에게 경매개시결정이 있다는 것을 통지하도록 하고 있다($\frac{민사집행법}{139조\,1항}$). (ㄴ) 반면, 지분을 양도하거나 지분에 담보권을 설정하는 것과는 달리 지분에 지상권·전세권 등의 용익물권을 설정하는 것은, 지분이 공유물의 어느 부분으로 특정되는 것이 아닌 점에서 그 효과가 공유물 전체에 미쳐 실질적으로 공유물 전체를 처분하는 것과 같은 결과가 되기 때문에, 민법 제264조에 따라 다른 공유자 전원의 동의가 있어야만 한다($\frac{민법주해\,물권(2),}{567면(민일영)}$). (ㄷ) 공유자 사이에 맺은 지분 처분금지의 특약은 유효하지만, 당사자 간에 채권적 효력을 가질 뿐이다(부동산등기법에서도 이 특약을 등기하는 것이 마련되어 있지 않다).

bb) 지분이 양도된 경우, 그것이 법률의 규정에 의한 것이든 또는 공유자 간의 약정에 의한 것이든, 종전 공유자의 지위는 양수인에게 승계된다. 다만, (ㄱ) 공유자 상호간에 생긴 개개의 채권과 채무는 각 공유자에게 속하며 양수인에게 이전하지 않는 것이 원칙이다($\frac{통}{설}$). 그러나 건물의 구분소유에서는, 구분소유자가 공용부분에 관하여 다른 공유자에게 가지는 채권은 그 특별승계인에게도 행사할 수 있는 예외가 있다($\frac{집합건물의\,소유\,및\,관}{리에\,관한\,법률\,18조}$). (ㄴ) 부동산의 공유에서 불분할의 특약은 그것이 등기되어 있는 때에만 지분의 양수인에게도 효력이 있다($\frac{부동산등기법\,67}{조\,1항·52조\,8호}$).

d) 지분 포기 등의 경우의 귀속

「공유자가 지분을 포기하거나 상속인 없이 사망한 경우에는 그의 지분은 다른 공유자에게 각 지분의 비율로 귀속된다」($\frac{267}{조}$). (ㄱ) 공유는 동일물 위에 단

---

1) 통설은, 지분의 등기가 필요적 등기사항이 아니라는 전제하에, 민법 제262조 2항을 근거로, 공유자 사이에 공유지분비율에 관해 약정을 하였다고 하더라도 이를 등기하지 않은 때에는 그 지분을 취득한 제3자는 지분이 균등한 것으로 주장할 수 있고, 공유자는 실제의 지분비율을 가지고 제3자에게 대항하지 못하는 것으로 해석한다. 그러나 이에 대해서는 다음과 같은 이유로써 반대하는 견해가 있다. 첫째, 제262조 2항은 균등한 것으로 '추정'하고 있을 뿐이므로 다른 증거에 의해 이를 번복할 수 있고, 둘째 우리 법제상 등기에 공신력이 인정되는 것도 아니며, 셋째 부동산의 공유지분에 관하여만 특별히 달리 해석할 필요도 근거도 없기 때문에, 공유지분을 등기하지 않았더라도 실제의 지분비율을 입증한다면 제3자에게 그 비율을 대항할 수 있다고 한다(민법주해(Ⅴ), 558면(민일영)). 반대설이 타당하다고 본다.

독소유권과 같은 성질을 가지는 지분이 서로 제한을 받으면서 존재하는 상태이므로, 서로 제한하는 지분의 하나가 소멸되면 다른 지분은 그 범위에서 종래의 제한에서 벗어나 본래의 단독소유권으로 접근하게 되는데, 이를 '지분의 탄력성'이라고 한다. 본조는 이러한 취지를 반영하여, 공유자가 지분을 포기하거나 상속인 없이 사망한 경우에는 그의 지분은 (무주물이 되는 것이 아니라) 다른 공유자에게 각 지분의 비율에 따라 귀속되는 것으로 정한 것이다. (ㄴ) 예컨대 A · B · C가 각 1/3 지분으로 공유하는 토지에서 A가 그의 지분을 포기한 경우, A의 지분은 B와 C에게 각 1/6씩 귀속한다. 그런데 공유지분의 포기는 법률행위로서 상대방 있는 단독행위에 해당하므로, 민법 제186조에 의하여 다른 공유자 앞으로 등기를 하여야 공유지분 포기에 따른 물권변동의 효력이 발생한다(대판 2016. 10. 27, 2015다52978).[1] (ㄷ) 「집합건물의 소유 및 관리에 관한 법률」에는 민법 제267조의 적용을 배제하는 특칙이 있다. 즉 구분소유자가 전유부분에 대한 권리와 (공유로서의) 대지사용권을 포기하거나 상속인 없이 사망한 때에는 민법 제267조를 적용하지 않는다(동법 22조). 따라서 양자는 무주의 부동산이 되어 국유로 된다(252조 2항). 전유부분과 대지사용권의 분리를 막기 위한 취지에서 마련한 특칙이다.

(3) 공유자 간의 공유관계

공유지분은 (단독)소유권과 그 실질을 같이하므로, 공유자도 그 지분 범위에서 사용 · 수익 · 처분의 권능을 가짐은 소유권과 다를 것이 없다(263 조). 민법은 이 점을 공유에서도 정하고 있지만 특별한 것은 아니다. 특별한 것은, 한 개의 물건에 수인의 공유자가 존재하여 이해가 다름에 따라, 공유물의 가치를 유지하기 위한 차원에서 공유물의 변경, 관리 및 보존에 관해 규정하고 있는 점이다(264조 · 265조).

a) 공유물의 사용 · 수익 「공유자는 공유물 전부를 지분의 비율로 사용 · 수익할 수 있다」(263 조). (ㄱ) 지분은 전술한 대로 공유물에 대한 소유의 비율로서 추상적인 개념이고 어느 특정 부분을 지칭하는 것이 아니므로, 성질상 공유물 전부에 효력이 미친다. 그래서 본조는, 공유자는 공유물 '전부'를 '지분의 비율'에 따라 사용하고 수익할 수 있다고 정한 것이다. 예컨대 A와 B가 자동차를 공유하는 경우, A는 그 지분비율에 따른 시간 내지는 횟수 등을 통해 자동차 전부를 사용할 수 있다. (ㄴ) 본조를 토대로 구체적으로 다음과 같은 내용을 도출할 수 있다. ① 공유물에서 생긴 수익, 즉 천연과실과 법정과실은 공유자가 그 지분에 따라 공유한다. ② 공유자 간에 특별한 합의가 없는 한, 어느 공유자가 공유물 전부를 배타적 · 독점적으로 사용(수익)할 수는 없다. 이것은 공유물의 일부의 경우에도 마찬가지이다. 그 일부에 대해서도 다른 공유자의 지분이 효력을 미치기 때문이다.[2] ③ 공유자 간에 합의가 있어 어느 공유자만

---

1) A와 B는 토지를 공유하고 있는데, B가 자신의 지분을 포기하였고, 이후 B는 사망하였다. 그 후 A의 채권자가 A의 지분에 대해 강제경매를 신청하여 甲이 A의 지분을 취득하였다. 여기서 甲이 취득한 A의 지분에 등기된 지분 외에 민법 제267조에 따라 A에게 귀속되는 B의 지분도 포함되는지가 다투어진 사안이다. 대법원은, B의 지분 포기로 그 지분이 A에게 귀속되려면 A 앞으로 소유권이전등기를 하여야 하는데 그렇지 못했으므로, 甲은 B의 지분이 포함되지 않은 A의 등기상 지분만을 취득할 뿐이라고 보았다. 그리고 B의 상속인을 상대로 그 포기에 따른 B의 지분에 관한 소유권이전등기청구권은 A가 갖는 것으로 보았다.

2) 판례: (ㄱ) 「토지의 공유자는 각자의 지분비율에 따라 토지 전체를 사용 · 수익할 수 있지만, 그 구체적인 사용 · 수익 방법에 관하여 공유자들 사이에 지분 과반수의 합의가 없는 이상, 1인이 특정 부분을 배타적으로 점유 · 사용할 수

이 사용하는 경우에도, 다른 공유자는 자기의 지분비율에 상응하는 사용·수익권이 있으므로, 그가 사용하지 못해 입은 손해에 대해서는 부당이득 반환책임을 진다. ④ 본조가 제시하는 추상적인 기준만으로는 구체적으로 어떻게 사용·수익하는지에 대해 분쟁이 생기기 쉬우므로, 공유자 상호간에 그 방법에 관하여 협의하는 것이 보통이고, 그것은 동시에 '공유물의 관리'에 해당하므로($\binom{265조}{본문}$), 공유자의 지분의 과반수로써 결정할 수 있다. 그 결정에 불만이 있는 공유자는 공유물의 분할을 청구하여 단독소유자가 됨으로써 공유관계에서 이탈하는 길이 있다.

b) 공유물의 관리·보존 「공유물의 관리에 관한 사항은 공유자의 지분의 과반수로써 결정한다. 그러나 보존행위는 각자가 할 수 있다」($\binom{265}{조}$).

aa) 공유물의 관리 : (i) 공유물의 '관리'는 공유물을 이용·개량하는 행위로서, 공유물의 처분이나 변경에 이르지 않는 것을 말한다. (ㄱ) 다음의 경우에는 공유물의 관리에 해당하고, 따라서 공유자의 지분의 과반수로써 결정하여야 한다. ① 공유물의 특정 부분을 배타적으로 사용·수익하는 것($\binom{대판 2001. 11. 27,}{2000다33638, 33645}$). 그래서 공유 토지에 관해 점유취득시효 완성 후 일부 공유자로부터 과반수에 미달하는 지분을 양수한 제3자는 나머지 과반수 지분의 소유권을 취득할 점유자에 대해 토지의 인도를 구할 수 없다($\binom{대판 1995. 9. 5, 95다24586; 대판}{2001. 11. 27, 2000다33638, 33645}$). ② 공유물을 타인에게 임대하는 행위($\binom{대판 1991. 9.}{24, 91다23639}$).[1] ③ 임대차계약을 해지하는 행위($\binom{대판 2010. 9. 9,}{2010다37905}$).[2] ④ 과반수 지분의 공유자로부터 사용·수익을 허락받은 제3자의 점유는 적법한 점유이다(이 경우 소수지분의 공유자는 그 점유의 배제를 구할 수 없고 부당이득 반환청구도 할 수 없다)($\binom{대판 2002. 5. 14,}{2002다9738}$). (ㄴ) 이에 대해, 과반수 지분권자라 하여도 나대지에 새로 건물을 건축하는 것은, 그 사용·수익의 내용이 공유물의 기존의 모습에 본질적 변화를 일으켜 처분이나 변경의 정도에 이르는 것이어서 관리의 범위를 넘는 것이다($\binom{대판 2001. 11. 27,}{2000다33638, 33645}$). (ii) 공유물의 관리에 관한 사항은 공유자의 「지분의 과반수」로 결정하는데($\binom{265조}{본문}$), 그 구체적인 내용은 다음과 같다. (ㄱ) 공유자의 과반수가 아니라 지분의 과반수이다. 1/2의 지분은 반수이지 과반수는 아니다. (ㄴ) 1) 공유자 사이에 공유물의 관리방법에 관한 협의가 없더라도, 부동산에 관하여 과반수 공유지분을 가진 자는 그 관리에 관한 사항을 단독으로 결정할 수 있으므로, 과반수 지분의 공유자가 그 공유물의 특정 부분을 배타적으로 사용·수익하기로 정하는 것은 공유물의 관리방법으로 적법하며, 다른 공유자

없는 것이므로, 공유자 중의 일부가 특정 부분을 배타적으로 점유·사용하고 있다면, 그들은 비록 그 특정 부분의 면적이 자신들의 지분비율에 상당하는 면적 범위 내라고 할지라도, 다른 공유자들 중 지분은 있으나 사용·수익은 전혀 하지 않고 있는 자에 대하여는 그 자의 지분에 상응하는 부당이득을 하고 있다고 보아야 할 것인바, 이는 모든 공유자는 공유물 전부를 지분의 비율로 사용·수익할 권리가 있기 때문이다」(대판 2001. 12. 11, 2000다13948). (ㄴ) 「공동상속인 중의 1인이 상속재산인 건물에 거주함으로써 상속재산인 그 건물 부지를 사용·수익하고 있는 경우, 그는 건물뿐만 아니라 토지에 관하여도 다른 공동상속인의 공유지분에 해당하는 부분을 부당이득으로 반환하여야 한다」(대판 2006. 11. 24, 2006다49307, 49314).

1) 부동산의 1/7 지분 공유자가 그 부동산을 타에 임대하여 임대차보증금을 수령한 경우, 다른 공유자는 부동산 임대차로 인한 차임 상당액에 대해 자신의 지분비율 범위에서 부당이득반환을 청구하거나, 자신의 사용·수익권이 침해된 것을 이유로 불법행위로 인한 손해배상을 청구할 수 있으나, 임대차보증금 자체에 대해 자신의 지분비율 범위에서 그 반환이나 배상을 구할 수는 없다.

2) 상가건물 임대차보호법이 적용되는 상가건물의 공유자인 임대인이 동법 제10조 4항에 의해 임차인에게 갱신거절의 통지를 하는 행위는 실질적으로 임대차계약의 해지와 같이 임대차를 종료시키는 것으로서 공유물의 관리행위에 해당한다. 이 경우 그 해지의 의사표시를 공유자 전원이 하여야 하는 것은 민법 제547조 1항에 의한 별개의 것이다.

에게도 효력이 있다(대판 1991. 9. 24, 88다카33855; 대판 1980. 9. 9, 79다1131, 1132). 2) 어느 공유자가 공유물을 점유하고 있는 경우, 과반수 지분의 공유자는 그 공유자를 상대로 공유물의 관리(265조)에 근거하여 공유물의 인도를 청구할 수 있고, 그 상대방인 다른 공유자는 민법 제263조의 공유물의 사용수익권으로 이를 거부할 수 없다(대판 1981. 10. 13, 81다653; 대판 2022. 11. 17, 2022다253243). 3) 그러나 이러한 경우에도 다른 공유자는 자신의 지분비율에 따라 공유물 전부를 사용·수익할 권리가 있으므로(263조) 그에 따른 부당이득반환을 구할 수 있고, 공유물을 사용·수익하는 사람이 여럿인 경우에는 이들은 불가분채무로서 부당이득 반환채무를 부담한다(대판 2001. 12. 11, 2000다13948). (iii) 본조는 임의규정이며, 공유자 사이에 다른 약정이 있는 때에는 그에 따른다. 공유자 간의 관리에 관한 특약은 원칙적으로 공유자의 특정승계인에게도 미친다. 그러한 특약 후에 공유자에 변경이 있고 특약을 변경할 만한 사정이 있는 경우에는 공유자 지분의 과반수의 결정으로 기존 특약을 변경할 수도 있다.[1]

　　bb) 공유물의 보존 : 　(ㄱ) 공유물의 '보존행위'는 공유물의 멸실·훼손을 방지하고 그 현상을 유지하기 위해 하는 사실적·법률적 행위로서, 민법 제265조에서 공유물의 보존행위를 각 공유자가 단독으로 할 수 있도록 정한 취지는, 그 보존행위가 긴급을 요하는 경우가 많으며 또 다른 공유자에게도 이익이 되기 때문이다. (ㄴ) 그러므로 공유물(건)의 가치 보존과 관련이 없는 것, 즉 다른 공유자의 지분 확인을 청구하거나(대판 1994. 11. 11, 94다35008), 공유자가 다른 공유자의 지분권을 대외적으로 주장하는 것(대판 2009. 2. 26, 2006다72802; 대판 2010. 1. 14, 2009다67429), 공유물의 침해를 이유로 부당이득반환이나 손해배상을 구하는 것처럼 과거에 있은 침해의 결과를 처리하는 것(이 경우 각 공유자는 자신의 지분비율 범위에서만 그 청구를 할 수 있고, 타인의 지분에 대해서는 보존행위를 근거로 그 청구를 할 수 없다(대판 1970. 4. 14, 70다171)), 어느 공유자가 보존권을 행사하는 경우에 그 행사의 결과가 다른 공유자의 이해와 충돌하는 경우(대판 1995. 4. 7, 93다54736) 등은 보존행위가 될 수 없다. (ㄷ) 공유물의 보존행위와 물권적 청구권의 관계는 다음과 같다. 가령 A·B·C가 각 1/3 지분으로 공유하고 있는 토지를 甲이 무단으로 점유하고 그 지상에 건물을 지었다고 하자. 甲을 상대로 소유권에 기한 물권적 청구권(토지의 반환과 건물의 철거청구)을 행사하는 방법에는 세 가지가 있다. 하나는, A·B·C 모두의 이름으로 하는 것이다. 둘은, 공유자 각자가 자신의 지분(1/3) 범위에서

---

1) 판례: (ㄱ) 토지의 공유자인 A·B·C 간에 C가 그 토지 위에 건물을 건축하고 그 소유 및 사용을 위해 그 건물의 부지 부분을 점유·사용키로 특약을 맺었는데, 그 후 경매를 통해 C의 토지에 대한 지분과 건물 소유권을 甲이 취득하였고, A는 B의 지분을 취득하여 과반수 지분권자가 된 후, 甲을 상대로 건물의 철거를 구하였다. 이에 대해 판례는 「공유자 간의 공유물에 대한 사용·수익·관리에 관한 특약은 공유자의 특정승계인에 대하여도 당연히 승계된다고 할 것이나, 민법 제265조는 "공유물의 관리에 관한 사항은 공유자의 지분의 과반수로써 결정한다"라고 규정하고 있으므로, 위와 같은 특약 후에 공유자에 변경이 있고 특약을 변경할 만한 사정이 있는 경우에는 공유자의 지분의 과반수의 결정으로 기존 특약을 변경할 수 있다」고 판시하면서, 사안에서 A는 특약의 당사자로서 그 내용을 잘 알고 있음에도 B의 지분을 증여받아 과반수 지분권자가 된 것을 이유로 공유물의 분할을 청구하는 甲을 상대로 건물의 철거를 구하는 것은, 특약을 변경할 만한 사유가 되지 못하는 것으로 보았다(대판 2005. 5. 12, 2005다1827). (ㄴ) 한편, 판례는 공유물에 대한 사용수익·관리에 관한 특약이 공유자의 특정승계인에게 승계되더라도 일정한 '한계'가 있다고 한다. 즉 ① 공유자 중 1인이 자신의 지분 중 일부를 다른 공유자에게 양도하기로 하는 '공유자 간의 지분의 처분'에 관한 약정까지 공유자의 특정승계인에게 당연히 승계되는 것으로 볼 수 없다(대판 2007. 11. 29, 2007다64167). ② 종전 공유자들이 기간을 정하지 않은 채 무상으로 공유자 중 일부에게 공유 토지 전체를 사용하도록 특약을 맺은 사안에서, 이러한 특약은 나머지 공유자들이 그 토지의 지분에 포함되어 있는 사용·수익의 권능을 사실상 영구히 포기하는 것으로서 공유 지분권의 본질을 침해하는 것이어서, 이러한 경우에는 특정승계인이 그 사실을 안 경우에 한해 그 효력이 미치는 것으로 제한하였다(대판 2009. 12. 10, 2009다54294).

하는 것이다(공유지분은 성질상 공유물 전부에 미친다). 셋은 그것이 공유물의 보존행위에 해당한다는 것을 이유로 공유자 각자가 (지분 범위에서가 아니라) 소유권에 기한 물권적 청구권을 행사하는 것이다. 보존행위가 갖는 의미는 여기에 있다(위 예에서 甲이 원인무효의 등기를 한 경우, 공유자가 보존행위가 아닌 지분권에 기초해서 그 등기의 말소를 구하는 경우에는 그 1/3 지분 범위에서만 甲의 원인무효의 등기가 말소될 뿐이다. 이에 대해 보존행위에 기초하는 경우에는 그 등기 전부의 말소를 구할 수 있다).

❀ 공유물의 보존행위인지 여부가 문제되는 것들 ☙☙☙☙☙☙☙☙☙☙☙☙☙☙☙☙☙☙☙☙

(ㄱ) 반환청구: 제3자가 공유물을 권원 없이 점유한 경우, 통설과 판례는 공유자 각자가 단독으로 공유물 전부의 반환을 청구할 수 있다고 한다. 판례는 그 근거로서 보존행위를 든다(대판 1966. 4. 19, 66다283; 대판 1968. 11. 26, 68다1675; 대판 1969. 3. 4, 69다21). 이에 대해 통설은 공유지분이 관념상 공유물 전부에 미치는 점을 이유로 불가분채권의 규정(409조)을 유추적용하여, 공유자 각자가 단독으로 모든 공유자를 위해 자기에게 반환할 것을 청구할 수 있다고 한다.

(ㄴ) 방해제거청구: 제3자(또는 공유자 중 1인)가 공유물에 대해 방해를 하는 경우, 공유지분의 성질 내지는 보존행위를 근거로 공유자는 단독으로 그 방해의 제거를 청구할 수 있다는 것이 통설과 판례이다. '등기말소청구'도 이 범주에 속하는 것이다. 즉, ① 부동산의 공유자 각자는 당해 부동산에 관하여 제3자 명의로 원인무효의 소유권이전등기가 마쳐진 경우에 공유물에 관한 보존행위로서 제3자를 상대로 그 등기 전부의 말소를 구할 수 있다(대판 1993. 5. 11, 92다52870). ② 진정명의회복을 원인으로 한 소유권이전등기청구권과 무효등기 말소청구권은 모두 소유권에 기한 방해배제청구권으로서 그 법적 근거와 성질이 동일하므로, 공유자 중 한 사람은 공유물에 마쳐진 원인무효의 등기에 관하여 각 공유자에게 해당 지분별로 진정명의회복을 원인으로 한 소유권이전등기를 이행할 것을 단독으로 청구할 수 있다(대판 2005. 9. 29, 2003다40651). ③ 공유자 중 1인의 명의로 원인무효의 소유권보존등기가 마쳐진 경우, 그의 공유지분에 관하여는 실체관계와 부합되는 등기이므로, 다른 공유자는 위 공유지분을 제외한 나머지 공유지분에 관해서만 소유권보존등기 말소등기절차의 이행을 청구할 수 있다(대판 2006. 8. 24, 2006다32200). 같은 취지의 것으로, 상속에 의하여 수인의 공유로 된 부동산에 관하여 그 공유자 중의 1인이 부정한 방법으로 단독 명의로 소유권이전등기를 한 경우, 다른 공유자는 공유물의 보존행위로서 위 공유자에 대해 그의 공유지분을 제외한 '나머지 공유지분 전부'에 관하여 소유권이전등기의 말소를 청구할 수 있다(대판 1988. 2. 23, 87다카961).

(ㄷ) 공유자의 다른 공유자에 대한 반환청구: 1) 토지를 A와 B가 각 1/2 지분으로 공유하고 있는데, B가 A와 협의 없이 토지상에 나무를 심어 토지를 독점적으로 점유하고 있다. A가 B를 상대로 공유물의 보존행위에 기해 나무의 수거와 토지의 인도를 청구한 사안이다. 판례(다수의견)는 다음과 같은 이유로 보존행위에 근거한 A의 청구를 배척하였다: 「① 공유자는 공유물 전부를 지분비율로 사용·수익할 권리가 있으므로, 그가 비록 다른 공유자와 협의 없이 공유물을 독점적으로 점유·사용하고 있더라도, <u>공유물의 다른 소수지분권자의 공유물 인도청구를 인정하게 되면, 그것은 공유물을 점유하고 있는 공유자가 갖는 지분비율에 따른 사용수익권까지 박탈하는 것으로서 그의 이해와 충돌한다. 애초 보존행위를 공유자 단독으로 할 수 있도록 한 것은 보존행위가 다른 공유자에게도 이익이 되기 때문인 점을 고려하면, 위와 같은 행위는 민법 제265조 단서에서 정한 '보존행위'라고 보기 어렵다.</u> ② 위 경우 공유물의 다른 소수지분권자는

보존행위에 근거하여 공유물의 인도를 청구할 수는 없다(공유물에 대해 방해배제를 청구하는 경우도 보존행위에 근거를 두는 것은 적절하지 않다). 다만, 자신의 '지분권'에 기초하여 공유물에 대한 방해 상태를 제거하거나 공동점유를 방해하는 행위의 금지 등을 청구할 수 있다」($\binom{\text{대판(전원합}}{\text{의체) 2020.}}$ $\binom{\text{5. 21, 2018}}{\text{다287522}}$).[1] 2) 유의할 것은, 위 사안에서 A가 1/2 지분이 아닌 과반수 지분을 갖고 있는 경우에는, A는 보존행위가 아닌 공유물의 관리($\binom{265}{\text{조}}$)에 근거하여 B를 상대로 공유물의 인도를 청구할 수 있다(이 점은 '공유물의 관리' 부분에서 설명하였다).

　(ㄹ) 공유자 전원의 명의로 등기를 청구하는 경우: ① 어느 부동산을 수인이 매수한 경우에 공유자 각자는 자신의 지분에 대해 그 등기를 청구할 수 있지만, 공유자 1인이 공유자 전원의 이름으로 그 이전등기를 청구하는 것은 보존행위의 범주를 넘는 것으로서 허용되지 않는다($\binom{\text{대판 1961. 5. 4,}}{\text{4292민상853}}$). ② 반면, 수인이 공동으로 소유하는 부동산에 관한 멸실회복등기는 공유자 중 1인이 공유자 전원의 이름으로 그 회복등기신청을 할 수 있다($\binom{\text{대판 2003. 12. 12,}}{\text{2003다44615, 44622}}$).

　(ㅁ) 시효중단: 공유자의 1인이 한 재판상 청구로 인한 취득시효중단의 효력은 다른 공유자에게는 미치지 않는다($\binom{169조·247}{\text{조 2항}}$)($\binom{\text{대판 1979. 6.}}{\text{26, 79다639}}$).

c) 공유물의 처분·변경　「공유자는 다른 공유자의 동의 없이 공유물을 처분하거나 변경하지 못한다」($\binom{264}{\text{조}}$). (ㄱ) 공유물은 공유자 전원의 소유에 속하는 것이므로, 공유자 1인이 공유물 전부를 처분하거나 변경하는 행위는 무효이다(그가 과반수 지분을 가지고 있더라도). 다만, 그 경우에도 자기의 지분 범위에서는 처분권이 있으므로 그 한도에서는 유효하다.[2] (ㄴ) 공유물을 양도하거나 공유물에 담보물권을 설정하는 것은 공유물의 처분에 해당한다. 그러면 용익물권을 설정하는 것은 어떠한가? 공유물을 임대하는 것은 공유물의 관리에 해당하므로 같은 범주에 속하는 것으로 볼 소지도 없지 않으나(이렇게 보는 견해로 김 증한·김학동, 315면), 판례는 그것은 다른 공유자의 지분에 대해서까지 용익물권을 설정하는 것으로서 처분행위에 해당하는 것으로 본다($\binom{\text{대판 1993. 4.}}{\text{13, 92다55756}}$).

d) 공유물의 부담　(ㄱ) 공유자는 지분의 비율에 따라 공유물의 관리비용과 그 밖의 의무를 부담한다($\binom{266조}{\text{1항}}$). ① '관리비용'으로는 공유물의 유지·개량을 위하여 지출하는 필요비·유익비를 들 수 있고, '그 밖의 의무'로는 공유물에 부과되는 조세 등의 공과금을 들 수 있다. ② 민법 제266조 1항은 공유자들 사이의 내부적인 부담관계를 정한 것에 지나지 않고, 제3자에 대한 대외적인 관계에까지 적용되는 것은 아니다. 공유자가 공유물의 관리에 관하여 제3자와 계약을 체결한 경우에 제3자가 지출한 관리비용의 상환의무를 누가 어떠한 내용으로 부담하

---

1) 종전의 판례는, 공유자는 협의 없이 공유물을 배타적으로 사용할 수 없다는 것을 이유로 다른 공유자는 비록 소수지분권자라고 하더라도 보존행위에 근거하여 공유물의 인도를 구할 수 있다고 하였었는데(대판(전원합의체) 1994. 3. 22, 93다9392, 9408)(그런데 이 판결에서는 보존행위로 볼 수 없다고 하는 대법관 6인의 반대의견이 있었다), 이번에 다시 전원합의체 판결로서 보존행위로 볼 수 없다고 입장을 바꾼 것이다(종전 판례를 변경).

2) 판례: ① 공유자 중 1인이 다른 공유자의 동의 없이 그 공유 토지의 특정 부분을 매도하여 타인 명의로 소유권이전등기가 마쳐졌다면, 그 매도 부분 토지에 관한 소유권이전등기는 처분 공유자의 공유지분 범위에서는 실체관계에 부합하는 유효한 등기이다(대판 1994. 12. 2, 93다1596). ② 공유자의 1인이 공유물을 제3자에게 매도하더라도, 그 매매가 당연히 무효가 되는 것은 아니고, 다른 공유자의 지분에 대해서는 타인의 권리에 대해 매매를 한 것이 된다(569조). 따라서 매도한 공유자는 다른 공유자의 지분을 취득하여 제3자에게 이전할 의무를 지고, 이를 이행하지 못한 때에는 제3자는 권리를 취득하지 못한다. ③ 공유 부동산에 대해 공유자 1인이 자기의 단독 명의로 소유권회복등기를 한 경우에도 그의 지분 범위에서는 실체관계에 부합하는 유효한 등기가 된다(대판(전원합의체) 1965. 4. 22, 65다268).

는가는 일차적으로 당해 계약의 해석을 통해 정해진다($\frac{대판\ 2009.\ 11.\ 12,}{2009다54034,\ 54041}$). 예컨대 과반수 지분권 자가 자신이 공사비를 주기로 하고 제3자와 공사계약을 맺은 때에는 그만이 공사비를 부담하고, 그가 공사비를 지출한 때에 다른 공유자에게 지분비율에 따라 상환을 청구할 수 있을 뿐이다($\frac{대판\ 1991.\ 4.}{12,\ 90다20220}$). 이에 대해 어느 부동산의 공유자인 甲·乙·丙이 丁에게 관리를 맡겼는데 丁이 비용을 지출한 경우, 그 비용은 불가분물인 공유물에서 생긴 것이므로 甲·乙·丙은 각자 그 비용 전부에 대해 불가분채무를 지고($\frac{411}{조}$), 그 전부를 지급한 공유자는 다른 공유자에게 지분의 비율에 따라 구상할 수 있을 뿐이다. 甲이 보존행위로서 丁에게 관리를 맡긴 경우(예컨대 공유물의 보존을 위해 변호사에게 소송을 맡긴 경우)에도 乙·丙의 지위는 위와 같다고 할 것이다($\frac{대판\ 1985.\ 4.}{9,\ 83다카1775}$). (ㄴ) 공유자가 관리비용 등의 의무를 1년 이상 지체한 경우에는 다른 공유자는 상당한 가액으로 그의 지분을 매수할 수 있다($\frac{266조}{2항}$). 이 지분매수청구권은 형성권이지만, 의사표시만으로는 안 되고, 매수 대상이 되는 지분 전부의 매매대금을 제공한 다음에 매수청구권을 행사하여야 한다($\frac{대판\ 1992.\ 10.}{9,\ 92다25656}$).

(4) 공유관계의 대외적 주장

제3자가 공유물을 점유하는 경우에 공유물 전체에 대한 시효를 중단시키거나, 제3자가 공유물의 소유권을 다투는 경우에 공유자 각자의 지분 외에 다른 공유자의 지분까지 확인을 구하거나, 수인이 부동산을 매수하여 부동산 전체에 대해 공유자 모두의 명의로 소유권이전등기를 청구하는 경우, 어느 공유자 한 사람만이 이를 할 수 있다고 한다면 만일 패소하는 경우에는 다른 공유자에게 부당하게 불이익을 줄 우려가 있다. 그러므로 제3자에게 전체로서의 공유관계를 주장해서 시효를 중단시키거나 소유권 확인을 구하거나 등기를 청구하는 경우에는, (그것이 공유물의 보존행위에 해당하지는 않으므로) 공유자 전원이 공동으로 하여야 한다($\frac{대판}{1994.}$ $\frac{11.\ 11,\ 94}{다35008}$).

(5) 제3자의 공유자에 대한 권리행사

(ㄱ) 제3자의 공유자에 대한 소유권 확인청구나 소유권이전등기청구에서 반드시 공유자 전원이 피고가 될 필요는 없다($\frac{대판\ 1964.\ 12.\ 29,\ 64다1054;\ 대판\ 1965.\ 7.}{20,\ 64다412;\ 대판\ 1972.\ 6.\ 27,\ 72다555}$). 공유자 각자도 지분 범위에서는 처분권이 있으므로, 그 한도에서는 공유자 각자를 피고로 할 수 있다. (ㄴ) 제3자가 공유물에 대한 인도나 철거를 청구할 경우, 공유자 전원이 피고가 될 필요는 없고 공유자 각자에게 지분 범위에서 인도나 철거를 구할 수 있다($\frac{대판\ 1966.\ 3.\ 15,\ 65다2455;\ 대판\ 1968.\ 7.\ 23,\ 68다1053;}{대판\ 1968.\ 7.\ 31,\ 68다1102;\ 대판\ 1969.\ 7.\ 22,\ 69다609}$). 유의할 것은, 공유자 1인을 상대로 그 청구를 하더라도 공유물 전부가 인도되거나 철거되지는 않으며, 또 공유자의 지분이 공유물의 어느 부분으로 특정된 것이 아니기 때문에 지분 범위에서의 집행도 실제로는 어렵다. 결국 공유자 전원을 공동피고로 삼을 필요까지는 없다고 하더라도, 공유자 모두를 각각 상대로 위 청구를 하여야만 그 목적을 달성할 수 있다.

(6) 공유물의 분할

공유관계는 공유물의 멸실, 공유물의 양도, 공용징수, 공유자의 한 사람이 다른 공유자의 지분을 전부 매수하는 등 그에게 지분이 집중되는 경우에 소멸된다. 그 밖에 민법이 정하는 중요한 소멸 원인으로 「공유물의 분할」이 있다.

가) 분할의 자유

> **제268조 〔공유물의 분할청구〕** ① 공유자는 공유물의 분할을 청구할 수 있다. 그러나 5년 내의 기간을 정해 분할하지 않기로 약정할 수 있다. ② 전항의 계약을 갱신하는 경우에는 그 기간은 갱신한 날부터 5년을 넘지 못한다. ③ 전 2항의 규정은 제215조, 제239조의 공유물에는 적용하지 아니한다.

a) **원 칙**　공유지분은 그 실질이 단독소유권과 같은 것이어서, 각 공유자는 언제든지 공유물의 분할을 청구하여 공유관계를 해소하고 단독소유자가 될 수 있는 권리가 있다($^{268조}_{1항}$)(분할청구권은 공유관계에 수반되는 형성권으로서 공유관계가 존속하는 한 분할청구권만이 독립하여 소멸시효에 걸리지 않는다). 공유물 분할청구의 자유는 지분 처분의 자유와 더불어 공유의 본질을 이루는 것이며, 합유 및 총유와 구별짓는 표지이기도 하다.

b) **예 외**　다음의 경우에는 분할할 수 없거나, 그 분할이 일정 기간 제한되는 수가 있다. (ㄱ) 건물의 구분소유에서 공용부분($^{215}_조$), 경계에 설치된 경계표·담·도랑 등($^{239}_조$)에 대해서는 그 성질상 분할을 청구할 수 없다($^{268조}_{3항}$). 또 대지 위에 구분소유권의 목적인 건물에 속하는 1동의 건물이 있을 때에는, 그 대지의 공유자는 그 건물의 사용에 필요한 범위의 대지에 대하여 분할을 청구하지 못한다($^{집합건물의 소유 및 관}_{리에 관한 법률 8조}$). (ㄴ) 그 밖의 공유물은 분할할 수 있지만, 공유자 간의 약정으로 5년 내의 기간을 정해 그 기간 동안 분할하지 않기로 정할 수 있다($^{268조 1}_{항 단서}$). 이 약정은 갱신할 수 있지만, 그 기간은 갱신한 날부터 5년을 넘지 못한다($^{268조}_{2항}$). 특히 부동산의 공유에서는 분할금지의 특약을 등기하여야 하고($^{부동산등기법}_{67조 1항}$), 그 등기가 없는 때에는 지분의 양수인에게 다른 공유자는 위 특약을 주장할 수 없다. (ㄷ) 피상속인은 유언으로 상속이 개시된 날부터 5년 내의 기간을 정해 그 기간 동안 상속재산의 분할을 금지할 수 있다($^{1012}_조$).

나) 분할의 방법

> **제269조 〔분할의 방법〕** ① 공유물의 분할방법에 관하여 협의가 성립되지 아니한 경우에는 공유자는 법원에 분할을 청구할 수 있다. ② 현물로 분할할 수 없거나 분할로 인하여 그 가액이 현저히 감손될 염려가 있는 때에는 법원은 물건의 경매를 명할 수 있다.

a) **분할의 단계**　공유물의 분할은 다음과 같은 단계를 거친다. 우선 공유자가 다른 공유자를 상대로 공유물의 분할을 청구하는 것에서 시작된다. 이 청구에 따라 공유자들은 서로 분할을 협의해야 할 의무를 지며, 그 협의가 이루어지면 그에 따라 분할이 이루어진다. 그러나 그 협의가 이루어지지 않은 경우에는 공유자는 법원에 분할을 청구할 수 있고, 그 판결을 통해 분할이 이루어진다.

b) **분할청구**　공유자는 다른 공유자 모두를 상대로 공유물의 분할을 청구할 수 있다. 다른 공유자는 이에 따라 분할의 협의를 하여야 할 의무가 있고, 이 점에서 분할청구권은 형성

권이다. 공유물의 분할은 협의상·재판상 분할을 막론하고 공유자 전원이 분할절차에 참여하여야 한다($\substack{대판 1968. 5. 21., \\ 68다414, 415}$). 각 공유자는 공유물의 분할에 관해 직접 이해관계를 갖기 때문이다. 따라서 어느 공유자를 제외하고 이루어진 분할절차는 무효이다.

c) **협의에 의한 분할** 협의에 의해 분할하는 때에는 분할의 방법도 그 협의에 따라 정해진다($\substack{269조 1 \\ 항 참조}$). 공유물을 분량적으로 분할하는 「현물분할」이 보통이지만, 공유물을 매각하여 그 대금을 나누는 「대금분할」이나, 공유자 1인이 다른 공유자의 지분을 매수하고 단독소유자가 되는 「가격배상」의 방법이 이용되기도 한다.

d) **재판에 의한 분할** (ㄱ) 요 건: 공유자가 법원에 분할을 청구하기 위해서는, 그 전제로 공유자 사이에 협의가 이루어지지 않아야 한다($\substack{269조 \\ 1항}$). 공유자 간에 분할에 관해 협의가 이루어진 경우에는 재판상 분할청구는 인정되지 않는다($\substack{대판 1967. 11. \\ 14, 67다1105}$). 설사 그 협의 후에 일부 공유자가 분할에 따른 이전등기에 협조하지 않거나 분할에 관하여 다툼이 있더라도, 그 분할된 부분에 대한 소유권이전등기를 청구하거나 소유권 확인을 구해야 하고, 재판상 분할을 청구하는 것은 허용되지 않는다($\substack{대판 1995. 1. 12, \\ 94다30348, 30355}$). (ㄴ) 소의 성질: 이 소는 분할(공유자 사이의 기존의 공유관계를 폐기하고 각자의 단독소유권을 취득하게 하는 것)이라는 법률관계의 형성을 내용으로 하는 것으로서 형성의 소이다. 따라서 그 판결의 확정만으로 물권변동의 효과가 발생한다($\substack{187 \\ 조}$). 한편 이 소는 분할청구를 하는 공유자를 제외한 다른 공유자 전원을 상대방으로 하는 필수적 공동소송이다. (ㄷ) 분할방법: ① '현물분할'을 원칙으로 한다($\substack{269조 \\ 2항}$). 따라서 함부로 대금분할을 명하는 것은 허용되지 않는다($\substack{대판 2009. 9. 10, \\ 2009다40219, 40226}$). 현물분할에는 다음과 같은 것도 포함된다. 첫째 현물분할을 하면서 공유자 상호간에 금전으로 과부족을 조정케 하는 것, 둘째 분할청구자의 지분 한도 내에서 현물분할을 하고 분할을 원하지 않으면서 공유로 남기를 원하는 나머지 공유자는 공유자로 남게 하는 것, 셋째 공유물을 공유자 중의 1인의 단독소유 또는 수인의 공유로 하되 이들로 하여금 다른 공유자에 대해 그 지분의 가격을 배상케 하는 방법이다($\substack{대판 1991. 11. 12, 91다27228; 대판 1993. 12. 7, 93다27819; 대 \\ 판 2015. 3. 26, 2014다233428; 대판 2004. 10. 14, 2004다30583}$). ② 현물로 분할할 수 없는 경우(현물분할에 의한 가액이 분할 전 지분 가액보다 현저히 줄어드는 경우도 포함한다($\substack{대판 2002. 4. 12, \\ 2002다4580}$)), 분할로 그 가액이 현저히 줄어들 염려가 있는 경우에는, 법원은 공유물을 경매[1])에 부쳐 그 매각대금을 분배할 것을 명할 수 있다($\substack{269조 \\ 2항}$). 이에 따라 '대금분할'이 이루어지는데($\substack{대판 1997. 4. \\ 22, 95다32662}$), 그 판결의 당사자는 원고·피고 구별 없이 동 판결에 기해 공유물의 경매를 신청할 수 있다($\substack{대결 1979. \\ 3. 8, 79마5}$).

다) 분할의 효과

a) **소유권의 변동** 보통의 모습인 현물분할의 경우, 분할로 공유관계는 해소되고 각 공유자는 분할된 부분에 대해 단독소유권을 취득한다. 부동산의 경우 협의분할에서는 등기시($\substack{186 \\ 조}$), 재판상 분할에서는 판결의 확정시($\substack{187 \\ 조}$) 각각 그 소유권을 취득한다. 그리고 분할은 후술하는

---

1) 판례: 등기되지 않은 건물에 대한 강제경매는 그 건물에 관한 건축허가 또는 건축신고를 증명할 서류가 있어야 개시되고(민사집행법 81조 1항 2호 단서), 공유물분할을 위한 경매와 같은 형식적 경매는 담보권 실행을 위한 경매의 예에 따라 실시하고(동법 274조 1항), 담보권실행경매에는 강제경매에 관한 규정을 준용하므로(동법 268조), 따라서 건축허가나 신고 없이 건축된 미등기 건물에 대해서는 경매에 의한 공유물분할은 허용되지 않는다(대판 2013. 9. 13, 2011다69190).

바와 같이 지분의 교환 또는 매매의 실질을 가지는 것이어서 소급하지 않지만, 상속재산의 분할의 경우에는 상속이 개시된 때로 소급하여 효력이 있다($^{1015}_{조}$). 상속인은 상속이 개시된 때부터 피상속인의 재산에 관한 권리와 의무를 포괄적으로 승계하기 때문이다($^{1005}_{조}$).

b) 분할로 인한 담보책임 「공유자는 다른 공유자가 분할로 인하여 취득한 물건에 대하여 그 지분의 비율로 매도인과 동일한 담보책임이 있다」($^{270}_{조}$). 매매는 유상계약으로서 권리 또는 권리의 객체인 목적물에 하자가 있는 때에는 매도인은 담보책임을 지고($^{570조}_{이하}$), 이것은 다른 유상계약에 준용된다($^{567}_{조}$). 그런데 공유물의 분할에서, 현물분할의 경우에는 공유자 각자가 공유물 전부에 대해 가졌던 지분을 서로 교환하는 것이 되고,[1] 가격배상에서는 어느 공유자가 다른 공유자의 지분을 매수하는 것, 즉 지분의 매매가 있는 것이 된다. 그래서 본조는, 공유자는 다른 공유자가 분할로 취득한 물건에 하자가 있는 때에 그의 지분비율에 따라 매도인과 같은 담보책임을 부담하는 것으로 정한 것이다. 따라서 민법 제570조 이하의 규정에 따라 손해배상·대금감액·해제(재분할이 이에 해당함) 등을 청구할 수 있다. 다만 재판상 분할의 경우에는 담보책임으로서의 해제는 인정되지 않는다는 것이 통설이다(재판의 결과를 뒤집는 것이 되기 때문이다).

c) 지분상의 담보물권에 대한 영향   공유자의 지분에 설정되어 있는 담보물권이 분할에 의해 어떤 영향을 받는지에 관해 민법은 정하고 있지 않으나, 지분과 담보물권의 성질에 기초하여 다음과 같이 정리할 수 있다. 예컨대 A · B · C가 각 1/3 지분으로 토지를 공유하고, A 지분상에 甲의 저당권이 설정되었는데, 공유물의 분할이 이루어졌다고 하자. (ㄱ) A가 가격배상의 방법으로 공유 토지 전부를 취득한 경우, 甲의 저당권은 종전 1/3 지분 범위에서 토지에 존속한다. (ㄴ) 현물분할로 A · B · C가 각각 공유 토지의 일부를 취득한 경우, 甲의 저당권은 종전 1/3 지분 범위에서 A · B · C가 취득한 토지에 각각 존속한다($^{대판\ 1989.\ 8.\ 8,}_{88다카24868}$). 그 결과 분할된 각 A · B · C의 부동산은 저당권의 공동담보가 된다. 가령 B의 부동산에 대해 저당권을 실행하여 경매가 이루어진 경우, 그 경매대금 중 지분비율인 1/3 범위에서는 저당권자가 피담보채권을 기준으로 우선변제권을 갖는다($^{대판\ 2012.\ 3.\ 29,}_{2011다74932}$). 한편, B와 C의 토지에 대한 저당권의 실행으로 인한 가액 감손에 대해서는 A가 B와 C에게 이를 보상할 담보책임을 진다($^{대판\ 1993.\ 1.}_{19,\ 92다30603}$). (ㄷ) B가 가격배상의 방법으로 또는 제3자(D)가 대금분할의 방법으로 공유 토지 전부를 취득한 경우, 甲의 저당권은 종전 1/3 지분 범위에서 B 또는 D의 토지에 존속한다. 한편 통설적 견해는 이 경우 A가 수령할 대금에 대하여도 물상대위권을 행사할 수 있다고 하지만, 물상대위권은 목적물의 멸실·훼손·공용징수 등으로 담보권자가 목적물에 추급할 수 없는 경우에 인정되는 것이므로($^{342조,}_{370조}$), 이 요건을 갖추지 않으면 물상대위권은 행사할 수 없다고 할 것이다 ($^{송덕수,\ 584면;}_{이상태,\ 248면}$).

---

1) 즉 분할에 의하여 자기에게 귀속하는 부분에 대하여는 다른 공유자로부터 그것에 가지고 있었던 지분을 양도받는 것이 되고, 다른 공유자에게 귀속하는 부분에 대하여는 그것에 가지고 있었던 자기의 지분을 그에게 양도하는 것이 되기 때문이다.

✿ 구분소유적 공유 〰〰〰〰〰〰〰〰〰〰〰〰〰〰〰〰〰〰〰〰〰〰〰〰〰〰〰〰〰

(ㄱ) 실　태: 우리나라 부동산 거래에서는 1필의 토지 중 위치와 면적을 특정하여 매수하고도, 분필 절차의 어려움과 번거로움 때문에 분할등기를 하지 않고 1필지 전체 면적에 대한 매수 부분의 면적에 상응하는 공유지분등기를 하는 경우가 많다. (ㄴ) 법적 구성: 공유지분은 공유물 전부에 효력이 미치고, 공유자가 공유물 중 특정 부분을 배타적으로 사용할 수는 없다. 따라서 위 경우에 보통의 공유지분등기에 의해서는 특정 부분을 매수한 당사자의 목적을 이룰 수가 없게 된다. 그래서 판례는 특정 부분을 배타적으로 소유하겠다는 당사자의 의사 내지 목적에 착안하여, 여기에 명의신탁의 법리를 도입하고 있다. 즉 공유자 간의 내부관계에서는 공유자 각자가 특정 부분을 단독소유하는 것으로, 그리고 대외적으로는 공유하는 것으로 구성한다. 따라서 그 특정 부분 이외의 부분에 대한 (공유)등기는 공유자 사이에 상호명의신탁을 한 것으로 보고, 그 등기는 수탁자의 등기로서 유효한 것으로 다룬다(대판 1973. 2. 28, 72다317; 대판 1979. 6. 26, 79다741; 대판 1989. 4. 25, 88다카7184). 이러한 것을 '구분소유적 공유'라고 한다(대판 1994. 1. 28, 93다49871). (ㄷ) 공유와의 차이: 구분소유적 공유는 일반 공유와는 다음의 점에서 차이가 있다.[1] ① 일반 공유는 공유자 전원이 공유물 전부를 사용 · 수익하는 것이지만, 구분소유적 공유에서는 각 공유자는 자기의 특정 매수 부분을 배타적으로 사용 · 수익하고 나머지 부분에 대하여는 전혀 사용 · 수익권이 없다. ② 일반 공유에서는 지분의 처분과 공유물의 처분은 전혀 별개이지만, 구분소유적 공유에서는 그 지분의 이전은 항상 특정 부분의 사용 · 수익권의 이전과 같이 행하여지므로 그 특정 부분 자체가 처분되는 것과 외형상 동일하게 된다. ③ 일반 공유의 지분비율은 목적물 전체의 가액에 대한 자기 지분의 가액의 비례에 의해 결정되는데, 구분소유적 공유에서는 목적물 전체의 면적에 대한 자기 매수 부분의 면적 비율에 의하여 결정된다. 그 결과 같은 지분이라도 그 위치에 따라 가격이 달라진다. (ㄹ) 건물에 대한 구분소유적 공유: 토지에 대한 구분소유적 공유는 건물에 대해서도 인정되는데, 그 세부적인 내용은 다음과 같다. ① 1동의 건물 중 위치와 면적이 특정되고 구조상 · 이용상 독립성이 있는 일부분씩을 2인 이상이 구분소유하기로 하는 약정을 하고 등기만은 편의상 각 구분소유의 면적에 해당하는 비율로 공유지분등기를 하여 놓은 경우, 구분소유자들 사이에 공유지분등기의 상호명의신탁관계 내지 건물에 대한 구분소유적 공유관계가 성립하지만, 1동 건물 중 각 일부분의 위치와 면적이 특정되지 않거나 구조상 · 이용상 독립성이 인정되지 아니한 경우에는 공유자들 사이에 이를 구분소유하기로 하는 취지의 약정이 있다 하더라도 일반적인 공유관계가 성립할 뿐, 공유지분등기의 상호명의신탁관계 내지 건물에 대한 구분소유적 공유관계가 성립하지 않는다(대판 2014. 2. 27, 2011다42430).[2] ② 구분소유적 공유지분을 목적으로 하는 근저당권이 설정된 후 그 실행에 의하여 그 공유지분을 취득한 낙찰자는 승계취득의 법리에 따라 구분소유적 공유지분을 그대로 취득하는 것이므로, 입찰을 실시하는 집행법원은 감정인에게 위 건물의 지분에 대한 평가가 아닌 특정 구분소유 목적물에 대한 평가를 하도록 하고 그 평가액을 참작하여 최저입찰가격을 정하여야 한다(대결 2001. 6. 15, 2000마2633). ③ 1동의 건물을 신축, 특정 부분별로 분양하

---

1) 김준호, 신탁행위론, 148면.
2) 건물 1층에 20개 점포를 호수와 위치를 지정하여 분양받아 해당 점포를 독점적으로 점유 · 사용하여 온 사안에서, 위 점포는 구조상 · 이용상 독립성이 없어 구분소유적 공유관계에 있다고 할 수 없고, 따라서 해당 점포를 독점적으로 사용하여 온 수분양자는 다른 공유자의 공유지분의 효력이 미치는 부분까지 포함하여 사용하여 온 것이므로, 다른 공유자 중 지분은 있으나 사용 · 수익을 전혀 하지 아니함으로써 손해를 입은 자에 대해 그의 지분에 상응하는 부당이득을 취한 것으로 보았다.

면서 이를 구분등기하지 않고 수분양자들에게 건물 전체 면적 중 분양면적 또는 매도 면적 비율로 공유지분등기를 마쳐준 경우, 건물의 특정 부분을 구분소유하는 자는 그 부분에 대하여 신탁적으로 지분등기를 가지고 있는 자를 상대로 하여 그 특정 부분에 대한 명의신탁 해지를 원인으로 한 지분이전등기절차의 이행을 구할 수 있을 뿐 그 건물 전체에 대한 공유물분할을 구할 수는 없다. 이 경우 건물에 대하여 구분건물로 건축물대장의 전환등록절차 및 등기부의 구분등기절차를 마치고 상호간에 자기가 신탁받은 공유지분 전부를 이전하는 방식으로 구분소유적 공유관계를 해소할 수 있다(대판 2010. 5. 27., 2006다84171). (ㅁ) **구분소유적 공유관계가 해소된 경우:** 1필지의 토지 중 특정 부분에 대한 구분소유적 공유관계를 표상하는 공유지분을 목적으로 근저당권이 설정된 후, 구분소유하고 있는 특정 부분별로 독립된 필지로 분할되고 나아가 구분소유자 상호간에 지분이전등기를 하는 등으로 구분소유적 공유관계가 해소된 경우, 그 근저당권은 종전의 구분소유적 공유지분의 비율대로 분할된 토지들 전부 위에 그대로 존속하고, 근저당권설정자의 단독소유로 분할된 토지에 집중되는 것은 아니다(대판 2014. 6. 26., 2012다25944).

사례의 해설 (1) 甲의 X토지에 대한 소유관계는 구분소유적 공유이다. 따라서 乙에 대해서는 甲은 특정 부분을 단독소유하는 것이 되지만, 대외적으로는 X토지 전체를 공유하는 것이 된다. 그러므로 제3자 丙이 X토지를 무단 점유하는 경우, 甲은 민법 제265조 소정의 보존행위를 근거로 단독으로 丙에게 X토지 전체의 인도를 청구할 수 있다.

(2) (개) 甲이 乙과 丙으로부터 공유물인 X토지에 대한 관리의 권한을 위탁받아 丁과 임대차계약을 체결한 것은 공유물의 관리행위로서 유효하거나(265조 본문), 대리권에 기한 대리행위로서 유효하다. 어느 경우든 甲은 丁으로부터 차임을 수령할 권한도 있다고 할 것이므로, 丙의 丁을 상대로 한 청구는 인용될 수 없다.

(내) 임대차계약의 해지는 공유물의 관리행위에 속하는 것으로서 공유자의 지분의 과반수로써 결정할 수 있는 것인데(265조 본문), 丙은 1/3 지분만을 가지고 있어 단독으로는 임대차계약을 해지할 수 없고, 그 해지를 전제로 하는 X토지의 반환도 청구할 수 없다. 한편 계약의 당사자가 수인인 경우에는 계약의 해지는 그 전원이 해야 하는 점에서도 그러하다(547조 1항).

(대) 공유자는 공유물에 대해 추상적인 지분을 가질 뿐 공유물의 어느 특정 부분에 대해 지분을 갖고 있는 것은 아니므로, 공유물의 분할을 재판상 청구하면서 어느 특정 부분의 분할을 요구하였다고 하더라도 법원은 그에 구속되지 않고 재량에 의해 공유물을 분할할 수 있다. 그러므로 丙의 청구를 인용하여야만 하는 것은 아니다.

(래) 공유자의 지분상에 저당권이 설정된 후에 공유물이 분할된 경우, 저당권은 분할된 부동산 위에 종전의 지분비율대로 존속하고, 분할된 각 부동산은 저당권의 공동담보가 된다. 따라서 甲의 단독소유가 된 토지에 대해 경매가 이루어져 그 매각대금에서 배당을 받는 경우, A은행은 (乙의 지분에 대한) 저당권자로서 그 매각대금 중 지분비율인 1/3 범위에서는 피담보채권을 한도로 해서 우선변제권을 갖는다(대판 2012. 3. 29., 2011다74932). 이를 다투는 丙의 배당이의의 소는 인용될 수 없다.

(매) 부동산 명의신탁이 무효인 경우에도, 그 후 당사자가 혼인을 한 때에는, 그때부터는 특례가 적용되어 명의신탁은 유효한 것으로 된다(부동산 실권리자명의 등기에 관한 법률 8조)(대판 2002. 10. 25., 2002다23840). 그러므로 甲은 명의신탁을 해지하고 乙을 상대로 목적물의 반환을 청구할 수 있다. 이후 배우자 일방(甲)의 사망으로 부부관계가 해소된 경우에도 명의신탁은 유효하게 존속한다(대판 2013. 1. 24., 2011다99498). 그러므로 그 상속인 丁

이 甲의 지위를 승계하게 되므로, 丁의 청구는 인용된다.

(3) (ㄱ) 공유자가 상속인 없이 사망한 경우에는 그의 지분은 다른 공유자에게 각 지분비율로 귀속하므로($^{267}_{조}$), 공유자 丙의 사망으로 丙의 지분 1/4은 甲과 乙에게 1:2의 비율로 귀속하여 甲의 지분은 4/12, 乙의 지분은 8/12이 된다. (ㄴ) 공유물의 관리에 관한 사항은 공유자의 지분의 과반수로써 결정할 수 있으므로($^{265}_{조}$), 과반수 지분을 갖게 된 乙은 단독으로 X토지에 대해 B와 임대차계약을 맺을 수 있고, 이것은 甲에게도 효력이 있다. 따라서 B는 임차인으로서 X토지를 점유할 권리가 있으므로 甲은 B에게 X토지의 인도를 구할 수는 없고, 간접점유자인 乙에 대해서도 마찬가지이다($^{213조}_{단서}$). (ㄷ) 공유자는 공유물 전부를 지분비율로 사용·수익할 수 있으므로($^{263}_{조}$), 甲은 자신의 4/12 지분 범위에서는 X토지에 대해 수익권이 있고, 따라서 차임 상당액 1억 2천만원 중 4천만원 범위에서만 부당이득으로 그 반환을 청구할 수 있다. 법원은 甲의 청구 중 이 범위에서만 일부 인용을 할 수 있다.

(4) (가) 乙, 丙, 丁은 1.5 : 1 : 1의 비율로 법정상속을 하고($^{1000조 1항 1호,}_{1003조 1항, 1009조}$), 공동상속재산은 상속인의 공유로 하므로($^{1006}_{조}$), X토지에 대해 乙은 3/7, 丙은 2/7, 丁은 2/7 공유지분을 갖는다. 여기서 丙이 乙과 丁의 동의 없이 丙의 단독 명의로 X토지에 대해 소유권이전등기를 한 것은, 丙의 지분 2/7 범위에서는 유효하지만 乙과 丁의 지분 5/7 범위에서는 무효이다. 따라서 이에 기초하여 이루어진 B은행 명의의 근저당권 설정등기도 무효가 된다(승계취득의 법리상, 그리고 등기에 공신력이 없으므로). 乙과 丁은 B은행을 상대로 소유권에 기한 방해제거청구($^{214}_{}$)로서 공동으로, 또는 각자가 보존행위($^{265조}_{단서}$)에 기해 위 5/7 지분 범위에서 위 근저당권등기의 말소를 구할 수 있다($^{대판 1988.}_{2. 23, 87}$ 다카961).

(나) 2019. 8. 15.에 상속재산 분할협의를 하였더라도 그것은 상속이 개시된 때로 소급하여 효력이 있으므로($^{1015}_{조}$), 丙은 상속이 개시된 때부터 X토지의 단독소유자가 되고, 그에 기초한 B은행의 근저당권등기도 유효한 것이 된다.

(다) 乙, 丙, 丁이 해제조건을 추가하여 맺은, 그런데 그 조건이 성취된, 두 번째 상속재산 분할협의는 첫 번째 협의에 대해 합의해제를 한 것과 같다(합의에 의해 추가된 해제조건이 성취되어 실효되는 경우는 합의해제와 실질이 같기 때문임). 그런데 합의해제의 경우에도 제548조 1항 단서에 따라 제3자의 권리는 보호된다는 것이 판례의 법리이므로, 이미 등기를 마치고 첫 번째 협의에 의해 소급하여 완전한 근저당권자의 지위를 갖게 된 B은행은 그 협의의 합의해제에 불구하고 근저당권을 보유한다. 乙과 丁의 청구는 기각된다.

(5) X토지에 대한 甲의 1/2 지분에 설정된 A은행의 근저당권은, 그 후 공유물분할로 X토지가 X1, X2 토지로 분할되더라도, 종전 1/2 지분 범위에서 X1, X2 토지에 각각 존속한다($^{대판 1989. 8. 8,}_{88다카24868}$). 그 결과 분할된 X1, X2 토지는 근저당권의 공동담보가 된다(공동저당). 그러므로 X2 토지에 대해 경매가 이루어진 경우, 먼저 저당권등기가 이루어진 A은행이 丙에 우선하여 변제받을 수 있다($^{대판 2012. 3. 29,}_{2011다74932}$). 丙의 주장은 기각된다.

사례 p. 215

3. 합 유合有

(1) 서 설

> **제271조 〔물건의 합유〕** ① 법률의 규정 또는 계약에 의하여 수인이 조합체로서 물건을 소유하는 경우에는 합유로 한다. 합유자의 권리는 합유물 전부에 미친다. ② 합유에 관하여는 제1항의 규정 또는 계약에 의하는 외에 제272조 내지 제274조의 규정에 의한다.

a) **합유의 정의와 특색**　　2인 이상이 서로 출자하여 공동사업을 경영할 것을 목적으로 하는 인적 결합체가 '조합'이고($\frac{703조}{1항}$), 조합원의 출자를 비롯한 조합재산, 특히 조합(체)에 속하는 개개의 물건을 조합원 모두가 소유하는 것을 본조는 '합유'로 정의한다. 조합 자체가 권리능력이 없어 조합의 단독소유로 되지 못하고, 또 단체로서의 독립성보다는 구성원의 개성이 강하여 사단으로 평가되지도 않아 총유와는 달리 취급하는 것이다. 한편 조합원에게도 지분은 인정되고, 이 점에서 공유에서의 지분과 같은 것이 있지만, 조합이 가지는 공동목적의 달성을 위해 지분의 처분이 제한되고 분할청구가 금지되는 점에서 공유와도 다르다.

b) **합유에 관한 규정**　　제271조 2항은, 합유에 관해서는 제271조 1항이나 조합계약에서 정한 것 외에는 제272조 내지 제274조의 규정에 의하는 것으로 정한다. 다시 말해 조합계약에서 정한 때에는 그에 따르고, 그 정함이 없는 때에 위 규정이 보충적으로 적용된다. 그런데 조합계약에서 특별히 정하지 않은 때에는 조합계약에 관한 민법(채권편)의 규정이 보충적으로 적용되므로($\frac{703조\sim}{724조}$), 결국 물권편의 합유에 관한 제272조 내지 제274조의 규정은 조합계약에 관한 민법(채권편)의 규정에도 정함이 없을 때에 비로소 2차적으로 적용되는 것, 즉 임의규정이다.[1]

(2) 합유의 성립

법률의 규정이나 계약에 따라 수인이 조합체로서 물건을 소유하는 경우에 합유가 성립한다($\frac{271조 1}{항 1문}$). (ㄱ) 법률의 규정에 의한 경우로서, 신탁법 제50조 1항은 "수탁자가 여럿인 경우 신탁재산은 수탁자들의 합유로 한다"고 정한다. (ㄴ) 계약에 의한 것은, 2인 이상이 조합계약을 체결하여 조합체를 결성하고 그 조합재산을 소유하는 경우인데($\frac{704조}{참조}$), 특히 조합재산이 부동산인 때에는 합유자 전원의 명의로 등기를 하되, 합유의 취지를 등기하여야 한다($\frac{186조, 부동산등}{기법 48조 4항}$).[2]

---

1) '물권편의 합유에 관한 규정'과 '채권편의 조합계약에 관한 규정'을 비교해 보면 다음의 점에서 중복되거나 충돌한다(김중한·김학동, 327면). 즉 ① 전자는 합유지분을 처분하기 위해서는 합유자 전원의 동의를 요구하는데(273조 1항), 후자는 조합원의 임의탈퇴와 그에 따른 지분의 계산을 인정하고(716조·719조), ② 전자는 분할청구를 금지하는데(273조 2항), 후자는 조합원의 해산청구를 인정하며(720조), ③ 전자는 합유물의 처분에는 전원의 동의를 요구하는 데 반해(272조), 후자는 조합의 업무집행(조합재산의 처분도 이에 해당한다)은 조합원의 과반수 또는 수인의 업무집행자가 있는 때에는 그 과반수로써 결정한다고 정한 것(706조 2항) 등이 그러하다. 이러한 중복 내지 충돌은 현행 민법이 기존의 조합계약에 관한 규정을 그대로 살리면서 구민법에는 없던 합유에 관한 규정을 물권편에 신설하는 과정에서 생긴 것이며, 장차 민법 개정을 통해 정비하여야 할 것들이다.

2) 동업을 목적으로 하는 조합이 조합재산으로 취득한 부동산에 대해 합유등기를 하지 않고 조합원 1인의 명의로 소유권이전등기를 한 경우, 이는 조합체가 그 조합원에게 명의신탁을 한 것으로 보아야 한다(대판 2006. 4. 13, 2003다25256). 이 경우 그 등기는 '부동산 실권리자명의 등기에 관한 법률'(4조)에 따라 무효이다.

(3) 합유의 법률관계

a) 합유지분의 처분·합유물의 분할금지　「① 합유자는 전원의 동의 없이 합유물에 대한 지분을 처분하지 못한다. ② 합유자는 합유물의 분할을 청구하지 못한다」($\frac{273}{조}$).

aa) 합유지분의 처분 :　(ㄱ)「합유지분」은 합유물에 대한 합유자의 권리를 말하고($\frac{271조 1항}{2문·273조}$ $\frac{1}{항}$), 이것은 추상적인 소유의 비율로서 합유물 전부에 효력이 미친다($\frac{271조 1}{항 2문}$). 공동소유의 대상으로서의 합유물은 조합재산을 구성하는 개개의 물건을 단위로 한다. 조합재산 전체가 한 개의 물건으로 인정되지는 않기 때문이다. 한편, 합유지분은 조합원의 자격에 수반하는 것으로서, 조합원의 자격과 분리하여 그 지분만을 처분할 수는 없다. (ㄴ) 합유지분의「비율」은 조합계약에서 정하는 것이 보통이지만, 그 약정이 없는 때에는 출자가액에 비례하여 결정한다($\frac{711조}{1항}$). 이 점에서 지분의 비율이 균등한 것으로 추정되는 공유의 경우와는 다르다($\frac{262조 2}{항 참조}$). (ㄷ) 합유지분을「처분」하려면 합유자 전원의 동의가 있어야 한다($\frac{273조}{1항}$). 동조에 대해서는, 전원의 동의를 받더라도 합유지분을 처분하는 것은 합유의 성질에 반하는 것으로서 입법상 문제가 있어 그 적용을 부정하여야 한다고 보는 견해가 있지만($\frac{곽윤직,}{(구)382면}$), 통설적 견해는 전원의 동의가 있으면 그 지분의 처분을 인정하지 않을 이유가 없다고 하고, 판례도 법문대로 합유자 전원의 동의가 있으면 합유지분의 처분이 가능한 것으로 보고 있다($\frac{대판 1970. 12.}{29, 69다22}$). 이 경우 합유지분의 양수인은 종전 합유자의 지위를 승계한다. (ㄹ) 조합원의 지분에 대한 압류의 효력에 관해서는 조합의 목적을 고려하여 민법 제714조에서 따로 정하고 있다. (ㅁ) 합유자가 사망한 경우에 그 지분이 상속인에게「상속」되는지에 관해, 조합계약에서 달리 정하지 않은 한, 상속을 부정하는 것이 판례의 태도이다.[1] (ㅂ) 합유지분의「포기」는 조합으로부터의 탈퇴에 대한 물권법적인 표현이라고 할 수 있으므로, 조합계약에서 따로 정하고 있지 않으면, 조합에서의 탈퇴와 같은 방식, 즉 나머지 합유지분권자들 전원에 대한 의사표시로 하여야 한다. 한편, 포기된 합유지분은 나머지 잔존 합유지분권자들에게 균분하여 귀속하게 되지만($\frac{대판 1994. 2. 25, 93다39225; 대}{판 1996. 12. 10, 96다23238 참조}$), 그와 같은 물권변동은 합유지분권의 포기라고 하는 법률행위에 의한 것이므로 민법 제186조에 따라 등기해야 효력이 생긴다(그 등기가 이루어지지 않는 동안에는 지분을 포기한 자가 제3자에 대해서는 여전히 합유지분권자가 된다)($\frac{대판 1997. 9.}{9, 96다16896}$).

bb) 합유물의 분할금지 :　합유자는 합유물의 분할을 청구하지 못한다($\frac{273조}{2항}$). 합유물의 분할을 허용하면 조합재산이 없는 조합이 생기게 되고, 이것은 조합의 본질상 수용할 수 없기 때문이다. 다만 조합재산을 구성하는 개개의 재산에 대해서는, 조합원 전원의 합의에 의해 분할할 수 있다고 본다. 이때에는 조합재산이 감소하므로 조합채권자에게 불리할 수 있지만, 조합원은 조합의 채무에 대해 개별 책임을 지는 점에서 특별히 문제될 것은 없다($\frac{712}{조}$).

---

1) 판례:「부동산의 합유자 중 일원이 사망한 경우, 합유자 사이에 특별한 약정이 없는 한 사망한 합유자의 상속인은 합유자로서의 지위를 승계하지 못하므로, 해당 부동산은 잔존 합유자가 2인 이상일 경우에는 잔존 합유자의 합유로 귀속되고, 잔존 합유자가 1인인 경우에는 잔존 합유자의 단독소유로 귀속된다」(대판 1994. 2. 25, 93다39225; 대판 1996. 12. 10, 96다23238)(＊조합에서 조합원이 사망한 경우에는 그 조합원은 조합에서 탈퇴하고(717조), 또 조합원의 지위는 일신전속적인 권리의무관계로서 상속인에게 상속되지 않는다(대판 1981. 7. 28, 81다145). 즉 그 상속인의 몫에 대해서는 지분 계산의 방법으로 청산되어야 하고(719조), 상속등기를 할 수 있는 것이 아니다).

234 제 3 장 물권법 각칙

b) **합유물의 사용·수익** 「합유자의 권리는 합유물 전부에 미친다」$\binom{271조\ 1}{항\ 2문}$. 합유자가 그 지분에 따라 합유물을 전체로써 사용·수익할 수 있다는 뜻이다. 다만 그 구체적인 내용은 합유자 간의 계약에 의할 것이지만, 그 정함이 없는 때에는 공유물의 관리에 관한 민법 제265조를 유추적용하여 합유자의 지분의 과반수로써 결정할 수 있다고 할 것이다$\binom{이영준,\ 579면;}{이상태,\ 250면}$.

c) **합유물의 처분·변경·보존** 「합유물을 처분 또는 변경함에는 합유자 전원의 동의가 있어야 한다. 그러나 보존행위는 각자가 할 수 있다」$\binom{272}{조}$.

aa) **합유물의 처분·변경 :** (ㄱ) 합유물을 처분하거나 변경하려면 합유자 전원의 동의가 있어야 한다$\binom{272조}{본문}$. 어느 합유자가 다른 합유자의 동의 없이 합유물을 양도한 경우 그 양도는 무효이다. 공유와는 달리 합유지분의 처분도 제한되기 때문에$\binom{273조}{1항}$, 그 지분 범위에서 유효한 것도 아니다. (ㄴ) 제272조와 관련하여 해석상 문제되는 것이 있다. 즉 조합재산은 조합원의 합유로 하는데$\binom{704}{조}$, 민법 제706조 2항에 의하면, 조합의 업무집행은 조합원의 과반수로써, 수인의 업무집행자가 있는 때에는 그 과반수로써 각각 결정한다고 규정한다. 그런데 조합재산(합유물)의 처분·변경은 조합의 업무에도 해당하기 때문에, 제706조 2항에 의하면 조합원 또는 업무집행자의 '과반수'로써 결정하는 데 반해, 제272조에 의하면 조합원 '전원'의 동의가 필요하여, 양 조항이 서로 충돌하는 문제가 발생한다. 이것은 전술한 대로 현행 민법이 합유에 관한 규정을 신설하면서 제706조 2항의 존재를 간과한 데서 비롯된 것이다. 학설은 견해가 나뉘는데, 판례는 조합재산의 처분·변경에 관한 행위는 조합의 특별사무에 속하는 업무집행에 해당한다는 이유로써 제272조가 아닌 제706조 2항을 적용하고 있다$\binom{대판\ 1998.\ 3.\ 13,\ 95다30345;\ 대판}{2000.\ 10.\ 10,\ 2000다28506,\ 28513}$.

bb) **합유물의 보존 :** 합유물의 보존행위는 합유자 각자가 할 수 있다$\binom{272조}{단서}$.[1])

(4) 합유의 종료

a) **종료 원인** 합유의 종료 원인에는 다음 두 가지가 있다. (ㄱ) 합유는 조합체의 존재를 전제로 하는 것이므로, 조합체의 해산으로 합유도 종료된다$\binom{274조}{1항}$. 다만 해산만으로 곧 종료되는 것은 아니고, 청산절차가 완료된 때에 종료되는 것으로 해석된다. (ㄴ) 합유물이 제3자에게 양도된 때에는 그 물건에 대해 종전의 합유관계가 종료되는 것은 당연하다$\binom{274조}{1항}$. 다만 이것은 그 양도되는 물건에 대한 것이고, 양도되지 않은 다른 물건에 관한 종전의 합유관계는 영향을 받지 않는다.

b) **합유물의 분할 방법과 효과** 조합체가 해산되는 경우에 곧바로 합유관계가 종료되는 것은 아니고, 청산절차로서 합유물의 분할이 완료된 때에 비로소 합유가 종료된다. 이때의 공동소유관계는 공유와 다를 바 없으므로, 그 합유물의 분할 방법과 효과에 대하여는 공유물의 분할에 관한 규정이 준용된다$\binom{274조}{2항}$.

---

1) 판례: 「민법상 조합인 공동수급체가 경쟁입찰에 참가하였다가 다른 경쟁업체가 낙찰자로 선정된 경우, 그 공동수급체의 구성원 중 1인이 그 낙찰자 선정이 무효임을 주장하여 무효확인의 소를 제기하는 것은 합유재산의 보존행위에 해당한다」(대판 2013. 11. 28, 2011다80449).

4. 총 유總有

> 제275조〔물건의 총유〕① 법인이 아닌 사단의 사원이 집합체로서 물건을 소유하는 경우에는 총유로
> 한다. ② 총유에 관하여는 사단의 정관 기타 규약에 의하는 외에 다음 2조의 규정에 의한다.

(1) 서 설

a) **총유의 정의와 특색**   법인 아닌 사단은 그 자체가 독립된 권리의 주체가 될 수 없어, 그에 속하는 개개의 물건을 소유하는 때에도 그 사단의 구성원인 사원 모두가 공동으로 소유하는 것으로 볼 수밖에 없고, 본조는 그러한 소유관계를 '총유'로 정의한다($_{1항}^{275조}$). 법인격이 없기 때문에 법인 자체가 단독소유하는 것과는 다르다. 다만 법인 아닌 사단에 속하는 '부동산'에 관하여는, 총유의 등기를 하는 것이 아니라, 그 사단의 대표자의 신청에 의해 사단 자체의 명의로 등기를 하는 점에서($_{법\,26조}^{부동산등기}$), 법인이 단독소유를 하는 것과 실질적으로 차이가 없다.

b) **총유에 관한 규정**   총유에는 우선 법인 아닌 사단의 정관 기타 규약에 정함이 있는 때에는 그에 따르고,[1] 그 정함이 없는 때에 민법 제276조와 제277조가 보충적으로 적용된다($_{2항}^{275조}$). 따라서 민법의 총유에 관한 규정들은 임의규정이다.

(2) 총유의 법률관계

a) **총유물의 관리·처분과 사용·수익**   「① 총유물의 관리 및 처분은 사원총회의 결의에 의한다. ② 각 사원은 정관 기타의 규약에 좇아 총유물을 사용·수익할 수 있다」($_{조}^{276}$). 본조는 총유의 내용으로서 보통의 소유권과 마찬가지로 사용·수익·처분의 권능을 인정하지만($_{참조}^{211조}$), 이를 두 가지로 나누어 달리 규율한다.

aa) **총유물의 관리·처분**:   총유물의 「관리·처분」은 사원총회의 결의에 의한다($_{1항}^{276조}$). 총유물의 관리 및 처분이라 함은 총유물 그 자체에 관한 이용·개량행위나 총유물을 양도하거나 그 위에 물권을 설정하는 등의 법률적·사실적 처분을 말한다. (ㄱ) 비법인사단(종중·재건축조합·교회)의 대표자가 사원총회(종중총회·조합원총회·교인총회)의 결의를 거치지 않고 총유물을 처분한 것은 무효이다($_{대판\,2001.\,5.\,29,\,2000다10246}^{대판\,2000.\,10.\,27,\,2000다22881;}$). 상대방이 선의였는지는 문제되지 않으며, 여기에 민법 제126조의 표현대리 규정이 준용될 여지도 없다($_{대판\,2009.\,2.\,12,\,2006다23312}^{대판\,2003.\,7.\,11,\,2001다73626;}$). (ㄴ) 총유물의 처분은 사원총회의 결의에 따름으로써, 비법인사단의 구성원 개인에게는 지분권을 인정하지 않고, 그래서 공유나 합유의 경우처럼 보존행위는 그 구성원 각자가 할 수 있다는 규정($_{서·272조}^{265조\,단}$)을 두고 있지 않다. 따라서 총유재산에 관한 소송은 비법인사단 명의로 하거나 구성원 전원의 명의로 할 수 있을 뿐, 그 사단의 구성원 개인은 설사 사원총회의 결의를 거쳤다고

---

1) 판례: 종중의 정관에 고정자산의 취득과 처분은 총회 의결사항이나 고정자산의 사용료 징수는 이사회 의결사항으로 정해져 있다. 그런데 종중이 대종중에게 그 소유 토지 위에 사당을 신축하여 그 토지를 기한을 정하지 않고 사용토록 하는 것에 관해 이사회 의결을 받았다. 이 사안에서 정관의 규정에 따라 이사회 의결을 받은 것은 유효하고, 여기에 총유물의 관리·처분에는 사원총회의 결의를 요한다는 민법 제276조 1항은 적용되지 않는다(이 사안에서 종중은 이사회 의결을 받아 그 소유 토지를 임대할 수 있는 관리권한이 있다고 보고, 민법 제619조 소정의 임대차기간 내에서만 유효하다고 보았다)(대판 2012. 10. 25, 2010다56586).

하더라도 소송의 당사자가 될 수 없다(다시 말해 비법인사단의 구성원 개인은 총유물의 보존을 위한 소를 제기할 수 없다)(대판 1994. 4. 26, 93다51591; 대판(전원합의체) 2005. 9. 15, 2004다44971).[1] (ㄷ) ① 종중 소유의 토지를 매각하여 받은 대금을 분배하는 것(대판 2010. 9. 9, 2007다42310, 42327), 종중원이 종산에 분묘를 설치하는 것(관습상 지상권 유사의 물권을 취득하는 것과 같다)(대판 1967. 7. 18, 66다1600), 명의신탁 해지를 원인으로 총유재산에 대해 소유권이전등기를 청구하는 것(채권(내부적 소유권)의 물권화를 실현)(대판 1994. 5. 24, 92다50232), 비법인사단이 총유물에 대해 매매계약을 체결하는 것(대판 2009. 11. 26, 2009다64383)은 총유물 그 자체의 처분이 따르는 것으로서 사원총회의 결의를 요한다. ② 반면, 비법인사단이 타인 간의 금전채무에 대해 보증을 서거나 금전을 빌리는 것, 매매를 중개한 중개업자에게 중개수수료를 지급하기로 약정한 것, 채무를 승인하는 것은, 단순한 채무부담행위에 불과하고 총유물 그 자체의 처분이 따르지 않는 것이어서 사원총회의 결의가 필요 없다(대판 2001. 12. 14, 2001다56256; 대판(전원합의체) 2007. 4. 19, 2004다60072, 60089; 대판 2014. 2. 13, 2012다112299, 112305; 대판 2012. 4. 12, 2011다107900; 대판 2009. 11. 26, 2009다64383).

   bb) 총유물의 사용 · 수익: 각 사원은 정관 기타 규약에 따라 총유물을 사용 · 수익할 수 있다(276조 2항).

   b) 총유물에 관한 권리와 의무의 취득 · 상실 「총유물에 관한 사원의 권리와 의무는 사원의 지위를 취득하거나 상실함에 따라 취득하거나 상실한다」(277조). (ㄱ) 총유에서 사원 각자는 제276조에 따른 권능, 즉 총유물의 관리 · 처분에 관해 사원총회에 참석하여 결의에 참여할 수 있는 것과, 총유물을 정관의 정함에 따라 사용 · 수익할 수 있는 지위를 가지는데, 사원의 이러한 권리와 의무는 사원의 지위를 취득함으로써 얻고 그 지위를 상실함으로써 잃는다. (ㄴ) 제277조를 적용한 사례는 다음과 같다. ① 비법인사단인 어촌계의 구성원은, 비록 그가 계원으로 있을 당시 어촌계가 취득한 보상금이라 하더라도, 그 분배 결의 당시 계원의 신분을 상실한 경우에는 그 결의의 효력을 다툴 수 없다(대판 2000. 5. 12, 99다71931). ② (비법인사단인) 교회의 일부 교인들이 교회를 탈퇴하여 새로운 교회를 설립한 경우, 사단법인 정관변경에 관한 민법 제42조 1항을 유추적용하여 총 구성원 2/3 이상의 동의를 얻으면 종전 교회의 재산은 새로운 교회 소속 교인들의 총유로 귀속되지만, 그 동의를 얻지 못하면 종전 교회의 동일성은 그대로 유지되고 탈퇴한 교인들은 종전 교회에 대해 교인으로서의 지위를 상실하여 그 재산에 대한 권리도 상실한다(대판(전원합의체) 1993. 1. 19, 91다1226; 대판(전원합의체) 2006. 4. 20, 2004다37775).

5. 준공동소유準共同所有

   사례 1) 甲은 2016. 3. 6. 乙과 4년간의 여신거래약정을 체결하면서 현재 및 장래에 발생할 채권을 담보하기 위해 채무자 乙 소유의 X부동산에 채권최고액 12억원의 근저당권을 설정하였고, 丙과 丁이 연대보증하였다. 甲은 변제기가 도래하자 확정된 피담보채권액 10억원을 변제할 것을 보증인들에게 요청하였고, 이에 丙은 3억원을, 丁은 2억원을 甲에게 지급하였다. 그 후 丙과 丁은 근저당권 일부이전의 부기등기를 마쳤다. 일부만 변제받은 甲은 乙이 잔존 채무(5억원)를 변

1) 2019년 제2차 변호사시험 모의시험 민사법(사례형) 제1문의5는 이 판례를 출제한 것이다.

제하지 않자 X부동산에 대해 근저당권에 기한 경매신청을 하였다(경매비용과 이자 등은 고려하지 않음). 2) 위 경매를 통해 A가 8억원에 X부동산을 매수하였다. 8억원 매각대금은 누구에게 얼마씩 배당될 것인지 서술하시오. (15점)(2021년 제2차 변호사시험 모의시험)   해설 p. 237

a) 의 의 소유권 외의 재산권을 수인이 가지는 경우를 '준공동소유'라 하고, 이에 관해서는 공동소유에 관한 규정을 준용한다($\binom{278조}{본문}$). 따라서 수인의 인적 결합의 정도에 따라 준공유·준합유·준총유 세 가지가 있다.

b) 대 상 준공동소유의 대상이 되는 것은 소유권 외의 재산권이다. 물권과 그에 준하는 것 및 각종 지식재산권이 이에 속한다. 채권과 채무도 이에 포함된다.

c) 효 과 (ㄱ) 준공동소유에는 해당 공동소유에 관한 규정이 준용된다($\binom{278조}{본문}$). 이를테면 다음과 같다. ① 수인이 시기를 달리하여 채권의 일부씩을 대위변제하고 근저당권 일부이전의 부기등기를 각각 마치거나, 여러 채권자가 같은 기회에 어느 부동산에 관하여 하나의 근저당권을 설정 받은 경우, 수인의 채권자는 근저당권을 '준공유'하는데, 이 경우 근저당권을 실행하여 배당함에 있어서는 각 변제 채권액에 비례하여, 또는 각 채권액의 비율에 따라 변제 받는 것이 원칙이다($\binom{대판 2001. 1. 19, 2000다37319;}{대판 2008. 3. 13, 2006다31887}$). 한편, 공동상속인들이 청약권을 공동으로 상속한 경우에는 그 상속지분비율에 따라 피상속인의 청약권을 '준공유'하는데, 이 경우 공동상속인들은 (단독으로 청약권 전부는 물론 그 상속지분에 대하여도 이를 행사할 수는 없고) 그 전원이 공동으로만 청약권을 행사할 수 있는 고유 필수적 공동소송이다($\binom{대판 2003. 12.}{26, 2003다11738}$). ② 광업법($\binom{17조}{5항}$)에 의하면 공동광업출원인은 조합계약을 맺은 것으로 보므로, 공동광업출원인은 광업권 및 광업권 침해로 인한 손해배상채권을 '준합유'한다($\binom{대판 1997. 2.}{11, 96다1733}$). 한편 동업자가 토지를 매수한 경우에 동업자들은 토지에 대한 소유권이전등기청구권을 '준합유'하므로, 그 이행을 구하는 소를 제기하려면 동업자들이 공동으로 하여야 한다($\binom{대판 1994. 10.}{25, 93다54064}$). 조합재산에 속하는 채권에 대해서는 '준합유'가 성립하고, 그 채권을 타인에게 양도하는 경우에는 민법 제706조 2항의 규정에 따라야 한다($\binom{대판 2000. 10. 10,}{2000다28506, 28513}$). (ㄴ) 다만, 다른 법률에서 특별히 따로 정하고 있는 때에는 그에 따른다($\binom{278조}{단서}$). 그러한 것으로, 상법 제333조(주식의 공유), 저작권법 제15조(공동저작물의 저작인격권), 특허법 제99조(특허권의 공유), 광업법 제30조(공동광업권자) 등이 있다.

사례의 해설 (ㄱ) 丙과 丁은 보증인으로서 변제하여 주채무자 乙에 대해 구상권을 갖고, 이에 따라 당연히 채권자를 대위하여 채권자(甲)의 채권과 근저당권을 행사할 수 있다($\binom{481조·482}{조 1항}$). 그런데 丙과 丁은 채권의 일부를 대위변제한 것이고, 이 경우에는 그 변제한 가액에 비례하여 채권자와 함께 그 권리를 행사할 수 있지만($\binom{483조}{1항}$), 채권자는 일부 대위변제자에 우선하여 변제받는다는 것이 통설·판례($\binom{대판 1988. 9. 27,}{88다카1797}$)이다. 따라서 경매의 매각대금 8억원에서 甲이 먼저 5억원을 배당받는다. (ㄴ) 丙과 丁은 일부 대위변제에 따라 그 변제한 가액에 비례하여 채권자의 권리(근저당권)를 행사할 수 있으므로($\binom{483조}{1항}$), 甲 명의의 근저당권을 '준공유'하는 것이고, 그 근저당권을 실행하여 배당할 때에는 각 변제액에 비례하여 안분배당을 하여야 한다($\binom{대판 2001. 1. 19,}{2000다37319}$). 따라서 丙은 남은 3억원에서 그 3/5인 1억 8천만원을, 丁은 그 2/5인 1억 2천만원을 배당받는다.   사례 p. 236

VII. 소유권에 관한 특수문제 ─ 명의신탁名義信託

사례 (1) 2003. 5. 3. 甲은 丙과 丙 소유의 부동산을 매수하기로 하는 매매계약을 체결하였다. 그러나 甲은 과도한 과세를 염려하여 이러한 사정을 잘 알고 있는 乙과 위 부동산에 관하여 乙 명의로 신탁하여 등기하기로 합의하였다. 甲은 이에 관하여 丙의 동의를 얻어 소유권이전등기를 위해 乙을 매수인으로 하는 매매계약서를 작성하였다. 그 후 甲은 丙에게 매매대금을 완납하고 丙은 乙 명의로 소유권이전등기를 완료하였다. 다음 각 질문에 답하시오.

(a) 위 사실관계 아래서 위 부동산의 소유권은 누구에게 귀속되는지를 밝히고 그 근거를 설명하시오. (15점)

(b) 乙이 임의로 甲에게 소유권이전등기를 했다면 甲이 소유자로 인정될 수 있는지 여부와 그 근거를 설명하시오. (15점)(제48회 사법시험, 2006)

(2) A는 2004년 3월 8일에 B와 사이에 'A가 C 소유의 주택 X를 매수하여 B에게 1억 5천만원에 매도한다.'라는 내용의 계약을 체결하였다. 한편 A는 2004년 3월 20일에 D로부터 주택 X의 매수자금으로 1억원을 차용하면서 장차 취득할 주택 X에 관하여 위 차용금채무를 담보하기 위한 D 명의의 가등기를 해 주기로 하였다. 이에 따라 A는 2004년 7월 15일에 C로부터 주택 X를 대금 1억 2천만원에 매수하였다. 그런데 당시 부동산 시세가 급등하는 기미를 보이자 A는 주택 X를 B에게 넘겨주지 않기로 마음먹고 E와 통모한 후 C의 양해를 얻어 2004년 8월 5일에 C가 E에게 주택 X를 매도한 것처럼 C로부터 E 명의로 소유권이전등기를 하였다. 그 후 A는 D와의 당초 약정에 따라 E의 협조를 얻어 D 명의의 담보가등기를 해 주었다.

(a) B가 A로부터 주택 X의 소유권이전등기를 받기 위하여 C, E를 상대로 취할 수 있는 법적 조치에 대하여 논하시오. (35점)

(b) 주택 X에 대한 D 명의 담보가등기의 유효 여부를 논하시오. (15점)(제50회 사법시험, 2008)

(3) 甲은 乙과 혼인신고하기 전인 2007년 5월 중순경 乙과 사이에 乙이 가사를 전담하기로 하고 甲은 甲 단독소유 주택 중 1/2 지분을 乙에게 넘겨줌과 아울러 혼인생활 중 가사와 관련하여 발생하는 乙의 채무를 1억원 범위 내에서 연대하여 책임지기로 약정하고, 위 약정에 따라 乙에게 1/2 지분에 관한 이전등기를 마쳐주었다. 甲은 乙과 혼인신고를 마친 후, A회사 해외지사에 근무하면서 서울에 있는 乙에게 위 주택에 관한 일체의 서류를 맡겨두고 있었는데, 乙이 사업을 운영하다가 많은 빚을 지게 되어 친구인 丙으로부터 2억원을 빌리면서 위 주택 전부에 관하여 丙 명의로 채무자 乙, 채권최고액 2억 5천만원으로 된 근저당권설정등기를 마쳐 주었다. 乙이 甲과 상의하여 丙 명의의 위 근저당권설정등기를 마쳐준 경우, 丙이 위 채권의 변제를 받지 못하자 위 근저당권에 기하여 임의경매를 신청하고, 丙이 그 매수대금을 부담하면서 丙의 동생 丁으로 하여금 丁 명의의 위 주택을 낙찰받아 보유하게 하였는데, 이후 丁이 위 주택을 戊에게 매도하여 戊 명의로 소유권이전등기를 마쳐 주었다면, 丙이 戊 명의의 소유권이전등기의 말소를 청구하는 것은 정당한가? (20점)(제51회 사법시험, 2009)

(4) 1) A는 이 사건 토지를 소유하는 B로부터 매수자를 찾아달라는 부탁을 받고, 친구인 C와 의논한 결과, A와 C가 새마을금고로부터 각각 1,000만원씩 대출받아 이 사건 토지를 매수하되, 매수자 명의는 C로 하고, 향후 이 사건 부동산을 전매하여 발생하는 수익을 투자비율에 따라 분배하기로 약정하였다. 이에 따라 C는 2005. 12. 30. B로부터 이 사건 토지를 대금 2,000만원에 매

수하는 내용의 매매계약(이하 '이 사건 매매계약'이라 한다)을 체결하였는데, 이 사건 매매계약서에는 매수인란에 "C 외 1인"이라고 기재되었고, 중개인란에 A가 중개인으로 기재되었다. 이후 A와 C가 새마을금고로부터 각각 1,000만원씩 대출받은 다음, C는 2006. 1. 30. B에게 대금 2,000만원을 지급함과 동시에 이 사건 부동산에 관하여 C 명의의 소유권이전등기를 경료받았다. 그런데 2007. 10. 30. 이 사건 부동산이 대한민국에 수용되자, C는 2007. 11. 15. 수용보상금으로 받은 5,000만원 중 일부로 A와 C 명의로 새마을금고로부터 대출받은 원리금 전부를 변제하였다. 2) A가 C에게 수용보상금 중 1/2의 지급을 청구하였다면, ① 청구의 당부 및 ② 근거를 기재하시오. (30점)(제15회 법무사시험, 2009)

(5) 1) 甲종중은 2000. 10.경 그 명의로 등기되어 있던 시가 8억원 상당의 X건물을 종원 乙에게 명의신탁하고 관리를 맡겼다가, 2007. 6.경 위 명의신탁을 해지하였다. 그러나 甲종중은 X건물에 관한 소유명의를 회복하지 않고 있었다. 丙은 2007. 10.경 X건물을 취득하기 위하여 소유관계를 확인하는 과정에서 X건물이 甲종중 소유이고, 乙에 대한 명의신탁이 해지되었다는 사실을 알고는 甲종중과의 협의매수를 시도하였으나 실패하였다. 이후 丙은 다시 乙에게 접근하여 "등기명의인이 매도하는 것은 아무런 문제가 없다"는 취지로 적극 설득하여 결국 2008. 5.경 乙로부터 X건물을 5억원에 매수하고 대금 전액을 지급한 후 丙 명의의 소유권이전등기를 경료하였다. 2) 이 경우 甲종중이 등기명의를 회복하기 위하여 취할 수 있는 방법을 법적 근거를 들어 기술하시오. (15점)(제53회 사법시험, 2011)

(6) 甲은 2003. 9. 4. F에게 자기 소유의 Y건물을 매도하는 매매계약을 체결하면서, 계약금과 중도금 외에 잔대금은 2004. 3. 5. 건물에 관한 소유권이전등기를 이전받음과 동시에 지급하기로 하였다. 그런데 甲의 다른 채권자들이 Y건물을 가압류할 태세를 보이자 甲은 Y건물의 소유권을 G에게 명의신탁하여 2003. 12. 10. G 명의로 소유권이전등기를 마쳤다. 한편 H는 Y건물이 실제로는 甲의 소유임을 알면서도 G 명의로 되어 있는 것을 기화로 Y건물을 자기에게 싼 값에 매도하고 소유권을 자기에게 이전해 달라고 적극적으로 요구하였다. 과도한 빚에 시달리던 G는 H의 요구를 이기지 못하고 Y건물을 H에게 매도하고 소유권등기를 이전해 주었다. 그 후 H는 이러한 사정을 모르는 J에게 Y건물을 매도하고 소유권등기를 이전해 주었다. 이 경우 F는 甲을 대위하여 H와 J를 상대로 각 소유권이전등기의 말소를 청구하였다. 이 청구의 타당성을 검토하라. (25점)(2014년 제2차 변호사시험 모의시험)

(7) 甲은 친생자 乙, 사실혼 배우자 丙, 丙과의 사이에 출생한 딸 丁을 두고 있다. 甲은 2011. 1. 5.에 戊로부터 5억원에 X부동산을 구입하는 계약을 체결하였다. 그러나 자신의 명의로 등기를 하면 문제가 될 것을 우려하여 丙과 戊의 동의하에 丙의 명의로 소유권이전등기를 경료하였다. 甲은 2013. 5. 6.에 교통사고로 사망하였다. 乙은 甲의 상속인으로서 X부동산에 관하여 어떠한 청구를 할 수 있는가? (10점)(제56회 사법시험, 2014)

(8) A주식회사(이하 'A회사'라 한다)의 대표이사 甲은 경매가 진행 중인 B 소유의 X부동산(이하 '이 사건 부동산'이라 한다)을 경매절차에서 매수하려고 계획하고 있었는데, A회사의 금융기관에 대한 수억원의 채무를 연대보증하게 되었다. 甲은 자신의 명의로 재산을 취득하는 경우 강제집행을 당할 우려가 있어 2014. 5. 1. A회사의 이사로 근무하는 乙과의 사이에 乙의 명의로 경매에 참가하여 이 사건 부동산을 취득한 뒤, 향후 乙은 甲이 요구하는 경우 언제든지 甲에게 소유권을 반환하기로 하는 약정을 하였다. 2014. 6. 20. 이 사건 부동산에 대한 경매절차에서 乙이

경매에 참가하여 그 명의로 매각허가결정을 받자, 위 약정에 따라 甲은 2014. 6. 21. 乙에게 매각 대금 3억원을 지급하였고, 乙은 2014. 6. 24. 甲으로부터 교부받은 매각대금 3억원 전액을 경매법원에 납입한 후, 2014. 8. 1. 乙 명의로 서울중앙지방법원 2014. 8. 3. 접수 제12221호로 소유권이전등기를 마쳤다. 그런데 「부동산 실권리자명의 등기에 관한 법률」을 잘 알고 있는 乙은 A회사의 자금 사정이 악화되어 A회사로부터 급여를 제대로 받지 못하자 2014. 10. 1. 이 사건 부동산의 명의신탁 사실을 잘 아는 丙에게 이 사건 부동산을 매각하고 그 앞으로 서울중앙지방법원 2014. 10. 5. 접수 제12378호로 매매를 원인으로 한 소유권이전등기를 마쳐 주었다. 甲은 乙과 丙으로부터 이 사건 부동산의 소유권을 넘겨받기를 원하나, 만약 부동산 소유권을 넘겨받을 수 없다면 금전적으로나마 손해를 보전받기를 원한다.

(a) 甲이 丙을 상대로 소유권이전등기말소를 청구하는 소를 제기하는 경우 그 청구에 대한 결론을 그 논거와 함께 서술하시오. (15점)

(b) 甲이 乙을 상대로 "피고는 원고에게 금 3억원 및 이에 대한 2014. 6. 22.부터 이 사건 소장부본 송달일까지는 연 5%의, 그 다음 날부터 다 갚는 날까지는 연 20%의 각 비율로 계산한 돈을 지급하라"는 내용의 부당이득의 반환을 청구하는 소를 제기하는 경우, 그 청구에 대한 결론을 그 논거와 함께 서술하시오. (25점) (단, 이 사건 부동산의 취득과 관련하여 발생한 취득세, 등록비용 기타 취득비용, 이자에 대한 지연손해금은 고려하지 말 것. 이 사건 소는 2015. 8. 1. 제기되었고, 제1심 변론종결일은 2015. 12. 28.이다.)

(c) 위 사실관계에서 변경된 것은 다음과 같다: 이 사건 부동산에 대한 경매절차의 매각허가결정일은 1995. 6. 21.이고, 乙은 매각대금을 1995. 6. 24.에 완납하고, 같은 날 소유권이전등기를 마쳤다. 乙 앞으로 소유권이전등기가 마쳐진 이래 이 사건 소 제기일인 2015. 1. 5. 현재까지 소유권이전등기 명의는 변경된 적이 없고, 이 사건 부동산은 甲이 계속 점유해 오고 있다. 甲이 乙을 상대로 부당이득을 원인으로 하여 이 사건 부동산의 소유권이전등기를 청구하는 소를 제기하였다(금전적 청구는 하지 아니하였음). 이에 대하여 乙은 甲에게 이 사건 부동산에 대한 등기청구권이 있다고 하더라도, 이 등기청구권은 소멸시효가 완성되었다고 주장하였다. 甲은 다시 자신이 이 사건 부동산을 점유해온 이상 소멸시효가 진행되지 아니한다고 주장하였다. 甲의 청구에 대한 결론을 그 논거와 함께 서술하시오. (20점)(2016년 제5회 변호사시험)

(9) 甲은 자기 소유의 토지 위에 자신의 비용과 노력으로 2층의 다세대 주택을 신축하고자 하였다. 그 건물이 대부분 완성되어 갈 즈음 甲은 형식상 건축주 명의를 추가할 필요가 있게 되었다. 이에 친구 乙에게 부탁하여 그의 명의를 빌려 乙도 공동건축주로 하였다. 공사가 완료된 후 2013. 4. 25. 그 건물의 102호는 乙의 명의로, 그리고 나머지는 甲의 명의로 각 소유권보존등기가 경료되었다. 그 후 乙은 위 102호의 소유권보존등기가 자기 명의로 마쳐져 있음을 기화로 丙에게 102호를 매도하였고, 중도금을 수령하면서 丙 명의로 소유권이전청구권 가등기를 마쳐주었다. 그러자 甲은 乙 명의의 소유권보존등기가 「부동산 실권리자명의 등기에 관한 법률」에 위반하는 무효의 등기임을 이유로 乙을 상대로 진정명의회복을 원인으로 한 소유권이전등기 청구를 하고, 丙을 상대로 가등기말소 청구를 하였다. 甲의 乙, 丙을 상대로 한 각 청구에 대한 결론을 그 논거와 함께 서술하라. (25점)(2016년 제1차 변호사시험 모의시험)

(10) 甲종중은 관리의 편의를 위해 종중 소유 X임야를 乙과 丙에게 명의신탁하기로 총회에서 결의하였고, 이에 따라 乙과 丙은 각 지분을 1/2로 하는 공유 등기를 마쳤다. 이후 丙은 자신의

공유지분을 丁에게 매도하였는데, 乙은 丁과 X임야를 협의분할하여 자신의 분할 부분에 대하여 각자의 명의로 등기를 마쳤다. 甲종중은 총회의 결의를 거쳐 명의신탁을 해지하면서 乙과 丁에게 X임야의 소유권이전등기를 청구하였다. 甲종중의 乙과 丁에 대한 청구에 관하여 그 이유를 들어 당부를 판단하시오. (20점)(2017년 제2차 변호사시험 모의시험)

(11) X부동산을 소유하고자 하는 戊는 丁과의 사이에 명의신탁약정을 체결하였다. 그 후 丁은 2016. 10. 20. 소유자 乙로부터 X부동산을 대금 3억원에 매수한 뒤, 같은 해 11. 1. 丁 명의로 소유권이전등기를 마쳤다. 乙은 매매계약 체결 당시 위 명의신탁약정을 전혀 알지 못하였다. 丁은 戊로부터 매수대금을 송금 받아 이를 乙에게 지급하였다.

(a) 戊가 丁에게 소유권이전등기를 청구한 경우, 丁은 이를 거부할 수 있는가? 만약 이를 거부할 수 있다면, 戊가 丁에게 주장할 수 있는 권리는? (20점)

(b) X부동산을 제외하고 별다른 재산이 없었던 丁은 己로부터 1억원을 빌렸고, 그 후 戊의 독촉에 못 이겨 戊에게 X부동산을 대물변제로써 소유권이전등기를 마쳐주었다. 己는 丁의 대물변제를 사해행위로 취소할 수 있는가? (15점)(2018년 제1차 변호사시험 모의시험)

(12) X토지 소유자 甲에게는 처 乙과 아들 丙이 있었다. 甲이 2015. 1. 5. 사망한 후 乙과 丙은 丁과 1차 명의신탁약정을 체결하였다. 이에 따라 乙과 丙은 2015. 1. 15. 토지에 관하여 甲에서 직접 丁에게 매매를 등기원인으로 하여 소유권이전등기를 마쳐 주었다. 이후 2017. 2. 15. 乙은 X토지 중 자신의 지분에 관하여 丙과 2차 명의신탁약정을 체결하였고, 같은 날 丙은 X토지 전부에 대해 丁으로부터 소유권이전등기를 넘겨받았다.

(가) 그 후 丙이 X토지 전부가 자신의 소유라고 주장한 경우, 乙은 X토지 중 자신의 지분을 되찾기 위해 丙을 상대로 어떠한 내용의 청구를 할 수 있는가? (20점)

(나) 丙은 2017. 3. 15. 위와 같은 명의신탁 사실을 알고 있던 戊에게 X토지를 당시의 시가에 따라 1억원에 매각하기로 합의한 후, 위 합의에 따라 戊로부터 같은 날 계약금 1천만원을, 같은 해 4. 15. 중도금 4천만원을, 같은 해 5. 15. 잔금 5천만원을 각 수령하였고, 위 잔금 수령과 동시에 戊 명의의 소유권이전등기를 마쳐주었다. 이 경우 乙은 丙과 戊에 대해 어떠한 내용의 청구를 할 수 있는가? (15점)(2018년 제3차 변호사시험 모의시험)

(13) 1) 甲은 2018. 9. 1. 丙으로부터 X부동산을 2억원에 매수하면서, 같은 날 丙에게 계약금 2천만원을 지급하고 잔금 1억 8천만원은 2018. 10. 13. 지급하기로 약정하였다. 甲은 위 매매계약에 따라 丙에게 계약금과 잔금을 지급하고, 2018. 10. 15. 丙으로부터 甲 명의로 X부동산의 소유권이전등기를 경료받았다. 그런데 甲은 乙과의 명의신탁약정에 따라 乙로부터 제공받은 자금으로 위 계약금과 잔금을 지급한 것이고, 丙은 이러한 사정을 알지 못하였다. 2) X부동산은 甲의 유일한 재산이다. 자금 사정이 나빠진 甲은 2018. 12. 2. 자신의 처남인 戊와 X부동산에 대한 매매계약을 체결하고 戊에게 소유권이전등기를 경료하였다. 3) 甲은 2018. 1. 5. 丁으로부터 1억원을 변제기 2018. 11. 5.로 차용하였다. 2019. 5. 5. 甲이 戊에게 X부동산을 매도한 사실을 알게 된 丁은 2019. 5. 10. 戊를 상대로 甲이 X부동산을 戊에게 소유권을 이전한 것은 丁에 대해 사해행위에 해당하므로 甲과 戊와의 위 매매계약을 취소하고 소유권이전등기의 말소를 구하는 소를 제기하였다. 甲은 戊와의 매매계약시부터 변론종결 당시까지 채무초과 상태에 있었다. 4) 丁의 청구에 관한 결론을 그 논거와 함께 서술하시오. (20점)(2020년 제2차 변호사시험 모의시험)

(14) 1) 甲은 2005. 5. 10. 丙에게서 X토지를 2억원에 매수하는 매매계약을 체결하였다. 甲은

위 매매계약에 따라 2005. 5. 20. 丙에게 매매대금 2억원을 지급하였고, 같은 날 X토지 중 1/2 지분은 甲 명의로, 나머지 1/2 지분은 동생 乙에게 부탁하여 乙 명의로 소유권이전등기를 각각 마쳤다. 2) 그 후 X토지는 2018년 경 X1 토지와 X2 토지로 분할되었으며, LH공사는 2020. 1월 경 X2 토지를 협의취득 방식으로 수용하면서 소유명의자인 甲과 乙에게 수용보상금으로 각각 1억원을 지급하였다. 甲은 2005. 5. 30. 丙으로부터 X토지를 인도받은 후 위와 같이 수용되기 전까지 주차장 등의 용도로 사용하여 왔다.

(가) 甲은 2020년 2월 경 X1 토지의 소유 명의를 이전받기 위해 ① 乙에 대하여는 X1 토지 중 1/2 지분에 관하여 2005. 5. 20.자 소유권이전등기의 말소를 구하고, ② 丙에 대하여는 위 1/2 지분에 관하여 2005. 5. 10. 매매를 원인으로 하는 소유권이전등기를 구하였다. 이 청구에 대해 乙과 丙은 "甲은 매매대금에 대한 반환을 구할 수는 있어도 부동산 자체의 반환을 구할 수 없다."고 주장한다. 甲의 위 청구가 인용될 수 있는지 그 근거와 함께 설명하시오. (20점)

(나) 甲은 乙에게 LH공사로부터 받은 수용보상금 1억원을 자신에게 반환하라고 청구할 수 있는가? (10점) (2020년 제3차 변호사시험 모의시험)

(15) 1) 甲은 2018. 1.경 Y부동산에 관하여 소유자인 丁과 매매계약을 체결하여 丁에게 매매대금 5억원을 모두 지급하고, Y부동산의 소유권이전등기는 甲과 乙의 명의신탁약정에 따라 丁으로부터 바로 乙 앞으로 마쳤다. 乙은 그 후 A은행으로부터 3억원을 대출받으면서 Y부동산에 채권최고액 4억원인 근저당권을 설정하였다. 2) 甲은 ① 丁을 대위하여 乙에 대하여 丁에게 진정한 등기명의 회복을 위한 소유권이전등기절차의 이행을 구하고, ② 명의수탁자인 乙이 위 근저당권을 설정하고 대출을 받음으로써 피담보채무액 상당의 이익을 얻었고 그로 인하여 甲에게 같은 금액의 손해를 입혔다고 주장하면서, 乙을 상대로 위 이익 상당액의 부당이득 반환을 청구하는 소를 제기하였다. 변론종결 당시 위 근저당권설정등기는 말소되지 않았다. 3) 甲의 각 청구에 대한 결론을 그 근거와 함께 서술하시오. (15점) (2022년 제2차 변호사시험 모의시험)

(16) 甲은 2022. 2. 1. A로부터 A 소유의 X토지와 Y토지를 대금 각 1억원에 매수하고, 위 대금을 모두 지급하였다. 이어서 甲은 2022. 3. 31. 부동산등기법에 따라 ① X토지에 관하여는 甲 명의의 소유권이전등기의 등기신청정보를 전산정보처리조직에 저장하였고, ② Y토지에 관하여는 그 등기 명의만을 乙로 하기로 乙과 합의하고 이에 대한 A의 협조 아래 乙 명의의 소유권이전등기의 등기신청정보를 전산정보처리조직에 저장하였다. 이에 따라 등기관은 2022. 4. 4. 전산정보처리조직을 이용하여 각 등기부에 위 소유권이전등기에 관한 등기사항을 기록함으로써 등기사무를 처리한 뒤 나머지 후속절차까지 모두 마쳤다.

(가) 위 각 토지에 관한 등기가 모두 마쳐진 상태에서, 2022. 4. 1.을 기준으로 X토지와 Y토지의 각 소유자는 누구인가? (10점)

(나) 1) 甲의 대여금 채권자 丙은 2022. 6. 1. 대여금채권의 변제에 갈음하여 甲으로부터 Y토지의 소유권을 이전받기로 약정하고, 같은 날 乙로부터 직접 丙 명의의 소유권이전등기를 마쳤다. 그 후 갑자기 Y토지의 시가가 폭등하자, Y토지에 관한 乙 명의의 소유권이전등기 과정을 잘 알고 있던 A는 Y토지를 되찾아올 목적으로, 丙을 상대로 Y토지에 관하여 진정명의회복을 원인으로 한 소유권이전등기 청구의 소를 제기하였다. 2) 이 소송에서 丙은 ① 자신은 「부동산 실권리자명의 등기에 관한 법률」 제4조 3항의 '제3자'에 해당하고, ② 자신 명의의 소유권이전등기는 실체관계에 부합한다고 항변하였다. A의 丙에 대한 청구는 인용될 수 있는가? (25점) (2023년 제12회

변호사시험)   해설 p. 256

1. 명의신탁에 관한 종전의 논의

(1) 명의신탁에 관해 현행 민법은 명문의 규정을 두고 있지 않다. 반면, 명의신탁에 관한 판례는 80여 년에 걸쳐 상당한 양에 이르고 있고, 하나의 판례군을 형성하여 왔는데, 명의신탁의 기초를 기본적으로 신탁행위에 두면서 세부적인 사항에 이르기까지 다양한 판례이론을 전개하여 왔다. 그러나 학설은 대체로 판례이론에 부정적이다. 신탁행위는 양도담보와 추심을 위한 채권양도를 설명하기 위하여 원용된 것인데, 명의신탁은 그 범주에 포함되지 않는다는 것이다.

(2) 명의신탁을 신탁행위로 볼 것인지 여부에 따라 판례와 학설은 그 효과를 달리 구성한다. 명의신탁을 신탁행위로 보는 판례는 대외관계에서 수탁자를 완전한 소유자로 보고, 그래서 수탁자로부터 부동산을 양수한 제3자는 원칙적으로 선의·악의를 묻지 않고 적법하게 소유권을 취득하는 것으로 이론구성을 한다($\binom{\text{대판 1963. 9.}}{\text{19, 63다388}}$). 이에 대해 명의신탁을 신탁행위로 보지 않는 대부분의 학설은 명의신탁을 허위표시에 문의하거나 허위표시에 관한 규정($\frac{108}{\text{조}}$)을 유추(확대)적용하는 식으로 처리하려고 하고,[1] 따라서 수탁자로부터 부동산을 양수한 제3자는 그가 선의인 경우에만 보호받는 것으로 이론구성을 한다($\binom{108\text{조 2}}{\text{항 참조}}$).

(3) 연혁적으로 독일이나 일본이나 신탁행위이론은 주로 양도담보를 대상으로 하여 전개되어 왔다. 그런데 우리의 경우에는 양도담보 외에 「명의신탁」이라는 또 다른 신탁행위의 유형이 형성되어 있는 점에 특색이 있다. 이러한 명의신탁은 종중재산에 대한 등기 제도의 미비에서 연유된다. 즉 한일강제병합 후 일본은 우리나라의 토지에 대해 등기 제도를 도입하고자 하였으나, 부동산대장이 없어 그 시행이 어렵자, 토지조사령(1912년)과 임야조사령(1918년)에 의해 토지의 조사와 소유자의 사정 및 재결에 착수하였는데, 사정_査定_은 「소유권의 창설적 효력」을 부여하는 행정처분이었다($\binom{\text{토지조사령 제15조, 대판}}{\text{1991. 1. 25, 90다10858}}$). 그런데, 종중 소유의 토지와 임야에 대한 조사·사정의 과정에서 종중 소유의 토지는 종중의 이름으로 사정되지 못하였다. 그 당시 조선부동산등기령에는 종중 자체의 명의로 등기할 수 있는 규정이 없었기 때문이다. 그래서 부득이 종중 소유의 토지를 종중원 1인의 단독명의 혹은 수인의 공동명의로 사정을 받아 등기할 수밖에 없었고, 이것이 명의신탁의 발단이 된다. 그런데, 토지 사정의 시기 그 전후에 걸쳐 이미 신탁행위의 법리가 승인되어 있었고, 소유권의 관계적 귀속의 관념을 그 특징으로 삼았다. 한편 토지에 대해 수탁자 명의로 사정을 받은 경우, 그 토지 사정의 창설적 효력에 의해 종전 소유권의 잔류를 인정하는 것이 문제가 되었다. 그래서 일단 대내외적으로 소유권이 수탁자에게 귀속하는 것으로 한 다음, 신탁계약의 취지에 따라 내부적으로 그 소유권이 신탁자에게 이전되는 식으로 이론구성을 하게 된 것이 그 당시 조선고등법원 판례의 태도였다.[2] 현행 민법 시행 후의 대법원은 조선고등법원의 판례에 근간을 두면서 그 법리를 확대하여 왔는데, 1960년대부터 그러한 신탁을 특히 「명의신탁」으로 이름 붙여서 확고한 판례이론을

---

1) 곽윤직, 94면; 김용한, 346면; 고상룡, "명의신탁론의 재검토 소고", 민법학논총(1985), 200면 이하; 김상용, 480면 이하; 이경희, "부동산명의신탁에 관한 문제점", 연세대학교 법률문제연구소 법률연구 제4집, 120면 이하.
2) 朝高判 1918. 12. 17(조선고등법원민사판결록 5권, 1011면); 동 1920. 2. 13(조선고등법원민사판결록 7권, 45면).

형성하였던 것이다.

판 례 **명의신탁에 관한 종전의 판례이론**

현재 명의신탁에 관해서는 (후술하는 바와 같이) '부동산 실권리자명의 등기에 관한 법률'이 이를 규율한다. 그런데 구분소유적 공유에서의 상호명의신탁, 조세 포탈이나 법령의 제한을 회피할 목적으로 하지 않은 종중재산의 명의신탁·부부간의 명의신탁·종교단체의 명의신탁에 대해서는 동법이 적용되지 않는다($\frac{\text{동법 2조}}{\text{1호·8조}}$). 따라서 이들 명의신탁에 대해서는 종래 형성되어 온 다음과 같은 판례이론이 그대로 통용될 수 있다.

1. 명의신탁의 의의

명의신탁은 당사자 간의 신탁에 관한 채권계약에 의하여 신탁자가 실질적으로는 그의 소유에 속하는 부동산의 등기명의를 실체적인 거래관계가 없는 수탁자에게 매매 등의 형식으로 이전하는 것을 말한다($\frac{\text{대판 1993. 11.}}{\text{9, 92다31699}}$). 「동산」에 관하여는 공부상 그 소유관계를 공시할 수 없기 때문에 명의신탁이 성립할 여지는 없다($\frac{\text{대판 1994. 10.}}{\text{11, 94다16175}}$).

2. 명의신탁의 성립

(ㄱ) 부동산에 관한 명의신탁이 성립하려면 신탁자와 수탁자 사이에 명의신탁의 설정에 관한 합의가 있어야 한다($\frac{\text{대판 1981. 12.}}{\text{8, 81다카367}}$). 명의신탁의 경우에는 등기권리증과 같은 권리관계를 증명하는 서류는 통상 실질적 소유자인 명의신탁자가 소지하므로, 명의신탁자라고 주장하는 사람이 이러한 권리관계서류를 소지하고 있는 사실은 명의신탁을 뒷받침하는 유력한 자료가 된다($\frac{\text{대판 1985.}}{\text{1. 29, 84다카}}$ $\frac{\text{1750 외 다}}{\text{수의 판례}}$). 또 수탁자는 명의신탁계약에 의하여 신탁자로부터 그 권리를 대외적으로 이전받으면서 그 대가를 지급하는 것은 아니므로, 그 대가를 지급하였다면 명의신탁은 아니라고 할 것이다($\frac{\text{대판 1989. 10.}}{\text{24, 88다카15505}}$). (ㄴ) 판례는 다음과 같은 경우에 명의신탁의 합의를 사실상 의제한다. ① 토지의 일부를 매매하였는데 그 전부에 관하여 매수인 앞으로 이전등기가 되었다면, 특별한 사정이 없는 한 매매하지 아니한 부분에 대하여는 당사자 간에 명의신탁이 성립한 것으로 본다($\frac{\text{대판 1981.}}{\text{7. 28, 80다}}$ $\frac{\text{1819 외 다}}{\text{수의 판례}}$). ② 실제로는 부동산 중의 특정 부분을 매수하였으나 등기부상에는 편의상 공유지분등기가 된 경우, 그 특정 부분 이외의 부분에 관한 등기는 등기부상의 공유자 간에 상호명의신탁관계에 있다($\frac{\text{대판 1967. 4. 4, 66다}}{\text{814 외 다수의 판례}}$).

3. 명의신탁의 유효와 무효

(ㄱ) 판례가 유효한 것으로 보는 명의신탁으로는, ① 담보를 위해, ② 재단법인의 설립을 목적으로 재산을 출연하면서 그 성립 전까지 발기인 명의로 등기를 하는 경우, ③ 대지 소유자 명의로 건축허가를 받은 후 신축된 건물에 대해 대지 소유자 명의로 보존등기를 하는 경우, ④ 종중재산의 명의신탁, ⑤ 토지의 일부를 매수하고 그 전부에 대해 등기를 하거나 또는 부동산 중의 특정 부분을 매수하면서 공유지분등기를 하는 경우 등이 있다. (ㄴ) 다음의 경우에는 명의신탁을 무효로 본다. 즉, 농지를 자경 또는 자영할 의사가 없는 자에게 농지를 명의신탁하거나, 타인의 명의를 빌려서 농지의 분배를 받는 것은 농지개혁법상 무효라고 한다($\frac{\text{대판 1965. 7. 27, 65다1043;}}{\text{대판 1971. 12. 14, 71다2123}}$).

4. 명의신탁의 법률관계

명의신탁에 대해 「신탁행위」의 법리를 적용하면서($\frac{\text{대판 1963. 9.}}{\text{19, 63다388}}$), 대내관계와 대외관계로 구별하여 그 법리를 전개하는데, 특히 대외관계에서는 수탁자를 완전한 소유자로 취급한다.

a) 대내관계　　명의신탁의 대내관계는 신탁자와 수탁자 사이에 체결된 「신탁계약」에 의해 정해지고, 신탁계약의 기본은 신탁자가 수탁자에 대한 관계에서 목적물의 소유권을 보유한다는 것이다(대판 1987. 5. 12, 86다카2653). 이를 기초로 다음과 같은 세부적인 법리를 전개한다. (ㄱ) 타인에게 명의신탁 한 대지 위에 제3자가 신탁자의 승낙을 얻어 공작물을 설치한 경우, 수탁자는 제3자를 상대로 그 공작물의 철거를 청구할 수 없다(대판 1965. 8. 24, 65다1081). (ㄴ) 명의신탁에 의하여 부동산의 소유자로 등기 된 자는 그 점유권원의 성질상 자주점유라 할 수 없어 신탁부동산의 소유권을 취득할 수 없고, 또 수탁자 명의의 등기를 신탁자의 등기로 볼 수도 없으므로 신탁자에게 등기부취득시효가 인 정될 수 없다(대판 1987. 11. 10, 85다카1644).

b) 대외관계　　수탁자는 대외적인 관계에서 완전한 소유자이다. 이를 기초로 다음과 같은 세부적인 법리를 전개한다. (ㄱ) 명의신탁한 부동산을 명의수탁자가 매도하는 경우, 명의수탁자 는 그 부동산을 사실상 처분할 수 있을 뿐 아니라 법률상으로도 처분할 수 있는 권원에 의하여 매도한 것이므로, 이를 민법 제569조 소정의 타인의 권리의 매매라고 할 수 없다(대판 1996. 8. 20, 96다18656). (ㄴ) 수탁자로부터 그 부동산을 양수한 제3자는 그의 선의·악의를 가릴 것 없이, 즉 명의신탁의 사실을 알았는지 여부를 불문하고 그 소유권을 유효하게 취득하는 것이 원칙이다(대판 1963. 9. 19, 63다388). 다만, 제3자가 수탁자에게 매도나 담보의 제공 등을 적극적으로 권유함으로써 수탁자의 배임행 위에 적극 가담한 경우에는, 명의수탁자와 제3자 사이의 계약은 반사회적인 법률행위로서 무효 가 된다(대판 1991. 4. 23, 91다6221). (ㄷ) 명의신탁자는 불법점유자 또는 불법 등기명의자에 대해 직접 그 명도나 등기말소를 청구할 수는 없고 수탁자를 대위하여 그 권리를 행사할 수 있을 뿐이다(대판(전원합의체) 1979. 9. 25, 77 다1079). 판례는 특히 그 논거로서, 수탁자를 대위함으로써 신탁자의 지위 보존에 부족함이 없고, 신탁자가 직접 그 권능을 행사하는 것은 신탁의 법률관계를 복잡하게 한다는 점을 든다. (ㄹ) 제 3자에 대한 모든 관계에서 수탁자만을 소유자로 취급하는 것은 아니다. 즉, 명의신탁된 건물에 서 공작물책임이 문제가 되는 경우, 신탁자는 소유자로서 그 책임을 진다(대판 1977. 8. 23, 77다246).

5. 명의신탁의 해지

(ㄱ) 명의신탁은 신탁자가 소유권을 실질적으로 보유하고 수탁자는 그 부동산에 대하여 하등 의 권한이 없이 단지 형식적으로만 등기명의를 갖는 것이어서, 특별한 사정이 없으면 신탁자는 언제든지 신탁을 해지할 수 있다. 신탁해지의 효과에 관해서는, 그 해지만으로 소유권이 신탁 자에게 복귀한다는 것(대판 1976. 6. 22, 75다124)과 등기명의를 신탁자 앞으로 이전하기까지는 외부관계에서는 소유권은 수탁자에게 있다는 것(대판 1970. 5. 12, 70다370; 대판 1976. 2. 10, 75다1735; 대판 1982. 8. 24, 82다카416)으로 나뉘었는데, 그 후 판례를 변경하여 전자의 입장을 취하는 것으로 정리하였다(대판(전원합의체) 1980. 12. 9, 79다634). (ㄴ) 명의신탁을 해지한 경 우, 명의신탁자는 명의수탁자에게 신탁해지에 따른 신탁관계의 종료를 이유로 소유권이전등기 절차의 이행을 청구할 수 있고, 이와는 별개로 신탁해지를 원인으로 하고 소유권에 기해서도 그 와 같은 청구를 할 수 있으며, 양자는 청구원인을 달리하는 별개의 소송이다(대판(전원합의체) 1980. 12. 9, 79다634). (ㄷ) 명의신탁 해지의 효과는 소급하지 않고 장래에 대하여 효력이 있음에 불과하고, 또 제3자 는 신탁자에 앞서 보호되어야 할 것이므로, 신탁자 앞으로 등기명의를 이전하기 전에 수탁자 로부터 부동산을 취득한 자는 적법하게 소유권을 취득한다(대판 1982. 12. 28, 82다984; 대판 1991. 8. 27, 90다19848).

6. 기 타

(1) 상호명의신탁

(ㄱ) 1필의 토지 중 위치와 면적을 특정하여 매수하고도 분필이 되어 있지 않은 이유 등으로

그 면적에 상응하는 공유지분등기를 하는 경우가 있는데, 이러한 공유를 '구분소유적 공유'라고 하고, 판례는 여기에 명의신탁의 법리를 적용하고 있다. 즉 그 특정 부분 이외의 부분에 대한 (공유)등기는 공유자 사이에 상호명의신탁을 한 것으로 보고, 그 등기는 수탁자의 등기로서 유효한 것으로 다룬다(대판 1973. 2. 28, 72다317; 대판 1979. 6. 26,/79다741; 대판 1989. 4. 25, 88다카7184). 한편, 1동의 건물 중 위치와 면적이 특정되고 구조상 및 이용상 독립성이 있는 일부분씩을 2인 이상이 구분소유하기로 하는 약정을 하고 등기만은 편의상 각 구분소유의 면적에 해당하는 비율로 공유지분등기를 한 경우에도 같은 법리를 편다(대결 2001. 6. 15,/2000마2633). (ㄴ) 구분소유적 공유의 내용은 다음과 같다. ① 내부관계에서는, (일반 공유에서는 공유자는 공유물 전부를 지분의 비율로 사용·수익하는 데 비해) 공유지분권자는 특정 부분에 대해 단독으로 소유권을 취득하고 이를 배타적으로 사용·수익할 수 있다. 그러므로 그 특정 부분에 대한 사용·수익이 다른 공유지분권자에 대해 부당이득이 되는 것도 아니다. 그리고 그 일환으로 그 지상에 건물을 신축하여 단독으로 소유할 수 있다. 그러므로 후에 토지와 건물의 소유자가 경매 등으로 인해 다르게 된 때에는 법정지상권 내지 관습상 법정지상권이 성립할 수 있다(대판 1990. 6. 26, 89다24094;/대판 2004. 6. 11, 2004다13533). 한편 다른 구분소유자의 방해행위에 대하여는 소유권에 기해 그 배제를 구할 수 있다. ② 외부관계에서는, 1필지 전체에 대해 공유관계가 성립하고 공유자로서의 권리만을 주장할 수 있는 것이므로, 제3자의 방해행위가 있는 경우에는 자기의 구분소유 부분뿐만 아니라 전체 토지에 대하여 공유물의 보존행위로서 그 배제를 구할 수 있다(대판 1994. 2./8, 93다42986). ③ 공유지분 등기명의자 일방이 공유자임을 전제로 공유물의 분할을 청구할 수는 없고, 이때는 상대방에 대하여 명의신탁관계를 해지하여 신탁관계를 해소시키고 그 특정 매수 부분에 대한 소유권의 확인 내지는 지분 이전등기 청구만을 구하면 된다(대판 1989. 9. 12,/88다카10517). 이 경우 공유지분권자 상호간의 지분 이전등기 의무는 그 이행상 견련관계에 있다(대판 2008. 6. 26,/2004다32992). (ㄷ) 구분소유적 공유지분을 제3자에게 처분하는 경우, 대외적으로는 공유지분을 처분한 것이 되므로 제3자는 원칙적으로 공유지분을 취득하는 것이 되고(다시 말해 구분소유적 공유로서 승계되는 것이 아니다), 그에 따라 명의신탁관계는 소멸된다(대판 1993. 6./8, 92다18634). 그러나 구분소유의 목적인 특정 부분을 처분하면서 등기부상의 공유지분을 그 특정 부분에 대한 표상으로서 이전하는 경우, 가령 경매에서 공유지분이 아닌 특정 구분소유 부분을 감정평가의 대상으로 삼은 경우에는, 이를 입증하는 것을 전제로, 제3자에게 구분소유적 공유관계가 승계된다(대판 2008. 2. 15, 2006/다68810, 68827). (ㄹ) 구분소유적 공유관계에서 구분공유자 중 1인이 소유하는 부분이 후에 독립된 필지로 분할되고 그 구분공유자가 그 필지에 관하여 단독 명의로 소유권이전등기를 경료받았다면, 그 소유권이전등기는 실체관계에 부합하는 것으로서 유효하고, 그 구분공유자는 당해 토지에 대한 단독소유권을 적법하게 취득하게 되어, 결국 구분소유적 공유관계는 해소된다. 따라서 그 구분공유자였던 사람이 분할되지 아니한 나머지 토지에 대해 가진 등기부상의 공유지분은 효력이 없는 것으로 되므로, 종전의 다른 구분공유자는 자신의 소유권 또는 공유지분권에 기해 그 말소 기타 정정을 청구할 수 있다. 이것은 구분공유자 중 1인이 자신이 소유하는 부분을 제3자에게 양도하였는데 후에 그 부분이 독립된 필지로 분할된 경우에도 다를 바 없다(대판 2009. 12. 24,/2008다71858).

(2) 공동명의신탁

(ㄱ) 수인에 대한 부동산의 명의신탁에서 수탁자 상호간의 소유형태는 단순한 공유관계에 있다(대판 1982. 11./23, 81다39). 이 경우 수탁자들이 수탁받은 부동산에 대하여 공유물분할을 하는 것은 명의신탁의 목적에 반하고 신탁자가 명의신탁을 한 취지에도 어긋나는 것이고, 특히 종중의 재산을

보존하고 함부로 처분하지 못하게 하기 위하여 다수의 종중원에게 공동으로 명의신탁을 한 경우에는 더욱 그 취지에 반하는 것으로서 허용되지 않는다(대판 1993. 2. 9, 92다37482). 그러나 공유물분할을 하여 단독소유로 한 경우에는, 그것은 대외적인 소유 형태를 변경하는 것에 불과하므로, 그 등기가 무효의 등기라고는 할 수 없다(대판 1987. 2. 24, 86다215, 86다카1071). (ㄴ) 원고 종중은 1970년에 그 소유 임야를 종중원인 A·B·C·D 공동명의로 명의신탁을 하였다. 그 후 B·C·D는 그 각 지분 1/4을 각각 甲·乙·丙에게 매도하여 그들 명의로 각각 지분이전등기가 마쳐졌다. 그 후 A·甲·乙·丙 사이에 위 임야에 대한 공유물분할의 협의에 따라 A 단독의 명의로 소유권등기가 되었다. 이에 원고 종중이 A를 상대로 명의신탁을 해지하고 위 임야 전부에 대해 소유권이전등기를 청구한 사안이다. 이 사안에서는, B·C·D가 명의신탁 받은 그 지분(각 1/4)을 제3자에게 처분하고, 이 제3자(甲·乙·丙)와 A 사이에 공유물분할의 협의에 따라 A 단독으로 소유권등기가 된 경우이다. 이때는 명의수탁자인 B·C·D가 수탁 부동산을 처분한 것으로서, 명의신탁의 법리에 의하면 그에 따라 명의신탁관계가 소멸되며, 다시 말해 甲·乙·丙에 대해서는 명의신탁의 승계가 이루어지는 것이 아니라 그들의 소유가 되므로, 이들이 다시 A에게 그 지분을 이전한 것은 유효하고, 따라서 A의 1/4 지분에 대해서는 종중과 A 사이에 명의신탁관계가 그대로 유지되더라도 위 3/4 지분에 대해서는 A가 유효하게 소유권을 취득하는 것이 아닌가 하는 의문이 있다. 이 점에 대해 대법원은 다음과 같이 판결하였다. 「A가 이 사건 임야를 단독소유하게 된 것은 형식적으로는 제3취득자들의 지분의 등기명의를 승계취득한 것과 같은 형태를 취하고 있으나, 실질적으로는 원고 종중으로부터 명의신탁 받은 이 사건 임야에 분산되어 있는 지분을 분할로 인하여 취득하는 이 사건 임야에 집중시켜 그에 대한 소유 형태를 변경한 것에 불과하다고 할 것이므로, 그 공유물분할이 원고 종중의 의사와 관계없이 이루어진 것이라고 하더라도, 원고 종중과 A 사이의 명의신탁관계는 위 임야 전부에 그대로 존속한다」(대판(전원합의체) 1999. 6. 17, 98다58443).

2. 「부동산 실권리자명의 등기에 관한 법률」의 개요

부동산에 관한 물권을 실체적 권리관계와 일치하도록 실권리자 명의로 등기하게 함으로써, 부동산등기 제도를 악용한 투기·탈세·탈법행위 등 반사회적 행위를 방지할 목적으로, 본문 14개 조로 된 「부동산 실권리자명의 등기에 관한 법률」(부동산실명법)이 제정되었는데(법 4944호 1995. 3. 30.), 그 주요 내용은 다음과 같다.

(1) 명의신탁의 규율

가) 명의신탁약정

a) 정 의   (ㄱ) 「명의신탁약정」은, '부동산에 관한 소유권이나 그 밖의 물권을 보유한 자 또는 사실상 취득하거나 취득하려고 하는 자(실권리자)가 타인과의 사이에서, 대내적으로는 실권리자가 부동산에 관한 물권을 보유하거나 보유하기로 하고, 그에 관한 등기(가등기를 포함)는 그 타인의 명의로 하기로 하는 약정'을 말한다(동법 2조 1호). 이와 관련하여 다음 두 가지를 유의하여야 한다. 1) 위 약정의 당사자는 신탁자와 수탁자가 되는데, 이때 신탁자는 소유권의 등기명의를 가진 자에 한정하는 것은 아니다. 즉 소유권을 사실상 취득하거나 취득하려고 하는 자도 포함된다. 2) 종래 명의신탁은 부동산 소유권을 대상으로 하여 그 법리가 형성되어 왔는

데, 동법은 소유권 외에 부동산 물권도 포함시켜 그 범위를 확대하고 있다. 예컨대 타인의 명의로 전세권등기를 한 경우에도 명의신탁을 한 것으로 된다. (ㄴ) 다만, 다음 세 가지는 명의신탁약정에 해당하지 않는 것으로 한다. 즉 ① 채무의 변제를 담보하기 위해 채권자가 부동산에 관한 물권을 이전받거나 가등기하는 경우(부동산 양도담보와 가등기담보), ② 부동산의 위치와 면적을 특정하여 2인 이상이 구분소유하기로 하는 약정을 하고 그 구분소유자의 공유로 등기하는 때(상호명의신탁), ③ 신탁법 또는 자본시장과 금융투자업에 관한 법률에 의한 신탁재산인 사실을 등기한 경우이다($^{동법\ 2조}_{1호\ 단서}$).

b) **반사회질서의 법률행위(불법원인급여)·허위표시와의 관계**　(ㄱ) 탈세·강제집행 면탈·탈법행위 등을 목적으로 명의신탁약정을 맺는 것이 반사회적 법률행위는 아닌지, 따라서 타인 명의로 등기를 한 경우에는 민법 제746조 소정의 불법원인급여에 해당하여 그 반환을 청구할 수 없는지 문제된다. 판례는 명의신탁약정 자체가 사회질서에 반하는 것은 아니라고 하여 민법 제746조도 적용되지 않는 것으로 본다($^{대판\ 2003.\ 11.\ 27,}_{2003다41722}$).[1] (ㄴ) 명의신탁은 법률행위로서의 신탁행위에 그 기초를 두고 있지만, 경우에 따라서는 허위표시에 해당하는 것도 없지 않다. 그러나 명의신탁에 관해서는 따로 부동산실명법에서 이를 규율하므로, 명의신탁이 문제되는 사안에서는 민법상의 허위표시 규정에 앞서 특별법으로서 부동산실명법이 적용되어야 할 것으로 본다.

나) 실권리자명의 등기의무

(ㄱ) 누구든지 부동산에 관한 물권을 명의신탁약정에 의하여 명의수탁자의 명의로 등기하여서는 안 된다($^{동법\ 3}_{조\ 1항}$). (ㄴ) 이를 위반하여 타인 명의로 등기를 한 경우, 명의신탁자에 대해서는 부동산 가액의 30%에 상당하는 과징금을 부과하고, 그래도 계속 실명등기를 하지 않는 때에는, 첫 해에는 부동산 가액의 10%, 둘째 해에는 20%의 이행강제금을 부과하며, 아울러 5년 이하의 징역 또는 2억원 이하의 벌금에 처한다($^{동법\ 5조\ 1항\ 1호·6}_{조\ 2항·7조\ 1항\ 1호}$).[2] 그리고 명의수탁자에 대해서는 3년 이하의 징역 또는 1억원 이하의 벌금에 처한다($^{동법\ 7}_{조\ 2항}$). (ㄷ) 유의할 것은, 동법 제6조 1항은 "과징금을 부과받은 명의신탁자는 지체 없이 당해 부동산에 관한 물권을 자신의 명의로 등기하여야 한다"고 규정하는데, 이 취지는 무효인 명의신탁약정을 유효로 하여 이를 원인으로 하여 직접 명의수탁자에게 등기를 청구할 수 있도록 사법상의 권리를 창설하려는 것이

---

1) 최근의 판례는 그 이유를 다음과 같이 들고 있다. ① 부동산실명법(4조·6조)은 명의신탁이 이루어진 경우에 부동산 소유권을 실권리자인 명의신탁자에게 귀속시키는 것을 전제로 하고 있고, 입법자의 의사도 동일하다. ② 명의신탁에 대해 불법원인급여 규정(746조)을 적용하여 수탁자에게 부동산 소유권을 귀속시키는 것은 다음의 점에서 문제가 있다. 먼저 부동산실명법 규정에 합치하지 않으며, 명의신탁자로부터 부동산 소유권까지 박탈하는 것은 일반 국민의 법 감정에 맞지 않고, 명의신탁약정을 통해 불법에 협조한 명의수탁자에게 부동산 소유권을 귀속시키는 것도 정의 관념에 부합하지 않는다. 그리고 민법 제103조와 제746조의 관계를 부동산실명법 자체에서 명확하게 해결하고 있는 점에 비추어 볼 때, 부동산실명법에서 금지한 명의신탁에 관해 반사회적인지 아닌지를 구분하여 불법원인급여의 적용을 달리하려는 시도는 바람직하지 않다(대판(전원합의체) 2019. 6. 20, 2013다218156).

2) 판례: 「부동산실명법 제5조 1항 1호에 따라 과징금 부과대상이 되는 자는 제3조 1항의 규정을 위반한 명의신탁자이고, 명의신탁약정이 대리인에 의하여 체결된 경우에도 법률상 대리인에게도 과징금을 부과할 수 있는 특별규정이 없는 한 대리인은 과징금 부과대상이 된다고 볼 수 없다. 이것은 법정대리인이 미성년자를 대리하여 명의신탁약정을 체결한 경우에도 마찬가지이다」(대판 2016. 8. 29, 2012두2719).

아니라, 다른 방법이 가능한 경우에는 그 방법을 통해 조속히 실명등기를 하라는 것이다(대결 1997. 5. 1, 97마384). 따라서 신탁자 이름으로 실명등기를 할 다른 방법도 없는 경우, 예컨대 계약명의신탁에서 매도인이 선의여서 수탁자가 소유권을 취득하는 경우에는 신탁자에게 과징금과 이행강제금은 부과되지 않는다(동법 6조 1항 단서).

다) 명의신탁약정의 효력

> 제4조〔명의신탁약정의 효력〕 ① 명의신탁약정은 무효로 한다. ② 명의신탁약정에 따라 행하여진 등기에 의한 부동산에 관한 물권변동은 무효로 한다. 다만, 부동산에 관한 물권을 취득하기 위한 계약에서 명의수탁자가 그 일방 당사자가 되고 그 타방 당사자는 명의신탁약정이 있다는 사실을 알지 못한 경우에는 그러하지 아니하다. ③ 제1항 및 제2항의 무효는 제3자에게 대항하지 못한다.

a) 일반적 효력   (ㄱ) 신탁자와 수탁자 사이의 명의신탁약정은 무효이다(동법 4조 1항). 따라서 그 약정에 따라 명의신탁을 하여야 할 채권과 채무는 발생하지 않는다. (ㄴ) 명의신탁약정에 따라 행하여진 등기에 의한 부동산에 관한 물권변동은 무효이다(동법 4조 2항). 명의신탁약정에 기초하여 이루어진 수탁자 명의의 등기는 대내외관계를 묻지 않고 무효이다. 다만 (후술하는 바와 같이) 계약명의신탁에서 당사자 일방이 선의인 경우에는 예외가 있다(동법 4조 2항 단서).

b) 명의신탁의 유형별 효력   명의신탁에는 다음과 같은 유형이 있고, 그 유형에 따라 효력에 차이가 있다.

aa) 양자간 등기명의신탁: 부동산의 소유자로 등기된 자가 수탁자 앞으로 등기를 이전하는 형식이다. 이때 명의신탁약정과 그 등기는 무효이므로, 신탁자가 당연히 소유권을 가진다(동법 4조 1항·2항 본문). 이를 기초로 구체적으로 다음과 같이 된다. ① 명의신탁자는 명의수탁자를 상대로 원인무효를 이유로 위 등기의 말소를 구하거나 진정명의회복을 원인으로 이전등기를 구하여야 한다(대판 1998. 12. 11, 98다43250; 대판 2002. 9. 6, 2002다35157). 즉 명의신탁자는 명의신탁약정의 유효를 전제로 그 해지를 원인으로 하는 소유권이전등기를 청구할 수 없고(대판 1999. 1. 26, 98다1027), 그러한 등기신청은 부동산등기법 제29조 2호(사건이 등기할 것이 아닌 경우)에 해당하여 등기관은 이를 각하하여야 한다(대결 1997. 5. 1, 97마384). ② 부동산 소유자 甲이 乙과의 양자간 명의신탁약정에 따라 乙 명의로 부동산 등기명의를 신탁하였는데, 그 후 甲이 채무초과 상태에서 乙의 명의를 이용해서 위 부동산을 丙 앞으로 근저당권을 설정하여 준 경우, 甲의 채권자는 채무자 甲이 실질적 당사자로서 부동산을 丙에게 처분한 행위 자체에 대해 사해행위를 이유로 취소를 구할 수 있다(대판 2012. 10. 25, 2011다107382). ③ 명의수탁자가 신탁부동산을 처분하여 제3자가 유효하게 소유권을 취득하여 명의신탁자가 그 소유권을 상실한 이상, 그 후 명의수탁자가 우연히 신탁부동산의 소유권을 취득하였다고 하더라도, 명의신탁자의 소유권에 기한 물권적 청구권, 즉 말소등기청구권이나 진정명의회복을 원인으로 한 이전등기청구권은 인정되지 않는다(대판 2013. 2. 28, 2010다89814). 한편, 명의수탁자가 명의신탁자로부터 소유권이전등기를 넘겨받은 부동산을 임의로 처분한 경우, 이는 명의신탁자의 소유권을 침해하는 행위로서 불법행위에 해당하여 명의수탁자는 손해배상책임을 부담한다(대판 2021. 6. 3, 2016다34007).

④ 명의신탁관계가 성립하기 위해 수탁자 앞으로 새로운 소유권이전등기가 행하여지는 것이 반드시 필요한 것은 아니므로, 부동산 소유자가 소유하는 부동산에 관하여 제3자(신탁자)와 사이에 사후적으로 그 부동산을 신탁자를 위하여 대외적으로만 보유하기로 하는 약정을 한 경우에도 '양자간 등기명의신탁'에 해당한다(대판 2010. 2. 11,/2008다16899). 이 경우 명의신탁약정과 그에 따른 등기는 무효가 되므로, 한편 신탁자가 등기를 마친 것은 아니어서 소유권이 있는 것은 아니므로, 부동산 소유권은 명의신탁약정 전의 상태로 돌아가 종전의 소유자에게 복귀한다. 신탁자는 이 소유자와의 원인관계(예: 증여나 매매 등)에 기초하여 소유권이전등기를 청구하여야 한다.

bb) **삼자간 등기명의신탁 :** 신탁자가 매매계약의 당사자가 되어 매도인과 매매계약을 체결하되, 매도인과의 합의 아래 그 등기를 매도인으로부터 (신탁자인 매수인과 명의신탁약정을 맺은) 수탁자 앞으로 직접 이전하는 경우로서, '중간생략등기형 명의신탁'이라고도 부른다(대판 2002. 2. 22, 2001도6209).[1] (ㄱ) 중간생략등기에서처럼 복수의 권리변동 원인이 있는 경우에는 그 전부가 실체관계와 부합될 때 비로소 유효한 것이 된다. 그런데 위 경우에는 매도인과 신탁자 간의 매매계약은 유효하지만, 신탁자와 수탁자 간의 명의신탁약정은 무효이므로, 설사 매도인에서 수탁자 앞으로 직접 중간생략등기가 마쳐졌다 하더라도 그것은 실체관계와 부합되지 않아 그 등기는 무효가 된다. 그러므로 소유권은 매도인에게 복귀하고, 매도인은 소유권에 기해 수탁자 명의의 등기의 말소를 청구할 수 있다. 한편 부동산실명법은 매도인과 명의신탁자 사이의 매매계약의 효력을 부정하는 규정을 두고 있지 않으므로 그들 사이의 매매계약은 유효한 것으로 되어, 명의신탁자는 매도인에게 매매계약에 기한 소유권이전등기를 청구할 수 있고(명의신탁자가 목적 부동산을 인도받아 점유하고 있는 경우, 매도인에 대한 소유권이전등기청구권은 소멸시효에 걸리지 않는다(대판 2013. 12. 12, 2013다26647)), 그 소유권이전등기청구권을 보전하기 위해 매도인을 대위하여 수탁자 명의의 등기의 말소를 구할 수 있다(대판 2002. 3. 15, 2001다61654). 그러므로 명의수탁자가 명의신탁자 앞으로 바로 마쳐준 소유권이전등기도 실체관계와 부합되는 등기로서 유효하다(대판 2004. 6. 25, 2004다6764). 한편, 명의신탁자는 매도인에 대해 매매계약에 기한 소유권이전등기청구권을 갖고 있어 손해가 없고 또한 소유권은 매도인에게 복귀한 상태이므로, 명의신탁자는 명의수탁자를 상대로 부당이득을 원인으로 하여 소유권이전등기를 구할 수 없다(대판 2008. 11. 27, 2008다55290, 55306). (ㄴ) ① 명의수탁자가 신탁부동산을 임의로 처분하거나 강제수용이나 공공용지 협의취득, 경매 등을 원인으로

---

1) 판례: 삼자간 등기명의신탁인지 (후술하는) 계약명의신탁인지는 계약 당사자가 누구인지에 따라 구별된다(계약의 당사자가 신탁자인 경우가 전자이고, 수탁자인 경우가 후자이다). 따라서 <u>계약명의자가 명의수탁자로 되어 있다 하더라도 명의신탁자를 계약 당사자로 볼 수 있는 경우에는 삼자간 명의신탁이 된다.</u> 판례는, ① 甲이 매매계약 당사자로서 계약 상대방으로부터 토지 지분을 매수하면서 그중 1/2 지분에 관한 등기명의만을 乙로 하기로 한 사안에서, (甲과 乙을 공동매수인으로 하여 매매계약서를 작성했다는 이유만으로 계약명의신탁에 해당한다고 볼 수는 없고) 그 매매계약에 따른 법률효과를 甲에게 직접 귀속시킬 의도였던 사정이 인정되므로, 명의신탁자가 계약 당사자가 되어 삼자간 등기명의신탁에 해당한다고 보았다(대판 2010. 10. 28, 2010다52799). 그리고 ② 甲이 부동산을 매수하면서 아내 명의로 매매계약서를 작성하고, 계약금과 중도금을 지급하였는데, 이후 甲의 아들인 乙로 매수인 명의를 변경하여 동일한 내용의 매매계약서를 다시 작성한 다음, 위 부동산에 관하여 乙 명의로 소유권이전등기를 마친 사안에서, 乙은 그 당시 미국에 거주하여 위 부동산의 매수 과정에 관여하지 않은 점에 비추어, 甲이 부동산을 매수하면서 등기명의만 乙 앞으로 하였고, 매도인도 계약에 따른 법률효과는 甲에게 직접 귀속시킬 의도로 계약을 체결한 사정이 인정되므로, 매매계약의 당사자는 甲으로 보아야 하고, 甲과 乙 사이의 명의신탁약정은 삼자간 등기명의신탁에 해당한다고 보았다(대판 2022. 4. 28, 2019다300422).

제3자 명의로 이전등기가 마쳐진 경우, 제3자는 유효하게 소유권을 취득하게 되므로($^{부동산}_{실명법 4}$ $_{조 3항}$), 그로 인해 매도인의 명의신탁자에 대한 소유권이전등기의무는 이행불능으로 되는 결과 명의신탁자는 신탁부동산의 소유권을 이전받을 권리를 상실하는 손해를 입게 되는 반면, 명의수탁자는 신탁부동산의 처분대금이나 보상금을 취득하는 이익을 얻게 되므로, 명의수탁자는 명의신탁자에게 그 이익을 부당이득으로 반환할 의무가 있다($^{대판 2011. 9. 8, 2009다49193, 49209; 대}_{판 2019. 7. 25, 2019다203811, 203828}$). 이러한 법리는 명의수탁자가 부동산에 관해 제3자에게 '근저당권을 설정'하여 준 경우에도 마찬가지이다. 제3자는 부동산실명법 제4조 3항에 따라 근저당권을 취득하는데, 이 경우 명의신탁자는 매도인을 대위하여 명의수탁자의 부동산에 관한 진정명의회복을 원인으로 한 소유권이전등기 등을 통해 매도인으로부터 소유권을 이전받을 수 있지만, 그 소유권에는 제3자의 근저당권이 붙어 있다. 이 경우 명의수탁자는 제3자에게 근저당권을 설정하여 줌으로써 피담보채무액 상당의 이익을 얻었고, 그로 인해 명의신탁자는 그만큼의 교환가치가 제한된 소유권을 취득할 수밖에 없는 손해를 입었으므로, 명의수탁자는 명의신탁자에게 이를 부당이득으로 반환할 의무가 있다(참고로 매도인은 명의신탁자로부터 매매대금을 수령하였고, 근저당권이 설정된 상태의 소유권을 이전하는 것에 대해 귀책사유가 없어 손해배상책임을 지지 않으므로 손해를 입은 것은 없다)($^{대판(전원합의체) 2021.}_{9. 9, 2018다284233}$). ② 명의수탁자가 삼자간 등기명의신탁에 따라 매도인으로부터 소유권이전등기를 넘겨받은 부동산을 자기 마음대로 처분한 행위가 형사상 횡령죄로 처벌되지는 않더라도($^{대판(전원합의체) 2016.}_{5. 19, 2014도6992}$), 이는 명의신탁자가 매도인에게 갖는 채권인 소유권이전등기청구권을 침해(제3자에 의한 채권침해)하는 행위로서 민법 제750조 소정의 불법행위에 해당하여, 명의수탁자는 명의신탁자에 대해 손해배상책임을 진다($^{대판 2022. 6. 9,}_{2020다208997}$). (ㄷ) 삼자간 등기명의신탁에서 명의신탁자와 명의수탁자 간의 명의신탁약정은 무효이므로, 명의수탁자 앞으로 이전된 부동산 소유명의를 명의신탁자나 제3자 앞으로 이전하거나 가등기를 통해 보전하기로 약정하는 것은, 명의신탁약정의 유효를 전제로 해서 그 반환을 구하는 범주에 속하는 것인데, 명의신탁약정은 무효이므로 그러한 약정도 무효이다($^{대판 2015. 2. 26,}_{2014다63315}$).[1]

  cc) **계약명의신탁**: (명의신탁약정을 맺은) 수탁자가 매매계약의 당사자가 되어 매도인과 매매계약을 체결한 후, 수탁자 앞으로 등기를 이전하는 형식으로서,[2][3] 이것은 매도인의 선

---

1) 판례: 삼자간 등기명의신탁에서 명의수탁자가 재산세를 납부한 경우 명의신탁자에 대해 부당이득 반환청구권을 갖는지 여부에 대해, 대법원은 다음과 같은 이유로 이를 부정한다: 「1) 지방세법(107조 1항)에 따라 재산을 사실상 소유하고 있는 자가 재산세 납부의무가 있는데, 삼자간 등기명의신탁에서 명의신탁자가 부동산에 관한 매매계약을 체결하고 매매대금을 모두 지급하였다면 그가 재산세를 납부할 의무가 있다. 2) 과세관청이 삼자간 등기명의신탁에 따라 해당 부동산의 공부상 소유자가 된 명의수탁자에게 재산세 부과처분을 하고 이에 따라 명의수탁자가 재산세를 납부하였더라도, 명의수탁자가 명의신탁자를 상대로 재산세 상당의 금액에 대한 부당이득의 반환을 청구할 수는 없다. 그 이유는 다음과 같다. ① 명의신탁자는 여전히 해당 부동산에 대해 재산세 납부의무를 부담하고, 명의수탁자에 대한 과세처분은 유효한 처분이어서, 민법 제741조에서 정하는 '법률상 원인 없이' 명의신탁자가 이익을 얻고 명의수탁자가 손해를 입은 것으로 보기 어렵다. ② 명의수탁자는 항고소송을 통해 납부한 재산세를 환급받을 수 있는 방법이 마련되어 있어, 궁극에는 명의수탁자와 과세관청, 과세관청과 명의신탁자 각각의 관계에서 해결되어야 할 성질의 것이다」(대판 2020. 9. 3, 2018다283773; 대판 2020. 11. 26, 2019다298222, 298239).

2) 부동산 경매절차에서 명의신탁약정을 맺은 수탁자가 신탁자로부터 매수대금을 받아 수탁자의 이름으로 매수신청을 하는 경우도 계약명의신탁에 해당한다(대판 2005. 4. 29, 2005다664).

3) 판례(**부동산에 대해 계약명의신탁 약정을 맺으면서 장차 위 부동산의 처분대가를 명의신탁자에게 지급하기로 한 정**

의·악의에 따라 그 효력을 달리한다. 매도인의 선의 여부는 매매계약을 체결할 당시 매도인의 인식을 기준으로 판단해야 하고, 매도인이 계약 체결 이후에 명의신탁약정 사실을 알게 되었다고 하더라도 위 계약과 등기의 효력에는 영향이 없다(대판 2018. 4. 10, 2017다257715).

(α) **매도인의 선의**: (ㄱ) 신탁자와 수탁자 사이의 명의신탁약정은 무효이지만(동법 4조 1항), 명의신탁약정의 존재를 알지 못한 선의의 매도인을 보호하기 위해 수탁자 명의의 등기는 예외적으로 유효한 것으로 한다(동법 4조 2항 단서). 이것은 매도인과 수탁자 간의 매매계약도 유효하다는 것을 의미한다(대판 2015. 12. 23, 2012다202932; 대판 2018. 4. 10, 2017다257715). 1) 이에 따라 수탁자는 매도인뿐만 아니라 신탁자에 대해서도 유효하게 해당 부동산의 소유권을 취득한다(대판 2000. 3. 24, 98도4347). (ㄴ) 다만, ① 수탁자가 신탁자로부터 받은 부동산 매수자금은 무효인 명의신탁약정에 기한 것으로서 법률상 원인 없는 것이 되는 점에서, 명의신탁자에 대해 그 매수자금 상당액의 부당이득 반환의무를 부담한다(계약명의신탁 약정이 부동산실명법 시행 후에 이루어진 경우에는 신탁자는 애초부터 당해 부동산의 소유권을 취득할 수 없었으므로 위 명의신탁약정의 무효로 신탁자가 입은 손해는 당해 부동산 자체가 아니라 수탁자에게 제공한 매수자금이 된다)(대판 2005. 1. 28, 2002다66922; 대판 2008. 2. 14, 2007다69148, 69155; 대판 2009. 3. 26, 2008다34828). 2)3) 그리고 명의수탁자가 소유권이전등기에 소요되는 취득세·등록세 등을 명의신탁자로부터 받은 경우, 이 역시 (계약)명의신탁약정의 무효로 인하여 명의신탁자가 입은 손해에 포함되므로 명의수탁자는 명

산약정의 효력): 「(ㄱ) 부동산실명법 시행 전에 위 정산약정을 맺은 경우: ① 정산약정 당시에는 명의신탁약정은 허용되고, 명의신탁자가 내부적으로 소유권을 가지므로, 명의신탁자 앞으로 목적 부동산에 관한 소유권등기를 이전하거나 그 부동산의 처분대가를 명의신탁자에게 지급하는 것을 내용으로 하는 약정도 유효하다. ② 유예기간이 지나도록 실명조치를 하지 않은 경우, 부동산실명법(12조 1항·4조)에 따라 명의수탁자가 부동산 소유권을 취득하지만, 부동산실명법 제3조 및 제4조가 명의신탁자에게 소유권이 귀속되는 것을 막는 취지의 규정은 아니므로 명의수탁자는 명의신탁자에게 자신이 취득한 부동산(또는 그 가액)을 부당이득으로 반환할 의무가 있다. ③ 부동산의 처분대가를 명의신탁자에게 지급하기로 하는 위 정산약정은 결국 위 부당이득반환의 범위 내에 속하는 것이어서 유효하다. (ㄴ) 부동산실명법 시행 후에 위 정산약정을 맺은 경우: 이러한 정산약정은 명의신탁약정이 유효함을 전제로 하는 것인데, 부동산실명법 시행 후의 명의신탁약정은 부동산실명법 제4조 1항에서 무효로 정하고 있음에 따라 무효이다(다만, 명의수탁자가 명의신탁자로부터 받은 매수자금은 무효인 명의신탁약정에 따라 받은 것이어서 부당이득으로 반환하여야 하는 것은 별개의 것이다).」(대판 2021. 7. 21, 2019다266751).

1) 판례: 「아파트의 수분양자가 타인과 대내적으로는 자신이 수분양권을 계속 보유하기로 하되 수분양자 명의만을 타인의 명의로 하는 내용의 명의신탁약정을 맺으면서, 분양계약의 수분양자로서의 지위를 포괄적으로 이전하는 내용의 계약인수약정을 체결하고 이에 대해 명의신탁약정의 존재를 모르는 분양자가 동의 내지 승낙을 한 경우, 이는 계약명의신탁 관계에서 명의수탁자가 당초 명의신탁약정의 존재를 모르는 분양자와 분양계약을 체결한 경우와 다를 바 없으므로, 분양계약 인수약정은 유효하다」(대판 2015. 12. 23, 2012다202932).

2) 판례: 「이 경우 계약명의신탁의 당사자들이 명의신탁약정이 유효한 것, 즉 명의신탁자가 이른바 내부적 소유권을 가지는 것을 전제로 하여 장차 명의신탁자 앞으로 목적 부동산에 관한 소유권등기를 이전하거나 부동산의 처분대가를 명의신탁자에게 지급하는 것을 내용으로 하는 약정을 하였다면, 이는 명의신탁약정을 무효라고 정하는 부동산실명법 제4조 1항에 의해 무효이다. 그러나 명의수탁자가 완전한 소유권을 취득하는 것을 전제로 하여 사후적으로 명의신탁자와의 사이에서 위의 매수자금 반환의무의 이행에 갈음하여 명의신탁된 부동산 자체를 양도하기로 합의하고 그에 기해 명의신탁자 앞으로 소유권이전등기를 마쳐준 경우에는, 그것은 대물급부의 약정에 기한 것이므로 다른 특별한 사정이 없는 한 유효하다」(대판 2014. 8. 20, 2014다30483).

3) 이 경우 민법 제406조 소정의 사해행위와 관련하여 판례는 다음과 같다. ① 수탁자가 자력이 없는 경우에 위 부동산을 신탁자에게 양도하는 것은 다른 채권자에 대해 사해행위가 된다(대판 2008. 9. 25, 2007다74874). ② 신탁자가 수탁자에게 부당이득 반환채권만을 가지는 경우에는 그 부동산은 신탁자의 일반채권자들의 공동담보에 제공되는 책임재산이라고 볼 수 없고, 신탁자가 위 부동산에 관하여 제3자와 매매계약을 체결하는 등 신탁자가 실질적인 당사자가 되어 처분행위를 하고 소유권이전등기를 마쳐주었다고 하더라도 그로써 신탁자의 책임재산에 감소를 초래한 것이라고 할 수 없으므로, 이를 들어 신탁자의 일반채권자들을 해치는 사해행위라고 할 수 없다(대판 2013. 9. 12, 2011다89903).

의신탁자에게 부당이득으로 반환하여야 한다($\frac{\text{대판 2010. 10.}}{\text{14, 2007다90432}}$). 부동산 경매절차에서 수탁자가 신탁자로부터 매수대금을 받아 매수한 경우에도 다르지 않다(즉 수탁자는 신탁자에게 매수대금을 부당이득으로 반환하여야 한다). 나아가 신탁자와 수탁자 및 제3자 사이의 새로운 명의신탁약정에 따라 신탁자가 지정하는 제3자 앞으로 소유권이전등기가 마쳐진 경우에도, 제3자는 부동산실명법 제4조 2항에 따라 소유권을 취득하지 못하고 수탁자가 여전히 소유자가 되므로, 수탁자는 신탁자에게 매수대금을 부당이득으로 반환하여야 한다($\frac{\text{대판 2009. 9. 10,}}{\text{2006다73102}}$). ② 그러나 소유권을 취득하게 된 수탁자가 그 부동산을 제3자에게 처분하여 받은 대금은 신탁자에 대해 부당이득이 되지는 않는다. 수탁자가 그 대금을 다른 사람에게 지급한 경우에도 다를 바 없다($\frac{\text{대판 2008. 9. 11,}}{\text{2007다24817}}$). (ㄷ) 그런데 판례는, '부동산실명법이 시행되기 전'에 명의신탁약정을 하고 그에 기한 물권변동이 이루어진 경우, 동법 시행일부터 1년의 기간(유예기간)이 경과하기 전까지는 명의신탁자는 언제라도 명의신탁을 해지하여 해당 부동산의 소유권을 취득할 수 있었다는 점에서, 그 유예기간이 지난 후에는 동법 제12조 1항에 의해 제4조가 적용되어 계약명의신탁의 법리가 적용된다고 하더라도, 동법 제3조와 제4조가 명의신탁자에게 소유권이 귀속되는 것을 막는 취지의 규정은 아니므로, 이 경우에는 (앞서의 (ㄴ)의 경우처럼 동법이 시행된 이후에 명의신탁약정을 한 경우와는 달리) 명의수탁자는 명의신탁자에게 자신이 취득한 해당 '부동산 자체'를 부당이득으로 반환할 의무가 있는 것으로 달리 구성한다($\frac{\text{대판 2002. 12. 26, 2000다21123;}}{\text{대판 2008. 11. 27, 2008다62687}}$).[1] 그리고 이러한 경위로 명의신탁자가 해당 부동산의 회복을 위해 명의수탁자에게 가지는 소유권이전등기청구권은 그 성질상 법률의 규정에 의한 부당이득 반환청구권으로서, 민법 제162조 1항에 따라 10년의 기간이 경과함으로써 시효로 소멸된다고 한다($\frac{\text{대판 2009. 7. 9,}}{\text{2009다23313}}$).[2] 한편, 그 전에 명의수탁자가 명의신탁 부동산에 관한 세금의 납부를 명의신탁자에게 적극적으로 요구한 사안에서, 이것은 명의신탁자의 대내적 소유권을 인정하는 행태를 보인 것으로서 부당이득으로서의 소유권이전등기의무를 승인한 것에 해당하여 그 소멸시효는 중단된다고 보았다($\frac{\text{대판 2012. 10.}}{\text{25, 2012다45566}}$).

(β) 매도인의 악의 : (ㄱ) 명의신탁약정은 무효이고, 그 약정에 따른 수탁자 명의의 등기도 무효가 되므로, 소유권은 매도인에게 속한다($\frac{\text{동법 4조}}{\text{2항 본문}}$). 매도인은 소유권에 기해 수탁자 명의 등기의 말소를 구할 수 있다. 한편, (수탁자 명의의 등기는 무효가 되므로, 결국 매도인과 수탁자 간의 매매계약은 처음부터 그 이행이 불가능한 것을 목적으로 하는 것이어서) 매도인과 수탁자 간의 매매계약도 무효가 되므로($\frac{\text{대판 2003. 9. 5,}}{\text{2001다32120}}$), 받은 매매대금은 계약의 당사자인 수탁자에게 부당이득으로서 반환하여야 한다. (ㄴ) 한편 신탁자는 매도인과는 계약관계가 없으므로 매도인

---

1) 다만, 유예기간이 경과하기까지 명의신탁자가 그 명의로 당해 부동산을 등기이전하는 데 법률상 장애가 있었던 경우에는, 명의신탁자는 당해 부동산의 소유권을 취득할 수 없었으므로, 명의수탁자는 명의신탁자로부터 받은 매수자금을 부당이득으로 반환하여야 한다(대판 2008. 5. 15, 2007다74690).

2) 유의할 것은, 위 등기청구권은 명의신탁자가 목적물을 점유하고 있더라도 소멸시효에 걸린다는 점이다. 왜냐하면, 무효로 된 명의신탁약정에 기하여 처음부터 명의신탁자가 그 부동산의 점유 및 사용 등 권리를 행사하고 있다 하여 위 부당이득 반환청구권 자체의 실질적 행사가 있다고 볼 수 없을 뿐만 아니라, 명의신탁자가 그 부동산을 점유·사용하여 온 경우 명의신탁자의 명의수탁자에 대한 부당이득 반환청구권에 기한 등기청구권의 소멸시효가 진행되지 않는다고 한다면, 이는 명의신탁자가 부동산실명법상의 유예기간 및 시효기간 경과 후 여전히 실명전환을 하지 않아 위 법률을 위반한 것임에도 그 권리를 보호해 주는 결과로 되어 위 법률의 취지에 맞지 않기 때문이다.

에 대해 권리를 갖는 것은 없다. 다만, 매도인이 명의신탁자가 그 계약의 매수인으로 되는 것에 대하여 동의 내지 승낙을 함으로써 부동산을 명의신탁자에게 양도할 의사를 표시하였다면, 매도인과 명의신탁자 사이에는 종전의 매매계약과 같은 내용의 양도약정이 따로 체결된 것으로 볼 수 있고, 이 경우 명의신탁자는 매도인에게 이 약정을 원인으로 하는 소유권이전등기를 청구할 수 있다(대판 2003. 9. 5, 2001다32120). (ㄷ) 부동산 매도인이 명의수탁자와 매매계약을 맺어 매매대금을 수령하고, 명의수탁자는 그의 명의로 소유권이전등기를 한 후 제3자에게 이를 처분하자, 매도인이 명의수탁자에 대해 불법행위를 이유로 손해배상을 청구한 사안에서, 판례는 「위 경우 명의수탁자 명의의 등기는 무효이므로, 그 부동산의 소유권은 매도인에게 있게 되고, 명의수탁자가 자신의 명의로 소유권이전등기를 마친 부동산을 제3자에게 처분하면 이는 매도인의 소유권 침해행위로서 불법행위가 된다. 그러나 명의수탁자로부터 매매대금을 수령한 상태의 소유자로서는 그 부동산에 관한 소유명의를 회복하기 전까지는 신의칙 내지 민법 제536조 1항 본문의 규정에 의하여 명의수탁자에 대하여 이와 동시이행의 관계에 있는 매매대금 반환채무의 이행을 거절할 수 있는데, 명의수탁자의 제3자에 대한 처분이 유효한 것으로 되어 소유자에 대한 소유명의의 회복이 불가능한 것으로 된 이상, 소유자로서는 그와 동시이행관계에 있는 매매대금 반환채무를 이행할 여지가 없다. 또한 명의신탁자는 소유자와 매매계약관계가 없어 소유자에 대한 소유권이전등기청구도 허용되지 않아, 결국 소유자인 매도인으로서는 명의수탁자의 처분행위로 인하여 어떤 손해를 입은 것이 없다」고 하여, 이를 부정하였다(대판 2013. 9. 12, 2010다95185). [1] (ㄹ) 명의신탁약정은 무효이므로, 명의신탁자는 명의수탁자에게 제공한 매수자금에 대해 부당이득반환을 청구할 수 있다.

c) **제3자에 대한 효력** 수탁자 명의의 등기가 무효인 경우에도, 그에 기초하여 새로운 이해관계를 맺은 제3자에 대해서는 그 무효를 주장하지 못한다. 제3자의 선의와 악의는 묻지 않는다(동법 4, 조 3항). [2] (ㄱ) '제3자'는 수탁자가 물권자임을 기초로 그와의 사이에 새로운 이해관계를 맺은 자를 말하고, 여기에는 소유권이나 저당권 등 물권을 취득한 자뿐만 아니라, 가압류채권자, 대항요건을 갖춘 주택임차인도 포함된다(대판 2000. 3. 28, 99다56529; 대판 2001. 6. 26, 2001다5371; 대판 2022. 3. 17, 2021다210720). 그리고 명의신탁약정에 따라 형성된 외관을 토대로 다시 명의신탁이 이루어지는 등 연속된 명의신탁관계에서 최후의 명의수탁자가 물권자임을 기초로 그와 사이에 직접 새로운 이해관계를 맺은 사람도 포함된다(대판 2021. 11. 11, 2019다272725). (ㄴ) '제3자'는 명의수탁자가 물권자임을 기초로 그와의 사이에 새로운 이해관계를 맺은 사람을 말하는 것이므로, 이와 달리 오로지 명의신탁자와 부동산에 관한 물권을 취득하기 위한 계약을 맺고 단지 등기명의만을 명의수탁자로부터 받은 것과 같은 외

---

1) 2019년 제3차 변호사시험 모의시험 민사법(사례형) 제2문의3은 이 판례를 출제한 것이다.
2) 동 조항을 마련한 입법 취지는 다음과 같다. 즉 악의의 제3자에게도 대항할 수 없게 하여 명의신탁자의 사법상의 지위를 불안하게 함으로써 명의신탁을 억제하는 효과를 기대할 수 있고, 명의신탁을 금지하는 부동산실법에서 악의의 제3자에게 명의신탁자가 그 무효를 주장할 수 있다고 하면 종전보다 명의신탁자를 더 보호하는 것이 되어 타당하지 않다는 점을 고려하여, 제3자의 선의와 악의를 묻지 않는 것으로 정한 것이다(재정경제원, 부동산실명법해설, 114면). 다만 명의신탁의 사실을 안 악의인 정도가 아니라, 처분권한이 없는 줄 잘 알면서 수탁자에게 실질 소유자인 신탁자 몰래 수탁재산을 불법 처분하도록 유도한 경우에는, 이는 사회질서에 반하는 행위로서 무효이다(103조)(대판 1992. 3. 1, 92다1148).

관을 갖춘 자는 동 조항의 제3자에 해당하지 않는다. 따라서 자신의 등기가 실체관계와 부합
되어 유효라고 주장하는 것은 별론으로 하더라도, 위 규정을 들어 자신의 등기가 유효하다는
주장은 할 수 없다(대판 2004. 8. 30,/2002다48771). 그리고 명의수탁자로부터 명의신탁된 부동산의 소유명의를
이어받은 사람이 위 규정상 제3자에 해당하지 않는 경우, 제3자 명의의 등기는 무효이고, 부
동산등기에 관하여 공신력이 인정되지 않는 우리 법제에서는 그 무효인 등기에 기초하여 새
로운 법률원인으로 이해관계를 맺은 자가 다시 등기를 이어받았다고 하더라도 그 등기 역시
무효이므로, 그는 위 규정상 제3자에 해당하지 않는다(대판 2005. 11. 10,/2005다34667, 34674).

라) 기존 명의신탁약정에 의한 등기의 실명등기

a) 원 칙   (ㄱ) 이 법 시행 전의 기존 명의신탁자는 동법 시행일부터 1년 내에 실명등기를
하여야 한다(동법 11조/1항 본문). 이를 위반한 경우에는, 그 기간이 경과한 날 이후의 명의신탁약정의 효
력에 관해서는 동법 제4조를 적용하며, 또 명의신탁자에게 과징금과 이행강제금을 부과한다
(동법/12조). (ㄴ) 이 법 시행 전 또는 유예기간 중에 부동산물권에 관한 쟁송이 법원에 제기된 경우
에는, 당해 쟁송에 관한 확정판결이 있은 날부터 1년 내에 실명등기 또는 매각처분 등을 하여
야 한다(동법 11/조 4항). 여기서 "부동산물권에 관한 쟁송"은, 명의신탁자가 당사자로서 해당 부동산에
관하여 자신이 실권리자임을 주장하여 이를 공적으로 확인받기 위한 쟁송이면 족하다(대판 2000./10. 6, 2000
다32147; 대판 2000./12. 22, 2000다46399).

b) 예 외   공용징수·판결·경매 기타 법률의 규정에 의하여 명의수탁자로부터 제3자에
게 부동산에 관한 물권이 이전된 경우(상속은 제외)와, 종교단체·향교 등이 조세 포탈이나 강
제집행면탈의 목적 없이 명의신탁을 한 경우에는 실명등기를 하지 않아도 된다(동법 11조/1항 단서).

마) 종중, 배우자 및 종교단체에 대한 특례

(ㄱ) 종중재산의 명의신탁, 배우자 간 명의신탁, 그리고 종교단체의 명의로 그 산하 조직이
보유한 부동산에 관한 물권을 등기한 경우, 그것이 조세 포탈·강제집행면탈 또는 법령상 제
한의 회피를 목적으로 하지 않는 경우에 한해, 명의신탁약정의 무효·과징금·이행강제금·
벌칙·기존 명의신탁약정에 의한 등기의 실명등기에 관한 규정 등이 적용되지 않는다(동법/8조).[1)]
따라서 이 한도에서는 종래의 판례이론이 통용될 수 있다(가령 명의신탁의 유효를 전제로 한 명
의신탁의 해지, 대외관계에서는 수탁자를 소유자로 취급하는 점 등). (ㄴ) ① 위 규정에서 말하는 '종
중'은 고유 의미의 종중만을 가리키고, 종중 유사의 비법인사단은 포함되지 않는다(대판 2007./10. 25,
2006다/14165). ② '배우자'는 법률상 배우자를 말하고, 공부상 확인이 안 되는 사실혼 배우자는 포함

---

1) 종중과 배우자에 대해 특례를 인정하는 이유로 정부는 다음과 같이 설명한다(재정경제원, 부동산실명법해설(1995.
  4.), 116면~118면). (ㄱ) "대부분의 종중의 경우에는 그 재산을 종중원 명의로 등기하는 관행이 70~80년의 장기에
  걸쳐 폭넓게 인정되어 왔다. 또한 종중 소유 부동산을 종중 명의로 등기하기 위해서는 종중의 정관을 제출하여야
  하고 또 이를 위해서는 종중총회를 개최하여야 하는 등의 현실적인 어려움이 있으므로, 특례를 인정하는 것이 타당
  하다." (ㄴ) "우리 민법이 부부별산제를 채택하고는 있으나, 현실적으로 대부분의 경우에는 부부간에 가사비용을 공동
  부담하고 자산 취득시에도 재산형성 기여도에 따라 실소유자를 명확히 가려 등기하지 않는 것이 우리나라 부부간의
  재산관리 관행이므로, 이러한 실정에서 배우자 간 명의신탁을 금지하여 처벌하는 것은 위법성의 인식이 없는 다수
  의 국민에게 현실적인 어려움을 주는 점에서 특례를 인정할 필요가 있다."

되지 않는다(대판 1999. 5. 14, 99두35; 헌재 결 2010. 12. 28, 2009헌바400). 명의신탁 후 당사자가 혼인한 때에는 그 때부터 특례가 적용된다(대판 2002. 10. 25, 2002다23840). 그리고 명의신탁 후 배우자 일방이 사망하여 부부관계가 해소되더라도 그 명의신탁은 사망한 배우자의 상속인과의 관계에서 유효하게 존속한다(대판 2013. 1. 24, 2011다99498). (ㄷ) 배우자 간 명의신탁이 있는 경우, 그것이 조세 포탈 등을 목적으로 한 것이라는 점은 예외에 속하는 것이어서, 그러한 목적이 있어 무효라는 점은 이를 주장하는 자가 증명하여야 한다(대판 2017. 12. 5, 2015다240645).

(2) 부동산 양도담보의 규율

(ㄱ) 이때에는 채무자 · 채권금액 및 채무변제를 위한 담보라는 뜻이 기재된 서면을 등기신청서와 함께 등기관에게 제출하여야 한다(동법 3 조 2항). 이 서면을 등기관에게 제출하지 않은 채권자와, 채무자를 허위로 기재하여 그 서면을 제출케 한 실제의 채무자는 각각 부동산 가액의 30%에 해당하는 과징금과 함께 5년 이하의 징역 또는 2억원 이하의 벌금에 처한다(동법 5조 1 항 2호·7조 1 호). (ㄴ) 동법 시행 전에 부동산 양도담보를 설정한 경우에는 동법 시행일부터 1년 내에 양도담보의 취지가 기재된 서면을 등기관에게 제출하여야 하고, 이를 위반한 채권자와 그 서면에 채무자를 허위로 기재하여 제출케 한 실제의 채무자에 대해서는 그 부동산 평가액의 30%에 해당하는 과징금을 부과한다(동법 14조).

(3) 장기 미등기자에 대한 규율

소유권이전등기를 신청할 수 있는 날부터 3년 내에 그 등기를 신청하지 않은 장기 미등기자에게는 부동산 평가액의 100분의 30 범위에서 과징금을 부과한다(동법 10조).

사례의 해설 (1) (a) 과세를 피하기 위해 매매계약서의 매수인 명의를 乙로 하였을 뿐, 甲이 매매대금을 지급하는 등 계약의 모든 과정에 매수인으로서의 지위를 가지고 丙도 이를 수용한 점에서, 매매계약의 당사자는 그 진의대로 甲과 丙이 되고, 매매계약서에 매수인을 乙로 기재한 것은 고려되지 않는다(자연적 해석과 판례의 입장). 한편 甲과 乙 사이에는 명의신탁의 약정이 맺어졌다. 따라서 설문은 매매계약의 당사자인 甲이 丙과의 합의 아래 그 등기만을 丙으로부터 乙 앞으로 직접 이전하는 경우로서, 이것이 '삼자간 등기명의신탁'('중간생략등기형 명의신탁'이라고도 함)에 해당한다(대판 2002. 2. 22, 2001도6209). 이때 명의신탁약정과 그에 의한 등기는 「부동산 실권리자명의 등기에 관한 법률」(4조 1 항·2항)에 의해 무효로 되므로, 그 부동산의 소유권은 丙에게 귀속된다.

(b) 甲과 丙의 매매계약에 대해 부동산실명법은 규율하지 않으며, 당사자 간에는 그 계약은 유효하다. 그러므로 丙이 甲에게 소유권을 이전한다면 甲은 유효하게 소유권을 취득한다. 그런데 무권리자인 乙이 甲 앞으로 소유권이전을 한 경우에도, 그것은 결과적으로 실체관계에 부합하는 것이 되는 점에서, 실체관계에 부합하는 등기의 유효성을 긍정하는 통설과 판례에 따르면 甲은 그 소유권을 취득한다.

(2) (a) A가 C 소유 주택을 매수한 후 E와 통모하고 C의 양해를 얻어 E 명의로 소유권이전등기를 한 것은, A와 E 사이에 명의신탁약정이 있는 것으로 볼 수 있고(부동산 실권리자명의 등기에 관한 법률 2조 1호), 그 유형은 '삼자간 명의신탁'('중간생략등기형 명의신탁')에 해당한다. 한편 명의신탁약정은 무효로 하고, 명의신탁약정에 따라 행하여진 등기에 의한 부동산물권변동도 무효로 하는 결과(동법 4조 1항·2항), 주택 X의

소유권은 C에게 복귀한다. 따라서 C는 E에게 소유권등기의 말소를 청구할 수 있다. 다만 E의 등기에 기초한 D의 담보가등기가 유효한 경우에는 C는 진정명의회복을 등기원인으로 하여 소유권이전등기를 청구할 수 있다. 한편 부동산실명법은 매도인(C)과 명의신탁자(A) 사이의 매매계약의 효력을 부정하고 있지 않으므로, A는 C에 대한 소유권이전등기청구권을 보전하기 위해 채권자대위권의 행사로써 C의 E에 대한 진정명의회복을 등기원인으로 한 소유권이전등기청구권을 대위행사할 수 있다. 한편 채무자가 제3채무자에게 갖는 채권자대위권도 채무자의 책임재산과 관련되는 것으로서 채권자의 채권자대위권의 목적이 될 수 있으므로, B는 A의 그러한 채권자대위권을 행사하여 A 명의로 소유권이전등기를 마친 후 A를 상대로 소유권이전등기를 청구할 수 있다.

(b) 명의신탁약정에 따라 행하여진 등기는 무효이지만, 이 무효는 제3자에게 대항하지 못한다 (부동산 실권리자명의 등기에 관한 법률 4조 3항). 이 '제3자'는 수탁자 명의의 등기에 기초하여 새로운 법률관계를 맺은 자를 의미한다. 그런데 D의 담보가등기는 E의 소유권등기에 기초하여 새로운 이해관계를 맺은 것이 아니므로 위 제3자에 해당하지 않는다. 그러나 D는 실권리자인 A와 소비대차 및 가등기담보설정계약에 의해 담보가등기를 설정받은 것이므로, 그것이 비록 무효인 E의 소유권등기에 기초하여 이루어졌다 하더라도, 실체관계에 부합하는 등기로서 유효하다. 다만 A는 매도인으로서 B에게 그 가등기를 말소하고 소유권이전등기를 해 줄 의무가 있다.

(3) 사례에서 丙은 유효하게 근저당권을 취득한다. 이후 丙이 근저당권을 실행하여 경매가 이루어지는 경우, 그 경매는 소유자의 의사와는 관계없이 강제적으로 매매하는 것일 뿐 그 성질은 일반 매매와 다를 것이 없다. 한편 丙이 매수자금을 부담하고 丁 명의로 낙찰을 받은 경우, 판례는 이 경매절차에서 매수인의 지위를 가지는 자는 명의인 丁이고, 丙과 丁 사이에는 명의신탁관계가 성립한다고 한다(대판 2005. 4. 29, 2005다664). 그리고 이것은 계약명의신탁에 해당하는 경우인데, 사안에서는 경매가 이루어진 것이어서 주택 소유자가 그러한 명의신탁을 알았다고 보기는 어려우므로, 丁은 부동산 실권리자명의 등기에 관한 법률 제4조 2항 단서에 의해 유효하게 소유권을 취득한다. 따라서 丁으로부터 주택을 매수한 戊도 (동법 제4조 3항 소정의 '제3자'와는 무관하게) 소유권을 유효하게 취득한다.

(4) A와 C는 1,000만원씩 대출받아 이 사건 토지를 매수하되, 매수인 명의와 그 등기 명의를 C로 하기로 약정한 점에서, 그 토지 중 A의 지분(1/2) 범위에서는 명의신탁의 약정을 하고, 그중에서도 계약명의신탁에 해당한다. 이 경우 그러한 사실을 모른 매도인 B를 보호하기 위해, 수탁자 C는 A의 지분에 대해서도 유효하게 소유권을 취득한다(부동산 실권리자명의 등기에 관한 법률 제4조 2항 단서). 다만 신탁자가 제공한 부동산 매수자금은 무효의 명의신탁약정에 의한 법률상 원인 없는 것이 되는 점에서 수탁자는 신탁자에게 그 매수자금 상당액의 부당이득 반환의무를 부담한다(대판 2009. 3. 26, 2008다34828). 그런데 매수자금에 해당하는 1,000만원은 대출받은 것으로서, 이를 C가 수용보상금에서 변제하여 결과적으로 A에게는 손해가 없어, C는 부당이득 반환의무도 부담하지 않는다.

한편, A와 C 사이의 전매수익금 분배약정에 기해 수용보상금의 반을 청구할 수는 없는지 문제될 수 있다. 이와 관련하여 판례는, "부동산 경매절차에서 매수대금의 실질적 부담자와 명의인 간에 명의신탁관계가 성립한 경우, 그들 사이에 매수대금의 실질적 부담자의 지시에 따라 부동산의 소유명의를 이전하거나 그 처분대금을 반환하기로 약정하였다 하더라도, 이는 부동산 실권리자명의 등기에 관한 법률에 의하여 무효인 명의신탁약정을 전제로 명의신탁 부동산 자체 또는 그 처분대금의 반환을 구하는 범주에 속하는 것이어서 역시 무효"라고 한다(대판 2006. 11. 9, 2006다35117). 따라서 명의신탁약정이 무효인 이상, 이에 기초한 전매수익금 분배약정 또한 무효가 된다고 할 것이므로, A는 이 약정에 의해서도 C에게 수용보상금 1/2의 지급을 청구할 수 없다.

(5) 조세 포탈이나 법령의 제한을 회피할 목적으로 하지 않은 종중재산의 명의신탁에 관해서는 부동산실명법이 적용되지 않으므로(동법 8조), 이에 관해서는 종래의 판례이론이 적용된다. 명의신탁 해지의 효과에 관해, 판례 중에는 그 해지만으로 소유권이 신탁자에게 복귀하는 것으로 구성한 것도 있지만(대판 1976. 6. 22, 75다124), 기본적인 태도는 등기명의를 신탁자 앞으로 이전하기까지는 외부관계에서는 소유권은 수탁자에게 있는 것으로 본다(대판 1970. 5. 12, 70다370; 대판 1976. 2. 10, 75다1735; 대판 1982. 8. 24, 82다카416). 한편 명의신탁이 해지된 후 甲 앞으로 등기가 되기 전에 丙이 乙로부터 건물을 매수하여 소유권이전등기를 하였다면 그가 소유권을 취득하지만, 사안에서 乙과 丙과의 매매계약은 민법 제103조 소정의 반사회적 법률행위에 해당하여 무효이고, 따라서 丙 명의의 소유권이전등기도 무효가 된다. 그러므로 甲은 (명의신탁의 해지를 원인으로 乙에게 갖는 소유권이전등기청구권을 보전하기 위해) 채권자대위권의 행사로서 乙을 대위하여 丙에게 소유권이전등기의 말소를 청구한 후 乙을 상대로 소유권이전등기를 청구할 수 있다.

(6) 甲과 G 사이의 명의신탁약정은 부동산실명법 제4조 1항에 따라 무효이다. 한편 H는 명의수탁자 G로부터 목적물을 매수한 제3자이지만, 그 매매는 민법 제103조 소정의 반사회적 법률행위에 해당하여 무효가 된다. J는 H로부터 선의로 매수한 경우라 하더라도 H 명의의 등기가 무효인 이상 J 명의의 등기 역시 무효가 된다. F는 채권자대위권에 기해 甲에게 갖는 소유권이전등기청구권을 보전하기 위해 甲이 소유권에 기해 (G를 포함하여) H와 J에게 갖는 소유권이전등기말소 청구권을 대위행사할 수 있다.

(7) 甲이 사실혼 배우자 丙과 명의신탁약정을 맺은 것은 '부동산 실권리자명의 등기에 관한 법률' 제8조 소정의 배우자에 대한 특례규정이 적용되는 것이 아니고, 그것은 동법 제4조에 의해 무효이다. 따라서 戊는 丙에게 소유권에 기해 등기말소청구권을 갖는다. 한편 甲은 戊와의 매매계약에 따라 戊에게 소유권이전등기청구권을 가지므로, 甲은 채권자대위권에 기해 戊의 위 권리를 대위행사할 수 있다. 그리고 乙은 甲의 상속인으로서 甲의 위 권리를 승계하여 행사할 수 있다.

(8) (a) 甲이 乙과 명의신탁약정을 맺고, X부동산의 경매에서 乙 명의로 매수신청을 하는 것은 계약명의신탁에 해당한다. 이 경우 명의신탁약정은 무효이지만 선의의 매도인을 보호하기 위해 매수인에게 이전된 소유권은 유효한 것으로 본다(부동산실명법 4조 1항·2항 단서). 따라서 乙은 X부동산의 소유권을 취득한다. 한편, 甲과 乙 사이에 명의신탁약정을 맺으면서 甲이 요구하는 경우 언제든지 乙이 X부동산의 소유권을 甲에게 반환하기로 약정을 맺은 경우, 그러한 약정은 전체적으로 명의신탁약정의 내용을 이루는 것인데 명의신탁약정은 무효이므로 그 약정 역시 무효가 된다. 그러므로 명의신탁약정의 유효를 전제로 하는, 소유권은 내부적으로 甲에게 있다는 것은 인용될 수 없고, X부동산의 소유권은 어느 경우든 乙에게 있다. 따라서 소유자 乙로부터 X부동산을 매수한 丙은 명의신탁에 대한 악의 여부를 불문하고 (또 부동산실명법 제4조 3항과는 무관하게) 적법하게 소유권을 취득한다. 그러므로 甲이 丙을 상대로 제기한 소유권이전등기말소 청구의 소는 기각된다.

(b) 乙이 甲으로부터 받은 부동산 매수자금 3억원은 무효인 명의신탁약정에 기한 것으로서 법률상 원인이 없는 수익이 되는 점에서, 乙은 甲에게 3억원의 부당이득 반환의무를 진다. 그리고 乙은 부동산실명법의 내용을 잘 알고 있는 점에서 악의의 수익자라고 할 수 있으므로, 3억원을

받은 때(2014. 6. 21.)부터 이자를 붙여 반환할 의무를 지는데($^{748조}_{2항}$), 甲은 2014. 6. 22.부터 소장 부본 송달일까지 연 5%의 비율에 의한 금액을 청구하였으므로 처분권주의에 따라 그 범위에서 인용된다. 한편, 부당이득 반환채무는 채무이행의 기한이 없는 채무로서 채무자는 이행청구를 받은 때부터 지체책임을 지고($^{387조}_{2항}$), 금전채무의 불이행에 의한 손해배상액은 원칙적으로 법정이율에 의해 산정되지만($^{397조}_{1항}$), 그 청구를 소송으로 한 경우에는 그 이율에 대해서는 '소송촉진 등에 관한 특례법'이 적용된다. 개정된 특례법과 그 경과규정에 따르면, 소장 부본 송달일 다음 날부터 2015. 9. 30.까지는 연 20%의, 그 다음 날부터 다 갚는 날까지는 연 15%의 비율로 계산한 돈을 손해배상금으로 지급하여야 한다. 甲의 청구는 이 범위에서 일부 인용된다. 정리하면, "피고는 원고에게 3억원과 이에 대한 2014. 6. 22.부터 이 사건 소장 부본 송달일까지는 연 5%의, 그 다음 날부터 2015. 9. 30.까지는 연 20%의, 그 다음 날부터 다 갚는 날까지는 연 15%의 비율로 계산한 돈을 지급하라"고, 청구 일부인용 판결을 하게 된다.

(c) 부동산실명법은 1995. 7. 1.부터 시행되는데, 그 전에 명의신탁약정을 맺은 경우에는 동법 시행일부터 1년 내에 실명으로 등기하여야 하고($^{동법 11조}_{1항 본문}$), 이를 위반한 경우에는 종전의 명의신탁약정에 대해 동법 제4조가 적용된다($^{동법 12}_{조 1항}$). 그런데 부동산실명법이 시행되기 전에 명의신탁약정을 맺은 명의신탁자는 언제라도 명의신탁을 해지하여 해당 부동산의 소유권을 취득할 수 있는 지위에 있었던 점을 고려하여, 乙은 甲에게 자신이 취득한 X부동산 자체를 부당이득으로 반환하여야 한다($^{대판 2002. 12. 26, 2000다21123;}_{대판 2008. 11. 27, 2008다62687}$). 그리고 이러한 경위로 명의신탁자(甲)가 해당 부동산의 회복을 위해 명의수탁자(乙)에게 가지는 소유권이전등기청구권은 그 성질상 법률의 규정에 의한 부당이득 반환청구권으로서 민법 제162조 1항에 따라 10년의 소멸시효에 걸리고, 이것은 명의신탁자가 목적물을 점유·사용하고 있다고 해서 달라지지 않는다($^{대판 2009. 7. 9,}_{2009다23313}$). 그 경우 소멸시효에 걸리지 않는다고 한다면, 사실상 실명등기를 하지 않는 것을 보호하는 셈이 되어 동법의 취지에 반하기 때문이다. 그러므로 甲의 乙에 대한 소유권이전등기청구권은 2006. 6. 30.에 소멸시효가 완성되었으므로, 2015. 1. 5. 甲이 乙을 상대로 소유권이전등기를 청구한 것은 (乙의 소멸시효 항변에 따라) 기각된다.

(9) 甲은 102호를 포함하여 다세대 주택을 신축함으로써 그 보존등기 없이도 소유권을 (원시)취득한다($^{187}_{조}$). 그런데 다세대 주택 중 102호를 친구 乙에게 부탁하여 乙 명의로 소유권보존등기를 한 것은 명의신탁약정에 해당하고, 이 경우 乙 명의의 등기는 부동산실명법 제4조 1항 및 2항 본문에 따라 무효가 된다. 따라서 甲은 소유권에 기해 乙 명의의 소유권보존등기의 말소를 구할 수 있으나, 이미 丙 명의로 가등기가 되어 있어 丙의 승낙이 없는 한 그 말소를 구할 수 없으므로($^{부동산등기}_{법 57조}$), 진정명의회복을 원인으로 해서 甲 앞으로 소유권이전등기를 해 줄 것을 청구할 수 있다. 따라서 이 부분 甲의 乙에 대한 청구는 인용된다. 한편 명의신탁약정 내지 물권변동의 무효는 부동산실명법 제4조 3항에 따라 제3자에게 대항하지 못하는데, 丙은 명의수탁자 乙의 소유권보존등기에 기초하여 새로운 법률관계, 즉 매매계약을 맺고 가등기를 마친 자로서 이에 해당한다. 따라서 甲이 丙을 상대로 한 가등기말소 청구는 기각된다.

(10) 甲종중은 관리의 편의를 위해 명의신탁을 한 것이므로 '부동산 실권리자명의 등기에 관한 법률'($^{8조}_{1호}$)에 따라 그 명의신탁은 유효하다. 이 경우 종래의 판례이론이 통용된다. 따라서 甲종중과 乙·丙 사이에서는 甲종중이 소유권을 보유하지만 대외적으로는 명의수탁자가 소유자가 되므로, 丙이 자기의 지분을 丁에게 처분한 경우, 丁은 유효하게 소유권을 취득한다(甲종중은 丁을

상대로 소유권이전등기를 청구할 수 없다). 한편, 乙과 丁이 협의에 따라 공유물을 분할한 경우, 이론적으로는 공유지분의 교환에 해당하지만, 실질적으로는 소유 형태가 변경된 것에 불과하므로 명의신탁은 乙이 분할로 취득한 특정 토지 전부에 그대로 유지된다(대판(전원합의체) 1999.6. 17, 98다58443). 따라서 甲종중은 乙에 대해서는 명의신탁을 해지하고 乙이 분할로 취득한 토지에 대해 소유권이전등기를 청구할 수 있다.

(11) (a) 戊와 丁 사이에는 계약명의신탁 약정이 체결되었는데, 그러나 매도인 乙이 이 사실을 알지 못하였으므로, 丁은 부동산실명법(4조 2항단서)에 따라 유효하게 소유권을 취득한다. 다만, 수탁자인 丁이 신탁자인 戊로부터 받은 매수대금 3억원은 무효인 명의신탁약정에 기한 것으로 법률상 원인 없는 것이어서, 戊는 丁에게 그 매수대금 상당액의 부당이득 반환을 구할 수 있다(대판 2005.1. 28, 2002다66922).

(b) 戊는 (위 (a)에서 기술한 바와 같이) 丁에게 그 매수대금 상당액에 대한 부당이득 반환채권을 갖는다. 한편 이후 丁은 己에게 대여금채무를 지게 되었다. 이러한 상태에서 丁이 戊에 대한 부당이득 반환채무의 대물변제로써 유일하게 소유하고 있던 X부동산을 戊에게 양도한 것은 채권의 공동담보를 깨뜨리는 것으로서 己에 대해 사해행위가 된다(대판 2008. 9. 25, 2007다74874).

(12) (가) 甲의 사망에 따라 X토지를 乙과 丙이 공유하게 되고, 그 지분은 법정상속분에 따라 乙은 3/5, 丙은 2/5가 된다(1009조2항). 1차 명의신탁약정은 무효이고, 따라서 丁 명의의 소유권이전등기는 무효이다(부동산실명법4조 1항·2항). 한편 2차 명의신탁약정과 丙 명의의 소유권이전등기는 乙의 3/5 지분 범위에서는 무효이지만, 丙의 2/5 지분 범위에서는 실체관계에 부합하여 유효하다. 이 경우 乙은 소유권에 기한 방해제거청구권(214조)으로서 丙을 상대로 자신의 3/5 지분 범위에서 진정명의회복을 등기원인으로 하여 소유권이전등기를 구할 수 있다.

(나) 명의신탁약정과 그에 따른 등기가 무효이더라도 제3자에게는 대항하지 못한다(부동산실명법 4조 3항). 따라서 戊는 그의 선의·악의를 묻지 않고 X토지의 소유권을 취득한다. 乙은 丙의 처분행위로 자신의 지분 3/5을 잃게 된 손해를 입었으므로 丙을 상대로 부당이득의 반환을 청구할 수 있는데(741조), 丙은 악의의 수익자로서 그 반환 범위는 다음과 같다(748조2항): ① 매매대금 1억원 중 6천만원과 ② 위 6천만원에 대한 법정이자. 구체적으로는 계약금 1천만원 중 6백만원에 대해 2017. 3. 15.부터 다 갚는 날까지 연 5% 법정이자 + 중도금 4천만원 중 2천 4백만원에 대해 2017. 4. 15.부터 다 갚는 날까지 연 5%의 법정이자 + 잔금 5천만원 중 3천만원에 대해 2017. 5. 15.부터 다 갚는 날까지 연 5%의 법정이자.

(13) 계약명의신탁에서 매도인 丙이 선의인 경우 명의수탁자(매수인)인 甲은 X부동산에 대해 소유권을 취득한다(부동산실명법4조 2항 단서). 그런데 甲이 그의 유일한 재산인 X부동산을 戊에게 팔아 금전으로 바꾸는 행위는 그 전에 이미 대여금채권을 가지고 있는 丁에 대해서는 사해행위가 된다. 채권자취소권의 요건(406조)이 모두 충족되었으므로(이에 대해서는 채권자취소권 부분 참조), 丁이 戊를 상대로 한 청구는 인용될 수 있다.

(14) (가) 설문은 삼자간 등기명의신탁(중간생략등기형 명의신탁)에 해당하는 경우이다. 매도인 (丙)과 신탁자(甲) 간의 매매계약은 유효하지만, 신탁자와 수탁자(乙) 간의 명의신탁약정은 무효이므로(부동산실명법 4조 1항), 설사 매도인에서 수탁자 앞으로 직접 중간생략등기가 마쳐졌다고 하더라도 그것은 실체관계에 부합하지 않아 그 등기는 무효가 된다. 그러므로 X1 토지 중 乙 명의의 1/2 지분등기는 무효가 되고, 소유권은 丙에게 귀속된다. 그런데 甲과 丙 사이의 매매계약은 유효하므

로, 甲은 丙에 대해 乙 앞으로 마쳐진 1/2 지분등기 부분에 대해 소유권이전등기를 구할 수 있고, 甲이 목적물을 인도받아 사용하고 있는 경우 그 등기청구권은 소멸시효에 걸리지 않는다(대판 2013. 12. 12, 2013다26647). 甲은 채권자대위권(404조)에 기해 丙이 소유권에 기해 乙에게 갖는 1/2 지분등기말소 청구권을 대위하여 행사할 수 있고(대판 2002. 3. 15, 2001다61654), 丙에 대해 위 1/2 지분에 대한 소유권이전등기를 청구할 수 있다. 甲이 乙과 丙을 상대로 한 청구는 모두 인용될 수 있다.

(나) 乙 앞으로 명의신탁되어 무효가 되는, 乙 명의의 1/2 지분등기가 되어 있는 X2 토지를 LH공사가 협의매수한 경우, 명의신탁약정과 그 등기의 무효는 제3자에게 대항하지 못하므로(부동산실명법 4조 3항), LH공사는 그 소유권을 취득한다. 그로 인해 丙의 甲에 대한 소유권이전등기의무는 이행불능으로 되므로 甲은 신탁부동산의 소유권을 이전받을 권리를 잃게 되는 손해를 입는 반면, 乙은 보상금 1억원을 취득하는 이익을 얻게 되므로, 乙은 甲에게 그 보상금을 부당이득으로 반환하여야 한다(대판 2011. 9. 8, 2009다49193, 49209; 대판 2019. 7. 25, 2019다203811, 203828). 甲이 乙을 상대로 한 청구는 인용될 수 있다.

(15) (ㄱ) Y부동산에 대한 丁과 甲 사이의 매매계약은 유효하지만, 甲과 乙 사이의 명의신탁약정은 무효이므로(부동산실명법 4조 1항), 삼자간의 합의로 丁에서 乙로 직접 소유권이전등기가 되었더라도 그 등기는 무효이다. 다만 乙이 제3자 A은행에 3억원 대출금 채무의 담보로 근저당권을 설정해 준 것은 유효하다(부동산실명법 4조 3항). (ㄴ) 甲은 丁에 대해 Y부동산에 관하여 매매에 따른 소유권이전등기청구권을 갖고, 丁은 소유권에 기해 乙을 상대로 진정명의회복을 원인으로 하는 소유권이전등기청구권을 가지므로(다만 A은행의 근저당권이 유지된 상태로), 甲은 채권자대위권(404조)에 기해 丁이 乙에게 갖는 위 권리를 대위행사할 수 있다. (ㄷ) 그에 따라 甲이 丁으로부터 매매를 원인으로 하여 Y부동산의 소유권을 이전받게 되더라도, Y부동산에는 3억원을 피담보채권으로 하는 A은행의 근저당권이 남아 있어 甲은 그 금액만큼 손실을 입게 되고, 그 반면 乙은 법률상 원인 없이 Y부동산을 A은행에 근저당권을 설정하여 주고 3억원을 대출받음으로써 그 금액만큼 부당한 이익을 얻은 것이므로, 甲은 乙을 상대로 위 3억원에 대해 부당이득의 반환을 구할 수 있다(대판(전원합의체) 2021. 9. 9, 2018다284233). (ㄹ) 甲이 乙을 상대로 한 두 개의 청구는 모두 인용된다.

(16) (가) (ㄱ) 등기신청은 등기신청정보가 전산정보처리조직에 저장된 때에 접수된 것으로 보고, 등기관이 등기를 마친 경우 그 등기는 접수한 때부터 효력을 발생한다(부동산등기법 6조). X토지에 대해 甲 명의로 2022. 3. 31. 소유권이전등기신청이 접수되었고, 이것은 2022. 4. 4. 그 등기가 마쳐졌으므로, 2022. 4. 1.을 기준으로 X토지의 소유자는 甲이 된다. (ㄴ) 甲이 Y토지를 A로부터 매수하면서 A의 협조 하에 甲과 명의신탁약정을 맺은 乙 명의로 소유권이전등기를 마친 것은 삼자간 명의신탁(중간생략등기형 명의신탁)에 해당하는데, 甲과 乙 사이의 명의신탁약정이 무효이므로, A에서 乙로 직접 소유권이전등기가 된 것은 실체관계와 부합되지 않는 것이어서 무효이다(부동산실명법 4조 2항). 그러므로 Y토지의 소유자는 A가 된다(A는 소유권에 기해 乙 명의의 등기의 말소를 구할 수 있고, 甲은 채권자대위권에 기해 이를 대위행사할 수 있다).

(나) A가 소유권에 기해 丙을 상대로 진정명의회복을 원인으로 소유권이전등기를 청구한 데 대해 丙은 다음의 항변을 하였는데, 이를 검토한다. 첫째 丙은 부동산실명법 제4조 3항에서 정한 '제3자'에 해당하여 보호받는다고 주장하였다. 그런데 여기서의 제3자는 명의수탁자가 물권자임을 기초로 그와의 사이에 새로운 이해관계를 맺은 사람을 말하고, 이와 달리 오로지 명의신탁자(甲)와 부동산에 관한 물권을 취득하기 위한 계약을 맺고 단지 등기명의만을 명의수탁자(乙)로부터 받은 것과 같은 외관을 갖춘 자는 포함되지 않는다(대판 2004. 8. 30, 2002다48771). 따라서 丙의 항변은 부당하

다. 둘째 丙은 자신 명의의 등기가 실체관계와 부합되는 것이어서 유효하다고 주장한다. 삼자간 명의신탁에 따라 Y토지의 소유권은 A에게 있다. 여기서 A는 甲에게 매매계약에 따라 Y토지의 소유권을 이전할 의무가 있고, 甲은 대여금채무의 대물변제 조로 丙에게 Y토지의 소유권을 이전할 의무가 있어, 종국에는 丙 앞으로 소유권이 이전될 상황에 있다. 여기서 乙로부터 직접 丙 앞으로 소유권이전등기가 마쳐진 것은 결국 실체관계와 부합되는 것이 되어 丙은 Y토지의 소유권을 취득한다($^{대판\ 2004.\ 8.\ 30.}_{2002다48771}$). 이 점 丙의 항변은 타당하므로, A의 丙에 대한 청구는 기각된다.

사례 p. 238

제3절   용익물권用益物權

제1관   총   설

1. 용익물권의 개요

용익물권은 부동산을 소유하지 않는 사람이 부동산 소유자와의 설정계약(및 등기)을 통해 소유권에 있는 사용·수익의 권능을 승계취득하여, 그 부동산을 일정한 목적에 따라 사용·수익하는 것을 내용으로 하는 물권이다. 용익물권에는 지상권·지역권·전세권 세 가지가 있는데, 그 개요는 다음과 같다. (ㄱ)「지상권」은 타인의 토지에서 건물이나 그 밖의 공작물 또는 수목을 소유하기 위해 그 토지를 사용하는 권리이다($^{279}_{조}$). 민법이 정하는 지상권은 당사자 간의 지상권설정계약과 등기에 의해 성립한다. 그런데 실제로는 토지 소유자가 이러한 지상권의 설정을 선호하지 않아 주로 채권으로서의 토지임대차가 활용되는 것이 보통이다. 다만, 토지와 건물을 독립된 부동산으로 취급하는 우리 법제에서, 법률로써 일정한 경우에 건물의 소유를 위해 토지에 지상권이 성립한 것으로 간주하는 '법정지상권'의 제도가 중요한 기능을 맡고 있다. 그 밖에 관습법에 의해 인정되는 것으로 '관습상 법정지상권'과 '분묘기지권'이 있다. 한편 지상권은 토지의 상하에 효력이 미치는데, 토지를 효율적으로 이용하려는 목적에서 1984년의 민법 개정에서 지하나 지상 공간의 상하 범위를 정하여 그 범위에서만 지상권의 효력이 미치도록 하는 '구분지상권' 제도가 신설되었다($^{289조}_{의2}$). (ㄴ)「지역권」은 일정한 목적을 위해 타인의 토지를 자기 토지의 편익에 이용하는 권리이다($^{291}_{조}$). 그 편익을 받는 대상이 사람이 아닌 '토지'인 점에서 인역권人役權이 아닌 지역권地役權으로 구성되어 있다. 즉 지역권자는 자기 토지의 편익을 위해 타인의 토지를 이용할 권리가 있다. (ㄷ)「전세권」은 전세금을 지급하고 타인의 부동산을 점유하여 그 부동산의 용도에 따라 사용·수익하며, 그 부동산 전부에 대해 후순위 권리자나 그 밖의 채권자보다 우선하여 전세금을 변제받을 수 있는 권리이다($^{303조}_{1항}$). 따라서 전세권은 용익물권 외에 담보물권의 성격도 아울러 가진다.

2. 용익물권의 이용 실태

민법이 정하는 용익물권은 현실 사회에서 많이 이용되고 있지는 않은데, 그것은 다음과 같은 이유 때문이다. (ㄱ) 지상권에서는 대부분의 규정이 강행규정이고 또 지상권자에게 일방적으로 유리한 내용으로 정해져 있어, 토지 소유자가 그러한 부담을 감수하면서까지 지상권설정계약을 체결하지는 않는 데 있다. 그래서 지상권보다는 주로 토지임대차가 활용된다. (ㄴ) 지역권에서는 그 권리의 내용으로 정해진 '토지 자체가 편익을 받는 관계'를 상정하기가 쉽지 않아 그 활용에 장애가 되고 있다. 그래서 이것 역시 주로 토지임대차가 활용된다. (ㄷ) 전세권에서는 등기하지 않은 채권적 전세(미등기 전세)가 더 많으며, 또 그 대상이 주택인 경우에는 주택임대차보호법($^{12}_{조}$)에 의해 보호를 받는 점에서, 등기를 하여야 성립하는 전세권의 이용이 많지 않다.

제 2 관 지 상 권地上權

I. 서　　설

1. 지상권의 의의와 성질

> 제279조 〔지상권의 내용〕 지상권자는 타인의 토지에서 건물 기타 공작물이나 수목을 소유하기 위하여 그 토지를 사용할 권리가 있다.

(1) 타인의 토지에 대한 권리

지상권은 「타인의 토지」에 대한 권리(물권)이다. (ㄱ) 따라서 지상권과 토지소유권이 동일인에게 귀속한 때에는 지상권은 혼동으로 소멸된다($^{191조}_{1항}$). (ㄴ) 그 토지는 1필의 토지 전부가 아니라 그 일부라도 무방하며, 이때에는 그 범위를 등기하여야 한다($^{부동산등기}_{법\,69조}$). (ㄷ) 지상권이라고 하지만, 지표면에만 미치는 것이 아니고, 토지소유권의 효력이 미치는 범위, 즉 정당한 이익이 있는 범위에서 토지의 상하 전부에 미친다($^{212조}_{참조}$). 다만, 지하 또는 지상의 공간의 일정한 범위에만 효력이 미치는 구분지상권의 설정이 가능하다($^{289조}_{의2}$).

(2) 토지를 사용할 권리

지상권은 「건물이나 그 밖의 공작물 또는 수목을 소유」하기 위해 타인의 「토지를 사용」할 수 있는 권리이다. (ㄱ) 지상권은 지상물의 소유를 목적으로 한다. 따라서 타인의 토지 위에 물건을 보관하기 위해, 또는 타인의 토지상의 건물을 사용하기 위해 지상권을 설정할 수는 없다($^{대판\,1996.\,3.}_{22,\,95다49318}$). 지상물은 '건물이나 그 밖의 공작물·수목'에 한정된다. ① 「공작물」에는 건물을 비롯하여 도로·연못·교량·각종의 탑·전주 등 지상의 공작물뿐만 아니라, 지하철·터널·우물·지하호 등 지하의 공작물을 포함하며, 인공적으로 설치되는 모든 건축물이나 설비를 말한다. ② 「수목」의 종류에는 제한이 없으며, 경작의 대상이 되는 식물도 포함된다($^{통}_{설}$). (ㄴ) 지상권은 토지의 사용을 본체로 한다. 따라서 현재 공작물이나 수목이 없더라도 설정계약에 의해 지상권은 유효하게 성립하며, 또 공작물이나 수목이 후에 멸실되더라도 지상권은 그대로 존속한다. 그리고 토지사용권을 토대로 토지를 점유할 수 있는 권리가 있다. (ㄷ) 토지사용의 대가인 지료의 지급은 지상권의 성립요소는 아니다($^{279}_{조}$). 이 점은 임대차와 다르고($^{618}_{조}$), 따라서 무상의 지상권도 있을 수 있다.

(3) 토지에 대한 물권

지상권은 직접 토지를 지배하는 물권으로서, 토지 소유자의 변경은 지상권에 아무런 영향을 주지 않으며, 지상권자는 토지 소유자의 동의 없이도 지상권을 양도하거나 지상권의 존속기간 내에서 (지상권이 설정된) 토지를 임대할 수 있다($^{282}_{조}$).

✽ 지상권의 전용(담보 목적의 지상권) ∿∿∿∿∿∿∿∿∿∿∿∿∿∿∿∿∿∿∿∿

(ㄱ) 은행 실무에서는 은행이 대출하면서 토지를 담보로 받을 때 지상권을 아울러 설정받는 것이 보통이다. 저당권에서는 설정자가 목적물을 이용할 수 있기 때문에($^{356}_{조}$), 이를테면 토지에 건축을 할 수도 있고, 그러나 이렇게 되면 토지의 담보가치가 떨어질 염려가 있으므로, 이를 방지하기 위한 수단으로 저당권 외에 따로 지상권을 설정받는 것이다. 즉 이 경우의 지상권은 저당권이 파악한 담보가치를 유지하기 위한 보조수단으로 활용되는 셈이고, 지상권이 전용되는 경우라 할 수 있다. (ㄴ) 위와 같은 지상권에 관해 대법원은 다음과 같이 판시하고 있다. ① 「토지에 관하여 저당권을 취득함과 아울러 그 저당권의 담보가치를 확보하기 위하여 지상권을 취득하는 경우, 특별한 사정이 없는 한 당해 지상권은 저당권이 실행될 때까지 제3자가 용익권을 취득하거나 목적 토지의 담보가치를 하락시키는 침해행위를 하는 것을 배제함으로써 저당부동산의 담보가치를 확보하는 데에 그 목적이 있다고 할 것이므로, 그와 같은 경우 제3자가 비록 토지 소유자로부터 신축 중인 지상 건물에 관한 건축주 명의를 변경받았다 하더라도, 그 지상권자에게 대항할 수 있는 권원이 없는 한 지상권자로서는 제3자에 대하여 목적 토지 위에 건물을 축조하는 것을 중지하도록 요구할 수 있다」($^{대결 2004. 3. 29,}_{2003마1753}$). ② 「금융기관이 대출금 채권의 담보를 위하여 토지에 저당권과 함께 지료 없는 지상권을 설정하면서 채무자 등의 사용·수익권을 배제하지 않은 경우, 위 지상권은 근저당 목적물의 담보가치를 확보하는 데 목적이 있으므로, 그 위에 도로 개설·옹벽 축조 등의 행위를 한 무단점유자에 대하여 지상권 자체의 침해를 이유로 한 임료 상당의 손해배상은 구할 수 없다」($^{대판 2008. 1.}_{17, 2006다586}$).[1] ③ 「토지에 지상권이 설정된 경우 그 토지의 사용·수익권은 지상권자에게 있고 토지 소유자는 그 토지를 사용·수익할 수 없다. 다만, 금융기관이 대출금 채권의 담보를 위해 토지에 저당권과 함께 지료 없는 지상권을 설정하면서 특별히 채무자 등의 사용·수익권을 배제하지 않은 경우, 그 지상권은 저당권이 실행될 때까지 저당부동산의 담보가치를 확보하는 데에 그 목적이 있으므로, 토지 소유자는 저당부동산의 담보가치를 하락시킬 우려가 있는 등의 특별한 사정이 없는 한 그 토지를 사용·수익할 수 있다. 따라서 그러한 토지 소유자로부터 수목의 소유를 목적으로 사용대차계약을 체결하여

---

1) 2019년도 제1차 변호사시험 모의시험 민사법(사례형) 제1문의5 문제3은 이 판례를 출제한 것이다.

수목을 심은 경우, 그 수목은 (민법 제256조 단서에 의해) 토지에 부합하지 않는다($^{대판 2018. 3. 15,}_{2015다69907}$).¹⁾ ④「근저당권 등 담보권설정의 당사자들이 위와 같은 목적으로 지상권을 설정하였다면, 그 피담보채권이 변제 등으로 만족을 얻어 소멸된 경우는 물론이고 시효소멸된 경우에도 그 지상권은 피담보채권에 부종하여 소멸된다」($^{대판 2011. 4. 14, 2011다6342. 동}_{지: 대판 1991. 3. 12, 90다카27570}$).

2. 지상권과 토지 임차권

(1) 문제의 제기

당사자 간의 약정과 그 등기에 의해 성립하는 물권편의 지상권에 관한 규정은 1984년의 민법 개정에서 신설한 구분지상권 제도($^{289조}_{의2}$)를 제외하고는 하나의 장식에 불과한 것으로, 즉 거의 활용되지 않는 제도로 평가하는 것이 일반적 견해이다. 그 이유는, 건물·공작물·수목 등의 소유를 위해 타인의 토지를 사용하는 권리는 물권으로서의 지상권 외에도 채권으로서의 임대차, 즉「토지임대차」에 의해서도 생길 수 있는데($^{619조·622조·}_{643조 등 참조}$), 민법의 지상권에 관한 규정이 임대차에 관한 규정에 비해 토지 사용권자에게 보다 유리하게 정해져 있고 또 그것이 강행규정이어서, 토지 소유자가 지상권의 설정을 기피하고 임대차를 선호하는 데 있다.

(2) 지상권과 토지 임차권의 비교

a) **대항력** (ㄱ) 지상권은 물권으로서 제3자에게 대항할 수 있다. (ㄴ) 토지 임차권은 채권으로서 등기하여야만 제3자에게 대항할 수 있으나($^{621}_{조}$), '건물'의 소유를 목적으로 한 토지임대차는 임차인이 그 지상건물에 대해 소유권보존등기를 하면 임차권의 대항력을 취득한다($^{622}_{조}$).

b) **권리의 양도와 임대** (ㄱ) 지상권자는 타인에게 지상권을 양도하거나 지상권의 존속기간 내에서 (지상권이 설정된) 토지를 임대할 수 있다($^{282}_{조}$). (ㄴ) 임차인은 임대인의 동의 없이 임차권을 양도하거나 임차물을 전대하지 못하며, 이를 위반하면 임대인은 계약을 해지할 수 있다($^{629}_{조}$).

c) **존속기간** (ㄱ) 지상물의 종류에 따라 30년, 15년, 5년의 최단 존속기간을 정하고($^{280}_{조}$), 갱신하는 경우에도 동일하게 하였다($^{284}_{조}$). (ㄴ) 임대차의 당사자가 그 존속기간을 계약으로 정한 경우에는 그 기간이 존속기간이 되고, 그 기간에는 제한이 없다(임대차 존속기간에 상한을 정한 제651조가 삭제되었음). 그러나 이를 약정하지 않은 때에는 당사자는 계약 해지를 통고할 수 있고, 그 통고를 받은 날부터 일정 기간이 지나면 해지의 효력이 생긴다($^{635}_{조}$).

---

1) ① A농협은 B에게 대출을 하면서 B 소유 토지에 근저당권등기를 하면서 지료 없이 존속기간을 30년으로 하는 지상권등기도 하였다. ② C는 B와 위 토지에 대해 수목의 소유를 위한 사용대차계약을 체결한 다음 위 토지상에 약 300주의 단풍나무를 심었다. ③ A농협이 저당권을 실행하여 D가 위 토지를 경락받았다. ④ D가 단풍나무 중 일부를 임의로 수거하여 매각하였고, 이에 대해 C가 D를 상대로 (단풍나무의 소유권이 C에게 있음을 이유로) 불법행위로 인한 손해배상을 청구한 사안이다. 이에 대해 대법원은 위와 같은 이유로 단풍나무는 위 토지에 부합하지 않고 따라서 그 소유권은 C에게 있다고 보았다. *2019년도 제1차 변호사시험 모의시험 민사법(사례형) 제1문의5 문제2는 이 판례를 출제한 것이다.

2) 위와 같은 판례의 태도에 대해서는 비판이 있는데, 그 요지는 다음과 같다. 즉 저당권에 대한 침해 배제를 위한 담보지상권은 물권법정주의에 반하여 무효이고, 이를 설정하기로 하는 계약도 허위표시로서 무효이며, 저당권 자체에 기해 방해배제를 구할 수 있으므로 담보지상권을 따로 인정하여야 할 현실적인 필요성도 없다고 한다. 따라서 담보지상권의 효력을 인정하는 현재의 판례는 유지되어서는 안 된다고 한다(윤진수, "저당권에 대한 침해를 배제하기 위한 담보지상권의 효력", 고상룡교수 고희기념−한국민법의 새로운 전개−(법문사, 2012), 308면). 지상권은 타인의 토지에서 건물 기타 공작물이나 수목을 소유하기 위해 그 토지를 사용할 수 있는 권리인데(279조), 판례가 형성하고 있는 담보지상권은 토지에 설정된 저당권의 실효성을 위해 지상권을 수단으로 이용하는 데 지나지 않는 것이어서, 물권법에서 정하는 지상권 본래의 내용과는 거리가 있다. 요컨대 물권법정주의에 반한다고 볼 소지가 적지 않다.

d) **갱신청구권과 매수청구권** (ㄱ) 지상권이 소멸된 경우에 지상 시설이 존재하고 있으면 지상권자는 계약의 갱신을 청구할 수 있고($\frac{283조}{1항}$), 지상권설정자가 이를 거절하는 때에는 지상권자는 지상물의 매수를 청구할 수 있다($\frac{283조}{2항}$). (ㄴ) '건물·공작물·수목'의 소유를 목적으로 한 토지임대차의 경우에는 지상권에 관한 규정($\frac{283}{조}$)을 준용한다($\frac{643}{조}$).

e) **지료와 차임증감청구권** (ㄱ) 경제사정의 변동이 있을 경우에 당사자는 지료의 증액이나 감액을 청구할 수 있다($\frac{286}{조}$). (ㄴ) 임대물에 대한 공과부담의 증감 기타 경제사정의 변동으로 약정한 차임이 상당하지 않게 된 때에는, 당사자는 장래의 차임의 증액이나 감액을 청구할 수 있다($\frac{628}{조}$).

f) **소멸청구권과 해지** (ㄱ) 지상권설정자는 지상권자가 2년분 이상의 지료를 지급하지 않는 경우에는 지상권의 소멸을 청구할 수 있다($\frac{287}{조}$). (ㄴ) 임대인은 토지임차인의 차임 연체액이 2기분의 차임액에 이른 경우에는 계약을 해지할 수 있다($\frac{640조·}{641조}$).

II. 지상권의 취득

1. 법률행위에 의한 취득

지상권은 토지 소유자와 지상권을 취득하려는 자 사이의 지상권설정계약과 그 등기에 의해 성립한다($\frac{186}{조}$). 지상권의 등기에는 지상권설정의 목적과 범위(토지의 일부인 경우에는 그 부분을 표시한 도면의 번호)를 기록하고, 존속기간, 지료와 지급시기, 민법 제289조의2 제1항 후단의 약정이 있는 때에는 이를 기록하여야 한다($\frac{부동산등기}{법 69조}$). 한편 설정계약 외에 유언과 지상권의 양도에 의해서도 지상권을 승계취득할 수 있고, 이 경우에도 그 등기를 해야 효력이 생긴다.[1]

2. 법률의 규정에 의한 취득

(1) 취득 원인

지상권은 상속·공용징수·판결·경매 등 법률행위가 아닌 그 밖의 사유로 취득할 수 있으며, 이때에는 그 등기를 필요로 하지 않는다($\frac{187}{조}$). 점유취득시효에 의해 지상권을 취득할 수도 있는데, 이때에는 예외적으로 등기를 해야 지상권을 취득한다($\frac{245조 1항·}{248조}$). 그 밖에 법률의 규정에 의해 지상권을 취득하는 중요한 사유로 법정지상권이 있다.

(2) 법정지상권

(ㄱ) 서양의 경우와는 달리 우리 법제는 일본과 마찬가지로 토지와 건물을 독립된 부동산으

---

1) 판례: (ㄱ) 「건물 소유를 목적으로 하는 지상권설정등기를 하기 전에 당해 대지상에 소유권등기가 경료된 불법건축물이 있는 경우에도 위 지상권설정계약은 그 불법건축물의 철거를 전제로 하는 것으로 무효가 아니다」(대판 1970. 5. 12, 69다1537). (ㄴ) <u>수목의 소유를 목적으로 지상권등기를 하고 그 후 타인이 그 수목에 대해 명인방법을 갖추어 수목 소유권의 귀속이 문제된 사안에서, 「수목의 소유를 목적으로 하는 지상권을 취득한 자는 특별한 사정이 없는 한 그 임야에 대한 지상권설정 당시 현존하는 임목의 소유권도 취득한 것이라고 추정된다」</u>(대판 1972. 10. 25, 72다1389). (ㄷ) 토지상에 이미 건물이 서 있는 경우에 건물의 소유를 목적으로 지상권을 설정할 수 있는지 문제된 사안에서, 「기존 1층 건물의 옥상에 대하여 건물의 소유를 목적으로 하는 지상권설정계약을 체결한 취지는, 위 기존 1층 건물 위에 건물을 소유하기 위하여 그 대지에 대하여 한 지상권설정계약으로 봄이 상당하다」(대판 1978. 3. 14, 77다2379).

로 다룬다. 따라서 토지와 건물의 소유자가 다를 수 있다. 그런데 건물은 토지 위에 건립되는 것이므로, 건물의 소유를 위해서는 토지에 대한 사용권이 있어야만 한다. 토지에 대한 사용권이 없이 타인의 토지에 건물을 지은 경우에는 그 건물은 토지소유권을 침해하는 것이 되어, 토지 소유자는 토지소유권에 기해 그 건물의 철거를 청구할 수 있다. 그래서 토지사용권을 갖기 위해 임차권이나 지상권을 설정하게 된다. 그런데 일정한 경우에는 토지에 대한 임차권이나 지상권을 설정할 수 없는 상태에서 토지와 건물의 소유자가 다르게 되는 때가 있다. 이런 경우에까지 건물을 철거해야 한다는 것은 건물 소유자에게 가혹하고 또 그에게 잘못이 있는 것도 아니므로, 법률은 건물 소유자가 토지에 지상권을 취득하는 것으로 정하는데,「법정지상권」이 그것이다. (ㄴ) 법정지상권이 성립하는 경우로서 법률(민법과 민사특별법)에서 정하는 것은 네 가지이다(305조 1항·366조, 가등기담보 등에 관한 법률 10조, 입목에 관한 법률 6조). 어느 것이나 법률의 규정에 의한 지상권의 취득이므로 그 등기를 필요로 하지 않지만, 이를 처분하는 때에는 그 등기를 해야 한다(187조). 자세한 내용은 각각 관계되는 곳에서 따로 설명하기로 한다.

3. 관습법에 의한 지상권의 성립

관습법에 의해 지상권과 유사한 물권이 인정되는 것으로서「관습상 법정지상권」과「분묘기지권」이 있다. 이에 관해서는 (p.275) 'Ⅶ. 특수 지상권'에서 설명한다.

Ⅲ. 지상권의 존속기간

지상권의 존속기간은 세 가지 유형으로 나누어진다. 하나는 당사자가 설정계약에서 존속기간을 약정하는 것이고, 둘은 그 약정을 하지 않은 경우이며, 나머지는 계약을 갱신하는 경우이다.

1. 존속기간을 약정하는 경우

a) **최단 존속기간의 보장**　(ㄱ) 지상권의 존속기간은 당사자가 설정계약에서 임의로 정할 수 있지만, 그 기간은 민법에서 지상물의 종류에 따라 정한 연한 이상이어야 한다. 그 연한은, ① 돌·석회·벽돌로 지은 건물 또는 이와 유사한 견고한 건물이나 수목의 소유를 목적으로 하는 경우에는 30년, ② 그 밖의 건물의 소유를 목적으로 하는 경우에는 15년, ③ 건물 외의 공작물의 소유를 목적으로 하는 경우에는 5년이다(280조 1항). (ㄴ) 설정계약에서 위 최단 존속기간보다 짧게 기간을 정한 경우에는 그 약정은 효력이 없고, 위 최단 존속기간까지 연장된다(280조 2항).

b) **최장기간**　민법은 지상권의 최단 존속기간의 보장에 관해서만 정할 뿐이고 그 최장기간에 대해서는 아무런 제한을 두고 있지 않으므로, 설정계약에서 최단 존속기간보다 긴 기간을 정하는 것은 무방하다. 문제는 지상권의 존속기간을 '무기한'으로 정할 수 있는가이다. 학설 중에는, 오늘날 토지소유권은 이용권이 분화되어 지료를 영구적으로 징수하는 권리로서의 경향

을 보이고 또 민법에 지상권의 최장기간에 관한 규정이 없다는 이유로 긍정하는 견해가 있다(김상용, 476면; 장경학, 548면). 그러나, 지상권의 제한물권으로서의 성질과, 이를 무효로 하더라도 그때에는 존속기간의 약정이 없는 것으로 되어 최단 존속기간이 보장될 뿐더러, 또 갱신청구권 등을 통해 지상권자의 지위에 불리한 결과를 가져오지는 않으므로, 위 '무기한'의 약정은 '존속기간을 정하지 않은 것'으로 해석함이 타당한 것으로 생각된다(동지: 곽윤직, 227면; 김증한·김학동, 370면; 김용한, 364면; 송덕수, 592면; 이영준, 617면; 이상태, 269면). 그러나 판례는 존속기간을 영구로 하는 지상권설정을 긍정한다.[1]

2. 존속기간을 약정하지 아니한 경우

(ㄱ) 설정계약에서 지상권의 존속기간을 정하지 않은 경우에는, 그 기간은 민법 제280조에서 정한 최단 존속기간으로 한다($\frac{281조}{1항}$). 따라서 지상물의 종류에 따라 30년·15년·5년으로 된다. (ㄴ) 지상권설정 당시에 공작물의 종류(즉 건물인지 그 밖의 공작물인지)와 구조(즉 견고한 건물인지 여부)를 정하지 않은 경우에는 견고하지 않은 건물의 소유를 목적으로 한 것으로 본다($\frac{281조}{2항}$). 따라서 그 존속기간은 15년이 된다($\frac{280조 1}{항 2호}$).

3. 계약의 갱신과 존속기간

(1) 계약의 갱신更新

계약의 갱신이란 소멸하게 될 지상권을 다시 존속시키기로 하는 당사자 사이의 합의를 말한다. 종래의 지상권이 그대로 유지되는 점에서, 지상권이 소멸된 후 새로 지상권을 설정하는 경우와는 다르다. 갱신의 합의는 반드시 기간만료 후에 해야 하는 것은 아니며, 또 지상권의 소멸 원인이 무엇이든 관계없이 갱신의 합의를 할 수 있다.

(2) 지상권자의 갱신청구권과 매수청구권

a) **지상권자의 갱신청구권**   (ㄱ) 갱신의 합의가 이루어지지 않더라도, 지상권이 소멸된 경우에 건물 등 지상물이 존재하고 있으면 지상권자는 계약의 갱신을 청구할 수 있다($\frac{283조}{1항}$). 다만, 지상권자의 계약 위반으로 설정자가 계약을 해지하거나 지료 연체로 인한 지상권 소멸청구($\frac{287}{조}$)에 의해, 즉 지상권자의 채무불이행으로 인해 지상권이 소멸된 경우에는 갱신청구의 여지가 없다는 것이 통설과 판례이다($\frac{대판 1972. 12.}{26, 72다2085}$). 따라서 제283조에서 "지상권이 소멸된 때"는 존속기간의 만료에 의해 지상권이 소멸된 것을 의미한다. (ㄴ) 갱신청구권의 존속기간에 관하여 민법은 규정하고 있지 않으나, 지상권의 존속기간 만료 후 지체 없이 행사해야 하고, 그렇지 않은 경우에는 갱신청구권은 소멸된다($\frac{통}{설}$)($\frac{대판 2023. 4. 27,}{2022다306642}$). (ㄷ) 지상권자가 갱신청구를 하였다고 하여 당연히 갱신되는 것은 아니다. 즉 토지 소유자는 이를 거절할 수 있기 때문에, '갱신청구권'으로 되어 있지만 청구권도 형성권도 아니다. 토지 소유자가 갱신의 합의를 한 때에 비

---

1) 판례: 「민법상 지상권의 존속기간은 최단기만이 규정되어 있을 뿐 최장기에 관하여는 아무런 제한이 없으며, 존속기간이 영구인 지상권을 인정할 실제의 필요성도 있고, 이러한 지상권을 인정한다고 하더라도 지상권의 제한이 없는 토지의 소유권을 회복할 방법이 있을 뿐만 아니라, 특히 구분지상권의 경우에는 존속기간이 영구라고 할지라도 대지의 소유권을 전면적으로 제한하지 아니하는 점 등에 비추어 보면, 지상권의 존속기간을 영구로 약정하는 것도 허용된다」(대판 2001. 5. 29, 99다66410).

로소 갱신되는 점에서 일종의 갱신의 청약으로 볼 수 있지만, 토지 소유자가 이를 거절한 때에는 2차적으로 지상물의 매수를 청구할 수 있는 점에서($^{283조}_{2항}$), 즉 이를 통해 갱신이 사실상 강제되는 점에서 일반 계약에서의 청약과는 다른 특성이 있다.

　b) **지상권자의 매수청구권**　　(ㄱ) 지상권자의 갱신청구에 대해 지상권설정자가 이를 거절한 경우에는, 지상권자는 2차적으로 지상물을 매수해 줄 것을 청구할 수 있다($^{283조}_{2항}$). 따라서 (상술한 바와 같이) 지상권자가 갱신청구를 할 수 없는 경우에는 이 매수청구권도 발생할 여지가 없다. 건물 철거의 합의가 있는 경우에도 마찬가지이다($^{대판\ 1980.\ 12.}_{23,\ 80다2312}$). (ㄴ) 명칭은 청구권으로 되어 있으나 그 성질은 형성권이며, 지상권자의 일방적 의사표시만으로 지상물에 대해 매매계약이 체결된 것과 유사한 효과가 발생한다. 따라서 지상권자는 대금청구권을, 지상권설정자는 지상물에 대한 소유권이전청구권을 갖게 된다.

(3) 계약 갱신과 존속기간

　(ㄱ) 당사자가 계약을 갱신하는 경우에도 지상권의 존속기간은 갱신한 날부터 제280조 소정의 최단 존속기간보다 짧게 정할 수 없다. 그러나 갱신을 하면서 그 기간보다 길게 정하는 것은 무방하다($^{284}_{조}$). 한편, 갱신을 하면서 존속기간을 정하지 않은 경우에는 제281조가 적용된다. (ㄴ) 민법 제284조는 "갱신한 날부터" 존속기간을 기산하는 것처럼 표현하고 있지만, 갱신 제도의 취지상 종전 지상권의 존속기간이 만료한 날부터 기산하는 것으로 볼 것이다.

Ⅳ. 지상권의 효력

1. 지상권자의 토지사용권

　(ㄱ) 지상권자는 설정행위로 정해진 목적의 범위에서 토지를 사용할 권리가 있다. 그에 따라 토지 소유자는 토지를 사용할 수 없음은 물론이고 지상권자의 토지사용을 방해하지 않을 의무를 진다.[1] 그러나 특약이 없는 한 토지 소유자는 임대인처럼 토지를 사용에 필요한 상태로 유지해 줄 적극적인 의무($^{623}_{조}$)를 부담하지는 않는다. (ㄴ) 지상권은 토지를 사용하는 권리이기 때문에, 인접 토지와의 이용의 조절을 목적으로 하는 상린관계 규정($^{216조\sim}_{244조}$)은 지상권자 사이 또는 지상권자와 인지隣地소유자 사이에 준용된다($^{290조}_{1항}$). (ㄷ) 지상권은 토지를 사용하는 권리이므로, 토지를 점유할 권리를 포함한다. 한편, 지상권의 내용의 실현이 방해된 경우에는 소유권에 기한 반환청구권·방해제거청구권·방해예방청구권의 규정($^{213조\cdot}_{214조}$)을 준용한다($^{290조}_{1항}$).

---

1) 판례: 건물의 소유를 목적으로 하는 지상권설정등기가 되어 있는 토지에 제3자가 불법으로 건물을 건축하여 그 토지를 점유하고 있어, 토지 소유자가 그 건물의 철거와 그 부지 인도시까지 임료 상당의 손해금을 청구한 사안에서, 대법원은 다음과 같이 판결하였다. 「① 토지소유권은 그 토지에 대한 지상권설정이 있어도 이로 인하여 그 권리의 전부 또는 일부가 소멸되는 것도 아니고 단지 지상권의 범위에서 그 권리행사가 제한되는 것에 불과하여, 일단 지상권이 소멸되면 토지소유권은 다시 자동적으로 완전한 제한 없는 권리로 회복되는 것이어서, 소유자가 그 소유 토지에 대하여 지상권을 설정하여도 그 소유자는 그 토지를 불법으로 점유하는 자에 대하여 방해배제를 구할 수 있는 물권적 청구권이 있다. ② 그러나 본건 대지에 대하여는 건물 소유를 목적으로 지상권이 설정되어 그것이 존속하는 한 그 대지소유자라 하여도 그 소유권 행사에 제한을 받아 그 대지를 사용 수익할 수 없는 법리라 할 것이어서, 특별한 사정이 없는 한 대지소유자는 임료 상당의 손해금을 청구할 수 없다」(대판 1974. 11. 12, 74다1150).

2. 지상권의 처분

(1) 지상권의 양도

a) 지상권자는 타인에게 지상권을 양도할 수 있다($\frac{282조}{전문}$). 임대차와는 달리 토지 소유자의 동의($\frac{629조}{1항}$)를 받을 필요가 없다. 양수인은 그 등기를 하여야 지상권을 취득하며($\frac{186}{조}$), 종전의 지상권을 그대로 승계한다.

b) 지상권은 지상물을 소유하기 위해 토지를 사용할 수 있는 권리로서 지상물에 대해 종속적 관계에 있다. 그래서 지상권을 타인에게 양도하더라도 그것이 당연히 지상물의 양도를 수반하지는 않는다. 그러나 반대로 지상물을 타인에게 양도하는 경우에는 특별한 사정이 없는 한 그 종속된 권리인 지상권도 함께 양도하는 것으로 해석된다.

이러한 원칙과 관련하여 다음의 것이 문제된다. (ㄱ) 지상물의 양도에 관한 합의에는 묵시적으로 지상권의 양도도 포함된다고 보는 것이 당사자의 의사해석에 부합한다는 것이고, 지상물과 지상권이 언제나 일체로써 처분되어야만 하는 것은 아니다. 즉 지상권자는 지상권을 유보한 채 지상물 소유권만을 양도할 수도 있고, 또는 지상물 소유권을 유보한 채 지상권만을 양도할 수도 있는 것이어서, 지상권자와 그 지상물의 소유자가 반드시 일치해야만 하는 것은 아니다($\frac{대판 2006.\ 6.\ 15,}{2006다6126,\ 6133}$). (ㄴ) 당사자 간에 다른 의사표시가 없어 지상물의 양도에 지상권의 양도도 포함되는 것으로 보는 경우에, 양수인이 지상물인 건물에 대해 소유권이전등기를 하면 지상권은 그 등기 없이도 양수인에게 이전되는가 하는 점이다. 지상물의 양도에 지상권의 양도도 포함된다고 하는 것은 당사자의 의사해석에 의한 것일 뿐, 양자는 독립된 물권이므로 또 물권변동에서 요구되는 공시방법과의 관계상, 양수인이 지상권을 취득하기 위해서는 따로 그 등기를 해야 한다($\frac{대판(전원합의체)\ 1985.}{4.\ 9,\ 84다카1131,\ 1132}$).[1] (ㄷ) <u>A가 지상권이 붙은 건물을 매수하면서 건물에 대해서만 소유권이전등기를 마친 경우</u>, 토지 소유자 B는 A를 상대로 토지소유권에 기해 위 건물의 철거와 토지의 인도를 청구하고, 불법점유를 이유로 손해배상을 청구할 수 있는가? A는 B를 상대로 지상권 이전등기절차의 이행을 청구할 수 있는데, 그것을 이행할 의무를 지는 B가 권리자인 A를 상대로 토지소유권에 기한 물권적 청구권을 행사하는 것은 신의칙상 허용되지 않는다($\frac{대판(전원합의체)\ 1985.\ 4.}{9,\ 84다카1131,\ 1132\ 참조}$). 또 A는 지상권의 매수를 통해 토지를 점유·사용할 권리가 있는 점에서도 마찬가지이다. A가 토지를 점유하고 있는 것이 불법점유는 아니므로 불법행위로 인한 손해배상책임을 부담하지는 않는다. 다만 점유기간 동안의 부당이득을 이유로 반환책임을 질 수는 있다.

c) 지상권을 저당권의 목적으로 할 수 있음은 따로 명문의 규정이 있다($\frac{371}{조}$).

(2) 토지의 임대

(ㄱ) 지상권자는 지상권의 존속기간 내에서 (지상권이 설정된) 토지를 임대할 수 있다($\frac{282조}{후문}$). 토지 소유자의 동의를 받을 필요가 없을 뿐만 아니라, 임차인은 지상권자와 체결한 임대차계

---

1) 다만 지상물을 경매하여 경락인이 이를 취득하는 경우에는, 그것은 지상권도 함께 경매한 것으로 되므로, 경락인이 그 등기 없이도 지상권을 취득할 수 있는 것은 경매라는 법률의 규정에 의한 물권변동의 효과 때문이다(187조)(대판 1976. 5. 11, 75다2338; 대판 1979. 8. 28, 79다1087).

약상의 임차권을 (임차권의 대항력을 갖추었는지를 묻지 않고) 토지 소유자에게 대항할 수 있다. (ㄴ) 지상권자가 토지를 임대한 경우에 지상권 및 임대차의 기간이 동시에 만료되고 임대차에 의해 설치된 지상물이 현존하는 때에는, 임차인은 토지 소유자에게 종전 임대차와 동일한 조건으로 임대할 것을 청구할 수 있고, 토지 소유자가 임대를 원하지 않는 경우에는 임차인은 상당한 가액으로 지상물을 매수해 줄 것을 청구할 수 있다($^{644조·}_{645조}$).

(3) 강행규정

(ㄱ) 지상권자가 지상권을 양도하거나 지상권이 설정된 토지를 임대할 수 있는 것으로 정한 민법 제282조는 강행규정으로서, 이를 위반하는 계약으로서 지상권자에게 불리한 것은 효력이 없다($^{289}_{조}$). 이 경우 그 특약이 당사자 간에는 (채권적) 효력이 있는지, 즉 당사자 간에는 유효하고 제3자에 대해서만 대항할 수 없는지에 관해, 이를 긍정하는 견해가 있다($^{김용한, 370면; 이}_{영준, 624면; 장경}$$^{학,}_{554면}$). 그러나 그것은 민법 제289조의 법문에 반하는 것으로서 당사자 간에도 효력이 없다고 봄이 타당하다($^{민법주해(VI), 37면(박}_{재윤); 이상태, 272면}$). (ㄴ) 한편 지상권을 저당권의 목적으로 한 경우에도($^{371}_{조}$), 제282조는 지상권자가 투입한 자본의 회수를 위한 것이라는 점에서 그 취지를 같이하고, 또 그것은 지상권의 양도와 같은 결과를 가져오는 점에서, 제371조에 관하여도 제289조를 유추적용함이 타당하다. 따라서 지상권에 대한 담보제공 금지의 특약은 당사자 간에도 무효라고 할 것이다. 이에 대해 제371조에는 제289조의 적용이 없어 그 특약은 유효하지만 이를 등기할 수 없기 때문에 결국 당사자 간에만 채권적 효력을 가질 뿐이라고 보는 견해도 있다($^{곽윤직, 230면; 민법주}_{해(VI), 40면(박재윤)}$).

3. 지료 지급의무

a) 발 생 지료地料의 지급은 지상권의 요소는 아니다($^{279}_{조}$). 당사자가 지료를 지급하기로 약정한 때에만 지료 지급의무가 생긴다.[1] 지료는 금전에 한하지 않는다. 지료와 그 지급시기에 관한 약정은 등기할 수 있다($^{부동산등기법}_{69조 4호}$).

b) 지료 지급의무와 지상권·토지소유권의 관계 「지료 채권」은 토지소유권의 권능에 대한 실현수단(다시 말해 사용권능 상실에 대한 보상의 수단)이 되는 점에서, 「지료 지급의무」는 지상권의 실현에 대응하는 것이 되는 점에서, 전자는 토지소유권의 내용을, 후자는 지상권의 내용을 각각 이루는 것으로 볼 수 있다($^{이상태,}_{274면}$). (ㄱ) 지료에 관한 약정을 등기한 경우, 지상권이 이전되면 장래의 지료 지급의무도 이전되며, 또 지료 체납에 따른 효과도 신 지상권자에게 (인계되어) 발생한다고 할 것이다.[2] 지상권의 양도는 등기하여야 효력이 생기므로, 지상권의 이전등기가 된 후에만 구 지상권자는 지료 채무를 면할 수 있다. (ㄴ) 토지소유권이 이전되면 지료 채

---

1) 이에 대해 법정지상권의 경우에는 지료를 지급하여야 하는 것으로 정하고 있다(제305조 1항 단서, 제366조 단서, 가등기담보 등에 관한 법률 제10조 2문, 입목에 관한 법률 제6조 2항).
2) 판례: ① 「지상권에 있어서 지료의 지급은 그 요소가 아니어서 지료에 관한 유상 약정이 없는 이상 지료의 지급을 구할 수 없다. 한편, 지상권에 있어서 유상인 지료에 관하여 지료액 또는 그 지급시기 등의 약정은 이를 등기하여야만 그 뒤에 토지소유권 또는 지상권을 양수한 사람 등 제3자에게 대항할 수 있고, 지료에 관하여 등기되지 않은 경우에는 무상의 지상권으로서 지료증액청구권도 발생할 수 없다」(대판 1999. 9. 3, 99다24874). ② 「지료의 등기를 하지 않으면 토지 소유자는 구 지상권자의 지료 연체 사실을 들어 신 지상권자에게 대항하지 못한다」(대판 2013. 9. 12, 2013다43345).

권도 이에 수반하여 이전되므로, 지료의 등기 유무를 불문하고 신 토지 소유자는 지상권자에게 지료를 청구할 수 있다. 지료를 부담하던 지상권자가 토지 소유자가 바뀌었다는 이유로 지료를 면할 수는 없기 때문이다.

c) **지료증감청구권** 　지상권이 설정된 토지에 관한 조세나 그 밖의 부담의 증가, 감소 또는 토지가격의 변동으로 지료가 상당하지 않게 된 경우에는 당사자는 지료의 증액이나 감액을 청구할 수 있다($\frac{286}{조}$). 지상권의 존속기간은 상당히 장기인 점에서 지료의 증감청구를 인정할 필요성이 크며, 이때의 지료의 증액 및 감액청구권은 당사자 '모두'에게 인정되고 형성권으로 이해하는 것이 통설이다. 이러한 증감청구에 대해 상대방이 다투는 경우에는 결국 법원이 결정하게 될 것인데, 지료의 증감에 관한 법원의 결정은 그 증감청구를 한 때로 소급하여 효력이 생긴다. 다만 결정될 때까지 종래의 지료액을 지급하여도 지료의 체납은 아니다($\frac{통}{설}$).

d) **지료 연체의 효과** 　지상권설정자는 지상권자가 2년분 이상의 지료를 지급하지 않는 경우에는 지상권의 소멸을 청구할 수 있다($\frac{287}{조}$). 이에 관한 내용은 (다음 'V. 지상권의 소멸' 부분에서) 따로 기술한다.

V. 지상권의 소멸

사례 (1) 甲 소유의 X토지 위에 있는 甲 소유의 주거용 건물 Y에 대하여 甲의 채권자 A의 신청에 기한 강제경매 절차가 진행되었고, 2010. 1. 24. 매수인 乙이 Y건물의 소유권을 취득하였다. 2010. 3. 10. 현재 X토지의 소유자 甲은 乙을 상대로 건물의 철거 및 토지의 인도를 청구하는 소를 제기하였다. 그 후 甲과 乙의 합의에 따라 2010. 3. 20.에 위 소가 취하되고, 존속기간은 30년, 지료는 연 600만원으로 매년 3. 20.(최초의 지료 지급일은 2010. 3. 20.)에 지급한다는 내용을 포함한 지상권설정계약이 체결되고 이와 같은 사항에 관하여 등기가 이루어졌다. 그 후 1년이 지났지만 乙은 甲에 대한 지료 지급을 지체하다가 甲의 독촉에 따라 2011. 6. 1. 600만원을 지급하였으나, 이후에는 더 이상 지료를 지급하지 않았다. 한편 위 건물에는 2010. 5. 15. 乙의 채권자 丙 명의의 담보가등기(피담보채권 5천만원)가 설정되어 있었는데, 乙의 채무불이행을 이유로 「가등기담보 등에 관한 법률」 소정의 청산절차를 거쳐 丙이 2013. 4. 1. 가등기에 기한 소유권이전의 본등기와 함께 지상권이전의 부기등기를 마쳤으나, 丙도 甲에게 지료를 지급하지 않고 있다. 2014. 4. 7. 甲은 丙에게 지료 연체를 이유로 지상권 소멸을 주장하고 건물의 철거 및 대지의 인도를 청구하였다. 甲의 청구의 당부를 논증하시오. (10점)(2015년 제2차 변호사시험 모의시험)

(2) 1) 甲은 A로부터 X토지 및 그 위의 Y1건물을 매수하여 각각에 대하여 자기 명의로 소유권이전등기를 마쳤다. 甲은 2014. 6. 1. B로부터 2억원을 차용하면서 이를 담보하기 위하여 같은 날 B에게 X토지에 근저당권설정등기를 마쳐주었다. 이후 甲은 Y1건물을 철거하고 Y2 건물을 신축하였으며 2015. 4. 1. 소유권보존등기를 마쳤다(Y1건물과 Y2건물의 규모는 차이가 없으며 甲은 Y1건물을 소유하였을 때와 마찬가지로 X토지 전부를 건물 부지로 사용하고 있었다). 그런데 B가 2015. 8. 1. X토지에 대한 담보권 실행을 위한 경매를 신청하였고, 이 경매절차에서 X토지를 매수한 乙은 2016. 2. 1. 매각대금 전액을 납부하였다. 그리고 X토지에 관하여 2016. 2. 5. 乙 명의

의 소유권이전등기가 마쳐졌다. 2) 乙은 이후 甲에게 Y2건물의 철거 및 X토지의 인도를 요구하였으나 甲이 법정지상권을 주장하면서 거절하였다. 이후 지료에 관한 협의가 결렬되자, 乙은 甲을 상대로 2016. 4. 1. 지료의 지급을 구하는 소를 제기하였다. 법원은 甲은 乙에게 2016. 2. 1.부터 매월 2백만원의 지료를 지급하라는 판결을 선고하였고, 이 판결은 그대로 확정되었다. 그러나 甲은 乙에게 지료를 전혀 지급하지 않았다. 이후 乙은 2017. 4. 3. X토지를 丙에게 매도하고 다음 날 소유권이전등기를 마쳐주었다. 3) 丙은 2018. 6. 1. 甲에 대하여 2016. 2. 1.부터 2년분이 넘는 지료의 미지급을 이유로 지상권이 소멸되었음을 주장하면서 Y2건물의 철거 및 X토지의 인도를 구하는 소를 제기하였다. 丙의 청구는 인용될 수 있는가? (15점) (2018년 제3차 변호사시험 모의시험)

해설 p. 275

1. 지상권의 소멸사유

(1) 물권 일반의 소멸사유

지상권은 물권 일반에 공통되는 소멸사유인 목적물(토지)의 멸실, 존속기간의 만료, 소멸시효, 혼동, 토지의 수용, 지상권에 우선하는 저당권의 실행으로 인한 경매 등에 의해 소멸된다.

(2) 지상권에 특유한 소멸사유

a) 지상권설정자의 소멸청구 「지상권설정자는 지상권자가 2년분 이상의 지료를 지급하지 아니한 때에는 지상권의 소멸을 청구할 수 있다」($^{287}_{조}$). (ㄱ) 지상권은 그 존속기간이 장기이므로, 2년분 이상의 지료를 지급하지 않은 경우에만 지상권을 소멸시킬 수 있는 것으로 정한 것이다. '2년분 이상의 지료'란 연체된 지료액이 2년분 이상이 되는 것을 말하며, 계속해서 2년 이상 연체된 경우는 물론이고, 1년분의 지료를 연체하였다가 몇 년 후에 다시 1년분의 지료를 지급하지 않은 경우도 포함한다.[1] (ㄴ) 지상권설정자가 지상권의 소멸을 청구하면 그 등기 없이도 지상권이 소멸되는지에 관해서는 학설이 나뉘는데, 사견은, 소멸청구권은 형성권이기는 하지만 소멸청구는 법률행위(물권적 단독행위)라는 점에서 민법 제186조에 따라 그 등기를 하여야 효력이 생긴다고 본다. (ㄷ) 「지상권이 저당권의 목적인 경우 또는 그 토지에 있는 건물·

---

[1] 판례: ① 지상권은 성질상 그 존속기간 동안은 당연히 존속하는 것을 원칙으로 하는 것이나, 지상권자가 2년 이상의 지료를 연체하는 때에는 토지 소유자로 하여금 지상권의 소멸을 청구할 수 있도록 함으로써 토지 소유권의 이익을 보호하려는 것이 민법 제287조의 취지인 점에 비추어, 지상권자의 지료 지급 연체가 토지소유권의 양도 전후에 걸쳐 이루어진 경우 토지 양수인에 대한 연체기간이 2년이 되지 않는다면 토지 양수인은 지상권의 소멸을 청구할 수 없다(다시 말해 토지의 양수인은 종전 소유자에 대한 연체기간의 합산을 주장할 수 없다)(대판 2001. 3. 13, 99다17142). ② 법정지상권에 관한 지료가 결정된 바 없다면 법정지상권자가 지료를 지급하지 않았다고 하더라도 지료 지급을 지체한 것으로는 볼 수 없으므로, 지료 연체를 이유로 하는 토지 소유자의 지상권 소멸청구는 이유가 없다(대판 1994. 12. 2, 93다52297). ③ 법정지상권이 성립되고 지료 액수가 판결에 의해 정해졌는데 지상권자가 판결 확정 후 지료의 청구를 받고도 상당한 기간 동안 지료의 지급을 지체한 때에는, 지체된 지료가 판결 확정의 전후에 걸쳐 2년분 이상일 경우에도 토지 소유자는 지료 연체를 이유로 지상권의 소멸을 청구할 수 있다(대판 1993. 3. 12, 92다44749). 이러한 법리는 분묘기지권을 취득한 경우에도 통용된다(대판 2015. 7. 23, 2015다206850). ④ 지상권자가 2년 이상의 지료를 지급하지 않은 때에는 지상권설정자는 지상권의 소멸을 청구할 수 있으나, 지상권설정자가 지상권의 소멸을 청구하지 않고 있는 동안 지상권자로부터 연체된 지료의 일부를 지급받고 이를 이의 없이 수령하여 연체된 지료가 2년 미만으로 된 경우, 지상권설정자는 종전에 지상권자가 2년분의 지료를 연체하였다는 사유를 들어 지상권의 소멸을 청구할 수 없으며, 이러한 법리는 토지 소유자와 법정지상권자 사이에서도 마찬가지이다(대판 2014. 8. 28, 2012다102384).

수목이 저당권의 목적이 된 경우에는 전조의 청구는 저당권자에게 통지된 후 상당한 기간이 지난 때에 효력이 생긴다」($\frac{288}{조}$). 지상권을 저당권의 목적으로 하거나 또는 지상물을 저당권의 목적으로 하였는데 지상권 소멸청구에 의해 지상권이 소멸되게 되면, 저당권자는 그 목적인 지상권을 잃고 또 지상권 없는 지상물을 목적으로 한 것이 되어 저당권자에게 극히 불리한 결과를 가져온다. 그래서 제288조는, 저당권자가 지상권의 소멸에 대응하여 자신의 권리를 보호할 수 있도록 하기 위해, 지상권설정자가 지상권 소멸청구를 한 때에는 그 사실을 저당권자에게 통지하고 그로부터 상당한 기간이 지난 때에 지상권 소멸의 효력이 생기는 것으로 한 것이다.

b) **지상권의 포기**　　지상권자는 언제든지 지상권을 포기할 수 있다. 그 포기는 법률행위 (물권적 단독행위)로서 그 등기를 하여야 효력이 생긴다. 다만 지상권의 포기에는 다음의 두 가지 제한이 있다. ① 유상의 지상권에서는 그 포기로 토지 소유자가 손해를 입은 때에는 이를 배상하여야 한다($\frac{153조}{2항}$). ② 지상권이 저당권의 목적이 된 때에는 저당권자의 동의 없이 지상권을 포기할 수는 없다($\frac{371조}{2항}$).

c) **약정 소멸사유**　　당사자가 지상권의 소멸사유를 약정할 수 있음은 물론이다. 다만, 지상권의 존속기간·지료 연체로 인한 소멸청구 등과 같은 규정에 위반되는, 지상권자에게 불리한 소멸사유의 약정은 효력이 없다($\frac{289}{조}$).

2. 지상권 소멸의 효과

a) **지상물 수거의무**　　지상권자는 지상물을 수거하여 토지를 원래 상태로 회복시켜야 한다($\frac{285조}{1항}$).

b) **지상물 매수청구권**　　(ㄱ) 「지상권설정자」는 상당한 가액을 제공하여 지상물의 매수를 청구할 수 있고, 지상권자는 정당한 이유 없이 그 청구를 거절하지 못한다($\frac{285조}{2항}$). 동조는 지상권이 소멸된 모든 경우에 적용되므로, 민법 제283조 1항에 의해 지상권자가 계약의 갱신을 청구한 때에도 지상권설정자는 이를 거절하고 지상물의 매수를 청구할 수 있다. 설정자의 지상물 매수청구권은 형성권이며, 그 매수의 의사표시에 의해 매매계약과 유사한 관계가 성립한다. 다만 그 의사표시만으로는 부족하고, '상당한 가액의 제공'이 있어야 한다. (ㄴ) 「지상권자」는 계약의 갱신을 청구할 수 있고, 지상권설정자가 이를 거절한 때에는 상당한 가액으로 지상물을 매수해 줄 것을 청구할 수 있음은 전술하였다($\frac{283조}{2항}$).

c) **유익비 상환청구권**　　토지의 임대차에서는 임차인에게 필요비와 유익비의 상환청구권을 인정한다($\frac{626}{조}$). 이를 지상권에도 유추적용할 수 있는지가 문제되는데, 통설은 '유익비 상환청구권'만을 유추적용할 수 있는 것으로 해석한다. 즉 토지임차인의 필요비 상환청구권은 임대인의 사용·수익에 필요한 상태를 유지해 줄 의무($\frac{623}{조}$)에 대응하는 것인데, 지상권설정자에게는 그러한 의무가 없는 점에서 이를 지상권에 유추적용할 수는 없다고 한다. 그러나 유익비의 경우에는 토지 소유자에게 부당이득이 된다는 점에서 지상권에도 이를 유추적용할 수 있다고 한다. 따라서 지상권자가 토지에 유익비를 지출한 경우에는 지상권 소멸시에 그 가액의

증가가 현존할 때에만 그 지출한 금액이나 증가액 중 어느 하나를 토지 소유자가 상환하여야 하며, 법원은 토지 소유자의 청구에 따라 상당한 상환기간을 정해 줄 수 있다($\frac{626조}{2항}$).

사례의 해설 (1) 지료의 약정이 있는 경우, 지상권자가 2년 이상의 지료를 지급하지 않는 때에는 지상권설정자는 지상권의 소멸을 청구할 수 있다($\frac{287}{조}$). 설문에서는 지료의 약정이 등기되어 있었으므로, 지상권의 양수인에게도 그 효력이 미치게 된다($\frac{부동산등기}{법 69조 4호}$). 그러므로 전 지상권자 乙이 지료를 연체한 상태에서 丙이 지상권을 양수한 경우에는 그 지료의 연체에 관해서도 丙이 이를 승계한다고 볼 것이다. 그 결과 이를 통산하게 되면 丙은 2년 이상의 지료를 연체한 것이 되므로, 甲은 丙에게 지상권의 소멸을 청구할 수 있다. 그에 따라 지상권은 소멸하게 되어 丙은 X토지를 점유할 정당한 권리가 없게 되므로, 甲의 丙에 대한 건물 철거 및 대지 인도청구는 인용된다.

(2) 甲이 그 소유 토지에 대해 B 앞으로 저당권을 설정해 줄 당시 이미 토지상에 건물이 있었으므로, 그 건물을 철거하고 새 건물을 신축하더라도, B가 토지에 대한 근저당권을 실행하여 토지 소유자 乙, 건물 소유자 甲으로 된 경우, 甲은 종전 Y1건물의 범위에서 법정지상권을 취득한다($\frac{366}{조}$). 한편 지료액은 등기를 하여야 제3자에게 대항할 수 있고, 甲과 乙 사이의 지료에 관한 판결 역시 제3자 丙에게는 그 효력이 미치지 않는다. 한편 지상권자가 2년 이상의 지료를 지급하지 않는 때에는 지상권설정자는 지상권의 소멸을 청구할 수 있지만($\frac{287}{조}$), 지상권자의 지료 지급 연체가 토지소유권의 양도 전후에 걸쳐 이루어진 경우에는 그 연체 기간을 합산할 수는 없고, 토지 양수인에 대한 연체 기간이 2년이 되지 않으면 토지 양수인은 지상권의 소멸을 청구할 수 없다($\frac{대판 2001. 3.}{13, 99다17142}$). 그러므로 丙의 청구는 기각된다. **사례** p. 272

VI. 강행규정

민법 제280조 내지 제287조, 즉 '지상권의 존속, 지상권의 양도와 임대, 갱신청구권과 지상물 매수청구권, 지료증감청구권, 지상권 소멸청구권'에 관한 규정은 (편면적) 강행규정으로서, 이를 위반하는 계약으로서 지상권자에게 불리한 것은 효력이 없다($\frac{289}{조}$). 따라서 위 규정에 반하는 계약을 맺은 때에도 여러 사정에 비추어 그것이 지상권자에게 불리하지 않은 경우에는 그 약정대로 효력이 생긴다.

VII. 특수 지상권

1. 구분지상권區分地上權

제289조의2 〔구분지상권〕 ① 지하나 지상의 공간은 상하의 범위를 정하여 건물 기타 공작물을 소유하기 위한 지상권의 목적으로 할 수 있다. 이 경우 설정행위로써 지상권 행사를 위하여 토지 사용을 제한할 수 있다. ② 제1항의 규정에 의한 구분지상권은 제3자가 토지를 사용·수익할 권리를 가진 경우에도 그 권리자와 그 권리를 목적으로 하는 권리를 가진 자 전원의 승낙이 있으면 이를 설정할 수 있다. 이 경우 토지를 사용·수익할 권리를 가진 제3자는 그 지상권의 행사를 방해하여서는 아니된다.

(1) 의 의

a) 구분지상권은 건물이나 그 밖의 공작물을 소유하기 위해 타인의 토지의 지하나 지상 공간을 상하의 범위를 정하여 사용하는 지상권이다($\frac{289조의}{2 \ 제1항}$). 구분지상권은 다음의 점에서 보통의 지상권과는 다르다. 1) 지상권은 토지소유권이 미치는 토지의 상하 전부에 효력이 미치는 데 비해, 구분지상권은 지상이나 지하의 일정한 범위에만 효력이 미친다. 2) 지상권은 건물이나 그 밖의 공작물 또는 수목의 소유를 위해 설정할 수 있으나, 구분지상권은 수목의 소유를 위해 설정할 수는 없다.

b) 구분지상권은 1984년의 민법 개정에서 신설한 제도이다. 즉 보통의 지상권은 토지소유권이 미치는 토지의 상하 전부에 효력이 미치는 것이어서($\frac{212조 \cdot}{279조}$), 지표에 대한 평면적 이용을 주로 하는 것일지라도 토지에 대한 타인의 이용 가능성은 전면적으로 배제된다. 이는 토지의 효율적인 이용을 필요 이상으로 제한하는 것일 뿐 아니라, 지상권자의 입장에서도 실제로 이용하지 않는 토지의 사용대가(지료)를 지급하여야 하는 불합리한 점이 있다. 그래서 토지의 상하 중 일정 범위를 지정하여 그 범위에서만 지상권의 효력이 미치도록 하고, 그 외의 토지 부분은 다른 목적을 위해 이용할 수 있도록 하자는 취지에서 구분지상권을 신설한 것이다. 참고로 이 제도를 신설하게 된 직접적인 계기는 '지하철의 설치'에 있다. 즉 지하철이 통과할 토지가 개인의 소유인 경우에, 그 토지 전부에 지상권을 설정하는 것은 지상권자와 토지 소유자에게 다 같이 불리하므로, 이를 해결하기 위해 구분지상권 제도를 채택한 것이다.

(2) 구분지상권의 설정

a) **설정방법**　당사자 사이의 구분지상권 설정계약과 등기에 의해 성립하는데, 구분지상권이므로 그 효력이 미치는 토지의 일정 부분(상하의 범위)을 반드시 등기해야 한다($\frac{부동산등기}{법 \ 69조}$). 그 목적은 건물이나 그 밖의 공작물(예: 터널·지하철·송전선·각종의 탑)의 소유이며, 수목의 소유를 목적으로 구분지상권을 설정할 수는 없다.

b) **배타성 있는 용익권이 존재하는 경우**　구분지상권을 설정하려는 토지에 이미 배타성이 있는 용익권이 존재하는 경우에는 구분지상권은 설정될 수 없고, 그렇게 되면 이 제도의 효용은 크게 감소된다. 그래서 민법은, 제3자가 당해 토지를 사용·수익할 권리(지상권·지역권·전세권·등기된 임차권 등)를 가지고 있는 경우에는, 그 권리자와 그 권리를 목적으로 하는 권리(지상권·전세권을 목적으로 하는 저당권)를 가진 자 전원의 승낙이 있으면 구분지상권을 설정할 수 있는 것으로 하였다($\frac{289조의2 \ 제}{2항 \ 제1문}$). 전원의 승낙이 있어야 하므로, 한 사람이라도 승낙하지 않는 때에는 구분지상권은 성립할 수 없다. 이 경우 등기를 신청할 때에는 제3자의 승낙서를 첨부하여야 하고($\frac{부동산등기}{법 \ 24조}$), 이를 첨부하지 않은 때에는 등기신청은 각하된다($\frac{부동산등기법}{29조 \ 9호}$).

(3) 구분지상권의 효력

a) **지상권 규정의 준용**　구분지상권은 그 효력이 미치는 범위에서 보통의 지상권과 차이가 있을 뿐 질적인 차이가 있는 것이 아니므로, 민법 제279조를 제외한 지상권에 관한 규정은 구분지상권에도 준용된다($\frac{290조}{2항}$).

b) **구분지상권에 특유한 효력**　(ㄱ) 구분지상권자는 설정행위에서 정한 범위에서만 토지를 사용할 권리가 있고, 구분지상권이 미치지 못하는 토지 부분은 토지 소유자가 사용권을 갖게 된다. 다만, 설정행위로써 구분지상권 행사를 위해 토지 소유자의 토지 사용을 제한하는 특약을 맺을 수 있다(예: 지하에 구분지상권을 설정하는 경우에 토지 소유자가 지상에 50톤 이상의 공작물을 설치하지 않기로 하는 약정)($^{289조의2 \ 제}_{1항 \ 제2문}$). 이 특약은 등기할 수 있다($^{부동산등기법}_{69조 \ 5호}$). 그러나 구분지상권의 취지상 토지 소유자의 이용을 전면적으로 배제하는 내용의 특약은 맺을 수 없다. (ㄴ) 구분지상권이 당해 토지에 용익권을 가지는 제3자의 승낙을 받아 설정된 경우에는, 제3자는 구분지상권의 정당한 행사를 방해해서는 안 된다($^{289조의2 \ 제}_{2항 \ 제2문}$).

2. 분묘기지권墳墓基地權

(1) 의　의

분묘기지권은 타인의 토지에 분묘라는 특수한 공작물을 설치한 자가 그 분묘를 소유하기 위해 그 분묘가 있는 토지를 사용할 수 있는 지상권 유사의 물권이다. 관습법상의 물권으로서, 일찍이 조선고등법원 판례에서 이를 인정한 이래 대법원도 그 법리를 그대로 따르고 있다.

(2) 성립요건

(ㄱ) 다음 세 가지 중 어느 하나에 해당하여야 한다. ① 토지 소유자의 승낙을 받아 토지에 분묘를 설치한 경우이다($^{대판 1962. 4. 26,}_{4294민상451}$). 분묘의 설치에 관해 합의를 하는 때에는 그와 관련하여 지상권·임차권 등의 약정을 하는 수도 있으나, 그러한 사용권의 약정이 없이 합의를 한 때에는 분묘기지권을 취득한다. ② (장사법 시행일 전에) 타인 소유의 토지에 소유자의 승낙 없이 분묘를 설치한 경우에는 20년간 평온하고 공연하게 그 분묘의 기지를 점유함으로써 분묘기지권을 시효취득한다($^{대판 1969. 1.}_{28, \ 68다1927}$).[1] 이는 점유취득시효에 의해 취득하는 경우이지만($^{245조 1}_{항 \ 참조}$), 그 분묘의 기지에 대해 소유의 의사가 필요하지 않고 또 등기도 필요 없는 점에서 보통의 점유취득시효와는 다르다. 이 경우 분묘기지권을 시효취득할 수 있는 자는 그 분묘를 소유할 수 있는 자에 한한다($^{대판 1959. 4. 30,}_{4291민상182}$). ③ 자기 소유의 토지에 분묘를 설치한 자가 그 분묘를 이장한다는 특약이 없이 그 토지를 매매 등에 의해 처분한 경우이다($^{대판 1967. 10.}_{12, \ 67다1920}$). 이것은 관습상 법정지상권의 법리를 유추적용한 것이다. (ㄴ) 분묘기지권을 취득하기 위해서는 그 전제로 「분묘」로서의 요건을 갖추어야 한다. 즉, 그 내부에 시신이 안장되어 있어야 하고 그렇지 않은 예장의 경우에는 분묘라 할 수 없다($^{대판 1976. 10. 26,}_{76다1359, \ 1360}$). 또 시신이 안장되어 있더라도 외부에서 분묘임을 인식할 수 없는 평장·암장의 형태도 분묘라 할 수 없고($^{대판 1996. 6.}_{14, \ 96다14036}$), 이들 경우에는 분묘기지권을 취득하지 못한다. (ㄷ) 분묘의 외형 자체가 공시방법으로서 기능하며, 등기는 필요하지 않다($^{대판 1957. 10. 31,}_{4290민상539}$).

---

1) 2001. 1. 13.부터 시행되고 있는 「장사(葬事) 등에 관한 법률」(27조 3항)에 따르면, 토지 소유자의 승낙 없이 설치한 분묘의 연고자는 토지 소유자 등에게 토지사용권이나 그 밖에 분묘의 보존을 위한 권리를 주장할 수 없다. 따라서 장사법 시행일 전에 설치된 분묘에 관해서는 분묘기지권을 시효취득할 수 있지만(대판(전원합의체) 2017. 1. 19, 2013다17292), 장사법 시행일 후에 토지 소유자의 승낙 없이 설치한 분묘에 대해서는 분묘기지권을 시효취득할 수 없다(대판(전원합의체) 2021. 4. 29, 2017다228007).

(3) 효 력

a) 분묘의 소유를 위한 기지사용권   분묘기지권은 분묘의 소유를 위해서만 타인의 토지를 사용할 수 있는 것이고, 이때의 분묘는 이미 설치되어 있는 분묘만을 의미한다. 따라서 분묘기지에 새로운 분묘를 설치할 권능은 포함되지 않는다(대판 1958. 6. 12,/4290민상771). 즉, 부부 중 일방이 먼저 사망하여 이미 그 분묘가 설치되고 그 분묘기지권이 미치는 범위에서 그 후에 사망한 다른 일방을 단분 형태로 합장하여 분묘를 설치하는 것이나(대판 2001. 8. 21,/2001다28367), 또 분묘기지권의 효력이 미치는 범위에서 원래의 분묘를 다른 곳으로 이장하는 것도 허용되지 않는다(대판 2007. 6. 28,/2007다16885).

b) 범 위   분묘기지권은 분묘를 수호하고 봉제사하는 데 필요한 범위까지 미친다. 즉 분묘가 설치된 그 기지에 한하는 것이 아니라, 그 목적을 위해 필요한 범위, 이를테면 분묘의 뒤를 반달 모양으로 둘러쌓은 토지부분을 포함한다. 분묘기지권이 미치는 토지에 대해서는 토지 소유자가 공작물 등을 설치할 수 없으며, 이를 침범한 때에는 분묘기지권자는 그 철거를 청구할 수 있다(대판 1959. 10./8, 4291민상770).

c) 존속기간   분묘기지권은 지상권에 유사한 물권이기는 하지만, 그 존속기간은 민법의 지상권에 관한 규정에 따를 것이 아니라, 당사자 사이에 약정이 있으면 그에 따르고, 그 약정이 없는 경우에는 권리자가 분묘의 수호와 봉사를 계속하는 한 그 분묘가 존속하는 동안은 분묘기지권도 존속한다(대판 1994. 8./2, 94다28970).[1]

d) 지 료   분묘기지권이 성립하는 세 경우에 따라 그 지급 여부를 달리한다. (ㄱ) 토지 소유자의 승낙을 받아 토지에 분묘를 설치한 경우, <u>지료의 지급 여부는 당사자 간의 약정에 의해 정해진다</u>(그 약정의 효력은 분묘기지의 승계인에게도 미친다(대판 2021. 9. 16, 2017/다271834, 271841)). 그러한 약정이 없는 경우에는, 지료의 지급이 지상권의 요소가 아닌 점에 비추어 무상으로 보는 것이 타당하다. (ㄴ) '장사법' 시행 전에 설치된 분묘에 대해 분묘기지권을 시효취득한 경우, 분묘기지권자의 지료 지급의무의 내용은 다음과 같다. ① 취득시효형 분묘기지권은 당사자의 합의에 의하지 않고 성립하는 지상권 유사의 권리로서, 그로 인해 토지소유권이 사실상 영구적으로 제한된다는 점에서, 분묘기지권자는 일정 범위에서 지료를 지급할 의무가 있다고 보는 것이 형평에 부합한다(지료 지급의무가 없다고 본 종전 판례(대판 1995. 2./28, 94다37912)는 변경됨). ② 타인의 임야에 분묘를 설치하게 된 오래된 관행과 그 입증의 어려움 등 취득시효형 분묘기지권이 관습법으로 인정되어 온 역사적·사회적 배경을 고려할 때, 분묘를 설치한 시점으로 소급하여 지료를 지급하여야 한다고 보는 것은 위 제도의 취지에 부합하지 않는다. 따라서 <u>토지 소유자가 분묘기지에 관해 지료를 청구하는 것을 전제로, 그 청구한 날부터 지료를 지급하여야 한다</u>(분묘기지권이 성립함과 동시에 지료 지급의무가 있다고 본 종전 판례(대판 1992. 6./26, 92다13936)는 변경됨)(대판(전원합의체) 2021. 4. 29, 2017다228007).[2] (ㄷ) 자기 소유의 토지에 분묘를 가지고 있던 자가 그 분묘를 이장한다는 특약이 없이

---

1) 그런데 학설 중에는, 「장사 등에 관한 법률」에서는 적법하게 설치된 분묘의 존속기간을 15년으로 하고 이를 3회에 한해 연장할 수 있는 것으로 하고 있는데(동법 13조·17조), 분묘기지권의 경우에도 이를 적용하여야 한다고 보는 견해가 있다(곽윤직, 241면).

2) 이 사건 임야 중 400m² 지상에는 1940. 7.경 사망한 피고의 할아버지와 1961. 4.경 사망한 피고의 아버지의 각 분묘가 설치되어 있고, 피고는 현재까지 이 분묘를 수호·관리해 왔다. 원고는 2014년경 위 임야를 경매로 취득한 다

그 토지만을 처분하여 분묘기지권을 취득하는 경우, 이것은 관습상 법정지상권의 법리를 유추적용한 것이고, 관습상 법정지상권에서는 민법 제366조 단서를 유추적용하여 지료를 지급하여야 한다는 것이 통설과 판례이므로, 이때에는 제366조 단서를 유추적용하여 지료를 지급하여야 한다고 볼 것이다(동지: 곽윤직, 241면; 이상태, 285면). 판례도 이 경우 분묘기지권자는 분묘기지권이 성립한 때부터 지료를 지급할 의무가 있다고 한다(대판 2021. 5. 27, 2020다295892).

3. 관습상 법정지상권

> **사 례** (1) 甲 소유의 X토지 위에 있는 甲 소유의 주거용 건물 Y에 대하여 甲의 채권자 A의 신청에 기한 강제경매 절차가 진행되었고, 2010. 1. 24. 매수인 乙이 Y건물의 소유권을 취득하였다. 2010. 3. 10. 현재 X토지의 소유자 甲은 乙을 상대로 건물의 철거 및 토지의 인도를 청구하는 소를 제기하였다. 그 인용 여부를 판단하고 근거를 제시하시오. (15점)(2015년 제2차 변호사시험 모의시험)
>
> (2) X토지를 소유하고 있던 A에게는 세 자녀(B, C, D)가 있다. A는 X토지를 장남인 B에게 준다는 말을 자주 하였으나 2016. 3. 10. 유언 없이 사망하였다. 평소 B의 도움을 많이 받았던 C는 A의 뜻을 존중하여 2016. 5. 7. 상속포기 신고를 하였고, 2016. 6. 20. 수리되었다. 그리고 A의 사망 사실을 즉시 알았으나 해외유학 중이던 D는 2016. 8. 경 귀국하여 2016. 8. 25. 상속포기 신고를 하였고, 2016. 9. 30. 수리되었다. 한편, B는 2016. 4. 초순경 X토지 위에 Y건물을 짓기 시작하여 같은 해 8. 31. 준공검사를 받았다. 공사가 거의 끝날 무렵인 2016. 8. 5. B는 乙과 Y건물에 대한 매매계약을 체결하였고, 2016. 9. 5. 보존등기를 하지 않은 상태에서 乙에게 Y건물을 인도하였다. 그 후 B는 사업자금을 마련할 목적으로 2016. 9. 21. 甲에게 X토지를 매도하고 소유권이전등기를 경료해 주었다. 그런데 X토지 위에 미등기 상태인 Y건물이 있는 것을 알게 된 甲은 Y건물이 자신의 동의 없이 건축되었다고 주장하면서 乙을 상대로 Y건물의 철거를 청구하는 소를 제기하였다. 甲의 청구에 대하여, 乙은 X토지의 전 소유자인 B가 신축한 건물을 정당하게 매수하였다고 항변하였고, 甲은 Y건물을 신축할 당시 X토지가 B, C, D의 공유였다고 반박하였다. 甲의 Y건물에 대한 철거 청구는 인용될 수 있는가? (35점)(2018년 제7회 변호사시험) **해설** p.284

(1) 의 의

법정지상권이 성립하는 경우로서 법률(민법과 민사특별법)에서 정하는 것은 네 가지이다(305조 1항·366조, 가등기담보 등에 관한 법률 10조, 입목에 관한 법률 6조). 그런데 이것 외에도 관습에 의한 법정지상권의 성립을 인정하는 것이 판례의 확고한 입장이다. 즉, 일찍이 조선고등법원 판결에서 '한국에 있어서의 관습'이라고 하여 인정한 것을 효시로(朝高判 1916. 9. 29.), 대법원에서 이를 받아들인 이래(최초의 판결로서, 대판 1960. 9. 29, 4292민상944), 이러한 관습법은 현재에도 법적 규범으로서 효력이 있다고 한다(대판(전원합의체) 2022. 7. 21, 2017다236749).

(2) 성립요건

판례는, 「① 토지와 건물이 동일인의 소유에 속하였는데, ② 그 건물 또는 토지가 법률행위

음, 피고를 상대로 분묘의 기지 점유에 따른 원고의 소유권 취득일 이후의 지료 지급을 구한 사안이다.

또는 그 외의 원인에 의해 소유자가 달라지고, ③ 당사자 간에 그 건물을 철거한다는 특약이 없는 때에는」, 당연히 건물 소유자는 토지 소유자에 대하여 관습에 의한 법정지상권을 취득한다고 하고($\frac{대판\ 1962.\ 4.\ 18,}{4294민상1103}$), 이후에도 같은 취지의 판례가 반복되고 있다. 판례이론은, 특히 위 ③의 요건에 관해, 당사자 사이에 건물의 소유를 위하여 계속 토지를 사용케 하려는 묵시적 합의가 있는 것으로 볼 수 있다는 데 기초하고 있다.[1]

a) **토지와 건물이 동일인 소유**　　토지와 건물을 동일인이 소유하고 있어야 한다. (ㄱ) 토지와 건물이 각각 다른 사람의 소유인 경우에는 그 건물에 대하여 이미 토지 소유자에게 대항할 수 있는 용익권이 설정되어 있을 것이므로, 또다시 여기에 법정지상권을 인정할 필요가 없기 때문이다. 한편, 그러한 용익권이 없는 경우에는 용익권을 설정할 수 있음에도 하지 않은 것이므로 법정지상권을 인정하면서까지 건물 소유자를 보호할 필요가 없기 때문이다. 이러한 취지에서, 토지와 건물이 동일인의 소유가 아닌 경우, 즉 ① 대지소유자의 승낙을 받아 지은 건물을 매수한 자는 법정지상권을 취득할 수 없다($\frac{대판\ 1971.\ 12.}{28,\ 71다2124}$). ② 토지 소유자가 건물을 건축할 당시에 이미 토지를 타인에게 매도하여 소유권을 이전하여 줄 의무를 부담하고 있었다면, 토지의 매수인이 그 건축행위를 승낙하지 않는 이상 그 건물은 장차 철거되어야 할 것이고, 토지 소유자가 이를 예상하면서도 건물을 신축하였다면 그 건물을 위한 관습상 법정지상권은 발생하지 않는다($\frac{대판\ 1994.\ 12.\ 22,}{94다41072,\ 41089}$). ③ 원래 동일인에게 소유권 귀속이 원인무효로 이루어졌다가 그 뒤 원인무효가 밝혀져 그 등기가 말소됨으로써 그 건물과 토지의 소유자가 달라진 경우에는 관습상 법정지상권은 생기지 않는다($\frac{대판\ 1999.\ 3.}{26,\ 98다64189}$). (ㄴ) 반면, 처분될 당시에 동일인의 소유이면 족하고 원시적으로 동일인의 소유였을 필요는 없다. ① 동일인의 소유이면 미등기의 무허가 건물인 경우에도 그 적용이 있다($\frac{대판\ 1988.\ 4.}{12,\ 87다카2404}$). ② 대지소유자가 그 지상건물을 타인과 함께 공유하면서 그 단독소유의 대지만을 (건물 철거의 조건 없이) 타에 매도한 경우에는, 건물 공유자들은 각기 건물을 위하여 대지 전부에 대하여 관습상 법정지상권을 취득한다($\frac{대판\ 1977.\ 7.}{26,\ 76다388}$). ③ (법률행위 외에 강제경매나 공매 등에 의해 대지와 건물의 소유자가 달라진 경우에도 관습상 법정지상권이 성립하는데) '강제경매'의 경우에는 경매목적물에 대한 압류가 효력을 발생하는 때 또는 강제경매에 앞선 가압류집행이 있는 경우에는 그 가압류집행이 있은 때를 기준으로 하여 대지와 건물의 소유자가 동일인에게 속하여야 한다($\frac{대판(전원합의체)\ 2012.}{10.\ 18,\ 2010다52140}$).[2] 따라서 압류나 가압류 당시 대지와 건물의 소유자가 다른 경우에는 건물에 대해 관습상 법정지상권은 인정되지 않는다. 압류나 가압류의 효력이 생긴 때를 기준으로 삼아 대지와 건물이 동일인의 소유에 속하였는지를 판단하여야 하는 이유는, 부동산 강제경매 절차에서 목적물을 매수한 사람의 법적 지위는 압류의 효력이 발생하는 때를 기준으로 정하여져서 다른 제3자들은 이를 전제로 하여 자신의 이해관계를 계산하게 되는데, 이는 토지나 그 지상건물이 경매의 목적물이 된 경우에

---

1) 판례 중에는, "관습상의 지상권은, 그 경우 당사자 사이에 건물을 철거하기로 하는 등의 특별조건이 없다면 토지 소유자는 지상건물 소유자에게 그 건물 소유를 위한 지상권을 설정하여 주기로 한 의사가 있었던 것이라고 해석하여 인정되는 권리"라고 한 것도 있다(대판 1986. 5. 27, 86다카62).

2) 종전의 대판 1970. 9. 29, 70다1454와 대판 1971. 9. 28, 71다1631은 경락인이 소유권을 취득하는 때, 즉 매각대금을 다 낸 때를 기준으로 하였었는데, 이 판결에 의해 변경되었다.

건물에 대해 관습상 법정지상권이 성립하는지도 이해관계인에게 중요한 의미가 있는 점에서 다를 바 없다. 그리고 압류 이후 경매목적물의 소유권을 취득한 제3취득자는 경매절차상의 매수인이 소유권을 취득하게 되면 제3취득자 명의의 소유권이전등기는 직권으로 말소되는 점에서, 경매절차상의 매수인이 소유권을 취득하는 때에 대지와 건물의 소유자가 동일인이어야 한다는 것은 별다른 의미를 가질 수 없기 때문이다. 한편, 가압류에서 압류로 이행된 경우에는 당초부터 본집행이 있었던 것과 같은 효력이 있으므로, 이때는 가압류의 효력이 발생한 때를 기준으로 삼아 대지와 지상건물이 동일인에게 속하였는지를 판단하여야 한다. <u>다만, 강제경매의 목적이 된 토지 또는 그 지상건물에 관하여 강제경매를 위한 압류나 그 압류에 선행한 가압류가 있기 이전에 저당권이 설정되어 있다가 그 후 강제경매로 인해 그 저당권이 소멸되는 경우에는, 그 저당권 설정 당시를 기준으로 토지와 그 지상건물이 동일인에게 속하였는지를 판단하여야 한다.</u> 그 이유는, 만일 그 저당권설정 이후의 특정 시점을 기준으로 토지와 그 지상건물이 동일인에게 속하였는지에 따라 관습상 법정지상권의 성립 여부를 판단하게 되면, 저당권자로서는 저당권설정 당시를 기준으로 그 토지나 지상건물의 담보가치를 평가하였음에도 저당권설정 이후에 토지나 그 지상건물의 소유자가 변경되었다는 외부의 우연한 사정으로 인하여 자신이 당초에 파악하고 있던 것보다 부당하게 높아지거나 떨어진 가치를 가진 담보를 취득하게 되는 예상하지 못한 이익을 얻거나 손해를 입게 되기 때문이다(^{대판 2013.} _{4. 11, 2009}다62059).

〈판 례〉 (ㄱ) 다음의 경우에는 관습상 법정지상권을 부정한다. ① 토지 공유자의 한 사람이 다른 공유자의 지분 과반수의 동의를 받아 건물을 신축한 후 토지와 건물의 소유자가 달라진 경우, 토지에 관하여 관습상 법정지상권이 성립하는 것으로 보면 이는 토지 공유자의 1인으로 하여금 자신의 지분을 제외한 다른 공유자의 지분에 대해서까지 지상권설정의 처분행위를 허용하는 셈이 되어 부당하다(이러한 법리는 민법 제366조의 법정지상권의 경우에도 마찬가지로 적용되고, 나아가 토지와 건물 모두가 각각 공유에 속한 경우에 토지에 관한 공유자 일부의 지분만을 목적으로 하는 근저당권이 설정되었다가 경매로 인하여 그 지분을 제3자가 취득하게 된 경우에도 마찬가지로 적용된다)(^{대판 1993. 4. 13, 92다55756; 대판} _{2014. 9. 4, 2011다73038, 73045}). 또한 공유 토지 위에 건물을 소유하고 있는 토지 공유자 중 1인이 자기의 토지 지분만을 매도한 경우, 토지 전체에 관해 관습상 법정지상권은 성립할 수 없다(^{대판 1988. 9.} _{27, 87다카140}). ② 甲과 乙이 대지를 각자 특정하여 매수하였는데 분필이 되어 있지 않아 그 특정 부분에 상응하는 지분 소유권이전등기를 마친 구분소유적 공유관계에 있어서, 乙이 매수하지 않은 대지 부분 위에 있는 乙 소유의 건물은 당초부터 건물과 토지의 소유자가 서로 다른 경우여서 관습상 법정지상권이 성립될 여지가 없다(^{대판 1994. 1.} _{28, 93다49871}). ③ 명의신탁된 토지상에 수탁자가 건물을 신축한 경우, 토지 소유자는 명의신탁자이므로 수탁자는 관습상 법정지상권을 취득하지 못한다(^{대판 1986. 5.} _{27, 86다카62}). ④ 토지 매매에 수반하여 토지 소유자가 매수인으로부터 토지 대금을 다 받기 전에 그 토지 위에 건물을 신축할 수 있도록 토지사용을 승낙하였다 하더라도 특별한 사정이 없는 한 매매 당사자 사이에 그 토지에 관한 지상권 설정의 합의까지 있었던 것으로 볼 수는 없으므로, 그 매매계약이 적법하게 해제된 경우에는 토지매수인은 비록 당초에 토지사용 승낙을 받아 그 토지 위에 건물을 신축 중이었다 하더라도 그 토지를 신축건물의 부지로 점유할 권원을 상실하게 되는 것이고, 또 당초에 건물과 그 대지가 동일인의 소유였다가 경매 등의 사유로 소유자를 달리 하게 되는 경우가 아닌 이상 관습상 법정지상권도 성립하지 않는다(대판 1988. 6. 28, 87 다카2895). ⑤ 토지를 매수하여 사실상 처분권한을 가지는 자가 그 지상에 건물을 신축하여 건물의 소유권을 취득하였다고 하더라도 토지에 대한 소유권을 취득하지 않은 이상 토지와 건물이 동일한 소유자에게 속하였다고 할 수는 없는 것이므로, 이러한 상태의 건물에 대하여 강제경매 절차에 의하여 그 소유자가 다르게 되었다고 하여 건물을 위한 관습상 법정지상권이 성립하는 것은 아니다(대판 1994. 4. 12, 93다56053). ⑥ 원래 채권을 담보하기 위해 나대지상에 가등기가 마쳐졌고, 그 뒤 대지소유자가 그 지상에 건물을 신축하였는데, 그 후 그 가등기에 기한 본등기가 마쳐져 대지와 건물의 소유자가 달라진 경우에 관습상 법정지상권을 인정하면, 애초에 대지에 채권담보를 위하여 가등기를 한 사람의 이익을 크게 해치기 때문에 특별한 사정이 없는 한 건물을 위한 관습상 법정지상권은 성립하지 않는다(대판 1994. 11. 22, 94다5458). ⑦ 대지와 그 지상의 미등기 건물을 일괄하여 매수하고 대지에 대하여만 소유권이전등기를 마친 경우, 형식상으로는 미등기 건물의 소유자와 대지의 소유자가 다르지만, 미등기 건물의 소유자(건물 신축자)에게 관습상 법정지상권은 인정되지 않는다(대판(전원합의체) 2002. 6. 20, 2002다9660). 관습상 법정지상권은 건물의 소유자로 하여금 대지의 사용을 계속할 수 있게 하는 것을 그 취지로 하는데, 위 경우에는 미등기 건물의 소유자에게 대지의 사용권을 인정하거나 용인하려는 것을 인정할 수 없기 때문이다.

(ㄴ) 다음의 경우에는 관습상 법정지상권을 인정한다. ① 공유지상에 공유자의 1인 또는 수인 소유의 건물이 있을 경우, 위 공유지의 분할로 그 대지와 지상건물이 소유자를 달리하게 될 때에는 건물 소유자는 그 건물 부지상에 그 건물을 위하여 관습상 법정지상권을 취득한다(대판 1974. 2. 12, 73다353. 동지: 대판 1967. 11. 14, 67다1105). ② 대지소유자가 그 지상건물을 타인과 함께 공유하면서 그 단독소유의 대지만을 매도한 경우, 건물 공유자들은 각기 건물을 위하여 대지 전부에 대해 관습상 법정지상권을 취득한다(대판 1977. 7. 26, 76다388). ③ 원고와 피고가 1필지의 대지를 구분소유적으로 공유하고 피고가 자기 몫의 대지 위에 건물을 신축하여 점유하던 중 위 대지의 피고 지분만을 원고가 경락 취득한 경우, 피고는 관습상 법정지상권을 취득한다(대판 1990. 6. 26, 89다카24094). ④ A 소유 토지에 B가 청구권 보전의 가등기를 한 후 A가 토지상에 건물을 신축하고, 그 후 B가 가등기에 기해 소유권이전의 본등기를 마친 경우, 가등기에 기해 본등기를 하여도 가등기를 한 때로 소급하여 물권변동의 효력이 발생하는 것은 아니므로, 다시 말해 토지와 건물이 A의 소유인 상태에서 그 후 토지의 소유자(B)와 건물의 소유자(A)가 다르게 된 것이므로, A는 관습상 법정지상권을 취득한다(대판 1982. 6. 22, 81다1298, 1299) (*유의할 것은, 만일 B의 가등기가 담보목적의 가등기인 경우에는 A는 관습상 법정지상권을 취득하지 못하는데, 이에 관해서는 위 (ㄱ) ⑥의 판례를 볼 것).

b) 법률행위 또는 그 외의 원인에 의해 소유자가 달라질 것   토지와 건물 중 어느 하나가 「법률행위 또는 그 외의 원인」으로 처분되어 그 소유자가 각각 다르게 되어야 한다.[1] 소유자

---

1) 판례: 「채권자취소권의 행사로 인한 사해행위의 취소와 일탈 재산의 원상회복은 채권자와 수익자 또는 전득자에 대한 관계에서만 효력이 발생할 뿐이고 채무자가 직접 권리를 취득하는 것이 아니므로, 토지와 지상건물이 함께 양도되었다가 채권자취소권의 행사에 따라 그중 건물에 대해서만 양도가 취소되고 수익자와 전득자 명의의 소유권이전등기가 말소되었다고 하더라도, 이는 관습상 법정지상권의 성립요건인 '동일인의 소유에 속하고 있던 토지와 지상건물이 매매 등으로 인하여 소유자가 다르게 된 경우'에 해당하지 아니하여, 관습상 법정지상권이 성립하지 않는다」(甲이 토지와 건물을 乙에게 양도하였는데, 甲의 채권자에 의해 건물 양도 부분만이 사해행위로 취소된 경우, 건물 소유권이 甲에게 회복되더라도 甲이 실질적으로 건물의 소유자가 되는 것은 아니어서 이 경우 甲에게 관습상 법정

가 다르게 되는 원인에는 두 가지가 있다. ① 법률행위 즉 토지와 건물 중 어느 하나가 매매나 증여에 의해 소유자가 달라지는 경우와(대판 1962. 4. 18, 4294민상1103; 대판 1963. 5. 9, 63다11), ② 법률행위에 의하지 않은 것으로서, 강제경매나 공매처분 등에 의해 소유자가 달라지는 경우이다(대판 1970. 9. 29, 70다1454; 대판 1967. 11. 28, 67다1831).[1] 강제경매가 아닌 임의경매의 경우에는 민법 제366조에 따라 법정지상권이 성립함을 유의할 것이다.[2]

c) **철거 약정의 부존재** 당사자 사이에 건물을 철거한다는 특약이 없어야 한다(그 특약에 대해서는 이를 주장하는 자가 입증하여야 한다(대판 1988. 9. 27, 87다카279)). (ㄱ) 건물 철거의 합의가 없어야 되는 이유는, 그러한 합의가 없을 때라야 토지와 건물의 소유자가 달라진 후에도 건물 소유자로 하여금 그 건물의 소유를 위하여 토지를 계속 사용케 하려는 묵시적 합의가 있는 것으로 볼 수 있다는 데 있다. '묵시적 합의'라는 당사자의 추정 의사는 건물의 소유를 위하여 '토지를 계속 사용한다'는 데 있는 것이므로, 단지 형식적으로 건물을 철거한다는 내용만이 아니라 건물을 철거함으로써 토지의 계속 사용을 그만두고자 하는 당사자의 의사가 그 합의에 의하여 인정될 수 있어야 한다. 그러므로 토지와 건물의 소유자가 토지만을 타인에게 증여한 후 구 건물을 철거하되 그 지상에 자신의 이름으로 다시 신축하기로 합의한 경우, 관습상 법정지상권은 인정된다(대판 1999. 12. 10, 98다58467; 대판 2000. 1. 18, 98다58696, 58702). 반면, 甲이 건물을 제외한 채 그 대지와 부근의 토지들을 함께 乙에게 매도하여 건물과 대지가 소유자를 달리하게 되었더라도 甲이 위 대지 부분을 다시 매수하고 그 대신 乙에게 위 토지와 인접한 다른 토지를 넘겨주기로 하는 특약을 맺었다면, 당사자 사이에 매수인으로 하여금 아무런 제한 없는 토지를 사용하게 하려는 의사가 있었다고 보아야 하므로, 위 특약이 매도인 측의 귀책사유로 이행불능이 된 이상 매도인은 위 건물을 위한 관습상 법정지상권을 주장하지 못하고 건물을 철거하여 매수인에게 아무런 제한이 없는 토지를 인도할 의무가 있다(대판 2008. 2. 15, 2005다41771, 41788). (ㄴ) 토지와 건물 중 건물만을 양도하면서 따로 대지에 대해 임대차계약을 체결한 경우에는, 그 대지에 성립하는 관습상의 법정지상권을 포기한 것으로 본다(대판 1968. 1. 31, 67다2007).

d) **등 기** 관습상 법정지상권은 관습법에 의해 당연히 성립하고 등기를 요하지 않는다(187조 본문). 다만 이를 처분할 때에는 법정지상권에 기해 지상권등기를 한 후 이전(등기)하여야 한다(187조 단서). 한편 법정지상권이 붙은 건물을 양도하고 양수인은 건물에 대해서만 소유권이전등

지상권은 인정되지 않고, 위 경우 토지와 건물의 소유자는 여전히 乙이 되므로, 나중에 건물에 대한 강제경매 절차에서 丁이 소유권을 취득한 경우에는 丁이 관습상 법정지상권을 취득한다고 본 사안이다)(대판 2014. 12. 24, 2012다73158).

1) 판례: 「환지로 인하여 새로운 분할지적선이 그어진 결과 환지 전에는 동일인에게 속하였던 토지와 그 지상건물의 소유자가 달라졌다 하더라도, 환지의 성질상 건물의 부지에 관하여 소유권을 상실한 건물 소유자가 환지된 토지(건물부지)에 대해 건물을 위한 관습상 법정지상권을 취득하거나 그 환지된 토지의 소유자가 그 건물을 위한 관습상 법정지상권의 부담을 안지 않는다」(대판 2001. 5. 8, 2001다4101).

2) 문제는 저당권이 설정된 부동산에 대해 저당권자가 아닌 다른 채권자의 신청에 따라 강제경매가 개시되고, 그에 따라 토지와 건물의 소유자가 다르게 되는 경우이다. 판례는 이 경우 관습상 법정지상권이 성립한다는 전제에서 판단하고 있다(대판 2013. 4. 11, 2009다62059). 그런데 이 경우 저당권자는 경매에 참여해서 우선변제를 받게 되는 점에서 사실상 저당권자 자신이 경매를 신청하는 것과 다를 것이 없는 점에서, 또 민법 제366조는 "저당물의 경매"라고 하였을 뿐 저당권자가 경매를 신청하였을 것을 요건으로 정하고 있지는 않은 점에서, 위 경우는 민법 제366조에 의한 법정지상권을 적용하는 것이 타당할 것으로 본다.

기를 한 경우, 판례는 신의칙을 이유로 토지 소유자의 건물 소유자에 대한 건물 철거 청구를 부정하는데($^{대판(전원합의체)\ 1985.}_{4.\ 9,\ 84다카1131,\ 1132}$), 이것은 관습상 법정지상권의 경우에도 통용된다($^{대판\ 1988.\ 9.}_{27,\ 87다카279}$).

(3) 효 력

a) 관습상 법정지상권은 관습법에 의해 당연히 성립하는 것을 제외하고는 보통의 지상권과 다를 것이 없다. 따라서 민법의 지상권에 관한 규정을 준용할 것이다($^{대판\ 1968.\ 8.}_{30.\ 68다1029}$). (ㄱ) 존속기간은 약정하지 않은 것으로 보아, 민법 제281조에 의해 존속기간이 정해진다. 따라서 견고한 건물의 경우에는 30년, 그 밖의 건물은 15년이 된다. 존속기간이 만료된 경우에 갱신청구권과 매수청구권($^{283}_{조}$)이 인정되는 것도 보통의 지상권에서와 같다($^{대판\ 1968.\ 8.}_{30,\ 68다1029}$). (ㄴ) 지료에 관하여는 같은 법정지상권이라는 점에서 민법 제366조 단서를 준용하여 이를 지급하여야 한다는 것이 통설이다. 따라서 지료에 관한 구체적인 내용은 당사자의 협의에 의할 것이지만, 협의가 이루어지지 않으면 당사자의 청구에 의해 법원이 정한다. 판례[1]도 같은 취지이다.

b) 법정지상권 취득 당시의 건물이 멸실되어 다시 신축하거나 건물의 독립성을 인정할 수 없을 정도로 훼멸된 것을 새로운 독립된 건물로 개축하여 양 건물이 동일성을 상실한 경우에는, 건물의 소유를 위한 법정지상권은 소멸된다($^{대판\ 1985.\ 5.}_{14,\ 85다카13}$).

[사례의 해설] (1) 甲의 乙에 대한 건물의 철거 및 인도 청구는 소유권에 기한 반환청구 및 방해배제청구에 해당하는 것인데($^{213조·}_{214조}$), 乙에게는 Y건물의 소유를 위해 X토지를 사용할 수 있는 관습상 법정지상권이 인정되므로, 乙은 X토지를 점유할 정당한 권리가 있음을 이유로 토지의 인도 청구를 거부할 수 있고($^{213조}_{단서}$), 토지소유권을 방해하고 있는 것이 아님을 이유로 건물의 철거 청구를 거부할 수 있다.

(2) C의 상속포기로 그의 상속분은 B에게 귀속하고($^{1041조~}_{1043조}$), D의 상속포기는 법정기간을 지나한 것이어서 포기로서는 무효이지만 상속재산에 관한 협의분할로서는 효력이 있어($^{1013조·}_{1015조}$), 결국 X토지는 상속개시 당시부터 B의 단독소유가 된다. B는 X토지상에 Y건물을 지어 Y건물을 乙에게 매도하였는데, 그 건물이 미등기인 관계로 토지와 건물의 소유자는 B가 된다. 이 상태에서 B는 X토지를 甲에게 매도하여 甲이 토지에 대해 소유권이전등기를 마침으로써 B는 Y건물에 대해 관습상 법정지상권을 취득한다. 여기서 B는 관습상 법정지상권을 취득하기에 앞서 Y건물을 乙에게 매도한 것이지만, 여기에는 장차 취득하게 될 관습상 법정지상권도 함께 매도한 것으로 볼 수 있다. 따라서 乙은 Y건물의 소유를 위해 X토지에 관하여 B에 대한 지상권이전등기청구권을 보전하기 위해 채권자대위권에 기해 甲을 상대로 B 앞으로 지상권을 설정해 줄 것을 청구할 수 있고, 또 甲은 관습상 법정지상권의 부담을 용인하고 있는 것이어서, 결국 이러한 지위에 있는 甲이 乙에게 건물의 철거를 구하는 것은 신의칙상 허용될 수 없다($^{대판\ 1996.\ 3.\ 26,\ 95다}_{45545,\ 45552,\ 45569}$).   **[사례]** p. 279

---

1) 판례: 「국유재산에 관하여 관습에 의한 법정지상권이 성립된 경우 그 지료에 관하여는, 당사자의 청구에 의하여 법원이 이를 정한다고 규정한 민법 제366조를 준용하여야 할 것이고, 이때 토지 소유자는 법원에서 상당한 지료를 결정할 것을 전제로 하여 바로 그 급부를 청구할 수 있다」(대판 1996. 2. 13, 95누11023).

제 3 관 지 역 권地役權

Ⅰ. 총 설

1. 지역권의 의의

> 제291조〔지역권의 내용〕 지역권자는 일정한 목적을 위하여 타인의 토지를 자기 토지의 편익에 이용
> 할 권리가 있다.

(1) 지역권은 어느 토지의 편익을 위해 타인의 토지를 이용하는 용익물권이다. 예컨대 甲토지의 소유자가 乙토지를 통행하거나, 乙토지를 통해서 인수를 하거나, 또는 甲토지의 전망을 위해 乙토지상에 건축을 하지 못하게 함으로써 각각 甲토지의 사용가치를 높일 수 있다. 여기서 편익을 받는 甲토지를 「요역지要役地」라 하고, 편익을 제공하는 乙토지를 「승역지承役地」라 하는데(부동산등기법$\binom{37조}{38조}$에서는 요역지를 '편익필요지', 승역지를 '편익제공지'라고 한다), 지역권은 요역지의 편익, 즉 사용가치를 높이기 위해 승역지를 이용할 수 있는 것을 내용으로 하는 물권이다.

(2) 지역권의 내용으로서 '토지의 편익에 이용한다'는 것은, 1차적으로 요역지의 사용가치를 증가시키는 것을 말한다. 그리고 이를 통해 그 소유자가 편익을 받는 관계를 의미한다. 즉 그 편익은 소유자에 직접 관계된 것이 아니라, 토지 그 자체에 관계된 것이다. 지역권은 이처럼 자기 토지의 편익을 위해 타인의 토지를 이용하는 권리이므로, 요역지에 거주하는 사람의 인적 편익을 위해 지역권을 설정하지는 못한다. 예컨대, 요역지의 하천을 매몰하기 위해 승역지의 토사를 채취하는 것은 지역권의 목적으로 할 수 있지만, 요역지에 거주하는 도자기공이 도자기를 만들기 위해 승역지의 토사를 채취하는 것은 지역권의 목적으로 할 수 없다.

〈참 고〉 민법은 지역권에 관해 규정하는데($\binom{291조\sim}{302조}$), 현행 민법 제정 당시에도 그 효능은 거의 발휘되고 있지 않다는 지적이 있었고,[1] 이것은 지금도 달라지지 않은 것으로 평가되고 있다. 그 이유로는 다음 두 가지를 들 수 있다. 하나는 소유권의 한계로서 정한 상린관계 규정($\binom{216조\sim}{244조}$)의 대부분이 실질적으로 지역권의 기능을 하고 있다는 점이고, 다른 하나는 지상권에서처럼 토지소유자와 토지사용자 사이의 경제적 불균형에서 연유하는 것이 아니라 지역권 설정의 법률관계가 애매하고 구체적이지 못하다는 점이다($\binom{민법주해(Ⅵ),}{15면(박재윤)}$). 즉 보편적으로 많이 이용되는 임대차의 경우에는 임차인이 타인의 물건을 사용·수익하는 단순한 법률관계로 정해진 데 반해($\binom{618}{조}$), 지역권은 '지역권자가 일정한 목적을 위해 타인의 토지를 자기 토지의 편익에 이용하는 권리'로 되어 있어($\binom{291}{조}$), 즉 지역권을 설정하는 목적은 1차로 자기 토지의 편익을 위한 것이어야 하고, 지역권자는 그 토지가 편익을 받게 됨으로써 2차로 이를 이용하는 것으로 되어 있어, 구체적으로 '토지 자체가 다른 토지로부터 편익을 받는 관계'가 과연 어떠한 것인지 상정하기 어렵고, 그래서

---

1) 민사법연구회, 민법안의견서, 111면(김진웅).

실생활에서 이 제도를 이용하는 데 장애가 되고 있다.

2. 지역권의 법적 성질

지역권은 같은 용익물권이지만 지상권 및 전세권과는 다음의 점에서 다른 성질을 띤다.

(1) 비한정적 · 비배타적 · 공용적 성격

(ㄱ) 지상권이나 전세권은 토지의 사용목적을 법률로 한정하고 있지만, 지역권에서 토지의 사용목적은 상린관계 중의 강행법규에 반하지 않는 한 어떠한 내용으로도 가능하다. (ㄴ) 지역권에 의한 토지사용은 배타적인 것이 아니다. 예컨대 甲이 乙 소유의 토지 위에 통행 지역권을 설정하여도, 乙은 甲의 통행을 방해하지 않는 범위에서 그 토지를 통행할 수 있고 또 다른 목적에 사용할 수도 있다. 한편 동일한 토지 위에 수개의 지역권이 성립할 수도 있다. 예컨대 甲이 乙 토지상에 통행 지역권을 설정하고 같은 토지 위에 丙이 조망 지역권을 설정하는 것도 가능하고, 또 甲이 통행 지역권을 설정한 토지에 丙이 다시 통행 지역권을 설정하는 것도 甲의 권리행사를 방해하지 않는 한 가능하다. 그리고 요역지가 상대방의 승역지로 되고, 승역지가 상대방의 요역지로 되는 이른바 상호 지역권도 가능하다.[1] (ㄷ) 지역권은 토지의 배타적인 지배권이 아니라 일종의 공동 이용권이다.

(2) 부종성附從性

a) (ㄱ) 지역권은 토지의 편익을 위해 존재하는 종된 권리이기 때문에 요역지를 떠나서 독립하여 존재할 수 없다. 따라서 지역권은 요역지의 소유권이 이전되면 당연히 같이 이전하며($\frac{292}{조}\frac{1항}{전문}$), 지역권 이전에 관한 별도의 합의를 요하지 않는다. 요역지 소유권의 이전등기가 있으면 지역권의 이전등기가 없어도 지역권 이전의 효력이 생긴다. 법률의 규정에 의한 부동산물권의 취득이기 때문이다($\frac{187}{조}$). 한편, 요역지에 지상권이나 전세권 또는 임차권 등의 용익권이 설정되면, 이들 용익권자는 토지의 사용에 있어 그 토지에 수반하는 지역권을 행사할 수 있으며, 또 요역지에 저당권이 설정되면 당연히 지역권에도 그 효력이 미친다($\frac{292조\ 1}{항\ 후문}$). 이러한 성질을 「지역권의 수반성」이라고 한다. (ㄴ) 지역권의 수반성은 당사자의 특약으로 배제할 수 있다($\frac{292조\ 1}{항\ 단서}$). 예컨대, 현재의 요역지의 소유자에 한해서만 지역권의 행사를 인정하고 그 외의 자에게는 이를 인정하지 않기로 하는 특약은 유효하다. 이 경우 요역지 소유권이 이전되면 그와 동시에 지역권은 소멸된다. 혹은 요역지의 소유자에 한하여 지역권의 행사를 인정하고 요역지의 용익권자에게는 그 행사를 인정하지 않기로 하는 특약도 가능하다. 다만, 이상의 특약은 등기해야 하며($\frac{부동산등기법}{70조\ 4호}$), 등기하지 않으면 요역지의 양수인이나 용익권자 등 제3자에게 그 효력을 주장하지 못한다.

b) 지역권은 요역지를 위해 존재하는 종된 권리이기 때문에, 요역지와 분리하여 지역권만을 따로 양도하거나 다른 권리의 목적으로 하지 못한다($\frac{292조}{2항}$). 지역권의 성질에서 나오는 당연한 결과이며, 이를 「지역권의 부종성」이라고 부른다.

---

1) 이영준, 659면; Münchener Komm./Falckenberg, Rdnr. 24 zu §1018.

(3) 불가분성

a) 요역지 또는 승역지가 수인의 '공유'에 속하는 경우, 공유지분의 성질상 지역권은 요역지의 지분에 대해서만 또는 승역지의 지분에 대해서만 성립할 수는 없다. 그러므로 공유자의 1인에 대하여 지역권의 취득 또는 소멸의 사유가 생긴 때에는, 그 효력을 공유자 전원에게 미치게 하거나 아니면 전혀 부인하거나 하는 수밖에 없다. 그런데 민법은 지역권을 되도록 성립 혹은 존속시키는 방침을 취하여, 그 취득에 관해서는 공유자 1인에게 취득 사유가 생김으로써 전원이 취득하도록 하고, 반면에 그 소멸에 관해서는 1인에게 소멸사유가 생기더라도 지역권은 소멸되지 않는 것으로 정한다. 구체적인 내용은 다음과 같다. (ㄱ) 토지의 공유자 중 1인은 자기의 지분에 관하여 그 토지를 위한 지역권이나 그 토지가 부담한 지역권을 소멸시킬 수 없다($\frac{293조}{1항}$). (ㄴ) 토지의 공유자 중 1인이 지역권을 취득한 경우에는 다른 공유자도 지역권을 취득한다($\frac{295조}{1항}$). 따라서 어느 공유자에 대한 취득시효의 중단은 지역권을 행사하고 있는 공유자 모두에게 하여야 효력이 있다($\frac{295조}{2항}$). (ㄷ) 요역지의 공유자 중 1인이 소멸시효를 중단시키거나 그 1인에 대하여 소멸시효의 정지 사유가 있으면 그 중단이나 정지는 다른 공유자에게도 효력이 있다($\frac{296}{조}$).

b) 지역권은 요역지의 편익을 위해 승역지를 이용하는 권리이다. 따라서 요역지 또는 승역지가 분할되거나 일부 양도된 경우에는, 지역권은 요역지의 각 부분을 위하여 존속하거나 승역지의 각 부분에 존속한다($\frac{293조 2}{항 본문}$). 그러나 지역권의 성질상 토지의 일부에만 관한 것인 경우에는 그 일부만을 위하여 또는 그 일부에만 존속한다($\frac{293조 2}{항 단서}$).

3. 지역권의 대가와 존속기간

민법은 지역권의 '대가'와 '존속기간'에 관해 아무런 규정을 두고 있지 않을 뿐만 아니라, 부동산등기법도 이를 등기사항으로 규정하고 있지 않다($\frac{동법}{70조}$). 통설은, 지역권은 유상이나 무상 어느 것이나 무방하다고 한다. 또, 지역권이 본래 영구적인 것으로 설정되었던 로마법 이래의 연혁과 소유권을 제한하는 정도가 낮다는 점 등을 이유로 무기한(영구)의 지역권을 설정할 수 있는 것으로 해석한다.

II. 지역권의 취득

사례 이 사건 대지는 A의 소유인데, 1942. 5. 20. 조선총독부가 폭격으로 인한 화재의 연소에 대비하기 위해 강제로 그 대지상에 있던 A의 건물을 철거하여 공지로 만든 이래, 1962. 5. 20.까지 20년간 인접 대지의 소유자들(B)이 평온·공연하게 A의 이의를 받지 아니한 채 종로 5가의 대로에 연결된 통로로 사용하여 왔다. 그 후 통로로 사용하는 것을 저지하기 위해 A가 B를 상대로 위 대지에 대한 소유권의 확인을 구하였는데, 이에 대해 B는 민법 제294조에 의한 지역권의 시효 취득을 주장하였다. B의 주장은 인용될 수 있는가? 해설 p. 289

1. 취득 사유

지역권은 설정계약과 등기에 의해 취득하는 것이 보통이지만, 그 밖에 유언·상속·양도·취득시효에 의해서도 취득할 수 있다. 다만 지역권만을 독립하여 양도할 수는 없고, 요역지 소유권의 양도에 따라 같이 이전될 뿐이다($^{292조 1}_{항 본문}$). 이 중 일반적 취득 사유인 설정계약과 등기, 그리고 특칙을 두고 있는 취득시효에 의한 취득에 관해 설명한다.

2. 지역권설정계약과 등기

(1) 지역권은 설정계약과 등기에 의해 취득한다($^{186}_{조}$). 그 등기는, 승역지의 등기기록에 지역권의 등기를 하고, 지역권의 수반성을 제도적으로 실현하기 위해 요역지의 등기기록에도 지역권의 내용을 직권으로 기록한다($^{부동산등기법}_{70조·71조}$).

(2) 요역지는 1필의 토지여야 하며, 토지의 일부에 대해서는 지역권을 설정할 수 없다. 그러나 승역지는 1필의 토지의 일부에 설정할 수 있다($^{부동산등기}_{법 70조}$). 한편, 지역권설정계약은 요역지 소유자와 승역지 소유자 사이에 체결되는 것이 보통이지만, 지역권은 양 토지의 이용의 조절을 목적으로 하는 것이므로, 지상권자·전세권자·(등기한) 임차인도 그 권한 범위(예: 존속기간 내)에서 지역권을 설정할 수 있다($^{통}_{설}$).

3. 지역권의 취득시효

> 제294조 〔지역권의 취득시효〕 지역권은 계속되고 표현된 것에 한하여 제245조의 규정을 준용한다.

(1) 본조의 적용범위와 취지

a) **적용범위** (ㄱ) 시효에 의한 지역권의 취득에는 두 가지가 있다. 하나는 이미 성립된 지역권을 요역지를 시효취득함으로써 함께 취득하는 것이고, 다른 하나는 지역권 자체를 새로 시효취득하는 것이다. 본조는 이 중 후자에 관한 시효취득의 요건을 정한 것이다. 전자의 경우에는 제3자가 요역지를 시효취득함으로써 그에 속한 지역권을 같이 취득하며(이때의 지역권은 계속·표현지역권에 한정하지 않는다), 이것은 취득시효 일반의 법리와 지역권의 부종성($^{292}_{조}$)의 법리에 따른 것이다. (ㄴ) 한편, 민법 제248조가 소유권 외의 재산권의 취득시효를 규정하고 있으므로 지역권의 취득시효에 대해 제245조를 준용할 것을 정한 본조는 불필요한 중복이라고 보는 견해가 있으나($^{곽윤직,}_{249면}$), 본조는 '계속되고 표현된 지역권'에 대해서만 취득시효가 성립한다는 특칙을 정한 것이기 때문에 불필요한 중복이라고 볼 수는 없다.

b) **취 지** 본조에 의한 시효취득은 「계속되고 표현」된 지역권에 대해서만 인정된다. 계속되거나 표현된 것의 어느 하나가 아니라 양자를 다 갖추어야 한다. 일반적으로 통행 지역권과 용수지역권이 이에 해당한다. 본조가 계속·표현지역권에 한해 취득시효를 인정하는 이유는 다음과 같다. 즉, 불계속지역권은 승역지로서는 손해가 적은 관계로 승역지의 소유자가 이를 인용하는 것이 보통이며, 또 불표현지역권은 외부에서 인식할 수 없으므로 승역지의 소

유자가 이에 대하여 권리를 주장하지 않는 것이 보통인데, 이러한 경우까지 시효에 의한 지역권의 취득을 인정하는 것은 오히려 시효 제도의 취지에 반한다고 볼 수 있기 때문이다. 그래서 계속·표현지역권에 한해 취득시효를 인정한 것이다.[1]

(2) 지역권의 시효취득과 등기

(ㄱ) 지역권을 시효취득하더라도 기간의 경과만으로 바로 지역권을 취득하는 것이 아니라 시효취득을 원인으로 한 등기청구권(지역권 설정등기청구권)을 취득할 뿐이고, 그 등기를 마침으로써 비로소 지역권을 취득하게 된다($\frac{245조}{1항}$). 따라서 지역권의 시효취득기간(20년)이 만료하였으나 그 등기를 하지 않은 사이에 승역지가 제3자에게 처분되어 그 등기가 마쳐지면, 제3자에게 지역권의 시효취득을 주장할 수는 없다($\frac{대판 1990. 10. 30,}{90다카20395}$). (ㄴ) 한편 지역권에 관하여도 점유취득시효($\frac{245조}{1항}$) 외에 등기부 취득시효($\frac{245조}{2항}$)가 인정될 수 있다. 예컨대 지역권설정등기를 마치고 지역권 행사의 의사로 평온하고 공연하게 선의이며 과실 없이 10년간 지역권을 행사한 때에는, 설정행위에 무효나 취소의 사유가 있더라도 지역권을 시효취득한다.

(3) 공유자 1인의 시효취득

요역지의 공유자 중 1인이 지역권을 시효취득하면 불가분성에 의해 다른 공유자도 지역권을 취득한다($\frac{295조}{1항}$).

> **사례의 해설** 통행지역권의 시효취득의 요건으로, 판례는 요역지 소유자가 타인의 토지를 20년간 통행하였다는 사실만으로는 부족하고, 요역지 소유자가 승역지상에 통로를 개설하여 시효기간 동안 승역지를 계속 사용한 사실을 요구한다($\frac{대판 1970. 7. 21,}{70다772, 773}$). 사례에서는 그 통로의 개설이 요역지 소유자인 B에 의해 이루어진 것이 아니므로, B는 통행지역권을 시효취득할 수 없다.
>
> **사례** p. 287

Ⅲ. 지역권의 효력

1. 지역권자의 권능

(1) 지역권자는 설정행위에 따라, 시효취득의 경우에는 그 기초가 된 점유의 사실에 따라, 승역지를 각각 자기 토지의 편익에 이용할 수 있다.

(2) 지역권의 기능은 수개의 토지 간의 이용을 조절하는 데 있으므로, 지역권의 내용은 지역권의 목적을 달성하는 데 필요하고 또한 승역지 이용자에게 가장 부담이 적은 범위에 국한

---

1) (ㄱ) <u>판례는 「계속·표현」지역권의 개념을 좁게 해석하는 경향을 보인다.</u> 즉 '통행 지역권'에 관하여, 요역지 소유자가 승역지상에 통로를 개설하여 시효기간 동안 이를 계속 사용하였어야 하며(대판 1966. 9. 6, 66다2305, 2306), 그 통로의 개설이 요역지 소유자에 의해 이루어져야 한다(대판 1970. 7. 21, 70다772, 773). 또, 요역지 소유자 기타 사용권자만이 시효취득할 수 있고, 요역지의 불법점유자는 시효취득할 수 없다고 한다(대판 1976. 10. 29, 76다1694). (ㄴ) 일본 최고재판소 판례도 같은 취지이다. 즉 승역지 소유자가 요역지 소유자를 위해 호의적으로 통로를 개설해 준 경우(日最判 1955. 12. 26: 民集 9. 14. 2097)와, 승역지 소유자가 개설·사용하고 있는 통로를 요역지 소유자도 통행한 경우(日最判 1958. 2. 14: 民集 12. 2. 268)에, 그 통로의 개설이 요역지 소유자에 의해 직접 행해지지 않았다는 것을 이유로 취득시효를 부정하였다.

되어야 한다. 민법은 이러한 취지로서 다음 두 개의 규정을 두고 있다.

a) 용수지역권用水地役權 　(ㄱ) 물은 사람의 일상생활에 필요한 것이기 때문에, 민법 제297조는 지역권 중 '용수지역권'에 관해 따로 특칙을 정한다. 동조는 요역지와 승역지 모두 승역지에서 인수를 하는 지역권에 대해서만 적용된다. 또 지역권인 점에서 상린관계로서 정하고 있는 공유하천용수권($^{231조~}_{234조}$)과 공용수용수권($^{235}_{조}$)과는 다르다. (ㄴ) 승역지의 물의 양이 요역지와 승역지에 필요한 양보다 적을 때에는 요역지와 승역지 모두 가정용을 우선으로 하고, 나머지가 있으면 다른 용도에 공급해야 한다($^{297조 1}_{항 본문}$). 쌍방이 모두 가정용에 사용하는 때에는 그 수요에 따라 물의 공급을 배분할 것이다. 다만 용수의 사용방법과 사용량에 관하여 설정행위에서 따로 약정하였으면 그 약정에 따른다($^{297조 1}_{항 단서}$). (ㄷ) 승역지에 여러 개의 용수지역권이 설정될 수 있으며, 이 경우 후순위 용수지역권자가 선순위 용수지역권자에 우선하지 못함은 물론이다 ($^{297조}_{2항}$).

b) 공작물의 공동사용 　승역지 소유자는 지역권 행사를 방해하지 않는 범위에서 지역권자가 지역권을 행사하기 위하여 승역지에 설치한 공작물을 사용할 수 있고($^{300조}_{1항}$), 이 경우 그 수익 정도에 비례하여 공작물의 설치와 보존에 드는 비용을 분담해야 한다($^{300조}_{2항}$).

2. 승역지 소유자의 의무

(ㄱ) 승역지 소유자의 기본적 의무는 지역권자의 행위를 인용하고 또 일정한 이용을 하지 않을 부작위의무를 지는 것이다. (ㄴ) 특약으로 승역지 소유자가 지역권 행사를 위해 자기 비용으로 공작물을 설치하거나 수리할 의무를 부담하는 것으로 정할 수 있고, 이때 그 약정을 등기할 수 있다($^{부동산등기법}_{70조 4호}$). 이 경우 승역지 소유자의 특별승계인도 그 의무를 부담한다($^{298}_{조}$). (ㄷ) 제298조에 따른 의무는 승역지 소유자가 지역권에 필요한 부분의 토지소유권을 '지역권자에게 양도한다는 의사표시를 함으로써' 이를 면할 수 있다($^{299}_{조}$). 민법은 이를 「위기委棄」라고 표현한다. 이것은 승역지의 토지 부분에 대해 지역권자 앞으로 소유권이전등기를 하여야 효력이 생기고, 지역권자는 승역지의 소유권을 취득하기 때문에 지역권은 혼동으로 소멸된다($^{191}_{조}$).

3. 지역권에 기한 물권적 청구권

지역권도 물권이므로 지역권자는 그 침해에 대해 물권적 청구권을 가진다. 다만, 지역권에는 승역지를 점유할 권능이 없으므로 목적물의 반환청구권은 인정되지 않고, 방해제거청구권과 방해예방청구권만이 있다($^{214조~}_{301조}$).

Ⅳ. 지역권의 소멸

1. 소멸사유

지역권은 요역지 또는 승역지의 멸실, 지역권의 포기, 혼동($^{191조·299}_{조 참조}$), 존속기간의 만료, 약정 소멸사유의 발생, 승역지의 수용($^{공익사업을 위한 토지 등의 취}_{득 및 보상에 관한 법률 45조}$) 등에 의해 소멸된다. 그 밖에 특별히 문제되는 것으로 승역지의 시효취득에 의한 소멸과 지역권의 소멸시효가 있다.

2. 승역지의 시효취득에 의한 소멸

승역지가 제3자에 의해 시효취득되는 경우에는 지역권은 소멸되는 것이 원칙이다($^{구민\ 289}_{조\ 참조}$). 다만 다음의 예외가 있다. (ㄱ) 제3자가 지역권의 존재를 인용하면서 점유를 한 때에는, 지역권의 제한이 있는 소유권을 시효취득하였다고 볼 것이므로 지역권은 소멸되지 않는다($^{日大判\ 1918.}_{7.\ 16:\ 民錄\ 26}$$^{집,}_{1108면}$). (ㄴ) 승역지의 취득시효가 진행되고 있는 동안에 지역권자가 그 권리를 행사하면 취득시효의 기초인 점유는 지역권의 제한을 받는 상태로 되어 승역지를 시효취득하여도 지역권은 소멸되지 않는다.

3. 지역권의 시효소멸

지역권은 재산권으로서 20년의 소멸시효에 걸린다($^{162조}_{2항}$). 이와 관련하여 특별히 문제되는 점을 설명한다. (ㄱ) 불계속지역권에서는 최후의 행사시부터, 계속지역권에서는 그 행사를 방해하는 사실이 발생한 때부터 시효가 진행되는 것으로 해석한다($^{구민\ 291}_{조\ 참조}$). 예컨대 통행 지역권과 인수 지역권과 같은 계속지역권에서는 사실상 통행이나 인수를 하지 않는 때부터가 아니라, 승역지 소유자나 제3자 또는 천재 등에 의해 통로가 폐쇄되거나 수로가 제거된 때부터 시효가 진행된다. (ㄴ) 지역권의 내용의 일부만을 행사하는 경우에는 그 불행사의 부분만이 시효로 소멸된다($^{구민\ 293}_{조\ 참조}$). 예컨대 2미터 폭 도로의 통행 지역권을 가지는 자가 1미터만을 통행하면 나머지 1미터 부분의 지역권은 소멸시효에 걸린다(공간적 일부행사). 마찬가지로 야간 통행도 할 수 있는 지역권을 가진 자가 주간에만 통행하면 야간 통행 지역권은 시효로 소멸된다(시간적 일부 행사). (ㄷ) 요역지를 수인이 공유하는 경우에는, 소멸시효는 공유자 모두에게 완성된 때에만 효력이 생긴다($^{296}_{조}$).

V. 특수지역권

1. 의의와 법적 성질

(1) 민법 제302조(특수지역권)는 '어느 지역의 주민이 집합체의 관계로 각자가 타인의 토지에서 초목, 야생물 및 토사의 채취, 방목 기타 수익을 할 권리가 있는 경우에는 관습에 의하는 외에 지역권의 규정을 준용한다'고 규정한다. 이러한 특수지역권은 주로 관습에 의해 성립하는 것을 예정하고 있다. 그러나 우리나라에서는 이 분야에 관한 관습의 발굴이 미미한 실정에 있으므로, 특수지역권의 사회적 작용 내지 기능에 대해서도 명확히 밝혀진 바가 미미하다. 그런데 학설은 대체로, 이 제도는 토지의 합리적 발전을 방해할 뿐 아니라 농촌의 근대화를 저해하고, 나아가 각종의 특별법에 의하여 농토·산림·목야 등의 조성과 보호·개량을 도모한 결과, 이 제도는 거의 자취를 감추고 있는 실정이라고 한다. 그래서 특수지역권은 하나의 유물로 민법상에 자리할 운명에 처해 있다고 하여도 과언이 아니라고 보는 견해도 있다($^{민법주해(VI),}_{150면(민일영)}$).

(2) 입법자는 특수지역권을 일종의 지역권으로 파악하고자 하였으나, 통설은 이를 일종의

'인역권'으로 이해한다. 즉, 특수지역권은 권리자가 목적 토지를 점유하지 않고 다만 특정한 편익을 위하여 이용할 뿐이며, 또 목적 토지의 소유자는 소유권의 행사를 방해받지 않고 단지 편익을 제공할 의무를 부담한다는 점에서는 지역권과 유사하다. 그러나 지역권에서 편익을 받는 것은 토지 자체인 데 비해, 특수지역권에서는 '어느 지역의 주민', 즉 사람이기 때문이다. 다만, 전통적인 인역권은 개인에게 속하는 것이지만, 특수지역권의 경우에는 다수인에게 총유적으로 귀속한다는 점에서 다를 뿐이다. 요컨대, 특수지역권은 일정 지역의 주민이 특정 토지에 대한 수익권을 공동으로 소유, 즉 준총유하는 관계이다($\frac{278}{조}$).

2. 특수지역권의 취득과 상실

(ㄱ) 특수지역권은 관습에 의해 취득하는 경우가 많을 것이나, 계약에 의해서도 가능하다. 계약에 의해 특수지역권이 설정되는 경우에는 등기를 하여야 효력이 생긴다($\frac{186}{조}$). 그러나 관습에 의한 취득의 경우에는 등기를 요하지 않는다($\frac{통}{설}$). (ㄴ) 개개의 주민은 주민의 지위를 취득 · 상실함으로써 특수지역권도 자동적으로 취득 · 상실하며($\frac{278조·}{277조}$), 그 지위의 양도 또는 상속은 인정될 수 없다. 또 주민의 지위와 분리하여 특수지역권만을 처분하는 것도 허용되지 않는다.

3. 특수지역권의 규율

(ㄱ) 토지소유권과의 이용의 조절에 관해서는 지역권의 규정을 준용하고, 다른 관습이 있으면 그 관습에 따른다($\frac{302}{조}$). 특수지역권은 그 성질이 인역권인데도 지역권의 규정을 준용하는 이유는, 우리 민법에는 인역권에 관한 규정이 없을 뿐 아니라, 소유권의 이용을 조절하는 원리는 지역권과 인역권에 공통되기 때문이다. (ㄴ) 토지 수익권이 주민 전체에게 총유적으로 귀속하는 관계는 준총유로서, 이에 관하여는 총유의 규정($\frac{275조\sim}{277조}$)이 준용된다($\frac{278}{조}$). (ㄷ) 특수지역권은 인역권의 성질이 있으므로, 양도 · 상속을 할 수 없는 것이 원칙이다.

제 4 관   전 세 권傳貰權

I. 전세권의 의의와 성질

> 제303조〔전세권의 내용〕 ① 전세권자는 전세금을 지급하고 타인의 부동산을 점유하여 그 부동산의 용도에 좇아 사용 · 수익하며, 그 부동산 전부에 대하여 후순위 권리자 기타 채권자보다 전세금의 우선변제를 받을 권리가 있다. ② 농경지는 전세권의 목적으로 하지 못한다.

(ㄱ) 전세권은 전세금을 지급하고 타인의 부동산을 점유하여 그 용도에 따라 사용 · 수익하고, 전세권이 소멸되면 그 부동산을 반환하고 전세금을 반환받는 권리이다. 그런데 1984년에 민법을 개정하면서, 전세권자의 전세금 회수를 보장하기 위해, 본조 제1항 후문에 「그 부동산 전부에 대하여 후순위 권리자 기타 채권자보다 전세금의 우선변제를 받을 권리가 있다」는 내

용을 신설하였다. (ㄴ) 이처럼 전세권에는 애초부터 용익물권과 장래의 전세금 반환채권을 담보하기 위한 담보물권의 성질이 함께 부여되어 있다(양창수·김형석, 권리의 보전과 담보, 605면). 그러므로 전세권의 존속기간 동안에는 용익물권으로서 기능하지만 존속기간이 끝나 전세금을 반환하여야 하는 경우에는 전세권은 이를 담보하기 위한 담보물권으로서 기능하고, 따라서 존속기간이 끝나더라도 전세권등기는 그대로 유지된다(대판 2005. 3. 25, 2003다35659).

✽ 임대차보증금 반환채권을 담보할 목적으로 마쳐진 전세권등기의 효력

(1) 사안은 다음과 같다. ① 코레스코는 '강원 횡성군에 있는 코레스코 내 (甲)한식당'을 임차하여 운영하던 A에게 임대차보증금 반환채권을 담보할 목적으로 (코레스코 앞으로 소유권보존등기가 되어 있는) '강원 고성군에 있는 코레스코 내 1층 (乙)식당'에 대해 A 앞으로 전세권을 설정해 주었다. ② 이후에도 코레스코가 직접 위 乙 식당을 운영하여 왔고, A는 乙 식당을 운영하거나 점유하지 않고 있다. ③ 쟁점은 A가 전세권을 취득하는지인데, 대법원은 다음과 같은 이유로 A 앞으로 설정된 전세권등기는 무효라고 보았다.

「(ㄱ) 전세권이 용익물권적 성격과 담보물권적 성격을 모두 갖추고 있고, 목적물의 인도는 전세권의 성립요건이 아닌 점 등에 비추어 볼 때, 전세권설정계약의 당사자가 주로 채권담보 목적으로 전세권을 설정하고 설정과 동시에 목적물을 인도하지 않는다고 하더라도 장차 전세권자가 목적물을 사용·수익하는 것을 배제하지 않는다면, 전세권의 효력을 부인할 수는 없다. (ㄴ) 그러나 전세권설정계약의 당사자가 전세권의 핵심인 사용·수익 권능을 배제하고 채권담보만을 위해 전세권을 설정하였다면, 법률이 정하지 않은 새로운 내용의 전세권을 창설하는 것으로서 물권법정주의에 반하여 그러한 전세권설정등기는 무효이다」(대판 2021. 12. 30, 2018다40235, 40242).

(2) 사안은 다음과 같다. ① A는 2014. 5. 19. B에게 A 소유 상가에 대해 임대차보증금 1억원, 월 차임 5백만원, 임대차기간 2014. 6. 19.부터 2016. 6. 18.까지로 정하여 임대하는 계약을 맺으면서, B 앞으로 전세권설정등기를 마치기로 약정하였다. B는 A에게 임대차보증금 전부를 지급하였다. ② B는 2014. 11. 26. 위 상가에 대해 전세권자 B, 전세금 1억원, 존속기간 2014. 6. 19.부터 2016. 6. 18.까지로 한 전세권설정등기를 마쳤다. ③ B는 C 앞으로 이 전세권에 관하여 채권최고액 1억원의 근저당권설정등기를 마쳐주었다. ④ C는 B의 A에 대한 전세금 반환채권 1억원에 대해 물상대위에 의한 채권압류 및 추심명령을 받았고, 이 명령은 A에게 송달되었다. ⑤ 쟁점은 B 명의의 전세권등기는 유효한가, A는 임대차계약에 따른 항변으로서 월 차임의 공제를 주장할 수 있는가? 그 법리는 무엇인가이다. ⑥ 대법원은 다음과 같은 이유로, A는 전세금에 관한 C의 추심금 청구에 대해 연체 차임 등을 공제할 수 있다고 보았다.

「(ㄱ) 임대차계약에 따른 임대차보증금 반환채권을 담보할 목적으로 임대인과 임차인 사이의 합의에 따라 임차인 명의로 전세권설정등기를 마친 경우, 그 전세금의 지급은 이미 지급한 임대차보증금으로 대신한 것이고, 장차 전세권자가 목적물을 사용·수익하는 것을 완전히 배제하는 것도 아니므로, 그 전세권설정등기는 유효하다. (ㄴ) 이 경우 임대차보증금에서 연체 차임 등을 공제하고 남은 돈을 전세금으로 하는 것이 임대인과 임차인의 합치된 의사라고 볼 수 있다. 그러나 그 전세권설정계약은 외관상으로는 그 내용에 차임 지급 약정이 존재하지 않고, 이에 따라 전세금이 연체 차임으로 공제되지 않는 등 임대인과 임차인의 진의와 일치하지 않는 부분이 존재하는데, 이 부분은 통정허위표시에 해당하여 무효이다. 다만 이해관계를 갖게 된 제3자에 대

해서는 그가 악의인 경우에만 무효를 주장할 수 있다. (ㄷ) 전세권저당권자가 물상대위권을 행사하는 경우, 제3채무자인 전세권설정자는 압류 및 추심명령 또는 전부명령이 송달되기 전에 채무자(B)와 사이에 발생한 모든 항변사유로 압류채권자에게 대항할 수 있다. 그러므로 제3자(C)가 악의인 경우에는 그 임대차계약에 따른 연체 차임 등을 전세금에서 공제할 수 있다. (ㄹ) 전세권설정등기는 임대차보증금에서 연체 차임 등을 공제한 나머지를 담보하는 범위에서 여전히 유효하다」(대판 2021. 12. 30, 2018다268538).

Ⅱ. 전세권의 취득

1. 취득 사유

부동산 소유자와 전세권을 취득하려는 자 사이의 전세권설정계약과 등기에 의해 전세권을 취득할 수 있다($\frac{186}{조}$). 그 밖에 전세권의 양도나 상속에 의해 취득할 수도 있다.[1]

2. 설정계약에 의한 취득

(1) 전세권의 목적물

전세권의 목적물은 타인의 「부동산」이다($\frac{303조}{1항}$). 따라서 건물뿐만 아니라 토지도 전세권의 목적이 될 수 있다. 다만 토지 중 '농경지'는 전세권의 목적으로 하지 못한다($\frac{303조}{2항}$). 농지소유자와 경작자의 분리를 막기 위해 농경지의 임대차·사용대차 등을 금지하는 농지법의 규정($\frac{23}{조}$)과 그 취지를 같이하는 것이다(민법안심의록(상), 183면 참조). 그리고 건물의 일부 또는 토지의 일부도 전세권의 목적이 될 수 있고, 그 도면을 첨부하여 등기할 수 있다(부동산등기법, 72조 1항 6호).

(2) 전세권설정계약과 등기

전세권은 당사자 사이의 「설정계약」과 「등기」에 의해 성립한다. 이와 관련하여 문제되는 점을 설명한다.

a) 전세권설정의 목적　　전세권은 타인의 부동산을 사용·수익하는 것을 내용으로 하는 권리이다($\frac{303조 1}{항 전문}$). 여기서 건물 기타 공작물이나 수목을 소유하기 위해 타인의 토지에 전세권을 설정할 수 있는지, 다시 말해 지상권과 동일한 목적을 위해 전세권을 설정할 수 있는지 문제된다. 민법은 지상권에 관하여는 최단 존속기간을 보장하는 데 비해($\frac{280}{조}$), 전세권에서는 그 반대로 최장 존속기간을 제한하고 있다($\frac{312}{조}$). 학설은, 민법에서 지상권을 인정한 취지가 몰각된다고 하여 이를 부정하는 견해가 있는데(김증한·김학동, 414면), 통설적 견해는 당사자가 그 의사에 따라 두 제도 중 어느 하나를 선택하는 것이 문제가 되지는 않는다는 점에서 이를 긍정한다.

b) 전세금　　(ㄱ) 전세권의 내용으로서 전세권자는 전세금을 설정자에게 지급하여야 하고,

---

1) 취득시효에 의해 전세권을 취득할 수 있다고 보는 견해도 있으나(김용한, 426면), 전세권의 존속기간은 10년을 넘지 못하는데 점유취득시효의 경우에는 20년의 점유가 필요하고, 또 전세권에는 전세금의 지급이 요소인 점에서, 이를 수용하기는 어렵다.

전세금은 전세권의 등기사항이 된다($\substack{부동산등기법\\72조 1항}$). 전세금의 지급은 전세권 성립의 요소가 되는 것이지만, 그렇다고 하여 전세금의 지급이 반드시 현실적으로 수수되어야만 하는 것은 아니고 기존의 채권(예: 임차보증금 반환채권)으로 전세금 지급을 대신할 수도 있다($\substack{대판 1995. 2. 10, 94다\\18508; 대판 2021. 12.\\30, 2018}$). (ㄴ) 전세금에는 다음과 같은 성질이 있다. ① 전세권자는 목적물 사용의 대가를 따로 다268538 지급하지 않는다. 전세권설정자가 받은 전세금의 이자로 갈음하기 때문이다. ② 전세권이 소멸되면 설정자는 전세금을 전세권자에게 반환하여야 한다($\substack{317조·\\318조}$). 이를 달리 보면 설정자가 전세금에 해당하는 돈을 전세권자로부터 빌리고 후에 이를 갚는 것과 실질적으로 다르지 않다. 그래서 민법은 전세권자가 전세금을 반환받는 것을 보장하기 위해 전세권에 '담보물권'의 성질도 부여하였다($\substack{303\\조}$). 즉 설정자가 전세금의 반환을 지체한 때에는 전세권자는 전세물의 경매를 청구할 수 있고($\substack{318\\조}$), 권리 순위에 따라 우선변제를 받을 수 있도록 한 것이다. 그러므로 전세권의 존속기간이 만료되었다고 하더라도 전세금을 반환받기까지 그 전세권은 담보물권으로서 존속하게 된다. ③ 민법 제315조는 전세권자의 귀책사유로 목적물의 전부나 일부가 '멸실'된 경우에 전세금으로 손해의 배상에 충당할 수 있다고 하여, 전세금에 보증금의 성질이 있음을 표명하고 있다. 문제는 목적물의 멸실 외에 전세권자가 지게 되는 손해배상의무에 대하여도 전세금으로 충당할 수 있는가인데, 이 경우 전세금 반환채무와 상계할 수 있으므로 결과에서는 다를 것이 없는 점에서, 이를 긍정함이 타당할 것이다($\substack{곽윤직,\\256면}$). 즉 전세금에는 설정자에 대한 전세권자의 손해배상채무를 담보하는 보증금의 성질이 있다. 다만 보증금의 경우에는 임대차존속 중에도 보증금으로 이행되지 않은 채무에 충당할 수 있지만, 전세권에서는 '전세권이 소멸된 후'에만 전세금으로 충당할 수 있는 점에서 차이가 있다($\substack{315조\\2항}$). 전세금은 차임의 지급방법으로서도 기능하기 때문이다.

c) **목적물의 인도** 전세권은 목적물을 점유할 권리를 포함하지만, 그 인도는 전세권의 성립요건은 아니다. 전세권이 성립한 후에 설정자가 목적물을 인도하지 않으면, 전세권자는 전세권 또는 설정계약에 기해 그 인도를 청구할 수 있다.

d) **등 기** (ㄱ) 전세권은 등기를 하여야 성립한다($\substack{186\\조}$). 그 등기에는 전세금을 기록하고, 존속기간·위약금이나 배상금 또는 전세권 처분금지의 약정이 있는 때에는 이를 기록하여야 하며, 전세권의 목적이 부동산의 일부인 때에는 그 도면을 첨부하여야 한다($\substack{부동산등기법\\72조 1항}$). (ㄴ) 전세권에는 용익물권과 담보물권의 성격이 모두 있으므로($\substack{303조\\1항}$), 전세권 존속기간이 시작되기 전에도 전세권설정등기를 할 수 있다. <u>전세권은 그 존속기간과 상관없이 등기된 순서에 따라 순위가 정해진다</u>($\substack{대결 2018. 1.\\25, 2017마1093}$).[1] (ㄷ) 등기를 하지 않은 경우에는 물권으로서의 전세권은 성립하지 않고, 그것은 채권으로서의 '채권적 전세'에 지나지 않는다.

---

1) 부동산에 대한 전세기간은 2015. 2. 24.부터 시작하는데 전세권설정등기는 그 전인 2015. 2. 13.에 마쳐졌다. 그리고 위 부동산에 2015. 2. 16. 근저당권설정등기가 마쳐졌다. 여기서 위 부동산의 경매절차에서 전세권과 근저당권의 우열이 문제가 된 사안인데, 전세권이 근저당권보다 우선한다고 보았다.

Ⅲ. 전세권의 존속기간

1. 설정계약에서 정하는 경우

(ㄱ) 약정에 의한 전세권의 존속기간은 그 목적물이 토지든 건물이든 10년을 넘지 못한다. 약정기간이 10년을 넘는 경우에는 10년으로 단축한다($^{312조}_{1항}$). (ㄴ) 「건물」에 대한 전세권의 존속기간을 1년 미만으로 정한 경우에는 그 기간을 1년으로 한다($^{312조}_{2항}$). 토지 전세권의 경우에는 그 적용이 없고, 건물 전세권에 대해서만 1년의 존속기간이 최소한 보장되는 것인데, 주택 임대차의 경우 1년의 임대차기간이 보장되는 것으로 규정한 것과 보조를 같이하기 위해 1984년 민법 개정에서 신설한 내용이다. 그런데 그 후 1989년에 주택임대차보호법이 개정되면서 임대차기간이 종전의 1년에서 2년으로 연장되었기 때문에($^{동법 4}_{조 1항}$), 건물의 전세권과 주택의 임대차 사이에 다시 불균형이 생기게 되었다.

2. 설정계약에서 정하지 않은 경우

(ㄱ) 전세권의 존속기간을 약정하지 않은 경우에는 전세권설정자나 전세권자는 상대방에게 전세권 소멸을 통고할 수 있는데, 이 경우 그 통고를 받은 상대방이 전세권 소멸에 따른 대비를 할 수 있도록 하기 위해, 그 통고를 받은 날부터 6개월이 지난 때에 전세권이 소멸되는 것으로 하였다($^{313}_{조}$). 그런데 '건물' 전세권의 경우에는 1년의 최단 존속기간을 보장하는 취지에 비추어($^{312조}_{2항}$), 건물 전세권을 설정하면서 그 기간을 약정하지 않았더라도 최소한 1년은 그 존속이 보장되는 것으로 해석되고, 따라서 민법 제313조는 토지 전세권의 경우에 적용되는 것으로 볼 것이다. (ㄴ) 어느 때에 전세권이 소멸되는지에 관해서는, 학설은, 전세권의 소멸을 통고하고 6개월이 지나면 전세권 말소등기 없이도 전세권은 소멸된다고 보는 견해($^{이영준,}_{685면}$)와, 소멸통고는 전세권의 소멸을 목적으로 하는 물권적 단독행위인 점에서 민법 제186조의 원칙에 따라 그 말소등기를 한 때에 전세권이 소멸된다고 보는 견해($^{곽윤직, 260면; 김증}_{한·김학동, 417면}$)로 나뉜다. 전자의 견해에 의하면, 전세권이 소멸된 사실을 모르고 전세권을 양수한 제3자가 피해를 볼 수 있어 거래의 안전이 침해된다는 문제가 있다. 그러나 등기의 공신력을 인정하지 않는 우리 법제하에서 이 경우에만 예외를 둘 수는 없다. 민법 제313조에서 명백히 「전세권이 소멸된다」고 규정한 이상, 전세권등기의 말소는 필요하지 않은 것으로 해석된다.

3. 전세권의 갱신更新

(1) 전세권의 갱신

(ㄱ) 전세권의 갱신은 존속기간의 정함이 있는 경우는 물론, 정함이 없는 경우에도 할 수 있다. 즉 처음에는 존속기간을 정하지 않았으나 갱신 약정을 맺으면서 새로 존속기간을 정하는 것이 그러하다($^{민법주해(Ⅵ),}_{228면(박병대)}$). 어떠한 내용으로 갱신할지는 자유이지만, '존속기간'에 한해서는 갱신한 날부터 10년을 넘지 못한다는 제한이 있다($^{312조}_{3항}$). 이 갱신은 당사자의 합의에 의해서만

가능하며, 지상권에서처럼 갱신청구권이 전세권자에게 인정되지는 않는다($^{283조\ 1}_{항\ 참조}$). (ㄴ) 전세권의 갱신은 권리의 변경으로서 그 등기를 하여야 효력이 생긴다($^{186}_{조}$).

(2) 건물 전세권의 법정갱신

a) 취 지   주택임대차보호법에서 주택의 임대차에 관해 법정갱신 제도를 도입하였는데 ($^{동법\ 6}_{조\ 1항}$), 이와 보조를 같이하기 위해 1984년 민법 개정에서 제312조 4항을 신설하였다. 즉 법정갱신은 '건물'의 전세권에 한해 적용되고 토지 전세권에는 적용되지 않는다. 전세기간이 끝나기 전 일정 기간부터 일정 기간까지의 기간 중에 전세권설정자로부터 갱신거절의 통지 등을 하도록 한 것은, 법정갱신의 취지를 살리고 또 계약이 갱신될 것으로 믿은 당사자의 신뢰를 보호하기 위한 것이다.

b) 요 건   (ㄱ) 갱신거절의 통지 등은 전세권의 '존속기간이 끝나기 6개월 전부터 1개월 전까지의 기간' 중에 하여야만 한다. 「존속기간 만료 6개월 전」부터 그 통지 등을 하도록 최초 시점에 제한을 둔 것은, 만일 이러한 제한이 없으면 설정계약에서 미리 갱신거절의 특약을 정함으로써 법정갱신 제도를 원천적으로 봉쇄할 수 있고, 또 존속기간의 정함이 있음에도 갱신거절의 통지를 하도록 한 동 조항의 취지를 몰각시키는 결과를 가져오기 때문이다. 그리고 「존속기간 만료 1개월 전」까지 그 통지를 하도록 최종 시점에 제한을 둔 것은, 그때까지 별도의 통지가 없으면 계약이 갱신될 것으로 믿은 당사자의 신뢰를 보호하기 위한 취지에서이다. 따라서 이 기간을 벗어난 갱신거절의 통지 등은 무효이다. (ㄴ) 법정갱신은 법률의 규정에 의한 전세권의 존속기간의 변경으로서, 등기 없이도 효력이 생긴다($^{187}_{조}$)($^{대판\ 1989.\ 7.\ 11,}_{88다카21029}$).

c) 효 과   위 기간 중에 전세권 갱신거절의 통지를 하지 않거나 또는 전세권의 조건을 변경하지 않으면 전세권을 갱신하지 않는다는 뜻의 통지를 하지 않은 경우에는 법정갱신이 인정되며, 이 경우 그 기간이 만료된 때에 종전의 전세권과 동일한 조건으로 다시 전세권을 설정한 것으로 본다. 다만, '존속기간'에 한해서는 정하지 않은 것으로 본다($^{312조}_{4항}$).

Ⅳ. 전세권의 효력

1. 전세권자의 사용·수익권

(1) 내 용

a) 부동산의 용도에 따른 사용·수익   전세권자는 타인의 부동산을 점유하여 그 부동산의 용도에 따라 사용·수익할 권리가 있다($^{303조\ 1}_{항\ 전문}$). 부동산의 용도는 설정계약에서 정해지는 것이 보통이지만,[1] 그 약정이 없는 경우에는 그 부동산의 성질에 의해 결정된다. 수익은 천연과실이나 법정과실의 취득을 의미한다.

---

1) 따라서 토지 전세권의 경우, 설정계약에 의해 지상권에서처럼 건물 기타 공작물이나 수목의 소유를 위해 토지를 사용할 수 있는 것으로 할 수 있다. 그러나 그 지상물에 관하여는 지상권에서처럼 매수청구권(283조 2항)이 인정되지는 않고, 이것은 당사자의 약정과 전세권에 관한 민법의 규정에 의해 규율된다.

b) 전세권자의 유지·수선의무   전세권자의 사용·수익권에 대응하여 전세권설정자는 이를 방해해서는 안 될 소극적인 의무를 진다. 그러나 전세물을 사용·수익에 적합한 상태에 둘 적극적인 의무는 없다. 그래서 민법은 「전세권자는 목적물의 현상을 유지하고 그 통상의 관리에 필요한 수선을 하여야 한다」고 정한다($^{309}_{조}$). 이것은 임대차의 경우에 임대인이 사용·수익에 필요한 상태를 유지해 줄 의무를 지는 것과 대비되는데($^{623}_{조}$), 전세권에서는 전세권자가 전세물을 전면적으로 지배하여 사용·수익하는 점에서 그 반면으로 그가 전세물의 현상을 유지하고 통상적인 관리비용을 부담하는 것이 공평에 맞다고 본 것이다. 따라서 전세권자는 필요비의 상환을 청구하지 못한다.

(2) 전세권의 효력이 미치는 범위

가) 토지가 전세권의 목적인 경우

토지가 전세권의 목적인 때에는 특별히 문제될 것이 없으며, 토지의 종물이 있는 경우에는 종물에도 효력이 미친다.

나) 건물이 전세권의 목적인 경우

a) 건물에 대해서만 전세권을 설정한 경우, 전세권자가 건물을 제대로 사용·수익하려면 대지도 같이 사용하여야만 한다. 건물의 전세권설정자가 토지 소유자인 경우에는 설정계약에 대지 사용권도 포함된 것으로 볼 것이다. 따라서 전세권자의 대지 사용권을 해치는 행위, 즉 설정자가 그 대지를 타인에게 임대하거나 지상권 또는 전세권을 설정하지는 못한다고 할 것이다(민법 제305조 2항은 이러한 취지를 정하고 있는데, 이를 유추적용할 수 있다).

b) 문제는 토지와 건물의 소유자가 다른 때이다. 민법은 이 경우 건물 전세권자의 대지 사용을 보장해 주기 위해 다음 두 가지 규정을 마련하고 있다.

aa) 지상권·임차권에 대한 효력: (ㄱ) 「타인의 토지에 있는 건물에 전세권을 설정한 경우에는, 전세권의 효력은 그 건물의 소유를 목적으로 한 지상권이나 임차권에 미친다」($^{304조}_{1항}$). 이것은 타인의 토지에 건물을 지은 건물 소유자가 건물의 존립에 필요한 지상권이나 임차권과 같은 토지사용권을 가지고 있는 경우에, 그가 그 건물에 전세권을 설정한 때에는, 건물 전세권자로 하여금 토지 소유자에 대하여 건물 소유자(전세권설정자)의 그러한 토지사용권을 원용할 수 있도록 함으로써 건물 전세권자를 보호하려는 것이다. 따라서 전세권설정자가 애초부터 건물의 존립을 위한 토지사용권을 갖지 못하여 그가 토지 소유자의 건물 철거 등 청구에 대항할 수 없는 경우에는, 건물 전세권자 또한 그에 대항할 수 없다. (ㄴ) 위 경우 「전세권설정자는 전세권자의 동의 없이 지상권이나 임차권을 소멸시키는 행위를 하지 못한다」($^{304조}_{2항}$). 동 조항이 제한하려는 것은 포기, 기간 단축 약정 등 지상권이나 임차권을 소멸시키거나 제한하여 건물 전세권자의 지위에 불이익을 미치는 전세권설정자의 임의적인 행위를 말한다(이를 위반하더라도 전세권자에 대해서는 영향이 없다). 따라서 지상권을 가지는 건물 소유자가 그 건물에 전세권을 설정하였는데 2년분 이상의 지료를 지급하지 않아 지상권설정자(토지 소유자)의 청구에 의해 지상권이 소멸되는 것처럼($^{287}_{조}$), 법률의 규정에 따라 지상권이 소멸되는 경우는 포함되지 않는다(대판 2010. 8. 19, 2010다43801).

　　bb) 법정지상권 : 「① 대지와 건물이 동일한 소유자에 속한 경우에 그 건물에 전세권을 설정한 때에는 그 대지소유권의 특별승계인은 전세권설정자에 대하여 지상권을 설정한 것으로 본다. 그러나 지료는 당사자의 청구에 의하여 법원이 정한다. ② 전항의 경우에 대지소유자는 타인에게 그 대지를 임대하거나 대지를 목적으로 한 지상권이나 전세권을 설정하지 못한다」(305조).

　　(α) 의 의 : 　(ㄱ) 동일인의 소유에 속하는 대지와 건물 중 건물에 전세권을 설정한 후에 대지의 소유자가 바뀐 경우, 건물의 소유자와 대지의 이용에 관한 합의가 없더라도, 건물 소유자가 그 대지에 지상권을 취득하는 것으로 하고, 이를 통해 그 건물에 대한 전세권자의 대지 이용을 보장해 주자는 데에 본조의 취지가 있다. (ㄴ) 그러나 본조는 다음과 같은 이유로 그 적용이 많지 않다. ① 대지와 건물의 소유자가 대지만을 처분하는 경우에는 건물의 소유를 위해 대지의 이용에 관한 권리를 계약을 통해 확보하는 것이 보통이고(예: 지상권·임차권 등), 건물 전세권은 민법 제304조 1항에 의해 이들 권리에도 효력이 미치게 되므로 별 문제가 없다. ② 위와 같은 합의가 없는 경우에도, 대지에 대한 경매나 매매 등으로 대지와 건물의 소유자가 다르게 된 때에는 민법 제366조에 의한 법정지상권 또는 관습상 법정지상권이 성립하는 것이 보통이고, 건물 전세권은 역시 민법 제304조 1항에 의해 이들 권리에 효력이 미치게 된다. ③ 결국 본조가 존재 의의를 가지는 것은, 건물 소유자가 관습상 법정지상권을 포기한 때(예: 대지를 처분하면서 건물 철거의 약정을 맺은 때)와 같은 특수한 경우에 한하게 된다(민법주해(Ⅵ), 202면(박병대); 이상태, 310면; 이영준, 687면).

　　(β) 요 건 : 　다음의 세 가지가 필요하다. (ㄱ) 전세권설정 당시 대지와 건물이 동일한 소유자에게 속하여야 한다. 그 당시 이미 소유자가 다른 경우에는 건물의 소유를 위한 대지 이용 관계가 설정되어 있는 것이 보통이므로 따로 법정지상권을 인정할 필요가 없고, 그러한 대지 이용 관계가 없는 때에는 일반 법리에 의해 해결할 것이지 그 후에 전세권을 취득한 자에게 법정지상권을 인정하면서까지 토지 소유자에게 일방적으로 부담을 주어서는 안 되기 때문이다. (ㄴ) 대지소유권의 변동으로 대지와 건물의 소유자가 다르게 되어야 하고, 이때 그 변동원인은 묻지 않는다. 따라서 본조의 '특별승계'에 해당하는 것으로서 매매나 증여 등은 물론이고 경매도 포함된다. 포괄승계의 경우에는 대지와 건물의 소유자가 같게 되므로 따로 법정지상권을 인정할 필요가 없다. 한편, 대지소유권의 변동은 없고 건물 소유권만이 제3자에게 이전된 경우에도 본조의 적용이 있는지에 관해서는, 이를 긍정하는 견해가 있지만(김상용, 548면; 김용한, 435면; 김증한·김학동, 421면; 장경학, 615면), 본조의 적용범위가 극히 제한된 점과 위 경우 대지소유자는 전세권설정계약의 당사자로서 그 계약에 따른 의무(대지의 이용)를 전세권자에게 부담하므로 법정지상권을 따로 인정할 실제상의 필요도 없다는 점에서, 이를 군이 확대할 필요가 없다고 본다(민법주해(Ⅵ), 203면(박병대); 이상태, 311면). (ㄷ) 건물에 대해 전세권이 설정(등기)되어 있어야 한다.

　　(γ) 효 과 : 　(ㄱ) 대지의 소유권이 이전하는 때에 (전세권자가 아닌) 건물 소유자가 법정

지상권을 취득한다.[1] 지상권은 지상물을 소유하기 위한 권리이기 때문이다. (ㄴ) 대지소유자와 건물 소유자 간의 법정지상권의 내용에 대하여는 일반 지상권에 관한 규정이 준용된다. 다만 지료는 당사자의 협의에 의해 정하고, 그 협의가 성립되지 않은 때에는 당사자의 청구에 의해 법원이 정한다($\binom{305조 1}{항 단서}$). (ㄷ) 본조의 법정지상권이 성립한 경우, 대지소유자는 타인에게 그 대지를 임대하거나 그 대지를 목적으로 한 지상권이나 전세권을 설정하지 못한다($\binom{305조}{2항}$). 임대차는 채권인 점에서, 또 후에 설정된 지상권 또는 전세권은 본조의 법정지상권에 우선하지 못하는 점에서, 제305조 2항이 어떤 특별한 의의가 있는 것은 아니다. 동조의 취지상 대지소유자가 법정지상권의 행사를 방해하지 않는 범위에서 구분지상권을 설정하는 것은 허용된다고 할 것이다($\binom{민법주해(Ⅵ),}{206면(박병대)}$).

(3) 전세금 증감청구권

a) 「전세금이 목적 부동산에 관한 조세·공과금 기타 부담의 증감이나 경제사정의 변동으로 상당하지 않게 된 경우에는, 당사자는 장래에 대하여 그 증감을 청구할 수 있다. 그러나 증액하는 경우에는 대통령령으로 정하는 기준에 따른 비율을 초과하지 못한다」($\binom{312조}{의2}$). 지상권과 임차권에서는 지료 및 차임의 증감청구권을 인정하는데($\binom{286조·628조, 주택}{임대차보호법 7조}$), 전세권에서의 전세금도 목적물에 대한 사용대가로서의 의미도 있어 같은 성질을 가진다는 점에서, 1984년에 민법을 개정하면서 신설하였다. 전세금 증감청구권의 성질은 형성권으로 보는 것이 통설적 견해이다. 따라서 설정자가 증액청구를 하면 그것만으로 전세권자에게 그 증액된 전세금을 지급할 의무가 생기지만, 전세권자가 이를 거부한 때에는 법원에 제소하는 수밖에 없다. 법원의 결정에 의한 전세금의 증감은 그 증감청구를 한 때로 소급하여 효력이 생긴다. 그리고 전세금의 변경은 등기하여야 제3자에게 대항할 수 있다($\binom{부동산등기법}{72조 1항}$).

b) 전세금의 「증액청구」에 관하여는 본조 단서에 따라 마련된 대통령령에서 다음과 같은 내용으로 제한하고 있다($\binom{민법 제312조의2 단서의}{시행에 관한 규정}$ 2조·3조). 1) 증액청구의 비율은 약정한 전세금의 20분의 1을 초과하지 못하고, 2) 전세권설정계약이 있는 날 또는 약정한 전세금의 증액이 있는 날부터 1년 내에는 증액을 청구하지 못한다.

(4) 상린관계 규정의 준용

토지 전세권이든 건물 전세권이든 전세권은 토지를 이용하는 권리이므로, 인접하는 토지와의 이용의 조절을 목적으로 하는 상린관계의 규정($\binom{216조~}{244조}$)은 전세권자 간 또는 전세권자와 인지소유자 및 지상권자 간에 이를 준용한다($\binom{319}{조}$).

---

1) 판례(전세권자의 동의 없이 법정지상권을 소멸케 한 행위의 효력): 「토지와 건물을 함께 소유하던 토지·건물의 소유자가 건물에 대하여 전세권을 설정하여 주었는데, 그 후 토지가 타인에게 경락되어 민법 제305조 1항에 의한 법정지상권을 취득한 상태에서 다시 건물을 타인에게 양도한 경우, 그 건물을 양수하여 소유권을 취득한 자는 특별한 사정이 없는 한 법정지상권을 취득할 지위를 가지게 되고, 다른 한편으로는 전세권 관계도 이전받게 되는바, 민법 제304조 등에 비추어 건물 양수인이 토지 소유자와의 관계에서 전세권자의 동의 없이 법정지상권을 취득할 지위를 소멸시켰다고 하더라도, 그 건물 양수인은 물론 토지 소유자도 그 사유를 들어 전세권자에게 대항할 수 없다」(대판 2007. 8. 24, 2006다14684).

(5) 점유권과 물권적 청구권

전세권은 타인의 부동산을 점유하여 그 부동산의 용도에 따라 사용·수익하는 것을 내용으로 하므로, 전세권은 점유할 권리를 포함한다. 한편 전세권의 내용의 실현이 방해된 때에는 소유권의 경우에 준해 물권적 청구권이 발생한다($^{319}_{조}$).

2. 전세권의 처분

> 제306조 〔전세권의 양도, 임대 등〕 전세권자는 전세권을 타인에게 양도하거나 담보로 제공할 수 있고, 그 존속기간 내에서 그 목적물을 타인에게 전전세하거나 임대할 수 있다. 그러나 설정행위로 이를 금지한 경우에는 그러하지 아니하다.

(1) 처분의 자유와 제한

a) 전세권은 물권이므로, 전세권자는 전세권을 타인에게 양도하거나 담보로 제공할 수 있고, 전세권 존속기간 내에서 전세물을 타인에게 전전세하거나 임대할 수 있다($^{306조}_{본문}$).

b) 전세권의 처분은 당사자가 설정행위로 금지할 수 있다($^{306조}_{단서}$). 그런데 이것은 물권의 성질상 예외에 속하는 것이며, 그만큼 대인관계로서의 성질의 여운을 남기고 있는 것이다. 이 특약은 등기를 하여야만 제3자에게 대항할 수 있다($^{부동산등기법}_{72조 1항 5호}$). 위 금지 특약을 위반하여 처분한 때에는, '설정계약에 의하여 정하여진 용법'에 따라 사용·수익하지 않은 것이 되어 전세권설정자는 전세권의 소멸을 청구할 수 있다($^{311조}_{1항}$).

(2) 전세권의 양도

a) 전세권자는 전세권을 타인에게 양도할 수 있다($^{306}_{조}$). 이것은 당사자 간의 전세권 양도의 합의와 등기로써 효력이 생긴다($^{186}_{조}$). 전세권설정자의 동의나 그에 대한 통지는 요건이 아니다.

b) 전세권이 양도된 경우, 전세권 양수인은 전세권설정자에 대하여 전세권 양도인과 동일한 권리와 의무가 있다($^{307}_{조}$). 즉 전세권의 내용을 이루는 권리와 의무가 모두 양수인에게 이전된다. (ㄱ) 전세금 반환채권도 양수인에게 이전된다. 전세권을 양수하면서 양수인이 양도인에게 지급한 대가가 전세금을 초과하더라도 등기된 전세금의 범위에서만 전세금 반환채권을 갖는다. (ㄴ) 전세권 양도 당시 이미 확정적으로 발생한 양도인의 손해배상의무까지 양수인에게 이전되는 것은 아니다. 다만 전세권이 소멸된 후에 전세금으로 충당할 수는 있지만, 부족한 부분이 있다고 하여 양수인에게 청구할 수는 없다고 할 것이다($^{지원림,}_{704면}$).

〈참 고〉 전세권의 양도와 구별되는 것으로 '전세금 반환채권의 양도'가 있다. 그 내용은 다음과 같다. (ㄱ) 전세금은 전세권의 요소이므로, 전세권이 존속하는 동안에(즉 전세권이 존속기간의 만료로 소멸되거나 전세계약의 합의해지가 있거나 하기 전에) 전세금 반환채권만을 전세권과 분리하여 확정적으로 양도하는 것은 허용되지 않는다($^{대판 2002. 8. 23,}_{2001다69122}$). 설사 전세금 반환채권만을 제3자에게 양도하였다고 하더라도 그 후 전세권이 타인에게 양도되면 그 타인만이 전세금 반환채권을 갖는다. (ㄴ) 그러나 전세권이 소멸된 후에는, 전세권은 전세금 반환채권을 피담보채권으로 하는 담보물권으로 전환되므로, 이때부터는 담보물권의 법리가 통용된다. ① 따라서 전세금 반환채권을 양도할 수 있고, 이때에는 담보물권의 수반성에 따라 원칙적으로 전세권도 같이 양도한 것으로 볼 수 있으므로, 전자에 대해서는 지명채권 양도의 대항요건($^{450}_{조}$)을, 후자에 대해서는 그 이전등기($^{186}_{조}$)를 각각 갖추어야 한다(대판 2005. 3. 25,/2003다35659). ② 다만, 전세권이 수반되지 않는 특별한 사정이 있는 경우에는 무담보의 전세금 반환채권만이 양도된 것으로 취급된다. 가령 전세권자가 전세금 반환채권을 양도한 후 전세목적물을 설정자에게 반환하고 전세권등기를 말소하거나, 전세권설정계약을 합의해지하고 전세금 반환채권을 양도한 후 전세목적물을 설정자에게 반환한 경우가 이에 해당한다(따라서 그 이후 그 전세권에 대해 경료된 가압류등기는 무효여서 말소될 수밖에 없다)(대판 1997. 11. 25, 97다29790;/대판 1999. 2. 5, 97다33997). ③ 부동산등기법 제73조는, 전세권의 존속기간의 만료 등으로 전세권이 소멸된 후 전세금 반환채권의 일부 양도를 원인으로 전세권 일부 이전등기를 할 때에는 양도액을 기록하여야 하는 것으로 정하고 있다(그리고 이러한 등기신청은 전세권이 소멸된 경우에만, 따라서 전세권이 존속하는 동안에는 할 수 없는 것으로 정하고 있다). 저당권의 일부 이전등기에 관한 동법 제79조와 같은 취지의 것인데, 위 경우 담보물권으로서의 전세권의 준공유가 성립하고 그래서 그들 사이의 지분비율을 정하기 위해 양도액을 기록하도록 한 것이다. 어느 전세권자의 경매신청으로 경매가 이루어진 경우 배당액은 각자의 양도액에 비례하여 안분배당을 하게 된다.

(3) 전세권의 담보 제공

전세권의 담보 제공은 전세권을 목적으로 한 저당권의 설정을 의미한다($^{371조}_{1항}$). 저당권을 실행하면 매수인은 전세권을 취득하게 된다. 부동산의 사용·수익을 목적으로 하는 권리는 권리질권의 목적이 될 수 없으므로($^{345조}_{단서}$), 전세권을 목적으로 질권을 설정할 수는 없다.

(4) 전전세轉傳貰

a) **정 의**　　전전세란 전세권자가 전세권의 범위에서 전세물의 일부나 전부에 대해 제3자에게 다시 전세권을 설정해 주는 것을 말한다. 원래의 전세권자가 전세권을 그대로 가지면서 이를 기초로 하여 제3자에게 전세권을 취득하게 하는 점에서 전세권의 양도와는 다르다.

b) **요 건**　　(ㄱ) 전전세권도 물권이므로, 전전세권설정의 합의와 등기에 의해 성립한다($^{186}_{조}$)(전전세권은 전세권을 기초로 하므로, 그 등기는 부기등기에 의하고 독립등기를 하는 것이 아니다). (ㄴ) 전전세권은 전세권을 기초로 성립하는 것이므로, 목적물의 범위·존속기간·전세금 등에서 전세권의 내용을 초과할 수는 없다. '존속기간'에 대해서는 특히 명문의 규정이 있다($^{306}_{조}$). 한편 전세금에 대해서는 원전세의 그것과 상관없이 정할 수 있다고 보는 견해가 있으나(김증한·김학동, 426면), 통설적 견해는 원전세금을 초과하지 못하는 것으로 해석한다.

c) **효 과**　　(ㄱ) <u>전전세권자의 지위</u>: 전전세권도 전세권이므로, 전전세권자는 전세권과 같은 내용의 권리를 가진다. 다만 원전세권설정자에 대하여는 직접적으로 아무런 권리와 의무가 없다(통설). (ㄴ) <u>전세권자의 책임 가중</u>: 전전세권이 설정되면 전세권의 행사는 정지되지만, 전세권은 그대로 유지된다. 한편 전세권자는 특약으로 금지하지 않는 한 자유로이 전전세할 수 있지만, 그에 대응하여 책임은 가중된다. 즉「전전세하지 아니하였으면 피할 수 있는 불가

항력으로 인한 손해」에 대해서도 전세권자는 책임을 진다($\frac{308}{조}$). 불가항력으로 인한 손해에 대해서는 전전세권자에게도, 또 전전세권자를 전세권자의 이행보조자($\frac{391}{조}$)로 보더라도 전세권자에게도 책임을 물을 수 없는 것임에 비추어, 제308조는 이 점에 대한 특례가 되는 셈이다. 그런데 전전세의 경우에는 목적물 자체의 장소적 이동은 없고 다만 이용자의 변경이 있을 뿐이므로, "전전세하지 아니하였으면 피할 수 있는 불가항력으로 인한 손해"란 실제로 거의 존재하지 않는다. 그래서 통설은 제308조를 다음과 같이 달리 해석한다. 즉 전전세를 한 후에 손해가 발생한 경우, 전세권자는 그 손해가 불가항력에 의해 발생한 것임을 입증하지 못하는 한 손해 발생의 사실만으로 배상책임을 져야 하는 뜻으로 해석한다. (ㄷ) 전전세권자의 경매청구권·우선변제권: 전전세권자에게도 경매청구권($\frac{318}{조}$)과 우선변제권($\frac{303조}{1항}$)이 인정된다. 다만 전전세권은 전세권을 기초로 하는 점에서 다음과 같은 제한을 받는다. ① 전세권의 존속기간이 끝난 때에 경매를 청구할 수 있으므로, 전전세권의 존속기간이 만료되었더라도 원전세권의 존속기간이 만료되기 전에는 경매를 청구할 수 없다. ② 전세금의 반환을 지체한 때에 경매를 청구할 수 있으므로, 전세권설정자가 이미 전세금을 반환한 때에는 역시 경매를 청구할 수 없다.

(5) 전세 목적물의 임대

전세권자는 전세물을 타인에게 임대할 수 있다($\frac{306}{조}$). 전세권의 존속기간 내여야 하는 점을 제외하고는 아무런 제한이 없다. 임차인은 전세권설정자에 대하여는 직접적으로 권리와 의무가 없다. 한편 임대의 경우에 전세권자의 책임이 가중되는 것은 전전세의 경우에서와 같다($\frac{308}{조}$).

V. 전세권의 소멸

사 례 X토지 위에 Y건물을 지어 소유하던 甲은 2008. 10. 1. 乙과 Y건물에 관하여 전세금 1억원, 기간 5년으로 하는 전세권설정계약을 체결한 후, 乙에게 전세권설정등기를 마쳐주었다. 甲은 사업자금 마련을 위하여 2009. 11. 1. Y건물을 담보로 丙은행으로부터 2억원을 대출받으면서 채권최고액 2억 4천만원으로 하는 근저당권을 설정하여 주었다. 그 후 甲은 사업이 여의치 않자 2010. 9. 1. 丁으로부터 다시 사업자금으로 1억원을 차용하였으나, 결국 丙은행 및 丁에 대한 차용금을 변제하지 못하였다. 이에 丁이 甲을 상대로 차용금 1억원의 지급을 명하는 확정판결을 받아, Y건물에 대한 강제경매를 신청하였고, 그 경매절차에서 戊가 2012. 10. 20. Y건물을 매각받아 소유권이전등기를 마쳤다. 한편, 乙은 Y건물의 천장에 누수 현상이 발생하자 2010. 8. 20. 그 보수공사 비용으로 5백만원을 지출하였고, 같은 해 9. 20. 1천만원의 비용을 들여 Y건물의 마루를 원목으로 교체하는 공사를 하였는데, 그로 인한 Y건물의 가치 증가 현존액은 7백만원이다.

　(a) 경매절차에서 Y건물을 매수한 戊가 乙을 상대로 Y건물의 인도를 구하는 경우, 乙은 戊에게 전세권을 주장할 수 있는지 여부 및 그 근거는? (10점)

　(b) 乙의 전세권이 소멸 또는 기간 만료로 종료된 경우, 누수 보수공사비용 및 마루 교체비용과 관련한 乙의 권리는? (15점)

(c) 전세권이 기간 만료로 종료된 후에도 乙이 Y건물을 계속하여 점유 · 사용하고 있는 경우, 戊의 乙에 대한 권리는? (10점)

(d) 甲이 戊에게 Y건물의 철거 및 X토지의 인도를 구하는 경우, 甲과 戊의 법률관계는? (15점)(제55회 사법시험, 2013)

 해설 p. 309

1. 전세권의 소멸사유

전세권은 물권 일반의 소멸 원인, 즉 존속기간의 만료, 혼동, 전세권에 우선하는 저당권의 실행에 따른 경매 등에 의해 소멸된다. 민법은 그 밖에 전세권에 특유한 소멸 원인으로서 다음의 것들을 규정한다.

(1) 전세권의 소멸청구

a) (ㄱ) 전세권자가 전세권 설정계약이나 전세물의 성질에 따라 정해진 용법으로 전세물을 사용 · 수익하지 않은 경우에는, 전세권설정자는 전세권의 소멸을 청구할 수 있다($^{311조}_{1항}$). 설정행위로 전세권의 처분을 금지하였음에도($^{306조}_{단서}$) 이를 위반하여 처분한 것은 '설정계약에 따라 정해진 용법'으로 사용 · 수익하지 않은 예이고, 전세권자가 목적물을 훼손하거나 관리를 하지 않는 것($^{309조}_{참조}$) 또는 주거용 건물을 영업용으로 전용하는 것은 '목적물의 성질에 따라 정해진 용법'으로 사용 · 수익하지 않은 예에 해당한다. (ㄴ) 전세권이 소멸되려면 위 소멸청구 외에 전세권등기의 말소등기도 필요한지에 관해서는 학설이 나뉜다. 제1설은 소멸청구권이 형성권인 점을 중시하여 소멸청구의 의사표시만으로 전세권이 소멸된다고 하고($^{이영준,}_{698면}$), 제2설은 소멸청구가 물권적 단독행위임을 이유로 민법 제186조에 따라 말소등기를 하여야 전세권이 소멸된다고 하며($^{김증한·김학동, 418면; 김용}_{한, 450면; 장경학, 623면}$), 제3설은 소멸청구권이 보통의 채권적 청구권임을 이유로 말소등기를 필요로 한다고 한다($^{곽윤직,}_{265면}$). 제2설이 타당하다고 본다.

b) 위와 같은 이유로 전세권의 소멸을 청구한 경우, 전세권설정자는 전세권자에게 원상회복이나 손해배상을 청구할 수 있다($^{311조}_{2항}$).

(2) 전세권의 소멸통고

전세권의 존속기간을 약정하지 않은 경우에는 각 당사자는 언제든지 상대방에게 전세권의 소멸을 통고할 수 있고, 상대방이 이 통고를 받은 날부터 6개월이 지나면 전세권은 소멸된다($^{313}_{조}$). 이 '소멸'의 의미에 관해서는 이미 설명하였다(p.296 'Ⅲ. 전세권의 존속기간' 참조).

(3) 전세물의 멸실

목적물의 멸실은 물권에 공통된 소멸사유인데, 민법 제314조와 제315조는 그 멸실의 「범위」와 「원인」에 따라, 즉 전세물의 전부 또는 일부가 멸실된 것인지, 또 그 멸실이 불가항력 또는 전세권자의 귀책사유로 인한 것인지에 따라 효과를 달리 정한다.

a) 전부 멸실의 경우   전세물이 전부 멸실된 이상, 그것이 불가항력에 의한 것이든 또는 전세권자의 귀책사유에 의한 것이든, 전세권은 전부 소멸된다($^{314조 1}_{항 참조}$). 그러나 손해배상책임에

서는 다음과 같은 차이가 있다. 1) 불가항력으로 인한 경우, 전세권자는 손해배상의무가 없으며 전세권설정자의 전세금 반환의무만이 있다. 2) 전세권자의 귀책사유로 인한 경우, 전세권자는 그 손해를 배상할 책임을 진다($\frac{315조}{1항}$). 이 손해배상은 불법행위 또는 채무불이행을 원인으로 하는 것이다. 이 경우 전세권설정자는 전세금으로 손해의 배상에 충당하고, 남은 금액이 있으면 반환해야 하며, 부족하면 부족한 금액을 청구할 수 있다($\frac{315조}{2항}$).

　b) **일부 멸실의 경우**　　어느 원인에 의한 것이든 멸실된 부분의 전세권은 소멸된다($\frac{314조\ 1}{항\ 참조}$). 문제는 남아 있는 부분에 대하여 전세권이 존속하는지, 존속한다면 전세금은 감액되는지, 또 손해배상책임은 어떻게 되는지이다. (ㄱ) 불가항력으로 인한 경우, 전세권자가 남은 부분만으로 전세권의 목적을 달성할 수 없는 때에는 전세권설정자에게 전세권 전부의 소멸을 통고하고 전세금 반환을 청구할 수 있다($\frac{314조}{2항}$). 법문상으로는 '소멸을 통고'한다고 되어 있지만, 불가항력으로 전세물의 일부가 멸실되어 전세권의 목적을 달성할 수 없게 된 상황에서 제313조 소정의 6개월의 기간을 설정자에게 유예한다는 것은 무의미하다는 점에서, 이것은 그 통고에 따라 (유예기간 없이) 곧 효력이 발생한다($\frac{통}{설}$). 반면 남은 부분만으로 전세권의 목적을 달성할 수 있는 경우에는, 멸실 부분에 비례하여 전세금은 감액된다($\frac{통}{설}$). (ㄴ) 전세권자의 귀책사유로 인한 경우, 전세권자는 그 일부 멸실에 대한 손해를 배상할 책임을 진다($\frac{315조}{1항}$). 이 손해배상에 관하여는, 전세권이 소멸된 후 전세금에서 공제하는 방식으로 우선 충당할 수도 있다($\frac{315조}{2항}$). 따라서 불가항력의 경우처럼 멸실 부분에 비례하여 전세금의 감액은 인정되지 않는다. 한편 이 경우 남은 부분에 전세권이 존속하는지는 제315조에서 정하고 있지 않다. 이 경우 전세권설정자는 제311조에 의해 전세권자의 (귀책사유에 의한 일부 멸실에 따른) 용법 위반을 이유로 전세권의 소멸을 청구할 수 있고($\frac{1}{항}$), 전세권자에게 원상회복이나 손해배상을 청구할 수도 있다($\frac{2}{항}$). 한편 남은 부분으로 전세권의 목적을 달성할 수 없는 경우에는 전세권을 존속시키는 것이 무의미한 점에서, (비록 귀책사유가 있기는 하지만) 전세권자도 (일부 멸실이라는 점에서는 공통되므로) 제314조 2항을 유추적용하여 전세권 전부의 소멸을 통고할 수 있다고 본다.

(4) 전세권의 포기

　전세권도 원칙적으로 자유로이 포기할 수 있다. 그러나 전세권이 제3자의 권리의 목적이 된 때에는 제3자의 동의 없이는 포기할 수 없다($\frac{371조\ 2}{항\ 참조}$). 전세권의 포기는 물권적 단독행위이므로 그 등기를 하여야 효력이 생긴다($\frac{186}{조}$). 문제는 전세권의 포기가 전세금 반환청구권의 포기를 포함하는가이다. 이것은 기본적으로 전세권의 포기라는 당사자의 의사해석을 통해 결정할 성질의 것이다. 이를 긍정하는 견해가 있지만($\frac{김증한·김학}{동,\ 431면}$), 통설적 견해는 전세권을 포기한다고 하여 당연히 전세금 반환청구권까지 포기한 것으로 볼 수는 없다고 한다.

2. 전세권 소멸의 효과

　전세권이 소멸되면 전세권설정자는 전세금을 반환하여야 하고, 전세권자는 전세물을 인도하여야 한다. 이와 관련하여 민법은 다음과 같은 내용을 규정한다.

(1) 전세금의 반환과 목적물의 인도 등

가) 동시이행

> 제317조 〔전세권의 소멸과 동시이행〕 전세권이 소멸된 경우에는 전세권설정자는 전세권자로부터 그 목적물의 인도와 전세권 설정등기의 말소등기에 필요한 서류를 받음과 동시에 전세금을 반환하여야 한다.

전세권자의 '전세물의 인도 및 전세권 설정등기의 말소등기에 필요한 서류의 교부'와 전세권설정자의 '전세금의 반환'은 동시이행의 관계에 있다. 이와 관련되는 내용은 다음과 같다. ① 전세권자가 전세물에 대해 경매를 청구하려면 우선 자신의 의무를 이행하여 전세권설정자의 전세금 반환채무가 이행지체가 되게 하여야 한다($^{대결\ 1977.\ 4.}_{13,\ 77마90}$). ② 전세권설정자가 전세금을 반환할 때까지는 전세권자는 동시이행의 관계에서 목적물을 점유할 권리가 있고, 점유 사용에 따른 차임 상당액과 전세금에 대한 이자 상당액은 서로 대가관계에 있다($^{대판\ 1976.\ 10.}_{26,\ 76다1184}$). ③ 전세권자가 전세물을 인도하였다고 하더라도 전세권 설정등기의 말소등기에 필요한 서류를 교부하거나 그 이행의 제공을 하지 않는 이상, 전세권설정자는 전세금의 반환을 거부할 수 있고, 이 경우 다른 특별한 사정이 없는 한 그가 전세금에 대한 이자 상당액의 이익을 법률상 원인 없이 얻었다고 볼 수 없다($^{대판\ 2002.\ 2.\ 5,}_{2001다62091}$).

나) 전세물의 양도와 전세금 반환의무자

(ㄱ) 전세권의 존속기간 중 전세물의 소유권이 이전된 경우에 신 소유자가 전세권설정자의 지위를 승계하는지, 그래서 전세권이 소멸되는 경우 신 소유자만이 전세금 반환의무를 부담하고 구 소유자는 그 의무를 면하는지에 관해, 민법은 정하고 있지 않다. 이에 반해 주택임대차의 경우에는 주택임대차보호법 제3조 4항에서, '임차주택의 양수인(그 밖에 임대할 권리를 승계한 자를 포함한다)은 임대인의 지위를 승계한 것으로 본다'고 정하고 있다(그에 따라 임차보증금 반환채무도 임차주택의 양수인만이 부담한다). (ㄴ) 판례는 「전세권이 성립한 후 전세목적물의 소유권이 이전된 경우, 민법이 전세권 관계로부터 생기는 상환청구, 소멸청구, 갱신청구, 전세금 증감청구, 원상회복, 매수청구 등의 법률관계의 당사자로 규정하고 있는 전세권설정자 또는 소유자는 모두 목적물의 소유권을 취득한 신 소유자로 새길 수밖에 없다고 할 것이므로, 전세권은 전세권자와 목적물의 소유권을 취득한 신 소유자 사이에 계속 동일한 내용으로 존속하게 된다고 보아야 할 것이고, 따라서 목적물의 신 소유자는 구 소유자와 전세권자 사이에 성립한 전세권의 내용에 따른 권리의무의 직접적인 당사자가 되어 전세권이 소멸되는 때에 전세권자에 대하여 전세권설정자의 지위에서 전세금 반환의무를 부담하게 되고, 구 소유자는 전세권설정자의 지위를 상실하여 전세금 반환의무를 면하게 된다」고 한다($^{대판\ 2000.\ 6.\ 9,\ 99다15122;\ 대}_{판\ 2006.\ 5.\ 11,\ 2006다6072}$).[1]

---

1) 위 판례의 사안은 다음과 같다. A는 B 소유 아파트에 대해 전세금 3천만원에 전세계약을 체결하고 전세권 설정등기를 하였는데, 위 아파트는 이미 甲은행 앞으로 근저당권이 설정되어 있었다. 전세권의 존속기간 중 C가 위 아파트를 B로부터 매수하여 소유권이전등기를 마쳤는데, B가 부담하는 전세금 반환채무와 근저당채무에 대해서는 C가 인수하기로 하여 매매대금에서 이를 공제하고 나머지를 B에게 지급하였다. 그 후 甲은 근저당권을 실행하여 D가 이를 경락받고 그 대금을 완납하였는데, A가 이 경매절차에서 임차인으로서 극히 일부만을 배당받자, 전세권 소멸을 원인으로 하여 B를 상대로 전세금의 반환을 청구한 것이다. 이에 대해 판례는 위와 같은 이유로 A의 청구를 기

(2) 전세금의 우선변제권

a) 의 의   (ㄱ) 전세권설정자가 전세금의 반환을 지체한 경우에는 전세권자는 전세물의 경매를 청구할 수 있고($^{318}_{조}$), 후순위 권리자나 그 밖의 채권자보다 우선하여 전세금을 변제받을 수 있다($^{303조 1}_{항 후문}$). (ㄴ) 전세권이 종료되면 전세권설정자는 전세금을 반환하여야 하는데, 이때 소멸되는 것은 전세권의 용익물권적 권능뿐이고 담보물권적 권능은 그대로 유지되므로, 전세권등기도 이 범위에서 효력이 존속한다($^{대판 2005. 3. 25,}_{2003다35659}$).

b) 경매청구의 요건   전세권자가 전세물에 대해 경매를 청구하려면 전세권설정자가 전세금의 반환을 지체하여야 한다($^{318}_{조}$). 전세권설정자의 전세금 반환의무는 전세권이 종료된 때에 발생하지만, 이 의무는 전세권자의 목적물의 인도 및 전세권 설정등기의 말소등기에 필요한 서류의 교부와 동시이행의 관계에 있으므로($^{317}_{조}$), 전세권설정자가 전세금의 반환을 지체한 것으로 되려면 전세권자가 자기 채무의 이행을 제공하여야 한다.

c) 경매청구의 범위   민법 제303조 1항 후문은, 전세권자는 그 부동산 '전부'에 대하여 후순위 권리자 기타 채권자보다 전세금을 우선변제 받을 권리가 있다고 정한다. 그리고 민법 제318조는 전세권설정자가 전세금의 반환을 지체한 경우에는 전세권자는 전세물의 경매를 청구할 수 있는 것으로 규정한다.

그런데 전세권은 부동산의 일부에 대해 설정할 수도 있기 때문에($^{부동산등기법}_{72조 1항 6호}$), 위 규정과 관련하여 해석상 문제되는 것이 있다. (ㄱ) 다른 채권자의 경매신청 등으로 그 부동산 전부가 경매되는 경우, 전세권자는 비록 부동산의 일부를 목적으로 하더라도 그 등기 순위에 따라 전세금을 우선변제 받을 수 있다($^{통}_{설}$). (ㄴ) 일부 전세권자가 부동산 전부에 대해 경매를 청구할 수 있는지에 관해서는 견해가 통일되어 있지 않다. ① 「통설적 견해」는 전세권이 설정된 부동산의 일부를 분할한 후에 경매를 청구할 수 있고, 분할할 수 없는 경우에는 담보물권의 불가분성의 원칙에 따라 그 전부에 대해 경매를 청구할 수 있는 것으로 해석한다. 다만, 부동산의 일부에 전세권이 설정된 후 그 부동산에 저당권이 설정된 경우, 저당권의 목적은 1동의 건물 또는 1필의 토지이고 그 일부는 저당권의 목적이 되지 못하므로, 또 위 경우 전세권을 실행하면 저당권은 소멸되므로, 위 전세권자는 부동산 전부를 경매하여야 하고, 그 매각대금에서 전세금을 우선변제 받을 수 있는 것으로 보아야 한다고 한다($^{곽윤직,}_{269면}$). 이에 대해 부동산 전부에 대해 경매를 청구할 수 있다는 「반대견해」가 있다($^{이영준, 696면;}_{이상태, 320면}$). 즉 일부 경매청구를 인정하게 되면 경매절차의 지연 등으로 전세권자에게 일방적으로 불리하고, 한편 전부에 대해 경매청구를 인정하더라도 전세권설정자는 언제라도 전세금을 반환하면 경매를 막을 수 있어 그에게 불리한 것은 아니라고 하면서, 이러한 취지에서 민법 제303조 1항에서 "전세권자는 그 부동산 전부에 대하여 우선변제를 받을 권리가 있다"고 규정한 것이라고 한다. ② 「판례」는, 전세권의 목적물이 아닌 나머지 부분에 대하여는 우선변제권은 있더라도 경매신청권은 없는 것으로 본다($^{대결 1992. 3. 10,}_{91마256, 257}$). 특히 판례는, "건물의 일부에 대하여 전세권이 설정되어 있는 경우, 전세권자는 전세권의 목적이 된 부분을 초과하여 건물 전부의 경매를 청구할 수 없다고 할 것

각하였다. 판례에 따르면, A는 전세권설정자의 지위를 승계한 C에게 전세금의 반환을 청구해야 한다.

이고, 그 전세권의 목적이 된 부분이 구조상 또는 이용상 독립성이 없어 독립된 소유권의 객체로 분할할 수 없고 따라서 그 부분만이 경매신청이 불가능하다고 하여 달리 볼 것이 아니다"라고 한다(대결 2001. 7.
2, 2001마212). ③ 사견은 다음과 같은 이유에서 위 반대견해가 타당하다고 본다. 첫째, 제3자가 경매신청을 한 때에는 일부 전세권자가 목적물 전부의 매각대금에서 우선변제를 받는 것을 인정하면서도 같은 결과를 가져오는 경매신청을 부정하는 것은 형평에 맞지 않는 점, 둘째 (건물의 일부가 구조상·기능상 독립된 경우에 한해 전세권자는 설정자에 대한 전세금 반환채권을 보전하기 위해 채권자대위권에 기해 설정자가 갖는 분할등기신청을 대위하는 방법이 있기는 하지만) 목적물을 분할한 후 경매를 신청하라는 것은 그 절차의 복잡성을 고려할 때 전세권자에게 보장된 경매청구권의 실현에 장애를 가져오고, 더욱이 목적물을 분할할 수 없는 경우에는 경매신청 자체가 불가능한 점에서 전세권자에게 경매청구권을 인정한 민법의 취지가 무시되는 점, 셋째 일부 전세권자가 경매신청을 하기 위해 그가 전세금 반환청구의 소를 제기하여 승소 판결을 받은 후 목적물 전부에 대해 강제경매를 신청하는 방법이 있겠는데(그리고 그 매각절차에서 전세권에 기해 우선변제를 받는다), 이러한 우회적인 방법을 강요하는 것은 전세권자에게 지나친 부담을 준다는 점이다.

d) 우선변제의 순위   (ㄱ) 전세권자는 일반채권자에 대하여 언제나 우선한다. (ㄴ) 전세권과 저당권이 경합하는 경우에는 그 등기의 선후에 따라 우선순위가 정해진다. 즉 ① 저당권이 먼저 설정되고 후에 전세권이 설정된 경우, 누가 경매를 신청하든 양자 모두 소멸되고, 그 등기의 선후에 따라 우선변제권을 가진다. ② 전세권이 먼저 설정되고 후에 저당권이 설정된 경우, 저당권자가 경매를 신청하더라도 그 당시 전세권의 기간이 만료되지 않은 한 전세권은 소멸되지 않는다. 전세권자의 용익권은 보호되어야 하기 때문이다. 다만, 전세권에는 담보물권의 성질도 있어 민사집행법(91조 4
항 단서)은 이 경우 특칙을 정하고 있다. 즉 전세권자가 원하는 경우에는 배당요구를 할 수 있고(그에 따라 저당권에 앞서 우선변제를 받게 된다), 전세권은 매각으로 소멸된다. (ㄷ) 건물의 일부를 목적으로 하는 전세권은 그 목적물인 건물의 일부에 대해 효력이 있는 것이므로, 건물 중 일부를 목적으로 한 전세권이 경락으로 소멸된다고 하더라도, 그 전세권보다 나중에 설정된 전세권이 건물의 다른 부분을 목적물로 하고 있었던 경우에는, 아직 존속기간이 남아 있는 후순위 전세권까지 경락으로 함께 소멸된다고 볼 수 없다(대판 2000. 2.
25, 98다50869).

e) 우선변제권의 실행방법   (ㄱ) 전세권자는 전세물을 경매하여 그 대금에서 우선변제를 받게 된다(318
조). 이 경매절차에 관하여는 민사집행법 제264조 내지 제268조의 규정(담보권실행경매)이 적용된다. 한편, 동일인에게 속하는 토지와 건물 중 건물에 대해서만 전세권을 설정하고, 전세권에 기한 경매로 토지와 건물의 소유자가 다르게 된 때에는, 민법 제366조를 준용하여 건물의 매수인(소유자)은 그 대지에 대해 법정지상권을 취득한다고 할 것이다. (ㄴ) 건물 전세권의 경우, 건물의 매각대금에서만 우선변제를 받을 수 있고 (대지가 매각되는 경우에도) 대지의 매각대금에서는 우선변제를 받을 수 없다(이 점은 주택 외에 그 대지의 매각대금에서도 우선변제를 받는 주택임차권의 경우와는 다르다(주택임대차보
호법 3조의2)). (ㄷ) 위 경매절차에서 전세금 전부를 변제

받지 못한 경우, 전세권자는 일반채권자의 자격에서 채무자의 일반재산에 대해 강제집행을 하거나 타인의 집행에 대해 그 배당에 참여할 수 있다. (ㄹ) 전세권자가 전세권을 실행하지 않고 먼저 채무자의 다른 일반재산에 대해 일반채권자로서 강제집행을 할 수 있는가? 전세권에 담보물권적 권능이 있으므로, 이때는 민법 제340조가 유추적용되어 허용되지 않는다는 것이 통설이다($^{340조}_{1항}$). 그러나 전세물보다 먼저 다른 재산에 관한 배당을 실시하는 경우에는 전세권자는 채권자로서 전세금 전액을 가지고 배당에 참여할 수 있으나, 다른 채권자는 전세권자에게 그 배당금액의 공탁을 청구할 수 있다($^{340조}_{2항}$).

(3) 원상회복의무와 부속물 수거권

전세권이 소멸되면 전세권자는 전세물을 원래 상태로 회복시켜야 하고, 전세물에 부속시킨 물건은 수거할 수 있다($^{316조}_{1항}$).

(4) 부속물 매수청구권

(ㄱ) 전세물에 부속시킨 물건에 대해서는 전세권설정자와 전세권자가 각각 매수청구권을 가지는데, 그 요건은 서로 다르다. 한편 이때의 「부속 물건」은 전세물의 구성부분을 이루지 않는 독립된 물건임을 요하고, 그 구성부분을 이루는 때에는 그것이 유익비에 해당하는 경우에 한해 후술하는 유익비 상환청구권을 행사할 수 있다($^{통}_{설}$). (ㄴ) 전세권설정자가 부속 물건의 매수를 청구한 경우에는 전세권자는 정당한 이유 없이 거절하지 못한다($^{316조 1}_{항 단서}$). 이에 대해 전세권자는 전세권설정자의 동의를 받아 부속시키거나 그 부속 물건을 전세권설정자로부터 매수한 경우에만 전세권설정자에게 부속 물건의 매수를 청구할 수 있다($^{316조}_{2항}$).

(5) 유익비 상환청구권

a) 전세권자는 전세물의 현상을 유지하고 통상적인 관리에 필요한 수리를 해야 할 유지 · 수선의무를 부담하기 때문에($^{309}_{조}$), 필요비의 상환은 청구할 수 없고, 그래서 민법은 유익비에 한해 일정한 요건하에 상환청구권을 인정한다. 즉 전세권 소멸시에 그 가액의 증가가 현존하는 경우에만, 소유자의 선택에 따라 그 지출금액이나 증가액 중 어느 하나의 상환을 청구할 수 있다($^{310조}_{1항}$). 이 경우 법원은 소유자의 청구에 의해 상당한 상환기간을 정해 줄 수 있다($^{310조}_{2항}$).

b) 유익비 상환청구권은 목적물에 관하여 생긴 채권으로서, 전세권자는 그 상환을 받을 때까지 전세물에 대해 유치권을 행사할 수도 있다($^{320조}_{1항}$). 그러나 법원이 상당한 상환기간을 정해 준 때에는 유치권은 성립하지 않고($^{320조2}_{항 참조}$), 이 경우 소유자는 유익비의 상환 없이 곧바로 목적물의 인도를 청구할 수 있다. 한편 유익비 상환청구권을 미리 포기하는 약정은 유효하며, 전세권자가 전세권 소멸시에 목적물을 원상복구하기로 약정한 때에는 위 청구권을 포기한 것으로 취급된다($^{대판 1974. 3. 12,}_{73다1814, 1815}$).

사례의 해설 (a) 丁의 강제경매신청에 따라 戊가 Y건물을 매수하기 전에 이미 그 건물에 乙 앞으로 전세권등기가 되어 있었고, 戊가 乙을 상대로 Y건물의 인도를 구할 당시에도 그 전세권은 존속하고 있었으므로, 乙은 물권으로서의 전세권을 戊에게도 당연히 주장할 수 있다. 그리고 판례에 의하면 戊는 Y건물에 대해 전세권설정자의 지위를 승계하는 점에서도 결과는 같다(대판 2000. 6. 9, 99다15122).

(b) 전세권자는 유익비에 한해 그 가액의 증가가 현존한 경우에만 소유자의 선택에 따라 그 지출액이나 증가액의 상환을 청구할 수 있다(310조). 그러므로 누수에 따른 공사비용은 필요비로서 그 상환을 청구할 수 없고, 마루를 원목으로 교체하는 데 든 1천만원과 현존 증가액 7백만원 중 소유자의 선택에 따라 그 상환을 청구할 수 있다. 한편 이 유익비 상환청구권은 Y건물에 관하여 생긴 채권으로서 乙은 유치권을 주장할 수도 있다(320조 1항).

(c) 戊가 전세권설정자의 지위를 승계한다는 판례의 견해에 따를 때, 乙은 전세금을 반환받을 때까지 Y건물의 인도를 거절할 수 있는 동시이행의 항변권을 갖는다(317조). 이 경우 점유 사용에 따른 차임 상당액과 전세금에 대한 이자 상당액은 대가관계에 있어, 따로 청구할 수 있는 것이 아니다(대판 1976. 10. 26, 76다1184; 대판 2002. 2. 5, 2001다62091).

(d) 丁의 경매신청에 따른 강제경매의 결과 같은 소유자에게 속하였던 토지와 건물의 소유자가 다르게 된 것이므로, 戊는 Y건물에 대해 관습상 법정지상권을 취득한다. 그러므로 甲은 토지소유권에 기해 戊에게 Y건물의 철거와 토지의 인도를 구할 수 없다. 지료에 대해서는 같은 법정지상권이라는 점에서 민법 제366조 단서를 유추적용하여 이를 지급하여야 한다는 것이 통설이다.

사례 p. 303

제 4 절 　담보물권擔保物權

제 1 관　총　　설

I. 담보물권의 의의

1. 채권과 담보제도의 관계

채권은 채권자가 채무자에게 급부를 청구할 수 있는 권리로서, 예컨대 A가 B에게 1천만원을 빌려 준 경우에 변제기에 B에게 1천만원의 지급을 구하는 것이 그러하다(598조 참조). 사람이 특정의 물건에 대해 가지는 권리인 물권과 달리, 채권은 사람이 사람에 대해 가지는 권리여서 채무자가 이행을 하지 않으면 그 이행을 청구하는 방식으로 권리행사가 이루어진다. 그것은 구체적으로 위 예에서, A가 B를 상대로 금전채무 이행청구의 소를 제기하여 승소 판결을 받아 집행권원을 받은 후에 B의 일반재산에 대해 강제집행을 신청하여, 그 재산의 매각대금에서 A의 금전채권을 배당받는 방식으로 실현된다. 그런데 여기에는 두 가지 문제가 있다. 첫째는 강제집행의 대상이 되는 B의 일반재산이 수시로 변동될 수 있고, 경우에 따라서는 집행 당시에 아무런 재산이 없을 수도 있다는 점이다. 민법 채권편에서 정하는, 채권자에게 인정되는 채권자대위권(404조~ 405조)과 채권자취소권(406조~ 407조)은 채무자의 책임재산의 유지·보전을 위해 마련된 제도이다(가압류도 같은 목적을 가지는). 둘째, 설사 채무자의 책임재산을 보전하였다고 하더라도 A만이 독점적으로 채권의 배당을 받는 것은 아니다. 예컨대 B에게 A 외에 다른 채권자가 또 있는 경우에는 그도 배당에 참여할 수 있고, 이때 채권자 사이에는 우열이 없어 (채권의 발생원인, 발생시기의 선후, 금액의 다소와 상관없이) 그 채권액에 따라 평등하게 배당이 이루어지며,[1] 그 결과 A는 자기 채권의 일부만을 받을 수도 있다는 점이다.

요컨대 채권자 A는 B의 책임재산이 변동함에 따라 또 미지의 수많은 채권자들이 등장함에 따라 자기 채권액을 제대로 못 받거나 극히 일부만을 받게 될 상황에 놓일 수 있다. 여기서 (금전)채권자는 상술한 바와 같은 금전채권의 일반적 효력으로는 만족하지 않고 그것을 더 강화해서 채권의 만족을 확보하기 위한 수단을 찾게 되는데, 그것이 「담보」이다. 한편 담보를 설정할 채권자의 채권에는 아무런 제한이 없다. 금전채권이 보통이지만, 금전 외의 급부를 목적으로 하는 채권도 무방하다(예: 물건인도 청구권·출연 청구권 등). 이 경우도 그 해당되는 담보제도를 통해 채권의 만족을 확보할 수 있을 뿐만 아니라, 그 채무를 이행하지 않는 때에는 손해배상채권이 발생하고($^{390}_{조}$), 이것은 금전배상이 원칙이기 때문에($^{394}_{조}$), 목적물을 환가하여 우선변제를 받는 데에도 아무런 지장이 없기 때문이다.

2. 채권의 담보제도

채권의 담보제도로는 두 가지가 있다. 하나는 채무자의 수를 늘려서 책임재산을 늘리는 것이고, 다른 하나는 특정의 물건에 담보를 설정하여 채권자평등의 원칙을 깨고 어느 채권자만이 우선적으로 채권을 변제받도록 하는 것인데, 전자를 '인적 담보人的 擔保'라 하고, 후자를 '물적 담보物的 擔保'라고 한다.

a) 인적 담보 채권편에서 정하는 불가분채무($^{411}_{조}$)·연대채무($^{413조\sim}_{427조}$)·보증채무($^{428조\sim}_{448조}$)가 이에 속한다(채권편에서는 이를 '수인의 채권자 및 채무자'의 제목으로 규정한다). 이것은 하나의 채무에 채무자 외에 다른 사람도 채무자가 되는 경우로서, 채무자의 일반재산 외에 다른 사람의 일반재산도 채권자의 강제집행의 대상이 되는 점에서 채권의 담보기능을 한다(전체로서 책임재산의 총액이 증대하므로). 그러나 이들 경우에도 그 책임재산이 변동될 가능성은 충분히 있으며, 또 불가분채무자·연대채무자·보증인에 대한 다른 채권자의 배당참가를 역시 배제하

---

1) 유의할 것은, A가 강제집행을 신청하여 B의 책임재산에 대해 강제경매 등이 실시되는 경우, B의 다른 채권자 모두가 제한 없이 배당에 참여할 수 있는 것은 아니다. (ㄱ) 민사집행법(148조)은 '배당받을 채권자의 범위'를 다음과 같이 한정한다. ① 배당요구의 종기까지 경매신청을 한 압류채권자, ② 배당요구의 종기까지 배당요구를 한 채권자(민사집행법 제88조에 규정된 채권자로서, 집행력 있는 정본을 가진 채권자, 경매개시결정이 등기된 뒤에 가압류를 한 채권자, 민법·상법 그 밖의 법률에 의하여 우선변제청구권이 있는 채권자), ③ 첫 경매개시결정등기 전에 등기된 가압류채권자, ④ 저당권·전세권 그 밖의 우선변제청구권으로서 첫 경매개시결정등기 전에 등기되었고 매각으로 소멸되는 것을 가진 채권자가 그러하다. (ㄴ) ①과 ②의 경우에는 배당요구의 종기까지 일정한 자격을 갖춘 채권자에 한해 그가 경매신청 또는 배당요구를 하는 것을 전제로 배당을 받을 수 있는 데 반해, ③과 ④의 경우에는 배당요구와 관계없이 당연히 배당권자가 되는 점에서 차이가 있다. (ㄷ) 배당받을 채권자의 범위에 포함되는 경우, 그들 간에는 배당순위가 있어, 우선특권 또는 우선변제권이 있는 채권자에게 우선배당되고, 다른 채권자는 동 순위에 있는 경우에는 그 채권액에 따라 안분배당을 하게 된다. 채권자평등의 원칙은 이처럼 제한된 범위에서 적용될 뿐이다. 참고로 조세징수에 있어서는 먼저 압류를 한 조세채권자에게 우선권을 주는 '압류우선주의'를 취하고 있지만(국세기본법 36조 1항), 실체법상 우선권이 없는 채권자 간에는 압류와 상관없이 모두 채권액에 비례하여 배당하는 '평등주의'를 취하고 있다.

지는 못한다는 점에서, 물적 담보에 비해 채권의 담보력은 강하지 못하다.

b) **물적 담보**　　특정의 물건, 즉 채무자 또는 제3자 소유의 물건(동산 또는 부동산)에 대해 소유자와의 설정계약 (및 인도 또는 등기)을 통해 소유권에 있는 처분의 권능을 담보물권자가 승계취득하여, 채무자의 변제가 없을 때에는 (법원이 관장하는 경매를 통해) 담보물을 처분하여 다른 일반채권자에 우선하여 자기 채권을 변제받는 것을 내용으로 하는 것으로서, 질권과 저당권이 이에 속하고, 전세권도 같은 범주에 속하는 것이다. 이를 총칭하여 담보물권이라고 하는데, 그 밖에 법정담보물권으로 유치권이 있다.[1]

Ⅱ. 담보물권의 종류

담보물권은 여러 기준에 따라 달리 나눌 수 있지만, 여기서는 민법에서 정하는 것과 민법 외의 다른 법률에서 정하는 것에 대해 설명하기로 한다.

1. 민법상의 담보물권

(1) 전세권에는 타인의 부동산을 사용·수익할 권리뿐만 아니라 그 부동산 전부에 대해 전세금의 우선변제를 받을 권리도 있는 점에서, 용익물권과 담보물권의 성질을 함께 가진다$\left(\substack{303조 \\ 1항}\right)$. 따라서 담보물권에 공통된 성질이나 법리는 전세권에도 통용된다.

(2) 민법이 정하는 전형적인 담보물권으로는 유치권·질권·저당권 세 가지가 있다. (ㄱ) 유치권은 물건과 채권 간에 견련성이 있는 경우에 그 채권을 변제받을 때까지 목적물을 유치하는 것을 내용으로 하는데$\left(\substack{320 \\ 조}\right)$, 이것은 당사자의 의사와는 상관없이 일정한 요건에 해당하면 당연히 성립하는 법정담보물권이고, 당사자 간의 약정에 의해 성립하는 질권이나 저당권과는 다르다. (ㄴ) 질권과 저당권은 전형적으로 물건의 교환가치를 갖는 담보물권인데, 질권은 동산과 재산권을, 저당권은 부동산을 그 객체로 하는 점에서 각각 그 내용을 달리한다$\left(\substack{329조 \cdot 345 \\ 조 \cdot 356조}\right)$.

위 세 가지 담보물권의 내용을 개괄적으로 비교해 보면 다음 도표와 같다.

담보물권 내　용	유치권	질　권	저당권
성　립	법률이 정한 일정한 요건을 갖추면 당연 성립$\left(\substack{320조 \\ 1항}\right)$ 〈법정담보물권〉	설정계약과 동산의 인도$\left(\substack{330 \\ 조}\right)$ 또는 권리의 양도$\left(\substack{346 \\ 조}\right)$ 〈약정담보물권〉	설정계약과 등기$\left(\substack{186 \\ 조}\right)$ 〈약정담보물권〉
목적물	물건(동산·부동산)과 유가증권$\left(\substack{320조 \\ 1항}\right)$	동산$\left(\substack{329 \\ 조}\right)$과 재산권$\left(\substack{345 \\ 조}\right)$	부동산(토지 또는 건물)$\left(\substack{356 \\ 조}\right)$

---

1) 채무자가 파산하게 되면 모든 채권자의 공평한 만족을 위해 법률에서 정한 파산절차에 따라 배당이 이루어지고, 그래서 채무자의 처분이나 채권자의 개별적인 집행은 허용되지 않는다. 그러나 이미 설정된 담보물권의 경우에는 이에 영향을 받을 이유가 없고, 그래서 파산절차에 따르지 않고 담보권을 실행할 수 있는 권리(이를 '별제권(別除權)'이라고 한다)가 주어진다(채무자 회생 및 파산에 관한 법률 411조·412조).

본질적 효력	유치적 효력($^{320조}_{1항}$) *점유를 요건으로 함	유치적 효력($^{335}_{조}$)과 우선변 제적 효력($^{329}_{조}$) *점유를 요건으로 함	우선변제적 효력($^{356}_{조}$) *점유를 요건으로 하지 않음
경매권	있음($^{322조}_{1항}$)	있음($^{338조}_{1항}$)	있음($^{363}_{조}$)
간이변제 충당권	법원의 허가를 받아 할 수 있음($^{322조}_{2항}$)	법원의 허가를 받아 할 수 있음($^{338조}_{2항}$)	없음
물상대위	없음	있음($^{342}_{조}$)	있음($^{370}_{조}$)

2. 다른 법률에서 정하는 담보물권

a) **가등기담보 등에 관한 법률**　　(ㄱ) 질권과 저당권은 목적물에 있는 가치 중 교환가치만을 갖는 제한물권으로 되어 있고, 이것은 채무자가 변제를 하지 않는 경우에 목적물을 경매하여 그 매각대금에서 우선변제를 받는 것을 내용으로 한다. 그러나 이러한 경매절차는 오랜 시일이 걸리고 번거롭기 때문에, 일반 사인 간의 금전대차에서는 금전채권의 담보로 채무자(또는 제3자) 소유의 물건을 채권자에게 이전하거나 가등기하는 경우가 많고, 이를 통해 경매가 아닌 사적 실행의 방식으로 채권을 회수하게 된다. 여기서 채권담보의 목적으로 소유권을 이전하는 경우를 '양도담보', 가등기하는 경우를 '가등기담보'라 하고, 이 양자를 민법상의 담보물권에 대해 비전형담보라고 부른다. 비전형담보는 다음 두 가지 점에서 전형담보와 차이가 있다. 즉, 채권의 담보를 위해 목적물의 소유권을 이전하는 권리이전의 공시방법을 취하며, 이를 통해 담보권을 법원 등 국가기관을 통하지 않고 사적으로 실행한다는 점이다. (ㄴ) 예컨대 A가 B에게 5천만원을 빌려주고 1억원 상당의 B 소유 부동산에 양도담보를 설정하면서, B가 변제기에 변제를 못하는 때에는 위 부동산 소유권을 변제에 갈음하여 이전하기로 약정하는 수가 있고($^{대물반환의\ 예}_{약:\ 607조\ 참조}$), 이것은 A가 폭리를 취하는 점에서 문제가 있는데, 이처럼 대물변제의 예약이 결부된 비전형담보에 관해서는 「가등기담보 등에 관한 법률」($^{1983년\ 법}_{3681호}$)이 따로 적용된다.

b) **상　법**　　상법에서도 유치권($^{58조·91}_{조·111조}$), 질권($^{59}_{조}$), 등기한 선박에 대한 저당권($^{871}_{조}$)에 관해 정한다.

c) **기타 특별법**　　입목저당($^{입목에\ 관한}_{법률\ 4조}$), 광업권저당($^{광업법}_{11조}$), 각종 재단저당($^{공장\ 및\ 광업}_{재단\ 저당법}$), 각종 동산저당($^{자동차\ 등\ 특정}_{동산\ 저당법}$), 동산담보권과 채권담보권($^{동산·채권\ 등의}_{담보에\ 관한\ 법률}$)이 있다.

❋ 우선특권 ∽∽∽

　　(ㄱ) 상술한 담보물권보다 우선하여 변제받을 수 있는 권리들이 있다. 최종 3개월분의 임금채권과 재해보상금($^{근로기준법}_{38조\ 2항}$), 주택임차보증금 중 소액보증금($^{주택임대차}_{보호법\ 8조}$) 등이 그러하다. 이 경우는 근로자의 생활과 주거의 보호를 위해 채권의 형식을 취하지만 법률의 규정에 의해 최우선변제권을 인정한 것이다. 상법에도 이러한 내용의 규정이 있다($^{468조·860}_{조\ 등}$). 그러나 반면 그 내용이 공시되지 않아 담보권자에 대한 중대한 위협이 되기도 한다. 그런데 이러한 우선특권은 다른 채권자의 신

청에 의한 경매절차에 편승하여 우선변제를 받을 수 있을 뿐이고, 담보권자와는 달리 그들이 직접 경매청구권을 갖지는 못한다. (ㄴ) 유의할 것은, 임금채권의 우선특권은 다른 채권과 동시에 사용자의 동일 재산에서 경합하여 변제받는 경우에 그 성립의 선후나 질권이나 저당권의 설정 여부에 관계없이 우선적으로 변제받을 수 있는 권리가 있는 데 그친다는 점이다. 즉 사용자의 특정재산에 대한 배타적 지배권을 본질로 하는 추급효까지 인정한 것은 아니므로, 사용자의 재산이 제3자에게 양도된 경우에는 이 재산에 대해서까지 추급하여 우선권을 인정한 것은 아니다. 또한 사용자가 재산을 취득하기 전에 (사용자가 아닌 다른 사람 명의의 재산에 이미) 설정된 담보권에 대해서도 임금채권의 우선특권은 인정되지 않는다(대판 1994. 1. 11, 93다30938).

Ⅲ. 담보물권에 공통된 성질

민법상의 담보물권, 즉 유치권·질권·저당권은 각각 그 내용을 달리하지만, 채권의 담보를 목적으로 하는 점에서는 공통된다. 이를 토대로 '부종성·수반성·물상대위성·불가분성' 네 가지 공통된 성질이 도출된다. 다만 담보물권의 종류에 따라 그 내용과 인정범위에서 차이가 없지는 않다.

1. 부종성附從性

담보물권은 채권의 담보를 목적으로 하는 것이기 때문에, 채권이 존재하지 않으면 담보물권이 성립할 수 없고, 채권이 소멸되면 담보물권도 당연히 소멸되는 것, 즉 채권에 종속하는 성질(부종성)이 있다. 민법은 저당권에서 이를 규정하지만(369조), 유치권과 질권의 경우에도 다를 것이 없다. 다만 부종성의 정도에서는 담보물권에 따라 약간의 차이가 있다. 법정담보물권인 유치권에서는 특정 채권의 담보를 위해 법률상 인정되는 것이므로 부종성은 엄격하게 적용된다(320조 참조). 그러나 질권이나 저당권의 경우에는 이것이 완화된다. 특히 저당권에서 그 담보할 채무의 최고액만을 정하고 채무의 확정을 장래로 미루어 설정할 수 있는 근저당권의 제도가 그러하다(357조).

2. 수반성隨伴性

담보물권은 채권의 담보를 위한 것으로서 채권과 불가분의 관계에 있는 점에서, (특별한 사유가 있지 않은 한) 피담보채권의 처분은 담보물권의 처분도 수반한다는 것, 즉 피담보채권이 양도되면 담보물권도 같이 이전되고, 피담보채권이 다른 권리(예: 질권)의 목적이 된 경우에는 담보물권도 같이 그 목적이 되는 성질(수반성)이 있다.

수반성과 관련하여 민법 제361조는 "저당권은 그 담보된 채권과 분리하여 타인에게 양도하거나 다른 채권의 담보로 하지 못한다"고 규정한다. (ㄱ) 유의할 것은, 동조는 저당권을 피담보채권과 분리하여 처분할 수 없다고 규정할 뿐, 피담보채권을 저당권과 분리하여 처분할 수 없다고 정하고 있지는 않다. 채권담보라고 하는 저당권 제도의 목적상, 피담보채권의 처분에는 저당권의 처분도 포함되는 것이지만, 피담보채권의 처분이 있으면 언제나 저당권도 함께 처분되는 것은 아니다. 당사자는 저당권과 분리해서 피담보채권만을 처분할 수도 있고(이 경우 양도인은 채권을 상실하여 양도인 앞으로 된 저당권은 소멸된다), 이는 저당권의 수반성에 반하지 않는다(마찬가지로 저당권부 채권에 질권을 설정하는 경우, 당사자는 피담보채권만을 질권의 목적으로 하고 저당권은 포함시키지 않을 수 있다)($\binom{대판\ 2020.\ 4.\ 29,}{2016다235411}$). (ㄴ) 피담보채권을 양도하면 담보물권, 예컨대 저당권은 등기 없이도 당연히 양수인에게 이전되는가? 통설은 수반성을 인정하면서도 피담보채권과 저당권이 각각 양도된다는 점에서 양수인이 채권과 저당권을 취득하는 데에는 각각 채권양도의 대항요건과 저당권이전의 등기가 필요한 것으로 본다. (ㄷ) 채권양도의 대항요건과 저당권이전의 등기가 각각 필요한 점에서, 또 양자가 시간적으로 일치할 수 없는 점에서, 어느 한편만을 갖춘 경우에 당사자의 지위가 따로 문제가 된다(이에 관해서는 p.415 이하에서 따로 설명한다). 아무튼 저당권은 그 피담보채권과 함께 양도할 수 있는데, 이 점은 같은 담보물권인 유치권과 질권에서도 같다. (ㄹ) 그러나 제3자에게 불이익을 주어서는 안 되므로, 물상보증인이 설정한 질권이나 저당권은 그의 동의가 없으면 수반되지 않는다($\binom{통}{설}$).

3. 물상대위성物上代位性

담보물권은 목적물에 있는 교환가치를 갖는 데 있으므로, 목적물이 멸실되더라도 그에 갈음하는 교환가치가 존재하는 경우에는 그것에 효력이 미치는데, 이를 물상대위라고 한다. 예컨대 저당권의 목적이 된 토지가 '공익사업을 위한 토지 등의 취득 및 보상에 관한 법률'에 의해 수용되면서 보상금이 지급되는 경우, 이 보상금청구권에 저당권의 효력이 미치는 것이 그러하다. 민법은 질권에 물상대위를 인정하면서, 저당권에 이를 준용하고 있다($\binom{342조·}{370조}$). 이에 대해 유치권의 경우에는 목적물 그 자체의 유치, 즉 점유를 통해 채권의 변제를 담보하도록 민법이 정한 것이기 때문에, 즉 목적물의 교환가치를 통해 우선변제를 받는 것으로 구성된 것이 아니기 때문에, 목적물이 멸실되어 더 이상 점유할 것이 없게 되면 유치권은 소멸되는 것이어서 물상대위는 인정되지 않는다.

4. 불가분성不可分性

담보물권은 피담보채권 전부를 변제받을 때까지 목적물 전부에 대해 그 권리를 행사할 수 있는데, 이를 불가분성이라고 한다. 피담보채권의 완전한 변제를 받게 하자는 데에 그 취지가 있는 것으로서, 불가분성에 기초하여 다음과 같은 점을 도출할 수 있다. 하나는 피담보채권의 일부가 변제 등의 사유로 소멸되더라도 그에 비례하여 목적물의 일부가 감소하는 것은 아니다. 둘은 그 반대로 목적물의 일부가 불가항력 등의 사유로 멸실되더라도 그에 비례하여 채권액의 일부가 감소하는 것은 아니다. 셋은 담보물이 공유자 사이에 분할된 경우, 담보물권이 분할에 의해 영향을 받을 것은 아니므로, 이때는 분할된 각 부분에 대해 피담보채권 전부를 가지고 그 권리를 행사할 수 있다. 목적물이 수개의 물건인 경우, 그 각각의 물건이 피담보채권 전부를 담보하는 것도 같은 이치이다. 민법은 이러한 불가분성을 유치권에 규정하고($\binom{321}{조}$),

이를 질권과 저당권에 준용한다($\substack{343조 \cdot \\ 370조}$).

Ⅳ. 담보물권의 순위順位

(ㄱ) 물권은 물건을 배타적으로 지배하는 것을 내용으로 하기 때문에, 원칙적으로 동일물에 같은 종류의 물권이 같이 성립할 수는 없으며, 소유권과 용익물권이 그러하다. 이에 대해 담보물권은 그 채권의 범위에서 목적물의 교환가치를 갖는 것이므로, 목적물의 잔여가치가 있는 때에는 다른 채권자가 같은 종류의 담보물권을 설정할 수 있다. 다만 이들 간에는 '순위'가 있어서, 먼저 성립한 담보물권이 후에 성립한 것에 우선하는 것, 즉 목적물의 경매대금에서 우선하여 변제를 받는 점에서, 이 경우에도 물권의 배타성은 그대로 유지된다. (ㄴ) 민법은 질권에서 '그 순위는 설정의 선후에 의한다'고 정하고($\substack{333 \\ 조}$), 이를 저당권에 준용한다($\substack{370 \\ 조}$). 한편 민법은 담보물권을 채권의 담보를 위한 수단으로서 구성하고 있기 때문에, 순위라는 것도 동일물 위의 각 담보물권 간의 상대적 우열에 지나지 않는다. 따라서 선순위 담보물권이라도 채권의 변제가 있으면 부종성에 의해 소멸되는 결과, 차순위 담보물권이 선순위로 올라가는 '순위의 승진'이 이루어진다. (ㄷ) 우선변제권이 없고 단지 목적물의 유치를 통해 채권의 변제를 담보하는 유치권에는 담보물권의 순위는 적용되지 않는다.

Ⅴ. 담보물권의 실행 (경매競賣)

1. 경매절차의 규율 ⋯ 「민사집행법」

담보물권은 물건에 있는 교환가치를 갖는 것인데, 이것은 채무자가 채무를 이행하지 않는 경우에 그 담보물을 경매하여 그 대금에서 우선변제를 받는 방법으로 실현된다. 이러한 내용이 질권과 저당권에 적용됨은 물론이다($\substack{329조 \cdot 338조 1항 \cdot \\ 356조 \cdot 363조 1항}$). 한편 법정담보물권인 유치권은 목적물의 유치를 통해 채권의 변제를 담보하는 데 있고 우선변제권이 인정되지 않음에도, 민법은 유치권자가 채권을 변제받기 위해 유치물을 경매할 수 있는 것으로 규정하는데($\substack{322조 \\ 1항}$), 그렇다면 유치권에 인정되는 경매의 취지는 무엇인지 문제된다. 이처럼 유치권·질권·저당권 모두에 경매가 인정되는데, 그 절차에 관해서는 「민사집행법」(2002.1.26. 법 6627호)에서 규율한다. 동법은 '총칙, 강제집행, 담보권실행 등을 위한 경매, 보전처분'의 4개 편, 312개 조문으로 구성되어 있다.[1]

---

1) 민사소송법에는 판결절차만을 두고 민사집행절차는 별도의 단행법으로 독립시킨 것은 일본의 법제를 따른 것인데, 일본은 그 후 가압류·가처분절차를 민사집행절차에서 분리하여 '민사보전법'을 신설함으로써, 민사절차법을 「민사소송법, 민사집행법, 민사보전법」으로 3원화하고 있다. 한편 우리는 2005. 3. 24.에 법원조직법 제54조를 개정하여 「사법보좌관」이 담보권실행 등을 위한 경매의 업무를 처리하는 것으로 바꾸었다.

2. 경매의 종류

(1) 강제경매와 임의경매

a) 채권자가 채무자에 대해 가지는 확정판결 등 집행권원(종전에는 이를 '채무명의'라 하였음)에 기초하여 채무자 소유의 일반재산을 강제집행의 일환으로서 매각하는 것을 「강제경매」라 하고, 질권과 저당권에 기해 그 설정된 담보물에 대해 경매가 이루어지는 것을 강제경매에 대응하여 강학상 「임의경매」라고 한다.

임의경매에 관해서도 강제경매에 관한 규정이 준용되지만(민사집행법 268조 등 참조), <u>양자는 다음 두 가지 점에서 차이가 있다.</u> (ㄱ) 강제경매에서는 (가령 승소의 확정판결과 같은) 집행할 수 있는 일정한 집행권원이 있어야 하지만(민사집행법 80조 3호), 임의경매에서는 담보권에 있는 환가권에 기초하여 곧바로 경매신청권이 인정되는 것이므로 따로 집행권원이 필요 없고, 경매신청시 담보권이 있다는 것을 증명하는 서류를 내면 된다(민사집행법 264조 1항). 이 점에서 일반채권과 담보권은 확연한 차이가 있다. (ㄴ) 강제경매는 확정판결 등 집행권원에 기초하여 이루어지는 것이어서, 경매절차가 완결된 경우에는 실체상의 청구권이 없거나 무효·소멸된 때에도 매수인은 목적물의 소유권을 취득한다. 즉 매수인을 위해 강제경매에는 공신력이 있다. 이에 대해 임의경매에서는 담보권에 있는 환가권의 실행을 국가기관이 대행하는 것에 불과하므로, 담보권에 이상이 있으면 그것은 경락의 효력에 영향을 미치게 되고, 따라서 경매의 공신력은 부정되는 것이 원칙이다(설정자에게 소유권이 없거나 경매신청시 담보권이 소멸한 때에는 매수인은 소유권을 취득할 수 없다)(대판 2023. 7. 27, 2023다228107). 그러나 이에 대해서는 <u>예외</u>가 있다. 민사집행법 제267조에서 "매수인의 부동산 취득은 담보권 소멸로 영향을 받지 아니한다"고 정한 것인데, 이 내용은, 담보권이 있다가 소멸되었음에도 그대로 경매절차가 진행되어 경락이 된 경우에, 채무자나 소유자가 절차의 진행 중 불복 내지 이의를 신청할 수 있었음에도 이를 방치한 점을 중시하여, 매수인을 보호하기 위해 그가 유효하게 소유권을 취득하도록 한 것이다. 그러나 담보권이 처음부터 존재하지 않거나, 매수인이 그러한 사실을 알았거나, 소유자에게 송달 등이 되지 않아 불복의 기회를 갖지 못한 경우에는 동조 소정의 효과는 생기지 않는다.[1]

b) 다음의 경우에는 경매절차 자체가 무효이고, 경락인은 경매 부동산에 대해 소유권을 취

---

1) (ㄱ) 민사집행법 제267조는 '담보권의 소멸'에 한해 공신력을 인정한 것이고, 이것은 매수인의 지위 안정과 경매물건에 대한 대외적 신뢰를 보호하기 위한 것이다. 다만 담보권이 처음부터 존재하지 않는 경우에는 적용되지 않고, 담보권이 존재하였다가 소멸된 경우에만 적용되는데, 판례는 이를 경매개시결정 전과 후로 나누어 차별한다. 즉 ① 경매개시결정 전에 담보권이 소멸된 경우에는 매수인이 대금을 납부하였더라도 경매 부동산의 소유권을 취득하지 못하지만(대판 1999. 2. 9, 98다51855), ② 경매개시 후에 피담보채권의 변제 등의 사유로 담보권이 소멸된 때에는 동조에 의해 매수인의 소유권 취득에 영향이 없다고 한다(대결 1992. 11. 11, 92마719). (ㄴ) 민사집행법 제267조는 경매개시결정이 있은 뒤에 담보권이 소멸된 경우에만 적용된다고 보는 종래 대법원의 입장은 다음과 같은 이유로 그대로 유지되어야 한다고 한다. 1) 첫째, 채권자가 경매를 신청할 당시 담보권이 소멸되었다면, 그 경매개시결정은 처분권한이 없는 자가 국가에 처분권을 부여한 데에 따라 이루어진 것으로서 위법하다. 반면 일단 유효한 담보권에 기해 경매개시결정이 내려졌다면, 이는 담보권에 내재하는 실체적 환가권능에 기초하여 그 처분권이 적법하게 주어진 것이다. 이러한 점에서 담보권의 소멸 시기가 경매개시결정 전인지 또는 후인지는 그 법적 의미가 본질적으로 다르다. 2) 둘째, 경매개시결정이 있기 전에 담보권이 소멸된 경우에도 그 담보권에 기한 경매의 공신력을 인정한다면, 이는 소멸된 담보권 등기에 공신력을 인정하는 것이 되어 현재의 등기제도와 조화될 수 없다(대판(전원합의체) 2022. 8. 25, 2018다205209).

득하지 못한다. ① 경매를 신청할 권원이 없는데도 경매가 진행된 경우이다. 즉 위조된 약속 어음 공정증서에 기해 강제경매가 진행되거나($\binom{대판\ 1991.\ 10.}{11,\ 91다21640}$), 구 건물 멸실 후에 신 건물이 신축 되었고 양자가 동일성이 없는데 멸실된 구 건물에 대한 근저당권에 기해 임의경매가 실시된 경우이다($\binom{대판\ 1993.\ 5.}{25,\ 92다15574}$). ② 경매 부동산이 타인의 소유인 경우이다. 즉 강제경매의 대상이 된 채 무자 명의의 부동산 소유권이전등기가 무효인 경우이다($\binom{대판\ 2004.\ 6.\ 24,}{2003다59259}$). 경매에 의한 소유권 취 득은 성질상 승계취득인 점에서($\binom{대판\ 1991.\ 8.}{27,\ 91다3703}$), 당연한 것이다.

(2) 담보권실행을 위한 경매와 유치권 등에 의한 경매

a) 전술한 임의경매는 전세권·질권·저당권 등 담보물권이 가지는 우선변제권을 실현하기 위해 하는 '실질적 경매'와, 단순히 물건을 금전으로 현금화하기 위해 경매의 수단을 이용하는 데 지나지 않는 '형식적 경매'의 둘로 나뉜다. 민사집행법 제3편 「담보권실행 등을 위한 경매」 에서도 이 두 가지의 구별을 전제로 하여 정하는데, 전자를 '담보권실행경매'($\binom{동법\ 264조}{이하\ 참조}$), 후자를 '유치권 등에 의한 경매'($\binom{동법}{274조}$)(종전에는 '환가를 위한 경매'라 하였다($\binom{(구)민사소}{송법\ 734조}$))라고 부른다.

b) 환가를 위한 경매가 담보권실행경매와 구체적으로 어떤 내용상의 차이가 있는지, 또 유 치권에 의한 경매를 이에 속하는 것으로 정하는데 그 이유는 무엇인가? (ㄱ) 담보권과는 무관 하게 법률에서 경매를 할 수 있는 경우로 정하는 것이 있다. 예컨대 민법 제269조 2항(공유물 분할의 방법으로서 경매), 제490조(공탁에 적당하지 않은 목적물의 경매), 제1037조(상속재산의 경 매), 집합건물의 소유 및 관리에 관한 법률 제45조(구분소유권의 경매) 등이 그러하다. 상법에 도 이러한 내용의 규정이 있다($\binom{67조·70조·109}{조·142조\ 등}$). 이들 규정에 의한 경매는 물건을 금전으로 바꿀 필요에 의해 경매의 수단을 빌리는 데 불과하고, 따라서 경매도 환가 즉 현금화함으로써 완 료되는 것이며 채권의 만족을 위한 절차를 밟지 않는다. 다시 말해 ① 압류 → ② 현금화 → ③ 배당의 세 단계에서 앞의 두 단계로 끝나는 점에서 강제집행이나 담보권실행과는 다르다. 다만 이와 같은 경매도 형식은 담보권실행을 위한 경매의 예에 의하므로($\binom{민사집행법}{274조\ 1항}$), '형식적 경 매'라고도 부른다. (ㄴ) 민법 제322조 1항은 "유치권자는 채권을 변제받기 위하여 유치물을 경 매할 수 있다"고 규정하는데, 민사집행법 제274조에서는 유치권에 의한 경매를 환가를 위한 경매의 범주에 넣고 있다. 즉 유치권에는 우선변제권이 없으므로, 그 경매는 우선변제를 받기 위한 것이 아니라 목적물을 환가하여 금전을 유치하는 데 목적이 있다. 따라서 현금화 단계 에서 경매는 종료되는 것이므로, 일반채권자의 배당요구는 허용되지 않으며, 현금화 후의 매 각대금은 경매비용을 빼고 유치권자에게 교부되어야 한다. 이 경우 유치권자는 채무자에 대 한 매각대금 인도채무를 자기의 피담보채권과 상계하여 사실상 우선변제를 받을 수 있지만, 이것은 상계가 적용되는 데 따른 별개의 것이다.

〈판 례〉 유치권 등에 의한 경매, 즉 형식적 경매는 환가의 수단으로 경매의 형식을 이용하는 데 지나지 않고 따라서 배당절차를 밟지 않는 것을 특색으로 하는 점에서, 목적 부동산 위의 부담을 소멸시키지 않고 매수인이 인수하는 '인수주의'를 취할 수밖에 없는데, 다음의 판례는 반대로 배당절차를 전제로 하는 '소멸주의'를 취하는 태도를 보이고 있다. 즉, (ㄱ) 하나는, 민법

제269조에 의해 법원이 공유물분할을 위해 경매를 명한 판결에 따라 실시되는 경매에 관해서이다. 사안은 다음과 같다. 어느 부동산을 A가 9/10, B가 1/10 지분비율로 공유하고 있는데, 이 부동산 전체에 대해 甲 명의로 가압류등기가, 그리고 A의 지분에 대해 압류등기와 가등기가 각각 되어 있다. 여기서 B가 공유물분할청구의 소를 제기하였고, 이에 대해 경매를 통해 대금을 지분비율로 분배한다는 내용의 판결이 나와, 이 판결에 따라 경매가 실시되어 乙이 이를 낙찰받았다. 그 후 경매법원은 위 부동산에 있던 가압류등기·압류등기·가등기에 대한 말소등기를 촉탁하여, 각각 그 등기의 말소가 이루어졌다. 이에 위 말소된 가등기의 권리자가 위 경매의 경우 부동산 위의 부담은 매수인에게 인수되는 것임에도 이것이 부적법하게 말소되었다는 이유로 매수인을 상대로 말소된 가등기의 회복등기절차의 이행을 청구한 것이다. 이에 대해 대법원은, 「형식적 경매는 담보권실행을 위한 경매의 예에 따라 실시하는데 후자는 소멸주의를 원칙으로 하고 있고, 공유물분할을 위한 경매에서 인수주의를 취할 경우 민사집행법에 이에 관한 규정을 두고 있지 않아 매수인 등의 지위가 매우 불안해질 수 있다는 점 등을 이유로, 소멸주의를 원칙으로 한다」고 판결하였다(대판 2009. 10. 29, 2006다37908).[1] (ㄴ) 다른 하나는, 민법 제322조 1항에 의해 유치권자가 유치물의 경매를 신청하여 실시되는 경매에 관해서이다. 이에 대해 대법원은, 「유치권에 의한 경매에도 채권자와 채무자의 존재를 전제로 하고 채권의 실현·만족을 위한 경매를 상정하고 있는 점, 반면 인수주의를 취할 경우 민사집행법에 이에 관한 규정을 두고 있지 않아 매수인의 지위가 매우 불안한 상태에 놓이게 되는 점 등을 고려하면, 유치권에 의한 경매도 강제경매나 담보권실행을 위한 경매와 마찬가지로 목적 부동산 위의 부담을 소멸시키는 것을 법정매각조건으로 하여 실시되고, 우선채권자뿐만 아니라 일반채권자의 배당요구도 허용되며, 유치권자는 일반채권자와 동일한 순위로 배당을 받을 수 있다. 다만 집행법원은 부동산 위의 여러 이해관계를 살펴 위와 같은 법정매각조건과는 달리 매각조건 변경결정을 통하여 목적 부동산 위의 부담을 소멸시키지 않고 매수인으로 하여금 인수하도록 정할 수도 있다」고 판결하였다(대결 2011. 6. 15, 2010마1059). 다만, 「유치권에 의한 경매절차가 진행되던 중 강제경매 또는 담보권실행을 위한 경매절차가 개시된 경우에는 민사집행법 제274조 2항에 따라 유치권에 의한 경매절차는 정지되므로, 이 경우 그 유치권은 소멸되지 않는다」고 한다(대판 2011. 8. 18, 2011다35593).

사견은 위와 같은 판례의 견해는 다음과 같은 점에서 문제가 있다고 본다. 첫째, 민사집행법 제274조 1항에서 형식적 경매에 대해 담보권실행을 위한 경매의 예에 따라 실시한다고 한 것은, 형식상 그와 같은 경매의 절차를 따른다는 데 지나지 않고 후자에 관한 규정이 전자에 그대로 적용된다는 취지는 아니다. 만일 그렇다면 경매를 양자로 구별하여 따로 규정하고 있는 것을 설명할 수 없다. 둘째, 형식적 경매에 대해 인수주의를 취한다면 민사집행법에 이에 관한 규정이 없으므로 매수인이 매우 불안한 지위에 놓이게 되고, 그러므로 소멸주의를 취하여야 한다고 하는데, 민사집행법 제91조에서는 소멸주의와 인수주의가 적용되는 경우를 구별하여 정하고 있으므로, 다시 말해 소멸주의가 적용되는 경우를 한정하고 있으므로, 그 이외의 경우에까지 임의로 확대할 수는 없는 것이다. 셋째, 형식적 경매는 기본적으로 환가를 목적으로 하는 것이지 그 목적물에서 변제를 받는 데에 있는 것이 아니므로, 목적 부동산에 권리를 가지고 있는 다른 권리자들이 배당을 요구할 수 있는 것이 아니다. 그러므로 이를 허용하고 나아가 소멸주의를 취

---

1) 이 판결을 평석한 글로, 문정일, "공유물분할을 위한 경매에서의 법정매각조건", 대법원판례해설 제81호(2010), 424면 이하.

하는 것은 법률에 근거가 없을 뿐만 아니라 법체계상으로도 수용하기 어렵다. 넷째, 유치권에 우선변제권을 인정하고 있지 않은 민법 제320조, 인수주의를 전제로 하는 민사집행법 제91조 5항과 제274조 2항 등은 소멸주의에 의해서는 설명할 수 없다. 마지막으로 유치권에 의한 경매에 소멸주의를 취하면서 유치권자가 일반채권자와 같은 지위에서 배당을 받는다는 것은, 근본적으로 유치권이 갖는 담보물권의 성격 및 유치를 통해 사실상 우선변제를 확보하는 유치권의 성격과 배치되는 것으로서 수용하기 어렵다고 본다.

3. 민사집행법 제3편 「담보권실행 등을 위한 경매」의 개요

(1) 담보권실행을 위한 경매

전세권 또는 저당권의 객체는 부동산이고, 질권의 객체는 동산 또는 재산권인 점에서, 담보권실행을 위한 경매에서는 그 대상에 따라 부동산($\substack{동법\\264조}$), 선박($\substack{동법\\269조}$), 자동차 · 건설기계 · 항공기($\substack{동법\\270조}$), 유체동산($\substack{동법 271\\조·272조}$), 채권 그 밖의 재산권($\substack{동법\\273조}$)으로 나누어 경매절차를 규정한다.

가) 부동산에 대한 경매

그 실행절차는 강제경매의 경우와 마찬가지로 「경매신청 → 압류[1](경매개시결정) → 현금화(매각) → 배당」으로 진행된다.

a) **경매신청**　(ㄱ) 부동산을 목적으로 하는 담보권을 실행하기 위한 경매신청(부록 참조)을 하는 경우 담보권이 있다는 것을 증명하는 서류(예: 저당권등기가 된 등기사항증명서)를 내야 한다($\substack{동법 264\\조 1항}$). 담보권 설정계약서는 제출할 필요가 없다. (ㄴ) 담보권을 승계한 경우에는 이를 증명하는 서류를 내야 한다($\substack{동법 264\\조 2항}$). 예컨대, 저당권부 채권이 상속 · 포괄유증 · 회사합병 등 포괄승계된 경우에는 이를 증명하는 서류(예: 가족관계증명서 · 회사등기부등본 등)를, 저당권부 채권을 양도받은 경우에는 채권양도의 대항요건($\substack{민법\\450조}$)에 대한 소명자료를 제출해야 한다.

b) **경매개시결정**　(ㄱ) 경매신청이 그 요건을 충족하였는지를 집행법원의 사무를 처리하는 사법보좌관이 심리하여 경매개시결정을 내린다($\substack{사법보좌관규칙\\2조 1항 11호}$). 따라서 경매신청의 단계에서 채권자가 피담보채권의 존재나 변제기의 도래 사실을 증명할 필요는 없다. (ㄴ) 경매개시결정이 내려지면 강제경매의 경우처럼 등기부에 압류등기가 기입되며 직권으로 채무자에게 송달한다. 압류는 개시결정이 채무자에게 송달된 때 또는 압류등기가 된 때 중에서 먼저 이루어진 때에 효력이 생긴다($\substack{동법 268\\조·83조}$). (ㄷ) 담보권의 승계에 기초한 경매개시결정이 있고, 그 결정을 부동산 소유자에게 송달할 때에는 담보권의 승계를 증명하는 서류의 등본을 붙여야 한다($\substack{동법 264\\조 3항}$). 소유자에게 그 사실을 알리고 불복의 기회를 주기 위해서이다.

c) **부동산 경매절차에 대한 구제**　담보권실행 경매절차가 담보권에 있는 환가권에 기초하여 간편하게 진행되는 것에 대응하여 다음과 같이 이를 쉽게 뒤집을 수 있는 구제방법을 마련하고 있고, 이 점은 강제경매의 경우와 큰 차이가 있다.

aa) **경매개시결정에 대한 이의 :**　(ㄱ) 이해관계인은 매각대금이 모두 지급될 때까지 법원에

경매개시결정에 대한 이의신청을 할 수 있다($\substack{동법\ 86조 \\ 1항·268조}$). (ㄴ) 임의경매개시결정에 대한 이의는 강제경매개시결정에 대한 이의와는 달리 절차상의 하자뿐만 아니라 실체상의 하자, 즉 담보권이 없다는 것 또는 소멸되었다는 것을 주장할 수 있다($\substack{동법 \\ 265조}$). (ㄷ) 유치권 등에 의한 경매는 담보권 실행을 위한 경매의 예에 따라 실시하므로, 유치권 등의 신청권의 부존재 또는 소멸을 이유로 법원에 경매개시결정에 대한 이의신청을 할 수 있다($\substack{동법\ 274 \\ 조\ 1항}$).

bb) **경매절차의 정지와 취소**: (ㄱ) 다음 중 어느 하나가 경매 법원에 제출되면 경매절차를 정지하여야 한다($\substack{동법\ 266 \\ 조\ 1항}$). 즉 ① 담보권 등기가 말소된 등기사항증명서, ② 담보권 등기를 말소하도록 명한 확정판결의 정본, ③ 담보권이 없거나 소멸되었다는 취지의 확정판결의 정본, ④ 채권자가 담보권을 실행하지 않기로 하거나 경매신청을 취하하겠다는 취지 또는 피담보채권을 변제받았거나 그 변제를 미루도록 승낙한다는 취지를 적은 서류, ⑤ 담보권실행을 일시 정지하도록 명한 재판의 정본이 그것이다. (ㄴ) 위 서류 중 ①·②·③의 서류가 제출된 경우와 ④의 서류가 화해조서의 정본 또는 공정증서의 정본인 경우에는 이미 실시한 경매절차를 취소하여야 한다($\substack{동법\ 266 \\ 조\ 2항}$). 이 취소결정에 대하여는 즉시항고를 할 수 없다($\substack{동법\ 266 \\ 조\ 3항}$).

d) **대금 완납에 따른 부동산 취득의 효과** 매수인의 부동산 취득은 담보권 소멸로 영향을 받지 않는데($\substack{동법 \\ 267조}$), 이 내용에 대해서는 이미 기술하였다(p.317 '(1) 강제경매와 임의경매' 참조).

e) **준용규정** 그 밖의 내용에 대해서는 부동산에 대한 강제경매의 규정($\substack{동법\ 79조~ \\ 162조}$)이 준용된다($\substack{동법 \\ 268조}$). 준용되는 조문으로서 중요한 것을 설명한다. (ㄱ) 경매 법원: 부동산에 대한 경매는 그 부동산이 있는 곳의 지방법원이 관할한다($\substack{동법\ 79 \\ 조\ 1항}$). 이 관할은 전속관할이므로($\substack{동법 \\ 21조}$), 당사자의 합의로 다른 법원을 관할법원으로 정하는 합의관할이 생길 수 없으며, 변론관할 역시 생길 여지가 없다. (ㄴ) 배당요구: 1) 등기부 기록 등을 통해 채권의 존부와 내용을 알 수 없는 권리는 (배당요구 종기까지) 배당요구를 하여야만 배당을 받을 수 있다. ① 집행력 있는 정본을 가진 채권자, ② 경매개시결정이 등기된 뒤에 가압류를 한 채권자, ③ 민법·상법, 그 밖의 법률에 의해 우선변제청구권이 있는 채권자(예: 주택임대차보호법·상가건물 임대차보호법상 임차보증금 반환채권, 근로기준법상 임금채권, 경매개시결정이 등기된 뒤에 저당권이나 등기된 임차권을 취득한 채권자, 최선순위 전세권자)가 이에 해당한다($\substack{민사집행법\ 88조 \\ 1항·148조\ 2호}$). 2) 등기부 기록 등을 통해 채권의 존부와 내용을 알 수 있는 권리는 별도의 배당요구가 없더라도 순위에 따라 배당을 받을 수 있다. ① 배당요구 종기까지 경매신청을 한 압류채권자, ② 첫 경매개시결정 등기 전에 등기된 가압류채권자, ③ 저당권·전세권, 그 밖의 우선변제청구권으로서 첫 경매개시결정 등기 전에 매각으로 소멸되는 것을 가진 채권자가 이에 해당한다($\substack{민사집행법\ 148 \\ 조\ 1호·3호·4호}$). (ㄷ) 현황조사: 법원은 경매개시결정을 한 뒤에 바로 집행관에게 부동산의 현상, 점유관계, 차임 또는 보증금의 액수, 그 밖의 현황에 관하여 조사하도록 명하여야 한다($\substack{동법\ 85 \\ 조\ 1항}$). 현황조사명령의 성질은 결정에 속하고, 집행관에 대한 일종의 직무명령이다. 집행관은 현황조사를 위해 건물에 출입할 수 있고, 채무자 또는 그 건물을 점유하는 제3자에게 질문하거나 문서를 제시하도록 요구할 수 있다($\substack{동법\ 85조\ 2 \\ 항·82조\ 1항}$). (ㄹ) 부동산의 평가와 최저 매각가격의 결정: 법원은 감정인에게 부동산을 평가하게 하고, 이를 참작하여 최저 매각가격을 정하여야 한다($\substack{동법\ 97 \\ 조\ 1항}$). 최저 매각가격은 법정의 매각조건이며, 이해관계인 전원의 합의에 의해서도 바꿀 수 없다($\substack{동법\ 110 \\ 조\ 1항}$). (ㅁ) 채무자 등의 매수신청 금지: 목적 부동산의 채무자, 매각절차에 관여한 집행관, 매각 부동산을 평가한 감정인(감정평가법인이 감정인인 때에는 그 감정평가법인 또는 소속 감정평가사)은 매수 신청을 할 수 없다($\substack{민사집행 \\ 규칙\ 59조}$). (ㅂ) 잉여주

<u>의 · 소멸주의 · 인수주의</u>: ① 「잉여주의」 … 채무자의 부동산을 경매하더라도 집행비용과 압류채권자의 채권에 우선하는 채권액을 변제하고 나머지가 없으면 강제집행을 신청한 채권자에게는 아무런 이익이 없는 집행이 되며, 압류채권자에 우선하는 다른 채권자도 원하지 않는 시기에 변제를 강요당하는 문제가 발생한다. 그래서 이러한 경우에는 그 부동산을 매각하지 못하는데, 이를 잉여주의라고 한다($\frac{동법\ 91}{조\ 1항}$). ② 「소멸주의」 … 목적 부동산의 물적 부담을 매각으로 소멸시키는 것을 소멸주의라고 하는데, 매각 부동산 위의 모든 저당권과, 저당권 · 압류채권 · 가압류채권에 대항할 수 없는 권리(저당권등기 또는 압류 등이 있은 후 등기된 지상권 · 지역권 · 전세권 · 등기된 임차권)는 매각으로 소멸된다($\frac{동법\ 91조}{2항\cdot3항}$). ③ 「인수주의」 … 목적 부동산의 물적 부담을 매수인이 인수하는 것을 인수주의라고 하는데, 압류채권에 대항할 수 있는 권리(저당권등기 또는 압류 등이 있기 전에 등기된 지상권 · 지역권 · 전세권 · 등기된 임차권)와 유치권은 매수인이 인수한다($\frac{동법\ 91조\ 4}{항\ 본문\cdot5항}$). 다만, 전세권의 경우에는 전세권자가 배당요구를 하면 매각으로 소멸된다($\frac{동법\ 91조}{4항\ 단서}$). (ㅅ) **부동산 인도명령**: 법원은 매수인이 대금을 낸 뒤 6개월 내에 신청하면 채무자, 소유자 또는 부동산 점유자에 대하여 부동산을 매수인에게 인도하도록 명할 수 있다($\frac{동법\ 136조}{1항\ 본문}$). 그러나 점유자가 매수인에게 대항할 수 있는 권원에 의해 점유하는 것으로 인정되는 경우에는 인도명령을 신청할 수 없다($\frac{동법\ 136조}{1항\ 단서}$). (ㅇ) **소유권의 취득시기**: 매수인은 매각대금을 다 낸 때에 매각의 목적인 권리를 취득한다($\frac{동법}{135조}$). (ㅈ) **배당절차**: 매수인이 매각대금을 내면 법원은 배당절차를 밟아야 한다($\frac{동법\ 145}{조\ 1항}$). ① 매수인이 매각대금을 지급하면 법원은 배당기일을 정하고 이해관계인과 배당을 요구한 채권자에게 이를 통지하여야 한다($\frac{동법}{146조}$). 배당기일이 정해진 때에는 법원사무관 등은 각 채권자에게 채권의 원금, 배당기일까지의 이자 그 밖의 부대 채권 및 집행비용을 적은 계산서를 1주일 안에 법원에 제출할 것을 최고하여야 한다($\frac{민사집행}{규칙\ 81조}$). ② 법원은 채권자와 채무자에게 보여 주기 위하여 배당기일의 3일 전에 배당표 원안을 작성하여 법원에 비치하여야 하고($\frac{동법\ 149}{조\ 1항}$), 출석한 이해관계인과 배당을 요구한 채권자를 심문하여 배당표를 확정하여야 한다($\frac{동법\ 149}{조\ 2항}$). ③ '배당받을 채권자의 범위'는 민사집행법($\frac{148}{조}$)에서 정한다. 그것은 앞서 '(ㄴ) 배당요구' 부분에서 기술된 채권자들이 포함된다. ④ 배당기일에 이의가 없는 때에는 배당표에 의하여 배당을 실시한다($\frac{동법\ 159}{조\ 1항}$). 한편 배당을 받아야 할 채권자의 채권이 조건부 · 기한부 채권이거나 가압류채권자의 채권 등인 때에는 그 배당액을 공탁한다($\frac{동법}{160조}$).

나) 선박 · 자동차 · 유체동산에 대한 경매

선박의 경매에는 선박의 강제집행에 관한 규정($\frac{동법\ 172}{조\sim186조}$)과 부동산 임의경매에 관한 규정($\frac{동법\ 264}{조\sim268조}$)을 준용한다. 자동차 · 건설기계 · 항공기의 경우에는 담보권실행경매에 준해 대법원규칙으로 정한다($\frac{동법}{270조}$). 유체동산의 경매는 채권자가 목적물을 제출하거나 목적물의 점유자가 압류를 승낙한 때에 개시하고($\frac{동법}{271조}$), 유체동산에 대한 강제집행의 규정($\frac{동법\ 189}{조\sim222조}$)을 준용한다($\frac{동법}{272조}$).

다) 채권과 그 밖의 재산권에 대한 담보권의 실행

(ㄱ) 채권, 그 밖의 재산권을 목적으로 하는 담보권(예: 질권)의 실행은 담보권의 존재를 증명하는 서류(권리의 이전에 관하여 등기나 등록을 필요로 하는 경우에는 그 등기부 또는 등록원부의 등본)가 제출된 때에 개시한다($\frac{동법\ 273}{조\ 1항}$). 채권질권의 경우에는 민법에서 그 실행방법을 정하고 있으므로($\frac{353}{조}$), 위 규정은 채권 외의 재산권을 목적으로 하는 경우에 특히 의미가 있다($\frac{354조}{참조}$). (ㄴ) 질권과 저당권에 인정되는 물상대위에 관해 민법($\frac{342조\cdot}{370조}$)은 압류를 하여야 한다고만 정할 뿐인데,

이때에도 담보권의 존재를 증명하는 서류를 제출한 때에 개시한다($^{동법\ 273}_{조\ 2항}$). (ㄷ) 위 (ㄱ)·(ㄴ)의 권리 실행절차에는 채권과 그 밖의 재산권에 대한 강제집행의 규정($^{동법\ 223}_{조\sim251조}$)을 준용한다($^{동법\ 273}_{조\ 3항}$).

(2) 유치권 등에 의한 경매

이 경매가 물건을 단순히 금전으로 바꾸기 위한 형식적 경매인 점은 전술하였다. 민법 제322조 1항은 "유치권자는 채권을 변제받기 위하여 유치물을 경매할 수 있다"고 정하지만, 유치권에는 우선변제권이 없으므로, 이 경매는 우선변제를 받기 위한 것이 아니라 단순히 물건을 금전으로 바꾸고자 하는 데 그 취지가 있고, 민사집행법 제274조는 그 절차를 정한 것이다(그 밖의 내용은 p.318의 (2)를 볼 것).

제 2 관   유 치 권留置權

사례 (1) 甲은 2007. 10. 1. 乙에게서 1억원을 빌리고 이를 담보하기 위하여 甲 소유의 X건물(사무용 건물로서 상가건물 임대차보호법의 적용대상이 아님)에 대하여 乙에게 근저당권을 설정하였다. 그리고 甲은 2007. 11. 1. 丙과 X건물을 목적으로 기간을 3년으로 하는 임대차계약을 체결하고 丙에게 X건물을 인도하였다. X건물의 지붕에서 비가 새는 것을 발견한 丙은 2008. 5. 1. X건물의 수리에 1,000만원을 지출하였고, 임대차관계가 종료되는 때에 甲이 그 비용을 상환하기로 약정하였다. 그 후 甲은 2009. 7. 1. 丁에게 X건물을 매각하고 소유권이전등기를 해주었는데, 당시 丙의 임차권과 丙이 지출한 비용 문제는 전혀 논의되지 않았다. 한편, 丙은 2009. 7. 15. 丁과 상의 없이 1,500만원을 들여 X건물의 연탄보일러를 가스보일러로 교체하였다.

(ㄱ) 丁은 2009. 8. 1. 丙에게 X건물의 인도와 부당이득 반환을 청구하였다. 丁의 청구에 대하여 丙은 자신이 지출한 비용 2,500만원 전액을 지급하지 않으면 건물을 인도할 수 없다고 항변하였다. 丁과 丙의 주장의 당부를 검토하시오. (20점) (ㄴ) (ㄱ)의 청구와 관련하여 丁이 甲에게 행사할 수 있는 권리를 설명하시오. (10점) (ㄷ) 丁이 丙에게 위 지출비용을 지급한 경우, 丁의 권리를 설명하시오. (10점) (ㄹ) 丁이 丙에게 위 지출비용을 지급하지 않고 있던 중, 乙은 甲의 채무불이행을 이유로 X건물의 경매를 신청하였고, A가 2010. 6. 1. 경매절차에서 X건물을 매수하였다. X건물의 인도를 요구하는 A에 대하여 丙은 그가 지출한 비용을 A가 상환할 때까지 X건물을 인도할 수 없다고 주장하였다. 丙의 주장은 정당한가? (10점)(제52회 사법시험, 2010)

(2) 1) 甲은 2010. 3. 5. 乙로부터 그 소유인 X토지를 매수하는 내용의 매매계약을 체결하였고 토지를 인도받았으나 아직 매매대금은 완불되지 아니한 상태이다. 甲은 2010. 4. 5. 건축업자인 丙과 도급계약을 체결하였다. 이 도급계약의 내용은 丙이 X토지 지상에 단층 주택을 건축하되, 건축주 명의와 보존등기 명의는 甲으로 하고, 공사대금은 丙의 완공된 건물 인도와 동시에 지급하기로 하는 것이었다. 2) 甲의 채권자 D는 2011. 2. 10. 위 건물에 관하여 강제경매를 신청하여 같은 달 15. 그 경매개시결정 기입등기가 마쳐졌다. 위 건물공사는 2011. 3. 8. 완료되었다. 그 후 D는 위 경매절차에서 위 건물을 매수하여 2011. 7. 10. 매각대금을 납부하였고 2011. 8. 16. 소유권이전등기를 마쳤다. 한편 丙은 공사대금을 받지 못한 채 그때까지 위 건물을 계속 점유하고 있었으나 사용하고 있지는 않았다. D는 丙에게 건물인도 및 점유기간 동안의 차임 상당의 금원을

청구할 수 있는가? (15점)(2012년 제54회 사법시험)

(3) 1) ① 甲과 甲의 동생인 A는 2010. 9.경 甲이 제공한 매수 자금으로 A를 매수인, B를 매도인으로 하여 B 소유의 X부동산에 대한 매매계약을 체결하고 A 명의로 소유권이전등기를 경료하기로 하는 명의신탁약정을 체결하였다. ② A와 B는 2010. 10. 12. X부동산에 관한 매매계약을 체결하고 A 명의로 소유권이전등기를 마쳤다. B는 甲과 A 사이의 명의신탁약정에 대하여는 전혀 알지 못하였다. ③ 甲은 A가 X부동산을 매수한 이래 현재까지 X부동산을 무상으로 사무실로 사용하고 있으며, 2010. 12.경 X부동산을 개량하기 위하여 5,000만원 상당의 유익비를 지출하였다. ④ A는 2011. 6. 3. C로부터 금 2억원을 변제기 2012. 6. 3.로 정하여 차용하면서 甲이 모르게 X부동산에 C 명의로 근저당권(채권최고액 2억 5,000만원)을 설정해 주었다. ⑤ A가 변제기에 C에게 채무를 변제하지 못하자 C는 근저당권을 실행하였고, 乙은 경매절차에서 2012. 7. 14. 매각대금을 완납하고 2012. 8. 1. 그 소유권이전등기를 경료하였다. 2) 乙은 X부동산의 소유자로서 甲을 상대로 '피고는 원고에게 X부동산을 인도하고, 부당이득 반환 또는 불법점유로 인한 손해배상으로 2010. 10. 12.부터 X부동산의 인도완료일까지 월 200만원의 비율에 의한 금원을 지급하라'는 내용의 소를 제기하였고, 이 소장 부본은 2012. 8. 14. 甲에게 도달하였다. 3) 乙의 청구에 대해 甲은 다음과 같은 주장을 하였다. ① X부동산의 소유자는 甲이므로 A가 C에게 설정해 준 근저당권은 무효이고, 무효인 근저당권의 실행을 통한 경매절차에서 매각대금을 완납한 乙은 X부동산의 소유자가 아니다. ② 설령 乙이 X부동산의 소유자라도, 甲은 A에게 X부동산의 매수 자금 상당의 부당이득 반환청구권이 있고, X부동산을 개량하기 위하여 유익비 5,000만원을 지출하였으므로 민법 제611조 2항에 따라 유익비 상환청구권을 가지기 때문에 A로부터 매수 자금과 유익비를 반환받을 때까지 X부동산을 인도할 수 없다. ③ 甲은 X부동산의 소유자로서 이를 적법하게 점유하여 사용·수익하고 있으므로 부당이득 반환청구 또는 불법점유를 원인으로 한 손해배상청구에 응할 수 없다. ④ 설령 乙이 X부동산의 소유자라도, 甲은 유치권자로서 X부동산을 사무실로 사용하고 있으며 이는 유치물의 보존에 필요한 사용이므로 부당이득 반환 또는 불법점유를 원인으로 한 손해배상청구에 응할 수 없다. 4) 甲의 항변에 대해 乙은, 甲과 A 사이의 명의신탁약정은 무효이고, X부동산의 매수 자금 상당의 부당이득 반환청구권에 기하여 유치권이 성립하지 않으며, 유익비는 A에게 반환을 청구할 수 있을 뿐이므로 유익비 상환청구권에 기하여도 유치권이 성립하지 않는다고 주장하였다. 한편 법원의 심리 결과, 甲의 유익비 지출로 인하여 X부동산의 가치가 5,000만원 정도 증대되어 현존하고 있는 사실과 2010. 10. 12.부터 현재까지 X부동산의 임료가 월 100만원임이 인정되었다. 5) 甲에 대한 乙의 청구에 대한 결론을 그 논거와 함께 서술하시오. (40점)(2013년 제2회 변호사시험)

(4) 1) 乙과 丙은 각 2/3, 1/3 지분에 따라 X주택을 소유하며, 乙과 丙의 합의에 따라 乙이 단독으로 X주택에 거주하고 있었다. 2010. 4. 1. 乙은 甲에게 X주택의 보수를 의뢰하면서 그 대금을 5,000만원으로 하고 공사 완공과 동시에 지급하기로 약정하였다. 이 약정에 따라 甲은 2010. 10. 31. 보수공사를 마쳤다. 공사 과정에서 甲은 3,000만원 상당의 공사비를 지출하였으며, 보수공사 후에 X주택의 가치가 2,000만원 상당 높아졌다. 그러나 乙이 공사대금을 지급하지 않아 甲은 X주택을 점유하고 그 반환을 거절하였다. 그 후 甲은 2012. 12. 1. 乙과 丙의 승낙 없이 임대기간을 2년으로 하여 X주택을 丁에게 임대하였고, 전입신고를 마치고 확정일자를 받은 丁은 X주택에 입주하였다. 2) 2013. 9. 30. 공사대금의 지급을 최고하는 내용으로 甲이 작성하여 발송한 우

편이 2013. 10. 2. 乙에게 도달하였다. 한편 乙과 丙은 2014. 1. 15. 각 지분권에 기하여 甲과 丁을 상대로 X주택의 인도청구소송을 제기하였다. 이에 대하여 甲은 2014. 2. 1. 乙을 상대로 공사대금 전액을 청구하고, 丙을 상대로 공사비 3,000만원 중 丙의 지분의 비율에 따른 1,000만원의 비용 상환 또는 부당이득 반환을 청구하는 반소를 제기하였다. 이 소송 중 甲은 ① "乙이 공사비를 전액 지급할 때까지 乙은 물론 丙에 대하여도 주택 인도를 거절한다"고 하였고, 丁은 ② "주택임대차보호법상 대항력으로 인하여 2014. 11. 30.까지 X주택을 사용·수익할 권리가 있으므로 X주택의 인도를 거절할 수 있다"고 주장한다. 그리고 乙과 丙은 ③ "공사 완료 후 3년의 경과 또는 X주택의 무단 임대 등으로 甲의 권리가 소멸되었으며, 그렇지 않을 경우에도 X주택의 인도와 상환으로 대금을 지급하여야 한다"고 주장하며, 丙은 여기에 덧붙여 ④ "본인은 공사계약의 직접 당사자가 아니므로 비용 상환 또는 부당이득 반환을 할 의무가 없다"고 항변한다. 이에 대해 甲은 ⑤ "본인이 X주택을 점유하고 있는 동안 공사대금채권은 시효로 소멸되지 아니한다." "공사계약으로 원인 없이 이익을 얻은 丙은 이를 반환하여야 한다"고 주장한다. 3) 甲, 乙, 丙, 丁의 각 주장을 기초로 본소와 반소의 결론과 그에 따른 법적 근거를 설명하시오(단, 소의 병합 요건과 지연손해금은 고려하지 않는다). (50점) (2015년 제1차 변호사시험 모의시험)

(5) 1) 甲은 2015. 3.경 그 소유인 X토지(200㎡) 중 우측 부분 100㎡ 지상에 단층 주택 1동(A주택)을 신축하는 건축공사를 乙에게 도급을 주었다. 그 도급계약의 내용은, ① 건축허가 명의와 준공 후 보존등기 모두 甲 명의로 하고, ② 공사대금은 3억원으로 하되, 공정이 50%에 이르렀을 때 공사대금의 절반을 지급하고 나머지 50%의 공사대금은 공사가 완료되어 소유권보존등기를 마친 날부터 3개월이 지난 시점에 지급하기로 하고, ③ 대금을 모두 받음과 동시에 주택을 인도하기로 약정하였다. 甲은 2015. 6.경 다시 X토지의 좌측 부분 100㎡ 지상에 단층 주택 1동(B주택)을 신축하는 공사를 乙에게 도급을 주었는데, 공사대금은 2억원이고 나머지 공사조건은 A주택의 경우와 동일하였다. 2) A주택은 공사가 완료되어 2015. 10. 31. 甲 명의로 소유권보존등기가 이루어졌고, B주택 역시 공사가 완료되어 2015. 12. 31. 甲 명의로 소유권보존등기가 이루어졌다. 2016. 1. 5. 현재 乙은 甲으로부터 A주택의 공사대금 중 50%를 받았으나 B주택의 공사대금의 경우 전혀 받지 못한 상태로 A주택과 B주택을 점유하고 있었다. 한편 그 다음 날인 2016. 1. 6. 甲의 채권자가 X토지와 A주택에 관하여 강제경매를 신청하여 2016. 1. 25. 강제경매개시결정 기입등기가 이루어졌고, 丙이 그 절차에서 위 두 부동산을 모두 매수하여 2016. 6. 5. 매각대금을 완납하였다. 丙은 乙을 상대로 A주택의 인도와 B주택에서의 퇴거를 청구하는 소를 제기하였다.

(가) A주택에 관하여 乙은 공사대금채권을 기초로 한 유치권과 동시이행의 항변권을 주장하면서, 공사대금을 모두 받을 때까지 丙의 청구에 응할 수 없다고 주장한다. 乙의 주장은 받아들여질 수 있는가? (20점)

(나) B주택에 관하여 乙은 공사대금채권을 기초로 한 유치권을 주장하고, 또한 甲이 B주택과 관련하여 관습상 법정지상권을 취득하였으므로 丙의 청구에 응할 수 없다고 주장한다. 유치권과 관습상 법정지상권이 성립하는지 검토하여, 乙의 주장의 당부를 판단하시오. (30점) (2016년 제3차 변호사시험 모의시험)

(6) 주식회사 甲은행은 丙에게 대출을 해 주면서 丙 소유의 X건물에 대하여 2015. 7. 1. 제1순위 근저당권설정등기를 마쳤다. 丙은 자신 소유의 X건물 대수선 공사를 위하여 공사업자 乙과 2016. 2. 1. X건물의 공사에 관하여 공사대금 2억원, 공사완공 예정일 2017. 3. 20., 공사대금은

완공시에 일시금으로 지급하기로 하는 도급계약을 체결하였고, 乙은 계약 당일 위 X건물에 대한 점유를 이전받았다. 근저당권자인 甲은행은 丙이 대출금에 대한 이자를 연체하자 위 근저당권실행을 위한 경매를 신청하여 2017. 5. 1. 경매개시결정 기입등기가 마쳐졌다. 乙은 2017. 3. 20. 위 공사를 완공하였고, 2017. 5. 20. 위 경매절차에서 공사대금채권의 유치권을 신고하였다. 경매 절차에서 丁은 X건물에 대한 매각허가결정을 받아 2017. 10. 2. 매각대금을 완납하고, 소유권이전등기를 마친 후 乙에게 X건물에 대한 인도 청구를 하였다.

(가) 乙은 유치권으로 丁에게 대항할 수 있는가? (20점)

(나) 만약 수원세무서에서 2017. 3. 1. X건물에 대해 체납처분 압류등기를 한 경우 乙은 유치권으로 丁에게 대항할 수 있는가? (10점)

(다) 만약 乙의 유치권이 상사유치권이었다고 한다면 乙은 丁에게 대항할 수 있는가? (10점) (2018년 제7회 변호사시험)

(7) 1) 甲은 2016. 3. 2. E로부터 1억원을 차용하면서 이를 담보하기 위하여 E에게 Y2건물에 관하여 근저당권설정등기를 마쳐주었다. 甲은 2016. 3. 31. Y2건물에 관하여 전세금 1억원, 전세권 존속기간을 2016. 4. 1.부터 2018. 3. 31.까지로 정하여 戊와 전세권설정계약을 체결하였다. 甲은 2016. 4. 1. 戊로부터 전세금 1억원을 받고, 같은 날 戊에게 Y2건물을 인도하고 전세권설정등기를 마쳐주었다. 2) 甲은 2018. 3. 31.이 지나도록 戊에게 위 전세권의 갱신에 관하여 아무런 통지를 하지 않았다. 그러던 중 E가 2018. 5. 2. Y2건물에 대하여 담보권 실행을 위한 경매를 신청하였고 2018. 5. 8. 경매개시결정 기입등기가 마쳐졌다. 이 경매절차에서 己가 Y2건물을 매수하고 2018. 8. 10. 매각대금 전액을 지급하였고, 같은 달 18. Y2건물에 관하여 己 명의의 소유권이전등기가 마쳐졌다. 3) 한편 戊는 2017. 12. 1.에 필요비 5백만원을 들여서 Y2건물을 수선하였다. 또한 戊는 2018. 7. 1. 유익비 3천만원을 들여서 Y2건물의 화장실 및 마루바닥을 개량하는 공사를 함으로써 Y2건물의 가치가 3천만원 증가하였다. 4) 己는 2018. 9. 1. 戊에 대하여 Y2건물의 인도를 구하는 소를 제기하였다. 그러자 戊는 필요비와 유익비의 지출을 이유로 유치권을 주장하였다. 己의 청구는 인용될 수 있는가? (20점)(2018년 제3차 변호사시험 모의시험)

(8) 1) 甲은 2017. 4. 21. A은행으로부터 1억원을 이자율 월 1%, 변제기 2018. 4. 20.로 하여 대출받으면서 甲 소유의 X건물에 채권최고액 1억 2천만원으로 하여 근저당권을 설정해 주었다. 그 후 甲은 2017. 12. 10. 乙에게 X건물을 3억원에 매도하는 계약을 체결하였다. 이 계약에 따르면, 乙은 계약금 3천만원은 계약 당일 지급하고, 중도금 1억 2천만원은 2018. 1. 10. X건물의 인도와 동시에 지급하며, 잔금 1억 5천만원은 2018. 3. 10. X건물에 관한 소유권이전등기에 필요한 서류의 수령과 동시에 지급하되, 위 근저당권에 의하여 담보되는 甲의 A은행에 대한 대출 원리금 채무 전액을 乙이 갚기로 하고 나머지 금액을 甲에게 지급하기로 하였다. 위 매매계약에 따라 甲은 乙로부터 계약 당일 계약금 3천만원을 수령하였고, 2018. 1. 10. 중도금 1억 2천만원을 수령함과 동시에 乙에게 X건물을 인도하였다. 2) 한편, 甲으로부터 X건물을 인도받은 乙은 2018. 1. 15. 무인 세탁소를 운영하고자 하는 丙과 2018. 2. 1.부터 12개월간, 보증금 1억원, 월 차임 100만원으로 정하여 임대차계약을 체결하였다. X건물을 인도받은 丙은 2018. 2. 15. 철제새시, 방화 셔터 등 1천만원의 유익비를 지출하고 사업자등록을 하지 않은 채 기계들을 들여놓고 운영하기 시작하였다. 유익비에 대하여는 공사가 완료되는 대로 乙이 丙에게 지급하기로 약정하였다. 3) 2018. 4. 2. 丙은 임대차보증금과 월 차임은 그대로 유지하되, 임대차기간을 2021. 1. 31.까지로 연장하기로

乙과 약정하고 같은 날 사업자등록을 하였다. 한편 乙은 A은행에 갚기로 한 대출 원리금 채무 전액을 제외한 금액의 지급과 함께 소유권이전등기는 넘겨받았지만 A은행에 대한 채무를 변제하지 못했다. 이에 A은행은 2018. 6. 22. X건물에 관한 근저당권 실행을 위한 경매신청을 하였고, 그 다음 날 경매개시결정 기입등기가 이루어졌다. 이후 경매절차에서 戊는 2018. 8. 25. 매각대금을 완납하였고, 2018. 8. 28. 소유권이전등기가 마쳐졌다. 戊가 丙을 상대로 X건물의 인도를 구하였으나, 丙은 이를 거절하고 차임도 지급하지 않은 채 X건물을 계속하여 점유하면서 보존을 위하여 사용하여 왔다. 4) 戊는 2019. 6. 25. 丙을 상대로 X건물의 인도 및 2018. 8. 26.부터 X건물의 인도 완료일까지 월 임료 100만원 상당의 부당이득의 반환을 구하는 소를 제기하였다. 이에 대해 丙은 ① 주위적으로 2021. 1. 31.까지 임대차관계가 존속한다고 다투었고, ② 예비적으로 자신이 X건물에 들인 비용을 반환받을 때까지 인도할 수 없다고 유치권의 항변을 하였다. 이에 대해 戊는 丙의 주장을 모두 부인하면서 설령 유익비가 인정된다고 하더라도 丙이 지급해야 할 점유기간 동안의 임료 상당의 금액과 상계하겠다고 주장하였다. 법원의 심리 결과 1,000만원 상당의 유익비가 존재하고 있다는 점이 인정되었다. 丙과 戊의 항변과 재항변에 대한 법적 타당성 여부를 검토하시오. (25점)(2019년 제3차 변호사시험 모의시험)

　(9) 1) 甲은 1997. 5. 28. 乙로부터 그 소유 X부동산을 매수하여 1997. 7. 28. 소유권이전등기를 마치고 당일부터 X부동산을 점유하고 있다. 丙은 乙에 대한 5억원의 채권을 피보전권리로 하여 甲을 상대로 위 매매계약에 대한 사해행위 취소 및 원상회복을 구하는 소를 제기하였다. 이에 법원은 위 매매계약을 취소하고 甲은 丙에게 위 소유권이전등기의 말소등기절차를 이행하라는 판결을 선고하였고, 이는 1999. 2. 3. 확정되었다. 丙은 1999. 4. 6. 소유권이전등기 말소등기청구권을 보전하기 위해 X부동산에 대한 처분금지 가처분등기를 마쳤다. 2) 그 후로 별다른 조치를 취하지 않던 丙은 2015. 3. 12. 위 판결에 기해 X부동산에 대한 甲 명의의 소유권이전등기를 말소하여 소유자 명의를 乙로 환원하였다. 그 후 丙은 경매를 신청하여 2015. 4. 18. X부동산에 대해 경매개시결정의 기입등기가 이루어졌다. 3) 위 압류에 기해 경매가 진행되었고, 丁이 2017. 9. 19. X부동산을 취득하였다. 丁이 현재 X부동산의 점유자인 A에게 소유권에 기해 점유의 반환을 구하자, A는 2016. 3. 5. 甲과의 계약으로 X부동산을 수리하여 공사대금 채권 2억원을 취득하였음을 이유로 유치권을 행사하면서 인도를 거절하였다. 丁의 A에 대한 청구가 타당한지 판단하시오. (15점)(2021년 제1차 변호사시험 모의시험)

　(10) 1) 乙은 2013. 3. 15. X건물에 대한 신축공사 중 전기배선 공사를 완료하여 丙에 대해 1억원 공사대금 채권(변제기 2013. 5. 15.)을 갖게 되었다. X건물에 대한 2013. 11. 5. 담보권 실행을 위한 경매절차가 개시되어 매수인 甲이 2015. 7. 19. 매각대금을 모두 납부하였다. 甲은 2016. 1. 12. X건물 내의 현장사무실에서 숙식하고 있던 乙을 강제로 쫓아내고 건물 출입을 막았다. 乙은 2017. 1. 5. 甲을 상대로 점유 회수의 소를 제기하여 2017. 9. 6. 승소 판결을 받고, 甲으로부터 X건물의 점유를 반환받았다. 乙은 2014. 9. 1. 공사대금 채권에 대한 지급명령을 신청하여 2014. 9. 25. 지급명령이 확정되었다. 甲은 2020. 2. 14. 乙에게 X건물의 인도를 청구하는 소를 제기하였다. 乙은 유치권을 주장하면서 인도를 거부하였다. 2) 법원은 어떠한 판단을 하여야 하는지, 결론과 논거를 기재하시오. (20점)(2021년 제3차 변호사시험 모의시험)

해설 p. 346

I. 유치권의 의의와 법적 성질

1. 의 의

(ㄱ) 유치권은, 채권자가 어떤 물건(또는 유가증권)에 관한 채권이 있는데 그 물건을 점유하고 있는 경우에, 그 채권을 변제받을 때까지 물건을 유치 즉 인도를 거절하는 것을 통해 채권의 변제를 담보하는 물권이다($^{320}_{조}$). 예컨대 타인의 물건을 수선한 자가 그 보수를 받을 때까지 그 물건의 인도를 거절하고($^{664조}_{참조}$), 임차인이 임차물에 지출한 비용을 상환받을 때까지 임차물의 명도를 거절하며($^{626조}_{참조}$), 유가증권의 수치인이 임치에 대한 보수를 받을 때까지 유가증권의 교부를 거절하면서($^{701조·686}_{조 참조}$), 각각 이를 유치하는 것이 그러하다. (ㄴ) 민법이 위 경우에 유치권을 인정하는 이유는 '공평의 원칙'을 실현하려는 데에 있다. 즉 타인의 물건을 점유하는 자가 그 물건에 관한 채권을 가지는 경우에는, 그 채권을 변제받을 때까지 그 물건의 반환을 거절할 수 있게 함으로써 다른 채권자보다 사실상 우선변제를 받게 하는 것이 공평하다고 본 것이다.

2. 법적 성질

(1) 유치권은 일정한 요건을 갖추면 법률상 당연히 성립하는 법정담보물권이다. 당사자의 합의로 유치권을 생기게 하지는 못한다. 그리고 유치권은 물권으로서 채무자뿐만 아니라 그 물건의 소유자·양수인·매수인 등 모두에게 주장할 수 있다.

(2) (목적물의 유치를 본체로 하는) 유치권에서 점유는 그 성립 및 존속요건으로서 점유를 상실하면 유치권도 소멸된다($^{328}_{조}$). 본래 물권은 그 객체인 물건이 누구에게 있더라도 그에 추급追及하여 권리를 주장할 수 있는 것(추급력)을 본질로 하는 것이므로, 추급력이 없는 유치권은 물권으로서는 예외적인 것이다(예컨대 A의 시계를 수리한 B가 시계를 분실하고, 이를 C가 점유하고 있는 경우, B는 유치권에 기해 C에게 시계의 반환을 청구할 수는 없다. 한편 점유의 침탈을 당한 것이 아니므로 점유권에 기해 그 반환을 청구할 수도 없다($^{204}_{조}$)).

(3) (ㄱ) 유치권은 (법정)담보물권이기는 하지만, 다른 (약정)담보물권인 질권이나 저당권에서처럼 우선변제권($^{329조·}_{356조}$)이 있음을 정하고 있지 않다($^{320}_{조}$). 담보물권의 본질은 목적물의 교환가치를 지배하는 데 있고, 이것은 경매를 통해 그 권리 순위에 따라 우선변제를 받는 것이 보장됨으로써 실현되는 것인데, 유치권은 목적물의 유치를 통해서만 채권의 변제를 간접적으로 담보하는 권리인 점에서 담보물권으로서는 특이한 존재이다. 따라서 우선변제권을 전제로 하는 물상대위도 유치권에는 인정되지 않는다($^{342조·370}_{조 참조}$). (ㄴ) 그러나 유치권도 담보물권으로서 부종성과 수반성 그리고 불가분성이 있음은 다른 담보물권과 차이가 없다. ① 유치권의 부종성은 담보물권 중에서도 가장 강하며, 채권이 발생하지 않거나 소멸된 때에는 유치권도 성립하지 않거나 소멸된다. ② 유치권에 의해 담보되는 채권이 양도되고 목적물의 점유의 이전이 있으면, 담보물권의 수반성에 의해 유치권도 그 채권의 양수인에게 이전한다. ③ 민법 제321조는 '유치권의 불가분성'이라는 제목으로,「유치권자는 채권 전부를 변제받을 때까지 유치물

전부에 대하여 그 권리를 행사할 수 있다」고 정하고,[1] 이를 질권과 저당권에 준용한다($\frac{343조 \cdot}{370조}$).
④ 채무자(목적물의 소유자)가 파산한 경우, 다른 담보물권과 마찬가지로 유치권자는 별제권이
있다. 따라서 파산절차에 따르지 않고 유치권을 행사할 수 있다($\frac{채무자 회생 및 파산에}{관한 법률 411조 \cdot 412조}$).

(4) 유치권은 목적물의 교환가치를 가질 권능이 없고, 자기 채권을 변제받을 때까지 목적
물을 유치할 수 있는 권능만을 갖는 데에 그 본질이 있다. 그런데 물건에는 교환가치 외에 사
용가치가 있는데 유치권자는 목적물의 점유를 통해 사용가치를 빼앗고 있는 것이므로, 그 물
건을 사용하고자 하는 사람은 유치권자에게 변제를 하여야만 하기 때문에, 이를 통해 사실상
우선변제를 받게 된다. 이러한 유치권은 다음과 같은 점에서 특색이 있다. (ㄱ) (교환가치를 갖는
것을 전제로 하는) 우선순위를 생각할 수 없기 때문에, 하나의 목적물에 수개의 유치권이 선후
를 정하여 성립할 수는 없다. (ㄴ) 1) 민법은 유치권의 성립시기에 대해 특별히 제한하고 있지
않다. 다른 담보물권과 경합하는 경우에도 그 선후와 상관없이 유치권은 그에 영향을 받지
않고 성립한다. 예컨대 저당권이 먼저 성립하고 유치권이 성립하는 경우(예: 건물에 저당권을
설정한 후 그 건물을 수리하여 수리비채권이 발생한 경우), 저당권이 실행되더라도 유치권자는 경
매절차에서 배당요구는 할 수 없지만,[2] 유치권은 소멸되지 않고 존속하며, 매수인은 이를 인
수한 채로 소유권을 취득한다($\frac{민사집행법}{91조 5항}$). 매수인이 그 부동산을 인도받기 위해서는 유치권에
의한 피담보채권을 변제하여야만 한다(그 변제는 제3자의 변제로서, 매수인은 채무자에게 구상권을
가지게 된다). 2) 다만, 일정한 시기 이후에는 유치권을 행사할 수 없는 경우가 있다. 즉 부동
산에 대해 경매절차가 개시되어 경매개시결정등기가 있은 후에 유치권을 취득한 때에는, 이
러한 경우에까지 유치권의 행사를 허용하면 경매절차의 법적 안정성이 크게 위협받는 점에
서, 경매절차의 매수인에 대해 유치권을 행사할 수 없다(이에 관한 판례의 내용에 대해서는 후술
한다). (ㄷ) 유치권에 의한 경매는 피담보채권의 우선변제를 받기 위한 것이 아니라 목적물을
유치하는 것에서 해방되는 것, 즉 현금화(환가)만을 목적으로 하는 것인 점에서(배당은 이루어
지지 않음) 형식적 경매에 속한다. 그런데 유치권자가 신청한 경매가 진행되는 중에 우선변제
권을 가진 다른 담보권자가 경매를 신청한 경우, 다른 담보권자는 우선변제권이 있는 데 반
해 유치권자는 일반채권자와 동일한 지위에 있기 때문에 유치권자는 유치권만 잃고 변제를
받을 수 없는 위험에 처할 수 있다. 그래서 위 경우에는 유치권에 의한 경매절차를 정지하고,

---

1) 판례: (ㄱ) 토지 소유자를 대표한 A가 B에게 그 토지상의 총 56세대 규모의 다세대주택을 재건축하는 공사를 도급주
  었고, C는 B로부터 그중 창호공사 등을 하도급 받아 공사를 완료하였는데 공사대금 중 1억 5천여만원을 받지 못하
  자, 신축된 다세대주택 중 하나인 甲주택을 점유하면서 유치권을 주장하였는데, 甲주택에 해당하는 공사대금은 3백
  5십여만원이었다. 여기서 甲주택에 대한 C의 유치권에 의해 담보되는 채권액은 얼마인지가 쟁점이 된 것이다. (ㄴ)
  위 사안에서 대법원은, C는 B와 위 다세대주택 전체에 대해 창호공사에 관한 하도급계약을 맺은 것이므로 그 주택
  전부에 대해 유치권이 성립할 수 있다는 전제에서, C가 그중 甲주택을 점유하여 유치권을 주장한 것에 대해, 유치
  권의 불가분성의 법리를 다음과 같이 적용하였다. 즉 「민법 제321조는 유치권의 불가분성을 규정하고 있으므로, 유
  치물은 그 각 부분으로써 피담보채권의 전부를 담보하며, 이것은 그 목적물이 분할 가능하거나 수개의 물건인 경우
  에도 적용된다」고 보았다. 그래서 甲주택에 대한 C의 유치권에 의해 담보되는 채권액은 甲주택에 해당하는 공사대
  금이 아닌 전체 공사대금 중 받지 못한 1억 5천여만원이 되는 것으로 판결하였다(대판 2007. 9. 7, 2005다16942).
2) 경매절차에서 유치권의 신고는 의무사항이 아니라고 한다(오시영, "부동산 유치권의 성립과 대항력의 구별", 민사법
  학 제38호(2007. 9.), 221면).

채권자 또는 담보권자를 위하여 그 절차를 진행한다(따라서 유치권자는 매수인에게 유치권을 주장할 수 있다)($\binom{민사집행법}{274조\ 2항}$). 그러나 강제경매 또는 담보권실행경매가 취소되면 유치권에 의한 경매절차는 다시 진행된다($\binom{민사집행법}{274조\ 3항}$).[1]

〈참 고〉 (ㄱ) 유치권과 동시이행의 항변권($\binom{536}{조}$)은 공평의 원칙에 바탕을 둔 것이지만, 다음의 점에서 차이가 있거나 공통된다. ① 동시이행의 항변권은 쌍무계약의 효력으로서 상대방의 청구에 대한 항변을 그 내용으로 하고 또 거절할 수 있는 급부에 제한이 없는 데 비해, 유치권은 물권으로서 누구에 대해서도 이를 행사할 수 있고 또 거절할 수 있는 급부는 목적물의 인도에 한한다. ② 유치권은 채권의 담보에 그 목적이 있고, 그래서 채무자가 다른 담보를 제공한 때에는 유치권은 소멸되지만($\binom{327}{조}$), 동시이행의 항변권은 어느 당사자가 먼저 이행하는 것을 피하자는 데 목적이 있어 유치권과 같은 소멸의 제도가 없다. ③ 양자는 동시에 존재할 수 있고, 이 경우 상대방은 결국 선이행의무를 부담하게 되어 동시이행의 항변권이 무력해질 수 있다. ④ 상대방의 목적물인도청구에 대해 유치권을 주장하는 경우에는 유치권의 담보물의 성질상 원고 패소의 판결을 하고, 동시이행의 항변권을 주장하는 때에는 상환급부판결(원고 일부승소 판결)을 하여야 할 것이지만, 공평의 원칙에 비추어 양자 모두 상환급부판결을 하여야 한다는 것이 통설과 판례이다. (ㄴ) 예컨대 시계수리상 A가 B와의 계약에 따라 B의 시계를 수리한 경우에 양자의 관계를 정리하면 다음과 같다. ① A가 취득하는 수리대금채권은 물건(시계)에 관하여 생긴 채권으로서, A는 유치권을 취득한다($\binom{320조}{1항}$). 한편 시계의 수리는 도급이므로, A는 동시이행의 항변권을 행사할 수도 있다($\binom{665조}{1항}$). ② B가 C에게 시계의 소유권을 양도한 때에도, A는 C에 대해 유치권을 행사할 수 있다. 다만 동시이행의 항변권은 쌍무계약의 당사자 사이에서만 인정되므로, A는 C에 대해 동시이행의 항변권은 행사할 수 없다.

II. 유치권의 성립 (요건)

> 제320조 〔유치권의 내용〕 ① 타인의 물건 또는 유가증권을 점유한 자는 그 물건이나 유가증권에 관하여 생긴 채권이 변제기에 있는 경우에는 변제를 받을 때까지 그 물건 또는 유가증권을 유치할 권리가 있다. ② 전항의 규정은 그 점유가 불법행위로 인한 경우에 적용하지 아니한다.

1. 유치권의 목적

a) 물건과 유가증권   (ㄱ) 유치권의 목적이 될 수 있는 것은 물건(동산·부동산)과 유가증권이다($\binom{320조}{1항}$). 부동산 유치권이나 유가증권 유치권의 경우에도 등기나 배서는 필요치 않다. 유치권은 점유를 요소로 하는 권리로서 법률의 규정에 의해 성립하는 물권이기 때문이다. 유치권을 양도하는 경우에도, 피담보채권의 양도와 목적물의 점유의 이전에 의해 유치권도 같이 이전되므로(수반성), 부동산 유치권 양도의 경우 제187조 단서는 적용되지 않는다. (ㄴ) 물건의 일부가 거래상 다른 부분과 분할이 가능한 때에는 그 일부에 대한 유치권도 성립한다($\binom{대판\ 1968.\ 3.}{5,\ 67다2786}$).

---

1) 추신영, "가장유치권의 진입제한을 위한 입법적 고찰", 민사법학 제44호(2009. 3.), 352면~358면.

또 건물 임차인이 건물에 관한 유익비 상환청구권에 기해 취득하게 되는 유치권은 임차건물의 유지·사용에 필요한 범위에서 임차 대지 부분에도 효력이 미친다(대판 1980. 10. 14, 79다1170).

　b)「타인」의 의미　　(ㄱ) 유치권의 목적이 되는 것은 타인의 물건이나 유가증권이다. 유치권은 타물권이기 때문에 자기의 물건에 대해서는 인정되지 않는다. 문제는 그 '타인'의 범위인데, 통설은 민법 제320조 1항에서 타인의 물건이라고 규정할 뿐이므로 그 물건이 채무자 외의 제3자의 소유에 속하는 것도 무방하다고 한다. 예컨대 임차인 A가 B의 소유인 임차물의 수선을 C에게 맡겼는데 A가 수선대금을 지급하지 않는 때에는, 비록 그 물건이 A의 소유가 아니더라도, C는 A에 대한 물건의 보수채권에 기한 유치권으로써 B에게 대항할 수 있다(즉 B의 소유물 반환청구에 대해 C는 유치권으로써 이를 거부할 수 있다). (ㄴ) 가등기가 되어 있는 부동산 소유권을 이전받은 자(甲)가 그 부동산에 필요비나 유익비를 지출하였는데 후에 가등기에 기한 본등기로 인해 소유권을 잃은 경우, 甲은 결과적으로 타인의 물건에 비용을 지출한 셈이 되어, 민법 제203조 소정의 비용상환청구권을 갖고, 위 물건에 유치권을 취득한다(대판 1976. 10. 26, 76다2079).

✱ 상사유치권 ⸝⸝⸝⸝⸝⸝⸝⸝⸝⸝⸝⸝⸝⸝⸝⸝⸝⸝⸝⸝⸝⸝⸝⸝⸝⸝⸝⸝⸝⸝⸝⸝⸝⸝⸝⸝⸝⸝⸝

　(ㄱ) 상법 제58조는「상인 간의 상행위로 인한 채권이 변제기에 있는 때에는 채권자는 변제를 받을 때까지 그 채무자에 대한 상행위로 인하여 자기가 점유하고 있는 채무자 소유의 물건 또는 유가증권을 유치할 수 있다. 그러나 당사자 간에 다른 약정이 있으면 그러하지 아니하다」고 정한다. 이 상사유치권은 <u>상인 간의 계속적 거래에서 발생하는 채권과 물건의 점유 사이의 관계를 규율하는 데 목적이 있는 것이어서 민법이 정하는 유치권과는 그 취지를 달리하며, 그래서 다음의 점에서 그 내용을 달리한다.</u> 첫째, 그 채권이 물건에 관해 생긴 것이어야 하는 것이 아니라 상행위로 인해 발생한 것이면 되고, 또 물건의 점유도 상행위로 인해 생긴 것이면 족하며, 둘째 그 물건은 채무자의 소유에 속하는 것이어야 한다는 점이다. (ㄴ) 상사유치권이 채무자 소유의 물건에 대해서만 성립한다고 하는 취지에 대해, 판례는 다음과 같이 밝히고 있다.「상사유치권의 경우에는 목적물과 피담보채권 사이의 견련관계가 완화됨으로써 피담보채권이 목적물에 대한 공익비용적 성질을 가지지 않아도 되므로 피담보채권이 유치권자와 채무자 사이에 발생하는 모든 상사채권으로 무한정 확장될 수 있고, 그로 인하여 이미 제3자가 목적물에 관하여 확보한 권리를 침해할 우려가 있어 상사유치권의 성립범위 또는 상사유치권으로 대항할 수 있는 범위를 제한한 것으로 볼 수 있다. 즉 상사유치권이 채무자 소유의 물건에 대해서만 성립한다는 것은, 상사유치권은 성립 당시 채무자가 목적물에 대하여 보유하고 있는 담보가치만을 대상으로 하는 제한물권이라는 의미를 담고 있어, 가령 채무자 소유의 부동산에 이미 저당권이 설정되어 있는 상태에서 채권자의 상사유치권이 성립한 경우, 상사유치권자는 채무자 및 그 이후 채무자로부터 부동산을 양수하거나 제한물권을 설정받는 자에 대해서는 대항할 수 있지만, 선행저당권자 또는 선행저당권에 기한 임의경매 절차에서 부동산을 취득한 매수인에 대해서는 상사유치권으로 대항할 수 없다」(대판 2013. 2. 28, 2010다57350).

2. 유치권의 피담보채권被擔保債權

(1) 목적물과 채권 간의 견련성牽連性

가) 학설과 판례

민법 제320조 1항은 법정담보물권으로 유치권을 인정하면서, 채권자가 어느 물건에 유치권을 갖기 위해서는 채권이 「그 물건에 관하여 생긴 것」일 것을 요건으로 정하고 있는데, 그 표현이 구체적인 것은 아니어서, 그 의미에 관해서는 학설이 나뉘어 있다. (ㄱ) 제1설은, ① 채권이 목적물 자체로부터 발생한 경우, 또는 ② 채권이 목적물의 반환청구권과 동일한 법률관계나 사실관계로부터 발생한 경우, 두 가지를 드는데, 통설적 견해에 속하고, 판례도 이를 따른다.[1] (ㄴ) 제2설은 ②를 제외하고 ①만을 기준으로 삼아야 한다고 한다. ②의 경우에도 견련성을 인정하는 것은, 우리 민법이 「물건에 관하여 생긴 채권」이라고 규정한 명문에 반하고, 유치권을 너무 광범위하게 인정하게 되어 제3자를 해치기 때문이라고 한다.[2] (ㄷ) 제3설은, ①의 경우에는 당연히 유치권을 긍정한다. 그러나 ②의 기준에 관해서는, 우선 그러한 명제가 유치권을 인정하는 데 일관되게 기능하지 못하므로 일반적 명제로 삼기에는 문제가 있다는 것을 지적하고, 구체적인 사안에 따라 제3자의 이해를 고려한 이익형량의 과정을 통해 개별적으로 정하여야 한다고 한다.[3]

나) 견련성의 기준에 관한 검토

유치권의 성립요건으로서 물건과 채권 간의 견련성의 기준에 관해, 학설은 전술한 대로 나뉘어 있지만, 학설과 판례에서 제시되고 있는 것들은 ① 「채권이 목적물 자체로부터 발생한 경우」, 또는 ② 「채권이 목적물의 반환청구권과 동일한 법률관계나 사실관계로부터 발생한 경우」 두 가지로 모아진다. 유치권의 성립요건으로서 이 두 가지 기준이 타당한 것인지 여부를 검토하기로 한다.

a) 채권이 목적물 자체로부터 발생한 경우　　채권이 목적물 자체로부터 발생한 경우에 유치권을 인정하는 것에 대해서는 학설과 판례에서 이견이 없다. 이것은 두 가지로 나뉜다. (ㄱ) 하나는, (점유자·전세권자·임차인·수임인·수치인·사무관리자가) 목적물에 지출한 비용의 상환청구권($^{203조·310조·626조·}_{688조·701조·739조}$), 도급·위임·임치계약에 기초한 (수급인·수임인·수치인의) 보수청구권($^{665조·686}_{조·701조}$)으로서, 이러한 채권을 발생시킨 비용의 지출이나 노무의 제공이 물건에 반영되어 그 가치를 유지·증대시킨 경우이다. (ㄴ) 다른 하나는, 목적물로부터 입은 손해에 대한 배상청

---

1) 사건의 쟁점은 민법 제321조 소정의 유치권의 불가분성에 관한 것이지만, 대법원은 이에 대해 판단하면서 민법 제320조 1항 소정의 '그 물건에 관하여 생긴 채권'의 의미에 대해, 「유치권 제도 본래의 취지인 공평의 원칙에 특별히 반하지 않는 한, 채권이 목적물 자체로부터 발생한 경우는 물론이고 채권이 목적물의 반환청구권과 동일한 법률관계나 사실관계로부터 발생한 경우도 포함된다」고 판결하였다(대판 2007. 9. 7. 2005다16942). 유치권의 요건으로서 견련성에 관해 처음으로 언급한 판결이다.

2) 이영준, 한국민법론(물권편)(신정2판), 박영사, 2004, 708면~711면; 박용석, "유치권의 성립요건으로서의 견련성에 관하여", 부산대학교 법학연구 제48권 제2호(2008. 2.), 228면~229면.

3) 양창수, "유치권의 성립요건으로서의 견련관계(Ⅰ)", 고시계(1986. 3.), 219면 이하; 엄동섭, "유치권의 성립요건 – 견련성", 고시계(2005. 11.), 24면 이하.

구권으로서, 이웃에 공이 날아 들어가서 유리창을 깨거나, 임치물의 성질 또는 하자로 인해 생긴 손해처럼, 그에 대응하여 비용의 지출이 강요되는 경우이다. 특히 이 경우는 그러한 채권자에게 동시이행의 항변권이 인정될 여지가 없어서 유치권을 인정함으로써 그의 이익을 보호하는 수단밖에 남아 있지 않다는 점이 고려되어야 한다고 한다.[1] 그런데 이 경우 일률적으로 유치권을 인정하는 것은 불법행위책임과의 관계에서 문제가 있을 수 있다. 즉 소유자가 그에 대해 불법행위책임을 부담하지 않는 경우에도 유치권을 인정한다면 소유자는 손해배상을 하여야만 자기의 물건을 찾아올 수 있기 때문에, 결국 자기에게 과실이 없는 경우에도 사실상 그 책임을 지는 것으로 되어 과실책임의 원칙에 반하는 결과를 가져오기 때문이다.[2] 따라서 소유자가 불법행위책임을 지는 경우에만 유치권을 인정하는 것으로 제한할 필요가 있다. 판례를 보면, A의 말이 B의 농작물을 먹은 사안에서, B가 A에게 손해배상청구권을 갖는다는 전제하에, 말에 대한 B의 유치권을 인정한 것이 있다(대판 1969. 11. 25, 69다1592). 한편, 임대인이 건물 시설을 하지 않아 건물을 임차목적대로 사용하지 못한 것을 이유로 한 임차인의 손해배상청구권에 관해서는, 그것이 건물에 관하여 생긴 채권이 아니라는 이유로 유치권을 부정하였는데(대판 1976. 5. 11, 75다1305), 이 경우는 그 손해가 임대인의 채무불이행으로 인해 생긴 것이지 건물 자체로부터 생긴 것이 아닌 점을 유의할 필요가 있다.[3]

b) 채권이 목적물의 반환청구권과 동일한 법률관계나 사실관계로부터 발생한 경우

aa) 우선 다음의 경우에는 위 기준에 해당하는데도 불구하고 학설과 판례는 일치해서 유치권의 성립을 부정하고 있다. (ㄱ) 임차보증금 반환청구권: 임대차계약이 종료된 경우에 임차인의 보증금 반환청구권 또는 권리금 반환청구권과 임대인의 목적물 반환청구권은 임대차 종료라는 동일한 법률관계로부터 생기는 것이지만, 임차인에게 유치권을 인정하지 않는다. 대항력을 갖추지 않은 임차인보다는 임차목적물에 대한 새로운 소유자를 보호할 필요가 있다는 것을 그 이유로 드는 견해가 있다.[4] 이에 대해 판례는 단순히 임차인의 위와 같은 채권이 임차목적물에 관하여 생긴 채권은 아니라는 이유로 유치권을 부정한다(대판 1976. 5. 11, 75다1305; 대판 1994. 10. 14, 93다62119). (ㄴ) 부동산 이중양도로 인한 손해배상청구권: 부동산 이중양도로 소유권을 취득한 제2매수인이 부동산을 점유 중인 제1매수인을 상대로 부동산의 명도를 청구하는 경우, 제1매수인이 매도인에 대한 채무불이행에 기한 손해배상청구권으로써 그 부동산에 유치권을 갖는지에 관해, 이 두 청구권이 이중양도라는 동일한 법률관계로부터 생긴 것임에도 불구하고 유치권을 부정한다. 제1매수인에

1) 양창수, "유치권의 성립요건으로서 견련관계(Ⅱ)", 고시계(1986. 4.), 180면~181면.
2) 박영목, "유치권의 성립요건과 효력범위 – 수급인의 유치권을 중심으로 –", 안암법학(2008), 239면.
3) 판례는 다음의 경우에 그 채권이 목적물에 관하여 생긴 것이 아니라는 이유로 유치권의 성립을 부정한다. ① 건물의 신축공사를 도급 맡은 수급인이 독립된 건물로 볼 수 없는 정착물을 토지에 설치한 상태에서 공사가 중단된 경우, 그 정착물은 토지의 부합물에 불과하여 이러한 정착물에 유치권을 행사할 수 없고, 또한 공사 중단시까지 발생한 공사금 채권은 토지에 관해 생긴 것이 아니어서 토지에 대해 유치권을 행사할 수도 없다(대결 2008. 5. 30, 2007마98). ② 계약명의신탁에서 명의신탁자가 명의수탁자에 대해 가지는 매매대금 상당의 부당이득 반환청구권은 부동산 자체로부터 발생한 채권이 아니어서 이에 기해 유치권을 행사할 수 없다(대판 2009. 3. 26, 2008다34828). ③ 甲이 건축공사 수급인 乙에게 건축자재를 공급한 경우, 甲의 건축자재 대금채권은 매매계약에 따른 매매대금채권에 불과할 뿐 건물 자체에 관해 생긴 채권은 아니어서 건물에 대해 유치권은 성립하지 않는다(대판 2012. 1. 26, 2011다96208).
4) 양창수, 앞의 글(Ⅱ), 182면 이하.

게 유치권을 인정한다면, 민법 제186조 이하에서 정하는, 물권변동에 관하여 등기 등 공시방법의 실행을 효력발생요건으로 하는 취지가 실질적으로 부인되거나 거의 몰각되기 때문이라고 한다.[1] (ㄷ) 매도인의 대금채권: 매도인(甲)이 매매대금 전부를 지급받지 않은 상태에서 매수인(乙) 앞으로 매매목적물인 부동산의 소유권이전등기를 넘겨주고, 매수인이 이를 다시 제3자(丙)에게 양도한 경우, 丙이 소유권에 기해 甲에게 반환청구를 한 데 대하여 부동산을 점유 중인 甲은 乙에게 갖는 대금채권으로써 위 부동산에 유치권을 갖는지에 관해, 甲이 매매대금채권을 갖고 丙이 (소유권에 기한) 물건 반환청구권을 갖게 된 것은 甲이 매매대금 전부를 받지 않은 상태에서 매수인 앞으로 소유권을 넘겨 준 동일한 법률관계로부터 생긴 것이지만 유치권을 부정한다. 대금을 모두 수령하지도 않은 채 매수인에게 먼저 소유권이전등기를 넘겨 준 매도인이 소위 선이행의 위험을 부담하여야 하고, 또 공시에 의한 거래관계의 획일적 규율을 꾀하는 물권변동 제도의 취지(丙이 소유자인데도 甲이 대세적인 점유의 권능을 보유하게 되는 결과가 되어 부당함)를 그 이유로 드는 견해가 있다.[2] 판례도 같은 취지이다(대결 2012. 1. 12, 2011마2380). (ㄹ) 타인의 물건의 매매로 인한 손해배상청구권: 가령 乙이 丙 소유의 부동산을 甲에게 매도하고 이를 인도하였는데, 후에 丙이 소유권에 기해 甲을 상대로 반환청구를 하는 것에 대해, 甲은 乙에 대한 (채무불이행 또는 제570조에 의한) 손해배상청구권으로써 위 부동산에 유치권을 갖는지에 관해, 乙이 丙 소유의 물건을 甲에게 팔았다는 동일한 법률관계 또는 사실관계로부터 丙의 甲에 대한 물건 반환청구권과 甲의 乙에 대한 손해배상청구권이 발생한 것으로 볼 수 있지만 유치권을 부정한다. 이 경우는 타인의 물건을 매수한 甲과 진정한 소유자 丙 중 누구를 더 보호할 것인가 하는 법정책적 판단이 문제되는데, 甲에게 유치권을 인정한다면 부동산물권변동에 있어서 점유취득을 요건으로 일정한 범위에서 공신력을 인정하는 것이 되어 민법의 체제상 부당하기 때문이라고 한다.[3]

bb) 반면 위와 같은 기준하에 유치권을 인정하는 것들이 있는데, 이에 대해서는 의문이 있다. 아래에서 개별적으로 검토해 보기로 한다. (ㄱ) 양도담보설정자의 청산금채권: 1) '가등기담보 등에 관한 법률' 시행 후 성립한 동법상의 담보계약에 기해 소유권이전등기를 마친 담보권자가 청산금을 지급하지 않고 선의의 제3자에게 등기를 이전한 경우, 그 제3자가 소유권에 기해 위 부동산의 반환을 청구하는 것에 대해 채무자는 청산금채권에 기해 유치권을 주장할 수 있는지에 관해, 동법이 애초 그 적용을 받는 채무자를 보호하려는 취지에서 제정된 것이고, 또 동법 제11조 단서 후단의 입법론적 문제점에 비추어, 유치권의 성립을 인정함으로써 동법 소정의 채무자를 보호하는 것이 타당하다고 보는 견해가 있다.[4] 2) 사견은 유치권을 부정하여야 한다고 본다. 부동산 양도담보에서 채권자는 청산금을 지급한 때에 소유권을 취득하므로(동법 4조 2항), 청산금을 지급하지 않은 상태에서 채권자가 제3자에게 부동산을 처분한 경우 제3자가 선의이면 제3자가 소유권을 취득한다고 정한 것은(동법 11조 단서), 실질적으로 등기의 공신력을 인정하는 셈이 되어 문제가 있는 것은 사실이다. 그러나 이 규정은 거래의 안전을 고려한 것이고, 또 특칙으로 볼 수 있는 이상, 그리고 청산금은 목적물의 가치 유지 또는 증대와는 무관한 것이어서, 유치

---

1) 양창수, 앞의 글(Ⅱ), 183면.
2) 양창수, 앞의 글(Ⅱ), 185면.
3) 양창수, 앞의 글(Ⅱ), 184면.
4) 양창수, 앞의 글(Ⅱ), 186면; 엄동섭, 앞의 글, 28면~29면; 남윤봉·이현석, "유치권의 견련관계에 관한 일고찰", 한양법학 제21집(2007. 8.), 256면.

권을 인정한다면 선의로 소유권을 취득한 제3자를 불리하게 하고 또 위 규정의 존재 자체를 무시하는 것이 되므로, 반대로 유치권을 부정하는 것이 타당할 것으로 본다. (ㄴ) <u>임차인의 부속물 매수청구권 행사에 따른 매매대금채권</u>: 1) 건물 임차인의 부속물매수청구권(보다 정확히는 이를 행사함으로써 취득한 그 부속물의 매매대금채권)을 담보하기 위해 그 부속물 나아가 임차건물에 유치권이 성립할 수 있는지에 관해서는, 임차인 보호라는 관점에서 이를 긍정하는 견해가 있는 반면,[1] 임차인이 부속물매수청구권을 행사한 경우 매매 유사의 법률관계가 생길 뿐 그 부속물의 소유권은 아직 임차인에게 있는 것이므로, 임차인이 자신의 소유물에 유치권을 주장할 수는 없고, 그 부속물과는 별개의 물건인 건물에 대해서도 유치권을 주장할 수는 없다고 보는 견해가 있다.[2] 2) 사견은 유치권의 성립을 부정하여야 한다고 보는데, 그 이유는 다음과 같다. 건물 기타 공작물의 임차인이 그 사용의 편익을 위하여 임대인의 동의를 받아 임차물에 부속시킨 물건은 임대차 종료시에 임대인에게 그 부속물의 매수를 청구할 수 있다($\frac{646}{조}$). 임차인이 이 부속물매수청구권을 행사하면 그 부속물에 대해 임차인과 임대인 사이에 매매 유사의 법률관계가 성립하고 따라서 임차인은 대금채권을 갖게 되지만, 그 부속물의 소유권은 임차인에게 있는 것이고, 그런데 유치권은 타물권으로서 자기의 물건에 대해서는 인정되지 않아 그 부속물에 유치권은 성립할 수 없고, 또 부속물은 건물과 일체를 이루는 것이 아니므로 임차건물에 대해서도 유치권은 성립할 수 없다고 할 것이기 때문이다. 그리고 임차인의 부속물매수청구권에 관한 규정은 강행규정이므로($\frac{652}{조}$), 임차인은 이를 통해 대금채권을 확실히 가질 수 있고, 나아가 동시이행의 항변권을 행사하여 대금의 지급이 있기까지는 부속물의 인도를 거절할 수 있으며, 또 원하지 않는 경우에는 부속물을 수거할 수도 있는 점에서, 부속물에 유치권을 인정할 필요나 실익도 없다고 할 것이다. (ㄷ) <u>매매계약의 무효·취소에 따른 매매대금 반환채권</u>: 1) 매매계약이 무효이거나 취소된 경우, 매수인이 매도인에게 가지는 매매대금 반환청구권을 담보하기 위해 매도인의 매수인에 대한 목적물 반환청구에 대해 목적물에 유치권을 행사할 수 있는지에 관해서는, 통설적 견해인 제1설은 이를 긍정하지만, 제2설은 이를 부정한다. 한편 이 경우는 매매계약의 무효·취소에 대비하여 사전에 매수인이 약정담보권을 취득할 수 있는 기회가 없었기 때문에 유치권을 인정하여야 한다고 보는 견해도 있다.[3] 2) 사견은 유치권을 부정하여야 한다고 본다. ① 예컨대 채무자 甲이 乙에 대한 채무의 담보로 그의 토지를 乙 앞으로 저당권설정등기를 마쳐준 후, 甲이 위 토지를 丙에게 매도하였는데, 甲과 丙 사이의 매매계약이 무효가 되거나 취소에 의해 무효가 되었다. 그 후 乙이 저당권을 실행하여 丁이 경락받은 경우, 토지를 점유하고 있는 丙은 무효로 인한 매매대금 반환청구권에 기해 丁에게 위 토지에 대해 유치권을 주장할 수 있는가?[4] 이 경우 丙의 유치권을 인정하는 것은 문제가 있다. 저당권에 기한 경매절차에서 저당권설정 당시에는 전혀 예정되어 있지 않던 유치권이 인정됨으로써 경매목적물의 매수가격은 자연히 떨어지게 될 것이어서 저당권자 乙의 우선변제권을 침해하기 때문이다. 또 경매절차에서 유치권의 신고는 의무사항이 아니므로 매수인이 대금을 낸 후 丙이 유치권을 주장하는 경우, (만일 丙의 유치권을 인정한다면) 매수인은 계약을 해제할 수 있고($\frac{578조\ 1}{항\cdot 575}$ $\frac{}{조 1항}$), 그 해제에 따라 결국은 저당권자의 우선변제권을 침해하는 것으로 귀결된다. 그러나 무효

---

1) 김증한·김학동, 앞의 책, 462면.
2) 엄동섭, 앞의 글, 29면~30면.
3) 엄동섭, 앞의 글, 27면.
4) 이 예를 소개한 것으로, 최명구, "유치권과 저당권의 경합", 민사법학 제42호(2008. 9.), 713면.

로 인한 매매대금 반환채권과 같이 목적물의 가치를 유지·증대시키는 것과는 무관한 경우에까지, 다시 말해 저당권자에게 불리한 경우에까지 유치권의 인정범위를 확대하는 것은 타당하지 않다. 물론 사안에 따라서는 저당권자 등이 개입되지 않는 경우도 있겠지만, 그에 따라 유치권을 개별적으로 인정하거나 부정하는 것은 거래의 안전을 위해 객관적 획일성을 지향하는 물권의 성질에는 맞지 않는다고 할 것이다. ② 나아가, 매매계약의 무효·취소에서 저당권자 등이 개입되지 않는 경우에도 매수인에게 동시이행의 항변권을 인정하는 것으로 족하다.[1] 매도인이 (계약이 무효가 된 후 매수인이 점유하고 있는) '부동산'을 제3자에게 양도하고, 제3자가 매수인에 대해 소유권에 기한 소유물 반환청구를 하는 경우에 매수인은 제3자에게 동시이행의 항변권을 행사할 수 없으므로 유치권을 인정하는 것에 비해 불리한 것이 아닌가 하는 의문이 있겠지만, 제3자가 소유권을 주장하기 위해서는 제3자 명의로 소유권이전등기가 되어야 하고($\binom{186}{조}$), 이를 위해서는 먼저 매도인이 매수인 명의의 등기의 말소를 청구하여 매도인 명의로 소유권등기를 하는 것이 필요한데, 매도인의 이 등기말소청구에 대해 매수인은 동시이행의 항변권을 행사하여 매도인이 대금을 반환할 때까지 이를 거절할 수 있기 때문이다. 그리고 이것은 목적물이 '동산'인 경우에도 다를 것이 없다. 제3자가 소유권을 취득하기 위해서는 현실의 인도가 있어야 하고($\binom{188조}{1항}$),[2] 이를 위해서는 매도인 앞으로 현실의 인도가 선행되어야 하는데, 매수인은 대금의 반환을 받기까지 그 인도를 거절하는 동시이행의 항변권을 행사하면 되기 때문이다. ③ 그 밖에 다음과 같은 이유로써 유치권을 부정하는 견해도 있는데,[3] 타당하다고 본다. 가령 타인의 물건을 매도한 후 그 매매계약이 취소된 경우, 만일 매수인에게 유치권을 인정한다면, 원래의 소유자는 자신의 물건을 되찾기 위해 매수인에게 사실상 매매대금을 지급하여야만 한다. 그런데 매매계약이 유효하더라도 매수인이 원래의 소유자에게 대항할 수 없는 경우가 있음을 고려한다면, 계약이 취소된 경우에 매수인에게 유치권을 인정하는 것은 타당성이 없다는 것이다.

(ㄹ) 상호간의 물건 반환청구권: 1) 통설적 견해인 제1설은, 우연히 서로 물건을 바꾸어 간 경우는 동일한 사실관계에 기한 것으로서, 자신의 물건을 반환받을 때까지 상대방의 물건에 대해 유치권을 취득하는 것으로 해석한다. 2) 사견은 유치권을 부정하여야 한다고 본다. 우선 위 경우에는 각자 자기 물건에 대해 소유권에 기한 소유물 반환청구권을 갖는데, 이러한 물권적 청구권을 유치권에 의해 담보될 수 있는 채권의 범주에 넣기는 어렵기 때문이다. 이 경우는 상대방의 소유물 반환청구에 대해 유치권을 주장할 것이 아니라, 그도 소유물 반환청구를 하는 것으로 족하다.

◆ 종합·정리

a) 유치권의 성립요건으로서 민법 제320조에서 「그 물건에 관하여 생긴 채권」으로 정한 것은 의용민법 제295조를 따른 것인데, 그 연혁을 보면 다음과 같다. 프랑스 민법은 유치권에 관한 일반규정은 없고 유치할 수 있는 경우를 급부거절권의 한 형태로서 개별적으로 규정하였는데

---

1) 계약이 무효 또는 취소된 경우에 당사자 상호간의 반환의무에 대해서는, 판례는 동시이행의 항변권을 인정한다(대판 1996. 6. 14, 95다54693).
2) 민법 제190조 소정의 '목적물 반환청구권'은 채권적 청구권을 말하고, 민법 제213조 소정의 물권적 청구권은 이에 포함되지 않는다. 그런데 동산매매계약이 무효가 된 경우 소유권은 매도인에게 복귀하고, 매도인은 매수인에 대해 소유권에 기한 소유물 반환청구권을 가진다. 따라서 매도인이 이러한 소유물을 제3자에게 양도하여 제3자가 소유권을 취득하기 위해서는 공시방법으로써 현실의 인도만이 가능하다.
3) 박영목, 앞의 글, 236면 이하.

(동법 1612조·1613조·
1749조·1948조 등), 대체로 프랑스의 학설과 판례는 이러한 유치권을 담보물권으로 파악하였으며,[1] 일본의 구민법은 이 영향을 받아 유치권을 담보물권으로 구성하였고, 일본 민법은 이를 따른 것이다.[2] 그럼에도 채권과 물건 간의 견련성의 의미에 관해서는 독일법학의 영향을 받아 물권이 아닌 채권적 급부거절권의 구성을 취하고 있는 독일 민법의 규정($^{273}_{조}$)을 전용하여, 그 당시의 통설적 견해는 이미 '① 채권이 목적물 자체로부터 발생한 경우'와 '② 채권이 목적물의 반환청구권과 동일한 법률관계나 사실관계로부터 발생한 경우' 두 가지를 들고 있었다[3](참고로 위 ①은 독일 민법 제273조 2항에, ②는 제273조 1항에 해당하는 것이다[4]). 우리의 통설적 견해인 제1설은 이 영향을 받은 것으로 추측된다. 그러나 독일 민법 제273조 소정의 유치권은 '채권적 급부거절권'으로 구성되어 있고 우리처럼 물권으로 구성되어 제3자에 대해서도 효력이 있는 것으로 되어 있지 않다. 따라서 우리 민법과 같이 물권으로 구성되어 제3자에 대해서도 절대적 효력을 가지는 유치권의 성립 여부를 판단하는 기준으로서 바로 독일 민법적 관점을 도입하는 것은 문제가 있다.[5]

　b) 법정담보물권으로서 유치권은, 교환가치를 갖는 것이 아니라 목적물을 유치하는 방법을 통해 채권의 만족을 얻는 것으로 구성된 것인 점에서, 또 물권 성립의 선후에 따라 우열이 정해지는 물권법의 원칙이 적용되지 않는 점에서, 그 인정 여부는 법률상의 다른 제도와의 비교 내지 이익형량의 작업을 통해 신중히 결정하여야 한다. 이런 점에서 보면 통설적 견해가 들고 있는 위 ②의 기준은, 우선 유치권을 부정하는 예외가 적지 않아 일반적 기준으로서의 유용성에 문제가 있을 뿐만 아니라, 인정하는 경우들도 거래의 안전이나 저당권자의 우선변제권을 침해하고 있는 점에서 수용하기 어렵다. 그리고 동시이행의 항변권의 제도를 통해서도 충분히 목적을 달성할 수 있는 점에서 유치권을 덧붙일 필요가 없다. 유치권의 특별한 성질을 고려하면서 또 제3자(소유자 또는 저당권자)를 특별히 불리하게 하지 않아야 한다는 관점에서 보면, <u>유치권의 성립요건으로서 견련성의 의미는 위 ①의 기준에 한정하는 것이 타당할 것으로 본다.</u> 나아가 목적물 자체로부터 생긴 손해에 대한 배상청구권의 경우에는 불법행위책임과의 관계상 소유자가 불법행위책임을 지는 경우로 제한하는 것이 필요하다.

(2) 그 밖의 요건

　a) 채권의 존재　　채권과 목적물 사이에 견련성이 있는 한, 그 채권의 발생 원인을 묻지 않으며 또 금전채권에 한정하지 않는다. 그러나 그 채권은 존재하여야 한다.[6]

---

1) 박용석, "유치권의 성립요건으로서의 견련성에 관하여", 부산대학교 법학연구 제48권 제2호(2008. 2.), 223면.

2) 我妻榮, 담보물권법(민법강의 Ⅲ), 岩波書店, 1936, 19면.

3) 我妻榮, 위의 책, 23면 이하. 학설의 내용에 대해서는 林良平 編, 注釋民法(8), 22면 이하(田中整爾 집필).

4) 독일 민법 제273조(유치권) 「① 채무자가 자신의 채무가 발생한 것과 동일한 법적 관계에 기하여 채권자에 대하여 이행기가 도래한 청구권을 가지는 경우에는, 채권관계로부터 달리 해석되지 아니하는 한, 그는 청구할 수 있는 급부가 실행될 때까지 급부의무를 거절할 수 있다. ② 목적물을 인도할 의무를 부담하는 사람이 그 목적물에 대한 비용지출 또는 그에 의하여 발생한 손해로 인하여 이행기가 도래한 청구권을 가지는 경우에도 같은 권리를 가진다. 다만 그가 목적물을 고의의 불법행위에 의하여 취득한 때에는 그러하지 아니하다. ③ 채권자는 유치권의 행사를 담보제공에 의하여 회피할 수 있다. 담보제공은 보증인으로서는 할 수 없다.」

5) 이 점을 지적하는 견해로, 양창수, 앞의 글(Ⅰ), 219면 이하.

6) 판례: 「건물의 임차인이 임대차관계 종료시에는 건물을 원상으로 복구하여 임대인에게 명도하기로 약정한 것은 건물에 지출한 각종 유익비 또는 필요비의 상환청구권을 미리 포기하기로 한 취지의 특약이라고 볼 수 있어, 임차인은 유치권을 주장할 수 없다」(대판 1975. 4. 22, 73다2010).

b) **채권과 물건 점유의 관련성**   유치권의 성립에는 채권자의 채권과 유치권의 목적인 물건 사이에 일정한 관련이 있으면 충분하다. 물건 점유 이전에 그 물건에 관하여 채권이 발생한 후 그 물건을 점유하게 된 경우에도 그 채권자는 유치권으로서 보호되어야 할 것이므로, 물건의 점유 중에 채권이 발생하는 것은 유치권의 성립요건은 아니다(대판 1965. 3. 30, 65다258. 동지: 대판 1965. 3. 30, 64다1977).

c) **변제기의 도래**   (ㄱ) 채권의 변제기가 도래하고 있지 않은 동안은 유치권은 성립하지 않는다(320조 1항).[1] 그렇지 않으면 변제기 전의 채무의 이행을 간접적으로 강제하는 것이 되기 때문이다(변제를 하여야 목적물의 인도를 받을 수 있게 되므로). 민법은 여러 곳에서 유익비 상환청구권에 관하여 법원이 상당한 기한을 정해 줄 수 있는 것으로 하는데(203조 3항·310조 2항·626조 2항 2문 등), 이 경우 채무자에게 기한을 정해주면 채권자는 유치권을 잃는다. 다른 담보물권에서는 피담보채권의 변제기의 도래는 담보권을 실행하기 위한 요건일 뿐이고 성립요건은 아니지만, 유치권에서는 성립요건이다. (ㄴ) 그런데 기한의 정함이 없는 채권의 경우에는 채권 성립과 동시에 채권자는 이행을 청구할 수 있으므로, 이때에는 채권 성립과 동시에 유치권이 성립한다. 그리고 채무자가 채권자인 유치권자에게 변제의 제공을 하였으나 유치권자가 수령하지 않아 수령지체에 놓인 때에는 유치권을 행사할 수 없다고 볼 것이다. 변제를 수령하지 않으면서 유치권을 행사하는 것은 유치권 제도의 목적에 위배되기 때문이다(민법주해(Ⅵ), 294면(호) 문혁); 이상태, 336면).

3. 목적물의 적법한 점유

a) 유치권은 채권과 관련이 있는 물건을 점유하는 때에 성립하는 것이므로, 목적물의 점유는 유치권의 요소이며, 성립 및 존속요건이다(320조 1항·328조). 점유 여부는 물건에 대한 사실상 지배에 의해 결정되며(192조 1항), 직접점유든 간접점유든 무방하다.[2]

b) 다만, 그 점유가 불법행위로 인한 경우에는 유치권은 성립하지 않는다(320조 2항). 불법으로 점유를 취득한 자에게까지 유치권을 인정하면서 그의 채권을 보호할 필요나 이유가 없기 때문이다. 즉 적법한 점유인 경우에만 유치권이 성립한다. 점유가 불법행위로 인한 경우에는 유치권의 성립이 제한되는 점에서 이 요건은 실무상 적지 않은 의미를 갖는데, 여기서의 '불법행위'는 민법 제750조에서 말하는 불법행위와 다르지 않다고 할 것이다. 이에 대한 세부적인 내용은 다음과 같다. (ㄱ) ① 점유가 처음부터 불법행위에 의해 이루어진 경우, 예컨대 타인의

---

1) 판례: 「건물신축 도급계약에서 신축된 건물에 하자가 있고 그 하자 및 손해에 상응하는 금액이 공사잔대금액 이상이어서, 도급인이 하자 보수청구권 내지 하자 보수에 갈음한 손해배상채권 등에 기해 수급인의 공사잔대금 채권 전부에 대해 동시이행의 항변을 한 때에는, 피담보채권의 변제기 도래가 유치권의 성립요건인 점에서, 공사잔대금 채권의 변제기가 도래하지 아니한 경우와 마찬가지로, 수급인은 도급인에 대해 하자 보수나 그에 갈음한 손해배상의무 등에 관한 이행의 제공을 하지 아니한 이상 공사잔대금 채권에 기한 유치권을 행사할 수 없다」(대판 2014. 1. 16, 2013다30653).

2) 판례: (ㄱ) 유치권은 목적물을 유치함으로써 채무자의 변제를 간접적으로 강제하는 것을 내용으로 하는 권리이므로, 채무자를 직접점유자로 하여 채권자가 간접점유하는 경우에는 유치권이 성립하지 않는다(* 수급인이 건물에 관한 공사대금 채권자로서 채무자인 도급인의 직접점유를 통해 건물을 간접점유하는 경우에는 유치권을 취득하지 못하므로, 수급인은 경매절차에 따른 매수인의 건물인도 청구에 대해 유치권을 주장할 수 없다)(대판 2008. 4. 11, 2007다27236). (ㄴ) 채권자가 채무자의 승낙을 받아 유치물을 제3자에게 임대하여 간접점유하던 중 임대차가 해지 등의 사유로 종료된 경우, 직접점유자가 목적물을 반환하기까지는 간접점유는 지속되므로 유치권도 존속한다(대판 2019. 8. 14, 2019다205329).

물건을 훔치거나 횡령한 자가 그 물건을 수선하거나, 타인의 부동산을 무단으로 점유하는 자가 그 부동산을 수리하여도 그 수리비 채권을 위한 유치권은 성립하지 않는다. ② 처음에는 적법하게 점유를 취득하였으나 그 후에 점유권원이 소멸된 상태에서 점유자가 이를 알거나 알 수 있으면서 비용 등을 지출한 경우에도 유치권은 성립하지 않는다. 예컨대 건물의 임차인이 해제 등으로 임대차가 종료된 후에 점유할 권리 없이 그 건물에 비용을 지출한 경우에 그 채권을 위한 유치권은 인정되지 않는다. 저당권이 설정되어 있는 건물을 매수하고 인도받은 매수인이 그 후 저당권의 실행으로 경락이 된 후 그 건물에 비용을 지출한 경우에도 같다. 이러한 경우는 문제의 채권이 발생하기 전에 점유권원을 상실한 점에서 앞의 경우와 다르지 않다. ③ 점유자가 무권원에 대하여 선의이고 과실이 없는 경우에는 유치권을 인정받을 수 있다.[1] 물건을 훔치거나 횡령한 자가 타인에게 수선을 맡긴 경우, 그 타인이 장물인 것을 몰랐다면 이를 불법점유로 보기는 어려워 타인은 유치권을 취득한다(대결 1984. 7. 16, 84모38). (ㄴ) 타인의 토지 위에 무단으로 건물을 짓고, 건물 점유자가 건물 소유자에게 건물에 관한 유치권이 있다고 하더라도, 그 건물의 존재와 점유가 토지 소유자에게 불법행위가 되고 있다면, 건물 유치권으로 토지 소유자에게 대항할 수는 없다(대판 1989. 2. 14, 87다카3073). (ㄷ) 물건의 점유자는 소유의 의사로 평온하고 공연하게 선의로 점유한 것으로 추정되고, 점유자가 점유물에 행사하는 권리는 적법하게 보유한 것으로 추정되므로(197조 1항·200조), 점유물에 대한 필요비 및 유익비 상환청구권을 기초로 하는 유치권의 주장을 배척하려면, 적어도 그 점유가 불법행위로 인하여 개시되었거나 점유자가 필요비나 유익비를 지출할 당시 이를 점유할 권원이 없음을 알았거나 중대한 과실로 알지 못하였다고 인정할 만한 사유에 대한 상대방의 주장·입증이 있어야 한다(대판 1966. 6. 7, 66다600, 601; 대판 2011. 12. 13, 2009다5162).

4. (유치권 배제) 특약의 부존재

제한물권은 이해관계인의 이익을 부당하게 침해하지 않는 한 자유롭게 포기할 수 있다. 유치권은 채권자의 이익을 보호하기 위한 법정담보물권으로서, 당사자는 미리 유치권의 발생을 막는 특약을 할 수 있고, 이러한 특약은 유효하다(이러한 특약에 조건을 붙일 수도 있다). 유치권 배제 특약이 있는 경우 다른 법정요건이 충족되더라도 유치권은 발생하지 않는데, 이러한 효력은 특약의 상대방뿐 아니라 그 밖의 사람도 주장할 수 있다(대판 2018. 1. 24, 2016다234043).[2]

5. 경매절차가 개시된 후에 취득한 유치권을 경매절차의 매수인에게 행사할 수 있는가?

(ㄱ) 유치권은 타인의 물건을 점유한 자가 그 물건에 관하여 생긴 채권을 가지는 경우에 법률상 당연히 성립하는 법정담보물권으로서, 어떤 부동산에 이미 저당권과 같은 담보권이 설정되어 있는 상태에서도 그 부동산에 관하여 민사유치권이 성립할 수 있고, 경매절차의 매수인에

---

1) 차문호, "유치권의 성립과 경매", 사법논집 제42호(2006), 389면.
2) 도급계약을 맺으면서 공사대금의 미지급을 이유로 수급인이 신축 건물에 대해 유치권을 행사할 수 없다고 약정한 사안에서, 그 약정은 유효하고, 그 건물의 공매절차에서 건물을 매수한 사람도 위 약정의 효력을 주장할 수 있다고 하였다.

대해 유치권을 행사할 수 있다. 이는 점유하는 물건에 관하여 생긴 채권이라는 민사유치권의 피담보채권이 가지는 특수한 성격을 고려하여 공평의 원칙상 그 피담보채권의 우선적 만족을 확보하여 주려는 것이다. (ㄴ) 그러나 <u>부동산에 관하여 이미 경매절차가 개시된 이후에 유치권을 취득한 경우에도</u> 유치권자에게 아무런 제한 없이 경매절차의 매수인에 대한 유치권의 행사를 허용하면, 부동산을 신속하고 적정하게 환가하기가 매우 어렵게 되고 경매절차의 이해관계인에게 불측의 손해를 줄 수 있는 등, 경매절차의 법적 안정성이 크게 위협받게 된다. 그리하여 대법원은 부동산에 관하여 경매개시결정등기가 된 뒤에 비로소 부동산의 점유를 이전받거나 피담보채권이 발생하여 유치권을 취득한 경우에는 경매절차의 매수인에 대해 유치권을 행사할 수 없다고 본다(대판 2005. 8. 19, 2005다22688[1]; 대판 2006. 8. 25, 2006다22050; 대판 2011. 10. 13, 2011다55214[2]). 가령, 채무자 소유 건물에 대해 증·개축 등 공사를 도급 맡은 수급인이 경매개시결정 기입등기가 마쳐지기 전에 채무자로부터 건물의 점유를 이전받았다 하더라도, 위 기입등기가 마쳐져 압류의 효력이 발생한 후에 공사를 완공하여 공사대금채권을 취득함으로써 그때 비로소 유치권이 성립한 경우에는, 수급인은 유치권을 내세워 경매절차의 매수인에게 대항할 수 없다(대판 2013. 6. 27, 2011다50165). (ㄷ) 이는 집행절차의 법적 안정성을 보장하기 위함이므로, <u>부동산에 저당권이 설정되거나 가압류등기가 되어 있다 하더라도 경매개시결정등기가 되기 전에 민사유치권을 취득하였다면 경매절차의 매수인에 대해 유치권을 행사할 수 있다</u>(대판 2009. 1. 15, 2008다70763; 대판 2011. 11. 24, 2009다19246). 다만 거래 당사자가 <u>유치권 제도를 남용한 것으로 인정되는 경우</u>에는 그 행사는 허용되지 않는다(대판 2011. 12. 22, 2011다84298).[3] (ㄹ) 한편 부동산에 관한 민사집행절차에서는 경매개시결정과 함께 압류를 명하므로 압류와 동시에 매각절차인 경매절차가 개시되는 반면, <u>국세징수법에 의한 체납처분절차에서는</u> 그와 달리 체납처분에 의한 압류와 동시에 매각절차인 공매절차가 개시되는 것이 아닐 뿐만 아니라, 체납처분압류가 반드시 공매절차로 이어지는 것도 아니어서, 부동산에 관하여 체납처분압류가 되어 있다고 하여 경매절차에서 이를 그 부동산에 관하여 경매개시결정에 따른 압류가 행하여진 경우와 마찬가지로 볼 수는 없다. 따라서 체납처분압류가 되어 있는 부동산이라고 하더라도 경매절차가 개시되어 경매개시결정등기가 되기 전에 민사유치권을 취득한 경우에는 그 후의 경매절차의 매수인에 대해 유치권을 행사할 수 있다(대판(전원합의체) 2014. 3. 20, 2009다60336).[4]

---

1) 이 판결은 경매개시결정등기와의 관계에서 유치권의 행사를 부정한 최초의 판결이다. A는 B에 대해 건물의 신축공사로 인한 공사대금채권을 가지게 되었는데, B의 채권자의 신청으로 그 건물에 경매개시결정등기가 마쳐진 후 건물의 점유를 이전받은 것이다. 그 후 경매절차에서 C가 건물의 소유권을 취득하게 되었는데, 여기서 A가 C에 대해 유치권을 주장할 수 있는지가 다투어진 사안이다.

2) 채무자 소유의 건물의 공사를 도급 맡은 수급인이 경매개시결정등기 전에 채무자에게서 건물의 점유를 이전받았는데, 경매개시결정등기 이후 공사를 완공하여 공사대금채권을 취득함으로써 그때 비로소 유치권을 취득하게 된 경우이다.

3) 채무자 甲회사 소유의 건물 등에 관하여 乙은행 명의의 1순위 근저당권이 설정되어 있었는데, 2순위 근저당권자인 丙회사가 甲회사와 건물 일부에 관하여 임대차계약을 체결하고 건물 일부를 점유하고 있던 중 乙은행의 신청에 의하여 개시된 경매절차에서 유치권 신고를 한 사안에서, 저당권자가 목적물을 점유하는 일은 매우 드문데도 저당권자인 丙이 甲과 임대차계약을 체결한 경위 등을 종합하여 볼 때, 乙의 신청에 의하여 건물 등에 관한 경매절차가 곧 개시되리라는 사정을 충분히 인식하면서 임대차계약을 체결하고 그에 따라 점유를 이전받았다고 보이므로, 丙은 유치권 제도를 남용한 것으로 본 사례이다.

4) 호텔에 관한 공사대금 채권자인 A가 그 호텔을 인도받아 점유하게 되었는데, 이 호텔에는 이미 충주시의 체납처분압류등기와 다른 채권자의 가압류등기가 마쳐져 있었다. 이 호텔의 근저당권자인 B가 A를 상대로 유치권부존재 확인청구를 한 것인데, 쟁점은 A가 경매절차의 매수인에 대해 유치권을 행사할 수 있는가이고, 위 판결은 위와 같은 이유로써 이를 긍정한 것이다.

＊ 요컨대 가압류·압류·체납처분 모두 '처분금지효'가 있음에도 이후 유치권의 행사 여부를 달리한 것은, 민법이 유치권의 성립시기에 대해 특별히 제한을 두고 있지 않은 점과 집행절차의 법적 안정성을 조화시키는 차원에서, '경매절차가 개시된 이후'부터만 집행절차의 법적 안정성에 우선 가치를 두어 유치권의 행사를 제한하겠다는 것이 대법원판례의 취지이다.

Ⅲ. 유치권의 효력

1. 유치권자의 권리

(1) 목적물을 유치할 권리

유치권자는 그의 채권을 변제받을 때까지 목적물을 유치할 수 있다. '유치'한다는 것은, 목적물의 점유를 계속함으로써 그 인도를 거절하는 것을 뜻한다. 이것이 유치권의 중심적 효력으로서, 이러한 권능에 의해 유치권자가 목적물을 반환하지 않더라도 불법행위가 되지 않고 또 이행지체가 되지 않는다. 이에 관련된 해석상의 몇 가지 문제를 설명한다.

가) 부동산 유치권에서 유치 방법

유치권은 목적물의 인도를 거절하는 것을 본체로 하고, 사용은 그 권능에 포함되지 않는다. 그러면 부동산에 대해 유치권을 행사할 경우에 어떠한 방법으로 유치하여야 하는가? 유치권자는 채무자의 승낙 없이는 유치물을 사용하지 못한다($^{324조}_{2항}$). 그러나 유치물의 보존에 필요한 사용은 허용되는데($^{324조\ 2}_{항\ 단서}$), 부동산의 거주나 사용은 주로 유치권자의 이익을 위한 것이므로 이를 보존행위로 볼 수 있는지 해석상 문제가 된다. 통설은 목적물에 대한 종전의 점유상태를 변경하여 따로 보관을 위한 특별조치를 취한다는 것이 현실에 맞지 않는다는 이유로, 종전의 점유(사용·수익)를 계속할 수 있는 것으로 해석한다. 다만 그 사용으로 인해 얻은 실질적 이익은 부당이득으로서 반환하여야 한다($^{대판\ 1963.\ 7.\ 11,\ 63다235;}_{대판\ 1977.\ 1.\ 25,\ 76다2096}$). [1]

나) 유치권의 주장

a) 내 용   (ㄱ) 유치권은 물권이기 때문에 모든 사람에게 주장할 수 있으며, 채무자뿐만 아니라 목적물의 양수인 또는 경락인(매수인)에 대해서도 채권의 변제가 있을 때까지 목적물의 인도를 거절할 수 있다. 즉 유치물이 제3자의 소유가 된 때, 채권의 행사(청구)는 채무자에게 하여야 하지만 유치권은 제3자에 대해서도 행사할 수 있다. (ㄴ) 경매와 관련하여 '민사집행

---

1) 판례: (ㄱ)「공사대금채권에 기해 유치권을 행사하는 자가 스스로 유치물인 주택에 거주하며 사용하는 것은 특별한 사정이 없는 한 유치물인 주택의 보존에 도움이 되는 행위로서 유치물의 보존에 필요한 사용에 해당한다. 그리고 유치권자가 유치물의 보존에 필요한 사용을 한 경우에도 특별한 사정이 없는 한 차임에 상당한 이득을 소유자에게 반환할 의무가 있다.」(대판 2009. 9. 24, 2009다40684). (ㄴ)「유치권자가 유치물에 관하여 제3자와의 사이에 전세계약을 체결하여 전세금을 수령하였다면 전세금이 종국에는 전세입자에게 반환되어야 할 것임에 비추어 그가 얻은 구체적 이익은 그가 전세금으로 수령한 금전의 이용 가능성이고, 그가 이와 같이 구체적으로 얻은 이익과 관계없이 추상적으로 산정된 차임 상당액을 부당이득으로 반환하여야 한다고 할 수 없다. 그리고 이러한 이용 가능성은 그 자체 현물로 반환될 수 없는 성질의 것이므로 그 '가액'을 산정하여 반환을 명하여야 하는바, 그 가액은 결국 전세금에 대한 법정이자 상당액이다.」(대판 2009. 12. 24, 2009다32324).

법'에서 정하는 내용은 다음과 같다. ① 유치권의 목적이 된 「부동산」에 대한 경매의 경우, '매수인은 유치권자에게 그 유치권으로 담보하는 채권을 변제할 책임이 있다'고 규정한다($^{동법\ 268}_{조·91조}$$^{5}_{항}$). 여기서 "변제할 책임이 있다"는 의미는, 그 부동산에 존재하는 부담을 승계한다는 것일 뿐 인적 채무까지 승계한다는 취지는 아니다. 즉 유치권자는 매수인(경락인)에 대해 그 피담보채권의 변제가 있을 때까지 유치물인 부동산의 인도를 거절할 수 있을 뿐이고, 그 피담보채권의 변제를 청구할 수는 없다($^{대판\ 1996.\ 8.}_{23,\ 95다8713}$). ② 그러나 매수인은 목적물을 사용하려면 그 피담보채권을 변제할 수밖에 없다. 그런데 유치권의 존재를 모른 매수인은 그 채권이 목적물의 가격에 반영된 것을 전제로 매각대금을 지급할 것이므로, 피담보채권을 변제하게 되면 이중지급을 하게 되는 문제가 있다. 그런데 그 변제는 결국 채무자가 채권자(유치권자)에게 할 것을 매수인이 제3자로서 대신 한 것이 되므로, 매수인은 채무자에게 구상권을 행사하거나 담보책임($^{575}_{조}$)을 물을 수 있다. ③ 유치권의 목적물이 「동산 또는 유가증권」인 경우, 유치권자는 집행관에게 목적물의 인도를 거절할 수 있고($^{동법}_{191조}$), 유치권자가 집행관에게 목적물을 인도한 때에만 경매를 할 수 있다($^{동법}_{271조}$). 한편 집행관에게 목적물을 인도하더라도 유치권자는 간접점유를 하는 것이 되므로, 유치권의 효력에는 영향이 없다($^{곽윤직,}_{289면}$). (ㄷ) 채무자가 파산한 경우 유치권자는 파산절차에 따르지 않고 유치권을 행사할 수 있는 별제권을 가진다($^{채무자\ 회생\ 및\ 파산에}_{관한\ 법률\ 411조·412조}$).

　b) **재판상의 문제**　　(ㄱ) 목적물 인도청구의 소에 대해 피고(점유자)가 유치권을 주장할지는 그의 자유이다. 피고가 이를 주장하지 않는 때에는 법원은 유치권을 이유로 원고의 청구를 배척하지는 못한다. (ㄴ) 그러면 피고가 유치권을 주장하는 경우에는 어떠한가? 유치권은 그 채권을 변제받을 때까지 목적물을 유치하는 것을 내용으로 하므로 원고 패소 판결을 하는 것이 원칙이겠으나, 통설은 채무의 변제와 상환으로 물건을 인도하라는 뜻의 판결(원고의 일부 승소 판결)을 하는 것이 타당하다고 한다. 소송경제상 유리할 뿐만 아니라, 유치권의 목적은 이것으로 충분히 달성할 수 있다는 이유에서이다. 판례도 같은 취지이다($^{대판\ 1969.\ 11.\ 25,\ 69다1592;}_{대판\ 1974.\ 6.\ 25,\ 73다1642}$). 이에 따라 판결의 주문은, '피고는 <u>채무자에 대한 채권을 변제받는 것과 동시에 원고에게 목적물을 인도하라</u>'는 식의 상환이행판결을 하게 된다.

(2) 경매와 간이변제충당

가) 경　매

　유치권자는 채권을 변제받기 위하여 유치물을 경매할 수 있다($^{322조}_{1항}$). 그런데 유치권에는 우선변제권이 없기 때문에 동조의 의미가 무엇인지, 또 그 경매신청의 절차는 어떠한지가 문제된다.

　a) **경매신청**　　(ㄱ) 유치권에 의한 경매는 담보권실행을 위한 경매의 예에 따라 실시한다($^{민사집행법}_{274조\ 1항}$). 따라서 부동산 유치권의 경우에는 담보권의 존재를 증명하는 서류를 내야 한다($^{민사}_{집행}$ $^{법\ 264}_{조\ 1항}$). 법정담보물권인 유치권에서는 채권자가 부동산을 점유하고 있는 것 외에 유치권의 존재를 증명하는 서류가 있기는 어려우나, 부동산 인도 청구소송에서 유치권 항변이 인용된 판결 등을 들 수는 있겠다. (ㄴ) 한편, 민법은 유치권자가 법원에 간이변제충당을 청구할 경우에

는 미리 채무자에게 통지하도록 정하고 있으나($\frac{322조}{2항}$), 경매의 경우에는 이러한 규정이 없다. 그러나 경매에서도 채무자의 지위를 보호하기 위해(예: 채무의 변제, 대담보제공으로 인한 유치권의 소멸 등) 유치권자가 채무자에게 미리 그 통지를 하여야 한다는 것이 통설이다.

b) **경매의 성질**   유치권자는 목적물로부터 우선변제권이 없으므로, 위 경매는 질권이나 저당권에서처럼 우선변제를 받기 위한 것이 아니라, 「환가를 위한 경매」로서의 성질을 가진다. 즉 언제까지 남의 물건을 보관하는 것이 불편하므로, 이를 금전으로 환가하기 위해 유치권자에게 경매권을 인정한 것이고, 그 환가의 공정을 위해 국가기관이 관여하는 것이다. 민사집행법($\frac{274조}{1항}$)에서 질권이나 저당권에 기한 「담보권실행경매」와 「유치권에 의한 경매」로 나누는 것도 그러한 까닭에서이다. 따라서 경매로 인한 매각대금 전부는 유치권자에게 교부되어야 한다. 이 경우 유치권자는 그 금전을 소유자에게 반환할 채무를 자기의 피담보채권과 상계하여 사실상 우선변제를 받을 수 있지만, 이것은 상계가 적용되는 데 따른 별개의 것이다.

나) 간이변제충당

유치권자가 채권을 변제받기 위해 언제나 경매만 하여야 한다면 경매절차의 복잡과 과다한 비용 등으로 부적당한 경우가 적지 않아, 제322조는 유치물로써 직접 채권의 변제에 충당할 수 있는 길을 열어 놓고 있다. (ㄱ) 요건으로는, 정당한 이유가 있는 경우(예: 목적물의 가치가 적어서 경매에 부치는 것이 부적당한 경우)에는 유치권자는 감정인의 평가에 따라 유치물로 직접 변제에 충당할 것을 법원에 청구할 수 있다.[1] 이 경우 유치권자는 미리 채무자에게 그 사실을 통지해야 한다($\frac{322조}{2항}$). 이 통지를 하지 않고 (간이변제충당을) 신청한 때에는 법원은 각하할 것이지만, 이를 간과하고 재판으로 허가한 때에는 채무자는 불복 신청을 할 수는 없다($\frac{비송사건절}{차법 59조}$). (ㄴ) 효과로는, 법원이 간이변제충당을 허가하는 결정을 하면, 유치권자는 유치물의 소유권을 취득한다. 그 취득은 승계취득이지만, 법률의 규정에 의한 물권변동에 속한다($\frac{187조}{참조}$). 그 평가액이 채권액을 초과하는 경우에는 그 초과액은 유치권자가 채무자에게 상환하여야 하고, 반대로 평가액이 채권액에 미달하는 때에는 채무자가 그 부족액을 채권자에게 변제하여야 한다.

(3) 과실수취권

유치권자는 유치물의 과실을 수취하여 다른 채권보다 먼저 자기 채권의 변제에 충당할 수 있다($\frac{323조}{1항}$). 유치권자는 유치물에 대해 선관의무를 부담하는데($\frac{324}{조}$) 그에 대한 보상으로서, 또 과실을 수취하여도 이를 변제에 충당하는 점에서 채무자의 이익을 해치는 것이 아니라는 점이 고려된 것이다. (ㄱ) '과실을 수취하여'의 의미는, 과실에 대해 소유권을 취득한다는 것이 아니라 유치권을 취득하는 것, 다만 예외적으로 우선변제권이 부여된 것으로 해석하여야 한다($\frac{통}{설}$). (ㄴ) 과실에는 천연과실뿐만 아니라 법정과실도 포함한다. 다만 후자의 경우에는 채무자의 동의를 받아 사용·대여한 경우를 전제로 한다($\frac{324조}{2항}$). 사용이익도 마찬가지로 새길 것이다(따라서 부당이득으로서 반환하여야 할 사용이익도 과실에 준해 우선적으로 채권의 변제에 충당할 수 있

---

1) 판례: 「유치물의 처분에 관하여 이해관계를 달리하는 다수의 권리자가 존재하거나 유치물의 공정한 가격을 쉽게 알 수 없는 경우에는, 민법 제322조 2항에 의하여 유치권자에게 유치물의 간이변제충당을 허가할 정당한 이유가 있다고 할 수 없다」(대결 2000. 10. 30, 2000마4002).

다). (ㄸ) 1) 과실이 금전이 아닌 경우에는 경매를 하여 금전으로 환가한 뒤 변제에 충당하여야 한다($_{사집행법\ 274조\ 1항}^{323조\ 1항\ 단서,\ 민}$). 2) 과실은 먼저 채권의 이자에 충당하고, 남은 것이 있으면 원본에 충당한다($_{2항}^{323조}$).

(4) 비용상환청구권

a) 의 의   민법 제325조는 어느 물건에 대해 유치권이 이미 성립한 상태에서 유치권자가 유치물에 필요비나 유익비를 지출한 경우에 그 상환을 청구할 수 있는 것으로 규정한다. 이들 비용의 지출로 유치권자는 손실을 입는 반면에 소유자는 이익을 취하는 점에서 유치권자에게 그 상환청구권을 인정한 것이다.

b) 필요비와 유익비의 구별   (ㄱ) 필요비는 그 전부의 상환을 청구할 수 있지만($_{1항}^{325조}$), 유익비는 그 가액의 증가가 현존하는 경우에만 소유자의 선택에 따라 그 지출금액이나 증가액 중 어느 하나의 상환을 청구할 수 있다($_{항\ 본문}^{325조\ 2}$). (ㄴ) 어느 비용이든 그것은 물건(유치물)에 관하여 생긴 채권으로서 그 변제(비용의 상환)를 받기까지 별도로 유치권을 취득한다. 다만 유익비에 한해서는 법원은 소유자의 청구에 의해 상당한 상환기간을 정해 줄 수 있는데($_{항\ 단서}^{325조\ 2}$), 이 경우 그 유익비에 한해서는 유치권을 주장할 수 없다.

c) 당사자   상환청구권자는 유치권자에 한한다. 청구의 상대방은 유치물의 소유자가 되는데, 이에 대해 본래의 채무자도 포함시키는 견해가 있다($_{이상태,\ 344면}^{이영준,\ 729면;}$). 그러나 채무자와 소유자가 다른 경우에 비용의 지출로 종국적으로 이익을 얻는 자는 소유자라는 점에서, 또 유치권에 관한 다른 규정에서는 '채무자'라고 표현하면서도($_{조·327조}^{322조·324}$) 제325조에서는 '소유자'라고 달리 표현한 점에서, 채무자와 소유자가 다른 경우에는 채무자는 상환청구의 상대방이 되지 못하는 것으로 해석된다.

2. 유치권자의 의무

> **제324조** 〔유치권자의 선관의무〕 ① 유치권자는 선량한 관리자의 주의로 유치물을 점유하여야 한다. ② 유치권자는 채무자의 승낙 없이 유치물을 사용·대여하거나 담보로 제공하지 못한다. 그러나 유치물의 보존에 필요한 사용은 그러하지 아니하다. ③ 유치권자가 전 2항의 규정을 위반한 경우에는 채무자는 유치권의 소멸을 청구할 수 있다.

유치권은 물건의 유치를 본체로 하는 것이며, 이를 통해 유치권자가 채권을 변제받은 때에는 그 물건을 채무자에게 반환하여야 한다. 이와 관련하여 본조는 다음의 세 가지를 정한다. 즉, (ㄱ) 유치권자는 선량한 관리자의 주의로, 즉 거래에서 요구되는 일반적 주의로 유치물을 점유해야 한다($_{1항}^{324조}$). (ㄴ) 유치권자는 채무자의 승낙 없이는 유치물을 사용·대여하거나 담보로 제공하지 못한다.[1] 채무자와 소유자가 동일인이 아닌 때에는 소유자만이 승낙을 할 수 있

---

1) 판례: 「유치권자는 채무자의 승낙이 없는 이상 그 목적물을 타에 임대할 수 있는 처분권한이 없으므로, 유치권자의 그러한 임대행위는 소유자의 처분권한을 침해하는 것으로서 소유자에게 그 임대의 효력을 주장할 수 없고, 따라서 소유자의 동의 없이 유치권자로부터 유치권의 목적물을 임차한 자의 점유는 경락인에게 대항할 수 있는 권원에 기

다. 다만 유치물의 보존에 필요한 사용은 그 승낙 없이도 허용된다($^{324조}_{2항}$). (ㄷ) 유치권자가 위 (ㄱ)·(ㄴ)의 의무를 위반한 경우에는 채무자는 유치권의 소멸을 청구할 수 있다($^{324조}_{3항}$).[1] 이 청구 권은 형성권이며, 채무자의 유치권자에 대한 일방적 의사표시로써 유치권 소멸의 효력이 생 긴다. 이것은 물권적 단독행위로서 부동산의 경우 등기를 필요로 하는 것이지만, 부동산 유치 권에서는 그 등기가 성립요건이 아니므로 그 말소등기를 할 여지도 없다. 그 밖에 유치권자 의 의무 위반으로 채무자(또는 소유자)에게 손해가 발생한 때에는 채무불이행 또는 불법행위에 의한 손해배상책임($^{390조}_{750조}$)이 발생한다.

Ⅳ. 유치권의 처분

(ㄱ) 저당권의 처분에 관해 민법 제361조는, 저당권은 그 담보된 채권과 분리하여 타인에게 양도하거나 다른 채권의 담보로 하지 못한다고 규정할 뿐, 유치권의 처분에 관해서는 따로 정하고 있지 않다. 그러나 동조는 같은 (법정)담보물권인 유치권에도 준용된다고 할 것이다. 따라서 유치권도 피담보채권과 함께 양도할 수 있고, 양수인이 유치권을 승계하여 새로운 유 치권자가 된다고 할 것이다. (ㄴ) 유치권의 양도에는 유치권의 양도와 (피담보)채권의 양도가 포 함된 것이므로, 전자에 관해서는 목적물의 점유의 이전이 있어야 하고(동산 유치권의 경우에는 제188조 내지 제190조 소정의 인도 방식에 의해), 후자에 관해서는 지명채권 양도의 대항요건을 갖추어야 채무자 또는 제3자에게 대항할 수 있다($^{450}_{조}$).

Ⅴ. 유치권의 소멸

1. 물권 및 담보물권에 공통된 소멸사유

(ㄱ) 유치권은 물권의 일반적 소멸사유, 즉 물건의 멸실·토지수용·혼동·포기 등에 의해 소멸된다. (ㄴ) 유치권은 담보물권의 일반적 소멸사유에 의해서도 소멸된다. 채권의 소멸에 의 해 소멸되는 것이 그러하다. 이와 관련하여 민법 제326조는 「유치권의 행사는 채권의 소멸시 효의 진행에 영향을 미치지 않는다」고 정한다. 유치권의 행사, 즉 목적물의 점유를 통한 인도 거절이 채권을 행사하는 것으로 볼 수는 없기 때문이다. 따라서 목적물을 유치하고 있더라도 그것만으로는 채권의 소멸시효의 진행을 막지는 못하며, 채권이 시효로 소멸되면 유치권도 부종성으로 인해 소멸된다.

2. 유치권에 특유한 소멸사유

a) 채무자의 소멸청구 　유치권자가 그의 의무(선관의무, 유치물의 사용·대여·담보제공을 하

한 것이라고 볼 수 없다」(대결 2002. 11. 27, 2002마3516).
1) 판례: 「하나의 채권을 피담보채권으로 하여 여러 필지의 토지에 대해 유치권을 취득한 유치권자가 그중 일부 필지 토지에 대해서만 선량한 관리자의 주의의무를 위반한 경우, 위반행위가 있었던 필지의 토지에 대해서만 유치권 소 멸청구가 허용된다」(대판 2022. 6. 16, 2018다301350).

지 않는 것$\binom{324조\ 1}{항\cdot 2항}$)를 위반한 경우에는 채무자는 유치권의 소멸을 청구할 수 있고($\binom{324조}{3항}$), 이 청구가 있으면 유치권은 소멸된다.

b) 다른 담보의 제공　「채무자는 상당한 담보를 제공하고 유치권의 소멸을 청구할 수 있다」($\binom{327}{조}$). 우선 본조의 '채무자'에는 소유자도 포함된다는 것이 통설과 판례이다($\binom{\text{대판 2001. 12. 11,}}{\text{2001다59866; 대판}}$ 2021. 7. 29, 2019다216077). 일반적으로 유치권에 의해 담보되는 채권은 목적물의 가격에 비해 적은 것이 보통이므로 양자의 이익을 고려하여 둔 규정이다.[1] 상당한 담보를 제공하는 한 담보의 종류에는 제한이 없으며, 물적 담보든 인적 담보든 무방하다. 다만 담보의 제공에 대해 유치권자가 승낙하는 것이 필요하고, 유치권자가 이를 거절하는 경우에는 그 승낙에 갈음하는 판결을 구하는 수밖에 없다.

c) 점유의 상실　「유치권은 점유의 상실로 인하여 소멸된다」($\binom{328}{조}$). 유치권에서 목적물의 점유는 성립 및 존속요건이므로, 점유를 상실한 때에는 유치권도 소멸된다(유치권에는 다른 본권에서처럼 물건에 추급하는 효력이 없다). 점유를 빼앗긴 경우에도 같지만, 점유를 회수한 때에는 점유를 상실하지 않은 것으로 되므로($\binom{192조\ 2}{항\ 단서}$) 유치권도 소멸되지 않는 것으로 된다.[2] 한편 유치권에서의 점유는 간접점유도 무방하기 때문에, 유치권자가 채무자의 승낙 없이 유치물을 제3자에게 대여하여 간접점유를 하는 경우에도, 채무자가 유치권의 소멸을 청구하지 않으면($\binom{324조\ 3}{항\ 참조}$), 유치권은 소멸되지 않는다.

사례의 해설　(1) (ㄱ) 丁이 소유자로서 丙에게 X건물의 인도를 청구한 2009. 8. 1.에 甲과 丙 사이의 임대차는 종료된 것으로 볼 수 있다. 따라서 丙은 그때부터 甲에게 X건물의 수리비 1,000만원의 필요비 상환청구권을 갖는다. 그리고 이 채권은 물건에 관하여 생긴 채권으로서 丙은 X건물에 대해 유치권을 갖는다($\binom{320}{조}$). 한편 丙이 유치권자로서 X건물을 점유하면서 지출한 유익비에 대해서는 소유자인 丁에게 상환을 청구할 수 있고($\binom{325조}{2항}$), 이것 역시 물건에 관하여 생긴 채권으로서 유치권에 의해 담보된다. 따라서 丁의 X건물 인도 청구에 대해 丙은 유치권을 주장하여 그 인도를 거절할 수 있다. 한편, 유치권자는 유치물의 과실을 유치권에 의한 피담보채권에 우선 충당할 수 있는 권리가 있으므로($\binom{323}{조}$), 그리고 사용이익은 과실에 준하는 것이므로, 丁의 부당이득 반환청구에 대해 丙은 이러한 항변을 할 수 있다. (ㄴ) 丙의 유치권 주장으로 인해 丁이 매매의 목적을 달성할 수 없는 경우, 丙은 甲의 채무불이행책임을 물어 계약을 해제하고 손해배상을 청구하거나, 丁이 그러한 유치권의 존재를 모른 경우에는 민법 제575조 소정의 담보책임을 물어 계약을 해제하고 손해배상을 청구할 수 있다. (ㄷ) 丙이 지출한 수리비 1,000만원은 임대차계약에 따라 甲이 부담할 것이었으므로, 丁과의 매매계약에서 이에 관한 약정이 없는 이상, 이를 지급한 丁은 甲

---

1) 판례: 「민법 제327조에 따라 채무자나 소유자가 제공하는 담보가 상당한지는 담보가치가 채권담보로서 상당한지, 유치물에 의한 담보력을 저하시키지 않는지를 종합하여 판단하여야 한다. 따라서 유치물 가액이 피담보채권액보다 많을 경우에는 피담보채권액에 해당하는 담보를 제공하면 되고, 유치물 가액이 피담보채권액보다 적을 경우에는 유치물 가액에 해당하는 담보를 제공하면 된다」(대판 2021. 7. 29, 2019다216077).

2) 甲이 건물 공사대금 일부를 받지 못하자 건물을 점유하면서 유치권을 행사해 왔는데, 그 후 乙이 경매절차에서 건물 중 일부 상가를 매수하여 소유권이전등기를 마친 다음 甲의 점유를 침탈하여 丙에게 임대한 사안에서, 판례는, 乙의 점유 침탈로 甲이 점유를 상실한 이상 유치권은 소멸되고, 甲이 점유 회수의 소를 제기하여 승소 판결을 받아 점유를 회복하면 점유를 상실하지 않았던 것으로 되어 유치권이 되살아나지만, 이러한 방법으로 점유를 회복하기 전에는 유치권은 소멸된 것이라고 보았다(대판 2012. 2. 9, 2011다72189).

에게 부당이득 반환을 청구할 수 있다. (ㄹ) 유치권은 물권이므로, 또 경매로 인한 압류의 효력이 생기기 전에 유치권이 성립한 것이므로, 丙은 A에게도 유치권을 주장할 수 있다. 다만 채무자가 아닌 A에게 그 채권의 변제를 청구할 권리는 없다.

  (2) D는 소유권에 기해 건물을 점유하고 있는 丙에게 그 반환을 청구할 수 있다($\frac{213}{조}$). 丙이 이를 거부하려면 건물을 점유할 권리가 있어야 하고($\frac{213조}{단서}$), 그러한 권리로 사안에서는 유치권을 생각할 수 있다. 도급에 따른 공사대금채권은 물건에 관하여 생긴 채권으로서 유치권이 성립할 수 있기 때문이다($\frac{320}{조}$). 그런데 사안에서 丙이 공사대금채권을 취득하기 전에(공사대금은 공사가 완료된 때인 2011. 3. 8.에 취득한다) D가 건물에 경매를 신청하여 2011. 2. 15. 경매개시결정이 났고, 이것은 압류의 효력이 있으므로, 그 이후에 丙이 유치권의 성립을 주장하는 것은 압류의 처분금지효에 위반되는 것이어서 허용될 수 없다($\frac{대판\ 2005.\ 8.\ 19.}{2005다22688}$). 한편 丙은 무단점유하고 있지만 사용 수익을 하고 있지 않으므로, D는 丙을 상대로 차임 상당액에 대해 부당이득을 이유로 반환을 청구할 수는 없고, 불법행위를 이유로 손해배상을 청구할 수는 있다.

  (3) (ㄱ) 계약명의신탁에서 매도인이 선의인 경우에는 명의수탁자는 부동산의 소유권을 취득한다($\frac{부동산\ 실권리자명의\ 등기}{에\ 관한\ 법률\ 4조\ 2항\ 단서}$). 다만 명의수탁자가 명의신탁자로부터 받은 부동산 매수 자금은 무효의 명의신탁약정에 기한 것으로서 법률상 원인 없이 받은 것이 되어, 명의신탁자(甲)는 명의수탁자(A)에게 부당이득 반환청구권을 가진다. 그러나 이것이 유치권의 요건인 부동산에 관해 생긴 채권은 아니므로($\frac{320조}{1항}$), 甲이 부당이득 반환채권의 변제를 받기까지 그 부동산에 유치권을 갖지는 못한다. 다만 甲은 사용대차에 기해 A에게 유익비 상환청구권을 갖고, 이것은 그 부동산의 가치를 증대시키는 것으로서 유치권의 요건인 부동산에 관해 생긴 채권에 해당하므로, 甲은 유익비 상환청구권의 변제를 받기까지 그 부동산에 유치권을 행사할 수 있다. 그러나 그것이 유치물의 사용에 따른 이익까지 면제시켜 주는 것은 아니고, 이에 대해서는 목적물의 소유인인 乙에게 부당이득 반환채무를 진다. (ㄴ) 결론은 다음과 같다. 乙의 청구에 대해 법원은, '피고 甲은 A에 대한 유익비 상환청구권으로서 5,000만원을 변제받는 것과 동시에 원고에게 X부동산을 인도하라'는 상환이행판결을 하게 된다. 그리고 乙이 소유권을 취득한 2012. 7. 14.부터는 甲은 월 1백만원의 비율로 乙에게 부당이득 반환책임을 진다. 다만 甲의 점유는 유치권에 기한 점유로서 불법점유는 아니므로, 불법점유를 전제로 한 乙의 甲에 대한 손해배상청구는 인용될 수 없다.

  (4) (ㄱ) 甲은 乙과의 도급계약에 따라 보수금(공사대금)채권을 갖는데, 이것은 목적물의 인도와 동시이행의 관계에 있고($\frac{665조 1}{항\ 본문}$), 한편 보수금채권은 목적물에 관하여 생긴 채권으로서 甲은 목적물에 대해 유치권을 취득한다($\frac{320조}{1항}$). 한편 유치권이 소멸되는 경우가 있다. 유치권자가 채무자의 승낙 없이 유치물을 사용하거나 대여 등을 한 때에는 채무자는 유치권의 소멸을 청구할 수 있는데($\frac{324조}{3항}$), 설문에서는 甲이 X주택을 무단으로 임대한 것이어서 이에 해당한다. 한편 유치권도 담보물권이므로 피담보채권의 소멸로 인해 소멸된다. 따라서 피담보채권이 시효로 소멸되면 유치권도 소멸되는데, 공사대금채권은 시효기간이 3년이지만($\frac{163조}{3호}$), 설문에서는 甲이 그 전에 최고를 하였고, 그로부터 6개월 내에 반소를 제기하였으므로 시효는 중단되어($\frac{174}{조}$), 이에 해당하지는 않는다. 결국 甲은 도급계약의 당사자인 乙에게 공사대금채권을 갖고, 그 공사대금을 받을 때까지 X주택의 인도를 거절할 수 있는 동시이행의 항변권만을 가질 뿐 유치권은 갖지 못한다. (ㄴ) 소유자의 동의 없이 유치권자로부터 유치권의 목적물을 임차한 자의 점유는, 소유자의 소유물 반환청구를 거부할 수 있는, 점유자가 그 물건을 점유할 권리가 있는 경우에 해당하지 않는다($\frac{213조}{단서}$)

^{(대결 2002. 11. 27.,}^{2002마3516)}. 결국 丁의 점유에는 소유자의 반환청구를 거부할 수 있는 권원이 없다. (ㄷ) 乙 또는 丙은 공유자로서, 각 공유 지분권에 기해 보존행위로써 소유물의 반환을 청구할 수 있다($\frac{213조·265}{조 단서}$). 이 경우 그 상대방은 목적물을 점유할 권리 없이 점유하고 있는 자이다. 현재 목적물을 점유하고 있는 丁이 그 상대방이 되는 것은 물론인데, 간접점유를 하고 있는 甲도 그 상대방이 되는지에 대해서는 통설은 긍정하지만 판례($\frac{대판 1999. 7.}{9, 98다9045}$)는 부정적인 태도를 보이고 있다. 판례에 따르면, 乙 또는 丙이 공유 지분권에 기해 丁을 상대로 X주택의 인도를 청구한 것은 인용될 수 있다. (ㄹ) 甲이 도급계약의 당사자가 아닌 丙을 상대로 유익비 상환 또는 부당이득 반환을 청구하는 것은 전용물소권의 문제로서 부당이득 분야에서 다루어지는 내용인데, 이에 관해서는 채권법 p.723 '불법원인급여의 적용범위' 부분을 볼 것.

(5) (가) A주택에 대한 공사대금채권의 이행기는 약정에 따라 2016. 1. 31.이 되고, 이 때부터 乙은 A주택에 유치권을 취득할 수 있다($\frac{320}{조}$). 한편 경매가 개시된 경우에는 경매절차의 안정을 위해 그 이후에는 유치권은 성립할 수 없는데, A주택에 대해 경매가 개시된 것은 위 이행기보다 앞선 2016. 1. 25.이므로, 乙은 A주택에 유치권을 취득하지 못한다. 그리고 동시이행의 항변권은 도급계약의 당사자인 甲과 乙 사이에서만 인정될 뿐($\frac{536}{조}$), 제3자인 丙에 대해서는 주장할 수 없다.

(나) 공사대금채권은 B주택에 관해 생긴 채권이고 이행기가 달했으므로($\frac{320}{조}$), 乙은 B주택에 유치권을 취득한다. 그리고 甲은 B주택에 관습상 법정지상권을 취득하고, 따라서 丙에게 B주택에 대한 철거 청구권이 없으므로, 丙은 B주택의 점유인인 乙에게도 (그 철거를 전제로 하는) 퇴거를 요구할 수 없다.

(6) (가) X건물에 대해 甲은행의 근저당권이 먼저 설정된 경우에도 乙이 받을 공사대금은 X건물에 관하여 생긴 채권으로서 乙은 X건물에 유치권을 취득하고($\frac{320}{조}$), 丁에게 유치권을 행사할 수 있다. 다만 근저당권에 기해 경매절차가 개시된 이후에 유치권을 취득한 경우에는 집행 절차의 안정을 위해 경매절차의 매수인에 대해 유치권을 행사할 수 없다는 것이 판례의 태도인데, 설문에서는 X건물에 대해 2017. 5. 1. 경매절차가 개시되었고 그런데 乙은 그 전인 2017. 3. 20. X건물에 유치권을 취득한 것이어서 그 적용이 없다. (나) 국세징수법에 의한 체납처분으로서 압류가 행해진 경우, 그것이 항상 매각 절차로 이어지는 것은 아닌 점에서, 이후 매각 절차로 이어진 경우에만 그 후 유치권을 취득하더라도 경매절차의 매수인에게 대항할 수 없는 것으로 된다($\frac{대판(전}{체) 2014. 3. 20.,}$ $\frac{원합의}{2009다60336}$). 설문에서는 체납처분에 기해 매각 절차로 들어간 것이 아니고 乙은 그 전에 X건물에 유치권을 취득한 것이므로, 경매절차의 매수인 丁에게 유치권을 행사할 수 있다. (다) 乙이 취득한 것이 상사유치권인 경우, 민사유치권과는 다른 상사유치권의 성질상 선행 저당권에는 대항할 수 없다는 것이 판례의 태도이다($\frac{대판 2013. 2. 28.,}{2010다57350}$). 따라서 乙은 丁에게 상사유치권을 주장할 수 없다.

(7) (ㄱ) Y2건물에 대해 E의 근저당권이 설정된 후에 戊의 전세권이 설정되었으므로, E가 근저당권을 실행하여 Y2건물이 (2018. 8. 10.) 매각된 경우, 민사집행법($\frac{268조·91}{조 3항}$)에 따라 戊의 전세권은 소멸된다. (ㄴ) 己가 戊를 상대로 Y2건물의 인도를 구한 것은 소유권에 기해 반환청구를 한 것인데, 戊는 유치권을 이유로 점유할 권리가 있다고 주장하는 것이어서($\frac{213조}{참조}$), 戊가 Y2건물에 대해 유치권을 갖는지 여부에 따라 己의 청구의 인용 여부가 달라질 수 있다. (ㄷ) 사안에서 戊의 전세권(존속기간: 2016. 4. 1. ~ 2018. 3. 31.)은 민법 제312조 4항에 따라 법정갱신 되었다. 한편 전세권자는 목적물의 현상을 유지하고 그 통상의 관리에 속한 수선을 하여야 하므로($\frac{309}{조}$), 필요비의

상환청구권은 갖지 못한다. 다만 유익비에 대해서는 상환청구권을 가질 수 있다($\frac{310}{조}$). 사안에서 戊는 전세권이 법정갱신 된 동안인 2018. 7. 1. 유익비 3천만원을 지출하였지만, 이것은 Y2건물에 대해 경매가 개시(2018. 5. 8.)된 이후에 발생한 것이므로, 이런 경우에는 경매절차의 안정을 위해 戊는 매수인(己)에게 유치권을 주장할 수 없다($\frac{대판 2011. 10.}{13, 2011다55214}$). 戊는 Y2건물을 (유치권을 주장할 수 없어) 점유할 권리가 없으므로, 己의 청구는 인용될 수 있다.

(8) (ㄱ) 경락인 戊는 임차인 丙을 상대로 X건물의 인도를 구하고, 이에 대해 丙은 임차권과 유치권을 주장하여 그 인도를 거절하고 있는데, 이를 검토한다. ① X건물에 대해 A은행의 근저당권이 성립(2017. 4. 21.)하고 나서 그 후인 2018. 4. 2. 丙은 사업자등록을 마쳐 대항력을 갖추었으므로, 위 근저당권에 기해 X건물이 매각되는 경우 丙의 임차권은 소멸된다($\frac{민사집행법}{91조 3항}$). 따라서 임차권의 존속을 이유로 丙이 X건물의 인도를 거부할 수는 없다. 다만 丙은 X건물에 (2018. 2. 15.) 유익비를 지출하여 유치권을 취득하게 되고($\frac{320}{조}$), 이것은 X건물에 압류의 효력이 생기는, 경매개시결정 기입등기가 된 2018. 6. 23. 이전이므로, 丙은 유치권을 주장하여 X건물의 인도를 거절할 수 있다. (ㄴ) 丙이 유치권을 주장하여 X건물을 점유하더라도 차임 상당액에 대해 戊에게 부당이득 반환의무를 진다. 그래서 戊는 이 의무를 유익비 상환의무와 상계한다고 주장하고 있는데, 유익비 상환의무는 임대차계약의 당사자인 乙이 丙에게 부담하는 것이어서($\frac{626조}{2항}$), 戊가 丙에게 가지는 부당이득 반환채권과는 상계의 요건($\frac{492}{조}$)을 충족하지 못해, 戊의 상계 주장은 인용될 수 없다.

(9) 부동산에 관해 이미 (경매개시결정등기가 마쳐져) 경매절차가 개시된 이후에 유치권을 취득한 경우, 이러한 경우에도 유치권의 행사를 허용하게 되면 경매절차의 법적 안정성이 크게 위협받는 점에서, 유치권자는 경매절차의 매수인에 대해 유치권을 행사할 수 없다($\frac{대판 2011. 10. 13,}{2011다55214}$). A는 경매가 개시된 2015. 4. 18. 이후인 2016. 3. 5. 유치권을 취득하였으므로, 경매절차의 매수인 丁에게 유치권을 행사할 수 없다. 丁이 A를 상대로 한 X부동산의 점유 반환 청구는 인용될 수 있다.

(10) (ㄱ) 공사대금채권은 X건물에 관하여 생긴 것으로서 乙은 X건물에 유치권을 취득한다($\frac{320조}{1항}$). 점유를 상실하면 유치권도 소멸되지만($\frac{328}{조}$), 점유를 침탈당한 날부터 1년 내에 점유 회수의 소를 제기하여 점유를 회수한 때에는 점유를 상실하지 않은 것으로 되어($\frac{192조 2항}{204조}$), 유치권은 존속한다. (ㄴ) 공사대금채권은 3년의 단기소멸시효에 해당하지만($\frac{163조}{3호}$), 그 사이 확정판결과 같은 효력이 있는 지급명령($\frac{민사소송}{법 474조}$)이 확정되었으므로 그 채권은 10년으로 연장된다($\frac{165조}{1항}$). (ㄷ) 유치권이 성립된 부동산의 매수인은 피담보채권의 시효 완성으로 유치권이 소멸되는 직접적인 이익을 얻으므로 소멸시효를 주장할 수 있으나, 위와 같이 지급명령을 통해 시효기간이 10년으로 연장된 경우에는 그 효과를 그대로 받는다($\frac{대판 2009. 9. 24,}{2009다39530}$). 그러므로 甲이 X건물의 인도를 청구할 당시 乙의 공사대금채권은 시효소멸되지 않고 존속하고 있어 유치권도 소멸되지 않고 존속하게 된다. (ㄹ) 법원은, 甲의 청구에 대해 乙이 유치권을 주장하는 경우 원고(甲) 패소 판결을 할 것이 아니라, '피고(乙)는 채무자(丙)에 대한 공사대금채권의 변제를 받는 것과 동시에 원고(甲)에게 X건물을 인도하라'고 상환이행판결을 하여야 한다.

사례 p. 323

제 3 관 질 권質權

제 1 항 총 설

Ⅰ. 질권의 의의

> 제329조 〔동산질권의 내용〕 동산질권자는 채권의 담보로 채무자 또는 제3자가 제공한 동산을 점유하고 그 동산으로부터 다른 채권자보다 자기 채권의 우선변제를 받을 권리가 있다.
>
> 제345조 〔권리질권의 목적〕 질권은 재산권을 목적으로 할 수 있다. 그러나 부동산의 사용·수익을 목적으로 하는 권리는 그러하지 아니하다.

(1) 질권은 채권자가 채권의 담보로 채무자나 제3자가 제공한 동산을 점유하고 그 동산으로부터 다른 채권자보다 우선하여 자기 채권을 변제받을 수 있는 담보물권이다($^{329}_{조}$). 한편 동산 외에 재산권도 질권의 목적이 될 수 있고, 이에 관하여는 동산질권에 관한 규정을 준용한다($^{345조 \cdot}_{355조}$).

(2) 질권은 채권자와 설정자 사이의 질권설정계약을 통해 성립하는 점에서 법정담보물권인 유치권과는 다르다. 한편 약정담보물권인 점에서는 저당권과 같지만, 그 목적물을 달리하는 점에서 그 내용을 달리한다. 즉 저당권은 부동산을 목적으로 하고, 그래서 저당권자는 등기를 통해 우선변제권을 가질 뿐이며 점유의 이전이 없다($^{356}_{조}$)(설정자가 종전대로 점유를 하고 사용·수익을 한다). 이에 대해 질권은 동산(또는 재산권)을 목적으로 하고, 그래서 질권자는 그 동산을 인도받아 점유하고 또 그 동산에 대해 우선변제권을 가진다($^{329조 \cdot}_{355조}$). 즉 질권에는 우선변제권 외에 유치권에서와 같은 유치적 효력($^{335}_{조}$)이 아울러 인정되는 점에서 저당권과 차이가 있다.

Ⅱ. 질권의 종류

1. 민법은 질권의 종류로서 동산질권과 권리질권 두 가지를 인정하는데, 그 개요는 다음과 같다. (ㄱ) 동산질권: 양도할 수 있는 「동산」을 목적으로 하고($^{331}_{조}$), 그 인도 즉 점유를 공시방법으로 삼는다. 다만 질권의 유치적 효력을 실현하기 위해 설정자가 점유를 하는 점유개정의 방식은 금지된다($^{332}_{조}$). 질권자는 채권을 변제받을 때까지 질물을 유치할 수 있고($^{335}_{조}$), 또 채권을 변제받기 위해 경매 등의 절차를 통해 우선변제를 받을 수 있다($^{329조 \cdot}_{338조}$). (ㄴ) 권리질권: 양도할 수 있는 「재산권」을 목적으로 하는데($^{345조 \cdot}_{355조}$), 그 대상이 물건이 아닌 권리라는 점에서, 그 '권리의 양도'를 공시방법으로 삼는다($^{346}_{조}$). 권리질권에서도 증서의 점유를 통해 유치적 효력이 인정되기는 하지만($^{355조 \cdot}_{335조}$), 동산질권에서처럼 물건의 사용가치를 빼앗아 변제를 심리적으로 강제하는 것과는 차이가 있다. 그런데 담보물권은 우선변제를 받는 것이 주목적인데, 권리질권에서는 질권자가 직접 채권을 청구하는 방법으로 간편하게 이를 실현할 수 있는 점에서 (특히

은행이 발행한 무기명채권증서처럼 그 지급이 확실한 경우에는) 오히려 동산질권에 비해 우월한 것으로 평가되고 있다.

2. 민법상의 질권에 관한 규정은 다른 법률에 따라 설정된 질권에 준용한다($^{344}_{조}$). (ㄱ) 상행위로 인해 생긴 채권을 담보하기 위해 설정한 질권을 「상사질권」이라고 한다(이에 대해 민법상 질권을 「민사질권」이라 한다). 이에 대하여는 상법이 우선 적용되는데, 상법은 주식에 대한 질권에 관해 따로 정하고($^{상법 338}_{조 이하}$), 특히 민사질권에서는 허용되지 않는 유질계약($^{339}_{조}$)을 인정하고 있다($^{상법}_{59조}$). (ㄴ) 특허권·실용신안권·디자인권·상표권·저작권 등과 같은 지식재산권에 대한 질권에 관하여는 따로 법률에서 정하는데, 그 등록원부에 질권의 설정을 등록하여야 효력이 생기거나 제3자에게 대항할 수 있는 것으로 하고 있다($^{특허법 85조·101조, 실용신안법 42조, 디자인}_{보호법 56조, 상표법 80조·93조,저작권법 52조}$).

Ⅲ. 질권의 법적 성질

1. 저당권과는 달리 질권은 목적물을 점유할 권리가 있다. 그러나 그 점유는 채권의 변제를 촉구하기 위한 수단에 지나지 않고(유치적 효력), 용익물권에서처럼 목적물을 사용·수익할 수 있는 권능은 없다($^{329조·}_{355조}$).

2. 질권은 담보물권으로서의 성질을 가진다. (ㄱ) 질권은 타물권이다. 자기의 동산이나 권리에 질권이 성립하는 것은 혼동의 예외로서 인정될 뿐이다. (ㄴ) 질권은 피담보채권의 성립·존속·내용에 의존한다(부종성). 즉 피담보채권이 발생 원인인 계약의 무효·취소·해제로 발생하지 않게 된 때에는 질권 역시 성립하지 않는다. 피담보채권이 변제 등으로 소멸되면 질권도 같이 소멸된다. 다만 유치권과는 달리 약정담보물권인 질권에서는 부종성의 정도는 완화되어서, 조건부·기한부 채권이나 장래 증감 변동하는 불특정채권의 담보로서 질권을 설정할 수 있다. (ㄷ) 질권은 피담보채권이 이전하는 때에는(예: 상속·회사의 합병·채권양도 등) 같이 이전하고, 피담보채권에 다른 담보물권이 있으면 그 담보물권에도 질권의 효력이 미친다(수반성). 이 경우 그에 따른 공시방법을 갖추어야 한다. 다만 제3자에게 불이익을 주어서는 안 되므로 물상보증인이 설정한 질권은 그의 동의가 없으면 수반되지 않는다($^{통}_{설}$). (ㄹ) 민법은 불가분성을 유치권에 인정하고($^{321}_{조}$), 이를 질권과 저당권에 준용한다($^{343조·}_{370조}$). (ㅁ) 민법은 물상대위를 동산질권에 인정하고($^{342}_{조}$), 이를 권리질권과 저당권에 준용한다($^{355조·}_{370조}$).

제 2 항 동산질권

Ⅰ. 동산질권의 성립

동산질권은 채권자의 (피담보)채권의 존재를, 그리고 동산질권을 설정할 수 있는 목적물일 것을 전제로, 당사자 간의 질권설정계약과 목적물(동산)의 인도에 의해 성립한다.

1. 질권설정계약

(1) 당사자

질권설정계약의 당사자는 질권을 취득하려는 채권자와 자신의 동산에 질권을 설정하는 자(질권설정자)이다.

a) **질권을 취득하려는 채권자**　　질권을 취득하려는 자는 채권자에 한한다. 민법은 채권자 아닌 자가 질권만을 취득하는 것을 인정하지 않는다.

b) **질권설정자**

aa) **처분권한**：　채무자가 채무를 변제하지 않으면 질권의 목적물인 동산이 경매에 의해 강제매각되는 점에서, 질권의 설정은 처분행위에 해당한다. 따라서 동산의 처분권을 가지는 자만이 질권설정자가 될 수 있다. 소유자가 이에 해당하지만, 소유자가 아니더라도 처분권한(예: 대리권 또는 질권설정에 관한 소유자의 동의)이 있는 때에는 질권을 설정할 수 있다.

bb) **물상보증인**：　(α) 채무자가 질권설정자가 되는 것이 보통이지만, 제3자가 될 수도 있다($^{329}_{조}$). 즉 제3자는 채무자를 위해 자신 소유의 동산을 담보로 제공할 수 있는데, 이 제3자를 물상보증인物上保證人이라고 한다. 물상보증인은 담보로 제공한 동산을 한도로 책임을 질 뿐 채무를 부담하지는 않는다(보증인과 다른 점이다). 따라서 채무자가 채무를 이행하지 않을 경우, 질권자는 물상보증인 소유의 동산을 경매하여 우선변제를 받을 수는 있어도 물상보증인에게 채무의 변제를 청구할 수는 없다.

(β) 「타인의 채무를 담보하기 위한 질권설정자(물상보증인)가 그 채무를 변제하거나 질권의 실행으로 인하여 질물의 소유권을 잃은 경우에는 보증채무에 관한 규정에 의하여 채무자에 대하여 구상권을 가진다」($^{341}_{조}$). 구체적인 내용은 다음과 같다.

(ㄱ) 물상보증인은 채무 없이 책임만을 지는 점에서 보증인과는 그 지위가 다르지만, 채무자를 위하여 자기의 재산을 담보로 제공하는 점에서는 그 지위가 유사하고, 그래서 본조는 그가 채무를 변제하거나[1] 질권의 실행으로 질물의 소유권을 잃은 때에는 보증채무에 관한 규정에 따라 채무자에 대해 구상권을 갖는 것으로 정한 것이다. 따라서 보증인의 구상권에 관한 민법 제441조, 제444조 내지 제447조 및 제481조 내지 제485조의 규정이 준용된다. 이를테면, ① 채무자의 부탁을 받고 물상보증을 하는 것이 보통이지만, 그 부탁 없이 물상보증인이 채권자와 질권설정계약을 맺을 수도 있는데, 이 경우 구상권의 범위를 달리하는 것도 보증인의 경우와 같다. ② 본조는 저당권의 경우에도 준용되는데($^{370}_{조}$), 물상보증인이 담보권의 실행으로 부동산 소유권을 잃은 경우에 채무자에게 구상할 수 있는 범위는, 특별한 사정이 없는 한 담보권의 실행으로 그 부동산의 소유권을 잃게 된 때, 즉 매수인이 매각대금을 다 낸 때의 '부동산 시가'를 기준으로 하여야 하고($^{대판\ 1978.\ 7.}_{11,\ 78다639}$), 매각대금을 기준으로 할 것이 아니다. 경매절차에서 유찰 등의 사유

---

1) 물상보증인이 채무자의 채무를 면책적으로 인수한 경우에 채무자에게 구상권을 갖는지에 관해, 판례는 다음의 이유를 들어 부정한다. 「물상보증인이 채무자의 채무를 변제한 때에는 채무자에 대해 구상권을 갖게 되는데(민법 제341조, 제370조), 여기서 '채무의 변제'는 채무의 내용인 급부가 실현되어 채권이 소멸되는 것을 말하므로, 채무가 동일성을 유지하면서 채무자로부터 인수인에게 이전되는 것에 지나지 않는 면책적 채무인수로는 채권은 만족을 얻어 소멸되는 것이 아니어서 채무자에 대해 구상권을 갖지 못한다」(대판 2019. 2. 14, 2017다274703).

로 소유권 상실 당시의 시가에 비해 낮은 가격으로 매각되는 경우가 있는데, 이 경우 소유권 상실로 인한 부동산 시가와 매각대금의 차액에 해당하는 손해는 채무자가 채무를 변제하지 못한 데 따른 담보권의 실행으로 물상보증인에게 발생한 것이므로, 이를 구상할 수 있는 것이다 (대판 2018. 4. 10, 2017다283028). (ㄴ) 민법 제341조는, 물상보증인은 보증채무에 관한 규정에 의해 채무자에 대해 구상권이 있다고 규정하지만, 다음과 같은 이유로 '사전구상권'은 인정되지 않는다. 즉 물상보증인의 구상권 발생요건을 보증인의 경우와 달리 정하고 있는 점, 물상보증인은 담보물로서 물적 유한책임만을 질 뿐 채권자에 대해 채무를 부담하지 않는 점, 물상보증인의 구상권의 범위는 담보권의 실행으로 담보물의 소유권을 상실하게 된 시점에 확정된다는 점을 종합해 보면, <u>수탁보증인의 사전구상권에 관한 민법 제442조는 물상보증인에게는 적용되지 않는다</u>(대판 2009. 7. 23, 2009다19802, 19819). (ㄷ) 물상보증인은 변제할 정당한 이익이 있는 자로서, 그가 민법 제341조에 의해 채무자에게 구상권을 가지는 경우, 이 구상권의 범위 내에서 당연히 채권자를 대위할 수 있다. 즉 채권자의 채권과 그 담보에 관한 권리를 행사할 수 있다(481조·482조 1항). (ㄹ) 물상보증인이 갖는 구상금채권의 '소멸시효기간'이 문제된다. 즉, ① A는 금속가공업을 운영하는 B가 인천수협으로부터 사업자금을 대출받는 데 부동산을 담보로 제공하여 주기로 한 약정에 따라 인천수협에 자신의 소유 부동산에 관하여 채무자를 B로 한 채권최고액 42,000,000원의 근저당권설정등기를 마쳐 주었는데, B가 그 피담보채무를 변제하지 않아, A가 1991. 6. 27.과 1991. 7. 27.에 인천수협에 합계 37,915,066원을 대위변제하였다. 2000년경에 A(원고)가 B(피고)를 상대로 구상금을 청구하자, B는 A의 구상금채권은 상사채권으로서 대위변제일로부터 이미 5년의 소멸시효기간이 지났다고 항변한 것이다. ② 이에 대해 대법원은 다음과 같이 판결하였다. 「물상보증은 채무자 아닌 사람이 채무자를 위하여 담보물권을 설정하는 행위이고 채무자를 대신해서 채무를 이행하는 사무의 처리를 위탁받는 것이 아니므로, 물상보증인이 변제 등에 의해 채무자를 면책시키는 것은 위임사무의 처리가 아니고 법적 의미에서는 의무 없이 채무자를 위해 사무를 관리한 것에 유사하다. 따라서 <u>물상보증인의 채무자에 대한 구상권은 그들 사이의 물상보증 위탁계약의 법적 성질과 관계없이 민법에 의해 인정된 별개의 독립된 권리이고, 그 소멸시효에 있어서는 민법상 일반채권에 관한 규정이 적용된다</u>」(대판 2001. 4. 24, 2001다6237). ③ 질권에 관해 물상보증인의 구상권을 정한 민법 제341조는 저당권의 경우에도 준용된다(370조). 본 사안에서 B는 상인이다. 상인이 하는 행위는 영업을 위하여 하는 보조적 상행위로 추정받고(상법 47조), 일방적 상행위에 대하여도 그 전원에게 상법이 적용된다(상법 3조). 사안에서 B의 A에 대한 물상보증 위탁행위는 상인이 영업을 위해 그 운영자금을 구하기 위한 행위이므로 보조적 상행위가 되고, 따라서 그로부터 파생된 A의 구상금채권 역시 상행위로 인한 것으로 상사채권이 되어 5년의 단기소멸시효에 걸릴 수 있다(상법 64조). 그러나 위 판례는, 물상보증은 채무자와의 (물상보증 위탁)계약과는 관계없이 민법에서 정한 독립된 별개의 권리라는 이유로, 물상보증인의 구상금채권은 일반 민사채권으로서 10년의 소멸시효에 걸리는 것으로 본 것이다. (ㅁ) <u>제3자의 명의를 빌려서 한 대출에서 물상보증인이 변제를 한 경우에 제3자에 대해 구상권을 갖는지 여부</u>에 대해, 판례는 「금융기관으로부터 대출을 받으면서 제3자가 자신의 명의를 사용하도록 한 경우, 그가 채권자인 금융기관에 대하여 주채무자로서의 책임을 지는지와 관계없이, 내부관계에서는 실질상의 주채무자가 아닌 한 연대보증책임을 이행한 연대보증인에 대하여 당연히 주채무자로서의 구상의무를 부담하는 것은 아니고, 연대보증인이 제3자가 실질적 주채무자라고 믿고 보증을 하였거나 보증책임을 이행하였고, 그와 같이 믿은 데에 제3자에게 귀책사유가 있어 제3자에게 책임을 부담시키는 것이 구체적으로 타당하다고 보이는 경우 등에 한하여 제3자가 연대보증인에 대하여 주채무자로서의 전액 구상의무를 부담하는데, 이러한 내용은 물상보증인이 변제한 후 제3자에 대해 구상하는 경우에도 통용된다」고 한다($^{대판\ 2008.\ 4.\ 24,\ 2007다75648;\ 대판}_{2014.\ 4.\ 30,\ 2013다80429,\ 80436}$).

(2) 질권의 선의취득

(ㄱ) 동산질권에 대해서는 동산 소유권의 선의취득에 관한 규정($^{249조\sim}_{251조}$)이 준용된다($^{343}_{조}$). 동산질권의 설정은 처분행위에 해당하므로, 동산에 대한 처분권능을 가지는 사람이 질권을 설정할 수 있지만, 처분권능이 없는 사람이 동산을 처분(양도)하는 경우에 선의취득이 인정되는 이상, 같은 처분의 결과를 가져오는 질권설정에도 같은 효력을 인정하는 것이 타당하다. 가령 동산의 임차인이 그 동산을 제3자에게 질권설정을 한 경우, 제3자가 그 동산을 평온하고 공연하게 선의로 과실 없이 입질받은 때에는 유효하게 질권을 취득한다. 이 경우 취득자의 선의·무과실은 그가 입증하여야 한다($^{대판\ 1981.\ 12.}_{22,\ 80다2910}$). (ㄴ) 질권의 선의취득이 인정되는 경우, 목적물의 소유자는 질권설정자는 아니지만 그의 소유물 위에 질권의 부담을 안게 되는 점에서 물상보증인과 그 지위가 유사하므로, 그 소유자에게는 민법 제341조가 적용된다고 볼 것이다($^{곽윤직,\ 298면;}_{지원림,\ 753면}$).

2. 목적물(동산)의 인도

(ㄱ) 동산질권의 설정은 법률행위에 의한 동산물권의 변동이므로, 동산을 질권자에게 '인도' 해야 효력이 생기는 것은 다를 것이 없다($^{188조\sim}_{190조}$). 그런데 민법은 제330조에서 '질권의 설정은 질권자에게 목적물을 인도하여야 효력이 생긴다'고 따로 정하고 있다. (ㄴ) 질권설정에서의 인도에는 '현실의 인도, 간이인도, 목적물반환청구권의 양도'가 포함된다($^{188조\ 1항\ 및}_{2항\cdot190조}$). 그런데 제332조는 "질권자는 질권설정자로 하여금 질물을 점유하게 하지 못한다"고 정하여, 점유개정$_{占}$$_{有改定}$에 의한 인도를 허용하지 않는다. 질권의 유치적 효력을 실현하기 위함이다($^{335조}_{참조}$). 따라서 질권이 성립한 경우에도 그 후 목적물을 설정자에게 임의로 반환하면, 질권의 유치적 효력을 유지할 수 없다는 점에서 질권은 소멸된다는 것이 통설이다. 결국 점유개정을 제외한 질권자의 점유는 질권의 성립요건과 존속요건이 된다.[1]

3. 동산질권의 목적물

a) 「질권은 양도할 수 없는 물건을 목적으로 하지 못한다」($^{331}_{조}$). 양도성이 있어야 교환가치를 실현할 수 있고, 이를 통해 우선변제를 받을 수 있기 때문이다. (ㄱ) 양도성이 없는 물건으로는 위조통화·마약 등과 같은 금제품이나 거래가 금지되는 문화재 등이 있다. 또 동산이지

---

1) 질권설정자가 질물을 목적물반환청구권의 양도 방식으로 제3자에게 양도한 경우에는 어떠한가? 이에 대해 제3자에게 선의취득의 규정이 유추적용된다고 하더라도 질권자는 민법 제451조 2항에 따라 양수인에 대해 질권의 존재를 주장할 수 있다고 해석하는 견해가 있다(지원림, 747면). 그러나 질권설정자는 소유자이므로 그가 처분한 것이 무권리자로서 한 것은 아니므로 선의취득은 문제될 여지가 없이 그 처분은 유효한 것이고, 다만 물권 성립의 선후에 따른 우열의 원칙상 질권이 먼저 성립하였으므로 양수인은 질권의 부담이 있는 소유권을 취득한 것으로 보면 된다.

만 선박·자동차·항공기·건설기계처럼 등록원부가 마련된 것은 특별법에 의해 질권이 아닌 저당권의 목적이 된다(^{자동차 등 특정}_{동산 저당법}). (ㄴ) 민사집행법상 압류가 금지되는 동산의 경우, 그 압류금지의 이유가 양도를 허용하지 않는 데 있는 것인 경우에는 질권의 목적으로 하지 못하지만 (예: 훈장(^{동법 195}_{조 7호})), 채무자의 생활에 필요한 의복·침구 등과 같은 생활필수품은 채무자를 보호하기 위해 압류를 금지한 것이므로(^{동법 195}_{조 1호}), 채무자가 스스로 이를 처분하는 것, 따라서 질권의 목적으로 하는 것은 허용된다.

b) 동산질권이 목적물의 점유를 통해 유치적 효력을 가지는 것과 관련하여, 동산이면서도 질권의 설정이 적당치 않은 것들이 있다. 즉 (ㄱ) 목적물의 양이 많아서 운반에 많은 노력과 비용이 들거나 물건이 오손될 우려가 있는 것이 그러하다. 여기서 창고증권·화물상환증·선하증권이 출현하게 되고, 이들 증권에 의한 물건 자체의 입질이 이용되는데, 상법에서 이를 다룬다(^{상법 133조·157}_{조·820조 참조}). (ㄴ) 농업용·중소상공업자의 생산용구는 성질상 입질이 적당치 않다. 질권에서는 점유개정에 의한 인도를 금지하므로 설정자가 생산용구를 점유하여 종전대로 사용할 수 없기 때문이다. 양식업자가 양식하는 유동집합물의 경우에도 같다. 인도로써 점유개정에 의한 양도담보가 출현, 활용되는 까닭은 여기에 있다.

4. 동산질권의 피담보채권

a) **채권의 종류**   질권을 설정하여 담보할 수 있는 채권자의 채권에는 아무런 제한이 없다 (³²⁹_조). 금전채권이 보통이지만, 금전 외의 급부를 목적으로 하는 채권도 무방하다(예: 물건인도청구권·출연 청구권 등). 이때에도 목적물을 유치함으로써 채무의 변제를 강제할 수 있을 뿐만 아니라, 채무를 이행하지 않는 때에는 손해배상채권이 발생하고(³⁹⁰_조), 이것은 금전배상이 원칙이므로(³⁹⁴_조), 목적물을 환가하여 우선변제를 받는 데에도 아무런 문제가 없기 때문이다.

b) **장래의 채권**   (ㄱ) 장래 성립하는 조건부·기한부 채권에 대해서도 질권을 설정할 수 있는가? 법정담보물권인 유치권에서는 특정 채권의 변제를 위해 그와 관련되는 목적물 위에 인정되는 것이므로 부정하여야 한다. 그러나 약정담보물권인 질권에서는 인정된다는 것이 통설이다. 채권이 장래 성립할 가능성이 있는 이상, 현재 질권을 설정하여 그 우선순위를 미리 확보한다는 것에 특별히 문제가 없기 때문이다. (ㄴ) 장래 성립하는 특정의 채권 외에, 증감 변동하는 불특정 다수의 채권을 위해서도 질권을 설정할 수 있는가? 이 경우도 다를 것이 없다. 민법은 저당권에 관해 이를 '근저당'이라 하여 따로 규정하고 있지만(³⁵⁷_조), 질권의 경우에 이를 제외할 이유가 없다(^통_설). 이것을 근저당에 대응하여 「근질」이라고 부른다.[1]

---

1) 판례:「금전채권에 대하여 설정된 근질권은 근저당권처럼 등기에 의하여 공시되는 것이 아니기 때문에, 통상 그러한 채권을 압류한 제3자는 그 압류 당시 존재하는 근질권의 피담보채권으로 인하여 예측하지 못한 손해를 입을 수밖에 없고, 나아가 근질권자가 제3자의 압류사실을 알지 못한 채 채무자와 거래를 계속하여 채권을 추가로 발생시키더라도 근질권자의 선의를 보호하기 위하여 그러한 채권도 근질권의 피담보채권에 포함시킬 필요가 있으므로, 이러한 여러 사정을 적정·공평이란 관점에 비추어 보면, 근질권이 설정된 금전채권에 대하여 제3자의 압류로 강제집행절차가 개시된 경우 근질권의 피담보채권은 근질권자가 강제집행이 개시된 사실을 알게 된 때에 확정된다고 봄이 타당하다」(대판 2009. 10. 15, 2009다43621).

✿ 법정질권 ～～～～～～～～～～～～～～～～～～～～～～～～～～～～～～～～～～～

(ㄱ) 질권은 당사자 간의 약정에 의해 성립하지만, 예외적으로 <u>법률의 규정에 의해 질권과 동일한 효력이 있는 것으로 인정되는 경우가 있다.</u> 보통의 약정질권에 대해 이를 「법정질권」이라 하는데, 민법은 '부동산 임대인의 임대차에 관한 채권'의 보호를 위해 이를 인정한다. 즉, ① 토지 임대인이 임대차에 관한 채권에 의하여 임차토지에 부속되거나 임차토지의 사용의 편익에 제공된 임차인 소유의 동산이나 그 토지의 과실을 압류한 때($^{648}_{조}$), ② 건물 기타 공작물의 임대인이 임대차에 관한 채권에 의하여 그 건물 기타 공작물에 부속된 임차인 소유의 동산을 압류한 때($^{650}_{조}$), 각각 질권과 동일한 효력이 있는 것으로 규정한다. (ㄴ) 참고로 구민법($^{313조 1}_{항·2항}$)에서는 위 경우에 선취특권을 가지는 것으로 정하였는데, 현행 민법은 선취특권 제도를 일반적으로 인정하지 않는 대신 개별적으로 법정질권을 인정하는 것으로 대체하였다($^{민법안심의록(상),}_{377면～378면}$). 그런데 법정질권이 성립하려면 임대인이 임차인 소유의 동산을 「압류」하여야 하는데, 이 압류를 하려면 임대차에 관한 채권의 이행청구의 소를 제기하여 승소의 확정판결을 받아 집행권원을 가져야 하는데, 그 사이 이미 압류할 물건이 남아 있지 않는 것이 현실인 점에서(목적물이 동산이어서 가압류를 하는 것도 실효성이 별로 없다), 압류의 요건 때문에 법정질권의 제도는 실무상 사문화된 것으로 평가받고 있다($^{민법주해(XV),}_{165면(민일영)}$). 한편, 임차인이 타인 소유의 동산을 임차토지나 건물 등에 부속시킨 경우에, 이를 압류하면 법정질권이 성립하는지에 관해, 통설적 견해는 위 규정에서 임차인의 소유로 한정하고 있고 또 압류는 점유의 승계취득이 아니므로 선의취득도 인정할 수 없다는 이유에서 이를 부정한다.

II. 동산질권의 효력

1. 목적물의 범위

(1) 질 물質物

질권은 설정계약(및 인도)에 의해 그 목적으로 된 것 전부에 효력이 미친다. 목적물의 범위와 관련하여 문제되는 것으로 다음의 것이 있다. (ㄱ) 종 물從物: 설정계약에서 다른 약정을 하지 않고 또 그 종물이 인도된 경우에 한해 질권의 효력은 종물에도 미친다($^{100조 2}_{항 참조}$). (ㄴ) 과실果實: 과실에 관하여는 유치권에서의 과실수취권($^{323}_{조}$)과 채무자의 승낙을 받아서 하는 유치물의 대여($^{324조}_{2항}$)가 질권에 준용된다($^{343}_{조}$). 따라서 과실에 대해 소유권을 취득하는 것이 아니라 질권을 취득하는 것, 법정과실을 채권의 변제에 충당할 수 있음은 유치권에서와 같다.

(2) 물상대위物上代位

> 제342조 〔물상대위〕 질권자는 질물의 멸실, 훼손 또는 공용징수로 인하여 질권설정자가 받을 금전 기타 물건에 대해서도 질권을 행사할 수 있다. 이 경우 질권설정자에게 지급되거나 인도되기 전에 압류하여야 한다.

a) 담보물권은 용익물권과는 달리 목적물 그 자체보다는 그 교환가치를 취득하는데 목적을

두고 있으므로, 목적물이 금전이나 그 밖의 물건의 형태로 변한 때에는 그 가치 변형물에 효력이 미친다고 보는 것이 타당하다. 본조는 동산질권에 관해 '물상대위'라는 이름으로 일정한 요건하에 이를 인정하는데, 이것은 권리질권과 저당권에도 준용된다($\frac{355조\cdot}{370조}$). 같은 담보물권이지만 목적물을 유치하는 데만 목적을 두는 유치권에서는 물상대위는 인정되지 않는다. 통설은 물상대위 제도를 담보물권자를 보호하기 위한 예외적인 것이 아니라 담보물권의 본질에 기초한 원칙적인 것으로 파악한다.

b) 질권에 기해 물상대위가 인정되는 것은 질물이 멸실·훼손·공용징수되어 목적물에 추급할 수 없는 경우들이다. 그런데 설정자가 그로 인해 금전이나 물건을 받을 권리가 생긴 경우, 그것은 질물의 교환가치가 변형되어 존재하는 것이므로, 그러한 권리(즉 금전지급 청구권 또는 물건인도 청구권)에도 질권의 효력이 미치는 것으로 한 것이다. 다만 그것이 질권의 원래의 목적물에 해당한다는 것을 특정하기 위해 질권설정자에게 금전이나 물건이 지급되거나 인도되기 전에 압류하도록 한 것이다. 이 요건을 갖추어 물상대위권을 행사하는 경우 그 방법에 대해서는 민사집행법($\frac{273}{조}$)에서 정하고 있다. 그런데 실제로 물상대위는 주로 저당권에서 발생하므로, 물상대위에 관한 그 밖의 자세한 내용은 저당권 부분에서 설명하기로 한다.[1]

2. 피담보채권의 범위

(ㄱ) 당사자가 피담보채권의 범위에 관해 약정한 때에는 그 약정에 따른다($\frac{334조}{단서}$). 그러나 그 약정이 없는 때에는, 질권은 '원본·이자·위약금·질권 실행비용·질물 보존비용·채무불이행으로 인한 손해배상채권·질물의 하자로 인한 손해배상채권'을 담보한다($\frac{334조}{본문}$). 이 범위는 저당권의 피담보채권의 범위보다 상당히 넓은데($\frac{360조}{참조}$), 질권에서는 질물이 채권자에게 인도될 뿐만 아니라, 동일 목적물에 질권이 경합하는 경우가 많지 않아 다른 채권자를 해칠 염려가 적기 때문이다. (ㄴ) 질권자가 질물에 지출한 필요비와 유익비에 대해서는 그 상환을 청구할 수 있으나($\frac{325조\cdot}{343조}$), 그중 '질물의 보존'을 위해 지출한 비용만이 질권에 의해 담보된다. 그리고 질물의 하자로 인한 손해배상채권이란, 예컨대 인화성이 강한 질물이 안전장치의 미비로 인해 폭발하거나, 질물인 가축이 보유하는 전염병으로 인해 질권자의 다른 가축을 전염시키는 등으로 질권자가 입은 손해에 대한 것을 말한다. 다만 그 하자를 질권자가 이미 알았던 경우에는 그 적용이 없는 것으로 해석된다($\frac{이영준}{754면}$).

3. 유치할 권리와 우선변제를 받을 권리

질권자는 목적물(동산)을 점유하고, 그 동산으로부터 다른 채권자보다 우선하여 자기 채권

---

1) 보험에 든 어느 동산에 질권을 설정하고, 한편 장래의 보험금청구권에 대해 다른 채권자를 위해 채권질권을 설정하였는데, 보험사고가 발생한 경우에 동산질권자와 채권질권자의 우열이 문제될 수 있다. 이 경우 동산질권자가 물상대위권을 행사하는 것을 전제로, 양자의 우열은 그 성립의 선후에 따라 결정된다고 봄이 타당하다(같은 취지로 제철웅, 297면). 가령 장래의 보험금청구권, 즉 조건부 채권에 대해 질권을 설정한 후 보험에 든 동산에 대해 질권을 설정한 경우라면, 동산질권자가 보험금청구권에 대해 물상대위권을 행사하더라도 그 순위가 앞선 채권질권자가 우선한다.

을 변제받을 권리가 있다($\frac{329}{조}$). 즉 질권자는 유치할 권리와 우선변제권이 있으며, 질권설정자가 파산한 때에도 파산절차에 따르지 않고 이들 권리를 행사할 수 있는 별제권別除權을 가진다($\frac{채무자\ 회생\ 및\ 파산}{에\ 관한\ 법률\ 411조}$).

(1) 유치할 권리

a) 유치권과의 비교　(ㄱ) 질권자는 피담보채권을 변제받을 때까지 질물을 유치할 수 있다($\frac{335조}{본문}$). 그 내용은 유치권에서와 같다. 즉 질권자는 질물의 양수인의 인도청구를 거절할 수 있고, 일반채권자의 집행의 경우에는 그 물건을 집행관에게 인도해야 집행이 개시되는데 이를 거절할 수 있다($\frac{민사집행}{법\ 191조}$). (ㄴ) 그러나 유치권과는 달리, 자기보다 우선권이 있는 채권자(예: 선순위 질권자, 질권자에 우선하는 조세채권자)에게는 유치권을 주장할 수 없다($\frac{335조}{단서}$). 질권에는 유치할 권리 외에 우선변제를 받을 권리도 인정되는 점에서, 전자를 유치권에서와 같이 강하게 할 필요는 없기 때문이다. 따라서 질물에 대해 우선권이 있는 채권자가 경매를 신청한 경우, 질권자는 그 매각대금에서 그 순위에 따라 배당을 받을 수 있을 뿐이고, 유치권에서처럼 집행관에게 질물의 인도를 거절하지는 못한다.

b) 유치권 규정의 준용　질권은 목적물을 유치할 수 있는 점에서 유치권과 공통되므로, 유치권에서 과실수취권($\frac{323}{조}$)·선관의무($\frac{324}{조}$)·비용상환청구권($\frac{325}{조}$)에 관한 규정은 모두 질권에 준용한다($\frac{343}{조}$).

(2) 우선변제를 받을 권리

가) 순　위

a) 질권자는 질물로부터 다른 채권자보다 우선하여 자기 채권을 변제받을 권리가 있다($\frac{329}{조}$). 그러나 질권자의 이 우선변제권은 그 순위에 따른 상대적인 것이다. 즉 선순위 질권자($\frac{333}{조}$), 우선특권을 갖는 선박채권자($\frac{상법}{777조}$), 질권자에 우선하는 조세채권자(국가)($\frac{국세징수}{법\ 81조}$)에 대해서는 목적물의 매각대금에서 우선변제권을 갖지 못한다.

b) 민법 제333조는 "수개의 채권을 담보하기 위하여 동일한 동산에 수개의 질권을 설정한 경우에 그 순위는 설정의 선후에 의한다"고 정한다. (ㄱ) 질권이 설정되려면 질물을 인도해야 하기 때문에 동일한 동산에 복수의 질권이 성립하는 경우는 흔치 않다. 그러나 그 인도에는 간접점유를 포함하므로 복수의 질권이 성립할 수 있다. 예컨대 채무자 甲이 A에 대한 채무담보로 그의 동산에 현실의 인도로써 질권을 설정한 뒤, 같은 동산에 B에 대한 채무담보로 목적물반환청구권의 양도에 의한 인도로써 질권을 설정하는 것이 그러하다. 이 경우 먼저 설정된 A의 질권이 B의 질권에 우선한다. 따라서 동산의 매각대금에서 A가 먼저 변제를 받고 나머지가 있으면 B가 후순위로 변제를 받는다. (ㄴ) 창고업자 甲이 보관하고 있는 동산에 대해 소유자 乙이 먼저 A를 위해 목적물반환청구권의 양도에 의한 인도로써 질권을 설정하고, 이어서 B를 위해 질권을 설정하면서 마찬가지로 반환청구권의 양도 방식으로 인도를 한 경우, 학설은 나뉜다. 제1설은, 이 경우 복수의 질권이 성립하고, 먼저 설정된 A의 질권이 B의 질권에 우선한다고 한다($\frac{이영준}{757면}$). 제2설은, 반환청구권이 이중으로 양도된 때에는 제3자에 대한

대항요건(확정일자 있는 증서에 의한 통지 또는 승낙($\binom{450조}{2항}$)의 구비 여부에 따라 그 효력이 달라지고, 어느 한쪽만이 대항요건을 갖춘 때에는 그만이 질권을 취득하고 다른 쪽은 (후순위로도) 질권을 취득하지 못한다고 한다($\binom{송덕수·}{644면}$). 제2설이 타당하다고 본다.

c) 질권에서도 순위 승진의 원칙이 적용된다. 위 예에서 A의 질권이 변제 등으로 소멸된 때에는 2순위인 B의 질권이 1순위로 된다. 한편 장래의 채권이나 조건부 채권의 담보로 설정된 질권도 그 채권의 발생시가 아니라 질권의 설정시를 기준으로 그 순위가 정해진다.

나) 우선변제권

a) 요 건   변제기가 도래하고 채무자의 이행이 없으면(즉 이행지체에 귀책사유가 없더라도) 질권자는 질권을 행사하여 우선변제를 받을 수 있다. 그리고 피담보채권이 금전을 목적으로 하지 않는 경우에는 그것이 채무불이행으로 인해 금전채권으로 변한 후에야 행사할 수 있다.

b) 방 법   「① 질권자는 채권을 변제받기 위하여 질물을 경매할 수 있다. ② 질권자는 정당한 이유가 있는 경우에는 감정인의 평가에 의하여 질물로 직접 변제에 충당할 것을 법원에 청구할 수 있다. 이 경우 질권자는 미리 채무자와 질권설정자에게 통지하여야 한다」($\binom{338}{조}$).

aa) 경 매: (ㄱ) 질권자는 채권을 변제받기 위해 질물을 경매할 수 있고($\binom{338조}{1항}$), 그 매각 대금에서 권리 순위에 따라 우선변제를 받는다. 이 우선변제권은 다른 채권자가 경매 등의 절차를 밟는 경우에도 마찬가지로 인정된다. (ㄴ) 위 경매는 질권자가 집행관에게 목적물을 제출하거나, 목적물의 점유자가 압류를 승낙한 때에 개시한다($\binom{민사집행}{법 271조}$). 집행관의 토지관할은 직무집행구역으로서 소속 지방법원의 관할구역에 한정된다($\binom{법원조직법 55조·}{집행관법 8조}$). 따라서 집행처분의 대상인 물건의 소재지를 기준으로 정해진다. 경매절차의 구체적인 내용은 민사집행법 제189조 이하에서 규정하고 있다($\binom{동법}{272조}$).

bb) 간이변제충당: 질물의 가격이 낮아 경매비용을 들이면서까지 경매를 하는 것이 적당하지 않거나 그 공정가격이 있는 때처럼 정당한 이유가 있는 경우에는, 질권자는 감정인의 평가에 따라 질물로 직접 변제에 충당할 것을 법원에 청구할 수 있다. 이 경우 질권자는 미리 채무자와 질권설정자에게 그 사실을 통지해야 하고($\binom{338조}{2항}$), 법원은 그 허부결정을 하기 전에 채무자 또는 질권설정자에 대한 심문절차를 거쳐야 한다($\binom{비송사건절차법 53}{조 2항·56조 1항}$$\binom{대결 1998. 10.}{14, 98ㄱ58}$). 이에 따라 그 평가액이 채권액을 초과하는 경우에는 그 나머지를 질권설정자에게 반환해야 하고, 반대로 채권액에 미달하는 경우에는 그 부족액을 채무자에게 청구할 수 있다.

c) 채무자의 일반재산에 대한 집행   「① 질권자는 질물로부터 변제받지 못한 부분의 채권에 한하여 채무자의 다른 재산으로부터 변제받을 수 있다. ② 전항의 규정은 질물보다 먼저 다른 재산에 관한 배당이 실시되는 경우에는 적용하지 아니한다. 그러나 다른 채권자는 질권자에게 그 배당금액의 공탁을 청구할 수 있다」($\binom{340}{조}$). (ㄱ) 질권자는 채권자이기도 하므로, 질물의 경매를 통한 매각대금에서 채권의 완제를 받지 못한 때에는, 그 부분에 대해서는 일반채권자의 자격에서 채무자의 다른 재산으로부터 변제받을 수 있다($\binom{340조}{1항}$). (ㄴ) 문제는 질권자가 질권을 실행하지 않고 일반채권자의 자격에서 먼저 채무자의 다른 일반재산에 대해 집행을

하는 경우인데, 통설은 제340조 1항을 근거로 '다른 채권자'는 집행에 관한 이의(먼저 질물을 경매하여 우선변제를 받을 것)를 제기할 수 있는 것으로 본다. 그러면 '채무자'도 동일한 이의를 제기할 수 있는가? 긍정하는 견해가 있지만($_{면; 김용한, 511면}^{곽윤직·김재형, 408}$), 제340조 2항에서 다른 채권자를 염두에 두고 있는 점을 감안할 때 부정하는 것이 타당할 것으로 해석된다($_{면; 이영준, 759면}^{김증한·김학동, 486}$). (ㄷ) 질물보다 먼저 채무자의 다른 일반재산에 대해 배당을 실시하는 경우에는, 질권자는 일반채권자의 자격에서 그의 채권 전액을 가지고 배당에 참가할 수 있다($_{항 본문}^{340조 2}$). 질물로부터 채권의 완제를 받는 것이 항상 보장되지는 않기 때문이다. 다만 이 경우 다른 채권자는 질권자에게 그에게 배당될 금액의 공탁을 청구할 수 있다($_{항 단서}^{340조 2}$). 따라서 질권자는 질물을 경매하여 우선변제를 받지 못한 부분의 채권만을 공탁금에서 받을 수 있고, 나머지 공탁금은 다른 채권자에게 배당된다.[1]

다) 유질계약의 금지

> 제339조 〔유질계약의 금지〕 질권설정자는 채무변제기 전의 계약으로 질권자에게 변제에 갈음하여 질물의 소유권을 취득하게 하거나 법률에서 정한 방법에 의하지 아니하고 질물을 처분하기로 약정하지 못한다.

(ㄱ) 질권자와 설정자 간의 채무변제기 전의 계약으로 변제에 갈음하여 질물의 소유권을 질권자가 취득하거나 질권자가 법률에서 정한 방법에 따르지 않고 질물을 처분할 수 있게 하는 것을 유질계약流質契約이라고 하는데, 궁박한 상태에 있는 채무자가 소액의 채무 때문에 고가의 질물을 잃을 우려가 있다는 점에서, 본조는 이를 금지하고 있다. (ㄴ) 본조가 적용되려면 다음의 요건을 갖추어야 한다. ① 유질계약이 '변제기 전'에 체결된 것이어야 한다. 변제기 후에 유질계약을 맺은 때에는 채무자의 자유의사에 의한 것으로 볼 것이기 때문에 유효하다. ② 변제에 갈음하여 질권자에게 질물의 소유권을 취득하게 하거나, 법률에서 정한 방법(경매·간이변제충당)에 따르지 않고 질물을 처분하기로(예: 질권자가 질물을 임의로 처분하는 것) 약정한 것이어야 한다. (ㄷ) 유질계약은 무효이다. 다만 무효로 되는 것은 유질계약의 부분에 한한다. 즉 질권으로서는 그대로 존속한다($_{설}^{통}$). (ㄹ) 본조는 상행위로 인해 생긴 채권을 담보하기 위해 설정한 질권에는 적용하지 않는다($_{59조}^{상법}$). 상행위로 인한 채무를 담보하기 위해 질권을 설정하는 자가 서로 경제적으로 대등한 상인인 점에서 둔 특칙이다.

4. 질권자의 전질轉質

(1) 의의와 종류

a) 의 의   질권자가 자신의 채권자에 대한 담보로 질물 위에 다시 질권을 설정하는 것

---

1) 1999년에 폐지된 '전당포영업법'에서는 전당포 영업자의 질권을 물적 유한책임으로 규정하였었다. 즉 질물로부터 변제받지 못한 채권을 채무자에게 청구하지 못할 뿐만 아니라 채무자의 다른 재산으로부터 변제를 받을 수도 없는 것으로 하였었다(동법 1조·21조). 그러나 동법의 폐지로 이러한 종류의 질권은 인정되지 않게 되었다.

을 「전질」이라고 한다. 유의할 것은, 전질은 질권자가 목적물이 질물임을 밝히고 다시 입질하는 것을 전제로 한다. 질권자가 자신의 물건처럼 하여 입질한 때에는 전질이 아니며, 이 경우 상대방은 선의취득의 요건을 갖추는 것을 전제로 원질권의 제한을 받지 않는 질권을 취득한다($^{343조}_{참조}$)($^{김증한·김학}_{동, 488면}$).

b) **종 류**   민법 제336조는 질권자가 자기의 책임으로 질물을 전질할 수 있는 것으로 정한다. 한편 민법 제324조 2항이 동산질권에도 준용되므로($^{343}_{조}$), 질권자는 설정자의 승낙을 받아 질물을 담보로 제공할 수 있다. 그 결과 양 규정이 상충되는 듯한 모습을 보이는데, 통설은 전질의 제도가 질권자가 채무자에게 금융을 줌으로써 질물에 고정시킨 자금을 다시 유통시키는 기능을 하므로 이를 어느 하나로 한정시킬 필요는 없다는 점에서, 제336조는 「책임전질」을, 제324조 2항이 준용되는 제343조는 「승낙전질」을 규정한 것으로 보아, 전질에는 두 종류가 있는 것으로 해석한다. 양자는 후술하는 바와 같이 그 요건과 효과에서 차이가 있다.

(2) 책임전질

> **제336조** 〔전질권〕 질권자는 그 권리의 범위 내에서 자기의 책임으로 질물을 전질할 수 있다. 이 경우 전질을 하지 아니하였으면 피할 수 있는 불가항력으로 인한 손해에 대하여도 책임을 부담한다.
>
> **제337조** 〔전질의 대항요건〕 ① 전조의 경우에 질권자가 채무자에게 전질의 사실을 통지하지 않거나 채무자가 전질을 승낙하지 않으면 전질로써 채무자, 보증인, 질권설정자 및 그 승계인에게 대항하지 못한다. ② 채무자가 전항의 통지를 받거나 승낙을 한 경우에는 전질권자의 동의 없이 질권자에게 채무를 변제하여도 그 변제로써 전질권자에게 대항하지 못한다.

가) 법적 성질

책임전질에 관해, 민법 제336조는 「질권자는 … 질물을 전질할 수 있다」고 정하는데, 이 의미에 관해서는 다음과 같이 학설이 나뉜다. (ㄱ) 질물재입질설: 질권자가 자기 채무의 담보를 위해 질물 위에 다시 질권을 설정하는 것으로서, 질물의 전질이라고 규정한 민법 제336조의 문언에도 합치된다고 한다($^{김기선, 379면; 방순원, 251면;}_{최식, 343면. 일본의 다수설}$). (ㄴ) 채권·질권 공동입질설: 질권의 부종성을 고려하여 채권과 질권을 함께 입질한다고 보는 견해이다. 이렇게 구성하여야만 저당권은 그 담보한 채권과 함께 양도하거나 다른 채권의 담보로 할 수 있다는 민법 제361조와 조화를 이루고, 또 질권자가 채무자에게 전질의 사실을 통지하여야 전질의 대항요건을 갖춘다는 민법 제337조는 전질에는 채권도 함께 입질된다는 것을 전제로 하는 것이라고 한다($^{곽윤직,}_{308면; 김}$ 용한, 514면; 김증한·김학동, 489면; 김현태(하), 133면; 이 영준, 766면; 장경학, 725면; 황적인, 323면. 일본의 소수설). (ㄷ) 책임전질의 성질에 관해서는 학설이 나뉘지만, 민법 제336조와 제337조가 그 내용을 정하고 있는 이상 그 효과에서는 별로 차이가 없다. 다만 민법 제336조에서 질권자는 "그 권리의 범위 내"에서 전질할 수 있다고 정한 점, 제337조가 전질의 대항요건을 규정하여 채무자가 직접 전질권자에게 변제하도록 한 점, 그리고 전질권자는 질권에 의해 담보되는 채권도 고려한다는 점에서, 채권·질권 공동입질설이 타당한 것으로 생각된다. 한편 민법은 권리질권의 절에서, '저당권부 채권의 입질'에 관해서는 규정하면서도($^{348}_{조}$) '질권부 채권의 입질'에 관해서는 따로 정하고 있지 않은데, 이것은 그 성질이 책임전질과 같은 것이므로, 결국 후자에 관해서는 민법 제336조와 제337조에서 이를 정한 것으로 해석할 수 있겠다.

나) 요 건

(ㄱ) **성립요건**: 전질도 질권의 설정이므로, 질권자와 전질권자 사이에 질권설정의 합의와 목적물의 인도가 있어야 한다. 한편 전질은 원질권에 기초하는 것이므로, 질권자는 「그의 권리의 범위 내」에서만 전질할 수 있다($^{336}_{조}$). 따라서 피담보채권액을 초과할 수 없고, 변제기보다 앞서는 것으로 할 수 없다. (ㄴ) **대항요건**: 전질은 위 요건에 따라 성립하지만, 질권자가 채무자에게 전질의 사실을 통지하거나 채무자가 전질을 승낙하여야만, 전질로써 채무자·보증인·질권설정자 및 그의 승계인에게 대항할 수 있다($^{337조}_{1항}$).

다) 효 과

a) 질권자는 전질을 하지 않았으면 피할 수 있었던 손해에 대하여 불가항력이었더라도 책임을 부담한다($^{336조}_{2문}$). 예컨대 전질권자의 창고가 화재로 소실되면서 질물이 멸실되었으나 질권자의 창고는 무사한 경우 질권자는 그 질물의 멸실로 인한 손해를 설정자에게 배상하여야 한다. 질권자에게 설정자의 승낙 없이 전질할 수 있는 권리를 부여하면서 그에 대응하여 무거운 책임을 부과한 것이다.

b) 전질은 채권과 질권이 공동으로 입질되는 것이므로, 채무자와 질권자는 다음과 같은 구속을 받는다. (ㄱ) 채무자가 전질의 사실을 통지받거나 승낙한 경우에는 전질권자의 동의 없이 질권자에게 채무를 변제해도 그 변제로써 전질권자에게 대항하지 못한다($^{337조}_{2항}$). (ㄴ) 질권자는 질권을 포기하거나 채무자의 채무를 면제하는 등, 전질권자의 이익을 해치는 행위를 할 수 없다($^{352조}_{참조}$).

c) 전질권자가 채권을 변제받는 데에는 세 가지 방법이 있다. 즉 (ㄱ) 그 채권을 변제받을 때까지 질물을 유치할 수 있다($^{335}_{조}$). (ㄴ) 전질권자는 채권질권자와 같은 지위에서 원질권자의 피담보채권을 자기 채권의 한도에서 채무자에게 직접 청구하고 그 변제를 수령할 수 있다 ($^{353조·1}_{항·2항}$). (ㄷ) 질물을 경매하거나 간이변제충당을 할 수 있다($^{343조·}_{322조}$). 질물의 매각대금은 먼저 전질권자의 채권에 충당하고, 다음으로 질권자의 채권에 충당하며, 나머지가 있는 때에는 일반채권자 또는 설정자에게 교부된다(주의할 것은, (ㄴ)과 (ㄷ)의 경우에는 질권과 전질권의 피담보채권의 변제기가 모두 도래하여야 한다).

(3) 승낙전질

a) **의의와 성질** 질권자는 질권설정자의 승낙을 받아 질물을 전질할 수 있는데($^{343조·324}_{조 2항}$), 이를 「승낙전질」이라고 한다. 그 성질은 질물의 재입질로 본다($^{통}_{설}$).

b) **효 과** 질권설정자의 승낙에는 두 가지가 있다. (ㄱ) 질권자가 그의 권리의 범위 내에서 전질하는 것을 승낙하는 경우이다. 이것은 결과적으로 책임전질과 동일하지만, 질권설정자

의 승낙이 있었으므로 질권자는 불가항력으로 인한 책임($^{336조}_{2문}$)은 부담하지 않는다.[1] (ㄴ) 질권자가 그의 권리를 초과하여 질물에 대해 다시 전질하는 것을 승낙하는 경우이다. 이것은 원질권을 기초로 하는 것이 아니어서 원질권과는 독립된 별개의 질권이며, 책임전질과 비교할 때 그 요건과 효과에서 다음과 같은 차이가 있다. ① 요건상, 원질권의 제한을 받지 않으므로 초과전질도 유효하고 변제기도 따로 정할 수 있으며, 전질의 대항요건($^{337}_조$)을 갖출 필요도 없다. ② 효과상, 원질권자는 불가항력에 의한 손해배상의무($^{336}_조$)를 부담하지 않으며, 원질권설정자가 원질권자에게 채무를 변제하더라도 전질권자의 질권에는 영향이 없다. 다만 전질권자가 그 변제에 동의한 때에는 그 변제로써 전질권자에게 대항할 수 있다고 할 것이므로($^{337조 2}_{항 참조}$), 질물 소유자는 질권의 소멸을 이유로 질물의 반환을 청구할 수 있다.

5. 질권의 침해에 대한 구제

a) 물권적 청구권　　질권은 목적물의 점유를 요소로 하는 것이어서 그 침해가 있는 때에는 점유권에 기한 물권적 청구권이 인정된다. 그런데 질권자가 질물을 잃어버리거나 제3자의 사기에 의해 질물을 인도해 준 경우에는, 그것이 점유의 침탈에는 해당하지 않아 점유권에 기한 반환청구($^{204조}_{1항}$)는 할 수 없다. 여기서 질권 자체에 기해 물권적 청구권을 인정할 필요가 있고, 민법에는 규정이 없지만 통설은 이를 인정한다.

b) 질물 훼손에 따른 효과　　(ㄱ) 채무자가 질물을 훼손한 때에는 기한의 이익이 상실되므로($^{388}_조$), 질권자는 즉시 질권을 실행할 수 있다. 그리고 손해가 있으면 피담보채권액을 한도로 그 배상을 청구할 수 있다. 한편 저당권에서는, 저당권설정자에게 책임이 있는 사유로 저당물의 가액이 현저히 줄어든 경우에는 저당권자는 저당권설정자에게 원상회복이나 상당한 담보제공을 청구할 수 있는 것으로 정하는데($^{362}_조$), 제362조를 질권에도 유추적용할 수 있는지에 관해, 이를 긍정하는 견해가 있다($^{민법주해(VI),}_{365면(양승태)}$). (ㄴ) 제3자가 훼손한 때에는 불법행위로 인한 손해배상청구권이 발생한다($^{750}_조$).

6. 질권자의 의무

a) 선관의무　　이에 대하여는 유치권에 관한 규정($^{324}_조$)을 준용한다($^{343}_조$). 즉 질권자는 선량한 관리자의 주의로 질물을 점유해야 하고($^{324조}_{1항}$), 설정자의 승낙 없이 질물을 사용·대여하거나 담보로 제공하지 못한다($^{324조}_{2항}$). 질권자가 이러한 의무를 위반한 경우에는 설정자는 질권의 소멸을 청구할 수 있다($^{324조}_{3항}$).

b) 목적물 반환의무　　(ㄱ) 질권이 소멸된 때에는, 질권자는 목적물을 설정자에게 반환해야 한다. 이 반환의무는 질권설정계약에 의해 생기는 것이므로, 타인 소유의 동산을 그의 동의를 받아 설정자가 질권을 설정한 경우에도(무권리자의 처분행위에 대한 권리자의 사전동의로서 그 처분행위는 유효한 것이 된다), 소유자가 아닌 설정자에게 반환해야 한다. 다만 소유자도 소유권에 기해 그 반환을 청구할 수는 있다. (ㄴ) 목적물로부터 우선변제권을 가지는 질권의 성질상,

---

1) 高木多喜男 외 5인, 민법강의 3 담보물권(개정판), 76면 참조.

채무의 변제와 목적물의 반환은 전자가 선행되어야 한다. 즉 동시이행의 관계에 있지 않을 뿐더러, 설정자가 질물의 반환을 청구할 때에는 유치권에서와 같이 상환으로 반환할 것이 아니라 원고 패소의 판결을 하여야 한다(통설).

Ⅲ. 동산질권의 처분

(ㄱ) 저당권의 처분에 관해 민법 제361조는, 저당권은 그것으로 담보된 채권과 분리하여 타인에게 양도하거나 다른 채권의 담보로 하지 못한다고 규정할 뿐, 질권의 처분에 관해서는 아무런 규정이 없다. 그러나 동조는 같은 담보물권인 동산질권에도 준용된다고 할 것이다. 따라서 동산질권도 피담보채권과 함께 양도할 수 있고(다만 설정자가 물상보증인인 경우에는 그의 동의가 필요하다는 것이 통설이다), 양수인이 동산질권을 승계하여 새로운 동산 질권자가 된다. (ㄴ) 동산질권의 양도에는 질권의 양도와 (피담보)채권의 양도가 포함된 것이므로, 전자에 관해서는 질물인 동산의 인도(188조·190조)가 있어야 하고, 후자에 관해서는 지명채권 양도의 대항요건을 갖추어야 채무자 또는 제3자에게 대항할 수 있다(450조).

Ⅳ. 동산질권의 소멸

(ㄱ) 질권은 물권 및 담보물권의 소멸 원인에 의해 소멸된다(예: 목적물의 멸실, 채권의 소멸). 한편 질권에 특유한 소멸 원인으로서, 질권자가 목적물을 설정자에게 반환하거나(330조·332조 참조), 질권자가 선관의무를 위반한 경우에 설정자의 소멸청구(343조 3항·324조)에 의해 소멸된다. (ㄴ) 유치권에서는, 유치권의 행사는 채권의 소멸시효의 진행에 영향을 미치지 않는 것으로 규정한다(326조). 질권에는 제326조를 준용하고 있지 않은데, 질권에서 목적물을 점유(유치)하고 있더라도 이것이 채권을 행사한 것으로 되지 않는 것은 유치권의 경우와 다를 바 없다. 그래서 통설은 질권에도 동조를 준용하여야 하는 것으로 해석한다. (ㄷ) 질권이 소멸된 때에는, 질권자는 목적물을 설정자에게 반환해야 한다.

✽ 증권에 의하여 표상되는 동산의 입질 ᵔᵔᵔᵔᵔᵔᵔᵔᵔᵔᵔᵔᵔᵔᵔᵔᵔᵔᵔᵔᵔᵔᵔᵔᵔᵔᵔᵔᵔ

(ㄱ) 「화물상환증」과 「선하증권」을 운송증권이라고 한다. 화물상환증은 육상물건 운송계약에서 운송물을, 선하증권은 해상물건 운송계약에서 운송물을 각각 표상한 유가증권이다. 그리고 「창고증권」은 창고업자에 대한 임치물을 표상한 유가증권이다. 이들 증권을 작성한 경우에는, 운송물 또는 임치물에 관한 처분은 그 증권으로써만 할 수 있고, 이 증권이 교부된 때에는 운송물 또는 임치물을 인도한 것과 동일한 효력이 있다(상법 132조·133조·157조·820조). 이들 증권에 의한 입질에 관하여는 상법에 규정이 없으나, 증권의 배서(창고증권에서는 임치인으로부터, 운송증권에서는 수하인으로부터 배서) 및 교부에 의해 위 물건(동산)에 대한 질권을 설정할 수 있다는 데 이견이 없다. 이들 질권에 의하여 우선변제를 받는 방법은 증권을 처분하거나 또는 증권상의 물건을 인도받아 이를 처분하여 변제에 충당하는 것이다. (ㄴ) 한편 환어음을 발행하면서 그 담보로 운송증

권을 첨부한 것을 「화환貨換어음」이라고 하고, 운송을 매개로 하는 매매거래에서 매도인이 대금채권을 가지고 금융을 얻는 데 활용되는데, 이때 어음할인을 해 준 은행은 위 운송증권에 대해 질권을 취득하지만, 먼저 어음상의 권리를 행사하여야 하는 점에서 다소 특이성이 있다.

제 3 항 권리질권

사례 (1) A는 B에게 2년 후를 변제기로 하는 5천만원의 금전채권이 있는데, 이 금전채권은 제3자에게 양도하지 않기로 약정을 하였다. 1년이 지난 후 자금이 필요하게 된 A는 B에 대한 위 금전채권을 C에게 입질하고 2천만원을 빌렸다. A의 변제가 없는 경우에 C는 질권을 실행할 수 있는가?

(2) 甲은행은 A에게 5억원을 대여하였고, 이에 대해 B가 乙은행에 대한 1억원 정기예금채권을 甲 앞으로 질권을 설정해 주었다. 그런데 B에게 국세 등 체납된 세금이 있어, 국가가 B의 정기예금채권에 대해 국세징수법에 따라 압류처분을 행사, 정기예금의 원리금을 추심하여 체납금에 전부 충당하였는데, 후에 그 과세처분 중 일부가 취소되어 2천만원을 한국은행에 예탁하였다. 이 2천만원 국세환급금에 대해 B의 채권자 C가 먼저 압류 및 전부명령을 받아 국가에 그 지급을 청구하였다. 이에 대해 甲은 위 국세환급금에 대해 물상대위권을 행사하였는데, 이것은 인용될 수 있는가?

(3) 甲과 乙은 부부이다. 乙은 건물의 소유를 목적으로 丙 소유의 토지를 보증금 1억원에 임차하여, 그 지상에 조립식 2층 건물을 신축하고 소유권보존등기를 경료하였다. 甲, 乙은 함께 위 건물 1층에서 전자제품 대리점을 운영하고 2층에 거주하였다. 그 후 丙은 A에게서 1억원을 차용하면서 위 토지에 관하여 A 명의의 저당권을 설정하였다. 한편 乙은 건물 신축 때문에 진 빚도 갚고 위 대리점 운영자금으로 사용하기 위하여 丁에게서 2억원을 차용하면서, 丙에 대한 위 보증금반환채권에 질권을 설정하고 그 사실을 丙에게 통지하였다. 위 토지 임대차기간 만료시 토지 소유자 丙에게 주장할 수 있는 丁의 권리에 관하여 논하시오. (제50회 사법시험, 2008)

(4) 1) 甲은 2017. 3. 21. 乙과 乙 소유의 X아파트를 임대차보증금 2억원, 임대차기간 2017. 4. 1.부터 2019. 3. 31.까지 임차하는 내용의 임대차계약을 체결하고, 2017. 4. 1. 임대차보증금 2억원을 지급하고 X아파트를 인도받아 당일 전입신고를 하고, 임대차계약서에 확정일자를 받았다.

2) 甲은 2017. 4. 3. 丙으로부터 1억 5천만원을 이자 없이 변제기 2018. 3. 31.로 정하여 차용하면서 丙에게 위 임대차보증금 반환채권 중 1억 5천만원에 대해 질권을 설정해 주었다. 乙은 2017. 4. 4. 甲과 丙을 만나 위 질권설정을 승낙하고, 임대차 종료 등으로 임대차보증금을 반환하는 경우 질권이 설정된 1억 5천만원은 丙에게 직접 반환하기로 약정하였다.

(가) 1) 乙은 2019. 3. 20. X아파트를 丁에게 매도하면서 丁이 위 임대차관계를 승계하는 특약을 맺었고, 같은 날 丁 명의로 소유권이전등기를 마쳤다. 그런데 위 차용금의 변제기가 지나도 甲이 변제를 하지 않자, 丙은 2019. 5. 1. 乙을 상대로 질권이 설정된 1억 5천만원의 지급을 구하는 소를 제기하였다. 이에 대해 乙은 ① 민법 제347조(설정계약의 요물성)에 근거해 임대차계약서가 채권증서에 해당함에도 불구하고 丙이 이를 甲으로부터 받지 못해 유효한 질권을 취득하지 못하였다고 주장하고, ② 임대차 승계 특약을 하였으므로 자신은 면책되고, ③ 그것이 아니더라도 주

택임대차보호법에 따라 丁이 임대인 지위를 승계하였으므로 자신은 면책된다고 항변하였다. 2) 丙의 청구의 타당성 여부를 먼저 검토한 후, 乙의 위 각 항변의 당부를 판단하여 위 청구에 대한 법원의 결론을 그 이유를 들어 검토하시오. (30점)

(나) 1) 乙은 2019. 3. 20. 임차인 甲에게 X아파트를 3억원에 매도하기로 매매계약을 체결하면서 매매대금 3억원 중 2억원은 임대차보증금 2억원과 상계하기로 합의하고, 나머지 1억원은 甲이 乙에게 당일 직접 지급하고서 2019. 3. 21. 乙은 甲 명의로 소유권이전등기를 마쳐주고 당일 임대차계약을 해지하였다. 그런데 위 차용금의 변제기가 지나도 甲이 변제를 하지 않자, 丙은 2019. 5. 1. 乙을 상대로 질권이 설정된 1억 5천만원의 지급을 구하는 소를 제기하였다. 이에 대해 乙은 ① X아파트를 이미 甲에게 매도하였으므로 자신은 면책되었고, ② 甲과 맺은 상계 합의로 임대차보증금 반환채무는 소멸되었다고 주장한다. 2) 乙의 위 각 항변의 당부를 판단하여 丙의 청구에 대한 결론을 그 이유를 들어 검토하시오. (20점) (2020년 제1차 변호사시험 모의시험) 해설 p. 375

Ⅰ. 총 설

1. 권리질권의 의의

(1) 물건이 아닌 권리(재산권)를 목적으로 하는 질권을 '권리질권'이라고 한다($\binom{345조}{이하}$). 질권은 본래 유체물을 중심으로 하여 발달한 것이지만, 재산권도 담보로서의 가치를 가지는 것으로 부각되면서 동산질권과는 따로 권리질권을 인정하게 되었다.

(2) 권리질권은 '권리'를 목적으로 하는 점에서 동산질권과는 다음의 점에서 차이가 있다. (ㄱ) 물건의 점유를 통해 변제를 간접적으로 강제하는 유치적 효력은 크지 않으며, 설정자로 하여금 채권의 변제를 받지 못하도록 하는 소극적인 것에 그친다. (ㄴ) 권리질권도 물권이어서 공시를 필요로 하는데, 그 객체가 권리인 점에서 특별한 공시방법이 마련되고, 또 우선변제를 받기 위한 권리실행 방법을 달리한다. 그런데 우선변제의 측면에서는 권리질권이 동산질권에 비해 상대적으로 우위에 있다. 특히 증권적 채권에 대한 질권의 경우 간편하고도 확실하게 우선변제를 받는 것이 보장되는 점에서 그러하다.

2. 권리질권의 목적

a) 원 칙 질권은 그 대상을 환가함으로써 피담보채권의 우선변제를 받는 데 그 목적이 있으므로, 권리질권의 목적은 「재산권」으로서 「양도성」이 있는 것에 한한다($\binom{345조 \text{ 본문} \cdot}{355조 \cdot 331조}$). 여기에 해당하는 것으로는 '채권·주식·지식재산권'이 있는데, 민법에서 규율하는 것은 채권을 대상으로 하는 질권이다(주식은 상법에서, 지식재산권은 각각 관계 법률에서 따로 규율한다).

b) 예 외 양도성 있는 재산권 중에도 다음의 것은 권리질권의 목적이 될 수 없다. (ㄱ) 부동산의 사용·수익을 목적으로 하는 권리로서($\binom{345조}{단서}$), 지상권·전세권·부동산 임차권 등이 그러하다. 이것은 우리 민법이 부동산질권을 인정하지 않는 것과 그 취지를 같이하는 것이다. 민법은 특히 지상권 또는 전세권은 질권이 아닌 저당권의 목적이 되는 것으로 규정한다($\binom{371}{조}$).

부동산에 준해 취급되는 광업권이나 어업권 등도 마찬가지이다$\binom{광업법\ 11조,}{수산업법\ 16조}$. (ㄴ) 소유권의 경우, 동산 소유권을 목적으로 하는 것이 동산질권이므로, 따로 소유권이라는 권리만을 목적으로 하여 질권을 설정할 수는 없다. (ㄷ) 지역권은 요역지와 분리하여 양도하거나 다른 권리의 목적으로 하지 못하므로$\binom{292조}{2항}$, 권리질권의 목적이 될 수 없다.

3. 권리질권의 설정방법

> 제346조 〔권리질권의 설정방법〕 권리질권의 설정은 법률에 다른 규정이 없으면 그 권리의 양도에 관한 방법에 의하여야 한다.

본조는 구민법에는 없던 신설 조문으로서, '법률에 다른 규정이 없는 때에 한해' 「권리의 양도」를 「질권설정의 공시방법」으로 삼는 데에 그 의의가 있다. 그런데 민법은 채권질권의 설정방법을 따로 정하고 있으므로$\binom{347조\sim}{351조}$, 이 한도에서는 본조는 그 적용이 없다고도 할 수 있다. 그런데 반면 민법은 지명채권·지시채권·무기명채권의 양도방법을 따로 정하고 있고$\binom{450조\cdot508}{조\cdot523조}$, 채권질권의 설정방법에 관한 규정$\binom{349조\sim}{351조}$은 그것과 그 내용이 동일한 점에서, 본조는 일반규정으로서 의미가 있으며 오히려 민법 제349조 내지 제351조가 불필요한 중복규정이라고 볼 수 있다.

4. 동산질권에 관한 규정의 준용

권리질권에는 그에 관한 규정$\binom{345조\sim}{354조}$ 외에 동산질권에 관한 규정을 준용한다$\binom{355}{조}$. 채권의 담보를 위해 목적인 권리를 배타적으로 지배하는 점에서 동산질권과 본질적으로 같다고 볼 수 있기 때문이다. 동산질권에 관한 규정이 준용되는 것으로는 '목적물의 양도성, 질권의 순위, 피담보채권의 범위, 유치적 효력, 전질권, 유질계약의 금지, 질물 이외의 재산으로부터의 변제, 물상보증인의 구상권, 물상대위' 등이다. 그 밖에 채권 질권자는 교부받은 채권증서를 선량한 관리자의 주의로 보관하고, 피담보채권이 소멸되면 이를 설정자에게 교부하여야 하며, 동산질권에서의 소멸청구도 권리질권에 준용된다$\binom{355조\cdot343}{조\cdot324조}$. 또 동산질권에 준용되는 동산 소유권의 선의취득에 관한 규정도 권리질권에 준용된다$\binom{343조\cdot249조\sim}{251조\cdot355조}$(다만, 지시채권과 무기명채권의 선의취득에 대해서는 따로 특칙을 두고 있다$\binom{514조\cdot}{524조}$). 그러나 동산질권에서 우선변제권을 실행하는 방법으로서의 '경매와 간이변제충당'$\binom{338}{조}$은 권리질권에는 준용되지 않는다. 권리질권에서는 민법 제353조에서 따로 특칙을 두고 있기 때문이다.

Ⅱ. 채권질권

1. 채권질권의 목적이 되는 「채권」

a) 대 상   채권질권의 목적이 될 수 있는 것은 '양도할 수 있는 채권'이다$\binom{345조\cdot355}{조\cdot331조}$. 조건

부·기한부 채권, 장래의 채권(예: 장래의 보험금청구권), 금전채권, 동산인도 채권도 채권질권의 목적이 될 수 있다. 채권은 양도할 수 있는 것이 원칙이므로($^{449조 1}_{항 본문}$), 원칙적으로 질권의 목적이 될 수 있다. 한편 채권은 질권자 자신에 대한 것이라도 무방하다. 은행이 대출채권의 담보로 자기에 대한 예금채권을 질권의 목적으로 하는 것이 그러하다.

b) 예 외　채권이라도 양도할 수 없는 것은 질권의 목적이 되지 못한다. (ㄱ) 채권의 성질상 양도할 수 없는 것이 있다($^{449조 1}_{항 단서}$). 예컨대, 특정인의 초상을 그리게 하는 채권, 부작위채권, 특정의 채권자 사이에 결제되어야 할 채권(예: 상호계산하기로 된 채권($^{상법}_{72조}$)), 채무자의 승낙이 있어야 양도할 수 있는 채권($^{610조 2항·629조 1항·}_{657조 1항·682조 1항}$) 등이 그러하다. (ㄴ) 채권은 당사자의 약정으로 양도할 수 없는 것으로 할 수 있지만 이로써 선의의 제3자에게 대항할 수는 없기 때문에 ($^{449조}_{2항}$), 질권자가 그 특약을 모르고 질권을 설정한 경우에는 유효하게 질권을 취득한다. (ㄷ) 법률에서 명문으로 그 양도를 금지하는 것이 있다. 위자료청구권($^{806조 3항·843}_{조·908조}$), 부양청구권($^{979}_{조}$), 근로기준법에 의한 보상청구권($^{동법}_{86조}$) 등이 그러하다.

2. 채권질권의 설정방법

(1) 일반적 요건

a) 질권설정계약과 공시방법　동산질권과 마찬가지로 채권질권에서도 질권자가 될 채권자와 설정자(제3채무자에게 채권을 가지는 자) 사이에 질권설정계약을 맺어야 한다. 그리고 채권질권도 물권이므로 공시가 필요한데, 그 대상이 물건이 아닌 채권인 점에서 후술하는 바와 같이 특별한 공시방법이 마련되어 있다.

b) 채권증서의 교부　「채권을 질권의 목적으로 하는 경우에 채권증서가 있을 때에는 질권의 설정은 그 증서를 질권자에게 교부하여야 효력이 생긴다」($^{347}_{조}$). (ㄱ) 지시채권과 무기명채권에 대한 질권의 설정은 그 증서를 교부해야 효력이 생기는 것으로 따로 정하고 있으므로($^{350조·}_{351조}$), 동조는 '지명채권'에 대해 질권설정을 하는 경우에 적용된다. 지명채권에서 채권증서는 채권의 존재를 증명하는 문서에 지나지 않고 채권의 실체를 좌우하는 것은 아니지만, 동산질권에서 동산의 인도를 통해 질권의 설정을 공시하는 것($^{330}_{조}$)에 대응하여, 채권증서가 있을 때에는 이를 질권자에게 교부함으로써 지명채권에 대한 질권의 설정을 외부에 공시하려는 데그 취지가 있다.[1] (ㄴ) 본조의 의의에 대해 학설은 대체로 비판적이다.[2] 그래서 통설은 지명채권의 입질에서 채권증서의 교부에는 점유개정이 가능하고(즉 권리질권에는 동산질권에 관한 규

---

1) 판례는, 임대차보증금 반환채권에 대해 질권을 설정받으면서 채권자가 임대차계약서를 교부받지 않은 사안에서, 민법 제347조 소정의 '채권증서'는 채권의 존재를 증명하는 문서로서 장차 변제 등으로 채권이 소멸되면 민법 제475조에 따라 채무자가 채권자에게 그 반환을 청구할 수 있는 것을 말하는데, 임대차계약서는 임대인과 임차인의 권리의무관계를 정한 약정서일 뿐 임대차보증금 반환채권의 존재를 증명하기 위해 임대인이 임차인에게 제공한 문서는 아니어서 위 채권증서에는 해당하지 않는 것으로 보았다. 다시 말해 설사 임대차계약서를 교부받지 않았다고 하더라도 그것은 채권증서가 아니므로 또 달리 채권증서가 없는 이상, 위 질권은 유효하게 성립한 것으로 보았다(대판 2013. 8. 22, 2013다32574).

2) 지명채권에 대한 질권설정의 공시방법으로 따로 통지나 승낙이라는 대항요건이 정해져 있기 때문에(349조 1항), 그 외에 채권증서의 교부를 질권설정의 요건으로 삼을 필요는 없다는 비판이 있다(민법주해(Ⅵ), 425면(정동윤)).

정이 준용되지만($^{355}_{조}$), 제332조는 준용되지 않는다고 한다), 증서를 반환하더라도 질권은 소멸되지 않는 것으로 해석한다.[1]

(2) 각종 채권에 관한 공시방법

a) **지명채권** 「① 지명채권을 목적으로 한 질권의 설정은 설정자가 제450조(지명채권양도의 대항요건)의 규정에 의하여 제3채무자에게 질권설정의 사실을 통지하거나 제3채무자가 이를 승낙함이 아니면 이로써 제3채무자 기타 제3자에게 대항하지 못한다. ② 제451조(지명채권양도의 승낙·통지의 효과)의 규정은 전항의 경우에 준용한다」($^{349}_{조}$). (ㄱ) 질권설정에서 제3채무자나 제3자는 당사자가 아니다. 그래서 본조는 지명채권을 입질한 경우에 질권자가 제3채무자에게 질권을 주장하거나, 또 질권자와 그 지위가 충돌하는 제3자 사이에 그 우열을 정하기 위해 대항요건을 정한 것이다. (ㄴ) 질권자가 지명채권의 입질을 「제3채무자」에게 대항하기 위해서는, 설정자가 제3채무자에게 질권설정 사실을 통지하거나 제3채무자가 질권설정을 승낙하여야 한다($^{349조\ 1항·}_{450조\ 1항}$). 그리고 다른 「제3자」(예: 채권의 양수인 등)에게 대항하기 위해서는, 위 통지나 승낙은 확정일자 있는 증서에 의하여야 한다($^{349조\ 1항·}_{450조\ 2항}$). (ㄷ) 위 통지나 승낙의 효력에 관해서는 민법 제451조를 준용하므로($^{349조}_{2항}$), 제3채무자는 그 통지를 받을 때까지 설정자에 대하여 생긴 사유로써 질권자에게 대항할 수 있으나($^{451조}_{2항}$), 제3채무자가 이의를 달지 않고 승낙한 때에는 설정자에게 대항할 수 있는 사유로써 질권자에게 대항할 수 없다($^{451조}_{1항}$).[2]

〈판 례〉 (ㄱ)「민법 제451조 1항이 거래의 안전을 위한 규정인 점에서, 채권에 대한 질권의 설정에 관하여 이의를 달지 않고 승낙을 하였더라도 질권자가 악의 또는 중과실에 해당하는 한 채무자의 승낙 당시까지 질권설정자에 대하여 생긴 사유로써 질권자에게 대항할 수 있다. 그런데 보험금청구권은 보험자의 면책사유 없는 보험사고에 의하여 피보험자에게 손해가 발생한 경우에 비로소 권리로서 구체화되는 정지조건부 권리이고, 이러한 보험금청구권에 대한 질권설정에 채무자가 한 승낙은 당연히 그것을 전제로 하고 있다고 보아야 하고, 그 질권자도 그러한 사실을 알고 있었다고 보아야 할 것이어서, <u>보험자가 비록 보험금청구권에 대한 질권설정 승낙시에 면책사유에 대한 이의를 달지 않았다 하더라도 보험계약상의 면책사유를 질권자에게 주장할 수 있다</u>」($^{대판\ 2002.\ 3.\ 29,}_{2000다13887}$). (ㄴ) 丙은 甲은행에 대한 예금채권을 乙에게 질권설정하였고, 이를 甲이 승낙하였는데, 그 후 질권자인 乙로부터 질권 해제 통지서를 받은 직후 (그러나 乙과 丙 사이에 합의해지가 이루어지지는 않았다) 甲이 질권설정자인 丙에게 예금을 지급한 사안이다. 대법원은 다음과 같은 법리로써 선의인 甲은행은 丙에 대한 변제의 유효를 乙에게도 주장할 수 있다고 보았다. 즉,「① 지명채권에 대한 질권설정의 경우 채권양도에 있어서의 승낙, 통지의 효과와 관

---

1) 우리 민법 제347조는 구민법 제363조와 같은 내용의 것이다. 그런데 일본에서는 동조에 대해 다음과 같은 문제가 있는 것으로 지적되었다. 즉 언제나 채권증서가 존재하는 것은 아니므로 질권의 설정에서 채권증서의 교부가 필요한지 여부가 분명치 않고, 채권증서가 존재하는 때에도 이를 숨기고 교부하지 않으면 질권설정은 무효가 되며, 지명채권의 종류에 따라서는 무엇이 채권증서인지 명확하지 않다는 것이다. 그래서 2003년에 일본 민법을 개정하면서, 동조를 채권의 양도에 증서의 교부가 요구되는 채권에 한해 증서의 교부가 필요한 것으로 정하였고, 따라서 지명채권에 대한 질권의 설정에는 그 증서의 교부가 요건이 아닌 것으로 개정하였다(양창수, "최근의 일본민법 개정", 저스티스(77호), 36면 이하).

2) 판례: 은행 대리가 허위의 정기예금통장을 만들어 가공의 정기예금에 대한 질권설정에 관해 단순 승낙을 한 사안에서, 은행은 질권자에게 정기예금채무의 부존재를 이유로 대항할 수 없다고 보았다(대판 1997. 5. 30, 96다22648).

련한 민법 제451조의 규정을 준용하고 있는데$\binom{349조}{2항}$), 민법 제452조 1항 역시 유추적용된다. 한편 지명채권의 양도 통지 후 그 양도계약이 해제나 합의해제된 경우에는 채권양수인이 채무자에게 그 사실을 통지하여야만 채권양도인이 원래의 채무자에 대해 양도 채권으로 대항할 수 있는데, 이러한 법리는 지명채권에 대한 질권설정의 경우에도 마찬가지로 적용된다. ② 따라서 제3채무자가 질권설정 사실을 승낙한 후 그 질권설정계약이 합의해지된 경우, 질권설정자가 그 해지를 이유로 제3채무자에게 원래의 채권으로 대항하려면 질권자가 제3채무자에게 해지 사실을 통지하여야 한다. 그리고 그 통지를 하였다면, 설사 아직 해지가 되지 않았다고 하더라도 선의인 제3채무자는 질권설정자에게 대항할 수 있는 사유로 질권자에게 대항할 수 있다. 이 경우 그 해지 통지를 믿은 제3채무자의 선의는 추정되므로, 제3채무자가 악의라는 점은 그 선의를 다투는 질권자가 증명할 책임이 있다」$\binom{대판\ 2014.\ 4.\ 10,}{2013다76192}$).

b) 지시채권　　지시채권(예: 어음 · 수표 · 화물상환증 · 선하증권 등)을 목적으로 한 질권의 설정은 증서에 배서하여 질권자에게 교부해야 효력이 생긴다$\binom{350}{조}$).

c) 무기명채권　　무기명채권(예: 무기명사채 · 상품권 · 무기명 양도성 정기예금증서 등)을 목적으로 한 질권의 설정은 증서를 질권자에게 교부해야 효력이 생긴다$\binom{351}{조}$).

d) 저당권부 채권　　「저당권으로 담보된 채권을 질권의 목적으로 한 경우에는, 그 저당권 등기에 질권의 부기등기를 하여야 질권의 효력이 저당권에 미친다」$\binom{348}{조}$). (ㄱ) 저당권으로 담보된 채권도 지명채권이므로 지명채권 양도의 방식에 의해 질권을 설정할 수 있고$\binom{349}{조}$), 또 담보물권의 수반성에 의해 그 저당권에도 채권질권의 효력이 미치는 것이 원칙이다. 그런데 저당권에 의해 담보된 채권에 질권을 설정하였을 때 저당권의 수반성에 따라 권리질권이 당연히 저당권에도 효력이 미친다고 한다면, 공시의 원칙에 어긋나고, 그 저당권에 의해 담보된 채권을 양수하거나 압류한 사람, 저당부동산을 취득한 제3자 등에게 예측할 수 없는 질권의 부담을 지울 수 있어 거래의 안전을 해칠 수 있다. 그래서 민법 제348조는 저당권등기에 질권의 부기등기를 하여야만 질권의 효력이 저당권에 미치도록 한 것이고(그러한 부기등기를 하지 않은 경우, 질권은 저당권 없는 채권에만 그 효력이 미친다), 이는 민법 제186조에서 정하는 물권변동에 해당한다. (ㄴ) 민법 제348조의 취지에 비추어 보면, 담보가 없는 채권에 질권을 설정한 다음 그 채권을 담보하기 위해 저당권을 설정한 경우에도 다를 것이 없다. 즉 이 경우에도 민법 제348조가 유추적용되어 저당권등기에 질권의 부기등기를 하지 않으면 질권의 효력이 저당권에 미친다고 볼 수 없다」$\binom{대판\ 2020.\ 4.\ 29,}{2016다235411}$). 1)

e) 질권부 채권　　(ㄱ) 질권으로 담보된 채권, 즉 질권부 채권을 질권의 목적으로 하는 것에 관해서는, 저당권부 채권의 경우와는 달리, 권리질권의 절에서 따로 정하고 있지 않다. 그런데 전질의 법적 성질을 '채권 · 질권 공동입질설'로 보는 경우에는, 이것은 질권부 채권의 입질

---

1) 이 판례의 사실관계는 다음과 같다. 甲 회사가 모회사인 乙 회사가 丙에 대해 부담하는 채무를 담보하기 위해 丁에 대한 임대차보증금 반환채권에 관해 丙과 근질권설정계약을 체결한 다음, 위 임대차보증금 반환채권을 담보하기 위해 丁으로부터 임대차 목적물에 근저당권을 설정 받았다. 이후 근저당권 설정등기가 해지를 원인으로 말소되자, 丙이 근질권의 효력은 위 근저당권에도 미치는데 자신의 동의 없이 근저당권이 말소됨으로써 자신의 근질권이 침해되었다는 이유로 근저당권 말소등기의 회복을 구한 것이다. 이에 대해 위 판례는 위와 같은 이유로 丙의 청구를 이유 없다고 보았다. / * 2021년 제3차 변호사시험 모의시험 민사법(사례형) 2문의4는 위 판례를 출제한 것이다.

과 같은 것이므로, 결국 이에 관해서는 민법 제336조와 제337조가 적용되는 것으로 볼 수 있다. (ㄴ) 질권부 채권의 입질에는 채권의 입질과 질권(동산질권과 채권질권)의 입질이 포함되는 것이므로, 그에 따른 요건을 각각 갖추어야 한다.

3. 채권질권의 효력

(1) 효력의 범위

a) **피담보채권의 범위** 이에 관해서는 민법 제334조가 준용된다($\binom{355}{조}$).

b) **질권의 효력이 미치는 범위** (ㄱ) 입질채권이 이자 있는 것인 때에는 그 이자채권에도 효력이 미친다($\binom{100조 2}{항 참조}$). 따라서 원본과는 따로 지분적 이자채권의 변제기가 도래한 때에는 질권자는 이를 직접 추심하여, 먼저 피담보채권의 이자에 충당하고 그 나머지가 있으면 원본에 충당한다($\binom{355조·343}{조·323조}$). (ㄴ) 입질채권의 담보로서 보증채무 또는 담보물권이 있는 때에는 질권은 그것에도 효력이 미친다. 다만 저당채권의 경우에는 민법 제348조에 특칙이 있으며, 질권부 채권의 경우에는 목적물의 인도가 있어야 한다. (ㄷ) 채권질권에도 물상대위가 인정된다($\binom{342조·}{355조}$). 그러한 예로, 甲이 乙에 대한 특정물 인도청구권을 丙에게 입질하였는데 丁이 그 물건을 멸실시킴으로써 乙이 丁에게 손해배상청구권을 가지거나(따라서 丙의 채권질권은 이 손해배상청구권에 효력이 미친다), 유가증권인 채권의 멸실로 인한 보험금청구권을 든다($\binom{김증한·김학}{동, 501면}$).

(2) 질권설정자의 권리처분제한

a) 질권자는 추심권능과 환가권이 있으므로($\binom{353조·}{354조}$), 이를 보호하기 위해 민법 제352조는, 질권설정자는 질권자의 동의 없이 질권의 목적이 된 권리를 소멸시키거나 질권자의 이익을 해치는 변경을 할 수 없다고 정한다. 따라서 질권설정자는 채권을 추심하거나 변제의 수령·면제·상계·경개를 할 수 없다. 그리고 이행청구의 소를 제기할 수도 없다(그러나 채권의 처분을 가져오지 않는 것, 예컨대 소멸시효의 중단을 위해 질권설정자가 채권의 확인을 구하는 것은 무방하다). 이를 위반하는 행위는 질권자에 대해 무효이다(질권자 아닌 제3자가 그 무효를 주장할 수는 없다)($\binom{대판 1997. 11.}{11, 97다35375}$). 이에 대해 '질권의 목적인 채권의 양도행위'는 민법 제352조 소정의 질권자의 이익을 해치는 변경에 해당되지 않으므로 질권자의 동의를 요하지 않는다(질권의 부담을 안고 채권을 양수한 것이어서 질권의 존속에는 영향이 없으므로)($\binom{대판 2005. 12. 22,}{2003다55059}$).

b) 민법 제352조는 '제3채무자'의 행위에 관하여는 규율하고 있지 않다. 제3채무자에 대하여는 전술한 민법 제349조가 이를 규율한다. 즉 제3채무자가 질권설정 사실을 통지받거나 질권설정을 승낙한 이후에는, 그가 질권설정자에게 변제하거나 질권설정자와 상계합의를 함으로써 질권의 목적인 채무를 소멸시키더라도 질권자에게는 대항하지 못한다(질권자는 여전히 제3채무자에 대해 직접 채무의 변제를 청구할 수 있다)($\binom{대판 2018. 12. 27,}{2016다265689}$).

(3) 유치적 효력

동산질권에서 유치적 효력은 채권질권에도 준용된다($\binom{355조·}{335조}$). 그러나 양자는 그 대상이 다른 점에서 유치적 효력의 내용도 다를 수밖에 없다. 즉 동산질권에서는 질권자가 동산을 점유함으로써 그 사용가치를 빼앗는 것이지만, 권리질권에서는 사용가치는 문제되지 않고 질권자가 채권증서를 소지함으로써 설정자가 그 권리를 처분할 수 없도록 한다. 이 점에서 증권적 채권의 경우에는 증권에 의해서만 권리를 행사할 수 있으므로 유치적 효력이 나름대로 의미를 갖지만(따라서 그 증권을 질권설정자에게 반환하면 질권은 소멸된다), 지명채권의 경우에는 민법 제349조에 의한 질권설정의 통지 등을 통해 대항요건과 공시방법을 갖춘다는 점에서 채권증서의 소지는 큰 의미를 갖지 못한다.

(4) 우선변제권 … 채권질권의 실행방법

> **제353조 〔질권의 목적이 된 채권의 실행방법〕** ① 질권자는 질권의 목적이 된 채권을 직접 청구할 수 있다. ② 채권의 목적물이 금전인 경우에는 질권자는 자기 채권의 한도에서 직접 청구할 수 있다. ③ 전항의 채권의 변제기가 질권자의 채권의 변제기보다 먼저 도래한 때에는 질권자는 제3채무자에게 변제금액의 공탁을 청구할 수 있다. 이 경우 질권은 그 공탁금에 존재한다. ④ 채권의 목적물이 금전 이외의 물건인 경우에는 질권자는 변제받은 물건에 대하여 질권을 행사할 수 있다.
>
> **제354조 〔민사집행법에 따른 질권의 실행〕** 질권자는 전조의 규정에 의하는 외에 민사집행법에서 정한 집행방법에 따라 질권을 실행할 수 있다.

민법은 채권질권의 실행방법으로 「채권의 직접청구」($^{353}_{조}$)와 「민사집행법에 의한 집행방법」($^{354}_{조}$) 두 가지를 인정한다(민법 제355조는 권리질권에는 동산질권에 관한 규정을 준용한다고 정하고 있지만, 동산질권의 실행방법을 채권질권에 준용할 수 있는 것은 없어, 결국 채권질권은 민법 제353조와 제354조에 의해서만 실행할 수 있다). 유의할 것은, 전자에 의할 수 있는 경우에도 후자의 방법을 취하는 것은 허용되며, 또 권리의 종류에 따라서는 후자의 방법에 의해서만 실행할 수 있는 것이 있다. 그런데 후자는 강제집행의 절차를 거치는 점에서 전자와는 다르다.

가) 채권의 직접 청구

a) 질권자는 질권의 목적이 된 채권을 직접 청구할 수 있다($^{353조}_{1항}$). (ㄱ) '직접'이란, 제3채무자에 대한 집행권원이나 질권설정자로부터의 추심 위임 등을 요하지 않고 질권자가 질권에 기해 자신의 이름으로 청구하는 것을 말한다. 그리고 '청구한다' 함은, 단순히 이행을 최고하는 데 그치는 것이 아니라, 받은 금액을 채무자의 다른 일반채권자에 우선하여 피담보채권의 변제에 충당할 수 있는 것을 말한다. (ㄴ) 질권자는 직접 청구를 하여 자기 채권의 변제에 충당하고 그 한도에서 질권설정자에 의한 변제가 있었던 것으로 보므로, 이 범위에서는 <u>제3채무자의 질권자에 대한 지급으로써 제3채무자의 질권설정자에 대한 급부가 이루어질 뿐만 아니라 질권설정자의 질권자에 대한 급부도 이루어진 것이 된다</u>($^{대판 2015. 5. 29.}_{2012다92258}$).[1] (ㄷ) 지명채권을 입질한

---

1) (ㄱ) A는 그 소유 윤전기와 공장 건물에 대해 甲손해보험회사와 화재보험계약을 체결하고, 장래의 보험금청구권에 대해 B은행 앞으로 대출금채권의 담보로 채권최고액 1,500,000,000원인 질권을 설정해 주고 甲은 이를 승낙하였다. 그 후 화재가 나 윤전기와 공장 건물이 소실되었는데, A의 대표이사와 직원 등이 윤전기의 가격이 부풀려진 허위의 손해 사정 자료를 甲에게 제출하여, 甲은 이를 근거로 보험금을 1,741,111,144원으로 결정하고, 그중 채권최고액 1,500,000,000원은 B은행에, 나머지 241,111,144원은 A에게 각 지급하였다. B은행은 위 1,500,000,000원 중 피담보

경우에는, (그리고 이 사실을 채무자(질권설정자)가 제3채무자에게 통지한 경우에는) 제3채무자는 채무자에 대한 항변사유로써 (직접 청구를 하는) 질권자에게 대항할 수 있다($\frac{349조}{2항}$). (ㄹ) 질권자가 직접 청구를 하였는데도 제3채무자가 변제하지 않는 경우에는, 질권자는 제3채무자를 상대로 이행청구의 소를 제기할 수밖에 없다. 그러나 그 경우 제3채무자의 일반재산에 대해서는 질권에 기한 우선변제권을 주장할 수는 없고 일반채권자의 지위에서 배당을 받을 수 있을 뿐이다. 채권 질권자는 채무자가 제3채무자에게 갖는 채권에 대해 채무자의 다른 일반채권자에 우선하여 변제받을 수 있는 직접청구권이 있을 뿐이고, 제3채무자의 일반재산에 대해서는 우선변제를 받을 아무런 담보권이 없기 때문이다. 이 점에서 특히 지급이 확실치 않은 지명채권의 경우는 제3채무자의 변제와 자력에 의존하는 점에서 채권질권의 실효성은 크지 않다.

b) 직접 청구의 세부적인 내용으로서, 민법 제353조는 질권의 목적이 된 채권이 금전인 경우와 금전 외의 것인 경우로 나누어, 그 실행방법을 달리 정한다. (ㄱ) 금 전: ① 채권의 목적물이「금전」인 경우에는, 질권자는 '자기 채권의 한도'에서 직접 청구할 수 있고($\frac{353조}{2항}$), 받은 금액을 다른 일반채권자에 우선하여 피담보채권의 변제에 충당할 수 있다. 그런데 무기명채권에 질권을 설정하였을 경우에는, 채권자는 피담보채권의 내용과 관계없이 그 액면금 전액을 청구할 수 있다($\frac{대판\ 1972.\ 12.}{26,\ 72다1941}$). ② 입질채권入質債權의 변제기가 질권자의 채권의 변제기보다 먼저 도래한 경우에는 질권자는 직접 청구를 하지는 못한다. 이 경우 질권자는 제3채무자에게 변제할 금액의 공탁을 청구할 수 있고, 질권은 이 공탁금에 존재한다($\frac{353조}{3항}$).[1] (ㄴ) 물 건: 채권의 목적물이「물건」인 경우에는, 질권자는 변제받은 물건에 대해 질권을 행사할 수 있다($\frac{353조}{4항}$). 즉 채권이 물건의 급부를 목적으로 하는 경우, 질권자는 제3채무자에게 직접 자기에게 인도할 것을 청구할 수 있다($\frac{353조}{1항}$). 질권자가 그 물건을 인도받으면 종래의 채권질권은 따로 목적물에 관한 질권설정의 합의 없이도 '동산질권'으로 존속하게 되고, 이후에는 동산질권의 실행방법에 따르게 된다. 그런데 급부할 물건이 '부동산'인 경우에는(예: 부동산 인도청구권) 그 청구에 따라 부동산질권의 결과를 가져오게 되는데, 우리 민법이 부동산질권을 인정하지 않으므로, 이에 관하여는 질권을 설정할 수 없다($\frac{통}{설}$).

채권액 1,075,000,000원은 A에 대한 대출금채권의 변제에 충당하고 나머지 425,000,000원은 곧바로 A에게 반환하였다. 그런데 甲의 보험약관에는 허위의 손해 사정 자료를 제출한 경우 A는 보험금청구권을 상실하는 것으로 규정되어 있었고, 甲은 이에 기초하여 B은행을 상대로 1,500,000,000원에 대한 부당이득의 반환을 구한 것이다. (ㄴ) 이에 대해 대법원은, 甲이 B은행에 1,500,000,000원을 지급한 것은 甲의 A에 대한 보험금 지급과 A의 B은행에 대한 대출금채무의 변제가 함께 이루어진 것이 되는데, 전자의 보험금 지급이 무효라고 하더라도 그것이 후자에까지 영향을 미쳐 甲이 직접 B은행에 부당이득의 반환을 구할 수는 없다고 하였다. 다만, 채권최고액에서 피담보채권액을 공제한 425,000,000원에 대해서는 부당이득이 성립할 수 있지만, B은행이 이를 A에게 반환한 이상 이득을 본 것도 없어 이 부분에 대한 부당이득도 성립하지 않는 것으로 보았다(甲은 보험금 전액에 대해 A에게 부당이득의 반환을 구하여야 한다).

1) 이 경우 제3채무자가 변제공탁(487조)을 할 수는 있는가? 지명채권에 대한 질권설정에 관해 제3채무자에게 통지하거나 그의 승낙을 받은 때에는, 제3채무자는 질권설정자에게 변제하여도 질권자에게 대항하지 못한다. 그렇다면 질권설정자는 변제수령권한이 없다고 할 것이어서 그에 대한 변제공탁도 발생할 여지가 없다고 할 것이다(그런데 양창수 · 김형석, 권리의 보전과 담보(제4판), 380면에서는 변제공탁 할 수 있다고 하는데, 의문이다). 이 점에서 질권자에게 제3채무자에 대한 공탁청구권을 부여한 민법 제353조 3항은 의미가 있다.

나) 민사집행법에 의한 집행방법

(ㄱ) 질권자는 직접 청구 외에 민사집행법에서 정한 집행방법에 따라 질권을 실행할 수 있다($\frac{354}{조}$). 채권의 추심 · 전부轉付 · 환가의 세 방법이 그것이다($\frac{민사집행법}{223조\ 이하}$). 어느 것이든 질권의 실행으로서 하는 것이므로 확정판결과 같은 집행권원은 필요하지 않다. 질권의 존재를 증명하는 서류를 제출하면 된다($\frac{민사집행법}{273조\ 1항}$). (ㄴ) 민사집행법에 의한 집행방법은 민법에 따라 채권의 직접 청구를 할 수 없는 경우, 예컨대 주식에 대한 질권의 실행으로서 환가를 하는 경우에 특히 그 실익이 있다.

Ⅲ. 그 밖의 권리질권

1. 사채와 주식에 대한 질권

(1) 사채社債에는 기명식과 무기명식이 있다($\frac{상법}{480조}$). 기명사채는 지명채권의 일종인데, 상법은 입질의 대항요건에 관해 특칙을 두고 있다. 즉 질권자의 성명과 주소를 사채원부에 기재하고 그 성명을 채권債券에 기재하지 않으면 회사 그 밖의 제3자에게 대항하지 못한다($\frac{상법}{479조}$). 무기명사채는 무기명채권으로서 그 입질은 그 채권債券을 질권자에게 교부해야 효력이 생긴다($\frac{351}{조}$).

(2) 구민법($\frac{364조}{2항}$)은 기명주식의 입질에 관해 지명채권 양도의 대항요건을 적용하는 것으로 정하였는데, 현행 민법에는 그러한 규정이 없고, 주식에 대한 질권설정과 효력은 전적으로 상법에서 규정한다. (ㄱ) 주식에는 무기명주식과 기명주식이 있다. 무기명주식은 무기명채권에 준하는 것으로서, 주권을 질권자에게 교부해야 효력이 생긴다($\frac{351}{조}$). 기명주식을 질권의 목적으로 한 때에는 주권을 질권자에게 교부해야 한다($\frac{상법}{338조}$). 이 경우 질권설정자의 청구에 의해 질권자의 성명과 주소를 주주명부에 부기하고 그 성명을 주권에 기재한 때에는 질권자는 회사로부터 이익이나 이자의 배당을 받아 우선변제에 충당할 수 있다($\frac{상법}{340조}$). (ㄴ) 주식에 대한 질권에서도 물상대위가 인정되는데, 상법($\frac{339}{조}$)에서 따로 특칙을 정한다. 즉 주식의 소각 · 병합 · 분할 · 전환이 있는 때에는 이로 인하여 종전의 주주가 받을 금전이나 주식에 대하여도 종전의 주식을 목적으로 한 질권을 행사할 수 있다. (ㄷ) 질권의 목적이 된 주식의 실행방법은 민사집행법에서 정한 방법에 의하는데($\frac{354}{조}$), 민사집행법에서는 주식이나 회사채를 유체동산으로 본다($\frac{동법\ 189조}{2항\ 3호}$)($\frac{이시윤,\ 신민사집}{행법(3판),\ 342면}$). 따라서 채권자가 목적물을 제출하거나 목적물의 점유자가 압류를 승낙한 때에 개시하고($\frac{동법}{271조}$), 그 경매절차에 관하여는 유체동산의 강제집행에 관한 규정($\frac{동법\ 189}{조~222조}$)이 준용되는데($\frac{동법}{}$), 압류와 경매(또는 입찰)를 통해 매각하여 그 매각대금을 질권자에게 교부하는 방식으로 처리한다. 특히 시장가격이 있는 것은 적당한 방법으로 매각하고, 기명식인 때에는 집행관이 매수인을 위하여 채무자에 갈음하여 배서 또는 명의개서에 필요한 행위를 할 수 있는 간편한 환가방법이 인정된다($\frac{동법\ 210}{조 · 211조}$).

2. 지식재산권에 대한 질권

(ㄱ) 특허권($\frac{특허법\ 85}{조 · 101조}$) · 실용신안권($\frac{실용신안법}{18조 · 21조}$) · 디자인권($\frac{디자인보호}{법\ 37조}$) · 상표권($\frac{상표법\ 80}{조 · 93조}$)을 목적으로 하는 질권설정은 그 등록원부에 등록해야 효력이 생긴다. 다만 저작권의 경우에 그 등록은 제3자에 대한 대항요건이다($\frac{저작권법}{54조}$). (ㄴ) 이들 질권의 실행은 질권의 존재를 증명하는 서류가 제출된

때에 개시하고$\binom{\text{민사집행법}}{\text{273조 1항}}$, 그 권리실행절차에 관하여는 채권과 그 밖의 재산권에 대한 강제집행의 규정$\binom{\text{동법 223}}{\text{조~251조}}$을 준용한다$\binom{\text{동법 273}}{\text{조 3항}}$. 그것은 특허권 등의 그 밖의 재산권을 압류하여 특별현금화명령 등에 의해 현금화한 후 배당하는 방법을 취한다$\binom{\text{동법}}{\text{241조}}$.

사례의 해설 (1) 채권질권의 목적이 될 수 있는 채권은 양도할 수 있는 것이어야 한다$\binom{\text{355조·}}{\text{331조}}$. 사안에서 A와 B 사이에 채권양도 금지의 특약을 맺었으므로 채권을 양도하지 못하는 것이 원칙이지만$\binom{\text{449조 2}}{\text{항 본문}}$, C가 선의인 경우에는 유효하게 질권을 취득한다$\binom{\text{449조 2}}{\text{항 단서}}$. 이 경우 지명채권에 대한 질권의 대항요건$\binom{\text{349}}{\text{조}}$을 갖추는 것을 전제로, 또 입질채권과 질권자의 채권의 변제기가 모두 도래하는 것을 전제로, C는 자기 채권(2천만원)의 한도에서 B에게 직접 청구할 수 있다$\binom{\text{353조 1}}{\text{항·2항}}$.

(2) 질권자는 물상대위권을 가진다$\binom{\text{342조·}}{\text{355조}}$. 사례에서 채권질권의 목적인 예금채권에 대해 국세 등에 기초해 과세처분한 후의 환급금에 관해 물상대위권을 행사할 수 있는지에 관해, 판례는 이를 긍정한다$\binom{\text{대판 1987. 5. 26,}}{\text{86다카1058}}$. 한편 국세환급금을 한국은행에 예탁함으로써 그 특정이 되어 물상대위의 요건을 갖춘 것이 되어, 甲은행은 위 환급금에 대해 물상대위권을 행사하여 우선변제를 청구할 수 있다.

(3) 채권질권의 목적이 될 수 있는 것은 양도할 수 있는 채권이다$\binom{\text{345조·355}}{\text{조·331조}}$. 乙이 丙에게 가지는 임차보증금 반환채권은 지명채권으로서 특별히 양도가 제한되지는 않으므로$\binom{\text{449}}{\text{조}}$, 이는 채권질권의 목적이 될 수 있다. 이 경우 임차보증금 반환채권이 丁 앞으로 질권설정되었음을 乙이 丙에게 통지하여야 丁은 丙에게 질권을 행사할 수 있다$\binom{\text{349조}}{\text{1항}}$. 그 내용은 丁이 丙에게 자기 채권(2억원)의 한도에서 보증금(1억원)의 지급을 직접 청구하는 것이다$\binom{\text{353조}}{\text{2항}}$. 한편 丁은 乙이 丙에게 가지는 보증금 반환채권에 대해 질권설정을 받은 것이므로, 丙의 乙에 대한 지위는 달라질 것이 없다. 즉 丙은 乙에게 가지는 항변사유로 丁에게 대항할 수 있다$\binom{\text{349조 2항·}}{\text{451조}}$. 그런데 임차보증금은 임차목적물의 인도와 상환으로 반환하는 동시이행의 관계에 있으므로, 乙이 토지를 인도할 때까지는 丙은 丁이 질권자로서 보증금의 지급을 청구하는 것에 대해 이를 거절할 수 있다.

(4) (가) 乙이 내세우는 세 가지 항변이 인용될 수 있는지를 설명한다. ① 채권을 질권의 목적으로 하는 경우에 채권증서가 있는 때에는 그 증서를 질권자에게 교부하여야 질권의 효력이 생기는데$\binom{\text{347}}{\text{조}}$, 임대차계약서는 임대차보증금 반환채권의 존재를 증명하는 채권증서는 아니므로$\binom{\text{대판 2013.}}{\text{8. 22, 2013}}{\text{다32574}}$, 이 부분 항변은 인용될 수 없다. ② 乙과 丁 사이에 丁이 임대차를 승계하는 특약을 맺었더라도, 이는 민법 제352조에 따라 질권자 丙의 동의가 없는 한 효력이 없으므로, 이 부분 항변은 인용될 수 없다. ③ 임차인이 대항요건을 갖춘 임차주택의 양수인은 주택임대차보호법$\binom{\text{3조}}{\text{4항}}$에 따라 임대인의 지위를 승계하므로, 乙은 임대차보증금 반환채무를 면하고 丁이 이를 인수한다. 이 부분 乙의 항변은 인용될 수 있고, 결국 丙의 청구는 기각된다(丙은 丁에게 청구하여야 한다).

(나) 乙이 항변하는 두 가지가 인용될 수 있는지를 설명한다. ① 乙과 甲 사이의 임대차계약이 해지된 이상, 임차주택의 양수인(甲)은 임대인의 지위를 승계하지 않으므로$\binom{\text{대판 2018. 12. 27,}}{\text{2016다265689}}$, 이 부분 항변은 인용될 수 없다. ② 丙이 질권설정에 대해 민법 제349조에 따라 제3채무자(乙)에 대해 대항요건을 갖춘 이상, 乙이 그 이후 甲과 상계 합의에 의해 임대차보증금 반환채권을 소멸시키더라도 이로써 丙에게 대항할 수는 없다$\binom{\text{대판 2018. 12. 27,}}{\text{2016다265689}}$. 이 부분 항변도 인용될 수 없다(丙의 乙에 대한 청구는 인용된다).

사례 p. 365

제 4 관   저 당 권低當權

I. 서   설

1. 저당권의 의의

> 제356조〔저당권의 내용〕 저당권자는 채무자 또는 제3자가 점유를 이전하지 아니하고 채무의 담보로 제공한 부동산으로부터 다른 채권자보다 자기 채권의 우선변제를 받을 권리가 있다.

(1) 저당권은 채무의 담보로 채무자나 제3자가 제공한 물건으로부터 우선변제를 받는 점에서는 질권과 같지만, 질권에서는 질권자가 담보물을 점유하는 데 반해, 저당권에서는 점유의 이전 없이, 즉 설정자(채무자나 제3자)가 종전대로 목적물을 점유하여 사용·수익하고 저당권자는 목적물의 교환가치만을 갖는 점에서 질권과 다르다. 담보물권으로서 질권에 비해 우수한 것으로 평가되는 이유도 여기에 있다. 목적물은 종전대로 설정자인 소유자가 사용·수익하고 저당권자는 그 물건으로부터 우선변제권을 확보한다면, 담보제도로서는 가장 바람직하기 때문이다. 목적물의 이용이 설정자에게 필요한 경우에는 더욱 그러하다(예: 공장의 가동).

(2) 저당권은 목적물에 대한 점유의 이전 없이 우선변제권을 가지는 점에서, 점유가 아닌 다른 것으로 저당권을 공시할 수 있는 것이어야 하고, 그래서 저당권의 목적물이 될 수 있는 것은 그 물건의 존재를 공부公簿에 의해 표시(등기 또는 등록)할 수 있는 것에 한정된다. 민법에서 저당권을 설정할 수 있는 객체로서 토지 또는 건물이나($^{356}_{조}$), 지상권 또는 전세권($^{371}_{조}$)에 한정한 것은 그 때문이다. 그 밖에 민법이 아닌 다른 법률에서 저당권의 설정을 인정하는 경우도 다를 바 없다.

2. 근대적 저당권과 우리의 저당권

(ㄱ) 저당권은 기업가나 부동산 소유자가 금융을 얻는 수단이 되지만, 금융을 제공하는 자의 입장에서는 이자의 형식으로 기업의 이윤 분배에 참여하는 것이 되므로 투자를 하는 것이 된다. 그래서 저당권의 기능은 「변제의 확보」에서 「투자의 매개」로 옮겨간다고 하는데, 독일은 저당권으로서 전자를 위한 '보전저당권'과, 후자를 위한 '유통저당권' 둘을 다 인정한다. 특히 후자의 경우에는, 한번 주어진 순위는 그 후의 사정으로 하강되거나 상승하지 않는다는 순위 확정의 원칙, 특정의 채권담보라는 종된 지위를 떠나서 독립된 지위를 가진다는 독립의 원칙, 저당증권을 통한 유통성의 확보를 채택하고 있다. (ㄴ) 이에 비해 우리 민법이 정하는 저당권은 투자의 매개가 아닌 변제의 확보, 즉 채권을 담보하는 데 그 목적을 두고 있다. 그래서 투자의 매개를 위한 상술한 원칙들이 우리 민법에서는 인정되지 않는다.

3. 저당권의 법적 성질

저당권은 약정담보물권인 점에서 질권과 같고 유치권과는 다르지만, 같은 담보물권인 점에서 공통된 성질을 가진다. 즉 (ㄱ) 타물권으로서 타인의 물건에 대해서만 성립하며, 자기의 물건에 대해 저당권을 가지는 소유자 저당권은 혼동의 예외로서 인정될 뿐이다. (ㄴ) 채권의 변제를 위한 수단이라는 점에서 채권에 종속한다. 즉 저당권은 피담보채권과 분리하여 처분할 수 없고($^{361}_{조}$), 피담보채권이 소멸된 경우에는 저당권도 소멸된다($^{369}_{조}$). (ㄷ) 피담보채권이 상속·양도 등에 의해 그 동일성을 유지하면서 승계되면 저당권도 같이 이전된다. 다만 저당권의 이러한 수반성은 당사자의 특약으로 배제할 수 있다. 그리고 물상보증인이 설정한 저당권은 그의 동의가 없으면 수반하지 않는다($^{통}_{설}$). (ㄹ) 불가분성이 있다($^{370조·}_{321조}$). 그러나 공동저당의 경우에는 차순위 저당권자를 위해 예외가 있다($^{368}_{조}$). (ㅁ) 물상대위성이 있다($^{370조·}_{342조}$).

Ⅱ. 저당권의 성립

저당권은 채권자의 (피담보)채권의 존재를, 그리고 저당권을 설정할 수 있는 목적물일 것을 전제로, 당사자 간의 저당권설정계약과 목적물(부동산)에 저당권등기를 함으로써 성립한다($^{186}_{조}$).

1. 저당권설정계약 (당사자)

저당권설정계약은 저당권의 설정을 목적으로 하는 계약으로서, 그 당사자는 다음과 같다.

a) 저당권을 취득하려는 채권자　(ㄱ) 저당권은 채권을 담보하기 위한 것이므로, 채무자에 대한 채권자만이 저당권자가 될 수 있다. (ㄴ) 그런데 저당권자 또는 채무자를 제3자의 이름으로 하는 저당권등기에 대해 판례는 일정한 요건 하에 이를 유효한 것으로 본다($^{아래 판}_{례 참조}$).

b) 저당권설정자　(ㄱ) 채무자가 보통 저당권설정자가 되지만, 제3자일 수도 있다($^{356}_{조}$). 이 제3자를 '물상보증인'이라고 하는데, 그가 채무를 변제하거나 저당권의 실행으로 저당물의 소유권을 잃은 때에는 보증채무에 관한 규정에 따라 채무자에게 구상권을 가진다($^{341조·}_{370조}$)(그 밖의 내용은 질권 부분(p.351)에서 설명하였다). (ㄴ) 저당권설정계약은 일종의 처분행위이므로, 저당권설정자는 목적물에 대해 처분권이 있어야만 한다. 처분권이 없이 맺은 계약은 무효이다. 즉 자기 소유가 아닌 물건 위에 저당권을 설정하지 못하며, 또 소유자라 하더라도 법률상 처분권능을 제한당한 때(예: 파산선고·압류·가압류·가처분을 받은 때)에는 저당권을 설정하지 못한다.

판례　저당권자와 채무자가 모두 제3자 명의로 마쳐진 저당권설정등기의 효력

(α) 사 실:　A는 그 소유 대지를 B에게 4억 5천만원에 매도하기로 매매계약을 체결하고, B로부터 받을 매매잔대금 2억원이 남아 있다. B는 A와 사이에 소유권이전등기를 경료하지 않은 상태에서 A의 승낙 아래 위 대지를 담보로 하여 대출받는 돈으로 매매잔대금을 지급하기로 약정하는 한편, 이를 담보하기 위해 위 대지에 제1순위 근저당권을 설정하되, 그 구체적 방안

으로서 A와 B 및 제3자 C(A의 처) 사이의 합의 아래 근저당권자를 C로, 채무자를 A로 하기로 하고, A는 C로부터 매매잔대금과 같은 2억원을 차용하는 내용의 차용금증서를 작성, 교부하였다. 그 후 위 대지가 경매되면서 제1순위 근저당권자인 C에게 우선배당되자, 후순위 근저당권자(원고)가 C(피고)를 상대로 C의 근저당권등기는 무효라는 배당이의를 주장한 것이다.

(β) 판결요지 : 「① 근저당권은 채권담보를 위한 것이므로 원칙적으로 채권자와 근저당권자는 동일인이 되어야 하고, 다만 제3자를 근저당권 명의인으로 하는 근저당권을 설정하는 경우 그 점에 대하여 채권자와 채무자 및 제3자 사이에 합의가 있고, 채권양도, 제3자를 위한 계약, 불가분적 채권관계의 형성 등 방법으로 채권이 그 제3자에게 실질적으로 귀속되었다고 볼 수 있는 특별한 사정이 있는 경우에는, 제3자 명의의 근저당권설정등기도 유효하다고 보아야 할 것이다. ② 부동산을 매수한 자가 소유권이전등기를 마치지 않은 상태에서 매도인인 소유자의 승낙 아래 매수 부동산을 타에 담보로 제공하면서, 당사자 사이의 합의로 편의상 매수인 대신 등기부상 소유자인 매도인을 채무자로 하여 마친 근저당권설정등기는, 실제 채무자인 매수인의 근저당권자에 대한 채무를 담보하는 것으로서 유효하다. ③ 이러한 견해를 취하는 이상, 그 양자의 형태가 결합된 근저당권이라 하여도, 그 자체만으로는 부종성의 관점에서 근저당권이 무효라고 보아야 할 어떤 질적인 차이를 가져오는 것은 아니다」(대판(전원합의체) 2001. 3. 15, 99다48948).

(γ) (ㄱ) 저당권은 채권을 담보하기 위한 것이므로, 채무자에 대한 채권자만이 저당권자가 될 수 있다. 그런데 저당권자 또는 채무자를 제3자의 이름으로 하는 저당권등기에 대해, 종전의 판례는 일정한 요건하에 이를 유효한 것으로 보았다. 즉 ① 채권자와 채무자 및 제3자 사이에 합의가 있었고, 나아가 제3자에게 그 채권이 실질적으로 귀속되었다고 볼 수 있는 특별한 사정이 있거나, 채무자도 채권자나 저당권 명의자인 제3자 중 누구에게든 채무를 유효하게 변제할 수 있는 관계, 즉 채권자와 제3자가 불가분적 채권자의 관계에 있는 경우에는, 제3자 명의의 저당권등기는 유효하고, 이것은 부동산실명법에 규정된 명의신탁약정의 금지에 위반되는 것은 아니라고 보았다(대판 1995. 9. 26, 94다33583; 대판 2000. 1. 14, 99다51265, 51272; 대판 2000. 12. 12, 2000다49879). 한편, ② 甲이 자기 소유 부동산을 乙에게 명의신탁한 후 丙과의 거래관계에서 발생하는 차용금채무를 담보하기 위해 위 부동산에 丙 명의로 근저당권을 설정함에 있어서 당사자 간의 편의에 따라 乙을 채무자로 등재한 경우, 위 근저당권이 담보하는 채무는 甲의 丙에 대한 채무가 된다고 보았다(대판 1980. 4. 22, 79다1822). (ㄴ) 위 판결은, 저당권자와 채무자를 실제와는 달리 제3자 명의로 저당권설정등기를 마쳤다 하더라도, 법률행위의 해석상 본래의 채권자 겸 저당권자로 그리고 채무자로 해석되는 경우에는, 후자의 의미에서 그 효력이 있다고 본 것이다. 위 판결은 종전의 위 판례 중 ①과 ②의 양자가 결합된 사안인데, 그 각각의 법리를 그대로 수용한 것이다. (ㄷ) 본 사안에서 A는 잔대금을 받기 전에 B에게 소유권이전등기를 마쳐주면 잔대금을 받는 것이 불안할 수 있다. 따라서 A의 처인 C로부터 잔대금에 해당하는 금액을 차용한 것으로 하여 C를 저당권자로 하는 것은 결국 A를 저당권자로 한 것과 다를 것이 없고, 한편 등기부상 채무자를 A로 등재하였더라도 그것은 소유권을 A에게 남겨둔 점에서 편의상 그렇게 한 것이고 실질상의 채무자는 B라고 할 것이다(등기형식상으로는 B는 저당권이 설정된 부동산을 매수하는 것이 된다). 결국 C의 저당권등기는 B가 부담하는 2억원의 매매잔대금채무를 담보하는 것으로서, 그 원인이 없거나 부종성에 반하는 무효의 등기라고 할 수 없는 것이다.[1]

---

1) 대상판결을 평석한 논문으로, 남영찬, "근저당권의 피담보채권과 부종성", 민사재판의 제문제 제11권, 153면 이하.

2. 저당권 설정등기

a) 등기사항   저당권의 설정은 법률행위로 인한 부동산물권의 변동이므로 등기해야 효력이 생긴다($^{186}_{조}$). 저당권 설정등기를 신청하는 경우에는 채권액과 채무자의 성명 및 주소를 기록하고, 등기원인에 변제기, 이자 및 그 발생기·지급시기, 원본 또는 이자의 지급장소, 채무불이행으로 인한 손해배상에 관한 약정이나 민법 제358조 단서의 약정이 있는 때 또는 채권이 조건부인 때에는 이를 기록하여야 한다($^{부동산등기법}_{75조\ 1항}$).[1] 한편, 저당권설정 등기비용은 당사자 사이에 다른 특약이 없으면 채무자가 부담하는 것이 거래상의 원칙이다($^{대판\ 1962.\ 2.\ 15,}_{4294민상291}$).

b) 관련 문제   부동산물권의 변동이 있으려면 등기가 형식적·실질적 요건을 갖추어야 하고, 이 점에 대해서는 물권법 총칙(부동산물권 변동) 부분에서 설명을 하였다. 그 내용은 저당권등기에도 공통되는데, 그 개요만을 정리해 본다. (ㄱ) 등기는 물권의 효력발생요건이고 효력존속요건은 아니므로, 등기부가 멸실되거나, 등기가 불법으로 말소되거나, 다른 등기부에 옮기는 과정에서 빠진 경우에도 저당권의 효력은 그대로 존속한다. 다만 저당권은 경락으로 소멸되기 때문에, 선순위 저당권이 불법 말소된 후 다른 저당권자의 경매신청에 의해 경락이 된 경우 말소회복등기는 할 수 없다.[2] (ㄴ) 저당권이 변제로 소멸되었으나 그 말소등기를 하지 않은 상태에서, 후에 발생한 금전채권의 담보로 그 말소되지 않은 무효의 등기를 유용流用할 수 있는지에 관해, 판례는 그 등기가 실체관계와 부합된다는 점에 근거하여 유효한 것으로 본다. 다만, 그 등기를 유용하기로 하는 합의가 있기 전에 등기상 이해관계 있는 제3자가 있지 않은 경우에만 이를 허용한다(그 밖의 내용은 p.53 'cc) 무효등기의 유용' 이하를 볼 것).

3. 저당권의 객체

저당권은 목적물을 점유하지 않으면서 우선변제권을 확보하는 것이므로, 그 대상은 저당권의 존재를 공부에 공시(등기 또는 등록)할 수 있는 것에 한정된다. (ㄱ) 민법이 인정하는 것은 부동산($^{356}_{조}$)과 지상권·전세권($^{371조}_{1항}$)에 한한다. 부동산에 대한 저당권의 경우, 1필의 토지의 일부나 1동의 건물의 일부에 대해서는 저당권을 설정할 수 없다. (ㄴ) 민법 외의 법률에서 인정

---

1) 판례: 「신축 상가건물에 대한 공사대금채권의 담보를 위하여 상가건물에 근저당권을 설정하면서 근저당권설정자와 근저당권자 사이에 분양계약자가 분양대금을 완납하는 경우 그 분양계약자가 분양받은 지분에 관한 근저당권을 말소하여 주기로 하는 약정이 있었다 하더라도, 근저당권자는 근저당권설정자 또는 분양계약자에 대하여 그 약정에 따라 분양계약자의 분양지분에 관한 근저당권을 말소하여 줄 채권적 의무가 발생할 뿐이지, 물권인 근저당권자의 근저당권 자체가 등기에 의하여 공시된 바와 달리 위 약정에 의하여 제한되는 것은 아니고, 그 근저당권의 인수인이 당연히 위 약정에 따른 근저당권자의 채무를 인수하는 것도 아니다」(대판 2001. 3. 23, 2000다49015).

2) 판례: 「부동산에 관하여 근저당권설정등기가 경료되었다가 그 등기가 위조된 등기서류에 의하여 아무런 원인 없이 말소되었다는 사정만으로는 곧바로 근저당권이 소멸되는 것은 아니라고 할 것이지만, 부동산이 경매절차에서 경락되면 그 부동산에 존재하였던 근저당권은 당연히 소멸되는 것이므로, 근저당권설정등기가 원인 없이 말소된 이후에 그 근저당 목적물인 부동산에 관하여 다른 근저당권자 등 권리자의 경매신청에 따라 경매절차가 진행되어 경락허가결정이 확정되고 경락인이 경락대금을 완납하였다면, 원인 없이 말소된 근저당권은 이에 의하여 소멸되었다고 할 것이고, 근저당권설정등기가 위법하게 말소되어 아직 회복등기를 경료받지 못한 연유로 그 부동산에 대한 경매절차에서 피담보채권액에 해당하는 금액을 전혀 배당받지 못한 근저당권자로서는, 위 경매절차에서 실제로 배당받은 자에 대하여 부당이득 반환청구로서 그 배당금의 한도 내에서 그 근저당권설정등기가 말소되지 아니하였더라면 배당받았을 금액의 지급을 구할 수 있을 뿐이고, 이미 소멸된 근저당권에 관한 말소등기의 회복등기를 위하여 현 소유자를 상대로 그 승낙의 의사표시를 구할 수는 없다」(대판 1998. 10. 2, 98다27197).

하는 것은, 입목($^{입목에\ 관한}_{법률\ 3조\ 2항}$)·채굴권($^{광업법}_{11조}$)·어업권($^{수산업법}_{17조}$)·공장 또는 공장재단($^{공장\ 및\ 광업}_{재단\ 저당법}$)·광업재단($^{공장\ 및\ 광업}_{재단\ 저당법}$)·건설기계·소형 선박·자동차·항공기($^{자동차\ 등\ 특정}_{동산\ 저당법}$) 등이 있다.

4. 저당권의 피담보채권

a) 채권의 종류   (ㄱ) 저당권을 설정하여 담보할 수 있는 채권자의 채권에는 아무런 제한이 없다($^{356}_{조}$). 금전채권이 보통이지만, 금전 외의 급부를 목적으로 하는 채권도 무방하다. 그 채무를 이행하지 않는 때에는 종국에는 금전(손해배상)채권으로 귀결되기 때문이다($^{390조\ ·}_{394조}$). (ㄴ) 다만, 금전 외의 급부를 목적으로 하는 채권의 담보를 위해 저당권설정등기를 신청하는 경우에는 그 채권의 평가액을 기록하여야 한다($^{부동산등기}_{법\ 77조}$). 그 피담보채권액을 공시해서 저당부동산에 관해 이해관계를 가지는 자(예: 후순위 저당권자·제3취득자)를 보호하기 위함이다.

b) 채권의 일부 또는 수개의 채권   채권의 일부를 피담보채권으로 할 수 있다. 또 여러 개의 채권을 합해 하나의 피담보채권으로 하여 저당권을 설정할 수 있다. 이 경우 채권자가 다르면 각 채권자가 피담보채권액의 비율로 저당권을 준공유한다.

c) 장래의 채권   장래 성립하는 조건부·기한부 채권에 대해서도 저당권을 설정하여 그 우선순위를 미리 확보할 수 있다. 또 담보할 채무의 최고액만을 정하고 채무의 확정을 장래로 미루어 저당권을 설정할 수도 있는데, 민법은 이를 '근저당권'이라 하여 따로 규정한다($^{357}_{조}$).

d) 피담보채권의 변경   피담보채권 자체 또는 피담보채권액은 합의에 의해 변경할 수 있고, 이것은 부기 방식으로 등기를 해야 한다. 다만 등기상 이해관계 있는 제3자가 있는 경우에는 그의 승낙이 있어야만 한다($^{부동산등기법}_{52조\ 5호}$).

✱ 법정저당권과 저당권설정청구권 ～～～～～～～～～～～～～～～～～～～～～～～～～～～～～

　　저당권은 당사자의 합의와 등기에 의해 성립하지만, 예외적으로 법률의 규정에 의해 저당권이 성립하는 경우가 있고(법정저당권), 또 당사자 일방에게 저당권설정청구권이 인정되는 것이 있다(저당권설정청구권). 구체적인 내용은 다음과 같다.

　　(α) 법정저당권: 토지 임대인이 변제기를 경과한 최후 2년의 차임채권에 의하여 그 지상에 있는 임차인 소유의 건물을 압류한 경우에는 저당권과 동일한 효력이 있다($^{649}_{조}$). (ㄱ) 압류는 압류결정의 기입등기가 되거나 또는 압류결정이 임차인에게 송달된 때에 효력이 생긴다(즉 둘 중 먼저 이루어진 때에 효력이 발생함)($^{민사집행법}_{83조\ 4항}$). (ㄴ) 임대인은 압류에 의해 건물에 저당권을 취득한 것으로 되므로, 이후부터는 건물에 대한 저당권자로서의 지위를 가진다. (ㄷ) 본조는 구민법에는 없던 신설 규정인데, 타인의 토지를 임차하여 그 위에 건물을 소유하는 것이 거래실정상 흔한 것이 아니고, 또 집행권원을 얻어서 압류를 하여야 하는 것을 그 요건으로 하는 점에서(그 사이에 건물은 이미 처분이 종결되는 것이 대부분이다), 본조는 사실상 실효성이 거의 없다는 것이 일반적인 평가이다($^{민법주해(XV),}_{168면(민일영)}$).

　　(β) 수급인의 목적 부동산에 대한 저당권설정청구권: 「부동산 공사의 수급인은 그 보수에 관한 채권을 담보하기 위하여 그 부동산을 목적으로 하는 저당권의 설정을 청구할 수 있다」($^{666}_{조}$). (ㄱ) 부동산의 공사, 즉 건물의 건축이나 토지 공사의 도급에서는, 수급인은 그 보수채권의 담보

를 위해 도급인에게 저당권의 설정을 청구할 수 있다. 이에 따라 저당권이 설정되는 대상은 건물 건축의 경우에는 그 신축 건물이고, 토지 공사의 경우에는 그 토지가 된다. (ㄴ) 수급인의 위 청구권은 단순한 청구권에 지나지 않는다. 즉 이 청구에 대응하여 도급인이 승낙을 한 때에 저당권설정의 합의가 성립하고(물론 도급인은 승낙을 할 의무가 있지만), 그 등기를 한 때에 비로소 저당권이 성립한다. 위 청구권은 수급인이 도급인에게 가지는 채권적 청구권이므로, 도급인이 목적물을 제3자에게 양도하면 수급인은 제3자에게는 위 청구권을 행사할 수 없을 뿐만 아니라 청구권 자체가 소멸되는 것으로 해석된다. (ㄷ) 그러나 동조는 그 실효성이 크지 않다는 것이 일반적인 평가이다. 즉 건물 건축의 경우에 신축된 건물에 대해 저당권을 설정하려면 먼저 도급인 명의로 건물의 보존등기가 마쳐져야 하고, 토지가 도급인의 소유가 아닌 때에는 건물에 대한 경매가 이루어지기 어렵다는 이유에서이다. 오히려 수급인의 보수채권의 담보로서 신축된 건물에 유치권을 행사하는 것이 더 유리할 수 있다는 것이다.

Ⅲ. 저당권의 효력

1. 저당권의 효력이 미치는 범위

사 례   (1) 甲은 A에게 액면 3억원의 약속어음을 발행하였고, 이 어음금 채무를 담보하기 위해 B가 그 소유 임야를 A 앞으로 근저당권을 설정해 주었다. 그 후 한국토지공사가 위 임야를 수용하고 그 보상금 1억 4천만원을 B를 공탁물수령자로 지정하여 공탁하였다. A는 위 보상금에 대해 어떤 권리를 행사할 수 있는가?

   (2) A가 B에 대한 대여금채권을 담보하기 위해 B 소유 부동산에 채권최고액 4,600만원의 근저당설정등기를 마쳤다. 한편 C는 B로부터 위 부동산을 증여받아 소유권이전등기를 마쳤는데, 한국도로공사가 이를 수용하면서 C 앞으로 수용보상금을 공탁하였다. 그리고 이 공탁금에 대해 C의 채권자 D가 압류 및 전부명령을 받았다. (ㄱ) A는 위 공탁금에 대해 어떤 권리를 가지며, 이를 어떻게 행사할 수 있는가? (ㄴ) D가 위 공탁금에 압류 및 전부명령을 받기 전에 또 A가 권리를 행사하기 전에 C가 이미 공탁금을 수령한 경우, A와 C 사이의 법률관계는?   해설 p. 387

(1) 목적물의 범위

제358조 〔저당권의 효력 범위〕 저당권의 효력은 저당부동산에 부합된 물건과 종물에 미친다. 그러나 법률에 특별한 규정이 있거나 설정행위에서 달리 약정하였으면 그러하지 아니하다.

제359조 〔과실에 대한 효력〕 저당권의 효력은 저당부동산에 대한 압류가 있은 후에 저당권설정자가 그 부동산으로부터 수취한 과실이나 수취할 수 있는 과실에 미친다. 그러나 그 부동산에 대한 소유권, 지상권 또는 전세권을 취득한 제3자에 대해서는 저당권자가 압류한 사실을 통지한 후에만 대항할 수 있다.

가) 저당부동산

저당권의 효력이 미치는 목적물의 범위는, 저당권자가 저당권의 실행으로서 경매를 청구하는 경우에 그 범위와 이를 통해 매수인이 소유권을 취득하는 범위와 직결된다. 우선 저당권의 목적인 토지 또는 건물에 그 효력이 미침은 당연하다. 그런데 민법은 이것 외에 그 효력이 미치는 범위로서 다음의 내용을 정한다.

a) **부합물과 종물** (α) <u>원 칙</u>: (ㄱ) 저당권의 효력은 저당부동산에 부합된 물건과 종물에 미친다($_{본문}^{358조}$). ① 건물에 대한 증축 부분은 부합물의 예이며, 부합의 시기를 가리지 않는다. 즉 저당권설정 후에 부합된 경우에도 그 효력이 미친다. 기존 건물에 대한 경매절차에서 증축 부분이 경매목적물로 평가되지 않았다고 하더라도 경락인은 부합된 증축 부분의 소유권을 취득한다($_{25,\ 2000다63110}^{대판\ 2002.\ 10.}$). 부합물의 예로서, '토지 지하에 설치된 유류저장탱크'는 토지에 부합한다($_{28,\ 2000마5527}^{대결\ 2000.\ 10.}$). ② '건물에 설치된 주유기', '백화점 건물의 지하실에 설치된 전화 교환설비' 등은 종물의 예로서, 각각 건물에 대한 경매의 목적물에 포함된다($_{대판\ 1993.\ 8.\ 13,\ 92다43142}^{대결\ 2000.\ 10.\ 28,\ 2000마5527;}$).[1] (ㄴ) 민법 제358조 본문을 유추하여 종물에 준하는 종된 권리에도 저당권의 효력이 미친다. 즉, 건물의 소유를 목적으로 한 지상권이 있는 건물에 대한 저당권은 지상권에도 미치므로, 건물에 대한 경매시 경락인은 건물 소유권과 함께 지상권을 민법 제187조에 따라 (등기 없이도) 취득한다($_{26,\ 95다52864}^{대판\ 1996.\ 4.}$). 그리고 토지 임차권이 있는 건물에 대한 저당권은 그 임차권에도 효력이 미치는데, 임차권의 양도에는 임대인의 동의가 필요하고($_{1항}^{629조}$), 경매절차에서의 경락인(매수인)은 임차권의 양수인에 해당하므로, 임대인이 동의를 하지 않고 임대차계약을 해지할 수도 있다는 점($_{2항}^{629조}$)을 유의하여야 한다(이 경우 건물의 소유자인 토지임차인은 건물매수청구권($_{조}^{643}$)을 행사할 수 없고, 건물을 철거하여 토지를 반환할 수밖에 없다)($_{13,\ 92다24950}^{대판\ 1993.\ 4.}$). (ㄷ) 그 밖에 집합건물에 있어서 전유부분과 대지사용권은 일체성을 이루므로($_{리에\ 관한\ 법률\ 20조}^{집합건물의\ 소유\ 및\ 관}$), 전유부분에 대한 저당권의 효력은 대지권에도 미친다. (ㄹ) 저당부동산에 부합된 물건이나 종물에 해당하지 않는데도 법원이 부합물이나 종물로 보아 경매를 진행하고 경락허가를 하였다고 하더라도 경락인은 그 소유권을 취득하지 못한다($_{12,\ 73다298}^{대판\ 1974.\ 2.}$).[2] (β) <u>예 외</u>: 위 원칙에는 두 가지 예외가 있다($_{단서}^{358조}$). 하나는 법률에 특별한 규정이 있는 때이다. 타인의 권원에 의해 부속된 것은 부합물이 되지 않는다는 규정이 그러하다($_{단서}^{256조}$). 다른 하나는 설정행위에서 부합물이나 종물에 저당권의 효력이 미치지 않는 것으로 달리 약정한 때이다. 다만 이 약정은 등기를 하여야만 제3자에게 대항

---

1) 따라서 저당권의 실행으로 개시된 경매절차에서 부동산을 경락받은 자와 그 승계인은 종물의 소유권을 취득하므로, 그 저당권이 설정된 이후에 종물에 대하여 강제집행을 한 자는 위와 같은 경락인과 그 승계인에게 강제집행의 효력을 주장할 수 없다.

2) 판례: 「① 종물은 물건의 소유자가 그 물건의 상용에 공하기 위하여 자기 소유인 다른 물건을 이에 부속하게 한 것을 말하므로, 주물과 다른 사람의 소유에 속하는 물건은 종물이 될 수 없다. ② 저당권의 실행으로 부동산이 경매된 경우에 그 부동산에 부합된 물건은 그것이 부합될 당시에 누구의 소유이었는지를 가릴 것 없이 그 부동산을 낙찰받은 사람이 소유권을 취득하지만, <u>그 부동산의 상용에 공하여진 물건일지라도 그 물건이 부동산의 소유자가 아닌 다른 사람의 소유인 때에는</u> 이를 종물이라고 할 수 없으므로 부동산에 대한 저당권의 효력이 미칠 수 없어 부동산의 낙찰자가 당연히 그 소유권을 취득하는 것은 아니며, 나아가 부동산의 낙찰자가 그 물건을 선의취득하였다고 할 수 있으려면 그 물건이 경매의 목적물로 되었고 낙찰자가 선의이며 과실 없이 그 물건을 점유하는 등으로 선의취득의 요건을 구비하여야 한다」(대판 2008. 5. 8, 2007다36933, 36940).

할 수 있다(부동산등기법). 그러한 약정을 등기하지 않으면 경매절차에서의 매수인에게 대항할 수 없고, 매수인은 부합물이나 종물에 대해서도 소유권을 취득한다.

b) **과 실** (ㄱ) 저당권은 목적물을 점유하지 않고 설정자의 점유하에 두어 그가 사용·수익하는 것을 내용으로 하기 때문에, 저당권의 효력은 과실, 즉 천연과실과 법정과실에는 미치지 않는다. 그러나 저당권의 실행에 착수한 경우에는, 그 이후부터는 목적물과 그 과실까지 포함하여 저당권의 효력이 미치게 할 필요가 있다. 그래서 민법은, 저당권의 효력은 저당부동산이 압류된 후에 저당권설정자가 그 부동산에서 수취한 과실이나 수취할 수 있는 과실에 미치는 것으로 정한다(359조 본문).[1] (ㄴ) 저당권자가 위 압류로써 저당부동산에 소유권·지상권·전세권을 취득한 제3자에게 대항하기 위해서는, 위 압류의 사실을 제3자에게 통지해야 한다(359조 단서). 예컨대 저당권설정자 B가 저당부동산에 대해 C 앞으로 지상권을 설정하였는데, 저당권자 A가 그 후 저당권을 실행하더라도 이를 C에게 통지하지 않은 경우, C가 B에게 지료를 지급하더라도 그것은 유효하며, A는 C에게 그 지료에 저당권의 효력이 미친다는 것을 주장할 수 없다(김중한·김학 동, 528면). 이러한 취지는 저당 목적물의 임차인에게도 유추적용할 것이다(양창수·김형석, 권리의 보전과 담보, 375면).

c) **저당 토지 위의 건물** 토지를 저당권의 목적으로 한 경우에는 토지에 대해서만 저당권의 효력이 미침은 당연하다. 그런데 토지를 목적으로 저당권을 설정한 후, 그 설정자가 토지에 건물을 지은 경우, 건물의 소유를 위한 법정지상권이 인정되지 않아 건물이 철거된다는 문제가 있다. 그런데 토지에 저당권을 설정한 경우에도 토지에 대한 이용권은 (토지 소유자인) 설정자에게 있으므로 그가 토지상에 건물을 지어 소유할 수 있도록 하면서, 토지 저당권자에게도 건물의 존재로 경매 실행의 어려움을 주지 않기 위해, 민법은 위 경우 토지 저당권자가 토지와 함께 그 건물도 경매를 청구할 수 있는 것으로 하되, 그 건물의 경매대가에서는 우선변제를 받을 수 없는 것으로 정한다(365조).

d) **저당부동산에서 분리·반출된 물건** (ㄱ) 저당부동산에서 분리·반출된 물건에 저당권의 효력이 미치는지에 관해, 통설적 견해는 저당부동산과 결합하여 공시작용을 하는 한도에서 그 효력이 미치는 것으로 본다. 가령 임야를 저당권의 목적으로 하였는데, 그 임야상의 수목이 벌채되어, 그 벌채된 수목이 임야상에 있는 때에는 저당권의 효력이 미치지만, 그것이 반출된 경우에는 저당권의 효력이 미치지 않게 된다. 그리고 저당부동산에 존속하더라도 동일성을 잃은 경우, 예컨대 가옥이 붕괴되어 나무나 재만 남아 있는 경우 저당권의 효력은 이에 미치지 않는다. (ㄴ) 공장저당의 경우에는 특칙이 있다. 즉, 공장저당권의 목적이 된 기계·기

---

1) 판례: 「1) 민법 제359조에서 정한 '과실'에는 천연과실뿐만 아니라 법정과실도 포함되므로, 저당부동산에 대한 압류가 있으면 그 압류 이후의 저당권설정자의 저당부동산에 관한 차임 채권 등에도 저당권의 효력이 미친다. 다만, 저당부동산에 대한 경매절차에서 이를 추심하거나 저당부동산과 함께 매각할 수 있는 제도가 마련되어 있지 않으므로, 그 저당권의 실행은 저당부동산에 대한 경매절차와는 별개로 민사집행법 제273조에 따른 채권집행의 방법으로 하여야 한다. 2) 부동산 임대차에서 수수된 보증금은 차임 채무 등 임대차에 따른 임차인의 모든 채무를 담보하는 것으로서 임대차관계의 종료 후 목적물이 반환될 때에 별도의 의사표시 없이도 보증금에서 당연히 공제되므로, 저당권자가 차임 채권 등에 대해 위와 같은 방법으로 채권집행을 실행하는 경우에도 임차인이 실제로 그 차임 등을 지급하거나 공탁하지 않은 이상 잔존하는 차임 채권은 임차인이 배당받을 보증금에서 당연히 공제된다(그러므로 그 공제되는 것에 상응하여 임대인의 차임 채권은 소멸되므로, 이것에 대한 저당권자의 채권집행도 효력이 없게 된다)」(대판 2016. 7. 27, 2015다230020).

구 등이 제3자에게 인도된 후에도 그 물건에 저당권을 행사할 수 있다. 다만, 제3자가 선의취득을 한 경우에는 예외로 한다($\substack{공장 및 광업재 \\ 단 저당법 7조}$).

나) 물상대위物上代位

a) 의 의　　질권에서 물상대위에 관한 규정($\frac{342}{조}$)은 저당권에도 준용된다($\frac{370}{조}$). 저당권은 목적물의 교환가치를 갖는 권리이므로, 저당 목적물이 멸실 등이 되어 추급할 수 없는 경우에도 설정자가 그로 인해 금전이나 물건의 인도청구권을 갖게 된 때에는, 그것은 원래의 교환가치가 변형되어 존재하는 것이므로, 그러한 권리(즉 금전지급 청구권이나 물건인도 청구권)에도 저당권의 효력이 미치도록 한 것이다. 교환가치를 갖는 담보물권의 성질상 물상대위를 인정하는 것은 당연한 것이다.

b) 인정범위　　(ㄱ) 물상대위는 '담보물의 멸실·훼손·공용징수'에 한해 인정된다. 구체적인 내용은 다음과 같다. ① 구민법($\substack{304조· \\ 372조}$)은 '목적물의 매각·임대·멸실 또는 훼손으로 인하여 채무자가 받을 금전 기타 물건과 목적물 위에 설정된 물권의 대가'로 규정하였으나, 현행 민법은 '매각이나 임대'의 경우처럼 목적물이 현존하는 때에는 담보물권이 그대로 존속하므로, 그 매각대금이나 차임에는 물상대위가 인정되지 않는 것으로 하였다. ② 이와 반대로 담보물에 추급할 수 없는 때에는 반드시 물리적인 멸실·훼손이 아닌 경우에도, 예컨대 담보물이 부합·혼화·가공으로 (법률상 멸실되어) 보상금청구권으로 변한 경우($\frac{261}{조}$)에도 물상대위가 인정된다. 공용징수의 경우에 물상대위가 인정되는 것도 담보물에 추급할 수 없기 때문이다($\substack{김중한·김학 \\ 동, 483면}$). 그러나 사법상의 매매에 따른 매매대금으로 볼 수 있는 것, 즉 「(구)공공용지의 취득 및 손실보상에 관한 특례법」에 의한 협의매수에 따른 보상금에는 물상대위권을 행사할 수 없다($\substack{대판 1981. 5. \\ 26, 80다2109}$). ③ 담보물의 멸실 등이 담보권자의 과실에 기인하는 때에는 물상대위는 허용되지 않는다.[1] ④ 담보물을 제3자가 멸실시켜 설정자가 제3자에게 (불법행위로 인한) 손해배상채권을 가지는 경우, 담보권자는 이에 대해 물상대위권을 행사할 수 있다. 또한 담보권자는 담보권의 침해를 이유로 (변제기까지 기다릴 필요 없이) 피담보채권의 범위에서 제3자에게 손해배상청구권을 가지며($\substack{대판 1998. 11. \\ 10, 98다34126}$), 양자는 경합한다. ⑤ '화재보험금 청구권'에도 물상대위가 인정된다($\frac{통}{설}$). 화재보험금은 보험계약을 체결한 것을 전제로 하여 발생하는 것이기 때문에, 그것이 담보물이 멸실되면 언제나 발생하는 것이라고 볼 수는 없지만, 물상대위의 객체를 비단 가치적 대체물에 한정시키지 않고 당사자 간의 공평을 실현하려는 쪽으로 적극 확대한다면 통설의 입장도 긍정될 수는 있다. 판례도 보험금 청구권은 저당 목적물이 가지는 가치의 변형물이라고 하여, 이를 긍정한다($\substack{대판 2004. 12. 24. \\ 2004다52798}$).[2] ⑥ 예컨대 임야를 저당권의 목적으로 하였는데 그 임야상의 수목이 벌채되어 반출된 경우는 어떠한가? 벌채된 수목이 임야에 있는 때에는 종전의 상태와 실질적으로 바뀐 것이 없어 저당권의 효력이 미치지만, 그 수목이 반출된

---

1) 이상태, "물상대위에 관한 판례의 입장", 고시연구(2004. 6.), 178면.
2) 이와 관련하여, 가령 그 보험금 청구권에 대해 질권을 설정한 경우 질권자와 물상대위권자 간의 우열이 문제가 될 수 있는데, 저당권자가 물상대위권을 행사하는 것을 전제로 양자의 우열은 그 성립의 선후에 따라 결정된다고 할 것이다.

때에는 그 수목을 저당 목적물의 교환가치를 대신하는 것으로 볼 수는 없기 때문에 물상대위 권은 인정되지 않는다는 것이 통설적 견해이다. ⑦ 전세권을 목적으로 저당권을 설정하였는 데 전세권의 존속기간이 만료된 경우, 전세금 반환채권은 전세권에 갈음하여 존속하는 것으 로서 저당권자는 전세금 반환채권에 대해 물상대위권을 행사할 수 있다(대판 1999. 9. 17, 98다31301)(이에 대해 서는 p.446 이하를 볼 것). (ㄴ) 물상대위의 객체는 현실의 금전이나 물건이 아니라 저당권설정자 (질권설정자)가 「받을」 금전이나 물건이다. 따라서 그 대상은 설정자가 가지는 금전이나 물건의 '지급청구권 또는 인도청구권'이 된다. 이러한 청구권은 불법행위 외에 계약(예: 보험)이나 법 률의 규정에 의해 발생한다.

c) 요 건 (ㄱ) 물상대위권의 요건으로서, 설정자에게 금전이나 물건이 지급되거나 인도 되기 전에 「압류」해야 한다(342조 단서). 이것은 물상대위의 목적인 것을 특정하기 위한 것이고 담보 권자가 담보권을 행사하는 것은 아니므로, 변제기의 도래는 그 요건이 아니다. 통설은, 채무 자(설정자)에게 지급된 금전에 효력을 미치게 하면 채무자의 일반재산에 우선권을 인정하는 것이 되어 제도의 취지에 반하고 다른 채권자를 해치므로, 그 채권이 물상대위의 목적인 것 을 유지하기 위해 그 지급 또는 인도 전에 압류를 요구한 것이고, 이 점에서 담보권자 자신이 압류하였음을 요하지 않고 누가 압류를 하더라도 무방한 것으로 해석한다. 판례도 통설과 그 취지를 같이한다(대판 1994. 11. 22, 94다25728; 대판 2003. 3. 28, 2002다13539). 그리고 압류가 아닌 다른 방법, 예컨대 '공탁'을 한 경 우에도 위 특정의 요건은 충족된다고 한다(대판 1987. 5. 26, 86다카1058). (ㄴ) 위 압류는 설정자에게 「지급되거 나 인도되기 전」에 하여야 한다. 물상대위권자의 압류 전에 양도 또는 전부명령轉付命令 등에 의 하여 보상금채권이 타인에게 이전된 경우라도, 보상금이 직접 지급되거나 보상금 청구권에 관한 강제집행 절차에 있어서 배당요구의 종기에 이르기 전에는, 여전히 그 청구권에 대한 추급이 가능하다(대판 1998. 9. 22, 98다12812; 대판 2000. 6. 23, 98다31899).

d) 행 사 (ㄱ) 물상대위권의 행사에 관해서는 「민사집행법」에서 따로 정하는데, 그 방법 으로는 두 가지가 있다. 즉 ① 변제기가 도래하고 채무자의 이행이 없으면, 담보권의 존재를 증명하는 서류를 집행법원[1])에 제출하여(동법 273조 1항·2항), 그 채권(금전지급 청구권 또는 물건인도 청구 권)에 대해 압류 및 추심명령이나 전부명령을 신청하는 것이다(동법 273조 3항, 223조 이하). 이것은 담보권이 가지는 환가권에 기한 것으로서, 따로 확정판결 등 집행권원을 필요로 하지 않는다. ② 다른 채권자에 의해 강제집행이 진행되는 경우에는 배당요구를 하는 것이다(동법 247조). (ㄴ) 유의할 것은, 경매절차에서 저당권은 그 순위를 불문하고 전부 소멸되는 것으로 하는 '소멸주의'를 취하므 로(동법 91 조 2항), 저당권자가 배당요구를 하지 않더라도 경매법원은 등기사항증명서 등 집행기록에 있는 서류와 증빙에 따라 배당할 금액을 계산하여 공탁을 한다(그렇지 않으면 경매가 반복되는 문제가 생긴다)(동법 84 조 5항). 그러나 물상대위의 경우에는 그 대상은 담보권설정자가 받을 것으로 되 어 있고(342조) 또 경매절차에서 이루어지는 것이 아니므로 그 적용이 없고, 상술한 방법에 따라 물상대위권을 행사하여야만 한다. 물상대위권을 행사하지 않은 이상, 수용 대상 토지에 대해

---

1) 채권의 집행법원은 채무자의 보통재판적이 있는 곳의 지방법원으로 한다(민사집행법 273조 3항·224조 1항). 그리 고 그 채권에 대한 압류 및 추심·전부명령은 사법보좌관이 처리한다(법원조직법 54조 2항 2호).

담보물권의 등기가 된 것만으로 그 보상금에서 우선변제를 받을 수는 없다(대판 1998. 9. 22, 98다12812). 그리고, 위 ②의 배당요구는 민사집행법 제247조 1항 소정의 '배당요구의 종기'까지 하여야 하고, 그 이후에는 물상대위권자로서 우선변제권을 행사할 수 없다. 이처럼 <u>물상대위권을 담보권자 스스로 행사하여야 하고 또 그 시기를 한정하는 이유</u>는, 평등 배당을 기대한 다른 일반채권자의 신뢰를 보호하는 등 제3자에게 불측의 손해를 입히지 아니함과 동시에 집행절차의 안정과 신속을 꾀하고자 함에 있다(대판 2003. 3. 28, 2002다13539).[1)]

e) **효 력**   (ㄱ) 1) 물상대위권자가 위 요건(내지 행사방법)을 갖추면 담보물의 멸실·훼손·공용징수로 설정자에게 지급될 손해배상청구권·보험금 청구권·보상금 청구권 등에 대해 우선변제를 받을 수 있다.[2)] 2) 물상대위권에 따라 압류 및 추심·전부명령을 받은 경우, (그 명령을 받은 때에 우선적 지위를 갖는 것이 아니라) <u>저당권이 성립한 때로 소급하여 우선적 지위를 갖는다.</u> 따라서 저당목적물의 변형물인 금전 기타 물건에 대하여 일반 채권자가 저당권자의 물상대위권 행사에 앞서 먼저 압류를 한 경우에도, 저당권자는 물상대위권을 행사하여 압류 및 전부명령을 받아 우선변제를 받을 수 있다(형식상으로는 압류가 경합되었다 하더라도 물상대위의 소급적 효력에 의해 물상대위에 따른 전부명령은 유효하다)(대판 1994. 11. 22, 94다25728; 대판 2008. 12. 24, 2008다65396). (ㄴ) 그러나 물상대위의 요건을 갖추지 못하여 우선변제권을 상실한 때에는, 1) 예컨대 물상대위권자가 저당목적물의 변형물인 수용보상금 채권의 배당절차에서 배당요구를 하지 않아 우선변제권을 상실한 경우, 다른 채권자가 그 보상금에서 배당을 받은 것에 대해 부당이득을 이유로 그 반환을 청구할 수도 없다(대판 2002. 10. 11, 2002다33137). 2) 다만, 저당권자가 물상대위권을 행사하기 전에 저당물의 소유자가 물상대위물을 수령한 경우, 저당권자는 저당 목적물의 교환가치를 지배하고 있다가 저당권을 상실하는 손해를 입게 되는 반면에, 저당 목적물의 소유자는 저당권자에게 저당 목적물의 교환가치를 양보하여야 할 지위에 있다가 마치 그러한 저당권의 부담이 없었던 것과 같은 상태에서의 대가를 취득하게 되는 것이므로, 그 수령한 금액 가운데 저당권의 피담보채권액 범위 내에서는 이익을 얻게 되고, 이것은 법률상 원인 없는 이득이라 할 것이므로 저당권자에게 이를 부당이득으로서 반환하여야 한다(대판 2009. 5. 14, 2008다17656).[3)]

---

1) 판례:「저당권자의 물상대위권은 어디까지나 그 권리실행 의사를 저당권자 스스로 법원에 명확하게 표시하는 방법으로 저당권자 자신에 의하여 행사되어야 하는 것이지, 저당권자 아닌 다른 채권자나 제3채무자의 태도나 인식만으로 저당권자의 권리행사를 의제할 수는 없는 것이므로, 저당권자 아닌 다른 채권자나 제3채무자가 저당권의 존재와 피담보채무액을 인정하고 있고, 나아가 제3채무자가 채무액을 공탁하고 공탁사유를 신고하면서 저당권자를 피공탁자로 기재하는 한편 저당권의 존재를 증명하는 서류까지 제출하고 있다 하더라도, 그것을 저당권자 자신의 권리행사와 같이 보아 저당권자가 그 배당절차에서 다른 채권자들에 우선하여 배당받을 수 있는 것으로 볼 수 없으며, 저당권자로서는 제3채무자가 공탁사유 신고를 하기 이전에 스스로 담보권의 존재를 증명하는 서류를 제출하여 물상대위권의 목적 채권을 압류하거나 법원에 배당요구를 한 경우에 한하여 공탁금으로부터 우선배당을 받을 수 있을 뿐이다」(대판 1999. 5. 14, 98다62688).

2) 판례(물상대위에 의해 우선배당을 받을 수 있는 범위):「저당권자가 물상대위권을 행사하여 채권압류명령 등을 신청하면서 그 청구채권 중 이자·지연손해금 등의 부대채권을 신청일까지의 금액으로 확정하여 기재한 경우에도, 배당절차에서는 채권계산서를 제출하였는지 여부와 관계없이 배당기일까지의 부대채권을 포함하여 원래 우선변제권을 행사할 수 있는 범위에서 우선배당을 받을 수 있다」(대판 2022. 8. 11, 2017다256668).

3) (ㄱ) A가 B에 대한 대여금채권을 담보하기 위해 B 소유 부동산에 저당권을 설정하였고, C는 B로부터 위 부동산을 증여받아 소유권이전등기를 마쳤다. 그 후 국가가 위 부동산을 수용하면서 C 앞으로 수용보상금을 공탁하였다. 그런데 A가 이 공탁금 출급 청구권에 대해 물상대위권을 행사하기 전에 C가 공탁금을 전액 수령해 간 사안이다. 여

(2) 피담보채권의 범위

> **제360조** 〔피담보채권의 범위〕 저당권은 원본, 이자, 위약금, 채무불이행으로 인한 손해배상 및 저당권 실행비용을 담보한다. 그러나 지연배상에 대해서는 원본의 이행기일을 경과한 후의 1년분에 한하여 저당권을 행사할 수 있다.

a) **질권과의 차이** (ㄱ) 질권에서는 질권자가 목적물을 점유하므로 '질물의 보존 비용'과 '질물의 하자로 인한 손해배상'도 담보하지만($^{334}_{조}$), 저당권에서는 저당권자가 목적물을 점유하지 않으므로 이러한 것은 피담보채권의 범위에 포함되지 않는다. 그 밖에 질권에서는 '지연배상'에 대해 아무런 제한을 두지 않지만($^{334}_{조}$), 저당권에서는 원본의 이행기일이 지난 후의 1년분만 담보하는 것으로 제한한다. 저당권은 부동산을 목적으로 하는 점에서 동산을 목적으로 하는 질권에 비해 후순위 저당권자 등 제3자가 이해관계를 가지는 경우가 많고, 그래서 저당권자와 이들과의 이익을 조화시킬 필요가 있기 때문이다. (ㄴ) 저당권은 본조에 의해「원본·이자·위약금·지연배상·저당권 실행비용」을 담보한다. 이 중 이자와 위약금은 그 약정이 있는 경우를 전제로 한다. 본조가 의미를 가지는 것은 지연배상의 범위이며, 이 부분은 당사자 간의 약정으로 달리 정할 수 없는 강행규정으로 보아야 한다.

b) **지연배상의 제한과 적용범위** 제360조 단서가 지연배상의 범위를 제한하는 이유는 후순위 저당권자를 비롯하여 다른 채권자의 이익을 보호하기 위해서이다. 이행기일이 지나 저당권을 실행할 수 있는데도 불구하고 저당권자의 태만으로 시일이 지나 지연이자가 늘어가는 경우에 이를 무제한으로 인정한다면 후순위 저당권자를 비롯하여 다른 채권자의 이익을 해치는 것이 되기 때문이다(선순위 저당권자의 피담보채권액이 늘어남에 따라 상대적으로 후순위 저당권자나 일반채권자가 목적물의 가격에서 차순위로 변제받게 될 자신의 채권액은 줄어들 소지가 많다). 요컨대 제360조 단서는 후순위 저당권자와 일반채권자에 대해 적용되는 것이며,[1] 채무자 겸 저당권설정자가 저당권자에게 대항할 수 있는 것이 아니다($^{대판 1981. 11. 10, 80다2712; 대판 1992. 5. 12,}_{90다8855; 대판 2001. 10. 12, 2000다59081}$)(즉 경매에서 후순위 저당권자가 없거나 일반채권자의 교부청구가 없는 경우 지연배상 전부가 저당권으로 담보되며, 채무자가 임의로 변제할 경우에도 위 제한은 적용되지 않는다).

사례의 해설 (1) 저당물의 공용징수로 인하여 저당권설정자(B)가 받을 금전에 대해 저당권자(A)는 물상대위권을 행사할 수 있는데, 그 요건으로서 그 금전이 B에게 지급되기 전에 압류하여야 한다($^{342조}_{370조}$). 여기서 한국토지공사가 그 보상금을 B를 수령자로 하여 변제공탁을 한 경우에도 위 요건을 충족하는지 문제된다. 변제공탁으로 이미 B에게 지급된 것으로 볼 수 있지 않은가 하는

기서 C가 받은 공탁금에 대해 A가 C를 상대로 부당이득의 반환을 청구한 것인데, 위 판례는 위와 같은 이유로 이를 인용하였다. (ㄴ) 종전의 판례도 같은 입장이었다. 즉 근저당 목적물(선박)이 제3자의 불법행위로 멸실되면서 소유자가 불법행위자로부터 보상을 받은 경우, 근저당권자가 저당채권의 변제를 받지 못한 손해와 소유자가 근저당권이 없었던 것과 같은 대가를 얻은 것 사이에는 인과관계가 있고, 소유자의 그러한 이득은 법률상 원인 없는 것으로서 근저당권자에 대해 부당이득이 된다고 보았다(대판 1975. 4. 8, 73다29).

1) 〈예〉 원본 1,000만원, 이자 연 2할, 변제기 1년 경과 후 3년 만에 1순위 저당권자가 경매신청을 하여 우선변제를 받을 수 있는 피담보채권액은, 1,000(원본)+200(이자)+200(1,000×0.2: 원본에 대한 1년분 지연배상(397조 1항))+40(200×0.2: 이자에 대한 1년분 지연배상)=1,440만원이다.

점에서이다. 그러나 B가 취득하는 것은 공탁금출급청구권이라는 점에서 아직 지급된 것으로 볼 수는 없고, 또 공탁을 통해서도 물상대위의 목적의 특정성은 유지되는 것이므로, A 스스로 압류를 하지 않았다고 하더라도 물상대위의 요건은 충족된 것으로 볼 수 있다(대결 1992. 7. 10, 92마380). 따라서 A는 물상대위권을 행사할 수 있고, 그 절차 등에 관해서는 '민사집행법'에서 정하는데, 그 방법으로는 두 가지가 있다. 하나는, 변제기가 도래하고 채무자의 이행이 없으면, 저당권의 존재를 증명하는 서류를 집행법원에 제출하여(동법 273조 1항·2항), 그 채권(공탁금출급청구권)에 대해 압류 및 추심명령 또는 전부명령을 신청하는 것이다(동법 273조 3항·223조 이하). 이것은 담보권이 가지는 환가권에 기한 것으로서 따로 확정판결 등 집행권원을 필요로 하지 않는다. 다른 하나는, 다른 채권자가 위 공탁금출급청구권에 대해 강제집행을 하는 경우에 배당요구를 하여 우선변제를 받는 것이다(동법 247조).

(2) (ㄱ) 근저당권자 A는 공탁금출급청구권에 대해 물상대위권을 갖고(342조·370조), 그 청구권에 대해 D에게 전부명령이 있은 경우에도 그에게 지급되기 전에는 추급효가 인정되어, 물상대위권에 기해 압류 및 전부명령을 받아 공탁금의 출급을 청구할 수 있다(민사집행법 273조·229조)(대판 2000. 6. 23, 98다31899). (ㄴ) 근저당권자 A가 물상대위의 요건을 갖추기 전에 담보물의 제3취득자 C가 공탁금을 수령한 경우, C는 저당권의 부담을 안고 담보물을 취득하였다가 그 부담을 면하게 되고 그로 인해 A는 손해를 입게 되는 점에서, A는 C에게 부당이득의 반환을 청구할 수 있다(대판 2009. 5. 14, 2008다17656). 사례 p. 381

2. 저당권자가 채권의 변제를 받는 방법

사례 (1) 1) ① 甲은 2015. 2. 1. A로부터 1억원을 빌리면서 변제기는 2015. 8. 1.로 정하였으나, 위 기일까지 甲이 대여금채무를 변제하지 않아 A는 甲 소유의 카페 건물에 대하여 2015. 10. 10. 가압류를 신청하여, 같은 달 10. 12. 가압류 기입등기를 마쳤다. ② 甲은 2016. 2. 20. B에게 2억원을 빌리면서 위 카페 건물에 대하여 위 차용금채무를 담보하기 위하여 B에게 저당권을 설정해 주었다. ③ 甲은 2016. 2. 1. C로부터 1억원을 빌리면서 변제기는 2016. 8. 1.로 정하였으나, 위 기일까지 甲이 대여금채무를 변제하지 않아 C는 甲 소유의 카페 건물에 대하여 2016. 10. 10. 가압류를 신청하여, 같은 달 10. 12. 가압류 기입등기를 마쳤다. 2) B는 甲이 변제기가 지나도록 피담보채무를 이행하지 않자 2017. 3. 5. 저당권을 실행하여 D가 경매절차에서 매각대금을 납부하고 그 명의로 소유권이전등기를 마쳤다. 집행법원은 1억원(매각대금에서 집행비용을 공제한 금액)을 A, B, C에게 어떻게 배당하여야 하는지를 근거를 들어 서술하시오. (25점)(2017년 제1차 변호사시험 모의시험)

(2) 1) X건물의 소유자인 A에게 1천만원 금전채권이 있는 B는 2021. 5. 6. X건물을 가압류하고 가압류등기를 마쳤다. 2021. 6. 8. A는 C로부터 5천만원을 차용하면서 X건물에 C 명의의 저당권을 설정하여 주었다. 2021. 12. 12. A가 서류를 위조하여 X건물에 설정된 C의 저당권을 말소시켰다. 2) C의 저당권이 말소된 상태에서 A에게 확정판결에 따른 4천만원 채권이 있는 F가 X건물에 대해 강제경매를 신청하였고, 경매절차에서 8천만원에 매각되었다. 한편 가압류채권자인 B가 집행권원을 취득하여 적법하게 배당요구를 하였다. 배당금 8천만원 중 B에게 1천만원, F에게 4천만원이 각 배당되었고, A에게 나머지 3천만원이 반환되었다. C는 부당이득을 근거로 누구에게 얼마를 반환 청구할 수 있는가? (15점)(2023년 제2차 변호사시험 모의시험) 해설 p. 393

저당권자가 그의 채권을 변제받는 데에는 두 가지 방법이 있다. (ㄱ) 하나는, 저당권에 기초하여 우선변제를 받는 것이다. 이것은 다시 둘로 나뉜다. ① 저당권자 자신이 직접 저당권을 실행(경매)하여 매각대금에서 우선변제를 받거나, ② 저당부동산에 대해 일반채권자가 강제집행을 하거나 다른 담보권자가 경매신청을 하는 경우에 저당권자로서 그 배당에 참여하여 그가 가지는 우선순위에 따라 변제를 받는 것이다. (ㄴ) 다른 하나는, 저당권자가 일반채권자의 자격에서 변제를 받는 것이다.

(1) 저당권에 기초하여 우선변제를 받는 것

가) 저당권의 실행

a) 요건과 방법   (ㄱ) <u>저당권자는 채권을 변제받기 위해 저당물의 경매를 청구할 수 있다</u> ($\frac{363조}{1항}$). 따라서 변제기가 도래하고 채무자의 이행이 없으면 경매를 청구할 수 있고, (그 불이행에 채무자의 귀책사유를 요하는) 채무자의 이행지체가 있어야만 하는 것은 아니다($\frac{제철웅}{317면}$). 저당권자는 변제기 도래 전에 경매신청을 할 수 없고($\frac{대결\ 1968.\ 4.}{14,\ 68마301}$), 변제기가 도래하지 않았음에도 경매개시결정이 있은 때에는 채무자는 이의신청을 할 수 있다($\frac{민사집행}{법\ 86조}$). 한편, 저당권의 준공유자도 피담보채권이 가분이면 각자 단독으로 저당물의 경매를 청구할 수 있다. (ㄴ) 위 경매절차는「민사집행법」에서 규율한다.

b) 담보권실행경매

aa) 강제경매와의 비교 :   민사집행법상 경매는 확정판결 등 집행권원에 기초하여 하는 '강제경매'와 질권 · 저당권 등 담보권에 기초하여 하는 '담보권실행경매'로 나뉘고, 후자에 관해서는 민사집행법 제3편(담보권실행 등을 위한 경매) 제264조 내지 제268조에서 규율하는데, 강제경매와 비교하여 그 내용은 다음과 같다. (ㄱ) 담보권실행경매는 담보권에 있는 환가권에 기초하는 것인 점에서 다음의 세 가지에서 강제경매와 다르다. ① 집행권원이 필요없고 담보권의 존재를 증명하는 서류를 제출함으로써 개시된다($\frac{동법}{264조}$). ② 경매절차의 정지사유를 달리한다($\frac{동법}{266조}$). ③ 담보권이 처음부터 존재하지 않은 경우에는 매수인은 소유권을 취득하지 못한다. 다만, 유효한 저당권에 기해 경매절차가 진행되던 중 변제로 저당권이 소멸되었음에도, 아무런 이의를 주장하지 않은 상태에서 매수인이 매각대금을 완납한 때에는, 그가 소유권을 취득하는 예외가 인정된다($\frac{동법}{267조}$). (ㄴ) 양자 모두 금전채권의 만족을 얻기 위해 국가가 경매절차를 관장한다는 점에서 공통점이 있고, 그래서 부동산에 대한 담보권실행 경매절차에 강제경매에 관한 규정 전부($\frac{동법\ 79조\sim}{162조}$)를 준용함으로써($\frac{동법}{268조}$), 양자가 같은 절차에 의해 통일적으로 규율되도록 하였다.

bb) 경매절차 :   경매절차는 대체로 목적물을 압류하여 현금화(환가)한 후 채권자의 채권을 변제하는 세 단계의 과정을 거친다.

(ㄱ) 경매신청 :   신청은 서면으로 하여야 하고, 신청서에는 일정한 사항을 적어야 하며, 부동산이 있는 곳의 지방법원이 관할한다($\frac{민사집행법\ 4조·}{80조·79조}$). (ㄴ) <u>경매개시결정</u> : 신청이 적법하다고 인정되면, 법원은 경매절차를 개시하는 결정을 하고 동시에 그 부동산의 압류를 명한다. 압류는 채

무자에게 그 결정이 송달된 때 또는 촉탁에 의해 경매개시결정의 등기가 된 때에 효력이 생긴다($_{1항·4항}^{동법 83조}$). 이 시점 이후에는 부동산의 과실에 대해 저당권의 효력이 미친다($_{조}^{359}$). (ㄷ) **현금화 절차:** 민사집행법은 압류된 부동산의 환가 내지 현금화를 「매각」이라고 한다. 이것은 다음과 같은 절차를 거친다. ① 법원은 감정인에게 부동산을 평가하게 하고, 그 평가액을 참작하여 최저 매각가격을 정한다($_{조 1항}^{동법 97}$). ② 부동산의 매각은, 매각기일에 하는 '호가경매', 매각기일에 입찰 및 개찰하게 하는 '기일입찰', 입찰기간 내에 입찰하게 하여 매각기일에 개찰하는 '기간입찰'의 세 가지 방법으로 한다($_{조 2항}^{동법 103}$). 매각방법이 정하여지면, 법원은 매각기일과 매각결정기일을 정하여 공고하고($_{106조}^{동법}$), 그에 따라 매각이 진행된다. 특히 민법은 이 경우 저당물의 제3취득자도 매수인이 될 수 있다고 정한다($_{2항}^{363조}$). 다만 목적 부동산의 소유자인 채무자는 매수 신청을 할 수 없는 제한이 있다($_{규칙 59조}^{민사집행}$). ③ 법원은 매각결정기일에 매각의 허가 여부를 결정하고, 매각허가결정이 확정되면 법원은 대금지급기한을 정하여 대금을 낼 것을 명한다($_{조·128조}^{동법 126}$). (ㄹ) **배당절차:** 매각대금이 지급되면 법원은 배당절차를 밟아야 하고, 매각대금으로 배당에 참가한 모든 채권자를 만족시킬 수 없는 때에는 법원은 민법·상법 그 밖의 법률에 의한 우선순위에 따라 배당하여야 한다($_{145조}^{동법}$).

cc) **매각의 효과:** (α) **매수인의 권리취득:** (ㄱ) 매수인은 매각대금을 다 낸 때에 매각의 목적인 권리를 취득한다($_{135조}^{동법}$). 매각대금이 지급되면 법원의 촉탁에 의해 매수인 앞으로 소유권이전등기가 되지만($_{144조}^{동법}$), 매수인이 부동산 소유권을 취득하는 시기는 그 등기가 된 때가 아니라 매각대금을 완납한 때이다. (ㄴ) 다만, 다음과 같은 경우에는 매수인은 소유권을 취득하지 못한다. 첫째, 부동산이 저당권설정자의 소유가 아닌 경우이다. 저당권은 소유권의 처분권능을 승계받는 것이고(설정적 승계), 이에 기초하여 매수인이 소유권을 취득하는 것이므로, 위 경우에는 승계취득의 법리상 매수인이 소유권을 취득할 수 없다. 둘째, 경매개시결정 이전에 저당권이 소멸된 경우, 이 소멸된 저당권에 기초하여 이루어진 경매는 무효이므로 매수인은 소유권을 취득할 수 없다(진정한 소유자는 소유권을 상실하지 않으므로 저당권자에게 손해배상을 청구할 수는 없다)($_{10, 75다994}^{대판 1976. 2.}$). (ㄷ) 이에 대해 실체상 존재하는 저당권에 기초하여 경매가 진행되었는데, 그 후 변제 등으로 저당권이 소멸되었는데도 경매절차에서 이의 제기 등을 하지 않아 경매가 그대로 진행되어 매수인이 매각대금을 다 낸 경우에는, 매수인을 보호하기 위해 그가 소유권을 취득하는 것으로 한다. 민사집행법 제267조에서, "매수인의 부동산 취득은 담보권의 소멸로 영향을 받지 아니한다"고 규정한 것은 바로 그러한 취지이다. 일정한 경우 경매절차의 공신력을 인정한 것이다. 주의할 것은, 처음부터 저당권이 성립하지 않거나 무효인 저당권 내지 소멸된 저당권에 기초하여 경매가 진행된 경우에는 동조는 적용되지 않으며, 매수인은 소유권을 취득할 수 없다. (β) **경매목적물 위의 다른 권리:** 경매목적물에 있는 권리와 매수인의 관계는 최선순위 저당권설정 등기일을 기준으로 하여 결정된다. 즉 그 전에 대항력을 갖춘 용익권이나 유치권은 매수인이 인수하지만, 다른 저당권(그 선후를 불문)과 위 저당권등기 후에 설정된 용익권은 소멸된다($_{조 2항~5항}^{민사집행법 91}$).

나) 배당절차에의 참가

(ㄱ) 저당부동산에 대해 다른 일반채권자가 강제집행을 하거나 다른 담보권자가 경매를 신청하는 경우, 그 부동산 위의 모든 저당권은 매각으로 소멸된다. 즉 민사집행법은 저당권에 관해 변제기의 도래 여부와 순위를 묻지 않고 '소멸주의'를 취한다($\binom{동법 91조}{2항·3항}$). 그렇지 않으면 경매가 반복되는 점에서 문제가 있기 때문이다. (ㄴ) 민사집행법은 배당요구를 할 수 있는 일정한 자를 한정하고 있는데($\binom{동법 88}{조 1항}$), 이것은 임차보증금 반환채권이나 임금채권과 같이 법률에서 우선변제권을 인정하고 있으나 배당요구를 하지 않으면 법원이 그 내용을 알 수 없는 경우를 말하는 것이고, 등기된 저당권처럼 채권의 존부와 그 액수를 알 수 있는 때에는 배당요구 없이도 당연히 그 순위에 따라 우선배당을 받는다(이 경우 그 채권액은 등기사항증명서 등 집행기록에 있는 서류와 증빙에 따라 계산하고, 이후에는 다시 채권액을 추가하지 못한다)($\binom{민사집행법}{84조 5항}$). (ㄷ) 저당권에 관한 소멸주의에는 '잉여주의'의 제한이 있다. 즉 저당부동산에 대해 채무자의 다른 일반채권자 또는 후순위 저당권자의 경매신청이 있는 경우, 그들에 우선하는 선순위 저당권자의 채권을 변제하고 나머지가 없으면 경매를 신청한 채권자에게는 아무런 이익이 없는 집행이 되며, 선순위 저당권자에게는 그가 원하지 않는 시기에 저당권의 실행을 강요하는 점에서 문제가 있다. 그래서 이러한 경우에는 그 부동산을 매각하지 못하는데, 이를 '잉여주의'라고 한다($\binom{민사집행법}{91조 1항}$).

다) 저당권자의 우선순위

저당부동산에 대해 경매가 진행되어 배당이 실시되는 경우, 저당권과 다른 권리 간의 순위의 우열은 관계 법률에 의해 정해진다. 예컨대, '저당부동산에 대해 조세채권의 법정기일 전에 저당권과 전세권이 설정되어 있는 경우', 그 배당의 우선순위는 다음과 같이 정해진다.[1]

(ㄱ) 제1순위: ① (법률에서 '주택임차인은 보증금 중 일정액을 다른 담보물권자보다 우선하여 변제받을 권리가 있다'고 정하고 있으므로) 보증금 중 일정액($\binom{주택임대차보호법 8조 1항,}{국세기본법 35조 1항 4호}$), ② 최종 3개월분의 임금,[2] 재해보상금($\binom{근로기준법 38조 2항, 국}{세기본법 35조 1항 5호}$). 이들 상호간에는 같은 순위로 채권액에 비례하여 배당한다.

(ㄴ) 제2순위: 저당 목적물 자체에 부과된 국세 · 지방세 · 가산금(당해세로서 상속세 · 재산세 · 자동차세 등이 이에 해당함)($\binom{국세기본법 35조 1항 3}{호, 지방세기본법 99조}$).

(ㄷ) 제3순위: (α) ① 국세 및 지방세의 법정기일 전에 설정된 저당권이나 전세권으로 담보되는 채권($\binom{국세기본법 35조 1항 3}{호, 지방세기본법 99조}$),[3] ② 그 법정기일 전에 주택임차권의 대항요건과 임대차계약증

---

1) 이 부분에 관해서는, 사법연수원, 민사집행법(2002), 218면 이하 참조.

2) 종전 근로기준법은 퇴직금에 대해서도 우선변제권을 인정하였었는데, 이에 대해서는 담보물권 제도의 근간을 흔들고 기업금융의 길을 폐쇄하는 점 등의 부작용을 이유로 헌법불합치 결정이 있었고(헌재결 1997. 8. 21, 94헌바19, 95헌바34, 97헌가11), 이에 따라 근로기준법을 개정하여 3개월분의 퇴직금에 한정하여 우선변제권을 인정하였다가, 현재는 퇴직금에 관한 부분을 아예 삭제하였다. 한편 판례는「임금 등 채권의 최우선변제권은 담보물권자의 희생 아래 인정되고 있고, 민법상의 다른 담보물권의 경우와는 달리 원본채권만을 열거하고 있는 점 등에 비추어보면, 임금 등에 대한 지연손해금채권에 대하여는 최우선변제권이 인정되지 않는다」고 한다(대결 2000. 1. 28, 99마5143).

3) 종전의 국세기본법 제35조 1항 3호는 "국세채권은 국세의 납부기한으로부터 1년 전 이내에 설정된 저당권 · 전세권 · 질권에 의하여 담보된 채권보다 우선한다"고 규정하였다. 그런데 헌법재판소는 이 규정에 대해 재산권인 담보물권 내지 사유재산제도의 본질적인 내용을 침해하고 과잉금지의 원칙에도 위배되어 위헌이라고 결정하였다(헌재결 1990. 9. 3, 89헌가95). 이에 따라 국세기본법을 개정하여, 국세 및 지방세와 저당권의 우열은 그 조세의 납부일(법

서상에 확정일자를 갖춘 임차보증금채권($^{주택임대차보호법}_{3조의2 제2항}$) 등. 이들 상호간에는 등기일자의 선후, 등기일자와 대항력의 선후에 의해 우열이 정해진다. (β) 유의할 것은, 저당권은 매각으로 인해 항상 소멸되지만($^{민사집행법}_{91조 2항}$), 전세권과 대항력 있는 임차권의 경우에는 용익권의 성질도 있기 때문에 저당권 또는 압류채권에 대항할 수 있는 경우, 즉 먼저 설정되거나 대항력을 갖춘 때에는 소멸되지 않고 매수인이 이를 인수한다($^{민사집행법 91조 4항, 주}_{택임대차보호법 3조의5}$). 다만 이 경우에도 전세권자가 배당요구를 하면 그 전세권은 매각으로 소멸되며($^{민사집행법 91}_{조 4항 단서}$), 주택임차권의 경우에도 같은 취지의 규정이 있다($^{주택임대차보}_{호법 3조의5}$).[1]

  (ㄹ) 제4순위 :   근로기준법 제38조 2항의 임금 등을 제외한 임금($^{근로기준법}_{38조 1항}$)

  (ㅁ) 제5순위 :   국세와 지방세($^{국세기본법 35조,}_{지방세기본법 99조}$)

  (ㅂ) 제6순위 :   공과금(의료보험료 · 연금보험료)($^{국민건강보험법 73조,}_{국민연금법 81조}$)

  (ㅅ) 제7순위 :   일반채권자의 채권

라) 저당권자의 피담보채권의 충당방법

저당물의 경매에서 저당권자에게 배당된 배당금이 피담보채권 전부를 소멸시키기에 부족한 경우에는, 민법 제476조에 의한 지정변제충당은 허용될 수 없고, 또 채권자와 채무자 사이에 변제충당에 관한 합의가 있었다고 하더라도 이에 따른 충당은 허용되지 않으며, 획일적으로 가장 공평 타당한 충당방법인 민법 제477조와 제479조에 의한 법정변제충당의 방법에 따라 충당하여야 한다($^{대판 2000. 12. 8,}_{2000다51339}$). 따라서 담보권 실행비용, 이자, 손해배상금, 원본의 순서로 충당하여야 한다.

(2) 일반채권자로서 변제를 받는 것

질권에서 '질물 이외의 재산으로부터의 변제'에 관한 규정($^{340}_{조}$)은 저당권에도 준용된다($^{370}_{조}$). 즉 (ㄱ) 저당권자는 저당물로부터 변제받지 못한 부분의 채권만을 채무자의 다른 재산으로부터 일반채권자의 자격에서 변제받을 수 있다(집행권원을 받아 스스로 강제집행을 하거나, 타인의 집행에 대해 일반채권자로서 배당요구를 하는 방식으로). 따라서 저당권자가 저당부동산에 대해 저당권을 실행함이 없이 먼저 채무자의 다른 재산에 강제집행을 하는 경우 '다른 채권자'는 저당

정기일)과 저당권등기의 선후에 의해 정해지는 것으로 바꾸었다. 법정기일은 신고납부방식의 국세에서는 신고일, 납세고지서 또는 납세통지서로 징수하는 국세에서는 그 발송일을 말한다(국세기본법 35조 1항 3호). 그리고 이 법정기일은 저당권설정 당시의 설정자의 납세의무를 기준으로 그 우열을 정하는 것이고, (그 후 목적물이 양도된 경우) 현재의 저당 목적물 소유자의 납세의무를 기준으로 하는 것이 아니다(대판 1972. 1. 31, 71다2266).

1) 판례(부동산에 가압류등기가 먼저 되고 나서 근저당권등기가 마쳐진 경우의 배당관계): ① 「부동산에 대하여 가압류등기가 먼저 되고 나서 근저당권설정등기가 마쳐진 경우에, 그 근저당권등기는 가압류에 의한 처분금지의 효력 때문에 그 집행보전의 목적을 달성하는 데 필요한 범위 안에서 가압류채권자에 대한 상대적인 관계에서는 무효이고, 따라서 그 배당에 있어서 근저당권자는 선순위 가압류채권자에 대하여는 우선변제권을 주장할 수 없고 채권액에 따른 안분비례에 의하여 평등 배당을 받는다(다만 근저당권자는 후순위 경매신청 압류채권자에 대하여는 우선변제권이 인정되므로 경매신청 압류채권자가 받을 배당액으로부터 자기의 채권액을 만족시킬 때까지 이를 흡수하여 배당을 받을 수 있다)」(대결 1994. 11. 29, 94마417; 대판 2008. 2. 28, 2007다77446). ② 부동산에 대한 가압류등기가 있고 나서 저당권이 설정되고, 이 저당권에 기한 경매에 따라 매각이 이루어지면 가압류채권자는 저당권자와 채권액에 따른 안분배당을 받고 그에 따라 가압류의 효력은 소멸되며, 이것은 위 가압류가 원인 없이 말소된 경우에도 마찬가지이다(대판 2017. 1. 25, 2016다28897).

권자에게 위와 같은 순서에 따를 것을 주장(이의 제기)할 수 있다. 그러나 '채무자'는 포함되지 않는다(통설). (ㄴ) 저당물보다 먼저 채무자의 다른 재산에 대해 배당을 실시하는 경우에는 저당권자는 일반채권자의 자격에서 그의 채권 전액을 가지고 배당에 참가할 수 있지만, 다른 채권자는 저당권자에게 그 배당될 금액의 공탁을 청구할 수 있다(저당권자는 저당물을 경매하여 우선변제를 받지 못한 부분만을 공탁금에서 받을 수 있고, 공탁금의 나머지는 다른 채권자에게 배당된다).

✿ 유저당계약(流抵當契約) ～～～～～～～～～～～～～～～～～～～～～～～～～～～～～～～～～

a) 의 의   (ㄱ) 저당권을 설정하는 것 외에, 당사자가 그 설정계약에서 또는 변제기 전의 특약으로 채무자가 변제기에 변제를 하지 않는 때에는 저당물로써 직접 변제에 충당하거나 또는 경매가 아닌 임의의 방법으로 저당물을 처분하거나 환가하기로 약정하는 수가 있다. 이러한 약정을 「유저당계약」이라고 한다. 질권에서는 위와 같은 내용의 「유질계약」이 금지된다는 규정이 있으나($\frac{339}{조}$), 저당권에서는 유저당에 대해 아무런 규정을 두고 있지 않아 그 효력이 문제된다. 유의할 점은, 유저당의 효력이 문제가 되는 것은 피담보채권의 변제기가 도래하기 전에 한 특약에 한정하는 것이다. 즉 변제기 도래 후에 맺은 유저당계약은 유효하다. 채무자의 궁박을 이용한 폭리의 문제가 없기 때문이다. 또 이것은 저당부동산에 선순위 또는 후순위 저당권이나 전세권이 설정되어 있지 않은 경우에만 할 수 있다. (ㄴ) 독일 민법과 스위스 민법은 유저당계약을 금지하는 규정을 두고 있다($\frac{독민\ 1149조,}{스민\ 816조\ 2항}$). 현행 민법 초안 제351조는 구민법에는 없었던 유저당계약의 금지를 신설하였으나(유질계약의 금지와 같은 취지임), 심의 과정에서 삭제되었고($\frac{민법안심의록}{(상),\ 216면}$), 한편 제370조에서 유질계약의 금지에 관한 제339조를 준용하고 있지도 않다. 초안 제351조가 삭제된 이유는 명백하지 않으나, 질권의 경우에는 영세 채무자를 보호한다는 요청이 있는 반면 저당권에서는 그러한 요청이 덜하고, 한편 저당권의 경우에도 유저당계약에 대해서는 대물변제의 예약에 관한 규정($\frac{607조·}{608조}$)에 의해 해결할 수 있고, 또 부동산 양도담보에 의해 경매가 아닌 임의환가가 인정된다는 점이 고려되지 않았나 생각된다.

b) 효 력   유저당에는 두 가지가 있다. 하나는 저당물의 소유권을 저당권자에게 귀속시키는 것이고, 다른 하나는 법률에서 정한 바가 아닌 임의의 방법으로 저당물을 환가하는 것이다. (ㄱ) 저당권과 병용하여 변제기 전의 약정으로 저당물의 소유권을 저당권자에게 귀속시키기로 하는 것은 대물반환의 예약에 해당한다. 이 경우 그 예약상의 권리를 보전하기 위해 가등기를 한 때에는 가등기담보가 되고, 이에 관해서는 「가등기담보 등에 관한 법률」이 적용된다. 한편 그러한 가등기를 하지 않은 경우에도 민법 제607조와 제608조가 적용된다. 어느 경우든 목적물의 평가액 내지 환가액에서 피담보채권을 공제하고 남은 금액은 저당권설정자에게 반환하여야 한다. (ㄴ) 저당권과 병용하여 저당물을 법률에서 정한 방법이 아닌 임의의 방법으로 환가하기로 하는 약정은 원칙적으로 유효하다. 그러나 그것은 피담보채권을 공제한 나머지를 설정자에게 반환하는 것을 전제로 한다. 그렇지 않으면 (ㄱ)의 대물반환의 예약에 해당하기 때문이다.

사례의 해설   (1) (ㄱ) 부동산에 대해 가압류등기가 먼저 되고 나서 저당권등기가 마쳐진 경우, 그 저당권등기는 가압류에 의한 처분금지의 효력 때문에 선순위 가압류채권자에 대해서는 무효이다. 따라서 그 배당에서 저당권자는 선순위 가압류채권자에게는 우선변제권을 주장할 수 없고 채권액에 따른 안분배당을 받는다. 다만 저당권자는 후순위 가압류채권자에 대해서는 우선변제권이 있고, 이 경우 후순위 압류채권자가 받을 배당액으로부터 자기의 채권을 만족시킬 때까지 흡수하여 배당을 받을 수 있다(대결 1994. 11. 29, 94마417). 한편 가압류채권자 사이에서는 우열이 없다. (ㄴ) 이를 종합하면, 1억원의 매각대금은 A, B, C 각자의 채권액의 비율에 따라 1 : 2 : 1의 비율로 안분배당되어, A에게 2,500만원, B에게 5,000만원, C에게 2,500만원이 배당되는데, B가 C의 배당액을 흡수하게 되어, 집행법원은 A에게 2,500만원, B에게 7,500만원, C에게 0원을 배당하여야 한다.

(2) (ㄱ) 등기는 물권의 효력 발생요건이고 효력 존속요건이 아니므로, 저당권이 불법으로 말소된 경우 저당권의 효력에는 아무런 영향이 없다. 따라서 배당절차에서 저당권자 C에게 배당될 것이 다른 사람에게 배당된 경우에는 그것은 C에 대해 부당이득을 한 것이 된다. (ㄴ) 가압류등기가 먼저 되고 나서 저당권등기가 마쳐진 경우의 배당관계는 위 해설 (1)에서 기술한 바와 같으므로, 그 결론만을 적는다. ① 매각대금 8천만원은 B, C, F의 채권액(1천만원, 5천만원, 4천만원)에 비례하여 배당되므로, B는 그 1/10인 800만원, C는 그 5/10인 4천만원, F는 그 4/10인 3,200만원이 배당된다. ② C는 F에 대해서는 우선변제권이 있으므로, C는 받지 못한 1천만원에 대해서는 F로부터 받을 수 있으므로, 결국 F는 2,200만원만을 배당받을 수 있을 뿐이다. ③ 결국 초과 배당 등을 받아 C에 대해 부당이득이 되는 금액은, B는 200만원(1천만원 − 800만원), F는 1,800만원(4,000만원 − 2,200만원), A는 3천만원이 된다. C는 B, F, A에게 위 금액을 부당이득으로서 반환청구할 수 있다.

3. 저당권과 용익권의 관계

사례 (1) A는 토지와 그 지상의 건물을 소유하고 있는데, 그중 토지에 대해서만 1970. 3. 甲 앞으로 저당권을 설정해 주었다. A의 이행지체로 甲이 저당권에 기해 경매를 신청하여 1973. 3. B가 그 토지를 경락받아 소유권이전등기가 마쳐졌다. 1974. A는 그 지상의 건물을 C에게 매도하여, C 명의로 소유권이전등기가 되었다. 그 후 토지 소유자 B는 토지소유권에 기해 건물 소유자 C에게 그 건물의 철거 및 대지의 인도를 청구하고, 아울러 C의 점유가 불법점유임을 이유로 점유기간 동안의 차임 상당액의 손해배상을 청구하였다. B의 청구는 인용될 수 있는가?

(2) 甲은 자기 소유의 가옥 X와 그 대지 Y를 乙에게 매도하여 대금을 받고 1980. 2. 1. 인도하였으며, 乙은 자기 앞으로 소유권이전등기를 하지 아니한 상태에서 X, Y를 丙에게 전매하여 대금을 받고 1988. 2. 1. 인도하였다. 그런데 甲은 X와 Y에 대한 등기명의가 자기 앞으로 남아 있음을 이용하여 1995. 2. 1. 위 매매 사실을 모르는 丁에게 Y에 대한 저당권을 설정하여 주고 금전을 차용하였다. 그 후 丁은 그 피담보채무의 이행이 지체되자 법원에 Y에 대한 경매를 신청하였다. 이를 戊가 경락받아 2001. 2. 1. 대금을 완납하고 같은 해 4. 1. Y에 대한 소유권이전등기를 하였다. 이 경우 甲과 乙, 乙과 丙, 丙과 戊 사이의 법률관계를 논하시오. (제43회 사법시험, 2001)

(3) X토지는 甲의 단독소유, Y토지는 甲과 乙의 공유(甲의 지분 2/3, 乙의 지분 1/3)로 등기되어 있었다. 그런데 甲은 X토지 위에 A건물을, Y토지 위에 B건물을 신축하고, 丙에게 X토지에 관한 저당권을 설정하여 준 다음, 丁에게 A건물 및 Y토지 중 甲 명의의 위 지분에 관한 공동저당권을 설정하여 주었다. 그 후 甲이 임의로 A건물을 헐고 그 자리에 C건물을 신축하였는데, 丙과 丁의 저당권 실행을 위한 경매절차에서 戊가 X토지와 Y토지 중 위 지분을 모두 경락받아 대금을 완납하였다. 이 경우 甲과 戊 사이, 甲과 丁 사이의 법률관계를 논하시오. (제47회 사법시험,

2005)

(4) 甲은 A로부터 1억 5,000만원을 차용하면서 이를 담보하기 위하여 자기 소유의 대지와 그 지상 주택, 그리고 친구인 乙, 丙 소유의 각 아파트에 대하여 공동저당권을 설정하였다. 그 후 甲은 B로부터 5,000만원을 차용하면서 자기 소유의 대지와 그 지상 주택에 2순위 저당권을 설정하여 준 다음, 위 주택을 철거하고 그 자리에 2층 상가를 신축하였는데, 신축 상가에 대해서 A나 B에게 저당권을 설정하여 주지는 않았다. 甲이 변제기에 A에 대한 차용금을 변제하지 못하자, A는 먼저 甲 소유의 대지에 대하여 경매를 신청하여, 위 대지가 C에게 낙찰되었다. 그 결과 A는 1억 2,000만원을 배당받았고 B는 전혀 배당받지 못하였다. A는 乙, 丙 소유의 아파트에 대하여 함께 경매를 신청하여, 乙 소유의 아파트는 1억 2,000만원, 丙 소유의 아파트는 6,000만원에 각각 낙찰되었다. 甲 소유의 대지를 낙찰 받은 C가 甲을 상대로 상가건물의 철거 및 대지의 인도를 구하자, 甲은 자신에게 상가건물의 소유를 위한 법정지상권이 있다고 주장한다. 甲의 주장은 정당한가? (15점)(제51회 사법시험, 2009)

(5) 1) 甲은 乙에게서 P시에 소재하는 1필의 X토지 중 일부를 위치와 면적을 특정하여 매수했으나 필요가 생기면 추후 분할하기로 하고 분할등기를 하지 않은 채 X토지 전체 면적에 대한 甲의 매수 부분의 면적 비율에 상응하는 지분 소유권이전등기를 甲 명의로 경료하고 甲과 乙은 각자 소유하게 될 토지의 경계선을 확정하였다. 2) 甲과 乙은 각자 소유하는 토지 부분 위에 독자적으로 건축 허가를 받아 각자의 건물을 각자의 비용으로 신축하기로 하였다. 각 건물의 1층 바닥의 기초공사를 마치고 건물의 벽과 지붕을 건축하던 중 자금이 부족하게 되자 甲과 乙은 공동으로 丁에게서 건축 자금 1억원을 빌리면서 X토지 전체에 저당권을 설정해 주었다. 이후 건물은 완성되었으나 준공검사를 받지 못하여 소유권보존등기를 하지 못하고 있던 차에 자금 사정이 더욱 나빠진 甲과 乙은 원리금을 연체하게 되어 결국 저당권이 실행되었고 경매를 통하여 戊에게 X토지 전체에 대한 소유권이전등기가 경료되었다. 戊는 甲과 乙에게 법률상 근거 없이 X토지를 점유하고 있다는 이유로 각 건물의 철거 및 X토지 전체의 인도를 청구하고 있다. 甲과 乙은 위 소송 과정에서 자신들이 승소하기 위하여 법률상 필요하고 유효적절한 항변을 모두 하였다. 戊의 甲, 乙에 대한 청구가 각 인용될 수 있는지와 그 근거를 서술하시오. (20점)(제3회 변호사시험, 2014)

(6) 1) ① 甲은 자신의 소유인 A토지 지상에 B건물을 신축하였으나 아직 자신의 명의로 등기를 마치지는 않고 있던 중 위 토지와 건물을 乙과 丙에게 매도하였다. A토지에 대하여는 乙과 丙이 각 1/2씩 지분 소유권이전등기를 경료하였고 B건물에 대하여는 乙과 丙이 아직 등기를 경료하지 못하였으나 이를 인도받아 이곳에서 거주하고 있다. ② 乙과 丙은 丁으로부터 3억원을 차용하면서 A토지에 대해 채권최고액 3억 6천만원의 근저당권을 설정하였다. 그 후 丁은 토지 소유자인 乙과 丙이 3억원의 차용금을 변제하지 않자 담보권 실행을 위한 경매를 신청하였고 X가 A토지를 낙찰받고 그 대금을 전액 납부하였다. 2) X는 乙과 丙을 상대로 B건물에 대한 철거를 구하는 소를 제기하였다. 변론 기일에 피고 乙은 B건물을 위한 법정지상권이 성립되어 원고의 청구가 이유 없다고 항변하였다. 그러나 피고 丙은 변론종결시까지 법정지상권 성립에 대해 아무런 주장도 하지 않았다. 법원은 피고 乙과 丙에 대하여 법정지상권 성립을 인정할 수 있는가? (20점)(2014년 제1차 변호사시험 모의시험)

(7) 건축업자 甲은 자기 소유의 X토지 위에 Y건물(단독주택)을 신축하던 중, Y건물의 기초 및

골조공사가 완성된 직후인 2011. 2. 4. A로부터 1억원을 차용하면서 X토지에 채권최고액 1억 5,000만원인 근저당권을 설정해 주었다. 한편 甲은 Y건물의 내장공사만 남겨둔 2011. 2. 15. 교통사고로 다리를 다쳐 입원하게 되었다. 甲의 가족으로는 妻 乙, 甲과 乙 사이의 子 丙(21세)이 있다.

(a) D는 X토지에 관한 근저당권 실행으로 인한 경매절차에서 X토지의 소유권을 취득하였다. 그 후, 甲은 Y건물을 B에게 매도하였고 B는 마무리 공사를 한 후 입주하여 사용하고 있지만, 아직 Y건물에 대한 소유권보존등기는 되어 있지 않다. D가 B에게 Y건물의 철거와 X토지의 인도 및 차임 상당의 부당이득의 반환을 청구하였다면, D의 청구는 인용될 수 있는가? (10점)

(b) A는 X토지에 대한 경매를 청구하면서, X토지의 경매 가격이 하락할 것을 염려하여 Y건물도 함께 경매를 청구하려고 한다. Y건물은 준공검사를 받은 상태이지만, 아직 소유권보존등기는 되어 있지 않다. A의 일괄경매 청구는 허용될 수 있는가? (5점)(2015년 제57회 사법시험)

(8) ① 甲은 1996. 1. 1.부터 X, Y토지와 이를 부지로 하는 Z건물을 소유하고 있었다(이하 Z건물 중 X토지 지상 부분을 'X부분 건물', Y토지 지상 부분을 'Y부분 건물'이라고 한다). 이 중 X토지에 관하여는 2001. 1. 1. 근저당권이 설정되었다. ② 甲은 2004. 1. 1. 乙에게 Y토지와 Z건물을 매도하고 같은 날 소유권이전등기를 마쳐주었다. ③ 丙은 위 근저당권에 기해 개시된 X토지에 관한 임의경매 절차에서 2008. 1. 1. 매수대금을 납부하고 그 무렵 자신의 명의로 소유권이전등기를 마쳤다. ④ 한편, 甲의 채권자가 乙을 상대로 사해행위 취소의 소를 제기하여, Z건물에 관하여는 2009. 1. 1. 사해행위 취소 확정판결을 원인으로 하여 같은 날 乙 명의의 소유권이전등기가 말소되었다. ⑤ 그 후 Z건물에 관한 경매절차에서 丁이 2010. 1. 1. 매수대금을 납부함으로써 그 소유권을 취득하였다. ⑥ 丙과 乙은 2011. 1. 1. 丁을 상대로 각 X토지 및 Y토지의 소유권에 기해 Z건물 중 X부분 건물과 Y부분 건물의 철거를 구하는 소송을 제기하였다.

(가) 丙의 철거 청구에 대하여 丁은, "乙이 X토지에 관하여 관습상의 법정지상권을 취득하였고, 그렇지 않더라도 민법 제366조의 법정지상권을 취득하였으며, 乙의 권리를 양수한 자신을 상대로 한 철거 청구는 부당하다"고 주장한다. 丁의 주장의 당부를 논거를 들어 서술하시오. (30점)

(나) 乙의 철거 청구에 대하여 丁은 Y토지에 관하여 관습상의 법정지상권을 취득하였다고 주장한다. 丁의 주장의 당부를 논거를 들어 서술하시오. (20점)(2016년 제3차 변호사시험 모의시험)

(9) 甲은 자신의 소유인 X토지 지상에 Y건물을 신축하였으나 아직 자신의 명의로 등기를 마치지 않은 채 사용하고 있었다. 甲은 2010. 9. 21. X토지와 신축한 Y건물을 乙에게 매도하고 인도까지 하였으나, Y건물은 아직 소유권보존등기를 하지 못하여 X토지에 대해서만 소유권이전등기를 마쳐주었다. 乙은 2012. 9. 21. 丙은행으로부터 1억원을 차용하면서 X토지에 대하여 근저당권자 丙은행, 채권최고액 1억 2천만원의 근저당권을 설정하였고, 이후 乙은 2012. 9. 24. 자신의 명의로 Y건물에 대한 소유권보존등기를 마쳤다. 그 후 乙이 피담보채무를 변제하지 않자 丙은행의 적법한 경매신청에 의하여 X토지에 대하여 개시된 경매절차에서 丁이 2014. 7. 26. 매각대금을 완납하고 그 소유권을 취득하였다. 丁은 乙을 상대로 Y건물의 철거 및 X토지의 인도를 구하는 소를 제기하였다. 이 청구는 인용될 수 있는가? (20점)(2017년 제6회 변호사시험)

(10) 甲은 자기 소유인 X토지에 대하여 A은행 앞으로 근저당권을 설정한 후, 乙에게 지상권을 설정해 주었다. 乙은 2015. 10.경 X토지 위에 Y다세대주택을 신축하여 분양하는 사업을 하게 되었다. 그 후 乙은 자금을 차용하여 Y다세대주택을 준공하고 소유권보존등기를 마쳤으나, 분양사업의 부진으로 甲에게 X토지에 대한 지료를 지급하지 못하였다. 이에 甲은 2년 이상의 지료 미납

을 이유로 지상권 소멸을 청구하였고, 甲은 乙로부터 Y다세대주택을 매수한 후 소유권이전등기를 마쳤다. 한편, 甲이 A은행에 대한 대출금 채무를 연체하자 A은행은 X토지에 대한 근저당권에 기해 X토지와 함께 Y다세대주택에 대한 일괄경매를 신청하였고, 戊가 이를 모두 경락받았다. 그러자 甲은 乙이 Y다세대주택을 건축하였고 그 주택을 자신이 매수한 것이므로 Y다세대주택은 일괄경매의 대상이 될 수 없다고 주장하면서 戊를 상대로 Y다세대주택에 대한 소유권이전등기의 말소를 청구하는 소를 제기하였다. 甲의 戊에 대한 소유권이전등기의 말소등기 청구는 인용될 수 있는가? (15점) (2018년 제7회 변호사시험)

　(11) 1) 甲은 자신의 X토지 위에 Y주택을 소유하고 있다가 乙로부터 2억원을 차용하면서 2016. 3. 10. X토지와 Y주택에 乙 명의의 공동저당권을 설정해 주었다. 그 후 甲은 2017. 2.경 Y주택을 헐고 그 위치에 Z건물을 신축하기 시작하여 같은 해 10. 경 완공하였다. 그런데 甲이 乙에 대한 채무를 변제하지 않아 乙이 2018. 1. 20. X토지에 대해서만 경매를 신청하고 그 경매절차에서 丙이 매수하고 매각대금을 완납하였다. 丙은 甲을 상대로 Z건물의 철거 소송을 제기하였고, 甲은 법정지상권의 취득을 항변하였다. 2) 丙의 청구에 대한 법원의 판단을 근거와 함께 서술하시오. (15점) (2019년 제1차 변호사시험 모의시험) 　 해설 p. 407

(1) 총 설

　a) 서 언　　(ㄱ) 저당권자는 목적물을 점유하지 않고 그 교환가치만을 갖고, 목적물을 점유하여 사용·수익·처분하는 것은 설정자에게 남겨져 있다. 다만 저당권을 실행하여 경락인이 소유권을 취득하면 설정자의 종전의 권능은 경락인에게로 넘어간다. 물론 채무를 변제하여 저당권이 소멸되면 설정자의 권능은 아무런 영향을 받지 않는다. (ㄴ) 한편 설정자는 목적물에 대한 사용·수익의 권능을 제3자에게 주어 용익권을 설정할 수도 있고, 용익권 설정 후에 제3자에게 처분권능을 주어 저당권을 설정할 수도 있다. 여기서 용익권과 저당권과의 우열은 물권 성립의 선후, 즉 양자의 성립의 선후에 의해 결정된다. 즉 먼저 용익물권이 설정된 경우에는 저당권을 실행하더라도 경락인은 용익물권을 인수하여 소유권을 취득하게 되지만, 저당권이 먼저 설정되고 후에 용익물권이 설정된 경우에는 저당권이 실행되면 용익물권은 소멸된다.[1] (ㄷ) 우리 법제는 토지와 건물을 독립된 부동산으로 다루므로 양자의 소유자가 달라질 수 있다. 여기서 저당권을 설정할 당시에 이미 토지상에 건물이 있고 양자의 소유자가 동일한 경우, 건물에 토지의 이용권이 잠재되어 있는 것은 저당권을 실행하는 경우에도 보호되어야 하는데, 이것이 법정지상권의 제도이고, 위의 용익권과 저당권과의 우열과 그 맥락을 같이하는 것이다. 따라서 토지에 저당권을 설정한 후 설정자가 토지상에 건물을 지은 때에는, 그 건물의 존재가 저당권자에게 영향을 줄 수는 없다(즉 법정지상권은 부정된다).

　b) 저당권설정 전에 설정된 용익권 등　　(ㄱ) 저당권을 설정하기 전에 이미 제3자가 목적물에

---

[1] 주의할 것은, 경매를 통해 매각 부동산 위의 모든 저당권은 매각으로 소멸되기 때문에(민사집행법 91조 2항), 저당권 이전에 성립된 용익권인지 여부는 경매를 신청하는 저당권자를 기준으로 하는 것이 아니라, 최선순위 저당권을 기준으로 결정된다는 점이다. 예컨대 1번 저당권등기·임차권등기·2번 저당권등기의 순서로 등기가 되어 있는 부동산에 대해, 2번 저당권자의 신청으로 경매가 행하여진 때에도 이것은 결국 1번 저당권의 실행이 있었던 것으로 되기 때문에, 그 후에 대항력을 갖춘 임차권은 매수인에게 인수되지 않고 매각으로 소멸된다.

용익권(예: 지상권 · 지역권 · 전세권 · 대항력 있는 임차권)을 가지고 있는 경우, 후에 저당권이 설정되고 그 저당권에 기해 경매가 이루어지더라도 용익권은 아무런 영향을 받지 않는다. 즉 위 용익권은 매수인이 인수한다(민사집행법 268조·
91조 4항 본문). 다만, 전세권의 경우에는 담보물권의 성질도 있기 때문에 전세권자가 배당요구를 하면 매각으로 소멸된다는 특칙이 있다(민사집행법 91
조 4항 단서). (ㄴ) 저당권을 설정할 당시에 토지상에 건물이 있고 양자의 소유자가 동일한 경우, 저당권을 실행하여 토지와 건물의 소유자가 달라진 경우에는 토지 소유자가 건물 소유자에게 지상권을 설정한 것으로 본다(366
조). 즉 이 경우에는 토지(또는 건물)에 대한 저당권설정 당시 이미 토지 소유자의 용익권에 기초한 건물이 존재한 것으로서, 그것을 지상권으로서 보호함은 앞서와 맥락을 같이한다.

c) **저당권설정 후에 설정된 용익권 등**   (ㄱ) 저당권설정 이후에도 설정자는 제3자에게 용익권을 설정하거나 소유권을 이전할 수 있다. 그러나 나중에 저당권이 실행되면, 제3자의 용익권은 소멸되거나 제3자가 취득한 소유권은 매수인에게 이전된다(민사집행법 268
조·91조 3항). 이러한 제3자를 민법은 '제3취득자'라고 하는데, 그의 불안한 지위를 배려하기 위해, 민법은 제3취득자의 「변제권」(364
조)과 「비용상환청구권」(367
조)을 인정한다. (ㄴ) 토지를 목적으로 저당권을 설정한 후에 설정자가 그 토지에 건물을 지은 경우, 그 건물의 존속을 인정하게 되면 그것은 토지의 교환가치를 떨어뜨려 저당권자의 이익을 해치게 되므로, 그 건물을 위한 법정지상권은 인정될 수 없다. 그런데 토지에 저당권을 설정한 경우에도 토지에 대한 이용은 (토지 소유자인) 설정자에게 있으므로 그가 토지상에 건물을 지어 소유할 수 있도록 하면서, 토지 저당권자에게도 건물의 존재로 경매 실행의 어려움을 받지 않게 할 필요가 있다. 민법은 이러한 고려에서 「저당 토지 위의 건물에 대한 일괄경매청구권」(365
조)의 제도를 마련하고 있다.

(2) 법정지상권

> 제366조〔법정지상권〕 저당물의 경매로 인하여 토지와 그 지상건물이 다른 소유자에 속한 경우에는 토지 소유자가 건물 소유자에 대하여 지상권을 설정한 것으로 본다. 그러나 지료는 당사자의 청구에 의하여 법원이 정한다.

가) 의 의

(ㄱ) 1) 우리 법제는 토지와 건물을 독립된 부동산으로 다루므로, 양자의 소유자가 다를 수 있고, 그 경우 건물은 토지 위에 존재하는 것이므로 토지에 대한 이용권이 있어야만 한다. 그렇지 않으면 건물은 토지의 소유권을 방해하는 것이 되어 철거될 수밖에 없다. 2) 그러면 가령 A가 토지와 그 지상의 건물을 소유하고 있는 경우를 보자. A는 토지의 소유자로서 그 지상에 건물을 지은 것으로서, 다시 말해 이 건물은 A가 토지 소유자로서의 용익권에 기초하여 지은 것으로서, 토지에 대해 이용권이 있는 것이다. 이러한 상태에서 그 후 토지나 건물에 저당권이 설정된 경우에는, 저당권설정 이전에 이미 건물의 소유를 위해 토지에 대해 가졌던 이용권은 (물권 성립의 선후의 원칙에 따라) 소멸되어서는 안 되고 존속되어야 한다. 이러한 취

지에서 본조는 "저당물의 경매로 인하여 토지와 그 지상건물이 다른 소유자에 속한 경우에는 토지 소유자가 건물 소유자에 대하여 지상권을 설정한 것으로 본다"고 정한 것이다. 따라서 위 경우 B가 토지에 대해 저당권을 취득한 경우에는 토지의 경락인은 건물에 대한 지상권의 부담을 안고 토지소유권을 취득하게 되고, B가 건물에 대해 저당권을 취득한 경우에는 건물의 경락인은 지상권이 붙은 건물의 소유권을 취득하게 된다. (ㄴ) 본조는 가치권과 이용권의 조절을 위한 공익상의 이유로 지상권의 설정을 강제하는 것이므로(강행규정), 저당권설정 당사자 간의 특약으로 저당 목적물인 토지에 대하여 법정지상권을 배제하는 약정을 하더라도 그 특약은 효력이 없다($\frac{대판 1988. 10.}{25, 87다카1564}$). (ㄷ) 법정지상권이 인정되는 경우는 본조 외에 민법 제305조 1항, 가등기담보 등에 관한 법률 제10조, 입목에 관한 법률 제6조가 있는데, 그 취지는 본조와 같다.

나) 요 건

민법 제366조 소정의 법정지상권이 성립하려면, 저당권설정 당시에 토지 위에 건물이 존재하여야 하고, 토지와 건물의 소유자가 같아야 한다. 그리고 토지나 건물에 대한 저당권의 실행으로 토지와 건물의 소유자가 달라져야 한다.

a) (최선순위의) 저당권설정 당시 토지 위에 건물의 존재   구민법($\frac{388}{조}$)은 이 요건을 명시하였으나, 현행 민법 제366조의 해석에서도 다를 것이 없다($\frac{민법안심의록}{(상), 220면}$). 건물이 없는 토지에 저당권을 설정하였는데 후에 신축된 건물을 위해 법정지상권이 인정된다면 그만큼 토지의 교환가치는 떨어지게 되어 토지 저당권자에게 불측의 피해를 줄 수 있기 때문이다.

위 요건과 관련된 세부적인 내용은 다음과 같다. (ㄱ) ① 토지에 대해 저당권이 설정될 당시 토지 소유자가 그 지상에 건물을 '건축 중'이었던 경우, 그것이 사회관념상 독립된 건물로 볼 수 있는 정도에 이르지 않았다 하더라도 건물의 규모·종류가 외형상 예상할 수 있는 정도까지 건축이 진전되어 있었고, 그 후 경매절차에서 매수인이 매각대금을 다 낸 때까지 최소한의 기둥과 지붕 그리고 주벽이 이루어지는 등 독립된 부동산으로서 건물의 요건을 갖추면 법정지상권이 성립하며, 그 건물이 미등기라 하더라도 법정지상권의 성립에는 아무런 지장이 없다($\frac{대판 2004.}{2. 13, 2003}$ 다29043; 대판 2004. 6. 11, 2004다13533). ② 그러나 '가설건축물'은 일시 사용을 위해 건축되는 구조물로서 설치 당시부터 일정한 존치기간(건축법령상 통상 3년 이내)이 지나면 철거가 예정되어 있어 독립된 부동산으로서 건물의 요건을 갖추지 못하여, 민법 제366조의 법정지상권이 성립하지 않는다($\frac{대판 2021. 10. 28,}{2020다224821}$). (ㄴ) 건물이 없는 토지에 관하여 저당권이 설정될 당시 근저당권자가 토지 소유자의 건물 건축에 동의하였다고 하더라도, 그러한 사정은 주관적 사항이고 공시할 수도 없는 것이어서 토지를 낙찰받는 제3자로서는 알 수 없는 것이므로, 그와 같은 사정을 들어 법정지상권의 성립을 인정한다면 토지소유권을 취득하려는 제3자의 법적 안정성을 해치는 등 법률관계가 매우 불명확하게 되므로 법정지상권은 성립하지 않는다($\frac{대판 2003. 9. 5,}{2003다26051}$). (ㄷ) 건물이 없는 토지에 1번 저당권을 설정한 후에 건물을 짓고 이어서 그 토지에 2번 저당권을 설정한 경우, 2번 저당권자의 신청으로 경매가 있게 되더라도 법정지상권은 성립하지 않는다(법정지상권을 인정하게 되면 1번 저당권은 그 부담을 안게 되므로). (ㄹ) ① 단독저당의 경우 … 동일인의 소유에 속하는 토지와 건물 중「토지」만이 저당권의 목적이 된 후, 기존 건물을 철거하고 새 건물을 신축한 경우, 저당권설정 당시 건물이 존재한 이상 그 이후 건물을 개축·증축하는 경우는 물론이고 건물이 멸실되거나 철거된 후 재축·신축하는 경우에도 법정지상권이 성립하며, 이 경우 법정지상권의 내용인 존속기간·범위 등은 구건물을 기준으로 한다(대판 1991. 4. 26, 90다19985). ② 공동저당의 경우 … 동일인의 소유에 속하는 「토지와 건물」 양자가 저당권의 목적이 된 후, 구건물을 철거하고 새 건물을 신축하였는데, 새 건물에 대해서는 토지와 동순위의 공동저당권이 설정되지 않은 경우, 새 건물에 대해 법정지상권을 인정한다면, 결국 공동저당권자는 구건물에 대한 저당권을 일방적으로 상실할 뿐만 아니라 토지에 대해 법정지상권의 부담만큼 토지의 담보가치가 추가로 상실되는 손해를 입게 되는데, 이는 당초 토지에 대해 아무런 제한이 없는 것을 전제로 담보를 취득한 공동저당권자의 의사 내지 기대에 반하는 점에서(구건물이 철거되지 않은 경우에는 토지의 교환가치에서 제외된 법정지상권의 가액 상당 가치는 법정지상권이 성립하는 건물의 교환가치에서 되찾을 수 있어, 궁극적으로 토지에 관하여 아무런 제한이 없는 나대지로서의 교환가치 전체를 실현할 수 있게 된다는 점에서), 저당물의 경매로 인하여 토지와 그 신축 건물이 다른 소유자에게 속하게 되더라도 그 신축 건물을 위한 법정지상권은 성립하지 않는다(대판(전원합의체) 2003. 12. 18, 98다43601).[1] 이 경우 토지와 신축 건물에 대하여 민법 제365조에 의하여 일괄매각이 이루어졌다면 일괄매각대금 중 토지에 안분할 매각대금은 법정지상권 등 이용 제한이 없는 상태의 토지로 평가하여 산정하여야 한다(대판 2012. 3. 15, 2011다54587). (ㅁ) 토지와 함께 공동근저당권이 설정된 건물이 그대로 존속함에도 불구하고 사실과 달리 등기부에 멸실의 기재가 이루어지고 이를 이유로 등기부가 폐쇄된 경우, 저당권자로서는 멸실 등으로 인하여 폐쇄된 등기기록을 부활하는 절차 등을 거쳐 건물에 대한 저당권을 행사하는 것이 불가능한 것이 아닌 이상, 저당권자가 건물의 교환가치에 대하여 이를 담보로 취득할 수 없게 되는 불측의 손해가 발생한 것은 아니라고 보아야 하므로, 그 후 토지에 대하여만 경매절차가 진행된 결과 토지와 건물의 소유자가 달라졌다면 그 건물을 위한 법정지상권은 성립한다(대판 2013. 3. 14, 2012다108634).

b) 토지와 건물이 동일한 소유자에게 속할 것   저당권을 설정할 때에 토지와 건물이 동일한 소유자에게 속하고 있어야 한다. 저당권설정 당시에 토지와 건물이 각각 다른 사람의 소유에 속하고 있었던 때에는 그 건물에 관하여 이미 토지 소유자에게 대항할 수 있는 용익권이 설정되어 있을 것이므로, 이를 무시하고 법정지상권을 새롭게 인정할 필요가 없기 때문이다. 그 경우 토지에 대한 저당권은 건물을 위해 이미 설정된 용익권의 제한을 받고(용익권이 등기 내지 대항요건을 갖춘 것을 전제로), 건물에 대한 저당권은 토지의 용익권을 수반하게 된다(용익권이 양도할 수 있는 것을 전제로 경매에서 매수인이 이를 취득할 수 있다). 한편, 그러한 용익권이 없는 경우에는 용익권을 설정할 수 있음에도 하지 않은 것이므로 법정지상권을 인정하면서까지 건물 소유자를 보호할 필요는 없기 때문이다.

　　위 요건과 관련된 세부적인 내용은 다음과 같다. (ㄱ) 미등기 건물을 그 대지와 함께 매수한

---

1) 종전의 판례는 위 단독저당의 경우와 마찬가지로 신축 건물에 대하여도 법정지상권은 성립하지만 그 내용은 구건물을 기준으로 한다고 하였는데(대판 1990. 7. 10, 90다카6399; 대판 1992. 6. 26, 92다9388; 대판 1993. 6. 25, 92다20330; 대판 2001. 3. 13, 2000다48517), 이들 판례는 위 전원합의체 판결에 의해 모두 변경되었다.

사람이 그 대지에 관해서만 소유권이전등기를 넘겨받고 건물에 대해서는 그 등기를 이전받지 못하고 있다가, 대지에 대하여 저당권을 설정하고 그 저당권의 실행으로 대지가 경매되어 다른 사람의 소유로 된 경우에는, 그 저당권설정 당시에 이미 대지와 건물이 각각 다른 사람의 소유에 속하고 있었으므로 법정지상권이 성립될 여지가 없다(대판(전원합의체) 2002. 6. 20, 2002다9660). (ㄴ) 토지와 건물의 소유자가 토지에 대해 저당권을 설정하면서 저당권자를 위해 지상권도 설정해 준 경우, 저당권의 실행으로 그 지상권도 소멸된 경우에는 건물을 위한 법정지상권이 성립한다(대판 1991. 10. 11, 91다23462). (ㄷ) 저당권설정 당시에 대지소유자가 건물을 명의신탁한 경우에는 어떠한가? 「부동산 실권리자명의 등기에 관한 법률」에 의하면, 명의신탁약정에 의해 수탁자 앞으로 된 소유권 명의는 무효이므로 토지와 건물이 동일한 소유자에게 속하는 것으로 되지만(동법 4조 2항), 이 무효로써 제3자에게 대항하지 못하므로(동법 4조 3항), 경락인에 대해서는 법정지상권을 주장할 수 없다(제철웅, 348면). (ㄹ) 건물 공유자의 1인이 그 건물의 부지인 토지를 단독으로 소유하면서 그 토지에 대해서만 저당권을 설정하였다가 이 저당권에 의한 경매로 토지의 소유자가 달라진 경우에도, 건물 공유자는 토지 전부에 대해 법정지상권을 취득한다. 토지 소유자는 자기뿐만 아니라 다른 건물 공유자들을 위해서도 위 토지의 이용을 인정하고 있었다고 할 수 있고, 저당권자로서도 저당권설정 당시 법정지상권의 부담을 예상할 수 있었으며, 건물 철거로 인한 사회경제적 손실을 방지할 공익상의 필요성도 인정되는 점에서 그러하다(대판 2011. 1. 13, 2010다67159). (ㅁ) 공유로 등기된 토지의 소유관계가 구분소유적 공유관계에 있는 경우, 공유자 중 1인이 소유하고 있는 건물과 그 대지는 다른 공유자와의 내부관계에서는 그 공유자의 단독소유로 되었다 할 것이므로, 건물을 소유하고 있는 공유자가 그 건물 또는 토지 지분에 대하여 저당권을 설정하였다가 그 후 저당권의 실행으로 소유자가 달라지면, 건물 소유자는 그 건물의 소유를 위한 법정지상권을 취득한다(대판 2004. 6. 11, 2004다13533). (ㅂ) 저당권설정 당시에 동일인에게 속한 이상, 후에 소유자가 다르게 되더라도 무방하다(저당권설정 후에 토지와 건물의 소유자가 다르게 된 때에는, 토지와 건물의 소유자 간에 토지이용 관계가 설정되더라도 그러한 용익권은 저당권등기 후의 것으로서 경매로 인하여 소멸될 것이기 때문이다. 한편 판례는 법정지상권을 인정하더라도 누구에게 불측의 손해를 주는 것은 아니라는 이유로 이를 긍정한다(대판 1999. 11. 23, 99다52602)).

c) **저당권자의 신청에 따른 경매로 토지와 건물의 소유자가 달라질 것**   (ㄱ) 토지와 건물의 어느 한쪽이나 양자에 저당권이 설정되고, 저당권자의 신청에 따른 경매로 인해 토지와 건물의 소유자가 달라져야 한다(토지와 건물에 공동저당권이 설정된 경우에도 반드시 일괄경매를 하여야 하는 것은 아니므로, 토지나 건물에만 경매를 실행한 경우에는 양자의 소유자가 달라질 수 있다). (ㄴ) 저당권이 설정된 부동산에 대해 저당권자가 아닌 다른 채권자의 신청에 따라 강제경매가 개시되고, 그에 따라 토지와 건물의 소유자가 다르게 되는 경우, 건물의 소유를 위해 관습상 법정지상권이 성립할 수 있고, 대법원은 이러한 전제에서 판단하고 있다(대판 2013. 4. 11, 2009다62059). 그런데 이 경우 저당권자는 경매에 참여해서 우선변제를 받게 되는 점에서 사실상 저당권자 자신이 경매를 신청하는 것과 다를 것이 없는 점에서, 또 민법 제366조는 "저당물의 경매"라고 하였을 뿐 저당권자가 경매를 신청하였을 것을 요건으로 정하고 있지는 않은 점에서, 위 경우에도 민법 제366조에 의한 법정지상권을 적용하는 것이 타당할 것으로 본다.

다) 내 용

법정지상권은 법률의 규정에 의해 성립하는 점을 빼고는 그 본질에서 일반 지상권과 다를 것이 없다. 따라서 그 성질에 반하지 않는 한 일반 지상권에 관한 법리를 적용하여야 한다.

a) 범 위   건물 소유자는 건물을 사용하는 데 필요한 범위에서 건물의 대지를 사용할 권리가 있다. 건물의 부지에만 국한되는 것이 아니라, 건물의 용도에 따라 필요한 범위의 토지가 포함된다.[1]

b) 지 료   일반 지상권에서 지료는 그 요소가 아니지만($^{279}_{조}$), 법정지상권의 경우에는 토지 소유자의 의사에 의하지 않고 지상권의 성립이 강제되는 점에서 민법은 지료를 지급하여야 하는 것으로 정하였다.[2] 지료는 당사자의 협의로 정하고, 협의가 이루어지지 않은 때에는 당사자의 청구에 의해 법원이 정한다($^{366조}_{단서}$).[3] 법원에 의해 결정된 지료는 법정지상권이 성립한 때로 소급하여 효력이 생긴다.

c) 존속기간   법정지상권의 존속기간에 대해 통설은 민법 제281조(존속기간을 약정하지 않은 지상권)를 준용한다. 따라서 건물의 종류에 따라 그 존속기간은 30년 또는 15년이 된다($^{280}_{조}$).

d) 소 멸   지상권의 소멸사유와 그 소멸에 따른 효과는 법정지상권에도 준용된다고 할 것이다. 따라서 지상권이 소멸되면, 토지 소유자는 상당한 가액을 제공하여 지상물의 매수를 청구할 수 있고 지상권자는 정당한 이유 없이 그 청구를 거절하지 못한다($^{285조}_{2항}$). 한편 지상권자는 계약의 갱신을 청구할 수 있고, 토지 소유자가 이를 거절한 때에는 상당한 가액으로 지상물을 매수해 줄 것을 청구할 수 있다($^{283}_{조}$).

라) 법정지상권과 등기

a) 법정지상권의 성립시기   토지나 그 지상건물의 경매로 그 소유권이 매수인에게 이전되는 때, 즉 매수인이 매각대금을 완납한 때에 건물 소유자에게 법정지상권이 인정된다. 법률의 규정에 의한 물권변동으로서 등기를 요하지 않는다($^{187}_{조}$).

b) 건물 소유권의 양도의 경우   건물 소유자에게 법정지상권이 인정되는 경우, 그가 건물을 제3자에게 매각하는 경우에 법정지상권은 다음과 같이 처리된다. (ㄱ) 지상권은 건물의 존립을 위해 필요한 것이므로, 건물의 매매에는 건물 소유권뿐만 아니라 지상권도 포함된다. 따라서 다른 특약이 없으면 매도인은 양수인에게 지상권도 이전해 주어야 한다($^{568조 1}_{항 참조}$). 다만

---

1) 판례: 「법정지상권이 성립된 토지에 대하여는 법정지상권자가 지상물의 유지 및 사용에 필요한 범위를 벗어나지 않는 한 그 토지를 자유로이 사용할 수 있는 것이므로, 법정지상권이 성립한 후에 지상건물을 증축하더라도 이를 철거할 의무는 없다」(대판 1995. 7. 28, 95다9075, 95다9082).

2) 판례: 「법정지상권자라 할지라도 대지소유자에게 지료를 지급할 의무는 있는 것이므로, 법정지상권이 있는 건물의 양수인은 그 대지를 점유·사용함으로 인하여 얻은 이득은 부당이득으로서 대지소유자에게 반환할 의무가 있다」(대판 1997. 12. 26, 96다34665).

3) 판례: 「법정지상권의 경우 당사자 사이에 지료에 관한 협의가 있었다거나 법원에 의하여 지료가 결정되었다는 아무런 입증이 없다면, 법정지상권자가 지료를 지급하지 않았다고 하더라도 지료 지급을 지체한 것으로는 볼 수 없으므로 법정지상권자가 2년 이상의 지료를 지급하지 아니하였음을 이유로 하는 토지 소유자의 지상권 소멸청구는 이유가 없고, 지료액 또는 그 지급시기 등 지료에 관한 약정은 이를 등기하여야만 제3자에게 대항할 수 있는 것이고, 법원에 의한 지료의 결정은 당사자의 지료결정 청구에 의하여 형식적 형성소송인 지료결정 판결로 이루어져야 제3자에게도 그 효력이 미친다」(대판 2001. 3. 13, 99다17142).

법정지상권이 건물 소유권에 종속된 권리는 아니므로,[1] 건물 소유권의 이전에 당연히 같이 이전되는 것은 아니며, 양수인이 지상권을 취득하려면 먼저 양도인이 자기 앞으로 지상권등기를 하고($^{187조}_{단서}$), 이를 양수인에게 이전등기를 하여야만 한다. (ㄴ) 건물의 양수인이 건물에 대해서만 소유권이전등기를 하고 지상권이전등기는 하지 않은 경우 그의 지위는 어떠한가? 판례는 토지 소유자의 건물 양수인에 대한 건물 철거 청구는 신의칙상 허용될 수 없다고 보는데, 자세한 내용은 (p.407 '사례의 해설' 부분에서) 따로 설명한다.

(3) 저당토지 위의 건물에 대한 일괄경매청구권

> 제365조 〔저당토지 위의 건물에 대한 경매청구권〕 토지를 목적으로 저당권을 설정한 후 그 설정자가 그 토지에 건물을 축조한 때에는 저당권자는 토지와 함께 그 건물에 대하여도 경매를 청구할 수 있다. 그러나 그 건물의 경매대가에 대하여는 우선변제를 받을 권리가 없다.

a) 의 의 토지를 목적으로 저당권을 설정한 후에 설정자가 그 토지 위에 건물을 지어 소유하고 있는 경우, 건물의 소유를 위해 법정지상권은 인정되지 않는다(그러므로 건물은 철거될 수 있다). 그런데 토지에 저당권을 설정한 경우에도 (토지 소유자인) 설정자가 토지를 이용할 수 있으므로 그가 토지상에 건물을 지어 소유할 수 있도록 하면서, 토지 저당권자에게도 건물의 존재로 경매 실행의 어려움을 주지 않기 위해, 토지 저당권자가 저당권의 목적이 아닌 건물도 토지와 함께 경매를 청구할 수 있도록 한 데 본조의 취지가 있다.

b) 요 건 (ㄱ) 건물은 토지에 저당권이 설정된 후에 신축된 것이어야 한다. 토지에 저당권을 설정할 당시에 건물이 이미 있는 경우에는, 건물 소유자에게 토지 용익권이 있거나 민법 제366조 소정의 법정지상권이 인정될 것이므로, 본조는 적용되지 않는다. 따라서 건물을 위해 법정지상권이 인정될 수 있는 경우, 즉 저당권설정 당시에 건물의 존재가 예측되고 또한 당시 사회경제적 관점에서 그 가치를 유지하여야 할 정도로 건물의 축조가 진행되어 있는 경우에도 본조는 적용되지 않는다($^{대판 1987. 4. 28,}_{86다카2856}$). (ㄴ) 토지 저당권자가 경매 청구 당시 건물은 '설정자가 소유'하고 있는 경우여야 한다. ① 법문상으로는 설정자가 건물을 지어 소유하고 있는 경우로 되어 있지만, 설정자로부터 토지에 대한 용익권을 설정받은 자가 그 토지에 건물을 지은 후 설정자가 그 건물을 소유하게 된 경우도 포함한다($^{대판 2003. 4. 11,}_{2003다3850}$). 이 경우는 설정자의 의사 관여하에 건물을 짓게 된 것이어서 포함해도 무방하다. ② 이에 대해 건물을 설정자가 소유하고 있지 않은 경우, 즉 설정자가 건물을 지은 후 이를 제3자에게 매도하여 제3자가 소유자로 되어 있거나($^{대결 1999. 4.}_{20, 99마146}$), 토지의 양수인이나 설정자로부터 토지의 용익권을 취득하여 건물을 지어 소유하고 있는 경우, 저당 토지상에 제3자가 권원 없이 건물을 지어 소유하고 있는 경우에는 본조는 적용되지 않는다.

---

1) 판례:「민법 제366조 소정의 법정지상권은 일정한 요건하에 그 건물의 유지·존립을 위하여 특별히 인정된 권리이기는 하지만, 그렇다고 하여 위 법정지상권이 건물의 소유에 부속되는 종속적인 권리가 되는 것이 아니며 하나의 독립된 법률상 물권으로서의 성격을 지니고 있는 것이기 때문에, 건물의 소유자가 건물과 법정지상권 중 어느 하나만을 처분하는 것도 가능하다」(대판 2001. 12. 27, 2000다1976).

c) 효 과 (ㄱ) 토지 저당권자는 토지와 함께 그 건물도 경매를 청구할 수 있다($^{365조}_{본문}$). 토지 저당권자가 토지에 대해 경매를 신청한 후에도 그 토지상의 건물에 대해 토지에 관한 경매기일 공고시까지는 일괄경매의 추가신청을 할 수 있고, 이 경우 집행법원은 두 개의 경매사건을 병합하여 일괄경매절차를 진행하여야 한다($^{대결 2001. 6. 13,}_{2001마1632}$). 법원은 본조의 취지상 토지와 건물을 일괄하여 매각토록 하여야 하고, 이 한도에서는 과잉경매의 금지는 적용되지 않는다($^{민사집행법 124}_{조 1항 단서}$)($^{대결 1967. 12.}_{22, 67마1162}$). (ㄴ) 토지 저당권자는 그 건물의 경매대가에서는 우선변제를 받을 권리가 없다($^{365조}_{단서}$). 따라서 토지와 건물을 함께 매각하더라도 토지와 건물의 매각대금은 따로 결정할 필요가 있다. 이 경우 토지에 안분할 매각대금은 법정지상권 등 이용 제한이 없는 상태의 토지로 평가하여 산정하여야 한다($^{대판 2012. 3. 15,}_{2011다54587}$).[1] (ㄷ) 민법 제365조는 토지 저당권자에게 토지와 함께 그 건물도 경매를 신청할 수 있는 권능을 인정하였을 뿐 그 의무를 정한 것이 아니므로, 저당권자가 단지 건물 소유자를 괴롭힐 목적으로 일부러 토지에 대해서만 경매신청을 하고 매수인이 되어 건물의 철거를 구하는 등의 특별한 사정이 없는 한, 토지만 경매를 신청하여 그 매각으로 소유권을 취득하고 건물의 철거를 구하는 것이 위법한 것은 아니다($^{대}_{판}$$^{1977. 4. 26,}_{77다77}$).

(4) 제3취득자의 지위

가) 서 설

a) 이미 저당권이 설정된 부동산에 소유권, 지상권 또는 전세권을 취득한 사람을 민법은 「제3취득자」라고 한다($^{364}_{조}$). 제3취득자는 저당권의 부담을 안고 소유권 등의 권리를 취득한 것이어서 장래 저당권의 실행에 따른 부담은 받지만, 제3취득자가 저당권의 피담보채권에 있어 채무자가 되는 것은 아니다. 그러기 위해서는 채무인수나 계약인수의 절차를 거쳐야 하고, 여기에는 채권자(저당권자)의 동의나 승낙이 필요하다($^{454}_{조}$). 그러므로 가령 저당부동산을 매수하면서 매매대금에서 저당권의 피담보채권(액)을 공제하였다고 하더라도, 이것은 부동산 소유자와의 이행인수계약에 지나지 않는 것이므로, 채권자(저당권자)는 원래의 채무자에게만 채무의 이행을 청구할 수 있을 뿐 제3취득자에게는 청구할 수 없다.

b) 이러한 제3취득자는 채무자의 변제 유무에 따라 그 지위가 달라진다. 채무자가 변제를 하면 문제가 없지만, 변제를 하지 않으면 경매에 의해 그 권리를 잃게 되기 때문이다. 이러한 불안한 상태에 있는 제3취득자를 보호하기 위해 민법은 다음과 같은 제도를 마련하고 있다. (ㄱ) ① 저당권이 실행될 때 매수인이 될 수 있고($^{363조}_{2항}$), ② 저당권의 피담보채권을 변제하여 저당권을 소멸시킬 수 있으며($^{364}_{조}$), ③ 저당물의 경매대가에서 저당물의 보존·개량을 위해 지출한 필요비나 유익비의 우선상환을 받는 것($^{367}_{조}$) 등이 그러하다. 이들 제도는 물권편에서 규정하는 것들이고, 이하에서는 이를 중심으로 설명한다. (ㄴ) 한편 채권편에도 제3취득자의 지위와 관련되는 규정이 있다. 즉 ① 제3취득자는 변제할 정당한 이익이 있는 자로서 변제로 당연히

---

1) 토지 저당권자가 건물 매각대금에서 배당을 받으려면 민사집행법 제268조, 제88조의 규정에 따라 적법한 배당요구를 하였거나 그 밖에 달리 배당을 받을 수 있는 채권으로서 필요한 요건을 갖추어야 한다.

채권자를 대위하고($\frac{481}{조}$), ② 저당권의 실행으로 그 권리를 상실한 때에는 매도인에게 담보책임을 물을 수 있다($\frac{576}{조}$). (ㄷ) 그 밖에 제3취득자는 피담보채권의 소멸에 의해 직접 이익을 얻는 관계에 있으므로 소멸시효의 완성을 주장할 수 있다($\frac{대판\ 1995.\ 7.}{11,\ 95다12446}$).

나) 민법(물권편)의 규정

a) 매수인 「저당물의 소유권을 취득한 제3자도 매수인이 될 수 있다」($\frac{363조}{2항}$). (ㄱ) 본조는 매수인이 될 수 있는 자로서 저당물의 소유권을 취득한 자를 정하고 있으나, 이에 한하지 않고 저당물에 대해 지상권이나 전세권을 취득한 자도 매수인이 될 수 있다. 저당권자는 목적물로부터 채권의 만족을 얻기만 하면 되므로 누가 매수인이 되는지는 문제가 되지 않으며, 따라서 본조는 주의적 규정에 불과하다. 그러므로 제3취득자가 아닌 자도 매수인이 될 수 있다. 물상보증인, 저당권자 자신(이 경우에는 피담보채권을 경락대금으로 충당한다), 저당 목적물의 소유자가 아닌 채무자도 매수인이 될 수 있다. 그러나 자신의 소유인 부동산에 저당권을 설정한 채무자는 매수인이 될 수 없다($\frac{민사집행규}{칙\ 59조}$). 채무자가 고의로 채무를 이행하지 않는 방법으로 저당권의 실행을 유도하고, 경매절차에 참여하여 채무액에 미치지 않는 저렴한 가격으로 매수하여 목적물의 소유권을 다시 취득하는 방편으로 악용될 소지가 있기 때문이다. (ㄴ) 제3취득자는 변제권도 갖는데($\frac{364}{조}$), 저당 채무가 저당 목적물의 가액을 초과하는 경우에는, 저당 채무를 변제하는 것보다는 본조에 의해 경매에서 매수신청을 하는 것이 유리할 수 있다.

b) 제3취득자의 변제 「저당부동산에 대하여 소유권, 지상권 또는 전세권을 취득한 제3자는 저당권자에게 그 부동산으로 담보된 채권을 변제하고 저당권의 소멸을 청구할 수 있다」($\frac{364}{조}$).

aa) 취 지: 민법은 제3취득자도 매수인이 될 수 있다고 하여 그가 목적물을 보전하는 길을 마련하고 있지만($\frac{363조}{2항}$), 경매를 통해 제3취득자가 언제나 매수인이 된다는 보장은 없다. 본조는 제3취득자에게 고유의 변제권을 주어 저당권을 소멸시키고 목적물을 보전할 수 있도록 한 것이다.

bb) 내 용: (ㄱ) 민법 제469조에 의해 채무의 변제는 제3자도 할 수 있다. 그렇다면 본조가 따로 규정하는 취지는 무엇인가? 단순히 제3자의 자격에서 하는 변제라면 채무 전부를 변제하여야 하지만, 제364조에 의해 제3취득자는 「저당부동산으로 담보된 채권」, 즉 제360조 소정의 피담보채권의 범위까지만, 다시 말해 지연배상은 원본의 이행기일이 지난 후의 1년분까지만 변제하면 된다고 하는 데에 그 의의가 있다(근저당권의 경우에는 채권최고액을 한도로 하여($\frac{357}{조}$)). 그리고 경매절차와 관계없이 변제할 수 있고, 경매개시결정으로 압류의 효력이 발생한 이후라도 매각허가결정이 있기까지는 변제하고 저당권을 소멸시킬 수 있다. (ㄴ) 제3취득자는 제364조에 의해 그에게 부여된 변제의 권리로서 채권의 변제기 전에도 제468조에 의한 손해를 배상할 필요없이 변제할 수 있는지에 관해, 통설은, 제364조의 법문상 그렇게 해석할 근거가 없고 또 저당권자에게 변제기 전의 변제의 수령을 강요하는 것은 그에게 불이익을 준다는 점에서 부정한다. 따라서 제3취득자가 변제기 전에 변제할 때에는, 제468조에 근거하여(동조는 채무자에게 이를 인정하고 있으므로 정확히는 유추적용을 통해) 상대방의 손해를 배상하여야 한다. 제364조는 채권의 변제기가 도래한 후에만 적용되는 것으로 보아야 한다. 판례도 같은 취지이다($\binom{대판\ 1979.\ 8.}{21,\ 79다783}$).

　　cc) 제3취득자의 범위 :　저당부동산에 소유권, 지상권 또는 전세권을 취득한 사람만이 제3취득자가 된다. (ㄱ) 경매개시 전의 제3취득자에 한하는 것은 아니고, 경매개시 후의 제3취득자도 포함한다($\binom{대결\ 1974.\ 10.}{26,\ 74마440}$). (ㄴ) 후순위 저당권자는 본조 소정의 제3취득자에 해당하지 않는다. 선순위 근저당권의 피담보채무가 채권최고액을 초과하는 경우, 후순위 저당권자는 민법 제364조에 따라 채권최고액까지만 변제하고 선순위 근저당권의 말소를 구할 수는 없고, 민법 제469조에 따른 (이해관계 있는) 제3자의 변제로서 피담보채무 전액을 변제하여야만 그 말소를 구할 수 있다($\binom{대판\ 2006.\ 1.\ 26,}{2005다17341}$). 그 변제를 하면 법정대위가 인정된다($\binom{481}{조}$). (ㄷ) 제3취득자가 피담보채무를 인수한 경우에는, 그때부터 제3취득자는 채권자에 대해 채무자가 되므로 민법 제364조는 적용되지 않는다. 유의할 것은, 저당부동산에 대해 매매계약을 맺으면서 매매대금에서 피담보채무(근저당권의 경우 채권최고액)를 공제하기로 약정한 경우이다. 이것은 공제한 피담보채무를 매수인이 직접 채권자에게 지급함으로써 저당권이 확실하게 말소되는 것을 보장하기 위한 방편으로 하는 것이 보통이다. 이러한 점을 감안하면, 그러한 약정만 가지고 매수인이 피담보채무를 인수하여 채무자로 된 것으로 볼 수는 없고, 매수인은 민법 제364조에 따른 권리를 갖는다($\binom{대판\ 2002.\ 5.\ 24,}{2002다7176}$).

　　dd) 효　과 :　(ㄱ) 제3취득자의 변제가 있으면 저당권은 부종성으로 인해 당연히 소멸된다. 본조가 "저당권의 소멸을 청구할 수 있다"고 하고, 또 제360조에 의한 채무의 변제는 채무 전부의 변제가 아니라는 점에서 저당권의 소멸청구권을 부여한 것이라는 해석도 있을 수 있으나($\substack{이렇게\ 보는\ 견해\\로\ 지원림,\ 792면}$), 저당권의 소멸을 가져오는 (법률이 정한) 피담보채권의 변제가 있는 한 저당권은 당연히 소멸되는 것으로 보아야 한다($\substack{통\\설}$). 이 점에서 본조가 "저당권의 소멸을 청구할 수 있다"고 한 것은 무의미한 것으로 해석된다. (ㄴ) 제3취득자가 변제를 하면 채무자에게 구상권을 가진다(저당권의 실행으로 목적물의 소유권을 잃은 때에도 마찬가지임). 판례는, 제3취득자의 지위를 물상보증인과 유사한 것으로 보아, 물상보증인의 채무자에 대한 구상권의 규정을 유추적용하여 보증채무에 관한 규정에 따라 채무자에게 구상권을 가지는 것으로 본다($\substack{341조·\\370조}$)($\binom{대판\ 1997.\ 7.}{25,\ 97다8403}$). (ㄷ) 그 변제로써 제3취득자는 당연히 채권자를 대위한다($\binom{481}{조}$)(제3취득자가 소유자인 경우에는 변제로써 저당권은 소멸되므로 대위의 대상은 없게 되지만, 지상권 또는 전세권을 취득한 제3취득자가 변제한 경우에는 저당권은 제3취득자에게 이전한다($\substack{482조\\1항}$)). 유의할 것은, 저당 목적물을 매수하면서 매매대금에서 피담보채무를 공제하기로 약정하는 것은, 공제한 피담보채무를 매수인(제3취득자)이 직접 저당권자에게 지급함으로써 저당권이 확실하게 말소되는 것을 보장받기 위함이다. 그러므로 공제한 피담보채무는 본래 매매대금의 일부로서 매도인에게 줄 것을 직접 채권자에게 주기로 매매계약에서 약정한 것이므로, 매수인이 피담보채무를 저당권자에게 지급하면 그것은 자신의 대금채무를 이행한 것이 되어 따로 매도인(저당권자에 대한 채무자)에게 구상할 여지는 없다($\binom{대판\ 1974.\ 12.}{10,\ 74다1419}$).

c) 제3취득자의 비용상환청구권 「저당물의 제3취득자가 그 부동산의 보존, 개량을 위하여 필요비나 유익비를 지출한 경우에는 제203조 제1항, 제2항(점유자의 상환청구권)의 규정에 의하여 저당물의 경매대가에서 우선상환을 받을 수 있다」($^{367}_{조}$). (ㄱ) 1) 제367조의 취지는, 저당권이 설정되어 있는 부동산의 제3취득자가 저당부동산에 대해 지출한 필요비나 유익비는 그 부동산 가치의 유지·증가를 위해 지출된 일종의 공익비용이므로 저당부동산의 환가대금에서 부담하여야 할 성질의 비용이고, 더욱이 제3취득자는 경매의 결과 그 권리를 상실하게 되므로 특별히 경매로 인한 매각대금에서 우선적으로 상환을 받도록 한 것이다. 2) 저당부동산에 대해 지상권이나 전세권을 취득한 자만이 아니고 소유권을 취득한 자도 제3취득자에 해당한다($^{대판 2004. 10.}_{15, 2004다36604}$). 3) 저당부동산에 대해 제3취득자로서 필요비나 유익비를 지출한 것이어야 한다. 가령 건물의 증축비용을 투자한 대가로 건물에 지분이전등기를 마쳤으나 저당권의 실행으로 그 권리를 상실한 자는, 건물에 관한 제3취득자로서 필요비나 유익비를 지출한 것이 아니어서 제367조는 적용되지 않는다. 4) 제3취득자가 제367조에 의해 우선상환을 받으려면 저당부동산의 경매절차에서 배당요구의 종기까지 배당요구를 하여야 한다($^{민사집행법}_{268조·88조}$). (ㄴ) 제367조에 의한 우선상환은 제3취득자가 경매절차에서 배당받는 방법으로 우선변제를 받을 수 있다는 것이고, 동조에 의해 제3취득자가 직접 저당권설정자, 저당권자 또는 경매절차 매수인 등에 대해 비용상환청구권을 가진다는 것은 아니다. 따라서 이를 피담보채권으로 하여 유치권을 행사할 수는 없다($^{대판 2023. 7. 13,}_{2022다265093}$).

사례의 해설 (1) A가 토지와 그 지상의 건물을 소유하였는데, 토지에 대한 저당권의 실행으로 토지 소유자 B, 건물 소유자 A로 되었고, 따라서 A는 민법 제366조에 의해 법정지상권을 취득한다. 그 후 A는 그 건물을 C에게 매도하였는데, C는 건물에 대해서만 소유권이전등기를 한 것이다. A와 C 사이의 위 건물의 매매에는 건물의 소유를 위한 지상권의 매매도 묵시적으로 포함된 것으로 볼 수 있지만($^{568조 1}_{항 참조}$), 지상권이 건물소유권에 종속된 권리는 아니므로, C가 지상권을 취득하기 위해서는 먼저 A 앞으로 지상권등기를 마친 후에 A와의 지상권의 매매를 원인으로 하여 그 이전등기를 하여야만 한다($^{186}_{조}$).

여기서 C가 지상권이전등기를 하지 않은 경우의 그 지위에 관해 판례는 변화가 있었다. 처음의 판례는, C가 건물의 소유를 위해 토지에 대한 용익권이 없음을 이유로, B가 C에게 그 건물의 철거를 청구할 수 있는 것으로 보았다($^{대판 1982. 10.}_{12, 80다2667}$). 그런데 그 후의 판례는 종전의 판례를 변경하면서 다음과 같은 법리를 전개하였다. 즉 B는 어차피 법정지상권의 부담을 안고 있고, 한편 C는 A에게 지상권 이전등기청구권이 있으므로 이를 보전하기 위해 A가 B에게 법정지상권에 기해 가지는 지상권 설정등기청구권을 대위행사할 수 있으므로($^{404}_{조}$), 결국 B의 C에 대한 건물 철거 청구는 지상권 설정등기절차를 이행할 의무 있는 자가 그 권리자를 상대로 한 청구라 할 것이어서 신의칙상 허용될 수 없다고 보았다($^{대판(전원합의체) 1985.}_{4. 9, 84다카1131, 1132}$)(또한 판례는, 법정지상권이 있는 건물을 양도한 자는 지상권 갱신청구권이 있고, 양수인은 이를 대위행사할 수 있다고 한다($^{대판 1995. 4.}_{11, 94다39925}$)). 그런데 신의칙을 근거로 삼는 이 판결에 대해서는 다음과 같은 비판이 있다. 즉 지상권자는 민법 제282조에 의해 지상권을 양도하거나 그 토지를 임대할 수 있는데, 이것은 그에 따른 점유의 이전이 (지상권설정자인) 대지 소유자에 대해서도 허용되는 것을 뜻하는 것인 점에서, 법정지상권이 있는 건물의 매수인은 그 법정지상권의 양수를 통해 대지에 대해 민법 제213조 단서 소정의 「점유할 권리」가 있다는 것이다. 따라서 신의칙을 끌어들일 필요가 없다는 것이다.[1] 판례이론이나 비판적 견해나 결국 C는 토지를 점유할 권리가 있으므로, 그 점유가 불법점유임을 전제로 한 B의 손해배상청구는 인용될 수 없다. 다만, 그 점유가 토지에 대한 사용 이익까지 면제시켜주는 것은 아니므로, 점유기간 동안의 손해에 대해 부당이득을 이유로 그 반환을 청구할 수는 있다(대판 1988. 9. 27, 87다카279).

(2) 甲이 그 소유 가옥과 대지를 乙에게 매도하고, 乙은 이를 丙에게 매도·인도하였더라도, 甲 명의로 소유권등기가 남아 있는 이상 그 소유자는 甲이 되고, 따라서 甲이 위 매도 이후에 대지에 대해 丁 앞으로 저당권을 설정한 것은 유효하며 戊는 경락으로 인해 대지의 소유권을 취득한다. 그 결과 위 가옥에 대해서는 甲이 소유자로서 법정지상권을 취득하게 된다(366조). 이를 토대로 다음과 같은 법률관계가 전개된다.

(ㄱ) 甲과 乙 사이: 가옥과 대지는 독립된 부동산이기는 하지만 매매의 당사자는 양자를 일체로 하여 목적물로 삼는 것이 보통이므로, 대지에 대한 소유권 취득이 어려우면 가옥이라도 매수하였을 것이라는 사정이 없는 이상, 乙은 甲과의 매매계약을 이행불능을 이유로 해제하고 따로 손해배상을 청구할 수 있다(546조 551조). (ㄴ) 乙과 丙 사이: 丙은 乙과의 매매계약을 이행불능을 이유로 해제하고 따로 손해배상을 청구할 수 있다. 판례는, 乙은 사실상·법률상 처분할 수 있는 권원에 의해 丙에게 매도한 것으로서 이것은 민법 제569조 소정의 타인의 권리의 매매가 아니며, 따라서 乙은 민법 제570조에 의한 매도인의 담보책임을 부담하는 것이 아니라 일반 채무불이행 책임을 지는 것으로 본다(대판 1996. 4. 12, 95다55245). (ㄷ) 丙과 戊 사이: 乙과 丙이 위에서처럼 계약을 해제한다면 더 이상 가옥에 대한 어떠한 권원을 주장할 것이 없으므로, 戊는 丙이 점유하고 있는 가옥의 인도를 청구할 수 있고, 이후에는 甲이 가옥의 소유자로서 대지에 대한 법정지상권을 가지게 된다. 다만 乙과 丙이 대지 부분에 대해서만 일부 해제를 할 수 있다고 보는 경우에는 달리 처리된다. 즉 丙은 乙이 甲에게 가지는 가옥에 대한 소유권이전등기청구권과 지상권 이전등기청구권을 채권자대위권에 기해 대위행사할 수 있고(소유권이전등기청구권은 소멸시효에 걸리지 않는다는 것이 판례이다. 한편 법정지상권은 甲이 매매계약 이후에 취득한 것이지만 민법 제100조 2항의 유추적용에 의해 그 이전을 청구할 수 있다고 봄이 상당하다), 한편 판례는, 戊는 법정지상권의 부담을 안고 있는 자로서 그가 丙에게 건물의 철거를 구하는 것은 신의칙에 위반된다고 한다.

(3) (a) 甲과 戊 사이 (ㄱ) 甲은 X토지와 그 지상 건물의 소유자였는데 경매로 인해 X토지의 소유자가 戊로 되었으므로, 戊는 甲을 상대로 토지소유권에 기해 위 건물의 철거 및 대지의 인도를 청구할 수 있고, 이에 대해 甲은 민법 제366조에 의한 법정지상권의 성립을 주장할 수 있다. 판례는 사안에서처럼 구건물을 철거하고 새 건물을 건축한 경우에 법정지상권의 내용은 구건물을 기준으로 하여 정해지는 것으로 본다. 甲은 戊에게 지료를 지급하여야 하고(366조 단서), 한편 등기 없이도 법정지상권을 취득한다(187조). (ㄴ) 甲은 공유 토지인 Y토지 위에 B건물을 신축하였는데 Y토지에 대한 甲의 공유지분에 대한 저당권의 실행으로 戊가 그 지분을 경락받았는데, 이 경우 B건물에 대해 법정지상권이 인정되는지 문제된다. 그러나 그것은 甲이 Y토지에 대한 다른 공유자

---

1) 윤진수, "법정지상권 성립 후 건물을 취득한 자의 지위", 민사재판의 제문제 제5권, 105면 이하; 민법주해(Ⅰ), 141면 이하(양창수).

乙의 지분 위에 일방적으로 지상권설정의 처분행위를 허용하는 것이 되어 인정될 수 없다(대판 1993. 4. 13, 92다55756 참조). 戊는 공유 지분권에 기해 보존행위로서 甲을 상대로 B건물의 철거 및 대지 인도를 청구할 수 있고(265조 단서), 아울러 토지의 사용분에 대해 지분 2/3 범위에서 부당이득 반환청구 내지는 불법행위로 인한 손해배상청구를 할 수 있다.

(b) 甲과 丁 사이　甲은 丁에게 A건물에 관하여 저당권을 설정해 주었는데, 甲이 A건물을 임의로 철거한 것은 저당권의 침해에 해당한다. 丁은 甲을 상대로 담보물보충청구권(362조), 기한의 이익의 상실(388조 1호) 외에 불법행위에 의한 손해배상을 청구하거나 또는 저당권설정계약 위반(채무불이행)을 이유로 손해배상을 청구할 수 있다.

(4) 사례에 관하여는 판례의 법리가 형성되어 있다(대판(전원합의체) 2003. 12. 18, 98다43601). 즉 동일인의 소유에 속하는 토지와 건물을 공동저당권으로 설정하고, 경매를 통해 양자의 소유자가 다르게 되는 경우, 토지에 대한 법정지상권의 부담은 건물에 법정지상권이 인정됨으로써 이를 해소할 수 있어, 결국 공동저당권자는 토지에 대해 아무런 제한이 없는 나대지로서의 교환가치를 파악하고 있는 것이 된다. 따라서 위 건물을 철거하고 새 건물을 신축한 경우, 그리고 이를 토지와 동 순위로 공동저당권을 설정하지 않은 경우, 새 건물을 위한 법정지상권을 인정한다면, 공동저당권자는 구건물에 대한 저당권을 일방적으로 상실할 뿐만 아니라 토지에 대해 법정지상권의 부담만큼 토지의 담보가치가 추가로 상실되는 손해를 입게 되는 점에서, 이는 당초 토지에 대해 아무런 제한이 없는 것을 전제로 담보를 취득한 공동저당권자의 의사 내지 기대에 반한다. 따라서 저당물의 경매로 인하여 토지와 그 신축 건물이 다른 소유자에게 속하게 되더라도 그 신축 건물을 위한 법정지상권은 인정되지 않는다는 것이다. 甲의 주장은 인용될 수 없다.

(5) 甲과 乙이 X토지 전체를 丁 앞으로 저당권을 설정해 줄 당시 토지상에 건물을 건축 중이어서 건물의 존재를 인정할 수 있고, 또 토지와 건물의 소유자가 동일인인 甲과 乙이므로, 丁의 토지에 대한 저당권의 실행으로 戊가 토지소유권을 취득한 경우, 그래서 토지의 소유자는 戊가 되고 건물의 소유자는 甲과 乙이 되는 경우, 甲과 乙은 민법 제366조에 의해 법정지상권을 취득한다. 따라서 甲과 乙은 지상권의 내용으로서 X토지를 사용할 권리를 가지고 여기에는 점유할 권리가 포함되므로, 戊의 청구는 인용될 수 없다.

(6) 민법 제366조에 따라 법정지상권이 성립하려면 저당권설정 당시 토지 위에 건물이 존재하여야 하고, 또 토지와 건물이 동일한 소유자에게 속하여야만 한다. 사례에서 저당권설정 당시 토지 소유자는 乙과 丙인데 건물 소유자는 甲이 된다(甲은 건물을 신축해서 소유권을 취득하고, 乙과 丙은 甲으로부터 건물을 매수하였는데 그 소유권을 취득하려면 그 소유권이전등기를 마쳐야 하기 때문이다. 그러므로 건물 소유자는 甲이 된다). 결국 乙의 법정지상권 주장은 기각될 것이고, 丙은 아예 법정지상권을 주장하지 않은 점에서 법원은 이에 대해 판단해서는 안 된다.

(7) (a) 사례(1)에 대한 해설과 그 내용이 같으므로, 그 부분 해설을 볼 것.

(b) 토지를 목적으로 저당권을 설정한 후 그 설정자가 그 토지에 건물을 축조한 경우 (다시 말해 건물의 소유를 위해 법정지상권이 인정되지 않는 경우), 토지 저당권자는 민법 제365조에 의해 그 지상의 건물에 대해서도 (일괄해서) 경매를 청구할 수 있는데, 설문에서는 X토지에 저당권을 설정할 당시에 이미 그 토지상에 Y건물이 있었으므로(토지와 건물의 소유자는 甲이고, 토지 저당권의 실행으로 Y건물의 소유를 위한 법정지상권이 인정된다), 토지 저당권자 A는 X토지 외에 Y건물에 대해서는 경매를 청구할 수 없다.

(8) **(가) (ㄱ)** 乙이 X토지에 대해 관습상 법정지상권을 취득하는지 여부 : X토지와 Z건물은 모두 甲의 소유였다가 2004. 1. 1. 乙에게 매매를 원인으로 Z건물에 관한 소유권이전등기가 마쳐짐으로써 소유자가 달라졌고, 이에 따라 乙은 X토지상에 X부분 건물의 소유를 위한 관습상 법정지상권을 취득하게 되었지만, X토지에는 이미 2001. 1. 1. 근저당권이 설정되어 있었고 관습상 법정지상권은 그 이후에 성립한 것이므로, 이 관습상 법정지상권은 근저당권의 실행에 따라 소멸된다($\substack{민사집행법 \\ 91조 3항}$). 따라서 乙의 관습상 법정지상권이 소멸된 마당에 丁이 이를 취득할 여지도 없으므로, 이 부분 丁의 항변은 이유 없다.

(ㄴ) 乙이 민법 제366조의 법정지상권을 취득하는지 여부 : ① X토지에 근저당권이 설정된 2001. 1. 1. 당시 X토지와 Z건물은 모두 甲의 소유였고, 2004. 1. 1. Z건물이 乙에게 양도되었으나 이러한 사정은 법정지상권의 성립에 장애가 되지 않으므로($\substack{대판 1999. 11. \\ 23, 99다52602}$), 위 근저당권에 기한 경매 절차에서 2008. 1. 1. 丙이 X토지의 소유권을 취득함으로써 토지와 건물의 소유자가 달라졌고, 따라서 당시 Z건물의 소유자인 乙이 X토지에 법정지상권을 취득한다($\substack{366 \\ 조}$). ② 저당권의 효력은 저당부동산의 종물에도 미치므로($\substack{358 \\ 조}$), 丁은 강제경매를 통해 Z건물의 소유권과 X토지 부분에 대한 법정지상권을 등기 없이 취득한다($\substack{대판 2013. 9. 12, \\ 2013다43345}$). ③ 민법 제406조의 채권자취소권의 행사로 인한 사해행위의 취소와 일탈재산의 원상회복은 채권자와 수익자 또는 전득자에 대해서만 그 효력이 발생할 뿐이고 채무자가 직접 권리를 취득하는 것이 아니므로(채권자취소권의 상대적 효력), 위의 법리는 사해행위의 수익자 또는 전득자가 건물의 소유자로서 법정지상권을 취득한 후, 채무자와 수익자 사이에 행하여진 건물의 양도에 대한 채권자취소권의 행사에 따라 수익자와 전득자 명의의 소유권이전등기가 말소된 다음, 경매절차에서 그 건물이 매각되는 경우에도 마찬가지이다($\substack{대판 2014. 12. 24, \\ 2012다73158}$). ④ 결국 乙은 X토지 부분에 대해 법정지상권을 취득하고, 丁은 2010. 1. 1. 강제경매 절차에서 Z건물의 소유권을 취득하면서 법정지상권도 등기 없이 취득하므로, 이 부분 丁의 항변은 이유 있다.

(나) 丁이 Y토지에 대해 관습상 법정지상권을 취득하는지 여부 : ① 甲이 Y토지와 Z건물을 乙에게 양도하였는데, 甲의 채권자에 의해 Z건물 양도 부분만이 사해행위로 취소된 경우, (사해행위 취소의 상대적 효력상) 건물 소유권이 甲에게 회복되더라도 甲이 실질적으로 건물의 소유자가 되는 것은 아니어서, (따라서 이는 관습상 법정지상권의 성립요건인 '동일인의 소유에 속하고 있던 토지와 그 지상 건물이 매매 등으로 인하여 소유자가 다르게 된 경우'에 해당하지 않으므로) 甲에게 관습상 법정지상권은 인정되지 않는다($\substack{대판 2014. 12. 24, \\ 2012다73158}$). 위 경우 Y토지와 Z건물의 소유자는 여전히 乙이 된다. ② Y토지와 Z건물은 모두 乙의 소유였다가, 丁이 강제경매를 통해 Z건물의 소유권을 취득함으로써 토지와 건물의 소유자가 달라졌고, 이에 따라 丁은 Y토지에 관습상 법정지상권을 취득하므로, 이 부분 丁의 항변은 이유 있다.

(9) **(ㄱ)** 乙 소유의 X토지에 대해 丙은행 앞으로 근저당권을 설정할 당시 그 지상에 Y건물이 있었으나 그 소유자는 乙이 아닌 甲이다. 乙이 Y건물의 소유권을 취득하려면 매매를 원인으로 하여 乙 명의로 소유권이전등기를 하여야 했는데($\substack{186 \\ 조}$), 그렇지 못했기 때문이다. 민법 제366조에 따라 법정지상권이 성립하려면 저당권설정 당시에 토지상에 건물이 있어야 하고, 토지와 건물의 소유자가 동일인이어야 하는데, 이 요건을 갖추지 않아 Y건물에 대해 법정지상권은 성립하지 않는다($\substack{대판(전원합의체) 2002. \\ 6. 20, 2002다9660}$). **(ㄴ)** 한편 甲이 X토지와 (미등기) Y건물을 乙에게 팔면서 乙이 X토지에 대해서만 소유권이전등기를 하여 형식적으로는 토지와 건물의 소유자가 달라졌지만, 甲에게 Y건물

에 대한 관습상 법정지상권은 성립하지 않는다. 甲은 乙에게 X토지와 Y건물을 팔았으므로, 甲에게 Y건물을 위해 토지를 사용할 권리가 있다고 볼 수 없기 때문이다(대판(전원합의체) 2002. 6. 20, 2002다9660). 그러므로 乙이 Y건물에 대한 관습상 법정지상권을 승계하여 취득할 여지도 없다. (ㄷ) 결국 X토지의 소유자 丁은 Y건물의 소유자 乙을 상대로 토지의 소유권에 기한 반환청구권과 방해제거청구권에 기해 X토지의 인도와 Y건물의 철거를 구할 수 있다(213조·214조).

(10) 토지를 목적으로 저당권을 설정한 후 그 설정자가 그 토지에 건물을 지은 때에는 저당권자는 토지와 함께 그 건물도 경매를 청구할 수 있다(365조). 그런데 저당권설정자로부터 지상권을 설정 받은 자가 그 토지에 건물을 지은 후 설정자가 건물을 소유하게 된 경우에도 위 일괄경매청구의 요건을 충족한다고 보는 것이 판례의 태도이다(대판 2003. 4. 11, 2003다3850). A은행이 X토지와 Y주택을 일괄하여 경매를 청구한 것은 적법하고, 따라서 甲의 戊에 대한 청구는 인용될 수 없다.

(11) 丙이 甲을 상대로 Z건물의 철거를 청구한 것은 전부 인용된다. 甲에게는 민법 제366조에 따른 법정지상권이 인정되지 않는다. 사례는 판례(대판(전원합의체) 2003. 12. 18, 98다43601)를 기초로 한 것인데, 이에 대해서는 같은 내용의 것인 사례(4)에 대한 해설을 볼 것. 사례 p. 394

4. 저당권의 침해에 대한 구제

사례 (1) 甲은 2008. 3. 3. 乙에게 Y물품을 계속하여 공급하고, 물품대금은 매월 말에 변제받기로 합의하였다. 乙은 丙에게 甲에 대한 물품 대금채무에 대한 담보 제공을 부탁하였고, 丙은 甲과 나대지 X에 대해, 같은 해 3. 17. 채권최고액을 3억원, 존속기간을 2년으로 하는 근저당권 설정계약을 체결하고 같은 날 甲 명의의 1순위 근저당권설정등기를 마쳐주었다. 그 후 丙은 나대지 X를 丁에게 5억원에 매도하면서, 丁과 나대지 X에 관한 위 근저당권의 설정 당시 피담보채무액이던 3억원을 매매대금에서 공제하기로 약정하였고, 이에 따라 丙은 2억원을 받고서 丁에게 소유권이전등기를 경료하여 주었다. 그 후 폐기물처리업을 하는 戊는 나대지 X의 소재지 일대가 전원주택단지 조성 예정지라는 사실을 알면서도 2009. 4. 15.부터 같은 해 4. 30.까지 건축폐기물을 은밀히 나대지 X에 매립하였다. 戊가 폐기물을 매립할 당시에 甲의 乙에 대한 물품대금은 지연손해금 등을 포함하여 총 2억원이었는데, 戊의 폐기물 매립 사실을 알지 못한 甲은 계속해서 乙에게 Y물품을 공급하여 주었다. 2010. 3. 17. 현재 乙이 甲에게 연체한 물품대금은 지연손해금 등을 포함하여 총 3억원이고, 폐기물이 매립되지 않았을 경우에 나대지 X의 시가는 2008. 3. 3. 이후 계속 5억원이었을 것이나, 폐기물 매립으로 인하여 그 가치가 거의 상실되었다. 폐기물 매립으로 인한 복구비용은 2009. 4. 30. 이후 계속 6억원이다.

(a) 나대지 X가 2008. 3. 17. 당시 미성년자 A(만 17세)의 단독소유였던 경우, A의 친권자인 丙이 A의 동의만 받고 별도의 절차를 거치지 아니하고 체결한 나대지 X에 대한 근저당권 설정계약의 효력에 대하여 설명하시오. (10점)

(b) 나대지 X가 2008. 3. 17. 당시 丙의 단독소유였던 경우, 2010. 3. 17. 현재 丁의 戊에 대한 권리를 설명하시오. (10점)

(c) 나대지 X가 2008. 3. 17. 당시 丙의 단독소유였던 경우, 2010. 3. 17. 현재 甲의 戊에 대한 권리들을 설명하시오. (20점)

(d) 나대지 X가 2008. 3. 17. 당시 丙의 단독소유였던 경우, 甲과 丙 사이에 甲과 乙 사이의 거

래가 계속 중일 때에는 丙이 변제자대위에 기한 권리를 행사하지 않기로 하는 특약이 있었으며, 甲이 2010. 3. 17. 戊에 대한 권리를 행사하여 乙에 대한 채권의 만족을 얻었다면, 乙과 丙 사이의 법률관계는? (10점)(제53회 사법시험, 2011)

(2) 1) 甲은 새로운 건설 사업을 위하여 2011. 10. 16. 乙로부터 2억원을 빌리면서 변제기는 2012. 10. 15.로 하고, 이자는 월 1%로 매월 15일에 지급하기로 하였고, 이 채무를 담보하기 위하여 같은 날 甲의 부탁을 받은 丙이 乙에 대하여 연대보증채무를 부담하기로 약정하였다. 그런데 乙이 담보를 더 요구하여 甲은 2011. 10. 16. 자신의 X건물(시가 2억원 상당)과, 그의 부탁을 받은 丁 소유의 Y아파트(시가 1억원 상당)에 채권최고액 2억 4천만원으로 하는 乙 명의의 공동 근저당권을 설정해 주었다. 이후 甲은 사업을 위하여 戊에게 X건물의 리모델링 공사를 맡겼다. 그런데 戊가 공사를 완료한 후 2011. 11. 30.까지 공사대금 1억원을 지급하기로 하였음에도 이를 지급하지 않고 있었다. 2) 甲은 2012. 3. 15. X건물의 건축 당시부터 설치되어 있던 낡은 냉난방설비를 A에게 3천만원에 의뢰하여 최신식 스마트 냉난방설비로 전면 교체하였다. 그런데 甲이 A에게 변제기인 2012. 4. 15. 교체비 3천만원의 채무를 이행하지 못하자 화가 난 A는 2013. 1. 15. 자신이 설치한 냉난방설비를 임의로 분리하여 수거해갔다. 甲으로부터 이자조차 한 번도 지급받지 못한 乙은 A를 상대로 2013. 3. 5. 원상회복 및 불법행위로 인한 손해배상을 청구하였다면, 乙의 각 청구는 타당한가? (2017년 제3차 변호사시험 모의시험)(20점)

해설 p. 414

(1) 저당권의 침해

저당권은 목적물에 대한 점유의 이전 없이 그 교환가치로부터 채권의 우선변제를 받는 것을 내용으로 하므로($^{356}_{조}$), 이러한 내용에 장애를 가져오는 것은 저당권의 침해가 된다. 예컨대 저당 산림의 부당한 벌채, 부당 관리에 의한 저당 건물의 붕괴, 종물의 부당한 분리 등에 의해 교환가치의 감소를 초래하는 경우가 그러하다. 그러나 목적물은 설정자가 점유하여 사용·수익하는 것을 예정하고 있으므로, 설정자가 목적물을 정상적으로 사용·수익을 하는 것은 저당권의 침해에 해당하지 않는다(예: 저당부동산에 전세권이나 임차권을 설정하는 것, 저당토지 위에 건물을 건축하는 것).[1]

〈참 고〉 토지 소유자가 토지에 저당권을 설정한 후 그 토지상에 건물을 건축하는 것이 저당권의 침해에 해당하는가? (ㄱ) 판례는 일정한 경우에는 이를 긍정한다. 즉 「대지의 소유자가 나대지 상태에서 저당권을 설정한 다음 대지상에 건물을 신축하기 시작하였으나, 피담보채무를 변제하지 못함으로써 저당권이 실행에 이르렀거나 실행이 예상되는 상황인데도 소유자 또는 제3자가 신축공사를 계속한다면, 신축 건물을 위한 법정지상권이 성립하지 않는다고 할지라도, 경매절차에 의한 매수인으로서는 신축 건물의 소유자로 하여금 이를 철거하게 하고 대지를 인도

---

1) 판례: 「저당권은 경매절차에 있어서 실현되는 저당부동산의 교환가치로부터 다른 채권자에 우선하여 피담보채권의 변제를 받는 것을 내용으로 하는 물권으로 부동산의 점유를 저당권자에게 이전하지 않고 설정되고, 저당권자는 원칙적으로 저당부동산의 소유자가 행하는 저당부동산의 사용 또는 수익에 관하여 간섭할 수 없고, 다만 저당부동산에 대한 점유가 저당부동산의 본래의 용법에 따른 사용·수익의 범위를 초과하여 그 교환가치를 감소시키거나, 점유자에게 저당권의 실현을 방해하기 위하여 점유를 개시하였다는 점이 인정되는 등, 그 점유로 인하여 정상적인 점유가 있는 경우의 경락가격과 비교하여 그 가격이 하락하거나 경매절차가 진행되지 않는 등 저당권의 실현이 곤란하게 될 사정이 있는 경우에는, 저당권의 침해가 인정될 수 있다」(대판 2005. 4. 29, 2005다3243).

받기까지 별도의 비용과 시간을 들여야 하므로, 저당 목적 대지상에 건물 신축공사가 진행되고 있다면 이는 경매절차에서 매수 희망자를 감소시키거나 매각가격을 저감시켜 결국 저당권자가 지배하는 교환가치의 실현을 방해하거나 방해할 염려가 있는 사정에 해당하여, 저당권자는 저당권의 침해를 이유로 저당권에 기한 방해배제청구권을 행사하여 방해행위의 제거(건축공사의 중지)를 청구할 수 있다」고 한다(대판 2006. 1. 27.,/2003다58454).[1] (ㄴ) 사견은 부정하는 것이 타당하다고 본다. 민법 제356조는 목적물의 점유 없이 교환가치만을 파악하는 것을 저당권의 내용으로 규정하는데, 이는 설정자가 목적물을 점유하여 사용 수익할 수 있는 것, 즉 용익권능을 보호하려는 것이고, 제365조 소정의 저당토지 위의 건물에 대한 일괄경매청구권도 대지에 대한 저당권설정자가 그 설정 후에도 건물을 신축할 수 있다는 것을 전제로 하는 것인 점에서, 나대지상에 저당권을 설정한 경우에도 대지소유자는 그 지상에 건물을 건축할 수 있다고 할 것이다. 즉 토지 저당권자의 저당권의 실현을 방해하려는 목적과 같은 특별한 사정이 없는 한, 저당토지 위의 건축은 토지 저당권의 침해에 해당한다고 보기는 어렵다.

(2) 구제방법

a) 물권적 청구권

(ㄱ) 소유권에 기한 방해제거청구권과 방해예방청구권(214/조)은 저당권에 준용한다(370/조). 따라서 저당권의 침해가 있거나 그 우려가 있는 때에는 저당권자는 그 제거나 예방을 청구할 수 있다. 예컨대 저당토지의 수목을 부당하게 벌채하여 교환가치의 감소를 가져오는 때에는 그 행위의 중지를 청구할 수 있다. 비록 남은 목적물로부터 피담보채권을 만족시킬 수 있다고 하더라도, 담보물권의 불가분성의 원칙에 의해 저당권에 기한 물권적 청구권을 행사할 수 있다(370조/321조). 또, 선순위 저당권이 변제로 소멸되었음에도 그 등기가 말소되지 않은 채 남아 있는 경우, 후순위 저당권자는 그로 인해 사실상 저당권을 실행하거나 양도하는 데 지장을 받으므로 방해제거의 차원에서 그 등기의 말소를 구할 수 있다.[2] (ㄴ) 저당 목적물은 종물 등과 함께 일체를 이루어 채권을 담보하는 것이므로, 저당권자에게 우선하는 권리를 갖지 않는 채권자가 종물에 대해서만 강제집행을 하는 경우에는, 저당권자는 저당 목적물

---

1) 위 판결에 대해서는 찬반이 나뉜다. (ㄱ) 제1설은 원칙적으로 찬성한다. 다만 저당권에 기하여 저당권설정자나 제3자에 대하여 무조건 공사금지를 청구할 수는 없고, 가령 저당권자가 저당권설정자에게 건물 신축을 허용하였다고 볼 수 있는 경우에는 그러한 청구는 할 수 없고, 담보가치가 훼손될 우려가 있는 경우에 그러한 청구를 허용하여야 할 것이라고 한다(김재형, 민법론 III, 482면). (ㄴ) 제2설은 원칙적으로 반대한다. 즉 저당권이 설정되었어도 목적물을 사용 수익할 권능은 저당권설정자에게 귀속되며, 목적물이 나대지인 경우 설정자가 그 위에 건물을 신축하는 것은 그 용익권의 행사에 기한 것으로서 이는 적법한 것이고, 따라서 저당권 실현 방해의 목적이 없는 이상 저당권자는 방해배제청구를 할 수 없다고 한다. 특히 그러한 경우에는 건물에 대해서도 일괄경매를 청구함으로써 저당권 실행상의 불이익을 피할 수 있고, 금융실무상 나대지를 담보로 취득할 때 저당권자가 그 대지에 대해 지상권을 취득하는 것도 나대지 위에 건물이 신축되는 것을 예정하고 이에 대비하기 위한 것이라고 한다. 더욱이 위 판결의 사안에서는 나대지상에 건물을 건축할 것을 그 대지에 대한 저당권자가 저당권을 설정받을 당시 이를 예상하였고 또 그러한 건축공사에 변경이 있는 것도 아닌 이상 저당권의 침해가 있다고 보기는 어렵다고 한다(양창수, "토지저당권에 기한 방해배제와 건물신축행위의 중지청구", 법률신문 제3479호, 15면).

2) 판례: 「저당권자는 물권에 기하여 그 침해가 있는 때에는 그 제거나 예방을 청구할 수 있다고 할 것인바, 공장저당권의 목적 동산이 저당권자의 동의를 얻지 아니하고 설치된 공장으로부터 반출된 경우에는 저당권자는 점유권이 없기 때문에 설정자로부터 일탈한 저당 목적물을 저당권자 자신에게 반환할 것을 청구할 수는 없지만, 저당 목적물이 제3자에게 선의취득되지 아니하는 한 원래의 설치 장소에 원상회복할 것을 청구함은 저당권의 성질에 반하지 아니함은 물론, 저당권자가 가지는 방해배제권의 당연한 행사에 해당한다」(대판 1996. 3. 22. 95다55184).

의 일체성이 깨지는 것을 이유로(그것은 저당권의 침해로 연결될 수 있다) 민사집행법 제48조 소정의 (목적물의 인도를 막을 수 있는 권리가 있음을 이유로) 제3자 이의의 소를 제기할 수 있다고 보는 견해가 있다($^{곽윤직,\ 356면;}_{김상용,\ 735면}$).

b) 손해배상청구권　저당권의 침해가 있을 경우에는 불법행위를 이유로 손해배상을 청구할 수 있다($^{750}_{조}$). 위 a)의 경우와 다른 점은, 가해자에게 귀책사유가 있어야 하고, 저당권자가 그 불법행위로 인해 채권의 완제를 받지 못해 손해를 입은 것을 요건으로 한다. 이 경우 저당권의 실행 이전이라도 손해액의 산정이 불가능한 것은 아니므로, 불법행위 후 곧바로 손해배상을 청구할 수 있다($^{통}_{설}$).[1]

c) 저당물의 보충　「저당권설정자에게 책임 있는 사유로 저당물의 가액이 현저히 감소된 경우에는 저당권자는 저당권설정자에게 원상회복이나 상당한 담보 제공을 청구할 수 있다」($^{362}_{조}$). (ㄱ) 요건은, 저당권설정자의 귀책사유로 저당물의 가액이 현저히 줄어들었어야 한다. 「현저히」라고 표현하고 있지만, 교환가치의 감소로 피담보채권을 충분히 변제받지 못할 염려가 있으면 족하다는 것이 통설적 견해이다. (ㄴ) 내용은, 저당권자가 저당권설정자에게 원상회복이나 상당한 담보 제공을 청구하는 것이다. 원상회복청구는 물권적 청구권으로서도 할 수 있으므로, 동조의 의의는 대담보 청구에 있다고 할 것이다. (ㄷ) 저당물보충청구권은 저당권의 존속을 전제로 하는 것이므로, 이것 외에 손해배상청구나 기한의 이익의 상실을 주장할 수는 없다($^{통}_{설}$).

d) 기한의 이익의 상실　채무자가 담보를 손상·감소 또는 멸실시킨 경우에는 채무자는 기한의 이익을 주장하지 못한다(물상보증인이나 제3취득자가 담보를 손상시킨 경우에는 채무자는 기한의 이익을 잃지 않는다)($^{388조}_{1호}$). 따라서 저당권자는 변제를 청구할 수 있고, 저당권을 실행할 수 있다. 한편 담보의 손상 등에는 채무자의 귀책사유(고의 또는 과실)를 요한다는 것이 통설이다.

사례의 해설　(1) (a) 丙이 미성년 자녀의 부동산을 乙을 위해 담보로 제공하는 것은 민법 제921조 소정의 이해상반행위에는 해당하지 않으므로, 특별대리인이 이를 대리할 것은 아니다. 또 A가 동의를 한 점에서 丙의 친권 남용을 인정하기도 어렵다. 그러므로 甲과 丙 사이의 근저당권 설정계약은 유효하다.

(b) 丁은 X대지의 소유자로서 戊에게 다음과 같은 권리를 행사할 수 있다. 먼저 소유권에 기한 방해제거청구로서 그 대지상에 매립한 건축폐기물의 제거를 청구할 수 있다($^{214}_{조}$). 그리고 불법행위를 이유로 대지에 갈음하는 시가 5억원의 손해배상을 청구할 수 있다($^{750}_{조}$).

(c) 甲은 근저당권자로서 戊에게 다음과 같은 권리를 행사할 수 있다. 첫째, 저당권에 기한 방해제거청구권으로서 저당물인 X대지상에 매립된 건축폐기물의 제거를 청구할 수 있다($^{214조\cdot}_{370조}$). 둘째, 우선변제를 받지 못하게 된 피담보채권 3억원에 대해 불법행위를 이유로 손해배상을 청구할 수 있다($^{750}_{조}$). 셋째, 저당물인 X대지의 멸실 등으로 소유자인 丁이 받을 5억원의 손해배상청구권에

---

1) 판례: 「근저당권의 공동담보물 중 일부를 권한 없이 멸실·훼손하거나 담보가치를 감소시키는 행위로 근저당권자가 나머지 저당 목적물만으로 채권의 완전한 만족을 얻을 수 없게 되었다면 근저당권자는 불법행위에 기한 손해배상청구권을 취득한다. 이때 이와 같은 불법행위 후 근저당권이 확정된 경우 근저당권자가 입게 되는 손해는, 채권최고액 범위 내에서 나머지 저당 목적물의 가액에 의하여 만족을 얻지 못하는 채권액과 멸실·훼손되거나 또는 담보가치가 감소된 저당 목적물 부분의 가액 중 적은 금액이다」(대판 2009. 5. 28, 2006다42818).

대해 물상대위권을 행사하여, 3억원 범위에서 압류 및 전부명령을 받을 수 있다($^{342조 \cdot 370조, 민사}_{집행법 273조 2항}$).

(d) 甲이 戊에 대한 권리를 행사하여 乙에 대한 채권의 만족을 받은 것이 물상보증인 丙이 제공한 X대지로부터 만족을 받은 것과 관련이 있다면, 丙은 乙에게 구상권을 가진다($^{341조 \cdot}_{370조}$). 그리고 법정대위와 구상권은 별개의 것이므로, 丙이 甲과의 특약으로 대위권을 행사하지 않기로 하였더라도 그것은 甲에 대해서만 효력이 있을 뿐이고, 丙이 乙에게 갖는 구상권에는 영향이 없다.

(2) 냉난방설비는 건물의 부합물이나 종물에 해당하고, 저당권의 효력은 저당부동산에 부합된 물건이나 종물에 미치므로($^{358}_{조}$), 그리고 乙이 X건물과 Y아파트에서 피담보채권을 변제받을 수 있다고 하더라도 담보물권의 불가분성에 따라($^{370조 \cdot}_{321조}$), 乙은 저당권에 기해 戊를 상대로 방해제거를 구할 수 있다($^{370조 \cdot}_{214조}$). 즉 냉난방설비를 원래의 설치장소에 원상회복할 것을 청구할 수 있다($^{대판}_{1996. 3.}$ $^{22, 95다}_{55184 참조}$). 한편, A를 상대로 불법행위를 이유로 손해배상을 청구하려면, 乙이 나머지 저당 목적물만으로 채권의 완전한 만족을 얻을 수 없어야 하는데($^{대판 2009. 5. 28,}_{2006다42818 참조}$), 비록 냉난방설비를 철거해 갔다고 하더라도 나머지 공동저당 목적물의 가액이 피담보채권액보다 많아 채권의 만족에 지장을 주지 않으므로 불법행위는 성립하지 않는다. [사례] p. 411

Ⅳ. 저당권의 처분

1. 서 설

저당권자는 채무자가 변제기에 변제를 하지 않으면 저당권을 실행하여 우선변제를 받게 되지만, 이것과는 별도로 저당권을 (변제기 전이나 후에) 처분할 수 있다. 그런데 저당권은 담보물권으로서 채권의 담보를 위해 존재하는 것이므로, 저당권만을 처분할 수는 없고 채권과 함께 처분(양도하거나 다른 채권의 담보로 하는 것)하여야만 한다($^{361}_{조}$)(다만 물상보증인이 설정한 저당권은 그의 동의가 없으면 수반되지 않는다는 것이 통설이다).

2. 저당권부 채권의 양도

(1) 저당권에 의해 담보된 채권과 그 저당권을 함께 양도하는 것이다. 이것은 채권의 양도와 저당권의 양도 두 가지를 포함하므로, 그 양도에 따른 각각의 요건을 갖추어야 한다($^{대판.}_{2005.}$ $^{6. 10, 2002다}_{15412, 15429}$). (ㄱ) 저당권의 양도는 법률행위에 의한 부동산물권의 변동이므로, 양수인 앞으로 이전등기를 하여야 효력이 생긴다($^{186}_{조}$)($^{통}_{설}$)($^{대판 2003. 10. 10,}_{2001다77888}$). 담보물권의 수반성에 따라 피담보채권이 처분되면 다른 약정이 없는 한 담보물권도 함께 처분한다는 당사자의 (묵시적) 의사에 기초한 것이기 때문이다. 한편 저당권 양도의 물권적 합의는 저당권의 양도인과 양수인 사이에 있으면 족하고, 그 외에 채무자나 물상보증인까지 합의가 있어야 하는 것은 아니다($^{대판 2005.}_{6. 10, 2002다}$ $^{15412,}_{15429}$). (ㄴ) 채권의 양도에 관해서는 그 대항요건을 갖추어야 한다($^{450}_{조}$). ① 즉 양수인이 채무자에게 대항하기 위해서는 양도인이 채무자에게 통지하거나 채무자가 승낙하여야 하고($^{450조}_{1항}$), 채무자 외의 제3자에게 대항하기 위해서는 위 통지나 승낙은 확정일자가 있는 증서로 하여야 한다($^{450조}_{2항}$). 그 밖에 통지나 승낙의 효과도 생긴다($^{451}_{조}$). ② 특히 채무자의 승낙과 관련하여,

채무자가 이의를 달지 않고 승낙을 한 경우에는 양도인에게 대항할 수 있는 사유로써 양수인에게 대항하지 못한다($^{451조}_{1항}$). 여기서 채권이 변제 등으로 소멸되었음에도 채무자가 이의를 달지 않고 승낙을 한 경우에 양수인은 저당권부 채권을 취득하는지 문제된다. 피담보채권이 변제 등에 의해 소멸된 때에는 저당권도 소멸되고, 또 등기에 공신력이 인정되지 않으므로, 채무자가 그 채무가 소멸되었음에도 이를 주장하지 않고 채권의 양도를 승낙한 때에는 민법 제451조 1항에 의해 양수인은 (저당권이 수반되지 않는) 채권만을 취득할 뿐이다($^{통}_{설}$). (ㄷ) 피담보채권의 일부가 양도되거나 이전된 경우에는 두 채권자가 그 채권액을 지분으로 하여 저당권을 준공유한다.

(2) 저당권을 양도하는 경우에는, 그것은 상술한 대로 저당권의 양도와 피담보채권의 양도를 포함하는 것이므로, 전자에 관해서는 저당권이전의 등기를, 후자에 관해서는 지명채권 양도의 대항요건을 각각 갖추어야 한다. 그런데 이 양자 중 어느 하나만을 갖춘 경우에 그 효력이 문제된다. (ㄱ) '채권양도의 대항요건은 갖추었으나 저당권이전의 등기를 하지 않은 경우', 종전의 채권자는 저당권 명의를 가졌다고 하더라도 이미 그 피담보채권을 양도하여 더 이상 채권자가 아니므로 배당을 받을 수 없고, 피담보채권의 양수인은 저당권자가 아니므로 저당권자로서 우선배당을 받을 수는 없다(이러한 결과를 피하기 위해서는 양수인이 빠른 시일 내에 저당권이전의 등기를 갖추는 수밖에 없다)($^{대판\ 2003.\ 10.}_{10,\ 2001다77888}$). (ㄴ) '저당권이전의 등기는 하였으나 채권양도의 대항요건을 갖추지 못한 경우', 채권의 양도는 양도인과 양수인 간의 계약만으로 효력이 생기는 것이므로, 양수인은 이에 따라 채권자가 된다. 다만 민법 제450조 소정의 대항요건을 갖추지 못한 경우에는 양수인이 채무자나 제3자에게 대항할 수 없을 뿐이다(즉 채권양도에서 통지 등은 채권양도의 효력요건이 아니라 대항요건에 지나지 않는다). 그러므로 대항요건만을 갖추지 못했을 뿐 채권의 양도와 저당권이전의 등기를 마친 양수인은 담보권자로서 담보권을 행사할 수 있다. 즉 경매를 신청하고, 배당에서 우선변제를 받을 수 있다(그리고 법원은 이를 다툴 제3자의 지위에 있지도 않다). 이에 대해 이해관계인인 채무자 또는 양수인과 양립할 수 없는 지위를 가지는 제3자[1]는 경매개시결정에 대해 이의를 주장할 수 있는데, 이들에 대해서는 이러한 보호로써 족하다(설사 그러한 이의가 있더라도 그 후에 채권양도의 통지를 통해 이를 치유할 수 있는 점에서 그 보호의 강도가 크지도 않다). 그러므로 경매절차에서 채무자나 제3자가 다투지 아니하여 경매절차가 실효되지 않은 이상 그것은 적법하다($^{대판\ 2005.\ 6.\ 23,}_{2004다29279}$).

3. 저당권부 채권의 입질入質

(1) 저당권으로 담보된 채권을 다른 채권의 담보로 제공하는 것은 저당권부 채권의 입질에 해당한다. 이것은 채권의 입질과 저당권의 입질 두 가지를 포함하므로, 그 입질에 따른 각각의 요건을 갖추어야 한다. 즉 채권의 입질에 관해서는 지명채권에 대한 질권의 대항요건을

---

1) 채권양도의 대항요건을 갖추지 않은 경우 채권을 주장할 수 없는 채무자 이외의 제3자는 양도된 채권 자체에 관하여 양수인의 지위와 양립할 수 없는 법률상 지위를 취득한 자에 한하므로, 선순위 근저당권부 채권을 양수한 채권자보다 후순위 근저당권자는 채권양도의 대항요건을 갖추지 아니한 경우 대항할 수 없는 제3자에 포함되지 않는다(대판 2005. 6. 23, 2004다29279).

정한 규정($^{349}_{조}$)이 적용되고, 저당권의 입질에 관해서는 그 저당권등기에 질권의 부기등기를 하여야 그 효력이 저당권에 미친다($^{348}_{조}$)($^{그\ 등기사항에\ 대해서는\ 부동}_{산등기법\ 제76조\ 1항\ 참조}$).

   (2) 질권자는 자기 채권의 한도에서 입질된 채권을 직접 청구할 수 있고($^{353조}_{2항}$), 질권자의 피담보채권과 입질채권이 모두 변제기에 도달하면 질권자는 저당권을 실행하여 우선변제를 받을 수 있다. 한편 입질된 채권의 (저당권부) 채권자는 그 채권액이 질권부 채권액을 초과하는 경우에도 그 차액을 추심할 수 없다. 질권자는 질권의 불가분성에 기해 채권 전부를 변제받을 때까지 입질된 채권 전부에 대해 그 권리를 행사할 수 있기 때문이다($^{355조·343}_{조·321조}$).

V. 저당권의 소멸

   1. 피담보채권이 소멸되면 저당권은 부종성으로 인해 그 말소등기 없이도 당연히 소멸된다($^{369}_{조}$).[1] 피담보채권이 소멸되지 않은 채 저당권만 소멸되는 일은 없다. 한편 취득시효가 완성된 후 소유자가 목적물에 저당권을 설정한 경우, 점유자는 저당권의 부담을 안고 시효취득을 하는 것이어서 저당권은 소멸되지 않는다($^{대판\ 2006.\ 5.\ 12,}_{2005다75910}$).

   2. 지상권이나 전세권을 목적으로 저당권을 설정한 자는 저당권자의 동의 없이 지상권이나 전세권을 소멸시키는 행위를 하지 못한다($^{371조}_{2항}$). 지상권이나 전세권이 소멸되면 그것을 목적으로 하는 저당권도 소멸하게 되어 저당권자에게 피해를 주기 때문이다.

Ⅵ. 특수한 저당권

   앞에서는 부동산을 대상으로 하는 보통의 저당권에 관해 설명하였는데, 이에 대해 특수한 내용을 가지는 저당권이 있다. 민법에서 정하는 것으로 근저당권($^{357}_{조}$), 공동저당($^{368}_{조}$), 지상권이나 전세권을 목적으로 하는 저당권($^{371}_{조}$)이 있다. 그리고 민법 외의 다른 법률에서 저당권의 성립과 그 내용을 따로 규율하는 것이 있다.

1. 근저당권根抵當權

사례 (1) 의류 소매업자인 甲은 乙로부터 의류를 계속적으로 공급받고 있다. 甲은 2004. 12. 1. 乙로부터 금 1억원을 이자 월 1%, 변제기 2005. 12. 1.로 정하여 차용하기로 하고, 그 차용금 채무를 포함하여 甲이 乙에 대하여 2005. 12. 1.까지 부담하게 될 모든 채무의 담보로 甲 소유의 부

---

1) 판례: (ㄱ)「저당권이 설정된 후에 그 부동산의 소유권이 제3자에게 이전된 경우에는, 현재의 소유자가 자신의 소유권에 기하여 피담보채무의 소멸을 원인으로 저당권등기의 말소를 청구할 수 있음은 물론이지만, 저당권설정자인 종전의 소유자도 저당권설정계약상의 권리에 기초하여 저당권등기의 말소를 청구할 수 있다」(대판(전원합의체) 1994. 1. 25, 93다16338). (ㄴ)「피담보채권이 소멸되면 저당권은 부종성에 의하여 당연히 소멸되게 되므로, 그 말소등기가 경료되기 전에 저당권부 채권을 가압류하고 압류 및 전부명령을 받아 저당권이전의 부기등기를 마친 자라 할지라도, 그 가압류 이전에 저당권의 피담보채권이 소멸된 이상 근저당권을 취득할 수 없고, 실체관계에 부합하지 않는 근저당권 설정등기를 말소할 의무를 부담한다」(대판 2002. 9. 24, 2002다27910).

동산에 관하여 乙에게 채권최고액을 금 1억 3,000만원으로 하는 근저당설정등기를 마쳐주었다. 이러한 사실관계를 전제로 아래 질문에 답하시오.

(a) 甲이 2005. 5. 1. 차용금 채무 전액을 변제하였고 그 밖에 乙에 대하여 부담하는 별도의 채무도 없는 상태에서 乙에게 근저당설정등기의 말소를 청구하였다. 甲의 청구가 인용될 수 있는지 여부와 그 근거는 무엇인지 설명하시오.

(b) 甲이 2005. 12. 1. 위 차용금 채무를 포함하여 근저당설정계약상의 피담보채무가 확정된 후 이를 변제하였다. 甲이 乙을 상대로 근저당설정등기의 말소등기를 청구할 수 있는 근거는 무엇인지 기재하시오.(제48회 사법시험, 2006)

(2) 甲은 2014. 2. 2. 乙로부터 1억원을 변제기 2015. 2. 2. 이자 연 20%로 차용하기로 하는 소비대차계약을 체결하였고, 같은 날 丙은 자신 소유의 X토지에 대하여 乙에게 甲의 위 채무를 담보하기 위하여 근저당권자 乙, 채권최고액 1억 2천만원으로 하는 근저당권을 설정하여 주었다. 그런데 변제기가 지나도록 甲이 위 채무를 변제하지 않자, 乙은 위 근저당권을 실행하겠다는 뜻을 甲과 丙에게 통지하고 2016. 2. 2. X토지에 대하여 경매를 신청하였다. 이에 丙이 甲의 채무를 대신 변제하겠다고 하였으나, 乙은 대여금 1억원과 이에 대한 이자 및 지연손해금도 추가로 지급할 것을 요구하였다.

(가) 丙은 乙에게 위 채권최고액인 1억 2천만원을 변제하였다. 丙은 乙을 피고로 위 근저당권설정등기의 말소를 청구할 수 있는가? (10점)

(나) 甲이 乙과의 사이에 위와 같은 소비대차계약을 체결하면서, 채무자 甲은 자신 소유의 Y토지에 대하여 근저당권자 乙, 채권최고액 1억 2천만원으로 하는 근저당권을 설정하였다. 변제기가 지나도록 甲이 위 채무를 변제하지 않자, 乙은 위 근저당권을 실행하겠다는 뜻을 甲에게 통지하고 2016. 2. 2. Y토지에 대하여 근저당권에 기한 경매를 신청하였다. 甲은 乙에게 위 채권최고액인 1억 2천만원을 변제하였다. 甲은 乙을 피고로 위 근저당권설정등기의 말소를 청구할 수 있는가? (10점)(2017년 제6회 변호사시험)

해설 p. 427

제357조〔근저당〕 ① 저당권은 담보할 채무의 최고액만을 정하고 채무의 확정은 장래로 미루어 설정할 수 있다. 이 경우 채무가 확정될 때까지의 채무의 소멸이나 이전은 저당권에 영향을 미치지 아니한다. ② 제1항의 경우에 채무의 이자는 최고액에 포함된 것으로 본다.

---

(1) 근저당권의 의의와 특질

a) 의 의   근저당권은 당사자 사이의 계속적인 거래관계에서 발생하는 불특정채권을 어느 시기에 계산하여 그때까지 확정된 채무를 일정한 한도액 범위에서 담보하는 저당권으로서, 보통의 저당권과 달리 발생과 소멸에서 피담보채무에 대한 부종성이 완화되어 있는 점에 특색이 있다(대판 1999. 5. 14, 97다15777, 15784). 현대의 채권채무관계는 계속적 거래에 기초하여 생기는 경우가 많이 있는데, 그 거래에서 채권이 발생할 때마다 따로 저당권을 설정하여야 한다면 매우 불편하고 번잡하다. 그래서 하나의 저당권으로 다수의 불특정채권을 일괄하여 담보할 필요가 있게 되는데, 이것이 근저당권이다.

b) 특 질   근저당권은 다음 세 가지 점에서 보통의 저당권과 차이가 있다. 예컨대 A와

제 4 절 담보물권 *419*

B은행이 6개월의 기간과 1억원을 한도로 하여 당좌대월계약을 맺고, B은행이 그 채권을 담보하기 위해 근저당권을 설정하였다고 하자. (ㄱ) 근저당권은 장래의 증감 변동하는 불특정의 채권을 담보하는 점에서 장래의 특정의 채권을 담보하는 저당권과는 다르다(위 예에서 6개월 후의 당좌대월 금액이 얼마가 될지는 특정되어 있지 않다). (ㄴ) 보통의 저당권은 피담보채권이 소멸되면 저당권도 소멸되지만($^{369}_조$), 근저당권은 위 6개월의 기간 동안에 채무가 없게 되더라도 결산기까지 그대로 존속하고, 그 기간 내에 채무가 다시 발생하면 그 채권을 담보한다. 즉 근저당권에서는 피담보채무가 확정될 때까지의 채무의 소멸이나 이전은 근저당권에 영향을 미치지 않는다($^{357조 \ 1}_{항 \ 2문}$). 다시 말해 채무의 성립과 소멸에서 부종성이 완화되어 있다. (ㄷ) 보통의 저당권은 민법 제360조에 의해 피담보채권의 범위가 정해지는데, 근저당권은 채권최고액을 한도로 하여 일정 시점에 확정된 채권을 담보한다. 후순위 저당권자 등 제3자와의 이해는 채권최고액에 의해 조정되고, (민법 제360조 단서에서 정하는) 지연배상은 1년분까지만 담보된다는 제한은 받지 않는다.

(2) 근저당권의 성립

(ㄱ) 근저당권이 성립하는 데에는, 채권자와 채무자 간에 계속적으로 채권과 채무가 발생하는 「기본계약」이 있고, 그 채권을 담보하기 위해 채권자와 설정자 간에 「근저당권설정계약」을 맺으며, 이에 기해 그 「등기」가 이루어지는 과정을 거친다. (ㄴ) 근저당권에서는 등기원인이 근저당권설정계약이라는 뜻과 채권최고액 및 채무자만이 등기가 된다($^{부동산등기법}_{75조 \ 2항}$). 즉 근저당권에 의해 담보되는 채권의 범위(기본계약의 범위)는 등기사항에서 빠져 있다. 또 근저당권의 존속기간 내지 결산기도 필요적 등기사항은 아니다. 한편 채무의 이자는 최고액에 포함된 것으로 보므로($^{357조}_{2항}$), 이자에 관해 따로 등기하지는 못한다.

(3) 근저당권의 효력 — 피담보채권의 범위

채권자가 근저당권을 실행하여 현실적으로 채권의 우선변제를 받는 데에는 세 가지 단계를 거치게 된다. 첫째는 그 채권이 근저당권에 의해 담보될 수 있는 것이어야 한다. 이것은 채권자가 채무자에게 가지는 장래의 일체의 채권에 대해서도 근저당권을 설정할 수 있는지, 즉 「포괄근저당권의 유효성」의 문제로 연결된다. 둘째는 피담보채권이 증감 변동하는 불특정의 상태가 끝나야 한다. 다시 말해 피담보채권이 확정되어야 하는데, 이를 「근저당권의 확정」이라고 한다. 그렇지 않으면 채무는 영원히 확정되지 않게 되고, 이것은 근저당권 제도의 취지와도 맞지 않는다. 셋째는 확정된 피담보채권(액)에 대해 「채권최고액」을 한도로 하여 우선변제를 받게 된다.

가) 근저당권에 의해 담보되는 채권의 범위 — 특히 「포괄근저당권의 유효성」

(ㄱ) 민법 제357조 1항은 「담보할 채무의 최고액만을 정하고 채무의 확정은 장래로 미루어」 근저당권을 설정할 수 있는 것으로 정하는데, 여기서 "채무의 확정은 장래로 미룬다"는 의미가 명확하지 않다. 그래서 채무자가 채권자에게 장래 부담하는 일체의 채무, 극단적으로 우발적 사고로 인한 손해배상청구권까지 담보할 수 있는지에 관해, 종래 '포괄근저당권의 유효성'

문제로서 학설 간에 견해가 나뉘었다. 통설적 견해는 장래 채무를 확정지을 만한 요소가 없다는 점에서 무효로 보지만, 채권최고액이 정해진 이상 유효하다고 보는 반대견해($\substack{김중한·김학\\동, 569면}$)도 있다.[1] (ㄴ) 근저당권에 의해 담보되는 채권의 범위는 기본계약에 의존하게 된다. 따라서 근저당권에서 채권최고액을 정한다고 하더라도, 기본계약의 범위를 무한정으로 하는 경우에는, 근저당권자가 지나치게 많은 담보가치를 가짐으로써 근저당권설정자(특히 물상보증인)의 이익이 침해되고 담보목적물의 담보가치가 충분히 활용되지 못한다는 문제가 있다($\substack{민법주해(Ⅶ),\\17면(박해성)}$). (ㄷ) 현재 국내 금융기관에서 (약관의 방식으로) 사용하고 있는 '근저당권설정계약서'(부록 참조)에 의하면, 근저당권을 세 가지 유형으로 나누어 설정자로 하여금 선택케 하고 있다. 즉 ① 근저당권설정계약 당시 이미 체결되어 있는 특정의 거래계약(예컨대 2001. 1. 1.자 어음할인약정)과 관련하여 발생하는 채무를 담보하는 것(특정근저당), ② 이미 거래계약을 체결하였는지 여부에 관계없이 일정한 종류의 거래계약을 한정적으로 열거하고 그 거래계약에서 발생하는 채무를 담보하는 것(한정근저당), ③ 일정한 종류의 거래계약을 열거하고 그 밖의 여신거래로 발생하는 모든 채무를 담보하는 것(포괄근저당)으로 정한 것이 그러하다($\substack{김재형, 근저당\\권연구, 99면}$). 이처럼 은행에서 사용하고 있는 세 가지 유형에 대해 통설은 그 유효성을 긍정하고, 판례도 같다(특히 ③의 유형에 관하여도 이를 정면에서 무효로 본 판례는 없다).

나) 담보되는 (불특정) 채권의 확정

근저당권에 의해 담보되는 불특정의 채권이 확정되어야 한다. 이를 「근저당권의 확정」이라고 하는데, 이에 관해서는 따로 설명한다.

다) 채권최고액

확정된 피담보채권은 채권최고액을 한도로 하여 우선변제를 받게 된다. 여기서 최고액에 포함되는 것이 무엇인지 문제된다. 즉 민법 제357조 2항은 「채무의 이자는 최고액에 포함된 것으로 본다」고 정하는데, 민법 제360조는 일반 저당권에서 피담보채권의 범위로 「원본·이자·위약금·1년분의 지연배상·저당권의 실행비용」을 정하는 점에서, 양 규정의 관계가 문제된다. (ㄱ) 민법 제357조 2항의 '최고액'은 목적물로부터 우선변제를 받는 최고한도를 의미하기 때문에, 그것은 민법 제360조에서 정하는 모든 것의 합계라고 보는 것이 타당하다. 특히 위약금이나 지연배상은 실질적으로 이자와 다를 바 없으므로, 이것을 포함시키는 것은 민법 제357조 2항 법문에도 부합한다. (ㄴ) 다만 근저당권에서는 최고액을 한도로 하여 우선변제권을 확보한 것이므로, 지연배상을 1년분에만 한정시킬 이유가 없고, 지연배상 전부가 최고액을 한도로 하여 담보된다($\substack{대판 2021. 10. 14,\\2021다240851}$). (ㄷ) 최고액은 당사자 사이의 계속적 거래관계에서 생긴 채권 중 담보할 한도액을 말하는 것이므로, 저당권의 실행비용은 최고액에 포함되지 않는다($\substack{통\\설}$). 다시 말해 최고액에서 공제될 것이 아니다. 경매 실무에서는 매각대금에서 매각비용(실

---

1) 판례: 「매수인의 매도인에 대한 매매대금채무의 담보를 위하여 설정된 근저당권은 그 매매계약이 매수인의 기망에 의한 것이라 하여 취소된 경우에 매수인이 위 기망행위로 인하여 매도인에게 입힌 손해의 배상채무도 담보하는 것으로 봄이 상당하다」(대판 1987. 4. 28, 86다카2458).

행비용)을 먼저 공제하여 경매를 신청한 근저당권자에게 교부한 후 최고액 범위에서 우선배당을 한다.

(4) 근저당권의 변경

a) **피담보채무의 변경**　　(ㄱ) 근저당권은 당사자 사이의 계속적인 거래관계로부터 발생하는 불특정채권을 최고액만을 정하고 채무의 확정은 장래로 미루어 설정하는 저당권으로서, 피담보채무가 확정되기 전에는 근저당권설정자와 근저당권자의 합의에 의해 채무의 범위를 추가하는 등으로 피담보채무를 변경할 수 있고, 이 경우 변경된 채무가 근저당권에 의해 담보된다(이것은 채무자를 교체하거나 추가하는 경우도 마찬가지이다). (ㄴ) 후순위 저당권자 등 이해관계인은 근저당권의 채권최고액에 해당하는 담보가치가 앞서 파악되어 있는 것을 알고 이해관계를 맺었기 때문에 이러한 변경으로 불측의 손해를 입었다고 볼 수 없다. 따라서 피담보채무의 범위 또는 채무자를 변경할 때 이해관계인의 승낙을 받을 필요가 없다. 또한 근저당권에서 피담보채무의 범위는 등기사항이 아니므로, 당사자의 합의만으로 그 효력이 생긴다(대판 2021. 12. 16, 2021다255648.[1] 동지: 대판 1999. 5. 14, 97다15777, 15784).

b) **채권최고액의 변경**　　(ㄱ) 근저당권자와 설정자 간의 합의에 의해 채권최고액을 변경할 수 있다. 이것은 그 (변경)등기를 하여야 효력이 생긴다. (ㄴ) 채권최고액의 변경에 관해 이해관계인이 있는 때에는 그 승낙을 받아야 한다. 「증액」에 관한 이해관계인에는 동순위 또는 후순위 담보물권자・저당부동산의 압류채권자가, 「감액」에 관한 이해관계인에는 해당 근저당권에 대한 담보물권자・피담보채권의 압류채권자 또는 질권자 등이 있다.

c) **상속과 합병의 경우**　　(ㄱ) 근저당권자 또는 설정자가 사망한 경우, 기본계약 또는 근저당권설정계약은 계속적 거래관계에 따른 채무를 담보하는 것으로서 당사자 간의 인적 신뢰를 바탕으로 하는 일신전속적 성격이 강하다는 점에서, 기본계약 또는 근저당권의 존속을 부정하고, 상속 당시의 채권 또는 채무를 담보하는 것이 원칙이다. (ㄴ) 이에 대해 근저당권자 또는 설정자가 법인인데 합병이 이루어진 때에는, 자연인의 경우와는 달리 일신전속적 성격이 적으므로, 합병 후에도 기본계약 또는 근저당권이 존속하는 것으로 할 수 있다.

(5) 근저당권의 처분

a) **근저당권의 양도**　　일반 저당권은 그 담보한 채권과 분리하여 양도할 수 없는데(361조), 이것은 근저당권의 경우에도 같다. 즉 그 담보할 채권과 함께 근저당권을 양도할 수 있다. 그런

---

1) 사안은 다음과 같다. ① 중소기업은행(甲)이 채무자(A)에게 '시설자금'을 대출하면서 이에 관한 채무를 담보하기 위해 2013. 7. 5. A 소유 토지에 43억원을 채권최고액으로 하여 1순위 근저당권을 설정하였다 ② 농협(乙)이 A에게 대출해 주면서 2014. 4. 20. 위 토지에 18억원을 채권최고액으로 하여 2순위 근저당권을 설정하였다. ③ 2015. 11. 12. 甲과 A 사이에 근저당권에 의한 피담보채무의 범위에 위 시설자금 외에 '기업자금' 대출로 인해 발생하는 장래의 채무도 추가하기로 변경계약을 맺었다. ④ 2018. 10. 23. 甲이 근저당권에 기해 A 소유 토지에 대해 경매를 신청하였다. ⑤ 경매절차가 진행하던 중 甲의 A에 대한 근저당권부 채권을 丙이 양수하였다. ⑥ 경매 법원이 丙에게 시설자금과 기업자금을 피담보채무의 범위에 포함시켜 채권최고액 전액을 우선배당을 하였다. ⑦ 乙이 丙을 상대로, 丙이 양수한 근저당권에 의한 피담보채무는 시설자금 대출로 발생한 금액에 한정되고 따라서 기업자금 대출 분에 대해서는 우선배당을 받을 수 없으므로 그 해당 금액은 2순위인 乙에게 배당되어야 한다는 이유로, 배당이의의 소를 제기하였다. ⑧ 대법원은 위와 같은 이유로 乙의 주장을 배척하였다.

데 이것은 실제로 기본계약의 양도를 가져오는 것이므로, 구채권자(근저당권자) · 신채권자(양수인) · 채무자 사이의 삼면계약이 필요하다.

　b) **개별 채권의 양도의 경우**　　근저당권에 의해 담보되는 어떤 개별 채권이 양도되거나 대위변제된 경우에 그것이 근저당권에 의해 담보되는지 문제된다. (ㄱ) 학설은, 그 채권은 근저당권에 의하여 담보되고 있으므로 양도되어도 그러한 이익을 보유한 채로 양수인에게 이전된다고 보아야 한다는 이유로 양도인과 양수인이 근저당권을 준공유한다는 긍정설(이영준, 880면; 민 법주해(Ⅶ), 29면 박해성)과, 확정 전에 발생한 개별 채권의 양도는 근저당권에 의한 피담보채권의 범위에서 이탈된다는 부정설(곽윤직, 371면; 장경학, 848면; 김상용, 757면)로 나뉜다. 한편 민법 제357조 1항 2문(… 확정될 때까지의 채무의 이전은 저당권에 영향을 미치지 아니한다)을 근거로 부정설에 찬동하는 견해도 있다(김재형, 근 저당권연구, 233면). (ㄴ) 판례는 근저당권이 확정되기 전과 후로 나누어 이전 여부를 달리한다. 즉, ① 근저당권이 확정되기 전에는, 「근저당권은 계속적인 거래관계로부터 발생하고 소멸되는 불특정 다수의 장래 채권을 결산기에 계산하여 잔존하는 채무를 일정한 한도액의 범위 내에서 담보하는 저당권이어서, 근저당 거래관계가 계속 중인 경우, 즉 근저당권의 피담보채권이 확정되기 전에 그 채권의 일부를 양도하거나 대위변제한 경우 근저당권이 양수인이나 대위변제자에게 이전할 여지가 없다」고 한다(대판 1996. 6. 14, 95다53812). ② 그러나 후에 근저당권이 확정되면, 「그 피담보채권액이 그 근저당권의 채권최고액을 초과하지 않는 한, 그 근저당권 내지 그 실행으로 인한 경락대금에 대한 권리 중 그 피담보채권액을 담보하고 남는 부분은 저당권의 일부이전의 부기등기의 경료 여부와 관계없이 대위변제자에게 법률상 당연히 이전된다」고 한다(대판 2002. 7. 26, 2001다53929). 일부대위의 경우 채권자는 일부 변제자보다 우선변제권을 가지므로, 채권자가 채권최고액의 범위에서 먼저 배당을 받고, 그 범위에서 잔액이 있으면 대위변제자에게 (그 저당권이전등기와는 상관없이) 배당된다는 것이 그 취지이다.

(6) 근저당권의 준공유

　근저당권의 일부를 양도하거나(양도인과 양수인이 공유하거나, 그 일부를 모두 타인에게 양도함으로써 양수인 간에 공유가 발생) 수인이 공동으로 근저당권을 취득하는 경우(상속 · 합병을 포함), 근저당권을 준공유하게 된다. 이에 관해서는 공유에 관한 규정(262조 이하)이 준용된다(278 조).

> **판례**　**근저당권의 준공유자들이 공유지분을 특정하여 근저당권 설정등기를 마친 경우 경매절차에서의 배당방법**

　(α) **사실관계 :**　　① 부도 위기에 처한 甲회사의 경영정상화를 위해 A은행을 비롯하여 10개 은행이 1,320억원을 공동으로 대출하고, 그 담보로 토지에 대해 채권최고액을 300억원으로 하면서, 위 10개 채권은행은 대출금액 분담비율에 따라 각자의 지분을 특정하여 준공유하는 근저당권 설정등기를 하였는데, A은행의 지분은 112/1,320이다. ② 甲회사는 부도가 나고, 그래서 담보로 제공된 토지에 대해 근저당권에 기해 임의경매가 개시되었는데, 이 당시 A은행의 지분에 따른 채권최고액은 2,545,454,545원이고(=300억 × 112/1,320), A은행이 배당요구한 실제 채권액은 81,075,293원이며, 10개 은행의 총 채권액은 21,664,567,009원이고, 경매절차에서 위

토지는 1,924,166,802원에 매각되어 이 금액을 바탕으로 배당하게 되었다.[1]

여기서 A은행의 배당금액에 대해 다툼이 있었는데, 그 배당방법으로 두 가지가 제시되었다. 하나는, 최종 확정된 채권액의 비율에 따라 안분하는 방법이다. 즉 1,924,166,802원(토지 매각 대금) × 81,075,293원(A은행의 실제 채권액)/21,664,567,009원(10개 은행의 총 채권액) = 7,200,808원이다. 다른 하나는, 지분비율에 따라 안분하는 것이다. 즉 1,924,166,802원(토지 매각대금) × 112/1,320(A은행의 준공유지분) = 163,262,637원이다. 그런데 A은행이 배당요구한 금액은 81,075,293원으로서 이보다 적으므로, 따라서 A은행에 배당될 금액은 81,075,293원이 된다. 앞의 방법과 비교해서 배당액에서 73,874,485원을 더 받게 된다. 대법원은 다음과 같은 이유를 들어 두 번째의 배당방법이 타당하다고 판결하였다.

(β) 판결요지 : 「① 여러 채권자가 같은 기회에 어느 부동산에 관하여 하나의 근저당권을 설정받아 이를 준공유하는 경우 그 근저당권은 준공유자들의 피담보채권액을 모두 합쳐서 채권최고액까지 담보하게 되고, 피담보채권이 확정되기 전에는 근저당권에 대한 준공유 비율을 정할 수 없으나 피담보채권액이 확정되면 각자 그 확정된 채권액의 비율에 따라 근저당권을 준공유하는 것이 되므로, 준공유자는 각기 그 채권액의 비율에 따라 변제받는 것이 원칙이다. 그러나 준공유자 전원의 합의로 피담보채권의 확정 전에 위와 다른 비율을 정하거나 준공유자 중 일부가 먼저 변제받기로 약정하는 것을 금할 이유가 없으므로 그와 같은 약정이 있으면 그 약정에 따라야 하며, 이와 같은 별도의 약정을 등기하게 되면 제3자에 대하여도 효력이 있다. ② 근저당권의 준공유자들이 각자의 공유지분을 미리 특정하여 근저당권 설정등기를 마쳤다면 그들은 처음부터 그 지분의 비율로 근저당권을 준공유하는 것이 되고, 이러한 경우 다른 특별한 사정이 없는 한 준공유자들 사이에는 각기 그 지분비율에 따라 변제받기로 하는 약정이 있었다고 봄이 상당하므로, 그 근저당권의 실행으로 인한 경매절차에서 배당을 하는 경매법원으로서는 배당시점에서의 준공유자 각자의 채권액의 비율에 따라 안분하여 배당할 것이 아니라 각자의 지분비율에 따라 안분하여 배당해야 하며, 어느 준공유자의 실제 채권액이 위 지분비율에 따른 배당액보다 적어 잔여액이 발생하게 되면 이를 다른 준공유자들에게 그 지분비율에 따라 다시 안분하는 방법으로 배당해야 한다」(대판 2008. 3. 13, 2006다31887).

(7) 근저당권의 확정

가) 확정의 의미

근저당권은 그 담보할 채무의 최고액만을 정하고 「채무의 확정」을 장래로 미루어 설정되는 것이고(357조 1항 1문), 이 경우 그 확정될 때까지의 채무의 소멸이나 이전은 저당권에 영향을 미치지 않는다(357조 1항 2문). 즉 근저당권에서는 채권의 발생과 소멸을 반복하다가 그 채무가 확정되는 시점의 채무를 최고액 범위에서 담보하는 것이고, 그 이후에 발생하는 채무는 더는 근저당권에 의해 담보되지 않는다. 따라서 어느 시기에 채무가 확정되는지는 후순위 담보권자·물상보증인·제3취득자·일반채권자 등에게 직접적인 영향을 미치는데, 민법은 이에 관한 규정을 두고 있지 않다.

---

1) 김연하, 대법원판례해설 제75호, 10면 이하 참조.

나) 근저당권의 확정사유

a) 원본의 확정시기 (ㄱ) 근저당권설정계약에서 원본元本의 확정시기를 약정한 때에는, 그 기간이 만료된 때에 근저당권이 확정된다. 기본계약에서 결산기를 정하고 그 시기가 도래한 때에도 같다. (ㄴ) 근저당권의 존속기간이나 결산기의 정함이 없는 때에는, 근저당권설정자가 근저당권자를 상대로 언제든지 해지의 의사표시를 함으로써 피담보채무를 확정시킬 수 있다 (대판 2001. 11. 9, 2001다47528). 근저당권설정자의 계약 해지권은 '제3취득자'도 원용할 수 있고, 그가 피담보채무를 변제하면서 근저당권의 말소를 요구한 때에는 계약을 해지하고 피담보채무를 확정시키고자 하는 의사표시가 포함된 것이다(대판 2001. 11. 9, 2001다47528).

b) 원본의 확정사유 다음의 경우에는 원본이 확정된 것으로 된다.

aa) 담보할 원본이 더 이상 발생하지 않게 된 때: 근저당권의 존속기간의 정함이 있는지 여부와는 관계없이, 채무자가 채권자로부터 새로 금원을 차용하는 등 거래를 계속할 의사가 없는 때가 이에 해당한다(대판 2001. 11. 9, 2001다47528).

bb) 근저당권자의 경매 또는 압류 신청: (ㄱ) 근저당권자가 스스로 경매를 신청한 때에는 채무자와의 거래를 종료하겠다는 의사를 표시한 것으로 볼 수 있는 점에서, '경매신청시'에 원본은 확정된다(대판 1988. 10. 11, 87다카545). 그러나 경매신청을 실제로 하지 않고 다만 경매신청을 하려는 태도를 보인 데 그친 경우에는 확정된 것으로 보지 않는다(대판 1993. 3. 12, 92다48567). 한편 이때의 경매는, 근저당권자의 근저당권에 기한 것 외에, 다른 담보권에 기해 하거나 일반채권자로서 한 경우를 포함한다(민법개정공청회, 110면). (ㄴ) 근저당권자가 물상대위권을 행사하는 때에는 '압류 신청시'에 원본은 확정된다. (ㄷ) 위와 같은 확정은 경매 또는 압류 신청이 받아들여져 그 '절차가 개시'된 것을 전제로 한다. 따라서 요건의 불비로 그 신청이 각하되거나 그 개시 전에 취하된 때에는 근저당권은 확정되지 않는다. 유의할 것은, '경매절차가 개시된 후' 채무자의 임의변제로 근저당권자가 경매신청을 취하한 때에는 확정의 효력에는 영향이 없고, 따라서 경매신청 취하 후 채권이 새로 발생한 경우, 그 채권은 근저당권으로 담보되지 않는다(대판 1989. 11. 28, 89다카15601; 대판 2002. 11. 26, 2001다73022). (ㄹ) 근저당권자가 물상보증인 소유 토지와 채무자 소유 토지에 공동으로 근저당권을 설정하였는데, 후자에 대해 경매를 신청한 경우, 전자에 대해서도 근저당권은 확정된다(대판 1996. 3. 8, 95다36596).

cc) 근저당권자가 저당부동산에 대하여 체납처분으로 인한 압류를 한 때: 국가 또는 공공단체가 근저당권자인 경우로서, 그 밖의 내용은 bb)에서 기술한 바와 같다.

dd) 제3자의 경매신청 또는 압류: 채무자 소유 부동산에 B는 1순위로, C는 2순위로 근저당권을 가지고 있는데, C가 경매를 신청한 경우, B의 근저당권은 언제 확정되는지 문제된다(C의 경매신청 후 B가 채무자에게 추가로 대출을 하고, 이 대출금이 B의 근저당권에 의해 담보되는지 여부가 다투어진 사안이다). 매각 부동산 위의 모든 저당권은 매각으로 소멸되므로(민사집행법 91조 2항), B의 근저당권도 어느 시점에 확정된다고 보아야 할 것이지만, 민법에는 아무런 정함이 없다. 통설은 근저당권자 스스로 경매를 신청한 경우와는 달리 '경매개시결정'이 있는 때에 확정되는 것으로 해석한다. 이에 대해 판례는, 위 추가 대출금이 B의 근저당권의 채권최고액의 범위에 있다면 C에게 불측의 손해를 끼치는 것이 아니고, B로서도 원하지 않는 시기에 경매가 강제되어 근저당권을 상실하게 되는 처지에 있어 그가 파악한 담보가치를 최대한 활용할 수 있도록 함이 타당하다는 이유에서, B의 근저당권은 그것이 소멸되는 시기, 즉 매수인이 '매각대금을 완납한 때'에 확정된다고 한다(대판 1999. 9. 21, 99다26085).[1]

　　ee) 채무자 또는 근저당권설정자의 파산선고·회사정리절차 개시결정 : 　(ㄱ) '채무자'에게 파산선고가 내려지면 더 이상 피담보채권이 발생할 가능성은 없으므로 근저당권은 확정되고, 채무자에게 회사정리절차 개시결정이 있는 때에도 같다고 할 것이다. (ㄴ) '물상보증인'에게 파산선고가 내려진 때에도 같다. 그것은 첫째, 파산은 파산자의 총재산에 대한 환가절차라는 점에서 근저당 목적물에 경매가 진행되는 경우와 동일하게 볼 수 있고, 둘째, 채무자 회생 및 파산에 관한 법률 제330조 1항에 의해, 파산선고 후에는 근저당권자가 채권을 취득하더라도 이를 파산채권자에게 대항할 수 없어 사실상 피담보채권이 발생할 가능성이 적다는 이유에서이다(김재형, 근저당권 연구, 263면 이하). 회사정리절차 개시결정이 있는 때에도 같다.[2] (ㄷ) 다만 채무자나 물상보증인의 파산 또는 회사정리절차 개시결정에 의한 확정은 근저당권자의 의사에 기한 것이 아니기 때문에, 그 효력을 잃은 때에는 근저당권은 확정되지 않는다.

　　ff) 기　타 : 　물상보증인이 설정한 근저당권의 채무자가 합병으로 소멸되는 경우, 합병 후의 존속회사 또는 신설회사는 합병의 효과로서 채무자의 기본계약상 지위를 승계하지만, 물상보증인이 존속회사 또는 신설회사를 위하여 근저당권설정계약을 존속시키는 데 동의한 경우에 한하여 합병 후에도 기본계약에 기한 근저당 거래를 계속할 수 있고, 합병 후 상당한 기간이 지나도록 그러한 동의가 없는 때에는 합병 당시를 기준으로 근저당권의 피담보채무가 확정된다(따라서 합병 후 기본계약에 의하여 발생한 존속회사 또는 신설회사의 채무는 근저당권에 의하여 더 이상 담보되지 않는다). 그리고 이러한 법리는 채무자의 합병 전에 물상보증인으로부터 저당 목적물의 소유권을 취득한 제3자가 있는 경우에도 마찬가지로 적용된다(대판 2010. 1. 28, 2008다12057).

다) 확정의 효과

　　a) 근저당권이 확정되면 그 당시 확정된 채무만이 근저당권으로 담보되고, 확정 이후 새로 발생한 채권은 근저당권으로 담보되지 않고 일반채권으로 다루어질 뿐이다. 그런데 근저당권

---

1) 이 판결에 대해서는 다음과 같은 이유로 비판하는 견해가 있다. 즉, 판결대로 매수인의 매각대금 완납시에 선순위 근저당권이 확정되는 것으로 하면 경매 자체가 불가능해진다고 한다. 경매가 개시되면 법원은 경매 부동산의 매각에 따른 잉여 여부를 그 매각 전에 판단하여야 하는데(민사집행법 102조), 근저당권의 피담보채권액이 확정되지 않는 한 그것이 불가능해지기 때문이라고 한다. 경매가 개시되면 법원은 선순위 근저당권자에게도 채권을 신고할 것을 최고하는데, 이에 따라 '채권신고서를 제출한 때 또는 그 제출기한의 만료시'에 선순위 근저당권의 피담보채권이 확정되는 것으로 보아야 한다고 한다. 이러한 해석은 근저당권자가 스스로 경매를 신청한 때에 피담보채권이 확정되는 것과 동일한 기준(권리실행시)을 적용하는 것인 점에서도 의미가 있다고 한다(김상수, "경매를 신청하지 않은 선순위 근저당권자의 피담보채권의 확정시기", 법률신문 제2840호, 14면 이하). 이러한 비판은 타당하다고 본다. 후순위 근저당권자의 경매신청이 있으면 선순위 근저당권이라고 하더라도 그 매각으로 인해 소멸되고 우선배당을 받는 것으로 만족할 수밖에 없고, 이것은 법률에서 예정된 것이기도 하다. 따라서 선순위 근저당권자의 이익을 해친다고 볼 수는 없다.

2) 판례:「근저당권이 설정된 뒤 채무자 또는 근저당권설정자에 대하여 회사정리절차 개시결정이 내려진 경우, 그 근저당권의 피담보채무는 회사정리절차 개시결정 시점을 기준으로 확정되는 것으로 보아야 하므로, 그 이후 근저당권자가 정리회사 또는 정리회사의 관리인에게 그 사업의 경영을 위하여 추가로 금원을 융통하여 줌으로써 별도의 채권을 취득하였다 하더라도, 그 채권이 위 근저당권에 의하여 담보될 여지는 없다」(대판 2001. 6. 1, 99다66649).

이 확정되면 일반 저당권으로 되는지에 관해, 판례는, '일반 저당권으로 전환된다' 또는 '보통의 저당권과 같은 취급을 받는다'고 표현하면서도(대판 1963. 2. 7, 62다796; 대판 1997. 12. 9, 97다25521), 근저당권이 확정된 후에도 지연손해금은 최고액 범위에서 담보되고 일반 저당권에 관한 민법 제360조가 적용되지는 않는다고 한다(대판 1957. 1. 10, 4289민상401). 근저당권이 확정되더라도 근저당권을 실행할 때까지는 채무의 원본 외에 이자·위약금·지연이자 등이 발생할 수 있고, 이것은 채권최고액을 한도로 하여 담보되는 것으로 봄이 타당하다. 따라서 그 확정 후에 새로 발생한 채권이 근저당권으로 담보되지 않는 점을 제외하고는 근저당권의 성질을 가진다고 볼 것이고, 일반 저당권으로 바뀌는 것은 아니라고 할 것이다(김재형, 276면 이하). 판례도 같은 취지이다. 즉 「근저당권의 피담보채권이 확정되었을 경우, 확정 전에 발생한 원본채권에 관하여 확정 후에 발생하는 이자나 지연손해금 채권은 채권최고액의 범위 내에서 근저당권에 의하여 여전히 담보된다」고 한다(대판 2007. 4. 26, 2005다38300).

b) (ㄱ) ① 근저당권이 확정되면, 근저당권자와 후순위 저당권자 등 제3자와의 관계는 채권최고액에 의해 조정된다. 즉, 매각대금의 교부에서 '후순위 저당권자나 일반채권자'의 교부청구가 있으면, 근저당권자는 자기 채권이 설사 최고액을 초과하더라도 최고액까지만 우선변제를 받을 수 있다(참고로 저당권의 실행비용은 최고액에 포함되지 않는다(대결 1971. 5. 15, 71마251)). ② 근저당권을 실행하였는데 후순위 근저당권자가 없거나 다른 채권자의 교부청구가 없으면, 근저당권자는 최고액을 초과한 채무 총액을 우선하여 변제받는다. 설정자가 채무자인 경우에까지 최고액으로 제한할 것은 아니기 때문이다. (ㄴ) ① '채무자'는 최고액까지만 변제하고 근저당권등기의 말소를 청구할 수 있는가? 원래 저당권은 원본, 이자, 채무불이행으로 인한 손해배상 및 저당권의 실행비용을 담보하는 것이며, 이것이 근저당에서의 최고액을 초과하였다고 하더라도 근저당권자로서는 채무자에 대한 관계에서 채무의 일부만을 받고 근저당권을 말소시켜야 할 이유는 없을 뿐만 아니라, 채무금 전액에 미달하는 금액의 변제가 있는 경우에 우선 최고액 범위의 채권에 변제충당하여야 할 이유도 없는 것이니, 채권(이자 포함) 전액의 변제가 있을 때까지 근저당의 효력은 잔채무에 대하여 존속한다(대결 1972. 1. 26, 71마1151. 같은 취지로 대판 1981. 11. 10, 80다2712; 대판 2001. 10. 12, 2000다59081).[1] ② '제3취득자'는 최고액까지만 변제하고 근저당권의 소멸을 청구할 수 있다(364조)(대판 1971. 4. 6, 71다26).[2] 한편, '물상보증인'이 연대보증도 한 경우에는 채무 총액을 변제하여야 하지만(대판 1972. 5. 23, 72다485, 486), 물상보증만을 한 때에는 제3취득자와 같은 지위를 부여한다(대판 1974. 12. 10, 74다998). ③ 후순위 근저당권자 또는 제3자가 임의로 변제하는 경우에는, 제3자의 변제로서 그것은 채무자가 변제하

---

1) 그 이후의 판례도 취지를 같이한다: 「민사집행법상 경매절차에 있어 근저당권설정자와 채무자가 동일한 경우에 근저당권의 채권최고액은 민사집행법 제148조에 따라 배당받을 채권자나 저당 목적 부동산의 제3취득자에 대한 우선변제권의 한도로서의 의미를 갖는 것에 불과하고, 그 부동산으로서는 그 최고액 범위 내의 채권에 한하여서만 변제를 받을 수 있다는 이른바 책임의 한도라고까지는 볼 수 없으므로, 민사집행법 제148조에 따라 배당받을 채권자나 제3취득자가 없는 한, 근저당권자의 채권이 근저당권의 채권최고액을 초과하는 경우에 매각대금 중 그 최고액을 초과하는 금액이 있더라도 이는 근저당권설정자에게 반환할 것은 아니고 근저당권자의 채권최고액을 초과하는 채무의 변제에 충당하여야 한다」(대판 2009. 2. 26, 2008다4001).

2) 판례: 「근저당권의 목적이 된 부동산의 제3취득자는 근저당권의 피담보채무에 대하여 채권최고액을 한도로 당해 부동산에 의한 담보적 책임을 부담하는 것이므로, 제3취득자로서는 채무자 또는 제3자의 변제 등으로 피담보채권이 일부 소멸되었다고 하더라도 잔존 피담보채권이 채권최고액을 초과하는 한 담보 부동산에 의한 자신의 책임이 그 변제 등으로 인하여 감축되었다고 주장할 수 없다」(대판 2007. 4. 26, 2005다38300).

는 것과 같아야 하므로, 채무 총액을 변제하여야 선순위 근저당권의 말소를 청구할 수 있다.

사례의 해설 (1) (a) 근저당권은 결산기까지의 증감 변동하는 불특정 채무를 담보하는 것이므로 중간에 채무 전부가 변제로 소멸되었더라도 근저당권은 결산기까지 존속하는 것이 원칙이지만, 그 기간 경과 전이라도 근저당권의 피담보채권이 전부 소멸되고 채무자가 채권자로부터 새로 금원을 차용하는 등 거래를 계속할 의사가 없는 경우에는, 근저당권설정자는 계약을 해지하고 근저당권설정등기의 말소를 구할 수 있다(대판 2001. 11. 9, 2001다47528). 설문에서 의류 공급에 따른 채권·채무가 남아 있어 위에서와 같이 더 이상 근저당거래를 계속 유지하는 것이 무의미한지는 단정하기 어렵지만, 이에 해당하는 것을 전제로 甲은 乙과의 근저당권 설정계약을 해지하고 그 등기의 말소를 구할 수 있다.

 (b) 근저당권의 확정 후 채무의 변제로 근저당권은 소멸되었다. 그러나 그 등기는 채권자 명의로 남아 있고, 이것은 甲이 그 부동산에 대해 소유권을 행사(특히 수익·처분)하는 것에 대한 방해가 되므로, 甲은 소유권에 기한 방해제거청구로서 그 등기의 말소를 구할 수 있다(214조). 한편 甲은 乙과의 근저당권 설정계약의 당사자로서, 그런데 그 계약의 내용에는 근저당권이 변제 등으로 소멸되면 그 등기도 말소하는 것이 포함되어 있다고 볼 것이므로, 이 계약에 기초하여 乙에게 근저당권등기의 말소를 청구할 수도 있다(대판(전원합의체) 1994. 1. 25, 93다16338).

 (2) (가) 물상보증인 丙은 X토지에 대해 채권최고액을 한도로 해서 근저당권에 따른 책임을 부담한다(대판 1974. 12. 10, 74다998). 따라서 丙은 채권최고액 1억 2천만원을 변제하고 토지소유권에 의한 방해제거청구권(214조)에 기해 乙 명의의 근저당권등기의 말소를 구할 수 있다.

 (나) 채무자 겸 근저당권설정자는 채권최고액을 한도로 하는 것이 아니라 발생된 채무 전부를 변제할 의무가 있으므로(대결 1972. 1. 26, 71마1151), 甲은 1억 4천만원을 변제하지 않으면 乙 명의의 근저당권등기의 말소를 구할 수 없다. **사례** p. 417

2. 공동저당共同抵當

사례 (1) 甲은 A로부터 1억 5,000만원을 차용하면서 이를 담보하기 위하여 자기 소유의 대지와 그 지상 주택, 그리고 친구인 乙, 丙 소유의 각 아파트에 대하여 공동저당권을 설정하였다. 그후 甲은 B로부터 5,000만원을 차용하면서 자기 소유의 대지와 그 지상 주택에 2순위 저당권을 설정하여 준 다음, 위 주택을 철거하고 그 자리에 2층 상가를 신축하였는데, 신축 상가에 대해서 A나 B에게 저당권을 설정하여 주지는 않았다. 甲이 변제기에 A에 대한 차용금을 변제하지 못하자, A는 먼저 甲 소유의 대지에 대하여 경매를 신청하여, 위 대지가 C에게 낙찰되었다. 그 결과 A는 1억 2,000만원을 배당받았고 B는 전혀 배당받지 못하였다. A는 乙, 丙 소유의 아파트에 대하여 함께 경매를 신청하여, 乙 소유의 아파트는 1억 2,000만원, 丙 소유의 아파트는 6,000만원에 각각 낙찰되었다. 甲 소유 대지의 후순위 저당권자인 B는 공동저당에 따른 경매가 동시에 이루어지지 않아 자신이 전혀 배당받지 못하여 부당하다고 주장하면서, 저당권자인 A를 대위하여 乙 소유의 아파트 낙찰대금에 대하여 자신의 채권액 5,000만원의 배당을 요구하였다. 위 낙찰대금은 어떻게 배당되어야 할 것인가(경매비용과 이자는 고려하지 말 것)? (제51회 사법시험, 2009)

 (2) 甲이 소유하는 X토지(시가 6억원)와 Y건물(시가 4억원)에 대하여, 甲의 채권자 乙, 丙, 丁

을 위하여 다음과 같은 내용의 저당권이 설정되어 있다. 乙은 5억원의 채권을 담보하기 위하여 X, Y 양 부동산 위에 1번 저당권을 가지고 있고, 丙은 X토지 위에 6억원의 2번 저당권을, 丁은 Y건물 위에 4억원의 채권을 담보하는 2번 저당권을 각각 가지고 있다(다음 ㈎, ㈏에서 지연이자와 경매비용은 고려하지 않음).

㈎ 乙이 X토지의 저당권을 실행한 후에 Y건물에 대하여 丁이 저당권을 실행한 경우의 법률관계를 논하시오. (15점)

㈏ X토지가 물상보증인 戊의 소유인 경우를 상정하여, ㈀ Y건물의 저당권이 실행된 후에 X토지의 저당권이 실행된 경우, ㈁ X토지의 저당권이 실행된 후에 Y건물의 저당권이 실행된 경우로 나누어 법률관계를 논하되, 판례의 법리를 중심으로, 각각의 경우 배당액을 산출하기 위한 논리를 구체적으로 적시하시오. (35점)(2013년 제2차 변호사시험 모의시험)

(3) X토지는 甲과 乙이 각각 1/2 지분씩 공유하고 있고, Y토지는 甲이 단독으로 소유하고 있다. 甲은 丙으로부터 금전을 차용하면서, 위 차용금 채무를 담보할 목적으로 丙에게 X토지에 대한 자신의 지분과 Y토지에 관하여 각 저당권을 설정하여 주었고, 乙 역시 甲의 위 채무를 담보할 목적으로 자신의 지분에 관하여 丙에게 저당권을 설정하여 주었다. 그 후 甲은 A로부터, 乙은 B로부터 금전을 차용하면서 각각 X토지에 대한 자신의 지분에 관하여 후순위 저당권을 설정하여 주었다. (각 문항은 독립된 것임)

㈎ X토지 중 乙의 지분이 먼저 경매되어 이로써 丙의 채권이 전부 만족되었다. 만일 B가 丙의 권리를 대위하고자 할 경우, 이와 관련한 B의 구제방법을 논하시오. (20점)

㈏ 丙이 乙의 X토지 지분에 관한 경매절차에서 채권 전부의 만족을 얻게 되자, 丙은 甲과 공모하여 X토지에 대한 甲의 지분과 Y토지에 관한 각 저당권을 모두 말소하였고, 甲은 즉시 X토지에 대한 자신의 지분과 Y토지를 제3자에게 처분하고 이전등기를 해 주었다. 이 경우 물상보증인 乙의 丙을 상대로 한 손해배상청구는 인용될 수 있는가? (10점)

㈐ 만일 甲과 乙이 X토지의 위치와 면적을 특정하여 소유하고 있었다면, 丙이 甲의 X토지 지분에 관하여 저당권에 기한 경매를 신청하여 위 지분이 D에게 매각된 경우, D는 甲의 지위를 그대로 승계하는가? (10점)(2016년 제58회 사법시험)

(4) 1) 甲은 2009. 7. 18. 乙로부터 X부동산을 매수하고 2010. 7. 28. 소유권이전등기를 마침으로써 그 소유권을 취득한 이래 X부동산을 점유하고 있다. 丙은 乙에 대한 A채권을 보전하기 위해 甲을 상대로 甲과 乙 사이의 위 매매계약이 사해행위에 해당한다는 이유로 사해행위 취소 및 원상회복 청구소송('이 사건 소'라고 함)을 제기하였다. 2) 甲과 乙의 위 2009. 7. 18. 매매계약 당시 X부동산에는 다음과 같이 戊의 공동저당권이 설정되어 있었다. ① 피담보채권 : 戊의 乙에 대한 5억원채권, ② 乙 소유 X부동산(시가 4억원)에 대하여 2009. 3. 3. 戊 명의의 1순위 공동저당권 설정등기. ③ C 소유 Y부동산(시가 6억원)에 대하여 2009. 3. 3. 戊 명의의 1순위 공동저당권 설정등기. 3) 또한 2009. 4. 1. 乙의 채권자 D가 X부동산에 2순위 저당권을 취득하였고(피담보채권액 1억원), 2009. 6. 3. C의 채권자 E가 Y부동산에 2순위 저당권을 취득하였다(피담보채권액 4억원). (이자와 지연손해금 등 기타 일체의 부수 채무는 고려하지 말 것) 4) 2009. 8. 2. 戊는 X부동산에 대한 1순위 공동저당권을 포기하였고 같은 날 위 공동저당권의 말소등기가 경료되었다. 이후 丙이 제기한 이 사건 소가 취하되었고, 乙이 甲에게 X부동산을 이전하기 전에 Y부동산이 경매 절차에서 6억원에 매각되었다면, Y부동산의 매각대금은 누구에게 어떻게 배분되는가? (경매비용

등은 고려하지 말 것) (30점)(2018년 제3차 변호사시험 모의시험)

(5) 1) 甲과 丙의 화해로 甲이 신축한 Z건물을 丙 소유 X토지 위에 유지할 수 있게 되었다. 丙은 丁은행으로부터 3억원을 차용하면서, 2018. 2. 1. 丙 소유 X토지와 甲에게 부탁하여 甲 소유 Z건물에 관하여 丁 명의의 공동근저당권이 설정되었다. 그 후 甲은 A로부터 1억 5천만원을 차용하면서 Z건물에 관하여 2018. 3. 10. A 명의의 제2순위 근저당권을 설정해 주었다. 2) 丁은행은 丙이 채무를 변제하지 않음을 이유로 Z건물에 대한 경매를 신청하였고, 경매절차가 진행되어 매각대금으로부터 2018. 5. 2. 丙의 위 채무가 전액 변제되었다. 이에 A가 甲 소유의 부동산에 대한 후순위 저당권자로서 甲에게 이전된 근저당권으로부터 우선하여 변제받을 수 있다고 주장하며 丁은행을 상대로 근저당권설정등기의 이전을 구하였다. 3) 이 경우 丙이 甲에 대한 대여금 채권(변제기 2018. 4. 19.)을 자동채권으로 하여 甲의 구상금 채권과 상계할 수 있는지를 근거와 함께 서술하시오. (20점)(2019년 제1차 변호사시험 모의시험)

(6) 甲은 2015. 2. 1. A은행으로부터 3억원을 변제기 2017. 1. 31.로 정하여 차용하였는데, 같은 날 甲과 A은행은 '甲이 A은행에 대해 현재 및 장래에 부담하는 대출과 보증에 기해 발생하는 채무'를 담보한다는 내용의 근저당권 설정계약서를 작성하고, 甲 소유의 X토지(시가 5억원)와 Y건물(시가 3억원)에 대해 각 A은행 명의로 채권최고액을 4억 5,000만원으로 하는 1번 근저당권 설정등기를 마쳐 주었다. 이후 甲은 2016. 4. 1. B은행으로부터 2억원을 변제기 2017. 3. 31.로 정하여 차용하면서, 甲 소유의 X토지에 대해 채권최고액을 2억 5,000만원으로 하는 2번 근저당권 설정등기를 마쳐 주었다. 또한 甲은 2016. 5. 1. A은행으로부터 1억원을 변제기 2017. 4. 30.로 정하여 추가로 차용하였다. 이후 甲이 A은행에 대한 위 각 차용금 채무를 변제하지 않자 A은행은 2018. 3. 2. X토지에 대해 근저당권에 기한 경매를 신청하였다. 한편 2018. 4. 1. 甲의 배우자인 丁은 A은행으로부터 5,000만원을 변제기 2019. 3. 31.로 정하여 차용하였고, 당시 甲은 丁의 A은행에 대한 차용금 채무를 연대보증하였다.

(가) 위 경매절차에서 2019. 8. 1. X토지가 시가 상당액인 5억원에 매각되고, 2019. 9. 1. 배당이 이루어진다면, A은행이 X토지의 매각대금에서 배당받을 수 있는 금액은 얼마인가? (배당받을 금액을 산정하는 데 있어 차용 원금 외에 이자와 지연손해금 등은 고려하지 않음) (20점)

(나) 甲은 2017. 4. 15. 戊에게 X토지를 매도하였고, 같은 날 戊 명의로 소유권이전등기를 마쳐 주었다. A은행이 X토지에 대한 경매를 신청하자, 戊는 X토지의 소유권을 계속 보유할 법적 수단을 강구하기 위해 변호사인 당신에게 자문을 구하였다. 어떤 조언을 하겠는가? (15점)(제9회 변호사시험, 2020)

(7) 1) 甲은 2013. 1. 5. A상호신용금고(이하 'A금고'라 한다)로부터 1억원을 빌리면서 변제기는 2014. 1. 5.로 하고 이자는 월 1%로 매월 말일 지급하기로 하였다. 甲은 이 대출금 채무를 담보하기 위해 자신의 X부동산(시가 1억 2천만원)과 乙 소유의 Y부동산(시가 1억원)에 대해 저당권 설정등기를 마쳐주었다. 그런데 甲은 乙에게 변제기가 지난 대여금 채권 1억원을 가지고 있었다. 2) 그 후 乙은 2016. 4. 1. 丙으로부터 1억원을 차용하면서 Y부동산에 대해 2번 저당권을 설정해 주었고, 甲은 2016. 5. 1. 丁으로부터 5천만원을 차용하면서 X부동산에 대해 2번 저당권을 설정해 주었다. 3) 甲이 A금고에 대해 이자만 지급하고 대출 원금은 변제하지 않자, A금고는 2018. 5. 3. Y부동산에 대해 임의경매를 신청하였다. 이후 진행된 경매절차에서 Y부동산이 1억원에 경매되어 A금고는 대출 원금 1억원 전액을 우선배당 받았다(이하 경매비용과 지연이자 등은 고려하지

말 것).

㈎ 2019. 10. 10. X부동산이 1억 2천만원에 경매되었고 乙, 丙, 丁이 채권을 전혀 변제받지 못하여 채권 전액으로 배당 신청한 경우, 그 매각대금은 누구에게 어떻게 배당되는지 판단하시오. (10점)

㈏ 丙은 乙을 대위하여 A금고에 X부동산에 대한 1번 저당권 설정등기의 이전을 구하였다. 그러자 오히려 甲은 乙의 甲에 대한 구상금 채권과 甲의 乙에 대한 대여금 채권의 상계를 주장하면서 A금고에 1번 저당권 설정등기의 말소를 구하였다. 甲의 주장이 타당한지 판단하시오. (10점) (2021년 제1차 변호사시험 모의시험)

(8) 1) 丙은 2019. 5. 3. 3억원을 丁으로부터 차용한 후 자신 소유의 X토지에 대해 2019. 5. 6. 채권최고액 2억원으로 하는 근저당권을 丁에게 설정해 주었다. 한편 丁은 위 3억원을 확실하게 변제받기 위해 추가로 2019. 5. 9. 甲 소유의 Y토지에 대해 채권최고액 2억원으로 하는 근저당권을 설정받았다. 丙은 2019. 7. 7. 乙에 대한 자재대금채무(2억원)를 담보하기 위해 X토지에 대해 채권최고액 2억원으로 하는 근저당권을 乙에게 설정해 주었다. 이후 丁은 2020. 5. 3. Y토지에 대한 협의취득 보상금에 대해 물상대위권을 행사하여 2억원을 수령하였다. 한편 X토지에 대한 담보권 실행을 위한 경매절차가 진행되어 2020. 10. 5. 丁은 1억원, 乙은 2억원, 甲은 2억원을 채권액으로 신고하였다. 법원은 2020. 11. 25. 매각대금에서 집행비용을 제외한 금액인 2억원을 丁에게 1억원을, 乙에게 1억원을 배당하고, 甲에게는 전혀 배당하지 않았다. 이에 甲은 2021. 6. 5. 乙에 대한 배당액에 대해 이의하고 2021. 6. 9. 배당이의의 소를 제기하였다. 2) 법원은 어떠한 판단을 하여야 하는지, 결론과 논거를 기재하시오. (20점) (2021년 제3차 변호사시험 모의시험)

해설 p. 441

제368조 〔공동저당과 대가의 배당, 차순위자의 대위〕 ① 동일한 채권의 담보로 수개의 부동산에 저당권을 설정한 경우에 그 부동산의 경매대가를 동시에 배당할 때에는 각 부동산의 경매대가에 비례하여 그 채권의 분담을 정한다. ② 전항의 저당부동산 중 일부의 경매대가를 먼저 배당하는 경우에는 그 대가에서 채권 전부를 변제받을 수 있다. 이 경우 그 경매된 부동산의 차순위 저당권자는 선순위 저당권자가 전항의 규정에 의하여 다른 부동산의 경매대가에서 변제받을 수 있는 금액의 한도에서 선순위자를 대위하여 저당권을 행사할 수 있다.

---

(1) 의의와 성질

a) 동일한 채권을 담보하기 위해 여러 개의 부동산(수필의 토지, 토지와 그 지상건물 등)에 설정된 저당권을 공동저당이라고 한다($^{368}_{조}$). 예컨대 A가 B에게 3천만원의 금전채권이 있는데, 그 담보로 B 소유의 토지(3천만원 상당)와 건물(5천만원 상당)에 저당권을 설정하는 것이다.[1][2]

---

1) 공동저당 제도는 채무자와 채권자 모두에게 다음과 같은 이유 때문에 적극 활용되고 있다. 먼저 채무자는 낮은 가격의 부동산이나 이미 담보권이 설정되어 있는 부동산을 묶어 저당권을 설정할 수 있다. 한편 채권자는 저당권 불가분의 원칙(370조 · 321조)에 따라 여러 개의 저당 목적물 중 어느 것으로부터도 자유로이 우선변제를 받을 수 있을 뿐 아니라, 저당 목적물의 멸실 · 훼손 · 가격의 하락 등에 따른 위험을 분산할 수 있다. 특히 우리 민법은 토지와 그 지상의 건물을 독립된 부동산으로 취급하고 있어 이들이 공동저당의 목적으로 되는 경우가 대단히 많다.

2) 공동저당 법리의 유추적용 여부 ⋯ ㈎ 유추적용되지 않는 것: 공동저당의 목적이 되는 것은 원칙적으로 부동산이다. '선박'은 저당권의 객체가 되기는 하여도 공동저당의 목적이 될 수는 없다. 따라서 민법 제368조가 유추적용되

b) 공동저당의 법률관계는 여러 개의 부동산에 1개의 저당권이 있는 것이 아니라 각 부동산별로 저당권이 성립하지만, 그것이 피담보채권을 공통으로 하는 점에서 일정한 제약을 받을 뿐이다. 즉 어느 부동산에서 채권을 다 변제받은 때에는 다른 부동산에 대한 공동저당권은 당연히 소멸된다.

(2) 성 립

a) 설정계약   동일한 채권의 담보로 여러 개의 부동산에 저당권이 설정되면 공동저당권이 성립한다. 추가담보로서 때를 달리하여 설정되어도, 여러 개의 목적물의 소유자가 달라도, 여러 개의 저당권의 순위가 달라도, 또 저당권의 종류가 달라도 무방하다(예: 민법상의 저당권과 공장 및 광업재단 저당법에 의한 저당권).

b) 등 기   (ㄱ) 공동저당은 각 부동산에 성립하는 것이므로, 각 부동산별로 저당권설정등기를 하여야 한다(부동산등기법 78조). (ㄴ) 이 경우 그 부동산의 등기용지 중 해당구 사항란에 다른 부동산에 관한 권리의 표시를 하고, 그 권리가 함께 저당권의 목적이 된 점을 기록하여야 한다(등기부 을구에 저당권자 아래에 '공동담보'로 표시하고, 그에 속하는 부동산의 소재를 표시한다(부동산등기법 78조 1항)). 한편 공동담보 부동산이 5개 이상인 때에는 공동담보목록을 첨부하고, 위와 같은 절차를 밟는다(부동산등기법 78조 2항). 다만 이러한 등기절차는 여러 개의 저당권이 피담보채권을 같이한다는 점을 명확히 하기 위한 것에 불과하고, 그러한 등기가 공동저당권의 성립요건이나 대항요건이 되는 것은 아니다(대판 2010. 12. 23, 2008다57746).

(3) 효 력

a) 원칙과 본조의 규율범위   (ㄱ) 공동저당을 설정한 경우, 채권자는 담보물권의 불가분성에 의해 그 목적물 전부에 대해 저당권을 실행할 수 있고, 공동저당물 중 일부만에 대해 저당권을 실행할 수도 있는데, 이것은 저당권자의 권리에 속한다(대결 1960. 2. 27, 4292민재항307; 대판 1983. 3. 22, 81다43). 제368조도 제1항은 공동저당물 전부에 대해, 제2항은 그 일부에 대해 각각 저당권을 실행하는 것을 전제로 하여 그 법률관계를 정하고 있다. (ㄴ) 그런데 공동저당에서는 채무자인 저당권설정자·물상보증인·선순위 저당권자·후순위 저당권자 등 수많은 사람의 이해가 서로 얽혀 있다. 여기서 공동저당권자의 위와 같은 권리를 인정하면서도 다른 한편으로는 이들 이해관계인의 지위도 배려할 필요가 있다. 그런데 제368조는 이 중 ①「공동저당권자와 후순위 저당권자의

지 않는다(대판 2002. 7. 12, 2001다53264). (ㄴ) 유추적용되는 것: ① 주택임대차보호법에 규정된 '소액보증금 반환청구권'은 최우선적으로 변제받을 수 있는 법정담보물권으로서, 주택임차인이 대지와 주택 모두로부터 배당을 받는 경우에는 공동저당권자와 유사한 지위에 서게 되므로, 민법 제368조 1항을 유추적용하여 대지와 건물의 경매대가에 비례하여 그 채권의 분담을 정하여야 한다(대판 2003. 9. 5, 2001다66291). ② '임금채권' 우선특권은 법정담보물권으로서, 사용자 소유의 수개의 부동산 중 일부가 먼저 경매되어 그 경매대가에서 임금채권자가 우선변제 받은 결과 그 경매한 부동산의 저당권자가 동시배당되는 경우보다 불이익을 받은 경우에는, 민법 제368조 2항을 유추적용하여 저당권자는 선순위자인 임금채권자를 대위하여 다른 부동산의 경매절차에서 우선하여 배당받을 수 있다(대판 2002. 12. 10, 2002다48399). 이것은 납세의무자 소유의 수개의 부동산 중 일부가 먼저 경매되어 과세관청이 '조세'를 우선변제 받은 경우에도 마찬가지이다(대판 2001. 11. 27, 99다22311). ③ 민법 제368조는 '공동근저당'에도 적용된다. 한편 공동저당물이 추가되기 전에 기존의 저당물에 관하여 후순위 근저당권이 설정된 경우에도 마찬가지로 적용된다(대판 1998. 4. 24, 97다51650; 대판 2014. 4. 10, 2013다36040).

관계」만을 규율하고 있을 뿐이다. 그러나 그 밖에 ②「공동저당의 목적물이 채무자 아닌 제3자(물상보증인)의 소유인 경우에 후순위 저당권자와 제3자의 관계」, ③「공동저당의 목적물이 모두 제3자(물상보증인)의 소유인 경우에 공동저당과 제3자의 관계」, ④「선순위 저당권자와의 관계」, ⑤「채무자인 저당권설정자와의 관계」도 문제된다.

  b) **후순위 저당권자와의 관계**   공동저당을 설정한 경우, 채권자는 담보물권의 불가분성에 의해 그 목적물 전부를 경매할 수도 있고, 아니면 그 일부만을 경매할 수도 있다. 그런데 후순위 저당권자가 있는 경우에는 문제가 있다. 아래의 예에서 채권자 甲이 A부동산만을 경매 청구하여 1,500만원을 우선변제 받으면 乙은 전혀 변제를 받지 못한다. 만일 甲이 B부동산을 먼저 경매 청구하였다면 丙이 전혀 변제를 받지 못하게 된다. 이는 공동저당권자가 어느 목적물을 지정하여 경매 청구하는지의 우연한 사정에 따라 그 목적물의 후순위 저당권자가 전혀 변제를 받지 못하게 되는 점에서 후순위 저당권자 사이에 불공평한 결과를 가져올 뿐만 아니라, 결국에는 공동저당 목적물에 후순위로 저당권을 설정받는 것을 피하게 만들어 그 잔여 담보가치를 활용하지 못하게 되는 문제를 가져온다. 그래서 민법은 이러한 문제를 해결하기 위해 다음의 두 가지 법칙을 정하면서, 그 결과는 같게 하고 있다($\frac{368}{조}$).

  〈예〉 채무자 소유의 1,500만원 · 1,000만원 · 500만원 상당의 A · B · C 세 개의 부동산에, 甲이 1,500만원 채권으로 1번 공동저당권을 가지고 있고, 乙이 A에 750만원, 丙이 B에 500만원, 丁이 C에 250만원 채권으로 각각 2번 저당권을 가지고 있는 경우.

  aa) **동시배당의 경우 :**   (ㄱ) 공동저당권의 목적물 전부를 경매하여 그 경매대가를 동시에 배당할 때에는, 각 부동산의 경매대가에 비례하여 그 채권의 분담액을 정한다($\frac{368조}{1항}$). 위 예에서 A · B · C 세 개의 부동산을 동시에 경매하는 경우, 甲의 1,500만원의 채권에 대하여 A가 750만원, B가 500만원, C가 250만원을 각각 분담하게 된다. 따라서 2번 저당권자인 乙 · 丙 · 丁도 A · B · C의 경매대가의 잔액에서 각각 채권의 만족을 얻을 수 있게 된다. (ㄴ) 민법 제368조 1항은 후순위 저당권자 사이의 공평을 유지하려는 데 그 취지가 있는 것이지만, 부동산 경매대가의 배당에는 그 외에 다른 담보권자, 집행권원이 있는 채권자, 가압류채권자 등도 참가하게 되고, 이들을 보호하는 것도 필요하다. 그래서 공동저당권의 목적물 전부를 경매할 때에는 후순위 저당권자의 유무를 묻지 않고 동 조항이 적용된다는 것이 통설이다.[1]

---

 1) 동시배당의 경우에「과잉매각 금지의 원칙」과 관련하여 해석상 문제되는 것이 있다. 즉, 여러 개의 부동산을 매각하는 경우에 한 개의 부동산의 매각대금으로 모든 채권자의 채권액과 강제집행비용을 변제하기에 충분하면 다른 부동산의 매각을 허가하지 않는다. 이 경우 채무자는 그 부동산 가운데 매각할 것을 지정할 수 있다(민사집행법 124조). 동조에서 '모든 채권자'는 경매신청인에 우선하는 채권자를 말하고, 1순위 저당권자가 경매를 신청하는 경우에는 후순위 채권자는 이에 포함되지 않는 것으로 해석된다. 다시 말해 1개의 부동산의 매각대금으로 1순위 공동저당권자의 채권을 변제하는 데 충분한 경우에는 그 부동산에 후순위 저당권자가 있더라도 다른 부동산에 대한 매각은 허용되지 않는다. 그렇다면 위 예에서, 甲은 A부동산만으로 우선변제를 받는 데에 충분하므로 B와 C부동산에 대해서는 경매가 허용되지 않는 것이 아닌가, 따라서 동시배당은 과잉매각 금지의 원칙상 발생할 수 없는 것이 아닌가 하는 의문이 생긴다. 그런데 A부동산만을 경매하더라도 그 부동산의 후순위 저당권자는 제368조 2항 2문에 의해 1순위 저당권자를 대위하여 B와 C부동산에 대해 경매를 신청할 수 있으므로(즉 결과에서 동시배당을 하는 것과 같게 된다), 이 경우에는 후순위 저당권자의 채권까지 포함시켜 과잉매각 여부를 결정하여야 한다는 견해가 있다(민법주해 (Ⅶ), 185면(조대현)).

bb) 이시배당의 경우 : (ㄱ) 공동저당권의 목적물 중 일부에 대해 경매를 하여 그 대가를 먼저 배당하는 경우에는, 공동저당권자는 그 대가에서 채권 전부를 변제받을 수 있다($\binom{368조\ 2}{항\ 1문}$). 이 경우 먼저 경매된 부동산의 차순위 저당권자는 선순위 저당권자가 민법 제368조 1항(동시배당의 경우)에 따라 다른 부동산의 경매대가에서 변제받을 수 있는 금액의 한도에서 선순위자를 대위하여 저당권을 행사할 수 있다($\binom{368조\ 2}{항\ 2문}$). 위 예에서, A부동산만이 경매된 경우 甲은 그 채권 전부를 받을 수 있으나, 그 부동산의 후순위 저당권자 乙은 甲을 대위하여 B와 C부동산에 대해 각각 500만원과 250만원의 한도에서 저당권을 행사할 수 있다(결국 乙은 750만원을 배당받아, 이시배당의 경우에도 최종 배당 결과는 동시배당의 경우와 같게 된다). 유의할 것은, 위 경우 '차순위 저당권자'는 공동저당권자 바로 다음 순위의 저당권자뿐만 아니라, 그 이하의 저당권자 모두를 포함한다. 예컨대 A부동산에 戊가 3순위로 저당권등기를 한 경우에는 그도 B와 C부동산에 대해 대위할 수 있다. 다만 이 경우에도 乙은 戊에 앞서 우선변제를 받는다. (ㄴ) 위 대위와 관련하여 유의할 것이 있다. 1) 공동저당권자가 목적물 중 일부에 대해 일부의 변제만을 받은 때에도 차순위 저당권자는 대위할 수 있다는 것이 통설이다. 그렇지 않으면 후순위 저당권자 사이에 불공평한 결과를 가져오기 때문이다.[1] 2) 그 경우에도 그 대위권은 공동저당권자가 채권의 완제를 받은 때에 발생한다. 3) 위 대위는 법률의 규정에 의한 저당권의 이전으로서 등기를 요하지 않는다($\binom{187}{조}$).

판 례 민법 제368조 2항에 관한 쟁점

(ㄱ) 공동저당에서 차순위 저당권자의 대위권의 발생시기: 「민법 제368조 2항의 대위제도는 동시배당이 아닌 공동저당 부동산 중 일부의 경매대가를 먼저 배당하는 경우, 이른바 이시배당의 경우에도 최종적인 배당의 결과가 동시배당의 경우와 같게 하기 위한 것으로서, 공동저당권자의 실행선택권 행사로 인하여 불이익을 입은 차순위 저당권자를 보호하기 위한 규정인바, 이와 같은 차순위 저당권자의 대위권은 일단 배당기일에 그 배당표에 따라 배당이 실시되어 배당기일이 종료되었을 때 발생하는 것이지, 배당이의 소송의 확정 등 그 배당표가 확정되는 것을 기다려 그때에 비로소 발생하는 것은 아니다」($\binom{대판\ 2006.\ 5.\ 26,}{2003다18401}$). (ㄴ) 선순위 공동저당권자가 공동저당 목적 부동산 중 일부에 관한 저당권을 포기한 후 후순위 저당권자가 있는 부동산의 경매를 신청한 경우: 「선순위 공동저당권자가 피담보채권을 변제받지 않은 상태에서도 후순위 저당권자의 대위에 관한 정당한 기대는 보호되어야 하므로, 선순위 공동저당권자가 피담보채권을 변제받기 전에 공동저당 목적 부동산 중 일부에 관한 저당권을 포기한 경우에는, 후순위 저당권자가 있는 부동산에 관한 경매절차에서, 저당권을 포기하지 아니하였더라면 후순위 저당권자가 대위할 수 있었던 한도에서는 후순위 저당권자에 우선하여 배당을 받을 수 없다고 보아야 하고, 이러한 법리는 공동근저당권의 경우에도 마찬가지로 적용된다」(앞의 이시배당의 예에서, 1순위 공동저당권자 甲이 B부동산과 C부동산에 대한 공동저당권을 포기한 경우, A부동산에 대한 2순

---

[1] 앞의 예에서, 甲이 B부동산만을 먼저 경매한 경우에는, 甲은 그 경매대가 1,000만원 전부를 가져가고 공동저당권은 500만원이 남게 되는데, 그 후 A부동산을 경매하여 나머지 채권액 500만원을 변제받으면 甲의 공동저당권은 전부 소멸된다. 이때 B부동산의 후순위 저당권자 丙은 A부동산에 대해 甲의 채권분담액 750만원에서 甲이 현실적으로 행사한 500만원을 뺀 250만원에 관해, C부동산에 대해 甲의 채권분담액 250만원에 관해, 각각 甲의 1번 저당권을 대위행사할 수 있다.

위 저당권자 乙의 B부동산과 C부동산에 대한 대위의 기대는 보호되어야 하므로, 그 부동산들로부터 甲을 대위하여 우선변제를 받게 될 750만원의 범위에서는 甲은 A부동산에서 乙에 우선하여 배당을 받을 수 없다. 다시 말해 A부동산의 경매대가에서 甲은 750만원을 우선배당을 받을 뿐이고 나머지 750만원은 乙에게 배당된다. 이러한 법리는 공동저당의 목적물이 제3자에게 양도된 경우에도, 또 공유인 부동산에 공동저당이 성립한 경우에도 마찬가지로 적용된다(대판 2009. 12. 10, 2009다41250; 대판 2011. 10. 13, 2010다99132). (ㄷ) 저당권이 설정된 1필의 토지가 그 후 성립된 집합건물에 대한 대지권의 목적이 되었는데, 집합건물 중 일부 전유부분 건물에 대하여 경매가 이루어져 경매대가를 먼저 배당하게 된 경우: 「저당권은 개개의 전유부분에 대한 각 대지권 위에 분화되어 존속하고, 각 대지권은 저당권의 공동담보가 된다. 따라서 위와 같은 경우에는 저당권자는 매각대금 중 대지권에 해당하는 경매대가에 대하여 우선변제 받을 권리가 있고, 그 경우 공동저당 중 이른바 이시배당에 관하여 규정하고 있는 민법 제368조 2항의 법리에 따라 저당권의 피담보채권액 전부를 변제받을 수 있다」(대판 2012. 3. 29, 2011다74932). (ㄹ) 민법 제368조 2항에 의한 후순위 저당권자의 대위가 제한되는 경우[1]: 「① 보증인(물상보증인 포함)이 대위변제를 한 경우에는 저당권의 등기에 미리 대위의 부기등기를 하여야만 그 저당물의 제3취득자에 대해 채권자를 대위하게 되는데(482조 2항 1호 및 5호), 이처럼 제3취득자를 보호할 필요성은 후순위 저당권자가 대위하는 경우에도 마찬가지로 존재한다(변제자대위의 경우에는 저당권뿐 아니라 채권까지 이전되는데 후순위 저당권자의 대위의 경우에는 채권은 이전되지 않는 점을 고려하면, 후순위 저당권자를 변제자보다 더 보호하여야 할 필요성이 있지도 않다). ② 후순위 저당권자는 민법 제368조 2항에 의해 선순위 저당권자가 가지고 있던 다른 부동산에 대한 저당권을 대위하게 되는데, 그 저당권이 말소되지 않고 등기부에 존속하는 동안에는 공동저당의 대위등기를 하지 않더라도 제3취득자는 저당권이 있는 상태에서 취득한 것이므로, 이 경우에는 제3취득자를 보호할 필요성은 적고, 따라서 후순위 저당권자는 대위할 수 있다. ③ 그러나, 후순위 저당권자가 대위할 저당권이 말소된 상태에서 그 부동산의 소유권 등 새로 이해관계를 취득한 제3자에 대해서는, 제3취득자를 보호하여야 하고, 후순위 저당권자는 민법 제368조 2항에 의한 대위를 주장할 수 없다」(대판 2015. 3. 20, 2012다99341).

c) **공동저당의 목적물 일부가 채무자 아닌 제3자(물상보증인)의 소유인 경우** 공동저당의 목적물이 일부는 채무자의 소유이고 일부는 물상보증인의 소유인 경우, 추후 경매시 물상보증인의 (변제자)대위(481조·482조)와 차순위 저당권자의 대위(368조 2항 2문) 사이에 우열이 문제된다.

〈예〉 甲의 乙에 대한 3,000만원 채권의 담보로서 A부동산(3,000만원 상당)과 B부동산(3,000만원 상당) 위에 1번 저당권이 설정되었는데, A부동산은 채무자 乙의 소유이고 B부동산은 물상보증인 丙의 소유이다. 그런데 그 후 A부동산 위에 丁의 채권(1,500만원)을 위하여 2번 저당권이 설정되었다.

---

1) 사안은 다음과 같다. 물상보증인 甲 소유의 ①, ③ 부동산과 채무자 乙 소유의 ② 부동산 중 ①, ② 부동산에 대한 경매가 이루어져 공동근저당권자인 채권자 A가 채권액 중 상당액을 배당받고 4천여만원이 남게 되었는데, 甲이 이를 (대위)변제하자 ③ 부동산에 대한 A 명의의 근저당권설정등기를 말소해 주었다. 그런데 ① 부동산에 대해서는 후순위 근저당권자 B가 있었다. 그 후 ③ 부동산은 丙 앞으로 소유권이전등기가 마쳐졌다. 여기서 B가 민법 제368조 2항에 의해 ③ 부동산에 대해 A를 대위할 수 있는지가 다투어진 것인데, 대법원은 위와 같은 이유로 그 대위를 할 수 없는 것으로 보았다. 다만, 甲과 A가 권한 없이 ③ 부동산에 대한 A 명의의 근저당권등기를 말소함으로써 B가 대위하지 못하는 손해를 입게 한 것은 불법행위가 되는 것으로 판결하였다.

aa) A부동산에 먼저 경매가 이루어져 공동저당권자 甲이 채권 전부를 변제받은 경우, 후순위 저당권자 丁은 민법 제368조 2항 2문에 의해 1번 공동저당권자 甲을 대위하여 물상보증인 소유의 B부동산에 대해 저당권을 실행할 수 있는가? <u>판례는 이를 부정한다</u>(대결 1995. 6. 13, 95마500). 물상보증인 丙은 채권자 甲을 위해 담보를 제공한 것이므로, 아무런 관련이 없는 후순위 저당권자(丁)가 丙의 부동산에 대해 저당권을 행사하는 것은 인정될 수 없기 때문이다. 그 결과 B부동산에 설정된 甲의 저당권은 그 피담보채무의 소멸에 따라 소멸된다(대판 1996. 3. 8, 95다36596). 이러한 법리는 채무자 소유의 부동산에 후순위 저당권이 설정된 후에 물상보증인 소유의 부동산이 추가로 공동저당의 목적으로 된 경우에도 마찬가지로 적용된다(대판 2014. 1. 23, 2013다207996). 따라서 민법 제368조 2항 소정의 후순위 저당권자의 대위는 공동저당의 목적물이 채무자의 소유에 속하는 것을 전제로 하여 적용된다.

bb) B부동산에 먼저 경매가 이루어져 甲이 채권 전부를 변제받은 경우, 물상보증인의 구상권에 관한 규정(341조·370조)과 변제자대위의 규정(481조·482조 1항)에 따라 丙은 3,000만원에 관하여 1번 공동저당권자인 甲을 대위하여 A부동산에 대해 저당권을 실행할 수 있는가? 다시 말해 A부동산에 대한 2순위 저당권자인 丁에 우선하는가? <u>판례는</u>, 물상보증인은 다른 공동담보물인 채무자 소유 부동산의 담보력을 기대하고 자기의 부동산을 담보로 제공한 것이므로, 그 후에 채무자 소유의 부동산에 후순위 저당권이 설정되었다는 사정에 의하여 그 기대이익을 박탈할 수는 없다는 이유로, <u>이를 긍정한다</u>(대판 1994. 5. 10, 93다25417).

(α) (ㄱ) 위 경우 B부동산에 戊가 2번 저당권을 설정한 경우에 그의 지위에 대해, 위 판례는 다음과 같은 법리를 전개한다(1978. 7. 4. 일본 최고재 판소 판결과 같은 취지). 戊는 물상보증인 丙에게 이전한 (A부동산에 대한) 甲의 1번 저당권으로부터 '물상대위'를 통해 우선변제를 받을 수 있다(370조·342조). 그 이유로 첫째, 물상보증인으로서는 후순위 저당권을 설정하면서 스스로 그 부담을 각오한 것, 둘째 공동저당의 목적물 중 채무자 소유의 부동산이 먼저 경매된 경우 또는 공동저당의 목적물 전부가 일괄경매된 경우와의 균형상, 물상보증인 소유의 부동산이 먼저 경매되었다는 우연한 사정에 의해 후순위 저당권에 의한 부담을 면한다는 것은 불합리하다는 점을 든다.[1)2)] (ㄴ) 한편, 물상보증인이 채무자에게 구상권을 갖지 못하는 특별한 경우가 있는데, 이 경우에는 물상보증인이 제공한 담보물에 설정된 후순위 저당권자도 대위할 수 없다.[3)]

---

1) 판례: 「이러한 법리는 수인의 물상보증인이 제공한 부동산 중 일부에 대하여 경매가 실행된 경우에도 마찬가지로 적용된다」(이 경우 물상보증인들 사이의 변제자대위의 관계는 민법 제482조 2항 4호에 의해 규율된다)(대판 2001. 6. 1, 2001다21854).

2) 이 경우 물상대위의 요건으로서의 '압류'에 관하여는, 이것이 목적물의 특정성을 유지하기 위한 데 그 취지가 있는 이상, 물상보증인으로부터 1번 저당권의 양도를 받으려고 하는 자는 부동산등기부의 기록에 의하여 후순위 저당권자가 우선하여 변제를 받을 수 있음을 알 수 있으므로, 다시 말해 등기에 의해 특정되어 있다고 볼 수 있으므로 별도의 압류는 필요하지 않다고 한다(양창수, 민법연구 제4권, 315면). 같은 취지로, 서기석, "공동저당에 있어서 후순위 근저당권자의 대위와 물상보증인의 변제자대위의 충돌", 대법원판례해설 제21호, 67면.

3) 판례: 「(1) 금융기관으로부터 대출을 받으면서 제3자가 자신의 명의를 사용하도록 한 경우, 그가 채권자인 금융기관에 대해 주채무자로서 책임을 지는 지위와는 관계없이, 내부관계에서는 그가 실질적인 주채무자가 아닌 경우에는 보증책임을 이행한 보증인에 대해 당연히 주채무자로서 구상의무를 부담하는 것은 아니다. 다만, 보증인이 제3자가 실질적인 주채무자라고 믿었고 또 그렇게 믿는 데에 제3자에게 귀책사유가 있는 경우에만 제3자는 보증인에 대해 구상의무를 부담한다. 이러한 내용은 물상보증인이 변제한 후 제3자에게 구상하는 경우에도 통용된다(대판 2014. 4.

(β) 위 경우 채무자(乙)는 물상보증인(丙)에게 반대채권이 있더라도 물상보증인의 채무자에 대한 구상금채권과 상계함으로써 물상보증인 소유의 부동산에 대한 후순위 저당권자(戊)에게 대항할 수 없다. 채무자는 선순위 공동저당권자(甲)가 물상보증인 소유의 부동산에 대해 먼저 경매를 신청한 경우에 비로소 상계할 것을 기대할 수 있는데(그 때에 비로소 丙이 乙에게 구상금채권을 갖게 되므로), 이처럼 우연한 사정에 의해 좌우되는 상계에 대한 기대가 물상보증인 소유의 부동산에 대해 후순위 저당권자가 가지는 법적 지위에 우선할 수는 없다는 것이 판례의 견해이다(乙의 상계를 허용하게 된다면, 丙의 乙에 대한 구상금채권은 소멸되므로 변제자대위도 발생하지 않게 되고, 戊가 물상대위를 할 여지도 없게 되어, 결국 戊는 보호받지 못하게 된다)(대판 2017. 4. 26, 2014다221777, 221784).

(γ) 채무자 소유 부동산과 물상보증인 소유 부동산에 공동근저당권을 설정한 채권자가 공동담보 중 채무자 소유 부동산에 대한 담보 일부를 포기하거나 순위를 불리하게 변경하여 담보가 상실되거나 감소된 경우, 민법 제485조에 따라 물상보증인은 그로 인하여 상환받을 수 없는 한도에서 책임을 면한다. 이 경우 그 공동근저당권자는 나머지 공동담보 목적물인 물상보증인 소유 부동산에 관한 경매절차에서, 물상보증인이 위와 같이 담보 상실 내지 감소로 인한 면책을 주장할 수 있는 한도에서는, 물상보증인 소유 부동산의 후순위 근저당권자에 우선하여 배당받을 수 없다(대판 2018. 7. 11, 2017다292756).

cc) 공동저당의 목적물이 일부는 채무자의 소유이고 일부는 물상보증인의 소유인 경우, 물상보증인은 변제자대위에 의해 채무자 소유 부동산에 대해 담보권을 행사할 수 있는 지위에 있는 점을 고려할 때, 민법 제368조 1항에 따라 각 부동산의 경매대가에 비례하여 채권의 분담액을 정하는 방식의 동시배당은 적용되지 않는다. 이러한 경우 각 부동산의 경매대가를 동시에 배당하는 때에는, 채무자 소유 부동산의 경매대가에서 공동저당권자에게 우선적으로 배당을 하고, 부족분이 있는 경우에 한해 물상보증인 소유 부동산의 경매대가에서 추가로 배당을 하여야 한다(대판 2010. 4. 15, 2008다41475). 그리고 이것은 물상보증인이 채무자를 위한 연대보증인의 지위를 겸하고 있는 경우에도 마찬가지이다(대판 2016. 3. 10, 2014다231965).

> **판례** 물상보증인 소유 부동산의 후순위 저당권자가 불법행위를 이유로 손해배상을 청구할 수 있다고 본 사례

공동저당의 목적인 채무자(甲) 소유 부동산과 물상보증인(乙) 소유 부동산 중 후자에 먼저 경매가 이루어져 1순위 공동저당권자(丙)가 변제를 받았는데, 乙 소유 부동산에 대한 후순위 저당권자(丁)가 乙 명의로 대위의 부기등기를 하지 않고 있는 동안, 丙이 임의로 甲 소유 부동산에 설정되어 있던 1순위 공동저당권을 말소하였고(丙과 甲의 공동신청에 의해), 그 후 甲 소유 부동산에 戊 명의의 저당권이 설정되었다가 경매로 그 부동산이 제3자에게 매각되어 대금이 완납되

30, 2013다80429, 80436). (2) 제3자가 자신의 명의를 사용하도록 하면서 자신 소유의 부동산에 채권자 앞으로 저당권등기를 하도록 하고, 물상보증인 또한 자신 소유의 부동산을 채권자 앞으로 저당권을 설정해 주어 공동저당이 이루어졌는데, 채권자가 물상보증인 소유의 부동산에 대해 저당권을 실행한 경우, (제3자가 구상의무를 부담할 위와 같은 사정이 있지 않으면) 물상보증인은 제3자에 대해 구상권을 갖지 못하므로, 채권자를 대위하여 채권자의 채권 및 담보에 관한 권리를 행사할 수도 없다. 그러므로 물상보증인이 제공한 담보물에 후순위 저당권자가 있는 경우에도, 물상보증인이 대위할 수 없는 이상 그 역시 대위할 대상이 없으므로, 형식적 채무자인 제3자 소유의 부동산에 대한 선순위 공동저당권자의 저당권에 대해 물상대위를 할 수 없다」(대판 2015. 11. 27, 2013다41097, 41103).

었다. 이에 丁이 甲과 丙을 상대로 공동불법행위를 이유로 하여 손해배상을 청구한 사안이다.

이에 대해 대법원은 다음과 같은 이유로써 丁의 청구를 인용하였다. 즉, 乙은 甲 소유 부동산에 대한 丙의 1순위 저당권을 대위하지만, 제482조 2항 1호에 따라 그 대위의 등기를 하지 않으면 그 부동산에 권리를 취득한 제3자(사안에서는 戊가 이에 해당하는 것으로 보았다)에 대해서는 그 대위를 주장할 수 없다. 丁은 乙의 권리에 대해 물상대위를 하지만, 매각대금 완납으로 丙의 1순위 저당권이 소멸되어 乙이 대위할 수도 없게 된 이상, 丁이 물상대위를 할 여지도 없다. 그리고 (乙이 대위를 주장할 수 없는) 戊의 저당권에 기해 실행된 경매는 유효하므로, 丁이 그 배당을 받은 채권자에게 부당이득 반환을 청구할 여지도 없다. 결국 丁은 손해를 입은 것이 되고, 이것은 甲과 丙의 공동불법행위에 기인한 것이 된다($_{1항}^{760조}$). 丁은 甲과 丙을 상대로 乙이 대위 취득할 금액 중 물상대위를 한도로 하여 손해배상을 구할 수 있다($_{2011다30666,\ 30673}^{대판\ 2011.\ 8.\ 18,}$).[1]

d) 공동저당의 목적물 전부가 제3자(물상보증인)의 소유인 경우   공동저당의 목적물 전부가 물상보증인의 소유인 경우, 공동저당과 물상보증인의 관계가 문제된다.

〈예〉 甲의 乙(채무자)에 대한 5,000만원 채권의 담보로서 A부동산(6,000만원 상당)과 B부동산(4,000만원 상당) 위에 1번 저당권이 설정되었는데, A부동산은 물상보증인 戊의 소유이고 B부동산은 물상보증인 己의 소유이다. 한편 A부동산에는 丙의 4,000만원 채권의 담보로 2순위 저당권이 설정되어 있고, B부동산에는 丁의 5,000만원 채권의 담보로 2순위 저당권이 설정되어 있다.

aa) A부동산과 B부동산을 동시배당하는 경우에는 민법 제368조 1항이 적용된다($_{2021다}^{대판\ 2021.}$ $_{247258}^{12.\ 16,}$). 이익 상황에서 공동저당의 목적물이 모두 채무자에게 속하는 경우와 다를 바 없기 때문이다. 그 결과, 甲은 A부동산에서 3,000만원을, B부동산에서 2,000만원을 우선적으로 배당받는다. 그리고 2순위 저당권자 丙은 A부동산에서 3,000만원을, 2순위 저당권자 丁은 B부동산에서 2,000만원을 배당받게 된다.

bb) 이시배당에서 A부동산이 먼저 경매되면, 그 환가금 6,000만원에서 甲에게 5,000만원이 우선배당되고, 나머지 1,000만원은 2순위 저당권자 丙에게 배당된다. 한편 물상보증인 간에는 각 부동산의 가액에 비례하여 채권자를 대위하므로($_{항\ 4호}^{482조\ 2}$), 먼저 경매된 A부동산의 물상보증인 戊는 물상보증인 己 소유의 B부동산에 대해 2,000만원(=5,000만원×4,000만원/1억원) 범위에서 채권자 甲을 대위하여 B부동산에 대한 甲의 저당권을 대위행사할 수 있다. 이 경우 A부동산의 2순위 저당권자 丙은 戊에게 이전한 甲의 1번 저당권으로부터 물상대위를 통해 우선변제를 받을 수 있다. 결국 A부동산으로부터 甲이 5,000만원, 丙이 1,000만원, 이후 경매되는 B부동산으로부터 丙이 2,000만원, 丁이 2,000만원을 배당받게 된다. 합산하면 甲은 5,000만원, 丙은 3,000만원, 丁은 2,000만원이 되고, 이것은 동시배당의 경우와 결과에서 같게 된다. 그러나 이것은 민법 제368조 2항이 아닌 변제자대위($_{조}^{482}$)가 적용된 결과이다($_{리의\ 보전과\ 담보,}^{양창수·김형석,\ 권}$ $_{참조}^{459면}$).

---

1) 이 판결을 평석한 글로, 이언학, 대법원판례해설 제89호, 116면 이하.

cc) 같은 물상보증인이 소유하는 복수의 부동산에 공동저당이 설정되고, 그중 한 부동산에 후순위 저당권이 설정된 다음에, 공동저당에 제공된 다른 부동산이 양도되고 양수인이 공동저당에 의한 근저당채무를 대위변제한 경우, 제3취득자의 변제자대위는 후순위 저당권자의 지위에 영향을 주지 않는 범위에서만 성립할 수 있다. 제3취득자가 자신이 변제한 채권 전부에 대해 변제자대위를 할 수 있다고 본다면, 후순위 저당권자는 저당부동산이 양도되었다는 우연한 사정으로 대위를 할 수 있는 지위를 잃게 되는 점에서 부당하기 때문이다(대판 2021. 12. 16,/2021다247258). [1)]

e) 선순위 저당권자와 채무자(저당권설정자)의 관계　　(ㄱ) 공동저당권의 목적 부동산 일부에 '선순위 저당권자'가 있는 경우에는, 공동저당권자는 모든 부동산을 일괄경매할 수 없고, 선순위 저당권이 존재하는 부동산에 대해서는 따로 경매하여야 한다는 것이 통설이다. 일괄경매를 함으로써 선순위 저당권자에게 불이익을 줄 우려가 있기 때문이다. (ㄴ) 여러 개의 부동산을 매각하는 경우에 한 개의 부동산의 매각대금으로 모든 채권자의 채권액과 집행비용을 변제하기에 충분하면 법원은 다른 부동산의 매각을 허가하지 않고, 이 경우 '채무자'는 그 부동산 가운데 매각할 것을 지정할 수 있다(민사집행법 124조).

(4) 공동근저당

동일한 채권의 담보로 수개의 부동산에 저당권을 설정하는 것이 공동저당인데(368조), 근저당에서는 채권은 불확정한 것이지만 장래 근저당이 확정되는 것을 전제로 하여 채권최고액 범위에서 우선변제를 받는 것이므로, 공동근저당에 관해서도 공동저당에 관한 민법 제368조가 적용된다(대판 2014. 4. 10,/2013다36040).

> **판 례**　공동근저당권자가 목적 부동산 중 일부 부동산에 대하여 제3자가 신청한 경매절차에 참가하여 우선배당을 받은 경우, 나머지 목적 부동산에 관한 근저당권의 피담보채권도 확정되는지 여부

(α) 사　실:　① A는 B에게 3억 5천만원을 대출하면서 B 소유 여러 토지와 물상보증인 C 소유 여러 토지에 채권최고액을 4억 9천만원으로 정하여 공동근저당권을 설정하였다. ② C 소유 토지에 대한 후순위 근저당권자 甲이 신청한 경매절차에서 A는 그 당시 대출원리금

---

1) 사안은 다음과 같다. ① 도림신협(채권자: A)은 甲(채무자)에게 5억 5천만원을 대출하였고, 이에 대한 담보로 2013. 4. 16. 乙(물상보증인)이 그 소유 제1 부동산(시가 4억 8천 5백만원)과 제2 부동산(시가 11억 5천만원)에 대해 7억 1천 5백만원을 최고액으로 하여 A 앞으로 공동저당을 설정해 주었다. ② 제1 부동산에 대해 2013. 4. 23. B 앞으로 전세금 2억 3천만원의 전세권설정등기가 마쳐졌다. ③ 제2 부동산이 2013. 11. 경 C 앞으로 매매를 원인으로 하여 소유권이전등기가 되었다. 2016. 3. 23. C가 근저당채무 5억 5천만원을 대위변제하였다. ④ 2018. 2. 7. 제1 부동산에 대해 경매가 개시되어 4억 8천 5백만원에 매각되고, 경매 법원이 그 매각 대금 거의 전부를 C에게 배당하자, B가 C를 상대로 배당이의를 주장한 것이다. ⑤ 대법원은, C는 담보물의 제3취득자로서 대위변제를 통해 제1 부동산에 대한 1순위 근저당권을 취득하기는 하지만, (다음과 같은 이유로) 이미 설정된 후순위 전세권자(B)에 대해서는 변제자대위를 할 수 없다고 보았다. ⑥ 구체적으로는 다음과 같이 된다. 제1 부동산과 제2 부동산이 동시에 경매가 되었다면, 제1 부동산의 책임분담액은 163,149,847원(= 550,000,000원×485,000,000원(제1 부동산 시가)/1,635,000,000원(제1, 제1 부동산 시가 합계액), 제2 부동산의 책임분담액은 386,850,152원(= 550,000,000원×1,150,000,000원(제2 부동산 시가)/1,635,000,000원)이 된다. 따라서 B는 제2 부동산으로부터 전세금 2억 3천만원 전부에 관해 민법 제368조 2항에 따라 대위를 할 수 있으므로, C가 제1 부동산에 대해 근저당권을 취득하더라도 B가 위와 같이 대위할 수 있었던 2억 3천만원 범위에서는 변제자대위를 할 수 없다. 따라서 제1 부동산에 대한 매각 대금 4억 8천 5백만원 중 2억 3천만원은 B에게, 나머지를 C에게 배당하여야 한다.

367,501,969원 전액을 우선배당 받았다. ③ A는 B에게 추가로 8천만원을 대출하였다. 여기서 추가대출금 8천만원이 A의 공동근저당권에 의해 담보되는지가 다투어졌다.

(β) 판결요지 : 대법원은, 위 ②의 시점에 공동근저당권이 확정되는 것은 아니며, 채권최고액은 기존 4억 9천만원에서 우선배당을 받은 367,501,969원을 뺀 나머지 122,498,031원으로 감액되어 존속하고, 위 8천만원 추가 대출금은 이 채권최고액 범위 내에 들어가는 것이어서 A의 공동근저당권에 의해 담보되는 것으로 보았다.

「(ㄱ) 공동근저당권자가 목적 부동산 중 일부 부동산에 대하여 제3자가 신청한 경매절차에 소극적으로 참가하여 우선배당을 받은 경우에, 해당 부동산에 관한 근저당권의 피담보채권은 그 근저당권이 소멸되는 시기, 즉 매수인이 매각대금을 지급한 때에 확정되지만, 나머지 목적 부동산에 관한 근저당권의 피담보채권은 기본거래가 종료되거나 물상보증인에 대하여 파산이 선고되는 등의 다른 확정사유가 발생하지 않는 한 확정되지 않는다. (ㄴ) 그 이유는 다음과 같다. 공동근저당권자가 제3자가 신청한 경매절차에 소극적으로 참가하여 우선배당을 받았다는 사정만으로는 당연히 채권자와 채무자 사이의 기본거래가 종료된다고 볼 수 없고, 기본거래가 계속되는 동안에는 공동근저당권자가 나머지 목적 부동산에 관한 근저당권의 담보가치를 최대한 활용할 수 있도록 피담보채권의 증감·교체를 허용할 필요가 있으며, 위와 같이 우선배당을 받은 금액은 나머지 목적 부동산에 대한 경매절차에서 다시 공동근저당권자로서 우선변제권을 행사할 수 없어(대판 2006. 10. 27, 2005다14502 참조), 이후에 피담보채권액이 증가하더라도 나머지 목적 부동산에 관한 공동근저당권자의 우선변제권 범위는 위 우선배당액을 공제한 채권최고액으로 제한되므로 후순위 근저당권자나 기타 채권자들이 예측하지 못한 손해를 입게 된다고 볼 수 없기 때문이다」(대판 2017. 9. 21, 2015다50637).[1]

(γ) 공동근저당권자가 공동담보의 부동산 중 일부에 대한 환가대금에서 피담보채권의 일부를 배당받은 경우, 공동담보의 나머지 부동산에 대한 우선변제권의 범위에 대해, 위 판결에서도 언급이 있었지만, 대법원은 전원합의체 판결로써 다음과 같이 보다 상세하게 그 이유를 대고 있다. 「(ㄱ) 민법 제368조는 공동근저당권의 경우에도 적용된다. 공동근저당권이 설정된 부동산에 대해 동시배당이 이루어지는 경우에 공동근저당권자는 채권최고액 범위 내에서 피담보채권을 민법 제368조 1항에 따라 부동산별로 나누어 각 환가대금에 비례한 액수로 배당받으며, 공동근저당권의 각 목적 부동산에 대하여 채권최고액만큼 반복하여, 이른바 누적적으로 배당받지 않는다. 그렇다면 이시배당이 이루어지는 경우에도 동시배당의 경우와 마찬가지로 공동근저당권자가 목적 부동산의 각 환가대금에서 채권최고액만큼 반복하여 배당받을 수 없다고 보는 것이 민법 제368조 1항 및 2항의 취지에 부합한다. (ㄴ) 그러므로 공동근저당권자가 공동담보의 부동산 중 일부에 대한 환가대금에서 피담보채권의 일부를 우선배당 받은 경우에, 그 우선변제 받은 금액에 대해서는 공동담보의 나머지 부동산에 대한 환가대금에서 다시 공동근저당권자로서 우선변제를 받을 수는 없고, 공동담보의 나머지 부동산에 대해 공동근저당권자로서 행사할 수 있는 우선변제권의 범위는 피담보채권의 확정 여부와 상관없이 최초의 채권최고액에서 위와 같이 우선변제 받은 금액을 공제한 나머지 채권최고액으로 제한된다」(대판(전원합의체) 2017. 12. 21, 2013다16992).[2]

---

1) 2019년 제1차 변호사시험 모의시험 민사법(사례형) 2문의1 문제3, 2020년 제2차 변호사시험 모의시험 민사법(사례형) 제1문의4는 이 판례를 기초로 출제된 것이다.
2) 종전 판례(대판 2009. 12. 10, 2008다72318)는, 공동근저당권의 목적 부동산이 일부씩 나누어 순차로 경매가 실행되는 경우에 공동근저당권자가 선행 경매절차에서 배당받은 것이 채권최고액을 넘더라도 나머지 목적 부동산에 대한

(5) (공동저당과는 구별되는) 누적적累積的 근저당권

(α) 사 실: ① A은행(채권자)은 B(채무자)에게 75억원을 대출해 주면서, 그 담보로 각 근저당권 사이에 담보 범위가 중첩되지 않고 위 대출금 채권 전체를 누적적으로 담보할 의사로 다음과 같이 각 근저당권을 설정하였다. ㉠ B 소유 X건물, 물상보증인(1) 소유 아파트를 공동담보로 채권최고액 25억원으로 하는 근저당권설정, ㉡ 물상보증인(1) 소유 토지와 건물, 물상보증인(1, 2) 공유 토지를 공동담보로 채권최고액 40억원으로 하는 근저당권설정, ㉢ B 소유 Y건물(36개 호실)에 대해 각 부동산별로 채권최고액을 9천만원에서 16억원으로 하는 근저당권설정. ② 물상보증인(1, 2) 공유 토지에 대해 공익사업이 시행되어 사업시행자가 그 토지를 협의취득하고, A은행이 그 보상금에 대해 물상대위권을 행사하여, 사업시행자는 A은행에 물상보증인 1과 2에게 각 지급할 10억원, 합계 20억원을 A은행에 지급. ③ 물상보증인(1) A은행에 2억원 변제. ④ A은행이 위 세 개의 누적적 근저당권부 채권을 C에게 양도함. ⑤ D는 B에게 공사대금 채권을 가지게 되었고, 그 담보로 B 소유 Y건물 전체를 공동담보로 하여 채권최고액 19억 5천만원으로 하는 근저당권설정. ⑥ D가 Y건물에 대해 근저당권에 기해 임의경매를 신청.

여기서 Y건물의 매각대금에 대한 배당 순위에 관해 다툼이 있게 되었는데(배당법원은 1순위 C → 2순위 D로 결정. 이에 물상보증인(1, 2)이 D를 상대로 배당이의 소 제기), 대법원은, 1순위 C → 2순위 (변제자대위에 따른) 물상보증인(1, 2) → 3순위 D의 순서로 배당을 받을 수 있다고 보았다. 그러면서 공동근저당권이나 개별 근저당권과는 다른 「누적적 근저당권」에 관해 처음으로 다음과 같이 그 법리를 밝혔다.

(β) 판결요지: 「㈀ 당사자 사이에 하나의 기본계약에서 발생하는 동일한 채권을 담보하기 위해 여러 개의 부동산에 근저당권을 설정하면서 각각의 근저당권 채권최고액을 합한 금액을 우선변제 받기 위해 공동근저당권의 형식이 아닌 개별 근저당권의 형식을 취한 경우, 이러한 근저당권은 민법 제368조가 적용되는 공동근저당권이 아니라 피담보채권을 누적적으로 담보하는 근저당권에 해당한다. ㈁ 누적적 근저당권은 모두 하나의 기본계약에서 발생한 동일한 피담보채권을 담보하기 위한 것이다. 이와 달리 근저당권 설정시 피담보채권을 여러 개로 분할하여 분할된 채권별로 근저당권을 설정하였다면 이는 그 자체로 각각 별개의 채권을 담보하기 위한 개별 근저당권일 뿐 누적적 근저당권이라고 할 수 없다. 누적적 근저당권은 각 근저당권의 담보 범위가 중첩되지 않고 서로 다르지만 이러한 점을 들어 피담보채권이 각 근저당권 별로 자동으로 분할된다고 볼 수도 없다. 이는 동일한 피담보채권이 모두 소멸될 때까지 자유롭게 근저당권 전부 또는 일부를 실행하여 각각의 채권최고액까지 우선변제를 받고자 누적적 근저당권을 설정한 당사자의 의사에 반하기 때문이다. 누적적 근저당권은 공동근저당권이 아니라 개별 근저당권의 형식으로 등기가 이루어진다. ㈂ 누적적 근저당권은 공동근저당권과 달리 담보의 범위가 중첩되지 않으므로, 누적적 근저당권을 설정 받은 채권자는 여러 개의 근저당권을 동시에 실행할 수도 있고, 여러 개의 근저당권 중 어느 것이라도 먼저 실행하여 그 채권최고액의 범위에서 피담보채권의 전부나 일부를 우선변제 받은 다음 피담보채권이 소멸될 때까지 나머지 근저당권을 실행하여 그 근저당권의 채권최고액 범위에서 반복하여 우선변제를 받을 수 있다」(대판 2020. 4. 9, 2014 다51756, 51763).

환가절차에서 다시 우선변제권을 행사할 수 있다고 하였는데, 이러한 입장은 위 전원합의체 판결로 변경되었다.

사례의 해설 (1) 공동저당의 목적물의 일부가 채무자 아닌 제3자, 즉 물상보증인의 소유인 경우, 민법 제368조 2항 소정의 후순위 저당권자의 대위는 인정되지 않는다. 물상보증인(사례에서 乙)은 채권자(A)를 위해 담보를 제공한 것이므로, 아무런 관련이 없는 후순위 저당권자(B)가 자신의 부동산에 저당권을 행사하는 것은 인정될 수 없기 때문이다($\frac{대결\ 1995.\ 6.}{13,\ 95마500}$). A는 남은 채권 3천만원에 대해 乙과 丙의 각 아파트 경매대가에 비례하여, 따라서 2 : 1의 비율로, 乙의 아파트 1억 2천만원에서 2천만원을(나머지 1억원은 乙에게 교부함), 丙의 아파트 6천만원에서 1천만원을(나머지 5천만원은 丙에게 교부함) 배당받게 된다($\frac{368조}{1항}$).

(2) (가) 乙은 X토지로부터 채권 전액 5억원을, 丙은 잔여액인 1억원을 배당받는다. 이 경우 丙은 제368조 2항에 따라 동시배당의 경우에 乙이 Y건물로부터 받을 2억원의 한도에서 乙을 대위하여 저당권을 행사하여 2억원을 丁에 우선하여 배당받고, 나머지 2억원은 丁에게 배당된다.

(나) (ㄱ) 乙은 Y건물로부터 4억원을 배당받는다. 이 경우 후순위 저당권자 丁은 물상보증인 戊 소유 X토지상의 乙의 저당권을 대위하지 못한다. 따라서 乙은 X토지로부터 1억원을 배당받고, 나머지 5억원은 丙에게 배당된다. (ㄴ) X토지로부터 乙은 5억원을, 丙은 1억원을 배당받게 된다. 이 경우 戊는 6억원을 대위변제한 것이 되어 Y건물상의 乙의 저당권을 대위하여 4억원 전액을 배당받게 되는데, 이에 대해서는 丙이 戊에게 이전한 乙의 저당권에 물상대위를 하여, 결국 丙이 Y건물에서 4억원을 배당받게 된다.

(3) (가) 물상보증인 乙 소유의 X토지(지분 1/2)가 먼저 경매되어 채권자 丙이 만족을 얻은 경우, 乙은 물상보증인의 구상권에 관한 규정($\frac{341조}{370조}$)과 변제자대위의 규정($\frac{481조 \cdot 482}{조\ 1항}$)에 따라 후순위 저당권자 A에 우선하여 1번 공동저당권자 丙을 대위한다. 그러므로 乙은 甲 소유 X토지(지분 1/2)와 Y토지에 대해 저당권을 실행하여 채권의 만족을 받을 수 있다. 한편 乙이 설정해 준 2순위 저당권자 B는 乙에게 이전된 1번 저당권으로부터 물상대위를 통해 우선변제를 받을 수 있다($\frac{대판\ 1994.\ 5.}{10,\ 93다25417}$).

(나) 丙이 물상보증인 乙 소유의 X토지(지분 1/2)에 대한 경매를 통해 채권의 만족을 얻은 경우, 乙은 甲 소유의 X토지(지분 1/2)와 Y토지에 대해 대위의 등기를 하여야 그 토지의 제3취득자에 대해 그 대위를 주장할 수 있는데($\frac{482조\ 2}{항\ 1호}$), 그 대위의 등기를 하지 않은 사이 그 목적물에 대해 丙의 저당권등기를 말소하고 이를 제3자에게 처분함으로써 乙은 대위를 통해 우선변제를 받을 수 없게 되는 손해를 입게 되었고, 이것은 甲과 丙의 공동불법행위에 기인한 것이므로($\frac{760조}{1항}$), 乙이 丙을 상대로 불법행위를 이유로 손해배상을 청구한 것은 인용될 수 있다($\frac{대판\ 2011.\ 8.\ 18,}{2011다30666,\ 30673}$).

(다) 구분소유적 공유지분을 목적으로 저당권이 설정된 후 그 실행에 의하여 그 공유지분을 취득한 낙찰자는 승계취득의 법리에 따라 구분소유적 공유지분을 그대로 취득하는 것이므로, D는 甲의 지위를 그대로 승계한다($\frac{대결\ 2001.\ 6.\ 15,}{2000마2633}$).

(4) 채무자(乙) 소유 (X)부동산과 물상보증인(C) 소유 (Y)부동산에 공동근저당권을 설정한 채권자(戊)가 공동담보 중 X부동산에 대한 1순위 공동저당권을 포기한 경우이다. 그 후 戊가 Y부동산에 근저당권을 실행한 경우, 戊가 그 포기를 하지 않았다고 한다면, 물상보증인 C는 변제자대위(481조, 482조)에 관한 규정에 따라 戊가 X부동산에 대해 갖는 1순위 근저당권을 대위할 수 있고, Y부동산의 후순위 근저당권자 E는 그 근저당권에 물상대위를 할 수 있었다. 그런데 戊의 포기로 C와 E는 그러한 지위를 잃게 되므로, 이 경우 물상보증인 C는 민법 제485조에 따라 그로 인해 상환을 받을 수 없는 한도에서 그 책임을 면한다. 이 경우 그 책임을 면하는 한도에서 戊는 Y

부동산에 대한 경매절차에서 그 후순위 근저당권자인 E에 우선하여 배당을 받을 수 없다(대판 2018. 7. 11, 2017다292756). 그러므로 Y부동산의 매각대금 6억원은 戊에게 1억원, E에게 4억원, C에게 1억원 배당된다.

(5) (ㄱ) 공동저당에 제공된 채무자(丙) 소유의 부동산과 물상보증인(甲) 소유의 부동산 가운데 甲 소유의 부동산이 먼저 경매되어 매각대금에서 선순위 공동저당권자(丁)가 변제를 받은 때에는, 甲은 채무자(丙)에 대해 구상권을 갖고(370조·341조), 이 구상권의 범위에서 채권자 丁이 X토지에 대해 가졌던 제1순위 공동저당권을 대위한다(481조·482조 1항). 한편, Z건물에 대한 제2순위 저당권자 A는 甲에게 이전된 X토지에 대한 丁의 1순위 저당권에 대해 물상대위를 하여 우선변제를 받을 수 있다(대판 1994. 5. 10, 93다25417). (ㄴ) 丙은 甲에게 대여금 채권을 갖고 있는데, Z건물에 대해 A가 2순위로 저당권을 설정할 당시에는 甲의 丙에 대한 반대채권이 성립하지 않아 상계할 수 없는 상태였다. 또 丁이 X토지에 대해 먼저 경매를 실행하게 되면 甲이 구상채권을 가질 여지가 없어 丙의 상계의 여지도 없다. 요컨대 丁이 甲 소유의 Z건물에 대해 먼저 경매를 실행하였다는 우연한 사정에 의해 비로소 甲은 丙에 대해 구상채권을 갖게 된 것이어서, 이러한 경우는 A의 지위와 비교할 때 丙의 상계에 관한 기대를 우선시킬 수 없다(대판 2017. 4. 26, 2014다221777, 221784). 즉 丙은 甲에 대한 대여금 채권을 甲의 자신에 대한 구상금 채권과 상계할 수 없다.

(6) (가) A은행이 공동근저당권의 목적물인 X토지와 Y건물 중 X토지에 대해서만 경매를 신청한 경우(이시배당), A은행은 X토지의 경매대가에서 채권 전부를 변제받을 수 있다(368조 2항 1문). 한편 근저당권자가 경매를 신청한 때에는 경매신청시에 근저당권은 확정되어 그 당시까지의 채권만 근저당권에 의해 담보된다(대판 1988. 10. 11, 87다카545). A은행은 2018. 3. 2. X토지에 대해 경매를 신청하였으므로 그 당시까지의 채권액은 처음의 대출금 3억원과 추가대출금 1억원, 합계 4억원이다. 한편 甲이 A은행에 부담하는 보증채무도 약정에 따라 근저당권에 의해 담보될 수 있지만, 그 보증채무 5,000만원은 2018. 4. 1. 발생한 것이어서, A은행의 근저당권이 확정된 이후에 생긴 것이므로 근저당권에 의해 담보되지 않는다. 그리고 A은행은 4억 5천만원을 채권최고액으로 하여 설정등기를 하였는데, 위 두 개의 대출금 합계 4억원은 그 범위 내이므로, A은행은 X토지의 매각대금 5억원에서 4억원을 배당받을 수 있다.

(나) 戊는 제3취득자로서 X토지의 소유권을 보존하기 위해 다음의 두 가지를 강구할 수 있다. 첫째는 스스로 경매절차에서 낙찰을 받아 경락인이 되는 것이다(363조 2항). 戊가 경매 절차에서 낸 매각대금에 대해서는 甲에게 부당이득 반환을 청구할 수 있다. 둘째는 X토지에 설정된 채권액(채권최고액 범위 내인 A은행의 4억원과 B은행의 2억원) 6억원을 변제하고 A은행과 B은행의 근저당권이 소멸되었다고 주장하는 것이다(364조). 戊가 대위변제한 6억원에 대해서는 甲에게 구상할 수 있다.

(7) (가) A금고가 공동저당의 목적물 중 물상보증인 乙이 제공한 Y부동산으로부터 채권 전액을 우선배당 받은 경우, 乙은 채무자 甲에 대해 구상권을 취득함과 동시에, 변제자대위(481조·482조)에 의해 A금고가 甲 소유 X부동산에 대해 가졌던 1번 저당권을 취득한다. 乙은 X부동산에 대해 물상보증 이후 2번 저당권을 취득한 丁보다 우선한다. 한편 乙은 Y부동산에 대해 丙 앞으로 2번 저당권을 설정해 주었는데, 이 경우 丙은 乙이 변제자대위로 취득한 X부동산에 대한 1번 저당권을 물상대위할 수 있다(대판 1994. 5. 10, 93다25417). 따라서 X부동산 경매대금 1억 2천만원에서 丙은 1억원, 丁은 2천만원 배당을 받는다.

(나) 甲은 A금고가 물상보증인 乙 소유 Y부동산에 대해 먼저 경매를 신청한 경우에 비로소 상

계를 기대할 수 있는데, 이처럼 우연한 사정에 의해 좌우되는 상계에 대한 기대가 Y부동산에 대한 후순위 저당권자 丙의 지위보다 우선할 수는 없다(대판 2017. 4. 26, 2014
다221777, 221784). 甲의 상계 주장은 인용될 수 없다.

(8) (ㄱ) 동일한 채권을 담보하기 위해 여러 개의 부동산을 공동담보로 잡는 것이 「공동저당」이고(368
조), 각각의 부동산을 개별담보로 잡는 것이 「누적적 저당」이다. 이에 대해 채권을 여러 개로 분할하여 분할된 채권 별로 따로 저당권을 설정한 경우에는 「개별 저당」에 지나지 않는다. 누적적 근저당에서 근저당권자는 피담보채권을 회수하기 위해 여러 개의 근저당권 중 어느 것이라도 먼저 실행하여 그 채권최고액의 범위에서 피담보채권의 전부나 일부를 우선변제 받은 다음, 피담보채권이 소멸될 때까지 나머지 근저당권을 실행하여 그 근저당권의 채권최고액 범위에서 반복하여 우선변제를 받을 수 있다(대판 2020. 4. 9,
2014다51756, 51763). (ㄴ) 설문에서 丁은 丙에 대한 3억원 대여금채권을 담보하기 위해 丙(채무자) 소유 X토지에 채권최고액을 2억원으로 하는 1순위 근저당권을, 甲(물상보증인) 소유 Y토지에 대해 채권최고액을 2억원으로 하는 2순위 근저당권을 각각 설정하였는데, 이는 누적적 근저당권에 해당한다. 이 경우 丁이 Y토지에 대해 물상대위권을 행사하여 2억원을 받은 이상 남은 피담보채권액은 1억원이므로, 丁은 X토지로부터는 1억원만 우선변제를 받을 수 있다. (ㄷ) 한편 물상보증인 甲은 채무자 丙에 대해 2억원 구상권을 갖고(341조·
370조), 변제자대위에 의해 丁의 권리를 대위할 수 있는데(482조
1항), 丁은 상술한 대로 X토지로부터 1억원 한도에서만 우선변제를 받을 수 있으므로, 이를 대위행사하는 甲도 X토지로부터 1억원을 우선변제 받을 수 있다. 乙은 X토지에 대해 3순위로 근저당권을 설정 받은 것이어서 甲에 우선할 수는 없다. X토지의 매각대금 2억원은 먼저 丁에게 1억원, 그 다음 甲에게 1억원을 배당하여야 한다. 乙에게 배당될 금액은 없다. 법원은 甲의 청구를 이러한 내용으로 인용할 것이다. 사례 p. 427

3. 지상권 · 전세권을 목적으로 하는 저당권

사례 (1) 1) ① 甲은 자신의 소유인 X토지 위에 Y건물을 신축하고 자신의 이름으로 Y건물에 관하여 보존등기를 하였다. ② 甲은 C와의 사이에 Y건물 1층을 임차인 C, 보증금 1억원, 임차기간 2003. 1. 1.부터 24개월, 임대료 월 1,200만원으로 정하여 임대하는 계약을 체결하고, 관리비 월 100만원, 전기료 · 수도료 등 공과금은 임차인이 부담하기로 약정하였다. ③ 甲과 C는 임차보증금 반환채권을 담보할 목적으로 전세권 설정등기를 하기로 약정하고, 2003. 1. 10. Y건물 1층에 관하여 전세권설정자 甲, 전세권자 C, 전세금 1억원, 기간 2003. 1. 1.부터 2년으로 된 전세권 설정등기를 마쳤다. ④ C는 2003. 2. 21. 乙로부터 7,000만원을 차용하면서 乙에게 담보로 위 전세권에 관하여 채권최고액 9,000만원의 근저당권 설정등기를 마쳐주었다. 이때 乙은 전세권 설정등기가 마쳐진 경위에 관하여 알지 못했다. ⑤ C는 2004. 1. 1. 이후로 甲에게 임대료와 관리비를 지급하지 못하였을 뿐 아니라 乙에게 대출금의 이자도 지급하지 않았다. 이에 甲은 2004. 9. 12. C에게 임대차계약을 해지한다는 뜻을 통지하였고, 그 통지는 그 무렵 C에게 도달되었다. 2) 甲은 乙을 상대로 Y건물에 관한 전세권 근저당권 설정등기의 말소를 구하는 소를 제기하면서, 첫째 이 사건 전세권 설정등기는 실제로 전세권 설정계약을 체결하지 않고 단지 임차보증금 반환채권을 담보할 목적으로 마친 것으로 통정허위표시에 기한 무효의 등기이므로 이에 기한 근저당권 설정등기 역시 말소되어야 하고, 둘째 C가 연체한 임대료, 관리비 등을 전세금에서 공제하면 남는 것이 없으므로 전세권 설정등기의 피담보채무가 소멸되었고, 이에 따라 전세권 설정등기는 무효가 되었으므로 이에 기한 근저당권 설정등기는 말소되어야 한다고 주장하였다. 甲의 주장의 타당성을 검토하라. (10점)(2014년 제2차 변호사시험 모의시험)

(2) A는 2010. 3. 10. B에게 A 소유의 X건물에 대하여 전세금 1억원, 존속기간 2010. 3. 10.부터 2012. 3. 9.까지로 하여 전세권을 설정하여 주었고, B는 2010. 3. 10. A로부터 X건물을 인도받아 점유 · 사용하고 있다. 그런데 B는 사업상 자금이 필요하여 2010. 5. 20. C로부터 6,000만원을 차용하면서, C 명의로 채권액 6,000만원의 전세권저당권을 설정하여 주었고, 2012. 3. 9. 위 전세권의 존속기간이 만료되었다. 이 경우 C는 전세권저당권자로서 어떠한 방법을 통해 자신의 채권 만족을 얻을 수 있는가? (25점)(제4회 변호사시험, 2015)

(3) 1) 甲은 2015. 4. 1. 乙에게 甲 소유의 X건물을 임대차보증금 1억원, 월 차임 400만원, 임대차기간 2015. 4. 1.부터 2017. 3. 31.까지로 정하여 임대하기로 계약하고, 계약 당일 乙로부터 임대차보증금 1억원을 받았다. 2) 甲은 X건물에 관하여 '전세금을 2억원으로 올려 전세권을 설정하여 주면 이를 담보로 금융기관에서 대출을 받아 사업자금으로 사용할 수 있게 하여 달라'는 乙의 부탁에 따라, 乙과 2015. 4. 2. 전세권설정계약을 체결하고, 乙 명의로 전세금 2억원, 존속기간 2015. 4. 1.부터 2017. 3. 31.까지로 하는 전세권설정등기를 마쳐 주었다. 乙은 그 사정을 모르는 丙은행으로부터 1억 5천만원을 대출받으면서 위 전세권을 담보로 하여 丙은행에 근저당권설정등기를 마쳐주었다. (각 문항은 독립된 것임)

(a) 甲은 丙은행을 상대로 丙 명의 전세권근저당권 설정등기의 말소를 청구할 수 있는가? (10점)

(b) 丙은행은 2017. 4. 30. 乙의 전세금 반환채권에 대하여 압류 및 전부명령을 받아 甲에게 전부금 지급을 청구하였다. 이에 대해 甲은 임대차기간 중 乙의 관리 부실로 X건물의 외벽이 훼손된 것을 보수할 비용 1,000만원과 乙이 연체한 차임 2,000만원을 공제할 것을 주장한다. 甲의 주장은 타당한가? (10점)(2017년 제59회 사법시험)

(4) 1) 甲은 2016. 3. 2. E로부터 1억원을 차용하면서 이를 담보하기 위하여 E에게 Y2건물에 관하여 근저당권설정등기를 마쳐주었다. 甲은 2016. 3. 31. Y2건물에 관하여 전세금 1억원, 전세권 존속기간을 2016. 4. 1.부터 2018. 3. 31.까지로 정하여 戊와 전세권설정계약을 체결하였다. 甲은 2016. 4. 1. 戊로부터 전세금 1억원을 받고, 같은 날 戊에게 Y2건물을 인도하고 전세권설정등기를 마쳐주었다. 2) 戊는 2017. 2. 1. F로부터 8천만원을 변제기를 2018. 1. 31.로 정하여 빌리면서 이를 담보하기 위하여 같은 날 F에게 위 전세권에 관하여 전세권저당권 설정등기를 마쳐주었다. F는 2018. 4. 9. 戊의 甲에 대한 전세금 반환채권 1억원에 대한 압류 및 추심명령을 받았고 이는 2018. 4. 13. 甲에게 송달되었다. 3) F는 2018. 4. 17. 甲을 상대로 추심금 청구의 소를 제기하였다. 이 소송에서 甲은 2017. 1. 5. 戊에게 2018. 1. 5.을 변제기로 정하여 7천만원을 대여하였다고 하면서 이 대여금 채권과 전세금 반환채권과의 상계를 주장하였다. 심리 결과 甲이 戊에게 7천만원을 대여한 것은 사실로 확인되었다. 甲의 상계 주장은 타당한가? (15점)(2018년 제3차 변호사시험 모의시험)

(5) 1) 甲은 2015. 12. 10. 그 소유인 X점포에 관하여 乙과 전세금 2억원, 기간 2016. 1. 10.부터 2018. 1. 9.까지로 정하여 전세권설정계약을 체결하고 2016. 1. 10. 전세금을 받은 다음 乙에게 X점포를 인도하고 전세권설정등기를 마쳐주었다. 乙은 2017. 2. 10. 丙으로부터 2억원을 차용하고

丙에게 위 전세권에 저당권을 설정하여 주었다. (이자나 지연손해금은 발생하지 않는 것으로 함) 2) 乙은 전세기간 만료일인 2018. 1. 9. 甲에게 X점포를 인도하면서 전세금 반환을 요구하였고 甲은 그날 乙에게 전세금 일부 반환 명목으로 8,000만원을 지급하였다. 乙의 일반 채권자 丁은 같은 해 1. 15. 법원으로부터 위 전세금 반환채권 2억원에 대해 압류·추심명령을 받았고 그 명령이 같은 해 1. 20. 甲에게 송달되었다. 丙도 같은 해 1. 22. 전세권저당권에 기해 법원으로부터 전세금 반환채권 2억원에 대해 압류·전부명령을 받고 그 명령이 같은 해 1. 25. 甲에게 송달되고 그 무렵 확정되었다. 이러한 사실이 알려지자 ① 丙은 자신이 전세권저당권자로서 전세금 반환채권에 대해 우선변제권이 있으므로 甲이 乙에게 일부 전세금을 변제한 행위는 丙에게 대항할 수 없고 따라서 丙은 전세금 2억원 전체에 대해 권리가 있다고 주장하였고, ② 丁은 자신의 압류·추심명령이 丙의 압류·전부명령보다 甲에게 먼저 송달되었으므로 丙의 전부명령은 효력을 상실하였고 따라서 丙과 丁은 동등한 권리가 있다고 주장한다. 3) 丙과 丁의 위 주장을 검토하고 丙과 丁이 각각 전세금 반환채권에 관해 얼마의 범위에서 권리를 주장할 수 있는지 설명하시오. (20점) (2019년 제8회 변호사시험)

(6) 1) 甲은 2015. 12. 10. 그 소유인 X점포에 관하여 乙과 전세금 2억원, 기간 2016. 1. 10.부터 2018. 1. 9.까지로 정하여 전세권설정계약을 체결하고 2016. 1. 10. 전세금을 받은 다음 乙에게 X점포를 인도하고 전세권설정등기를 마쳐주었다. 乙은 2017. 2. 10. 丙으로부터 2억원을 차용하고 丙에게 위 전세권에 저당권을 설정하여 주었다. (이자나 지연손해금은 발생하지 않는 것으로 함) 2) 甲은 乙에게 4차례에 걸쳐 금전을 대여하여 다음과 같은 채권이 발생하였다. ① 제1 대여금 채권(대여일 2015. 12. 15. 금액 1,000만원, 변제기 2017. 10. 14.) ② 제2 대여금 채권(대여일 2015. 12. 20. 금액 1,500만원, 변제기 2018. 1. 19.) ③ 제3 대여금 채권(대여일 2016. 12. 15. 금액 2,000만원, 변제기 2017. 12. 14.) ④ 제4 대여금 채권(대여일 2016. 12. 20. 금액 2,500만원, 변제기 2018. 2. 19.). 3) 전세기간이 만료된 후 丙은 2018. 2. 28. 전세권저당권에 기해 법원으로부터 전세금 반환채권 2억원에 대해 압류·추심명령을 받고 그 명령이 같은 해 3. 10. 甲에게 송달되었다. 甲은 그때까지 乙로부터 위 대여금을 전혀 변제받지 못하였다. 丙이 甲에게 추심금의 지급을 구하자, 甲은 위 4건의 대여금 채권 합계 7,000만원을 자동채권으로, 전세금 반환채권 2억원을 수동채권으로 하여 상계한다는 의사를 표시하였다. 4) 甲이 상계로 丙에게 대항할 수 있는 대여금 채권의 범위를 검토하시오. (15점) (2019년 제8회 변호사시험)

(7) 2018. 2. 1. 甲은 자기 소유의 X건물을 乙에게 임대기간 2018. 2. 1.부터 2020. 1. 31.까지, 임대차보증금 1억원, 월 차임 1천만원으로 하여 임대하였다. 乙은 甲으로부터 X건물을 인도받고 임대차보증금 1억원을 지급하였다. 2018. 2. 2. 乙은 甲에 대한 임대차보증금 반환채권을 담보하기 위해 X건물에 대해 전세금 1억원, 전세기간 2018. 2. 2.부터 2020. 1. 31.까지로 정한 전세권설정등기를 마쳤다. 그 후 2019. 10. 8. 乙은 丙으로부터 1억원을 차용하면서 위 전세권에 대해 저당권설정등기를 마쳐주었다(丙은 위 전세권설정등기의 경위에 대해서는 알지 못했다). 2020. 3. 15. 丙은 전세기간이 만료된 후 위 전세금반환채권에 대해 물상대위권에 기해 압류 및 추심명령을 받았고 甲에게 송달되었다.

(가) 1) 2020. 2. 2. 乙은 甲에 대한 전세금반환채권 1억원을 丁에게 양도하는 내용의 계약을 체결하고, 2020. 2. 4. 이 같은 취지를 확정일자부 증서를 통해 甲에게 통지하여 그 당일 도달하였다. 한편 乙은 甲에 대한 차임 지급을 연체하였고 그 금액은 1억원에 이른다. 2) 丙이 2020. 4. 5. 甲

에게 추심금 1억원의 지급을 청구하자, 甲은 "① 丙의 압류 및 추심명령 이전에 전세금반환채권이 丁에게 양도되었다. ② 乙의 甲에 대한 연체된 차임채무가 1억원에 이르므로 반환해야 할 전세금은 존재하지 않는다."는 이유로 지급을 거절하였다. 丙과 甲의 주장을 고려하여 법원이 내릴 판단을 그 법리적 논거와 함께 구체적으로 서술하시오. (20점)

(내) 丙이 2020. 4. 5. 甲에게 추심금 1억원 지급을 청구하자, 甲은 乙과의 거래관계에서 발생한 채권[① 甲의 乙에 대한 제1차 대여금채권 5천만원(대여일 2018. 1. 5. 변제기 2019. 12. 31.), ② 甲의 乙에 대한 제2차 대여금채권 5천만원(대여일 2018. 5. 1. 변제기 2020. 3. 31.)]을 자동채권으로 하여 상계 항변하였다. 甲의 상계 항변이 타당한지 그 법리적 논거와 함께 구체적으로 서술하시오. (15점)(2023년 제2차 변호사시험 모의시험)　　　　　　　　　　　　　해설 p. 447

> **제371조〔지상권·전세권을 목적으로 하는 저당권〕** ① 본장의 규정은 지상권 또는 전세권을 저당권의 목적으로 한 경우에 준용한다. ② 지상권 또는 전세권을 목적으로 저당권을 설정한 자는 저당권자의 동의 없이 지상권 또는 전세권을 소멸되게 하는 행위를 하지 못한다.

(1) 의 의

a) 저당권은 부동산(토지·건물)을 목적으로 하는데($\frac{356}{조}$), 지상권이나 전세권도 본조에 의해 저당권의 목적이 될 수 있다(제306조에서도 전세권을 담보로 제공할 수 있다고 규정한다). 다만 전세권의 경우 설정계약에서 담보제공을 금지하는 것으로 하고 이를 등기한 때에는 저당권의 목적으로 삼을 수 없다($\frac{306조}{단서}$).

b) 지상권·전세권을 목적으로 하는 저당권에 대해서는 부동산 저당권에 관한 민법의 규정이 준용된다($\frac{371조}{1항}$). 따라서 그 실행 절차는 민사집행법 제273조에서 정하는 재산권에 대한 담보권 실행 절차에 따르지 않고 민사집행법 제264조에서 정하는 부동산 경매절차에 의한다($\frac{민법}{주해}$ $\frac{(VII), 239면}{(조대현)}$). 한편 저당권의 효력은 부합물과 종물에 미치는데($\frac{358}{조}$), 토지 위에 지상권이나 전세권이 설정된 경우에 지상권자나 전세권자가 그 토지상의 건물을 소유하고 있는 경우, 그 건물은 지상권·전세권을 목적으로 하는 저당권의 효력이 미치는 부합물이나 종물은 아니다.

c) 지상권·전세권을 목적으로 저당권이 설정된 경우, 설정자는 저당권자의 동의 없이 지상권이나 전세권을 소멸시키는 행위를 하지 못한다($\frac{371조}{2항}$). 지상권·전세권을 포기하거나 그 설정계약을 해지하는 것과 같이 설정자의 의사에 의해 지상권이나 전세권을 소멸시키는 행위가 이에 해당한다. 그러한 행위를 하더라도 저당권자에게는 효력이 없어, 저당권자는 그에 영향을 받지 않고 저당권을 실행할 수 있다.

(2) 전세권저당권의 실행

a) **전세기간 만료 전에 실행하는 경우**　　부동산 경매절차에 따르므로, 전세권 자체를 매각하는 절차를 밟고, 매수인은 전세권 자체를 취득한다.

b) **전세기간 만료 후에 실행하는 경우**　　(ㄱ) 전세권의 존속기간이 만료되면 전세권은 소멸되어 더 이상 전세권 자체에 대해 저당권을 실행할 수 없다. 이 경우 전세금 반환채권은 전세권

에 갈음하여 존속하는 것으로서 저당권자는 <u>전세금 반환채권에 대하여 물상대위권을 행사할</u> <u>수 있다</u>. 즉 민사집행법 제273조에 따라 전세금 반환채권에 대해 압류 및 추심명령 또는 전부명령을 받거나, 제3자가 전세금 반환채권에 대해 실시한 강제집행절차에서 배당요구를 하는 방식으로 행사할 수 있다(대판 1999. 9. 17, 98다31301). (ㄴ) 제317조에서 정하는 동시이행의 항변권 제도의 취지, 전세권을 목적으로 하는 저당권의 설정은 그 소유자의 의사와는 상관없이 전세권자의 동의만 있으면 가능한 점, 본래 전세권에서 전세금 반환의무는 전세권설정자가 전세권자에게 지급함으로써 그 의무 이행을 다할 뿐이라는 점 등에 비추어, <u>저당권자가 물상대위권을 행사</u> <u>하기 전에 전세권설정자가 전세권자에게 전세금을 지급한 것은 유효하다</u>(대판 1999. 9. 17, 98다31301). (ㄷ) 전세권저당권자가 물상대위권을 행사하여 전세금 반환채권에 대해 압류가 이루어진 경우에도, 전세권저당권이 설정된 때에 이미 전세권설정자가 전세권자에 대하여 반대채권을 가지고 있고, 그 반대채권의 변제기가 장래 발생할 전세금 반환채권의 변제기와 동시에 또는 그보다 먼저 도래하는 경우와 같이, <u>전세권설정자의 상계에 관한 기대이익을 인정할 수 있는 경우</u>에는, 전세권설정자는 그 반대채권을 자동채권으로 하여 전세금 반환채권과 상계함으로써 전세권저당권자에게 대항할 수 있다(대판 2014. 10. 27, 2013다91672).

사례의 해설 (1) (ㄱ) 임대차계약에 따른 임대차보증금 반환채권을 담보할 목적으로 임대인과 임차인 사이의 합의에 따라 임차인 명의로 전세권설정등기를 마친 경우, 그 전세금의 지급은 이미 지급한 임대차보증금으로 대신한 것이고, 장차 전세권자가 목적물을 사용·수익하는 것을 완전히 배제하는 것도 아니므로, 그 전세권설정등기는 유효하다. 이 경우 임대차보증금에서 연체 차임 등을 공제하고 남은 돈을 전세금으로 하는 것이 임대인과 임차인의 합치된 의사라고 볼 수 있다. 그러나 그 전세권설정계약은 외관상으로는 그 내용에 차임 지급 약정이 존재하지 않고, 이에 따라 전세금이 연체 차임으로 공제되지 않는 등 임대인과 임차인의 진의와 일치하지 않는 부분이 존재하는데, 이 부분은 통정허위표시에 해당하여 무효이다. 다만 이해관계를 갖게 된 제3자에 대해서는 그가 악의인 경우에만 무효를 주장할 수 있다(대판 2021. 12. 30, 2018다268538). (ㄴ) 설문에서 C 명의의 전세권등기는 유효하므로, 이에 대한 乙 명의의 전세권저당권등기도 유효하다. 甲은 乙을 상대로 전세권저당권등기의 말소를 구할 수 없다. 한편 甲과 C는 임대차보증금에서 연체 차임 등을 공제하고 남은 돈을 전세금으로 하려는 의사 하에 전세권설정등기를 한 것이고, 따라서 차임에 관한 약정이 없는 전세권 부분은 허위표시에 해당하여 무효이다. 다만 이해관계를 갖게 된 제3자에 대해서는 그가 악의인 경우에만 무효를 주장할 수 있다(108조 2항). 그런데 전세권저당권자 乙은 선의이므로, 甲은 전세금에서 연체 차임 등을 공제할 수 있다고 乙에게 주장할 수 없다. 그러므로 연체 차임 등에 충당하여 (피담보채무인) 전세금이 없게 되어 전세권도 소멸되고 그에 따라 전세권저당권도 소멸되어 그 등기를 말소할 수 있다는, 甲의 청구는 인용될 수 없다.

(2) C는 전세권에 갈음하여 존속하는 전세금 반환채권에 대해 물상대위권을 행사할 수 있다(대판 1999. 9. 17, 98다31301). 그 구체적인 실행은 민사집행법 제273조에 따라 전세금 반환채권 1억원에 대해 압류 및 추심명령을 받아 피담보채권 6,000만원에 충당하거나, 피담보채권 6,000만원 범위에서 압류 및 전부명령을 받아 충당하는 방법이 있다.

(3) (ㄱ) 甲은 그 소유 X건물을 임대차보증금 1억원, 월 차임 400만원으로 乙에게 임대하기로 계

약을 맺었다. 그 후 乙의 부탁으로 (乙이 금융기관으로부터 대출을 받을 수 있게 하려고) 전세금을 (허위로) 2억원으로 하여 乙 명의로 전세권설정등기를 마친 것이다. (ㄴ) 전세권은 전세금을 지급하고 타인의 부동산을 점유하여 사용·수익하는 것을 내용으로 하는 것이어서($\frac{303조}{1항}$), 그리고 이미 지급한 임대차보증금으로 전세금 지급에 대신할 수 있는 것이므로, 전세금 1억원 범위에서는 (그것은 임대차계약에 따른 임대차보증금 반환채권을 담보하는 것이어서) 乙은 전세권을 취득한다. 다만, 전세금을 2억원으로 하여 초과된 1억원 부분에 대해서는 허위표시로서 무효이다. 또한 임대차보증금에서 연체 차임 등을 공제하고 남은 돈을 전세금으로 하는 것이 甲과 乙의 합치된 의사라고 볼 수 있는데, 그러나 전세권설정계약은 외관상으로는 그 내용에 차임 지급 약정이 존재하지 않고, 이에 따라 전세금이 연체 차임으로 공제되지 않는 등 임대인과 임차인의 진의와 일치하지 않는 부분이 존재하는데, 이 부분은 허위표시에 해당하여 무효이다($\frac{대판 2021. 12. 30.}{2018다268538}$). (ㄷ) 그러나 허위표시의 무효는 선의의 제3자에게 대항하지 못하는데($\frac{108조}{2항}$), 설문에서 丙은 그러한 사정을 모른 선의였으므로, 甲은 허위표시에 기한 무효를 丙에게 주장할 수 없다. 즉 甲은 소유권에 기해 丙 명의의 전세권근저당권등기의 말소를 구할 수 없고, 전세금에서 연체 차임 등을 공제할 것을 주장할 수 없다.

(4) 전세권저당권자는 물권자로서 전세금 반환채권에서 다른 일반 채권자에 앞서 변제받을 권리가 있다. 그러나 F의 전세권저당권이 설정된 때(2017. 2. 1.)에 이미 전세권설정자(甲)가 전세권자(戊)에 대해 반대채권을 가지고 있고(2017. 1. 5. 대여금 채권 발생), 그 반대채권의 변제기(2018. 1. 5.)가 장래 발생할 전세금 반환채무의 변제기(2018. 3. 31.)와 동시에 또는 그보다 먼저 도래하는 경우처럼, 전세권설정자에게 상계에 대한 합리적 기대이익을 인정할 수 있는 경우에는, 전세권저당권자(F)의 압류 및 추심명령에 불구하고, 甲은 戊에 대한 7천만원의 대여금 채권을 1억원의 전세금 반환채무와 7천만원 범위에서 상계할 수 있다($\frac{대판 2014. 10.}{27, 2013다91672}$).

(5) (ㄱ) 전세권에 저당권이 설정된 경우, 전세권의 존속기간이 만료되면, 저당권자는 전세금 반환채권에 대해 민사집행법 제273조에 따라 물상대위권을 행사할 수 있다. 그런데 丙이 물상대위권을 행사하기 전에는 甲은 乙에게 전세금을 반환할 수 있다($\frac{대판 1999. 9.}{17, 98다31301}$). 따라서 甲이 乙에게 전세금 중 일부인 8천만원을 지급한 것은 유효하고, 전세금은 1억 2천만원 남게 된다. (ㄴ) 전세권저당권자는 일반채권자보다 우선변제권이 있다. 따라서 丁이 전세금 반환채권에 대해 먼저 압류 및 추심명령을 받았다고 하더라도 丙은 그 후에라도 압류 및 전부명령 등을 통해 물상대위권을 행사하여 丁보다 먼저 우선변제를 받을 수 있다(즉 이 경우 민사집행법 제229조 5항은 적용되지 않는다)($\frac{대판 1994. 11. 22, 94다25728;}{대판 2008. 12. 24, 2008다65396}$). (ㄷ) 丙은 전세금 중 1억 2천만원 범위에서만 우선변제를 받을 수 있다. 그리고 丁의 주장은 부당하다.

(6) (ㄱ) 전세권저당권자가 전세금 반환채권에 대해 물상대위권을 행사하는 경우, 저당권자는 그 전세금 반환채권에서 우선변제를 받을 권리가 있으므로, 전세권설정자는 전세권저당권자에게 상계로써 대항할 수 없는 것이 원칙이다. 다만, ① 전세권저당권이 설정된 때에 이미 전세권설정자가 전세권자에 대해 반대채권을 가지고 있고, ② 그 반대채권의 변제기가 전세금 반환채권의 변제기와 동시에 또는 그 전에 도래하는 경우에는, 전세권설정자의 상계에 대한 기대이익을 인정할 수 있어 예외적으로 상계가 허용된다($\frac{대판 2014. 10.}{27, 2013다91672}$). (ㄴ) 丙의 전세권저당권은 2017. 2. 10. 설정되었는데, 甲이 乙에게 갖는 대여금 채권 4건은 모두 그전에 발생한 것이어서 위 요건 ①은 충족한다. 한편 위 요건 ②에서, 전세금 반환채권의 변제기는 전세기간 만료일인 2018. 1. 9.이 되

는데, 이것과 동시에 또는 그 전에 발생한 대여금 채권은 제1 대여금 채권과 제3 대여금 채권이 해당된다. 따라서 甲은 그 합계 3천만원 범위에서만 전세금 반환채무와 상계할 수 있다.

(7) (가) (ㄱ) 甲의 항변 ①에 대하여: 丙은 2020. 3. 15. 전세권저당권에 의한 물상대위에 기해 전세금반환채권에 대해 압류 및 추심명령을 받았지만, 이것은 2019. 10. 8.에 성립한 전세권저당권에 기초한 것이고, 이에 따른 우선적 지위를 가진다($\substack{대판 2008. 12. 24, \\ 2008다65396}$). 따라서 2020. 2. 2.에 전세금반환채권을 양수한 丁에 우선한다. 甲의 항변은 타당하지 않다. (ㄴ) 甲의 항변 ②에 대하여: 임차보증금 반환채권을 담보할 목적으로 한 전세권등기는 유효하다. 다만 전세권에는 차임에 관한 약정이 없어 이 부분에 한해서는 허위표시로서 무효이다($\substack{대판 2021. 12. 30, \\ 2018다268538}$). 따라서 연체된 차임을 전세금에서 공제할 수 있다. 다만 허위표시의 무효는 선의의 제3자에게 대항할 수 없는데($\substack{108조 \\ 2항}$), 丙은 선의이므로, 甲은 연체 차임 1억원을 전세금에서 공제할 수 있다고 丙에게 주장할 수 없다. 甲의 항변은 타당하지 않다 (ㄷ) 결 론: 甲의 항변은 모두 부당하고, 丙의 甲에 대한 추심금 청구는 인용된다.

(나) 전세권저당권이 설정된 때(2019. 10. 8.) 이미 전세권설정자(甲)가 전세권자(乙)에 대해 반대채권을 가지고 있고, 반대채권의 변제기가 장래 발생할 전세금반환채권의 변제기(2020. 1. 31.)와 동시에 또는 그 이전에 도래하는 경우, 즉 전세권설정자에게 상계에 관한 합리적 기대이익을 인정할 수 있는 경우에만, 전세권설정자는 반대채권을 자동채권으로 하여 전세금반환채권과 상계함으로써 전세권저당권자에게 대항할 수 있다($\substack{대판 2014. 10. 27, \\ 2013다91672}$). 따라서 甲의 乙에 대한 제1차 대여금채권(5천만원)만이 이 요건을 충족하여 상계할 수 있다. 사례 p. 443

4. 민법 외의 다른 법률에 의한 저당권

(1) 서 설

저당권에 관한 민법의 규정은 다른 법률에 의하여 설정된 저당권에도 준용된다($\substack{372 \\ 조}$). 민법 외의 다른 법률에 의해 저당권이 인정되는 것으로는, 입목저당($\substack{입목에 관 \\ 한 법률}$), 광업권저당($\substack{광업법 \\ 11조}$), 공장저당이나 공장재단저당($\substack{공장 및 광업 \\ 재단 저당법}$), 광업재단저당($\substack{공장 및 광업 \\ 재단 저당법}$), 동산저당($\substack{자동차 등 특정 \\ 동산 저당법}$) 등이 있다. 이러한 저당 제도에 대해서는 관련 법률에서 따로 특칙을 정하고 있는데, 그에 정함이 없는 것에 관해서는 저당권에 관한 민법의 규정이 준용된다.

(2) 다른 법률에 의한 저당권의 개요

가) 입목저당

토지에 부착된 수목의 집단으로서 그 소유자가 「입목에 관한 법률」($\substack{1973년 법 \\ 2484호}$)에 의해 소유권 보존의 등기를 받은 것을 '입목'이라고 한다($\substack{동법 2 \\ 조 1항}$). (ㄱ) 입목의 소유자는 토지와 분리하여 입목을 저당권의 목적으로 할 수 있는데($\substack{동법 3 \\ 조 2항}$), 그러기 위해서는 그 입목을 보험에 붙여야 한다($\substack{동법 \\ 22조}$). (ㄴ) 입목을 목적으로 하는 저당권의 효력은 입목을 벌채한 경우에 그 토지에서 분리된 수목에도 미치고($\substack{동법 4 \\ 조 1항}$), 저당권자는 채권의 기한이 도래하기 전이라도 그 분리된 수목을 경매할 수 있으나, 그 경락대금은 공탁하여야 하며($\substack{동법 4 \\ 조 2항}$), 수목의 소유자는 상당한 담보를 공탁하고 위 경매의 면제를 신청할 수 있다($\substack{동법 4 \\ 조 3항}$). (ㄷ) 입목의 경매나 그 밖의 사유로 토지와 그 입목이 각각 다른 소유자에게 속하게 되는 경우에는 토지 소유자는 입목 소유자에게 지상권을 설정한 것으로 본다($_{\text{동법 6조}}^{\text{법정지상권:}}$). (ㄹ) 지상권자 또는 토지의 임차인에게 속하는 입목이 저당권의 목적이 되어 있는 경우에는 지상권자 또는 임차인은 저당권자의 승낙 없이 그 권리를 포기하거나 계약을 해지할 수 없다($_{\text{7조}}^{\text{동법}}$).

나) 공장저당

종전에는 '공장저당법'과 '광업재단저당법'이 있었는데, 공장저당법을 전부 개정하면서 후자를 통합하여 「공장 및 광업재단 저당법」($_{\text{9520호}}^{\text{2009년 법}}$)으로 명칭을 바꾸었다. 공장저당에는 공장저당과 공장재단저당의 둘이 있는데, 실무상으로는 전자가 주로 이용된다.

a) 공장저당　이것은 일반 부동산등기부에 등기가 이루어지고, 또 공장저당권을 설정하지 않고 보통의 저당권을 설정할 수도 있으나, 동법이 적용되는 공장에 해당하여 공장저당권을 설정하려면 그 토지 또는 건물에 설치된 기계·기구(그 밖의 공장의 공용물)목록을 제출하여야 하고, 이 경우 그 기계·기구 등에도 저당권의 효력이 미치는 점에서 민법상의 저당권과는 차이가 있다.[1] 그 세부적인 내용은 다음과 같다. (ㄱ) 동법이 적용되는 공장은, 영업을 하기 위하여 물품의 제조·가공, 인쇄, 촬영, 방송 또는 전기나 가스의 공급 목적에 사용하는 장소를 말한다($_{\text{조 1호}}^{\text{동법 2}}$).[2] (ㄴ) 공장저당권에는 공장에 속하는 「토지의 저당권」과 「건물의 저당권」 두 가지가 있다. ① 토지에 설정한 저당권의 효력은 그 토지에 부합된 물건과 그 토지에 설치된 기계·기구, 그 밖의 공장의 공용물에 미친다($_{\text{3조}}^{\text{동법}}$). ② 동법 제3조의 규정은 공장에 속하는 건물에 설정한 저당권에 준용한다($_{\text{4조}}^{\text{동법}}$). ③ 공장에 속하는 토지나 건물에 대한 저당권설정등기를 신청하려면 그 토지나 건물에 설치한 기계·기구(그 밖의 공장의 공용물) 목록을 제출하여야 한다($_{\text{조 1항}}^{\text{동법 6}}$). 이 목록은 등기부의 일부로 보며, 그 기재는 등기로 본다($_{\text{6조 2항}}^{\text{동법 36조·}}$). 즉 그 기재가 된 때에만 공장저당권의 효력이 그에 미친다($_{\text{다카1514, 1515}}^{\text{대판 1989. 2. 9, 87}}$). 다만, 목록에 기재되어 있다고 하더라도 그것이 저당권설정자가 아닌 제3자의 소유인 경우에는 저당권의 효력이 미치지 않는다($_{\text{29, 92마576}}^{\text{대결 1992. 8.}}$). (ㄷ) 저당권의 목적이 된 물건이 제3자에게 인도된 후에도 선의취득의 요건을 갖추지 못한 이상 그 물건에 저당권을 행사할 수 있다($_{\text{7조}}^{\text{동법}}$). (ㄹ) 공장저당의 목적인 토지 또는 건물과 그에 설치된 기계·기구 그 밖의 공용물은 유기적인 일체성이 있다. 따라서 양자는 일괄하여 처분(경매)되도록 하여야 공장으로서의 효용을 유지할 수 있다. 그 일환으로, 저당권의 목적인 토지나 건물에 대한 압류(가압류·가처분)는 공장의 기계·기구 등에도 미치고($_{\text{조 1항}}^{\text{동법 8}}$), 위 토지나 건물과 함께 하지 않으면 기계·기구 등에 대해서만 압류 등을 할 수 없는 것으로 하고 있다($_{\text{조 2항}}^{\text{동법 8}}$).[3]

---

1) 판례: 「공장저당법에 의한 공장저당을 설정함에 있어서는 공장의 토지, 건물에 설치된 기계·기구 등은 같은 법 제7조 소정의 기계·기구 목록에 기재하여야만 공장저당의 효력이 생기나, 이와는 달리 공장 건물이나 토지에 대하여 민법상의 일반 저당권이 설정된 경우에는 공장저당법과는 상관이 없으므로, 같은 법 제7조에 의한 목록의 작성이 없더라도 그 저당권의 효력은 민법 제358조에 의하여 당연히 그 공장 건물이나 토지의 종물 또는 부합물에까지 미친다」(대판 1995. 6. 29, 94다6345).

2) 판례: 「수영장 시설은 이를 공장저당법 제2조에서 규정하는 공장이라 볼 수 없고, 따라서 그 건물과 구축물에 대한 근저당권설정등기 중 구축물을 공장저당의 목적물로 한 부분은 무효이다」(대판 1995. 9. 15, 94다25902).

3) 판례: 「공장저당법 제4조, 제5조, 제7조 1항에 의하면, 공장저당의 목적이 된 토지 또는 건물과 거기에 설치된 기계,

b) **공장재단저당** (ㄱ) 공장 소유자는 하나 또는 둘 이상의 공장으로 공장재단을 설정하여 저당권의 목적으로 할 수 있다($\frac{\text{동법 10}}{\text{조 1항}}$). ① 공장재단은 공장에 속하는 토지와 건물 그 밖의 공작물, 기계와 기구 그 밖의 부속물, 항공기·선박·자동차 등 등기나 등록이 가능한 동산, 지상권 및 전세권, 임대인이 동의한 경우의 임차권, 지식재산권으로 구성된다($\frac{\text{동법 13}}{\text{조 1항}}$). ② 공장재단은 1개의 부동산으로 본다($\frac{\text{동법 12}}{\text{조 1항}}$). ③ 공장재단은 공장재단등기부에 소유권보존등기를 함으로써 설정한다($\frac{\text{동법 11}}{\text{조 1항}}$). 이 경우 공장재단을 구성하는 목록을 제출하여야 하고, 기록된 내용은 등기된 것으로 본다($\frac{\text{동법}}{\text{36조}}$). 한편, 그 소유권보존등기를 한 날부터 10개월 내에 저당권설정등기를 하지 않으면 그 효력을 잃는다($\frac{\text{동법 11}}{\text{조 2항}}$). (ㄴ) 공장재단의 구성물은 공장재단과 분리하여 양도하거나 소유권 외의 권리, 압류, 가압류, 가처분의 목적으로 하지 못한다($\frac{\text{동법}}{\text{14조}}$).

다) 광업재단저당

「공장 및 광업재단 저당법」이 이를 규율하는데, 광업재단은 광업권, 토지와 공작물 기타 광업에 관하여 광업권자에 속하는 것의 전부 또는 일부로써 구성되고, 이에 관하여는 동법 중 공장재단에 관한 규정이 준용된다($\frac{\text{동법 2조 3호·}}{\text{52조~54조}}$).

라) 동산저당

종전에는 건설기계저당법, 소형선박저당법, 자동차저당법, 항공기저당법에서 따로 규율하던 것을 통합하여 새로 「자동차 등 특정동산 저당법」($\frac{\text{2009년 법}}{\text{9525호}}$)을 제정하였는데, 그 주요 내용은 다음과 같다. (ㄱ) 건설기계관리법에 따라 등록된 건설기계, 선박등기법이 적용되지 않는 소형 선박, 자동차관리법에 따라 등록된 자동차, 항공법에 따라 등록된 항공기와 같은 특정동산은 동법에 따라 저당권의 목적물로 할 수 있다($\frac{\text{동법}}{\text{3조}}$). 등록의 대상이 되는 건설기계, 소형 선박, 자동차, 항공기와 같은 특정동산은 질권의 목적으로 하지 못한다($\frac{\text{동법 2조}}{\text{1호·9조}}$). (ㄴ) 특정동산에 대한 저당권의 설정은 각각의 등록원부(건설기계등록원부, 선박원부, 어선원부, 수상레저기구등록원부, 자동차등록원부, 항공기등록원부)에 등록하여야 효력이 생긴다($\frac{\text{동법}}{\text{5조}}$). (ㄷ) 저당권이 설정된 특정동산에 대해 등록관청이 등록을 말소하려는 경우에는 그 뜻을 미리 저당권자에게 통지하여야 한다. 저당권자는 이 통지를 받으면 그 특정동산에 대하여 즉시 그 권리를 행사할 수 있다($\frac{\text{동법 6}}{\text{조·7조}}$). (ㄹ) 항공기를 제외한 특정동산에 대한 경매절차에서, 법원은 상당하다고 인정하는 때에는 저당권자의 매수신청에 따라 경매 또는 입찰에 의하지 않고 그 저당권자에게 압류된 담보목적물의 매각을 허가하는 양도명령의 방법으로 환가할 수 있다($\frac{\text{동법}}{\text{8조}}$). (ㅁ) 자동차·건설기계·항공기에 대한 저당권의 실행을 위한 경매절차에 관해서는 민사집행법 제270조에서, 선박의 경우에는 민사집행법 제269조에서 이를 정한다.

기구 등은 이를 분할하여 경매할 수 없으므로, 그 부동산에 신청 근저당권자 이외의 근저당권자의 공장저당이 있을 때에는 경매 법원으로서는 그 근저당권자의 공장저당의 목적이 된 기계·기구 등도 함께 일괄경매하여야 한다」(대결 2003. 2. 19, 2001마785).

제5관 비전형 담보물권非典型 擔保物權

제1항 서 설

I. 비전형담보의 의의

1. (ㄱ) 민법이 규정하는 (전형적인) 담보물권으로는 법정담보물권인 유치권과, 약정담보물권인 질권과 저당권이 있다. 그런데 이러한 약정담보물권에 대해 거래계에서는 불만이 없지 않았다. 우선 동산질권의 경우에는 설정자가 목적물을 점유하는 것을 허용하지 않기 때문에 ($^{332}_{조}$), 설정자가 동산을 담보로 제공하면서도 이를 점유하여 이용하는 것이 필요한 것들, 가령 상품으로 만들어야 할 원자재나 부품, 양식장 내의 유동집합물, 공장의 기계기구 등에 대해서는 동산질권의 방식으로는 문제를 해결할 수 없다. 그리고 경매에 대한 불만이다. 약정담보물권의 실행은 경매절차에 의하여야 하는데, 그 과정은 번거롭고 시일이 오래 걸리며 또 보통 시가보다 저렴한 가격으로 경락이 이루어진다는 점이다. (ㄴ) 여기서 위와 같은 문제를 해결하기 위해 발생하게 된 것이 담보의 목적으로 권리, 특히 물건의 소유권을 채권자에게 이전하는 방식이다. 양도담보가 그 대표적인 것이고, 가등기담보도 이에 속하는 것이다. 이러한 담보제도를 민법상의 전형적 담보물권에 대해 '비전형 담보물권'이라고 한다. 한편, 민법상 질권과 저당권은 타물권이고 제한물권으로 구성되어 있다. 즉 설정자가 소유권을 가지면서 설정계약을 통해 채권자가 그 처분권능을 승계하는, 제한물권으로서의 담보물권으로 구성되어 있다. 이에 대해 비전형 담보물권은 담보의 목적으로 권리(가령 소유권)를 이전받는, '권리이전형 담보물권'으로 구성된 것이다. (ㄷ) 종전 특히 양도담보에 대해서는 그것이 허위표시虛僞表示가 아닌가 하는 논쟁이 있어 왔다. 그런데 양도담보에서 당사자는 진정으로 채권담보의 목적으로 권리를 채권자에게 이전하는 것을 원했기 때문에, 이러한 당사자의 의사를 존중하여 법률행위의 하나로서 정립된 개념이 '신탁행위信託行爲'이고, 이를 통해 양도담보가 허위표시라는 것을 극복하게 된다.

2. 권리이전형 담보제도는 두 가지를 특색으로 삼는다. 하나는, 담보의 목적으로 권리(가령 소유권)를 이전받는 것이고, 특히 동산 소유권의 경우에는 설정자가 목적물을 점유하면서 권리를 이전할 수 있는 '점유개정占有改定'($^{189}_{조}$)의 방식이 허용되어, 목적물에 대한 점유·사용은 부동산 저당권의 경우와 마찬가지로 설정자에게 맡겨져 있다는 점이다. 다른 하나는, 채권자가 담보의 목적으로 권리를 이전받은 것이어서, 그 담보의 실행은 경매競賣가 아닌 사적私的 실행, 즉 자신이 그 목적물을 평가하거나 아니면 타인에게 처분한 뒤 과부족을 청산하는 방식으로 이루어진다는 점이다.

Ⅱ. 비전형담보의 유형

비전형담보는 여러 관점에서 그 분류가 가능하지만, 자금획득 방법과 소유권이전의 두 가지를 기준으로 나누어 보면 다음과 같다.

1. 자금을 매매에 의하여 얻는 것 … 매도담보

필요한 자금을 매매의 형식을 빌려 매매대금으로 얻는 경우이다. 예컨대, 1,000만원의 자금을 필요로 하는 A가 시가 3,000만원 상당의 A 소유 토지를 1,000만원에 B에게 매각하여(B 앞으로 이전등기를 해 줌) 필요한 자금을 얻고, 그 후(변제기)에 1,000만원을 반환함으로써 토지를 다시 찾아오는 방법이다. 그 법률적 수단으로는 환매($\frac{590조}{참조}$)와 재매매의 예약이라는 두 방법이 있다. 위 경우 1,000만원은 형식상으로는 매매대금이지만 실질상으로는 차용금으로서, B는 그에 대한 담보로 매수인으로서 토지에 대해 소유권이전등기를 하는데, 이러한 유형을 「매도담보」라고 한다.

2. 자금을 소비대차에 의하여 얻는 것 … 양도담보 · 가등기담보

필요한 자금을 금전소비대차에 의해 얻는 경우인데, 이것은 그 담보물의 소유권이 언제 채권자에게 이전하는지에 따라 다음의 두 가지로 나눌 수 있다.

(1) 양도담보 … 계약 체결과 동시에 목적물의 소유권을 채권자에게 이전하는 것

예컨대, 1,000만원의 자금을 필요로 하는 A가 B로부터 1,000만원을 빌리고, 그 담보로 시가 3,000만원 상당의 A 소유 토지를 B 앞으로 소유권이전등기를 해 주는 방법으로서, 이러한 유형을 「양도담보」라고 한다. 이 경우 A는 1,000만원을 변제기에 B에게 갚고 토지를 다시 찾아오게 된다.

(2) 가등기담보 … 장래 채무불이행시 목적물의 소유권을 채권자에게 이전하는 것

예컨대, 1,000만원의 자금을 필요로 하는 A가 B로부터 이를 빌리고, 그 담보로 (보통은 매매예약을 등기원인으로 하여) A 소유 토지에 B 명의로 가등기를 하는 방법으로서, 이러한 유형을 「가등기담보」라고 한다. A가 변제기에 1,000만원을 갚지 못하면, B는 가등기에 기해 본등기를 함으로써 담보의 범위에서 토지소유권을 취득하게 된다. 이 경우 그 등기 순위는 가등기한 때로 소급하여($\frac{부동산등기}{법 91조}$), 가등기 이후에 등기된 것은 모두 실효되는 점에서 담보로서의 효용이 있고, 또 그 절차 등이 간편하다는 점에서 비전형담보 중에서는 상대적으로 이용률이 높다.

Ⅲ. 비전형담보에 대한 (법적) 규율

비전형담보는 그것이 어디에 해당하는지에 따라 다음과 같이 그 규율을 달리한다.

1. 양도담보의 경우 그 대상은 양도할 수 있는 것, 즉 동산·부동산·채권·주식·지식재산권 등이 해당된다. 이에 대해 가등기담보는 등기할 수 있는 것이어야 하므로 부동산이 그 대상이 된다. 양자 모두 「신탁행위」의 법리에 따라 규율되므로 대외적으로는 담보권자가 소유자로 취급된다. 목적물은 설정자가 점유하여 사용·수익하는 것이 보통이고, 담보권의 실행은 경매가 아닌 사적 실행(귀속청산이나 처분청산)에 따른다. 목적물의 평가액 또는 환가액에서 피담보채권액을 뺀 나머지는 설정자에게 반환하여야 하고, 나머지가 없고 부족한 경우에는 일반채권자로서 청구할 수 있다.

2. 채권 중에서 '소비대차에 따른 채권'을 담보하기 위해 가등기담보나 양도담보를 설정하면서 아울러 채무자가 채무를 이행하지 않는 경우 목적물로써 변제에 갈음하기로 하는 '대물변제代物辨濟의 예약'을 한 경우, 목적물의 시가에서 그 피담보채권액을 뺀 나머지 부분은 「민법 제607조와 제608조」에 따라 무효가 되어, 채권자는 그 차액을 반드시 청산하여야 한다. 따라서 모든 비전형담보는 청산을 하여야만 하는 청산형 담보로서만 존재할 수 있다(대판 1967. 3. 28, 67다61; 대판 1967. 7. 11, 67다909).

그런데 소비대차에 따른 채권을 담보하기 위해 대물변제의 예약을 한 경우에 민법 제607조와 제608조에 따라 청산을 하여야 하더라도, 여기에 두 가지 문제가 있는 것으로 지적되었다. 하나는 변제기가 지나면 곧바로 채권자가 사적 실행에 들어가기 때문에 채무자가 채무를 변제하고 목적물을 회수하는 것이 어렵게 된다는 점이고, 다른 하나는 청산금은 사적 실행을 한 이후에 지급하게 되는 것이어서 채무자가 실제로 받는 것이 보장되지 않는다는 점이었다. 그래서 주로 이들 문제를 해결하기 위해 특별법을 마련하였는데, 「가등기담보 등에 관한 법률」(1983년 법3681호)이 그것이다. 동법은 그 대상이 '부동산'이고 여기에 '가등기나 소유권이전등기'를 한 가등기담보나 양도담보에 대해서는, 2개월의 청산기간을 두고 또 설정자가 현실로 청산금을 받을 수 있도록 특칙을 정하고 있다.

Ⅳ. 비전형담보에 대한 서술 방법

비전형담보는 일반적으로 신탁행위의 법리에 따라 규율된다. 그런데 일정한 비전형담보에 대해서는 특별법인 가등기담보법에서 특별한 내용을 정하고 있다.

그래서 비전형담보를 체계적으로 기술하는 것이 쉽지 않고 통일되어 있지 않은데, 이하에서는 가등기담보법이 적용되지 않는 일반적인 비전형담보 제도로서 양도담보와 가등기담보를 (제2항에서) 먼저 설명하기로 한다. 그 다음 소비대차에 기한 채권의 담보로 가등기나 소유권이전등기를 하면서 목적물로써 변제에 갈음하기로 대물변제의 예약을 한 경우를 규율대상으로 삼는, 즉 그 적용범위가 제한되어 있는 가등기담보법상의 가등기담보와 양도담보에 대해서는 따로 (제3항에서) 설명하기로 한다.

제 2 항 양도담보와 가등기담보

사례 (1) A는 2014. 2. 2.에 B로부터 3개월을 기한으로 3억원을 빌리면서 그 차용금 채무의 담보로 A가 소유한 4호 크기의 이중섭 화백의 '황소'를 B에게 양도하고 그 그림을 A의 거실에 계속 걸어두기로 하였다. 그 후에도 금전이 필요하게 된 A는 2014. 3. 3.에 C로부터 2개월을 기한으로 2억원을 빌리면서 그 차용금 채무의 담보로 '황소'를 다시 C에게 양도하고 그 그림을 계속 A의 거실에 걸어두기로 하였다. (아래 각 문항은 별개의 사안임)

(a) A는 2014. 4. 4.에 이중섭 화백의 작품에 심취한 수집가 D의 집요한 요청으로 '황소'를 D에게 팔기로 약속하고 그에 따라 D에게 '황소'를 넘겨주었다. B와 C는 D에게 '황소'의 인도를 청구한다. 각 청구의 정당성을 검토하시오. (10점)

(b) 미술관의 개관을 맞아 2014. 5. 5.부터 6. 6.까지 특별전을 기획한 E에게 A는 같은 해 4. 4.에 1,000만원을 받고 '황소'를 대여하였다. 그런데 같은 해 6. 3.에 잘못 설치된 조명등의 과열로 불이 나 미술관 건물과 함께 '황소'가 소실되었다. B와 C가 대여금을 회수하기 위하여 행사할 수 있는 권리를 설명하시오. (15점)

(c) A는 2014. 4. 4.에 F로부터 2억원을 빌리면서 '황소'에 질권을 설정하고 그 다음 날 넘겨주었다. 질권설정에 앞서 F는 권리관계에 대해 충분히 조사하였으나 '황소'에 양도담보가 설정된 사실을 알 수 없었다. F의 권리를 설명하시오. (15점)

(d) A는 2014. 4. 4.에 고미술품 복원전문가 G에게 오랜 기간 방치되어 색이 바랜 '황소'의 보존처리를 의뢰하였다. 같은 해 4. 20.에 보존처리를 마친 G는 A에게 수리비 지급을 청구하였으나 A는 아직 수리비를 주지 않고 있다. B는 같은 해 5. 5.에, 그리고 C는 같은 해 6. 6.에 G를 상대로 '황소'의 인도를 청구하는 소를 각 제기하였다. G의 권리를 설명하시오. (10점)(제56회 사법시험, 2014)

(2) 乙은 2016. 1. 5. Y주택을 신축할 목적으로 甲 소유의 X토지를 甲으로부터 5억원에 매수하면서, 계약금 1억원은 2016. 1. 5.에, 중도금 2억원은 2016. 6. 5.에, 잔금 2억원은 2016. 12. 5.에 각 지급하기로 하였다. 甲은 계약금과 중도금을 받은 후 잔금 채무를 담보하기 위하여 2016. 6. 5. Y주택에 대한 건축 허가를 자신의 명의로 신청하였고, 乙은 2016. 12. 5. Y주택을 자신의 비용으로 신축하였다. 甲은 2017. 1. 5. 자신의 명의로 Y주택에 대한 보존등기를 경료하였다. 乙은 2017. 1. 5. 丙과 Y주택에 대하여 임대기간 2년, 보증금 2억원으로 하는 임대차계약을 체결하였고, 丙은 2017. 1. 5. 乙에게 보증금 전액을 지급한 후 당일 Y주택에 입주하면서 전입신고를 마쳤다.

(a) Y주택에 대해 甲과 乙은 각각 어떠한 권리를 취득하는지 그 논거를 들어 기술하시오. (10점)

(b) 乙이 잔금의 지급을 지체한다면, 甲은 丙에게 Y주택의 인도를 청구할 수 있는지 여부를 논거를 들어 기술하시오. (15점)(2017년 제2차 변호사시험 모의시험)

(3) 1) 甲은 2017. 12. 24. 乙 소유의 X토지를 3억원에 매수하기로 하는 매매계약을 체결하면서 당일 계약금 3천만원을 지급하였고, 잔금 2억 7천만원은 2018. 3. 19.에 지급하기로 하였다. 2) 甲은 X토지 위에 Y건물을 짓고자 X토지를 매수하였는데, 잔금 채무를 담보하기 위해 신축하려는 건물의 건축 허가를 乙 명의로 해서 받았고, 甲은 2019. 6. 8. 신축한 Y건물에 대해 乙 명의로 소유권보존등기를 마쳤다. 3) 乙은 2019. 10. 4. 임의로 Y건물을 丁에게 매도하고 등기를 이전해 주었다(丁은 매입 당시부터 Y건물의 신축 과정 및 등기와 관련된 사정을 알고 있었다). 甲은 乙에게

잔금을 지급한 후 丁에게 이전등기를 말소할 것을 청구하였다. 甲의 丁에 대한 청구가 타당한지 판단하시오. (10점)(2021년 제2차 변호사시험 모의시험)

해설 p. 465

제1 양도담보讓渡擔保

Ⅰ. 서 설

1. 양도담보의 의의

양도담보는 채권을 담보할 목적으로 채무자나 제3자가 갖는 권리(주로 물건의 소유권)를 채권자에게 이전하는 형식으로 채권자가 그 목적물로부터 우선변제를 받는 담보제도이다. 오래 전의 판례이기는 하지만, 다음의 판례는 양도담보의 본질 내지 기초를 정확히 기술하고 있다.

「양도담보계약은 일종의 '신탁행위'로서, 채권담보의 목적으로 담보목적물의 소유권을 채권자에게 이전하여 그 목적 범위 내에서만 소유권을 행사케 하는 담보계약이며, 그 효력으로서 채무자는 채권자로 하여금 제3자에 대한 관계에서 소유자로서 권리를 실행시키기 위하여 그 목적물에 대한 이전등기 및 그 부수의무를 이행하여야 하며, 채권자는 채무자가 채무를 이행하지 아니할 때에는 목적물을 시가에 의하여 처분하여 피담보채권의 변제에 충당하되 잉여가 있으면 이를 반환하고 부족하면 다시 채무자에게 청구하는 것을 내용으로 한다. 그리고 이것은 채권을 담보하기 위한 방법으로서 소유권이전의 효과를 발생케 할 의사를 가지고 양도를 하는 것으로서 허위의 의사표시라고 할 수 없다」(대판 1955. 3. 31, 4287민상124; 대판 1959. 11. 5, 4292민상396).

2. 양도담보의 종류

(ㄱ) 종래 필요한 자금을 얻는 방법에 따라 매도담보와 양도담보로 구별하였다. 즉 자금을 매매의 형식을 빌려 매매대금으로 얻는 경우를 「매도담보」, 금전소비대차에 의해 얻는 경우를 「양도담보」라고 하면서, 양자의 본질적인 차이는, 매도담보에서는 소비대차에 기한 채권과 채무가 존재하지 않는 데 반해, 양도담보에서는 그것이 존재한다고 보았다. 그러나 매도담보에서 그 실질을 담보로 보면서도 채권에 관해서는 매매의 형식에 치우쳐 그 채권이 존재하지 않는다고 보는 것은 모순이고, 그 매매는 실질에 있어서 소비대차에 해당하는 것이다(즉 그 매매는 허위표시이고 은닉행위는 소비대차이다). 모든 비전형담보는 민법 제607조와 제608조에 의해 청산형으로만 존속할 수 있다는 점에서, 또 역사적으로 매도담보에서 양도담보로 발전되어 온 점에 비추어, 매도담보를 양도담보와 구별하여 따로 인정할 필요나 실익은 없다고 본다(양창수, 민법연구 제1권, 285면 이하; 이상태, 447면). (ㄴ) 한편 종래 청산의무의 유무를 표준으로 「강한 양도담보」와 「약한 양도담보」로 구별하기도 하였으나, 오늘날 양도담보는 민법 제607조와 제608조에 의해 모두 청산의무를 수반하기 때문에 이러한 구별도 의미가 없게 되었다. 결국 현행법상으로는 '청산형 양도담보' 하나만을 인정하면 족하다.

3. 양도담보의 성질 (법적 구성)

a) 쟁 점   양도담보는 채권담보의 목적으로 소유권이전의 형식을 취하는 점에서 목적과 형식이 일치하지 않는 특별한 점이 있다. 그래서 종전의 학설은 담보의 면을 중시하여 담보물권으로 구성하는 견해와, 형식의 면을 중시하여 신탁적 양도설로 구성하는 견해로 나뉘었고, 판례는 후자의 입장을 취하면서 개별적인 사안에 따라 다양한 법리를 형성하여 왔다. 한편, 가등기담보법을 제정하면서 동법 제4조 2항에서 "채권자는 청산기간이 지난 후 청산금을 채무자 등에게 지급한 때에 담보목적 부동산의 소유권을 취득한다"고 정하였는데, 이 규정과 관련해서도 학설은 나뉘어 있다.

b) 학 설   (ㄱ) 담보물권설: 양도담보를 설정하여 이전등기까지 하였더라도 가등기담보법 제4조 2항에 의해 청산금을 지급하기 전까지는 소유권은 채권자에게 이전된 것이 아니므로, 양도담보는 담보물권으로 구성하여야 한다고 한다(곽윤직, 408면; 김증한·김학동, 598면; 이상태, 451면). (ㄴ) 신탁적 양도설: ① 양도담보에서 대내적으로는 설정자가 소유권을 가지는 것이므로, 가등기담보법 제4조 2항의 규정은 채권자가 청산금을 지급한 때에 채무자에 대해서도 소유자가 된다는 취지에 지나지 않고, 이것은 종래의 신탁적 양도설이 취하는 구성과 다를 것이 없다고 한다(이영준, 880면 이하). ② 소유권등기에 의해 제한물권으로서의 담보물권을 설정한다는 것은 무리가 있고, 당사자가 원하는 바는 담보의 목적으로 진정으로 소유권을 이전하는 것인데, 당사자의 의사를 무시하고 이에 대해 담보권을 설정한 것으로 의제하는 것은 사적자치의 원칙상 문제가 있어, 이러한 의미에서 신탁적 양도설은 재음미할 가치가 있다고 한다(양창수, 민법연구 제1권, 281면 이하). 그리고 가등기담보법 제4조 2항은 다음과 같은 점에서 문제가 있다고 한다. 즉 그러한 규정에도 불구하고 그 소유권등기를 유효한 것으로 보는데, 그 결과 설정자는 여전히 소유권을 가짐에도 불구하고 등기절차상 등기의무자가 될 수 없어 사실상 이를 처분할 수 없는 데 반해, 채권자는 소유자가 아님에도 불구하고 목적물을 선의의 제3자에게 유효하게 처분할 수 있는데, 이러한 법상태는 병적인 것으로서 결코 바람직한 것이 아니라고 한다. 나아가 가등기담보법은 소비대차에 기한 채권을 담보하기 위해 부동산에 양도담보를 설정하면서 대물변제의 예약도 한 경우만을 규율하여 적용범위가 상당히 제한적인데, 따라서 동법이 다른 양도담보 일반(즉 소비대차에 기한 채권이 아닌 다른 채권의 담보를 위해, 동산을 목적으로 하는, 또 부동산을 목적으로 하는 경우에도 대물변제의 예약이 없는 양도담보)에 대해서까지 기준적 법리를 선언한 것으로 보기는 어렵다고 한다(양창수·김형석, 권리의 보전과 담보, 469면).

c) 판 례   판례를 종합해 보면 다음과 같다. (ㄱ) 일부 학설이 가등기담보법 제4조 2항을 근거로 양도담보를 담보물권으로 구성하는 것과는 달리, 동 조항을 근거로 담보물권으로 구성한 판례는 발견되지 않는다. (ㄴ) 사안에 따라서는 신탁적 소유권이전에 기초하여 설명하는 것이 어려운 것도 없지 않지만(가령, 대판 1991. 8. 13, 91다13830; 대판 1991. 11. 8, 91다21770), 기본적으로는 양도담보를 신탁적 소유권이전으로 구성하는 것으로 파악된다(대판 1995. 7. 25, 94다46428). (ㄷ) 가등기담보법이 적용되지 않는 것, 즉 청산형 양도담보와 동산 양도담보에 대해, 일부 학설은 가등기담보법 제4조 2항을 유추적용

하여 담보물권으로 구성하여야 한다고 주장하지만, 판례는 이들에 대해서는 일관되게 신탁적 소유권이전에 기초를 두고 그 법리를 전개하고 있다.

d) 사 견 (ㄱ) 양도담보는 담보의 목적으로 소유권을 이전하는 방식을 취한 점에 특색이 있다. 따라서 이것을 순수하게 제한물권으로서의 담보물권으로 파악하는 것은 양도담보를 설정하는 당사자의 의사와는 맞지 않는 것이다. 양도담보는 신탁적 소유권이전으로 구성하는 것이 타당하다고 본다. 즉 설정자는 목적물을 사용·수익하고, 양도담보권자는 담보의 목적 범위에서 소유자로 취급하는 것이다. (ㄴ) 양도담보는 부동산 양도담보든 동산 양도담보든 신탁적 소유권이전에 그 기초를 두는 것이 타당하다. 다만, 대물변제의 예약이 결부된 부동산 양도담보에 대해서는 가등기담보법 소정의 내용이 따로 적용된다고 보면 족하다.

Ⅱ. 양도담보의 성립

채권자가 채무자에 대해 갖는 채권을 담보하기 위해 양도담보설정자(채무자 또는 제3자)와 채권자 사이에 양도담보 설정계약을 맺고, 공시방법으로 목적되는 권리를 이전함으로써 양도담보가 성립한다.

1. 양도담보 설정계약

채권자가 채무자에 대해 갖는 채권을 담보하기 위해, 채권자와 목적물의 소유자 사이에 '양도담보 설정계약'을 맺어야 한다. (ㄱ) 양도담보 설정은 처분행위이므로, 목적물의 소유자 등 처분권한이 있는 자만이 설정자가 될 수 있다($^{대판\ 2022.\ 1.\ 27.}_{2019다295568}$). 채무자는 물론이고, 제3자(물상보증인)도 설정자가 될 수 있다. 다만, 동산이나 증권적 채권에 대한 양도담보의 경우에는 양도인이 무권리자라 하더라도 선의취득에 의해 그 권리를 취득할 수 있다($^{249조·514}_{조·524조}$). (ㄴ) 양도담보 설정계약은 채권의 담보를 위해 일정한 물건 기타 재산권을 채권자에게 이전하고, 채무가 변제되면 목적물을 설정자에게 반환하며, 채무불이행이 있으면 담보물을 사적으로 실행하여 우선적으로 채권의 만족을 받을 수 있는 것을 내용으로 한다. (ㄷ) 양도담보 설정계약은 그 피담보채권의 발생원인이 되는 소비대차 등의 계약과는 다른 별개의 계약이다. 그러나 후자의 계약이 무효이거나 사후적으로 취소·해제됨으로써 피담보채권이 발생하지 않거나 소급하여 소멸되면, 양도담보 설정계약에 기해 이전된 권리는 법률상 원인 없이 생긴 이익이 되어 부당이득($^{741}_{조}$)으로서 반환되어야 한다($^{양창수·김형석,\ 권리의\ 보}_{전과\ 담보(제4판),\ 510면}$).

2. 피담보채권

채권자가 채무자에 대해 갖는 채권은 양도담보를 설정하여 담보할 수 있다. 금전채권에 한하는 것은 아니며, 조건부·기한부 채권이나 장래의 채권도 피담보채권이 될 수 있다. 계속적 거래에서 발생하는 장래의 불특정채권도 마찬가지이다(소위 근양도담보로서 장래 확정을 전제로 해서)($^{대판\ 1986.\ 8.}_{19,\ 86다카315}$).

3. 양도담보의 목적

(1) 재산적 가치가 있는 것으로서 양도성이 있는 것이면 양도담보의 목적이 될 수 있다. 동산·부동산은 물론, 채권·주식·지식재산권 등도 목적이 될 수 있다. 민사집행법($^{195}_{조}$)상 압류가 금지되는 물건도 양도담보의 목적으로 삼을 수 있다.

(2) '집합물'에 대해서도 양도담보를 설정할 수 있는데, 그 유형에는 두 가지가 있다. (ㄱ) 하나는, 공장에 설치된 기계·기구들에 대해 일괄해서 양도담보를 설정하면서 그 기계들을 특정짓는 경우이다(소위 '고정집합물'). 이때는 각각의 기계와 기구별로 양도담보가 설정된 것으로 보아야 한다. 따라서 후에 반입되는 기계들에 대해서도 양도담보의 효력이 미치려면 그것이 특정되는 것을 전제로 한다($^{대판\ 2016.\ 4.\ 28,}_{2015다221286}$). (ㄴ) 다른 하나는, 재고상품·제품·원자재·양식장 내의 어류·농장에서 사육하는 동물 등에 대해 양도담보를 설정하는 경우인데, 이때는 그 물건들이 증감 변동하고 개별적으로 특정짓기가 곤란한 것들이어서 이를 특히 '유동집합물'이라고 한다. 이 경우 그것이 종류·장소 또는 수량 지정 등의 방법에 의해 특정할 수 있으면 그 전체를 하나의 물건으로 보아 양도담보를 설정할 수 있다. 이 경우 집합물을 구성하는 개개의 물건이 변동되거나 변형되더라도 양도담보의 효력은 항상 현재의 집합물 위에 미친다. 그리고 집합물을 이루는 개개의 물건을 반입하더라도 별도의 양도담보 설정계약을 맺거나 점유개정의 표시를 하지 않더라도 양도담보는 나중에 반입된 물건에도 효력이 미친다. 다만, 장래 반입되는 물건이 양도담보설정자의 소유가 아닌 제3자(담보물의 제3취득자로서 양수인이나 그 밖의 제3자)의 소유인 경우에는 담보목적인 집합물의 구성부분이 될 수 없고, 그 물건에는 양도담보의 효력이 미치지 않는다($^{대판\ 2016.\ 4.\ 28,}_{2012다19659}$).[1] 이 경우 그 물건이 제3자의 소유라는 점은 (제3자가 자기 소유인 동종의 물건을 섞어 관리함으로써 양도담보의 효력이 미치는 목적물의 범위를 불명확하게 한 점에서) 공평의 원칙상 제3자가 입증하여야 한다($^{대판\ 2004.\ 11.\ 12,}_{2004다22858}$).

(3) '집합채권'에 대해서도 양도담보를 설정할 수 있다. 가령 회사의 매출채권이나 의료기관의 국민건강보험공단에 대한 의료비채권 등과 같이 장래 계속적으로 발생하는 다수의 채권을 묶어 양도담보의 목적으로 제공하는 것이다($^{대판\ 2002.\ 7.\ 9,\ 2001다46761;\ 대판\ 2004.\ 2.\ 12,}_{2003다53497;\ 대판\ 2013.\ 3,\ 28,\ 2010다63836}$). (ㄱ) 그 유형으로는 '본계약형'과 '예약형'이 있다. 그런데 집합채권 양도담보가 성립하려면 그 채권이 특정되어야 하는데, 집합채권이 장래 계속적으로 발생하는 것이어서 양도담보 설정계약시에 그 채권의 내용(발생시기, 채권액, 제3채무자 등)을 구체적으로 특정할 수가 없어, 주로 '예약형 집합채권 양도담보'가 이용된다. (ㄴ) 예약형으로 설정계약을 체결할 경우 보통 다음과 같은 내용이 들어간다. ① 설정자가 일정 범위의 집합채권의 명세서를 양도담보권자에게 제출하고, ② 기한의 이익의 상실 등 일정한 사유가 있으면 양도담보권자가 명세서에 기재된 채권 중에서 담보로 잡을 채권을 선택해서 특정하고, ③ 설정자로부터 미리 대리권을 받아 양도담보권자가 제3채무자에게 채권양도의 사실을 통지하여 대항요건을 갖추는 것이다($^{대판\ 2002.\ 7.\ 9,\ 2001다}_{46761(사실관계)\ 참조}$). (ㄷ)

---

1) 참고로 설정자로부터 목적물을 양수한 자는 선의취득할 수 있지만(점유개정을 제외한 인도 및 제249조의 요건을 갖추는 것을 전제로), 그 요건을 갖추지 못한 경우에 양도담보의 효력이 그 목적물에 미치는 것은 담보권의 추급력에 기초하는 것이고, 양수인이 설정자의 지위를 인수해서가 아니다.

그러므로 집합채권이 선택 및 통지를 통해 특정되기 전에는, 설정자는 담보로 제공된 집합채권에 대해서도 추심할 수 있고, 제3채무자도 설정자에게 변제할 수 있다.

4. 양도담보의 공시방법

(ㄱ) 부동산은 등기를 하여야 한다(이 경우 소유권이전등기비용과 취득세는 채권자가 자기 채권의 담보를 위한 것이므로 그가 부담하여야 한다(대판 1972. 1. 31, 71다2539)). (ㄴ) 목적물이 동산인 경우에는 인도를 하여야 하는데, (양도담보설정자가 목적물을 점유하여 사용·수익하는 것이 일반적이어서) 그 인도는 점유개정의 방식에 의하는 것이 보통이다. (ㄷ) 채권이나 그 밖의 재산권은 그 권리의 이전에 필요한 공시방법을 갖추어야 한다(예컨대 채권 양도담보의 경우에는 채권양도의 대항요건을 갖추어야 한다).

판 례 점유개정에 의한 동산의 이중양도담보

(ㄱ) A는 돼지를 사육하는 농장주인데, B가 사료대금채권의 담보로서 그 돼지를 점유개정의 방식으로 양도받았고, 그 후 C가 A에 대한 대여금채권의 담보로서 위 돼지를 역시 점유개정의 방식으로 양도받았다. 이 경우 C가 양도담보권을 취득하는지가 다투어졌다. (ㄴ) 이에 대해 대법원은, 「금전채무를 담보하기 위하여 채무자가 그 소유의 동산을 채권자에게 양도하되 점유개정에 의하여 채무자가 이를 계속 점유하기로 한 경우, 특별한 사정이 없는 한 동산의 소유권은 신탁적으로 이전됨에 불과하여, 채권자와 채무자 사이의 대내적 관계에서 채무자는 의연히 소유권을 보유하나 대외적인 관계에 있어서 채무자는 동산의 소유권을 이미 채권자에게 양도한 무권리자가 되는 것이어서, 다시 다른 채권자와의 사이에 양도담보설정계약을 체결하고 점유개정의 방법으로 인도를 하더라도 선의취득이 인정되지 않는 한 나중에 설정계약을 체결한 채권자는 양도담보권을 취득할 수 없는데, 현실의 인도가 아닌 점유개정으로는 선의취득이 인정되지 아니하므로, 결국 뒤의 채권자는 양도담보권을 취득할 수 없다」고 하여, B가 양도담보권을 갖고 C는 양도담보권을 취득하지 못하는 것으로 보았다(대판 2004. 10. 28, 2003다30463)(같은 취지의 것으로, 대판 2004. 6. 25, 2004도1751; 대판 2004. 12. 24, 2004다45943; 대판 2005. 2. 18, 2004다37430).

Ⅲ. 양도담보의 효력

1. 피담보채권의 범위

피담보채권의 범위는 양도담보 설정계약에 의해 정해진다. 특별한 약정이 없는 경우, 부동산 양도담보는 양도담보권자가 목적물을 점유하지 않는 점에서 저당권과 유사하므로, 그 피담보채권의 범위에 관해서는 민법 제360조 본문이 통용될 수 있다. 다만 원본의 이행지체로 인한 지연배상을 1년분으로만 제한하는 민법 제360조 단서는 통용되지 않는다고 할 것이다. 부동산 양도담보에서는 소유권이전의 형식을 취하기 때문에 양도담보권자 외에 다른 후순위 담보권자가 있을 수 없고, 따라서 이들의 이해관계를 고려할 필요가 없기 때문이다. 그러므로 원본의 이행지체로 인한 손해배상(지연배상)은 기간의 제한 없이 그 전부가 양도담보에 의해 담보된다.

2. 목적물의 범위

a) **양도담보의 목적물**   양도담보의 효력이 미치는 목적물의 범위는 설정계약에서 정한 바에 따라 정해진다. 그러한 정함이 없는 경우에 다음의 것이 문제된다. (ㄱ) 부합물과 종물: ① 양도담보의 효력은 (민법 제358조를 유추적용하여) 목적물에 부합된 물건과 종물에도 미친다. ② 양도담보의 목적인 주된 동산에 다른 동산이 부합된 경우, 양도담보권은 담보물의 교환가치를 파악하는 데에 목적이 있을 뿐, 담보물로서 가치가 증가된 데 따른 실질적 이익은 주된 동산에 관한 양도담보설정자에게 귀속되는 것이므로, 부합으로 권리를 상실하는 자는 민법 제261조에 따라 (양도담보권자가 아닌) 양도담보설정자에게 보상을 청구할 수 있다(대판 2016. 4. 28, 2012다19659).
(ㄴ) 과 실: 저당권의 경우 민법 제359조는, 저당권의 효력은 저당부동산에 압류가 있은 후에는 과실에 대하여도 미치는 것으로 규정하지만, 양도담보에 동조가 유추적용된다고 보기는 어렵다. 양도담보에서는 통상 설정자가 목적물에 대한 사용 · 수익권을 가지는 것으로 약정하는 것이 보통이므로 설정자가 과실의 수취권을 갖고, 또 양도담보는 사적 실행을 하고 압류의 절차를 거치지 않는 점에서, 이 과실에는 양도담보의 효력이 미치지 않게 된다. 판례[1]도 같은 취지이다.

b) **물상대위**   (ㄱ) 신탁적 양도설에 의하면 물상대위는 특별히 문제되지 않는다. 목적물이 멸실 · 훼손 또는 공용징수된 경우에 양도담보권자는 소유권에 기해 직접 가해자 또는 사업자에게 손해배상청구권이나 보상금 청구권을 가질 것이기 때문이다(양창수 · 김형석, 권리의 보전과 담보, 482면). (ㄴ) 그런데 양도담보 목적물의 소실로 양도담보설정자가 보험계약에 따라 갖는 보험금 청구권에 대해서는 그렇지 못한데(이것은 보험금 청구권 자체를 양도담보로 제공하는 것과는 다르다), 판례는 그것에 대해서도 양도담보권의 담보적 효력이 미친다는 이유로 물상대위를 긍정한다.[2]

---

1) (ㄱ) 판례는, 「돼지를 양도담보의 목적물로 하여 소유권을 양도하되 점유개정의 방법으로 양도담보설정자가 계속하여 점유 · 관리하면서 무상으로 사용 · 수익하기로 약정한 경우, 양도담보 목적물로서 원물인 돼지가 출산한 새끼 돼지는 천연과실에 해당하고, 그 천연과실의 수취권은 원물인 돼지의 사용 · 수익권을 가지는 양도담보설정자에게 귀속되므로, 다른 특별한 약정이 없는 한, 천연과실인 새끼 돼지에 대하여는 양도담보의 효력이 미치지 않는다」고 보았다(대판 1996. 9. 10, 96다25463). (ㄴ) 유의할 것은, 집합물이 고정된 것이 아니라 증감 변동하는 유동집합물인 경우, 그래서 그 새끼 돼지에 대하여도 일괄하여 미리 양도담보의 목적물로 삼기로 약정한 경우에는, 이 설정계약에 따라 그 새끼 돼지에도 양도담보의 효력이 미치게 된다. 그러나 위 판례에서는 그러한 특별한 약정을 인정하지 않았고, 그래서 과실수취권이 양도담보설정자에게 있다고 보았다.

2) ① 종전의 판례는, 채권담보의 목적으로 채권자 명의로 소유권이전등기가 마쳐진 토지가 징발되어 징발보상증권이 발급된 경우, 그 증권에 대하여도 계속 담보적 효력이 미친다고 보았다(대판 1975. 12. 30, 74다2215). ② 한편, 양도담보 목적물(동산)의 소실로 양도담보설정자가 취득한 화재보험금 청구권에 대하여 양도담보권에 기해 물상대위권을 행사할 수 있는지에 관해, 판례는, 양도담보에서 목적물의 소유권을 채권자에게 이전해 주는 것은 채권자의 우선변제권을 확보해 주기 위한 목적에 따른 것으로서, 양도담보로 제공된 목적물이 멸실 또는 훼손됨에 따라 양도담보설정자와 제3자 사이에 교환가치에 대한 배상 또는 보상 등의 법률관계가 발생하는 경우에도 그로 인하여 양도담보설정자가 받을 금전 기타 물건에 대하여 담보적 효력이 미친다는 이유로, 이를 긍정하였다(대판 2009. 11. 26, 2006다37106). ③ 그리고 판례는, 「동산 양도담보권자가 물상대위권 행사로 양도담보 설정자의 화재보험금 청구권에 대하여 압류 및 추심명령을 얻어 추심권을 행사하는 경우, 제3채무자인 보험회사는 그 양도담보 설정 후 취득한 양도담보 설정자에 대한 별개의 채권을 가지고 상계로써 양도담보권자에게 대항할 수 없다」고 한다(대판 2014. 9.

3. 양도담보의 대내적 효력: 목적물의 이용관계

(ㄱ) 양도담보 목적물의 이용관계에 대해, 학설 중에는 임대차나 사용대차로 보아야 한다는 견해가 있으나(곽윤직, 411면), 기본적으로는 양도담보 설정계약에서 정하는 바에 따라 결정된다고 볼 것이다. 그런데 일반적으로는 점유개정의 방법으로 양도담보설정자가 계속하여 점유·관리하면서 무상으로 사용·수익하기로 약정한다. (ㄴ) 대법원은 목적물에 대한 사용수익권이 양도담보설정자에게 있다는 것을 기초로 하여 다음과 같이 판시하고 있다. ① 목적물을 임대할 권한은 양도담보설정자에게 있다(대판 2001. 12. 11, 2001다40213). ② 양도담보권자는 양도담보설정자나 사용수익권을 승계한 제3자에 대해 사용·수익을 하지 못한 것을 이유로 하여 임료 상당의 손해배상이나 부당이득반환을 청구할 수 없다(대판 2008. 2. 28, 2007다37394, 37400; 대판 1991. 10. 8, 90다9780; 대판 2018. 5. 30, 2018다201429). ③ 건물 소유를 목적으로 한 대지 임차권을 가지고 있는 자가 그 건물을 제3자 앞으로 양도담보를 설정해 준 경우, 그 건물의 부지에 대해 민법 제629조 소정의 해지 원인인 임차권의 양도나 전대가 있다고 보기 어렵다(대판 1995. 7. 25, 94다46428).

4. 양도담보의 대외적 효력

(1) 소유자로서의 양도담보권자

양도담보의 효력은 신탁행위의 법리에 의해 규율되는데, 채권자가 담보의 목적으로 소유권을 이전받는 것이 그 핵심이고, 대외적으로는 양도담보권자를 소유자로 취급한다는 점이다.[1] 구체적으로는 다음과 같다. ① 양도담보의 목적이 된 부동산을 제3자에게 처분한 경우, 제3자가 양도담보의 사실을 알았더라도, 또 채무자에 대한 청산 전이라도, 제3자는 소유권을 취득한다(대판 1969. 10. 23, 69다1338; 대판 1984. 9. 11, 83다카1623; 대판 1993. 12. 28, 93다8719; 대판 1995. 7. 28, 93다61338). ② 제3자가 목적물을 불법으로 점유하거나 멸실케 한 경우, 양도담보권자는 소유권에 기해 물권적 청구권을 행사할 수 있고, 소유권의 침해에 따른 불법행위를 이유로 손해배상을 청구할 수 있다. ③ 설정자의 채권자가 목적물에 강제집행을 하는 경우, 양도담보권자는 소유자의 자격에서 제3자 이의의 소(민사집행법 46조)를 제기하여 이를 막을 수 있다(대판 1971. 3. 23, 71다225; 대판 1994. 8. 26, 93다44739; 대판 2004. 12. 24, 2004다45943). 반면, 양도담보권자의 일반채권자가 목적물에 강제집행을 하는 경우, 설정자는 제3자 이의의 소를 제기하여 이를 막을 수 없다. ④

25, 2012다58609). 2009. 9. 30. 동산 양도담보가 설정되고, 2010. 7. 16. 설정자가 보험회사에 대해 가지는 보험금청구권을 양도담보권자가 물상대위권을 행사하여 압류 및 추심명령을 받았는데, 보험회사가 2010. 4. 13. 설정자에 대해 갖게 된 채권으로 위 보험금 청구권과 상계를 한 사안이다. 그런데 민법 제498조에 의하면, 압류의 효력을 유지하기 위해, 지급을 금지하는 명령을 받은 제3채무자는 그 후에 취득한 채권에 의한 상계로 그 명령을 신청한 채권자에게 대항하지 못하는 것으로 규정한다. 위 사안에서 압류는 2010. 7. 16. 있었고 (제3채무자인) 보험회사의 채권은 그 전인 2010. 4. 13. 취득한 것이므로, 물상대위권의 행사로서의 압류를 기준으로 하면 상계가 허용될 것인데, 대법원은 그 물상대위권의 기초가 된 양도담보의 설정일을 기준으로 삼아 상계를 허용하지 않은 점에서 주목된다 (이 점에 관해서는 최초의 판결로 보인다).

1) 판례: ①「채권담보의 목적으로 농지에 대한 소유권이전등기를 하는 경우에도 법률상으로는 농지의 양도이므로, 양수인은 자경 또는 자영의 의사가 있어야 하고, 구 농지개혁법(농지법에 의해 폐지) 소정의 소재지 관서의 증명이 있어야만 그 등기가 유효하다」(대판 2000. 8. 22, 99다62609, 62616). ②「미등기 건물에 대한 양도담보계약상의 채권자의 지위를 승계하여 건물을 관리하고 있는 자는 건물의 소유자가 아님은 물론 건물에 대하여 법률상 또는 사실상 처분권을 가지고 있는 자라고 할 수도 없어, 건물에 대한 철거 처분권을 가지고 있는 자라고 할 수 없다」(대판 2003. 1. 24, 2002다61521).

채무자가 양도담보로 제공받은 동산에 대해 채무자의 일반채권자가 강제집행을 신청하여 배당을 받은 경우, 그 동산은 채무자의 소유가 아니어서 그 처분은 무효이지만 경락인은 선의취득을 할 수 있다. 양도담보권자는 이에 따라 소유권을 상실하는 손해를 입고, 일반채권자는 채무자 아닌 제3자(양도담보권자) 소유의 동산에 대해 경락대금을 배당받음으로써 부당이득을 한 것으로 되므로(즉 채무자에 대한 채권은 소멸된 것이 아니다), 배당받은 일반채권자는 양도담보권자에 대해 부당이득 반환의무를 진다($\binom{\text{대판 1997. 6.}}{27, 96다51332}$).

(2) 법률상 개별 규정의 경우

양도담보권자는 대외적으로 소유자로 취급되지만 이것은 어디까지나 채권 담보의 목적을 위한 것이고 채무의 이행이 있을 때까지 이를 보유하는, 말하자면 임시적인 성질의 것이다. 따라서 법률의 개별 규정의 목적이나 취지에 비추어 통상의 권리자와는 다른 취급을 받을 수 있다($\binom{\text{양창수·김형석, 권리의}}{\text{보전과 담보, 490면}}$). 구체적으로는 다음과 같다. ① 설정자가 파산한 경우, 신탁행위의 법리에 따르면 양도담보권자가 소유자로 취급되므로 파산재산은 채무자의 소유가 아니라는 이유로 환취권還取權을 갖는 것으로 볼 수 있겠는데, 이를 규율하는 「채무자 회생 및 파산에 관한 법률」에서는 환취권은 갖지 못하고 파산절차에 의하지 않고 담보권을 행사할 수 있는 별제권別除權을 갖는 것으로 정하고 있다($\binom{\text{동법}}{411조}$). 포괄적인 청산을 목적으로 하는 파산절차의 특성을 반영하고, 또 그렇게 하더라도 양도담보권자를 특별히 불리하게 하지 않는다는 점이 고려된 것이다($\binom{\text{양창수, 민법}}{\text{입문, 377면}}$). ② 「주택임대차보호법」($\binom{3조}{4항}$)은, 임차주택의 양수인은 임대인의 지위를 승계한 것으로 본다고 규정하는데, 주택 양도담보의 경우는 채권담보를 위하여 신탁적으로 양도담보권자에게 주택의 소유권이 이전될 뿐이어서, 양도담보권자가 주택의 사용수익권을 갖게 되는 것이 아니고 또 주택의 소유권이 양도담보권자에게 확정적, 종국적으로 이전되는 것도 아니므로 양도담보권자는 위 규정상의 '양수인'에 해당하지 않는다($\binom{\text{대판 1993. 11.}}{23, 93다4083}$). ③ 「자동차손해배상보장법」($\binom{3}{조}$)은 자동차의 운행지배와 운행이익을 갖는 운행자에게 동법상의 가중된 손해배상책임을 지우는데, 자동차 양도담보권자는 운행자에 해당하지 않는다($\binom{\text{대판 1980. 4.}}{8, 79다302}$). ④ 동일한 물건에 대해 소유권과 다른 물권이 동일한 사람에게 귀속한 때에는 다른 물권은 혼동으로 소멸되는데($\binom{191}{조}$), 지상권자가 채권의 담보로서 지상권의 목적 토지를 양도담보로 취득한 경우에 지상권은 혼동으로 소멸되지 않는다. 판례는 이 경우 내부적으로는 설정자에게 토지소유권이 있다는 것을 이유로 혼동이 생기지 않는 것으로 본다($\binom{\text{대판 1980. 12.}}{23, 80다2176}$).

Ⅳ. 양도담보의 실행

1. 처분청산과 귀속청산

(1) (ㄱ) 양도담보는 민사집행법에서 정하는 경매절차에 따르지 않고 사적 실행을 통해 채권의 만족을 얻는다. 사적 실행 방법은 양도담보 설정계약에서 약정할 수 있지만, 그러한 약정이 없는 때에는 양도담보권자는 다음 두 가지 방식 중 어느 하나를 이용할 수 있다. 하나는

목적물을 처분하여 처분대금에서 피담보채권의 우선변제를 받고 나머지가 있으면 이를 반환하고 부족하면 청구하는 방식이고(처분청산), 다른 하나는 목적물을 시가로 평가하여 그 대금을 피담보채권에 충당하고 나머지가 있으면 이를 반환하고 부족하면 청구하는 방식이다(귀속청산)$\binom{\text{대판 2005. 7. 15,}}{\text{2003다46963}}$. (ㄴ) 양도담보 설정계약에서 청산방법을 약정하지 않은 이상, 채무자는 채권자에게 담보의 실행을 처분청산이나 귀속청산으로 할 것을 청구할 수는 없다$\binom{\text{대판 2016. 10. 27,}}{\text{2015다63138, 63145}}$. (ㄷ) 양도담보권자는 설정계약에 따라 목적물을 적정한 가격으로 환가하거나 평가하여야 할 의무가 있다. 이 의무를 위반하면 설정자에게 채무불이행으로 인한 손해배상책임을 진다. 한편, 양도담보권자가 매수인과 짜고 극히 저렴한 가격으로 매도한 것은 일종의 배임행위이고, 매수인이 이러한 배임행위에 적극 가담하여 목적물을 취득한 경우에는 그 매매는 반사회적 법률행위로서 무효이다$\binom{\text{대판 1979. 7. 24, 79다942;}}{\text{대판 1984. 6. 12, 82다카672}}$. (ㄹ) 양도담보권자는 담보권의 실행으로서 채무자에게 목적물의 인도를 구할 수 있고, 제3자가 채무자로부터 적법하게 목적물의 점유를 이전받은 경우에는 제3자를 상대로 인도를 청구할 수 있다(다만 담보권설정 합의시 채무자가 목적물을 처분하여 그 대금으로 채무변제에 충당하기로 한 경우에는 그렇지 않다)$\binom{\text{대판 2002. 1. 11,}}{\text{2001다48347}}$.

(2) 처분청산에서, 매매대금 중 일부만 수령하고 일부를 수령하지 못하였더라도 이 잔대금 채권 역시 부당이득이 되는 것이므로, 매매잔대금 수령과 상관없이 채무자에게 피담보채권액을 넘는 매매대금을 반환하여야 한다$\binom{\text{대판 1984. 2. 14,}}{\text{83다카1645}}$. 한편, 동산의 양도담보권자가 강제집행을 수락하는 공정증서에 기해 담보목적물을 압류하고 강제경매를 실시하는 경우, 형식상은 강제경매절차에 따르지만 그 실질은 일반채권자의 강제집행절차가 아니라 동산 양도담보권 실행을 위한 환가절차이므로, 다른 채권자와 사이에 각 채권액에 따라 안분배당을 하는 것이 아니라, 환가로 인한 매각대금은 양도담보권자의 채권 변제에 전액 충당되어야 한다$\binom{\text{대판 1999. 9. 7, 98다47283; 대판}}{\text{2005. 2. 18, 2004다37430}}$.

2. 채무자의 변제

(ㄱ) 채무의 변제기가 지난 이후라도 채권자가 청산하기 전에는 채무자는 언제든지 채무를 변제하고 양도담보의 소멸(예: 소유권이전등기의 말소)을 구할 수 있고, 이것은 소멸시효에 걸리지 않는다$\binom{\text{대판 1977. 11. 22, 77다1513; 대판 1979. 2. 13, 78다2412; 대판 1987. 11. 10,}}{\text{87다카62; 대판 2005. 7. 15, 2003다46963; 대판 2006. 8. 24, 2005다61140}}$. (ㄴ) 채무자가 채무를 변제하였다고 하여 소유권이 당연히 환원되는 것은 아니다. 변제 후에 채무자가 갖는 반환청구권은 채권적인 성질을 가지는 것이며, 그 소유권등기가 채권자 명의로 남아 있는 동안에는 채권자가 대외적으로 소유자로 취급된다$\binom{\text{양창수, 민법}}{\text{입문, 378면}}$.

제2   가등기담보假登記擔保

I. 가등기담보의 성립

1. 가등기담보는 가등기담보권자와 설정자 사이에 가등기담보약정을 맺고 가등기를 함으로

써 성립한다. (ㄱ) 가등기담보약정은, 채권의 담보를 위해 채무자 또는 제3자가 제공한 목적물에 대해 채권자 앞으로 가등기를 하여 두고, 채무를 이행하면 이를 말소하고, 채무의 불이행이 있으면 가등기에 기해 본등기를 이전받아 이로써 채권의 만족을 얻기로 하는 약정을 말한다. (ㄴ) 목적물은 가등기할 수 있는 것이어야 한다. 주로 토지나 건물 등 부동산이 그 대상이 되지만, 선박 등과 같은 동산에도 가등기담보가 설정될 수 있다.

2. 가등기는 등록세 등 비용이 저렴할 뿐 아니라 부동산의 보유로 인한 조세의 부담이 없는 점에서 가등기담보를 이용할 이점이 있는데, 채권자에게는 채무자가 채무를 이행하지 않을 경우 가등기에 기해 본등기이전을 확보하여야 하는 부담이 따른다.

Ⅱ. 가등기담보의 효력

1. 채무의 불이행이 있으면 가등기담보권자는 가등기에 기해 소유권이전의 본등기를 청구할 수 있다.

2. (ㄱ) 가등기에 기해 소유권이전의 본등기를 한 경우, 본등기의 순위는 가등기의 순위에 따르므로(부동산등기법 91조), 가등기 이후에 된 등기로서 가등기에 의해 보전되는 권리를 침해하는 등기는 등기관이 직권으로 말소한다(부동산등기법 92조 1항). (ㄴ) 가등기에 기해 소유권이전의 본등기가 마쳐진 경우, 청산형 양도담보로서 효력을 가지게 되므로(대판 1992. 1. 21, 91다35175; 대판 2016. 10. 27, 2015다63138, 63145), 전술한 양도담보의 법리가 통용된다.

Ⅲ. 가등기담보의 소멸

가등기담보권은 피담보채무의 변제에 의해 소멸된다. 그 변제가 있었음에도 가등기에 기해 소유권이전의 본등기가 마쳐진 경우, 그 등기는 무효이다(대판 1997. 10. 24, 97다29097).

사례의 해설 (1) (a) B는 점유개정 방식에 의해 동산(그림)의 양도담보권을 취득한다. 동산 양도담보의 성질에 관해 판례는 신탁적 양도설에 기초하여 대외적으로는 양도담보권자에게 소유권이 있는 것으로 본다. 그러므로 B가 양도담보권을 취득한 후에는 A는 그림에 대해 무권리자가 되고, 따라서 A로부터 C가 양도담보권을 취득하려면 선의취득을 하여야 하는데, 점유개정 방식에 의해서는 선의취득을 할 수 없으므로, C는 양도담보권을 취득하지 못한다(대판 2004. 10. 28, 2003다30463 참조). 한편 B만이 양도담보권을 갖는다고 하더라도, 그 후 D가 무권리자 A로부터 그림을 선의취득하였으므로(249조), D가 그림의 소유자가 된다. 결국 B와 C는 D에게 그림의 인도를 청구할 수 있는 권원, 즉 소유권을 갖지 못한다.

(b) C는 양도담보권을 갖지 못하므로 특별히 문제되지 않는다. 한편 A가 E에게 임대차계약상의 채무불이행을 이유로 갖는 손해배상청구권을 B가 담보권에 기해 물상대위를 하는 것도 고려할 수 있지만, B는 대외적으로 소유자로 취급되므로 직접 소유권의 침해를 이유로, 즉 불법행위

를 이유로 E에게 손해배상을 청구할 수 있다고 보면 족하다.

(c) 동산질권은 선의취득할 수 있다($^{343}_{조}$). F는 무권리자 A로부터 그림을 질권설정받은 것이어서, 선의취득의 요건을 갖추는 한 그림에 대해 질권을 취득한다. 그에 따라 그림의 경매대금에서 우선변제를 받을 수 있고, 또 경매신청권을 갖는다($^{329조}_{338조}$).

(d) G가 A에게 갖는 수리비 채권은 물건(그림)에 관하여 생긴 채권으로서, G는 그림에 대해 유치권을 취득한다($^{320}_{조}$). 따라서 그 수리비를 받을 때까지 누구에 대해서도 유치권을 행사할 수 있다. 다만 그 수리비 채무자는 A이므로, G는 A에게만 수리비를 청구할 수 있을 뿐이다. 한편 G가 계약의 당사자가 아닌 B를 상대로 부당이득의 반환을 청구하는 것은, 전용물소권의 문제로서 이를 허용하지 않는 것이 판례의 태도임은 부당이득 부분에서 설명한다($^{대판\ 2002.\ 8.\ 23,\ 99}_{다66564,\ 66571\ 참조}$).

(2) (a) 채무의 담보로서 채무자(乙)가 신축하는 건물의 건축 허가 명의를 채권자(甲) 명의로 하는 것은 양도담보설정의 합의에 해당한다. 따라서 건물 신축과 동시에 乙이 건물의 소유권을 취득하고 이후 甲 앞으로 소유권보존등기가 됨으로써 甲은 건물에 대한 양도담보권을 취득한다.

(b) 양도담보권자는 담보권의 실행으로서 건물을 점유하고 있는 자에게 건물의 명도를 구할 수 있다($^{대판\ 2001.\ 1.\ 5.}_{2000다47682}$). 丙은 2017. 1. 6.부터 대항력을 가지므로($^{주택임대차보}_{호법\ 3조\ 1항}$) 양도담보권자 甲에 우선하지 못한다. 그러므로 甲은 양도담보권의 실행으로서 丙에게 주택의 인도를 청구할 수 있다.

(3) 甲은 X토지에 대한 매매잔대금의 담보로 甲이 신축한 Y건물의 소유권을 보존등기의 방식으로 乙에게 이전한 것으로서, 이는 양도담보 설정에 해당한다($^{대판\ 1997.\ 5.}_{30,\ 97다8601}$). 양도담보권자 乙은 대외적으로 소유자이므로, 乙로부터 Y건물을 매수하여 이전등기를 마친 丁은 그의 선의·악의를 묻지 않고 유효하게 소유권을 취득한다. 甲의 丁에 대한 청구는 기각된다. 　사례　p. 455

제3항 「가등기담보 등에 관한 법률」상의 가등기담보·양도담보

1. 서 설

전술한 양도담보와 가등기담보 중, 소비대차에 기한 차용금채권을 담보하기 위해 부동산에 가등기담보나 양도담보를 설정하면서 변제기에 채무를 이행하지 않을 때에는 목적물로써 변제에 갈음하기로 하는 '대물변제의 예약'도 한 것에 대해서는 따로 특별법인 「가등기담보 등에 관한 법률」($^{1983년\ 법}_{3681호}$)이 적용된다($^{동법}_{1조}$).

동법은 위에서처럼 제한된 범위에서의 비전형담보에 대해서만 적용되는데, 특별히 정하는 내용은 다음과 같다. (ㄱ) 가등기담보의 경우: ① 담보의 실행은 '사적 실행'과 '경매에 의한 실행' 중 하나를 선택할 수 있다. 사적 실행은 채무자가 청산금을 받는 것을 보장하기 위해 귀속청산 방식만을 인정하고, 경매의 경우에는 가등기담보를 저당권으로 취급한다. ② 담보를 실행하려면 변제기 후에 청산금 내역을 채무자에게 보내고 나서 2개월이 지나야 하고, 청산금을 받는 것과 동시에 소유권이전의 본등기를 해 주는 것으로 하였다. (ㄴ) 양도담보의 경우: 귀속청산 방식에 의한 사적 실행만을 인정하고, 2개월의 청산기간이 지나야 담보를 실행할 수 있고, 청산금을 채무자 등에게 지급하여야만 소유권을 취득하는 것으로 하였다.

2. 「가등기담보 등에 관한 법률」의 적용범위

(1) (ㄱ) 가등기담보법은, 차용물의 반환에 관하여 차주(借主)가 차용물에 갈음하여 다른 재산권을 이전할 것을 예약할 때, 그 재산의 예약 당시 가액이 차용액과 이에 붙인 이자를 합산한 액수를 초과하는 경우에, 이에 따른 담보계약과 그 담보의 목적으로 마친 가등기나 소유권이전등기의 효력을 정함을 목적으로 한다(동법 1조). 한편, 동법에서의 '담보계약'은, 민법 제608조에 따라 그 효력이 상실되는 대물반환의 예약(환매, 양도담보 등 명목이 어떠하든 그 모두를 포함한다)에 포함되거나 병존하는 채권담보계약을 말한다(동법 2조 1항). (ㄴ) 한편 동법은 부동산소유권 외에 등기 또는 등록할 수 있는 권리(단, 질권·저당권 및 전세권은 제외한다)의 취득을 목적으로 하는 담보계약에도 준용된다(동법 18조). 따라서 소유권 외에도 지상권, 지역권, 임차권 등의 권리와, 그 밖에 입목에 관한 법률에 의한 입목, 등기한 선박·자동차·항공기·건설기계, 공장재단, 광업재단, 특허권, 실용신안권, 디자인권의 취득을 목적으로 하는 담보계약에도 동법이 준용된다.

(2) 이에 대해 다음의 경우에는 동법은 적용되지 않는다. ① 소비대차 외의 사유로 생긴 채권, 예컨대 매매대금이나 공사대금의 담보로서 또는 물품대금 반환채무의 담보로서 가등기나 소유권이전등기를 한 경우(대판 1991. 9. 24, 90다13765; 대판 2001. 3. 23, 2000다29356, 29363; 대판 1992. 4. 10, 91다45356; 대판 1996. 11. 15, 96다31116; 대판 1992. 10. 27, 92다22879), ② 소비대차에 관한 채권이라 하더라도 대물변제의 약정이 없는 것, 즉 유담보의 특약이 붙지 않은 청산형 비전형담보의 경우, ③ 담보부동산에 대한 대물변제예약 당시의 가액이 차용액과 이에 붙인 이자의 합산액을 넘지 않는 경우(담보부동산에 저당권이 설정되어 있는 경우에는 재산의 가액에서 저당권에 의해 담보된 채권액을 빼야 한다)(대판 1993. 10. 26, 93다27611; 대판 2006. 8. 24, 2005다61140), ④ 당사자 사이에 대물변제의 예약을 하였다고 하더라도 그 채권담보의 목적으로 가등기나 소유권이전등기를 마치지 않은 경우, 또 목적물이 가등기나 소유권이전등기를 할 수 없는 주식이나 동산인 경우(따라서 채권자와 채무자가 담보계약을 체결하였지만, 담보목적 부동산에 가등기나 소유권이전등기를 마치지 않은 상태에서 채권자로 하여금 귀속청산 절차에 의하지 않고 담보목적 부동산을 타에 처분하여 채권을 회수할 수 있도록 약정하였다 하더라도, 그러한 약정이 가등기담보법의 규제를 잠탈하기 위한 탈법행위에 해당한다는 등의 특별한 사정이 없는 한, 가등기담보법을 위반한 것으로 보아 무효라고 할 수는 없다)(대판 2013. 9. 27, 2011다106778).

3. 가등기담보법상의 「가등기담보」

(1) 담보권의 내용과 그 실행방법

가등기담보권의 실행에는 '권리취득'과 '경매' 두 가지 방법이 있는데, 담보가등기권리자는 둘 중 하나를 임의로 선택할 수 있다(동법 12조 1항 1문).[1]

---

1) 판례: 「가등기담보법의 규정(12조·13조·14조)에 더하여 담보목적 부동산에 대한 경매절차가 개시된 경우 그 경매절차에 참가할 수 있을 것이라는 후순위 권리자의 기대를 보호할 필요가 있는 점 등을 고려하면, 담보가등기권리자가 담보목적 부동산의 경매를 청구하는 방법을 선택하여 그 경매절차가 진행 중인 때에는 가등기담보법 제3조에 따른 권리취득 방법으로 담보권을 실행할 수 없으므로 그 가등기에 따른 본등기를 청구할 수 없다」(대판 2022. 11. 30, 2017다232167, 232174).

a) **저당권자와 유사한 지위**   담보가등기권리자는 다음과 같이 저당권자와 유사한 지위를 가진다. (ㄱ) 담보가등기권리자는 목적 부동산의 경매를 청구할 수 있고, 이 경우 경매에 관해서는 담보가등기권리를 저당권으로 본다($\binom{동법 12조}{1항 2문}$). (ㄴ) 담보가등기를 마친 부동산에 강제경매 등이 개시된 경우에 담보가등기권리자는 다른 채권자보다 자기 채권을 우선변제 받을 권리가 있다. 그 순위에 관해서는 담보가등기권리를 저당권으로 보고, 담보가등기를 마친 때에 저당권 설정등기가 된 것으로 본다($\binom{동법}{13조}$).¹⁾ 그리고 담보가등기권리는 부동산의 매각에 의해 소멸된다($\binom{동법}{15조}$). 이 경우 법원은 가등기권리자에게 그 가등기가 담보가등기인 때에는 그 내용과 채권의 존부·원인 및 금액을, 담보가등기가 아닌 경우에는 그 내용을 법원에 신고할 것을 상당한 기간을 정해 최고하여야 한다($\binom{동법 16}{조 1항}$). 그리고 압류등기 전에 이루어진 담보가등기권리가 매각에 의해 소멸되면 앞의 채권신고를 한 경우에만 채권자는 매각대금을 배당받거나 변제금을 받을 수 있고($\binom{동법 16}{조 2항}$), 채권신고를 하지 않으면 매각대금을 배당받을 권리를 상실한다($\binom{대판 2008.}{9. 11, 2007}$ 다25278). (ㄷ) 파산재단에 속하는 부동산에 설정한 담보가등기권리에는 「채무자 회생 및 파산에 관한 법률」 중 저당권에 관한 규정을 적용하고($\binom{동법 17}{조 1항}$), 「국세기본법」·「국세징수법」·「지방세법」·「채무자 회생 및 파산에 관한 법률」을 적용할 때에는 담보가등기권리를 저당권으로 본다($\binom{동법 17}{조 3항}$).

b) **권리취득에 의한 실행**   담보가등기권리자는 자신이 목적 부동산의 소유권을 취득하는 '귀속청산'의 방식을 통해 담보권을 실행할 수 있다. 비전형담보의 사적 실행에 따른 청산 방식으로는, 채권자가 목적물의 가액에서 채권액을 공제한 나머지를 반환하고 목적물의 소유권을 취득하는 「귀속청산」과, 제3자에게 목적물을 처분하여 그 환가대금에서 자기 채권의 만족을 얻는 「처분청산」의 두 방식이 있는데, 동법은 이 중 귀속청산의 방식만을 인정하면서 그 귀속 실행 절차에 관해 엄격한 제한을 두고 있다.²⁾

aa) **담보권의 실행 통지와 청산기간**：   (ㄱ) 채권자가 담보계약에 따른 담보권을 실행하여 그 부동산의 소유권을 취득하기 위해서는, 그 채권의 변제기 후에 「청산금의 평가액」을 「채무자 등」에게 통지하고, 그 통지가 채무자 등에게 도달한 날부터 2개월(이를 「청산기간」이라 한다)이 지나야 한다. 이 경우 청산금이 없다고 인정되는 경우에는 그 뜻을 통지하여야 한다($\binom{동법 3}{조 1항}$). 그리고 위 통지에는 통지 당시의 목적 부동산의 평가액과 민법 제360조에 규정된 채권액³⁾을

---

1) 판례: 「가등기담보권에 대하여 선순위 및 후순위 가압류채권이 있는 경우, 부동산의 경매에 의한 매득금 중 경매비용을 제외한 나머지 금원을 배당함에 있어 가등기담보권자는 선순위 가압류채권자에 대하여는 우선변제권을 주장할 수 없어, 그 피담보채권과 선순위 및 후순위 가압류채권에 대하여 1차로 채권액에 따른 안분비례에 의하여 평등배당을 받되, 담보가등기권리자는 위 후순위 가압류채권에 대하여는 우선변제권이 인정되어 그 채권으로부터 받을 배당액으로부터 자기의 채권액을 만족시킬 때까지 이를 흡수하여 변제받을 수 있으며, 선순위와 후순위 가압류채권이 동일인의 권리라 하여 그 귀결이 달라지는 것은 아니다」(대판 1992. 3. 27, 91다44407).

2) 판례: 「가등기담보법이 제3조와 제4조에서 가등기담보권의 사적 실행 방법으로 귀속정산의 원칙을 규정함과 동시에, 제12조와 제13조에서 그 공적 실행 방법으로 경매의 청구 및 우선변제청구권 등 처분정산을 별도로 규정하고 있는 점 등을 종합하여 보면, 가등기담보권의 사적 실행에 있어서 채권자가 청산금의 지급 이전에 본등기와 담보목적물의 인도를 받을 수 있다거나 청산기간이나 동시이행관계를 인정하지 아니하는 '처분정산'형의 담보권 실행은 가등기담보법상 허용되지 아니한다」(대판 2002. 4. 23, 2001다81856; 대판 2002. 12. 10, 2002다42001).

3) 판례: 「가등기담보 채권자가 그의 권리를 보전하기 위하여 가등기담보 채무자의 제3자에 대한 선순위 가등기담보 채무를 대위변제하여 가지는 구상금채권도 담보가등기의 피담보채권에 포함된다」(대판 2007. 7. 13, 2006다46421).

밝혀야 한다($\frac{\text{동법 3조}}{\text{2항 1문}}$). ① 「청산금」은 통지 당시의 목적 부동산의 가액에서 그 채권액을 뺀 금액이 된다($\frac{\text{동법 4조}}{\text{1항 1문}}$). ⓐ 목적 부동산에 선순위 담보권 등의 권리가 있을 때에는 위 채권액에 이들 권리에 의해 담보된 채권액을 포함한다($\frac{\text{동법 4조}}{\text{1항 2문}}$). 가등기담보설정자가 선순위 담보권자에게 그 채무를 이행하지 않는 경우, 담보가등기권리자가 제3자로서 그 채무를 변제하지 않는 한 그 부동산이 선순위 담보권자에 의해 경매될 수 있으므로, 이에 대비하기 위해 그 채권액을 공제하도록 한 것이다. ⓑ 가등기담보권의 실행을 위해 지출된 비용, 가령 목적물의 교환가치를 파악하기 위해 쓴 감정평가비용은 청산금에서 공제할 수 있다. 그러나 청산의 결과로서 본등기를 마치기 위해 지출된 등기비용과 취득세 등은 가등기담보권자 스스로 부담해야 한다($\frac{\text{대판 2022. 4. 14,}}{\text{2017다266177}}$). ② 「채무자 등」은 채무자와 목적 부동산의 물상보증인 및 담보가등기 후 소유권을 취득한 제3자를 말한다($\frac{\text{동법 2}}{\text{조 2호}}$). 통지는 이들 모두에게 하여야 하고, 그렇지 않으면 청산기간이 진행될 수 없고, 따라서 가등기담보권자는 그 후 적절한 청산금을 지급하였다고 하더라도 가등기에 기한 본등기를 청구할 수 없으며, 양도담보의 경우에는 그 소유권을 취득할 수 없다($\frac{\text{대판 1995. 4.}}{\text{28, 94다36162}}$). ③ 「청산기간」은, 동법의 제정 전에 채권자가 변제기 도래 즉시 본등기로 바꾸어 이를 제3자에게 전매함으로써 채무자가 목적물의 소유권을 잃게 되는 폐단을 고려하여 마련한 것이다. (ㄴ) 담보 부동산이 둘 이상인 공동가등기담보의 경우에는, 각 부동산의 소유권이전에 의하여 소멸시키려는 채권과 그 비용을 밝혀야 한다($\frac{\text{동법 3조}}{\text{2항 2문}}$). 따라서 공동저당에서 동시배당을 하는 때와 같이 각 부동산 가액의 비율로 채권액을 할당할 필요가 없으며, 채권자의 재량으로 할당하면 된다. (ㄷ) 채권자는 그가 통지한 청산금의 금액에 관하여 다툴 수 없다($\frac{\text{동법}}{\text{9조}}$). 따라서 실제 평가액이 청산금보다 적더라도 채권자는 그가 통지한 청산금에 구속된다. 그러면 반대로 통지한 청산금이 실제 평가액보다 적은 경우에는 어떠한가? 청산기간의 경과 여부에 관계없이 채무자 등은 정당하게 평가된 청산금을 지급받을 때까지 목적 부동산의 소유권이전등기 및 인도채무의 이행을 거절하면서, 피담보채무 전액과 그 이자 및 손해금을 채권자에게 지급하고, 그 채권담보의 목적으로 경료된 가등기(또는 소유권이전등기)의 말소를 청구할 수 있다($\frac{\text{대판 1992. 9. 1, 92다10043, 10050;}}{\text{대판 1994. 6. 28, 94다3087, 3094}}$).

　　bb) 청산금의 지급:　채권자는 청산금을 채무자 등에게 지급하여야 한다($\frac{\text{동법 4조}}{\text{1항 전단}}$). 한편, 채무자 등의 일반채권자가 청산금채권을 압류 또는 가압류한 경우에는, 채권자는 청산기간이 지난 후 그 청산금을 채무 이행지를 관할하는 지방법원이나 지원에 공탁하여 그 채무를 면할 수 있다($\frac{\text{동법 8}}{\text{조 1항}}$).

　　cc) 소유권의 취득:　(ㄱ) 담보가등기가 된 경우에는 청산기간이 지나야 그 가등기에 따른 본등기를 청구할 수 있다($\frac{\text{동법 4조}}{\text{2항 후단}}$). 청산금이 없는 때에는 소유권이전의 본등기를 갖춘 때에 소유권을 취득한다.[1] 그러나 청산금이 있는 때에는 청산금을 지급하거나 공탁($\frac{\text{동법 8}}{\text{조 참조}}$)을 한 때

---

1) 판례:「일반적으로 담보목적으로 가등기를 경료한 경우 담보물에 대한 사용·수익권은 가등기설정자인 소유자에게 있다고 할 것이나, 가등기담보약정은 채무자가 본래의 채무를 이행하지 못할 경우 채권자에게 담보목적물의 소유권을 이전하기로 하는 예약으로서 유상계약인 쌍무계약적 재산권이전약정에 해당하므로, 그 성질에 반하지 않는 한 매매에 관한 민법 규정이 준용된다 할 것이고(민법 제567조), 채권자가 가등기담보권을 실행하여 그 담보목적 부동산의 소유권을 취득하기 위하여 가등기담보 등에 관한 법률에 따라 채무자에게 담보권 실행을 통지한 경우, 청산금

에 본등기를 청구할 수 있다. 이때 담보가등기권리자의 본등기청구 및 목적물의 인도청구와 청산금 지급채무는 동시이행의 관계에 있다($\substack{동법 4 \\ 조 3항}$). 청산금 지급 없이 담보가등기에 기해 본등기가 이루어진 경우 그 본등기는 무효이고, 이른바 약한 의미의 양도담보로서 존속하는 것이 아니다($\substack{대판 1994. 1. \\ 25, 92다20132}$). 다만, 그 후 동법 소정의 절차에 따라 청산절차를 마치면 그 소유권이전등기는 실체관계와 부합되는 유효한 등기가 된다($\substack{대판 2007. 7. 13, \\ 2006다46421}$). (ㄴ) 청산금의 지급과 소유권의 취득에 관한 위 규정에 반하는 특약으로서 채무자 등에게 불리한 것은 효력이 없다. 다만, 청산기간이 지난 후에 행하여진 특약으로서 제3자의 권리를 침해하지 않는 것이면 유효하다($\substack{동법 4 \\ 조 4항}$). (ㄷ) 토지와 그 위의 건물이 동일한 소유자에게 속하는 경우, 그 토지나 건물에 담보가등기에 따른 본등기가 행하여진 경우에는, 그 건물의 소유를 목적으로 그 토지 위에 지상권이 설정된 것으로 본다. 이 경우 그 존속기간과 지료는 당사자의 청구에 의해 법원이 정한다($\substack{동법 \\ 10조}$).

(2) 후순위 권리자의 지위

a) 후순위 권리자란 담보가등기 후에 등기된 저당권자 · 전세권자 및 담보가등기권리자를 말한다($\substack{동법 2 \\ 조 5호}$). 후순위 권리자는 그 순위에 따라 채무자 등이 지급받을 청산금에 대하여 청산금 지급시까지 그 권리를 행사할 수 있고, 채권자는 후순위 권리자의 요구가 있는 경우에는 청산금을 지급하여야 한다($\substack{동법 5 \\ 조 1항}$). 그리고, 담보가등기 후에 대항력 있는 임차권을 취득한 자는 청산금의 범위에서 목적물의 반환과 상환으로 보증금의 반환을 청구할 수 있다($\substack{동법 5 \\ 조 5항}$).

b) 후순위 권리자의 권리행사를 보장하기 위해 동법은 다음과 같이 규정한다. (ㄱ) 채권자는 청산금의 내역을 후순위 권리자에게도 통지해야 한다($\substack{동법 \\ 6조}$). (ㄴ) 채무자가 청산기간이 지나기 전에 청산금에 관한 권리를 양도 그 밖에 처분하거나, 채권자가 청산기간이 지나기 전 또는 후순위 권리자에게 통지하지 않고 청산금을 지급하더라도, 이로써 후순위 권리자에게 대항하지 못한다($\substack{동법 \\ 7조}$). (ㄷ) 청산금의 금액에 관해 후순위 권리자는 다툴 수 없다($\substack{동법 6 \\ 조 참조}$). 그 대신 그 평가액에 불만이 있는 경우에는, 후순위 권리자는 청산기간에 한정하여 그 피담보채권의 변제기 도래 전이라도 담보목적 부동산의 경매를 청구할 수 있고($\substack{동법 12 \\ 조 2항}$), 이 경우 담보가등기권리자는 그 경매에 참여해서 자기 채권의 우선변제를 받아야지 그 가등기에 따른 본등기를 청구하는 식의 권리취득에 의한 실행방법을 취할 수는 없다($\substack{동법 \\ 14조}$).

(3) 채무자 등의 지위

a) 채무자 등은 청산금채권을 변제받을 때까지 그 채무액(반환할 때까지의 이자와 손해금을 포함한다)을 채권자에게 지급하고 그 채권담보의 목적으로 마쳐진 소유권이전등기의 말소를 청구할 수 있다($\substack{동법 11 \\ 조 본문}$). 동조가 양도담보에 적용됨은 물론이다. 이처럼 그 등기의 말소를 구하려

을 지급할 여지가 없는 때에는 2월의 청산기간이 경과함으로써 청산절차는 종료되고, 이에 따라 채권자는 더 이상의 반대급부의 제공 없이 채무자에 대하여 소유권이전등기청구권 및 목적물 인도청구권을 가진다 할 것임에도, 채무자가 소유권이전등기의무 및 목적물 인도의무의 이행을 지연하면서 자신이 담보목적물을 사용·수익할 수 있다고 하는 것은 심히 공평에 반하여 허용될 수 없으므로, 이러한 경우 담보목적물에 대한 과실수취권을 포함한 사용·수익권은 청산절차의 종료와 함께 채권자에게 귀속된다고 보아야 한다(대판 2001. 2. 27, 2000다20465).

면 먼저 채무를 변제하여야 하고 피담보채무의 변제와 교환적으로 말소를 구할 수는 없다(대판 1984. 9. 11, 84다카781). 한편 담보가등기권리를 제외할 이유가 없으므로, 채무자 등은 청산금채권을 변제받을 때까지 그 채무액을 변제하고 가등기의 말소를 청구할 수 있다고 할 것이다.

b) (ㄱ) 위 말소청구권은 다음의 두 경우에는 인정되지 않는다. 즉, 그 채무의 변제기가 지난 때부터 10년이 지나거나,[1] 또는 선의의 제3자가 소유권을 취득한 경우[2][3]이다(동법 11조 단서). (ㄴ) 유의할 것은, 위 경우에 해당하여 채무자 등의 말소청구권이 소멸되었다고 해서 채권자가 청산금을 채무자 등에게 지급할 의무도 면하는 것은 아니다. 이 경우에도 채권자는 동법 제4조에 따른 청산금을 채무자 등에게 지급할 의무가 있고, 채무자 등은 채권자에게 그 지급을 청구할 수 있다(대판 2018. 6. 15, 2018다215947).

4. 가등기담보법상의 「양도담보」

양도담보권자는 사적 실행만을 할 수 있다. 자기 명의로 소유권등기가 되어 있는 부동산에 대해서는 경매를 청구할 수 없기 때문이다(민사집행법 81조 1항, 2호·268조 참조). 양도담보권자는 2개월의 청산기간이 지난 후 귀속청산 방식에 의해 담보를 실행하여야 하고, 청산금을 채무자 등에게 지급한 때에 목적 부동산의 소유권을 취득한다(동법 4조 1항). 채무자 등은 청산금채권을 변제받을 때까지 그 채무액을 채권자에게 지급하고 그 채권담보의 목적으로 마쳐진 소유권이전등기의 말소를 청구할 수 있다(동법 11조 본문). 다만, 그 채무의 변제기가 지난 때부터 10년이 지나거나 선의의 제3자가 소유권을 취득한 경우에는 그 등기의 말소를 구할 수 없다(동법 11조 단서).

---

1) 판례: 「채무자 등이 위 10년의 제척기간이 경과하기 전에 피담보채무를 변제하지 아니한 채 또는 변제를 조건으로 담보목적으로 마친 소유권이전등기의 말소를 청구한 경우, 이를 제척기간 준수에 필요한 권리의 행사에 해당한다고 볼 수 없으므로, 채무자 등의 위 말소청구권은 위 제척기간의 경과로 확정적으로 소멸된다」(대판 2014. 8. 20, 2012다47074).
2) 동법에서 채무자 등의 말소청구권을 인정하지 않는 것으로 정한 위 두 가지 사항에 대해서는 다음과 같은 비판이 있다. (ㄱ) 종전의 판례는, 양도담보에서 채무의 변제기가 지난 이후라도 채권자가 정산을 하기 전에는 채무자는 언제든지 채무를 변제하고 그 소유권이전등기의 말소를 청구할 수 있고, 이것은 소멸시효에 걸리지 않는다고 하였다(대판 1987. 11. 10, 87다카62). 따라서 동법에서 채무의 변제기가 지난 때부터 10년이 지나면 그 말소를 청구할 수 없다고 한 것은, 등기말소청구권의 소멸시효를 인정한 것으로서 종전의 판례에 정면으로 배치될 뿐 아니라, 청산금을 지급하지 않은 채권자를 보호하는 셈이 되어 동법의 취지에도 반한다. (ㄴ) 채권자가 청산금의 지급 없이 본등기를 한 경우에 그 등기는 무효이므로, 그가 제3자에게 목적 부동산을 양도하더라도 제3자는 소유권을 취득할 수 없다. 이러한 결과는 거래의 안전을 해하는 면이 있는데, 그래서 동법은 제3자가 「선의」인 때에는 소유권을 취득하는 것으로 예외를 정한 것이다. 그런데 이것은 실질적으로 등기의 공신력을 인정한 셈이 되는데, 민법의 근간이 되는 이 문제를 더욱이 특별법에서 허용하는 방식을 취하는 것은 문제가 있다고 한다(곽윤직, 398면; 김증한·김학동, 591면·592면).
3) 판례: 「채권자가 가등기담보 등에 관한 법률에 정해진 청산절차를 밟지 아니하여 담보목적 부동산의 소유권을 취득하지 못하였음에도 그 담보목적 부동산을 처분하여 선의의 제3자가 소유권을 취득하고, 그로 인하여 동법 제11조 단서에 의하여 채무자가 더는 채무액을 채권자에게 지급하고 그 채권담보의 목적으로 마친 소유권이전등기의 말소를 청구할 수 없게 되었다면, 채권자는 위법한 담보목적 부동산 처분으로 인하여 채무자가 입은 손해를 배상할 책임이 있다. 이때 채무자가 입은 손해는 다른 특별한 사정이 없는 한 채무자가 더는 그 소유권이전등기의 말소를 청구할 수 없게 된 때의 담보목적 부동산의 가액에서 그때까지의 채무액을 공제한 금액이라고 봄이 상당하다. 그리고 채무자가 약정이자 지급을 연체하였다든지, 채무자가 그 채무액을 채권자에게 지급하고 그 채권담보의 목적으로 마친 소유권이전등기의 말소를 청구할 수 있었다는 사정이나, 채권자가 담보목적 부동산을 처분하여 얻은 이익의 크고 작음 등과 같은 사정은 위법한 담보목적 부동산 처분으로 인한 손해배상책임을 제한할 수 있는 사유가 될 수 없다」(대판 2010. 8. 26, 2010다27458).

제4항   소유권유보所有權留保

I. 의   의

(ㄱ) 할부매매에서는 매도인의 대금채권의 담보를 위해 매수인에게 인도된 목적물의 소유권은 대금이 완제될 때까지 매도인에게 남아 있는 것으로, 즉 소유권을 유보하는 것으로 약정하는 것이 보통이다. 즉 할부매매는 일반적으로 소유권유보부 매매의 형식을 띤다. 이 경우 매도인은 단순한 특약만으로 소유권을 자기에게 유보해 두었다가, 매수인의 대금 연체나 그밖의 신용불안의 사실이 발생하면 그 유보된 소유권에 기해 매매의 목적물을 회수함으로써 대금채권을 담보한다는 점에서, 실제로 가장 간편하고 강력한 담보수단이 된다. 특히 점유를 요건으로 하지 않는 점에서, 이를 요건으로 하는 동산질권을 보완하는 기능을 한다. (ㄴ) 소유권유보는 가등기담보 및 양도담보와 더불어 비전형담보에 해당한다. 특히 양도담보는 원래 채무자에게 있는 소유권을 채권자에게 이전하는 것인 데 대하여, 소유권유보는 처음부터 채권자가 소유권을 가지고 있는 점에서 다르지만, 실질적으로 담보의 기능을 하는 것은 양도담보와 유사하다. 소유권유보는 부동산에는 그 이용이 거의 없고(부동산등기법상 매수인이 정지조건부로 소유권이전등기를 할 수는 없다), 주로 동산의 할부매매와 관련하여 이용된다. (ㄷ) 소유권유보의 법적 성질에 관해, 판례는, 물권행위는 성립하지만 그 효력이 발생하기 위해서는 대금이 모두 지급되는 것을 조건으로 하는 '정지조건부 물권행위'로 파악한다.[1]

II. 소유권유보의 법률관계

1. 대내관계

매도인과 매수인 사이에서도 소유권은 매도인에게 있다. 다만 할부매매에 따른 특약에 의해 목적물을 매수인이 인도받아 사용하는 데 지나지 않는다. 특히 매수인이 목적물을 제3자에게 처분할 것을 예상하여 그 경우 대금채권을 매도인에게 양도할 것을 미리 약정할 수 있는데, 이를 독일에서는 '연장된 소유권유보'라고 부른다. 그 밖에는 당사자 간의 매매계약의 내용에 의해 규율된다.

---

1) 판례: ① 「동산의 매매계약을 체결하면서 소유권유보의 특약을 한 경우, 목적물의 소유권을 이전한다는 당사자 사이의 물권적 합의는 매매계약을 체결하고 목적물을 인도한 때 이미 성립하지만 대금이 모두 지급되는 것을 정지조건으로 하므로, 목적물이 매수인에게 인도되었다고 하더라도 특별한 사정이 없는 한 매도인은 대금이 모두 지급될 때까지 매수인뿐만 아니라 제3자에 대하여도 유보된 목적물의 소유권을 주장할 수 있고, 다만 대금이 모두 지급되었을 때에는 그 정지조건이 완성되어 별도의 의사표시 없이 목적물의 소유권이 매수인에게 이전된다」(대판 1996. 6. 28, 96다14807). ② 「이와 같은 법리는 소유권유보의 특약을 한 매매계약이 매수인의 목적물 판매를 예정하고 있고, 그 매매계약에서 소유권유보의 특약을 제3자에 대하여 공시한 바 없고, 또한 그 매매계약이 종류물을 목적물로 하고 있다 하더라도 다를 바 없다」(대판 1999. 9. 7, 99다30534).

2. 대외관계

대외적으로 소유권은 매도인에게 있고, 이를 토대로 다음과 같은 법률관계가 전개된다.

(1) 매수인의 처분 등

(ㄱ) 매매대금이 모두 지급되지 않은 한 매수인은 소유권을 취득하지 못한다. 이 상태에서 매수인이 목적물(동산)을 다른 사람에게 양도한 경우, 양수인이 선의취득의 요건을 갖추거나 소유자인 소유권유보 매도인이 후에 처분을 추인하는 등의 특별한 사정이 없는 한, 그 양도는 목적물의 소유자가 아닌 사람이 행한 것으로서 효력이 없다($\frac{\text{대판 2010. 2. 11,}}{\text{2009다93671}}$). 그 밖에 동산인 점에서 가공의 법리가 적용될 수 있다($\frac{259}{조}$). (ㄴ) 매수인의 채권자가 목적물에 강제집행을 한 때에는 매도인은 제3자 이의의 소를 제기할 수 있고($\frac{\text{민사집행}}{\text{법 48조}}$), 매수인이 파산한 때에는 환취권을 가진다($\frac{\text{채무자 회생 및 파산}}{\text{에 관한 법률 407조}}$).[1] (ㄷ) 다만, 매수인은 장래에 소유권을 취득할 수 있는 '조건부 권리'를 가지며, 따라서 이를 처분할 수는 있다($\frac{149}{조}$). 즉 매수인은 제3자에게 정지조건부로 소유권을 양도할 수 있다. 이 경우 양수인은 매수인이 매도인에게 대금을 모두 지급하여 정지조건이 성취된 때에 소유권을 취득한다.

(2) 매도인의 처분 등

(ㄱ) 매도인은 (소유권이 유보된) 목적물(동산)의 소유권을 제3자에게 양도할 수 있는가? 그 양도가 효력이 있으려면 동산의 인도가 있어야 하는데, 그 인도 방법으로는 '목적물반환청구권의 양도'($\frac{190}{조}$)를 들 수 있다. 그런데 목적물반환청구권은 매수인이 대금을 지급하지 않아 매도인이 채무불이행을 이유로 계약을 해제하고 원상회복을 청구하는 단계에서 생기는 장래의 채권으로서, 계약의 해제를 조건으로 하는 것이다. 그러므로 그 전에 매수인이 매매대금을 모두 지급한 경우에는 그가 소유권을 취득하고, 이 한도에서 매도인의 양도행위는 그 효력이 없게 된다($\frac{\text{양창수 · 김형석, 권리의 보}}{\text{전과 담보(제4판), 566면}}$). (ㄴ) 매도인의 일반채권자는 채무자(매수인)가 점유하는 동산을 압류할 수 있다($\frac{\text{민사집행}}{\text{법 189조}}$). 매도인이 파산한 경우에는 매도인의 권리는 파산재단에 귀속한다.

3. 위험부담危險負擔

목적물이 매수인에게 인도된 후에 당사자 쌍방에게 책임이 없는 사유로 멸실된 경우에 매수인의 할부금채무의 존속 여부가 문제된다. 그런데 목적물은 이미 매수인에게 인도되어 그의 사용·수익 상태에 있고, 또 대금의 완제가 있으면 매수인이 소유권을 자동적으로 취득하며 매도인에게 어떤 이행의무가 남아 있지 않다는 점에서, 법률적으로는 소유권이 매도인에게 있다고 하더라도, 그 멸실에 따른 위험은 매수인에게 이전되는 것으로 봄이 타당하다. 따라서 매수인의 할부금채무는 소멸되지 않고 존속한다.

---

1) 그러나 판례는 다른 입장을 취하고 있다. 즉,「동산의 소유권유보부 매매는 동산을 매매하여 인도하면서 대금 완납 시까지 동산의 소유권을 매도인에게 유보하기로 특약한 것을 말하며, 이러한 내용의 계약은 동산의 매도인이 매매대금을 다 수령할 때까지 대금채권에 대한 담보의 효과를 취득·유지하려는 의도에서 비롯된 것이다. 따라서 동산의 소유권유보부 매매의 경우에, 매도인이 유보한 소유권은 담보권의 실질을 가지고 있으므로 담보 목적의 양도와 마찬가지로 매수인에 대한 회생절차에서 회생담보권으로 취급함이 타당하고, 매도인은 매매목적물인 동산에 대하여 환취권을 행사할 수 없다」고 한다(대판 2014. 4. 10, 2013다61190).

Ⅲ. 소유권유보의 실행

1. 매수인의 대금채무의 불이행이 있으면 매도인은 계약을 해제하고 유보된 소유권에 기해 목적물의 반환을 청구할 수 있다. 한편 매도인은 수령한 매매대금에서 손해배상액을 공제한 금액을 매수인에게 반환하여야 한다(다만 이에 관해 다른 특약이 있는 때에는 그에 따른다).

2. 「할부거래에 관한 법률」은, 동법이 적용되는 계약에서 해제에 따른 매수인의 지위를 보호하기 위해, 매도인이 매수인의 채무불이행을 이유로 해제하려면 그 전에 14일 이상의 기간을 정하여 매수인에게 그 이행을 서면으로 최고하도록 하고, 이에 반하는 특약은 무효로 정한다($\binom{\text{동법 2조·8조·}}{\text{11조·43조}}$).

제5항 동산담보권과 채권담보권

Ⅰ. 서   설

1. 동산을 담보로 하는 제도로는 질권과 양도담보가 있다. 그런데 동산질권을 설정하려면 설정자가 질권자에게 점유를 이전하여야 하므로, 설정자가 점유하고 수시로 판매하여야 하는 상품에는 질권을 설정할 수 없는 문제가 있다. 그리고 동산 양도담보에서는 공시방법으로 이용되는 점유개정으로는 공시의 효과를 기할 수 없는 문제가 있다. 즉 설정자의 채권자들은 설정자의 재산상태를 예측할 수 없는 위험이 있고, 설정자가 목적물을 제3자에게 처분하여 제3자가 선의취득을 하면 양도담보권자가 피해를 볼 수 있는 점에서 그러하다.

한편 채권을 담보로 하는 제도로는 채권질권이 있는데, 질권의 설정을 제3자에게 대항하기 위해서는 확정일자가 있는 증서에 의한 통지나 승낙이 필요하므로, 대량의 채권을 한꺼번에 담보로 제공하는 데에는 많은 비용이 드는 문제가 있다.

2. (ㄱ) 여기서 담보가 부동산담보에 편중되어 있는 것을 해소하고, 동산과 채권에 대한 기존의 담보제도가 갖는 문제점을 개선하여, 중소기업과 자영업자의 자금조달의 편의를 제공하기 위해, 「동산·채권 등의 담보에 관한 법률」($\binom{\text{2010. 6. 10.}}{\text{법 10366호}}$)을 제정하여 '동산을 목적으로 하는 담보권'과 '채권을 목적으로 하는 담보권'을 창설하였다. 동법은 2012년 6월 10일부터 시행되고 있다.[1] 동법의 특징은, 동산담보권과 채권담보권을 창설하여, 담보등기에 의해 이를 공시하며, 설정자가 동산을 점유하여 사용·수익하는 데 있다. 참고로 일본은 '동산 및 채권양도에 관한 민법의 특례 등에 관한 법률'을 제정하여 시행하고 있다. (ㄴ) 동법은 인적 적용범위를 제한하고 있다. 즉 동산이나 채권을 담보로 제공할 수 있는 담보권설정자는 법인(상사법인, 민법법인, 특별법에 따른 법인, 외국법인을 말한다) 또는 상업등기법에 따라 상호등기를 한 사람으로

---

1) 이에 관한 문헌으로는, 김재형, "담보제도의 개혁방안 – 동산 및 채권담보를 중심으로 – ", 저스티스 제106호, 655면 이하 참조.

한정한다($\frac{\text{동법 2}}{\text{조 5호}}$). 다만 담보권설정자의 상호등기가 말소된 경우에도 이미 설정된 동산담보권의 효력에는 영향을 미치지 않는다($\frac{\text{동법}}{\text{4조}}$). (ㄷ) 동법에 의한 담보권과는 별개로 기존의 담보제도는 존속한다. 그러므로 당사자들은 그 선택에 따라 기존의 질권이나 양도담보를 이용하거나, 아니면 동법에 따라 동산담보권이나 채권담보권을 설정할 수 있다.

Ⅱ. 동산담보권

1. 동산담보권의 성립

(1) 목적물

(ㄱ) 동산담보권의 목적물은 (양도할 수 있는) 동산이다($\frac{\text{동법 33조,}}{\text{민법 331조}}$). 여러 개의 동산(장래에 취득할 동산을 포함한다)이더라도 목적물의 종류, 보관장소, 수량을 정하거나 그 밖에 이와 유사한 방법으로 특정할 수 있는 경우에는 그 목적물이 될 수 있다($\frac{\text{동법 3}}{\text{조 2항}}$). (ㄴ) 다만, 선박등기법에 따라 등기된 선박, 자동차 등 특정동산 저당법에 따라 등록된 건설기계·자동차·항공기·소형선박, 공장 및 광업재단 저당법에 따라 등기된 기업재산, 그 밖에 다른 법률에 따라 등기되거나 등록된 동산, 화물상환증·선하증권·창고증권이 작성된 동산, 무기명채권증서 등 대통령령으로 정하는 증권 등은 동법에 따라 동산담보권을 설정할 수 없다($\frac{\text{동법 3}}{\text{조 3항}}$). 이들 동산에는 해당 법률에서 저당권이나 질권을 설정하는 것을 예정하고 있기 때문이다.

(2) 담보약정과 담보등기

a) 담보권설정자(채무자 또는 제3자)가 채권자와의 담보약정에 따라 동산을 담보로 제공하고 동법에 따라 「동산담보등기부」에 등기함으로써 동산담보권이 성립한다($\frac{\text{동법 2조,}}{\text{2호. 8호}}$). 약정에 따른 동산담보권의 득실변경은 그 등기를 하여야 효력이 생긴다($\frac{\text{동법 7}}{\text{조 1항}}$).

b) 부동산등기의 경우에는 물적 편성주의를 취하지만, 동산은 개체 수가 현저히 많을 뿐만 아니라 계속 변동하는 점에서 물적 편성을 하는 것은 어렵기 때문에, 동산담보등기부는 담보권설정자별로 편제하는 인적 편성주의를 취한다($\frac{\text{동법}}{\text{47조}}$). 그런데 인적 편성주의에 따른 공시는 충분치 않다. 그래서 동법($\frac{6}{\text{조}}$)은, 동산담보권을 설정하려는 자는 담보약정을 할 때 담보목적물의 소유 여부와 다른 권리의 존재 유무를 상대방에게 명시하여야 하는 것으로 정한다. 그러나 설정자로부터 소유권을 취득하려는 자는 명시를 청구할 수 없어 문제가 없지 않다.

2. 동산담보권의 효력

(1) 피담보채권의 범위

(ㄱ) 동산담보권은 원본, 이자, 위약금, 담보권실행 비용, 담보목적물 보존비용 및 채무불이행 또는 담보목적물의 흠으로 인한 손해배상 채권을 담보한다($\frac{\text{동법}}{\text{12조}}$). 그러나 이는 임의규정이며, 설정행위에 다른 약정이 있는 경우에는 그 약정에 따른다($\frac{\text{동조}}{\text{단서}}$). 민법의 저당권에서와 같은 지연배상의 제한($\frac{\text{360조}}{\text{단서}}$)은 없다. (ㄴ) 한편 근저당권에서와 같이 동산담보권에서도 동산근담

보권을 설정할 수 있다($\frac{\text{동법}}{5\text{조}}$).

(2) 물적 범위

a) 동산담보권의 효력은 법률에 다른 규정이 있거나 설정행위에서 달리 약정하지 않은 한 담보목적물에 부합된 물건과 종물에 미친다($\frac{\text{동법}}{10\text{조}}$). 또한 담보목적물에 대한 압류 또는 담보권자의 담보권 실행으로서 담보목적물의 인도청구가 있은 후에 담보권설정자가 그 담보목적물에서 수취한 과실이나 수취할 수 있는 과실에 미친다($\frac{\text{동법}}{11\text{조}}$).

b) 동산담보권은 물상대위에 기해 담보목적물의 매각, 임대, 멸실, 훼손 또는 공용징수 등으로 담보권설정자가 받을 금전이나 그 밖의 물건에도 행사할 수 있다. 이 경우 그 지급 또는 인도 전에 압류해야 한다($\frac{\text{동법}}{14\text{조}}$). 특기할 것은, 민법과는 달리 담보목적물의 멸실 · 훼손 · 공용징수 외에 '매각 또는 임대'의 경우에까지 물상대위를 인정한 점이다. 설정자가 담보권이 설정된 동산을 제3자에게 매각하여 그가 선의취득하는 경우가 있을 수 있고, 이러한 경우를 대비한 것이다.

(3) 우선변제적 효력

a) 담보권자는 설정자가 제공한 담보목적물에서 다른 채권자보다 자기 채권을 우선변제 받을 권리가 있다($\frac{\text{동법}}{8\text{조}}$). 동산담보권에는 다른 담보물권과 마찬가지로 부종성($\frac{\text{동법 33조,}}{\text{민법 369조}}$), 수반성($\frac{\text{동법}}{13\text{조}}$), 불가분성($\frac{\text{동법}}{9\text{조}}$), 물상대위성($\frac{\text{동법}}{14\text{조}}$)이 인정된다.

〈판 례〉 (ㄱ) ① A은행은 2015. 11. 24. B회사와 이 사건 동산에 관하여 채권최고액을 234,000,000원으로 한 근담보권 설정계약을 체결하고, 같은 날 근담보권 설정등기를 마쳤다. ② B의 채권자 C의 신청에 의해 위 동산에 대해 경매절차가 개시되었다. ③ 집행관은 2016. 5. 20. A에게 배당요구를 하여 배당절차에 참여할 수 있다는 내용의 고지서를 발송하였으나, A는 배당요구를 하지 않았고, 그래서 A를 제외하고 배당이 이루어졌다. ④ A은행이 배당을 받은 C 등을 상대로 배당 이의의 소를 제기한 것이다. (ㄴ) 대법원은, <u>동산채권담보법에 따라 설정된 동산담보권에 우선변제권이 있음에 비추어</u>($\frac{\text{동법}}{8\text{조}}$), 민사집행법 제148조 4호를 유추적용하여, A은행은 배당요구를 하지 않아도 배당받을 수 있는 것으로 보았다($\frac{\text{대판 2022. 3. 31,}}{2017다263901}$). 즉 그 동산의 매각대금에서 A은행의 채권액을 먼저 배당한 후 나머지 금액을 C를 포함한 다른 채권자들에게 채권액에 따라 안분배당을 하여야 하는 것으로 보았다.

b) 동일한 동산에 설정된 동산담보권의 순위는 등기의 순서에 따르며($\frac{\text{동법 7}}{\text{조 2항}}$), 동일한 동산에 관하여 담보등기부의 등기와 인도가 행하여진 경우에 그에 따른 권리 사이의 순위는 (법률에 다른 규정이 없으면) 그 선후에 따른다($\frac{\text{동법 7}}{\text{조 3항}}$).

3. 동산담보권의 실행

동산담보권의 실행은 경매가 원칙이다($\frac{\text{동법 21}}{\text{조 1항}}$). 다만 정당한 이유가 있는 경우에는 사적 실행이 허용된다. 그 방법으로는 담보권자가 담보목적물로써 직접 변제에 충당하는 귀속청산과, 담보목적물을 매각하여 그 대금을 변제에 충당하는 처분청산의 두 가지를 다 인정한다($\frac{\text{동법 21}}{\text{조 2항}}$).

다만 선순위 권리자가 있는 경우에는 그의 동의를 받아야 한다($동_{단서}^{조항}$).

4. 동산담보권의 소멸

(ㄱ) 담보물권의 공통된 소멸사유에 의해 동산담보권도 소멸된다. (ㄴ) 동산담보권이 설정된 담보목적물에 대해서도 선의취득이 인정된다($동법_{32조}$). 따라서 그 목적물에 대해 선의취득에 의해 소유권이나 질권을 취득하면 동산담보권은 소멸된다. (ㄷ) 피담보채권의 대부분이 상사채권인 점에서 담보권의 존속기간은 5년을 넘을 수 없다. 다만, 5년을 넘지 않는 기간으로 이를 갱신할 수 있다($동법_{49조}$).

Ⅲ. 채권담보권

1. 채권담보권의 성립

(1) 목 적

채권담보권의 목적은 금전의 지급을 내용으로 하는 지명채권이다($동법_{조 1항}^{34}$). 즉 금전채권에 대해서만 채권담보권이 성립할 수 있다. 여러 개의 채권(채무자가 특정되었는지 여부를 묻지 않고 장래에 발생할 채권을 포함한다)이더라도 채권의 종류, 발생원인, 발생 연월일을 정하거나 그 밖에 이와 유사한 방법으로 특정할 수 있는 경우에는, 이러한 것에도 채권담보권을 설정할 수 있다($동법_{조 2항}^{34}$).

(2) 담보약정과 담보등기

a) 동산담보권과 마찬가지로 담보약정과 담보등기가 필요하다. 다만, 채권담보권의 등기는 동산담보권에서와는 달리 성립요건이 아니라 대항요건이다($동법_{35조}$).

b) (ㄱ) 채권담보권의 경우 채권담보등기부에 등기를 한 때에 담보로 제공된 채권의 채무자를 제외한 제3자에게 대항할 수 있다($동법_{조 1항}^{35}$). (ㄴ) 담보권자 또는 담보권설정자는 제3채무자에게 등기사항증명서를 건네주는 방법으로 그 사실을 통지하거나 제3채무자가 이를 승낙하지 않으면 제3채무자에게 대항하지 못한다($동법_{조 2항}^{35}$). 채권담보권의 등기가 되어 있어도 제3채무자로서는 통상 그러한 사실을 알 수 없어 이중변제의 위험이 있다는 점을 고려한 것이다. (ㄷ) 동일한 채권에 채권담보등기부의 등기와 민법 제349조 또는 제450조 2항에 따른 통지나 승낙이 있는 경우에는 그 등기와 그 통지의 도달이나 승낙의 선후에 따라 우열이 정해진다($동법_{조 3항}^{35}$).

> **판례** 동산·채권 등의 담보에 관한 법률 제35조에 따른 채권담보권자(A)·제3채무자(B)·채권양수인(C) 간의 관계
>
> 「(ㄱ) A가 담보등기를 마쳤으나 B에게 아직 담보권설정의 통지를 하지 않은 상태에서 C가 대항요건을 갖춘 경우, B는 C에게 유효하게 채무를 변제할 수 있고 이로써 A에 대해서도 면책된다. 다만 C는 A에 대해서는 후순위로서, A의 우선변제적 지위를 침해하여 이익을 얻은 것이 되므로, A는 C에게 부당이득으로서 그 변제받은 것의 반환을 청구할 수 있다. (ㄴ) A가 담보등

기를 마치고, C가 대항요건을 갖춘 후, B가 C에게 채무를 변제하기 전에 A가 B에게 담보설정의 통지를 한 경우에는, B는 A에게 채무를 변제하여야 하고, C에게 변제하였다면 이로써 A에게 대항할 수 없다. (ㄷ) 다만, 이 경우 B가 C에게 채무를 변제한 것에 대해 A가 무권한자인 C의 변제수령을 추인하였다면, (민법 제472조의 법리에 따라) B의 C에 대한 변제는 유효한 것으로 되지만, A는 C에게 부당이득으로서 그 변제받은 것의 반환을 청구할 수 있다」(대판 2016. 7. 14, 2015다71856, 71863).

2. 채권담보권의 효력

(ㄱ) 담보물권에 공통된 성질은 채권담보권에도 통용된다. (ㄴ) 채권담보권에 관해서는 그 성질에 반하지 않는 범위에서 동산담보권에 관한 규정을 준용한다. 그리고 민법 제348조(저당채권에 대한 질권과 부기등기)와 제352조(질권설정자의 권리처분 제한)를 준용한다(동법 37조).

3. 채권담보권의 실행

(ㄱ) 담보권자는 피담보채권의 한도에서 채권담보권의 목적이 된 채권을 직접 청구할 수 있다(동법 36조 1항). (ㄴ) 채권담보권의 목적이 된 채권이 피담보채권보다 먼저 변제기에 이른 경우에는 담보권자는 제3채무자에게 그 변제금액의 공탁을 청구할 수 있다. 이 경우 제3채무자가 변제금액을 공탁한 후에는 채권담보권은 그 공탁금에 존재한다(동법 36조 2항). (ㄷ) 담보권자는 위의 실행방법 외에 민사집행법에서 정한 집행방법으로 채권담보권을 실행할 수 있다(동법 36조 3항). 구체적인 실행 절차는 민사집행법상의 채권집행 절차에 따른다(민사집행법 273조 3항, 223조 이하).

Ⅳ. 지식재산권의 담보에 관한 특례

동산·채권 등의 담보에 관한 법률은, 지식재산권자가 약정에 따라 동일한 채권을 담보하기 위하여 2개 이상의 지식재산권을 담보로 제공하는 경우에 특허원부, 저작권등록부 등 그 지식재산권을 등록하는 공적 장부에 동법에 따른 담보권을 등록할 수 있는 특례를 마련하였다(동법 58조 1항).

부 록

1. 부동산 등기사항전부증명서의 양식과 기재례
   (집합건물 · 토지 · 건물)
2. 부동산임의경매신청서
3. 근저당권설정계약서

등기사항전부증명서(말소사항 포함)[1] - 집합건물 [제출용]

[집합건물] 서울특별시 강남구 삼성동 120 다음아파트 제10동 제6층 제602호

고유번호 1146-2006-007170

【 표 제 부 】 (1동의 건물의 표시)

표시번호	접 수	소재지번, 건물명칭 및 번호	건 물 내 역	등기원인 및 기타사항
1	2006년6월27일	서울특별시 강남구 삼성동 120 다음아파트 제10동	철근콘크리트구조 (철근)콘크리트지붕 9층 공동주택(아파트) 1층 273.73㎡ 2층 273.73㎡ 3층 273.73㎡ 4층 273.73㎡ 5층 267.25㎡ 6층 267.25㎡ 7층 267.25㎡ 8층 267.25㎡ 9층 247.52㎡ 지하1층 824.00㎡ 지하2층 788.41㎡ 옥탑1층 20.00㎡ 옥탑2층 21.00㎡ 부속건물1층 35.55㎡	도면편철장1책439장

(대지권의 목적인 토지의 표시)

표시번호	소 재 지 번	지 목	면 적	등기원인 및 기타사항
1	1. 서울특별시 강남구 삼성동 120	대	2286.6㎡	2006년6월27일

1) 소재지번과 권리자에 관한 기록사항은 개인정보 보호를 위해 임의로 기재하였다.

[집합건물] 서울특별시 강남구 삼성동 120 다음아파트 제10동 제6층 제602호

고유번호 1146-2006-007170

【　표　제　부　】　(전유부분의 건물의 표시)

표시번호	접수	건물번호	건물내역	등기원인 및 기타사항
1	2006년6월27일	제6층 제602호	철근콘크리트구조 115.88㎡	도면편철장1책439장

(대지권의 표시)

표시번호	대지권종류	대지권비율	등기원인 및 기타사항
1	1 소유권대지권	2286.6분의 57.170	2006년6월19일 대지권 2006년6월27일

【　갑　　구　　】　(소유권에 관한 사항)

순위번호	등기목적	접수	등기원인	권리자 및 기타사항
1	소유권보존	2006년6월27일 제69633호		소유자 홍길동 600510-1******* 서울 강남구 삼성동 120 다음아파트 10-602
1-1	1번등기명의인표시변경	2006년7월31일 제79314호	2006년6월29일 전거	홍길동의 주소 서울 강남구 삼성동 120 다음아파트 110-20
1-2	1번등기명의인표시변경	2007년3월2일 제17185호	2006년11월1일 전거	홍길동의 주소 서울 강남구 삼성동 120 다음아파트 10-602
2	압류	2007년5월11일 제36823호	2007년4월17일 압류(세무과-580)	권리자 강남구(세무과)
3	압류	2007년6월25일	2007년6월19일	권리자 국

[집합건물] 서울특별시 강남구 삼성동 120 다음아파트 제10동 제6층 제602호

고유번호 1146-2006-007170

순위번호	등기목적	접수	등기원인	권리자 및 기타사항
4	2번압류등기말소	제5209호	압류(세원관리과-5000) 2007년11월30일 해제	처분청 삼성세무서
5	3번압류등기말소	2007년12월7일 제90109호	2007년12월4일 해제	
		2007년12월7일 제90950호		
6	압류	2009년5월13일 제35631호	2009년4월23일 압류(세무1과-7136)	권리자 서울특별시 강남구
6-1	공매공고	2013년3월27일 제73907호	2013년3월27일 공매공고(한국자산관리 공사2012-18433-001)	
7	압류	2009년12월10일 제91675호	2009년12월4일 압류(부가가치세과-1160 2)	권리자 국 처분청 삼성세무서장
8	압류	2010년1월25일 제4051호	2010년1월25일 압류(고객지원부-85)	권리자 국 국민건강보험공단 111471-0008863 서울시 마포구 염리동 168-9 (강남동부지사)
8-1	8번등기명의인표시변경		2011년10월31일 도로명주소	국민건강보험공단의 주소 서울특별시 마포구 독막로 311(염리동) 2013년11월20일 부기
9	압류	2011년12월20일 제71875호	2011년11월24일 압류(세무관리과(세외)-	권리자 서울특별시강남구

고유번호 1146-2006-007170

[집합건물] 서울특별시 강남구 삼성동 120 다음아파트 제10동 제6층 제602호

순위번호	등 기 목 적	접 수	등 기 원 인	권 리 자 및 기 타 사 항
10	임의경매개시결정	2014년4월1일 제77387호	25399) 2014년4월1일 서울중앙지방법원의 임의경매개시결정(2014타경9619)	채권자 주식회사 국민은행 110111-2365321 서울 중구 남대문로 84 (을지로2가) (여신관리센터)

【 을 구 】 (소유권 이외의 권리에 관한 사항)

순위번호	등 기 목 적	접 수	등 기 원 인	권 리 자 및 기 타 사 항
1	근저당권설정	2006년6월27일 제69646호	2006년6월27일 설정계약	채권최고액 금610,000,000원 채무자 홍길동 서울 강남구 삼성동 120 다음아파트 10-602 근저당권자 주식회사국민은행 110111-2365321 서울 중구 남대문로2가 9-1 (강동구정여리점)
1-1	1번등기명의인표시변경	2008년3월3일 제13242호	2008년2월28일 취급지점변경	주식회사국민은행의 취급지점 금보리지센터
1-2	1번근저당권변경	2008년3월3일 제13243호	2008년2월28일 변경계약	채권최고액 금390,000,000원
1-3	1번등기명의인표시변경	2013년2월12일 제32807호	2013년2월12일 취급지점변경	주식회사국민은행의 취급지점 대출실행센터
1-4	1번근저당권변경	2013년2월12일	2013년2월12일	채권최고액 금300,000,000원

[집합건물] 서울특별시 강남구 삼성동 120 다음아파트 제10동 제6층 제602호

고유번호 1146-2006-007170

순위번호	등기목적	접수	등기원인	권리자 및 기타사항
2	근저당권설정	제32808호	변경계약	채권최고액 금170,000,000원 채무자 중김도 서울 강남구 삼성동 119-20 근저당권자 김림도 560630-1****** 서울 강남구 신사동 8
3	근저당권설정	2007년9월22일 제17406호	2007년9월22일 설정계약	채권최고액 금90,000,000원 채무자 중김도 서울 강남구 삼성동 근저당권자 나김도 650606-2****** 성남시 분당구 수매동 24 수매마을 810-766
4	전세권설정	2008년1월3일 제596호	2007년11월30일 설정계약	전세금 금550,000,000원 범위 주거용, 건물의 전부 존속기간 2010년01월02일까지 반환기 2010년01월02일 전세권자 삼성물산주식회사 110111-0002975 서울특별시 중구 태평로2가 310
4-1				4번 등기는 건물만에 관한 것임 2008년1월3일 부기
5	3번근저당권설정등기말소	2008년1월8일 제1483호	2008년1월8일 해지	
6	2번근저당권설정등기말소	2008년1월16일 제2973호	2008년1월16일 해지	

5/6

발행번호 11420111006204081010060211CS007141CCHA570115121112

발급확인번호 AAST-GUYQ-1700

발행일 2014/08/21

[집합건물] 서울특별시 강남구 삼성동 120 다음아파트 제10동 제6층 제602호

고유번호 1146-2006-007170

순위번호	등 기 목 적	접 수	등 기 원 인	권 리 자 및 기 타 사 항
7	근저당권설정	2008년2월27일 제11806호	2008년2월27일 설정계약	채권최고액 금50,000,000원 채무자 홍길동 서울 강남구 삼성동 120 다음 10-602 근저당권자 김갑동 560630-1***** 서울특별시 강남구 신사동 8
8	근저당권설정	2010년2월8일 제7361호	2010년1월4일 설정계약	채권최고액 금50,000,000원 채무자 홍길동 서울 강남구 삼성동 120 다음 10-602 근저당권자 중정미 560613-2***** 경기도 안양시 안양동 40 정솔아파트 비-301

-- 이 하 여 백 --

수수료 1,000원 영수함

관할등기소 서울중앙지방법원 등기국 / 발행등기소 법원행정처 등기정보중앙관리소

이 증명서는 등기기록의 내용과 틀림없음을 증명합니다.

서기 2014년 8월 21일

법원행정처 등기정보중앙관리소

전산운영책임관

발행일 2014/08/21

발급확인번호 AAST-GUTQ-1700

6/6

발행번호 11420111006204081010060211OGS0071416CHA67015121112

* 실선으로 그어진 부분은 말소사항을 표시함. * 등기기록에 기록된 사항이 없는 갑구 또는 을구는 생략함. * 증명서는 컬러 또는 흑백으로 출력 가능함. [인터넷 발급] 문서 하단의 바코드를 스캐너로 확인하거나, 인터넷등기소(http://www.iros.go.kr)의 발급확인 메뉴에서 발급확인번호를 입력하여 위·변조 여부를 확인할 수 있습니다. 발급확인번호를 통한 확인은 발행일부터 3개월까지 5회에 한하여 가능합니다.

등기사항전부증명서(말소사항 포함) - 토지 [제출용]

고유번호 1103-1996-803450

[토지] 서울특별시 종로구 삼청동 57-25

【 표 제 부 】 (토지의 표시)

표시번호	접 수	소 재 지 번	지 목	면 적	등기원인 및 기타사항
1 (전 2)	1985년6월27일	서울특별시 종로구 삼청동 57-25	대	105.8m²	부동산등기법 제177조의 6 제1항의 규정에 의하여 2000년 04월 26일 전산이기

【 갑 구 】 (소유권에 관한 사항)

순위번호	등 기 목 적	접 수	등 기 원 인	권 리 자 및 기 타 사 항
1 (전 3)	소유권이전	1987년4월15일 제16695호	1987년4월14일 매매	소유자 김순병 610491-1****** 서울 종로구 삼청동 57-25 부동산등기법 제177조의 6 제1항의 규정에 의하여 2000년 04월 26일 전산이기
2	소유권이전	2000년5월22일 제23229호	2000년5월10일 증여	소유자 김이경 642203-2****** 서울 종로구 삼청동 57-25
3	소유권이전	2005년9월27일 제52665호	2005년8월22일 매매	소유자 신이순 571130-2****** 서울 종로구 수인동 76 롯데캐슬 아
3-1	3번등기명의인표시변경	2007년7월2일	2005년12월26일	신이순의 주소 서울특별시 종로구 창신동 32-224

[인터넷 발급] 문서 하단의 바코드를 스캐너로 확인하거나, 인터넷등기소(http://www.iros.go.kr)의 **발급확인** 메뉴에서 **발급확인번호**를 입력하여 **위·변조 여부를 확인**할 수 있습니다. **발급확인번호**를 통한 확인은 발행일부터 3개월까지 5회에 한하여 가능합니다.

발행번호 11020111100319408301096821110GS00344419CHA15039121112

발행일 2014/08/21
발급확인번호 AAST-GVEK-4509

1/4

[토지] 서울특별시 종로구 삼청동 57-25

고유번호 1103-1996-803450

순위번호	등 기 목 적	접 수	등 기 원 인	권 리 자 및 기 타 사 항
4	압류	제41597호	전기	그린아파트 505호
	~~압류~~	~~2008년9월29일 제32255호~~	~~2008년9월29일 압류(건강보수부 740)~~	~~권리자 국민건강보험공단이일정부지사사~~
5	~~가압류~~	~~2008년9월12일 제41119호~~	~~2008년9월11일 서울지방법원의 가압류결정(2008카단294 호)~~	~~청구금액 금100,000,000 원 채권자 유정식 서울 연수구 등촌아파트 200동 502호~~
6	5번가압류등기말소	2008년12월29일 제78685호	2008년12월17일 해제	
7	4번압류등기말소	2009년2월26일 제10087호	2009년2월25일 해제	
8	가압류	2013년6월13일 제28764호	2013년6월12일 서울남부지방법원의 가압류결정(2013카단532 5)	청구금액 금40,000,000 원 채권자 서춘영 590523-1****** 서울 강서구 등촌로91, 8동 902호 (등촌동, 그레이스빌)
9	임의경매개시결정	2013년10월30일 제51944호	2013년10월30일 서울중앙지방법원의 임의경매시결정(2013 타경37006)	채권자 디케이저축은행주식회사[변경전:주.교원나라상호 저축은행] 110111-0136675 서울 강남구 테헤란로 323 (역삼동)
10	가압류	2013년11월13일 제54477호	2013년11월13일 서울중앙지방법원의 가압류결정(2013카단717)	청구금액 금4,738,217 원 채권자 주식회사 국민은행 서울 중구 남대문로2가 9-1

발행번호 1102011100319408301096821110GS0034419CHA2503912112

발급확인번호 AAST-GVEK-4509

발행일 2014/08/21

고유번호 1103-1996-803450

[토지] 서울특별시 종로구 삼청동 57-25

순위번호	등 기 목 적	접 수	등 기 원 인	권 리 자 및 기 타 사 항
			15)	
11	가압류	2014년1월6일 제639호	2014년1월6일 서울중앙지방법원의 가압류결정(2013카단756 98)	청구금액 금6,676,654 원 채권자 주식회사 하나은행 서울 중구 을지로 35 (을지로1가) (여신관리부)
				(소관: 청신동지점)

【 을 구 】 (소유권 이외의 권리에 관한 사항)

순위번호 (순 5)	등 기 목 적	접 수	등 기 원 인	권 리 자 및 기 타 사 항
~~1~~	~~근저당권설정~~	~~1994년10월20일 제66022호~~	~~1994년10월20일 설정계약~~	~~채권최고액 금 일십오만만원정 채무자 김순병 서울 중로구 삼청동 57-25 근저당권자 수신동새마을금고 서울 종로구 수신동 59 외~~ ~~공동담보 토소 동번지 건물~~ 부동산등기법 제177조의 6 제1항의 규정에 의하여 2000년 04월 26일 전산이기
~~1-1~~	~~1번근저당권변경~~	~~2005년10월24일 제6105호~~	~~2005년10월24일 계약인수~~	~~채무자 김어정~~ ~~서울 특별시 중로구 산청동 57 25~~
~~1-2~~	~~1번근저당권변경~~	~~2005년10월6일 제4155호~~	~~2005년10월6일 계약인수~~	~~채무자 신어순~~ ~~서울 중로구 수신동 76 롯데케슬 -01~~
2	1번근저당권설정등기말소	2007년7월2일	2007년7월2일	

발행번호 110201110031940830109682110GS0034419CHA350391211112

3/4

발급확인번호 AAST-GVEX-4509

발행일 2014/08/21

[토지] 서울특별시 종로구 삼청동 57-25

고유번호 1103-1996-803450

순위번호	등 기 목 적	접 수	등 기 원 인	권 리 자 및 기 타 사 항
3	근저당권설정	2007년7월2일 제41598호 제41599호	2007년7월2일 설정계약 해지	채권최고액 금260,000,000원 채무자 신이순 서울특별시 종로구 창신동 32-224 그린아파트 505호 근저당권자 주식회사교원나라상호저축은행 110111-0136675 서울특별시 강남구 역삼동 702-23 (동매문지점) 공동담보 전물 서울특별시 종로구 숭인동 68-37

수수료 1,000원 영수함

— 이 하 여 백 —

관할등기소 서울중앙지방법원 중부등기소 / 발행등기소 법원행정처 등기정보중앙관리소

이 증명서는 등기기록의 내용과 틀림없음을 증명합니다.

서기 2014년 8월 21일

법원행정처 등기정보중앙관리소

전산운영책임관

발급확인번호 AAST-GVEK-4509   발행일 2014/08/21

4/4

등기사항전부증명서(말소사항 포함) – 건물 [제출용]

고유번호 1103-1996-560464

[건물] 서울특별시 종로구 삼청동 57-25

[표　제　부]　(건물의 표시)

표시번호	접　수	소재지번 및 건물번호	건물내역	등기원인 및 기타사항
~~1~~ (전 1)	~~1985년11월29일~~	~~서울특별시 종로구 삼청동 57-25~~	블록조 시멘트 기와지붕 단층 주택 75.10㎡	~~도면편철장 제6책제395호~~
				부동산등기법 제177조의 6 제1항의 규정에 의하여 2000년 04월 24일 전산이기
2		서울특별시 종로구 삼청동 57-25 [도로명주소] 서울특별시 종로구 종로63길 35	블록조 시멘트 기와지붕 단층 주택 73.10㎡	도로명주소 2012년6월28일 등기 도면편철장 제6책제395호

[갑　　구]　(소유권에 관한 사항)

순위번호	등기목적	접　수	등기원인	권리자 및 기타사항
1 (전 2)	소유권이전	1987년4월15일 제16695호	1987년4월14일 매매	소유자 김순병 610491-1******* 서울 종로구 삼청동 57-25 부동산등기법 제177조의 6 제1항의 규정에 의하여 2000년 04월 24일 전산이기

고유번호 1103-1996-560464

[건물] 서울특별시 종로구 삼청동 57-25

순위번호	등 기 목 적	접 수	등 기 원 인	권 리 자 및 기 타 사 항
2	소유권이전	2000년5월22일 제23229호	2000년5월10일 증여	소유자 김이경 642203-2****** 서울 종로구 삼청동 57-25
3	소유권이전	2005년9월27일 제52665호	2005년8월22일 매매	소유자 신이준 571130-2****** 서울 종로구 숭인동 76 롯데캐슬파크
3-1	3번등기명의인표시변경	2007년7월2일 제41597호	2005년12월26일 전거	신이준의 주소 서울특별시 종로구 창신동 32-224 그린아파트 505호
~~4~~	~~가압류~~	~~2008년9월12일 제61119호~~	~~2008년9월11일 인천지방법원의 가압류결정(2008카단209⁴)~~	~~청구금액 금100,000,000 원 채권자 유정식 인천 연수구 동춘동 파크드 2005 502호~~
5	4번가압류등기말소	2008년12월29일 제78685호	2008년12월17일 해제	
6	가압류	2013년6월13일 제28764호	2013년6월12일 서울남부지방법원의 가압류결정(2013카단532 5)	청구금액 서울은 590523-1****** 서울 강서구 등촌로91, 8동 902호 (등촌동, 그레이스빌) 채권자
7	임의경매개시결정	2013년10월30일 제51944호	2013년10월30일 서울중앙지방법원의 임의경매개시결정 (2013타경37006)	채권자 더케이저축은행주식회사[변경전:주.교원나라상호저축은행] 110111-0136675 서울 강남구 테헤란로 323 (역삼동)
8	가압류	2013년11월13일 제54477호	2013년11월13일 서울중앙지방법원의	청구금액 금4,738,217 원 채권자 주식회사 국민은행

[건물] 서울특별시 종로구 신청동 57-25

고유번호 1103-1996-560464

순위번호	등 기 목 적	접 수	등 기 원 인	권 리 자 및 기 타 사 항
9	가압류	2014년1월6일 제639호	가압류결정(2013카단717 15)	서울 중구 남대문로2가 9-1 (소관: 창신동지점)
			2014년1월6일 서울중앙지방법원 의 가압류결정(2013카단756 98)	청구금액 금6,676,654 원 채권자 주식회사 하나은행 서울 중구 을지로 35 (을지로1가) (여신관리부)

[을 구] (소유권 이외의 권리에 관한 사항)

순위번호	등 기 목 적	접 수	등 기 원 인	권 리 자 및 기 타 사 항
1 (전5)	근저당권설정	1994년8월20일 제66923호	1994년8월19일 설정계약	채권최고액 금 일십오만원정 채무자 김순태 서울 중구 신당동 57 25 근저당권자 승인동세마을금고 서울 중구 승인동 59 21 공동담보 동소동번지 도라 부동산등기법 제177조의 6 제1항의 규정에 의하여 2000년 04월 24일 전산이기
11	1번근저당권변경	2003년10월24일 제61105호	2003년10월24일 계약인수	채무자 김하경 서울특별시 중구 신당동 57 25
12	1번근저당권변경	2005년10월6일 제54156호	2005년10월4일 계약인수	채무자 신어순 서울 중구 승인동 76 롯데캐슬을 하

발급확인번호 AAST-GVMP-4646 3/4 발행일 2014/08/21

발행번호 1102011100319408301096521100GS060442CHA364440121112

[건물] 서울특별시 종로구 삼청동 57-25

고유번호 1103-1996-560464

순위번호	등 기 목 적	접 수	등 기 원 인	권 리 자 및 기 타 사 항
2	1번근저당권설정등기말소	2007년7월2일 제41598호	2007년7월2일 해지	
3	근저당권설정	2007년7월2일 제41599호	2007년7월2일 설정계약	채권최고액 금260,000,000원 채무자 신이순 서울특별시 종로구 창신동 32-224 그린아파트 505호 근저당권자 주식회사교원나라상호저축은행 110111-0136675 서울특별시 강남구 역삼동 702-23 (동매문지점) 공동담보 토지 서울특별시 종로구 삼청동 57-25

-- 이 하 여 백 --

관할등기소 서울중앙지방법원 중부등기소 / 발행등기소 법원행정처 등기정보중앙관리소

수수료 1,000원 영수함

이 증명서는 등기기록의 내용과 틀림없음을 증명합니다.

서기 2014년 8월 21일

법원행정처 등기정보중앙관리소

전산운영책임관

2　부동산임의경매신청서

* 출처: 대법원홈페이지 참조

부동산임의경매신청서

수입인지
5000원

채 권 자　(이름)　　　　　(주민등록번호　　　　　－　　　　　)
　　　　　(주소)
　　　　　(연락처)

채 무 자　(이름)　　　　　(주민등록번호 또는 사업자등록번호　　　　－　　　　)
　　　　　(주소)

청구금액　금　　　　　원 및 이에 대한 20 ． ． ．부터 20 ． ． ．까지 연　%
　　　　　의 비율에 의한 지연손해금

신 청 취 지

별지 목록 기재 부동산에 대하여 경매절차를 개시하고 채권자를 위하여 이를 압류한다
라는 재판을 구합니다.

신 청 이 유

채권자는 채무자에게 20 ． ． ． 금　　　　원을, 이자는 연　%, 변제기는 20 ． ． ．
로 정하여 대여하였고, 위 채무의 담보로 채무자 소유의 별지 기재 부동산에 대하여　　　지
방법원 20 ． ． ． 접수 제　　　　호로 근저당권설정등기를 마쳤는데, 채무자는 변제
기가 경과하여도 변제하지 아니하므로, 위 청구금액의 변제에 충당하기 위하여 위 부동산에
대하여 담보권실행을 위한 경매절차를 개시하여 주시기 바랍니다.

첨 부 서 류

1. 부동산등기사항전부증명서   1통
2. 부동산 목록   10통

20   .   .   .

채권자   (날인 또는 서명)

○○지방법원 귀중

◇ 유 의 사 항 ◇

1. 채권자는 연락처란에 언제든지 연락 가능한 전화번호나 휴대전화번호(팩스번호, 이메일 주소 등도 포함)를 기재하기 바랍니다.
2. 부동산 소유자가 개인이면 주민등록번호를, 법인이면 사업자등록번호를 기재하시기 바랍니다.
3. 이 신청서를 접수할 때에는 (신청서상의 이해관계인의 수+3)×10회분의 송달료와 집행비용(구체적인 액수는 접수담당자에게 확인바람)을 현금으로 예납하여야 합니다.
4. 경매신청인은 채권금액의 1000분의2에 해당하는 등록세와 그 등록세의 100분의20에 해당하는 지방교육세를 납부하여야 하고, 부동산 1필지당 2,000원 상당의 등기수입증지를 제출하여야 합니다.

〈예시〉   **부동산의 표시**

1. 서울 종로구 ○○동 100
   대 20m^2
2. 위 지상
   시멘트블럭조 기와지붕 단층 주택
   50m^2 끝.

3 근저당권설정계약서

> 은행은 저당권설정자에게 이 약정서상의 중요한 내용을 설명하여야 하며, 은행여신거래기본약관과 이 약정서의 사본을 교부하여야 합니다.

	본인확인 및 인감대조	담 당	책임자	관리자	부점장

근 담 보

근 저 당 권 설 정 계 약 서

★ 담보의 제공은 재산상 손실을 가져올 수도 있는 중요한 법률행위이므로 미리 뒷면 「담보제공자가 꼭 알아 두어야 할 사항」과 계약서의 내용을 잘 읽은 후 신중한 판단을 하시고.
★ 굵은선 [   ] 으로 표시된 란(당사자란, 제1조 및 계약서 끝부분)은 담보제공자가 반드시 자필로 기재하시기 바랍니다.

20   년   월   일

채 권 자 겸 저 당 권 자	주 식 회 사 ○○**은행** ○	채 무 자	○
주 소		주 소	
		근 저 당 권 설 정 자	○
		주 소	

위 당사자 사이에 아래와 같이 저당권 설정계약을 맺습니다.

제1조 근저당권의 설정
근저당권설정자(이하 「설정자」라 합니다)는 은행여신거래기본약관을 승인하고, 이 계약서 끝부분 「근저당물건 목록」란에 기재한 물건(이하 「근저당물건」이라 합니다)에 다음 내용으로 근저당권을 설정합니다.
1. 피담보채무의 범위
채권자는 피담보채무의 범위를 달리하는 다음의 세 유형 가운데 어느 하나를 설정자가 선택할 수 있음을 설명하여였고, 설정자는 그 가운데 [   ]에서 정한 채무(이자, 지연배상금 기타 부대채무를 포함합니다)를 담보하기로 합니다.

특 정 근 담 보	채무자가 채권자(본·지점)에 대하여 다음 약정서에 의한 거래로 말미암아 현재 및 장래에 부담하는 모든 채무 년 월 일자 약정서, 년 월 일자 약정서
한 정 근 담 보	채무자가 채권자(본·지점)에 대하여 다음 종류의 거래로 말미암아 현재 및 장래에 부담하는 모든 채무 거래, 거래
포 괄 근 담 보	채무자가 채권자(본·지점)에 대하여 현재 및 장래에 부담하는 다음 채무 가. 어음대출, 증서대출, 당좌대출, 어음할인, 지급보증, 매출채권거래, 상호금거래, 사채인수, 유가증권대여, 외국환거래 기타 여신거래로 말미암은 모든 채무 나. 신용카드거래로 말미암은 채무(채무자가 이외의 제3자가 담보를 제공한 경우 제외함) 다. 채권자와 제3자와의 위 가의 거래에 대한 보증채무 라. 채권자가 제3자와의 위 가의 거래로 말미암아 취득한 어음 또는 수표상의 채무

2. 채권최고액
가. [   ] 금   원

나. 설정비용의 절감 등을 위하여 채권최고액을 최초 채권액을 기준삼아 정하였다 하여도 이를 이유로 이 계약을 특정채무담보 저당권설정약으로 해석하지 않기로 합니다.
3. 근저당권 결산기
채권자는 근저당권 결산기를 정하는 다음의 세 유형 가운데 어느 하나를 설정자가 선택할 수 있음을 설명하였고, 설정자는 [   ]에서 정한 날을 결산기로 하기로 합니다.

장 래 지 정 형	정하지 아니합니다. 이 경우 계약일부터 3년이 경과하면 설정자는 서면통지에 의하여 근저당권 결산기를 지정할 수 있기로 하되, 그 결산기는 통지 도달일부터 14일 이후가 되어야 하며, 이에 미달하는 때에는 통지 도달일부터 14일이 되는 날을 결산기로 합니다.
자 동 확 정 형	정하지 아니합니다. 이 경우 계약일부터 3년이 경과하면 설정자는 서면통지에 의하여 근저당권 결산기를 지정할 수 있기로 하되, 그 결산기는 통지 도달일부터 14일 이후가 되어야 하며, 이에 미달하는 때에는 통지 도달일부터 14일이 되는 날을 결산기로 합니다. 다만, 5년이 경과할 때까지 설정자의 별도 의사표시가 없는 경우에는 계약일부터 5년이 되는 날을 결산기로 합니다.
지 정 형	년 월 일

제2조 공부와 실제의 불일치 등
①근저당물건의 실제가 이 계약서 끝부분 목록란의 기재나 공부상 기재와 맞지 아니한 부분이 있더라도 이 근저당권은 실제물건 위에 효력이 미치며, 채권자가 채권보전의 필요에 따라 청구하는 때에는 설정자는 곧 변경등기나 수 경정등기 기타 필요한 절차를 밟습니다.
②근저당 토지상에 미등기건물이 있는 경우 또는 장래 건물을 신축할 경우에 채권자가 채권보전상 필요에 따라 청구하는 때에는, 설정자는 지체없이 그 보존등기를 하는 동시에 그 건물에 제1조에 의한 근저당권을 추가 설정합니다.
제3조 담보가치의 유지 등
①설정자는 근저당물건의 멸실·훼손 등 채권보전에 지장을 초래할 현상변경행위를 하고자 하는 때에는 미리 채권자의 승낙을 얻어야 합니다.
②설정자는 근저당물건의 멸실·훼손·공용징수 기타의 사고 또는 현저한 가격 하락이 있거나 그럴 염려가 있을 때에는 곧 이를 채권자에 통지합니다.
③제2항의 경우 설정자가 제3자로부터 수령할 배상금, 보상금 등의 채권이 발생한 때에는 설정자는 그 채권을 채권자에 양도하고 이에 필요한 절차를 밟겠으며, 채권자는 그 수령금으로 다른 담보의 제공 등 상당한 사유가 없는 한 은행여신거래기본약관 제13조에 준하여 채무의 변제에 충당할 수 있기로 합니다.
제4조 보험계약
①설정자는 근저당물건에 대하여 채권보전에 필요한 범위내에서 채권자가 지정하는 종류의 금액으로 보험계약을 맺고, 그 보험계약에 따른 권리 위에 채권자를 위하여 질권을 설정하여 그 보험증권을 채권자에 교부하고, 이 근저당권의 피담보채무가 존재하는 동안 계속 유지합니다.
②설정자는 제1항에 의한 보험계약 외에 근저당물건에 대하여 따로 보험계약을 맺은 때에는 이를 곧 채권자에 통지하며, 채권자가 채권보전의 필요에 따라 청구하는 경우에는 그 보험계약에 따른 권리에 대하여도 채권자를 위하여 질권을 설정합니다.
③설정자가 제1항, 제2항에 정하는 바에 따르지 아니함으로써 채권자가 채권보전상 필요한 보험계약을 설정자를 대신하여 맺거나 계속하고 그 보험료를 지급한 때에는, 채무자와 설정자는 연대하여 채권자가 지급한 보험료 기타의 제 비용을 은행여신거래기본약관 제4조에 준하여 곧 갚습니다.
④제1항 내지 제3항에 의한 보험계약에 터잡아 채권자가 보험금을 수령한 때에는, 다른 담보의 제공 등 상당한 사유가 없는 한, 피담보채무의 기한도래전일지라도, 채권자는 그 수령금으로 은행여신거래기본약관 제13조에 준하여 채무의 변제에 충당할 수 있습니다.
제5조 지상권·전세권·임차권
①설정자는 근저당물건이 건물만인 경우, 그 대지에 지상권 또는 전세권이 설정되어 있는 때에는, 그 기간이 만료한 때, 곧 보전계약 계속의 절차를 밟기로 합니다.
②제1항의 경우 그 대지에 관한 권리가 임차권인 때에도 설정자는 임차기간 만료한 때는 곧 임대차계약 계속의 절차를 밟고, 또 토지소유자의 변경이 있는 때는, 임차권의 내용변경이 생길 경우에는 미리 채권자에게 통지하기로 합니다.
③설정자는 제1항의 지상권·전세권이나 제2항의 임차권에 관하여 해지 기타 그 권리의 소멸 또는 변경을 초래할 염려가 있는 행위를 아니하여 또 그러한 염려가 있는 때에는, 그 권리의 보전에 필요한 절차를 발견하여 건물이 멸실한 경우라도 채권자의 동의없이 그 권리의 임의처분을 아니하기로 합니다.
④근저당물건이 해제 기타의 원인으로 멸실하고 보험금 등의 채무가 남은 경우에 설정자가 곧 건물을 신축하지 아니할 때에는 지상권, 전세권 또는 임차권의 처분은 채권자의 동의를 얻어 하기로 하고 채권자는 그 처분대금으로 제3조 제3항에 준하여 나머지 채무의 변제에 충당할 수 있기로 합니다.
제6조 근저당물건의 처분·관리 등
①근저당물건의 처분은 법원절차에 의함을 원칙으로 하되, 설정자가 동의를 할 때에는 은행은 적당하다고 인정하는 방법·시기·가격 등에 의하여 처분하고 그 취득금에서 제 비용을 뺀 잔액을 은행여신거래기본약관 제13조에 준하여 충당할 수 있습니다.
②제1항의 처분방법 외에 채권자는 설정자를 위하여 근저당물건을 관리하고 그 수익금으로 제1항에 준하여 채무의 변제에 충당할 수 있습니다.
③설정자가 행방을 감추거나 기타의 사유로 말미암아 근저당물건이 정상적으로 관리·유지되지 아니하여 멸실·훼손·분실 등의 우려가 있는 때에는 채권자는 근저당물건을 점유하여 관리할 수 있습니다.

3-06-1069 (04. 06 개정)   ○○**은행**

④제1항 내지 제3항의 경우 설정자는 지체없이 채권자의 처분 또는 권리에 필요한 협력을 합니다.
제7조 회보와 조사
　　설정자는 근저당물건의 상황에 관하여 채권자로부터 청구가 있는 때에는 그에 따라 곧 회보하거나 조사에 필요한 협조를 합니다.
제8조 제 절차이행과 비용부담
　　①설정자는 이 근저당권의 설정·변경·경정·이전·이관·말소 등에 관한 등기·등록을 하여야 할 때에는 채권자의 청구 있는 대로 곧 필요한 절차를 밟습니다.
　　②채권자는 제1항의 절차에 드는 비용의 종류와 산출근거를 채무자와 설정자에게 설명하였고, 그 부담 주체를 정하기 위하여 "□"내에 "∨"표시를 하고 그 정한 바에 따르기로 합니다.

구 분	부담주체			구 분	부담주체		
	채무자	설정자	채권자		채무자	설정자	채권자
등 록 세	□	□	□	말소(저당권 해지)	□	□	□
교 육 세	□	□	□	감정평가 수수료	□	□	□
국민주택채권 매입	□	□	□		□	□	□
법 무 사 수 수 료	□	□	□		□	□	□

　　③제2항에 따라 채권자가 비용을 부담하기로 한 경우라도, 채무자 또는 설정자의 기일도래전 상환 등에 대하여 따로 정한 약정이 있는 때에는 약정에서 정한 기준에 의한 금액을 채무자와 설정자는 연대하여 지급하여야 합니다.
　　④제2항에서 채무자·설정자가 부담하기로 한 비용외 근저당물건의 조사·점유·관리·처분 등에 관한 비용을 채권자가 대신 지급한 때에는 은행여신거래기본약관 제43조에 준하여 곧 갚겠습니다.
제9조 다른 담보·보증약정과의 관계
　　①설정자가 채무자의 채권자에 대한 같은 피담보 채무에 관하여 따로 담보를 제공하고 있거나 보증을 하고 있는 경우에는 별도의 약정이 없는 한 그 담보나 보증은 이 계약에 의하여 변경되지 아니하여 이 계약에 의한 담보책임과 별개의 것으로 누적적으로 적용됩니다.
　　②담보가치의 하락 등을 대비한 채권자의 청구에 의하여 설정자가 같은 피담보채무에 관하여 담보제공과 동시에 같은 금액으로 연대보증을 한 경우, 그 중 어느 하나의 일부 또는 전부를 이행한 때에는 제1항에 불구하고 그 이행한 범위내에서 다른 책임도 면합니다.
제10조 담보 등의 변경·해지·해제
　　설정자가 동의를 한 때나, 동등한 가치의 담보대체, 동등한 자력 이상의 보증의 교체 또는 일부 변제액에 비례한 담보나 보증의 해지·해제 등 설정자가 대위변제할 경우의 구상실현에 불리한 영향이 없을 때에는, 거래상 필요에 따라, 채권자는 다른 담보나 보증을 변경 또는 해지·해제할 수 있기로 합니다.
제11조 특약 사항
　　　　　　　　　　　　　　　　　　　　　　　　　　　　　　　　설정자 :　　　　　　　　　　　(인)

근저당물건 목록

대 상 목 적 물 의 표 시	순 위

※ **설정자는 다음 사항을 읽고 본인의 의사를 사실에 근거하여 자필로 기재하여 주십시오. (기재예시 : 1. 수령함. 2. 들었음)**

1. 은행여신거래기본약관과 이 계약서 사본을 확실히 수령하였습니까?	
2. 위 약관과 계약서의 중요한 내용에 대하여 설명을 들었습니까?	

※ **설정자가 타인을 위하여 주택을 담보로 제공하는 경우에는 설정자는 이 계약서 작성일을 포함하여 3일 이내에 담보제공을 철회할 수 있습니다.**
또한, 철회권을 미리 포기하고 이 설정계약을 즉시 확정할 수도 있습니다. 필요시 설정자는 위 기간 이내에 본인의 의사를 다음란에 자필로 기재하여 주십시오.
(기재예시 : 철회함.　　　　년　　　월　　　일,　포기함.　　　년　　　월　　　일)

담보제공의사를 철회합니까?(철회한 때에는 이 계약은 취소되고 설정자는 담보책임을 부담하지 않습니다. 이 때 담보설정·해지에 드는 비용은 설정자가 전부 부담하여야 합니다.)	년　　월　　일
철회권을 포기합니까? (철회권을 포기한 때에는 이 설정계약은 즉시 확정됩니다.)	년　　월　　일

상 담 자	직위 :　　　　　　　　　　성 명 :　　　　　　　　　(인)

이 계약서에 따라 등기되었음을 확인하고, 등기권리증을 수령함.
　　　　　　　　　　년　　　월　　　일
　　　　　　　　　　설정자　　　　　　　　　　　　　(인)

담보제공자(저당권설정자)가 꼭 알아두어야 할 사항

저당권이란

- 채무자가 기일에 채무를 상환하지 않으면, 채권자는 설정자가 제공한 담보물을 처분하여 우선적으로 변제받는 권리입니다.
- 따라서 자기소유의 부동산에 타인을 위하여 저당권을 설정하는 것은 타인의 채무불이행으로 인하여 자기재산을 잃게 될 수 있는 위험을 부담하는 행위입니다.

담보종류에 따른 책임범위

- 「특정채무담보」는 채무자가 채권자에 대하여 부담하는 특정된 채무만을 담보하는 것으로, 그 채무가 연기·재취급 또는 다른 여신으로 대환될 때에는 담보하지 않습니다.
- 「근담보」는 채무자와 채권자 사이에 이미 맺어져 있거나 앞으로 맺게 될 거래계약으로부터 현재 발생되어 있거나 앞으로 발생할 채무를 채권 최고액의 범위내에서 담보하게 되는 것으로 세가지 유형이 있으며, 각 유형에 따른 책임범위는 다음과 같습니다.
　「특정 근담보」 특정된 거래계약(예 :　　 년　　월　　일자 여신거래약정서)으로부터 계속적으로 발생하는 채무를 담보하며, 그 채무가 기한 연기된 때에도 담보합니다. 그러나 재취급 또는 다른 여신으로 대환된 때에는 담보하지 않습니다.
　「한정 근담보」 특정된 종류의 거래(예 : 당좌대출거래)에 대하여 이미 맺어져 있거나 앞으로 맺게 될 거래계약으로부터 현재 발생되어 있거나 앞으로 발생하게 될 채무를 모두 담보하며, 그 채무의 연기나 재취급 등은 물론 같은 종류의 여신으로 대환된 때에도 담보합니다. 그러나 다른 종류의 여신으로 대환된 때에는 담보하지 않습니다.
　「포괄 근담보」 채무자가 채권자에게 부담하는 현재 및 장래의 모든 채무(여신거래로 인한 채무 뿐만 아니라 기타 다른 형태의 채무를 포함한다)를 담보하여 그 책임범위가 아주 광범위하므로 포괄근담보를 선택할 경우 다시 한번 신중히 생각한 후에 결정하십시오.

담보제공자가 연대보증까지 서는 경우

- 담보제공자가 연대보증을 별도로 서는 경우, 은행은 담보제공부동산외에 담보제공자의 다른 일반재산에 대하여도 집행을 할 수 있습니다.

판례색인

= 대법원 판결 =

1955. 3. 31, 4287민상124 ······· 456
1957. 1. 10, 4289민상401 ······· 426
1957. 10. 21, 4290민상153, 154 ······· 211
1957. 10. 31, 4290민상539 ······· 277
1957. 11. 14, 4290민상454, 455 ······· 134
1958. 6. 12, 4290민상771 ······· 278
1959. 4. 30, 4291민상182 ······· 277
1959. 10. 8, 4291민상770 ······· 278
1959. 11. 5, 4292민상396 ······· 456
1960. 3. 10, 4292민상257 ······· 116
1960. 9. 29, 4292민상944 ······· 279
1961. 5. 4, 4292민상853 ······· 224
1961. 12. 21, 4294민상297 ······· 179
1962. 1. 31, 4293민상859 ······· 15
1962. 1. 31, 4294민상445 ······· 190
1962. 2. 8, 4294민상941 ······· 120
1962. 2. 15, 4294민상291 ······· 379
1962. 4. 18, 4294민상1103 ······· 280, 283
1962. 4. 26, 4294민상451 ······· 277
1962. 5. 17, 62다76 ······· 198
1962. 8. 2, 62다259 ······· 133
1962. 10. 11, 62다460 ······· 126
1962. 11. 1, 62다567 ······· 151, 159
1963. 2. 7, 62다796 ······· 426
1963. 2. 21, 62다919 ······· 130
1963. 4. 18, 63다114 ······· 84
1963. 5. 9, 63다11 ······· 283
1963. 7. 11, 63다235 ······· 341
1963. 9. 19, 63다388 ······· 243, 244, 245
1964. 5. 5, 63다775 ······· 96
1964. 7. 14, 63다1119 ······· 211
1964. 9. 8, 64다165 ······· 59
1964. 9. 22, 64다406 ······· 98
1964. 11. 24, 64다685 ······· 50
1964. 12. 29, 64다1054 ······· 225
1965. 3. 30, 64다1977 ······· 338
1965. 3. 30, 65다258 ······· 338
1965. 4. 22, 65다268(전원합의체) ······· 224
1965. 5. 25, 65다365 ······· 50
1965. 7. 6, 65다914 ······· 168, 172
1965. 7. 20, 64다412 ······· 225
1965. 7. 27, 65다1043 ······· 244

1965. 8. 24, 65다1081 ······· 245
1966. 1. 25, 65다2137 ······· 94
1966. 2. 15, 65다2189 ······· 171
1966. 2. 28, 66다108 ······· 168
1966. 3. 15, 65다2455 ······· 225
1966. 4. 19, 66다283 ······· 223
1966. 6. 7, 66다600, 601 ······· 211, 339
1966. 7. 19, 66다994 ······· 208
1966. 9. 6, 66다2305, 2306 ······· 289
1966. 9. 20, 66다939 ······· 209
1966. 9. 20, 66다1434 ······· 61
1966. 11. 22, 66다1545 ······· 95
1967. 2. 7, 66다2173 ······· 179
1967. 3. 28, 67다61 ······· 454
1967. 4. 4, 66다814 ······· 244
1967. 4. 4, 67다133 ······· 50
1967. 5. 2, 66다2642 ······· 61
1967. 7. 11, 67다909 ······· 454
1967. 7. 18, 66다1600 ······· 236
1967. 9. 5, 67다1347 ······· 51
1967. 10. 12, 67다1920 ······· 277
1967. 10. 25, 66다2049 ······· 120
1967. 11. 14, 67다1105 ······· 227, 282
1967. 11. 28, 67다1831 ······· 283
1967. 11. 28, 67다2272 ······· 209
1967. 12. 18, 66다2382 ······· 87
1968. 1. 31, 67다2007 ······· 283
1968. 3. 5, 67다2786 ······· 330
1968. 4. 2, 67다443 ······· 65
1968. 5. 21, 68다414, 415 ······· 227
1968. 7. 23, 68다1053 ······· 225
1968. 7. 31, 68다1102 ······· 225
1968. 8. 30, 68다1029 ······· 284
1968. 9. 3, 68다169 ······· 97
1968. 11. 19, 66다1473 ······· 65
1968. 11. 26, 68다1675 ······· 223
1969. 1. 28, 68다1927 ······· 277
1969. 3. 4, 69다21 ······· 223
1969. 3. 18, 68다1617 ······· 56
1969. 5. 27, 68다725(전원합의체) ······· 30
1969. 6. 10, 68다199 ······· 86
1969. 7. 8, 69다648 ······· 52
1969. 7. 22, 69다609 ······· 225
1969. 7. 22, 69다726 ······· 211

1969. 9. 30, 69다764 ················· 168
1969. 10. 23, 69다1338 ················· 462
1969. 11. 25, 69다1592 ············· 333, 342
1970. 4. 14, 70다171 ················· 222
1970. 5. 12, 69다1537 ················· 266
1970. 5. 12, 70다337 ················· 155
1970. 5. 12, 70다370 ············· 245, 258
1970. 5. 26, 69다1239 ············· 22, 142
1970. 6. 30, 70다568 ············· 58, 59
1970. 7. 21, 70다772, 773 ········· 289
1970. 9. 17, 70다1250 ················· 51
1970. 9. 22, 70다1494 ················· 141
1970. 9. 29, 70다1454 ············· 280, 283
1970. 9. 29, 70다1508 ················· 118
1970. 11. 30, 68다1995 ················· 192
1970. 12. 29, 69다22 ················· 233
1971. 3. 23, 71다225 ················· 462
1971. 4. 6, 71다26 ················· 426
1971. 8. 31, 71다1163 ················· 50
1971. 8. 31, 71다1386 ················· 105
1971. 9. 28, 71다1631 ················· 280
1971. 12. 14, 71다2123 ················· 244
1971. 12. 28, 71다2124 ················· 280
1972. 1. 31, 71다2113 ················· 154
1972. 1. 31, 71다2266 ················· 392
1972. 1. 31, 71다2539 ················· 460
1972. 5. 23, 71다2760 ················· 219
1972. 5. 23, 72다115 ················· 101
1972. 5. 23, 72다485, 486 ········· 426
1972. 6. 27, 72다555 ················· 225
1972. 9. 26, 71다2488 ················· 142
1972. 10. 25, 72다1389 ················· 266
1972. 12. 26, 72다1846, 1847 ········· 80
1972. 12. 26, 72다1941 ················· 373
1972. 12. 26, 72다2085 ················· 268
1973. 2. 28, 72다317 ············· 229, 246
1973. 2. 28, 72다2344, 2345 ········· 43
1973. 9. 25, 73다1229 ················· 87
1973. 9. 29, 73다762 ················· 179
1973. 11. 27, 73다1093, 1094 ········· 171
1974. 2. 12, 73다298 ················· 382
1974. 2. 12, 73다353 ················· 282
1974. 3. 12, 73다1814, 1815 ········· 309
1974. 6. 25, 73다1642 ················· 342
1974. 8. 30, 74다945 ················· 120
1974. 11. 12, 74다1150 ················· 269
1974. 12. 10, 74다998 ············· 426, 427
1975. 4. 8, 73다29 ················· 387
1975. 4. 22, 73다2010 ················· 337

1975. 4. 22, 74다2188(전원합의체) ········· 48, 65
1975. 10. 7, 75다1602 ················· 48
1975. 12. 23, 75다533 ················· 43
1975. 12. 30, 74다2215 ················· 461
1976. 2. 10, 75다994 ················· 390
1976. 2. 10, 75다1735 ············· 245, 258
1976. 3. 9, 75다1950 ················· 198
1976. 3. 9, 75다2220, 2221 ········· 171
1976. 4. 13, 75다1816 ················· 52
1976. 4. 27, 76다72 ················· 87
1976. 5. 11, 75다1305 ················· 333
1976. 5. 11, 75다1656 ················· 43
1976. 5. 11, 75다2338 ················· 270
1976. 5. 25, 75다1105 ················· 174
1976. 6. 22, 75다124 ············· 245, 258
1976. 9. 28, 76다1431 ············· 85, 127
1976. 10. 6, 75다2211 ················· 54
1976. 10. 26, 76다1184 ············· 306, 310
1976. 10. 26, 76다1359, 1360 ········· 277
1976. 10. 26, 76다2079 ············· 211, 331
1976. 10. 29, 76다1694 ················· 289
1976. 11. 6, 76다148(전원합의부) ········· 55, 77
1976. 11. 9, 76다486 ················· 120
1976. 11. 23, 76다546 ················· 77
1977. 1. 25, 76다2096 ················· 341
1977. 3. 8, 76다1736 ················· 77
1977. 4. 26, 77다77 ················· 404
1977. 5. 24, 75다1394 ············· 39, 41
1977. 6. 7, 76다3010 ············· 83, 84
1977. 7. 26, 76다388 ············· 280, 282
1977. 8. 23, 77다246 ················· 245
1977. 9. 28, 77다1278 ················· 122
1977. 11. 8, 77다1064 ················· 157
1977. 11. 22, 77다981 ················· 209
1977. 11. 22, 77다1513 ················· 464
1978. 1. 17, 77다1872 ················· 96
1978. 3. 14, 77다2379 ················· 266
1978. 7. 11, 78다639 ················· 352
1978. 8. 22, 76다343 ················· 50
1978. 12. 26, 77다2427(전원합의체) ········· 48
1979. 2. 13, 78다2412 ················· 464
1979. 5. 22, 79다239 ················· 84
1979. 6. 26, 79다639 ················· 224
1979. 6. 26, 79다741 ············· 229, 246
1979. 7. 10, 79다645 ················· 83
1979. 7. 10, 79다847 ················· 52
1979. 7. 24, 79다942 ················· 464
1979. 8. 21, 79다783 ················· 406
1979. 8. 28, 79다1087 ················· 270

1979. 9. 25, 77다1079(전원합의체)·············· 245
1979. 12. 11, 78다481, 482(전원합의체)········ 17, 43
1980. 3. 11, 79다2110····························· 127
1980. 4. 8, 79다302······························· 463
1980. 4. 22, 79다1822····························· 378
1980. 5. 27, 80다671······························ 119
1980. 7. 8, 80다544······························· 120
1980. 7. 22, 80다791······························ 53
1980. 9. 9, 79다1131, 1132······················ 222
1980. 9. 9, 80다7································· 30
1980. 10. 14, 79다1170···························· 331
1980. 11. 11, 80다441····························· 54
1980. 12. 9, 79다634(전원합의체)·················· 245
1980. 12. 23, 80다2176···························· 463
1980. 12. 23, 80다2312···························· 269
1981. 1. 13, 78다1916······························ 80
1981. 3. 10, 80다2832······························ 201
1981. 3. 24, 80다2226······················· 121, 168
1981. 4. 14, 80다2614······························ 168
1981. 5. 26, 80다2109······························ 384
1981. 6. 23, 81다92································ 85
1981. 7. 28, 80다1819······························ 244
1981. 7. 28, 81다145······························· 233
1981. 8. 20, 80다2530······························ 96
1981. 9. 22, 81다233······························· 209
1981. 10. 13, 81다653······························ 222
1981. 11. 10, 80다2712························· 387, 426
1981. 11. 18, 81다1340····························· 48
1981. 11. 24, 80다3286(전원합의체)·················· 83
1981. 12. 8, 80다2821······························ 193
1981. 12. 8, 81다99································ 120
1981. 12. 8, 81다카367····························· 244
1981. 12. 22, 80다2910····························· 354
1982. 4. 13, 81다780·························· 85, 127
1982. 5. 11, 80다2881······························ 84
1982. 5. 11, 81다188······························· 85
1982. 5. 25, 81다123······························· 153
1982. 6. 22, 81다1298, 1299······················ 68, 282
1982. 8. 24, 82다카416························· 245, 258
1982. 9. 14, 80다2859······························ 159
1982. 9. 14, 81다카923····························· 47
1982. 9. 14, 82다카134····························· 84
1982. 9. 14, 82다카707····························· 85
1982. 10. 12, 80다2667····························· 407
1982. 10. 26, 80다1634························· 151, 160
1982. 11. 9, 82다565······························· 173
1982. 11. 23, 81다39······························· 246
1982. 11. 23, 81다카1110···························· 67
1982. 12. 14, 80다459······························ 50

1982. 12. 28, 82다카984···························· 245
1983. 3. 8, 80다2658······························ 157
1983. 3. 8, 80다3198······························ 84
1983. 3. 22, 81다43································ 431
1983. 5. 10, 81다187······························· 118
1983. 7. 12, 82다708 · 709, 82다카1792 · 1793
  (전원합의체)····························· 120, 179
1983. 10. 11, 83다카531························· 123, 176
1983. 12. 13, 83다카743····························· 48
1983. 12. 13, 83다카881····························· 78
1983. 12. 13, 83다카1083···························· 85
1984. 2. 14, 83다카1645···························· 464
1984. 6. 12, 82다카672····························· 464
1984. 9. 11, 83다카1623···························· 462
1984. 9. 11, 84다카781····························· 471
1984. 12. 11, 84다카557(전원합의체)················ 45
1985. 1. 29, 83다카1730(전원합의체)··············· 175
1985. 1. 29, 84다카1750···························· 244
1985. 4. 9, 83다카1775····························· 225
1985. 4. 9, 84다카130, 131························ 43
1985. 4. 9, 84다카1131, 1132(전원합의체)··· 89, 198,
                                        202, 270, 284, 407
1985. 5. 14, 85다카13······························ 284
1985. 7. 9, 84다카1866····························· 176
1985. 8. 13, 85다카421····························· 139
1985. 11. 12, 84다카2494···························· 84
1985. 11. 12, 85다81, 85다카325··················· 201
1985. 11. 12, 85다카246···························· 194
1985. 12. 24, 84다카2428························· 98, 191
1985. 12. 24, 85다카880···························· 136
1986. 5. 27, 86다카62··························· 280, 281
1986. 5. 27, 86다카280····························· 175
1986. 6. 10, 84다카1773(전원합의체)················ 85
1986. 8. 19, 85다카2306························· 169, 172
1986. 8. 19, 86다카315····························· 458
1986. 12. 23, 86다카1751························· 200, 202
1987. 2. 24, 86다215, 86다카1071··················· 247
1987. 4. 28, 86다카2458···························· 420
1987. 4. 28, 86다카2856···························· 403
1987. 5. 12, 86다카2653···························· 245
1987. 5. 26, 86다카1058························· 375, 385
1987. 6. 9, 86다카1683···························· 135
1987. 6. 9, 86다카2942···························· 132
1987. 8. 18, 87다카191····························· 176
1987. 10. 13, 86다카2928(전원합의체)··············· 85
1987. 11. 10, 85다카1644························· 175, 245
1987. 11. 10, 87다카62························· 464, 471
1987. 12. 8, 87다카869····························· 203
1988. 2. 23, 87다카961························· 223, 231

1988. 4. 12. 87다카2404 ·················· 280
1988. 4. 25. 87다카1682 ·················· 198
1988. 5. 10. 87다카1979 ·················· 171
1988. 6. 28. 87다카2895 ·················· 282
1988. 9. 27. 86다카2634 ····················· 77
1988. 9. 27. 87다카140 ·················· 281
1988. 9. 27. 87다카279 ··········· 283, 284, 408
1988. 9. 27. 87다카1637 ····················· 70
1988. 9. 27. 88다카1797 ·················· 237
1988. 10. 11. 87다카545 ············ 424, 442
1988. 10. 25. 87다카1564 ·················· 399
1989. 2. 9. 87다카1514, 1515 ·········· 450
1989. 2. 14. 87다카3073 ·················· 339
1989. 2. 28. 88다1295 ·················· 142
1989. 3. 28. 87다카2587 ·················· 177
1989. 4. 25. 88다카3618 ·················· 179
1989. 4. 25. 88다카7184 ············ 229, 246
1989. 7. 11. 88다카9067 ·················· 192
1989. 7. 11. 88다카21029 ·················· 297
1989. 8. 8. 88다카24868 ············ 228, 231
1989. 9. 12. 88다카10517 ·················· 246
1989. 9. 26. 88다카26574 ·················· 166
1989. 10. 24. 88다카15505 ·················· 244
1989. 10. 27. 87다카425 ····················· 53
1989. 11. 28. 89다카15601 ·················· 424
1989. 12. 26. 87다카2176(전원합의체) ···· 166, 175
1989. 12. 26. 89다카6140 ·················· 175
1990. 1. 23. 89다카21095 ·················· 192
1990. 1. 25. 88다카22763 ············ 169, 185
1990. 2. 13. 89다카23022 ····················· 87
1990. 6. 12. 90다카544 ·················· 176
1990. 6. 26. 89다카24094 ············ 246, 282
1990. 7. 10. 90다카6399 ·················· 400
1990. 10. 30. 90다카20395 ·················· 289
1990. 11. 13. 90다5238 ·················· 154
1990. 11. 27. 87다카2961, 87다453(전원합의체)···· 48, 56
1990. 11. 27. 89다카12398(전원합의체) ·········· 53, 80
1990. 12. 11. 89다카34688 ····················· 49
1990. 12. 26. 88다카20224 ····················· 16
1990. 12. 26. 90다5733 ·················· 126
1991. 1. 25. 90다10858 ·················· 243
1991. 2. 22. 90다12977 ·················· 143
1991. 2. 22. 90다15808 ·················· 120
1991. 3. 12. 90다카27570 ·················· 265
1991. 3. 22. 91다70 ········· 95, 98, 99, 101, 102
1991. 3. 22. 91다3185 ·················· 143
1991. 4. 12. 90다20220 ·················· 225
1991. 4. 23. 90다19695 ·················· 118
1991. 4. 23. 91다4478 ·················· 147
1991. 4. 23. 91다5761 ····················· 78
1991. 4. 23. 91다6221 ·················· 245
1991. 4. 26. 90다19985 ·················· 400
1991. 5. 28. 91다5716 ·················· 169
1991. 6. 25. 90다14225 ·················· 174
1991. 7. 9. 91다11889 ·················· 139
1991. 7. 23. 90다12670, 90다12678 ·········· 155
1991. 8. 13. 91다13830 ············ 60, 457
1991. 8. 27. 90다19848 ·················· 245
1991. 8. 27. 91다3703 ·················· 318
1991. 9. 10. 91다19623 ·················· 155
1991. 9. 24. 88다카33855 ·················· 222
1991. 9. 24. 90다13765 ·················· 467
1991. 9. 24. 91다23639 ·················· 221
1991. 10. 8. 90다9780 ·················· 462
1991. 10. 11. 91다13700 ····················· 83
1991. 10. 11. 91다21640 ·················· 318
1991. 10. 11. 91다23462 ·················· 401
1991. 11. 8. 91다21770 ·················· 457
1991. 11. 12. 91다27228 ·················· 227
1991. 11. 26. 91다11810 ····················· 83
1991. 12. 10. 91다27655 ·················· 120
1991. 12. 10. 91다32428 ·················· 170
1991. 12. 13. 91다18316 ····················· 53
1992. 1. 21. 91다35175 ·················· 465
1992. 1. 21. 91다36918 ·················· 176
1992. 2. 25. 91다9312 ·················· 166
1992. 2. 28. 91다17443 ·················· 130
1992. 3. 1. 92다1148 ·················· 254
1992. 3. 10. 91다43329 ·················· 171
1992. 3. 27. 91다44407 ·················· 468
1992. 4. 10. 91다45356 ·················· 467
1992. 4. 24. 92다6983 ·················· 123
1992. 5. 12. 90다8855 ·················· 387
1992. 5. 22. 92다5584 ····················· 43
1992. 5. 26. 92다2844, 2851, 2868 ·················· 119
1992. 6. 23. 91다38266 ·················· 113
1992. 6. 26. 92다9388 ·················· 400
1992. 6. 26. 92다13936 ·················· 278
1992. 7. 24. 91다40924 ····················· 78
1992. 7. 28. 92다10197, 10203 ·········· 198
1992. 8. 18. 91다25505 ····················· 60
1992. 9. 1. 92다10043, 10050 ·········· 469
1992. 9. 25. 92다21258 ············ 68, 172, 182
1992. 10. 9. 92다25656 ·················· 225
1992. 10. 27. 92다22879 ·················· 467
1992. 10. 27. 92다30375 ·················· 119
1992. 11. 10. 92다4680(전원합의체) ·················· 79

1992. 12. 22, 92다30528 ································ 154
1992. 12. 24, 92다22114 ································ 208
1993. 1. 15, 92다12377 ·························· 169, 185
1993. 1. 19, 91다1226(전원합의체) ············· 236
1993. 1. 19, 92다30603 ································ 228
1993. 1. 26, 92다39112 ·································· 55
1993. 2. 9, 92다37482 ································· 247
1993. 2. 9, 92다47892 ·························· 174, 183
1993. 3. 9, 92다5300 ···························· 118, 130
1993. 3. 12, 92다44749 ································ 273
1993. 3. 12, 92다48567 ································ 424
1993. 3. 26, 91다14116(전원합의체) ············· 135
1993. 4. 13, 92다24950 ································ 382
1993. 4. 13, 92다55756 ···············224, 281, 409
1993. 4. 27, 92다51723, 51730 ···················· 121
1993. 5. 11, 92다52870 ································ 223
1993. 5. 14, 92다45025 ································ 205
1993. 5. 25, 92다15574 ································ 318
1993. 5. 25, 92다51280 ·················171, 182, 185
1993. 6. 8, 92다18634 ································· 246
1993. 6. 25, 92다20330 ································ 400
1993. 6. 29, 93다10781 ·································· 44
1993. 7. 16, 92다37871 ·························· 120, 121
1993. 8. 13, 92다43142 ································ 382
1993. 8. 27, 93다4250 ································· 175
1993. 9. 14, 93다10989 ································ 169
1993. 9. 14, 93다16758 ·································· 68
1993. 9. 28, 93다22883 ································ 172
1993. 10. 8, 93다28867 ································ 201
1993. 10. 12, 93다1886 ································ 167
1993. 10. 12, 93다18914 ································· 83
1993. 10. 26, 93다2483 ································ 113
1993. 10. 26, 93다27611 ······························ 467
1993. 11. 9, 92다31699 ································ 244
1993. 11. 9, 93다22845 ································ 142
1993. 11. 23, 93다4083 ································ 463
1993. 12. 7, 93다27819 ································ 227
1993. 12. 14, 93다5581 ··························· 15, 167
1993. 12. 28, 93다8719 ································ 462
1994. 1. 11, 93다30938 ································ 314
1994. 1. 25, 92다20132 ································ 470
1994. 1. 25, 93다16338(전원합의체) ······· 72, 417, 427
1994. 1. 28, 93다31702 ·································· 54
1994. 1. 28, 93다49871 ·························· 229, 281
1994. 2. 8, 92다47526 ································· 121
1994. 2. 8, 93다42986 ································· 246
1994. 2. 25, 93다39225 ································ 233
1994. 3. 22, 93다9392, 9408(전원합의체) ············ 224
1994. 3. 22, 93다46360(전원합의체) ·········173, 185

1994. 4. 12, 92다41054 ································ 173
1994. 4. 12, 93다50666, 50673 ···················· 174
1994. 4. 12, 93다56053 ································ 282
1994. 4. 12, 93다60779 ································ 174
1994. 4. 26, 93다51591 ································ 236
1994. 4. 29, 93다18327, 18334 ···················· 121
1994. 5. 10, 93다25417 ·················435, 441, 442
1994. 5. 24, 92다50232 ································ 236
1994. 5. 24, 93다47738 ···························· 52, 78
1994. 6. 24, 94다14193 ································ 154
1994. 6. 28, 94다3087, 3094 ······················ 469
1994. 6. 28, 94다7829 ································· 176
1994. 8. 2, 94다28970 ································· 278
1994. 8. 26, 93다44739 ································ 462
1994. 9. 9, 94다4592 ·································· 211
1994. 10. 11, 94다16175 ······························ 244
1994. 10. 14, 93다62119 ······························ 333
1994. 10. 14, 94다9849 ································ 177
1994. 10. 21, 93다12176 ································· 61
1994. 10. 21, 94다17109 ································· 71
1994. 10. 21, 94다17475 ······························ 121
1994. 10. 25, 93다54064 ······························ 237
1994. 11. 8, 94다31549 ································ 120
1994. 11. 11, 94다35008 ·························222, 225
1994. 11. 22, 94다5458 ································ 282
1994. 11. 22, 94다25728 ·················385, 386, 448
1994. 12. 2, 93다1596 ································· 224
1994. 12. 2, 93다52297 ································ 273
1994. 12. 22, 94다41072, 41089 ·················· 280
1995. 1. 12, 94다30348, 30355 ···················· 227
1995. 1. 24, 94다47797 ·································· 59
1995. 2. 10, 94다18508 ································ 295
1995. 2. 10, 94다28468 ································ 173
1995. 2. 10, 94다45869, 45876 ···················· 155
1995. 2. 14, 94다28994, 29003 ···················· 115
1995. 2. 24, 94다18195 ································ 179
1995. 2. 28, 94다18577 ································ 173
1995. 2. 28, 94다37912 ································ 278
1995. 3. 3, 94다4691 ·································· 145
1995. 3. 10, 94다49687, 49694 ···················· 147
1995. 3. 14, 93다60144 ································ 146
1995. 3. 28, 93다47745(전원합의체) ··········169, 170,
                                        183, 184
1995. 4. 7, 93다54736 ································· 222
1995. 4. 11, 94다39925 ································ 407
1995. 4. 28, 94다23524 ···························83, 184
1995. 4. 28, 94다36162 ································ 469
1995. 5. 9, 94다22484 ··························172, 185
1995. 5. 12, 95다9471 ·································· 75

1995. 5. 26, 95다6878 ···································· 69
1995. 6. 9, 94다13480 ································· 171
1995. 6. 13, 95다1088, 1095 ··················· 154
1995. 6. 16, 94다4615 ······························· 175
1995. 6. 29, 94다6345 ·························· 191, 450
1995. 6. 29, 94다22071 ······························· 96
1995. 7. 11, 94다4509 ································ 174
1995. 7. 11, 95다12446 ······························ 405
1995. 7. 14, 94다50533 ······························ 201
1995. 7. 25, 94다46428 ····················· 457, 462
1995. 7. 28, 93다61338 ······························ 462
1995. 7. 28, 95다9075, 95다9082 ············· 402
1995. 8. 22, 95다15575 ························· 78, 82
1995. 8. 25, 95다18659 ······························ 142
1995. 9. 5, 95다24586 ······························ 221
1995. 9. 15, 94다25902 ······························ 450
1995. 9. 15, 95다23378 ····················· 152, 201
1995. 9. 26, 94다33583 ······························ 378
1995. 10. 13, 94다31488 ······························ 155
1995. 12. 5, 95다24241 ······························ 169
1995. 12. 26, 94다44675 ································ 61
1995. 12. 26, 95다29888 ································ 70
1996. 1. 26, 95다863, 870 ························· 121
1996. 1. 26, 95다44290 ······························ 209
1996. 1. 26, 95다49097 ······························ 117
1996. 2. 9, 94다61649 ······························ 218
1996. 2. 13, 95누11023 ······························ 284
1996. 3. 8, 95다34866 ································ 78
1996. 3. 8, 95다36596 ····················· 424, 435
1996. 3. 22, 95다49318 ······························ 263
1996. 3. 22, 95다55184 ····················· 413, 415
1996. 3. 26, 95다45545, 45552, 45569 ········· 284
1996. 4. 12, 93다40614 ································ 27
1996. 4. 12, 95다2135 ································ 66
1996. 4. 12, 95다55245 ······························ 408
1996. 4. 26, 95다52864 ······························ 382
1996. 5. 14, 94다54283 ······························ 202
1996. 6. 14, 95다53812 ······························ 422
1996. 6. 14, 95다54693 ······························ 336
1996. 6. 14, 96다14036 ······························ 277
1996. 6. 25, 95다12682, 12699 ················· 198
1996. 6. 28, 96다3982 ························· 52, 56
1996. 6. 28, 96다9218 ································ 60
1996. 6. 28, 96다14807 ························· 38, 472
1996. 6. 28, 96다16247 ································ 85
1996. 7. 26, 95다51861 ······························ 120
1996. 7. 30, 95다30734 ································ 85
1996. 8. 20, 96다18656 ······························ 245
1996. 8. 23, 95다8713 ······························ 342

1996. 9. 10, 96다25463 ······························ 461
1996. 9. 20, 93다20177, 20184 ···················· 49
1996. 9. 20, 96다68 ································ 77
1996. 9. 20, 96다24279 ······························ 124
1996. 9. 20, 96다25319 ····················· 121, 126
1996. 10. 11, 96다19857 ····················· 122, 178
1996. 10. 11, 96다23719 ······························ 119
1996. 10. 17, 96다12511(전원합의체) ············ 83, 174
1996. 11. 15, 96다31116 ······························ 467
1996. 11. 29, 96다33433 ······························ 154
1996. 12. 10, 94다43825 ······························ 182
1996. 12. 10, 96다23238 ······························ 233
1996. 12. 20, 96다14661 ······························ 145
1996. 12. 23, 96다7984 ······························ 177
1997. 1. 24, 96다41335 ······························ 120
1997. 2. 11, 96다1733 ······························ 237
1997. 3. 14, 96다22464 ························· 52, 56
1997. 3. 14, 96다55860 ······························ 166
1997. 4. 11, 96다50520 ······························ 120
1997. 4. 11, 97다5824 ······························ 121
1997. 4. 22, 95다32662 ······························ 227
1997. 4. 25, 97다6186 ····················· 171, 178
1997. 5. 16, 97다485 ································ 78
1997. 5. 30, 96다22648 ······························ 369
1997. 5. 30, 97다8601 ························· 60, 466
1997. 6. 27, 96다51332 ······························ 463
1997. 7. 8, 96다53826 ································ 77
1997. 7. 22, 96다56153 ······························ 201
1997. 7. 25, 96다47494, 47500 ················· 186
1997. 7. 25, 97다8403 ······························ 406
1997. 8. 21, 95다28625(전원합의체) ············· 121
1997. 9. 9, 96다16896 ······························ 233
1997. 9. 30, 95다39526 ··················· 67, 83, 84
1997. 10. 24, 97다29097 ······························ 465
1997. 10. 28, 95다15599 ······························ 153
1997. 11. 11, 97다35375 ······························ 371
1997. 11. 14, 96다10782 ······························ 167
1997. 11. 25, 97다29790 ······························ 302
1997. 11. 28, 95다51991 ································ 84
1997. 12. 9, 97다25521 ······························ 426
1997. 12. 12, 97다30288 ······························ 178
1997. 12. 12, 97다40100 ························· 84, 184
1997. 12. 26, 96다34665 ······························ 402
1998. 2. 13, 97다42625 ······························ 120
1998. 2. 24, 96다8888 ······························ 117
1998. 2. 24, 97다49053 ······························ 167
1998. 2. 27, 97다49251 ································ 38
1998. 3. 10, 97다47118 ······························ 154
1998. 3. 13, 95다30345 ······························ 234

1998. 3. 13, 97다50169 ···················· 120
1998. 3. 24, 97다56242 ······················ 54
1998. 3. 27, 97다32680 ···················· 102
1998. 4. 10, 97다56495 ···················· 172
1998. 4. 14, 97다44089 ···················· 173
1998. 4. 24, 97다51650 ···················· 431
1998. 4. 28, 97다48913 ···················· 158
1998. 5. 8, 97다52844 ····················· 139
1998. 5. 12, 97다8496, 8502 ········· 169, 185
1998. 5. 12, 97다34037 ············· 169, 185
1998. 5. 22, 96다24101 ···················· 121
1998. 5. 29, 97다30349 ···················· 179
1998. 6. 12, 98다6800 ··················· 96, 98
1998. 6. 26, 98다16456, 16463 ·········· 116
1998. 7. 10, 97다45402 ···················· 172
1998. 7. 10, 98다18643 ···················· 105
1998. 7. 28, 96다50025 ······················ 59
1998. 9. 22, 98다12812 ············· 385, 386
1998. 9. 22, 98다23393 ······················ 48
1998. 9. 22, 98다26194 ······················ 59
1998. 9. 22, 98다29568 ······················ 84
1998. 10. 2, 98다27197 ···················· 379
1998. 11. 10, 98다32878 ··················· 120
1998. 11. 10, 98다34126 ··················· 384
1998. 11. 19, 98다24105(전원합의체) ······ 69, 70
1998. 12. 11, 98다43250 ··················· 249
1999. 1. 26, 97다48906 ······················ 96
1999. 1. 26, 98다1027 ···················· 249
1999. 2. 5, 97다33997 ···················· 302
1999. 2. 9, 98다51855 ···················· 317
1999. 2. 12, 98다40688 ···················· 173
1999. 2. 23, 98다59132 ···················· 187
1999. 3. 18, 98다32175(전원합의체) ······· 55, 78
1999. 3. 26, 98다64189 ···················· 280
1999. 5. 14, 97다15777, 15784 ······· 418, 421
1999. 5. 14, 98다62688 ···················· 386
1999. 5. 14, 99두35 ······················· 256
1999. 6. 17, 98다58443(전원합의체) ·········· 247, 260
1999. 6. 25, 99다5866, 5873 ·············· 120
1999. 7. 9, 97다53632 ···················· 181
1999. 7. 9, 98다9045 ················· 118, 348
1999. 7. 9, 98다29575 ···················· 169
1999. 7. 9, 98다57457, 57464 ············ 200
1999. 7. 27, 98다35020 ···················· 144
1999. 7. 27, 99다14518 ···················· 192
1999. 9. 3, 99다20926 ·············· 174, 183, 184
1999. 9. 3, 99다24874 ···················· 271
1999. 9. 7, 98다47283 ···················· 464
1999. 9. 7, 99다30534 ···················· 472

1999. 9. 17, 98다31301 ············ 385, 447, 448
1999. 9. 17, 98다63018 ···················· 121
1999. 9. 17, 99다1345 ···················· 144
1999. 9. 21, 99다26085 ···················· 425
1999. 11. 9, 99다46096 ···················· 143
1999. 11. 23, 99다52602 ·············· 401, 410
1999. 12. 10, 98다58467 ··················· 283
1999. 12. 10, 99다25785 ··················· 179
2000. 1. 14, 99다51265, 51272 ··········· 378
2000. 1. 18, 98다58696, 58702 ··········· 283
2000. 2. 25, 98다50869 ···················· 308
2000. 3. 10, 99다63350 ···················· 122
2000. 3. 10, 99다65462 ······················ 84
2000. 3. 16, 97다37661(전원합의체) ·········· 119, 183
2000. 3. 24, 98도4347 ···················· 252
2000. 3. 24, 99다56765 ···················· 120
2000. 3. 28, 99다56529 ···················· 254
2000. 4. 11, 98다28442 ···················· 121
2000. 5. 12, 99다71931 ···················· 236
2000. 6. 9, 99다15122 ··············· 306, 310
2000. 6. 9, 99다36778 ···················· 120
2000. 6. 23, 98다31899 ·············· 385, 388
2000. 8. 22, 99다62609, 62616 ··········· 462
2000. 9. 8, 99다58471 ······················ 91
2000. 9. 29, 99다50705 ···················· 121
2000. 10. 6, 2000다32147 ················· 255
2000. 10. 10, 2000다19526 ················· 71
2000. 10. 10, 2000다28506, 28513 ···· 234, 237
2000. 10. 13, 98다55659 ··················· 22
2000. 10. 27, 2000다22881 ················ 235
2000. 10. 27, 2000다39582 ················· 15
2000. 11. 16, 98다45652, 45669(전원합의체) ······· 146
2000. 12. 8, 2000다14934, 14941 ····· 122, 178
2000. 12. 8, 2000다51339 ················· 392
2000. 12. 12, 2000다49879 ················ 378
2000. 12. 22, 2000다46399 ················ 255
2001. 1. 5, 2000다47682 ················· 466
2001. 1. 16, 98다20110 ··················· 113
2001. 1. 19, 2000다37319 ················· 237
2001. 2. 9, 2000다60708 ················· 81
2001. 2. 15, 99다66915(전원합의체) ·············· 49
2001. 2. 23, 2000다63974 ················· 66
2001. 2. 27, 2000다20465 ················· 470
2001. 3. 13, 99다17142 ············ 273, 275, 402
2001. 3. 13, 2000다48517 ················· 400
2001. 3. 15, 99다48948(전원합의체) ············· 378
2001. 3. 23, 2000다29356 ················· 467
2001. 3. 23, 2000다49015 ················· 379
2001. 3. 23, 2000다51285 ·················· 68

2001. 3. 27, 2000다64472························ 121
2001. 4. 13, 99다62036, 62043 ·················· 166
2001. 4. 13, 2001다8493 ··························· 139
2001. 4. 24, 2001다6237 ··························· 353
2001. 5. 8, 2001다4101 ···························· 283
2001. 5. 15, 2000다12693·························· 105
2001. 5. 29, 99다66410 ···························· 268
2001. 5. 29, 2000다10246·························· 235
2001. 5. 29, 2001다5913 ···················· 120, 122
2001. 6. 1, 99다66649 ······························ 425
2001. 6. 1, 2001다21854 ··························· 435
2001. 6. 26, 2001다5371 ··························· 254
2001. 7. 13, 2001다17572·························· 166
2001. 8. 21, 2001다28367·························· 278
2001. 9. 4, 2001다22604 ··························· 147
2001. 9. 20, 99다37894(전원합의체) ············ 80
2001. 9. 20, 2001다8677(전원합의체)············ 148
2001. 10. 9, 2000다51216··········· 52, 56, 78, 82
2001. 10. 12, 2000다59081···················387, 426
2001. 11. 9, 2001다47528··················· 424, 427
2001. 11. 22, 2000다71388, 71395(전원합의체) ······ 85
2001. 11. 27, 99다22311 ···························· 431
2001. 11. 27, 2000다33638, 33645·············· 182, 221
2001. 12. 11, 2000다13948 ·········· 146, 221, 222
2001. 12. 11, 2001다40213 ························· 462
2001. 12. 11, 2001다45355 ···················55, 198
2001. 12. 11, 2001다59866 ························· 346
2001. 12. 14, 2001다56256 ························· 236
2001. 12. 27, 2000다1976 ··························· 403
2001. 12. 27, 2000다43963 ························· 173
2002. 1. 11, 2001다48347 ··························· 464
2002. 2. 5, 2001다62091 ····················306, 310
2002. 2. 5, 2001다72029 ····························· 83
2002. 2. 22, 2001도6209 ···················250, 256
2002. 2. 26, 99다72743····················120, 126
2002. 2. 26, 2001다64165··························· 22
2002. 3. 15, 2000다23341 ························· 173
2002. 3. 15, 2001다61654····················250, 261
2002. 3. 15, 2001다77352, 77369···········173, 174
2002. 3. 29, 2000다13887························· 369
2002. 4. 12, 2002다4580 ··························· 227
2002. 4. 23, 2001다81856··························· 468
2002. 4. 26, 2001다8097, 8103············131, 132
2002. 5. 14, 2002다9738 ··························· 221
2002. 5. 24, 2002다7176 ··························· 406
2002. 5. 31, 2002다9202 ··························· 155
2002. 6. 20, 2002다9660(전원합의체)·······203, 282,
                                      401, 410, 411
2002. 7. 9, 2001다46761 ··························· 459

2002. 7. 12, 2001다53264························· 431
2002. 7. 12, 2002다19254·························· 60
2002. 7. 26, 2001다53929························· 422
2002. 8. 23, 99다66564, 66571 ········ 208, 211, 466
2002. 8. 23, 2001다69122························· 301
2002. 9. 6, 2002다35157 ··························· 249
2002. 9. 24, 2002다27910························· 417
2002. 10. 11, 2002다33137 ······················· 386
2002. 10. 25, 2000다63110 ······················· 382
2002. 10. 25, 2002다23840 ···············230, 256
2002. 11. 22, 2001다6213··························· 123
2002. 11. 22, 2001다40381························· 211
2002. 11. 26, 2001다73022························· 424
2002. 12. 10, 2002다42001························· 468
2002. 12. 10, 2002다48399························· 431
2002. 12. 26, 2000다21123···············253, 259
2003. 1. 24, 2002다61521···················139, 462
2003. 2. 11, 2000다66454·························· 90
2003. 2. 11, 2001다47733························· 149
2003. 3. 28, 2002다13539···················385, 386
2003. 3. 28, 2003다5917 ··························· 200
2003. 4. 11, 2003다3850 ··················403, 411
2003. 5. 13, 2002다64148·························· 81
2003. 5. 16, 2003다14959, 14966 ·············· 191
2003. 5. 27, 2000다73445 ·····················58, 81
2003. 6. 24, 2003다17774························· 147
2003. 7. 11, 2001다73626························· 235
2003. 7. 25, 2001다64752···················206, 213
2003. 8. 19, 2001다47467························· 172
2003. 9. 5, 2001다32120···················253, 254
2003. 9. 5, 2001다66291 ··························· 431
2003. 9. 5, 2003다26051 ··························· 399
2003. 10. 10, 2001다77888················415, 416
2003. 11. 13, 2002다57935························· 119
2003. 11. 14, 2001다61869···················202, 206
2003. 11. 14, 2002다2485························· 149
2003. 11. 27, 2003다41722························· 248
2003. 12. 12, 2003다44615, 44622············ 224
2003. 12. 18, 98다43601(전원합의체)···· 400, 409, 411
2003. 12. 26, 2003다11738························· 237
2004. 1. 27, 2001다24891························· 149
2004. 2. 12, 2003다53497························· 459
2004. 2. 13, 2003다29043························· 399
2004. 6. 11, 2004다13533··········· 246, 399, 401
2004. 6. 24, 2003다59259························· 318
2004. 6. 25, 2004다6764 ··························· 250
2004. 6. 25, 2004도1751 ··························· 460
2004. 7. 8, 2002다40210 ··························· 146
2004. 8. 30, 2002다48771···············255, 261, 262

2004. 9. 3, 2003다3157 ···································· 84
2004. 9. 13, 2003다64602···························· 159
2004. 9. 24, 2004다27273···························· 183
2004. 9. 24, 2004다31463···························· 179
2004. 10. 14, 2004다30583·························· 227
2004. 10. 15, 2004다36604·························· 407
2004. 10. 28, 2003다30463··················· 460, 465
2004. 11. 12, 2004다22858·························· 459
2004. 12. 24, 2004다45943··················· 460, 462
2004. 12. 24, 2004다52798·························· 384
2005. 1. 28, 2002다66922···················· 252, 260
2005. 2. 18, 2004다37430···················· 460, 464
2005. 3. 25, 2003다35659·············· 293, 302, 307
2005. 3. 25, 2004다23899, 23905·············· 181
2005. 4. 21, 2003다4969(전원합의체)··········· 149
2005. 4. 29, 2003다66431······················ 53, 56
2005. 4. 29, 2005다664······················ 251, 257
2005. 4. 29, 2005다3243···························· 412
2005. 5. 12, 2005다1827···························· 222
2005. 5. 26, 2002다43417···························· 169
2005. 6. 10, 2002다15412, 15429············71, 415
2005. 6. 23, 2004다29279···················· 410, 416
2005. 7. 15, 2003다46963···························· 464
2005. 8. 19, 2005다22688··················· 340, 347
2005. 9. 15, 2004다44971(전원합의체)··········· 236
2005. 9. 29, 2003다40651···························· 223
2005. 11. 10, 2005다34667, 34674·············· 255
2005. 12. 22, 2003다55059·························· 371
2005. 12. 23, 2004다1691···························· 143
2006. 1. 26, 2005다17341···························· 406
2006. 1. 27, 2003다58454···························· 413
2006. 1. 27, 2005다59871····························· 38
2006. 3. 10, 2004다742······························· 147
2006. 4. 13, 2003다25256···················· 217, 232
2006. 4. 20, 2004다37775(전원합의체)··········· 236
2006. 5. 11, 2006다6072···························· 306
2006. 5. 12, 2005다68783····························· 59
2006. 5. 12, 2005다75910············· 181, 183, 417
2006. 5. 26, 2003다18401···························· 433
2006. 6. 2, 2005다70144···························· 154
2006. 6. 15, 2006다6126, 6133·················· 270
2006. 6. 29, 2004다3598, 3604·················· 148
2006. 8. 24, 2005다61140··················· 464, 467
2006. 8. 24, 2006다32200···························· 223
2006. 8. 25, 2006다22050···························· 340
2006. 9. 28, 2006다22074, 22081·············· 169
2006. 10. 12, 2006다44753·························· 168
2006. 10. 26, 2006다29020·························· 147
2006. 10. 27, 2005다14502·························· 439

2006. 10. 27, 2006다49000···························· 22
2006. 11. 9, 2004다67691···························· 144
2006. 11. 9, 2006다35117···························· 258
2006. 11. 24, 2006다49307, 49314·············· 221
2007. 1. 11, 2006다50055······················ 53, 54
2007. 2. 22, 2004다59546······················ 63, 70
2007. 4. 19, 2004다60072, 60089(전원합의체)······ 236
2007. 4. 26, 2005다38300···························· 426
2007. 4. 27, 2005다43753····························· 66
2007. 6. 14, 2006다84423···························· 172
2007. 6. 15, 2004다37904, 37911·············· 199
2007. 6. 15, 2007다11347····························· 22
2007. 6. 28, 2007다16885···························· 278
2007. 7. 13, 2006다46421··················· 468, 470
2007. 7. 27, 2006다39270, 39278·············· 191
2007. 8. 24, 2006다14684···························· 300
2007. 9. 7, 2005다16942··················· 329, 332
2007. 9. 21, 2005다44886····························· 79
2007. 10. 25, 2006다14165·························· 255
2007. 11. 29, 2007다64167·························· 222
2008. 1. 17, 2006다586···························· 264
2008. 2. 1, 2006다27451····························· 38
2008. 2. 1, 2006다32187···························· 172
2008. 2. 14, 2007다63690····························· 49
2008. 2. 14, 2007다69148, 69155·············· 252
2008. 2. 15, 2005다41771, 41788·············· 283
2008. 2. 15, 2006다68810, 68827·············· 246
2008. 2. 28, 2007다37394, 37400·············· 462
2008. 2. 28, 2007다77446·························· 392
2008. 3. 13, 2006다31887··················· 237, 423
2008. 4. 11, 2007다27236·························· 338
2008. 4. 24, 2007다75648·························· 354
2008. 5. 8, 2007다36933, 36940············ 191, 382
2008. 5. 15, 2007다74690·························· 253
2008. 6. 12, 2007다36445·························· 175
2008. 6. 26, 2004다32992·························· 246
2008. 8. 21, 2007다17161····························· 28
2008. 9. 11, 2007다24817·························· 253
2008. 9. 11, 2007다25278·························· 468
2008. 9. 25, 2007다74874··················· 252, 260
2008. 9. 25, 2008다31485·························· 120
2008. 10. 23, 2008다45057·························· 176
2008. 11. 27, 2008다55290, 55306·············· 250
2008. 11. 27, 2008다62687··················· 253, 259
2008. 12. 11, 2006다50420·························· 148
2008. 12. 11, 2008다1859·························· 201
2008. 12. 11, 2008다12439·························· 149
2008. 12. 24, 2008다65396············ 386, 448, 449
2009. 1. 15, 2008다70763·························· 340

2009. 2. 12, 2006다23312······························· 235
2009. 2. 26, 2006다72802······························· 222
2009. 2. 26, 2008다4001 ······························· 426
2009. 3. 26, 2008다34828·················· 252, 257, 333
2009. 3. 26, 2009다228, 235 ·····················20, 140
2009. 5. 14, 2008다17656·························386, 388
2009. 5. 14, 2009다1078 ······························· 120
2009. 5. 28, 2006다42818·························414, 415
2009. 5. 28, 2009다4787 ································· 54
2009. 6. 11, 2008다53638································· 28
2009. 6. 11, 2008다75300, 75317, 75324············ 154
2009. 6. 11, 2009다8802································· 139
2009. 7. 9, 2007다83649 ························20, 140
2009. 7. 9, 2009다23313 ·····················253, 259
2009. 7. 16, 2007다15172, 15189(전원합의체)····· 173,
182
2009. 7. 23, 2009다19802, 19819················· 353
2009. 9. 10, 2006다73102······························· 253
2009. 9. 10, 2009다40219, 40226··················· 227
2009. 9. 24, 2009다15602·····················194, 195
2009. 9. 24, 2009다39530······························· 349
2009. 9. 24, 2009다40684······························· 341
2009. 10. 15, 2009다43621····························· 355
2009. 10. 15, 2009다48633······························· 65
2009. 10. 29, 2006다37908····························· 319
2009. 11. 12, 2009다54034, 54041················· 225
2009. 11. 26, 2006다37106····························· 461
2009. 11. 26, 2009다35903····························· 112
2009. 11. 26, 2009다64383····························· 236
2009. 12. 10, 2008다72318····························· 439
2009. 12. 10, 2009다41250····························· 434
2009. 12. 10, 2009다54294····························· 222
2009. 12. 24, 2008다71858·················169, 246
2009. 12. 24, 2009다32324····························· 341
2009. 12. 24, 2009다72070····························· 83
2010. 1. 14, 2009다67429····························· 222
2010. 1. 28, 2008다12057····························· 425
2010. 2. 11, 2008다16899····························· 250
2010. 2. 11, 2009다93671····························· 473
2010. 2. 25, 2009다83933····························· 194
2010. 4. 15, 2008다41475····························· 436
2010. 5. 27, 2006다84171····························· 230
2010. 8. 19, 2010다43801·········· 200, 203, 299
2010. 8. 26, 2010다27458····························· 471
2010. 9. 9, 2007다42310, 42327················· 236
2010. 9. 9, 2010다37905····························· 221
2010. 10. 14, 2007다90432····························· 253
2010. 10. 14, 2010다37059····························· 143
2010. 10. 28, 2010다52799····························· 250

2010. 12. 23, 2008다57746····························· 431
2011. 1. 13, 2010다67159····························· 401
2011. 4. 14, 2011다6342····························· 265
2011. 7. 14, 2009다76522, 76539················· 146
2011. 7. 14, 2011다23200····························· 179
2011. 7. 28, 2010다108883····························· 159
2011. 8. 18, 2011다30666, 30673·········437, 441
2011. 8. 18, 2011다35593····························· 319
2011. 9. 8, 2009다49193, 49209·········251, 261
2011. 10. 13, 2010다99132····························· 434
2011. 10. 13, 2011다55214·····················340, 349
2011. 11. 10, 2009다93428······························· 65
2011. 11. 24, 2009다19246····························· 340
2011. 12. 13, 2009다5162·····················211, 339
2011. 12. 22, 2011다84298····························· 340
2012. 1. 26, 2009다76546····························· 191
2012. 1. 26, 2011다96208····························· 333
2012. 1. 27, 2011다74949····························· 112
2012. 2. 9, 2011다72189····························· 346
2012. 2. 23, 2011다61424, 61431················· 130
2012. 3. 15, 2011다54587·····················400, 404
2012. 3. 15, 2011다59445····························· 172
2012. 3. 29, 2011다74932·········228, 230, 231, 434
2012. 4. 12, 2011다107900····························· 236
2012. 4. 13, 2010다9320····························· 156
2012. 4. 26, 2012다2187····························· 121
2012. 5. 10, 2011다52017····························· 121
2012. 5. 17, 2010다28604(전원합의체)················· 28
2012. 5. 24, 2012다105····························· 144
2012. 6. 28, 2010다81049·····················20, 140
2012. 8. 30, 2010다39918····························· 217
2012. 9. 27, 2011다76747····························· 118
2012. 10. 18, 2010다52140(전원합의체)················· 280
2012. 10. 25, 2010다56586····························· 235
2012. 10. 25, 2011다107382····························· 249
2012. 10. 25, 2012다45566····························· 253
2012. 12. 13, 2011다89910, 89927················· 146
2012. 12. 27, 2010다103086····························· 151
2013. 1. 17, 2010다71578(전원합의체)·········60, 144
2013. 1. 24, 2011다99498·····················230, 256
2013. 2. 28, 2010다57350·····················331, 348
2013. 2. 28, 2010다89814····························· 249
2013. 3. 14, 2011다58701····························· 146
2013. 3. 14, 2012다108634····························· 400
2013. 3. 28, 2010다63836····························· 459
2013. 3. 28, 2012다68750····························· 119
2013. 4. 11, 2009다62059·············281, 283, 401
2013. 6. 27, 2011다50165····························· 340
2013. 6. 27, 2012다118549····························· 66

2013. 7. 11, 2012다201410····················· 114
2013. 8. 22, 2012다54133······················ 140
2013. 8. 22, 2013다32574················· 368, 375
2013. 9. 12, 2010다95185······················ 254
2013. 9. 12, 2011다89903······················ 252
2013. 9. 12, 2013다43345················· 271, 410
2013. 9. 13, 2011다69190······················ 227
2013. 9. 13, 2013다43666, 43673·············· 122
2013. 9. 27, 2011다106778····················· 467
2013. 11. 21, 2011두1917(전원합의체)·········· 59
2013. 11. 28, 2011다80449····················· 234
2013. 11. 28, 2012다103325···················· 147
2013. 12. 12, 2011다78200, 78217·············· 145
2013. 12. 12, 2013다26647·············· 250, 261
2014. 1. 16, 2013다30653······················ 338
2014. 1. 23, 2013다207996····················· 435
2014. 2. 13, 2012다112299, 112305··········· 236
2014. 2. 27, 2011다42430······················ 229
2014. 3. 20, 2009다60336(전원합의체)····· 340, 348
2014. 4. 10, 2013다36040················· 431, 438
2014. 4. 10, 2013다61190······················ 473
2014. 4. 10, 2013다76192······················ 370
2014. 4. 30, 2013다80429, 80436·········· 354, 435
2014. 6. 26, 2012다25944······················ 230
2014. 8. 20, 2012다47074······················ 471
2014. 8. 20, 2014다30483······················ 252
2014. 8. 28, 2012다102384···················· 273
2014. 9. 4, 2011다73038, 73045 ·············· 281
2014. 9. 25, 2012다58609······················ 461
2014. 10. 27, 2013다91672··········· 447, 448, 449
2014. 12. 24, 2011다62618····················· 198
2014. 12. 24, 2012다73158··········· 283, 310, 410
2014. 12. 24, 2013다11669····················· 154
2015. 2. 26, 2014다21649······················ 180
2015. 2. 26, 2014다63315······················ 251
2015. 3. 20, 2012다99341······················ 434
2015. 3. 26, 2014다233428····················· 227
2015. 5. 21, 2012다952(전원합의체) ············ 66
2015. 5. 29, 2012다92258······················ 372
2015. 7. 23, 2015다206850····················· 273
2015. 8. 13, 2015다18367······················ 218
2015. 11. 27, 2013다41097, 41103············· 436
2015. 12. 23, 2012다202932···················· 252
2016. 1. 14, 2013다219142····················· 145
2016. 1. 28, 2013다59876·················· 60, 69
2016. 2. 18, 2014다61814····················· 172
2016. 3. 10, 2014다231965····················· 436
2016. 4. 28, 2012다19659················· 459, 461
2016. 4. 28, 2015다221286··············· 12, 459

2016. 5. 19, 2014도6992(전원합의체)·········· 251
2016. 5. 27, 2015다77212····················· 144
2016. 6. 9, 2014두1369························ 171
2016. 6. 28, 2016다1793······················ 143
2016. 7. 7, 2014다2662························· 55
2016. 7. 14, 2015다71856, 71863············· 478
2016. 7. 27, 2015다230020···················· 383
2016. 8. 29, 2012두2719······················ 248
2016. 10. 27, 2015다52978···················· 220
2016. 10. 27, 2015다63138, 63145······· 464, 465
2016. 10. 27, 2016다224596············· 166, 186
2016. 11. 10, 2013다71098···················· 201
2016. 11. 25, 2013다206313··················· 167
2016. 12. 15, 2015다247325··················· 153
2016. 12. 29, 2016다242273·············· 123, 185
2017. 1. 19, 2013다17292(전원합의체)········· 277
2017. 1. 25, 2012다72469··············· 123, 167
2017. 1. 25, 2016다28897····················· 392
2017. 4. 26, 2014다221777, 221784····· 436, 442, 443
2017. 5. 31, 2014다236809··················· 147
2017. 9. 21, 2015다50637····················· 439
2017. 12. 5, 2015다240645··············· 81, 256
2017. 12. 13, 2016다248424·················· 176
2017. 12. 21, 2013다16992(전원합의체)········ 439
2018. 1. 24, 2016다234043··················· 339
2018. 1. 25, 2017다260117····················· 84
2018. 2. 13, 2016다245289··················· 144
2018. 3. 15, 2015다69907··············· 192, 265
2018. 4. 10, 2017다257715··················· 252
2018. 4. 10, 2017다283028··················· 353
2018. 5. 30, 2018다201429··················· 462
2018. 6. 15, 2018다206707··················· 211
2018. 6. 15, 2018다215947··················· 471
2018. 7. 11, 2017다292756············· 436, 442
2018. 7. 12, 2015다36167················ 79, 170
2018. 12. 27, 2016다265689············· 371, 375
2019. 1. 24, 2016다264556(전원합의체)········· 140
2019. 2. 14, 2017다274703··················· 352
2019. 4. 3, 2018다296878··············· 178, 186
2019. 6. 20, 2013다218156(전원합의체)········· 248
2019. 7. 10, 2016다205540··················· 200
2019. 7. 25, 2019다203811, 203828····· 251, 261
2019. 8. 14, 2019다205329··················· 338
2019. 12. 13, 2019다267464·················· 176
2020. 2. 27, 2018다232898··················· 149
2020. 4. 9, 2014다51756, 51763········· 440, 443
2020. 4. 9, 2018다264307··················· 192
2020. 4. 29, 2016다235411·············· 315, 370
2020. 5. 21, 2018다287522(전원합의체)····· 185, 224

2020. 9. 3, 2018다283773···································· 251
2020. 9. 7, 2017다204810···································· 145
2020. 11. 26, 2019다298222, 298239 ················ 251
2021. 1. 14, 2017다291319···································· 147
2021. 2. 4, 2019다202795, 202801 ···················· 134
2021. 2. 25, 2018다278320···································· 139
2021. 3. 11, 2020다229239 ····································· 27
2021. 3. 25, 2019다208441···································· 134
2021. 4. 29, 2017다228007(전원합의체)········277, 278
2021. 4. 29, 2018다261889···································· 211
2021. 5. 27, 2020다295892···································· 279
2021. 6. 3, 2016다34007 ···································· 249
2021. 6. 3, 2018다280316 ······························ 52, 56
2021. 7. 21, 2019다266751···································· 252
2021. 7. 29, 2019다216077···································· 346
2021. 9. 9, 2018다284233(전원합의체)········251, 261
2021. 9. 16, 2017다271834, 271841 ················ 278
2021. 9. 30, 2021다245443, 245450 ················ 154
2021. 10. 14, 2021다240851···································· 420
2021. 10. 28, 2020다224821···································· 399
2021. 11. 11, 2019다272725···································· 254
2021. 12. 16, 2021다247258······························437, 438
2021. 12. 16, 2021다255648···································· 421
2021. 12. 30, 2018다40235, 40242 ···················· 293
2021. 12. 30, 2018다268538 ·············294, 295, 447,
448, 449
2022. 1. 27, 2019다295568···································· 458
2022. 3. 17, 2021다210720···································· 254
2022. 3. 31, 2017다9121, 9138···························· 147
2022. 3. 31, 2017다263901···································· 476
2022. 4. 14, 2017다266177···································· 469
2022. 4. 28, 2019다300422···································· 250
2022. 5. 12, 2019다249428···································· 121
2022. 6. 9, 2020다208997···································· 251
2022. 6. 16, 2018다301350···································· 345
2022. 7. 21, 2017다236749(전원합의체)·········21, 279
2022. 7. 28, 2017다204629···································· 186
2022. 8. 11, 2017다256668···································· 386
2022. 8. 25, 2017다257067(전원합의체)············ 146
2022. 8. 25, 2018다205209(전원합의체)············ 317
2022. 11. 17, 2022다253243 ································· 222
2022. 11. 30, 2017다232167, 232174 ················ 467
2023. 4. 27, 2022다306642···································· 268
2023. 7. 13, 2022다265093···································· 407
2023. 7. 27, 2023다228107···································· 317
2023. 8. 18, 2021다249810···································· 117
2023. 8. 18, 2022다269675···································· 131

= 대법원 결정 =

1960. 2. 27, 4292민재항307 ································· 431
1962. 12. 24, 4294민재항675(전원합의체) ············ 69
1967. 12. 22, 67마1162 ··· 404
1968. 4. 14, 68마301 ··· 389
1968. 8. 23, 68마823 ·· 50
1969. 10. 8, 69그15 ·· 59
1971. 5. 15, 71마251 ··· 426
1972. 1. 26, 71마1151 ·································426, 427
1973. 8. 29, 73마657 ·· 68
1974. 10. 26, 74마440 ··· 406
1977. 4. 13, 77마90 ·· 306
1979. 3. 8, 79마5 ··· 227
1984. 7. 16, 84모38 ·· 339
1989. 11. 2, 89마640 ··· 75
1992. 3. 10, 91마256, 257 ·································· 307
1992. 7. 10, 92마380 ··· 388
1992. 8. 29, 92마576 ··· 450
1992. 11. 11, 92마719 ··· 317
1994. 11. 29, 94마417 ·································392, 394
1995. 6. 13, 95마500 ·································435, 441
1997. 5. 1, 97마384 ··· 249
1998. 10. 14, 98그58 ··· 359
1998. 10. 30, 98마475··· 64
1999. 4. 20, 99마146 ··· 403
2000. 1. 28, 99마5143 ··· 391
2000. 2. 11, 99그92 ··· 118
2000. 10. 28, 2000마5527 ···································· 382
2000. 10. 30, 2000마4002···································· 343
2001. 6. 13, 2001마1632 ···································· 404
2001. 6. 15, 2000마2633 ·················229, 246, 441
2001. 7. 2, 2001마212··· 308
2002. 11. 27, 2002마3516···························345, 348
2003. 2. 19, 2001마785 ······································· 451
2003. 10. 6, 2003마1438 ······································· 67
2004. 3. 29, 2003마1753 ···································· 264
2005. 1. 17, 2003마1477 ······································· 27
2008. 5. 30, 2007마98 ··· 333
2008. 7. 11, 2008마615 ······································· 200
2008. 12. 15, 2007마1154 ····································· 75
2010. 3. 18, 2006마571(전원합의체) ················· 75
2011. 6. 15, 2010마1059 ···································· 319
2012. 1. 12, 2011마2380 ···································· 334
2013. 1. 25, 2012마1206 ······································· 65
2018. 1. 25, 2017마1093 ·····················13, 63, 295

= 헌법재판소 결정 =

1990. 9. 3, 89헌가95·······················391
1997. 8. 21, 94헌바19, 95헌바34, 97헌가11 ········ 391
2010. 12. 28, 2009헌바400·················256

= 하급심 판결 =

서울고법 2010. 3. 18, 2009나85122 ·············28

= 일본 판례 =

일대판 1918. 7. 16. ·······················291

일최판 1955. 12. 26.·······················289
일최판 1958. 2. 14. ·······················289
일최판 1978. 7. 4.·······················435

= 조선 고등법원 판결 =

조고판 1915. 10. 19.·······················193
조고판 1916. 9. 29. ·······················279
조고판 1918. 12. 17.·······················243
조고판 1920. 2. 13. ·······················243

사항색인

ㄱ

가공 193
가등기 67
가등기담보 453
가등기담보 등에 관한 법률 466
간이변제충당 343, 359
간이인도 90
간접점유 116
간접점유자 116
강제경매 317
건물에의 부합 192
건물의 구분소유 143
건물 전세권의 법정갱신 297
견련성 332
경매 316, 342, 359
경정등기 65
계약명의신탁 251
고정집합물 459
공동근저당 438
공동명의신탁 246
공동소유 214
공동저당 427
공동점유 123
공시의 원칙 33
공신의 원칙 33
공연한 점유 123
공용부분 145
공유물의 관리·보존 221
공유물의 부담 224
공유물의 분할 225
공유물의 사용·수익 220
공유물의 처분·변경 224
공유의 지분 218
공장재단저당 451
공장저당 450
과실수취권 343
과실 없는 점유 123
과실 있는 점유 123
관리단 147
관리인 147
관습상 법정지상권 279
광업재단저당 451
구분건물 144

구분소유적 공유 229, 246
구분지상권 275
구분행위 144
권리의 추정 127
권리질권 350, 365, 366
근저당권 417
근저당권의 변경 421
근저당권의 준공유 422
근저당권의 처분 421
근저당권의 확정 423
기입등기 65

ㄷ

단독점유 123
담보권실행을 위한 경매 318, 320
대장 62
대지권 146
대지사용권 145
대항요건주의 33
도품·유실물에 대한 특례 99
동산 간의 부합 193
동산담보권 475
동산저당 451
동산질권 350, 351
동산·채권 등의 담보에 관한 법률 474
동시배당 432
등기를 하지 않은 부동산매수인의 법적 지위 55
등기부 62
등기부취득시효 174
등기신청의무 73
등기신청의 방법 74
등기 연속의 원칙 72
등기의 승계 175
등기의 추정력 82
등기의 효력 82
등기인수청구권 81
등기청구권 76

ㅁ

말소등기 66

매도담보 453
매장물발견 188
멸실등기 66
명의신탁 238
명인방법 87
목적물반환청구권의 양도 91
목적물의 범위 461
무주물선점 186
무효등기의 유용 53
물건 11
물권과 채권과의 비교 17, 27
물권법정주의 18
물권의 객체 11
물권의 공시방법 32
물권의 배타성 14
물권의 본질 13
물권의 소멸 102
물권의 절대성 16
물권의 종류 20
물권의 효력 23
물권적 청구권 24
물권적 청구권의 특질 27
물권적 청구권의 행사에 따른 「비용부담」의 문제 29
물권행위 36
물권행위의 독자성 39
물권행위의 무인성과 유인성 40
물상대위 356, 384, 461
물상대위성 315
물적 편성주의 62

ㅂ

배타적 사용수익권의 포기 139
법정저당권 380
법정지상권 266, 299, 398
법정질권 356
변경등기 65
보상청구권 193
본권의 소 133
부기등기 70
부동산등기 61
부동산 실권리자명의 등기에 관한 법률 247

부동산에의 부합 190
부속물매수청구권 309
부종성 314
부합 190
분묘기지권 277
불가분성 315
비용상환청구권 210, 344
비전형 담보물권 452

ㅅ

사실상 지배 113
사채와 주식에 대한 질권 374
삼자간 등기명의신탁 250
상린관계 150
상린권 150
상사유치권 331
상호명의신탁 245
생활방해의 금지 151
선의점유 122
선의점유자의 과실취득권 208
선의취득 92
성립요건주의 33
소멸주의 322, 391
소유권 137
소유권에 기한 물권적 청구권 195
소유권유보 472
소유권의 내용 138
소유권의 제한 140
소유권이전등기청구권의 소멸시효 77
소유권이전등기청구권의 양도성 78
소유물반환청구권 197
소유물방해예방청구권 201
소유물방해제거청구권 199
수도 등 시설권 153
수반성 314
승낙전질 362
신축 건물의 소유권 귀속 59
실질적 경매 318

ㅇ

악의의 무단점유 165
악의점유 122
양도담보 453, 455, 456
양자간 등기명의신탁 249
여수급여청구권 156

예비등기 67
용수지역권 290
용익물권 262
유동집합물 459
유수이용권 156
유실물법 187
유실물습득 187
유익비 211
유익비상환청구권 274, 309
유저당계약 393
유질계약의 금지 360
유치권 323, 328
유치권자의 선관의무 344
융합 193
이시배당 433
인도 90
인수주의 322
인지사용청구권 153
일괄경매청구권 403
일물일권주의 15
임의경매 317
입목 86
입목저당 449
잉여주의 322, 391

ㅈ

자력구제권 134
자력방위권 135
자력탈환권 135
자주점유 119, 167
자주점유의 추정 120
저당권 376
저당권과 용익권과의 관계 394
저당권부 채권의 양도 415
저당권부 채권의 입질 416
저당권설정청구권 380
저당권의 실행 389
저당권의 준공유 422
저당권의 침해에 대한 구제 411
저당권의 효력이 미치는 범위 381
저당물의 보충 414
전세권 292
전세권의 갱신 296
전세권의 담보 제공 302
전세권의 소멸청구 304
전세권의 소멸통고 304
전세권의 양도 301
전세권자의 유지 · 수선의무 298

전세금 294
전세금의 우선변제권 307
전세금 증감청구권 300
전세목적물의 양도와 전세금반환의 무자 306
전세 목적물의 임대 303
전유부분 145
전전세 302
전질 360
점유 113
점유개정 90
점유개정에 의한 동산의 이중양도 담보 460
점유권 112
점유권의 상속 125
점유권의 양도 125
점유매개관계 117
점유물반환청구권 130
점유물방해예방청구권 132
점유물방해제거청구권 131
점유물의 멸실 · 훼손에 대한 책임 210
점유보조관계 115
점유보조자 115
점유보호청구권 128
점유설정의사 114
점유의 관념화 114
점유의 소 133
점유의 승계 126
점유의 침탈 130
점유자와 회복자와의 관계 203
점유자의 수거권 212
점유취득시효 168
점유할 권리 112
제3취득자의 변제 405
제3취득자의 비용상환청구권 407
제3취득자의 지위 404
종국등기 65
주등기 70
주위토지통행권 153
준공동소유 236
준공유 237
준점유 136
준총유 237
준합유 237
중간생략등기 51
중복등기 47
증권에 의하여 표상되는 동산의 입 질 364

지료증감청구권 272
지상권 263
지상권과 토지임차권 265
지상권의 전용 264
지상권의 처분 270
지상권자의 갱신청구권 268
지상권자의 매수청구권 269
지상권 · 전세권을 목적으로 하는
    저당권 443
지상물 매수청구권 274
지식재산권에 대한 질권 374
지역권 285
지역권의 부종성 286
지역권의 수반성 286
지역권의 시효소멸 291
지역권의 취득시효 288
지하수 용수권 157
직접점유자 116
진정명의회복을 원인으로 한 소유
    권이전등기청구 80
질권 350
질권의 선의취득 354
집합건물의 소유 및 관리에 관한
    법률 143

집합채권 459

ㅊ

채권담보권 477
채권질권 367
채권질권의 실행방법 372
책임전질 361
첨부 189
총유 235
총유물 235
총유물에 관한 권리 · 의무의 득상
    236
총유물의 관리 · 처분과 사용 · 수익
    235
취득시효 160
취득시효의 정지 178
취득시효의 중단 178
취득시효 이익의 포기 178

ㅌ

타주점유 119
토지소유권의 범위 141

토지에의 부합 192
특수지역권 291

ㅍ

평온한 점유 123
포괄근저당권 419
필요비 211

ㅎ

하자 있는 점유 123
합유 232
합유물의 분할금지 233
합유물의 사용 · 수익 234
합유물의 처분 · 변경 · 보존 234
합유지분의 처분 233
현물분할 227
현실의 인도 90
형식적 경매 318
혼동 104
혼합 193
혼화 193
회복등기 66

〔저자 약력〕
연세대학교 법과대학 법학과 졸업
연세대학교 대학원 법학 석사·박사 과정 졸업
법학박사 (연세대학교 대학원)
독일 Bonn대학 방문연구교수
사법시험·군법무관·입법고시·행정고시·외무고시·변리사 시험위원
연세대학교 법학전문대학원 교수
연세대학교 법학전문대학원 명예교수

〔저 서〕
민법강의〔제30판〕(법문사, 2024)
민법총칙〔제18판〕(법문사, 2024)
채권법〔제15판〕(법문사, 2024)
계약법(법문사, 2011)
신탁행위연구〔신판〕(법문사, 2007)
민법의 기초〔제6판〕(집현재, 2022)
민법판례 270선(집현재, 2017)
민법개론(자운, 2023)

물권법 — 이론·사례·판례 — 〔제17판〕

2007년	2월	5일	초판 발행
2009년	1월	5일	전정판 발행
2010년	8월	20일	제3판 발행
2011년	6월	15일	제4판 발행
2012년	1월	15일	제5판 발행
2013년	2월	5일	제6판 발행
2014년	1월	3일	제7판 발행
2015년	1월	10일	제8판 발행
2016년	1월	15일	제9판 발행
2017년	1월	15일	제10판 발행
2018년	1월	3일	제11판 발행
2019년	1월	3일	제12판 발행
2020년	1월	3일	제13판 발행
2021년	1월	3일	제14판 발행
2022년	1월	3일	제15판 발행
2023년	1월	3일	제16판 발행
2024년	1월	3일	제17판 1쇄 발행

저 자 김 준 호
발행인 배 효 선

발행처 도서출판 **法文社**

주 소 10881 경기도 파주시 회동길 37-29
등 록 1957년 12월 12일 제2-76호(윤)
TEL (031)955-6500~6 FAX (031)955-6525
e-mail (영업) bms@bobmunsa.co.kr
      (편집) edit66@bobmunsa.co.kr
홈페이지 http://www.bobmunsa.co.kr
조 판 법 문 사 전 산 실

정가 39,000원   ISBN 978-89-18-91449-7